国家社科基金
GUOJIA SHEKE JIJIN HOUQI ZIZHU XIANGMU
后期资助项目

和刻漢籍善本考録

上

Catalogue and Textual Research of
Japanese Rare Books in Classical Chinese

李小龍　著

天津出版傳媒集團
天津古籍出版社

圖書在版編目（CIP）數據

和刻漢籍善本考録 / 李小龍著. — 天津 : 天津古籍出版社, 2024.7
ISBN 978-7-5528-1388-3

Ⅰ. ①和… Ⅱ. ①李… Ⅲ. ①古籍—善本—研究—中國 Ⅳ. ①G255.1

中國國家版本館CIP數據核字（2023）第161239號

和刻漢籍善本考録

HEKE HANJI SHANBEN KAOLU

李小龍 / 著

出　　版　天津古籍出版社
出 版 人　張　瑋
地　　址　天津市和平區西康路35號康岳大厦
郵政編碼　300051
郵購電話　（022）23517902

責任編輯　吴曈曈
封面設計　鞠佳美

印　　刷　北京虎彩文化傳播有限公司
經　　銷　新華書店
開　　本　710毫米×1000毫米　1/16
印　　張　54.25
字　　數　940千字
版次印次　2024年7月第1版　2024年7月第1次印刷
定　　價　299.00圓(上下册)

國家社科基金後期資助項目

出 版 説 明

後期資助項目是國家社科基金設立的一類重要項目，旨在鼓勵廣大社科研究者潛心治學，支持基礎研究多出優秀成果。它是經過嚴格評審，從接近完成的科研成果中遴選立項的。爲擴大後期資助項目的影響，更好地推動學術發展，促進成果轉化，全國哲學社會科學工作辦公室按照“統一設計、統一標識、統一版式、形成系列”的總體要求，組織出版國家社科基金後期資助項目成果。

全國哲學社會科學工作辦公室

前　言

千年以來，日本以漢文模刻典籍無數，僅存於今者，亦近萬種，此爲中國文獻之海外分身，頗值重視。然和刻漢籍之刊行，源於日本文化之需求，故與吾國或手眼各別，正以此故，即利弊兼有：就其利言，其所刊者，或有佚於此而存於彼者，此皆可爲我邦文獻之補充；就其弊言，則又不免於魚龍混雜，劣本泛濫。故若欲使吾邦文獻海涵此異支別派，則須全面考查彼所刻者，去僞存真，去粗取精，使其要者得爲我所用。

筆者自2012年起至日本訪學數載，即從事於兹，至今已十年有餘。本書所録，除自日本各大圖書館外，泰半爲筆者自藏之本。爬羅剔抉有年，所得如此，不敢自秘，聊供研讀之一助，亦幸大方之家不吝賜正。

一、和刻本

（一）概念辨析

日本所刊漢籍，宋元之時即有，且曾來獻佚書，然吾國久未重視，至清方有關注者，然亦無以名之，多率以"東洋本"或"日本本"稱之，均未循名責實。日本書志學家長澤規矩也以"和刻本漢籍"稱之，近頗得學界認可，且已習用。本書亦沿用之。然尚須辨析。

長澤氏於其書之開端爲和刻本漢籍定下標準數則，然所述較雜亂，以至有日本學者亦表示"依然没有特別清楚"①。細查其所述及其實踐，簡言之，長澤認爲，和刻本漢籍須滿足以下條件：一者，必在日本出版；二者，必有（或曾有）中國之原本；三者，其書必有日本學者之加工。前二者自不必言，所謂"和刻"，自然當在日本出版，而其亦必據某一中國原本而來，即非日人自作或僞托者。然令人不解者爲其三，即必有日本學者之返點（用古代日語閲讀漢文時的順序）、送假名（用日語片假名表示讀音）或首書（亦稱"鼇頭"，即於版面上層或兩側加注）方可。此標准暫勿論當否，若探其深心，可知其定此名，著眼點在日本文化，即"和刻本漢籍"爲日本文化之分支，其梳理此類著述，自當以是否有用於日本文化爲目標，亦可理解。然

---

① 中山步：《和刻本清人著述研究》，復旦大學2008年博士學位論文，第24頁。

吾國人研究若全依其範圍,則不免枘鑿。如日本之五山版可稱中國宋元本之螟蛉,幾於部部珍奇,然長澤目全然不收,蓋其書純爲中國書籍之翻刻,並無日人之心力,故將之大約視爲中國宋元版之日本替身耳,於日本之文化傳統似無與焉;此後亦多有活字本或全不加返送(即"返點"與"送假名")之翻刻本,亦爲長澤目摒而不録。

故本書雖亦沿用其名,然於其定義則削第三條,亦即,本書所言和刻本,即出版於日本,且翻刻中國舊有之典籍者。然則,日本所刊中國典籍,雖雕版一如吾國,爲其大宗,然亦非僅此一途,尚有活字本以及珂羅本、石印本甚至鉛排本,亦不可因此名中之"刻"字而略之。本書將此類版本均包括在内,本擬以"和本"稱之,然因"和刻本"之名學界已接受,故仍以"和刻"括之,爲行文之便,亦偶稱"和本"。

(二)特例説明

前之概念既明,實仍有複雜之情形。如楊守敬、黎庶昌主持刊行之《古逸叢書》,確刊於日本,所用之刻工、紙張、墨等皆自日人,本屬和本;然其主事者爲吾國人,且其書刻印之後,即由楊氏舶歸,版亦留中國。則有類當下之代工者,故此類書則仍視爲唐本,本書不再收入。

日人著述,自不當闌入,似不必再議。然此亦未能截然。有日人以吾國人之思維,從事於漢籍之作,且其書回流禹域,頗得許可,吾國亦多翻印者,此類典籍實已"漢化",則似不必以其作者爲日人而棄之。要之,此書之作,在爲吾國傳統文化搜羅文獻,則如《七經孟子考文》《全唐詩逸》等本亦爲其中應有之義也。然此二書已久播人口,前者列入《四庫全書》,後者亦翻印不絶,故本書亦不贅録。而如《八史經籍志》,則知者未多,仍依前例收入。

(三)釋書及醫書

釋、醫二類爲和刻本大宗,筆者亦曾搜羅,然限於精力,不能深入考辨之。且此二類之書極爲叢雜,辨析尤費時日。故本書仍依長澤規矩也前例,暫不收録,以俟將來。

另須説明者,釋子多有詩文行世,其書於當代亦多視同别集,如宋釋之《天竺别集》《雪峰空和尚外集》《北磵外集》《淮海外集》《物初賸語》之類,祝尚書即均入《宋人别集叙録》中,金程宇亦收入其《和刻本中國古逸書叢刊》之集部,然或有未當,以各書均多釋家偈頌、法語,如《天竺别集》,《中國古籍總目》即入子部釋家類;《雪峰空和尚外集》祝氏云"此本既稱'外集’,似猶有‘内集’或‘正集’,當爲禪門著述”,其理解或有誤,如釋居簡有《北磵外集》,與之對應者並非内集與正集,而爲《北磵詩集》與《北磵文集》(祝氏亦均入録),故從日本學者川瀨一馬《五山版研究》之例,將此書置於禪籍之部中。再如《物初賸語》,嚴紹璗《日藏漢籍善本書録》亦入子部。故此數書均從前例而不録。

二、和刻善本

善本之義,於吾國文獻界既已莫衷一是,以其爲價值之判,然價值則實在於評者之立場。如長澤氏因其立場,於此即頗扞格。其主持之和刻本集成十數種,無慮百帙,可謂日本所刊吾國典籍之大成,然因觀念所拘,故入選之善否已有朱紫相奪之憾,如其韓、柳二集不擇五山本,而擇萬治三年翻蔣之翹本者;白氏文集不擇尤要之那波道圓古活字本,而擇明曆三年翻馬元調本者,均其例也。

本書所謂善本,以其價值依次有如下五層:

其一,全書佚於中土而獨存於和刻本之中者,如《群書治要》《遊仙窟》之類。此爲和本之中最有價值者。若無和本,則吾國文獻即失此一書。此類頗多,日人林衡之《佚存叢書》所收即是,此正其以“佚存”命名之義。

其二,某書中土亦存,然此書之某本中土未見而得見於和本者。如《鶴林玉露》,國内亦存明本,然僅十六卷,而和本則爲十八卷完帙,故今通行之《鶴林玉露》,皆據和本整理;又如《詩人玉屑》,國内所傳爲二十卷,和本則爲二十一卷。

其三,某書中土存之,其某本中土亦存,然無和本之優或早者,如《孔子家語》之王肅注本,吾國亦有宋本傳世(雖後均燬於火,然亦爲人影抄或影刻,故亦可見),然無如和本之精且善,以其所據爲尤早之宋本也。

其四,某書中土存之,其某本中土亦存,且與和本並無差異,然中土存本極罕(以吾國收藏界之慣例,大約以公藏不超過三種爲限,亦有個别例外),故學者未易得睹其書者,則亦可思求之於異邦,故亦録之。

其五,前述和本定義時已言,其本必有中國之原本。然此原本未必即刊本,故亦有反於日本首刊之者,如明、清二代常有國人旅居日本,其著述即交日人剞劂,如陳元贇《老子經通考》,或《導庵金先生墨蹟》之類;亦有日人於中國遊歷時携國人著述至日刊行者,如《枕山樓茶略》《徐三庚楷書蘭亭叙》之類,均爲國人著述並刊於日本者,亦合前云之“和本”之義,故亦納入。

以上均以“書”之物質形態而非抽象形態立目,如《御注孝經》之類,開元初注本與天寶重注本自不同,即分列之;即開元初注本間,三條本與藤原本又不同,則均入録。

影印之本擇少見、不易得者入録,如《冥報記》之高山寺本及《尊經閣叢刊》所影之長治鈔本等;個别易得易見者如《三國志平話》《元刊雜劇三十種》《西遊記雜劇》之類則不贅録。

據以上標準,對和刻本全面核查其與國内古籍之關係,最終確定五百三十五種,此書雖數十萬言,然最爲核心者實即此入選之名單。因每一書能否列入,需多方查考:於第一層需檢其書於國内有存者否?衆所周知,言有易言無難,故需反覆推考查證而後能定,且隨核查範圍之擴大又不得不時有增删;第一層實尚易爲,以其有則有,無則無,然於第二層,則又需將和刻本與國内所傳之本進行比對,以此厘定和本之價值;第三層則更難,因尚需知國内傳本之版本源流,從而知其與和本之先後關係;至第四層,雖其價值無如前三者,然工作量則尤大,因需從查考有無,至核比文本,再至梳理源流,至此知與國内傳本同,則似無價值,然又欲爲研究者提供便捷之研究資料,故若國内館藏三種以下者亦入録,於是又需查索國内館藏之情形。故知一書之進退,頗費躊躇,比如僅據長澤規矩也《和刻本漢籍分類目録》即著五千餘種,筆者力求全部梳理一遍,最終得約十分之一,中亦頗有初考時覺其可收,故專力於斯,上下考索,終知其不合以上五層之標準,唯有放棄之例。

三、著録

(一)次序

全書次序從《四庫全書總目》及長澤規矩也《和刻本漢籍分類目録》參互而用,二目未録者,依性質插入相應位置。個别條目亦稍調整,如四書中單行文獻與四書次序等。

(二)分類

分類仍依四部之法,並於四部下分小類,然小類之下即不再細分。亦有類别據和刻本多寡作相應微調。

(三)書名

以文獻著録之例,當以卷端題名爲准,然卷端題名者多有附益之辭,於檢索甚不便，故條目書名仍以核心詞爲主，以便尋檢，至卷端題署則於叙録中表出。

（四）卷數

古籍著録之慣例，凡未明確設卷者，皆標“不分卷”，則實未當，本書不從。若原書未分卷，且僅一册者，則均録爲“一卷”；若原書體量多於一册且不分卷者，則以册爲卷稱之。此實亦分卷之古意也。

四、考録

（一）叙録

依文獻著録慣例，介紹文獻物質形態。

其一，關於典籍之尺寸，爲有直觀印象，將其書分爲五類，均以長度爲標準（長寬比例特異者極少，故可忽略）：三十釐米以上爲特大本，二十五釐米以上爲大本，二十釐米以上爲中本，十六釐米以上爲小本，十六釐米以下爲巾箱本，大本與中本最常見。

其二，文獻之扉頁、版權頁、牌記均必詳録，書之序跋尤爲徵文考獻之要者，故於其文末作者職銜、署時等皆詳録之。

其三，關於書名，若卷端之名與扉頁名同，則省去不録；若不同，則單録之。

（二）考證

此爲本書核心内容。然所考證，有話則長，無話則短，據前文所列五層之善本標準，説明此和本何以列入本書“善本”之原因，即重在考證其與中國文獻之關係，不旁生枝節，偶作詳考，亦因或人或書或傳播之跡有隱晦不明處，總之，不做文抄公，以常識介紹填充篇幅。尤需説明者，本書之目的，僅在將和刻本一一梳理，尋其有補於中國文獻者，至於其書之内容、價值，則非本書所能評判。日人林衡於《佚存叢書》前作序云：“余嘗讀唐宋已還之書，乃識載籍之佚於彼者，不爲鮮也。因念其獨存於我者，而我或致遂佚，則天地間無復其書矣，不已可惜乎！於是彙爲一編，姑假諸歐詩，名曰《佚存叢書》。顧是編所彙，唯‘佚’是收，不必問其醇疵瑕瑜，譬之古器，千年外物皆可寶重，寧唯夏彝周鼎然後可傳也哉！”此言深得我心，故此書亦不過拋磚引玉，爲學界提供名單而已。筆者今後若有餘力，亦當逐部再作研索。

此處另需説明者，和刻本與中國原本之間偶亦有朝鮮本居其中，故僅據所知亦偶及之，然學界於朝鮮本素少問津，筆者更無涉獵，故本書仍僅限於“和刻本於中國文獻之價值”之重心；至於此和本與朝鮮本之關係，則爲另一課題，深望於來哲也。

（三）影印整理

列出此書曾經影印整理之信息，方便學界查閲。然附者必以此和本爲底本或重要之校本者，否則不録。和本影印之要籍如長澤規矩也主持之和刻本集成數種、金程宇《和刻本中國古逸書叢刊》乃至《域外漢籍珍本文庫》等叢書不贅列其出版信息，可檢閲參考文獻。本即影印之書者一般不列此項。

（四）公藏

列出公藏單位，方便學者查找原始文獻。公藏單位均用簡稱。中國之公藏依王寶平主編《中國館藏和刻本漢籍書目》著録，其簡稱亦據此書；日本公藏以“日本所藏中文古籍數據庫”爲基礎，盡力搜羅，其簡稱亦依此網站所用。以上收藏單位超過二十家則不備録。又有標“無”者，非敢謂世間無藏者，惟尚未檢到藏本者。本即影印之本或早傳入吾國且多被翻刻與影印之書偶亦不附此項。

（五）注釋

爲供學者批評與進一步研究，行文中所及資料均依例出注，以便覆檢，然引用未經影印或整理之古籍原本則不注。另常用之書則僅於首次參引時標注詳盡出版信息，其後則僅注書名與頁碼；不常用之書則每出必詳細標注。

筆者從事於此雖已十餘載，然書囊無底，或因作者識見未周，有遺珠之憾；或因作者孤陋寡聞，致濫竽之弊。然小書實階段性成果，抛磚則意在引玉，若引起學界關注，則有補於學術匪鮮；若再得同道之雅正，則筆者幸甚，小書幸甚！

總目録

目 録

上 册

下　册

經　部

一、易　類

周易新講義十卷

【叙録】

《周易新講義》十卷,宋人龔原撰,日本文化五年(1808)天瀑山人林衡《佚存叢書》(第五帙)活字排印本。大本十册。前有鄒浩《周易新講義序》(注云"右序一篇,從朱彝尊《經義考》録補")。正文四周單邊,黑口,單魚尾,有界行,半葉十行,行二十字,無返送。末有署"文化五年夏四月天瀑山人識"之跋語。

【考證】

此書爲宋人龔原撰。龔原字深父,時稱括蒼先生,遂昌人。嘉祐八年(1063)進士第五人①,爲國子直講、國子丞、太常博士、兩浙轉運判官、秘書監、給事中、工部侍郎等,年六十七而卒。有文集七十卷,已佚。《宋史》卷三五三有傳。《宋史》載云:"初,王安石改學校法,引原自助,原亦爲盡力。其後,司馬光召與語,譏切王氏,原反覆辨救不少衰。光歎曰:'王氏習氣尚爾邪!'爲司業時,請以安石所撰《字説》《洪範傳》及子雱《論語》《孟子義》刊板傳學者。故一時學校舉子之文,靡然從之,其弊自原始。"可知其學術大略。《郡齋讀書志》云:"介甫《三經義》皆頒學官,獨《易解》自謂少作未善,不專以取士。故紹聖後復有龔原、耿南仲注《易》,三書偕行於場屋。"②

---

① 參劉琳、刁忠民、舒大剛、尹波等校點:《宋會要輯稿》,上海:上海古籍出版社,2014年,第5269頁。

② [宋]晁公武撰,孫猛校證:《郡齋讀書志校證》,上海:上海古籍出版社,1990年,第41頁。按:耿氏有同名之書,被收入《四庫全書》之中。

知此書實繼王安石《易解》之作,時頗流行。《直齋書録解題》録其"《易講義》十卷",云"初以經學爲王安石引用。元符後入黨籍"①,可與晁志相參證。陳志又注其書有"隨齋批注",惜已無存。

此書宋本流傳於日本,曾藏淺草文庫、昌平坂學問所,今藏日本公文書館,並於 1956 年被確認爲日本重要文化財。日人森立之於《經籍訪古志》中曾加著録,並定爲"北宋槧本",指其"'貞''玄''桓'等字缺筆。紙質堅厚,即純楮之精者。字畫遒勁,墨色妍好,北宋槧中尤佳者也"②。據嚴紹璗《日藏漢籍善本書録》則定其爲南宋紹興間刊本,並云:"此本於日本文化二年(1805 年)入藏昌平坂學問所。大學頭(校長)林述齋據此本翻刻並編入《佚存叢書》中。"③以書末林衡識語云:"查《文淵閣書目》無是書,朱彝尊《經義考》亦注爲未見,乾隆《四庫總目》獨録耿南仲《講義》,而不録斯編,則其爲失傳,意當無疑焉。"故在入藏昌平坂學問所三年後即排印出版,又據朱彝尊《經義考》補入鄒浩序一篇,將原文雙行小字注改爲正文單行。宋本偶有殘闕之處,此本以空格示之。此排印本後傳歸中土,阮元將其收入《宛委别藏》第一種,咸豐十一年(1861)南海伍氏刻粤雅堂叢書本收入此書。

按林氏之書十七種,分裝六十册,每册書籤下標一字,即以晁衡《銜命還國作》詩爲序,其詩曰:"銜命將辭國,非才忝侍臣。天中戀明主,海外憶慈親。伏奏違金闕,騑驂去玉津。蓬萊鄉路遠,若木故園林。西望懷恩日,東歸感義辰。平生一寶劍,留贈結交人。"此書十册,合爲"西望懷恩日,東歸感義辰"一聯。後皆仿此,不具録。

【影印・整理】

《續修四庫全書》影印日本活字本。

周易音訓二卷

【叙録】

《周易音訓》二卷,宋吕祖謙撰,宋王莘叟編,日人昌谷碩重輯,日本弘

---

① [宋]陳振孫撰,徐小蠻、顧美華點校:《直齋書録解題》,上海:上海古籍出版社,2015 年,第 14 頁。

② [日]澁江全善、森立之等撰:《經籍訪古志》,杜澤遜、班龍門點校,上海:上海古籍出版社,2014 年,第 14 頁。

③ 嚴紹璗:《日藏漢籍善本書録》,北京:中華書局,2007 年,第 6 頁。

化四年(1847)刻本。中本二册。扉頁上横書“弘化四年鐫”,中大題“周易音訓、書集傳音釋”(此與後者合刊),右署“昌谷子儼重輯”,左下署“精溪文房藏板”,下有“昌谷家藏”之章。前有昌谷氏序及凡例。卷端署“東萊吕氏周易音訓”,“金華王辛叟筆受”(“辛”當作“莘”),版心下署“精溪文房藏梓”字様。正文四周文武邊,花口,單黑魚尾,有界行,半葉九行,行二十一字,有返點。

【考證】

據日人昌谷碩序云,“凡經傳,先審其音,而後其文可讀焉;先詳其訓,而後其義可講焉”,“朱子解經,每必以之,如《四書集注》《詩集傳》,可以見矣。獨其於《周易本義》闕之者。其孫鑑跋吕氏音訓曰:‘先公著述,經傳悉加音訓,而於易獨否者,以有東萊先生此書也’”,“因券求之多年,亦未由得之。適閲納蘭成德經解中所收元人董真卿《周易會通》,則悉附載音訓,而其言曰:‘吕氏音訓,朱子所深取,惜刊《本義》者,不曾附入,遂使此書幾至無傳。今得善本,悉附經文。’則彼時傳本既乏,乾隆《四庫全書總目》亦不收之,而僅存一本於兹,實可嘉尚也。乃抄集成編”,“乃就原書再讎校之,更據吕氏《古周易》序次之,以授梓人云”。知此爲日人昌谷碩依《周易會通》所輯之書,然亦非向壁虚構者,以原當有吕氏之書也。其云“乾隆《四庫全書總目》亦不收之”,亦稍不察,《中國古籍總目》確未收此書,然於吕氏《古周易》條下云:“《書録解題》又載《音訓》二卷,乃祖謙門人王莘叟所筆受。又稱朱子嘗刻是書於臨漳、會稽,益以程氏是正文字及晁氏説。此本皆無之,殆傳寫者遺之歟?”①查陳振孫書,知《中國古籍總目》之文字即從此來②。又《中國古籍總目》云“此本皆無之,殆傳寫者遺之歟”亦誤,崔富章云:“《宋史·藝文志》載‘吕祖謙定《古易》十二篇爲一卷。又《音訓》二卷,《周易繫辭精義》二卷。’是吕氏編《古周易》一卷,《音訓》二卷别爲一書,由《自序》稱‘其説具於《音訓》云’可知,非‘傳寫者遺之’也。”③所論極是,知吕氏原有《音訓》一書無疑,惜其失傳而已。

重輯佚書,爲學人之志,清人亦有從事於此者。仁和宋咸熙於嘉慶七年(1802)刊行《古易音訓》,較日人此輯早四十五年。其序云:“《文獻通考》‘吕伯恭《古易音訓》共十四卷’,《宋史·藝文志》‘古易音訓》二卷’,

① 魏小虎編撰:《四庫全書總目彙訂》,上海:上海古籍出版社,2012年,第58頁。
② [宋]陳振孫撰,徐小蠻、顧美華點校:《直齋書録解題》,第2—3頁。
③ 崔富章:《四庫提要補正》,杭州:杭州大學出版社,1990年,第15頁。

蓋《古易》十二卷,合《音訓》二卷爲十四也。朱子之孫子明取《音訓》附刊《本義》後,今原書失傳,散見元董季真《周易會通》中,而分並失次。戊午冬月,依吕氏篇第,手自綴録,上下經一卷,十翼一卷。"[①]知其與昌谷碩思路全同。細勘二書,所輯條目,亦幾全同。稍異者,昌谷氏《凡例》第一條云:"吕氏音訓間有未備者,董氏增補,存於程傳之末,不可不傳也。因拾掇之,雜本篇之間,標以'補'字,斷以勾畫,令不相混。"則日人所輯,體例似更嚴謹。另,宋輯本未及"王莘叟",徑署"宋咸熙",亦似不妥。

據《中國古籍總目》尚録光緒刻孫氏山淵閣叢刊本(署宋王莘叟撰)、清人孫葆田輯本(光緒二十九年刻本),又有同治至光緒永康胡氏退補齋刻《金華叢書》本,均當爲宋輯本。

另:此書之輯出,不僅恢復佚書而已,亦有徵文考獻之功。段玉裁爲宋咸熙書作跋云:"吕成公《古周易音訓》所引《經典釋文》勝於今通志堂、抱經堂所刻者……抑予觕讀之,疑晁以道所據又勝成公所據。"而晁氏之書亦佚,於此吕氏之書中可見片羽。

須補充論及者,附載吕氏音訓之《本義》世間仍有傳本,即現存於中國國家圖書館之《周易程朱傳義》,爲元至正六年(1346)虞氏務本堂刊本,因其多爲藏家深藏秘扃(先爲汪士鐘舊藏,後歸袁克文,又入周叔弢手,終入藏國家圖書館[②]),故少有知者。將此書與董真卿書相較,知董氏書輯録吕氏音訓尚稱完備,亦可知宋氏及昌谷氏二家所輯,亦頗嚴謹。東萊此書,於此差可復原。

【影印・整理】

無。

【公藏】

中國:北大、遼寧。

日本:公文書館、關大、京大附圖、滋賀大教育、民博。

---

① [清]宋咸熙輯:《古易音訓》,《續修四庫全書》第2册,影印,上海:上海古籍出版社,2002年,第31頁。

② 參《中華再造善本總目提要》,北京:國家圖書館出版社,2013年,第814頁。

泰軒易傳六卷

【叙録】

《泰軒易傳》六卷,日本寬政十二年(1800)天瀑山人林衡《佚存叢書》(第二帙)活字排印本。大本六册。正文四周單邊,黑口,單魚尾,有界行,半葉十行,行二十字,無返送。每卷之末,均有"迪功郎福州福清縣尉李舜舉編集,迪功郎漳州龍溪縣尉李熙績校正"字樣,無返送。末有"嘉定上章執徐十一月重光大淵廣川董洪"跋,附"庚申十月望天瀑識"之跋語。

【考證】

據林衡跋可知,此書《宋史・藝文志》不載,諸家藏書目未見著録,朱彝尊《經義考》亦未及之,故林衡推測"彼中散佚之久,可知矣"。另,此書於中國文獻中亦全無蹤跡,則確爲珍貴之佚書。林衡云:"所貯文明中影本,距今數百年,書編殘破,紙墨敗壞。第一卷脱首頁,第二卷脱末頁,今無别本可校補,遂姑仍其舊。"可知其所見爲日本文明(1469—1487)時之影本(當指影抄本,即日本南北朝影宋寫本,今藏足利學校遺蹟圖書館),遂刊入《佚存叢書》。

【影印・整理】

《續修四庫全書》影印日本活字本。

周易句解十卷

【叙録】

《直音傍訓周易句解》十卷,元朱祖義撰,日本寬文十一年(1671)吉野屋總兵衛刊本。大本四册。前爲"寛文辛亥春三月丁丑,永庵小出立庭恭書新蕉軒下"之"題周易句解首"。正文四周文武邊,白口,雙順花魚尾,無界行,半葉八行,行十八字,有返送。末署"敏德書堂新刊,泰定丙寅菊月印行"字樣;後有"寛文十一辛亥仲春吉旦,吉野屋總兵衛開板"刊記。

【考證】

此書原本當爲元泰定三年(1326)敏德書堂所刊,然原刊本國内無存,僅日本公文書館存孤本。另,國圖與上海各存有《直音傍訓毛詩句解》二十卷元刻本①,或其與此書爲配套而行者。據公文書館之元本相較,此和本並非覆刻,以元本半葉十二行,行二十二字,字極細密,且爲手寫體字。而此和本行款稍疏,且改用匠體字。然其末仍依樣標署底本之書坊及刊印之時,雖據元本知即此書肆之名亦非原樣,但至少據此和曾存此一本,故亦有價值。

【影印・整理】

無。

【公藏】

中國:無。

日本:静嘉堂文庫、市立米澤、東北大、愛知大、國會、公文書館、京大附圖、實踐女子、蓬左文庫。

① 《中國古籍總目・經部》,北京:中華書局、上海:上海古籍出版社,2012年,第331頁。

二、書　類

尚書正義二十卷(單疏本)

【叙録】

《尚書正義》二十卷,孔穎達正義。日本昭和三年(1928)據宮内省圖書寮所藏宋刊本以珂羅版影印行世。書末有"宫内省圖書寮藏宋槧本尚書正義昭和三年印行大阪每日新聞社"之朱印。共十七册,半葉十五行,行二十四字,白口,左右雙邊,單魚尾,魚尾下標"書×",版心下録刻工姓名,如有朱因、王政、施章、葛珍、黄鍾、王紳、吴珪、王正、黄暉、張元、汪改、汪盛、陳忠、王寔、方成、洪茂、洪先、蔡至道等。前有孔維序,下列勘官軒轅節、胡令問、解貞吉、胡迪、解楨、李覺、袁逢古、孔維等銜名,次長孫無忌《上五經正義表》,次《尚書正義序》。此書卷三之末有"嘉元二年暮春廿五朝,約句讀了,圓種",卷四末有"嘉元元年歲次癸卯十一月廿一日,加朱點了,圓種",卷六末有"嘉元二年甲辰卯月廿二日拭老眼,粗加粗點了,佛子圓種流年六旬"。卷二、四、十、十四、十六之末皆有"金澤文庫"墨色楷書長方印記,第一册及第十五册之副葉,有"歸源"墨印。每册之首有"祕閣圖書之章"。

【考證】

《尚書正義》有宋刊之單疏本,然流傳極罕。日本入宋僧圓種於十四世紀初由宋舶歸,故其卷中有圓種識語。書歸於金澤文庫;十六世紀時金澤文庫之書散佚,此書卷一歸户塚賈人伊勢屋源七,餘存鎌倉圓覺寺歸源庵;寬政八年(1796),醫士多紀丹波得其零本,獻於將軍,並察訪其餘;享和三年,由林述齋建議,書藏於楓山官庫;明治初,歸内閣文庫,即"祕閣圖書之章"所自;明治二十四年三月,此本由内閣文庫移交宫内省圖書寮,即今之宫内廳書陵部。

關於此書之刊時，楊守敬與森立之均斷爲“北宋槧本”①，然楊亦注云“或云此亦南宋初刻本”。島田翰則云“其避宋諱則‘玄’‘胤’‘讓’‘敬’‘弘’‘桓’等字缺末筆，闕至‘敦’字，則係寧宗後刊本”②。然傅增湘則云其：“宋諱缺筆甚謹，玄、敬、弘、讓、貞、恒、瑗、殷、頊、慎等字皆爲字不成，是孝宗時刊本。然筆意緊實，結體方嚴，猶有汴都遺韻也。”③

楊守敬於日本訪書之時，此尚藏於楓山官庫，其云“是書中土久無傳本，山井鼎作《考文》時亦未之見”，又云：“余初得後藤正齋（原誤爲‘齊’）影抄本，蓋正齋曾爲官書掌管，故能使人摹之也。因念是書猶是端拱經進原本，首尾完具，洵希世之珍，乃從書記官巖谷修借原本用西法照出，意欲携歸，醵金重刊，久不能集事。丙戌又携入都，以付德化李木齋，許以重刊。旋聞木齋丁艱，恐此事又成虚願也。”知其以此書之珍稀而將其鈔出，欲影印行世，迄未成事。至昭和三年，日本大阪每日新聞社方請小林寫真所製版，以珂羅版影印行世。傅增湘《藏園群書經眼録》云：“昨歲大坂新聞社已複製流傳，余蒙内藤湖南博士虎惠貽一帙，精美殊常，直下真跡一等。鄰蘇有知，亦當九原含笑矣。”其後傅氏以“殊駭物聽”之高價，得宋監本《周易正義》單疏本後，便即“郵致東瀛，選集良工，精摹影印，板式若一，點畫無訛，紙幅標題，咸存舊蹟，庶與東邦覆印《書疏》聯爲雙璧”④，可知此本對傅氏之影響。

【影印・整理】

《影印南宋官版尚書正義》，北京大學出版社 2015 年影印。

【公藏】

中國：民族大、山大。

日本：所藏甚多，不備録。

---

① 參［清］楊守敬撰，張雷校點：《日本訪書志》，瀋陽：遼寧教育出版社，2003 年，第 3 頁；〔日〕澁江全善、森立之等撰：《經籍訪古志》，杜澤遜、班龍門點校，第 18—19 頁。

② 〔日〕島田翰撰：《古文舊書考》，杜澤遜、王曉娟點校，上海：上海古籍出版社，2014 年，第 156 頁。

③ 傅增湘：《藏園群書經眼録》，北京：中華書局，2009 年，第 22 頁。

④ 傅增湘：《藏園群書題記》，上海：上海古籍出版社，1989 年，第 3 頁。

尚書正義二十卷(八行本)

【叙録】

《尚書正義》二十卷,漢孔安國傳、唐孔穎達等疏。大本二十册。日本弘化四年(1847)時習館覆刻足利學校所藏宋八行本。二十册。正文左右文武邊,上黑口,單魚尾(偶有雙魚尾者),有界行,半葉八行,行十九字,注小字雙行同。板心有字數(亦有無字數者,偶有墨圍),魚尾下題"尚 ×"(偶有"書 ×""尚書 ×")及葉碼(偶有"原補"字樣者),板心下方有刻工姓名(偶有墨圍),無返送。

封裏題"影宋本尚書正義二十卷""弘化丁未年刊"。書前有日本弘化四年林煒《影鈔宋槧尚書正義序》、日本細川利和《例言》、北宋端拱元年(988)孔維等《進書表》、唐永徽四年(653)公孫無忌等《上五經正義表》、唐孔穎達《尚書正義序》,書末有南宋紹熙三年(1192)黄唐《識語》。孔維《進書表》首行下有"松竹清風"長型墨印,書眉有"此書不許出學校閫外憲實"之字樣及花押。每册之首葉書眉又有"足利學校公用"字樣,約半數卷中或卷末亦有此字樣。各卷首行題"尚書正義卷第 ×",卷三至五、七至十六、十八至二十作"尚書注疏卷第 ×",次行題"國子祭酒上護軍曲阜縣開國子臣孔穎達等奉"(卷四僅題"孔氏傳"),三行題"敕撰"。卷末題"尚書卷第 ×"(卷四則題"尚書注疏經義卷第 ×",卷六至二十題"尚書注疏卷第 ×")。卷一、九、十八及卷二、五、八、十二、十四、十七、二十之末葉均有"上杉安房守藤原憲實寄進"字樣。

【考證】

此書爲越州八行本注疏合編本,中土久佚。此書前林煒序云其"蓋係我永亨年間安房守上杉憲實所寄藏",知爲日本室町時代關東管領上杉憲實(1411—1466)所藏。又云"檢乾隆《天禄琳琅書目》,皆無收載,乃知海内外僅有此二部,而逸於彼存於我,洵可謂希世之珍矣"。日本學者山井鼎曾於《七經孟子考文》徵引此書,阮元亦據山井鼎氏而入《十三經注疏》之校勘記,從而廣爲人知。然山井氏所引亦有可議之處,如細川利和之《例言》已指出:"阮元謂注疏合刻《易》《書》等,當在北宋之末,按山井鼎《左傳考文》引《禮記》黄跋,'紹熙'作'紹興',阮元不知其爲誤,故有是説。"楊守敬亦指出此誤。然葉德輝並不認同,其《郎園讀書志》認爲此本後之黄唐跋"究竟此從他經移來,難免傳寫之誤",並引森立之《經籍訪古志》所載此本詳録黄跋,本作"紹興"(《經籍訪古志》録此跋偶有誤字,則或不盡可據①);"《禮記注疏》六十三卷爲足利學藏者,亦明稱'紹興壬子'刊本,末有三山黄唐跋",且謂其書避諱未及光宗,則當未至紹熙之時②。然此跋確當爲"紹熙",葉説誤。

此本亦有缺葉,然據細川《例言》知,僅缺十五葉,後人曾以别本補足,山井鼎參引時猶存,然至弘化時,僅存其一葉,據以刊行,並於版心書"原補"二字;餘皆未見,則"據宋十行本,參以考文補之",版心刻一"補"字以别之。就版本言或不如楊氏舶歸之本,然勝在全本無缺。此本之底本現仍藏於日本足利學校,1955 年 6 月被確認爲"日本國寶"。京都大學吉川幸次郎等校定《尚書正義定本》即取此覆刊本爲底本。

關於此書尚有需討論之處。

一、題名

此書多以"尚書正義"爲名,如此弘化刻本封裏即題"影宋本尚書正義",至各書目著録及國内影印(參後文所列)莫不如是,然森立之與楊守敬則以"尚書注疏"爲名③。實當以後者爲是。原因有二。一者,由技術層面論,此書二十卷,僅有四卷之卷端署"尚書正義"之名(即卷一、二、六、十七),餘均署"尚書注疏",至於卷末之尾題,則僅卷五爲"尚書正義",卷一作"尚書",卷四作"尚書注疏經義",餘均作"尚書注疏",知當初刊行時書名頗有依違徘徊之處,然以"注疏"爲名,當爲主持刊行者之原意,惜依文獻著録之慣例,多以卷一首葉所署著録,遂誤其名。二者,《尚書正義》亦非此書貼切之名,細川利和《例言》末條云"諸卷大題不一,其曰'正義'者,蓋襲單疏本舊名也,原本標題依而用之,今不復改",即指出此點。所謂"正義",專指孔穎達之疏而言,故其爲單疏本之書名(即前文所録之《尚書正義》),此爲注、疏合刊本,自當以"注疏"爲名。故於此宋刊八行本及其衍生之影印諸本,於文獻著録及影印之時建議改稱"注疏";至於本次叙録之弘化刊本,姑據原本之題。

---

① 〔日〕澁江全善、森立之等撰:《經籍訪古志》,杜澤遜、班龍門點校,上海:上海古籍出版社,2014 年,第 19—20 頁。

② 〔清〕葉德輝撰,楊洪升點校,杜澤遜審定:《郎園讀書志》,上海:上海古籍出版社,2010 年,第 30—31 頁。

③ 參〔日〕澁江全善、森立之等撰:《經籍訪古志》,杜澤遜、班龍門點校,第 19—20 頁;〔清〕楊守敬撰,張雷校點:《日本訪書志》,第 4 頁。

二、關於黄唐跋

對此書之定位,學界多以其後所附黄唐之跋爲據。其文云:“六經疏義,自京監、蜀本皆省正文及注,又篇章散亂,覽者病焉。本司舊刊《易》《書》《周禮》,正經注疏,萃見一書,便於披繹。它經獨闕。紹熙辛亥仲冬,唐備員司庾,遂取《毛詩》《禮記》疏義,如前三經編彙,精加讎正,用鋟諸木,庶廣前人之所未備。乃若《春秋》一經,顧力未暇,姑以貽同志云。壬子秋八月三山黄唐謹識。”即此可知此八行本爲黄唐所刊之越州本,亦爲經、注、疏合刊之首本,版本意義重大。此一認定並無問題,然文獻著録尚多有誤,即以黄唐此跋即附此書之末,如前云森立之、楊守敬皆徑録①。其實不然。據此本細川《例言》云:“足利學校亦藏上杉氏所捐《周易》《禮記》正義,版式字樣,與此書如出一手。而其《禮記》紹熙壬子浙江路茶鹽公事三山黄唐所刻,其自跋云‘本司舊刻《易》《書》《周禮》,正經注疏,萃見一書’,則此本爲黄所指本司舊刻明矣。且以宋諱缺筆,刻工名識考之,其刻蓋在淳熙前後。阮元謂注疏合刻易、書等,當在北宋之末,按山井鼎《左傳考文》引《禮記》黄跋,‘紹熙’作‘紹興’,阮元不知其爲誤,故有是説。明復進書時,取黄跋置諸卷尾,蓋以證此本爲浙江萃刻之祖也。今因而存之。”可知此《尚書注疏》之末並無黄跋,目前所見之跋爲松崎明復鈔録時,將原《禮記》末之跋語移録而來者(细察《禮記正義》末之跋語②,確與此無論行款及字體,均甚相似)。即以文義觀之,黄唐刻易、書、周禮之時在刻毛詩、禮記之前,此跋在刻《禮記》之後(除黄跋外,尚附十一位校正官職銜姓名),若無補版、翻刻之事,則《尚書注疏》之末不當有此跋語。在此推測後,得見北京大學出版社《影印南宋官版尚書正義》一書,其中八行本之缺卷據足利本配補,卷二十之末確無黄跋③。

然此弘化本之末亦有此跋語,若此本以足利本爲底本,則事情或較複雜,故仍當探討此書底本問題。

三、此書底本

關於此書底本,嚴紹璗云“孝明天皇弘化四年(1847 年),熊本藩主刊印《尚書正義》二十卷,此本則覆刊足利學校舊藏宋越刊八行本”,金程宇亦云“日本弘化四年(1847)時習館覆足利學校刊本”④。實皆誤。日本學

① 嚴紹璗《日藏漢籍善本書録》(第 40 頁)亦同,其或當未見原書,因仍襲山井鼎、森立之之誤,誤“紹熙”爲“紹興”。

② 《禮記正義》,《中華再造善本》,影印,北京:國家圖書館出版社,2003 年。

③ 《影印南宋官版尚書正義》,北京:北京大學出版社,2015 年,第 613—614 頁。

④ 金程宇:《東亞漢文學論考》,南京:鳳凰出版社,2013 年,第 153—154 頁。

者阿部隆一著録較爲精確,"足利學校藏本經'松崎慊堂校審',弘化四年由熊本藩時習館影刻行世"①,指出其當經松崎之校審,然亦誤以此據足利原本,其實此書底本當爲松崎明復之鈔本。書前林煒《影鈔宋槧尚書正義序》云"掛口教授松明復晚耽古書,既縮刻開成石經,又影鈔足利學所藏宋槧尚書正義,進之熊本源公,慫恿而剞劂之",細川《例言》又云:"此書原本南宋初所刻,現藏足利學校。室町氏之時,鎌府宰安房守上杉憲實所捐。松崎明復病其無副本,影寫一通。明復本貫係我宗國,因以進呈。筆劃精審,不違毫釐。今取雕鋟,務加精校。其黑闕漫滅,零字缺誤,並仍舊樣,意在存宋版面目也。"此處所云"今取雕鋟"者,自爲松崎氏"進呈"之"筆劃精審,不違毫釐"之影寫本而非原本,可知此弘化本蓋以松崎氏鈔本爲底本上木刊行。另,其封裏題云"影宋本尚書正義二十卷"、書前林煒序稱《影鈔宋槧尚書正義序》,二名亦均爲此意。

四、與楊本之關係

日本原存此書有二,一爲此足利本,二爲楊守敬携歸之本。其《日本訪書志》載:"此則中土久已亡,唯日本山井鼎《七經孟子考文》得見之。以校明刊本,多所是正。顧其原書在海外,經師徵引,疑信參半。余至日本,竭力搜訪,久之,乃聞在西京大阪收藏家。余囑書估信致求之,往返數四,議價不成。及差满歸國,道出神户,乃親乘輪車至大阪物色之,其人仍居奇不肯售。余以爲日本古籍,有所見志在必得,况此宋槧經書,爲海内孤本,交臂失之,留此遺憾。幸歸裝尚有餘金,乃破慳得之,携書歸。時同行者方詫余獨自入大阪,及携書歸舟,把玩不置,莫不竊笑癖而且癡,而余不顧也。書凡裝十册,缺二册,鈔補亦是以原書影摹,字體行款,毫無移易,固不害爲全書也。"可見其訪獲之經過。後歸張之洞②,再爲上海修文堂主人孫誠温收購,並經鄭振鐸、蔣復璁、朱家驊,而購歸政府,現藏國圖(參拙著《日本訪書志校證》),後有《古逸叢書》三編、《續修四庫全書》及《中華再造善本》影印本。上海古籍出版社《十三經注疏》亦用此爲底本。然據其影印之本,則全書之末亦有黄唐跋語,則前云跋語爲松崎氏移録者似當修正,實亦不然。此書有闕卷,前引楊守敬語已云"書凡裝十册,缺二册"③,即缺卷七、八、十九、二十,此四卷金程宇解題云"以足利學校宋本補抄",所言不

---

① 〔日〕阿部隆一:《日本國見在宋元版本志》之《足利學校藏八行本尚書正義版本解題》,《影印南宋官版尚書正義》,第621頁。

② 參[清]楊守敬撰,張雷校點:《日本訪書志》,第4頁。

③ 楊氏手批《經籍訪古志》云"今缺一册,補鈔,在飛青閣"(長澤規矩也《楊惺吾日本訪書考》,《長澤規矩也著作集》第二卷第239頁),亦可相證,唯言"一册",或爲筆誤。

確;《續修四庫全書》影印説明云"配日本影印宋抄本"①,意即以此弘化本爲底本(然"影印"或當作"影刊")——據杜澤遜《宋本尚書正義·序言》云:"影鈔的底本,據日本學者野間文史研究,是日本弘化四年(1847)熊本藩時習館模刻足利八行本。"②故楊本之末黄跋並非原有,反據弘化本增補,不可爲證。

又此楊藏之本與足利本從版式至字體均有虎賁中郎之似,故多以爲此二本爲同版,如杜澤孫云"楊本雖與足利本出於同版,但刷印較早,文字訛誤少於足利本"。然此判斷或不當。二本雖同爲兩浙東路鹽茶司本,然其版心所録刊工不盡相同。楊氏舶歸者據王肇文《古籍宋元刊工姓名索引》所録,有李寔、李詢、陳錫、陳安、陳俊、王珍、朱明、徐茂、丁璋、包端、洪先、毛昌、洪乘、徐顔、徐亮、朱静、徐章、梁文十八人,王録或並不全備。此書僅查檢前四册便有儀、丁之才、占讓、章東、任昌、張明、周明、劉仁、余敏、余儀、方至、徐茂、錢宗、馬、徐杞、宋通、蔣榮、吴益、方信、王政、張堅、李忠、三(王良佐)、立子文、三(王)定、吴祐、何益、李昌、錢、宋琚、王信、詹德潤、徐義、張斌、徐浚、陳艮、蔡邠、朱明、王林、王玩、余永、李憲、洪先、王明、張昇、顧逵、三恭、顧達、何建、朱静、王壽、毛昌、張富、沈茂、楊春、洪乘、丁璋、李公正、王圭、童遇、徐中、沈刊、洪福、陳仁、張謙、余永、徐顔、陳伯、俊等六十九人③(嚴紹璗云"凡八十八人",然未全録,僅舉二十八人),雖與上有重復,但顯非一本,反與宋慶元六年(1200)紹興府刊《春秋左傳正義》版心之刻工重合極多④。據此可知,足利本或因後印而有補刊之葉。

【影印·整理】

《古逸叢書三編》影印本。

《續修四庫全書》影印本。

《中華再造善本》影印本。

金程宇《和刻本中國古逸書叢刊》。

《和刻本四部叢刊》影印本。

《影印南宋官版尚書正義》,北京大學出版社 2015 年影印。

《影宋本尚書正義》(《永青文庫四種》),國家圖書館出版社 2019 年

---

① 参《續修四庫全書》第 41 册,影印,上海:上海古籍出版社,2002 年,第 498 之後一頁。

② 杜澤遜:《宋本尚書正義·序言》,影印,北京:國家圖書館出版社,2017 年,第 9 頁。

③ 此書所有刻工請參〔日〕阿部隆一:《日本國見在宋元版本志》之《足利學校藏八行本尚書正義版本解題》,《影印南宋官版尚書正義》,第 616 頁。

④ 參王肇文:《古籍宋元刊工姓名索引》,上海:上海古籍出版社,2012 年,第 301、308 頁。

影印。

《宋本尚書正義》(《國學基本典籍叢刊》),國家圖書館出版社 2017 年影印。

《尚書正義》,《日本足利學校藏國寶及珍稀漢籍十四種》,北京大學出版社 2021 年影印。

《尚書正義》,周粟校點,《儒藏》(精華編)第一二册,北京大學出版社 2014 年版。

【公藏】

中國:國圖[①]、科學、首都師大、北大、人大、復旦、華東師大、南開、遼寧、大連、吉林、黑龍江、南京、南大、蘇大、湖北、湖南、中大、重慶。

日本:東京都立、东北大、一橋大、東大總、公文、國會、高知大、京大、大阪府立、關大、東洋文庫、東大东文研、中央大、阪大總。

古文尚書十三卷

【敘録】

《古文尚書》十三卷,孔安國傳,日本寬延四年(1751)京都丸屋市兵衛刻本。大本六册。正文左右文武邊,白口,單魚尾,有界行,半葉九行,行二十字,注小字雙行同,版心下有"正本"二字。葉眉有校語。卷首有"正二位清原宣條校"字樣,知所據爲清原家所藏之校本。

【考證】

據《中國古籍總目》所録,知此孔傳《古文尚書》國内僅北大有宋本存世,餘惟敦煌所出殘卷,再無其本;或自孔穎達《尚書正義》問世後,此本即已消失,然日本獨存。《中國古籍總目》所録,除宋刻外,餘者皆與日本傳本有關[②]。據严绍璗《日藏漢籍善本書録》載,知日本所存《古文尚書》古寫、古刊之本甚多,且皆與清原氏有關,如所存最早之十二世紀古寫本,前

① 2018 年,日本永青文庫曾向中國國家圖書館捐贈漢籍,其中即有此書。參國家圖書館、國家古籍保護中心編:《書卷媒友誼長青——日本永青文庫捐贈漢籍入藏中國國家圖書館特異圖録》,北京:國家圖書館出版社,2018 年,第 36—37 頁。

② 《中國古籍總目·經部》,第 237 頁。

有嘉應元年(1169)清原氏手識文;十三世紀十三卷本《古文尚書》則多有清原教有之加點及清原長隆之手書跋文,此後之清原秀賢、清原宣賢亦均有跋文①。此种版本均"据日本古代以来流傳的博士家課本覆刻","可以訂正通行本的本文注文的錯誤"②。

此外,日本亦有《古文尚書》之五山版存世,據川瀨一馬著録,其本左右雙邊,有界,六行十六字,無刊記。或即此和刻本之底本。然其於日本所藏僅高木文庫藏前六卷及小汀文庫藏殘本(後三卷爲室町時補寫)③,故不別録,僅附於此。

【影印・整理】

〔日〕長澤規矩也《和刻本經書集成》第一輯。

【公藏】

中國:上海、南京、江西、北大、中大、重慶、復旦。
日本:所藏甚多,不備録。

書集傳音釋六卷(昌谷碩輯本)

【叙録】

《書集傳音釋》六卷,元鄒季友撰,日人昌谷碩重輯,弘化四年(1847)刻本。中本三册。前有昌谷碩《續刻書集傳音釋序》,其稱"續刻",以其前刻《周易音訓》,此接續前書而刻也。版心下署"精溪文房藏梓"字樣。正文四周文武邊,花口,單黑魚尾,有界行,半葉九行,行二十一字,有返點。

【考證】

《中國古籍總目》載此書,僅録"日本弘化三年昌谷碩刻精溪文房印本"一種,有國圖及北大藏本。然據此書前之序可知,實據《中國古籍總目》所載之《書集傳音釋》一書所刊④。所據即其元至正十一年德星書堂刻

① 嚴绍璗:《日藏漢籍善本書録》,第38—39頁。
② 〔日〕高橋智:《日本室町時代古鈔本〈論語集解〉研究》,北京:北京大學出版社,2013年,第101頁。
③ 〔日〕川瀨一馬:《五山版研究》,東京:日本古書籍商協會,1970年,第468頁。
④ 《中國古籍總目・經部》,第248—249頁。

本,不過僅刊其音釋而已(董鼎之輯説與綱領删去,正文亦僅録起首數字)。之所以將此書收録,一者此已爲獨立之書,二者據其前言所云董氏序提及王道及鄒季友二家音釋,可知鄒氏書曾單行,此不過恢復佚書而已。另,《中國古籍總目》所載元至正十一年德星書堂本(國圖、上海、北師大、日本内閣文庫)及同年雙桂書堂刻本(上海、吉林),實或爲一刻,以内閣本扉頁横刻"雙桂書堂"四字,而《凡例》之末即有牌記云"至正辛卯孟夏德星書堂重刊"。

另據日本漢籍搜索,知日本共有十數家有藏,然分兩種,一爲弘化四年者,即公文書館所藏;二爲嘉永四年杉原直養校本,注據明正統間本。後者實爲官板。

【影印・整理】

無。

【公藏】

中國:北大。

日本:民博、宫内廳書陵部、京大附圖、關大、公文書館。

書集傳音釋六卷(杉原直養輯本)

【叙録】

《書集傳音釋》六卷,元鄒季友撰,日人杉原直養輯。嘉永四年(1851)江户昌平坂學問所官板刻本。大本七册,前六册爲蔡傳,第七册爲鄒季友音釋。正文四周單邊,粗黑口,單黑魚尾,有界行,大字半葉十行,行二十字,以陰文"經""傳"標識;小字雙行録鄒氏音釋,無返送。書眉多有比勘至正本與正統本之校語。末有杉原氏跋。

【考證】

鄒氏《音釋》一書前條已考。此書末杉原氏跋云:"昌平學庫有明正統間槧本書、詩各一通,故國子祭酒述齋林公欲據其本而校刻之於黌院,使四方取正焉……二書刻成,今兹又取鄒氏《書傳音釋》,釐爲六,以附刻其後,此亦公之所命也。"知此書爲林衡授意昌平學校教官杉原直養輯録者。與前昌谷碩所輯對比,二者大體相同。

【影印・整理】

無。

【公藏】

中國:遼寧。

日本:新潟大、大阪府立中之島、山梨縣圖、公文書館、阪大總、京大人文研東方。

書蔡氏傳旁通六卷

【叙録】

《書蔡氏傳旁通》六卷,元陳師凱撰,元朱萬初校正,日本正保四年(1647)刊本。大本十册。前有"至治元年歲次辛酉四月六日後學東澤陳師凱"《書蔡傳旁通序》,接以《引用書目》及《隱字審音》,正文卷端署"後學東匯澤陳師凱撰,後學豫章朱萬初校正",版心上署"尚書旁通"。正文四周單邊,白口,雙順綫魚尾,序言有界行,正文無;半葉十行,正文大字頂格十五字,注小字低一格二十字(含所低之一格)。書末有"至正乙酉歲四月余氏勤有堂印行",又有"正保四曆丁亥仲秋三條通菱屋町林甚右衛門開板之"牌記。

【考證】

此書有元至正五年余氏勤有堂刻本,然僅藏於日本公文書館及中國臺北"中央圖書館",《總目》所録除元本外,即日本正保本及寛文後印本,然後是通志堂康熙刻本、同治刻本(《總目》此下另録"日本文化刻",當誤,日本刻通志堂经解未録此書)及四庫全書本①,則國内傳本均晚於和本。因日本庋藏元刊本,且卷端陳師凱、朱萬初之題署亦同,故嚴氏書録云正保本及寛文本"皆據元至正五年余氏勤有堂刊本翻刊"。不過,仍稍有小疑,即康熙間刻《通志堂經解》本雖無"後學豫章朱萬初校正"之題署,然行款却與和本相近,通志堂本每半葉多一行而已;然元本則每半葉十三行二十五字。似乎此正保本與通志堂本或來自相同之每行二十字之底本。

---

① 《中國古籍總目・經部》,第250頁。

又按：此書《四庫全書總目》入"經・書類二"，云"師凱家彭蠡，故自題曰'東匯澤'，其始末則不可得詳"①。陸心源云："師凱字叔才，都昌人，專究理學，纂《蔡傳旁通》，見《西江人物志》。或曰即陳澔可久之子也。查陳澔《禮記集説序》，亦題東匯澤，容再考。"②所言似可從。

【影印・整理】

無。

【公藏】

中國：遼寧。

日本：宮内廳書陵部、國會、新發田市立、滋賀大教育、京大附圖、前田育德會、公文書館、宮城縣圖、東北大、二松學舍、蓬左文庫、九大。

尚書通考十卷

【敘録】

《尚書通考》十卷，元黄鎮成輯，日本正保五年（1648）京都林甚右衛門刊本。大本七册。前有"至正丁亥冬十月建安雷幾子樞父序"，次"天曆三年歲名上章敦祥月旅太簇日得壬子後學昭武黄鎮成識"之《尚書通考敘意》。卷端署"昭武存齋黄鎮成元鎮父編輯"。正文四周單邊，白口，綫魚尾，無界行，半葉十行，行二十字，注小字雙行同。末署"正保五曆戊子初春，三條通菱屋町林甚右衛門"。

【考證】

此書原本現存有元至正刻本，存於國圖、北大及日本公文書館③，另亦有通志堂本、四庫全書本等。然此和本將集注與通考合爲一書，集注置於正文，通考文字則均移於眉間。此明代書坊所爲，書中頗存明代風格之版畫。然此明本海内外均無存帙，僅賴此正保時刻本傳世，且日本所存亦極罕無。

---

① 魏小虎編撰：《四庫全書總目彙訂》，第369頁。
② ［清］陸心源著，馮惠民整理：《儀顧堂書目題跋彙編》，北京：中華書局，2009年，第26頁。
③ 《中國古籍總目・經部》，第250頁。

【影印・整理】

無。

【公藏】

中國:無。
日本:茨城、東大總、前田、九大。

書經講義十二卷

【叙録】

《書經講義》十二卷,明申時行撰,日本延寶二年(1674)京都吉野屋權兵衛刊本。大本八册。前有"萬曆戊戌秋月朔日吴郡申時行書"之序,序後署"甥李鴻編輯,子用懋、用嘉校訂,後學徐銓校刊"字樣。卷端題"新鍥書經講義會編",版心上題"書經講義"。正文四周單邊,白口,雙對魚尾,無界行,半葉十行,行二十六字。末有署"延寶甲寅初冬日"之跋。

【考證】

此書《中國古籍總目》所録版本頗多①,亦録有和本。然未標明此和本爲翻刻自萬曆二十六年徐氏刻本。徐銓刻本國内所存較少。據《中國古籍善本總目》所録,僅上圖、浙圖、重慶三家有藏②,再據全國古籍普查目知,天一閣及重慶圖書館有殘存之帙。將此和本與徐氏刻本相較,行款字體均差相仿佛,卷首序之字體亦幾全同,則和本覆刻徐本無疑。然日本覆刻漢籍,自正保以下之百年間,多删去界行,以爲常態,此亦循例。另,徐氏刻本雖半葉亦十行,然行二十二字,且與和本抬頭方式不盡同,未知爲和本刊刻者擅改,抑其所據底本即然?

【影印・整理】

無。

---

① 《中國古籍總目・經部》,第254頁。
② 翁連溪編校:《中國古籍善本總目》,北京:綫裝書局,2005年,第44頁。

【公藏】

中國:北大、遼寧、南京。

日本:所存甚多,不備録。

砭蔡編一卷

【叙録】

《砭蔡編》一卷,明袁仁撰,日本享和二年(1802)遠州屋清右衛門木活字排印本。中本一册。書籤題《尚書砭蔡編》,前有署“吴人袁仁”之《砭蔡編自序》,卷端署“明吴人袁仁良貴甫著,男袁黄校梓”。正文板框較粗,左右文武邊,白口,無魚尾,有界行,半葉八行,行二十字,注雙行小字同。末有“享和二壬戌上巳武藏石塚尹”之《活版砭蔡編跋》。

【考證】

此書國内現存最早之本即《四庫全書》本,此前流傳絶罕,朱彝尊《經義考》亦云“未見”①。《四庫全書》所收當爲曹溶所輯《學海類編》本,然其時曹輯之書尚未刊行,則其所據或爲稿、抄之本,且據《文淵閣四庫全書》,其“三江既入”條三行之後,闕三百零六字,則其底本當已有殘闕。後至道光間,先後有吴省蘭《藝海珠塵》後增之壬集及此《學海類編》之印行,均無闕文,則或與《四庫全書》本非同一底本,然一則均晚於此享和二年之和本,一則似與此和本底本不同。吴、曹二本之末有沈道原序,《經義考》同引此序,據序中“吾舅袁薐波先生”云云,似爲作者之甥,則此序頗珍貴,而和本無,然或和本主事删去者,因其跋有“明人袁葠波先生”之語,袁仁生平不顯,日人從何得知其號?則其或源於沈序。另,吴、曹之書前袁仁序均作“襄兒就塾師習《尚書》”,《經義考》所引同,而和本則作“黄兒就塾師習《尚書》”,“黄”字下尚有小字注云“黄者袁了凡也”,此當爲日人所注,以袁了凡在日本頗爲知名之故。然則,袁仁此書爲其子袁襄作,抑爲其子袁黄作?和本卷端題署有“男袁黄校梓”字様,國内所傳諸本均無,或可間接證明此書當爲袁黄作。則日人所據之底本或更近真。繼檢日本館藏,有明

---

① [清]朱彝尊撰,林慶彰、蔣秋華、楊晉龍、馮曉庭主編:《經義考新校》,上海:上海古籍出版社,2010年,第1676頁。

刊之《袁氏叢書》(前田育德會、公文書館、東京都立中央),然未得見,公文書館有《袁氏叢書》之抄本,當據刊本抄録。其所收《砭蔡編》卷端有"男袁黄校梓"一條,則一者和本或據此排印,二者亦可證袁仁序當作"黄"。另據此抄本所録沈序,計四百六十八字,然《經義考》及吴、曹二書所録僅一百五十四字,則後者當大有删减。和本刊落此序,或亦因其篇幅過長之故。最後尚需提及者,此書之名,據《袁氏叢書》及沈序可知當作"砭蔡編"(沈序反覆道及此名之義),然《經義考》及吴、曹二書均改作"尚書蔡注考誤",當非袁氏原意。

【影印・整理】

無。

【公藏】

中國:無。

日本:静嘉堂文庫、東北大、九大、公文書館。

三、詩類

毛詩鄭箋二十卷

【叙録】

《毛詩鄭箋》二十卷，附《詩譜》，漢毛亨傳，鄭玄箋，日本五山版。大本十二册。正文左右雙邊，有界行，半葉六行，行十六字。此據日本寬延二年(1749)京都風月莊左衛門刊本，大本五册。書籤及全書之末均有“正本”或“清家正本”字樣。正文左右雙邊，白口，單魚尾，有界行，半葉九行，行二十字，有返送。版心題“正本”二字。

【考證】

此書向爲日本博士家用課本，流傳有序。寬延刊本或據五山本翻刻，此後，又有多種覆刻重刻本，如享和二年(1802)覆刻本，又有天明六年(1786)宇野成之標注本。王曉平《日本詩經學文獻考釋》第五章第二節《寬延本〈毛詩鄭箋〉与明本〈詩經〉》認此种版本均“据日本古代以来流傳的博士家課本覆刻”，“可以訂正通行本的本文注文的錯誤”①。

【影印・整理】

〔日〕長澤規矩也《和刻本經書集成》第一輯(享和本)。

《和刻本四部叢刊》影印本(古活字本)。

劉玉才、〔日〕住吉朋彦主編《日本五山版漢籍叢刊》第一輯(五山版)。

【公藏】

中國:四川、遼寧、大連。

日本:宫内廳書陵部、静嘉堂文庫、兩足院、成簣堂文庫、早稻田(以上五山版)，寬延本所藏甚多，不備録。

---

① 王曉平:《日本詩經學文獻考釋》，北京:中華書局，2012年。

毛詩正義四十卷

【敘録】

《毛詩正義》四十卷，卷一至卷七原缺，孔穎達等正義，日本昭和十一年（1936）東京東方文化學院據宋紹興九年（1139）所刊單疏本影印。正文左右雙邊，白口，單魚尾，版心下有刻工姓名，有界行，半葉十五行，行二十五字。

【考證】

此書底本爲宋紹興九年刻本，單疏本。《毛詩正義》一書，北宋原有淳化本，然早佚，宋刻單疏本之蜀本亦佚，則此紹興本爲現存唯一單疏本。此孤本存於日本大阪杏雨書屋，昭和十一年影印。清末楊守敬曾有影抄本，存於復旦大學。國内此單疏本已佚。

【影印・整理】

《南宋刊單疏本毛詩正義》，人民文學出版社 2012 年影印。

詩緝三十六卷

【敘録】

《詩緝》三十六卷，宋嚴粲撰，日本天保十五年（1844）序姬路仁壽館覆明味經堂刻本，大本十八册。扉頁書名右上爲"味經堂原刻"，左下爲"姬路仁壽館藏梓"；前有"天保十五年龍集閼逢執除季秋月"大學頭林皝《刻詩緝序》（板框左下之外有"瀧蓑吉刻"字樣），又有林希逸序及嚴粲自序。正文四周文武邊，白口，單魚尾，版心上有"味經堂"字樣，下有"仁壽館藏梓"字樣，有界行，半葉九行，行十八字，有極細微之返點，字體精美，版面清爽。後有"天保甲辰三月""姬路城主源忠學識"之跋，末有"姬路書庫"陽文方朱印。

【考證】

此書日本宫内省有元刻本（收入《日本宫内廳書陵部藏宋元版漢籍影

印叢書》第二輯)，上海亦有，然僅存前八卷。據《中國古籍總目》載，存世最多者爲嘉靖元年至三十九年趙府居敬堂刻本，有數十家有藏本①。此外尚録有"日本天保十五年姬路仁壽館覆明味經堂刻弘化二年印本"，後又有"清嘉慶十五年溪上聽彝堂覆刻日本天保十五年姬路仁壽館刻本"及"清光緒三年嶺南述古堂覆刻日本天保十五年姬路仁壽館刻本"。據此則嘉慶十五年與光緒三年均曾覆刻日本天保十五年刻本(其下尚列有光緒十六年雖園刻本，實亦覆自仁壽館本，《總目》未署)。然此處之載録實無可能，天保十五年爲中國道光二十四年(1844)，嘉慶十五年則爲公元1810年，知聽彝堂本較日本刊刻此書早三十四年，如何能覆刻彼本?

此誤實源自版本之認定。

一、仁壽館非日本書坊名

查日本全國古籍數據庫，以仁壽館爲出版者之書，僅此《詩緝》一種，別無他書，則此書坊僅刊此一書，似無可能。如前所言，此更可能爲日本主持《詩緝》刊行之姬路藩據其底本所署而標稱之者。其書前林戭序云:"近時往往舶載新刻本，訛繆極多。屬者姬路源公獲明槧一善本，命翻雕之，以藏於家。因屬戭爲序。"後姬路藩主源忠學跋又云:"余不肖，叨牧民之職，日夜兢兢，恐墜祖烈。顧念教育人材之道，莫先於講學，因欲刊布好書以資生徒。未果也，壬寅之夏，官下令，俾有土列藩各開鍥典籍，於是與祭酒林先生議，定將刻華谷嚴氏所注毛詩。募其善本。聞愛日樓有舊儲，因借覽之，則字畫端正，迥非近時坊本之比。愛日老人與余有舊，乃懇求之，老人割愛見贈……嚴氏此述，固稱博綜，而舶齎不多，學者以爲憾。今始入刻，庶幾於抱經之士，或有裨益，則大府之令，鄙衷之私，一舉而兩得之也。"可知此書確爲姬路藩主得於愛日樓而刊行者。然其於扉頁又於原"仁壽館"前加藩府之名"姬路"二字，以致後人誤解。此種誤解非僅國人，即日人亦難免，長澤規矩也《和刻本漢籍善本目録》著録此書，即指其底本爲"味經堂本"，並云其爲"覆明、姬路藩仁壽館"②。此後，日本各大圖書館亦如此標注，新校之本前言亦循此説③。

二、明代有仁壽館本《詩緝》

據全國古籍普查目知，重慶圖書館存一所謂"清仁壽館刻本"，未知是否前述嘉慶或光緒三刻本之一，即如徐州圖書館所標"清仁壽館刻光緒十

---

① 《中國古籍總目·經部》，第321頁。

② 〔日〕長澤規矩也:《和刻本漢籍分類目録》，東京:汲古書院，1976年，第10頁。

③ [宋]嚴粲著，李輝校點:《詩緝》，北京:中華書局，2020年。

六年(1890)雖園重修本"例,抑或明刻本之誤認,未見原書,不能臆定。又著録青海圖書館藏一"明仁壽館刻本",其當非和刻本之誤認(和本附有返點,雖極細微,然與中國古籍判然可分)。另北京大學圖書館所藏,其版心有"仁壽館藏梓"字樣,此嘉慶本及光緒本均無之標識,則此本及青海圖書館所藏當皆爲明仁壽館本。筆者亦藏明仁壽館本一册三卷,將其與趙府居敬堂本相較,可發現二者字體全不相同,前者爲較典型之嘉靖年間寫刻字體,後者則已爲萬曆間常有之字體;版框亦異,味經堂本四周雙邊,仁壽館本四周文武邊。此仁壽館本國内多定爲"清",檢其中"玄"皆不避諱,則仍當以明刻爲是。

三、和本之底本及價值

嘉慶十五年本内封鎸"嘉慶庚午重雕",版心上鎸"未經堂",内封鎸"溪上聽彝堂藏板"等字樣,光緒十六年本扉頁有牌記云:"光緒庚寅菊秋雖園重校刊",版心上鎸"未經堂",版心下鎸"仁壽館藏梓"。則此數本實當覆刻自明仁壽館本,文獻學界不察,因"仁壽館"三字而以此爲覆刻於和本。實和本之底本亦當爲明仁壽館本,一者有"仁壽館藏梓"之鐵證,二者二本字體亦極近似,可見其覆刻之跡。然仁壽館本書眉有少量校記,和刻本亦有校記,却頗有不同,或和本於校記小有校改。再如味經堂本《詩緝清濁音圖》後鎸"趙府栞於居敬堂"字樣,和本則删之。

因和本乃據明仁壽館本刊刻,而仁壽館本國内所存極罕,目前可確定者僅北大及青海二家有藏,故此和本亦頗珍貴。

【影印・整理】

無。

【公藏】

中國:國圖、上海、復旦、人大。

日本:所存頗多,不備録。

詩集傳通釋二十卷

【叙録】

《詩集傳通釋》二十卷,元劉瑾撰,日本文政十三年(1830)官板本。大本八册。版心署"詩通釋"。正文四周單邊,白口,無魚尾,有界行,半葉十行，行二十一字，注二十三字，嚴氏注小字雙行亦二十三字，無返送。此書刊行後板因大火焚燬，嘉永三年(1850)又有重刊本，然文政初刊本多有墨釘未刊之跡，嘉永重刊本則多補足，然亦未全補。

【考證】

此書國内存數部元刊本，《中國古籍善本書目》1255、1256 即分别爲元本與元刊明修本①，後再未有刻本。前者有五家，即國圖、北大、上海、湖北等，中有一家不全，後者有國圖及南京②，前者多收入國家珍貴古籍名録之中。此和刻本當源出元本。

【影印・整理】

無。

【公藏】

中國：北大、復旦、南京。

日本：滋賀大教育、飯田市立中央、國士館、東北大、東大總、新潟大、國會、静嘉堂文庫、大阪府立、關大、愛知、九大、阪大總。

詩經説約二十八卷

【敘録】

《詩經説約》二十八卷，明顧夢麟著，日本寬文九年(1669)刊本。大本十四册。扉頁右上題云"楊子嘗、顧麐士兩先生手授"，左上題"注疏、大全及本義、詩傳、詩緝、讀詩記、疏義、語類、通解、合纂及臆説間附"，左下署"吴門張叔籟梓"。前有顧氏之序。正文四周單邊，無界行，白口，單魚尾，版心書"織簾居"字樣，半葉十行，行二十五字，有返送。

【考證】

此書國内有崇禎織簾居刻本，然《中國古籍善本書目》僅録復旦及山大兩家，《中國古籍總目》録四家，增國圖、上海，此外又録日本兩家(内閣、

---

① 《中國古籍善本書目・經部》，上海：上海古籍出版社，1989 年，第 137 頁。

② 《中國古籍總目・經部》，第 331 頁。

尊經閣),另録寬文九年本(湖北)①。故此書國内甚罕,而日本尚夥。

【影印・整理】

中國文哲研究所 1996 年影印本。

【公藏】

中國:華東師大、遼寧、杭州、湖北。
日本:所存甚多,不備録。

毛詩蒙引二十卷

【叙録】

《毛詩蒙引》二十卷,署陳子龍撰,日本寬文十二年(1662)村上平樂寺刊行。大本十册。扉頁横題"陳卧子先生訂定"字様,兩行書名"諸名家合訂/詩説蒙引",中有"本衙藏板"字様,下有"玉堂合訂"墨印。首有"雲間楊萬里自邇父撰"之《毛詩蒙引序》,次爲陳子龍《毛詩蒙引例》六條,次爲《採用姓氏》計一百七十四人,次爲《援引書目》計一百五十八種,次爲《毛詩蒙引首卷》,計《説詩綱領》《六義指歸》《詩樂總論》《删次顛末》《序説辨正》《訓詁傳授》《經傳訂誤》《音韻正訛》八篇。卷端署"雲間陳子龍卧子父重訂,後學唐孟康伯安父參定、徐百朋元重父仝校"。正文四周單邊,白口,無魚尾,無界行,半葉十行,行二十四字,有返送。

【考證】

據《中國古籍總目》知《毛詩蒙引》一書國内已無存,僅日本前田育德會尊經閣尚藏明刊一種②。而此和刻本華東師范大學圖書館藏有一部,《中國館藏和刻本漢籍書目》著録云"明唐士雅撰,陳子龍重訂"③,日本静嘉堂、愛媛大、國會、慶應四家亦署"唐士雅",關大則署"唐汝諤"。

然則此書撰者究係何人。按復旦大學圖書館藏有明刊《毛詩微言》二十卷,題爲"雲間唐汝諤士雅父輯,男唐孟康伯安父參,門人潘焕文文子父、

① 《中國古籍總目・經部》,第 339 頁。
② 《中國古籍總目・經部》,第 342 頁。
③ 王寶平主編:《中國館藏和刻本漢籍書目》,杭州:杭州大學出版社,1995 年,第 28 頁。

後學徐百朋元重父仝校”，其書前亦有楊萬里序，另有《毛詩微言例》，與此書之《毛詩蒙引例》全同；後亦附首卷，内容亦全同。書前另有書坊識語云：“赤城唐先生，好古博雅，於六經子史，無所不窺，時談説經義，往往令人解頤。余既請《四書微言》付之剞劂，而又問以《毛詩》相質證。先生出所手録，得之獨見者十之四，採之諸家者十之六，如毛注、鄭箋、孔疏、《大全》及吕氏《讀詩記》、嚴氏《詩緝》、朱氏《疏義》，近世黄氏《通解》、方山《詩説》、儆弦《翼説》、玄扈《六帖》、南臺《正義》、嶧山《折衷》、趙士會《大全纂》，其爲士林所膾炙者，業已搜採無遺。至録其單詞隻語者無論也。故自《毛詩微言》出，而諸家又可盡廢矣。請以公之識者。蘭馨館主人識。書林俞秀山原板。”

據上可知，以此書屬陳子龍，或爲明末坊賈之僞託。暫不論現存陳子龍著作中並無此書之痕跡，即以楊萬里序中所言亦可知，其云：“吾里唐士雅兄，乃主《六帖》，而取其近制舉義者著之，假與制舉非近，而取《詩》旨《詩》辭相關切者亦著之，不揭《序》而序意因旁暢諸説中。不敢少悖紫陽，而紫陽所未及之旨，亦從廣收，無或使漏遺也。間又略發己言，以補所未備。而總命名之曰《毛詩蒙引》。”此與《毛詩微言》書前蘭馨館主人識語所述請唐氏爲此書之事可以互證。尤爲重要者，二書之參校者中，均有“唐孟康伯安”其人，唯於《毛詩蒙引》中前爲“後學”二字，而於《毛詩微言》却爲“男”——盜版者只可能將原書中爲其父任校定之役者改爲“後學”，却不可能由普通之“後學”而自認爲“男”。

此外，《四庫全書總目》收唐汝諤《詩經微言合參》一書，其提要云：“明唐汝諤撰。汝諤字士雅，華亭人。天啓中以歲貢生官常熟縣教諭。汝諤初著《毛詩微言》二十卷，繼復删汰贅詞，標以今名。《自序》謂‘溯源毛、鄭，參以《讀詩記》及嚴氏《詩緝》，而折衷於朱子。’今核其書，實不過科舉之學也。”①其引唐氏《自序》，與《毛詩微言序》《毛詩蒙引例》頗可相參，後者云：“《詩》則有齊、魯、韓，三家盡亡，獨存毛鄭。自朱子《集傳》出，而毛鄭之説又束之高閣矣。顧晦翁方掊擊小序，而後人復左袒漢儒，又一時如吕東萊《讀詩記》、嚴華谷《詩緝》，亦先後互出，與朱《傳》抗衡。”

然明末又有《毛詩微言》二十卷，與上列二書内容亦全同，即《四庫全書總目》著録張以誠之作，其云：“明張以誠撰。以誠字君一，華亭人。萬曆辛丑進士第一，官翰林院修撰。是書雜採舊説，無所發明。如豐坊僞《詩

---

① 魏小虎編纂：《四庫全書總目彙訂》，第536頁。

傳》之類，皆不辨而濫收之，亦嗜博而失於别擇。”[①]此書王重民先生曾爲著録[②]，後收入《四庫全書存目叢書》。其書前有《毛詩微言例》，與《毛詩蒙引例》同，唯末署“雲間張以誠識”，卷首有“三韓楊芳興渟然父參訂，鼓國盧慎言濞水父校閲”字樣，無楊萬里序，亦無首卷之附録。楊焄先生指出，楊萬里爲萬曆三十五年(1607)進士，而其序云：“不佞少習《詩》，又借《詩》以叨一第，恨不得見是編於十餘年前，而矻矻獨研之苦，竊備嘗之。”則知其撰序時上限爲萬曆四十五年(1617)，然張以誠死於萬曆三十二年(1614)，則必非此書作者明矣。楊氏進一步指出，“唐汝諤作爲科舉之書的編撰者，本身的仕途却極爲不順，顯然對後學缺乏必要的説服力和號召力。對於書賈而言，爲了提高本書的銷量，最好的補救辦法就是改换作者，挑選一個和唐汝諤時代相仿、籍貫相同(因爲正文中屢稱徐光啓爲鄉賢)，同時在應舉方面極有成就，最好又是與《詩經》相關的人來代替。……最佳人選就是張以誠”[③]。

其實，《毛詩蒙引》之僞託理路亦同：陳子龍亦爲雲間人，且一生崇敬徐光啓，就科舉而言三十歲時即中三甲。可知此書爲託名無疑。

其實，由前引任校訂之役之徐百朋亦可排除張、陳二人。據《明清進士題名碑録索引》可知，徐百朋爲萬曆四十四年(1616)中三甲第九名[④]，而《江南通志》卷一二三亦録，且下注“松江人”，則其正爲此處字“元重”之人。其人中進士之時，張以誠已去世二年，而陳子龍年方九歲，故二人皆不可能爲此書之作者。

【影印・整理】

無。

【公藏】

中國：華師大。

日本：静嘉堂文庫、愛媛大、國會、慶應、關大、前田、愛知大、大阪府立中之島、九大六本松。

---

① 魏小虎編纂：《四庫全書總目彙訂》，第527—528頁。

② 王重民：《中國善本書提要》，上海：上海古籍出版社，1983年，第14頁。

③ 楊焄：《明人編選漢魏六朝詩歌總集研究》，西安：陝西人民出版社，2009年，第220、222頁。

④ 朱保炯、謝沛霖編：《明清進士題名碑録索引》，上海：上海古籍出版社，1989年，第2594頁。

四、禮類

儀禮十七卷

【敘録】

《儀禮鄭注》十七卷，日本寶曆十三年（1763）山本平右衛門、山田三良兵衛刊本。大本八册（後印本有五册者）。封面題“儀禮鄭注”。前有菅原朝臣“寶曆十二年三月三日”《儀禮序》，次“寶曆壬午夏五月河子龍伯潛撰”《刻儀禮序》，次鍾人傑《儀禮敘》，序後有“鍾人傑印”陽文方印，“瑞先氏”陰陽方印。卷端署“漢鄭玄注，日本平安河子龍校”。正文左右文武邊，白口，單綫魚尾，有界行，半葉九行，行二十字，注小字雙行同。書末署“寶曆拾三年夏四月吉日，皇都書林山本平左衛門、山田三良兵衛翻刻”。

【考證】

《儀禮》鄭玄注本於宋時曾有嚴州本與温本，然二書皆不傳。明嘉靖時，徐氏刊《三禮》，其《儀禮》即據嚴州本翻刻，後明人鍾人傑氏於萬曆間據徐本再翻刻之①。然此鍾氏本存世極罕，據《中國古籍總目》知僅安徽博物館存一部②。日本則於寶曆十三年據鍾本翻刻，其行款亦悉仿鍾本，河子龍序云：“余得錢塘鍾氏校本校之，文字紕繆甚多，不得則不通，乃會數本，遍蒐諸注家，即朱熹以降，莫不該焉。”則其翻自鍾本無疑。

【影印・整理】

〔日〕長澤規矩也《和刻本經書集成》第二輯。

《和刻本四部叢刊》影印本。

【公藏】

中國：北大、陝西、國圖、重慶。

① 參廖明飛：《徐本〈儀禮〉及其傳刻本考》，《中國典籍與文化》，2013 年第 4 期。

② 《中國古籍總目・經部》，第 448 頁。

日本:所存甚多,不備録。

儀禮經傳通解三十七卷

【敘録】

《儀禮經傳通解》三十七卷,宋朱熹撰,日本寬文二年(1662)五倫書屋刊。大本二十册。正文四周文武邊,白口,雙對花魚尾,有界行,半葉十行,行十七字,注小字雙行同,有返送。末有"寬文二壬寅夏日刊行五倫書屋"之牌記。

【考證】

此書宋元明清刊本甚夥①,然宋本多殘,明本質量多劣——如正德本即劉瑞本,國内所存甚多,然"僅收經傳正文而盡棄注疏,遂幾無可取之處",其他各本亦或無注疏,或極少見;清代諸本中僅清初吕氏寶誥堂本或早於此寬文本,但其質量亦似不高,"版刻不甚精良,墨丁過多";而此寬文所刊之和本,則爲"仿宋刊本","版刻、文字俱佳",被《朱子全書》整理者用爲參校之本②。

然此之底本爲何,學界頗有争議,日人户川芳郎推測此和本所據底本爲宋本③,日人工藤卓司《近一百年來日本〈儀禮〉研究概況》一文亦述及户川之論,似亦同意④,《朱子全書》之整理亦如此認定。然如李少鵬先生所言,此和本行款與宋本全然不同,而同於朝鮮本,則其底本當非宋本;尤要者,據其考證,《朝鮮王朝實録》載,日本曾於1654年遣使向朝鮮求購此書,所開書單中,此書列於首位,且其所舉數例校勘亦可顯示二者之關聯。則和本底本爲朝鮮本無疑,而朝鮮本之"底本是藏於朝鮮弘文館的宋本,這是宋嘉定刊印後《通解》的首次全文重印"⑤。李氏此議,尚可補證之,即日本公文書館所藏此和本之末,有"延寶戊午臘月六日鵜峰林叟跋","延寶戊

---

① 《中國古籍總目·經部》,第527—528頁。

② [宋]朱熹撰,朱傑人、嚴佐之、劉永翔主編:《朱子全書》第2册,上海:上海古籍出版社、合肥:安徽教育出版社,2002年,前言第7—8頁。

③ 〔日〕長澤規矩也、〔日〕户川芳郎編:《和刻本儀禮經傳通解·解題》,影印,東京:汲古書院,1980年。

④ 〔日〕工藤卓司:《近一百年來日本〈儀禮〉研究概況》,《中國文哲研究通訊》,第二三卷第三期。

⑤ 李少鵬:《朝鮮刊〈儀禮經傳通解〉的版本及流布》,《圖書館雜誌》,2020年第6期。

午”即1678年,“鵞峰林叟”即日本著名漢學家林羅山第三子林鵝峰。跋云:“朱文公《儀禮經傳集解集傳集注》凡三十七卷,未脱稿,故雖聞其名,未見其書。二十年前或人偶得朝鮮本,附(按:當作“付”)書肆剞劂之,以行於世,余亦求一部,登時欲一覽之,加朱首卷,有事故而罷。”則此和本乃據朝鮮本刊行當無可疑。然朝鮮本因以活字排印,數量甚少,今已難覓,則此和本亦彌足珍貴也。

此和本尚有後話。十九世紀中葉,日人岸田吟香主持之樂善堂書店出版了《重刻儀禮經傳通解》,其云:“近時諸仿刻家已無此板,實士林中所深惜也。本堂遍采名山,旁搜石室,覓得此書,如獲奇珍。爰仿是編,以付手民。”據陳捷先生研究,此書“實際上是利用日本寬文九年刊本的版木削去日本人讀漢籍時需要藉助的訓點後印刷的”①。李少鵬先生亦指出此樂善堂本“因其未删净盡,重印本常被誤以爲是和刻本”②,則此和刻本又以特殊形式回傳,此亦中日典籍交流之特例。

【影印・整理】

〔日〕長澤規矩也、〔日〕户川芳郎編《和刻本儀禮經傳通解》,汲古書院1980年影印。

《和刻本四部叢刊》影印本。

【公藏】

中國:辭書、天津、湖南、四川、重慶。

日本:所存甚多,不備録。

文公家禮儀節八卷

【叙録】

《文公家禮儀節》八卷,題宋朱熹撰,明丘濬輯,日本慶安元年(1648)京都風月宗知據明末金閶舒瀛溪刊本重刊本。大本四册。扉頁上横書“增訂大全”,右署“楊升庵先生手定”,左上署“種秀堂藏版”,左下署“金閶舒

① 陳捷:《岸田吟香的樂善堂在中國的圖書出版和販賣活動》,《中國典籍與文化》,2005年第3期。

② 李少鵬:《朝鮮刊〈儀禮經傳通解〉的版本及流布》,《圖書館雜誌》,2020年第6期。

瀛溪梓行”。卷端署“宋新安朱熹編,明瓊山丘濬輯”。正文四周雙邊,單魚尾,無界行,半葉九行,行十八字,注小字雙行同,有返送。

【考證】

《文公家禮儀節》八卷本,《中國古籍總目》有録,此和刻本所據底本爲天啓崇禎間金閶舒瀛溪刻本,則《總目》未録①。全國古籍普查目僅録遼圖有一種,然此究爲和本抑明本尚未可知,據《中國館藏和刻本漢籍書目》所載,知遼圖及浙圖各藏和本一種②,則是否有誤録之可能——然此本分五册,且在善本中,更可能爲明本;另即日本宫城縣圖藏有一種,餘未見。知此舒刻本世間僅存此數種。

此本上横書“增訂大全”,右署“楊升庵先生手定”,左上署“種秀堂藏版”,左下署“金閶舒瀛溪梓行”。當明末書坊所爲。《增訂中國版刻綜録》録舒瀛溪二條,一爲崇禎二年《禮記鴛譜》,二爲《歷朝捷録》;另録舒濬溪刊《詩經水月備考》四卷③,或同族人,然未録此書。另,馮夢龍《綱鑑統一》有明崇禎十五年(1642)序舒瀛溪刻本,又舒弘諤撰《通鑑紀略》十卷有明崇禎舒瀛溪刻本,全國古籍普查目又有國圖所藏《禹貢合圖纂注》,署“明末舒瀛溪刻本”,重慶圖書館藏《鍾伯敬先生五經纂注》(僅存一卷),署“明泰昌元年(1620)舒瀛溪刻本”,前書均未著録,《中國古籍總目》甚至無此人條目。

【影印・整理】

無。

【公藏】

中國:遼寧、浙江。

日本:滋賀大、宫城縣圖、東大總、伊那市立高遠町、立命館大學、東大東文研、廣島大、東北大、島根縣圖。

---

① 《中國古籍總目・經部》,第532頁。

② 王寶平主編:《中國館藏和刻本漢籍書目》,第38頁。

③ 楊繩信編著:《增訂中國版刻綜録》,西安:陝西人民出版社,2014年,第402頁。

樂書要録存三卷

【叙録】

《樂書要録》存卷五至卷七，傳爲唐武則天敕撰，日本寬政十一年(1799)天瀑山人林衡《佚存叢書》(第一帙)活字排印本。大本一册。正文四周單邊，黑口，單魚尾，有界行，半葉十行，行二十字，無返送。後有"己未仲秋既望天瀑識"之跋語。

【考證】

此書國内早佚。據天瀑山人林衡《題樂書要録跋》稱："史稱吉備真備靈龜二年爲遣唐使留學生，入唐研覃經史，該涉衆藝。天平七年歸獻《唐禮》一百三十卷、《大衍曆經》一卷、《大衍曆立成》十二卷、測影鐵尺一枚、銅律管一部、《學(原文如此，當爲"樂"字)書要録》十卷……案《樂書要録》之傳於皇國，此時爲始。年代邈遠，佚亡過半，今所存，止第五第六第七三卷。予嘗得抄本一通，無復别本可以勘對，則誤以傳誤耳。"知此書早失傳於中國。光緒七年(1881)國内有據《佚存叢書》之單刻本，後有署"光緒辛巳仲春督楚使者合肥李瀚章題"之《樂書要録》序云："至唐人祖孝孫、張文收之樂學，傳於志者略具，然習樂者猶惜其太簡。此《樂書要録》五六七卷，見於《佚存叢書》中，蓋殘帙也。然尚可考見唐初音律之遺。惜叢書繁重，非寒士所易覯，因刻行之，以惠來學云。"

五、春秋類

春秋經傳集解存卷十

【敘録】

此爲《集解》之卷十,係十二世紀前半葉寫本。卷端題“春秋經傳集解宣上第十”,卷末題“春秋卷第十”,此題之後有“保延五年五月十八日,受庭訓了,賴業”之識語(嚴紹璗録其爲“卷背”①,或未詳考),日本保延五年即南宋紹興九年(1139)。此識語末又有“慶安二年六月十二日於柳市戲得□(此字無法辨識)”之識語。1952 年,此卷被定爲“日本國寶”,今藏於東洋文庫。日本東京古典保存會曾於昭和七年(1932)影印出版,前附日人山田孝雄所撰解説。影印時將原卷子本折裝爲綫裝,每半葉八行,行十八字左右,小字雙行同。

【考證】

此書鈔寫時代頗早,僅以清原賴業題寫識語之時計,爲南宋紹興九年,從某種程度而言,此書鈔寫時代較國内所存刻本爲早,則其鈔録底本當更早。故頗有價值。

春秋經傳集解三十卷(五山本)

【敘録】

《春秋經傳集解》三十卷,晋杜預集解,日本南北朝刊本。大本三十册。此爲覆刻南宋嘉定丙子興國軍教授聞人模校刊本者,故與興國軍本行款全同,即白口,雙黑魚尾,有界行,半葉八行,行十七字(個别行十八字),注文雙行小字同,版心上爲字數(大小分計),版心下爲刻工,上魚尾下標“左幾”,下魚尾下標葉碼。首杜預《春秋左傳序》,卷末有《春秋經傳集解

① 嚴紹璗:《日藏漢籍善本書録》,第 129 頁。

後序》。卷首題"春秋經傳集解隱公第一"。

【考證】

《春秋經傳集解》三十卷,現存日本有兩種宋興國軍學本,《經籍訪古志》著録此其一云:"嘉定丙子興國軍學刊本。文字鮮明,紙質堅固,實宋刻之佳者……此本係毛利高翰舊藏。"①傅增湘亦稱此書"古勁疏樸,視杭、建各刻迥不相侔"②。楊守敬《日本訪書志》亦詳録其書,並云:"以岳本互勘,皆此本爲勝。不特岳本,凡阮氏《校勘記》所載宋本亦均不及之。然則今世所存宋本《左傳》,無有善於此者。"楊氏並云:"余在日本,曾勸星使黎公刻之,以費不足而止③。竊羨聞人以校官慫恿當事者,既刻此書,又修《五經》板;余亦校官,携此書歸來數年,口焦唇乾,卒無應之者。古今人不相及,讀聞跋,彌滋愧已。"④嚴紹璗先生《日藏漢籍善本書録》云:"楊氏此言,評之中肯,拳拳之心,亦溢於言表,惟'釋文'中所言'携此書歸來數年',不知所指何物。此本既然已'藏楓山官庫',楊氏又何以能携此書歸返中國?存疑。"⑤此之疑義實爲楊氏《日本訪書志》由書上題跋輯録爲書而生者,其跋語原題於楊氏携歸之日本南北朝覆宋本之上者。傅增湘氏《藏園群書經眼録》即親驗李盛鐸藏本,並記其"有楊惺吾(守敬)跋二段",而《日本訪書志》恰載此書之跋二條,一跋上引之"宋槧本",一跋上述之"覆宋本"——其跋語既題於覆宋本上,則其所云"携此書歸來數年"者,自指此"覆宋本"無疑。後楊氏跋語輯爲專書,各條割裂,則此條所指稱之對象亦爲模糊。

此處所云之"覆宋本"即指此南北朝覆刻興國軍本者。此本森立之著録云"其刻當在應永已前也",雖誤將其視爲"蓋依蜀大字本重刊者,與李鶚本《爾雅》同種"⑥,然其時代推測當大致準確。此後,楊守敬已指出:"余親質之,則以字體類《爾雅》,又以不附《釋音》,故余覆校之,'慎'字缺筆,

---

① 〔日〕澁江全善、森立之等撰:《經籍訪古志》,杜澤遜、班龍門點校,第40頁。

② 傅增湘:《藏園群書經眼録》,第55頁。

③ 按:北京大學圖書館所藏楊氏携歸之書末有楊氏跋文,當即《日本訪書志》中文字之原稿,此句之下尚有"其實《古逸叢書》中,不甚精要之書,不惜費至數千金者,而乃刻彼置此,解人難得如斯"之語(引自傅剛:《日本五山版春秋經傳集解考論》一文,查屏球編:《梯航集——日藏漢籍中日學術對話録》,上海:上海古籍出版社,2018年,第42頁),可見楊氏於黎庶昌頗有微詞,然輯《日本訪書志》時或以此過於坦率,則稍删芟之。

④ 〔清〕楊守敬撰,張雷校點:《日本訪書志》,第13頁。

⑤ 嚴紹璗:《日藏漢籍善本書録》,第134頁。

⑥ 〔日〕澁江全善、森立之撰:《經籍訪古志》,杜澤遜、班龍門點校,第39頁。

知其决非北宋本。其後借得楓山官庫所藏興國本,行款匡廓字體皆與此本同,略校數册,文字亦無異,乃知此本即覆興國本。特所據祖本失載《考異》聞跋耳。(森立之未見楓山官庫本,故不知此本原於興國。)余乃影摹刻補於此本後,使後之讀者得所指名。”則此本之底本爲興國軍聞人模校刊本當無疑義。

興國軍學本國内僅國圖殘存卷二十二;日本存二種,一爲静嘉堂所藏皕宋樓舊藏本,此本原爲毛晋之物,後曾散佚,其《春秋左氏音義》入天禄琳琅①,後燬於火,餘存十八卷,入黄丕烈手②,又輾轉歸陸心源皕宋樓,此时已僅存其半(十、十五至二十、二十三至三十③),終入静嘉堂,前所云國圖所藏之殘卷實即此本散出之零册;宫内廳書陵部所藏亦有補鈔(據島田翰所云,卷三、四爲元和以後補鈔,卷二十、二一、二六、二七、二八爲慶長以前補鈔④)。即此可見,幸有此日本南北朝時覆刊之本,使此興國軍本有“全本”存世⑤。

《静嘉堂文庫漢籍分類目録》著録此書時下注“俞良甫”⑥,嚴紹璗亦云其爲“俞良甫在日本京都嵯峨所刻”⑦,然書中未見俞氏所刊之標記,嚴氏似乎亦僅據森立之對《韓文》之推測而來,並無確證,或非定讞。

除此南北朝本外,日本尚有慶長古活字排印之本,乃以前者爲底本,森立之云“活板諸本以此爲藍本也”,知其據此本擺印者(傅增湘云此本“字與《周易》同一字模”)。楊守敬亦云“山井鼎云‘慶長活字板原於此本’,余嘗互校之,亦有異同”,然其“異同”實多排印之誤,另亦將原本十八字之行整齊十七字者(參張麗娟文)。後之寬永八年(1631)本又據慶長本翻刻,後有訓點者堀正意跋云:“予嘉此書之裨益學者,遍考數本,正字畫之紕繆,改和訓之異同,可者存之,闕者補之,以俟後之君子矣。庶幾讀之者辨

---

① [清]于敏中、彭元瑞等著,徐德明點校:《天禄琳琅書目》,上海:上海古籍出版社,2007年,第9頁。

② [清]黄丕烈撰,余鳴鴻、占旭東點校:《黄丕烈藏書題跋集》,上海:上海古籍出版社,2013年,第977—978頁。

③ 詳參[清]陸心源著,馮惠民整理:《儀顧堂書目題跋彙編》,第571頁。

④ [日]島田翰撰:《古文舊書考》,杜澤遜、王曉娟點校,第177頁。按:嚴紹璗以此數卷“係日本後陽成天皇慶長年間(1596—1615年)由日人鈔補”(參嚴氏《書録》第133頁),所論島田氏完全不同,未知所據爲何?

⑤ 按:張麗娟:《興國軍學本與早期和刻本〈春秋經傳集解〉》一文指出日本南北朝本並非根據現存二種興國軍學本覆刻,當另有其本,參《儒家典籍與思想研究》第十一輯,北京:北京大學出版社,2019年。

⑥ 《静嘉堂文庫漢籍分類目録》,東京:静嘉堂文庫,1930年,第91頁。

⑦ 嚴紹璗:《漢籍在日本的流布研究》,南京:江蘇古籍出版社,1992年,第144—148頁。

淄澠、分涇渭者，幸甚。時寛永八年歲次辛未冬日南至尾陽路醫官法眼杏庵正意跋。"經張麗娟勘校，知其確有"遍考數本，正字畫之紕繆"處，則亦爲善本也。寶曆五年(1755)那波師曾加點本又據寛永本而來。

【影印·整理】

〔日〕長澤規矩也《和刻本經書集成》(寛永本)。

金程宇《和刻本中國古逸書叢刊》。

《北京大学图书馆藏日本版汉籍善本萃编》影印本。

《和刻本四部叢刊》影印本。

劉玉才、〔日〕住吉朋彦主編《日本五山版漢籍叢刊》第一輯。

【公藏】

中國:北大(五山本、慶長活字本)。

日本:宮内廳書陵部、静嘉堂文庫、市立米澤、東洋文庫、成簣堂文庫、兩足院、積翠軒文庫、安田文庫、大東急紀念文庫(以上五山本);前田育德會、關大、公文書館、東北大、東大東文研、阪大總、廣島市立中央、慶應大(慶長本);寛永本所存甚多,不備録。

春秋左氏音義殘二卷

【敘録】

《春秋左氏音義》殘二卷,唐陸德明撰,日本昭和十九年(1944)影印本。大本二册。正文左右文武邊,白口,雙順魚尾,有界行,半葉八行,行十七字,注文雙行小字。版心上爲字數(大小分計),版心下爲刻工,上魚尾下標"秋音幾",下魚尾下標葉碼。

【考證】

此書前後均有金澤文庫墨印,則其底本當爲金澤文庫散出者。卷端首行下有"尊經閣章",知此後入尊經閣(即今前田育德會)。長澤規矩也標其底本爲"南宋刊五卷本"①。嚴紹璗則標其爲興國軍學本。觀其行款與前述興國軍本全然一致,細查字體亦相彷彿,即板框尺寸亦近似,則二者或

① 〔日〕長澤規矩也:《和刻本漢籍分類目録》,第16頁。

確爲一書。另亦可據刻工推斷之。嚴書逐録其刻工名有"王純、龔定、龔正甫、元亨、胡文顯、吴全、吴富、吴申、江子才、高才、黄子□、蕭子元、詹彦才、陳安、丁可、范仁、余份、遊(?)亨、李仁、劉元、劉初、劉永之",然就此書卷一之五十八葉而言,一半以上標署"陳安",嚴録未録。此陳安亦爲前舉八行本《尚書正義》之刻工,卷一餘者分别爲"高、龔定、范仁、余、壽、江子才、亨、黄□□、文顯、高才、李仁、蕭子元"。將嚴氏所録此書及興國軍刊《春秋經傳集解》刻工對比,至少有"余份、吴仁、吴彦、劉永"數人重合,則其爲一書或可確證。

【影印・整理】

無。

【公藏】

中國:無。
日本:所存甚多,不備録。

春秋經傳集解三十卷(安政本)

【叙録】

《春秋經傳集解》三十卷,晋杜預撰,日本安政二年至三年(1855—1856)仙臺静嘉堂翻刻景宋本。大本十五册。扉頁中標"春秋集解左氏傳",上書"安政乙卯刻成",右上云"田邊先生讀本",右下署"宋板翻刻",右署"仙府静嘉堂"。此本後多次重印,扉頁標識頗有改動,不盡如此。版心標爲"翻刻景宋本"。正文四周單邊,白口,單魚尾,有界行,半葉九行,行十七字。

【考證】

此書底本爲元相臺岳氏荆溪家塾刻本,與原本對照,字體極似。唯原本半葉八行,安政本則改爲九行而已。另:原本版心上爲字數,下爲刻工,亦均删去,又删書耳。岳氏原本國圖藏一種,據《中國古籍總目》云卷十九及二十配明刻本①,然《中國古籍善本書目》及《中國古籍善本總目》則云“卷十七至卷二十配明刻本”②,二者皆云有“周叔弢跋”,當爲一物,然所録不同,此書已收入《中華再造善本》,據查,當以前者爲是。另據《藏園群書經眼録》載,日本静嘉堂文庫藏一種,存後半部,餘以明翻本配全③。則此原本存世較稀,此日本之翻刻亦足珍貴。

【影印・整理】

無。

【公藏】

中國:北大、上海、遼寧、國圖、四川。
日本:所存甚多,不備録。

左傳比事二卷

【叙録】

《左傳比事》二卷,元吴化龍撰,日人松岡玄達點,島惟英校。日本元文四年(1739)京都武村嘉兵衛刊本。小本一册。扉頁右署“明吴化龍先生選、松岡玄達先生點”,下有“千里必究”字樣,左署“皇都書肆博古堂藏”。前有元文己未“平安江村悰元撰”之序。正文四周單邊,白口,單綫魚尾,版心下標“博古堂”字樣,正文分上下二欄,每欄七行,每行上標年號,下爲四字之句,有返送。

另有寬政十二年(1800)《佚存叢書》活字印本,改題爲《左氏蒙求》,正文四周單邊,黑口,單魚尾,有界行,半葉十行,行二十字。前有編者林衡自朱彜尊《經義考》中所録戴表元之《左氏蒙求序》,後有林衡所撰《左氏蒙求跋》。又有文化八年(1811)樋口邦古抄注刊行本,改題爲《左氏傳蒙求》,其本前有樋口邦古《左氏傳蒙求序》及冢田虎《左氏傳蒙求題言》。

---

① 《中國古籍總目・經部》,第564頁。按:《中國古籍總目》將此安政本置於第563頁宋刻本下,實誤,當改置此岳本之下。

② 《中國古籍善本書目・經部》,第94頁,翁連溪編校:《中國古籍善本總目》,第94頁。

③ 傅增湘:《藏園群書經眼録》,第58頁。按嚴紹璗書録所載不同(第135頁)。

【考證】

《左傳比事》一書《中國古籍總目》僅録日本文化年間(1804—1817)抄本(北大),所列國内刊本有所謂"嘉慶間刻本"①,亦晚於此和本。日本龍野歷史文化資料館藏有一種,僅標"明吴化龍撰",未知是否爲明本。

據此,則此書於國内或早佚失。最早提及此書者爲朱彝尊《經義考》卷一九四,録吴化龍《左氏蒙求》,下注"佚"字②。此後,錢大昕《元史藝文志》卷一著録此書云"吴化龍《左氏蒙求》:字伯秀,又字漢翔"③,其或未見原書,此資料當來自朱氏及所引戴表元序。考朱彝尊書補刻完成已在乾隆二十年(1755),實晚於此日本元文四年(1739)京都武村嘉兵衛刊本,則此和刻本亦當爲此書最早之記録,然或因仿效《蒙求》之《棠陰比事》於日本大行其道之故(參《棠陰比事》一書之叙録),主事者將原書名更爲《左傳比事》。至寬政十二年(1800),日人林衡輯録《佚存叢書》,收入此書,復其原名。關於《佚存叢書》本之時間,文獻多模糊定爲"寬政、文化間",然此爲《佚存叢書》由始而終之時間,《左傳蒙求》一書之末有林氏跋語,署云"庚申涂月五蓂",知爲寬政十二年。《佚存叢書》本當據此元文本而來,林氏之跋云:"吴化龍《左氏蒙求》一卷,朱彝尊以爲佚,而此間有刊本行焉。第其每句夾注某公某年者,恐係後人所攙。然是册原不過供童蒙之求,故姑存以便檢尋,刊本改題曰'左傳比事',今復其舊名。化龍元人,以爲明人者誤。"所述各項均與此元文本同,且明言"此間有刊本行焉",知指和本而言。

樋口邦古爲此書作注,其人似未見《佚存叢書》本,僅以元文本爲底本。觀樋口邦古及冢田虎之序,尤其後者云:"明人吴化龍嘗熟此傳,乃作《比事》二卷,其標題次韻,效李瀚《蒙求》,然未有之注,則初學將難乎掌故焉。於是我尾張人樋口邦古抄取諸傳中,以作纂注,以便質訪,改名曰《左氏傳蒙求》。"故知二者或並不知其書原名,則改題《左氏傳蒙求》,不過揣摩原書體例所擬者,然與原名基本吻合,甚屬不易。

按:元文本署爲"明吴化龍",長澤規矩也《和刻本漢籍分類目録》及王寶平《中國館藏和刻本漢籍目録》亦均注爲"明"人(後者尚將《左傳比事》

① 《中國古籍總目·經部》,第576頁。

② [清]朱彝尊撰,林慶彰、蔣秋華、楊晋龍等主編:《經義考新校》,上海:上海古籍出版社,2010年,第3547頁。

③ [清]錢大昕:《元史藝文志》,《續修四庫全書》第916册,上海:上海古籍出版社,2002年,第239頁。

與《左氏傳蒙求》列爲二書)①,實誤。朱彝尊所録戴表元序云:“吴伯秀爲鄉校諸生時,予與之寒同枕、饑同竈,比試於有司,亦同業也。”可知與戴氏(1244—1310)同時,則必爲元人無疑。林衡於《佚存叢書》本《左氏蒙求跋》中已明云“化龍元人,以爲明人者誤”。

《佚存叢書》之後,此書於國内亦漸有知者,如《八千卷樓書目》卷十三子部録《左氏蒙求》一卷,有《藝海珠塵》本、《佚存叢書》本;《皕宋樓藏書志》卷六十一子部録《左氏蒙求》一卷,標爲“東洋刊本,元吴化龍撰”,且録有“天瀑序”,其所見即《佚存叢書》無疑。

方濬頤《二知軒文存》卷十五有《列女傳蒙求序》云:“惟吴化龍《左氏蒙求》,係專紀一書,括以均語,故諸《蒙求》皆有注,惟《左氏蒙求》無注也。”②實日本文化八年(1811)已有注之如《蒙求》者,據《中國古籍總目》可知,此後又有清人許乃濟、王慶麟、倪陳疇之注本。

【影印・整理】

《北京大學圖書館藏日本版漢籍善本萃編》影印本。

【公藏】

中國:北大(文化年間抄本),遼寧(文化年間注本)。

日本:東北大、高知大、前田育德會、新潟大(以上元文本),東北大、關大、一橋大、名大、九大、宫城縣圖、蓬左文庫、東京都立中央、實踐女子、宫城教育大(以上文化本)。

左傳附注五卷、後録一卷

【叙録】

《左傳附注》五卷、後録一卷,明陸粲撰,日本寬政十一年(1799)求古館刊本。小本二册。扉頁上書“寬政十一年新鐫”,中標“左傳附注”,右上署“明陸粲撰”,左署“江户本石町十軒店萬笈堂英平吉”。前有山本信有《春秋左氏傳附注序》,末有奥村脊猷跋。卷端署“明陸粲著,日本奥村脊猷校”。

① 〔日〕長澤規矩也:《和刻本漢籍分類目録》,第17頁;王寶平:《中國館藏和刻本漢籍目録》,杭州:杭州大學出版社,1995年,第47—48頁。

② 〔清〕方濬頤:《二知軒文存》,《續修四庫全書》第1556册,第534頁。

正文左右文武邊,白口,單魚尾,版心上題“左傳附注”,有界行,半葉八行,行十七字,有返送。經文及杜氏集解均爲大字,然經文用粗黑之字以區別之,陸氏附注則用雙行小字。末署“寬政己未六月丙午,求古館藏”。

【考證】

陸氏此書據《中國古籍善本書目》所録,僅南圖及山東省圖有嘉靖本,《中國古籍總目》又多國圖本一種①。另即《四庫全書》本(文淵閣本提要標爲“十卷”,然正文五卷)。《中國古籍總目》亦録和刻本,然謂和本無後録,誤。邢猛《陸粲〈左傳附注〉研究》云:“《左傳附注》……現存三個版本:明嘉靖刻本,清丁丙跋,藏於南京圖書館、山東省圖書館;日本寬政11年(1799)萬笈堂英平吉刻本,奥村慎猷校,藏於國家圖書館;清文淵閣四庫全書本。本文依據文淵閣四庫全書本。”②亦可見此本之稀見。

陸氏爲明嘉靖五年(1526)進士,《明史》有傳。《四庫全書總目》云其“前三卷駁正杜預之注義,第二卷駁正孔穎達之疏文,第五卷駁正陸德明《左傳釋文》之音義。多旁採諸家之論,亦間斷以己意,於訓詁家頗爲有裨”③。顧炎武《日知録》卷二七《左傳注》條後注云:“凡邵、陸、傅三先生所已辯者不録。”④其“陸”即指此書,可見顧氏於此亦頗贊賞。

【影印・整理】

無。

【公藏】

中國:國圖。

日本:二松學舍、高知大、三康、實踐女子、東北大、宫内廳書陵部、宫城教育大学、公文書館、山梨縣圖、國會、静嘉堂文庫、新發田市立、東大總、京大附圖、伊那市立高遠町、九大、島根縣圖。

---

① 《中國古籍總目・經部》,第577頁。

② 邢猛:《陸粲〈左傳附注〉研究》,揚州大學2014年碩士學位論文,第12頁。

③ 魏小虎編撰:《四庫全書總目彙訂》,上海:上海古籍出版社,2012年,第849頁。

④ [明]顧炎武著,[清]黄汝成集釋,欒保群校注:《日知録集釋(校注本)》,杭州:浙江古籍出版社,2013年,第1546頁。

音注全文春秋括例始末左傳句讀直解七十卷（覆朝鮮本）

【叙録】

《音注全文春秋括例始末左傳句讀直解》七十卷，宋林堯叟撰，日本寬文元年（1661）上村次郎右衛門刊。大本二十三册。卷端署“後學梅溪林堯叟唐翁”。正文四周單邊，白口，雙順魚尾，無界行，半葉八行，行十六字，小字雙行同，無返送。首册之末有“講習室人昌易點焉”字樣，後署“寬文元年六月吉辰二條通玉屋町上村板本”；全書末署“上村次郎右衛門新刊”。

【考證】

北京大學圖書館藏此書元刊本一種，後有楊守敬跋云：“林唐翁《左傳句解》，雖若凡淺，其解釋疑滯，足以補杜注之不及者正復不少。自明人摘録附於杜注，原書遂無刊本。此元時坊本，雖多省筆俗字，然尚唐翁全書，可寶也。余於日本得朝鮮刊本，大板大字，未知與此刻誰爲後先，他日當從碩卿一假校之。”知其曾得朝鮮刊本。今國圖存朝鮮本一種，標爲元刊本，然其末有朝鮮人李塏於景泰甲戌五年六月之刊行識語，知爲朝鮮刊本無疑；又書末有“白雲書庫”印，又知爲日本江户初醫家野間三竹舊藏，前又有“松坡圖書館藏”印，則可確知此即楊氏“於日本得朝鮮刊本”；另楊氏於《留真譜》中刻此書一葉，爲卷六首葉①，《留真譜》多模刻卷一首葉，此之所以刻卷六，以此套書前五卷已闕，亦與國圖藏本合。要之，此即楊氏舊藏無疑。

據朝鮮本末識語云：“我太宗大王朝所印鑄字本，字大便於觀覽，而印少，歲久學者病未得焉。癸酉夏，上令集賢殿校一帙，刊其訛誤，遂命全羅道都觀察使臣金連枝鋟梓於錦山郡。”知此本實據朝鮮銅活字本覆刻，此活字本今存極罕，唯日本宮城縣圖伊達文庫存一種，署爲“朝鮮校書館甲寅銅活字印本”，知其爲宣德九年（1434）印本，當源於某元刊或明初之本。然僅二十年後之景泰五年（1454），其書便不可得，故又據活字本上木梓行。細核此朝鮮本與和刻本，知後者據前者覆刻，行款、字體，無不逼肖（唯删全書末朝鮮人識語），故此本亦頗珍貴。

---

① ［清］楊守敬編：《留真譜》，北京：北京圖書館出版社，2004年，第121—122頁。

【影印・整理】

無。

【公藏】

中國:遼寧。

日本:岡山縣圖、廣島大、公文書館、蓬左文庫、八户市立、酒田市立、佐賀縣圖、中央大、伊那市立高遠町。

音注全文春秋括例始末左傳句讀直解七十卷(凌本)

【叙録】

《音注全文春秋括例始末左傳句讀直解》七十卷,宋林堯叟撰,明凌稚隆校,日本奥田元繼句讀,寬政五年(1793)大阪書林志多森善兵衛等據有文堂本刊。大本十五册。扉頁上標"寬政癸丑發兑",中題"春秋左氏傳評林",右署"明吴興凌稚隆原本",左署"日本西播奥田元繼輯著",書名下有"有文堂藏翻刻必究"字樣。前有凌稚隆《春秋左傳評林測義》,杜預序後又有奥田元繼氏之識語,正文分上下欄,左右雙邊,白口,單黑魚尾,版心題"左傳評林卷幾",有界行,半葉十行,行二十字,小字雙行同,有返送。末有署"日本寬政五年癸丑秋七月七日識於浪華拙古堂,後學播州奥元繼"之跋。

【考證】

此書原爲凌氏所輯評林,後日人奥田元繼又補輯千餘條,置於上欄。此書之明刊本據《中國古籍總目》所載有萬曆十六年吴興凌氏刊本①,國内所存尚多,然此本前有"有文堂藏"字樣,則當爲有文堂刊本,國内未見。然則,此有文堂究爲日本書肆之名抑明清書肆,尚需討論。和刻本中,出版者署"有文堂"者,僅此一種;而國内文獻,出自"有文堂"者頗多。如日本國會圖書館藏《本草彙言》二十卷,即署爲"有文堂藏板",其爲"順治二年重刊";又清人郭志邃《痧脹玉衡書》三卷爲康熙十七年(1678)揚州有文堂刻本,周之麟等《宋四名家詩》二十七卷爲康熙三十二年有文堂刻本,明陸

① 《中國古籍總目・經部》,第579頁。

時雍《楚辭疏》十九卷爲康熙四十四年(1705)有文堂刻本,清汪天榮輯、吳之振校《德音堂琴譜》十卷康熙六十年(1721)有文堂刻本,其例甚多。則可推測此書所署之"有文堂"當其從仿刻之底本而來,並非日本書坊之名。則或於清初,此書曾有一種"有文堂"刻本。

又據奥田氏識語云:"林堯叟直解七十卷,大要斟酌於杜氏之意,益其所未逮,補其所未備,章章句句,反覆丁寧,甚便初學考索焉。唯恨明清貢本不多見矣,故坊間舊刻,字畫舛漏,不可勝指。近日購得鍾人傑校本,暨申瑶泉增補合注,魏永叔林注批點等,兼讎訂定,遂歸至正而止,庶無復弊耳。"則其有關林氏之評又據鍾人傑校本而來,此鍾氏本國内亦無。

【影印・整理】

無。

【公藏】

中國:華師大、吉林。

日本:所存甚多,不備録。

春秋左傳異名考一卷、附春秋姓名辨異一卷

【敘録】

《春秋左傳異名考》一卷,明閔光德輯,《春秋姓名辨異》一卷,明龔而安輯,日本延享三年(1746)江户崇文堂前川六左衛門刊本。前有"萬曆甲午孟春烏程後學閔光德賓王父識"之《春秋左傳異名考序》。正文四周單邊,白口,單黑魚尾,版心上題"左傳",魚尾下題"異名考",有界行,半葉七行,行十四字,小字雙行同。因均爲人名,並無長句,故無返送。後附《春秋姓名辨異》,署"明古豫龔而安輯"。末有署"延享丙寅二月既望東都井通熙題"之《跋》。

【考證】

《春秋左傳異名考》據《中國古籍總目》録,有明崇禎刻本及明天放庵刻本二種,後者有國圖、北大、北師大、天津、山東數處有藏。然此所附之龔

而安《春秋姓名辨異》一卷，則《中國古籍總目》亦僅録日本延享三年刊本[①]，查《中國古籍總目索引》，“龔而安”亦僅此一條，雖誤將“而”録爲“爾”，實龔氏尚有《春秋左傳分類旁注評選》十四卷，《中國古籍總目》失載[②]。此《春秋姓名辨異》一卷正來自《春秋左傳分類旁注評選》卷首，然此書明刻本似僅有日本公文書館存一部（日本國會圖書館及滋賀教育大學圖書館各藏有一部鈔本，公文書館亦有一部殘存首卷之鈔本），故此和刻亦甚珍貴。

龔而安，據《皇明三元考》卷十四載，其爲江西“南昌人，字又安，號長沙，治《書》，年十八，己未進士，叔一振同榜舉人。”[③]據《（雍正）江西通志》卷五五知其爲萬曆三十一年（1603）癸卯鄉試解元（此條之下果可查到龔一振之名），萬曆四十七年（1619）進士[④]。然《皇明三元考》將舉人與進士混淆不清。據《罪惟録》卷十八《年二十以内魁元（計四十人）》條載“南昌龔而安十八萬曆癸卯解元”[⑤]，可知龔生於萬曆十四年（1586）。

【影印・整理】

無。

【公藏】

中國：遼寧。
日本：新潟大、京大文、高知大、京大附圖、大阪府立、島根縣圖。

左氏捷覽一卷

【敘録】

《春秋左氏捷覽》一卷，明龔而安輯，日本安永九年（1780）田原平兵衛刊本。小本一册。前有高昶識語。卷端標“春秋左氏捷覽”，署“古豫龔而安選輯”。正文四周文武邊，白口，單黑魚尾，版心上題“左捷”，下題“高昶校”，有界行，半葉八行，行二十字，小字雙行同。附有《列國志次》一卷。

---

① 《中國古籍總目・經部》，第582頁。
② 《中國古籍總目索引》，北京：中華書局、上海：上海古籍出版社，2013年，第42頁。
③ ［明］張弘道：《皇明三元考》，《四庫全書存目叢書》史部第271册，第204頁。
④ ［清］謝旻等監修：《（雍正）江西通志》，《景印文淵閣四庫全書》第514册，第805、806、813頁。
⑤ ［清］查繼佐：《罪惟録》，杭州：浙江古籍出版社，2012年，第849頁。

後有“安永乙亥冬十二月浪華奥田元繼撰”跋,末署“安永九年庚子三月發行”“大阪書肆田原平兵衛”字樣。

【考證】

此書國内未見。據前高昶識語云:“《左氏》之爲書,文緩意遠,初學往往承前遺後,索事□□。頃得明龔而安所輯《左傳分類》者,其全書若干卷,而凡春秋一十六國、二百餘年之興廢,照前應後,尤爲便捷。憾其書舶來不多,其册亦繁縈,因取分類之標目、下注某事在某年者,校訂命梓,顏曰左氏捷覽,名之稱實,覽者自識焉。”知此書非單行者,而據龔氏《左傳分類》所節録者,所謂《左傳分類》,即前云《春秋左傳分類旁注評選》一書,其書將《左傳》重新打散,分類編排,以博物類、辭令類、勤王類等四十類。細核可知,此書實翻刻原書之目録,編者又於原目録每條下附注“桓六”之年號,又標“二、十三”之類數字,據目録後識語知,此即表示日本那波師魯刊本《左傳》之卷二第十三葉者。與前書同者,以龔氏原書國内無存,故此和本亦自可珍。

另,日本數家圖書館標注此書云“明高昶校”,據上識語可知,此高昶實爲日人,即日本儒學者高安昶。《和漢年契》一書編者署“蘆屋山人著”,則作者即高安昶,而其書凡例之末署“津國高昶識”,知爲一人。

【影印・整理】

無。

【公藏】

中國:無。

日本:名大、新潟大、京大附圖、東大總、東北大。

春秋左傳君大夫姓氏表一卷、附世次圖一卷

【叙録】

《春秋左傳君大夫姓氏表》一卷附《世次圖》一卷,明張我城補訂,日本元文三年(1738)刊。卷端署“王朝世次圖”,四周單邊,白口,單上魚尾,文字葉有界行,半葉八行,行十六字,注小字雙行同。末有“季春朔日古吴後學張我城謹識”之識語。末葉署“元文戊午冬校于蘐園家塾”。

【考證】

張氏識語云:"《左傳》名號不一,或名、或字、或伯仲、或謚氏、或封爵,問答互見,稱謂錯出,讀者苦其疑似。吾友馮仲先兄創爲世表,彙集異名於一人之下,使開卷瞭然,間有未備,不揣愚蒙,採輯補訂,以便稽覽。"此所謂"馮仲先"者,或即馮士驊,據《(同治)蘇州府志》卷六十"崇禎十三年庚辰魏藻德榜"載有"吴馮士驊仲先"①,查《明清進士題名碑録索引》亦録②,當即其人。清張尚瑗《三傳折諸》有"名姓世表"一節,下注云"馮仲先創,張德仲補"③,"德仲"即張我城之字,亦可印證。

此書國内不存。和本日本所藏題名不一:有署《左傳姓氏》者,有署《左傳系譜》者,有署《春秋左傳・姓氏》者,多數署《春秋左傳君大夫姓氏表》,因皆爲元文三年版,刊刻者亦多署"大和屋孫兵衛",故當爲一書。《中國古籍總目》僅録張氏《古今輿地考》一卷④,未録此書。據前舉張尚瑗所引,較此書尤簡,若非張尚瑗録文時有删節,則或張氏原小補馮書,後又有增益,並單行之。

【影印・整理】

無。

【公藏】

中國:無。

日本:市立米澤、宫内廳、佐野市立鄉土博物館、茨城大、東大總、京大附圖、高知大、三康、静嘉堂文庫、國會、廣島大、文教大。

公羊傳十二卷

【叙録】

《公羊傳》十二卷,明王道焜校,林信勝點,日本寬文八年(1668)荒川

---

① [清]李銘皖等修:《〈同治〉蘇州府志》(二),《中國地方志集成・江蘇府縣志輯8》,影印,南京:江蘇古籍出版社,1991年,第622頁。

② 朱保烱、謝沛霖:《明清進士題名碑録索引》,第2617頁。

③ [清]張尚瑗:《三傳折諸》,《景印文淵閣四庫全書》,第177册,第54頁。

④ 《中國古籍總目・經部》,第635頁。

宗長刊本。大本七册。前有何休《公羊傳序》,林恕《新刊公穀白文序》。正文四周單邊,白口,單黑魚尾(偶有綫魚尾),無界行,半葉九行,行二十字,有返送。末有林恕識語。

【考證】

《公羊傳》之王道焜校本國内未見,似已不存。據《中國古籍總目》所録,王氏刻書甚夥,就經部而言,曾於天啓五年(1625)刻《春秋繁露》,次年刻《左傳杜林合注》,此外尚有《四書體義》及《四書名物備考》二種①,然未見《公》《穀》二傳。則其所刻此二傳或國内已佚。據林恕之序云:"我先考羅山先生暇日,始加訓點於《公》《穀》二傳,然深藏巾笥,不妄示人,偶有懇求寫之者,又秘不廣。……余竊痛之,故使一二門生,寫家本訓點於白文,附剞劂氏,播於世。"則其所據底本或爲林恕所藏之白文本,再以其父林羅山(1584—1657)之訓點附焉。

【影印・整理】

〔日〕長澤規矩也《和刻本經書集成》第二輯。
《和刻本四部叢刊》影印本。

【公藏】

中國:遼寧。
日本:所存甚多,不備録。

穀梁傳十二卷

【叙録】

《穀梁傳》十二卷,明王道焜校,林信胜(罗山)点,寛文八年(1668)荒川宗長刊本。大本七册。前有范寧《穀梁傳序》,卷端署"武林王道焜挍"。正文半葉四周單邊,白口,單綫魚尾(偶有黑魚尾),無界行,半葉九行,行二十字,有返送。末有林恕之識語。

---

① 《中國古籍總目・經部》,第682、566、869、871頁。

【考證】

此傳與前《公羊傳》同。

【影印・整理】

〔日〕長澤規矩也《和刻本經書集成》第二輯。
《和刻本四部叢刊》影印本。

【公藏】

中國:遼寧。
日本:所存甚多,不備録。

春秋胡傳集解三十卷

【敘録】

《春秋胡傳集解》三十卷,明陳喆集解,松永昌易訓點,日本寛文九年(1669)野田莊右衛門刊本。大本十七册。前有嘉靖九年(1530)鄧皸《春秋胡傳集解序》及正統六年(1441)陳喆《春秋集解》序,又有署"嘉靖九年庚寅歲二月不肖孫陳俸謹識"之《春秋集解後序》。此後依次爲凡例、綱目、春秋圖、年譜、鄉賢祠記等,卷端署"附林堯叟音注括例始末"。正文四周文武邊,粗黑口,雙對魚尾,無界行,半葉十行,行十八字,小字雙行同。末有松永昌易之跋。

【考證】

此書原爲嘉靖九年陳喆之孫陳俸所刊,據《中國古籍總目》及《中國古籍善本總目》知,僅上海及寧波天一閣有藏本①,全國古籍普查目亦僅録天一閣一種,即嘉靖九年安正堂本。可見存世極少。此書原本日本亦無,公文書館存一朝鮮活字本,則和本或據朝鮮本。《中國古籍總目》録此和本,似僅南圖有藏。

---

① 《中國古籍總目・經部》,第643頁;翁連溪編校:《中國古籍善本總目》,第109頁。

【影印・整理】

無。

【公藏】

中國:南圖。

日本:蓬左、東大東文研、九大、國土館、宮城縣圖、市立米澤。

六、孝經類

古文孝經孔氏傳一卷

【敘録】

《古文孝經》,漢孔安國傳,日人阿部正精於文政六年(1823)覆刻弘安二年(1279)寫本。大本一册。其爲卷子本改爲刊本綫裝,半葉六行,行十三至十六字,小字雙行,行十八至二十二字。前有孔安國序,後有阿部正精氏跋。

【考證】

中國文化原典,秦火爲一劫。劉向《别録》云:"古文稱《大孝經》,焚書之後,河間人顔芝受而藏之。漢初受命,尊尚聖道。芝子貞乃出之民間,建元初,河間王得而獻之。"①此即《今文孝經》。此後,魯共王壞孔子宅,又得《古文孝經》。《隋書·經籍志》云:"《古文孝經》……孔安國爲之《傳》。……梁代,安國及鄭氏二家並立國學,而安國之本亡於梁亂,陳及周、齊唯傳鄭氏。至隋,秘書監王劭於京師訪得《孔傳》,送至河間劉炫。"②至唐玄宗時,《孔傳》又面臨失傳危險。《唐會要》卷七十七"論經義"云:

> 開元七年三月一日敕:《孝經》《尚書》,有古文本孔、鄭注。其中旨趣,頗多踳駁。精義妙理,若無所歸。作業用心,復何所適。宜令諸儒並訪後進達解者,質定奏聞。
>
> 其月六日詔曰:《孝經》者,德教所先。自頃已來,獨宗鄭氏。孔氏遺旨,今則無聞。……其令儒官詳定所長,令明經者習讀。若將理等,亦可並行。

---

① 劉向此語見隋時河間人劉炫《孝經述議》所引,參〔日〕林秀一撰:《孝經述議復原研究》,喬秀巖、葉純芳、顧遷編譯,武漢:崇文書局2016年,第348頁。按:劉向《别録》早佚,有多種後人輯本,以清人姚振宗輯録、今人鄧駿捷校補者最爲齊備(《七略别録佚文·七略佚文》,上海:上海古籍出版社,2008年),然失收此條。

② 〔唐〕魏徵等:《隋書》,北京:中華書局,1973年,第935頁。

四月七日又有劉知幾“十二驗”及“行孔廢鄭”之論、司馬貞兩者俱行論，五月五日，玄宗下詔：“間者諸儒所傳，頗乖通議。敦孔學者，冀鄭門之息滅；尚今文者，指古傳爲誣僞。豈朝廷並列書府，以廣儒術之心乎？其河、鄭二家，可令依舊行用。王孔所注，傳習者稀，宜存繼絶之典。”①朝廷雖合用二家，玄宗注《孝經》亦兼用孔、鄭，然經文則用今文，其後《孔傳》又漸散佚，《御注》之後，鄭注亦亡——實玄宗御注中，開元本亦亡，後世所傳，蓋即天寶《御注》及《邢疏》。至宋太平興國九年（984），日僧奝然進獻《鄭注孝經》，然其後仍佚而不傳。

此本即日本所傳之《孝經》孔傳，林衡《佚存叢書》跋語云：“《古文孝經》孔傳坊刻數本，余所見古寫本四五種，唯弘安二年書本爲最古，而又多與坊本異，經文往往雜異體字，如‘上’作‘丄’、‘下’作‘丅’……蓋所謂隸古文者已。足利學藏孔傳《尚書》多用異字，而其體亦與此同，乃知此本之傳於我，蓋在唐開元改定之前也。”可知林氏以此古寫本爲最佳之本。此本後入福山藩第五代藩主阿部正精之手，並於文政六年據以覆刻行世。書末之跋云：

> 西土之文籍逸於彼而存於我者爲不少矣，即是皇國一大美事，而足以觀守文至厚之化也。《古文孝經孔傳》即乃爲其一。按此書梁末亡逸，而顯於隋，當時諸儒以疑劉炫僞撰，唐司馬貞從而議之，謂近儒欲崇古學，妄作此傳，假稱孔氏。雖然，隋代至盛唐，此傳與鄭注並著令式矣。皇國先王通信使於彼，文物頗有遵其制者，故大寶學令以習孔、鄭二家傳注，彼乃玄虚玄宗自撰新注，以行於世，二家始廢。而至趙宋時，遂又屬亡逸。我貞觀時有詔立玄宗注於學官，二家亦不充試，業然世猶或講習而不廢矣。享保中，清商來長崎者訪求以歸。鮑廷博得而大喜，依式雕梓，盧文弨序之，引用唐代諸書證其爲隋代舊本也。吁，千年外之書，存於皇國，傳至今日，豈不珍而貴哉！無論共爲孔氏之舊與否耳！世往往有舊鈔，其字體所謂隸古文者，數本皆同，則增可以見爲開元改字以前之書矣。凡古書之傳世者，據其字體，察知時世，如此書最方然，但坊間刻本改鈔轉寫，以便童蒙，讀誦字體，無一存舊貫，甚至以今文本改換經文，其所傳播西土，亦是爲之種。《四庫全書總目》排譏此書，謂宋元以後所影附之書，雖固屬臆斷，蓋由不見正本歟。林祭酒述齋先生悲其正本遂湮滅，以弘安鈔本活字刷印，收之於

① ［宋］王溥：《唐會要》，北京：中華書局，1955 年，第 1405—1409 頁。

其所輯《佚存叢書》中,字畫悉依舊,學者以爲饜飫也。余閲其本,自有叢書邊格,故不得不换舊裁,亦不無遺憾焉。弘安鈔本近日歸余插架。紙質精堅,筆蹟沉遒,裝成卷子,實爲五百年前之舊本矣。於是乎影模以刻於家,但惜原本序文脱簡,僅存二行,今以一古家所藏元亨中清原良枝校本補缮之,以仿百衲《史記》之颦耳。

則關於此書之特點,此跋已述之甚詳。據此知弘安二年鈔本之孔安國序僅存二行,阿部氏"以一古家所藏元亨中清原良枝校本補缮之",其本即《經籍訪古志》所載之"元亨元年鈔卷子本",現存宫内廳。然弘安鈔本今已不存,據日本所藏中文古籍數據庫知,宫内廳藏《古文孝經孔氏傳》鈔本二種,然皆非此弘安二年本,其一末有署"弘安二年"之款識,然據其"舊藏粟田青蓮院,《經籍訪古志》所載本"可知,當爲元德二年(1330)鈔卷子本①。據林秀一《孝經述議復原研究》一書提及此書所云,此鈔本已於弘化三年(1846)被燒燬②,則其原貌僅可憑此覆刻之本窺其真容,然即此覆刻之本亦頗罕見,日本公藏亦僅寥寥四家而已。此書楊守敬曾携歸一種,後歸潘祖蔭滂喜齋,據《滂喜齋藏書記》載,書有"天下無雙""味腴書室""讀杜草堂"印③,此皆日本著名藏書家寺田望南印,楊氏多有得於寺田之書。

【影印·整理】

〔日〕杉浦親之助編《孝經五種》,明治書院 1976 年影印本。
金程宇《和刻本中國古逸書叢刊》。

【公藏】

中國:北大、大連。
日本:東洋文庫、静嘉堂文庫、公文書館、東京都立中央。

古文孝經一卷(天保景刻古活字本)

【叙録】

《古文孝經》一卷,漢孔安國傳,日本天保六年(1835)山田文静用古活

---

① 〔日〕澁江全善、森立之等撰:《經籍訪古志》,杜澤遜、班龍門點校,第 48 頁。
② 〔日〕林秀一撰:《孝經述議復原研究》,喬秀岩、葉純芳、顧遷編譯,《解説》,第 17 頁。
③ [清]潘祖蔭著,余彦焱標點:《滂喜齋藏書記》,上海:上海古籍出版社,2007 年,第 16 頁。

字本景刊。大本一册。扉頁背面有紅色書牌云"天保五年翻刻活字古本",前有孔安國序。正文四周文武邊,粗墨口,雙對魚尾,有界行,每半葉八行,行十五字,注小字雙行同,無返送。後附山田文静氏所撰《活字版孝經附録》,包括《翻刻古本序》《經字數》《考異》《拙讀》,末署"天保六年乙未三月日後學信濃山田文静太古氏謹識"。

【考證】

《古文孝經》孔傳除以前條所述弘安鈔本爲代表之各鈔本外(據研究相關鈔本有六十餘種之多),最早之印本當爲文禄二年(1593)之銅活字本,其後慶長間亦有古活字本印行。此類印本均早於前述弘安鈔本之覆刻及此下述及之太宰本之刊行,故當著録。然各古活字本存世極稀,難於親睹著録,故以天保六年山田文静翻刻古活字本爲據。山田於"天保五年仲冬日"所撰《翻刻古本序》云:"昔者,静少年之時,嘗聞活版《孝經》猶存。自爾已來,服膺四十年,不圖今春獲二通,自不堪喜,就而校之。其内一通最爲先出原版,後人字旁記古點,上層或舉《述義》,經年之久,册子蠹蝕,殆難翻閲,洵希代寶典也。因意物已如此,人何不然。異日散失,不可不謀。於是斷意割愛,命工督之,字體殘缺,不可辨者,皆依舊本,毫無所補。翻刻於家,傳之子孫,以貽後代。"即此可知,其所據即某一古活字本無疑,且其翻刻態度嚴謹,如原本蟲蝕之跡亦照様摹刻,故知此書可充某一古活字本之原貌。其於《考異》中又云:"蓋此活字本者,本邦刻本《孝經》之祖。"亦可知其所據者當爲日本最早印行之古活字本也。

【影印・整理】

無。

【公藏】

中國:國圖。

日本:關大、宫内廳書陵部、公文書館、文教大越谷、阪大總、京大人文研東方、東洋文庫、東京都立中央。

古文孝經一卷(《佚存叢書》本)

【敘録】

《古文孝經》,漢孔安國傳,日本寬政十一年(1799)天瀑山人林衡《佚存叢書》(第一帙)活字排印本。正文四周單邊,黑口,單魚尾,有界行,半葉十行,行二十字,無返送。末有署"己未仲春初七日天瀑识"之跋語。

【考證】

此爲林衡《佚存叢書》第一帙之第一種,可見林氏於此書之重視程度,一者此爲儒家核心之典,二則此書中國失傳。故其云"孔傳之出於僞托,先儒既已論之,雖然,舊籍之留遺於今日者無幾,即其出於僞托,要亦千年外物,寧可使之終歸淪廢乎"。林衡又云:"余故取書本數種,參互校訂,定爲此本。"則似其以諸本互校而成,然前又云"《古文孝經》孔傳坊刻數本,余所見古寫本四五種,唯弘安二年書本爲最古,而又多與坊本異,經文往往雜異體字",又云"至孔序則刊本皆載之,而書本多不載,今亦從之",可知其當以弘安本爲底本而成此書也。

古文孝經一卷(太宰本)

【敘録】

《古文孝經》一卷,漢孔安國傳,日人太宰純於享保十七年(1732)校刻本。大本一册。前有太宰純《重刻古文孝經序》,次孔安國《古文孝經序》,卷端題"孝經",署"漢魯人孔安國傳""日本信陽太宰純音"。正文四周文武邊,白口,單黑魚尾,上爲"孝經"二字,下記中次,版心有"紫芝園"字様,有界行,半葉九行,行二十一字,小字雙行同,有返送。卷末牌記云"享保十七年壬子仲冬朔旦,東都,紫芝園藏板"。每章之末均注經文字數,太宰氏有注音,附於傳文之下,以墨圈隔開。卷末合計經傳字數,經一千八百六十一字,傳八千七百九十四字。

【考證】

此書前有太宰純長篇序言,云:"夫古書之亡於中夏而存於我日本者頗多,宋歐陽子嘗作詩稱'逸書百篇今尚存',昔僧奝然適宋,獻《鄭注孝經》一本於太宗,司馬君實等得之大喜云。今去其世七百有餘年,古書之散逸者亦不少,而孔傳《古文孝經》全然尚存於我日本,豈不異哉!"又力證此書之不僞云:"先儒多疑孔傳,以爲後人僞造者。予獨以爲非。經曰'身體髮膚,受之父母,弗敢毁傷,孝之始也',諸家解皆以爲孝子不得以凡人事及過失毁傷其身體,《孔傳》乃以爲刑傷蓋三代之刑,有劓、刵及宫,非傷身乎?刵,非傷體乎?髡,非傷髮乎?墨,非傷膚乎?以此觀之,《孔傳》尤有所當也。"所論甚是。據所云:"惟是經國人相傳之久,不知歷幾人書寫,是以文字訛謬,魚魯不辨。純既以數本校讎,且旁及他書,所引若釋氏所稱述,苟有足徵者,莫不參考。十更裘葛乃成定本,其經文與宋人所謂古文者亦不全同,今不敢從彼改此,蓋相承之異,未必宋本之是而我本之非也。傳中間有不成語,雖疑其有誤,然諸本皆同,無所取正,故姑傳疑,以俟君子。"知其頗有參互校訂之功。又云:"今文唐陸元朗嘗音之,古文則否。今因依陸氏音例,並音經傳,庶乎令讀者不誤其音矣。書成而欲刻之家塾,則淺田思孝出其槖裝以助費,遂趣命工從事。予未能爲吾家孝子,且爲孔氏忠臣云爾。"知太宰氏爲加音釋。故此書一出,大爲流行,當爲日本所刊《古文孝經》孔傳之最受歡迎者。

此本刊行四十餘年後,清人鮑廷博於乾隆四十一年(1776)將此享保刊本《孝經孔傳》收入《知不足齋叢書》第一集;嘉慶年間,又據寬政六年(1794)岡田挺之輯本將《孝經鄭注》收入《知不足齋叢書》第五集;光緒間,黎庶昌據享禄四年(1531)三條西實隆鈔本,收開元本《孝經御注》入《古逸叢書》(後二種參下之考録):中土所佚之《孝經》三注方歸禹域。其中,佚失最久,也最爲學人關注者,即此《古文孝經孔傳》,其後此書與山井鼎《七經孟子考文》一同收入《四庫全書》,成爲《四庫全書》中僅有之外國學者著述。

尤趣者,日本天明元年(1781),於鮑氏翻刻太宰本五年之後,日本學者木村孔恭諸人以此書得中國學者之承認,欣然將鮑氏刊本所附序跋輯録刊行,以表日本學者於儒家經典興滅繼絶之功,次年(1782),書坊嵩山房小林新兵衛便以鮑氏刊本爲底本覆刻發行,此本當頗受歡迎,寬政二年(1790)即又再覆刊天明二年本發行①。

---

① 〔日〕長澤規矩也:《和刻本漢籍分類目録》,第21—22頁。

【影印・整理】

《和刻本四部叢刊》影印本。

【公藏】

中國:各本所藏甚多,不備録。
日本:各本所藏甚多,不備録。

孝經鄭注一卷

【敘録】

《孝經鄭注》一卷,日人岡田挺之輯,日本寬政六年(1794)尾張書肆永樂屋片野東四郎刊行。中本一册。前有岡田挺之自序及寶曆三年(1753)良芸之伯耕《孝經鄭注序》,卷端題"孝經鄭注"。正文左右雙邊,單魚尾,有界行,半葉九行,行十八字,小字雙行同,有點讀,無返送。末有岡田挺之識語。

另有寬政三年(1791)藤益根家刻本,大本一册。序言半葉十二行,行二十字,正文半葉八行,行十七字(其《凡例》云"《群書治要》寫本八行十七字,今因舊存古"),小字雙行同,四周單邊,白口,無返送,有點讀。前有藤益根《刻孝經鄭注序》《凡例》四則及《論讀式》。

【考證】

前引劉向《别録》云:"古文稱《大孝經》,焚書之後,河間人顔芝受而藏之。漢初受命,尊尚聖道。芝子貞乃出之民間,建元初,河間王得而獻之。"①此即《今文孝經》。《隋書・經籍志》又云:"至劉向典校經籍,以顔本比古文,除其繁惑,以十八章爲定。鄭衆、馬融並爲之注。又有鄭氏注,相傳或云鄭玄。其立義與玄所注餘書不同,故疑之。"②此即鄭注。

如前所言,孔傳與鄭注於開元間爲玄宗所關注,令群臣詳定兩家所長,終以"依舊行用",以"存繼絶之典"。然五代以後,鄭注亦亡。至宋太平興

① 劉向此語見隋時河間人劉炫《孝經述議》所引,參〔日〕林秀一撰:《孝經述議復原研究》,喬秀巖、葉純芳、顧遷編譯,第348頁。

② 〔唐〕魏徵等:《隋書》,北京:中華書局,1973年,第935頁。

國九年(984),日僧奝然入宋,獻《孝經鄭注》,此書被朝廷藏之秘府,“乾道中,熊克子復從袁樞機仲得之,刻於京口學宫”①,則知南宋時此注有刻本,然此刻本南宋之後又亡佚不傳。

太宰治校《古文孝經孔傳》獲極大成功,此事或於日本相關學者頗有激勵之意。寶曆三年(1753),日人良野芸之校點《孝經鄭注》一卷,由京都華文軒中西卯兵衛、向榮堂山田三郎兵衛刊行,其書明題爲“漢鄭玄撰”,且其《自序》稱:“《孔傳》既梓,而《鄭注》未行,予適得奝然之遺本矣。”由此語亦可知其欲見太宰氏而思齊之意,然據日本學者考證,其書不過爲因襲明人許朝宗之僞書而已。②

然則日本學者所得《孝經鄭注》從何而來? 此與前《古文孝經》不同,《孔傳》於東瀛流傳有序,此《鄭注》則非是。欲明此書來歷,需悉《群書治要》一書之底裏。此書爲唐初由魏徵主持纂輯之類書,然久佚於中國,却東渡日本,秘籍得存(詳本書《群書治要》條考録)。其書於日本元和二年(1616)始以朝鮮銅活字排印,至天明七年(1787),尾張藩據元和本重新校刊。此間多有日本學者以《群書治要》所收《孝經》即爲鄭注本,如天明元年(1781)尾張書肆藤屋吉兵衛刊行松平君山(1697—1783)《孝經直解》一卷,書有門人岡田挺之及磯谷正卿序,後者有曰:“今文《鄭注》,《群書治要》所載者,雖不著姓名,而與諸書所引康成注吻合,但殘缺可憾,然足以見其概耳。”而十年之後之寬政三年(1791),岡田挺之弟子藤益根家刻《孝經鄭注》一卷問世,其《自序》稱“鄭、孔之廢,始於貞觀,然安國之傳,行於世;康成之注,廢於時。今所傳《群書治要》載存十七章,遂刻於家塾,以示同好”。又三年後,岡田挺之校訂《孝經鄭注》由尾張書肆永樂屋片野東四郎刊行,即《鄭注》影響最大之本③。

岡田挺之校訂《孝經鄭注》,有其得天獨厚之條件。尾張藩重新校刊《群書治要》,其稿本尚存,每卷首記校訂者姓名標識,岡田氏即其校訂者之一,由卷一至卷三十均有其名,則其弟子藤益根以《群書治要》所載爲鄭注,所來有自。又,岡田本前有寶曆三年(1753)良芸之伯耕《孝經鄭注序》,中云:“《孔傳》既梓,而《鄭注》未行,予適得奝然之遺本矣,有岡生者游予之門,請梓焉。予使之校,於是乎考同異於三家,訂誤字於異本,其來

---

① [宋]陳振孫撰,徐小蠻、顧美華點校:《直齋書録解題》,第69—70頁。

② 參顧永新:《經學文獻的衍生和通俗化——以近古時代的傳刻爲中心》,北京:北京大學出版社,2014年,第737頁。

③ 《中國古籍總目·經部》(第699—700)著録多部日人之《孝經治要》,實憑空於《群書治要》中析出者,不合文獻著録之例,不予討論。

勤矣。”則可知岡田氏與前所言之良野氏亦有關係。

與前述《古文孝經孔傳》頗類者，岡田本《孝經鄭注》回傳中國後，日本亦有反據之覆刻之本，即文化十二年(1815)官板所刊《孝經鄭注》三種，其中即有鮑廷博氏《知不足齋叢書》據岡田本所刊者。

【影印・整理】

〔日〕長澤規矩也《和刻本經書集成》第二輯(岡田本)。

《和刻本四部叢刊》影印本。

【公藏】

中國:遼寧、大連。

日本:所存甚多,不備録。

御注孝經一卷(三條録開元初注本)

【叙録】

《御注孝經》開元初注本一卷,日本寬政十二年(1800)屋代弘賢摹刻。特大本一册。前有署“左散騎常侍軍麗正殿循國史柱國武强縣開國公臣元行冲奉敕撰”《御注孝經序》。正文四周單邊,白口,有界行,手寫體摹刻,半葉六行,行十五字,注小字雙行同。末有“文明十八姑洗下浣日桑門祥空”跋、“享禄辛卯閏五月下浣苾芻堯空”跋,“寬政十二年五月九日源弘賢”識語。後署“井上慶壽刻”字樣。其《三才章第七》上有“疏中”字樣,《廣要道章第十七》上有“疏下”字樣。

【考證】

據前《古文孝經》條之考證,知唐玄宗曾令群臣討論《孔傳》及《鄭注》,後其即親注是書,然其注此非止一次。先是,開元十年(722)六月二日,玄宗“取王肅、劉劭、虞翻、韋昭、劉炫、陸澄六家之説,參仿孔、鄭舊義”①,“注《孝經》,頒於天下及國子學”;又於天寶二年(743)五月二十二日“上重注,亦頒於天下”②,並親書刻石立於太學(其碑今存於西安碑林)。其後,國内

---

① [宋]王堯臣等:《崇文總目》,《叢書集成初編》,北京:中華書局,1985年,第30頁。

② [宋]王溥:《唐會要》,第658頁。

所傳均爲天寶本，開元十年本早已失傳。然此書於日本却流傳有序。據相關跋語及《經籍訪古志》所載可知，日本後小松天皇在位時（1393—1412），皇妃之父後押小路公忠（後三條公敦之高祖）書此開元注《孝經》進上；此書後即於三條家世代相傳；享禄四年（1531），三條另一支之後裔三條西實隆據公敦跋本過録；天文三年（1534），實隆之子公條加朱墨圈點；江户後期，源弘賢（1758—1841）"往歲獲諸牛込門外書肆"（其名爲逍遥院内府卷子本），並於寬政十二年（1800）摹刻傳世，即此本，而實隆原本於文化十一年（1814）獻於德川幕府。森立之還提及"京師清岡氏所藏有承久三年清原宣景本"，"開元初注本，西土無傳，天下特存此二本而已，不亦奇乎"①。

關於此書之價值，楊守敬《日本訪書志》中曾有詳述，可分以下幾點：一、據其《三才章第七》上有"疏中"字樣，《廣要道章第十七》上有"疏下"字樣，可"知元疏分上、中、下三卷，與《唐志》合"；二、"與石臺重注本頗有更改，固不可以此本校石臺重注本，然亦有足證重注本異同者"；三、"古注與疏皆别行"，而此既有疏之分卷，又録元疏序，"余所得日本《易》《書》《詩》古鈔北宋單注本，其楣端往往録疏中要義，以便講習，不得謂皆從南宋合並本録出也"；四，日本古鈔本之虚字問題。第二及第四點均極重要，當引原文以見之。

關於第二點，楊云：

按源弘賢跋稱，《應感章》"長幼順，故上下治"，疏與注不合。今按此本注云"君能順於長幼，則下皆效上，無不理也"。《正義》云云，果與此本應。今略校之，亦不特此條。《五刑章》"此大亂之道也"，此本注云"言人有上三惡，皆爲不孝"。《正義》云云，亦與此本應，而與石台不合。竊怪邢氏剪截元疏，而不知元疏本爲初注本而作，可謂至疏。豈邢氏作疏時第見元氏單疏而未見玄宗初注本，故其序文只知"天寶二年"之注，不言"開元二年"，而疏中與石臺本違異之處，遂失之不覺？然則此本真唐人之遺，爲北宋人所不見，若非有元疏序可憑，誰信有此事哉！

關於第四點，楊云：

日本古鈔本經書注中，每多"之""也"等字，阮校謂是彼國人所加，森立之謂是隋、唐之遺。余通觀其古鈔本，唐本最多虚字，至北宋

① 〔日〕澀江全善、森立之等撰：《經籍訪古志》，杜澤遜、班龍門點校，第50—51頁。

始多删削而未盡,至南宋乃剪截八、九,遂各本爲一律,頗與立之之説相應。但此本注脚較石臺本每多"也"字。兩本雖有初注、重注之分,不應違異若此。余後見鈔本至多,乃知古鈔者因注文雙行難於均齊字數,故往往於對行字懸空數字者,增添虚字以足之。故所增之字總在注末,而各鈔不同;其在注中者,則原本皆如是,故各鈔皆同。至於經文,則毫無增損。其有異同,故是隋、唐之遺。

此書於光緒十年(1884)被楊守敬協助黎庶昌刻入《古逸叢書》,其書方重回故里。至日本明治二十四年(1891),又有三條西實隆之後人三條公美之摹刻本,相較源弘賢本,此本將原本上之朱點亦原樣保留,則更爲近真。

另,關於此書末跋語之後題署,楊守敬云:"書寫人自記稱'享禄辛卯苾芻堯空'"①,森立之云"又有享禄辛卯苾芻堯空跋"②,顧永新先生引長澤規矩也相關研究時亦云:"卷末題跋凡三篇,分别是文明十八年(1486)桑門祥空(桑門即沙門,梵文音譯)跋、享禄辛卯(四年,1531)苾芻堯空(苾芻即比丘,梵文音譯)跋及天文三年(1534)三條西公條(1487—1563)識語。"③自楊、森二氏引述之時,均未據原文全引落款文字,或引述者對"享禄辛卯"下二字未能釋讀,故惟略之。筆者據字形推測其當爲"閏五"二字,享禄四年當嘉靖十年,此年當閏六月④,然日人閏月之設或不同,查知其此年恰閏五月⑤,則此落款必爲"享禄辛卯閏五月下浣苾芻堯空"也。

楊氏携歸之本於《故宫所藏觀海堂書目》中無有,則其甫歸國即將此及前録之《古文孝經》文政本同鬻於潘祖蔭矣,潘氏載其書中鈐印,除"味腴書室""讀杜草堂"外,尚有"快哉"及"壽世盛業"二印⑥,寺田字"盛業",則此數印皆當寺田望南之印。

此書亦爲《中國古籍總目》所收,然多有疏誤。如將"源弘賢刻本"與"井上慶壽刻本"分列則誤⑦,以其本即同版。所謂"源弘賢刻本"者,以主事之人稱之;所謂"井上慶壽刻本"者,以刻工稱之也。又如,將《古逸叢

① [清]楊守敬撰,張雷校點:《日本訪書志》,第25、26、24頁。
② 〔日〕澁江全善、森立之等撰:《經籍訪古志》,杜澤遜、班龍門點校,第50頁。
③ 顧永新:《經學文獻的衍生和通俗化——以近古時代的傳刻爲中心》,第753頁。
④ 張培瑜:《三千五百年曆日天象》,鄭州:大象出版社,1997年,第350頁。
⑤ 《日本史年表(增補版)》,東京:岩波書店,1995年,第142頁。
⑥ [清]潘祖蔭著,余彦焱標點:《滂喜齋藏書記》,第17頁。
⑦ 《中國古籍總目·經部》,第700頁。

書》本及藤原實美本置於下條之中,實此二種均與源弘賢本同源,當並於上條方是。下條實天寶重注本,歸屬不合。

【影印・整理】

《古逸叢書》覆刻本。

〔日〕長澤規矩也《和刻本經書集成》第六輯。

金程宇《和刻本中國古逸書叢刊》(明治本)。

《和刻本四部叢刊》影印本。

【公藏】

中國:國圖、南京、北大、山大(源弘賢本);華師大、大連、北大(明治本)。

日本:公文書館、宮内廳、東北大、蓬左文庫、國會、静嘉堂文庫、京大文、京大附圖、東大總、阪大總、九大、市立米澤、關大、東洋文庫、鹿大、大阪府立中之島。

御注孝經一卷(藤原憲校開元初注本)

【叙録】

《御注孝經》開元初注本一卷,日本寬政十二年(1800)藤原憲校本,平安河南儀兵衛、堺屋伊兵衛刊行。大本一册。前有署"寬政十二年庚申五月望阿波後學藤原憲撰"之《御注孝經序》,又有元行冲序。正文四周文武邊,白口,單黑魚尾,版心下署"宛委堂",有界行,半葉九行,行十八字,注小字雙行同,葉眉有藤原氏釋音,正文有極少量之返點。正文之末有"阿波後學藤原憲校"字樣。版權頁有"點譜"之示意圖,下注云"博士家課子弟作小圈以便國讀,稱和國篤點,粗依原本,不敢芟削,其法按譜而可得也",署"寬政庚申閏四月平安河南儀兵衛共利、堺屋伊兵衛信成刊行"。

【考證】

藤原憲序云:"中罹兵燹,古本遂軼。方今至治之久,文運勃興,軼書之出名山故家者,前後相踵。孔傳既見若干本,鄭注亦獲於《群書治要》中,而御注惟以坊本傳,若夫古本則寥寥乎未聞。嘗竊旁求者十餘年矣,近纔見二本:一則有元行冲序,開元十年所始注;一則有李齊古上表,即天寶重注也。蓋始注本海外亦久軼,最所希見,不可不傳也。但傳寫相承,不能無疑錯。因以石臺及邢昺、成德等諸本反覆讎對,苟有兩得,不敢私斷次第,識別並爲之音遂以授梓人。"據此知,其所得有二本,其一即開元初注本,其二爲天寶重注本。經與前源弘賢模刻本比勘,此本底本當爲開元初注本無疑(如《三才章第七》注"禮以檢其跡,樂以正其心,則人和睦也",末句通行本作"則和睦矣",而此開元初注本皆有"人"字,據前注"則人起心之行也""則人化而不争"知此當有"人"字)。然其是否即前録之享禄寫本,則未能遽定,據《經籍訪古志》載,除此享禄寫本外,"京師清岡氏所藏有承久三年清原宣景本。元行冲序前半、第九章末至第十六章末及卷尾並缺。開元初注本,西土無傳,天下特存此二本而已,不亦奇乎!"①則知日本尚存另一種開元初注本,然今不知所在。又藤原憲序中所及之"一則有李齊古上表,即天寶重注"之本,則未知爲何。

又,前書之末源弘賢跋語所署爲"寬政十二年五月九日",此書藤原氏序所署爲"寬政十二年庚申五月望",較前者晚數日而已,然其後之跋則又署"寬政庚申閏四月",又較前書爲早,則二書之行世幾乎同時。或以此之故,學者對此二書頗有混淆者。如長澤規矩也《和刻本漢籍分類目録》在著録源弘賢本後,又在源氏本及明治本之間特意增補一條"同,同(後印,京堺屋兵衛信成、河南儀兵衛共利)",前二"同"字表示與上條之版本項皆同之意,實將二書混淆。然其下亦録有"藤原憲校"本,且標爲"寬政一二刊(京堺屋兵衛、河南儀兵衛)"②,却未能參互而訂正前條之疏誤。《中國館藏和刻漢籍書目》著録時亦僅標"寬政十二年刻本",未列刊刻者與其他版刻特徵,所録北大、山大者皆爲屋代弘賢摹刻本,另三家未能核實,故分列之。

又金程宇氏所編《和刻本中國古逸書叢刊》在《御注孝經》條叙録中臚列三條本之二種日本摹刻本,即寬政十二年本及明治二十四年本,末標版本依據時云:"兹據明治二十四年(1891)三條西家摹刻本影印。另附録藤原實校本《御注孝經》(寬政十二年版,芳村弘道氏藏本),以供參考。"此處當金氏誤其人名爲"藤原實",按當作"藤原憲"。金氏之所以有此誤,並非誤識此字所致,或與明治本有所混淆。後者之末有藤原公美之跋云:"按後押小路内府公以弘和三年十二月薨,享年六十。所著有《後愚昧記》,本文所謂日記即是。而先考之得公書在甲申歲,其鈎摹之者爲堀博,附記於此。辛卯三月,公美拜志。"此"辛卯"即明治二十四年;在此前又有一跋云:

---

① 〔日〕澁江全善、森立之等撰:《經籍訪古志》,杜澤遜、班龍門點校,第51頁。
② 〔日〕長澤規矩也:《和刻本漢籍分類目録》,第24頁。

“《御注孝經》剞劂功告竣，偶閲故筐，得後押小路内府公日記，紙背有《古文孝經·父母生績章》數行，諦視之，則公書也。嗚呼，曩得臨本，今又見真跡，何其遇合之奇也！不遑復論經文今古，並刻附後以志余喜云。明治十七年九月，後裔藤原實美識。”據此可知，此明治本實爲藤原實美於明治十七年得之並覆刻，至明治二十四年實美之子公美不過用其父所刊舊版翻印而已，翻印時將其父所書“孝經”二字置於書首——書前有整頁大字“孝經”，字後識語云“此二字係先考遺墨，今鈎摹以置卷首。辛印三月公美敬識”，並於書末題數字識語。故明治本之刊刻者爲藤原實美，而此寬政十二年本校訂者却爲藤原憲。

此外，又有文化五年（1808）菅原爲德校訂之開元初注本，其後序云：“寶永之火，古本亡矣，尤爲可恨也。於是搜求二十餘年，近得二本：一則數百年前畸本，襯以建保故紙；一則文明中所書，頗與今本異，因以石臺及邢昺等諸本反覆校讎，梓以藏焉。”

【影印·整理】

金程宇編《和刻本中國古逸書叢刊》。

【公藏】

中國：科學、大連、湖南。

日本：國會、阪大總、關大、京大人文研東方、東大總、京大附圖、東京都立中央、東北大、實踐女子、京大文。

御注孝經一卷（求古樓覆刻北宋本）

【叙録】

《御注孝經》天寶重注本一卷，日本文政九年（1826）狩古棭齋覆刻北宋天聖、明道間刊本。大本一册。扉頁署云“大唐開元天寶聖文神武皇帝注孝經”，前有唐玄宗御製序，首頁右下有“狩谷學士審定宋本”小長方墨印。正文左右文武邊，白口，無魚尾，有界行，半葉十五行，行二十四字，注小字雙行，行三十三字左右。末附“孝經音略”。正文後有“湯島狩谷氏求古樓重雕”書牌。後附狩谷氏所作《校譌》，並附狩谷氏跋。

【考證】

前已録唐玄宗開元初注本《御注孝經》,其天寶重注本以石臺本欽定之尊,於國内流傳不替。然此本有北宋天聖、明道間刊本,爲國内所無。其書原藏於狩谷望之求古樓。狩谷氏跋語云:"《御注孝經》舊無刻本,近時源輪池(弘賢)摹刻逍遥院内府真跡本,卷首有元行冲序,注文與天寶石臺本不同。按《唐會要》開元十年六月上注《孝經》,頒天下及國子學,天寶二年五月上重注,又頒天下。則知逍遥内府本爲開元御注。是本西土失傳,足稱最奇。然天寶四載九月以重注本刻石於大學,則今日授業,理宜用天寶重定本,而世猶未有刻本,蒙竊憾焉。嚮有依開元本增益改竄,以天寶本刻於京師者,不知校書之法,亦甚矣。所幸篋衍中有北宋天聖明道間刻本,精意摹彫以公世。"又狩谷氏又考云:"是本'敬''匡''胤''恒''竟''炫''通'七字闕筆。按:敬,宋翼祖諱;匡胤,太祖諱;恒,真宗諱;竟,翼祖嫌名;炫,太祖嫌名(太祖舊名玄朗);通,係章獻明肅皇后家諱(太后劉氏天聖元年臨朝稱制,令天下皆避父諱,明道二年太后崩,復舊)。"故斷其爲天聖明道間刻本;楊守敬亦引此語,並云"據'通'字諱,則此本當是天聖間刊本"①。所斷甚精。然其所考亦有小誤,森立之《經籍訪古志》及楊守敬《日本訪書志》均未辨析,即其云"炫,太祖嫌名(太祖舊名玄朗)",其實此字與太祖無關,當爲宋人追尊之宋聖祖趙玄朗②。

關於重注本與初注本之異,前文已引楊守敬之語,全面對照可參顧永新先生文③。

此原本後入宫内廳書陵部,昭和七年(1932),日本東京書誌學會曾據以影印,前有長澤規矩也所撰解題。

【影印・整理】

楊守敬《留真譜》卷二全文摹刻。

金程宇《和刻本中國古逸書叢刊》。

【公藏】

中國:北大、上海、天津師大、大連、南京、蘇大、江西、四川。

---

① [清]楊守敬撰,張雷校點:《日本訪書志》,第26頁。

② 陳垣:《史諱舉例》,北京:中華書局,2009年,第125頁。

③ 顧永新:《經學文獻的衍生和通俗化——以近古時代的傳刻爲中心》,第764—768頁。

日本：所存甚多，不備録。

王羲之草書孝經一卷

【叙録】

《王羲之草書孝經》一卷，日本寶曆年間模刻。共二十四葉：前十六葉爲王羲之草書《孝經》正文，十七至二十二葉爲唐玄宗所書敕文，二十三葉爲米芾跋，二十四葉 A 面爲趙孟頫跋，B 面爲貢師泰、張翥、虞集、倪瓚題記。末葉爲出版者牌記：上爲“江府”，下分三列：日本橋南通三町目，小川彦九郎；同町，吉文字屋次郎兵衛；本町三町目通，萬屋清兵衛。

《孝經》正文之末署爲“咸和二年春正月奉敕寫十本臣王羲之”，玄宗敕文後爲“開元二年三月書賜薛王業敕”，米芾跋署爲“元祐二年六月寶晋齋重裝記芾”，趙孟頫跋文云爲“至元廿又六年”作，末頁題記分别爲“宣城貢師泰觀”“大德十年春三月十日觀燕山張翥”“蜀山虞集”“清秘閣主人懶瓚謹觀”。

此後，明治十五年(1882)又有保田黄裳等摹刻、仙台鷹水堂石井熊次郎印本，其較寶曆本多出即如非一、高泉性潡、西岡逾明、國分章之序跋。

【考證】

長澤規矩也《和刻本漢籍分類目録》曾著録此和本，僅標爲“晋王羲之書”，“陰刻草書”而已①。自 2007 年始，臺灣華梵大學莊兵先生連續發文考辨此書②，爲此書之研討稍清眉宇。莊兵先生指出“現存各地圖資機構計十九種《王羲之草書孝經》拓本”(利用日本全國漢籍數據庫來檢索的截止日期爲 2010 年 5 月)，並將其版本分二類：第一類“是以刻書家‘保田黄裳等摹刻、明治十五年仙台鷹水堂石井熊次郎石印本’爲祖本”，認爲此本“製作亦精，有官版的味道”，此類有十一種；“另一種可能爲江户漢學家朝川鼎所藏摹本的流衍本”，“似乎多爲江户期日本各地坊間的翻刻本”，此類有八種。

---

① 〔日〕長澤規矩也：《和刻本漢籍分類目録》，第 23 頁。

② 莊兵先生文分别有《御注孝經序の謎》，《名古屋大學中國哲學論集》第六號，2007 年；《日本現存王羲之草書孝經考察》，朝陽科技大學通識教育中心主編：《止善》，2010 年第 9 期(此文爲國科會九十九年度專題研究計劃《王羲之草書孝經研究》的成果之一)。

莊兵先生之説有千慮之一失,筆者稍加訂正。

一、收藏種數。除以日本全國漢籍數據庫來檢索外,尚可再爲補充。阿部隆一、大沼晴輝二先生曾發表《江户時代刊行成立孝經類簡明目録》一文①,其第二百四十七種"傳晋王羲之書"即此本,因此文僅限"江户時代",故未録明治本。此文所録江户本有十二本,分别爲關西大學圖書館藏田結莊氏舊玄武洞文庫四本,椙山女學園大學圖書館二本,林秀一私人二本,東京大學圖書館、東北大學圖書館狩野文庫、大阪外國語大學圖書館石浜氏舊藏及長澤規矩也各有一本。其中與莊兵先生所録者重復椙山女大、東大、東北大學四種,可知江户本至少存世尚有十六種。

阿部隆一先生將其所録類分爲六,第一類無刊記之"大折一帖"者兩種,寶曆七年(1757)本一種,寶曆本之後印本一種(此本因刊刻者有萬屋清兵衛,故刊印不晚於寶曆八年,見下),明和七年(1770)印本兩種,明和本之後印本一種,尚書堂堺屋仁兵衛後印本五種。此十二種本子之刊時多在寶曆、明和間(1751—1771)。

刊刻時間尚可從刊刻者角度佐證。據朝倉治彦、大和博幸《享保以後江户出版書目》所録從享保十二年(1727)至文化十二年(1815)近百年間出版情況,此書刊刻者小川彦九郎於其書前半部即天明四年(1784)前幾每頁均有,此年之後則再未出現;萬屋清兵衛於寶曆八年(1758)前亦多,此後亦再未出現;吉文字屋次郎兵衛於天明二年(1782)前極多,後亦不再出現②。可知江户本之行世當在寶曆、明和間。

二、莊兵先生推測江户本"可能爲江户漢學家朝川鼎所藏摹本的流衍本",此亦可商榷。簡而言之,江户本摹刻於寶曆、明和間,朝川鼎生於天明元年(1781)③,則此江户本絶非朝川鼎"摹本的流衍本"。朝川鼎原話並非"摹本",其《古文孝經私記》云:"羲之《孝經》,今藏在仙台侯文庫。云是慶長之役,得之朝鮮者,余藏其模本。""摹本"當指臨摹,而"模本"則可指刻拓之本,朝川鼎藏本恰爲江户時期之摹刻本而非相反。

因此之故,莊先生另一判斷亦需更正,即他認爲:"現存的十九種《王羲之草書孝經》的刻拓本,是由日本的刻書家保田黄裳摹刻伊達家所藏本復製而流布世間的。"據明治本中仙台國分章跋語云:"天保中,保田黄裳

---

① 《斯道文庫論集》第14輯,東京:慶應義塾大學,1977年,第61—62頁。

② 〔日〕朝倉治彦、大和博幸:《享保以後江户出版書目》,京都:京都臨川書店,2000年。

③ 朝川鼎是著名折衷派儒學家片山兼山之子,父死後母改嫁朝川默翁,於是改姓朝川,生於天明元年(1781),卒於嘉永二年(1849)。

請之秘府,摹寫極力,三年始成,門人石井駿河父子續成之。"知此書摹刻始於天保年間(1830—1843),至明治間方行世,較江户本晚一百餘年,自非現存所有印本之底本。則此書目前所知摹刻當有兩次,一在寶曆間,一在明治間。

三、關於此書流入朝鮮之時間。朝川鼎《古文孝經私記》卷上之《古今文各有二本考》,云:"後觀晋王羲之草書《孝經》(羲之《孝經》,今藏在仙台侯文庫。云是慶長之役,得之朝鮮者,余藏其模本)。"莊兵先生據此推測云:"大致是在明代前期,其本傳入朝鮮,元禄慶長年間,豐臣秀吉出兵朝鮮又被伊達政宗掠至日本,成爲陸奥國仙台歷代藩主的秘藏之寶。"此亦微誤。明治本(筆者所見爲國會圖書館藏本)模刻較細,歷代收藏印章亦照樣模印,其最晚者爲項元汴印,如天籟閣、項墨林、子京父印、墨林山人等(莊先生誤將"天水郡圖書印"歸爲項氏,實爲趙孟頫印),則無論此物真僞如何,其流出時間當在項元汴(1525—1590)同時或稍後,故絶不可能於明初流出。

由此可見,從伊達政宗(1567—1636,日本戰國時期有名的武將,被稱爲"獨眼龍政宗")始,此書真僞與流傳清晰可尋。莊兵先生指出,日本小説家中介里山(1885—1944)有歷史民俗小説《大菩薩峠》,其曾及伊達政宗奪得《王羲之草書孝經》事,可知此事曾在民間流傳。

至此,吾等所論僅在摹刻,若可見原本,則上述疑問均可迎刃而解,然經查訪,伊達藏品已無此書,故其原本存亡未卜。

然筆者有幸獲一證據,可證伊達家確曾收藏此書原本。日本昭和十年(1935)五月,齋藤報恩會博物館舉辦"伊達家藏品展覽會",並發行"伊達家藏品展覽會繪葉書"(按:即明信片),一套十枚,中有一枚正爲王羲之草書《孝經》。明信片長 14 厘米、寬 9 厘米,下題"王羲之筆孝經政宗公朝鮮より賫來"字樣,其圖收王羲之書《孝經》正文前三面。經與筆者收藏江户本對照,幾乎全同,此既可證江户本摹刻之精,亦表明其底本爲伊達自朝鮮得來之本無疑。則此底本曾確切存在,唯不知目下是否存世,一者收藏伊達家藏書之宫城縣圖書館中無此物,二者宫城曾經二戰時美軍之大轟炸(曾有大批量燃燒彈之投擲),則極可能燬於戰火①。

此本來龍去脉已明,然仍需考其真僞。

莊兵先生對此帖持肯定態度,從伊達政宗至此後名僧即如非一、高泉性潡及西岡逾明、國分章均以此爲真(上述諸人均爲此書撰定題跋,此批題

---

① 如《游目帖》即毁於廣島核爆,2007 年文物出版社與日本二玄社合作製作復原件。

跋文字均出自明治本,江户本未摹刻)。然朝川鼎更爲謹慎,其云:"後觀晋王羲之草書《孝經》(羲之《孝經》,今藏在仙台侯文庫。云是慶長之役,得之朝鮮者,余藏其模本。),其經從今文而别有《閨門》一章,合爲十九章,羲之所傳果是長孫氏本,則自是一今文,亦可以證隋志矣。但羲之《孝經》,彼國歷代法書家無一言及之,且法帖所載,後人集右軍字如唐僧懷仁《聖教序》,亦未可知也。更俟知者審訂之。"中國自古以來,僞造名人法書者所在多有,楊賓曾載云:"相傳吾鄉樊江有陳翁者,藏右軍草書《心經》一卷。翁自著書數册,言其授受之由,筆法之妙。余謂右軍真迹,豈能流傳至今?向所見《此事》《干嘔》等帖,皆好事者僞作,故於陳翁,亦不能無疑也。"①則其真僞故當慎重。

就常理而言,難證其真,易證其僞,以後者僅一反證即可。

筆者曾將此本《孝經》正文每一字均與《王羲之書法字典》比照,其筆迹甚似②,即傳世法帖中未有之字亦神采焕發;米芾、趙孟頫之題跋亦肖其風格;明治本所附刻印章數十(江户本未刻印章,然據明信片知爲原有),與相關資料一一對比,亦差相似。項元汴一方"子京父印"小有變形,"子"與"京"字均稍有不同,"父"字尤顯,其左上角之綫實爲字之一劃,然此本中竟補齊爲印章邊緣,如此則其字亦非"父"字,無怪莊兵認其爲"之"。此之微異均或爲摹刻失真所致,若原本印章仍如此則需重加考慮。

然而,此本之漏洞在其爲重其值而加一玄宗敕文,真可謂畫蛇添足,因此文反露作僞之馬脚。其文照録唐玄宗注《孝經》之序,唯三處不同:一爲文前多"登花萼相輝樓,見王羲之草本孝經,爲援筆制序"十九字;二爲原文中傳世之序爲避唐高宗諱將《孝經》原文之"以孝治天下"改爲"以孝理天下",此處仍爲"治";三是爲文結尾增"開元二年三月書賜薛王業敕"之十二字落款。然此三處均有問題。一者其序署開元二年(714),然玄宗注《孝經》,有開元初注本及天寶重注本(參本書另條所述),開元初注本行於開元十年(722)而非二年,且並無序;二者云"賜薛王業",其序全襲天寶重注本,與薛王全無關係;三者傳世玄宗序引《孝經·天子章》一語,爲避唐高宗李治諱改原文"以孝治天下"爲"以孝理天下",此跋仍爲"治",或作僞者查經文爲"治"而改,不知此爲避諱;四者此文開篇即云"登花萼相輝樓",繪葉書及明治本均有"花萼相輝玉璽"印,然據《唐會要》"興慶宫"條載:"開元二年七月二十九日,以興慶裹舊邸爲興慶宫……後於西南置樓,

---

① [清]楊賓著,柯愈春點校:《大瓢偶筆》,杭州:浙江人民美術出版社,2012年,第33頁。

② 〔日〕杭迫柏樹編:《王羲之書法字典》,天津:天津人民美術出版社,2004年。

西面題曰'花萼相輝之樓',南面題曰'勤政務本之樓'。"[1]而此文既寫於"開元二年三月",則在興慶宫始建之前,那時還無花萼相輝樓,從何而登乎?

此跋之外,貢師泰題記亦有漏洞。前已提及,書末依次題"宣城貢師泰觀""大德十年春三月十日觀燕山張肅""蜀山虞集""清秘閣主人懶瓚謹觀",江户本摹刻時删去米友仁、許衡二跋並幾十方圖章,然此頁題記與明治本同,自當爲原件原樣。然此題記亦有問題。依其次序,則爲貢師泰、張肅、虞集、倪瓚先後題詞,貢師泰生卒史有明文,爲 1298 至 1362 年,勿庸置疑[2],則張肅大德十年(1306)題詞之時,貢師泰年方九歲,則其之題詞自在九歲之前。

其僞既定,再論其作僞之時代。

文禄、慶長之役後,此貼於日本之流傳斑斑可考。其在朝鮮之流傳雖已無跡可尋,亦當無作僞之可能:一者朝鮮幾無僞造中國法帖之例,二者耆英臨本與此本極似,而此本東渡以後再未現於國内——故其作僞當在域内。

前已指出貢師泰題記爲僞造,故其僞造當在貢師泰身後,則在明代。此書所收題記與印章中唯一之明人爲項元汴。則可推測作僞時間當在項氏大肆收購各種名帖之時,作僞者專爲售於項氏而炮製者。後項元汴購得此物,或自己察覺或由其他鑒賞家相告,知爲贋品,欲盡快轉手售出。而接手者則或爲出使中國之朝鮮使臣[3]——因當時想以"原直"甚至更高之價格出售,國内之人恐難瞞過。其後,朝鮮人購此回國不久,壬辰倭亂爆發,此書亦被劫走。

然此本亦非憑空作僞者,因清永瑆曾藏有所謂王羲之草書《孝經》,其書雖不傳,然有耆英臨本存世,其字體與此日本傳本高度相似,則其間或有淵源關係。現永瑆藏本已佚,耆英臨本自不可取替原本,此日本傳本反爲王羲之草書《孝經》之唯一代表[4]。

---

① [宋]王溥:《唐會要》,第 558 頁。

② 參見王德毅、李榮村、潘柏澄編:《元人傳記資料索引》,北京:中華書局,1987 年,第 961—962 頁。

③ [清]姜紹書《韵石齋筆談》有"朝鮮人好書"一條,云"朝鮮國人最好書,凡使臣入貢,限五六十人,或舊典,或新書,或稗官小説,在彼所缺者,日出市中,各寫書目,逢人遍問,不惜重值購回"(第 179 頁),恰可參證。

④ 相關考論請參李小龍:《王羲之草書〈孝經〉考辨》,《域外漢籍研究集刊》第十四辑,北京:中華書局,2016 年。

【影印・整理】

無。

【公藏】

中國:無。

日本:關大、椙山女、東大總、東北大、大阪外大、林秀一、長澤規矩也(以上寶曆本),宮城縣圖、公文書館、酒田市立、東北大學、國會、宮城教育大学(以上明治本)。

孝經大義一卷

【敘録】

《孝經大義》一卷,元董鼎撰,日本寬永間古活字本。大本一册。前有署"歲在乙巳陽復之月前進士武夷熊禾序時大德之九年也"之序,四周雙邊,黑口,雙魚尾,有界行,半葉九行,行十七字,注雙行小字同,無返送。末有署"成化二十二年歲次丙午秋九月甲子賜進士通奉大夫福建等處承宣布政使司右布政使淳安徐貫謹識"之跋。另有寬永五年(1628)本,末署"寬永五年孟夏吉旦"。

【考證】

此書據《中國古籍總目》著録,僅國圖存一明刻本①;再據"全國古籍普查登記數據庫",亦僅多山西圖書館所存之崇禎四年(1631)閑拙齋刻本一種。然日本有多種刊本,據長澤目可知,至少有元和刊(覆古活)之本、寬永五年(1628)刊本、寬永十年(1633)刊本,此後貞享、正保、明曆、承應、寬文、元禄等續有新刊或重印,則此書在日本頗受歡迎②;且據此亦可知,尚有早於元和(1615—1623)之古活字本,加之有寬永五年本,均早於崇禎四年本。另此本前大德九年(1305)熊禾序爲國内後出之本所共有,然其又有成化二十二年(1486)徐貫之跋,云:"惜乎是書板行者少,而窮鄉下邑之士,不得盡觀也。予近按臬,偶於進士蔡介甫家得是書舊本,遂命工鋟梓以

---

① 《中國古籍總目・經部》,第704頁。
② 〔日〕長澤規矩也:《和刻本漢籍分類目録》,第25頁。

傳,將使四方得以家傳人誦,各與其親愛之心而篤夫仁孝之道,庶或少補於風教之萬一云爾。”爲國内版本所無,則當曾有成化本存世,和本或據成化本或成化本之衍生本而來。

按:徐貫,《四庫全書總目》云:“貫字元一,淳安人,天順丁丑進士,官至工部尚書,謚康懿。”①

【影印・整理】

無。

【公藏】

中國:北大、大連(寬永本)。

日本:所存甚多,不備録。

孝經會通一卷

【叙録】

《孝經會通》一卷,明沈淮撰,朱鴻校,費浩然閲,日本文化四年(1807)刊本。大本一册。前有署“文化丁卯秋八月朔日江户善庵處士朝川鼎撰”之《孝經會通序》,次“大明賜嘉靖丁未進士第亞中大夫光禄寺卿前南京通政使司右通政太常寺少卿吴興沈淮撰”之《孝經會通序》,次《孝經會通凡例》三條。卷端署“明後學沈淮述,朱鴻校,費浩然閲”字樣。正文四周單邊,白口,單綫魚尾,有界行,半葉九行,行十八字,有少量返送,字體精美。

【考證】

此書國内無單行之本,而是收入江元祚所編《孝經大全》之中,據《孝經大全》本題署“明仁和沈淮述,外孫江元祚較”可知,沈爲江氏外祖。而此和本卷端題署則爲“明後學沈淮述,朱鴻校,費浩然閲”,則非自江氏《孝經大全》别行而來者。且江氏書並無沈序,此書沈序云:“余懼其久而愈失其真也,乃與博士弟子朱生鴻、費生浩然共繹之,上探孔曾之心,下尋朱吴之緒。”則序與題署相合,則此和本或據較江書更早之沈氏單行之本。另,朱鴻亦有《孝經叢書》之輯,行款與此同,亦或出此,然此書僅國圖存萬曆

① 魏小虎編撰:《四庫全書總目彙訂》,上海:上海古籍出版社,2012年,第5820頁。

刊本。

【影印・整理】

無。

【公藏】

中國:無。
日本:公文書館、東北大、東大總、宮城縣圖。

孝經一卷、附弟子職一卷

【叙録】

《孝經》一卷,清任兆麟集注,日本寬政四年(1792)與《弟子職》合刊本,大本一册。扉頁中題"孝經弟子職",上書"悉遵朱子定本",右署"清震澤任文田集注",左署"書坊京師玉照堂、大阪崇高堂",前有"乾隆庚子十月甲子震澤任兆麟序",又有"丁酉六月朔旦心齋題"《孝經題辭》(按:心齋爲任氏之號);《弟子職》前有"乾隆辛丑五月丙申震澤任兆麟序"。正文左右文武邊,白口,單黑魚尾,有界行,半葉九行,行十七字,小字雙行同。末署"寬政四年壬子春正月"。

【考證】

此書據《中國古籍總目》著録,最早者爲道光元年(1821)刊本,較此和本晚三十年。而據全國古籍普查目則知内蒙古存有所謂"清乾隆四十五年(1780)刻本"。則此和本當據乾隆本翻刻,而原本國内已罕遇。

【影印・整理】

無。

【公藏】

中國:無。
日本:前田育德會、東大總、阪大總、市立米澤、東京都立中央、公文書館、京大附圖。

七、四書類

大學或問一卷、中庸或問一卷

【叙録】

《大學或問》一卷、《中庸或問》一卷,日本正保四年(1647)山崎嘉訓點本。大本二册。正文四周文武邊,白口,雙黑順魚尾,版心上署"倭板四書",下標"山崎點"字樣,無界行,半葉十六行,行十八字。

【考證】

朱熹曾云"某數日整頓得四書頗就緒,皆爲《集注》,其餘議論别爲《或問》",則其所著《或問》,原爲與《四書章句集注》相配而行者。然後者一出,世人翕然從之,《或問》反因之而晦。就《大學或問》而言,幾無單行之本①,多附於《四書章句集注》之中。然日本頗有單行之者。此山崎嘉所点即日本流行之本。其或当源自某一宋本(参《中庸集略》及《四書或問》條)。

【影印・整理】

無。

【公藏】

中國:無。

日本:所存甚多,不備録。

大學章句一卷、中庸章句一卷

【叙録】

《大學章句》一卷、中庸章句一卷,日本正保四年(1647)山崎嘉訓點

① 参《中國古籍總目・經部》,第732、753頁。

本。大本二册。正文四周文武邊,白口,雙黑順魚尾,版心上署"倭板四書",下標"山崎點"字樣,無界行,半葉十六行,行十八字。

【考證】

楊守敬於《日本訪書志》卷二"中庸章句"條云:"板心有'倭板四書山崎嘉點'八字,此《四書》中之一種也。山崎氏爲此間宋學名儒,其所據當是宋槧精本。末有朱子跋一篇,爲諸本所無,亟録於左。"①細查國内所傳各本《中庸章句》,確均佚此跋;即重新整理此書如《四書章句集注》《儒藏精華編》一一〇册中均無,各書所附序跋資料亦無,似均未檢及楊氏此書。然楊氏此則亦有疏漏,即除《中庸章句》末之跋語外,《大學章句》之末亦有朱熹跋語,其境遇亦與《中庸章句》跋相仿佛。另,此二跋實曾收入《晦庵先生朱文公文集》之中,均在卷八十一,一名《記大學後》,一名《書中庸後》。然細校二者,文字小有差異,如《書中庸後》文中,朱子文集於"二十五章又言人道"後緊接"二十八、二十九章承上章",似有闕文,其校記云"二十五章又言人道按此句下,《正訛》補'二十六章言天道,二十七章復言人道'十五字"②,可見賀瑞麟《朱子文集正訛》亦如此認爲,然所補十五字或爲臆補,據此和本所附之跋,則爲"二十六章又言天道,二十七章又言人道"十六字,雖僅有一字之異,然語勢相合,自屬原文。據此亦可知此本來源當甚古。

按,日本另有《大學章句》之五山本,正文四周單邊,無界行,半葉八行,行十五字。卷末有刊記云"延德壬子孟冬桂樹禪院再刊"③,知爲延德四年(1492)刊。則此倭版《大學章句》或由五山本而來。另現於五山本中未發現《中庸章句》,然援前《大學章句》之例,或亦曾有,惟今已不傳。

【影印·整理】

無。

【公藏】

中國:無。

日本:所存甚多,不備録。

---

① [清]楊守敬撰,張雷校點:《日本訪書志》,第23頁。

② [宋]朱熹撰,朱傑人、嚴佐之、劉永翔主編:《朱子全書》第24册,第3829、3830、3831、3858頁。

③ [日]川瀨一馬:《五山版研究》,第478頁。

中庸集略二卷

【叙録】

《中庸集略》二卷，宋石𡼏編，朱熹删定，日本古活字本。大本二册。正文四周文武邊，黑口，雙對黑魚尾，無界行，每半葉九行，行十八字。

【考證】

楊守敬《日本訪書志》曾著録此書之朝鮮刊本，並云："按朱子《中庸序》稱，以《輯略》《或問》附《章句》後，則此書與《中庸章句》合爲一書。逮《章句》孤行，而此書晦。雖明人嘗刻之，而今又晦。時藝興，經學廢，名爲尊朱，而朱子手定之書，且在若存若亡之間，可慨也夫！"此書命運確如此，據《中國古籍總目》著録可知，此書國内僅國圖存宋刻一種，浙圖與中科院各存明刻一，餘則均入清所刊①。然此書於日本則流傳頗多，有古活字本與多種校刊之本傳世，其古活字本當據朝鮮嘉靖二十五年（1546）之本覆刊者。國内明代之本爲吕信卿從唐順之得宋本而刊行傳世者，據唐氏序署"嘉靖乙巳八月朔旦武進唐順之序"②，知其刊行當在嘉靖二十四年（1545）八月左右，而朝鮮本末有跋語云："今左相豐城府院君李公芑留心經術，以《中庸》一部爲匡贊之要，講究有素，又得《輯略》上下卷於秘閣，乃傳寫一本，手之而不釋焉。今監司金公萬鈞之來也，即付之，將欲廣其傳以詔後學。公承奉惟謹，屬余楷書入梓。"跋語署爲"嘉靖二十五年丙午六月上浣嘉善大夫全州府尹金光轍謹跋"，可以推測其所據底本當非吕氏所刊之嘉靖本，而爲一宋本。此點亦可據本書特點佐證之。即吕氏本二卷從第十七章後分開，然朝鮮本及和本均同國圖所藏宋本，分卷自第十八章後始。

日本公文書館所藏古活字本末有抄録之朱熹之子朱在跋語云："《中庸集略》，南康舊嘗刊刻，據之家本，無甚訛舛。但傳寫失真，著述之體，非其舊章，不容於不正也。因命工更刻之而記其後如此。嘉定丁丑三月戊寅新安朱在謹書。"按：此跋不見國内所傳各《中庸集略》之本中，《經義考》未

---

① 《中國古籍總目·經部》，第750頁。

② 朱傑人、嚴佐之、劉永翔主編：《朱子全書外編》第1册，上海：華東師範大學出版社，2010年，第129頁。

録①,《朱子全書外編》及《儒藏》(精華編)所收《中庸輯略》附録序跋亦未收。此條或即據朝鮮本所録。則朝鮮本所據之宋本與國圖現存之宋本亦非同本。或者現存之宋本即朱在所謂"南康舊刻"之本,而朝鮮本所據,則爲朱在"命工更刻"之嘉定本。

【影印・整理】

無。

【公藏】

中國:國圖(活字本)、遼寧(山崎嘉點本)。

日本:前田育德會、前公文書館(活字本),前田育德會、國會(朝鮮本),山崎本較多,不備録。

論語集解十卷(正平本)

【叙録】

《論語集解》十卷,何晏集解,日本足利義之子足利祐(即道祐居士)於正平十九年(1364)刊於堺浦(今大阪府堺市)。大本四册。前有何晏《論語序》。正文四周單邊,白口,版心有卷次及葉次,有界行,半葉六行,行十三字,小字雙行同。此本有初刻雙跋本,卷末有"學古神德揩法日下逸人貫書"字樣,刊記云"堺浦道祐居士重新命工鏤梓,正平甲辰五月吉日謹誌";又有覆刻雙跋本,與前本相比,惟誤將卷末題中"論"字誤爲"諭"字,此爲應永年間(1394—1427)所刊;又有單跋本,無"學古神德揩法日下逸人貫書"字樣。

【考證】

《論語集解》爲《論語》注疏史中之杰構,其重要性有二:一者除定縣漢墓出土、敦煌寫本之類外,現存《論語》基本從此本而出(黄懷信先生《論語彙校集釋》前言之語②);二者何晏集解爲《論語》史上最重要之整理箋注,

---

① [清]朱彝尊撰,林慶彰、蔣秋華、楊晋龍、馮曉庭主編:《經義考新校》,上海:上海古籍出版社,2010年,第2800—2802頁。

② 黄懷信主撰,周海生、孔德立參撰:《論語彙校集釋》,北京:中華書局,2008年,《前言》第35頁。

甚至爲“集解”一體之開創者，其問世之後，作爲《論語》閲讀之基礎讀物，至今而然。然如此重典，於邢疏、朱子集注問世後逐漸失傳，後世僅有注疏合刊本，何氏單集本却無從尋覓。

然此單集本却存於日本。《論語》本即傳入日本最早之漢籍，意義重大。據《古事記》云，應神天皇（270—310）“又科賜百濟國，若有賢人者貢上，故愛命以貢上人，名和邇吉師。即《論語》十卷、《千字文》一卷，並十一卷，付是人即貢進”。再據《日本書紀》，應神天皇“十五年秋八月壬戌朔丁卯，百濟國王遣阿直岐貢良馬二苑……於是，天皇問陳直岐曰：‘汝勝汝博士亦有耶？’對曰：‘有王仁者，是秀也。’……十六年春二月，王仁來之，則太子菟道稚郎子師之，習諸典籍於王仁。”前所謂“和邇”實即“王仁”之日語讀音。可知此書入日極早。

何晏《論語集解》在日本淵源極久。日本學者藤原佐世（847—898）有《日本國見在書目録》，中即有“《論語》十卷，何晏集解”的著録，可知於九世紀時，此書早已流傳至日本。目前所存《集解》最早的寫本爲文永五年（1268）寫本，此爲日本之中原家家學本，又有正和四年（1315）寫本，此爲源原家之傳本。此後各類傳寫本甚多。然最有名者，爲大名鼎鼎之正平本（正平十九年，1364）。其書刊刻甚早，爲日人刊刻漢籍外典現存最早之本，亦可視爲日人刻書之始（本以陋巷子本《論語》最早，然其書已不存）。

關於此書之價值，清初錢曾於《讀書敏求記》中著録一本，云爲“遼海道蕭公諱應宫監軍朝鮮時所得”，蕭應宫於壬辰倭亂時至朝鮮監軍，知書得於1592年左右。錢曾又於“甲午初夏”（即1654年），“以重價購之”，善本收藏極富之錢遵王亦對此次收穫頗爲自得，非惟指出其文更爲近古可信，且云其“筆墨奇古，似六朝初唐人隸書碑版”，“不啻獲一珍珠船也”①——其雖然十分寶愛此書，却全不知此書所來何自，看“正平”年號，尚以之爲朝鮮之年號。此後，其書亦被歷代藏書大家珍視：先歸蘇州碧鳳坊顧氏（黄丕烈題跋僅云“顧氏”，未明指爲誰。或爲顧應昌，錢謙益絳雲樓藏書失火後，其曾收集燼餘之書，則其後或亦注目錢曾散出之書），後入吴中顧之逵（乾嘉藏書四大家之一）小讀書堆，嘉慶二十四年己卯（1819），黄丕烈“以重價購得”②；道光二年壬午（1822）初春，歸張金吾愛日精廬，然後流入陸

① ［清］錢曾撰，章鈺校證，《讀書敏求記校證》，上海：上海古籍出版社，2008年，第31—34頁。
② ［清］黄丕烈，余鳴鴻、占旭東點校：《黄丕烈藏書題跋集》，第43頁。

心源皕宋樓[1];1907 年,又隨皕宋樓二十萬卷藏書一起東渡日本,現藏於日本静嘉堂文庫[2]。由上可見,此書傳入中國後,雖幾番易主,然從未爲有清一代藏書大家忽略,即此亦可見其價值。只是,此書於國内流傳三百餘年,爲錢曾、黄丕烈等帶來如許驚喜,還躲開無數絳雲劫難之後,最終却仍未能留存中土。

此書"得而復失"雖令人慨嘆,但其書却非正平原本,而爲後人抄本(之所以斷爲"後人抄本",是因其末有獨屬正平刊本之"堺浦道祐居士重新命工鏤梓"字樣),"不知幾經鈔胥,愈失其真",故價值已然消減,正平原本之舶歸尚俟楊守敬之訪書豪舉。楊氏訪書東瀛,非但搜得正平原本,且有復本入藏,後將其一部轉於黎庶昌,並以之上木刻於《古逸叢書》中。他評此書云"驗其格式、字體,實出於古卷軸,絶不與宋槧相涉。其文字較之《群書治要》《唐石經》頗有異同。間有與《漢石經》《史》《漢》《説文》所引合,又多與陸氏《釋文》所稱一本合。彼邦學者皆指爲六朝之遺,並非唐初諸儒定本。其語信不爲誣"。[3] 則知正平原本淵源既古,價值亦高。

此書於日本數次覆刊。一爲明應八年(1499)杉武道復刊本,亦罕見。一爲文化十三年(1816)市野光彦覆刊本,前有"文化十三年二月辛亥朔湯島狩谷望之識"之按語,云:"今日所傳,雖有明應板本、菅家本、宗重本,莫若正平本之正且善也。又有活字諸本及伊藤東涯校本,皆依邢昺疏本,妄意改竄,不足據也。但正平刻本傳世絶少,學者或不能見。友人市野迷庵憂其如此,捐貲翻彫,以公於世,别作劄記,附之卷末,考證精核,覽者自瞭焉。清人有翻刻古書者,善則善矣,然皆不過宋槧元鈔,諸本已比此書之爲六朝遺本不可同日論也。"末有市野光彦《正平本論語劄記》,此書亦稱難遇。

葉德輝曾收藏"日本覆刻元正平本"一種,云:"余以番餅金二十圓得之。或者謂其不應如此之貴。余曰:'近來黎刻單行本,日本人往往以重值購藏,此其原刻最古之本,何乃不如新刻?况錢氏當日詫爲秘笈,豈至今日反以尋常之本例之?區區二十圓餅金,僅折銀十四兩耳,奚貴之有?'"然其或與所嗤之錢遵王同,不詳日本之年號,故稱其所藏爲"日本文化十年,野光彦覆刻元正平本《論語集解》,即光緒乙酉駐日黎蒓齋星使庶昌刻《古

---

① [清]李富孫:《校經廎文稿·卷十七·書日本論語集解後》,《續修四庫全書》第 1489 册,第 512 頁。

② 賈貴榮輯:《日本藏漢籍善本書志書目集成》第四册《静嘉堂秘籍志》,北京:北京圖書館出版社,2003 年,第 110—113 頁;《静嘉堂文庫漢籍分類目録》,第 144 頁。

③ 參[清]楊守敬撰,張雷校點:《日本訪書志》,第 20 頁。

逸叢書》之祖本也"①,詳其語意,似指此文化十年(1813)本後於正平本不遠也,且以其爲《古逸叢書》之祖本,實頗夾纏。後《四部叢刊》初編即以此葉氏藏本爲底本影印,徑於封二署云"上海涵芬樓借長沙葉氏觀古堂藏日本正平刊本影印元書板心高營造尺七寸寬六寸",則葉氏藏本當非文化本,以後者前有狩谷望之序,末有市野光彦札記,必無誤認之虞。後秦更年於民國二十年(1931)"辛未三月,余於海上購獲是本,同時並得文化覆刻殘本二册",即譏葉氏云:"奂份以文化本爲古刻,不知文化十年爲吾國嘉慶十八年,已出晚近。蓋黎、楊而外,未有見正平本真面者,余乃無意獲之,足以傲錢、張、顧、葉矣。"然葉氏藏本或非文化本,惟葉氏未知文化爲何時,故有誤署耳。秦氏所得之本"册首尾'奚疑齋藏書'五字楷書印記,殆爲東國藏家,惜無從悉其姓字耳"②,"奚疑齋"實爲江户時代中期之儒者澤田一齋(1701—1782)之號,其人亦爲京都風月堂之主人。

【影印·整理】

《古逸叢書》覆刻本。

金程宇《和刻本中國古逸書叢刊》。

《和刻本四部叢刊》影印本(市野本)。

【公藏】

中國:清華、上海、遼寧(以上正平本);北京、北大。大連、南京、湖北(以上爲日本文化十三年市野光彦青歸書屋翻刻正平十九年本)。

日本:宫内廳書陵部、國會。

縮臨古本論語集解十卷

【叙録】

《縮臨古本論語集解》十卷,何晏集解,日本天保八年(1837)津藩有造館刊本。大本二册。前有天保八年"津藩督學侍講石川之褧撰並書"的《縮臨古本論語集解序》。正文左右文武邊,白口,單魚尾,有界行,半葉九行,行十八字,小字雙行同,無返送。末有"津藩有造館講官川村尚迪"《縮

---

① [清]葉德輝撰,楊洪升點校,杜澤遜審定:《郎園讀書志》,第68頁。

② 秦更年撰,秦蓁整理,吴格審定:《嬰闇題跋》,北京:中華書局,2019年,第7—8頁。

臨古本論語集解跋》。全書刊刻精雅，且無日語訓讀符號，更顯疏朗雍容，頗有宋元精刻本風致。

【考證】

蕭穆曾“取彼國所刊津藩有造館本及黎君庶昌所刊正(平)本相較，字句又時有異同，大致與朱文公集注本相合者爲多……暇時當以此本之同異參兩本合校而標録之。此本雖無序跋可考，亦確爲日人據一古本而刊之，非日人所能僞爲也。”①然據石川之褧《縮臨古本論語集解序》可知，此本底本爲津藩有造館所藏古鈔卷子本，被定爲昌泰二年(899)菅原道真所抄之本。石川之褧曾將此本“試取諸本對校其經注字句增減，以至筆畫奇異，多用六朝書體，唯我古本與正平本大略相近”，知其與正平本或有淵源。石川又云“算其年代久近，則此殆倍於彼，洵爲宇宙第一古籍矣”，因此本若抄於昌泰二年，確較正平本早四百六十五年，不可謂不早。則此本之價值，亦不遜於正平本。

然此本森立之《經籍訪古志》亦著録，其按語云：“此本傳爲菅(點校本誤爲‘管’，下同)相手書，今審其筆跡，絶不似菅公書法。三卷末記‘丞相’二字，當後人妄添者矣。”②則此本或非菅原之本。武内義雄指出，日本古傳之《論語集解》以明經博士清原與中原而分爲兩大系統，清原家證本中最古者爲教隆本，其本已佚，轉寫本有正和鈔本及嘉曆鈔本，而此縮臨本底本即教隆本，如前云卷三之末“手自書寫畢，字樣既得其正，子孫可寶之。丞相”十八字，在教隆仁和本亦有，署爲“參州刺史清原教隆”；甚至此本卷一欄外有“爛脱事見江家本，又家本同注之，然而師説不讀之”之注記，即與正和本完全相同③。亦可知此本雖非菅原本，然亦有其價值。

楊守敬曾得此底本之摹本，並摹刻數葉入《留真譜》初編卷二。

【影印・整理】

無。

【公藏】

中國：清華、南開、遼寧、大連、南京、湖北、廣東、四川。

---

① ［清］蕭穆：《敬孚類稿》，《續修四庫全書》第1561册，第1—2頁。

② 〔日〕澁江全善、森立之等撰：《經籍訪古志》，杜澤遜、班龍門點校，第54頁。

③ 〔日〕武内義雄撰：《正平本論語源流考——本邦舊鈔本論語的兩個系統》，俞士玲譯，劉玉才主編：《從鈔本到刻本：中日〈論語〉文獻研究》，北京：北京大學出版社，2013年，第385—394頁。

日本：九大、鹿大、東京都立中央、東大總、静嘉堂文庫、京産大、蓬左文庫、岡山縣圖。

論語集解十卷（天文本）

【叙録】

《論語集解》十卷，日本天文二年（1533）刊本，大正五年（1916）重印本。大本二册。卷首有何晏《論語序》，卷首署“何晏集解”。正文四周單邊，黑口，單魚尾，半葉七行，行十四字。然正文不録集解，僅録經文。大正五年本前有大正五年七月内藤虎之序，末有天文二年八月清原宣賢跋，另有大正五年三月土屋弘跋。

【考證】

天文本《論語》據内藤湖南序知又被稱爲《南宗論語》或《東京魯論》，爲泉南人阿佐井野據清原宣賢家傳之本刊於天文二年（1533）者。此本或爲菅原道真手寫本，爲據唐石經抄録者，故其文字頗存古貌。另其本雖云“何晏集解”，然未録注文，是爲日本《論語》流傳之單經本之祖本。此本天文二年刊行後，其板藏於南宗寺。至近四百年後之大正五年（1916），南宗寺主持梅山玄秀恐此湮没，欲將板寄存於大阪圖書館，先印一千册，各册均有編號。

【影印・整理】

《北京大學圖書館藏日本版漢籍善本萃編》影印本。

《天文板論語》，廣陵書社2014年影印本。

《和刻本四部叢刊》影印本。

【公藏】

中國：北大、天津（大正本）。

日本：公文書館、東大東文研、慶應大、東大總、静嘉堂文庫、東洋文庫（天文本）

論語集解十卷(建武鈔本)

【叙録】

《論語集解》鈔本十卷,日本建武四年(1337)鈔本,昭和十三年(1938)京都便利堂珂羅版影印本。一函十帖。經折裝,封面題"圓珠經",一折五行,行十三字,小字雙行同,正文有朱筆點讀,另多有墨筆批語。前有何晏《論語序》。卷一末題"建武四年三月四日以家説授中飯尾三郎金吾了,清原賴元",後每卷之末均有類似字樣,唯時間稍有改動,如卷二爲"四月十三日",卷三爲"四月卅日",卷四爲"六月十五日",卷五爲"十月廿八日",卷六爲"十二月廿三日",卷七開始爲康永元年事,且署爲"真性傳授飯尾三郎金吾",卷七爲"十月廿三日",卷八爲"十一月五日",卷九爲"十一月十四日",卷十爲"十一月廿八日"。全書之末有"前給事中清原賢忠"跋語。

【考證】

由前之論述可知,《論語》一書東渡甚早,對日本影響極大,故其自古以來寫本極多,不下數十種。古鈔本數種。武内義雄認爲何晏本於日本古時有二種傳世,其一影響最大者即明經博士清原教隆之本,其後關鍵之本爲賴元本,即此本。

《論語》古鈔本除此之外,易見者尚有"三十郎盛政傳鈔清家點本""青蓮院本""林泰輔舊藏本"三種,此三種亦均爲日本室町時代之古鈔本,被收入《影印日本〈論語〉古鈔本三種》之中①。

【影印・整理】

無。

【公藏】

中國:無。

日本:大阪府立中之島、京大人文研東方、愛媛大、蓬左文庫。

---

① 〔日〕高橋智解題:《影印日本〈論語〉古鈔本三種》,吴國武、林嵩、沙志利校勘,北京:北京大學出版社,2013 年。

論語義疏十卷(根本本)

【叙録】

《論語義疏》十卷,梁皇侃撰,日本寬延三年(1750)刊本。大本五册。前有服元喬寬延三年所撰之《皇侃論語義疏新刻序》,寬政七年(1795)萬蕴堂翻刻本於此增刻盧文弨乾隆五十三年(1788)爲鮑廷博翻刻本所撰《皇侃論語義疏序》;次皇侃撰《論語義疏叙》、何晏《論語集解序》。扉頁題"論語義疏",卷端題"論語集解義疏",署"魏何晏集解、梁皇侃義疏、日本根遜志校正"。正文左右文武邊,白口,單黑魚尾,有界行,半葉九行,行二十字,注小字雙行同。

【考證】

皇侃《論語義疏》與前述何晏《論語集解》命運頗同。《四庫全書總目》云:"迨乾、淳以後,講學家門户日堅,羽翼日衆,剷除異己,惟恐有一字之遺,遂無復稱引之者。而陳氏《書録解題》亦遂不著録,知其佚在南宋時矣。"然此書約於唐時已傳入日本:一者,《日本國見在書目録》已著録;二者,孫猛亦據日本傳世文獻指出其書"天平十年(唐開元二十六年)以前傳入日本"①。提要又云:"康熙九年②,日本國山井鼎等作《七經孟子考文》,自稱其國有是書,然中國無得其本者,故朱彝尊《經義考》注曰'未見'。"③此後,與山井鼎同師荻生徂徠之根本遜志入足利學校學習時謄録出日本所傳《論語義疏》,並據邢昺《論語正義》之體例,更改舊鈔本形態而重新校刻,寬延三年(1750)出版,即此本。乾隆二十六年(1761),武林人汪鵬至日本,購得此書,回國進呈浙江遺書局,此時遺書局由布政使王亶望主其事,王氏得書大喜,將原本進呈四庫館,同時又刊行巾箱本。進呈之本被收入《四庫全書》,同時又付武英殿校刻出版。館臣於此書之失而復得亦極贊頌之云:"今恭逢我皇上右文稽古,經籍道昌,乃發其光於鯨波鮫室之中,

---

① 孫猛:《日本國見在書目録詳考》,上海:上海古籍出版社,2015 年,第 294、296 頁。

② 按:此云"康熙九年"實誤。山井鼎《七經孟子考文》出版於享保十五年(1730),即雍正八年庚戌,館臣誤將"庚戌"提前六十年而爲康熙九年(1670)。因有此誤,後文方云"故朱彝尊《經義考》注曰'未見'",其實朱彝尊於康熙四十八年(1709)去世,時《七經孟子考文》尚未出版,更未傳入中國,朱氏自未得見。

③ 魏小虎編撰:《四庫全書總目彙訂》,第 1061 頁。

藉海舶而登秘閣。殆若有神物撝訶,存漢、晋經學之一綫,俾待聖世而復顯者。其應運而來,信有非偶然者矣。"雖其於收入《四庫全書》時已删去根本遜志之名氏。王亶望巾箱本卷首所署與根本本同,唯將第三行改爲"王亶望校刊"而已。乾隆四十七年(1782)王亶望獲罪自盡,書板歸鮑廷博,鮑氏將此收入《知不足齋叢書》中,因不便再署王氏之名,故卷首題署第三行留白①,初見以爲其所删爲根本本原署之"日本根遜志校正"字樣,實非。

按:此本雖以"論語集解義疏"爲名,然並非國内流傳之集解與義疏合刻之本。然根本氏於整理之時,采用國内流傳合刻本之"經一注一疏"之體,對個別文字頗有增删與改動,已非日本流傳之皇疏原貌。

【影印·整理】

陳蘇鎮、李暢然、李中華、張學智、王博、吴榮曾校點本《儒藏》精華編104册,北京大學出版社2007年版。

徐望駕校注《皇侃〈論語集解義疏〉》,江西人民出版社2009年版。

【公藏】

中國:人大、湖南、四川(以上爲寬延三年初刻本),上海、陜西(以上爲寬政五年翻刻本),首都、國圖(以上爲寬政七年萬蕴堂本),首都、北大、人大、上海、遼寧、吉林、南京、川大(以上爲元治元年補刊本)。

日本:所存甚多,不備録。

論語義疏十卷(懷德堂本)

【叙録】

《論語義疏》十卷,梁皇侃撰,武内義雄整理,日本大正十二年(1923)大阪懷德堂鉛字排印本。正文四周單邊,白口,版心下署"懷德堂"字樣,有界行,半葉九行,行二十字,注雙行小字同。

【考證】

此本由根本遜志首次刊行,使世人知皇疏未佚,然根本氏改動頗多,殊

---

① 參〔日〕藤冢鄰:《皇侃〈論語義疏〉及其日本刻本對清朝經學的影響》,童嶺譯,劉玉才主編:《從鈔本到刻本:中日〈論語〉文獻研究》,北京:北京大學出版社,2013年,第433—438頁。

失原貌。日本大正十二年，大阪懷德堂欲重修此本，由懷德堂講師武内義雄主其事，武内氏曾稱“伯修稽古之功偉矣”，亦指出“然其所刊，妄更體式，以就今本；訂訛之際，亦不免師心改竄。彼土學者，怪其與《釋文》所引皇本不合，又斥爲非六朝遺經之體，議論紛紛，後人有懷疑未釋者”，“懷德堂記念會欲校印此書以存舊式，余不自揣，謬任校讎之役，乃遍觀秘府野贇之藏，周搜世家名剎之儲，參稽各本，以定是非，又條舉異同，附之卷尾，後之讀皇疏者，庶幾有所考信焉”。此本恢復皇疏原本“經一疏，注一疏”之體，加之武内氏遍參日本所存古鈔之本，故質量甚高。

【影印・整理】

金程宇《和刻本中國古逸書叢刊》。
《和刻本四部叢刊》影印本。
高尚榘校點《論語義疏》，中華書局 2013 年排印本。

【公藏】

中國：無。
日本：所存甚多，不備録。

音注孟子十四卷

【叙録】

《音注孟子》十四卷，東漢趙岐注，日本南北朝時代覆宋刻本。正文左右雙邊，黑口，雙黑魚尾，半葉十一行，行二十字左右，小字雙行，行二十八字左右。

【考證】

《孟子》趙岐注本與前述《論語》何晏集解及皇侃義疏本命運相類，均於宋代出現正義之後而漸次式微，如《中國古籍總目》所收，僅有崇禎間刻《十三經古注》本較早，餘本均在晚清以後。另《總目》著録和刻本三種，其

"慶元間活字印本"實較"崇禎刻本"爲早①。然除此外,日本另有五山版《音注孟子》存世,其書原爲内藤湖南舊藏,現歸武田科學振興財團杏雨書屋,則更早於國内所存崇禎間刻本②,此後亦有寬永間覆刊古活字本者。此數本非但時代較早,更可貴者,在其保留《孟子》趙注之原貌,如趙氏之章指即是(參下條)。

【影印·整理】

羅振玉《吉石盦叢書》影印内藤湖南舊藏本。

劉玉才、〔日〕住吉朋彦主編《日本五山版漢籍叢刊》第一輯。

【公藏】

中國:北大(慶長年間古活字本)。

日本:宮内廳書陵部、東洋、大東急、成簣堂(南北朝覆宋本),東大總、公文書館、東北大、東京都立中央、宮内廳書陵部(慶長年間古活字本)。

孟子正文七卷

【敘録】

《孟子正文》七卷,日本安永九年(1780)青蘿館刊本。大本二册。扉頁右上標"兼山先生國讀",左下署"青蘿館"字樣。前有趙岐《孟子題辭》,卷端署"山子國讀,松岡忠貞篤卿校"。正文四周雙邊,白口,單黑魚尾,有界行,半葉十行,行十七字,小字雙行同。末有署"越後塞君山謹跋"之跋語。

【考證】

此書名《正文》,則不附注疏,然於正文外,以小字附趙岐之章指。書

---

① 《中國古籍總目·經部》,第818頁。按:此處所云"慶元間",當爲"慶、元間",指日本慶長(1596—1615)、元和(1615—1624)之間,崇禎(1628—1644)則已晚於此。又,將慶長版置於十三經古注本之下,其實不妥,因其本與國内所傳者非同版(參下條關於孟子章旨之討論);而此下又置日本延享(《中國古籍總目》誤爲"亨")、文政本,亦均誤,以後二本皆源自金蟠永懷堂本,應置於下條之後。

② 《孟子》趙注諸問題,可參〔日〕高橋智《日本室町時代古鈔本論語集解研究》(北京大學出版社2013年版)一書對《孟子》趙注之討論及其相關論文。

末之跋云："趙岐章旨全然於吾邦，而彼國已亡。孫奭疏中略收爲己物，人不知爲邠卿之言也。夫漢以上之籍存於今者，片簡隻字亦寶也，況此全物乎！在嗜古者不可以不傳也。故今附載以貽同志之人，庶爲邠卿忠臣云。"其所云"全然於吾邦"，或即指上條所録之五山本、古活字本及寛永本而言，因此數本均有完整之章指。其所謂"彼國已亡"者，國内後世所傳諸本皆删章指，至孫奭《孟子注疏》，更是"每章疏首數句乃僞疏竊取趙氏章指之文，而又不全載，謬甚"，葉德輝所言更爲嚴重："《孟子》趙岐注原有《章指》，南宋邵武士人託孫奭作僞《疏》，即已删去，自後刻經注遂不能復還其舊，由是五六百年無人知趙注之外有《章指》矣。"①以至阮元校勘《十三經注疏》時，不得不據别本補入，其云："凡章指，十行本以下注疏本無，今據廖本載全文於每章後各末異同即注下，以補注疏本之缺。"②

日本最早特意拈出趙氏章指者，或爲山井鼎氏《七經孟子考文》，其刊行爲享保十六年（1731）。其書云："謹按古本足利本每章注末有'章指'，即《題辭》所謂'章别其指'者是也。今注疏本裁之不載，惟疏初摘其數句以明一章大意，於文亦甚略矣。蓋孫奭作疏時，除其全文引爲疏也。何以知其然，則十三卷上七葉左疏録'隰朋顔淵'之事云'凡於趙注有所要者，雖於文段不録，然於事未嘗敢棄之而不明'云云。'隰朋顔淵'之事於注無所見矣，惟'章指'引二人事論之。據此觀之，則孫奭去之明矣。可謂妄作也。今更據古本載全文於每章考異下，以圈别之。元文注末亦有圈，録之云爾。"③所考極是。

因《章指》之失傳，後世學者對之多不瞭解。桂馥《與龔禮部麗正書》云："昨承枉過，以行李匆劇，未盡所懷。今將遠别，有望於足下者三事，幸留意。當四庫館初開，真定梁氏獻《孟子趙注章旨》及宋槧《説文解字》，官府以《孟子》《説文》非遺書，不爲上。有識者鈔其《章旨》流布世間，《説文》則仍歸梁氏。"④可知四庫館臣多已不知《章指》爲何，故將梁氏所獻之書與世傳之趙注等同，從而交臂失之。此對《四庫全書》本《十三經注疏》亦造成不良之影響。如《孟子注疏》卷四上"孟子將朝王"章疏末有"云'彼君子兮不素餐兮'者，《詩・國風・伐檀》之篇文也。箋云：'彼君子者，斥

① ［清］葉德輝撰，楊洪升點校，杜澤遜審定：《郎園讀書志》，第 76 頁。

② 《十三經注疏》，第 2668 頁。

③ ［日］山井鼎撰，［日］物觀補遺：《七經孟子考文補遺》，《景印文淵閣四庫全書》第 190 册，影印，臺北：臺灣商務印書館，1985 年，第 845 頁。

④ ［清］桂馥：《晚學集》，《續修四庫全書》第 1458 册，第 697 頁。

伐檀之人,仕有功者,乃肯受禄。' 毛氏云:'孰食曰餐。' 箋云:'如魚餐之餐。'"①四庫本無此節,卷末之考證云:"疏末'糾憲未有聞焉'下,閣本有'云彼君子不素餐兮者詩國風伐檀之篇文也箋云彼君者斥伐檀之人仕有功者乃肯受禄毛氏云熟食曰餐箋云如魚餐之餐'共四十八字,皆衍文也,今從監本"②,此暫不論其考語錯置、計數錯誤之處,僅對此節稱之爲"衍文",即可知從事者全不知此爲趙氏章指之疏。

然清人亦有輯趙氏章指者,如王謨《漢唐遺書鈔》及馬國翰《玉函山房輯佚書》均曾從事,然二者均較和本爲晚。馬國翰書前有叙云:"《孟子章指》二卷,漢趙岐撰。岐字邠卿,京兆長陵人,仕至太僕卿,《漢書》有傳。岐著《孟子章句》十四卷,宋孫奭作《正義》宗之,今《孟子注疏》是也。《題辭》謂章句具載本文,章别其旨,分爲上下凡十四卷,唐陸善經注合爲七卷,並删去章指。孫氏不别標識,混入疏中,零落大半。毛斧季扆曾見章邱李氏所藏北宋蜀大字章句本,趙氏篇叙從此校出,而斧季手校注疏,不言章指出自蜀本;惠氏棟亦僅從盱郡重刊廖氏本校録,非世綵堂元本也。吴郡余蕭客作《古經解鉤沉》,從兩家所校補入,大有功於趙氏。兹據録之,依《題辭》分爲上下卷,並以篇叙附焉。阮芸臺相國南昌重雕注疏本各卷後附校勘記,《孟子章指》亦補入,可稱注疏完帙,此以單行補遺,取便觀覽云爾。"③可知其對孫氏"不别標識,混入疏中,零落大半"之不滿,然其所録,亦不過從毛扆、余蕭客所輯而已,則其是否爲趙氏原貌,則尚可議。

【影印・整理】

無。

【公藏】

中國:北大、南京。
日本:所存甚多,不備録。

---

① 《孟子注疏》,北京:北京大學出版社,1999 年,第 110 頁。
② 《孟子注疏》,《景印文淵閣四庫全書》第 195 册,第 100、102 頁。
③ [清]馬國翰:《玉函山房輯佚書》,《續修四庫全書》第 1203 册,第 113 頁。

論語或問二十卷、孟子或問十四卷

【敘録】

《論語或問》二十卷、《孟子或問》十四卷,朱熹輯,日本正保四年(1647)田原仁左衛門刊本。大本十三册。卷首有"晦庵先生朱文公像",像後有"臨川吴澂贊"云"義理玄微,蠶比牛毛。心胸開豁,海濶天高。豪傑之才,聖賢之學。景星慶雲,泰山喬嶽"。前有"弘治七年歲在甲寅五月五日後學南昌張元禎序"。正文四周文武邊,白口,單黑魚尾,無界行,半葉十一行,行二十字。末有"萬曆二年甲戌七月日生員趙璹亦在監刻之列謹跋"。

全書前十册爲《論語或問》,書末有"慶安三年田原仁左衛門刊行"之識語,後三册爲《孟子或問》,末署"正保丁亥歲大吕田原仁左衛門新刊"。

【考證】

此書《中國古籍總目》録有明弘治間刻本及明正德十二年(1517)閔聞刻本①,然《中國古籍總目》未作較細之標注。據《朱子全書》及《儒藏》(精華編)之點校説明云"南昌張元禎在翰林院讀書時,手抄了一部《論孟或問》,弘治初至南康,交知府郭瑨刻印,於弘治七年(甲寅)畢功,沉寂多年的《四書或問》,才又回到社會。弘治十七年(甲子)再刻於湖藩。初刻本今已不可見,再刻本僅剩殘本,即《大學或問》一卷、《論語或問》卷五至卷二十,現藏寧波天一閣。北京大學圖書館藏有明翻弘治十七年本,全,其中《大學章句或問》一卷、《中庸或問》二卷",知北大所藏並非弘治本,而爲明翻弘治本,其殘本存於天一閣。此外即正德本,"此本現存兩部,一藏上海辭書出版社圖書館,一藏河北大學圖書館。正德本顯然是根據弘治本重刻的,只是弘治本《大學或問》附於《章句》,《中庸或問》附於《輯略》,正德本則無《章句》和《輯略》"②。

朝鮮於萬曆二年(1574)曾有翻刻之舉,書末有跋云:"右《論孟或問》,文公朱紫陽所著也。刊行於中國已久,而獨不傳於東夏,實吾儒之不幸。至于我朝,募求遺篇,即出芸閣,第以本帙刓缺,多有誤字,以此爲病,遂不入梓。甲戌春,府伯金侯偉幸因鄭君雲龍,得見二書於奇高峰家塾,欲與二

---

① 《中國古籍總目·經部》,第856頁。

② 《儒藏》(精華編)第一一〇册,北京:北京大學出版社,2008年,第541頁。

三同志精校錯誤,倩金秀才忠考一手楷書,方欲鋟梓之際,金侯偶以軍籍事徑垂成之功,幾至廢棄。適使相朴諱民獻、亞使尹諱先覺崇儒雅,重道學,乃其志也,其壽梓廣布之意,尤勤懇不已,别定尹秀才元麟等爲監刻督役,不數月而訖,功何其政效之斯速也! 嗚呼! 道載於書,書以明道,則書之刊出,道之斯行,金侯有志而未遂,使相與新府伯季諱仲虎樂從而孱功,此實斯文之一大幸也。"所述甚詳。其所據當亦弘治本或正德本。此朝鮮本未見,跋則見於此和本之末,即前所謂生員趙璹之跋也。據此跋亦可知,此和本即據朝鮮本而來,亦有淵源,故《中國基本古籍庫》亦收録此和本爲參照之版本。

然此書版本或許更複雜。目前所見各本前有張元禎序,云:"禎爲庶吉士,讀書中秘,時獲睹二書《或問》,手自抄録,間出示學者,無不惜其未能梓行以爲四方之幸。弘治初,以史事起道南康,郭郡守瑨與語及之,欣然曰:'瑨叨續貂南康,深欲訪我文公著述之未傳者傳焉。'遂授其書俾刻,置之白鹿書院,既,禎復得《中庸輯略》於羅司成明仲,乃知《大全》所附,非《章句》《或問》,實《輯略》《或問》也。奉閲於提學黄僉憲仲昭,僉憲親爲校字訛缺,將並《大學或問》刻之,通曰《四書或問》云。明弘治七年歲在甲寅五月五日後學南昌張元禎序。"將刻書經過敘述甚詳。據之可知,此書之成亦與黄仲昭有關,然弘治、正德諸本均無黄氏隻言片語。筆者於一朝鮮本之末得見黄氏之跋語,云:"因竊慨念先生集諸儒之大成,承斯文之正統,《要義》一書寔《集注》之本原宗祖也。後之學者樂《集注》之簡明,專誦讀之,而《要義》因以遂廢。仲昭嘗獲見其殘篇斷簡,心切敬愛,欲求其全書而不可得。今幸此編僅存,懼其久而亦湮没也,遂以授南康郭郡守瑨,俾鋟梓於白鹿洞書院,而並著先生述作之顛末,以告後學。倘《要義》一書尚有存者,藏書君子幸不吝見示,而並刻以傳,庶有志於聖賢之學者,得以參考詳玩,而孔孟之旨因益以大明於世云。弘治癸丑三月辛卯後學莆陽黄仲昭謹識。"此跋與前引張序正相對應,則當源自其所據之弘治本。然非但弘治、正德諸本未録此跋,即前所舉各整理本附録之序跋資料亦付闕如,亦似可推知,朝鮮本所據之本或更爲精善。

【影印·整理】

朱杰人、嚴佐之、劉永翔主編《朱子全書》校點本,上海古籍出版社 2002 年版。

《儒藏》(精華編)第一一〇册,北京大學出版社 2007 年版。

【公藏】

中國:北大。

日本:東京都立中央、前田育德會、公文書館、蓬左文庫、島根縣圖、東北大、九大、市立米澤。

四書輯釋大成三十六卷

【叙録】

《四書輯釋大成》三十六卷,宋朱熹章句,元倪士毅輯釋,日本文化九年(1812)翻刻元至正二年(1342)日新堂本之官板本。大本十四册。卷首有《四書輯釋大成凡例》,首則末有"至元三年丁丑歲春三月八日己酉門人倪士毅謹識"字樣,《凡例》之後有牌記,署"至正壬午夏五日新書堂刊行"字樣,次爲"四書輯釋大成引用姓氏書目",以《大學》《論語》《孟子》《中庸》爲序。卷端署"後學新安倪士毅輯釋"。正文四周雙邊,黑口,雙順魚尾,有界行,半葉十三行,經文大字行二十一字,朱子《章句》及《集注》低一行大字二十四字,《輯釋》小字注雙行二十四字。末有"文化九年刊"字樣。

【考證】

倪士毅《四書輯釋大成》爲朱熹《四書章句集注》至《四書大全》之關鍵一環。顧炎武《日知録》云:"自朱子作《大學中庸章句或問》《論語孟子集注》之後,黄氏有《論語通釋》,其采《語録》附於《章句》之下,則始於真氏。祝氏仿之,爲《附録》,後有蔡氏《四書集疏》、趙氏《四書纂疏》、吴氏《四書集成》。論者病其泛濫,於是陳氏作《四書發明》、胡氏作《四書通》,而定宇之門人倪氏合二書爲一,頗有删正,名曰《四書輯釋》。……永樂中所纂《四書大全》特小有增删,其詳其簡,或多不如倪氏。《大學中庸或問》則全不異,而間有舛誤。"①其所云之"陳氏"即指陳櫟,此書《凡例》開篇即云:"先師定宇陳先生方編《四書發明》"云云即指此。可知明代官方欽定之《四書大全》實以此爲藍本且不能無誤者。

此書有元刊本(至正二年日新堂),國内所存極少,因此王重民先生《中國善本書提要》即録此文化九年覆刻本,並謂葉德輝《書林清話》"不載

① [清]顧炎武著,[清]黄汝成集釋,欒保群校注:《日知録集釋》,第1054頁。

此本,蓋不知有此,其原本似已不存矣”①。國内所存均不全,北大存《論語》卷十一至十四,上海存《論語》卷十一至二十。然日本前田育德會尊經閣所藏爲全本②。據顧永新文知日本宫内廳書陵部藏《孟子輯釋》十四卷七册,爲日新堂至正初刻本,其書有“昌平坂學問所”印記③,因日本官板書均由昌平黌主持,故此或即文化刊本之底本。

此後,又有明人重訂之《四書輯釋通義大成》四十四卷本,與此初刻倪氏之書已非同書。後者分别收入《四庫全書存目叢書》第155册及《續修四庫全書》第160册。

【影印·整理】

《北京大學圖書館藏日本版漢籍善本萃編》影印本。

【公藏】

中國:北大、上海、大連(缺《大學》卷一、《孟子》卷五至七、十一至十二)、湖南(《論語》缺卷十三至十五)。

日本:前田育德會、飯田市立中央、公文書館、山梨縣圖、關大、東京都立中央、九大。

大魁四書集注十九卷

【敘録】

《大魁四書集注》十九卷,朱熹集注,日本寬永三年(1626)刊、慶安三年(1650)印本。大本十册。正文四周文武邊,白口,雙順魚尾,版心上爲“大魁四書集注”,中爲“孟子卷×”,下爲頁碼,無界行,半葉九行,行十七字,小字雙行同。天頭有框,内刻音注。書末有蓮蓋荷花牌記,中有“書林克勤齋余明臺梓行”字樣,後一葉刻寬永二年如竹跋語,末葉則各本不同:寬永三年本末爲寬永三年刊記,慶安三年本末爲慶安三年跋語。書爲典型明末書坊風格,書中有八副插圖:《大學》卷末有“徽國文公朱熹像”,《論語》卷一末有“至聖先師孔子像”,卷三末有“宗聖公曾子像”,卷十末有“衍

---

① 王重民:《中國善本書提要》,第41—42頁。

② 《中國古籍總目·經部》,第859頁。

③ 顧永新:《經學文獻的衍生和通俗化——以近古時代的傳刻爲中心》,第509頁。

聖公子思像",《孟子》卷二末有"亞聖公孟子像",卷四末有"文昌君像",卷末有題作"余明臺刻行"之出版者像,卷七末牌記後一葉有魁星像。

【考證】

據沈津《美國哈佛大學哈佛燕京圖書館中文善本書志》著録一種"明萬曆書林余明臺克勤齋刻大魁四書集注本孟子集注",云此"余氏克勤齋乃萬曆間建陽書肆,刻書今可見者約十種左右","《中國古籍善本書目》未著録"①,其實此書新出《中國古籍總目》亦未録,則其書國内或已失傳。沈津又云其爲"日人裝幀",可知或自日本得來,已經日人重裝者。

此書明刊國内雖失傳,然於日本尚存,愛媛大學存有明刊本,美國哈佛大學圖書館所藏如上所述,僅餘《孟子》七卷。此寛永刊本即明刊本之覆刻。楊洋曾將此和刻本與明本對照,二者"行款相同,除魚尾形式不同外,版式亦同","萬曆本爲寛永三年本據以翻刻的祖本,當無疑問"②。

按:此書於日本對《四書》尤其對朱子學之接受關係重大。楊洋云:此前日本"由於博士家墨守古注的立場,《四書集注》始終没有作爲一個完整的體係被接受","《大魁四書集注》的出版,是日本首次上梓《四書集注》訓點本,意味著儒家經典的進一步公開","還標誌着日本中世到近世經典傳授方式的根本性轉變"。

【影印・整理】

無。

【公藏】

中國:無。

日本:實踐女子大學、東京都立中央、前田育德會、東北大。

---

① 沈津:《美國哈佛大學哈佛燕京圖書館中文善本書志》,上海:上海辭書出版社,1999 年,第 71 頁。

② 楊洋:《日本最早出版的附訓點本四書集注》,劉玉才主編:《從鈔本到刻本:中日〈論語〉文獻研究》,北京:北京大學出版社,2013 年,第 287 頁。

四書集注大全三十八卷

【敘録】

《四書集注大全》三十八卷,明胡廣等奉敕編,日本寬永間刊本。大本二十一册。正文四周文武邊,黑口,三魚尾,無界行,半葉八行,行十八字,注小字雙行同。《論語集注序説》之末有長方牌記,署"弘治癸丑仲秋清江書堂新刊"。

【考證】

胡廣奉敕所編之《四書大全》國内及東瀛翻刻均極夥。此和本之底本爲明弘治六年(1493)楊氏清江書堂刊本,其原本國内無存。楊氏清江書堂爲明代建陽著名書肆,刊行之書極多,即今統計,亦在二十種以上①,然此大書却散佚無存,可見典籍流傳之不易。

【影印・整理】

無。

【公藏】

中國:湖南。

日本:公文書館、新潟大、東京都立中央。

四書大全三十八卷

【敘録】

《四書大全》三十八卷,明胡廣等奉敕編,明徐九一訂,日人鵜飼信之訓點,日本慶安四年(1651)刊本。大本二十册。扉頁正中署"四書大全",右上署"徐九一太史訂正",左下署"金閶五雲居藏版"。前有《御製性理四書大全序》,後爲進書表、凡例、讀大學法、題性理四書大全書後。正文四周

---

① 參〔美〕賈晉珠:《謀利而印:11 至 17 世紀福建建陽的商業出版者》,邱葵、鄒秀英、柳穎、劉倩譯,李國慶校,福州:福建人民出版社,2019 年,第 365 頁。

文武邊,黑口,無魚尾,無界行,半葉八行,行二十一字,注小字雙行同。全書末署"慶安四年歲次辛卯夏四月日洛陽後學石庵鵜信之訓點並校讎"。

【考證】

此徐九一訂正之《四書大全》,國内頗稀見。按:徐九一即徐汧,其所訂正之書《中國古籍總目》亦録,然爲明末清初德馨堂本,且署"徐汧纂輯",而此和本之底本當爲金閶五雲居本,則别有所本。即此明末清初之本,國内所存亦少,僅清華、上海、武大三處有藏。

【影印・整理】

無。

【公藏】

中國:湖南。

日本:佐賀縣圖、實踐女子、千葉縣立中央、島根縣圖、山梨縣圖、岡山縣圖、廣島市立中央。

四書十九卷

【敘録】

《袖珍四書》十九卷,宋朱熹集注,日本寬文十二年(1672)京都武村市兵衛刊本。中本二册。前有"皇明正德歲在戊辰孟夏吉旦木石山人書於慎獨齋"之《題袖珍四書前引》。正文四周文武邊,黑口,雙順魚尾,有界行,半葉九行,行十七字,注小字雙行同,無返送。《論語序說》之末有長方牌記,署"正德辛未慎獨齋刊"。全書之末有"寬文十二壬子年正月吉日,三條通松屋町武村市兵衛刊行"字樣。

【考證】

此書題"袖珍",然其開本尚可,可稱中本。其原本爲明正德六年(1511)慎獨齋本覆刊,原本國内未見。此和本覆刻極精,其字體頗類明經廠本,點劃清晰,筆意之呼應亦摹出之,可當原本視之。慎獨齋爲明代建陽刻書家劉弘毅書坊名,其人號木石山人,刻書極多,且以精美著稱。葉德輝云:"《天禄琳琅書目後編》竟以所刻《十七史詳節》誤列宋版,則其書之精鏤可知矣。"①然其所刻多乙部之大册重典,而"所刻經部書最少,今可考者僅兩種",一《春秋經傳集解》,一《春秋胡傳》②。則此書可補其經部之闕矣。

【影印・整理】

無。

【公藏】

中國:無。
日本:早稻田。

四書淺説十三卷

【敘録】

《四書淺説》十三卷,明陳琛著,明劉蜚英校訂,日本江户前期刊本。大本十三册。前有"崇禎丁丑孟夏陵唐光夔冠甫氏題於靈嶽山房"之序,卷端題"靈源山房重訂四書淺説",署"晋江陳琛紫峰著,後學劉蜚英季芳訂"。正文四周單邊,白口,無魚尾,無界行,半葉十一行,行二十四字,有返送。

【考證】

據《中國古籍總目》著録,《四書淺説》明刊本存有三種,其一爲《重刊補訂四書淺説》十三卷,爲萬曆三十七年李三才刻本(國圖與中科院有藏,曾收入《四庫未收書輯刊》第一輯第七册);一爲《靈嶽山房重訂四書淺説》,爲唐光夔重訂,有明大業堂刻本;一爲《靈源山房重訂四書淺説》,爲劉蜚英校訂本,當即此和本之底本,然此本國内無存,《中國古籍總目》僅録日本内閣、日本静嘉堂、日本宫城縣三家有藏③。故此和刻本亦可代表劉蜚英所校之本。

然以上數本亦有可論者。第二種爲唐光夔重訂,實第三種前亦有唐氏

① [清]葉德輝撰,楊洪升點校,杜澤遜審定:《郋園讀書志》,第159頁。
② 方彦壽:《增訂建陽刻書史》,第295頁。
③ 《中國古籍總目・經部》,第863頁。

之序,且第二種名爲“靈嶽山房”,似爲唐光夔之書房。後者唐序之末有方印二枚,陽文者爲“唐冠甫印”,陰文者即“靈嶽山房”,則似與第二種頗有淵源,然後者卷端却題爲“靈源山房”。

【影印・整理】

無。

【公藏】

中國:無。

日本:前田育德會、東大東文研、市立米澤、國會、伊那市立高遠町、京大附圖、館林市立。

四書直解二十卷

【敘録】

《四書經筵直解》二十卷,明張居正等撰,瞿景淳等編,汪旦等校,日本江户時刊。大本二十册。前有張居正《進講章疏》。正文四周單邊,白口,單黑魚尾,無界行,半葉十一行,行二十三字。經文頂格;直解次格,字略小,個別校語小字雙行。有少量返送。

【考證】

張居正《四書經筵直解》流傳甚廣,版本亦多。然此爲瞿景淳編、汪旦校之本則甚稀見。日本數家圖書館標注此和本爲“據萬曆瀛州館重訂本”,查書前《進講章疏》之末有“萬曆元年十二月日”,然後又有補署日期爲“萬曆三十五年春王正月”,下小字標“瀛洲館重訂”字樣,或即據此。《四書珍本叢刊》收録四書文獻極富,然於此書則以此和本入選。

【影印・整理】

《四書珍本叢刊》,綫裝書局2018年影印本。

【公藏】

中國:北大。

日本:前田育德會、佐賀縣圖、廣島大、大阪府立中之島、東大東文研、愛媛大、千葉縣立中央、東大總、公文書館、東京都立中央、阪大總、國會、京大附圖、山口大。

四書便蒙講述二十卷

【叙録】

《四書便蒙講述》二十卷,明盧一誠撰,明盧伯儒編,日本慶安四年(1651)刊本。大本二十册。前有盧一誠《刻四書講述序》。卷一前署"閩後學癸未進士未人盧一誠著;男國子生伯儒編次,庠生伯雋、伯華、伯寀、伯勳同閲"。其後略爲"閩後學未人盧一誠著"。正文四周雙邊,白口,雙順花魚尾,無界行,半葉十行,每行經文頂格,講述低一格二十一字,有少量返送。末署"慶安辛卯仲春書林道伴梓行"。

【考證】

此書國内有明萬曆二十一年(1593)序刊本,僅存於安徽圖書館,另日本有内閣文庫、尊經閣、愛知、龍谷四家藏明本。而此書有日本慶安四年(1651)刻本,《中國古籍總目》亦收録①。

然此書之明刻本著録爲十一卷,而此和刻本則著録爲二十卷,且擴爲二十册。或可於行款得其原因:明刻本半葉十一行,行二十五字;尤要者,明本與和刻本分卷亦不相同,明本分類似未慮及《四書》原本之分卷,和刻本則改從原本卷次。

此書卷首題署和刻本誤斷爲"閩後　學未人　盧一誠　著",是和刻本誤解中國古人姓名字號或郡望之常,此當斷爲"閩後學　未人　盧一誠　著",因盧一誠(1532—1596),字誠之,號溪南,晚號"未人"。按:此誤非止和本,朱彝尊《經義考》亦誤,其著録此書並云:"高兆曰:盧一誠,字求人,福清人。萬曆癸未進士,除行人,歷司正,遷南京户部郎中,終潮州知府。《講述》一編,係在留都時撰。"②此云"求人"亦誤。

【影印・整理】

無。

---

① 《中國古籍總目・經部》,第870頁。
② [清]朱彝尊撰,林慶彰、蔣秋華、楊晉龍、馮曉庭主編:《經義考新校》,第4614頁。

【公藏】

中國：國圖。
日本：愛媛、千葉、東京都立中央、九大、蓬左、市立米澤。

四書存疑十四卷

【叙録】

《連理堂重訂四書存疑》十四卷，明林希元撰，日本承應三年(1654)鵜飼信之據明崇禎中方文校本重刊。大本十册。前有范景文序，次"崇禎乙亥冬至日桐山後學方文"《重訂四書存疑序》，次彭時濟《四書存疑原序》，次"崇禎癸卯冬日會稽陶望齡題"《四書存疑題詞》。卷端署"同安林希元著，會稽陶望齡閲，桐城方文訂"。正文四周文武邊，白口，無界行，半葉九行，行十九字。末署"承應三年甲午秋七月石庵鵜信之訓點，村上平樂寺繡梓"。

【考證】

《連理堂重訂四書存疑》於明時曾有數刻，然今傳極稀。如據《中國古籍總目》載，有明嘉靖二十八年(1549)余氏怡慶堂刻萬曆七年修補本《新刊增訂稿四書存疑》十卷又一卷，存於大阪天満宫；又有《重刊次崖林先生四書存疑》十二卷，存於日本内閣文庫；又有明書林王氏善敬堂刻《新刊全補四書存疑》十二卷，浙江存六卷。最後便是此本，爲崇禎八年(1635)方文刻本，國内僅湖北存一本，另明刻本日本内閣亦存一本①。此和刻本爲承應三年(1654)鵜飼信之據明崇禎中方文校本重刊。

另：此書中之《論語存疑》爲嚴靈峰氏收入《無求備齋論語集成》中。其云："《四書存疑》多引據《四書蒙引》，以解釋《四書》本旨。因林希元對朱熹的注疏有提出補充意見或不同見解，故名'存疑'。"

【影印・整理】

《四書珍本叢刊》，北京綫裝書局2018年影印本。

① 《中國古籍總目・經部》，第863頁。

【公藏】

中國：無。

日本：阪大總、宫城縣圖、山口大、前田育德會、九大、伊那市立高遠町、市立米澤、國會、東京都立中央、静嘉堂文庫、公文書館。

四書翼注六卷

【叙録】

《四書翼注》六卷，明王納諫撰，吴明典校，蔣方馨訂，日人篠崎弼點，日本嘉永元年（1848）群玉堂、墨香居刊本。有後印後修本。大本十册。扉頁右上署"明王觀濤先生著，浪華筱崎先生校本"，左下署"書鋪群玉堂、墨香居"，前有筱崎弼寫於"天保辛丑六月"的《翻刻四書翼注序》，次爲吴明典序。卷端署"進士廣陵王納諫聖俞手授；後學新安吴明典太常校正，雲間蔣方馨元復重訂"。正文四周單邊，白口，單黑魚尾，有界行，半葉十二行，行二十四字，有少量返點。版權頁署"天保十二年辛丑五月上梓，嘉永紀元戊申十一月發兑"。

【考證】

王納諫之《四書翼注》，據《中國古籍總目》著録，有《新鎸王觀濤先生四書翼注講意》四卷，爲王鼎鎮校，崇禎間刻本，存於日本公文書館之内閣文庫，此本據公文書館之著録，云爲"崇禎十六年序刊本"。又有《刻迎輝堂彙附人物事文概批點四書翼注講意》六卷，國圖存明書林朱桃源朱明吾紫陽館刻本，日本宫内省及尊經閣藏有萬曆間刻本。然此二者均與此和本不同，前者四卷，且校閲者爲王鼎鎮；後者書名亦大不同。然《中國古籍總目》將此和本置於後者之下，或以其有淵源關係。《中國古籍總目》尚録有另一種，即《三臺館鎸王觀濤先生四書翼注解》十一卷，署"明王納諫手授，明吴明典校正、明張鼐重訂"，有明余氏三台館刻躍劍山房印本，僅存於日本蓬左文庫①。按此本爲吴明典校正，則與此和本或同，然其爲十一卷，且爲張鼐重訂而非蔣方馨重訂者，則又或不同。總之，此和本當據一吴明典

---

① 《中國古籍總目·經部》，第876頁。按：此本據嚴紹璗《日藏漢籍善本書録》（第231頁）載，爲"明正天皇寬永十二年（1635）從中國購入"。

校正蔣方馨重訂之六卷本而來,原本或已失傳。

篠崎弼序云:"《四書》末疏茫如煙海。予好讀觀濤王氏之《翼注》,以其簡而要也。聞舶來本不多,命兒概校授書肆某等使刊行焉。"據其語意,以從中國舶來之本不敷用而重刊,其作序之時乃天保十二年(1841),則其舶來之本必爲清刊本無疑。則其所據或即清本。日本多家圖書館著録此書時云"據清刊本",或得其實。日本東京都立中央圖書館藏有所謂"乾隆二十年跋刊本",然仍屬王鼎鎮序本,則或非此書。

王納諫,學界所知甚少。劉尚榮《蘇軾著作版本論叢》云:"聖俞字納諫,號觀濤,江都人,晚明學者。"①《中國古籍總目》亦録爲"王聖俞",實誤。按明張弘道《皇明三元考》卷十四云:"王納諫,江都人,字聖俞,號觀濤,治易,丁未進士,授行人。"②萬斯同《明史》卷一三七又云:"萬曆丁未進士,吏部員外郎。"③據此則知,王納諫字聖俞,號觀濤,江都(今屬江蘇揚州)人,明萬曆三十五年(1607)進士,官至吏部員外郎。又前述崇禎本前有王鼎鎮寫於崇禎癸未(1643)之序,中云:"恨小子以壬午來揚,而先生於十年前蚤已作古,不及向二十四橋問新牘耳,敬搜原書,用付梓人。"知王納諫卒於崇禎五年(1632)。

【影印・整理】

無。

【公藏】

中國:北大。

日本:前田育德會、佐賀縣圖、廣島大、大阪府立中之島、東大東文研、愛媛大、千葉縣立中央、東大總、公文書館、東京都立中央、阪大總、國會、京大附圖、山口大。

四書知新日録六卷

【敘録】

《鐫温陵鄭孩如觀静窩四書知新日録》六卷,明鄭維岳撰,日本江户初

---

① 劉尚榮:《蘇軾著作版本論叢》,成都:巴蜀書社,1988 年,第 137 頁。

② [明]張弘道:《皇明三元考》,《四庫全書存目叢書》史部第 271 册,第 204 頁。

③ [清]萬斯同:《明史》,影印清抄本,上海:上海古籍出版社,2008 年。

古活字印本。大本十册。卷端署"温陵孩如子申甫鄭維岳著,男恊其東里校,潭城泗泉以誠甫余彰德梓"。正文四周文武邊,白口,單黑魚尾,無界行,半葉十一行,行三十字,無返送。

【考證】

此書之底本國内無存,然日本公文書館存一帙,知其據余彰德萃慶堂萬曆二十四年(1596)刻本排印。余彰德爲明末著名書商,其刻書之數量或僅有其同族之余象斗或可比肩也。然此余彰德與余泗泉多分署,究爲一人否,學界曾較疑惑之,後有學者據福建師大圖書館所藏《新刻世史類編》卷端署"泗泉余彰德梓行"明其爲一人①。而此書之題署亦可爲證,且更爲清晰也。又日本所藏此書,多不標其爲和本,因此本以活字印行,無日文之返送,又無序跋以明之。

【影印・整理】

無。

【公藏】

中國:無。

日本:静嘉堂文庫、公文書館、東京都立中央、山口大、廣島市立中央、國會。

鄒魯故事五卷

【敘録】

《新刻鄒魯故事》五卷,明魏時應撰,林時若音,黄雲龍校,日本寬文九年(1669)年刊本。大本一册。前有萬曆四十六年(1618)黄雲龍序。卷端署"大宗師豫章澹明魏時應纂輯,門生一甫林時若音釋,門生霖雨黄雲龍校閱;書林懷耿張道輔繡梓"。正文四周文武邊,白口,雙對黑魚尾,無界行,半葉九行,行二十字。

---

① 陳旭東:《明代建陽刻書家余彰德、余泗泉即同一人考》,《明清小説研究》,2007 年第 3 期。

【考證】

東京大學圖書館所藏本注云“據萬曆四十六年序刊本”,並注“即《四書故事》”,此書本無此異名,或此書原名亦致誤會——長澤規矩也《和刻本漢籍分類書目》即將其列爲“史部・傳記類”中,又於其下改注“四書類”①。然據此書黄雲龍序云“故事之傳,以紀實蹟,而備實用也,故《日記故事》標示賢良,以端蒙養,是良美矣。《書言故事》出入經傳,以佐詞翰,功亦稱焉。近則更爲《金璧》《五寶》,又更爲《黄、白眉》”,亦可見其多借鑑當時甚爲流行之通俗類書。

又,長澤目標爲“劉時應”,或誤。此本翻刻萬曆四十六年(1618)書林懷耿張道輔所刻,而其原本國内當已失傳。另日本除寬文本外,尚有延寶三年(1675)今井善後衛刻本(長澤目録),而大連圖書館藏有元禄二年(1689)小林半兵衛刻本,可知在日本傳刻較多。

【影印・整理】

無。

【公藏】

中國:華東師大。

日本:市立米澤、蓬左、國會、東北大、東京都立中央、東大東文研。

四書集注十九卷

【叙録】

《四書集注》十九卷,朱熹集注,日本文政八年(1825)佐藤坦校刊本。大本十册。前有“文政八年端午江都佐藤坦”《刻四書集注叙》。扉頁上横題“林家正本”,下書名“四書集注”之右署“翻刻原本係朱文公祠堂版文公十七世孫朱錫旂校正”,左署“江都一齋佐藤先生覆詳”。正文左右雙邊,白口,單魚尾,有界行,半葉九行,行十七字,小字雙行同,字體方正,有返送。書末有“康熙甲寅仲冬日文公十七世孫朱錫旂敬鐫”字樣。

---

① 〔日〕長澤規矩也:《和刻本漢籍分類目録》,第78頁。

【考證】

據此書書末所署“康熙甲寅仲冬日文公十七世孫朱錫旂敬鐫”字樣可知,此確爲朱熹十七世孫所刻,《中國古籍總目》未録此書。朱錫旂所刻之書有康熙文光堂刊《書經集注》(有“朱熹十七世孫朱錫旂鐫”字樣),康熙“崇道堂鐫”大字本《書經》(末有“康熙癸丑仲秋日文公十七世孫朱錫旗敬鐫”字樣),康熙刊《監本禮記》(卷末刻記“康熙丁巳季冬日文公十七世孫朱錫旗敬鐫”),康熙十六年(1677)崇道堂刊,《禮記集説》十册,另有《重訂四書大全》等。

【影印・整理】

無。

【公藏】

中國:無。
日本:東京都立中央、東北大、立命館大學、實踐女子。

四書緒言四十四卷

【叙録】

《四書緒言》四十四卷,清孫瑯撰,日本元禄十五年(1702)覆清康熙二十五年(1686)刊本,北村可昌訓點,京都野田彌兵衛江户野田重兵衛刊。大本十六册。扉頁上横題“康熙丙寅秋鐫”,下書名《四書緒言》之右爲“新安孫詒仲著”,左上“《周易緒言》即出,《春秋緒言》嗣出”,左下“盧橘堂藏板”。前有孫氏自序及葉良儀《四書緒言題辭》,卷端署“新安孫瑯詒仲著”。正文四周單邊,白口,單魚尾,無界行,半葉十一行,行二十五字,有少量返送。末有北村可昌跋。

【考證】

此書孫殿起《販書偶記》曾著録,且云其“著有《周易緒言》《春秋緒言》”①,金程宇先生於此書解題中云其著有此二書②。以上或均據此書前之廣告,然遍檢中外目録,均無此二書蹤影,知彼二書或未撰成,廣告終爲幻影而已。

此書“總集宋元明諸儒之説,謬者辨之,是者録之,折衷參訂,合爲一編”,然此康熙二十五年所出之書國内已僅有孤本存於中國科學院圖書館,日本則有公文書館、静嘉堂文庫藏本。如此,則此和刻本亦有保存文獻之功。

【影印・整理】

金程宇《和刻本中國古逸書叢刊》。

【公藏】

中國:無。

日本:國會、愛媛大、佐賀縣圖、東北大、市立米沢、公文書館。

四書正解三十卷

【敘録】

《四書正解》三十卷,清吴荃著,日本元禄十年(1697)刊本。大本三十册。扉頁上横題“重新訂正”,下書名“四書正解”,右署“丹陽吴蓀右先生彙輯,太史車鶴田先生鑑定”,左云:“四書講義自《大全説約》而外,無慮數十種,然簡或間於蠡測,繁或苦其望洋。本坊敦請先生搜羅薈萃,輯成善本,既有裨於初學,不無補於通材,誠渡世之寶筏也。識者鑒諸。金閶梅園堂梓行。”前有車萬育《四書正解序》,又有吴荃《例言》。卷端題“四書大全説約合參正解”,署“丹陽吴荃蓀右彙輯,受業門人陸大觀其偉、丁煃子謙、談象驄桓譽仝校”。正文四周雙邊,黑口,雙對魚尾,無界行,半葉九行,行十五字,小字雙行,行二十四字,有返送。末有長方形牌記,中題“元禄十丁丑載孟春穀旦,平安城書林天王寺屋市郎兵衛好廷藏梓”,其後有署“洛陽後學三雲義正新四郎”《題新刻四書正解後》。

---

① 孫殿起:《販書偶記》,北京:中華書局,1959年,第53頁。

② 金程宇:《東亞漢文學考論》,南京:鳳凰出版社,2013年,第159頁。

【考證】

明清兩代,《四書》爲功名之書,則以科舉應試爲式之注本層出不窮,吴荃此書即其一。然查《中國古籍總目》,僅北大藏有《增删四書大全正解定本》二十二卷,爲康熙時坊刻本,即此之删本;南京有《四書大全説約合參證解》十七卷,爲康熙十八年(1679)深柳堂刻本,則年代相合,而卷數不合。吴荃其人除此書外,尚有《書經正解》《禹貢正解》《詩經正解》諸書①。《詩經正解》國内所藏甚多(其書亦有日本安政五年奎暉閣活字印本),還收入《四庫全書存目叢書》之中,而《四書正解》刊行於前,國内似已無藏。

《詩經正解》前有過於飛序云:"《四書正解》既行,諸子復相與分門撰義,定著爲《諸經正解》。惟《禮經》無專家,則余將有事焉。而姜子我英之《詩解》行成,屬余爲之序。"後有姜文燦《凡例》,因同署二人之名,故有一則云:"吴子蓀右之登賢書也,雖由《尚書》,然《葩經》夙所肄習,説詩最深。兹編討論潤色,功非淺鮮,蓀右不自居功,而列予名於右,然蓀右先有《四書正解》行世,兹書仍用其名,即專謂吴子之書也可。是書既出之後,嗣有過夫子《禮記正解》、蓀右《尚書正解》、丁子柯亭《易經正解》、賀子唯一、張子民任《春秋正解》,相繼問世。"②吴氏《尚書正解》名爲《深柳堂匯輯書經大全正解》(十二卷《圖》一卷《深柳堂禹貢增删集注正解讀本》一卷),康熙二十九年(1690)孝友堂、贈言堂刻本。其《凡例》第一則亦提及《四書正解》云:"余年來鍵關蕭寺,授徒糊口,諸生各占一經,課讀之餘,僅得指陳大略。惟壁經爲余專業,鈎纂討論,頗具苦心。坊客因《四書》一刻,謬爲同人許可,力請是編問世。辭之不獲,遂録付剞劂,仍顔曰《尚書正解》,從其舊也。"此《四書正解》前吴氏《例言》第九條有云:"丙戌間,同賀子天山孟循、丁子柯亭、姜子我英,恭御習静練溪僧舍。課業之暇,間及丹黄,每登一義,必先精研書旨,商権回環。今雖各緣事散去,而賞奇析疑之樂,猶思之如昨云。"則可知《四書正解》一書之編撰過程。

按:沈津《哈佛燕京善本書志》著録《尚書正解》時云:"是書凡例第九則言涉書坊盜版事,於古代書史研究不無小補。"其云:"《正解》一刻,遭翻板之劫,亥豕魯魚,貽誤非淺。苦綿力不能追論,實用心痗,兹編校仇既正,梨棗復工,倘利賈仍行盜翻,定當糾合同志,共剪蟊蠹,幸無更蹈覆轍。"則所謂"正解"即指《四書正解》,而此書《例言》第十二則亦云:"是編加工剞

① 《中國古籍總目·經部》,第892、896,263、288、358頁。

② [清]姜文燦、[清]吴荃:《詩經正解》,《四庫全書存目叢書·經部》第八十册,第1,6—7頁。

劂，所費不資，聞有書林狡獪，欲俟梓成翻刻者。彼意止於射利，必至紙張濫惡，字句模糊，大爲此書之蠹，良可恨也。倘蹈此轍，誓必鳴官究治，決不甘以數載鏤心刻骨，聽若輩敗壞也。"或其究治太嚴，故此書竟於國内凡於失傳，然日本則迄元禄十年以來屢屢翻印，僅長澤規矩也《和刻本漢籍分類目録》所載即有十種印本①。

【影印・整理】

《四書珍本叢刊》，北京綫裝書局2018年影印本。

【公藏】

中國：遼寧。

日本：所存頗多，不備録。

四書白文一卷

【敘録】

《四書白文》一卷，清閩蕭震校刊本。卷首書名爲"遵依監本摹刻四書白文"，下署"閩蕭震校"。正文左右文武邊，白口，有界行，半葉八行，行十八字。

【考證】

蕭震之書，據《中國古籍總目》載，有《史略》一卷，收於《昭代叢書》；有《西台奏議》二卷，清康熙刻本，華師大、厦大有藏；又有《道山紀略》不分卷，康熙刻本，國圖、福建有藏。然其《四書白文》則未見著録②。

【影印・整理】

無。

【公藏】

中國：無。

日本：公文書館、東大總、酒田市立。

---

① 〔日〕長澤規矩也：《和刻本漢籍分類目録》，第47頁。

② 《中國古籍總目・經部》，第479、3604、3910頁。

八、小學類

爾雅三卷

【敘録】

《爾雅》三卷，郭璞注，日本南北朝本。大本一册。前有郭璞《爾雅序》。正文左右文武邊，白口，無魚尾，有界行，半葉八行，行十六字，注小字雙行，行二十一字，無返送。

【考證】

《爾雅》郭注一書今所傳宋本有二：其一爲大字本，一爲小字本。大字本爲八行本，即所謂“蜀大字本”者。然此宋本今已無存，惟就此日本南北朝覆刻之本窺其一斑也。此本《經籍訪古志》已著録，云“舊板覆宋大字本，京師高階氏藏”，稱其“文字豐肥，楷法端勁”，並指出其“敬、驚、弘、殷、匡、胤、玄、朗、恒、楨、真、徵等字皆缺筆，間有南宋孝宗時補刊”，又因末有“將仕郎守國子四門博士李鶚書”字樣，據王明清《揮麈録》載“後唐平蜀，明宗命大學博士李鍔書《五經》”事，以此“蓋即後唐蜀本面目之僅存者。可知北宋時有覆刻李本者，傳播皇國，當時影刻以行世也。然則此本雖爲宋本，而實亦爲唐本也，豈不貴重乎？”①楊守敬《日本訪書志》亦詳載此書，並云：“此本後爲黎公刊入《古逸叢書》中。余别有札記，未刊。”楊氏《鄰蘇老人年譜》云：“黎公本文章之士，於古書源流不甚了然，當初議刻《叢書》時，我即自任爲黎人每部代作一跋，而不署我之名，黎公則笑云：‘我自有我之跋，君自爲跋可也。’及爲原本《玉篇》跋各成一通刻之，黎公寄伯寅尚書，回書則云：‘君既囑楊君任刻書，即請楊君代作跋，何必以空文爲重臺！’而黎公赧然，遂皆不自作跋，亦不願守敬作跋。故《叢書》如《玉燭寶典》、正平《論語》、《史略》諸書均有札記，皆輟不刻，至今尚存守敬篋中。”②知刻《玉篇》時依黎氏之意各有跋語，然寄潘祖蔭後，爲潘氏所沮，潘

---

① 〔日〕澀江全善、森立之等撰：《經籍訪古志》，杜澤遜、班龍門點校，第69—70頁。

② 〔清〕楊守敬：《鄰蘇老人年譜》，《楊守敬集》第一册，第18頁。

云"何必以空文爲重臺"，其言甚重。陶宗儀《南村輟耕録》卷十有"重臺"條云："凡婢役於婢者，俗謂之重臺。"又云："所謂'臺'者，十等之至卑，今豈本是與？然加以'重'字，尤有意。"①可知此信於黎氏之打擊，故檢通行之《古逸叢書》所收《玉篇》，前後均無跋語，則當爲黎氏刊落，若均存，亦可將黎、楊二人之跋語比照之；又深憾者，楊氏另撰多篇札記（如前引及《玉燭寶典》、正平《論語》、《史略》等），因未刻入《古逸叢書》，則均已佚失；然亦或幻形而入《日本訪書志》矣。然於此《爾雅》，則似尚細論，據《古逸叢書》之《爾雅》之末，附《經籍訪古志》一則，並有楊氏跋語一條，其署云"光緒癸未春正月楊守敬記"，中云："此本尤爲祖禰，因刊之以貽習蒼雅者。"知必爲刊行時之跋語也。而楊氏云"未刊"，未知是否誤書。然前引楊氏語將跋與札記混用，則此所言或非跋語，而爲詳密之校讀札記歟？

王國維亦曾爲此南北朝本作跋，云"日本室町氏重刊舊本《爾雅》，每半頁八行，行大十六字，小二十一字"，並云"蓋亦宋監本、若翻監中之本，前人皆誤以此爲蜀大字本，故聊復辨之"②。然此南北朝本極罕見，楊守敬云："又按此書據松崎明復云，是日本室町氏所刻原本，今尚存東京高階氏。余嘗於黑田某所見之，果是日本重翻，字體校影鈔殊肥。黑田告余云，日本今存僅此一本。"③而楊氏得此書之影鈔本，即據鈔本刻入《古逸叢書》之中。如今其舊藏之鈔本存於臺北故宫博物院④。

【影印・整理】

〔日〕長澤規矩也《古典研究會叢書》别卷第一，汲古書院 1973 年影印。

【公藏】

中國：無。

日本：神宫文庫（南北朝本）、臺北故宫博物院（影抄本）。

---

① ［元］陶宗儀：《南村輟耕録》，北京：中華書局，2008 年，第 129—130 頁。

② 王國維著，彭林整理：《觀堂集林》（外二種），石家莊：河北教育出版社，2003 年，第 511—512 頁。

③ ［清］楊守敬撰，張雷校點：《日本訪書志》，第 29 頁。

④ 參馬月華：《〈古逸叢書〉研究》，北京：北京大學出版社，2015 年，第 84—88 頁。

爾雅三卷、音釋三卷

【叙録】

《爾雅》三卷、音釋三卷,郭璞注,日本天保十五年(1844)肥後松崎氏羽澤石經山房景刻狩谷棭齋景宋刊本。大本一册。扉頁題"景宋本爾雅",封二署"羽澤石經山房刻梓"。前有郭璞《爾雅序》。正文左右文武邊,白口,單魚尾,有界行,半葉十行,行二十至二十三字,小字雙行三十字,無返送。後有松崎復《校譌》及跋語。

【考證】

前爲大字本,此即十行小字本也。據松崎復識語云:"此本係北宋仁宗時刻版,南宋高宗時補刊。原本京師太醫某君所藏,亡友狩谷卿雲借鈔極精。余病有宋以來,此經滅裂,欲訂一本以貽後學,顧世無善本。忽睹是本,急請卿雲,獲之,入刻有年,所未敢出以問世者,猶恐其有譌脱也。後又得室町氏時翻刻大字本,蓋所謂蜀本也,詳考其體貌,蓋與是本後先所刻,亦有南宋孝宗時補刊,其字豐肥,雖異是本之謹肅,至其源流實同,故據以訂正,參以元明諸本,其訂正異同,使讀者兼知二本之同異也。"知其與前述之大字本相仿佛者,均據鈔本上梓也,此所據即狩谷望之所藏之鈔本,原本彼時尚存於"京師太醫某君"處,然今已無傳。且其又參前述之南北朝刊本,有所訂正,又其態度嚴謹,校譌之處均列於卷末,於其正文,並不擅下雌黄。故楊守敬雖於此書亦小有微詞,云:"大抵據大字本及阮氏校刊本,删繁摘要,然時過於疏略。如《釋詁》經文,'席'大字本作'蓆',而此不校;'禕'兩本皆作'禕',而此校云'禕'大字本作'褘',不相應;《釋詁》注'先祖于摧',大字本'于'作'於';'樓猶今言拘樓',大字本'拘'作'枸',此皆未校。其他二本異同,漏略者不可勝數。而所校出者亦多誤刻,良由松崎氏校此時年已七十餘,自言衰病相仍,多假手於門人,故未能精審。"然仍云其"譌舛不少,然無臆改之失,遠勝元以來刊本",且"影摹雕鏤之工,則與宋刻無二"①,繆荃孫亦稱其"爲善本無疑"②。

又,此小字宋本國内尚存一部,爲瞿氏鐵琴銅劍樓舊藏(現存中國國家

① [清]楊守敬撰,張雷校點:《日本訪書志》,第29頁。

② [清]繆荃孫著,黄明、楊同甫標點:《藝風藏書記》,上海:上海古籍出版社,2007年,第15頁。

圖書館,《續修四庫全書》第185册據此影印),瞿氏著録云:"世傳吴元恭刻本,爲經注之善者,亦出自宋本。然'敦'字闕筆,是出光宗後刻本。此則'遘'、'彀'字闕筆,而'慎'、'敦'不闕,尚是南渡初刻本也。字體肅穆,亦雅近北宋。"①然其所録與此和本稍有不同,據松崎氏考,此本"敬、驚、弘、玄、朗、恒、楨、貞、禎、徵等字皆缺筆,其係補刊者版心各有'重刊''重開'記,又桓、遘二字缺筆,餘溝、購等字及桓字係原刻者皆不缺筆",則或瞿氏統計尚有遺漏,或瞿氏藏本確爲南宋孝宗前重刻本,而松崎本之底本之原刻至少爲欽宗前之刻本。細查《續修四庫全書》影印之本,查其版心刻工,與此本所録有同有不同,然均無"重刊""重開"等補刻標記,則前之推測或當爲後者。王肇文《古籍宋元刊工姓名索引》曾採用宋本《爾雅注》,當即瞿氏藏本,其云"卷中無一補板工。刊工皆紹興間杭州地區良工。别有日本覆宋刊本,與此實是一板,惟彼本多補葉刊工,題'陳忠重開,陳真重雕'。"②可知瞿氏藏本確無補板。

另,此小字本與大字本雖字體大小有别,然字體風格却頗一致,則二者當有淵源。因二書字體相仿,可取《古逸叢書》本與此羽澤石經山房本比照,前者字體遠遜於此,亦可知狩谷氏影鈔之精及松崎氏摹刻之工也。

【影印・整理】

無。

【公藏】

中國:國圖、上海、辭書、大連、南京、湖北、四川。

日本:新發田市立、神户市立中央、高知大、京大文、阪大總、鹿大、京大人文研東方、東洋文庫、東大總、公文書館、静嘉堂文庫、關大、茨城大。

廣雅疏義二十卷

【敘録】

《廣雅疏義》二十卷,清錢大昭著,日本昭和十五年(1940)影印静嘉堂

① [清]瞿鏞編纂,瞿果行標點、瞿鳳起覆校:《鐵琴銅劍樓藏書目録》,上海:上海古籍出版社,2000年,第162頁。

② 王肇文:《古籍宋元刊工姓名索引》,第312頁。

文庫所藏抄本。大本十二册。

【考證】

清人錢大昭《廣雅疏義》僅有抄本,從未刊行。此書除此抄本外,尚有上海圖書館所藏"愛古堂抄本"一種,收入《續修四庫全書》之中。因傳本極少,静嘉堂影印此書時推測其爲宇内孤帙,顧頡剛稱之爲未刊稿本。則其書甚有價值。此抄本實原爲陸心源十萬卷樓舊藏①,後隨陸氏書入静嘉堂。另,關於此書之評價,可參辛德勇文②。

【影印・整理】

劉永華校注本,社科文獻出版社 2015 年版。

黄建中、李發舜點校本,中華書局 2016 年版。

【公藏】

中國:無。

日本:九大、東北大、群馬大、京大文、二松學舍、廣島大、大阪府立中之島、京大人文研東方、國會、静嘉堂文庫、東京都立中央、東大東文研、東洋文庫。

助語辭一卷

【敘録】

《新刻助語辭》一卷,元盧以緯著,日本寛永十九年(1642)刊本。中本一册。前有"萬曆壬辰季秋吉旦錢唐胡文煥識於文會堂"之《助語辭序》,卷端題"新刻助語辭",署"東嘉盧以緯允武著,錢唐胡文煥德甫校"。正文四周文武邊,粗黑口,雙對魚尾,版心題"助語",無界行,半葉十行,行二十字。末有"寛永十九壬午曆仲夏吉辰、本誓願寺通下ル毘沙門町大黑屋"字様。

後又有天和三年(1683)梅村彌右衛門刊本所刊《鼇頭助語辭》及享保二年(1717)毛利貞齋所輯《重訂鼇頭助語辭》。

---

① 《静嘉堂文庫漢籍分類目録》,東京:静嘉堂文庫,1930 年,第 176 頁。

② 辛德勇:《困學書城》,北京:生活・讀書・新知三聯書店,2009 年,第 49—52 頁。

【考證】

《助語辭》一書於中國語法史上極爲重要,然其著者爲何時人,則起初學者並不瞭解,直到發現《奚囊廣要》本後方知爲元人。《奚囊廣要》本名《語助》①,此爲原名。此和本胡文焕序云"一日偶得盧允武所著《助語》一帙",則又云"助語",一般認爲此即胡氏所改②。此胡氏刻本收於胡氏所輯《格致叢書》中。然有人認爲"這是一種誤解",理由則爲對校二書,"基本没發現差異之處",並推論"《語助》另有不載胡長孺序並且改《語助》爲《助語》的刻本行世;胡文焕見到並加以'校正'而後加序、付刊"③。然此論不當。一者,二本基本一致,説明同源可能性極大,完全不同源而文字全同之例於古文獻中並不多見。二者,胡本較《奚囊廣要》本少數組詞,於後者中恰爲最末之一葉④,若來源不同,行款亦極可能不同,何能恰缺此葉?尤要者,尚可從文獻角度梳理二者關係。《奚囊廣要》爲嘉靖間刊行,共收書十三種,皆較生僻。然此十三種竟然有十種分别收入胡文焕所輯之《格致叢書》之中⑤(有數種未在《格致叢書》中,而在其《百家名書》或《壽養叢書》中,然此皆爲胡氏《格致叢書》之改頭换面者⑥),僅三種未録,則目前所存《語助》僅有《奚囊廣要》本,其所收之書太半爲胡氏刻於其叢書之中,若云胡氏《助語辭》非襲自《奚囊廣要》,恐無其理。尤可爲證者,胡氏未收之三種書中,除《物類相感志》外,餘二種恰位於《助語》之後,或可推測,胡氏所得之《奚囊廣要》或佚《保産育嬰録》及《丹溪活痘要法》二書,並佚前之《助語》之末葉,故胡氏所刊方有缺葉。有學者認爲此乃胡文焕有意"割掉結尾"⑦,恐未必當。

日本最早者爲此寛永本,其後天和本與享保本均以日刻漢籍特有之"鼇頭"方式作注,且均由梅村彌右衛門刊行。一名《鼇頭助語辭》,其書正文只占版本一半,另一半則爲日人所做注疏,此注頗有價值,王克仲先生《助語辭集注》一書全録此書"冠解";另一則名爲《重訂鼇頭助語辭》,爲京都名儒毛利貞齋所輯,其書對前書注疏踵事增華,更爲詳盡。此二書正文

---

① 《中國古籍總目·經部》,第1232頁。

② 參見陳望道:《修辭學發凡》,上海:上海人民出版社,1979年,第299—300頁。

③ 劉長桂:《從〈語助〉到〈音釋助語辭補義〉——關於我國系統研究文言虚詞最早年代的考辨》,《淮北煤炭師院學報》,1984年第1、2期合刊。

④ 《奚囊廣要》,《北京圖書館古籍珍本叢刊》第82册,第613頁。

⑤ 《中國古籍總目·叢書部》,北京:中華書局,2009年,第194—197頁。

⑥ 參于爲剛:《胡文焕与〈格致丛书〉》,《圖書館雜志》,1982年第4期。

⑦ 何九盈:《〈語助〉述評》,《辭書研究》,1985年第2期。

雖爲覆刻胡文焕本,然其注釋頗有所獲,其價值也爲國内學界認可,如李學勤先生主編《中華漢語工具書書庫》即將天和本收入影印而非收胡文焕原刻本①;尤要者《續修四庫全書》又將享保本收入,亦未及胡文焕本。此後之《中國基本古籍庫》亦收享保本。

【影印・整理】

〔日〕長澤規矩也《和刻本辭書字典集成》第一卷(天和本)。

李學勤主編《中華漢語工具書書庫》(天和本)。

《續修四庫全書》(享保本)。

【公藏】

中國:國圖、旅大、山東(以上天和本),復旦(享保本)。

日本:東大總、實踐女子大學、山口大、大阪府立中之島(寬永本)。

玉篇殘卷

【叙録】

《玉篇》殘卷,梁顧野王撰,卷子本,有明治十五年(1882)柏木探古摹刻東大寺尊勝院所藏舊鈔本(卷十八後半),明治十六年(1883)東京印刷局摹刻高山寺所藏舊鈔本(卷廿七前半),光緒十年(1884)黎庶昌、楊守敬《古逸叢書》本(卷廿七),明治二十七年(1894)摹刻神宫文庫所藏鈔本(卷二二),昭和七年(1932)東方文化學院影印(卷九),昭和八年(1933)東方文化學院影印(卷二七),昭和九年(1934)東方文化學院影印(卷二二),昭和十年(1935)東方文化學院影印(卷八、卷二四、卷十八後半、卷十九)。

【考證】

《玉篇》爲《説文解字》後又一重要字書,且爲最早以楷書爲字頭之字書。其書原三十卷。至唐肅宗上元元年(760),孫强增字減注,世稱上元本,頗爲流行。至宋大中祥符六年(1013),陳彭年等重修此書,名《大廣益會玉篇》,收字二萬二千八百七十三字,較原本多出五千九百五十六字,然又删去部分義項、書證及顧氏按語,則顧氏原貌已不存。然顧書早佚,今唯

① 李學勤主編:《中華漢語工具書書庫》,合肥:安徽教育出版社,2002年。

籍日本所存唐抄《玉篇》知其原本面貌。惜日藏之本亦不全矣。楊守敬協助黎庶昌刊行《古逸叢書》時,得卷九、卷十八、卷十九及卷廿七之後半付刻,此單行本出版後,日本紙幣局長得能良介得高山寺藏卷廿七前半,摹刻行世,後有得能氏跋云:"清國公使藜(原文如此)蒓齋氏,好古博雅之士也,與楊惺吾謀訪求古典,隨得隨刻,著《古逸叢書》若干册。中有《玉篇》二册,蓋集古鈔本存各處者,刻成是贈,但糸部前半缺焉。予偶借覽高山寺所傳古文書,獲卷子本《玉篇》一軸,取而校之,則糸部前半全存,合之爲完册,亦奇矣。因付寫真,更上梓,贈數部蒓齋氏,併行於世。"黎氏得此本後,"因另刊補完,故一卷中有兩次第",楊守敬亦云:"後日本印刷局長得能良介從西京高山寺借得《糸部》前半卷,以影照法刻之,乃又據以重鐫,而《糸部》始爲完璧。"此時已至光緒十年,則當印入《古逸叢書》之彙印本中。此後,羅振玉又至日訪求,"乙卯秋,予始因小川簡齋翁得見原本,展卷不數行,已驚其書法之勁妙,洵出初唐人手。因出黎刻校之,則筆意全失,知黎氏乃展轉傳摹上木,未得見原本也。因詳校卷首十餘行,知黎氏刊版時頗有校改。惟原本字經蟲蝕尚可辨認,而黎本往往橆失致不可識……黎本雖改字,然皆精確,可見當日校刊之慎密,而所據之橅本則未盡善。"①故羅氏再據原本印行。日本昭和七年至十年,其東方文化學院將此書又彙印行世,收録較全,故《續修四庫全書》據此本影印。然編者標注云:"自卷九册部册字'册其制長二尺'一行起,至欠部疑字'秋冬之緒風王逸'一行止,據中華書局影印羅振玉本配補;卷九詰部六字、卷十九水部泠字起至潦字止,據中華書局影印黎庶昌本配補。"細檢可知,自羅本配十一頁,自黎本配七頁②,則黎、羅二本仍有其價值③。

【影印・整理】

《續修四庫全書》影印本。

【公藏】

中國:不備録。

日本:不備録。

---

① 羅振玉:《羅振玉學術論著集》第九集,上海:上海古籍出版社,2013 年,第 334 頁。

② 參見《續修四庫全書》第 228 册,第 322—332 頁,第 245—246、425—429 頁。

③ 《續修四庫全書總目提要・經部》關於此書之叙録僅云"此本據中國科學院圖書館藏日本昭和八年京都東方文化學院編《京都東方文化叢書》本影印",參上海古籍出版社 2015 年版,第 422 頁。

大廣益會玉篇三十卷(五山本)

【叙録】

《大廣益會玉篇》三十卷,梁顧野王撰,日本室町時期覆元刊本。大本五册。正文四周雙邊或左右雙邊,每半葉十二行,行二十一字,小字雙行二十八字。《玉篇廣韻指南》之末有"圓沙書院新刊"字様。

【考證】

日本翻刻《大廣益會玉篇》一書,最早當即此版,即所謂五山版者。據其牌記,知當據元延祐二年(1315)圓沙書院本而來。此元本國内僅國圖、上海各存一種①,頗爲珍稀。此五山本版心偶有"彦明""孟才""榮"等刊工署名,知即陳孟榮、陳孟才諸刊工,據此即可知其翻刻年代。

【影印・整理】

無。

【公藏】

中國:無。

日本:前田育德會、東北大、大谷大學、大東急紀念文庫、叡山文庫、積翠軒文庫。

大廣益會玉篇三十卷(慶長本)

【叙録】

《大廣益會玉篇》三十卷,梁顧野王撰,日本慶長九年(1604)覆元刊本。大本五册。前之宋大中祥符六年(1013)牒、《大廣益會玉篇序》《進玉篇啓》每半葉十一行,行二十一字;自《玉篇廣韻指南》及《大廣益會玉篇總目》始,每半葉十二行,小字雙行二十八字。《指南》之末有"至正丙午良月南山書院新刊"長方牌記。正文四周文武邊,粗黑口,雙順魚尾,有界行。

---

① 《中國古籍總目・經部》,第1059頁。

卷末有“慶長九甲辰夏五月日鐵山叟宗鈍漫書其後”之跋語。此後有寬永八年(1631)刊本,行款統一爲每半葉八行,小字雙行三十字,其末署“寬永八年辛未季秋吉旦新刊”;又有寬永十八年(1641)重印本,末之牌記爲“寬永辛巳仲秋吉旦書會林甚右衛門刊”。又有寬永廿一年(1644)重印本,末有“寬永廿一年甲申曆林鐘吉辰”識語。

【考證】

日本雖早已翻刻五山版,然至慶長之時,其書亦難覓。故慶長九年又重新翻刻行世。此次翻刻並未據五山版或五山版之底本圓沙書院本,而據元至正二十六年(1366)之南山書院本。此南山書院本大陸已無存,唯於臺灣尚存一部①。故此書亦極珍貴。然慶長本亦頗罕傳,此後寬永諸刊本均據慶長本,似較常見。

【影印・整理】

〔日〕長澤規矩也輯《和刻本辭書字典集成》(影印寬永八年本)。

【公藏】

中國:北大、山大、湖南(寬永本)。

日本:静嘉堂文庫、京大人文研本館、阪大總、國會、宮内廳書陵部、前田育德會、東北大、慶應大(慶長本);寬永本甚多,不備録。

干禄字書一卷

【敘録】

《干禄字書》一卷,唐顔元孫撰,日本文化十四年(1817)官板本。大本一册。前有“朝議大夫滁沂豪三州刺史上柱國贈秘書監顔元孫撰,第十三姪男金紫光禄大夫行湖州刺史上柱國魯郡開國公真卿書”序。正文左右文武邊,白口,雙對魚尾,無界行,半葉四行,行七字,注小字雙行十四字。正文末有“有唐大曆九年歲次甲寅下月庚子朔七日景午真卿於湖州刺史宅東廳書之”字樣。末“寶祐丁巳嘉平郡文學衡陽陳蘭孫書”跋。左下邊框内署“文化十四年刊”字樣。

---

① 《中國古籍總目・經部》,第1060頁。

【考證】

《四庫全書總目》云:“大曆九年,真卿官湖州時,嘗書是編勒石。開成四年,楊漢公復摹刻於蜀中。今湖本已泐闕,蜀本僅存。宋寶祐丁巳,衡陽陳蘭孫始以湖本鋟木,國朝揚州馬曰璐得宋槧翻刻之,即此本也。”①所述庶幾得實。《干禄字書》今已無宋本存世,僅有明嘉靖六年(1527)孫沐萬玉堂本、夷門廣牘本、端始堂本、馬曰璐本(即《四庫全書》之底本),餘者皆嘉慶、道光、同治、光緒時刻本②。首先,以上版本均徑用刻書之匠體字重刻,全無顔魯公筆法;其次,此類版本中唯馬曰璐本以宋寶祐陳蘭孫刻本爲底本(然馬氏本似存世極罕),餘亦均非。而此和刻本則徑以陳蘭孫本爲底本,字體全存顔字之舊式,末有陳蘭孫跋,故可爲宋本之再現。

國圖存一清抄本,字體、行款與此本幾全同,即其間闕文亦同,如正文葉二四即有數字闕,四庫本不闕,下注云:“案:陳氏本‘庚’訛作‘虔’,‘音’訛作‘聲’,又缺‘鋃’字及‘爲鐺’二字,今據石刻補正。”③知四庫底本亦闕,則此二本間或有關係。然亦小有微異,如正文前之序葉四 A 面首行末字闕,和刻本作“然”,四庫本同爲“然”字。則或和本所據爲尤全之本歟?

此書傳入日本甚早,日本九世紀末昌住所撰《字鏡》一書即已引及,稍晚之《日本國見在書目録》亦載“《干禄字樣》一卷”,孫猛云:“顔真卿《序》稱‘號爲《顔氏字樣》’,是原書名當是‘字樣’,而非‘字書’。”④實誤,顔序確云:“真卿伯祖故秘書監貞觀中刊正經籍,因録字體數紙以示,讎校楷書,當代共傳,號爲‘顔氏字樣’”,又云“後有《群書新定字樣》,是學士杜延業續修”,所言非此書,而爲顔師古《字樣》,至於此書,顔真卿序後文云:“頃因閒暇,方契宿心。遂參校是非,較量異同。其有義理全僻,罔弗畢該;點畫小虧,亦無所隱。勒成一卷,名曰‘干禄字書’。”所言甚明,不煩校改。

日本翻刊此書實較此文化本爲早,寶永四年(1707)跋刊本之末有釋道空跋,云:“此書有摹刻法帖,舊流於吾國,而今搜索不能得之,遂寫《説郛》八十五所載者鏤版焉。”則知據《説郛》本而來,版本意義大不,然長澤規矩也另刊《和刻本辭書字典集成》時影印此本,或僅以此較文化本早而

① 魏小虎編撰:《四庫全書總目彙訂》,第 1264 頁。
② 《中國古籍總目·經部》,第 1078 頁。
③ 《景印文淵閣四庫全書》第 224 册,第 247 頁。
④ 孫猛:《日本國見在書目録詳考》,第 500 頁。

已。官板刊行後,板當爲市肆所得,故又有出雲寺、和泉屋、淺倉屋之後印本,至明治十三年(1880),又有東京柳心堂山中喜太郎重刊本。

【影印・整理】

《北京大學圖書館藏日本版漢籍善本萃編》影印本。

【公藏】

中國:上海、北大。
日本:存本甚多,不備録。

韻府古篆彙選五卷

【敘録】

《韻府古篆彙選》五卷,清陳策撰,日本元禄十年(1697)西山源京兆柳枝軒刻本。大本五册。扉頁左上署"鳥跡薤書綴玉連珠,螢窗芸閣裁錦織繡",左下署"京兆書鋪柳枝軒藏版"。前有"元禄十年歲在丁丑臘月穀旦天德吴雲法曇謹識"之序,序首行下有"彰考館"葫蘆墨印;次"康熙壬子仲春上浣之吉會稽宗弟晋太士氏題並書"之序,題署之下有"陳晋之印"陰文方印及"太士"陽文方印;次"康熙壬子季春回浦項繼甲木公父題"之序,題署後有"項繼甲印"陰文方印及"字木公號松庵"陽文方印。卷端署"西陵陳策嘉謀父纂輯,門人顧嗣昌振公;男陳肅子鑑、陳濤觀瀾仝閱"。正文四周文武邊,白口,單黑魚尾,有界行,半葉八行,每行字頭用陰文大字,不同字體用陽文大字,標注之詞以雙行小字排,因其用詞典形式,故全無返送。

【考證】

此書《中國古籍總目》著録一種,下列三版本,全爲和本①。然此條之前,録陳策《篆文纂要全宗》二卷、《提綱》一卷附《篆體須知》一卷(僅國圖有藏,據古籍普查目,天一閣僅存《提綱》一卷),標爲"康熙十一年刻本"。其書亦曾入於《四庫全書總目》,其提要云:"《篆文纂要》四卷(浙江汪啓淑家藏本)。國朝陳策撰。策字嘉謀,錢塘人。其書亦依韻分編,每字下首列《説文》,次大篆,次鐘鼎文。然不載所引書名,注亦率略。於字體無所辨

① 《中國古籍總目・經部》,第1096頁。

證,殆僅爲刻印章之用也。"[①]批評甚厲,然提要之初稿所批更甚,云:"其書以四聲隸字,每字以小篆居首,而大篆、鼎文、籀文以次附焉。前有陳晋、項繼甲二序,皆作於康熙壬子。其所分韻部次,用《洪武正韻》。舉明代所不能行之法用之,於今日已爲謬妄。至其卷首所刊字體,大略尚古籀文,及所詔'續字'、'俗字'者,文義體例,皆甚爲陋略。其卷中所列諸字,則所謂'鼎文'者不著所出,無以考其是非。而其最謬者,尤在所謂"大篆",大篆之字於今已多不可考,雖《説文》之籀、篆,石鼓之籀文,已皆不可目爲大篆,而况九疊篆文乃刻符摹印之支流,全非古法,何以名之焉'大篆'乎。或姑存目。"[②]則館臣所見汪啓淑家藏本或與和本相同,以其前亦有陳晋及項繼甲序也。今核國圖所存之本,與和本互有同異,所同者,如前有陳晋序,字體皆同,和本當影刻之;全書正文亦幾全同(和本凡字頭皆以陰文出之,未知其源於底本抑或日本人更改之者)。不同者,清本於陳序外,另有誼正其序,陳策《略言》《凡例》《纂要》十六則,全書之末尚附《篆體須知》一卷,和本均無;然和本之項繼甲序此本又無,據《翁方綱纂四庫提要稿》知館臣所見之本當有項序,然此本無。或館臣所見之本與此本尚非同本耶?

另,清本名《篆文纂要》,和本則名《韻府古篆彙選》,其書名不同或亦版本不同之證。據日人元禄十年序中云"先師東臯嘗嗜篆文,東渡之日,齎來《古篆彙選》來於崎港"之語,則其所携來者似即此名。再證之以項序之言,其云:"武林陳子嘉謀已先得是意而爲之……偕二子及其徒考訂有年,總斯於芟舛歸正,因命名曰《韻府古篆彙選》,求之前刻,未有明備若斯者。"則更爲清楚。反觀國圖所存清刊,其書之目録亦題云"韻府古篆彙選目録",則其書或亦曾欲以此名之,或亦有刊本以此名之。總之,其書於國内僅存國圖孤册,已近湮没,幸東渡日本,於禹域初刊二十五年後,於東瀛翻刻傳世。

又,此書於日本最早刻於元禄十年,此後正德三年(1713)柳枝軒重印,再至明治三十六年(1903)博文館又有重印之本,可見此書頗受歡迎。

【影印·整理】

無。

---

① 魏小虎編撰:《四庫全書總目彙訂》,上海:上海古籍出版社,2012 年,第 1386 頁。

② [清]翁方綱撰,吴格整理:《翁方綱纂四庫提要稿》,上海:上海科學技術文獻出版社,2005 年,第 141 頁。

【公藏】

中國:北大、中科院、人大。
日本:所存甚多,不備録。

草書韻會五卷

【叙録】

《草書韻會》五卷,金張天錫撰,日本慶長、元和間刊本。大本二册。前有“正大八年二月四日閑閑居士趙秉文”《草書韻會引》,後有“見住燕京縣角頭鄭州王家彫印”字樣;末有“正大辛卯歲季夏望日樗軒老人”題辭,題辭後又有“洪武二十九丙子日卒刊”字樣。正文四周單邊,白口,雙順魚尾,無界行,半葉七行,每行字數不定,約十二字左右。後有寬永元年(1624)杉田勘兵衛刊本及慶安四年(1651)秋田屋平左衛門重印本,後者末署“慶安四辛卯曆仲秋吉辰,寺町通圓福寺町,秋田屋平左衛門刊行”字樣;又有文政十一年(1828)重刊本,將原樗軒老人跋移至書首,又於其前加物茂卿《跋草書韻會》,末有版權頁,署“文政十一年戊子冬,心齋橋通安土町浪華書肆加賀屋善藏”。

【考證】

元人陶宗儀《書史會要》卷八云:“張天錫,字君用,號錦溪老人。河中人,官至機察。真字得柳誠懸法,草師晋宋,亦善大字遭遇道陵諸殿字扁皆其所題。有《草書韻會》行於世。”①則既知張天錫之生平,亦知其有《草書韻會》之書。又據此書前樗軒老人題詞(此人爲金世宗孫、越王完顔永功長子完顔璹),可知此書爲張天錫窮四十年之力編成者,再據二家題序,可知刊成當在金正大八年(1231)。

然其書曾經元人改動,原本漸次失傳。楊慎《墨池瑣録》卷二云:“金張天錫君用,號錦溪,嘗集古名家草書一帖,名曰《草書韻會》。”然後便遍舉所録一百一十三位書家姓名,並録趙秉文《草書韻會引》之全文。末云:“余猶及見金人板刻,其精妙神彩,不減法帖。至元末,好事者又添鮮于樞字,改名《草書集韻》,刻已不精。洪武中,蜀邸又翻刻,並趙公序及諸名姓

① [元]陶宗儀:《書史會要》,影印,上海:上海書店,1984年,第359頁。

皆去之,刻又粗惡,可重惜也。前輩作事多周詳,後輩作事多闕略,信然。"[①]俞樾《茶香室叢鈔》卷九《草書韵會》條節録楊慎之語,後又云:"按今則並蜀刻亦不可見矣。乾隆間石梁豎庵撰《草字彙》,至今猶有印本。然在石君,已不知有錦溪之書矣。"[②]可知其書被改爲《草書集韻》,且每況愈下,近於失傳,尤其專集草字之石梁亦未之見,其之不存亦可明矣。近人余紹宋《書畫書録解題》一書收羅書畫資料極富,然於此書亦入"未見"之列[③]。羅振玉《大雲書庫藏書題識》收此書一種,云"是書中土久佚,當與宋高宗所書《禮部韻》並珍惜"[④]。

即四庫館臣對此書似亦不甚了了,《四庫全書總目》於《草書集韻》叙録云:"不著編輯者名氏。取漢章帝以下至於元人草法,依韻編次。每字之下,各注其人。其編次用《洪武正韻》,蓋明人作也。"竟致誤其作者爲明人,可知此書不傳之久。然此或亦四庫館臣之疏漏,前叙《墨池瑣録》時便曾云"其述張天錫《草書韻會》源流"云云[⑤],亦或此書經元人改名,館臣不知二者爲一。然此條僅據"其編次用《洪武正韻》"便係之明人,實頗草率,亦不知楊慎所謂"洪武中,蜀邸又翻刻"時又有重編。楊慎所云之元末及洪武中"粗惡"之本尚可尋其痕跡,現臺灣"國立中央"圖書館藏有明成化十年(1474)蜀藩刊本即名《草書集韻》,另北京圖書館亦藏有僅存二卷之殘本,收入《四庫全書存目叢書》之中[⑥]。

臺灣所藏成化本前有近人袁克文題記云:"《草書集韻》五卷,明蜀藩刊,不著輯者姓字。比獲倭島舊繙洪武本金錦溪老人張天錫集《草書韻會》五卷,即此書所自出。首有正大趙閑閑、摴軒兩序,刊刻較此爲佳,無稍訛繆。此惟後增張天錫、鮮于樞兩家書法。二書皆不見著録,深可寶也。"[⑦]由此題詞可知,袁氏既藏明刊《草書集韻》,又得和刻本《草書韻會》,得以對比,即可證實楊慎所言後刊之本"粗惡"及和刻本之"可寶"。

此和本之可貴非但在其保存元本之原貌,且留存元本之刊記。如其在趙秉文序後有"見住燕京縣角頭鄭州王家彫印",據此可補元刻之資料。另樗軒老人序後還有"洪武二十九丙子日卒刊"之字樣,即1396年刊,當爲

---

① [明]楊慎:《墨池瑣録》,《叢書集成新編》第52册,影印,臺北:臺灣新文豐出版公司,1985年,第551頁。

② [清]俞樾撰,貞凡、顧馨、徐敏霞點校:《茶香室叢鈔》,北京:中華書局,1995年,第213頁。

③ 余紹宋:《書畫書録解題》,北京:北京圖書館出版社,2003年,第660—661頁。

④ 《羅振玉學術論著集》第七集,上海:上海古籍出版社,2013年,第269頁。

⑤ 魏小虎編撰:《四庫全書總目彙訂》,第3588、3537頁。

⑥ 參《四庫全書存目叢書》子部第72册。

⑦ 袁克文撰,李紅英輯釋:《寒雲藏書題跋輯釋》,北京:中華書局,2016年,第239頁。

洪武時刊行之記録。然此並非前楊慎所言之"洪武中,蜀邸又翻刻"之本。嚴紹璗《日藏漢籍善本書録》載一洪武二十九年刊本,爲"大阪府立圖書館藏本,原荻生徂徠、富岡桃華舊藏","卷中有江户大儒荻生徂徠題簽,並有'藤原忠統'、'猗蘭藏記'等印記"①,則其收藏者爲神户藩初代藩主本多忠統(又原藤原忠統,號猗蘭),則此書如此寶愛,似非朝鮮刊本。然《和刻本書畫集成》中收録此書時定其爲覆朝鮮刊本,並指此富岡藏本曾誤以爲金刻本。

據和本與《四庫全書存目叢書》所收成化本比勘,可知成化本已非但有"添鮮于樞字"等增補内容,尤要者在將全書依《洪武正韻》之次序重編,全改原書之貌。王國維曾有《書王文郁〈新刊韻略〉、張天錫〈草書韻會〉後》一文,據此書认为:"是一百六部之目並不始於王文郁,蓋金人舊韻如此,王、張皆用其部目耳。"②可知此書之韻部頗有研討之價值。然此書或爲朝鮮所刊,或亦對原金人之本有所删减,如據樗軒老人跋云"每一字有備數家之體者,悉標姓字於其下",可知其字下當標書家之名,然此和本全書無一標出者,而成化本則多有標注,可見其跡。

【影印·整理】

〔日〕西川寧、〔日〕長澤規矩也《和刻本書畫集成》第二輯(慶長、元和間刊本)。

金程宇《和刻本中國古逸書叢刊》(慶安本)。

《和刻本四部叢刊》影印本(慶安本)。

【公藏】

中國:北大、遼寧、大連(慶安本)。

日本:所存甚多,不備録。

四聲全形等子一卷

【叙録】

《重編改正四聲全形等子》一卷,元楊從時撰,日本五山版。大本一

---

① 嚴紹璗:《日藏漢籍善本書録》,第307頁。

② 王國維著,彭林整理:《觀堂集林》(外二種),第202頁。

册。前有“弘農楊從時編并序”。正文四周單邊,韻圖左右文武邊,白口,雙對魚尾,有界行,半葉十三行,行二十二字,韻圖表格則行二十一字。

【考證】

此書國内最早僅有《四庫全書》本,後之《粤雅堂叢書》本、《咫进齋叢書》本皆從此出;鈔本亦多有之,然亦多出《四庫》本①。《四庫全書》之底本係天一閣藏本,然今已未知藏處。另錢曾述古堂曾藏有此書“元板”一卷②,亦未知去向。或其書歸於天一閣,范氏又進獻於四庫館歟? 然錢氏云:“即劉士明《切韻指南》,曾一經翻刻,冠以元人熊澤民序而易其名。”③劉書前熊澤民《序》云“古有《四聲等子》,爲傳流之正宗”,錢氏之斷即從此來。然錢氏或誤解熊氏之意,《四庫提要》有較細之剖析,云其“詞義詳略顯晦,迥然不侔”,指出“此書實非鑒作也”,並云“以字學中論等韻者,司馬光《指掌圖》外,惟此書頗古,故並録存之,以備一家之學焉”④。

然國内學界於此五山版未重視之,故研究者多未齒及(從書目搜羅到論文專著,多僅據《四庫》本以下諸本),然此公文書館所存孤本實此書今存最早之本,且與國内傳本大有不同,研究界當重新探討之⑤。

【影印・整理】

無。

【公藏】

中國:無。

日本:公文書館。

---

① 《中國古籍總目・經部》,第1182頁。再如民間藏家王樹田藏有鈔本,前人題記甚多,輾轉珍弆,然亦出《四庫》本(參王樹田:《擁雪齋藏書志》,桂林:廣西師範大學出版社,2018年,第100—101頁)。

② [清]錢曾:《虞山錢遵王藏書目録彙編》,上海:上海古籍出版社,2005年,第28頁。

③ [清]錢曾原著,管庭芬、章鈺校證,傅增湘批註,馮惠民整理:《藏園批註讀書敏求記校證》,北京:中華書局,2012年,第107頁。

④ 魏小虎編撰:《四庫全書總目彙訂》,第1324頁。

⑤ 相關研究亦可參蕭振豪:《〈全編改正四聲全形等子〉初探:兼論〈四聲等子〉與〈指玄論〉的關係》,《語言研究》,2015年第4期。

經史正音切韻指南一卷

【敘録】

《經史正音切韻指南》一卷，元劉鑑撰，日本寬文十年（1670）跋刊本。大本一册。前有"至元二年歲在丙子良月關中劉鑑士明自序"之《經史正音切韻指南序》。正文半葉十二行，爲表格形式，後附"直指玉鑰匙門法"，又有附録多則。正文後有"信官汲祐刊"字樣。末附"寬文十年庚戌暢月□□洛陽□求謹跋"。又有元禄十四年（1701）刊本，前有題名頁，中題"經史正音切韻指南"，左署"至元二年歲在丙子劉士明撰"，無前之序，徑接以對韻之表，後附"直指玉鑰匙門法"，末署"元禄辛巳年正月甲辰，弘湍幽閒重刊"。

【考證】

此書爲宋元時期五大韻圖之一，所存版本甚多，據《中國古籍總目》録，所謂《新編經史正音切韻指南》有弘治九年（1496）釋思宜刻本、正德十一年（1516）釋承恒募刻本、正德十一年金臺衍法寺釋覺恒募刻本、嘉靖三十八年（1559）釋本贊重修本、萬曆四年（1576）遞修本、萬曆三至十七年（1575—1589）崇德圓通庵釋如彩刻本，《切韻指南》有弘治十年（1497）金臺大隆福寺募刻本，無"新編"二字者有嘉靖三十一年（1552）洪都上藍禪寺重刻本、萬曆二十三年（1595）晋安芝山開元寺刻本、萬曆二十六年（1598）衍法寺刻本、崇禎二年（1629）金陵圓覺庵釋新仁刻本以及數種清刻本①。

此和本所據之本未知，然其正文之末有"信官汲祐刊"，此當非日本刊刻者所署，"信官"一詞於古代刊書時偶有用之，如國圖所藏《佛頂心大陀羅尼經》三卷，署"明信官王景刻本"；首都圖書館藏《梵網經菩薩戒》署"明御用監太監信官劉世芳處刻本"；湖南圖書館藏《大佛頂如來密因修證了義諸菩薩萬行首楞嚴經》十卷，署"清順治十五年（1658）信官周維藩刻本"。然此"汲祐"未知何人，前舉國内所存之本均無此人，則似不同。將其與代表性刊本弘治釋思宜本及嘉靖釋本贊本互校，發現與二本皆有不同：如弘治本末《門法玉鑰匙》共十三條，嘉靖本及和本共二十條；嘉靖本

---

① 《中國古籍總目・經部》，第1182—1183頁。

及和本正文前有《五音分譬之圖》及《平仄指掌圖》，弘治本無；似和本與嘉靖本同，然正文前之口訣弘治本六條，嘉靖本八條，此和本則九條。則其當別有來源。

【影印・整理】

無。

【公藏】

中國：無。

日本：京産大、國會、静嘉堂文庫、蓬左文庫、東大總、東北大。

詩韻輯要五卷

【叙録】

《詩韻輯要》五卷，明李攀龍輯，陳繼儒重訂，日本江户時京都梅邨彌白刻本。巾箱本一册，薄紙印刷。前有"萬曆甲寅仲春上丁吴郡錢允治撰"《詩韻輯要序》，卷端署"濟南李攀龍原輯""雲間陳繼儒重訂"。正文四周單邊，白口，無魚尾，有界行，半葉六行，每行大字四字，小字雙行。版權頁署"雍州書林梅邨彌白"。

【考證】

此書據《中國古籍總目》所録，有數種版本。如標爲李攀龍撰之五卷本（湖南師大藏明末刻本、明金陵書坊李洪宇刻《詩壇合璧》本及國圖藏清刻本），又有所謂陳繼儒校釋本（中科院藏明末黄家鼎刻本），還有明人徐震注釋本（上海存清刻本）；另南陽師院藏有署王穉登撰《詩韻輯要》五卷①，或爲誤録，或爲僞托。此外即未見。此和刻本實據前述李洪宇刻《詩壇合璧》本翻刻，《詩壇合璧》爲叢編總集，包括李攀龍《唐詩選注》八卷、《唐詩聯選》二卷，末附《詩韻輯要》五卷②，前即有錢允治序，與此本同。然此李洪宇刻本目前國内亦僅知故宫博物院有藏本。日本酒田市立圖書館藏本標"錢允治撰明，萬曆四十二年刊"，或即此本。

---

① 《中國古籍總目・經部》，第1143—1144頁。

② 《中國古籍總目・集部》，第2821頁。

當然,此本署李攀龍、陳繼儒,有文章以其前王穉登《李于麟唐詩選叙》中云:"有兹選,而海内才人墨士亦易爲力。然有詩無韻,終無法程,譬如造車者廢規矩,雖有巧心,將安施哉! 以故遍閲韻府群書,嚴選韻釋俱要者,僅留二册,因名曰《詩韻輯要》,令後學得便覽云。"①即以此當爲王穉登所作,實爲誤判,僅從王氏之語,並不能得出此結論,因王氏所言,未明云此書爲己所撰,則就語意而言,亦可理解爲描述李攀龍輯録之意;然此文又以其"音係特點上有吴語成分",爲王氏所輯佐證②,仍不妥,因此書"小韻、韻字錯亂現象……非常嚴重",知其實爲書坊僞托,則其有吴語之成分,並不能即此否李而是王。但此書亦並不因其僞而失去價值,"以往語音史講閉口韻 - m 尾的消變,多以《韻略彙通》(1642)爲代表……而李攀龍的《詩韻輯要》(成書最晚時間 1570)更早"③。然寧忌浮氏指此成書最晚爲 1570 年,實以李攀龍之後世爲下限,若李氏非其作者,則其下限即失效,或當以錢允治作序之萬曆四十二年(1614)爲下限。

【影印・整理】

無。

【公藏】

中國:無。

日本:二松學舍、東大總、館林市立、東北大、京大附圖、宮城縣圖、東洋文庫。

字考一卷

【叙録】

《字考》一卷,明夏宏撰,黄元立補,日本慶安二年(1649)吉野屋權兵衛刊本。大本一册。前有"萬曆丁巳孟冬之吉""蓼人黄元立手書"《字考引》,末有"蓼後學高揚振乾甫""萬曆丁巳孟冬書於習詔獨知堂"之《字考跋》。卷端署"蓼人黄元立可予甫續訂"。正文四周單邊,白口,單魚尾,有

① 陳伯海、李定廣編著:《唐詩總集纂要》,上海:上海古籍出版社,2016 年,第 375 頁。
② 曾婷婷:《遼圖本〈詩韻輯要〉音系研究》,華中師範大學 2020 年碩士學位論文,第 3、4 頁。
③ 甯忌浮:《漢語韻書史・明代卷》,上海:上海人民出版社,2009 年,第 111—112 頁。

界行，半葉六行，每行大字三至六字，小字雙行。版權頁署“慶安己巳下夏吉辰，吉野屋權兵衛開板”。按此書又有寶永七年（1710）本，前加長谷川良察於是年所作《字考正誤序》。至明治四十五年（1912），森慶造又將此本校訂，以鼇頭本之方式爲原書正誤，由民友社出版，名之曰《字考正誤》。

【考證】

《四庫全書總目》經部小學類存目中録《字考》二卷，云：“明夏宏撰。宏字用德，號銘乾，海陽人。是書上卷凡三類：曰《誤寫字》，曰《疑似字》，曰《誤讀字》。下卷凡二類：曰《通用古字》，曰《通用聯字》。意在訂六書之訛而不能深研古義，但裨販於近代韵書、字書之間。”①則其書乾隆時尚存世。另據沈津《美國哈佛大學哈佛燕京圖書館中文善本書志》知，哈佛大學藏“明萬曆高揚刻本《字考》”，其書僅一卷，爲前述《四庫全書》所録書之卷一，據其書序跋可知爲萬曆四十五年（1617）所刻②，是知《字考》一書卷一之“正誤”更受歡迎，故單行之。此本一出，二卷本或即失傳；然此本即除美國所存外似再未見，則此一卷本亦或失傳。

【影印・整理】

〔日〕長澤規矩也《和刻本辭書字典集成》第二卷。

【公藏】

中國：遼寧（民友社本）。

日本：東洋文庫、國會、公文書館、佐野市立鄉土博物館（以上慶安本），東大總、實踐女子、東京都立中央（以上寶永本），千葉縣立中央、大阪府立中之島、東大總、國會、東洋文庫、二松學舍、酒田市立、立命館大學、三康、佐野市立鄉土博物館、茨城大（以上民友社本）。

續字彙補十二卷

【叙録】

《續字彙補》十二卷，清吴任臣撰，日本寬文九年（1669）山形屋刊本。

---

① 魏小虎編纂：《四庫全書總目彙訂》，第1373頁。

② 沈津：《美國哈佛大學哈佛燕京圖書館中文善本書志》，上海：上海辭書出版社，1999年，第82頁。

大本十二册。前有“康熙五年上巳日禹航同學弟嚴沆頓首題”序,次爲吴任臣於同年所作《字彙補例言》,目録之後,附《正韻字體辨微》,前有吴任臣寫於同年之序。正文左右文武邊,白口,版心下署“彙賢齋”字樣,無界行,每半葉八行,行大字不定,小字十六行,行二十四字,有返送。全書之末署“受業錢塘洪雲來遥胄,仁和金成器伯鼎、朱伯次符,海寧祝乾明鳳師、祝翼恒豹臣,石門曹嶽起巨平校正”。後署“寬文九歲己酉中夏山形屋刊”。

【考證】

吴任臣《字彙補》刊於康熙五年(1666),《中國古籍總目》著録二家有藏,即北大與上圖①,據全國古籍普查數據庫則僅可補寧波天一閣殘本一種。然於中國刻本甫問世三年之後,日本寬文九年即將此書覆刊,將此和本與原書相較,除有返送之外,幾乎全同。然亦有三處相異:一者,書名改爲《續字彙補》,多加一“續”字,實頗蛇足;二者,和本無“補遺”内容;三者,較原書增附吴氏《正韻字體辨微》一卷,此爲吴氏單行之著作,同爲“彙賢齋”所刊,國内僅上圖有藏②。

【影印・整理】

〔日〕長澤規矩也《和刻本辭書字典集成》第五卷。

【公藏】

中國:北大。

日本:八户市立、國會、公文書館、東北大、東京都立中央、宫城教育大學、宫内廳書陵部、蓬左文庫、前田育德會、東大總、山口大。

千字文注一卷

【叙録】

《新板增廣附音釋文千字文注》一卷,梁周興嗣撰,日本五山版。大本一册。無序跋,卷端首行署“新板增廣附音釋文千字文注”,次行大字“千字文”,小字“梁員外散騎侍郎周興嗣次韻”。正文左右文武邊,白口,雙順

① 《中國古籍總目・經部》,第1067頁。
② 《中國古籍總目・經部》,第1141頁。

魚尾,版心上標“注一”,有界行,半葉五行,大字十字,注文小字雙行,行二十字。

【考證】

最早傳入日本之漢籍除《論語》外即爲《千字文》,故此書於日本而言亦有極特殊之意義。此爲日本五山之本,《經籍訪古志》曾載云:“其注與前諸本不同,疑宋元間又所撰。相板式,當是應永前後刻本。聞崇蘭館藏元刊本,恐是本所原。”①其所謂“前諸本”即指李暹注本。核此二書,所注確不同,未知此五山本之注爲何人所作。此處森立之猜測其“當是應永前後刻本”,即1394年至1428年,然據日本學者住吉朋彦研究,或當提前,其引義堂周信《空華日用工夫略集》書中康曆二年(1380)九月十日條云:“檢今刊行《注千字文》者,則曰:‘崑山,荆州山名也。’仍引《尚書》及《晋書》昆山片玉字。”並指出此所據應爲《千字文注》“玉出崑岡”處“崑岡在荆山,其地産玉。山之脊曰岡。晋人郄詵所謂崑山片玉,蓋本諸此”一文,故“《千字文》當刊行於距‘今’即康曆二年之前不久。”②所論極是。

此本葉二四至三十連續七葉版心有“仲”字,川瀨一馬認爲其當即隨陳孟榮東渡之刻工陳仲,並指其另見於應安四年(1371)陳孟榮刊《宗鏡録》、應安七年(1374)《北磵詩集》《北磵文集》及刊年不詳之《藏叟摘稿》《十牛圖》《聚分韻略》《金玉編》等③。彼時隨陳東渡者尚有陳伯壽、陳孟才者,則此同族數人之名頗依伯、仲、叔、孟爲名,故疑此中之“大”即陳伯壽之簡記,陳孟榮或其排行較晚者,然其刻工超逸,故爲此數人之首領。

另,此版心上標“注一”者何意?當與《胡曾詩注》之五山版並觀方知,以後者版心標云“注二”,故知此二本及《蒙求》爲蒙學三書,故並而刊之,於版心處標序以别之。此三書唯《蒙求》未如此標注,然三書中均於版心下方偶有刻工之名“大”“仲”,故其爲一時並刻無疑,又《蒙求》爲陳孟榮所刊,其刊刻之時當在應安七年(參《蒙求》條),故又可再證此本之刊時矣。

【影印・整理】

無。

---

① 〔日〕澁江全善、森立之等撰:《經籍訪古志》,杜澤遜、班龍門點校,第78頁。

② 〔日〕住吉朋彦:《五山版〈三注〉考》,劉玉才、潘建國主編:《日本古鈔本與五山版漢籍研究論叢》,北京:北京大學出版社,2015年,第236頁。

③ 〔日〕川瀨一馬:《五山版之研究》,第477頁。

【公藏】

中國:臺北故宫博物院(楊守敬舊藏)。

日本:東洋文庫(原版),公文書館、國文學研究資料館、美國加州大學伯克利分校東亞圖書館(以上修版)。

古注千字文三卷

【敘録】

《古注千字文》三卷,梁周興嗣撰,五代李暹注,闕名增廣,日本元和三年(1617)古活字印本。大本三册。前有"梁大夫内司馬李邏"《注千字文序》。卷端署"纂圖附音增廣古注千字文","敕員外散騎侍郎周興嗣次韻"。正文四周單邊,白口,雙對魚尾,有界行,半葉九行,行二十字,小字雙行同。末有"元和三丁巳曆二月辰日"字樣。

【考證】

《千字文》李暹注本早傳入日本,可參《日本國見在書目録》所載①,然此注國内却早失傳。其於日本傳本極多。最早者爲日人上野淳一所藏鎌倉時舊鈔本,此本有建仁二年(1202)原本題記與弘安十年(1287》鈔寫題記"弘安十年丁亥十二月□日,於幡州佐用鄉市庭書之也。本云,建仁二年壬戌六月十六日於幡州書寫山東獄房書了,載記勇猛有五",其前有李暹序。另又有"纂圖附音"本,其書有舊鈔本,據《經籍訪古志》載,爲求古樓舊藏,每半葉十二行,行二十一字,又云"有活字板本取原於舊鈔者",即指此元和活字本,又云"有整板本,依活字板",則指江户初期刊本,則此數本雖行款不同,然均源於"纂圖附音"之舊鈔本。另,《經籍訪古志》又云:"按:《見在書目》載《千字文》一卷,李暹注。今本作'邏'者,恐'暹'訛。但今本卷數不合,蓋編目録時各爲卷軸,則不稱一卷中小目也。"②卷數歧異自爲由卷軸改爲册頁而生,可以無論,唯森氏所云注者"恐'暹'訛",或當誤。晁公武《郡齋讀書志》録《文子》注者爲"李暹"③,並云"李暹師事僧

---

① 孫猛:《日本國見在書目録詳考》,第393頁。

② 〔日〕澁江全善、森立之等撰:《經籍訪古志》,杜澤遜、班龍門點校,第77頁。

③ 〔宋〕晁公武撰,孫猛校證:《郡齋讀書志校证》,第474頁。

般若流支,蓋元魏人也”,《玉海》卷五三亦有“魏李暹”的著録[①],則其原當爲李暹。其人生平不詳,上野本序云“《千字文》,趙人李暹序注”,又云“暹奇其文理,志傳其訓。昔東朝武定年内,任秘書郎中。王事靡盬,不暇寧居。奉使楚城,慰撫邊鑾。路次穎川,遇大司徒侯景稱兵作亂,遂爲之維縶,奔梁,不可得,還鄴無路。歲次大火,被逼入關,遂在西京,經卅餘年,由直言誤旨,屢空被褐,鹿裘帶素,行歌拾穗。恨時不遇,懷川上之悲。知不可求,從吾所好,退守蓬廬,述經明道。”則李暹之生平亦可大致了解。然“纂圖附音”本前之序與此却不同,其結尾處云:“慳義奥,詮者難尋,若不解釋,無以得悟。寂雖不敏,曾在學門。依據諸處,敢注斯記。意淺義深,如或未周,輒率己情,萬無一是,上才其所見,以曉愚蒙。若有智者,望垂更爲潤色焉。”若依此序,則其注者當爲一名“寂”之人,然此序前明確署爲“梁大夫内司馬李邏(暹)”,又與後文矛盾。有學者認爲此序文當爲兩篇,但仍無法解決,因注文只有一種,則究爲何人所注,矛盾仍在。然則“纂圖附音”本前署既能將“暹”誤抄爲“邏”,則其是否在後文又將“暹”誤抄爲“寂”? 雖然二字形體差别甚大,然因此爲日人所抄,序文中誤字不少,如將“誥”抄爲“詰”,將“才”抄爲“方”,甚至很可能將“文艱”誤爲“文堅”,又誤爲“慳”,則其將“暹”抄爲“寂”,似亦未必不可能。

關於《千字文》之作者仍有可説。其書傳載之異甚多,大抵愈傳愈紛繁難明。姚思廉《梁書》載云:“高祖以三橋舊宅爲光宅寺,敕興嗣與陸倕各制寺碑,及成俱奏,高祖用興嗣所制者。自是《銅表銘》、《栅塘碣》、《北伐檄》、《次韵王羲之書千字》,並使興嗣爲文。”[②]姚氏撰《梁書》,多其父姚察舊稿。姚察時代頗早,史載其年十二即能屬文,十三即經太子蕭綱引於宣猷堂聽講論難,此時距周興嗣逝世僅二十年,且其父僧垣爲梁武帝禮遇甚厚,所載當有可靠來源。然此處所言“次韵王羲之書千字”八字意義頗不可曉,啓功先生曾撰二文專論《千字文》,詳博精到,大致意見即此文當爲梁武帝敕撰,或次梁武帝《千字詩》之韵,時以王羲之字集摹一卷[③]。唐人韋絢《劉賓客嘉話録》及李綽(生卒不詳)《尚書故實》又云:“其始乃梁武教諸王書,令殷鐵石於大王書中拓一千字不重者,每字片紙,雜碎無序。

① [宋]王應麟:《玉海》,影印,南京:江蘇古籍出版社、上海:上海書店,1987年,第1007頁。

② [唐]姚思廉:《梁書》,北京:中華書局,1973年,第698頁。

③ 詳見啓功《説〈千字文〉》及《南朝詩中的次韵問題》二文,引自《啓功叢稿·論文卷》,北京:中華書局,1999年,第252—276頁。

武帝召興嗣,謂曰:'卿有才思,爲我韵之。'"①則又先有大王書,並無次韻之事,僅爲集大王字而平白撰出者。

然據日本傳本之序,則並非如此。因此二序皆言之鑿鑿謂《千字文》原"魏大尉鍾繇之所作也",至永嘉南奔之時,"川途重阻,江山遐險,兼爲石勒逼逐,驅馳不安,復經暑雨,所載典籍因兹靡爛,《千字文》幾將湮没",方命王羲之繕寫之,然其原文"文勢不次,音韻不屬,及其將導,頗以爲難",至梁武帝,方又令周興嗣"推其理致,爲之次韻也"。由於此爲現存《千字文》最早之注,其序亦可靠,則其所云自當重視。且此説亦解决一直以來之大問題,即據傳統而言,《千字文》若爲梁武帝命周興嗣作,二人後於王羲之百余載,爲何此書往往與右軍有涉?關乎此,學界各有成説,不一而足。然均不能無疵,再觀此序所言,或爲其實。

【影印·整理】

金程宇《和刻本中國古逸書叢刊》(元和本)。

【公藏】

中國:科學、北大、遼寧(江户初期刊本)。

日本:國會、静嘉堂文庫(元和本),宫城縣圖、公文書館、國會、東大總、山梨縣圖、關大、神户市立中央、阪大總、京産大、實踐女子(江户初期刊本)。

同文千字文二卷

【叙録】

《同文千字文》二卷,明汪以成輯,日本延寶四年(1676)刊井筒屋六兵衛刊本。大本二册。前有田藝蘅"大明萬曆十年壬午夏五月五日"所作《同文千字文序》,又有不署名之《同文千字文叙》。正文四周單邊,白口,首葉版心下署"黄三洋刊"字樣,餘皆無,單黑魚尾,有界行,每半葉六行,每行十字,小字雙行二十字。版權頁署"延寶四年辰霜月吉日,二條通井筒屋六兵衛"。

---

① 參見《唐五代筆記小説大觀》,上海:上海古籍出版社,2000年,第807、1170頁,標點小有更動。

【考證】

此書爲明人汪以成輯。國内明本有二。一爲萬曆十年(1582)刻本,前有任兆麟序、萬曆十年汪以成自叙。此本有哈佛大學藏本,《中國古籍善本書目》著録,作"明萬曆十年汪氏經義齋刻本",有浙江、遼寧、福建、寧波、首都等七館有藏;《美國哈佛大學哈佛燕京圖書館中文善本書志》有叙録,然舉刻工僅云有"有刻工黄錤、黄池"等①。《明代刊工姓名全録》收《周文千字文》,一種,署萬曆十年刻本,録刻工黄鎮、黄鍍、黄錕、黄池、黄三洋、黄四洋②,資料來源爲張振鐸《明代刻工名録》,此書名當爲誤植,並無《周文千字文》一書,據刻工等項推斷,即此《同文千字文》也。又其所録刻工亦有誤,"黄鎮"或當爲"黄錤"之誤,因索引中無"黄鎮"其人,而此中之"黄錤"亦未録。查哈佛藏本,其自叙版心有刻工"黄錤"字樣,正文葉三有"洋"字,當即黄三洋,引後有八頁均有"三洋"字樣;二葉有"四洋"字樣;又有"黄池""池""鍍""昆"等。

然此書上述各目均定爲萬曆十年刻本,或有誤。因其前有任兆麟序,此人爲乾嘉間人,則此書當爲後人覆刻者。國内多家圖書館藏有道光三十年(1850)刊本,則此哈佛本或即此本。然覆刻之時,版心之刻工仍當爲明版原様,因上舉之刻工多見於《虬川黄氏重修宗譜》之中,如黄鍍,字時容,生於嘉靖壬午(1522),有二子,即黄三陽、黄四陽,當即刻工中之三洋、四洋,二人分别生於嘉靖癸丑(1553)與乙丑(1565),則刊刻此書時,黄鍍六十一歲,三洋三十歲,四洋十八歲,均可參與其事。即前述之黄錤,此譜中亦可見③,《明代刊工姓名全録》誤認其爲"黄鎮",從而失録。

其二爲天啓七年(1627)朱從賢刊本,《明代刊工姓名全録》亦録。其書存於臺灣"國家圖書館"。據其叙録知,"首卷卷末有無雙欄雙行牌記:'武林朱氏從賢新梓發行'。卷首有天啓七年汪四如自序"。此本或爲後人篡改,以其自序乃天啓七年汪氏初刊此書後四十五年重寫自序,可能性不大。

據上可知,日本延寶四年(1676)刊之和刻本底本並非以上二種刊本,則其原刊或已佚於海内。據嚴氏書録載,蓬左文庫、早稻田大學圖書館藏

① 沈津:《美國哈佛大學哈佛燕京圖書館中文善本書志》,上海:上海辭書出版社,1999年,第83頁。

② 李國慶編:《明代刊工姓名全録》上册,上海:上海古籍出版社,2014年,第978頁。

③ 李國慶編:《明代刊工姓名全録》上册,第1024、1063頁。

有明本,且前有田序,蓬左本爲駿河御讓本,早大本原爲會津文庫舊藏。又有四卷本,存於東北大學附屬圖書館狩野文庫,爲原狩野亨吉舊藏①。則其中或有和本之底本。

田藝蘅序云:"汪子四如凝神八書,投分一諾,聊狥世俗之好,不惜發蒙之功,爲之注釋而編輯之,是亦段詩讀書之一助也。行且遨遊京師,以善内交於天下士,試以吾言質之,亦有合於古與。由此而尚之,將見夏鼎商鍾,先共於清廟,而祥麟瑞鳳,並畜於靈臺矣。不爲太平之盛事也哉!若命同文之旨,則余《大明同文集》中詳焉,故不復著。"查田氏《大明同文集舉要》中有云:"藝蘅旅食新安,清署多暇,只以文字自娱,三易寒暑,方成是編。凡六易稿矣,力綿不克就梓。乃今得汪子四如披卷一覽,犁然當心,遂爲校正,付之剞劂。"②其書即萬曆十年汪以成刻本。則二者對讀,可以互證,此田氏之序,必爲汪氏書原序,然國内所存之所謂萬曆十年本者,前均無此序,反置清人任兆麟序,可知爲後人擅增。

【影印·整理】

無。

【公藏】

中國:無。

日本:東洋文庫、蓬左文庫、早稻田(殘)。

十體千字文一卷

【叙録】

《十體千字文》一卷,孫丕顯編輯,日本寛永二十年(1643)澤田莊左衛門刊本。大本一册。卷端署"西甌孫丕顯編輯,潭陽王基校閲"。正文四周單邊,白口,單黑魚尾,有界行,每半葉六行,行十字,有送假名。末署"寛永癸未春分日,澤田莊左衛門板行"。

---

① 嚴紹璗:《日藏漢籍善本書録》,第273頁。

② [明]田藝蘅:《大明同文集舉要》,《四庫全書存目叢書》經部第191册,第191頁。

【考證】

《中國古籍總目》著録此書僅有寛永二十年本及嘉永二年(1849)本,就日本刊本而言,此著録僅爲例舉,因此書於日本所刻極多;然亦可知此書於國内當已失傳。且據《中國古籍總目》之作者索引,亦無孫丕顯其人。然日本公文書館藏孫氏《燕閑四適》一書二十卷(此書日本所藏甚多,另有東大總、蓬左、茨城大等,其中公文書館藏三部,皆標爲"瓠落生劉氏序、潭邑書林余氏三臺館刊",其前序署"萬曆辛亥"即萬曆三十九年),分琴棋書畫四部分,此《十體千字文》實爲此書之卷十一、十二,名爲"同文千字文"。對比可知,寛永本乃此書之覆刻本。至於《燕閑四適》,《中國古籍總目》則有入録,知僅上圖存一個孤本(萬曆三十九年刻本)①

另:孫氏或晚於前之汪以成,則其"同文千字文"之名或襲自汪氏。汪氏書齋名玉几山房,爲明著名書肆。汪氏《同文千字文》及《大明同文集》均刊於萬曆十年,而孫氏書如《文苑彙雋》二十四卷刻於萬曆三十六年(1608),《燕閑四適》更晚至萬曆三十九年(1611)。

【影印・整理】

無。

【公藏】

中國:首都。

日本:所存甚多,不備録。

四字經一卷

【敘録】

《四字經》一卷,題"漢冲蕭良有著",日本文化四年(1807)學古塾刊本。大本一册。扉頁中書"四字經",右署"善庵先生校閲",左下爲"學古塾藏"。末有出版者識語云:"每部跋尾印以學古塾藏板之五字而爲記號,無是者皆屬贋本",其上即爲陽文朱印,印文即"學古塾藏本"。正文四周

---

① 《中國古籍總目・經部》,第1111、1910頁;《中國古籍善本書目》子部,第685頁;另,《續修四庫全書》第1086册即據此影印。

單邊，白口，單魚尾，有界行，半葉三行，行二句八字，版心上標“四字經”，下署“學古塾藏”。版權頁云“文化四年丁卯六月刻成”。此外，尚有正德五年(1715)本、元文二年(1737)本、寶曆二年(1752)本，此數本前有書末有“元文二丁巳歲初冬日，浪華書鋪，村上伊兵衛桑原藤藏求版”。

【考證】

此《四字經》作者明人蕭良有，國内流傳之《龍文鞭影》作者亦爲蕭氏，細勘二書，可知二者之間確有關係。張志公曾云：“清代中葉以後盛行的《龍文鞭影》，現存種種通行本。這本書原名《蒙養故事》，明蕭良友撰，夏廣文注。隨後楊臣諍認爲蕭作太簡略，夏注有錯誤，於是大加補充訂正，改名《龍文鞭影》。清末的李恩綬又校補過一次。清人李輝吉、徐瓚仿《龍文鞭影》的體例，合編了一部《龍文鞭影二集》。現在通常看到的《龍文鞭影》，多半是合楊臣諍、李恩綬先後校補本和李、徐二集在一起的。”①則表明清代極爲流行之童蒙書《龍文鞭影》實原爲明蕭氏書(唯其將蕭良有誤寫爲蕭良友)，而爲清人楊臣諍補充訂正者。然張志公似不知蕭氏原書實名《四字經》者，而據清本序言稱其書爲《蒙養故事》。據楊洋《〈四字經〉在中日兩國的流傳與變遷》統計，《四字經》共二八四條，清本則一千三十四條，雖數倍於明本，然明本幾乎全爲清本所囊括②，知《龍文鞭影》確在《四字經》基礎上增補而來。

然自《龍文鞭影》流播一時，而《四字經》則近於失傳。即就《龍文鞭影》而言，其刻本流傳實亦晚於和刻本。據《中國古籍總目》知最早有乾隆五年(1740)刻本③，然日本關大内藤文庫有正德五年(1715)京都中野五郎左衛門刊本《新編故事旁訓四字經》一册，封面題“重刻官版四字經山藝堂藏板”，東北大學狩野文庫亦有元文二年(1737)大阪桑原藤藏村上伊兵衛本，均早於國内之本，且無楊氏增訂。實踐女子大學山岸文庫又有寶曆二年(1752)本，雖晚於乾隆五年，然亦無楊氏增訂。後又有文化四年(1807)朝川鼎學古塾校正本。另明治十二年(1879)還有醒醉堂刊行之巖本政宜補注本。

蕭良有之生平，據過庭訓《本朝分省人物考》卷七六云：“蕭良有，號漢冲，漢陽人，弱冠舉湖廣鄉試。庚辰會試一名，一甲二名，授翰林院編修，丁

① 張志公：《传统语文教学初探：附蒙学书目稿》，上海：上海教育出版社，1962 年，第 60 頁。
② 楊洋：《〈四字經〉在中日兩國的流傳與變遷》，《文獻》，2011 年第 3 期。
③ 《中國古籍總目・子部》，北京：中華書局、上海：上海古籍出版社，2010 年，第 2027 頁。

憂。甲申復除原職。丁亥升修撰。戊子主考浙江,升右春坊右中允,管國子監司業事。壬辰升洗馬,充日講官,主考鄉試順天。乙未升國子監祭酒,本年准回籍。己亥致仕,卒。"①

【影印・整理】

無。

【公藏】

中國:無。

日本:關大、山口大、東大總(正德本),東北大、茨城大(元文本),實踐女子(寶曆本),公文書館、千葉縣立中央、東北大、民博、静嘉堂文庫、京大人文研東方、新發田市立、東大總(文化本)。

魁本對相四言雜字一卷

【敘録】

《魁本對相四言雜字》一卷,佚名著,日本南北朝時刻本,大正九年(1920)稀書複製會影印本。大本一册。卷首書名之下有長方形牌記,中署"洪武辛亥孟秋吉日金陵王氏勤有書堂新刊"。正文左右文武邊,黑口,雙對魚尾,版心署"寸相"二字("寸"當即"對"之省字)。半葉三十二框,四句,句四字,故十六字,每字配一圖。

【考證】

此書國内僅有清代傳本,然均與此和刻本不同②。日本公文書館存有明刻《新刻四言雜字》,署編者徐龍峰,與此亦不同。美國哥倫比亞大學圖書館藏明刊《新編對相四言》,其書文字與此書全同,圖像則亦不過繁簡稍異,知二者確有淵源。其末有祝椿年跋語云:"此宋本課兒書,看圖識字,當時已用此法,共八頁三百八十八字,三百零八圖。傳留至今,完全無缺,頗不易得。内中不惟'筐'字缺末筆,所取材料,皆有時代關係,頗堪令人玩

---

① [明]過庭訓:《本朝分省人物考》,《續修四庫全書》第535册,上海:上海古籍出版社,2002年,第269頁。

② 《中國古籍總目・經部》,第1122頁。

味也。時壬戌秋七月既望廕庭誌於藐園。"則祝氏因其"筐"字避諱而以其爲宋本,此和本據書前牌記,當爲覆洪武四年(1371)本者,且"筐"字不避諱,則似晚於彼本。然祝氏舊藏本圖與此本雖似而稍簡,則又似從此書出者。細察之,知祝氏舊藏必後出之本,以其"士農工商、儒釋道人"句中,"士"所戴爲襆頭,二書並同,然"人"字,此本戴箬笠,祝本則已換爲明人常用之四方巾矣,知必爲明人所改。

又,此書爲世人關注,以其中有"算盤"一詞及其圖像,故爲討論算盤之物起自何時之書證。

此本一至三葉、第六和第八葉版框右下角,刻有"伯壽"二字,據日本珠算學家户谷清一考證,當即元末旅日刻工陳伯壽所刻。此大正九年之影印本據松廼舍文庫藏本影印,然此藏本於大正十二年(1923)關東大地震引發之火災中被燒,則此影印之本亦可珍。

【影印・整理】

金程宇《和刻本中國古逸書叢刊》。

【公藏】

中國:無。

日本:身延文庫(五山本);立命館大學、國會、京大人文研東方、東大總、東洋文庫(以上均大正九年影印本)。

廣韻雋五卷

【叙録】

《廣韻雋》五卷,明袁鳴泰撰,日本江户時刊本。大本二册。前有"萬曆庚申仲春之穀旦古莆林覲揚書於聽月亭"之《題袁先生廣韻雋序》。正文四周單邊,白口,有界行,每半葉九行,行大字七,小字注雙行,無返送。末署"臨泉堂、文臺堂治郎兵衛"字樣。

【考證】

此書《中國古籍總目》著録,然僅録此和本①,知國内當已失傳。然據

① 《中國古籍總目・經部》,第 1133 頁。

嚴紹璗《書録》,載此書之明刊本二,分别藏於公文書館及早稲田大學圖書館①,則其中或有和本之底本,然此和本日本所存亦極稀見。

另此書之刊刻時間,因版權頁未署,故無定案,然亦可討論之。其所署云"臨泉堂、文臺堂治郎兵衛",此書坊曾於寛文六年(1666)刊行明人聶尚恒《痘疹活幼心法》二卷,貞享元年(1684)又有刊明人謝君度《新刻古今尺牘集要》四卷。則此書之刊行,或亦寛文至貞享間。

【影印・整理】

無。

【公藏】

中國:北大。

日本:國會、公文書館。

韻鏡一卷

【叙録】

《韻鏡》一卷,宋張麟之撰。和本刊刻甚多,目前所見最早爲永禄七年(1564)刊本,大本一册。除核心之表外,半葉十行,行二十字,四周文武邊,黑口,雙魚尾,有界行。前有張麟之"紹興辛巳七月"序,又有"慶元丁巳重刊"之牌記、嘉泰三年《韻鏡序作》,《調韻指微》,末有"享禄戊子孟冬初一日"清原宣賢跋語。此後,此書又有慶長間古活字本、覆古活字本、寛永本等,據長澤規矩也統計,有近二十種刊本。

【考證】

《韵鏡》爲等韵之學要籍,然其書却失傳於中土,而流播於東瀛,於日本文化影響深遠,甚至爲日人取名之理論指引②,直至楊守敬發現此書,與黎庶昌一起刻入《古逸叢書》,此書方重回禹域。

《古逸叢書》所刻爲永禄七年(1564)本,其所據爲享禄本。然享禄本

① 嚴紹璗:《日藏漢籍善本書録》,第318頁。

② 參于冬梅、李無未:《〈韵鏡〉與近代日本人姓名的命運預測》,《中國文化研究》,2013年夏之卷。

便已不可靠,清原宣賢跋文云:"《韵鏡》之書,行於本邦,久而未有刊者,故轉寫之訛,'烏'而'焉','焉'而'馬',覽者多困,彼此不一。泉南宗仲論師偶訂諸本善不善者,且從且改,因命鏤板,期其歸一。"永禄本又云"頃間求得宋慶元丁巳張氏所刊之的本,而重校正焉",可知此本内容實已數次"'烏'而'焉','焉'而'馬'"。楊守敬將此刻入《古逸叢書》,亦指出其"校改傳刻之誤":"唯内轉第一本,撮口、合口之音而云'開'。第二不撮口音而云'合開'(原文爲'開合')。""又第十一轉當云'合'而云'開'。第十二當云'合'而云'開合'。"[①]元禄本《校正韵鏡》扉頁云:"世間流布之《韵鏡》,其誤多,或'開'爲'合','合'亦爲'開',空位爲定位,以定位爲空位,且亦文字之筆劃,魚魯、刁刀之誤不爲不少,故《日月燈》《切韵指掌》之以古本逐一改之,新號《校正韵鏡》,鏤於梓。"語言雖尚不流暢,但刊者確極努力,楊守敬所舉之誤於此本中皆得改正。李新魁《韵鏡校證》一書多用《七音略》《切韵》校此書,然未能參校此本,故其書頗有校記與此書暗合者。另,此元禄本之版式亦頗新異,版心竟爲三魚尾——古籍刊刻若忽略不同時代之風格統而論之,則多爲單魚尾,亦有部分雙魚尾,亦有少量無魚尾者,三魚尾以上之書雖於版本概論之類書中列此一式(肖振棠、丁瑜《中國古籍裝訂修補技術》一書便只舉了明初《春秋書法鈎玄》一書爲三魚尾的例證,此後潘美娣的《古籍修復與裝幀》也襲用此例[②]),實際却極罕見。

【影印・整理】

《續修四庫全書》影印《古逸叢書》本。

《和刻本四部叢刊》影印本。

劉玉才、〔日〕住吉朋彦主編《日本五山版漢籍叢刊》第一輯(五山版)。

李新魁《韵鏡校證》,中華書局 2004 年版。

楊軍《韻鏡校箋》,浙江大學出版社 2007 年版。

【公藏】

中國:北大、大連(以上爲寬永本)、國圖、民大。

日本:龍谷大學(享禄本);國會、大東急、東洋、尊經閣、陽明文庫、谷村文庫、安田文庫(永禄本);寬永以下之本所存甚多,不備録。

---

① [清]楊守敬撰,張雷校點:《日本訪書志》,第 51 頁。

② 肖振棠、丁瑜:《中國古籍裝訂修補技術》,北京:書目文獻出版社,1980 年,第 11 頁。潘美娣:《古籍修復與裝幀》,上海:上海人民出版社,1995 年,第 29 頁。

草書禮部韻寶五卷

【叙録】

《草書禮部韻寶》五卷，宋高宗趙構書，日本延享四年(1747)東都書林刻本。大本五册。前有“延享丁卯孟冬南溪越克敏子聰”《草書禮部韻題辭》，又有“延享二年乙丑春正月豐臼杵”莊元益撰序，又有署爲“至元戊子中元令旦建安布衣臣鄭寳謹識”之識語。正文左右雙邊，白口，單魚尾，有界行，半葉五行，行大字五、小字五。全書之末有陳汶、趙與懃識語。版權葉署“延享四丁卯九月吉日，東都書林小川彦九郎、大和屋市郎兵衛、奥村喜兵衛、西村源六”。

【考證】

據《中國古籍總日》，《草書禮部韻寶》僅收此和本①，可知國内已失傳。查檢文獻，可知其書流傳之跡。

《文淵閣書目》卷十二有“《草書韻略》，一部五册完全”，又有“《高宗草韻》一部一册，闕”②，知明初之時，此書尚存。至萬曆間孫能傳編《内閣藏書目録》，即云：“《草書韻略》五册不全：宋高宗御書也，一名《草書禮部韻寶》。分四聲。元至元間刻。散逸不完。”③可見此書至此内府所存已殘缺。然清前中期，此書或仍未失傳，清人倪濤《六藝之一録》即於“諸家字書序例”下録所謂《宋陳汶禮部韻寶跋》：“臣仰惟高宗皇帝釋去萬幾，游戲翰墨，朝夕不倦，聖心冲澹，不累於物，合於道矣。宜其超妙入神，不可摹擬。御書《禮部韻》，真草兼備，凡二萬二千一百九十六字。臣與懃得而秘藏之。臣汶刊置墨妙亭，以爲萬世之寳。承議郎權發遣湖州軍州兼管内勸農事臣陳汶謹識，宣議郎簽書昭慶軍節度判官廳公事臣趙與懃。”④所録與此和刻本後之跋語幾於全同，可知倪氏或曾見此書，或輾轉録此跋語。

---

① 《中國古籍總目·經部》，第1136頁。

② ［明］楊士奇：《文淵閣書目》，馮惠民、李萬健等選編：《明代書目題跋叢刊》，北京：書目文獻出版社，1994年，第127頁。

③ ［明］孫能傳：《内閣藏書目録》，馮惠民、李萬健等選編：《明代書目題跋叢刊》，北京：書目文獻出版社，1994年，第533頁。

④ ［清］倪濤：《六藝之一録》，《景印文淵閣四庫全書》第835册，臺北：臺灣商務印書館，1985年，第696頁。

又據清蔣光煦《東湖叢記》卷六“禮部韻略”條載:“宋刊《禮部韻略》後有‘紹定庚寅上已重刊于藏書閣’二行,周香巖錫瓚跋云‘此書邵僧彌家藏本,上平聲缺首五頁,上聲缺第三十五、第三十六頁,去聲缺首頁,入聲缺廿五頁下五頁,其餘殘缺字甚多。’余於南城顧抱冲處借所得顧步巖家藏汲古閣宋本六册,其《韻略條例》一册邵本所缺,倩友王士安照樣補録於後,并補書缺頁十三頁,其缺字處不敢輒加全補,用别紙附録于每册之後,緣毛本亦有殘闕,後人乃用曹楝亭本補完。細核宋本,微有不同處也。”又注云:“吴門汪氏藏宋本五册,《韻略條式》爲前册,每半葉十行行十八字,小字雙行卅二三不等;後册分五卷,韻字每行排五大字,注文同前。‘紹定重刊’行書二行在五卷後,條式至六十六葉前半葉止,下缺。案《千頃堂書目》載宋高宗御書《禮部韻寶》六册刊于湖州。吴兔床明經云‘吾邑陳氏向有是書,係行書’,今不知在何所。”①則其書於清代雖有殘缺,然尚若隱若現,今則終迄於亡。

然此書除以書籍形式流傳外,尚可見刻石及拓本之跡,以明此書之非僞。孫星衍《寰宇訪碑録》卷九云:“高宗御書《禮部韻略》,正草二體書,嘉定十三年三月陳汶模刻於湖州墨妙亭。浙江鄞縣范氏拓本。”②知孫氏當浙江范氏處得見其拓本,此范氏當爲天一閣主。陸心源《吴興金石記》卷六云:“高宗御製《草韻》(石佚)。《吴興志》:‘嘉定十二年承議郎權發遣湖州軍州兼管内勸農事借紫陳汶題,後刻於亭。’”③陸氏注云“石佚”,另其云“嘉定十二年”,與孫氏所載異,或爲陸氏筆誤。葉昌熾《語石》卷三云:“天一閣范氏藏宋高宗御書《禮部韻略》,真草二體,嘉定十三年陳汶摹刻,其石亦燬於墨妙亭。”④葉氏所著亦確,一可知其拓本果藏范氏天一閣,二知其石確已燬,三知此當爲嘉定十三年(1220)摹刻者。

此書雖於國内失傳,却存於日本。清末繆荃孫《日本訪書記》一文云“日本竹添漸卿進一郎所藏宏富,出眎多種,聊志其目”,竹添漸卿即日本漢學家竹添光鴻,亦爲日本藏書大家。繆氏所見,即有此書,繆氏列其爲“宋刻本”,並著録云:“半葉五行,行十字,書衣題‘高宗御筆草書韻寶’,欄

① [清]蔣光煦:《東湖叢記》,《續修四庫全書》第1162册,上海:上海古籍出版社,2002年,第742—743頁。

② [清]孫星衍:《寰宇訪碑録》,《續修四庫全書》第904册,上海:上海古籍出版社,2002年,第531頁。

③ [清]陸心源:《吴興金石記》,《續修四庫全書》第911册,上海:上海古籍出版社,2002年,第504頁。

④ [清]葉昌熾:《語石》,《續修四庫全書》第905册,上海:上海古籍出版社,2002年,第209頁。

上横書‘與畊書堂’，卷末二行：‘承議郎權發遣湖州軍州兼管内勸農事借紫臣陳汶謹識、宣義郎簽書昭慶軍節度判官廳公事臣趙與懃監刊’。”①則其書已流傳至日本。唯其斷爲“宋刻本”或未爲當，其書現仍存於日本静嘉堂文庫，《静嘉堂文庫漢籍分類目録》著録云“元刊（覆宋）”“向山黄村舊藏”，出處標爲“竹”（據其《凡例》知此爲竹添井井藏書）②，則其原爲向山黄村舊藏，後歸竹添氏，終入静嘉堂。按，此本嚴紹璗《日藏漢籍善本書録》亦載，云其爲“原島田翰、松方正義等舊藏”，並著録其“首册扉頁上側横書‘與耕書堂’，下書‘高宗御筆草書韻寶’。旁有小字記注‘此一葉據烏石舊藏宋□本補’。”“卷中有‘山本’、‘向黄邨珍藏印’、‘島田翰讀書記’、‘松方文庫’等印記”，“扉頁所題‘烏石舊藏’”，其録十九世紀中葉淺野梅堂《漱芳閣書畫記》有跋文云：“《四庫提要》並阮氏《未收書目》等諸書並不收此書。蓋佚於彼土久矣。此本烏石山人所藏，其題簽及褾紙上處處漫書者皆山人手筆也。延享年間，邦人越克敏翻刻此書。”③

據此和刻本序跋，亦可試推其書之淵源。其書先藏於宋宗室趙與懃之手。與懃字話舜，號蘭坡，宋太祖十世孫，嘉熙二年（1238）進士，嘉熙三年（1239）以尚書右司郎中除司農卿兼知臨安府，修築錢塘江石塘，淳祐元年（1241）知婺州，濟糴百姓有功，官至樞密院都丞，以右文殿修撰奉祠。其爲南宋著名之書畫收藏家，周密《雲烟過眼録》載其藏品目録甚富。則其識語云“臣與懃得而秘藏之”，亦合情理。且其署“宣義郎”，爲從七品下，官階甚低，當與未中進士有關。

又前引繆荃孫稱其所見爲“宋刻本”，而静嘉堂斷其爲覆宋之元刊本，或當由其前鄭寶之識語而來。其云“元板所藏高廟御草《韻略》……誠萬代圖書之至寶也。今得廣陵善本，三復訂正，毫髮備盡，悉無差訛，遂刻諸梓”，知其書爲鄭寶據所得“廣陵善本”（當即宋本）而摹刻，其署“時至元戊子中元令旦建安布衣臣鄭寶”，即至元二十五年（1288）。嚴紹璗目又著録二種元建安刊本，分别收藏於大東急紀念文庫與龍谷大學圖書館。

和刻本前兩篇日人之序均提及“烏石山人藏宋高宗御筆《草書禮部韻》”，可知此本原經日本江户時期著名書法家松下烏石（1698—1779）之收藏，其人名辰，字君岳，號烏石，漢姓葛，故亦稱葛辰或葛烏石。

---

① ［清］繆荃孫：《藝風堂文外集》，《續修四庫全書》第1574册，上海：上海古籍出版社，2002年，第284頁。

② 《静嘉堂文庫漢籍分類目録》，東京：静嘉堂文庫，1930年，第196頁。

③ 嚴紹璗《日藏漢籍善本書録》，第303頁。

此後至日本訪書之國人亦漸有重視此和本者。如羅振玉即於《大雲書庫藏書題識》中著録一種，並云“光緒辛丑，得於日本東京，亦吾篋中秘籍矣”①。《中國館藏和刻本漢籍書目》收一種“日本石印本”②，當爲誤認。實此和本於晚清民國時回傳中國，鄭孝胥曾據此石印行世，前有鄭氏草書題簽，署“孝胥”二字，下有“夜起庵叟”陽文長方朱印。此石印本因無明顯標識，或亦難免誤認爲和刻原本，據此目，收藏和刻本之中國圖書館有九家之多，中或亦有此石印之本。如魯迅亦曾收藏此書，韋力即定爲“日本縮刻本”，然據其“六册”之體制③，則仍當爲此民國石印之本。

【影印・整理】

鄭孝胥民國間石印本。

中國書店 1983 年影印本。

《和刻本四部叢刊》影印本。

【公藏】

中國：首都、北大、遼寧、大連、天津、南開、浙江、湖北、上海。

日本：滋賀大教育、京産大、國會、静嘉堂文庫、山口大、早稻田。

碎金二卷

【叙録】

《重編詳備碎金》二卷，宋張雲翼輯，日本五山本。大本二册。前有“嘉熙戊戌中秋日雙桂書院謹識”之序。正文左右雙邊，白口，單黑魚尾，有界行，半葉十行，行十八字，注小字雙行同。末有“臨安府清河坊北街西面東雙桂趙宅書籍鋪刻梓”之牌記。

【考證】

《碎金》類之書，國内所傳甚少，然亦未絶跡。民國中，於内閣大庫得《碎金》一册，無卷數，無撰人姓名，無序跋，沈兼士以其罕見，故付文獻館

---

① 羅振玉著，羅繼祖主編，王同策副主編：《羅振玉學術論著集》，第七集，第 268 頁。

② 王寶平主編：《中國館藏和刻本漢籍書目》，第 315 頁。

③ 北京魯迅博物館編，韋力撰：《魯迅藏書志（古籍之部）》，北京：中華書局，2016 年，第 339 頁。

影印,並敦請余嘉錫爲之作跋。余氏爲作長跋,云:"《文淵閣書目》卷十一盈字號第六厨有《大學碎金》一部一册,闕;《通用碎金》一部二册,闕。趙琦美《脈望館書目》宿字號有《碎金集》一本,《碎金精要》一本。書名雖不同,疑同出一源,互有增損。"並因地理、官制而詳論此當明初之本。然亦云"余疑碎金之爲書,在宋、元時即已有之",並多所考證,至爲詳實。此後王重民亦爲此書撰叙録,於稱引余跋之後,又云:"日人長澤規矩也等所編《佚存書目》,載宋刻本《重編詳備碎金》三卷,題宋張雲翼編,並有嘉熙戊戌雙桂書院序,惜序文甚短,僅謂重編,原委未盡。長澤氏又與明刊本相較,謂其内容不同,惜亦未指明其内容完全不同,抑僅有文字上之異同也?"①長澤所言,即日本天理圖書館所藏之宋本,嚴目亦有著録,然此書亦有五山覆刻之本,嚴目失載②。此本即是也。艾思仁《南宋杭州印刷淺談》一文論及南宋杭州書肆之牌記時曾云"在某些特殊情況下,如某書的中國原刻本失傳,我們仍可以在朝鮮或日本早期的覆刻本中見到這類牌記",所舉之例即有"如日本五山版《重編詳備碎金》,其牌記爲'臨安府清河坊北街西面東雙桂趙宅書籍鋪刻梓'"③。

然此書之歸類頗可商榷。王重民引録余嘉錫跋語,然仍將之置於類書中;《中國古籍總目》收數種《碎金》,雖較混亂,有入"類書·類編之屬"之通編者,亦有入"專編"者(中即有余嘉錫所叙者,因有民國二十四年即1935年北平故宫博物院文獻館影印本),然亦均入類書④。然於此書之歸類,余嘉錫已有考述云:"諸家目録皆收此書入類書類,蓋以其上自乾象、坤儀,下至禽獸、草木、居處、器用,皆分别部居,不相雜厠,頗類書鈔、御覽之體。然既無所引證(惟人倫入世中有注數條),又不盡涉詞藻,其意在使人即物以辨其言,審音以知其字,有益多識,取便童蒙,蓋小學書也。"⑤則似當據此意措其於小學類中。另,據余氏所考,當刊於明初,然其"凡四十篇",與此宋本之篇數仍相合,則當未改分類,或僅稍有增損耳。

【影印·整理】

《日本五山版漢籍善本集刊》影印本。

---

① 王重民:《中國善本書提要》,第365—366頁。
② 嚴紹璗:《日藏漢籍善本書録》,第1005頁。
③ 艾思仁:《南宋杭州印刷淺談》,《中國圖書文史論集》,南京:正中書局,1991年,第19頁。
④ 《中國古籍總目·子部》,第1992、2054頁。
⑤ 余嘉錫:《余嘉錫論學雜著》,北京:中華書局,1977年,第600—606頁。

【公藏】

中國:無。

日本:穗久彌文庫、天理圖書館。

大清文典一卷

【叙録】

《大清文典》一卷,美國高第丕、清人張儒珍合著,日人金谷昭訓點。日本明治十年(1877)青山清吉刊本,中本一册。扉頁中署"大清文典",右署"美國高第丕、清國張儒珍同著,日本金谷昭訓點",左署"明治十年九月新刊"。前有原序,次明治十年六月金谷昭例言四則。正文四周文武邊,白口,上黑魚尾,無界行,半葉八行,行十九字,有返送。末附鉛印"漢英對譯緊要語"。版權頁標"明治十年七月二十一日版權免許","校點:金谷昭","出版:青山清吉"。

【考證】

美國傳教士高第丕(Tarleton Perry Carwford)於1852年來華,先至上海傳教,1863年又調至山東登州傳教。在此期間,與中國人張儒珍合著《文學書官話》一書,於同治八年(1869)刊行。刘大白曾说,"一八六九年(民國元年前四十三年,清同治八年)更有了美國人高第丕氏和中國人張儒珍氏共著的《文學書官話》,是一部正式的今話文文法書。但是以前的那些,固然是不成系統,不能稱爲文法,而且都是僅僅説明古話文底虚字助字之類的;而《文學書官話》,又僅僅短期地流行於外國人社會和基督教社會間,現在差不多已經不存在了"①,則此書較公認之首部漢語文法書《馬氏文通》早近三十載。然其書國内流傳極少,劉氏即已罕見,至今遍檢國内公藏,似亦無存。然日本静嘉堂文庫及佐野市立鄉土博物館各存一部,知此書早已流傳至日,且於日本發生較著之影響。因其於八年後之明治十年,日本幾乎同時刊行了兩部此書之翻刻本,一爲明治十年十一月出版之大槻文彦解釋之《支那文典》,其文附大槻氏之日語解釋,故不論;另一則爲同

① 陳望道:《修辭學發凡》中劉大白序語,參《修辭學發凡》,上海:上海教育出版社,2001年,第296—297頁。

年十二月出版之金谷昭訓點《大清文典》。其前例言云:“近日於坊間得舶來本漢土文法書,其書曰《文學書官話》(Mandarin Grammar)。音論、字論、文法、句法,以至話説、用法,章解句析,逐一備論,無所遺。蓋彼國文法之説,實以是書爲嚆矢矣。從此法分解、論釋百般文章,修辭、論理之道亦可以立也。其益文學豈淺尠哉? 因重刊之,改稱《大清文典》,以授同學之士云。”故知二者實爲一書。

此書之中國作者張儒珍,《中國古籍總目》中僅録其《光緒十一年乙酉科浙江鄉試硃卷》一卷,藏上海圖書館①,此卷《清代硃卷集成》亦有收録,可據以梳理此人生平。亦有學者覓得《清泉張氏宗譜》,排比此人生平較詳②。

另,此書收入《中國館藏和刻本漢籍書目》時,被置入集部之總集類,或爲望題生義之誤,其書雖名“大清文典”,然並無文選之義,實爲語法書,故依小學之例列經部之末。

【影印・整理】

無。

【公藏】

中國:清華、復旦。

日本:高知大、宮城教育大学、東京都立中央、阪大總、東北大、前田育德會、公文書館、民博。

---

① 《中國古籍總目・史部》,北京:中華書局、上海:上海古籍出版社,2009年,第1471頁。

② 張延俊:《〈文學書官話〉作者張儒珍生平事跡考》,《長安學術》第十二輯,北京:高等教育出版社,2018年。

史　部

一、正史類

扁鵲倉公列傳一卷

【叙録】

《扁鵲倉公列傳》一卷，司馬遷撰，裴駰集解，司馬貞索隱，張守節正義，日本嘉永二年(1849)存誠藥室刊本。大本一册。扉頁中題“扁鵲倉公傳”，右上署“嘉永己酉影宋本”，左下署“存誠藥室刊”。卷端署“扁鵲倉公列傳第四十五”，下標“史記一百五”字樣。正文左右文武邊，白口，雙對黑魚尾，版心上注每葉大、小字數，有書耳，有界行，每半葉十行，行十八字，注小字雙行，行二十三字。末葉附《太史公自序》中有關此卷文字。後附嘉永二年九月江户丹波元堅識語。

【考證】

《史記》一書歷來翻刻不絶，然或白文單行，或僅刊集解，或增附索隱，真正將所謂三家注合刊並行者，由現存文獻觀之，則當自南宋黄善夫家塾刻本始①，且其刊刻精美，可稱建刻之經典，亦爲南宋刻書之代表，向爲學者、藏家所重。然此後却失傳於海内。然日本曾存二帙，據《經籍訪古志》可知，其一基本完整(僅目録之末有缺)，另種爲求古樓藏品，僅存七十二卷②。後者散佚，然其沿遞則亦甚傳奇。據張元濟云：“是本先由荆州田氏得之東瀛，宣統季年，余購之廠肆，書本殘闕，又爲市估分截數。今所存者……凡得六十六卷，尚缺六十四卷。卷中藏印累累，曰‘狩谷望之’、曰

① 參張元濟：《景印宋黄善夫刻本史記跋》，《張元濟全集》第9卷，北京：商務印書館，2010年，第622頁。

② 〔日〕澁江全善、森立之等撰：《經籍訪古志》，杜澤遜、班龍門點校，第93頁。

'求古樓'、曰'島田重禮'、曰'雙桂樓',皆東國藏書家之著者。惜中有數卷,爲彼國人士點閲,雜以片假名,不免如浮雲之滓耳。"①又據袁克文《寒雲日記》乙卯(1915)十月初十日載:"得宋黄善夫刊《史記》殘本,存卷二十九、三十,及卷八十六刺客列傳第二十六,半葉十行,行十八字,摹印精絶,爲日本妙覺寺伊執梅雪淺貯源氏島田氏雙桂樓藏本。以《河渠書》一卷與沅叔易得宋鷺洲書院本《漢書景十三王傳》一卷,八葉八行,行十六字,首缺一葉半。"②然檢傅增湘《藏園群書經眼録》,似小有不同:"存河渠書、平準書,計二卷……是書精雕初印,稜角峭厲,是建本之最精者,即黄善夫本也。張菊生(元濟)前輩曾於正文齋收得殘帙(凡六十九卷),是田伏侯獲自東瀛者。……乙卯夏袁抱存(克文)舉是帙相貽,余别以紹熙四年吴炎刊本東萊標注老泉先生文集一卷報之。乙丑春日藏園記。"③即袁氏所贈究爲一卷還是二卷,其回報究乃爲《漢書》殘卷抑或《老泉先生文集》殘卷?《寒雲日記》是年九月二十八日載云:"沅叔贈宋刊東萊標注《老泉先生文集》殘本,存卷第五。"知傅氏確曾贈此書於袁,然在袁氏得《史記》十數日前,傅氏何能預知而先報之《老泉先生文集》耶? 此外,袁氏藏書後多入潘宗周寶禮堂,據《寶禮堂宋本書録》載"《史記集解附索隱正義殘本》二册"云:"余友張菊生得六十餘卷以歸涵芬樓,余所得者僅此《平準書》《刺客傳》二卷而已。"恰無《河渠書》。又《寶禮堂宋本書録》此條後又有《漢書殘本》一條,恰爲《景十三王傳》,且"缺第一葉及第二葉前半葉"④,則此當爲傅氏回報袁氏之書。可證袁氏所載爲確,傅氏之書重在"經眼",不盡叙私藏也。如今,此回流之六十九卷歸於中國國家圖書館。然求古樓原藏尚闕三卷,其中卷二、卷三藏現藏東京大學東洋文化研究所,僅卷二二下落不明⑤。然其恰無卷一〇五。而日本國立歷史民俗博物館藏有全本,則此和刻本或據之覆刻者。

《史記》卷一〇五爲《扁鵲倉公列傳》,此傳於日本極受歡迎,各種翻刻、注釋、研究著作層出不窮,此當因日人對中國醫學較爲關注之故⑥。即

---

① 參張元濟:《涵芬樓燼餘録》,《張元濟全集》第8卷,北京:商務印書館,2010年,第229頁。

② 王雨著,王書燕編纂:《王子霖古籍版本學文集》第二册,上海:上海古籍出版社,2006年,第151頁。

③ 傅增湘:《藏園群書經眼録》,北京:中華書局,2009年,第146頁。

④ 潘宗周編,柳向春標點:《寶禮堂宋本書録》,上海:上海古籍出版社,2007年,第178、180頁。

⑤ 參〔日〕尾崎康:《正史宋元版之研究》,喬秀岩、王鏗編譯,北京:中華書局,2018年,第283頁。

⑥ 參楊海峥:《日本学者对〈史记·扁鹊仓公列传〉的研究——以安藤惟寅〈扁仓传割解〉为中心》,《北京大学中國古文献研究中心集刊》第十六輯,北京:北京大學出版社,2017年。

如此嘉永己酉影宋本之末,即有日本著名儒醫丹波元堅跋語云:"右《史記·扁鵲倉公列傳》一卷及《太史公自序》中一條。從米澤侯奕世所藏南宋建安黄善夫刊本影摹開雕,以備醫家講習。"

據長澤目,知嘉永本之前,天明六年(1786)即有池原雲洞校之梣蔭堂本出版,然未見。此外,有明和七年(1770)淺井圖南之《扁鵲傳割解》二卷,天明七年(1787)菅井倉常之《扁鵲傳注》一卷,文政六年(1823)中莖陽谷之《扁鵲傳正解》一卷,天保三年(1832)石阪宗哲之《扁鵲傳解》一卷,嘉永二年堀川濟之《影宋本扁鵲倉公傳考異》一卷及《扁鵲傳備參》一卷,同年多紀元簡之《扁鵲倉公傳匯考》二卷等。

【影印·整理】

無。

【公藏】

中國:北大、上海師大、湖北。

日本:文教大越谷、京大人文研東方、東大總、宮城縣圖、國會。

陳明卿史記考五卷

【敘録】

《陳明卿史記考》五卷,明陳仁錫著,日本寬文十二年(1672)京都八尾友春刊本。大本五册。正文四周單邊,黑口,單魚尾,無界行,每葉分上下兩欄,下欄爲正文,上欄爲校語,半葉十二行,行十九字。又有享保二年(1717)本,末署"享保貳丁酉霜月吉日,京堀川通本國寺前,金屋半右衛門求板"。

【考證】

鄭鶴聲《正史匯目》中收有《陳明卿史記考》,"見《日本東京帝國圖書目録》。注云:明時人"①。實此書爲陳氏所刊《史記評林》中之識語,日人將其輯出單行者。

陳仁錫(1581—1636),字明卿,號芝台,江蘇長洲人。天啓二年

① 鄭鶴聲著,鄭一鈞整理:《正史彙目》,天津:天津古籍出版社,2009年,第42頁。

(1622)殿試第三名及第,授翰林編修,因拒權宦魏忠賢被罷職。崇禎初復官,預修神、光二朝實録①。陳仁錫性好學,喜著述,今傳其著述甚多。《明史》有傳。

【影印・整理】

〔日〕長澤規矩也編《和刻本正史別卷諸史抄》。

【公藏】

中國:北大、華東師大。

日本:公文書館、佐野市立鄉土博物館、關大、阪大總、廣島大、國會、東大總、文教大越谷、高知大、東北大、大阪府立中之島、飯田市立中央。

讀史管見三卷

【叙録】

《讀史管見》三卷,清李晚芳著,日本安政三年(1856)如射書院藏板本。大本六册。前有"安政三年丙辰之歲授衣之月華頂王府侍讀池内奉時撰並書於如射書院"之《刻讀史管見叙》,次署"族愚叔李履中"之《讀史管見跋》,次"乾隆丙午重九春洲女史小樓謝方端"序,次"嘉慶丁丑歲小春望日廣州府龍門縣知縣姻末伍鼎臣頓首拜撰"之序,次"乾隆歲次乙巳菊月望日姪景璋"序,次"康熙丁亥陽月朔日菉猗女史李晚芳自識"之序,次"康熙庚寅桂月上浣菉猗女史李晚芳自識"之《讀史摘微》。卷端署"順德龍津菉猗女史李晚芳著,叔李履中介堂、姪梁景璋莪軒校訂,男梁煒震科敬梓"。正文左右文武邊,白口,單黑魚尾,有界行,半葉九行,行二十四字,有極少之返點。行間有小字側批,書眉有眉評。

【考證】

據《中國古籍總目》所録,有乾隆嘉慶間刻本,僅南京圖書館有藏②。

---

① 金程宇先生解題(金程宇:《東亞漢文學論考》,第247頁)云其任"國子監祭酒",實誤,據《明史》"即家起南京國子祭酒,甫拜命,得疾卒"(《明史》,北京:中華書局,1974年,第7395頁)可知其所授爲"南京國子祭酒",且未到任即卒。

② 《中國古籍總目・史部》,第460頁。

查全國古籍普查目,有南開、湖南、重慶三家藏本,前二家均標爲嘉慶二十二(1817)或二十三年(1818)刻本,唯重慶標乾隆五十二年(1787)刻本。若此書乾、嘉各有一刻,則所標若是;若僅一刻,則後者誤,以書中有嘉慶二十二年之序也。總之,其書存世甚罕。此書所評頗精當,當代輯録《史記》評點者多援引之①。

【影印・整理】

〔日〕長澤規矩也編《和刻本正史别卷諸史抄》。

【公藏】

中國:北大、華東師大。

日本:公文書館、佐野市立鄉土博物館、關大、阪大總、廣島大、國會、東大總、文教大越谷、高知大、東北大、大阪府立中之島、飯田市立中央。

後漢書一百二十卷

【敘録】

《後漢書》一百二十卷,南朝宋范曄撰,唐章懷太子李賢注,日本明曆三年(1657)京都出雲寺和泉掾刊行。大本六十册。序言後有"大德九年十一月望日寧國路儒學雲教授任内刊"字樣。正文四周單邊,黑口,雙對魚尾,無界行,半頁九行,行十七字,小字雙行同,有返送。

【考證】

和本《後漢書》存世有二,一爲活字本;一爲明曆三年覆刻本。此二者皆源自元大德九年(1305)寧國路儒學本,即所谓九路合刻《十史》中之一种,而此本又源自宋景祐本。關於大德本,傅增湘《藏園群書題記》卷二有數條跋語,述此大德本淵源甚悉②。據此可知此大德本甚爲珍貴,而傅氏於李盛鐸處尚見全本,自存僅爲殘本,今國圖所藏亦僅其半,則當爲傅藏本。於和刻本,傅氏云日本覆刊本改變行款、並將校刻人統一爲張、王二

---

① 如韓兆琦:《史記選注集説》(海口:南海出版公司,2003 年,第 297 頁),再如楊燕起、陳可青、賴長揚彙集:《史記集評》,所用李晚芳之評正出處和本(北京:華文出版社,2005 年,第 631 頁)。

② 傅增湘:《藏園群書題記》,第 79—81 頁。

人,其云:"至日本舊時所刻大字本,雖亦稱翻雕元版,然行款已改,惟卷末僅存張桌、王鰲叟校正人姓名,不足重矣。"①據傅所言,原本"各卷後列校正人名,有張桌、王鰲叟、王師道、胡大用、程紹慶、李荆安、張能官、(在張桌下,加一"孫"字,當爲桌之孫也。)李繼善諸人"(傅先生並未詳查和本,以爲和本均改爲此二人,其實不然,和本志卷十之末爲張桌、胡大用及許應斗三人,其中許氏於傅先生本中未見,卷九又有李荆安)。另,長澤規矩也《和刻本漢籍分類目録》亦僅録張、王二人②,或其著録之時均未詳勘。

就行款而言,原大德本爲十行二十二字,和本則改爲九行十七字——一般而言,和本尤其是活字本刊印元本均不改行款,此本甚奇。或其來自某更改行款之元本?嚴紹璗《日藏漢籍善本書録》載滋賀大學附屬圖書館藏有一種元大德本,行款恰爲九行十七字③。然嚴氏似亦不能確定,其疑爲日人之寬永覆刊本。然活字本字體及邊框均較獨特,一望即知,明曆刊本則附有返送,且無界行,亦甚清楚。若此非活字本,則或確爲另一元刊本。按:此明曆本實爲日本古活字本之覆刻,行款與字體均甚相似。故其行款之變,當考慮活字本行款之問題。一般而言,活字本行款不如雕版者易於掌控,其與活字之人小有關。則此活字本排印時,或因字體大小之關係,不得不縮減行數及每行之字數。另,日本公文書館藏有此書之朝鮮古活字本,當覆自元大德本,每半葉之行數爲十行,同於原本;每行之字數則減至十七字。則日本古活字本或源自朝鮮本,故每行字數相同,然又改變行數。

此和刻本亦有價值,黄宇麗《元大德本〈後漢書〉研究》有校勘表,共得一百六十九條④。又:此本有劉攽校語,頗可爲劉氏《東漢刊誤》一書輯佚之資。

【影印・整理】

〔日〕長澤規矩也《和刻本正史》(據古活字本印)。

《和刻本四部叢刊》影印本。

【公藏】

中國:北大、雲大、北圖、大連(古活字本),科學院(明曆本)。

---

① 《中國古籍總目・史部》,第45頁。

② 〔日〕長澤規矩也:《和刻本漢籍分類目録》,第66頁。

③ 嚴紹璗:《日藏漢籍善本書録》,第345頁。

④ 黄宇麗:《元大德本〈後漢书〉研究》,陕西师范大学2009年碩士學位論文,第33頁。

日本：國會、宫内廳書陵部（古活字本），蓬左、東洋、新潟大、新潟、二松、京大、滋賀大、千葉縣立、宫城（明曆本）。

五代史七十四卷

【敘録】

《五代史》七十四卷，歐陽修撰，徐無黨注，楊慎評，鍾名臣訂，日本安永二年（1773）京都德興堂等刊本。中本七册。前有序，卷端署"宋盧陵歐陽修撰，徐無黨注，明成都楊慎評，桐鄉鍾名臣訂，日本藝陽堀正脩校"。正文左右單邊，白口，綫魚尾，有界行，每半葉十一行，行二十字，注小字雙行同，無返送。書眉有評點，正文有句讀。此後又有文化十年（1813）補刊本，村瀨栲亭重訂。

【考證】

此書署楊慎評、鍾名臣訂。楊慎評本國内所存據《中國古籍總目》有上海及常熟二家，益之以全國古籍普查數據庫，可增吉林與湖南二家。而署爲鍾名臣訂者，總目未標署，普查目僅蘇州與重慶二家，此外未見。公文書館另有鍾名臣校《新刻農圃四書》四卷之明刊本（國内無此書），其卷端署"錢塘鍾名臣鼎揚訂"，知其字鼎揚。此書於日本多次重印與翻刻，至明治時，鳳文館又有石川輔所校之銅版印本。

【影印・整理】

〔日〕長澤規矩也《和刻本正史》影印本。

《和刻本四部叢刊》影印本。

【公藏】

中國：國圖、南京、天津、遼寧、中大。

日本：所存甚多，不備録。

二、編年類

通鑑集要十一卷

【叙録】

《通鑑集要》十一卷,明人諸燮撰,日本明治十四年(1881)石川治兵衛刊本。中本十三册。扉頁中題"通鑑集要",右上署"諸理齋編輯,林東園訓點",左上署"川田甕江、三島中洲校閲"。前有川田甕江"明治辛巳孟春"之序,次爲"賜進士文林郎知嵊縣事太邑仰松譚潸"之《刻全采備題通鑑集要序》,次爲"雲間眉公陳繼儒題"之《古今大帳簿》,次爲日人林厚德《例言》二條。書首有潘榮《總論》一卷。卷端署"浙餘姚諸燮理齋編輯,茸城思白董其昌重校,雲間眉公陳繼儒參閲,日本林厚德校點"。正文四周單邊,白口,單黑魚尾,版面分上下欄,上欄爲日人校點文字,有界行,每半葉十一行,行二十二字,注小字雙行同,有少量返送。末有三島毅之跋。版權頁署"明治十四年一月廿三日",具列出版者及發行書肆。

【考證】

此書國内所存甚多,《中國古籍總目》即著録數種版本,録有多種版本,如二十八卷本有嘉靖二十八年(1549)黄卷刻本(北師大)、嘉靖四十三年(1564)譚淮刻本(浙江)、萬曆三年(1575)唐龍泉刻本(内蒙古大學、東北師大)、天啓二年(1622)蘭玉堂刻本(厦門大學)、明末刻順治十二年(1655)印本(復旦)。另有兩種十卷本,一爲明金閶書林龔太初刻本(東北師大、無錫、明書林何敬塘刻本)(北師大)、明末葉繼照刻本(山東)、明末刻本(清江),還有一種標題爲《新鐫通鑑集要》,署明董其昌補訂,明宋鳳翔增參者,僅一個明末刻本,存於上圖。此有"董其昌補訂"字樣,而和本署"董其昌校,陳繼儒參閲",似又與另一種二十八卷本相合①。然十卷本爲二十八卷本之删削本②,參見第三批珍貴古籍目録所收書影可知。公文

---

① 《中國古籍總目・史部》,第124—125頁。

② 可參《第三批國家珍貴古籍名録圖録》,北京:國家圖書館出版社,2012年,第72、73頁。

書館存一明刊本十卷本,標爲"錢受益刊本",首頁題爲"皇明仁和謙之錢受益重較、澵餘姚理齋諸燮編輯、錢塘杓司牛斗星參閲",故與此不同。則此和本當據某經董其昌與陳繼儒校訂之本而來。然此推論亦不能無疑,以此和本於全書之末多出一卷,訓點者林厚德於《凡例》中云"原本至元終,余不揣淺陋,補明以爲一卷,即太祖至莊烈爲正紀,以唐桂二王爲附録"。則訓點者於此書多有改動,此十卷本前標董、陳二人,未知是否確出於其所據之底本。

【影印・整理】

無。

【公藏】

中國:華東師大、大連、四川。
日本:所存甚多,不備録。

綱鑑精采二十卷

【叙録】

《綱鑑精采》二十卷,署葉向高輯,日本明治十一年(1878)刊本。小本二十册。扉頁署"明葉向高進卿輯,日本坂田丈平校","浪華文海書屋發兑"。前有明治二年(1869)阪谷素序,又有明治十年(1877)坂田丈《刻綱鑑精采例言》。正文四周單邊,粗黑口,單魚尾,有界行,半葉九行,行十八字,注小字雙行同,有少量返送。末有署"萬曆甲辰夏月穀旦,太倉辰玉王衡書"之《刻綱鑑精采正宗序》。版權頁署"明治十年五月廿三日版權免許,同十一年十一月出版"。

【考證】

此書署葉向高輯,據《中國古籍總目》知,與葉氏有關者尚有《新刻校正古本歷史大方通鑑》四十卷,爲李廷機、葉向高校正,又有《鼎鍥葉太史彙纂玉堂鑑綱》七十二卷(浙大、遼大、師大、福師大有藏)①,此二書與和本均不同,頗疑爲日人縮編者,然諦觀其書例言,知其原本即如此。《例言》

① 《中國古籍總目・子部》,第129—130頁。

中云:“原本表書名不一例。每卷首題曰《綱鑑論策標題精采正宗大方》,序首則曰《綱鑑精采正宗》,其文中則曰《精采綱鑑》。今從其簡雅者,定稱《綱鑑精采》,非敢妄改也。”又云:“原本蓋係明時坊間梓行者,版刻粗惡,誤脱極多。”又云:“此書本爲舉業子弟輯之,故標識中曰重某處立論,曰先貶某處,後褒某處之類居多。今皆删之,獨存評語與問答。”據此可知,此書絶非日人僞撰。又書末所附王衡之序云:“乃鳳洲先生作《精彩綱鑑》,統宗論策,表題標於書首;去其繁華,筆其簡要……淹旬移晷之暇,可以悉千百萬載之事,其嘉惠後學,詎淺鮮哉! 書林余子刻之,以公四方,用心良矣。來索序於予,予曰“此吾所樂與也”。遂援筆而題其簡端云。”又稱此爲王世貞所撰,據此,頗疑此書或當爲王世貞《鳳洲綱鑑》之簡縮本,王世貞此書後多與李廷機《古本歷史大方綱鑑》有關,萬曆甲辰(即萬曆三十二年,1604)李氏之書恰有書林余氏刻本,而李氏之書又有葉向高校正者。故明末書肆簡縮之時,亂題撰人,張冠李戴。

【影印・整理】

無。

【公藏】

中國:人大、華師大。

日本:宮城教育大学、二松學舍、國會、千葉縣立中央、東大總、愛知大、鹿大、九大、公文書館、一橋大、大阪府立中之島、阪大總。

東華録十六卷

【敘録】

《東華録》十六卷,清蔣良騏撰,日本天保四年(1833)昌平坂學問所官板本。大本十六册。前有蔣良騏《東華録跋》。正文四周單邊,白口,有界行,半葉九行,行二十字,有少量返點,有句讀。末葉末行下有“天保四年刊”字樣。

【考證】

蔣良騏《東華録》爲瞭解清前期歷史之名著。然其書初出,僅以抄本流行,或因其書所據資料多爲朝廷秘檔,恐觸時忌,迄未刊行。後此書某一抄本流播至東瀛,爲日本昌平坂學問所以官板名義刊行問世,爲此書世間首付剞劂。不僅如此,蔣書流傳過程中多有附益,後由十六卷增附至三十二卷,其書原貌亦爲遮蔽,而此和本則保存蔣書原貌,雖其所據底本或有殘缺,致其正文多有墨釘,然仍極珍貴。另:此官板本非復慣用之方體字,而以精美之寫刻體,亦頗悦目。

【影印・整理】

無。

【公藏】

中國:遼寧、山東、山大。

日本:國士館、宫内庁書陵部、公文書館、山梨縣圖、福井大、東北大、群馬大、東大總、一橋大、新潟大、京大人文研本館、國會、實踐女子、關大、千葉縣立中央、飯田市立中央、佐賀縣圖、伊那市立高遠町、立命館大學、鹿大。

十八史略七卷

【叙録】

《十八史略》七卷,曾先之撰,日本室町時代刊本。大本五册。前有“大德丁酉嘉平月望豫章周天驥書”之序,次“洪武壬子秋七月戊申臨川陳殷”撰《史略叙》,次目録,次《史略音釋凡例》。卷端題“立齋先生標題解注音釋十八史略卷之一”,署“前進士廬陵曾先之編次,後學臨川陳殷音釋,番易松塢王逢點校,建陽縣丞南康何景春捐俸刊”,以後各卷則僅標注“番易松塢王逢點校”。正文分上下欄,上欄每行二字,書標目,四周單邊,細黑口,雙順魚尾,有界行,半葉十二行,行二十四字,注小字雙行同,無返送。後有書牌“正統辛酉孟夏書林余氏新刊”。

又有日本元和間古活字本。大本七册。當據前本翻刻,故多與前同,然亦有更改,如每行減爲二十二字,魚尾變爲雙對花魚尾。又有日本慶安元年(1648)刊本,又據古活字本覆刻者,字體、行款、版式皆類,唯無界行。

【考證】

日人翻刻漢籍,似不甚好乙部之書,此亦事理之常,以經部爲維持世運之經，日人服膺儒術，自當深悉；子部中之儒家又與經書關係密切，其他之道、法、兵、農諸子，亦與治國攸關者；集部則可陶冶性靈，亦爲文人之所需。然史書，雖有鑒往知來之功，然所鑒之“往”爲中國之史，非日本之史，故其功似終隔一層也。然乙部亦有流行於東瀛者，即元人曾先之《十八史略》也。此書國人評價極低，《四庫全書總目》評云“其書鈔節史文，簡略殊甚。卷前冠以歌括，尤爲弇陋。蓋鄉塾課蒙之本，視同時胡一桂《古今通略》遜之遠矣。”[①]故其於中國，幾至失傳。然至日本，則另辟一宇宙，其翻刻無慮百千，甚至衍生各種評本、注本、補本、續本，至今東瀛各書肆此書仍觸目皆是。即便如此，楊守敬至日本訪書，凡於中國文獻有補充意義者，海涵地負，細大不捐，然其藏書中全無此書蹤影，楊氏於自藏森立之《經籍訪古志》卷三《十八史略》條批云：“日本所存《十八史略》舊本甚多，以書陋故，飛青閣不收。”[②]可見對其書之不屑。

此系統之版本前均有書牌“正統辛酉孟夏書林余氏新刊”，即正統六年（1441）余氏所刊，又卷端皆署“建陽縣丞南康何景春捐俸刊”。國内現存明人陳殷音釋之《十八史略》最古者不過爲成化十一年（1475）劉氏日新書堂刊本[③]，則此正統本當已失傳。此後日人所刊此書，或有保留“建陽縣丞南康何景春捐俸刊”之題署者，然大多已删去，僅存陳殷或王逢之名而已。

關於此書作者曾先之，《四庫全書總目》又云：“元曾先之撰。先之字從野，廬陵人。自稱曰‘前進士’，而《江西通志·選舉》中不載其名。蓋前明之制，會試中式稱進士，鄉試中式者稱舉人，皆得詮注授官。自唐宋至元，則貢於鄉者皆稱進士。試禮部中式，始謂之登第。不中選者，次舉仍由本貫取解。南宋之季，始以三舉不中選者一體徑試於禮部，謂之免解進士。先之所謂進士，蓋鄉舉而試不入選者，故志乘無名也。然李肇《國史補》稱唐時進士登第者，遇舊題名處增‘前’字。今先之自稱‘前進士’，則又相沿失考矣。”此條疏誤甚多。尤要者，在辨曾氏“前進士”之稱者，館臣不解曾氏所署之意，反以唐人之例譏嘲曾氏。若細查各代之《江西通志》，可知曾先之爲咸淳元年（1265）進士[④]，確然無疑。另一疏誤則與此“前進士”之題

① 魏小虎編撰：《四庫全書總目彙訂》，第1651頁。

② 〔日〕長澤規矩也：《楊惺吾日本訪書考》，《長澤規矩也著作集》第二卷，東京：汲古書院，1982年，第246頁。

③ 《中國古籍總目·史部》，第422、423頁。

④ 參龔延明、祖慧編著：《宋人登科總録》，桂林：廣西師範大學出版社，2014年，第6475—6476頁。

署有關，即以曾氏爲“元”人。曾氏中進士之時，南宋小朝廷已然風雨飄搖，十數年後即完全滅亡而入元。楊士奇有《史略二集》之題跋，云：“宋進士吾郡曾先之編《史略》以便初學，而大字刻本尤便於老者之目。此板在國監。吾家四册，惜其間多錯誤耳。”①則徑稱其爲“宋進士”。據《（乾隆）吉安府志》載：“曾先之，字孟參，吉水人。少師王介，登咸淳進士，監惠州石橋鹽場，以主學心制解官。起潭州醴陵尉，轉湖南提刑，僉廳權檢法官。詳覆大辟，多從平恕。提舉茶鹽司幹辦公事，凡所任理，無一毫私曲。宋亡，隱居不出。所著有《十八史略》。年九十二卒，祀鄉賢。”若以其三十歲中舉計，則大致生於宋端平初年，卒於元泰定末年，則其生命之半已入元，然由“宋亡，隱居不出”亦可知其政治態度，故於元時著書，如何題署頗多考量，爲避禍計，自不可題“宋進士”，然又不願以“元”自污，故以“前進士”模糊處理之，未想此處考量反爲四庫館臣訾議，後世之人亦不能解此，故有刊本徑以“元”代之。此書於日本極爲有名，曾先之亦附驥而行，然日人亦均以其爲元人。日本作家陳舜臣曾有《廬陵曾先之》一文，因曾氏資料極少，故陳氏要“稍微延伸一下想象”：“對於文天祥的壯烈犧牲，曾先之是知曉的。文天祥是江西吉水人，這裏距離廬陵非常近，所以在曾先之看來，兩人可以説是同鄉”，“這本書出版於蒙古統治下的元朝，所以自然不能對反抗蒙古的文天祥進行詳細記載（現在的《十八史略》中花費了許多篇幅來介紹文天祥，這應該是到了明代之後補充的内容），不過，文天祥的‘天地有正氣’應該也是曾先之的寫作動機之一”。此處對《十八史略》中有關文天祥内容之推測實誤，以此書之元刊本中即有相關内容②；然其將同鄉之文天祥置入曾先之之生活之中，則恰有援證，因文天祥之文集中正有《與曾縣尉先之》一文，中有“及承手書，備見繾綣故舊之意”句③，可知二人必相識。

關於刊刻者何景春，陳舜臣前文亦有述及：“刊印者何景春是南康人，曾爲福建建陽的縣丞。在明代，縣是最小的行政單位……縣丞爲正八品……所以刊行人何景春在中央政府不過是組長級别，根本無法在歷史舞臺上留名。”④然也不然，細核史料，可知其人亦有記録。據瞿冕良《中國古籍版刻辭典》云：“何景春，明弘治間人，任建陽知縣。刻印過《風雅翼》15

---

① ［明］楊士奇：《東里集》，《景印文淵閣四庫全書》第1238册，第590頁。

② ［元］曾先之：《歷代十八史略》，《四庫全書存目叢書》史部第19册，第614—616頁。

③ ［宋］文天祥：《文天祥全集》，北京：中國書店，1985年，第138—139頁。

④ ［日］陳舜臣：《披蝶而舞》，劉睿、董雯暉譯，北京：中國畫報出版社，2019年，第110—111、108頁。

卷(半頁8行,行20字)。”①此條或僅由《風雅翼》一書信息而來,然所謂“弘治間人”,與和本《十八史略》所署正統六年即捐俸刊書似有參差。據《(弘治)八閩通志》卷三十七秩官載:“何景春,建昌人。宣德中建陽縣丞。有爲而善謀,豪强帖服,民賴以安。其於興學勸士,尤所留意。擢本縣知縣。”②其作縣丞又早在宣德間,再據《(嘉靖)建寧府志》卷五又可確認其爲縣丞始於宣德三年(1428),且其宣德八年(1433)曾襄助張光啓刊刻瞿佑之《剪燈新話》一書,有“建陽縣縣丞何景春同校繡行”題署。則瞿氏所論必有誤。其误或源於傅增湘。傅氏曾著録《風雅翼》一書,有“建陽縣知縣何景春捐俸刊”字樣,並標其爲“明弘治刊本”,然此版本認定並不確然無疑,傅氏小字注云“羅少眉送閱,云是元刊,朱幼平言是弘治本,細審之,信然”③。羅少眉當爲書賈,其言“元刊”自不可靠,然朱幼平(即朱文钧)先生爲書畫收藏與鑒定大家,此云“弘治本”,却屬誤判。范志新定其爲正統三年(1438)刻本,言之鑿鑿④,綜合前述何氏之時代,范氏所論當近是。然亦須商榷。據和本《十八史略》所署可知,何氏於正統六年仍爲“縣丞”,則於正統三年(1438)斷不能即爲“知縣”,二者必有一誤。據《國榷》載,正統二年(1437)三月乙未“建陽縣丞何景春爲知縣”⑤,則與《風雅翼》所署相合。即此可知,何氏捐俸刊行《十八史略》之事,當在正統二年之前,此“正統辛酉孟夏書林余氏新刊”之書非何氏捐俸之首刊,當爲後刊之本依樣題署者。

【影印・整理】

《日本五山版漢籍善本集刊》影印本。

《点注十八史略校本》,《永青文庫四種》,國家圖書館出版社2019年影印。按:此書實後出之普通本。

【公藏】

中國:北大、遼寧、上海、大連(均爲萬治本或其後印本)。

日本:國會、大東急紀念文庫、東洋文庫、成簣堂文庫東大總(五山

---

① 瞿冕良編著:《中國古籍版刻辭典》,濟南:齊魯書社,1999年,第256頁。

② [明]陈道纂修,[明]黄仲昭纂修:《(弘治)八閩通志》,《四庫全書存目叢書》史部第178册,第91頁。

③ 傅增湘:《藏園群書經眼録》,第1235—1236頁。

④ 范志新:《文選版本擷英》,貴陽:貴州人民出版社,2004年,第138—139頁。

⑤ [清]談遷著,張宗祥校點:《國榷》,北京:中華書局,1988年,第1534頁。

版)，宫内廳書陵部、公文書館、東洋文庫、東北大學(元和活字本)。

十八史略校本七卷

【叙録】

《箋注十八史略校本》七卷，曾先之撰，日本近藤元粹注，日本明善堂明治十三年(1880)刊本。大本七册。其卷端署"元廬陵曾先之編次，明建陽劉剡定正"。正文四周單邊，白口，單黑魚尾，有界行，每半葉十一行，行二十二字，注小字雙行同。

【考證】

此《箋注十八史略校本》實已爲日人之著作，然其卷端署有"明建陽劉剡定正"之字樣，因國内所存《十八史略》並無與劉剡有關之版本，故此頗當注意。近藤氏於《凡例》中亦云"標題則有仍劉氏之舊者"，可知其非向壁虚構也。

日本公文書館所藏《標題事義明解十九史略大全》十卷，即著爲"明劉剡編"，其書末有牌記"嘉靖歲次癸巳至善堂新刊"，此書前除周、曾、陳序外，尚有署"正統己未春正月望日臨川朱素樸軒書"之《十九史略後序》云"書林劉公剡取梁孟敬先生所編元史，重加節略校正，附於其末，備一朝事跡，名之曰十九史"。此書同樣存於國家圖書館①，然其正文卷端並無"劉剡"之跡，則此朱氏之序所謂"書林劉公剡"云云，或爲此本之底本所有者。按：此人或爲建陽書商，與其有關之史書頗多，如署張光啓訂正、劉剡編輯之《增修附注資治通鑑節要續編》三十卷，有景泰三年(1452)善敬書堂刻本；署劉剡撰、蔡亨嘉校正之《新刊四明先生高明大字續資治通鑑節要》二十卷，有嘉靖葉氏翠軒刻本；另有劉剡校正之《詳説古文真寶大全》二十二卷，有朝鮮刊本等。其中有一《新編纂注資治通鑑外紀增義》五卷頗值注意，因其署爲"明王逢輯義，明劉剡增校"，此王逢即爲前條所述《十八史略》點校者，其同於此書中合作，恐非偶然。有學者指出，"永樂十五年(1417)王逢遊學至建陽，劉剡受業於其門，考究經史，尤通史學"云云②，則二人關係更爲密切。劉氏或曾刊行由其定正之《十八史略》，然國内已失

① 《中國古籍總目·史部》，第423頁。

② 喬治忠：《〈十八史略〉及其在日本的影響》，《南开学报》，2001年第1期。

傳。然此人訂正《十八史略》之事却在日本留下痕跡：除近藤氏書外，日人大賀富二氏明治九年刊行之《標注十八史略讀本》亦有"劉剡標題"之字樣，均其例也。事實上，即上條所叙《十八史略》之本中，亦有劉氏之痕跡。《十八史略》叙及三國史事時，曾先之特加按語云："自此以後，天下非一統者，本可各自一國編集首尾，又恐初學者迷其時代之先後。今但以一國源流相接者爲提頭，而附同時之國於其間，非有高下褒貶之意。"①查日本元和本卷三之三十葉B面與三十一葉A面，於曾氏按語之後又增識語云："曾氏仍陳壽之舊，以魏稱帝而附漢、吴。剡即尊朱子《綱目》義例而改正《少微通鑑》矣，今復正此書，以漢接統云。"則此處之更正，即劉剡所爲。即此可知，即前叙正統六年刻本亦已經劉剡之訂正矣。

【影印・整理】

無。

【公藏】

中國：人大、川大。
日本：所存甚多，不備録。

十九史略通考八卷

【叙録】

《古今歷代標題注釋十九史略通考》八卷，曾先之撰，明余進通考，日本元和二年(1616)據明萬曆十年朝鮮弘文館本活字印。中本十四册。前有署"大德丁酉嘉平月望豫章周天驥書"之《十九史略通考序》，目録之後有《古今歷代十九史略通考總括》，次《十九史略通考凡例》三條。卷端題"古今歷代標題注釋十九史略通考"，署"前進士廬陵曾先之編次""松塢門人番陽竹窩余進宗海通考"。正文邊框極爲獨特，爲上下雙邊者，粗黑口，雙對魚尾，有界行，半葉九行，行十八字，小字雙行同。末有"萬曆十年九月庚申通善郎行弘文館副校理知制教兼經筵侍讀官春秋館記注官漢學教授臣金晬奉教敬識"之跋語。

---

① ［元］曾先之：《歷代十八史略》，《四庫全書存目叢書》史部第19册，第477頁。

【考證】

此書實即於日本極爲流行曾氏之《十八史略》,然其不同處:一者由余進加入通考文字,二者據梁寅《元史略》補入元代内容,則由所謂"十八史"變爲"十九史"。據《中國古籍總目》,《十九史略》有明弘治六年(1493)廣德書堂刻本(天一閣),嘉靖刻本(國圖),成化十一年(1475)劉氏日新書堂刻本(國圖)①,然均爲補入梁氏《元史略》之本,無余進"通考"。則知此書之明本已佚。

其書傳入朝鮮,頗有傳本。如有朝鮮於嘉靖三十七年(1558)所印活字本(十行本),又有於朝鮮萬曆十年(1582)重印之活字本(九行本)。此書從朝鮮傳入日本,此元和本即據朝鮮萬曆本排印者,其末萬曆十年之跋語即爲朝鮮文人所撰。除元和本外,日本尚有明治四年(1871)木活字印本,左右文武邊,白口,單黑魚尾,有界行,每半葉十行,行二十字,注小字雙行同。羅振玉《大雲書庫藏書題識》中收一種"日本覆刻高麗本"②,或誤,以日本無刻本,兩次印行均爲活字排印之本。

【影印・整理】

《和刻本四部叢刊》影印本。

【公藏】

中國:遼寧(明治本)。

日本:國會、東洋文庫、前田育德會(元和本),八户市立、公文書館(明治本)。

元明史略四卷

【敘録】

《元明史略》四卷,日本寶曆元年(1751)刊本,然未見。有日人藤原正臣增補本四卷,爲文化元年(1804)五車樓刊本。中本四册。前有"享和癸亥季夏赤穗儒員源勤撰"《增補元明史略叙》,又有寶曆元年越克敏《元明

---

① 《中國古籍總目・史部》,第423頁。

② 《羅振玉學術論著集》第七集,第274—275頁。

史略序》及後藤世鈞題詞。正文分上下欄，上欄爲校語，下欄正文，半葉九行，行二十三字，小字雙行同，左右文武邊，白口，無魚尾，有界行。末有署"東都直學士藤原明遠"之《跋元明史略後》，又有署"享和辛酉仲秋日栗原野翁巖垣彥明"《元明史略補跋》。

【考證】

《元明史略》爲日本極常見之書，其源爲明人舒弘諤《古今全史》。據其前後藤世鈞之序云："一日獲明舒弘諤所著《古今全史》者讀之，其書趙宋以前，與曾氏《十八史略》大抵相似，其體裁雖不同，若其事實則大同小異。至元明二史之略，則曾氏之書又所未有也。余嘗欲録其元以後授讀《十八史略》者，使之備覽古今。然舒氏之書過略於元，獨存名號歲月，迺所載者不過文謝二子節義，武宗贈大成，順帝淫荒等若干事。洪武以後稍詳，然僅止於泰昌新政。顧在初學猶不能無憾焉。故竊取薛氏《通鑑》、袁氏《綱鑑》、《十九史略》及《明史紀事》《明季遺聞》《名山藏》等書，於元則補其過略者，於明則校訂其同異，且略載天啓至明亡，題曰《元明史略》，以授童蒙求我者云。"即此可知此書雖有增補，然源於舒書則無疑。

然舒氏之書入《清代禁燬書目・違礙書目》①，故所存極少。《中國古籍善本書目》僅録一抄本於鎮江圖書館②，有藏家曾於書肆得一殘存卷六之抄本亦視爲奇寶③，可知其書存世之少。據《中國古籍總目・史部》著録，其書上圖存有舒氏稿本，社科院文學所，南京、中山存有崇禎二年（1629）書林周覺正刻五卷本，國圖有順治十八年（1661）德聚堂刻八卷本，此後便是上圖所藏光緒抄本、瀋陽藏康熙元年（1662）晉陽鳳鳴吴氏抄本，鎮江藏淡寧齋抄本④。中山大學所藏曾爲收入《四庫禁燬書叢刊補編》⑤，兩相對照，可見後藤氏主體確來自舒書。

【影印・整理】

無。

---

① ［清］姚覲元編：《違礙書目》，《續修四庫全書》第921册，第461頁。
② 《中國古籍善本書目・史部》，上海：上海古籍出版社，1991年，第696頁。
③ 參沙嘉孫：《李漁〈古今全史〉卷六在濟南發現》，《文獻》，1998年第2期。
④ 《中國古籍總目・史部》，第427頁。
⑤ ［明］舒弘諤：《元明史略》，《四庫禁燬書叢刊補編》第9册，影印，北京：北京出版社，2005年。

【公藏】

中國：大連。

日本：千葉縣立中央、中央大、二松學舍、東北大、新潟縣圖、宮内廳書陵部、宮城教育大學。

皇明正續合併通紀統宗十二卷附録一卷

【敘録】

《新鍥李卓吾先生增補批點皇明正續合併通紀統宗》十二卷附録一卷，明陳建撰，明袁黄、卜大有補輯，李贄批點，日本北邨可昌校并訓點，元禄九年(1696)京林九兵衛刊本。大本十册。扉頁兩行刻書名，中有"蘇州閶門刊行"字樣，右有小字識語。前爲陳建《新刻皇明通紀統宗序》。卷端署"粤濱逸史清瀾釣叟臣東莞陳建輯著"；卷十一署"浙歸田逸叟臣袁黄補著"，卷十二署"浙秀水卜大有纂補"。正文四周單邊，白口，單魚尾，無界行，半葉十二行，行二十八字，注雙行小字同；上欄有李贄批點，行二字或三字。後有"元禄丙子之冬北邨可昌謹序"《正續皇明通紀後序》，末標"元禄九年丙子十二月日京東洞院夷川上町林九兵衛梓行"字樣。

【考證】

陳建《皇明通紀》一書版本極爲複雜①，此袁黄、卜大有補輯之本，據《中國古籍總目》著録，惟北師大及臺圖有存本，據全國古籍普查目，僅可補一浙江博物館藏殘本(存首卷及卷一、二、十一、十二共四卷)。《四庫禁毁書叢刊補編》收入北師大藏本，然標注云"存卷一至卷七"②，各種資料提及此本時均未標明其有闕卷③，核之北師大所藏原書，確僅存七卷；又《中國古籍善本書目》録師大及中國社會科學院文學研究所藏本各一，然均標有殘本符號，可知二者皆不全④。故此書今知或僅臺圖存明刊全本。

---

① 具體可參看錢茂偉點校：《皇明通紀》，北京：中華書局，2008年，《前言：陳建及其通紀》第10—28頁。

② ［明］陳建：《新鍥李卓吾先生增補批點皇明正續合併通紀統宗》，《四庫禁燬書叢刊補編》第12册，影印，北京：北京出版社，2005年，第305頁。

③ 如《北京師范大學圖書館古籍善本書目》，北京：北京圖書館出版社，2002年，第52頁。

④ 《中國古籍善本書目·史部》，第160、1618頁。

此和刻較早印本前扉頁有識語云："《皇明》一書，乃我太祖高皇帝開國創業之良謨，與夫持盈守成之偉績者，莫不列載於斯。若夫輔國功臣如劉基類者，死國忠臣如方孝孺類者，又有奸臣如劉瑾類者，亦莫不載焉。等人也，立心頓異，禍福自招，吾人立天地間，可不鑒歟。謹依京板。"前舉北師大本無此類識語，則知和本之底本與師大藏本並非同版，或師大所藏即所謂"京板"者，和本之底本爲其他書坊翻刻者。

【影印・整理】

《域外漢籍珍本文庫》第二輯。

【公藏】

中國：復旦、遼寧、大連。

日本：蓬左文庫、京大文、滋賀大教育、宮城縣圖、國會、山梨縣圖、九大六本松、東大東文研、市立米澤、東洋文庫、新發田市立、宮内廳書陵部、國士館。

三、雜史類

中興偉略一卷

【叙録】

《中興偉略》一卷，明馮夢龍撰，日本正保三年(1646)風月宗知刊本。大本一册。扉頁署"中興偉略"，右上標"合南北邸本"。前有署"七十二歲老臣馮夢龍恭撰"之《中興偉略引》，署名後有二印，分别爲陰文方印"猶龍字"及陽文方印"馮夢龍印"，後者刻爲反文。正文四周文武邊，黑口，雙對魚尾，無界行，每半葉十行，行十七字，有返送。末頁有長方形書牌云"正保參歲下春風月宗知刊行"。

【考證】

《中興偉略》一書，《中國古籍總目》未録，全國普查數據庫亦僅録二種清抄本。嚴紹璗《日藏漢籍善本書録》録有明南窗刊巾箱本，有内閣、宫内、蓬左三家藏本①。傅增湘也曾著録内閣本，並録日本刊本②。京都大學人文科學研究所藏有《精刻補註評解綱鑑歷朝捷録》十卷，附《國朝捷録》四卷、《中興偉略》一卷。將其與和本對比，二者基本相同，如馮氏引言後陽文名章刻爲反方者亦同，則此或非和本誤刻，馮氏如此，當别有用意。然京大藏本末之《韃靼考》行款、字體均不同，知其文當爲附録，和本統一行款與字體，則將之視爲正文矣。神户市立中央圖書館藏本署爲隆武元年(1645)福京公署刊本，可知此書或爲漢籍和刻最爲迅捷者，因林甚右衛門本及風月宗知本均於正保三年(1646)刊出，僅較原本晚一年而已。

【影印・整理】

〔日〕長澤規矩也《和刻本明清資料集》第一集。

---

① 嚴紹璗:《日藏漢籍善本書録》，第481頁。
② 傅增湘:《藏園群書經眼録》，第266頁。

【公藏】

中國:遼寧。

日本:國會、公文書館、關大、前田育德會、東北大、九大、蓬左文庫、山口大、東大總、神户市立中央。

嘉定屠城紀略一卷

【叙録】

《嘉定屠城紀略》一卷,清朱子素、王秀楚撰,日本文政十三年(1830)自修館刊本。大本一册。正文四周單邊,白口,單黑魚尾,版心上標"八家集",魚尾下署"嘉定屠城紀略",版心下標"自修館藏版",有界行,半葉九行,行二十字,注小字雙行同。寫刻體,有少量返點。書末有"文政庚寅秋滄洲榊原敬文撰"之《刻八家集後序》。

【考證】

據《中國古籍總目》此書被收録多種叢書之中,然皆爲抄本,直至《明季稗史彙編》本方有刊本①,此本爲清末琉璃廠刊,留雲居士輯,然不知時間。但推測當甚晚。此和本爲齋藤氏所輯,據其"題言",知來自《八家集》,此八家亦皆在《明季稗史彙編》之中,然非此書甚明。且齋藤氏云"此書以寫本傳者,直書其事也",又云"此書誤字脱語不少",則當非據此。知齋藤氏此爲首刊。另:齋藤氏雖云"十日記、屠城紀略先成,以授梓,其餘將嗣刻",然僅刊此二種。

【影印・整理】

無。

【公藏】

中國:國圖、湖南、遼寧。

日本:所存甚多,不備録。

---

① 《中國古籍總目・史部》,第202—203頁。

夷匪犯境聞見録六卷

【叙録】

《夷匪犯境聞見録》六卷,闕名輯,安政四年(1857)高鍋藩明倫堂木活字印本。大本六册。扉頁中署"夷匪犯境聞見録",右上標"安政丁巳歲",左下標"明倫堂藏梓"。正文四周單邊,白口,單黑魚尾,有界行,半葉十行,行二十一字,小字雙行同,無返送。

【考證】

據《中國古籍總目》著録,此書國内存五卷與八卷本兩種抄本,分藏上海與南京①,無六卷本,亦無刊本。此南京所藏之八卷本当即阿英所见本,"《夷匪犯境聞見録》八卷,無名氏著,記夷匪犯定海前後事。日人抄本。用劄記體,記録見聞,抄輯文獻,又夷所書告示等。内有《定海失陷詩》十二首,無名氏著,極佳。未刊本。"另榮孟源曾收藏鄭振鐸所贈之抄本,亦日本抄本也②。然則此和刻本爲此書唯一之印本。關於此書之價值,學界已多有論述③,此不贅。

【影印・整理】

〔日〕長澤規矩也《和刻本明清資料集》第一集(活字本及抄本)。

《夷匪犯境聞見録——鴉片戰争史料集》,中華全國圖書館文獻縮微復制中心 1995 年影印和本。

《夷匪犯境聞見録》整理(部分),莊建平主編《近代史資料文庫・第 4 卷》,上海書店出版社 2009 年版。

【公藏】

中國:遼寧。

日本:東大總、京大人文研本館、東洋文庫、千葉縣立中央、公文書館、

---

① 《中國古籍總目・史部》,第 356 頁。

② 參榮孟源:《〈夷匪犯境聞見録〉校記》,《文史哲》,1984 年第 1 期。

③ 可參姜亞沙編:《影印珍本古籍文獻举要》,北京:北京圖書館出版社,2002 年,第 149—151 頁。

國會、關大。

满清紀事一卷

【叙録】

《满清紀事》一卷,清羅森撰,江户末日本木活字印本。大本一册。扉頁僅有書名,無其他題署。正文四周單邊,黑口,雙順魚尾,有界行,每半葉十行,行二十字。卷端題名下注云:"此編本無標題,世或呼爲《满清紀事》,今姑從之。"

【考證】

據《中國古籍總目》知,《满清紀事》一書僅有民國間成都昌福公司鉛印《满清野史》本①,而日本東京大學圖書館有日本嘉永中(1848—1854)抄本,亦有江户末活字印本,則實可珍貴。《满清野史》本書末有跋云:"按:《满清紀事》一卷,吾友披髮生往年觀書上野圖書館所手録者,秋間檢篋得之。余方輯《中國秘史》二編,獲此瓌寶,喜可知也。是書標名日本某著,而察書中口吻,似出於吾粵人之手,豈本粵人成著,而日人攫取爲已有耶?抑諮詢吾粵人而撰述者耶?皆未可知。……然即此區區小册子,已有爲中土士人聞所未聞者……多爲官書所不及載,或有所諱而不敢載,則謂是書字字皆瓌寶,寧誇謾哉。"②此捫虱談虎客(韓孔厥)所編《近世中國秘史》第二編(上海廣智書局光緒三十一年即1905年鉛印本)所收,其題下注"采日本帝國圖書館手抄本"。長澤規矩也於《和刻本明清資料集》第一集收此木活字本,其解題云其此爲廣東人羅森所著,日人平山謙太郎向來到神奈川米船上之羅森借抄;又於第二集收寫本,則明確標"满清記事,廣東羅森著"③。

【影印・整理】

〔日〕長澤規矩也《和刻本明清資料集》第一集、第二集。

《中國野史集成》第49册,巴蜀書社2000年版。

---

① 《中國古籍總目・史部》,第211頁。

② 《中國野史集成》第49册,成都:巴蜀書社,2000年,第712頁。

③ 詳參榮孟源:《〈满清紀事〉校記》,《天津社會科學》,1984年第2期。

【公藏】

中國:無。

日本:佐賀縣圖、京大人文研本館、宫城縣圖、新潟縣圖、東北大、東大總、國會、公文書館、福井大。

盾鼻隨聞録八卷

【敘録】

《盾鼻隨聞録》八卷,清槜園退叟編,日本伊藤之幹校刊本。中本三册。扉頁僅署"盾鼻隨聞録"。四周單邊,粗黑口,單魚尾,有界行,半葉十行,行二十一字,有返點。前有"咸豐甲寅仲秋愚弟姚際雲拜序"之《盾鼻隨聞録序》,又有作者之《盾鼻隨聞録例言》。

【考證】

《盾鼻隨聞録》一書,收入《野史集成》及《太平天國叢書》。其書原刻於咸豐四年(1854),署名《盾鼻聞見録》,然其多污蔑太平軍,故爲太平天國查禁;同治二年(1863)改名《抄報隨聞録》,光緒元年(1875)不懼無悶齋刻本改作《盾鼻隨聞録》。咸豐本今存僅國圖、上海、南京三家。此和本當據咸豐本翻刻,以光緒本之末有葵愚道人光緒元年之跋,而此無。有學者曾云"這部書雖然是咸豐時的作品,但流傳甚少,其木刻本已很不容易看見,在版本學上來説,差不多已經成爲孤本,今天所見到的不是手抄本,便是日本印的一種"。可見其書之難得。此後《近代中國史料叢刊》收入此書影印本,亦據此和本入録。

此書作者槜園退叟究爲何人,中日學界頗有異議。長澤規矩也指其爲俞泰生①,而國内著録則爲汪堃②。薛福成《庸庵筆記》有《〈盾鼻隨聞録〉當毁》一條云:"《盾鼻隨聞録》者,蘇州人汪堃所著也。堃於咸豐初年,任四川永寧道員,以性情乖僻,不孚輿望,屢罣彈章。始爲學使何子貞太史紹基所糾,恨之次骨;繼以地方公事,忤黄制軍宗漢,被劾罷官。堃於是刊布此事之始末,及督院批劄、道署稟牘,詆諆制軍……又借記粵匪之事,著《盾

---

① 〔日〕長澤規矩也:《和刻本漢籍分類目録》,第76頁。

② 《中國古籍總目·史部》,第361頁。

鼻隨聞録》,而附益以子虚烏有憑空編造之辭,其命意專爲道州何氏而發,兼以謗一二生平所憾之大吏……何根雲制軍督兩江時,曾飭禁其書,毀其板,然余見書賈仍刻售之,改其書名曰《鈔報隨聞録》。余恐其流傳於世,疑誤後學,混淆黑白,不能不志其崖略,以著其當毁。"①所言已極清楚。阿英又據汪堃自刻之不懼無悶齋《寄蝸殘贅》等資料,將汪氏與何、黄等人之過節及汪氏此書如何醜詆他人之事一一拈出,當爲鐵案②。

至於日人認定之俞泰生,或來自對一抄本印署之誤解。據阿英前文引簡又文之文,曾介紹其在南京國學圖書館所見之藏本,"原抄本藏該館善本室,係清俞泰生氏抄本,有'周輔印','左翁寓目'、'雪樵'、'泰生之印'、'其夢耶'、'校書如掃落葉'諸印,年代甚遠。"則其所見有俞氏之印,即日人誤以此藏者乃爲作者耳。

按:此書之名,據光緒本葵愚道人跋云"是書本名《辛壬癸甲録》,因所記盡四年内事也",然後以"盾鼻隨聞録"定名,其義亦與前述有關。盾鼻即盾牌把手。《資治通鑑》載云:"初,(荀)少居江東,博學能文,與上有布衣之舊,知上有大志,然負氣不服,常謂人曰:'會於盾鼻上磨墨檄之。'"胡三省注云:"言上若有非常之舉,亦當起兵,於盾鼻上磨墨作檄以聲其罪。"③此書序言提及之趙翼曾有詩云"矛頭米淅咽風餐,盾鼻墨磨揮露布",則此書取名確有以"盾鼻墨磨揮露布"之意④。有辭書云"汪氏以盾鼻名其書,有於盾上磨墨作檄以聲太平軍其罪之意",或未達此書之主旨,汪氏之露布,意實在何、黄諸人也。

【影印·整理】

〔日〕長澤規矩也《和刻本明清資料集》第二集。

《近代中國史料叢刊》第三十輯。

【公藏】

中國:華東師大、吉林、湖北。

---

① [清]薛福成:《庸庵筆記》,北京:商務印書館,1937年,第82頁。

② 阿英:《何紹基與太平天國——關於〈盾鼻隨聞録〉》,《阿英全集》第六卷,合肥:安徽教育出版社,2003年,第444—453頁。

③ [宋]司馬光編著,[元]胡三省音注:《資治通鑑》(精裝典藏本),北京:中華書局,2013年,第5124頁。

④ 趙傳仁、鮑延毅、葛增福主編:《中國書名釋義大辭典》,濟南:山東友誼出版社,2007年,第813頁。

日本:茨城大、東京都立中央、阪大總、佐野市鄉立博物館、國會、關大、東洋文庫、大阪府立中之島、京大人文研東方、京大人文研本館、東北大、東大東文研、東大總。

福戰實録一卷

【敘録】

《福戰實録》一卷,清林幼蓮撰,日本明治十七年(1884)東京大田信義鉛印本。大本一册。正文四周單邊,白口,無界行,半葉十行,行二十字。

【考證】

此書國内未見著録,或失傳,或並未刊行。日本亦僅公文書館明治十七年岸田吟香鉛印本。岸田氏云:"福州戰事,華人所説,多屬揑飾誇張;西人所傳,間亦多失實。中西各報,論傳百出,概不足信。茲有南臺杞憂山人所録馬江開戰前後情形實録一卷,讀之太覺質直。"則此書於瞭解福戰頗有資料價值。然此書於國内迄無影印、整理之本,研究界亦僅有一篇文章介紹之①。

【影印・整理】

〔日〕長澤規矩也《和刻本明清資料集》第二集。

【公藏】

中國:無。
日本:公文書館。

粤匪大略一卷

【敘録】

《粤匪大略》一卷,清闕名撰,安政元年(1854)緑天山房刊本。大本一册。扉頁上横題"咸豐四年甲寅夏五"。一本前有序,末署"安政甲寅冬日

---

① 黄潔瓊:《關於〈福戰實録〉的研究》,《福建文史》,2006年第4期。

書於長崈緑天山房”字樣;一本前無序,封二有長方形牌記,中署“安政甲寅冬日緑天山房校刊”字樣。正文左右文武邊,白口,單黑魚尾,無界行,半葉八行,行十八字,寫刻本。

【考證】

《粤匪大略》一書國内無存,世間僅此日本刻本。據其另本前序云:“聞西土有朱氏之亂久矣。吾邦俗著已傳海内,然長崎之互市相通已歷三霜。甲寅之年夏,幫初至時帶此書,自道光廿年至咸豐四年五月,閲此始得識其始末。海内之俗書已知其爲僞,自道光廿至咸豐已十又五年,詳賊匪官軍之盛衰消沮,雖記事些少,看之足以知其略。海内諸士讀一過始可破其疑也。”知其所獲爲長崎通商時清人所帶來之書,則此書封面所署之“咸豐四年甲寅夏五”當爲原清刊本刊出之時間。然封二書牌又署“安政甲寅冬日緑天山房校刊”,二者所署,竟在同年(1854)。易言之,清本問世半年之後,和本即告刊出,翻刻之速,不可思議。據日人小島晋治《日本發現的太平天國新史料》之“説明”云:“《唐山逆匪大略》,現藏於長崎縣立圖書館,作者係清朝商人,於1854年寫成,在長崎公諸於衆,翌年用《粤匪大略》的書名在日本出版了。”①若從其説,則此書雖成於清朝商人之手,然於國内却未出版,其携稿本赴日,終由日本書肆刊行。

【影印・整理】

〔日〕長澤規矩也《和刻本明清資料集》第二集。

《粤匪大略》,《太平天國史料》,開明書店1951年版。

《粤匪大略》,《中國野史集成》第四十六册。

【公藏】

中國:遼寧。

日本:群馬大、京大人文研本館、京大人文研東方、一橋大、東北大、高知大、東洋文庫、關大。

---

① 《太平天國文獻史料集》,北京:知識産權出版社,2013年,第37頁。

四、史鈔類

歷代帝王紹運圖一卷

【叙録】

《歷代帝王紹運圖》一卷,宋諸葛深撰,日本五山覆宋本。大本一册。其書主體爲表,一般分七欄,分别列出古今帝王之名、名氏所出、德、都、興作、在位、壽終。左右雙邊,白口,單魚尾,序言半葉六行,行十字。前有署"熙寧九年仲冬月會稽鄉貢進士虞雲序"。另有室町時刊本,則爲四周文武邊,粗黑口,雙順黑魚尾,序言半葉七行,行十一字。又有江户時覆刊室町本,在正史起始處加書耳標正史之名及卷數、作者,末標"二十一史總計自《史記》至《元史》合二千五百十六卷也",署"堀川二條下町山形屋七兵衛開板之",此山形屋七兵衛刊書多在寬文、延寶之時,則此處之覆刊亦大約同時。

【考證】

陳振孫《直齋書録解題》卷四收録有《紹運圖》,云:"諸葛深通甫撰。元祐中人,未詳爵里。其書頗行於世俗。"①知其書彼時尚存,後即失傳。日本所傳有二,一爲此五山版,記録帝王至宋幼帝,則知已爲後人所增。另有一本,《經籍訪古志》載爲"舊板覆宋本,容安書院藏"②,其書更是增補至元順宗,則又後於前本。此本據《經籍訪古志》載,"有'彭叔'朱印。册皮及卷首有'善慧軒'墨印",可知此印書曾經日本高僧彭叔守仙(1490—1555)所藏。國内至光緒間,有貴陽陳榘依和本翻刻之本,總目署爲"光緒十五年"③,然重慶圖書館藏本又署爲光緒二十一年(1895),未知何者爲是。傅雲龍《遊歷日本圖經餘紀後編》爲"昔去日本,以光緒十四年四月十九日航太平洋前一日止,今來日本,以十五年四月二十八日航太平洋至横

---

① [宋]陳振孫撰,徐小蠻、顧美華點校:《直齋書録解題》,第116頁。

② 〔日〕澁江全善、森立之等撰:《經籍訪古志》,杜澤遜、班龍門點校,第109頁。

③ 《中國古籍總目・史部》,第403頁。

濱始",其云"《歷代帝王紹運圖》,中國逸書也。貴陽陳(榘)得宋熙寧本,將付梓人,屬雲龍跋。"①

【影印・整理】

金程宇《和刻本中國古逸書叢刊》。

《日本五山版漢籍善本集刊》影印本。

【公藏】

中國:無。

日本:國會、一橋大、關大、東洋文庫、前田育德會、公文書館、東北大、宮内厅書陵部(五山本),宮内廳書陵部(慶長本)。

歷代帝王編年互見之圖一卷

【敘録】

《歷代帝王編年互見之圖》一卷,宋馬仲虎撰,日本五山刊本(永和二年,即1376),又有寬永六年(1628)覆五山本。大本一册。前有"繁臺馬仲虎"之序。正文四周單邊,白口,雙魚尾,有界行,半葉八行,行十六字,注小字三行,行四十字左右。末有"乾道三年歲次强圉大淵獻授衣旦日贊皇李謹書於後"之識語,並有"永和第二季冬初弦重刊於洛之大用庵"之刊記。另寬永本末有署"寬永己巳之歲閏二月穀旦洛下謙庵道慶謹書於南紀僑居之草廬"之跋、"寬永己巳陽月上旬朝鮮國江陽君苗裔李真榮謹書於紀州"之跋。

【考證】

此書國内未見著録,當已久佚。貴州大學圖書館存此書之抄本一②,然未知何時所抄,然據其將"互"字誤排爲"玄"字可知,或後人據和本抄録,因和本刻印時此字形均類"玄"字。

據作者序云:"其間歷代編年,雖見於經史,而又間有撰集爲之圖者,然皆未有同年互見之詳。今斷自三皇,迄於我宋,集成一圖,其紀年建元、篡

---

① [清]傅雲龍著,傅訓成整理:《傅雲龍日記》,杭州:浙江古籍出版社,2005年,第246、248頁。

② 陳琳主編:《貴州省古籍聯合目録》,貴陽:貴州人民出版社,2007年,第112頁。

奪廢興，並貫穿書之，俾互换可見。”書末之跋亦云：“紹運坐致簡而不詳，紀年通系詳而不備。若乃建立廢興，同年互見，不待遍閱群史，而見諸掌者，其惟斯圖乎！”可知此書之成，或與前述諸葛之書有關。於此，日人亦有同感，謙庵跋即云：“宋諸葛深所著述之《紹運》，不勞心目，迫近易觀者也，猶不能不有簡粗，而不詳盡，惟馬仲虎《互見之圖》者，皇王建邑肇基之業，風教治亂之跡，瞭然而如觀覽之也。”

此書末有朝鮮人之跋，初疑此書或日人據朝鮮本翻刻者，細查此跋，中云：“編年之成於卜齋丈人者，豈偶然哉！此圖乃有宋馬氏仲虎編集刊行，渡於日域，鋟諸梓者二百餘祀矣。世遠人亡，其板泯焉。然而一篇幸存於禪室，其字蠹者什一；於是丈人即抽悠久之志，旁求京師，僅得善本，參考互證，費俸刊鐫。”又云：“幸蒙丈人柔遠之仁，寒暑而賜裘葛，疾病而饋藥餌，以保殘命矣。今也投我以一篇，其簡粲粲，其墨淋淋。”知此人時在日本，應和本刊刻之主持者之請，爲撰跋語耳，並非和本底本所自。

【影印・整理】

金程宇《和刻本中國古逸書叢刊》。

【公藏】

中國：無。

日本：慶應義塾（五山本），蓬左文庫、關大、國會、公文書館（寛永本）。

新鐫古今帝王創制原始一卷

【叙録】

《新鐫古今帝王創制原始》一卷，明人謝紹芳纂輯，陳國樞同訂，明余應虬同訂，明余震編次，日本正保三年（1646）本。大本一册。前有署“眷年弟賴垓頓首拜撰”之《叙》，次爲《凡例》五則。卷端署“閩西甌緒劍謝紹芳纂輯，莆陽任寰陳國樞、潭陽猶龍余應虬仝訂，外孫雨辰余震編次”。正文四周文武邊，白口，有界行，半葉九行，行二十字，小字雙行同。另有文化八年（1811）本，版權頁署“文化八年辛未九月求版”。

【考證】

此書頗有創意。賴垓序云：“聖者作則，賢者述焉；智者創法，愚者囿焉。余觀古先聖王，規天條地，立範垂憲，一何其功侔兩儀，智周萬品，而貽千萬祺以無窮之利也。夫厥初生民，茹毛飲血，攓皮野處，貿貿然與鹿豕何別？迨神聖者出，制之室廬，以安其身；教之種畜，以供其食；訓之蠶織，以給其衣；示之醫藥，以療其疾；仰觀天時，則爲之制干支、定朔望；俯察地利，則爲之疏水泉、通舟楫；中循人事，則爲之製文字、正婚姻；定倫理以至朝覲會同燕享之禮、祭祀音樂歌舞之儀、文事武備器用之具，事靡不周，典罔不飭。"可知其所謂"創制原始"之意。其文自天皇氏制干支始，至燧人氏鑽木取火、倉頡氏製文字，直至明成祖建北京、設四夷館、頒經書性理大全、纂文獻大典，可謂一部"中華文化典制起源録"。其書創意或其來有自。《四庫全書總目》之存目録有明趙釴《古今原始》十四卷，"皆考究事始，提綱列目"，與此謝書正同，即其文字，亦多相近①。趙爲嘉靖甲辰(1544)進士，較謝氏早數十年，然趙書非但篇章繁冗，《四庫全書總目》評其"采摭繁蕪，漫無別擇，又多不注所出。其皇古諸條尤荒陋"，並批駁之云："如'燧人氏'條下云'立傳教臺'，注曰'案教令始此'；'軒轅氏'條下云'帝誓翦蚩尤，乃齋三日'，注曰'此齋戒之始'；又云'命風後爲侍中'，注曰'侍中官名始於此'：此類已極弇陋。又云《黄帝内傳》題籛鏗得於石室，劉向校書得之，注曰'此作傳之始'，更幾於戲劇矣。又'伊耆氏蠟'，詞見於《禮記·郊特牲》，實非僻書，乃列之"女希氏"下，而注曰'後世祭用祝文，皆原於此'，不考殊甚。至謂'五經'之外有'四書'，始於明太祖，則不足與辨矣。"②館臣所批各條，核之謝書均無，謝氏於《凡例》開篇即云："是書博採鑑綱、二十一史及《皇明通紀》《憲章録》《聖政記》，凡關帝王之制作，臣工之創造、民俗之流傳，靡不鉅細畢備，纖悉無遺。間有考據未精、史傳弗載者，概不混入。"似即針趙書濫收之弊而發，則其書或參考趙書，唯其更爲簡嚴而已。

此書賴氏序又云："夫《太玄》初作，桓譚謂其必傳；《三都賦》成，洛陽爲之紙貴。是書一作紀歷朝之典制，遡古初之端倪，拓百家之所未聞，補史乘之所不載，其有功於人世不少，豈與談天雕龍之辨罔裨世用者埒哉！固知操觚染翰之士，得探緒翁之武庫，則其見而愛、愛而傳也必矣。"可惜此書之命運却不盡然，出版不久，即已失傳，歷來書目均所未載，泯滅無痕，尚不如趙氏之書，至清尚有繼之撰述者，清人王文清作《考古原始》六卷，序云："案天下事莫不有始。予向者亟欲爲此書，不意趙君先獲我心而爲之。予於武林舊肆中得其本，閲之甚喜。但以自天皇至陰康氏荒渺無文字可考，

① 參[明]趙釴：《古今原始》，《四庫全書存目叢書》子部第96册。

② 魏小虎編撰：《四庫全書總目彙訂》，第4000—4001頁。

趙本所載頗難據,今依圣经断自伏羲。"①知王氏全不知有謝氏之書也。然此書雖失傳於海内,却無意於東瀛有翻刻繼絶之本,終可使後人得睹真面。按:日本宫城縣圖書館載録《新鐫古今帝王創制原始》一卷,著録爲"明末刊本",然嚴紹璗《日藏漢籍善本書録》未載,不知其詳。然其標爲"伊達文庫"所藏,則當爲伊達正宗(1567—1636)之藏書,此人去世之時,在正保本刊行十年之前,則其所藏必非正保翻刻之本,當爲明本無疑,惜學界未能將此書影印而歸矣。

作者謝紹芳,據《(雍正)浙江通志》卷一四九載:"謝紹芳,《海寧縣志》:字劍緒,福建甌寧人,爲海寧令,設誠力行,與民休息,遇誣命者,應時剖析,溝瀆無冤民,几案無留牘,所全活不可勝數。後擢南臺御史。"②《(民國)杭州府志》卷一二〇又云其"天啓五年知海寧縣"。《謝氏名人録》云其"字守真,萬曆己酉(公元1609年)應天府舉人。著有《編年新書》《古今原始》傳世"③,由所舉之書知其必有依據,較爲可信。《中國古籍總目》録其著述僅有《新鐫編年全書》二卷,然亦僅國圖存孤本④,日本則前田育德會存一種。

序作者賴垓則爲當時之名人。"賴垓(1593—1661)字元式,號宇肩,福建德化人……明天啓七年(1627)秋,由恩貢應順天府(今北京)鄉試中舉人,崇禎元年(1628)春禮部會試中進士。一時'捷北闈,第南宫,以才名爲天下重'。"⑤查《明清進士題名碑》,可知其崇禎元年中進士無誤⑥。然其序末署"眷年弟",則其當與謝爲同年,然其中舉並非同年,未知是否指中進士之時,然《明清進士題名碑》並無謝氏之名。或此"眷同弟"僅爲客氣之語。

陳國樞生平未詳,僅據《(乾隆)福州府志》卷四一載,知其爲"崇禎間貢",且爲陳治(嘉靖三十四年,即1555年舉人)之子。

余應虬則爲有名之書坊主,余象斗之侄、余彰德之子,余繼泉之弟⑦,關於其生平及所刻諸書學界已有細緻之統計,有趣者,於其著述中竟可發現與謝紹芳關係之證據:余應虬著《近聖居四書翼經圖解》有"余氏社盟姻

---

① [清]王文清:《考古原始》,《四庫全書存目叢書》子部第236册,第199頁。

② 《(雍正)浙江通志》,《景印文淵閣四庫全書》第523册,第89頁。

③ 謝宗楷主編:《謝氏名人録》,1998年,第28頁。

④ 《中國古籍總目·子部》,第2065頁。

⑤ 政協泉州市委員會編:《泉州名人故居》,厦門:厦門大學出版社,2007年,第91頁。

⑥ 朱保炯、謝沛霖:《明清進士題名碑録索引》,第2606頁。

⑦ 參[美]賈晋珠:《謀利而印:11至17世紀福建建陽的商業出版者》,邱葵、鄒秀英、柳穎、劉倩譯,李國慶校,第109頁。

弟謝紹芳獻序"①。此之余震既署"外孫",謝紹芳又爲余應虬之"姻弟",則此人或爲余應虬之孫,然賈晋珠所列"潭溪書林余氏世系簡表"並無此人,待考。

此書文化本封面書籤題書名爲"歷朝帝王典制記事",與卷端所署不同。長澤規矩也書目誤將此本與正保本分列二書,且將文化本標爲"二卷"②,似以此爲不同之書,當屬誤録。

【影印・整理】

《北京大學圖書館藏日本漢籍善本萃編》影印本(文化本)。

【公藏】

中國:北大、遼寧(文化本)。

日本:宫内廳書陵部、東北大、前田育德會、國會、宫城縣圖、東大總、公文書館、東北大、東京都立中央(正保本),國會、宫城縣圖(文化本)。

歷代叙略二卷

【叙録】

《歷代叙略》二卷,明梁寅撰,日本天文二十三年(1554)龍山雪齋書院刊本。大本二册。此本題名"歷代序略",其前"歲次辛巳重陽日迪功佐郎國子助教錢塘瞿佑宗吉書"之序又名《歷代叙略題辭》,爲手寫體,序後有三方印章,均爲陽文方印,分别是春秋大學、瞿氏宗吉、存齋。次有"洪武三十四年辛巳歲天正月日南至奉政大夫江西按察使司僉事會稽樓衍宗衡書"之後序,亦手寫體,末有二陽文方印:樓印宗衡,會稽世家。卷端與版心均題云"歷代序略"。正文四周雙邊,白口,雙順魚尾,有界行,每半葉十行,行十七字。書末有日本刊刻者之識語云"此書已後其版未刊,因鏽之梓,留置于龍山雪齋書院,天文甲寅仲冬吉",下有"崇孚"墨印。

江户初期刊本瞿序仍爲手寫體,然題爲"歷代序略題辭",序末無印章;樓氏《後序》移於書尾,已非手寫體,序後亦無印章。正文四周雙邊,白

---

① 參羅開雲:《類書小説〈是路録〉的作者和編撰手法淺析》,《實證與演變——中國文學史研究論集》,上海:上海文藝出版社,2014年,第192頁注3及第198頁附録。

② 〔日〕長澤規矩也:《和刻本漢籍分類目録》,第77頁。

口,單黑魚尾,無界行,每半葉九行,行二十字。

日本貞享三年(1686)淺野久兵衛刊本。扉頁中署“歷代要覽”四篆字,左下署“金昌徐鳳校版”,次之“歷代帝王歌”,次瞿氏《歷代要覽題辭》。正文四周單邊,白口,單黑魚尾,無界行,每半葉八行,行十八字,注小字雙行同,有返送。末有樓氏《後序》。有“城南隱士毛利貞齋點校”“貞享第三丙寅歲仲秋上旬書林淺野久兵衛重惟開板”字樣。

【考證】

本書作者梁寅①,長澤規矩也於《和刻本漢籍分類目録》中著録其書二種,即《歷代要覽》及《歷代叙略》,前者注云“二卷,明梁寅編,貞享三刊,句返送縱,大二”,後者却僅標云“明梁寅編,刊,返送縱,大一”②,似乎編者並未見後書。此外,日本天文二十三年刊本又名《歷代序略》,其實皆爲一書,當以《歷代叙略》爲正,“序略”乃“叙略”之訛,而“要覽”之名,當爲毛利貞齋校訂時所改。

此書明代書目多有載録,如《晁氏寶文堂書目》甚至收録三次(然有一次誤書“序略”),《徐氏紅雨樓書目》亦録③,然晁目僅有書名,徐目多出卷數,亦甚簡略;至高儒《百川書志》方有詳細載録:“皇明臨江梁寅著,凡十三篇。”④然此書於國内失傳,據日本所藏中文古籍數據庫載,知茨城大藏一明刊之本,未知的否。

此書於日本翻刻有三。天文本最早,亦最嚴謹,瞿序及樓序均爲手寫體,當據原本摹刻,且二序後均有印章,亦必爲原貌;又據川瀨一馬檢視,此本亦有初印本與後印本之别,初印本卷末刊記“留置于”下有“東海駿城府”五字,後印本則削去此五字⑤。江户初期刊本已改變行款,且每篇之前加世次之圖,似受前述《歷代帝王紹運圖》之類典籍之影響,未知此爲刊刻者所加,抑或其原本即有?此江户初期刊究刊於何時,或可探討。其書有日本大儒林羅山(1583—1657)之譯本(公文書館有藏本),觀其正文,知底本爲江户初期刊本無疑,則知其本或寛永至明曆間。

---

① 川瀨一馬誤認樓衍《後序》“臨江孟敬梁先生”云云,誤署此書爲“明孟散梁撰”(參《五山版研究》第489頁)。

② 〔日〕長澤規矩也:《和刻本漢籍分類目録》,第77頁。

③ 〔明〕晁瑮:《晁氏寶文堂書目》、〔明〕徐𤊹:《徐氏紅雨樓書目》,上海:上海古籍出版社,2005年,第19、23、27、264頁。

④ 〔明〕高儒:《百川書志》,上海:上海古籍出版社,2005年,第48頁。

⑤ 〔日〕川瀨一馬:《五山版研究》,第489—490頁。

明清書坊之書多雜僞序，然此書前瞿佑之序却可證其爲真。其序中云："都察院都事金華唐君岳爲余言：向在太學，得之於同門友人楊君榮，而楊君又得之於廬陵尹君昌隆。時習爲舉子業，喜其簡明而有便於策論之學，遂筆而録之。後在朝列，而尹君由翰林編修授監察御史，適同僚宷，相共校正甚詳。……將鋟梓以廣其傳，而托余述其所由。"樓氏序亦云："今年秋，予因考績天官，會金華唐公岳以所得於福寧尹公昌隆、助教楊公榮所藏先生所著《歷代叙略》一書示余……余重梁先生發其源於前，今唐、楊、尹三公肆其流於後，以灌以溉，於後來之多士者，誠爲至矣。建寧府建陽縣何君、潘君二公遂命善工傳諸梓，以大其傳焉。"而瞿氏《剪燈新話》附有"永樂庚子秋八月既望金華唐岳書於息軒"之跋，中有云："予昔官臺幕，識錢塘瞿先生於胄監。衆推先生學識俊邁，予請爲《歷代叙略》題辭。"①二者恰可互證，可知此非僞托也。

然此書二序亦頗有齟齬之處。瞿序云"歲次辛巳重陽日迪功佐郎國子助教錢塘瞿佑宗吉書"，瞿氏似乎有意模糊了年號，而樓序則徑署"洪武三十四年辛巳歲"。可知此二序雖同在辛巳（1401）寫出，然刊刻之時，當已入永樂，因朱棣欲將"建文"年號抹去，以"洪武"延續而下。若果爲辛巳所作，則當署"建文三年"（1401）也。

此後序作者署名爲"樓衍宗衡"，則其名或爲"樓衍宗—樓衡"，或爲"樓衍—樓宗衡"。細核文獻，似當以後者爲是，《（雍正）江西通志》卷四七《秩官》即收"樓宗衡"其人，且其恰官"僉事"，與此序所署之"江西按察使司""僉事"均合，則當爲其人。且此亦可由天文本樓序後印章證實之，因其名章爲"樓印宗衡"。

另日本毛利貞齋氏所校訂之貞享本有"金昌徐鳳校版"之標署，則此本所據，或非此前二種和刻之本，而以新傳入之本爲底本。此徐鳳未知其詳。李國慶《明代刊工姓名全録》收一"徐鳳（徐鳳祥、徐祥）"，曾於萬曆間刻湯賓尹之《睡庵稿》②，未知即其人否？

【影印・整理】

《日本五山版漢籍善本集刊》影印本。

《北京大學圖書館藏日本版漢籍善本萃編》影印本。

---

① ［明］瞿佑著，向志柱點校：《剪燈新話》，北京：中華書局，2020年，第176頁。

② 李國慶編：《明代刊工姓名全録》上册，第685頁。

【公藏】

中國:遼寧(貞享本)。

日本:東洋文庫、栗田文庫(天文初印本),國會、京都府立、金澤市立、東洋、慶應(天文後印本),公文書館(江户初刊本),八户市立、宫城縣圖、茨城大學、東京都立中央、東北大(貞享本)。

歷代事跡圖一幅

【敘録】

《歷代事跡圖》一幅,清吕君翰繪刊,日本寬延三年(1750)江户須原屋茂兵衛刊行。木刻墨印,136×124cm。

【考證】

此圖國内已無存,清刻原本現存英國牛津大學圖書館,原名或爲《(天下)分(野)輿圖(古今)人(物事)跡》(圖題有殘缺,括號中爲收藏者擬補),刊於康熙十八年(1679),署"北京吕君翰選録梓行"。是"以明代中國爲中心,兼及周邊諸地區的部族和國家的傳統中國式地域全圖"①。此吕君翰前引注爲"北京",其實此人當爲蘇州年畫經營者,據《蘇州通史》載:"清朝前期是蘇州桃花塢木版年畫的興盛時期,畫鋪有四五十家,大部分設在楓橋、山塘、虎丘和閶門内桃花塢至報恩寺塔一帶,每年出産的桃花塢木版年畫最多可達百萬張以上。有名的畫鋪,前期有季長吉、季祥吉、吕雲臺、吕君翰(吕雲臺之子)、吕雲林……"②吕氏父子之畫作在日本亦有其他收藏,如有人提及"在蘇州最早開業的吕雲臺、吕君翰父子刻印的《孝悌皆天性》(現藏於日本天理圖書館)畫版上,也刻有不准翻刻的字樣"③。

此圖據《内閣文庫漢籍分類目録》載,題爲"歷代分野之界 古今人物事跡"④;然據日本所藏中文古籍數據庫公文書館所收則爲《南北兩京十三省

---

① 李孝聰:《歐洲收藏部分中文古地圖敘録》,北京:國際文化出版公司,1996年,第157—158頁。

② 王國平、唐力行主編:《蘇州通史・清代卷》,蘇州:蘇州大學出版社,2019年,第392頁。

③ 王坤:《義成永畫店田野調查報告》,北京:中國戲劇出版社,2011年,第97頁。

④ 《内閣文庫漢籍分類目録》,第136頁。

圖考》;諸橋轍次《大漢和詞典》中又引爲“吕君翰之《满清輿地全圖》”①;然長澤目及蓬左文庫所收均題名爲《歷代事跡圖》。細查日本各圖書館所藏,宫内廳書陵部、國會、東大總、前田育德會及東北大學題名均爲“歷代分野之圖 古今人物事跡”(東北大學前半句爲“歷代漢土分野圖”),宫内廳書陵部注云“一名歷代事跡圖”,知此圖之題當以“歷代分野之圖 古今人物事跡”爲正。則可知前揭《内閣文庫漢籍分類目録》名爲“歷代分野之界”,“界”字當誤認其原圖上篆體之“圖”字也;又藏於牛津大學者因題殘而擬補之後半全對,前半之“天下”實當爲“歷代”也。

其圖爲經折裝本,共四折,上爲五彩之飛龍,下横題“歷代分野之圖 古今人物事跡”,其下有長篇之識語,共一百零八行,行六字。中間主體爲詳圖,其山川風物、疆域河山均有詳細標注。下爲“南北兩京十三省圖考”,共九十六行,每行約五十五字,有雙行小字注。末題“康熙己未端陽月北京吕君翰選”,次署“大日本寛延庚午冬十月,東都醫官潮月主人桂川富甫弌騰録”,“桐江滕忠充、西勢吕直道檢閲”,“畫工:宫川長春;彫工:正田方秀;仝:坂口一珍”。即此亦可知公文書館之名實爲圖之一隅。然“歷代分野之圖 古今人物事跡”似非圖題,可稱廣告之語而已。詳圖意及其下之圖考,其或當以“南北兩京十三省圖”爲名,庶幾得實。

【影印·整理】

無。

【公藏】

中國:無。

日本:公文書館、蓬左文庫、宫内廳書陵部、國會、東大總、前田育德會、東北大。

便蒙鑑略一卷

【叙録】

《便蒙鑑略》一卷,清周二監撰,日本明治三年(1870)須原屋伊八刊本。中本一册。扉頁中署“便蒙鑑略”,右上署“明治三年官許本”,左下署

① 〔日〕諸橋轍次:《大漢和詞典》,東京:大修館書店,卷三第138頁。

"千秋白雪樓藏梓"。正文四周文武邊,白口,板框分上下兩欄,上欄爲注解,半葉十二行,行五字;下欄爲正文,每半葉六行,行八字。卷端署"清鑑湖竹叟著",版權葉上標"江都書林",下署"淺草茅町二丁目,須原屋伊八"字樣。

【考證】

據長澤目著録,此書在日本有元禄九年(1696)中野小左衛門刊本,又有寺田興右衛門正晴改換書名爲《歷代鑑略》之本,同年又有山口忠右衛門富紹改名爲《便蒙指南鑑略》之本,最後即此明治三年本①。然其餘三本即日本之公藏亦未見,或均已佚。

此書頗類《千字文》,以四字一句之方式,將綱鑑縮略,全文共一千零九十五字,亦與《千字文》相侔,然其製作頗粗劣。如始云"盤古初分,天地蒙屯。三才首出,六合甫亨。天皇地皇,無爲而成。穴居野處,飲血茹腥"。然僅此陋劣之本,國内亦已不存。筆者藏有清末刊《便蒙鑑略》,署"竹山居士纂修",似與此有關,然正文爲七言韻語,實非同書。

關於此書作者,明治本僅署"清鑑湖竹叟",日本各圖書館著録時多徑録爲"周鑑湖"或"周竹叟"。按國内似僅北京大學圖書館有藏抄配之《便蒙指南鑑略》,原當爲李盛鐸舊藏,署"清周二監輯,清勉耘堂刻本(首尾抄配)"②。日本公文書館、新潟縣圖、及東北大學亦藏有清刊本,據公文書館本,其書扉頁中題書名,右署"後學鑑湖竹叟父纂輯",左下署"勉耘堂梓行",上横書"蘇紫溪先生評定"。書前有署"西河同學弟毛甡僧開氏譔"《序》:"周子二監與予讀書於城東草堂,窮經之餘,研練史學,且好倣錢唐僧如曉畫竹,因名竹叟。甲乙以後,經學、史學俱不見用,而竹叟之名獨傳,乃猶輯前後《通鑑》,檃其捷録所尤簡者,韻以四言,而接蒙誦,名曰《鑑略》……昔梁時散騎侍郎周子思纘嘗集《千文》,爲蒙誦之祖,今二監重爲此書,論者謂二周子前後一轍……而二監從唐虞相嬗,及歷代以來是非正變、治亂得失之數,使孩提誦讀,口受心記,千秋之下,指顧可了。則是書所繫,較《千文》爲尤重,而猶晦其名,而名以竹叟,則世之傳竹叟者概可知已。"據此,知著者爲周二監,檢《兩浙輶軒續録》卷十收有"周二監",云"字姬撰,諸暨諸生,著《西岩詩鈔》"③,而此書序作者毛甡即毛奇齡,爲蕭山

① 〔日〕長澤規矩也:《和刻本漢籍分類目録》,第77頁。

② 《北京大學圖書館藏李氏書目・史部上》,北京:北京大學圖書館,1956年,第34頁。

③ 〔清〕潘衍桐輯:《兩浙輶軒續録》,《續修四庫全書》第1685册,第244頁。

人,與諸暨爲鄰,可知當即同一人。毛氏序中"甲乙以後"云云,當爲"甲申以後"隱語,則其書雖粗陋,然似亦有寄託在焉。

校此和本及清刻本,正文相同,惟和本將原本插於正文間之簡注移於書眉,並有所簡省,亦偶有增添,且删書前毛氏之序。

【影印・整理】

無。

【公藏】

中國:無。

日本:國會、東北大、東京都立中央。

五、詔奏類

六諭衍義一卷

【叙録】

《六諭衍義》一卷，清范鋐注釋，日本享保六年（1721）刊本。大本二册。前有署“享保六年辛丑十月十一日甲斐國臣物茂卿拜手稽首奉教敬撰”之《官刻六諭衍義叙》，次署“康熙四十七年初夏廣陵七十一叟竺天植鏡筠氏書於瓊河古驛”之《序》，次爲“蠡城范鋐題於樂我園之自濬軒”之《自序》，後有二印，一云“厚德全在心中”，一云“唯願吾家子□孫以耕讀爲本”。卷端署“蠡城范鋐縉雲注釋”。正文四周單邊，白口，單魚尾，有界行，半葉八行，行二十字。末有署“古會稽范鋐聲皇氏並識”之跋，後有二印，一陰文方印曰“老大一閑人”，一陽文方印曰“字曰聲皇”；次署“康熙戊子歲蒲節琉球國正議大夫程順則寵文謹跋”之《重刻六諭衍義跋》。版權頁署“享保六辛丑歲十一月吉日”。

【考證】

“六諭”指明太祖所頒之“孝順父母、尊敬長上、和睦鄉里、教訓子孫、各安生理、毋作非爲”，《六諭衍義》即對此六諭疏解之作。此書國内無傳本。琉球使者程順則將此書携至冲繩刊行，之所以如此，程氏跋語中解釋云：“會稽范聲皇先生著有《六諭衍義》，旁引曲喻，詳且悉矣……予必爲之重梓之者，蓋以五方風氣迥殊，語言各别，普天率土，共準正音。琉球孤懸溟渤之外，土語鄉談，較之海内尤異之異，惟是世受皇恩，入都貢獻，往返萬有餘里，其間津吏之問答，貢務之諮詢，不解正音，有扣莫應……毋乃不學者之過耶！抑亦無術以導之故也。導之者，其惟讀書乎？然六經四書，多微言奥旨，只可自喻於心，何能日宣之於口？惟是編字字是大道理，却字字是口頭話，男女老幼莫不聞而知之，教者省力，學者易曉，導之之術，莫有善於此者。……既可學正音，兼可以通義理，有明心之樂，無梗耳之言，一舉兩得，予所以重梓而傳之，擇國中俊秀可備貢使之選者，日而講，月而熟，他年答津吏而咨貢務，語语正音。”可知既充語言教材，亦可正人心，以當儒家經典之用。再據物茂卿序云:"是歲冬,有司奉教梓行《六諭衍義》,乃以茂卿旁嫺象胥之學也,政府行本府特召俾譯進,又俾作敘敘其由。"知此書由琉球傳至日本,由日本之官方刊行此書。此書後於日本影響甚大,相關著述甚多,不具論。

另東京都立中央圖書館特別買上文庫有中山久四郎舊藏一清刊本,不全,缺後半,版心下部有"雪堂彙輯本"字樣,未知是否即此和本之底本。

【影印・整理】

無。

【公藏】

中國:北大、遼寧、大連。

日本:所存甚多,不備録。

陸宣公奏議四卷(聯腋書院本)

【叙録】

《陸宣公奏議》四卷,唐陸贄著,日本安政六年(1859)聯腋書院木活字排印本。大本四册。前有署"乾隆丙寅二月後學蔭千江榕"之序,次權德輿原序,次《順宗實録》之紀,次蘇軾《進奏議劄子》,次譚昌言《擬陸宣公從祀廟庭説》。正文四周單邊,白口,單黑魚尾,版心下有"聯腋書院擺刷"字樣,無界行,半葉十三行,行二十二字,注小字雙行同。後附《陸宣公年譜輯略》一卷、《得讀陸宣公奏議始末》一卷。末有署"安政六年丁未季夏日東都田口文之校記於聯腋書院"之跋。

【考證】

此本據其序知,當以清人江榕刊本爲底本者。江氏序署乾隆丙寅,即乾隆十一年(1746),然《中國古籍總目》未録乾隆本,僅録光緒十一年(1885)淮南書局刻本①,較此和本爲晚。據全國古籍普查數據庫,知此乾隆刻本有温州、紹興、寧波天一閣、嘉興四處有藏,然均爲浙江之中小圖書館,大館均無,故破例收入。按:《中國古籍總目》録山西文物局有乾隆十

---

① 《中國古籍總目・史部》,第3570頁。

一年聯腋書院活字本,或將此和本誤作唐本,因此書肆爲日本書肆,曾於安政五年(1858)以木活字印行《李西涯擬古樂府》,且此書之末田口文之跋已明署"聯腋書院"之名,而中國文獻中並未出現此書肆。

【影印・整理】

無。

【公藏】

中國:無。
日本:大阪府立中之島、關大、東北大、京大人文研東方。

陸宣公奏議十二卷

【叙録】

《陸宣公奏議》十二卷,唐陸贄著,日本文久三年(1863)明倫館刊本。大本六册。前有《宋進呈奏議劄子》、《唐名臣陸宣公傳》(清人朱軾《歷代名臣傳》)、《陸宣公年譜輯略》,次"采石安西遵寫"之"宣公真像"。正文四周文武邊,寬黑口,單黑魚尾,有界行。半葉九行,行二十一字,注小字雙對同,行間有圈點及側批,書眉偶有校語,無返送。末有署"道光六年歲次丙戌八月世孫以莊"跋文,次"道光十三年六月桐城後學李宗傳"跋,次"道光四年冬月四川分巡永寧道金山周藹聯"跋,末"道光四年歲在甲申仲冬月中浣裔孫成本謹書於宜賓官署一榻清風之軒"之《重刻陸宣公奏議跋後》。

【考證】

陸贄奏議歷來翻刻極多,然此清道光陸氏三十七代孫陸成本刊行者,國内未見,似已無存。此和本清人董士恩稱之爲"日本翻刻蜀刻本"①,陸氏跋云"書於宜賓官署",則當爲陸成本官於蜀地時翻刻者,東傳入日,日人以此爲底本翻刻行世。

【影印・整理】

無。

---

① [唐]陸贄撰,王素點校:《陸贄集》,北京:中華書局,2006年,第837頁。

【公藏】

中國：湖南、遼寧。

日本：所存較多，不備録。

陸宣公奏議四卷（葛氏評點本）

【叙録】

《陸宣公奏議》四卷，唐陸贄著，明人葛鼒評，日本明治二年（1869）刊本。中本四册。此書多個版本間偶有不同。一般扉頁均標"清葛氏原本，日本桑原先生校"字樣，所署書肆則各有不同。明治三年（1870）後印本前有"明治庚午秋七月"越橋逸人《書陸宣公奏議後》，次"鷲峰逸人桑原忱撰"《葛氏評點陸宣公奏議序》，卷一前録《陸宣公傳》，權德興序、蘇軾《進讀劄子》。正文四周單邊，白口，單黑魚尾，有界行，半葉十行，行二十字，有少量返點。每篇之末有葛氏評點，書眉有少量校語。

【考證】

此書實自崇禎九年（1636）葛氏所輯《古文二編》中擇出單行者，本不當闌入，然葛氏書存世情況亦頗複雜。《四庫全書總目》將其《古文正集二編》收入"總集類存目"之中，云："是书题曰《二编》，当以先有《初编》，此为续集。"①然所言有誤，此書之前爲"正集"，即名《古文正集》，而此"二編"則名《古文二編》，若云《古文正集二編》，則囊括正集與二編而言之。知館臣未見《正集》原書，臆度之辭也。之所以未見《正集》，確因其書存世稀少之故。今存者，據《中國古籍總目》僅録上海一家，然《中國古籍總目》不過例舉而已，再據《中國古籍善本書目》，知有九家有藏，然其間僅北京師範大學圖書館所藏爲全本，餘皆不全。據"全國古籍普查登記基本數據庫"所録亦僅七種，其中全者仍僅北師大一種，安徽師大所存惟《正集》，寧波天一閣殘存《正集》之卷三、四，餘四家皆爲二編，然河南大學圖書館存本僅六册，石家莊市圖書館存七册八種（黄山谷集、楊龜山集、王梅溪集、朱子大全、陸象山集、陳龍川文集、真西山集、文文山集），則收録陸宣公奏議者，或僅南開大學及蘇州大學二家而已。因其每篇之末有葛氏之評點文

① 魏小虎編撰：《四庫全書總目彙訂》，上海：上海古籍出版社，2012年，第6582頁。

字,其書不甚流傳,故爲後之輯録者失收(如董士恩所輯者即無此書)。

另需稍作考辨者,即此書之輯録評點者究爲何人。《中國古籍總目》著録時前後有誤重,其前收"葛端調編次諸家文集",署"葛鼐";後又收"古文正集二編",署"葛鼒、葛鼐"①,實前書即《古文二編》。四庫館臣對此已有辨云:"舊本題葛鼐、葛鼐評輯。楊廷樞、顧緗二序及鼐自爲序,言皆不及鼒,文中評語亦止載鼐字。蓋鼒爲鼐兄,附名其間,實則鼐作也。鼐字端調,吴縣人,崇禎庚午舉人。"②此亦當下大多工具書所録之名③。而魏小虎彙訂《中國古籍總目》時,據殿本將"鼐"字改爲"鼏"字。據《江蘇藝文志》載,葛錫璠有子數人,長子葛鼎,次子葛鼐,三子葛鼒,四子葛鼏④,則葛鼏實有其人,據其《古文正集》《二編》所刊,其人應即鼏也,鼏字端調,爲崇禎三年(1630)舉人。

【影印・整理】

無。

【公藏】

中國:重慶。

日本:東北大、京大文、群馬大、宫城縣圖、東洋文庫、東京都立中央、鹿大、民博、早稻田。

---

① 《中國古籍總目・集部》,北京:中華書局、上海:上海古籍出版社,2012 年,第 2806、2962 頁。

② [清]永瑢等:《四庫全書總目》,影印,北京:中華書局,1965 年,第 1763 頁。

③ 如梁戰、郭君一:《歷代藏書家辭典》,西安:陝西人民出版社,1991 年,第 419 頁。

④ 《江蘇藝文志・蘇州卷》,南京:江蘇人民出版社,1996 年,第 1964—1966 頁。

六、傳記類

孔子通紀八卷

【叙録】

《孔子通紀》八卷，明人潘府著，日本慶長間(1596—1615)古活字印本。大本四册。前有“弘治辛酉歲七月朔台人謝鐸”《讀孔子通紀序》，又有署“弘治十四年辛酉歲秋八月上旬吉翰林院國史檢討徵仕郎後學西蜀劉瑞”《孔子通紀序》(按：此人之序收于其《五清集》卷七)，次《孔子通紀總解》，次《孔子通紀凡例》八條。卷端署“廣東提學副使上虞潘府校著，弟建陽縣典史潘正捐俸刊行”。正文四周雙邊，黑口，雙對魚尾，無界行，半葉九行，行十六字。末有“弘治甲子仲夏後學吉水羅僑”識語，次“嘉靖壬戌秋八月龜巖李楨”識語，次“嘉靖癸亥正月陽川許曄”識語。

【考證】

明人潘府《孔子通紀》一書，據謝巍《中國歷代人物年譜考録》所録，國内僅安徽省圖殘存卷二至卷四①，此後即朝鮮活字本與日本活字本。日本者爲慶長間古活字本。王寶平主編《中國館藏和刻本漢籍書目》著録大連存“日本刻本”，實當誤，此書日本並未再有刻本②，如長澤目即未録此書。另日本宫城縣圖存有朝鮮本，臺灣省“國家圖書館”存一“清嘉慶八年(1803)朝鮮泰仁田以采朴致維刊本”。筆者曾見一朝鮮活字本，然印行甚晚，爲朴南鉉續刊，此人據哈佛燕京所藏朴南鉉《陽亭榮問録》後所附履曆書知其生於同治三年(1864)四月二日，則朝鮮除早期活字本外，此後尚有印行者。

卷八末有作者之識語云：“弘治丙辰三月，府登太山，明日過闕里，公乃陪府謁孔廟、謁孔林及遊泗水亭、顔樂亭，遍訪聖蹟，而别時府初修《通紀》，蓋欲事事親閲之也。公周旋作興，未嘗有倦容。迨己未，書未成，而孔

---

① 謝巍：《中國歷代人物年譜考録》，北京：中華書局，1992年，第8頁。

② 王寶平主編：《中國館藏和刻本漢籍書目》，第28頁。

廟已盡火矣。府懼聖蹟之少泯也，乃亟修之。辛酉始脱稿。逮今癸亥，乃苟完焉。府既幸孔廟之遲火而歎書成之有數，復追闕里之遊，忽忽八載，而感予生之易老也。"知其於弘治九年(1496)謁孔廟，十四年(1501)脱稿，十六年(1503)完成。此識語後又刊者之識語云："《孔子通紀》一書，蓋南山潘先生提學東廣按部於新會出以示僑者也。僑得之，不敢自愛，遂捐俸鋟梓以廣其傳云。時弘治甲子仲夏後學吉水羅僑謹識。"知其刊於成書之次年。

此書朝鮮與日本均有印本傳世。一般而言，和本多據朝鮮本翻刻。然即此書言之，却未必然。朝鮮本末有識語云"此編舊本即天啓五年十月日長城府刊行，而年久板壞，且編帙斷爛，所存無幾，故謹考重刊"，此當爲朝鮮人之刊行識語，和本凡據朝鮮本翻刻者，多保留朝鮮人痕跡，而此本無之。且此本末又有"嘉靖壬戌秋八月龜巖李楨"識語及"嘉靖癸亥正月陽川許曄"識語，朝鮮本無之。則朝鮮本當據弘治原本翻刻，而和本則據嘉靖時之重刻本印行。

【影印・整理】

《和刻本四部叢刊》影印本。

【公藏】

中國：北大、大連。

日本：公文書館、市立米澤、東洋文庫、蓬左文庫、大阪府立中之島、茨城大學、前田育德會。

孔子聖跡之圖二卷

【敘録】

《孔子聖跡之圖》二卷，明張楷撰，日本寬永七年(1630)刊本。大本二册。一圖一文，半葉八行，行十二字，四周單邊，黑口，雙魚尾，無界行。末有"弘治丁巳季春月朔日吉府重刊"之《聖跡圖跋》，又有"時寬永上章敦祥仲夏吉辰洛陽下嘉休刊行"字樣。

【考證】

此書據《中國古籍總目・史部》所録，有正德、嘉靖、隆慶、萬曆以及清代之多種刻本存世[①],然未見更早之本存世。一般認爲,此書最早之本當爲正統本及弘治吉府本:前者之證據源自書前有撰者張楷寫於正統甲子之跋;而後者之證則爲《明史·諸王傳》所載:"吉簡王見浚,英宗第七子。生於南宫。天順元年封,時甫二歲。成化十三年就藩長沙。刻《先聖圖》及《尚書》於嶽麓書院,以授學者。"[②]然吉府本未見存世。此和刻本末署"弘治丁巳季春月朔日吉府重刊"字樣,則其祖本正當爲弘治十年(1497)吉府本。據長澤規矩也《和刻本漢籍分類目録》所載,稱其爲"覆朝鮮"本,則此和本仍非徑據吉府本翻刻者,當來自朝鮮所刊。

鄭振鐸編《中國版畫叢刊》第一輯收入正統九年(1444)之刊本《聖跡圖》,認爲"這部正統本《聖蹟圖》爲諸本之祖",並稱其"在中國版畫史上是一部珍奇的大作品。在十五世紀中葉,中國木刻畫的創作是相當寂寞的。不意中却出現了這部奇花,怎不值得我們特别重視! 畫家的筆力是很充沛的,顯出唐、宋二代的豪邁的人物畫的作風來……刻工的刀法也簡捷有力,每一線條都是斬釘截鐵般的剛勁,看起來覺得很痛快。每一幅版畫裏,人物、背景和器具等等,相當的繁多,却整整有條,毫不見得繁瑣。"[③]然沈津認爲鄭振鐸判斷有誤:"鄭作正統本之依據在書之卷首《史記·孔子世家》後有正統甲子張楷跋。實際上,明正統九年本今已不存於世,鄭藏本應是據正統本的翻刻本。一九六三年文物出版社出版的《西諦書目》已經修正爲明嘉靖二十七年瀋藩朱胤栘刻本。"[④]沈氏意見,於學界影響頗著,如《中華再造善本·明代編》收入此書時,其提要即據沈文所擬,以鄭氏所斷爲誤[⑤]。然究其實,恐不盡然。沈氏所云,當指《西諦書目·史部傳記類》所載第一種《聖蹟圖》(即編號爲"補609"者,明確署爲"明嘉靖瀋藩刊本"[⑥]。然鄭氏藏《聖蹟圖》有八種之多,僅明刊者即五種,沈氏據此即認爲其已"修正爲明嘉靖二十七年瀋藩朱胤栘刻本",恐未爲當。事實上,沈氏未注意此條之下一條,即編號爲"補610"者。《西諦書跋》録鄭氏爲此書所撰叙録,後加按語云:"原書爲明正統九年甲子刊本,係先生得於北京琉璃廠效賢閣者。店主人裴連順(1913—1972),字效先,河北棗强人;陳杭弟子,收山西鄉間書最多。原書及跋文所舉之明嘉靖瀋藩刊本今並歸北京圖書館,

① 《中國古籍總目·史部》,第674—675頁。
② [清]張廷玉等:《明史》,北京:中華書局,1974年,第3637頁。
③ 鄭振鐸編:《中國版畫叢刊》第一輯,上海:上海古籍出版社,1988年,第390—392頁。
④ 沈津:《〈聖迹图〉版本初探》,《孔子研究》,2003年第1期。
⑤ 《中華再造善本續編總目提要》,北京:國家圖書館出版社,2017年,第113—114頁。
⑥ 鄭振鐸:《西諦書目》,北京:文物出版社,1963年,葉二四A面。

《西諦書目》卷一、葉二四上著録,分别編號爲補六一〇及補六〇九。"[①]細查《西諦藏書善本圖録》,對此二書皆收入,"補610"者仍標爲正統本,並附書影二幅;"補609"則標爲"瀋藩朱胤栘刻本",亦附書影二,其一與前重覆,可資比照;另附其末"皇明親王瀋藩南山子薰沐拜書"之跋[②]。故沈氏以鄭振鐸僅因其本有正統甲子張楷跋即認定其爲正統本,恐非是。想來瀋藩本當不會被誤認,因其末有相關之跋語,而此正統本無;此外,鄭氏自藏二本,或當仔細對勘,判定瀋藩本爲對正統本之翻刻。尤要者,鄭氏影印其本時,正統本前數葉已有殘缺,其以嘉靖本補足,於其影印之本中特地標出,若能細察此書,則不當疑其誤認。另,亦有學者徑判云"《中國古代版畫叢刊》中影印之正統九年刊本,實際是明弘治十年何廷瑞新增九圖本"[③],未提供任何證據,則不足辯。

【影印·整理】

無。

【公藏】

中國:無。

日本:前田育德會、早稻田。

孔聖全書十三卷

【叙録】

《孔聖全書》十三卷,明安夢松撰,黄大年校,日本寬文八年(1668)武村八郎兵衛刊本。大本二册。前有署"萬曆丁酉歲季秋月上浣之吉賜進士第承事郎翰林院編個豫章雲嶠劉曰寧撰"《孔聖全書叙》,次有"時龍飛萬曆己亥歲仲春之吉書林鄭雲竹鋟梓"字樣,又有"萬曆戊戌季夏上浣閩莆方應儆謹序"之《孔聖全書序》,後有"萬曆己亥歲季春宗文書舍繡梓"字樣,次爲"萬曆戊戌冬十月後學安夢松"《自序》;序末有孔子像。卷端署"後學予喬安夢松纂,後學省庸黄大年校,書林雲竹鄭世豪梓"。正文四周

① 鄭振鐸撰,吴曉鈴整理:《西諦書跋》,北京:文物出版社,1998年,第43頁。
② 國家圖書館古籍部編:《西諦藏書善本圖録》,北京:中華書局,2008年,第24—27頁。
③ 《聖蹟圖》,影印,武漢:湖北教育出版社,1994年《前言》。

單邊,白口,單魚尾,無界行,半葉十二行,行二十字,有返送。末有"武夷後學尚文甫哀宗周題"《孔聖全書跋》,並有"寛文八戊申仲春吉旦武村三郎兵衛刊行"之牌記。

【考證】

此和刻本《孔聖全書》實據鄭氏萬曆刊本翻刻。據《中國古籍總目·史部》知,有萬曆二十六年(1598)書林鄭世豪刻本,國圖、中科院、安徽藏,國圖所藏不全,又録國圖存萬曆二十七年(1599)本鄭雲竹本,然亦僅存卷一至七①。據此書刊記知此鄭世豪字雲竹,則《中國古籍總目》所録二種實爲一種。則此書國内所存完帙不過二種,此和刻本亦可珍矣。

【影印·整理】

《和刻本四部叢刊》影印本。

【公藏】

中國:大連。

日本:東京都立中央、國會、島根縣圖、岩國徵古館。

孟子全圖一卷

【敘録】

《孟子全圖》一卷,明佚名撰,日本江户永樂屋東四郎刊本。大本一册。前有《孟子全圖序》。版心題"孟子故事"。正文四周單邊,下黑口,雙對魚尾,無界行,每葉行數不等,視圖文相配之餘地,行二十四字,無返送。正文末有蓮臺形牌記署"萬曆戊戌歲仲秋月安正堂劉雙松氏梓"。廣告葉末有"永樂屋東四郎藏板"字樣。

【考證】

此和本據萬曆二十六年(1598)劉雙松安正堂本翻刻。劉氏本國内未

① 《中國古籍總目·史部》,第532頁。

見,日本静嘉堂文庫①、蓬左文庫、早稻田有存。此書版式較爲特别,每葉之B面與下葉之A面組爲一體,然於下葉A面之後半刻文字,前半則與上葉B面合爲大圖。故其每葉有圖,所刻之圖雖稍簡略,亦頗存有明版畫風貌。

按:此劉雙松爲晚明建陽著名刻書家,然方彦壽《增訂建陽刻書史》僅提及此人,後即羅列劉氏數代共營之"安正堂"所刻書,亦無此《孟子全圖》②;且《福建歷代刻書家考略》列與劉雙松同族之劉玉田、劉龍田、劉孔年、劉舜臣、劉孔敦、劉肇慶、劉弘毅、劉剡、劉文壽等人③,却未録此人。然僅據日本所藏中文古籍數據庫即可知,其刻書極多,有萬曆二十二年(1594)《勸戒圖説》四卷,萬曆二十六年《顧仲方百詠圖譜》二卷,萬曆二十七年(1599)《鍥太上天寶太素張神仙脉訣玄微綱領宗統》七卷,萬曆三十五年(1607)《新鍥全補曆法便覽時用通書大全》四十卷,萬曆三十五年《全補文林妙錦萬寶全書》三十八卷,萬曆四十年(1612)《新編古今事文類聚》二百一十一卷,還有時代不詳之《孔孟聖迹圖》《鼎鍥全像按鑑唐鍾馗全傳》四卷等。此外尚可補充萬曆二十二年《新刻瓊琯白先生集》十四卷,萬曆二十三年(1595)《鐫玉堂厘正龍頭字林備考韻海全書》十六卷,萬曆二十五年(1597)《醫學指南捷徑》六卷,以及《鍥王氏秘傳知人風鑒源理相法全書》十卷,《鍥王氏秘傳叔和圖注釋義脈訣評林捷徑統宗》八卷,《鍥王氏秘傳圖注八十一難經評林捷徑統宗》六卷等。

此和本未署刊刻日期,據其"永樂屋東四郎"之題署,輔以書籍形制,當刊於寬政至文政間(1789-1828)。此後明治三十五年(1902)及三十六年(1903)均有後印本。

【影印·整理】

無。

【公藏】

中國:無。

日本:國會、早稻田、京大附圖。

---

① 參《静嘉堂文庫漢籍分類目録》,第155頁。按:此目置此書於經部孟子之下,實未爲當,當入史部傳記類中。

② 方彦壽:《增訂建陽刻書史》,第288—291頁。

③ 此數人之關係,請參〔美〕賈晋珠:《謀利而印:11至17世紀福建建陽的商業出版者》,邱葵、鄒秀英、柳穎、劉倩譯,李國慶校,第104頁。

魏鄭公諫録五卷

【叙録】

《魏鄭公諫録》五卷,日本享和二年(1802)木活字本。大本二册。前有署"正德二年歲次丁卯春二月朔賜進士文林郎臨監察御史齊安曾大有識"之序。正文四周文武邊,白口,單黑魚尾,有界行,半葉九行,行十九字。末有茂陵馬萬頃識語,次"陳叔進舍人得本以屬予客馬叔度校正,凡謬誤一百四十五字,刊於齋。淳熙己亥十月上浣吴興李",末有"神祖厭代之後,以駿府蒐裒遺物頒三宗室,此其一種也。藏在文庫,我公命活板於明倫堂,永爲治道之資云。時享和壬戌十二月也"之識語。

另有文政十二年(1829)官板本,與享和本幾同,惟版面小有變動:左右文武邊,半葉九行,行二十一字。末無享和識語。

【考證】

此書和本爲明正德二年(1507)曾大有本之翻刻,正德原本存世極少,《中國古籍總目》僅録國圖一種①,全國普查目亦無新增。日本亦僅静嘉堂有一正德本,原爲陸氏十萬卷樓藏書②。此書國内後來刊本亦稀,先是有康熙秀野草堂本,然存世甚少,《中國古籍總目》未著録(另,《中國古籍總目》所録"閭丘辯囿本"爲上海所藏,然檢上圖則標爲康熙間刻本,或即秀野草堂本),全國僅有復旦、重慶、陝西、北大數家有藏。另據全國普查目知中國民族圖書館有所謂道光九年(1829)刻本二册,頗疑即爲日本文政十二年官板本。

此本末有茂陵馬萬頃識語,當即"淳熙己亥十月上浣吴興李"識語中所言之"予客馬叔度",以其名、字當自《世説新語》載黄"叔度汪汪如萬頃之陂"一句而來。

【影印・整理】

無。

---

① 《中國古籍總目・史部》,第683頁。

② 《静嘉堂文庫漢籍分類目録》,第267頁。

【公藏】

中國:北大、華師大、遼寧、上海(文政本)。

日本:茨城大、公文書館、蓬左文庫、國會、宮内廳書陵部(享和本),文政本所存甚多,不備録。

朱子年譜三卷

【敘録】

《朱子年譜》三卷,明朱境編,日本寬文六年(1666)井上忠兵衛刊本。大本四册。首册先爲"宣德六年冬十二月既望德興後學孫原貞"所作《文公先生年譜重刊序》,次朱熹八世孫朱湛識語,次洪武二十七年(1394)"九月三日庚子後學汪仲魯"所作《文公年譜序》,次"太師徽國文公真像",下有括蒼葉公回識語,次爲歷代文之文公像贊。此册半葉八行,行十六字。正文四周文武邊,白口,單黑魚尾,無界行,半葉七行,行十四字,注小字雙行同。書末版權頁署"寬文六年丙午孟陬良日"。

【考證】

此書謝巍《中國歷代人物年譜考録》徑録和刻本①,知此書國内傳本甚罕見,《中國古籍總目》僅録一種,存於安徽省圖書館②。按此書和本最早者爲寬文六年本,謝書録有寬永六年(1629)本,當爲誤録。又,此書又有後印之本,於"寬文六年丙午孟陬良日"後又署"大坂書坊河内屋八兵衛",則似又與下書爲同一書坊合刊者。

【影印・整理】

無。

【公藏】

中國:無。

日本:京産大、宮城縣圖、新發田市立、茨城大、前田育德會、九大六本

① 謝巍:《中國歷代人物年譜考録》,北京:中華書局,1992年,第196頁。

② 《中國古籍總目・史部》,第864頁。

松、廣島大、民博、蓬左文庫、國士館、阪大總、東京都立中央。

朱子年譜外記二卷

【叙録】

《朱子年譜外記》二卷,元脱脱、明戴銑撰,日本寬政元年(1789)嵩高堂刊本。大本一册。上卷卷端署"元脱脱撰",下卷卷端署"後學明婺源戴銑輯"。左右文武邊,白口,單魚尾,版心下有"崇高堂刊"字樣,有界行,半葉十一行,行二十二字。書末版權頁署"寬政紀元己酉九月開彫",

【考證】

此書上卷録自《宋史》,故署元脱脱,下卷則爲明戴銑所撰,當係自戴氏《朱子實紀》中節出者。此書謝巍《中國歷代人物年譜考録》著録,然所列均爲和刻本①,知國内已無存本,抑或爲日人將《宋史》本傳與戴氏書合成者,亦或爲國内書肆所爲。謝書另著録有寬永六年(1629)刊本,然未見,按此書爲崇高堂刊行,此書坊刻書多在寬政前後,則謝書所録或有誤。

【影印·整理】

無。

【公藏】

中國:無。

日本:國士館、茨城大、新發田市立、東北大、九大。

鄭成功傳二卷

【叙録】

《白麓藏書鄭成功傳》二卷,清鄭亦鄒撰,日本安永三年(1774)木村孔恭蒹葭堂刊本。大本二册。封里中題書名"國姓爺鄭成功傳",左題"清閩海鄭居仲著",書名下署"稱觥堂、揚芳堂同梓",右下有長方形"浪華木氏

---

① 謝巍:《中國歷代人物年譜考録》,第195頁。

校勘於蒹葭堂”章。前有署“皇東明和辛卯冬之白金龍道人敬雄題浪華僑居”之《刻鄭成功傳叙》,卷端題“白麓藏書鄭成功傳”,下署“清閩海鄭亦鄒居仲著,日本浪華木孔恭世肅校”。正文四周單邊,白口,單魚尾,書口上刻“鄭成功傳”,版心下署“蒹葭堂”三字,有界行,半葉九行,行十八字。

【考證】

鄭亦鄒爲鄭成功後人,康熙三十二年(1693)中舉,康熙四十五年(1706)進士。鄭亦鄒目擊鄭成功事,故能詳言之。然乾隆四十一年(1776)其書遭禁,“書坊不敢藏板,無處可購”,故國内無其刻本,國圖存二抄本,未知年代。知此書僅以和刻本流傳。

【影印・整理】

〔日〕長澤規矩也《和刻本明清資料集》第二集。

【公藏】

中國:國圖、辭書、大連。

日本:關大、九大、東北大、大阪府立中之島、神户市立中央、一橋大、國會、公文書館、長崎大經濟。

歷代君臣圖像二卷

【叙録】

《歷代君臣圖像》二卷,高宗哲編,日本有慶長間古活字本,後又有慶安四年(1651)覆刻本,二者基本一致。大本二册。前有署“成化二十三年歲舍丁未夏四月吉旦賜進士承事郎紹興府莆田周進隆”《續刊聖賢圖》,又有署“正統三年夏六月致行在翰林院修撰同修國史事承務郎東吴張洪力疢書”之《題聖賢像》,再次爲署“嘉靖四年閏十二月大夫議政府左贊成兼判義禁府事知經筵事弘文館大提學藝文館大提學知春秋館成均館事世子貳師臣李荇奉教謹序”之《歷代君臣圖像序》。正文四周雙邊,黑口,雙對魚尾,無界行,半葉十行,行十五字,有返送。慶安本末有“慶安四年辛卯五月吉日御幸通長倉町安井宗左衛門尉開板”字樣。

【考證】

《歷代君臣圖贊》前有成化間周進隆序，日本數家圖書館即署爲周編，實誤，周序云“紹興郡齋舊有《聖賢圖》一卷”云云，其僅重刻而已。據第二篇張洪序則知此當爲高宗哲所編。按：全書録一百零二人，中一人爲“高太尉”，詫以爲高俅，諦視之，原爲高瓊。檢視張洪序方知，此書作者高宗哲爲高瓊後裔。“宗哲之用心，蓋爲其祖高太尉居多。太尉諱瓊，宋朝名將。當將北虜入寇，太尉親擁真宗車駕過澶州北門橋，大呼曰：‘六軍心膽，盡在陛下身上。’北虜見其輕出若不加意，爲之氣奪，和議遂成。”又，後有朝鮮嘉靖四年（1525）弘文館學士李荇序，云：“内出孔聖畫真一軸《歷代君臣圖像》一帙，命揀弘文館員制贊以進。”則知此書每叙事迹之後數句像贊乃朝鮮人所爲。

另：周進隆爲福建莆田人，曾官紹興推官，與其序全合。

【影印・整理】

無。

【公藏】

中國：無。

日本：國會、蓬左、大垣市立、市立米澤（慶長活字本），東大總、早稻田（慶安四年覆刻本）。

孝經列傳一卷

【叙録】

《孝經列傳》一卷，明胡時化編，明陳文慶原繪，江户中期刊本。大本一册。前有署“永樂十八年五月十一日”之《御製孝順事實序》，序後有胡時化萬曆三十七年（1609）之識語，目録之後又有胡氏識語，全書之末有胡氏之跋語。書一圖一文，正文左右文武邊，白口，單黑魚尾，魚尾上署“孝經列傳”，下署卷數，最下標葉數，然此書正文均署“卷之七”，葉數則連排至一百七十四。有界行，文之板框分上下欄，上欄爲校訂之用，下欄文字半葉七行，行十五字。

【考證】

此書國内僅存萬曆刊孤本,藏於廣東省社會科學院①。此本每篇均有圖,首圖中署"金陵陳文慶繪",第九葉圖左下角署"談志遠刻"四字。據載,陳文慶曾於萬曆四十三年(1615)刻《喻林》一書;談志遠則曾刻萬曆間《痘疹心法》、萬曆十六年本《隸釋》、萬曆間《明典禮志》等;前述萬曆四十三年本《喻林》另有一刻工名"談志達",則或與此談志遠爲兄弟行②。此本之卷數與葉數等均與明本同,知爲明本之覆刻。故著録此書時,有稱"不分卷"者,有稱"七卷"者,《中華再造善本》則稱之爲十二章,亦無可如何之法,此仍視之爲一卷或較爲當。

國家圖書館曾據廣東所藏明本收入《中華再造善本・明代編》之中。《中華再造善本續編總目提要》於此書提要之末又有識語云:"此書並非經典之作,又殘缺不全,本可不選。爲慎重起見,事先曾請當地專家前往代審,但未得許可;攝制底片時,隨去編輯雖發現了問題,亦未及時反映;責任編輯以爲片子已作,不加編印亦是浪費,遂發稿編入。終審者言。"③可知對此書是否入選意見不一。由版刻角度言,此書可以不必入選,然就珍稀程度言,則自爲"再造善本"應有之義。然或意見之不一影響此書甚大,其本當入史部,却誤闌入經部。

【影印・整理】

無。

【公藏】

中國:大連。
日本:山梨縣圖、東大總、前田、公文、佐賀縣圖、東北大、慶應。

伊洛淵源録十四卷

【叙録】

《伊洛淵源録》十四卷,朱熹撰,日本文政七年(1824)官板本。大本四

① 《中國古籍總目・史部》,第576頁。
② 李國慶編:《明代刊工姓名全録》上册,第47、518—519頁。
③ 《中華再造善本續編總目提要》,北京:國家圖書館出版社,2017年,第31頁。

册。前有"成化癸巳冬十月既望賜進士第通奉大夫浙江等處承宣布政使司左布政使孝感張瓚"之《重刊伊洛淵源録序》,次"至正癸未十月朔後學昭武黄清老"《伊洛淵源録序》、"至正癸未十月既望後學趙郡蘇天爵"《伊洛淵源録序》。正文左右文武邊,白口,單黑魚尾,有界行,半葉十行,行二十字。末有"至正九年己丑春三月朔永嘉李世安"《伊洛淵源録後序》。

【考證】

日本翻刻《伊洛淵源録》實較此本爲早,即慶安二年(1649)即有據明嘉靖八年(1529)高賁亨本(其有楊廉增修及謝氏續編六卷)翻刻者,然此官板本非慶安本之衍生本,乃據成化九年(1473)高瓚本翻刻。成化本國内所存極少,《中國古籍善本總目》與《中國古籍總目》僅録一浙江圖書館藏本①,則其所存較元刊本爲少,故此和刻官板本亦可珍之。何況此本亦有獨特之價值,據《朱子全書》所收此書點校者戴揚本云:"文政本雖爲成化本之翻刻,版式一仍其舊,但錯字却明顯少於祖本,顯然文政本是做過不少工作的。"②

【影印・整理】

無。

【公藏】

中國:四川。

日本:東大總、新潟大、宮城縣圖、静嘉堂文庫、大阪府立中之島、國會、實踐女子、公文書館、山梨縣圖。

唐才子傳十卷(五山本)

【叙録】

《唐才子傳》十卷,元辛文房撰,日本南北朝時期覆刻元刊本,然此本今日本亦僅公文書館有藏。大本三册。正文左右雙邊,黑口,雙魚尾,有界行,半葉十二行,行二十二字。又有董康誦芬室珂羅版影印五山本者,特大

① 翁連溪編校:《中國古籍善本總目》,第383頁;《中國古籍總目・史部》,第583頁。
② 《朱子全書》第十二册,第914頁。

本二册。目録葉從下向上依次有“遵義黎庶昌之印”“星吾海外訪得秘笈”“宜都楊氏藏書記”“楊守敬印”,邊框外又有“善慧軒”印。卷一與卷六之首亦均有“遵義黎庶昌之印”,惟卷一此印鈐於版框右下“文房”二字之上,卷六則鈐於右側中間空白處,右下方則爲“星吾海外訪得秘笈”之印。

此外又有元和、寛永中古活字本,然極罕見。其行款、版式與前本均同。

【考證】

《唐才子傳》爲瞭解唐代詩人生平資料之重要著作,據書前作者之引,知成書於元大德八年(1304),“傳成,凡二百七十八篇,因而附録不泯者又一百二十家,厘爲十卷”①。然其書問世百年之後,却已佚於中土,若欲求全本,則當訪之東瀛。

《四庫全書總目》云:“考楊士奇《東里集》有是書《跋》,是明初尚有完帙。”此亦可得文獻之支持,即其所云“《永樂大典目録》於‘傳’字韻内載其全書”,既録全書,則彼時尚有完帙可知。然所載稍有小誤,即云《唐才子傳》被收入“傳”字韻中,至今學界仍受此誤導②。檢《永樂大典目録》可知,此書實收於卷二六四九至二六五二“才”字韻下而非卷一六八五三至一六八五七的“傳”字韻下③。細核乾隆時所編《永樂大典存目》可知,彼時“傳”字韻並未佚失④,則前云“‘傳’字韻内載其全書”或館臣之偶誤。此之疏誤亦可解釋:此書爲詩人傳記,於四部之中當隸史部傳記類,故四庫館臣或有先入爲主之見,然《永樂大典》編纂時却將其全書置於“才”字韻,此或與《大典》編者所據之元刊本形態有關:現據日本五山本及珂羅版影印本可知元刊本原貌,其版心正以“才”字簡稱此書。四庫館臣未見元刊本,自未慮及此節。

此書散佚後,乾隆時四庫館臣又據《永樂大典》輯出八卷。《四庫全書總目》云:“今‘傳’字一韻適佚,世間遂無傳本。然幸其各韻之内尚雜引其文。今隨條摭拾,裒輯編次,共得二百四十三人,又附傳者四十四人,共二

---

① 傅璇琮主編:《唐才子傳校箋》第一册,北京:中華書局,1987 年,第 2 頁。

② 如《中國詩學大辭典》辭條(浙江教育出版社 1999 年版,第 1322 頁)與金程宇《和刻本中國古逸書叢刊》中《唐才子傳》之解題(收入《東亞漢文學論考》一書,第 165 頁)。

③ 《永樂大典》第十册,影印,北京:中華書局,1986 年,第 83、524—525 頁。

④ 《永樂大典存目》,《國立北平圖書館館刊》第六卷第一號,參張升編:《〈永樂大典〉研究資料輯刊》,北京:北京圖書館出版社,2005 年,第 409 頁。

百八十七人。謹依次訂正,厘爲八卷。”[①]可知此書雖佚,然《永樂大典》全文收録,則似亦未佚;然命運多舛,《永樂大典》亦有闕卷,全文收録此書之卷帙亦佚,故仍亡佚;幸而《永樂大典》别卷尚有雜録,四庫館臣即逐條輯出,然書雖重現於世,却已非全帙——一者少百餘人,二者輯出之條目亦多不完整。故海内之有完璧,仍需依靠日本傳本之舶歸。

楊守敬於日本訪書時訪得南北朝刊本[②],《日本訪書志》雖未著録此書,並非楊守敬不欲著録,其於書前《緣起》中云:“皇侃《論語疏》、《群書治要》及《佚存叢書》久已傳於中土,此録似勿庸贅述。然《皇疏》有改古式之失,《治要》有鈔本、活字二種,他如《古文孝經》《唐才子傳》《臣軌》《文館詞林》《難經集注》(皆在《佚存叢書》中),彼國亦别本互出,異同疊見,則亦何可略之。”可知其計劃著録,然“精力衰頹,襄助無人”[③],故未完成。然其於光緒辛丑年(1901)所刻之《留真譜》,即録《唐才子傳》書影二幅,其目録頁有“善慧軒”印[④];湖北省博物館收藏楊守敬自留藏書目録《鄰蘇園藏書目録》,其中即録有《唐才子傳》,下注有“應永古板”字樣,書名鈐有“日本古刻本”戳記[⑤]。可見楊氏將此藏本明確定爲日本應永(1394—1427)刻本。另檢楊氏《觀海堂書目》,共録《唐才子傳》二種,一爲“日本慶長活字本”,一爲“日本刊本”[⑥]。此批藏書後均被運至臺灣,收藏於臺北故宫博物院。臺北故宫博物院網站上即可查閱,編號“故觀 011811—011812”,所謂“故觀”,即原故宫觀海堂藏書,確爲楊守敬舊藏,定其版本爲“日本南北朝刊本”,收藏印記有“星吾七十歲小像”朱長、“楊守敬印”白方、“朱師轍觀”白方、“宜都楊氏藏書記”白方、“星吾海外訪得秘笈”朱方、“尊義黎庶昌之印”朱長(按:此印辨識有誤,“尊”當作“遵”,“朱長”當作“白長”)、“善慧軒”橢圓墨記;可見此本正爲孫氏所云楊守敬訪得之本,亦可知《留真譜》所摹刻者,即爲楊氏求得之五山本。且此本之末尚有楊氏題記云:“此本狩谷望之求古樓所藏,森立之云蓋即五山板本,余以所藏日本他五山

① 魏小虎編撰:《四庫全書總目彙訂》,第 1900 頁。

② 國内學界頗以此爲元刊本,當誤,詳參李小龍:《〈唐才子传〉散佚及日本傳本考》,《北京社會科學》,2021 年第 7 期,此不贅。

③ [清]楊守敬:《日本訪書志》,清光緒刊本,《緣起》第 5—6 葉、《序》第 2 葉。

④ [清]楊守敬編:《留真譜》,第 443—444 頁。

⑤ 湖北省博物館編:《鄰蘇園藏書目録》,上海:上海辭書出版社,2009 年,第 5 頁。

⑥ 何澄一編撰:《故宫所藏觀海堂書目》,北京:北平故宫博物院圖書館,1932 年,卷二第 9 葉 A 面。

本照之，信然的是，係日本舊刻通行俗字，可覆按也。"①則其爲五山本，確然無疑。

然則此書又如何爲楊守敬求得？其書前有"善慧軒"的印章，由《經籍訪古志》②及《藏園群書經眼録》③等書中往往可見有其鈐印之書。《經籍訪古志》所録《漢書》另本注云："末記'天文七稔戊戌九月十七日，善慧山人四十九齡'。有'守仙'印。每卷首有'善慧軒'印。"可知此印爲日本高僧彭叔守仙（1490—1555）所用，則其當於此書覆刊不久即收藏。再據《經籍訪古志》著録《唐才子傳》，云"卷首有'善慧軒'印記"，知楊守敬求得者即此書。其於書名下注云"舊板本，求古樓藏"。知爲日本著名藏書家狩谷望之（1775—1835）藏書，則此書或由狩谷售於楊，或其轉森立之再售於楊。

據《經籍訪古志》及臺北故宫博物院網站著録，此書卷末有朱書"文安己巳六月十八日申刻於瑞松西窗朱點終"字樣，故森立之推測"即知此本爲應永前後所刊"，此亦楊守敬標注"應永古板"之來源——恰於此同時，中國所藏《唐才子傳》之孤本却正在火災與人禍之中由全而闕，由闕而佚。

因文化傳統之差異，此則記載頗引中國藏家之疑。上海圖書館藏日本正保刻本之末有王修跋，其引森立之語後云："彼以有'文安己巳'朱題，定爲應永前後刊本，朱墨題識後人可加，疑爲作僞，不甚可據，或其著録之本不能古於是本，未可知耳。考正統十三年戊辰爲彼土文安五年，明年己巳正統十四年，彼國改元爲寶德元年，是文安無己巳可知；况扶桑三島决不有如吾國漢、晋時，改元至半載，以疆域遼闊，南北閡隔，民間尚有不知者。"④然此於日本年號使用體制頗存誤解：中國改元多需延至次年元月，以示尊重；日本則隨時可改。故每至改元之時，前一年號實已延續一段時日，改元之後，唯可以後統前。寶德元年（1449）實自七月二十八日始⑤，故此六月十八日仍爲文安六年（1449）。若爲此年，則題此識語者尚非彭叔守仙，因較其人出生尚早四十一年。

又此五山本《唐才子傳》另有訪得之者，即較楊守敬稍晚至日爲公使

---

① ［日］阿部隆一：《楊氏觀海堂善本解題：中國訪書志一》，東京：慶應義塾大學附屬斯道文庫，1970年，第81頁。

② ［日］澁江全善、森立之等撰：《經籍訪古志》，杜澤遜、班龍門點校，第28、98、109、120頁。

③ 傅增湘：《藏園群書經眼録》，第743頁。

④ 陳先行、郭立暄編撰：《上海圖書館善本題跋輯録》，上海：上海辭書出版社，2017年，第181頁。

⑤ 參《日本史年表》（增補版），東京：岩波書店，1995年，第130頁。

館隨員之姚文棟,據王謇《續補藏書紀事詩》云,其"家有昌明文社書庫,藏十六萬卷,以日本版本爲最多"[1],又顧廷龍"年輕時曾到南翔姚文棟家拜訪。當時姚文棟家收藏的從日本帶回的刻本和鈔本放滿了兩個大房間"。可惜這些藏書或散佚於義和團戰亂中,或於 1938 年爲日軍炸燬。然其後人抄録有一份精善書目,中即有"日本應永年間刊本唐才子傳十卷"[2]。

五山本刊行約二百年後,又有元和、寛永間活字本,此本行款與五山本全同,五山本特有之異體俗體字,此本亦同,可見主事者之精細(重雕異體活字殊爲不易)。然五山本與此古活字本均存世極稀:目前五山本僅知有楊藏本及公文書館藏本(另據金程宇叙録,尚有成簣堂文庫本);古活字本據前引《故宫所藏觀海堂書目》知森立之曾云此"最爲罕見",今可考知者,除楊氏藏本外,日本亦僅静嘉堂文庫及東洋文庫各藏一部而已。故流傳於世之最佳者非董康珂羅版影印五山本莫屬。

金程宇《和刻本中國古逸書叢刊》收入董氏影印本,解題云"民國董康東遊時曾購得東福寺善慧軒舊藏五山版一部(今不知所在),以珂羅版影印行世"[3],稍有微誤:一者董康未購得五山本《唐才子傳》,之所以有此微誤,或與文獻界一直以來之誤解有關,傅增湘先生即曾録《唐才子傳》之"日本五山刊本",標爲"董康藏"[4];一者其影印底本亦爲楊守敬藏本;一者此書現仍存於臺北故宫博物院[5]。

目下國内文獻界於董氏影印此書似不甚重視。《中國古籍總目・史部》於《唐才子傳》僅録版本三:一爲《四庫全書》八卷本;二爲三間草堂本;三爲由《佚存叢書》派生之本,如《指海》本、《粤雅堂叢書》本、《江氏聚珍版叢書》本、《中國文學參考資料小叢書》本,竟未及董氏影印本[6]。實此本非但重要,且珂羅版承印能力有限,故即此書亦頗珍稀。據查,此珂羅版目前可考者日本所藏約七八種,國内則似僅北大(藏有多種,一標爲"清末遵義黎氏",又有標爲"民國董康"者)、吉大二家,餘則未見。

---

① 倫明等撰,楊琥點校:《辛亥以來藏書紀事詩(外二種)》,北京:北京燕山出版社,1999 年,第 162 頁。

② 參陳捷:《人物往來與書籍流轉》,北京:中華書局,2012 年,第 374 頁。

③ 金程宇:《東亞漢文學論考》,第 165—166 頁。

④ [清]莫友芝撰,傅增湘訂補,傅熹年整理:《藏園訂補郘亭知見傳本書目》,北京:中華書局,2009 年,第 322 頁。

⑤ 黄永年:《碑刻學》,《黄永年文史論文集》第四册《文史論考》,北京:中華書局,2015 年,第 269 頁。

⑥ 《中國古籍總目・史部》,第 580 頁。

【影印・整理】

金程宇《和刻本中國古逸書叢刊》。

《和刻本四部叢刊》影印本。

傅璇琮主編《唐才子傳校箋》，中華書局2000年版。

孫映逵《唐才子傳校注》，中國社會科學出版社2013年版。

【公藏】

中國：台北故博（五山本）。

日本：公文書館、成簣堂文庫舊藏本（二部）、武田家（内藤湖南舊藏）本（以上五山本），愛知大、京産大、神户市立中央、九大六本松、東大總、立命館・立命館大學（董氏影印本）。

唐才子傳十卷（正保本）

【叙録】

《唐才子傳》十卷，元辛文房撰，日本正保四年（1647）京都上村二郎衛門刊本。大本五册。正文四周文武邊，粗黑口，雙對黑魚尾，無界行，半葉十行，行二十字。末有"正保四年丁亥芒夏，上村二郎衛門開板"字樣。

【考證】

此正保本當據五山本刊行，其時代亦甚早。然刊印較粗率。《佚存叢書》本後林衡之跋云"坊刻頗多舛訛"，又云"今據此（五山本）以考訂坊本之誤"，中之"坊本"即當指此本。然此書刊行之時，正值國内原本失傳，百餘年間，辛氏之書僅賴此刻本以傳，亦有功於《唐才子傳》。

【影印・整理】

無。

【公藏】

中國：上海、大連、湖南、廣東、國圖。

日本：龍野歷史文化資料館、東京都立中央、神户大、東北大、群馬大、東大總、一橋大、新潟大、京大附圖、京大、山口大、九大、關大、宮城縣圖、國會、山梨縣圖、市立米澤、前田育德會、宫内庁書陵部、公文書館。

唐才子傳十卷(《佚存叢書》本)

【叙録】

《唐才子傳》十卷，日本享和二年(1802)天瀑山人(林衡)收入《佚存叢書》(第三帙)以活字排印。大本五册。正文四周單邊，黑口，單黑魚尾，有界行，半葉十行，行二十字，無返送。前有第三帙目録，識語云“右二種校勘粗完，刷印竣功，又成一套以繼前集。享和三年癸亥暮春天瀑山人識”，末有跋，署“壬戌仲春月念六日天瀑識”。

【考證】

林衡跋云：“有稱五山版，係數百年前物，審其版樣，蓋得元槧而翻雕之，字畫精整，紕謬極少，間有其本，世稱罕遘。余家舊藏一部，今據此以考訂坊本之誤。”知林氏當據前録之五山本排印。然爲與《佚存叢書》一律，將原本之行款由十二行二十二字改爲十行二十字，反與其所不屑之正保本同。另，此本亦頗有訛誤。楊守敬曾校過，云：“以天瀑印本較此書(即五山本)，則相異者不下千字。余初疑天瀑所據或别一本，後又得慶長活字本，則與此本全同，知亦即從此本出，而天瀑印本即係其臆改，不盡因活字排板多謬誤也。此本亦略有誤字，然視天瀑本，高出天淵矣。倘使《指海叢書》刊此書，因天瀑顛倒錯亂以四庫所輯殘本校之，其兩通者附注於下，而不知其爲林氏所改，非辛氏原文也。”又云“大抵辛氏原文多古拙，林氏所改則通暢近時矣”(據楊跋手跡)。可知此本亦未必可靠。然此本附《佚存叢書》而回傳禹域，衍生衆多之十卷刊本。却爲《唐才子傳》和本系統中影響最大者。

古列女傳八卷、新續列女傳三卷

【叙録】

《新刻古列女傳》八卷，漢劉向撰，日本承應二年(1653)小島彌左衛門刊本。大本八册。前有“萬曆丙午孟春日新都黄嘉育懷英父撰”之《新刻古列女傳序》，序末有“黄嘉育印”“懷英氏”二陽文方印，又有“汪其瀾仲觀父書",附"其瀾""仲觀"二陽文方印;次"嘉祐八年秋日長樂王回撰"之《古列女傳序》,草書體;再次曾鞏《古列女傳序》,草書體;次小序,序末有"嘉定七年甲戌十二月初五日,武夷蔡驥孔良拜手謹書"之識語,末有"孔良"陰文方印。卷端署"漢光禄大夫劉向子政撰,明錢唐後學胡文焕德甫校"。正文四周單邊,白口,綫魚尾,無界行,半葉十行,行二十字。每傳一文一圖。卷八末有"承應二年癸巳八月穀旦,室町通鯉山町小島彌左衛門板行"字様。

《新續列女傳》三卷,日本承應三年(1654)小島彌左衛門刊本。首則出自《閨範圖集》,故卷端署"明黄希周偕商山州來氏諸子所輯也凡六卷",以後每則注出不同之書。無圖。書末有"承應三年甲午五月穀旦,室町通鯉山町小島彌左衛門板行"字様。

【考證】

因和刻本署"明錢唐後學胡文焕德甫校",故依常理其所據之底本當爲明人胡文焕所刻。劉賽先生亦曾對此書進行考辨,並云:"由於日本江户時代刻書經常號稱采用中國原版爲底本,此行文字的真實性值得懷疑,如果此行文字屬實,而非日本書商借重我國明代非常有名的胡文焕文會堂,那麼可以説明胡氏文會堂的確曾刊刻過劉向的《列女傳》,相反,如果此行文字爲日本書商假冒胡氏文會堂之名,則胡氏文會堂刊刻《列女傳》一事就不敢定論。"此態度較爲謹慎。然後文論列之時,却又傾向於否定,如云:"總體説來此本刻意模仿我國明代黄嘉育本的色彩非常明顯,而此本增加的蔡驥槧印實際在我國現存諸本中根本就不存在,諸此種種更加令人懷疑,此本多半是日本書商借重冒充'文會堂'堂號,實則依照當時傳入日本的余氏勤有堂本和黄嘉育本翻刻而成。"①

此論似可商榷。梳理和本可知,彼時有多種胡文焕刊行之書爲日人翻刻行世。如前録寬永十九年(1642)《新刻助語辭》,然前有"萬曆壬辰季秋吉旦錢唐胡文焕識於文會堂"之《助語辭序》,公認當爲胡氏所刻。還有明曆二年(1656)《新刻事物紀原》、延寶元年(1673)《新刻褚氏遺書》、延寶二年(1674)《新刻事物異名》、元禄二年(1689)《新刻聽雨紀談》、寶永七年(1710)《新刻錦帶補注》、寶永八年(1711)《新刻華佗内照圖》、正德六年(1716)《周憲王救荒本草》等,均爲日人翻刻,亦均可於胡氏所刻叢書中

① 劉賽:《劉向〈列女傳〉及其文本考論》,復旦大學2010年博士論文,第68—69頁。

找到①,知此數書均無問題。

以上諸書均有一共同特點,即書名前有"新刻"二字,此亦可見胡氏刻書之風格:多覓舊書翻刻,並標"新刻"字樣以爲招徠。此《古列女傳》前亦有此字,而《四部叢刊》所收黄嘉育本卷端並無此二字標識,可證此爲胡氏所加。

劉先生又云:"在蔡驥《列女傳識》之後更增一'孔良'槧印。'嘉定七年甲戌十二月初五日,武夷蔡驥孔良拜手謹書'這一落款也是黄嘉育本没有的,反倒與阮氏《文選樓叢書》本相同。"此實非和本作僞之證,反爲正面之證。一般而言,書籍刻印時,手寫字體序跋及其後印章,多較費工,故初版之時,多保留原樣,後之翻刻,序跋多簡化爲匠體字,而印章亦多删去。此和本之末印章較黄嘉育本爲多,正可證其底本或更早(《四部叢刊》所收黄嘉育本將黄氏之序亦佚去之)。至於"嘉定七年甲戌十二月初五日,武夷蔡驥孔良拜手謹書"之落款,黄本原無,若爲日人僞造,時間、人物及人物之籍貫、名、字皆如此清晰,恐日人未必有此功力,且其"與阮氏《文選樓叢書》本相同",亦可知非日人僞造者。細查《四部叢刊》影印黄本,知此本之所以無落款,實爲節省版面所致:此葉前二行爲小序文字,後底一格刻蔡驥識語,和本與黄本行款全同,但此葉之 B 頁仍有三行文字,一行爲識語之末行,另二行分别爲蔡氏所署"嘉定七年甲戌十二月初五日"及"武夷蔡驥孔良拜手謹書"。黄本爲省 B 面,欲將文字全集中於 A 面,故删去小序與識語之間《列女傳識》四字一行之標題,故節省一行篇幅,將識語末行文字提至此面,故識語完整,B 面僅剩落款,則全部删去。

其實,前所述已頗可定論,然尚不能敲定。另有一證則可定讞。即胡氏《格致叢書》中確收"《新刻列女傳》八卷"②,與和本完全吻合。若承認以上推論,再諦審此和本,當可看出,其字體與黄本頗近似,雖受制於江户前期日本刻工雕版技術之局限而風神稍遜,然仿真程度已較高,尤其書前二篇手寫體之序,刻版難度極大,然此亦與原本極似。尤要者,黄本之圖得鄭振鐸之高度評價:"這部書的插圖,甚爲豐富,人物形象清秀極了。全部木刻畫幾乎全是以絶細絶柔却又絶爲剛勁的綫條構成的。全部是一部完整的美術創作集,没有絲毫的火氣,是徽派木刻畫裏最成熟的作品之

① 以上各書分别見於《中國古籍總目·叢書部》,第 192、199、192、194、194、196、199 頁。
② 《中國古籍總目·叢書部》,第 191 頁。

一。"①細審和本仿刻之圖，与黄氏原本不相上下，遠較字體與原本相似度爲高。

亦須提及者，此和本除八卷《古列女傳》之外，另有《續列女傳》三卷，此三卷非黄嘉育本之舊，亦非來自胡氏之本（前引胡氏《格致叢書》明確仅有《古列女傳》八卷），则或爲日人據别本補刊。然亦未必如是，據嚴紹璗《書録》載，日本有署"漢劉向編撰"《（新刻）古列女傳》八卷、"明黄希周編撰"《新續列女傳》二卷者，署"明萬曆三十四年（1606）序新都黄氏刊本"，則和本或據此本亦未可知。

【影印・整理】

《和刻本四部叢刊》影印本。

【公藏】

中國：上海、遼寧、浙江、華師大（後二家僅存新續三卷）。

日本：所存甚多，不備録。

自號録一卷

【敘録】

《自號録》一卷，宋徐光溥撰，日本享和三年（1803）江户昌平坂學問所官板刊本。大本一册。前有"西齋譚友聞明之謹序"之《自號録序》。正文左右文武邊，白口，無魚尾，有界行，半葉九行，行録二號，每號下注人姓名。末有"正正壬寅九月廿五日丁卯華亭孫道時寫於泗北村居映雪齋時年六十又六也"之跋，並録錢曾《讀書敏求記》一則。末頁左下角有"享和三年刊"字様。

【考證】

《自號録》一書最早爲阮元將其抄入《宛委别藏》，此後《十萬卷樓叢書》將其付刻，然已至光緒年間②。故此日本享和三年官板本爲此書現存

① 鄭振鐸：《中國古代木刻畫史略》，《鄭振鐸全集》第14册，石家莊：花山文藝出版社，1998年，第325頁。

② 《中國古籍總目・史部》，第1007頁；《中國古籍總目・子部》，第2053頁。

最早刊本。

【影印・整理】

無。

【公藏】

中國:科學。
日本:所存甚多,不備録。

讀史論略詳注一卷

【叙録】

《讀史論略詳注》一卷,清杜詔撰,清唐桂注,日本文政八年(1825)須原屋茂兵衛刊本。大本一册。扉頁中題書名,右上署"竽齋石阪先生閲",右下有"千里必究,不許翻刻"陰文長方印,左署"東都書肆千鍾房發行"。前有"文政甲申冬十有二月東都侍醫法眼石坂宗哲廷玉甫撰"之《刻讀史論略序》,次"文政七年甲申孟秋上浣江户它山處士唐公愷鴻佐並撰"之《刻讀史論略序》,次王澍序,次"雍正庚戌冬杜詔自識"之序,次"乾隆丙申孟夏苕南吴運隆耿陽氏書於崇賢書院之西園"之序,次"乾隆乙未仲秋唐桂自識"之序。正文左右文武邊,粗黑口,單黑魚尾,有界行,半葉十行,行二十字,注小字雙行同。末有石坂宗貞摹刻"西城尚藥山本啓春院先生"行書尺牘一通。版權頁署"文政八年乙酉夏六月發兑"。

【考證】

杜詔之《讀史論略》刊本甚多,然唐桂之詳注則僅乾隆四十六年(1781)一刻①,此刻存世亦無多,據《總目》所載,僅黑龍江、吉林、南京三家有藏。此和刻本晚於乾隆本四十餘年,於此不甚有名之書,亦可稱速。按:爲此書作序者多指潘榮《通鑑總論》之误,則此書或據潘書而發。杜氏序中云:"余撰《讀史論略》,蓋因陽節潘氏之《通鑑總論》而作也。其通首全無結構……至若胡穎殺妖蛇、雲長秉燭達旦、陳三却衣凍死諸俚語,尤可爲啞然失笑者也。世俗刊布《通鑑》小本,每以此冠諸卷首,學者多童而習

① 《中國古籍總目・史部》,第483頁。

之,貽誤不少。"《三國演義》中"秉燭達旦"一節之增插乃清人毛綸父子所爲,金文京先生有專文論此①,而杜氏此語,亦早揭之矣。

【影印・整理】

〔日〕長澤規矩也《和刻本漢籍隨筆集》第十四集。

【公藏】

中國:人大、遼寧、大連、國圖。
日本:所存甚多,不備録。

表忠崇義集二卷、附一卷

【叙録】

《表忠崇義集》二卷、附一卷,清陳兆奎等撰,日本嘉永四年(1851)伊勢松浦武四郎刊本。大本三册。扉頁中大字題"表忠崇義集",上小字標"陳化成、劉國標",右署"嘉永辛亥新鐫",左署"多氣志樓藏板"。前有"嘉永辛亥端午前一日齋藤馨叙於古香書屋"之《表忠崇義集序》。目次署云"上海:陳兆奎、印經、戴宏琦全録""朱淳薰、印江、唐紹辛校字"。正文四周單邊,白口,單魚尾,有界行,半葉十行,行二十一字,無返送。末有"嘉永辛亥肇冬日伊勢松浦弘謹識"之跋。

【考證】

陳化成犧牲於鴉片戰争,後人追思極多。《冷廬雜識》卷七有"陳忠愍公"條,既載陳事較詳,亦與此書有關,故具録之云:"同安陳忠愍公化成,由行伍積軍功,官至提督,封振威將軍。故例,提鎮不得官本鄉,上以非公莫能膺海疆重任,破格授厦門提督。道光庚子,英夷擾浙東,命沿海嚴防,特移公江蘇。抵署甫六日,聞舟山失守,即帥師馳赴吴淞口,審度險要,列帳西炮臺側以居,三易寒暑,未嘗解衣安寢。優待士卒,犒之厚,而自奉甚儉,或饋酒肉,必峻却之,時有'官兵都吸民膏髓,陳公但飲吴淞水'之謡。每潮來,必登瞭望,戒軍士曰:'平時宜休養,毋輒來轅,如有警呼之不應,刑毋赦。'……壬寅四月,乍浦失守,公益鼓勵軍士,以大義喻之。時他邑皆騷

① 周兆新主編:《三國演義叢考》,北京:北京大學出版社,1995年,第272—279頁。

動,惟吴淞左右恃有公,安堵如故。五月,夷船大集,公登臺守禦,日夜不怠。初八日,自卯至巳,發炮千餘門,傷大夷船五,火輪船二……夷人復奮力攻擊,公孤立無助,猶手發炮數十次,身受重傷,炮折足,槍穿胸,伏地噴血而死,年七十六。……有武進士太湖劉國標爲公所賞識,隨行戎間,忍創負公尸藏蘆叢中,閱十日,以告嘉定縣令,舁尸入城,殮於武帝廟,面如生。事聞,詔賜專祠,予騎都尉世職。淞江人哭公哀,作詩成帙,顏曰《表忠崇義集》。"①知此書彼時即有刻本。路工《訪書見聞録》中曾有《悼念陳化成的〈表忠崇義集〉》文亦曾及之②。

然此書國内較難見,僅國圖有咸豐二年(1852)所刊佚名輯《表忠録》四卷四册本,知當爲此書之另本(按:總目雖録《表忠譜》數種,然無此書)。此和本爲嘉永四年(1851)所刻,尚較咸豐本早,爲二卷,並附陳小傳一卷。故與此咸豐本非同書。其首頁尚有"隨到隨刻"字樣,當其原本所有。《中國古籍總目》録南京所存道光二十四年(1844)申江刻本,云"二卷末一卷,清印經、陳兆奎、戴宏琦輯"③,則與此書全同,然僅此一套,當爲全國孤本。

又,日人齋藤氏序亦收入其《竹堂文鈔續》卷上,所言甚有理致。

【影印・整理】

無。

【公藏】

中國:華東師大、遼寧。

日本:京大人文研東方、公文書館、國會、關大、東北大。

鄰蘇老人年譜一卷

【敘録】

《鄰蘇老人年譜》一卷,楊守敬撰,日本大正元年(1912)西東書房鉛字排印綫裝本。大本一册,附《學書邇言》之後(詳參後《學書邇言》條)。正文四周文武邊,白口,單黑魚尾,無界行,半葉十二行,行二十八字,有少量

---

① [清]陸以湉撰,崔凡芝點校:《冷廬雜識》,北京:中華書局,1984年,第351—352頁。
② 路工:《訪書見聞録》,上海:上海古籍出版社,1985年,第121—125頁。
③ 《中國古籍總目・史部》,第602頁。

返點。末署"大正元年八月卅日印刷,大正元年九月五日發行"字樣。

【考證】

此爲楊守敬自作年譜,史料價值尤高,於其與日人交往、訪書諸事亦有補《日本訪書志》等所不及者。然此書之作,則有賴日人水野元直之請。其前序云:"三十年前,日者推余流年,止七十三,而中間所云休咎皆驗。前年義州李文石(葆恂)勸余自爲年譜,余謙讓未遑。今年日本人多問余小傳,雖漫應之,未下筆了。八月武昌事起,倉皇出走,家人星散,藏書數十萬卷、衣物財産,棄之不能一携。間關至上海……有日本人水野疏梅者,由其國福岡縣夙聞余名,欲至武昌從遊,中途遇於滬,堅欲置身門下,却之不得,其人年已四十有八,念其向學之忱,乃受之。又欲得余小傳,歸而告之其國人。今年將盡,乃徇其請,追述生平,期間記憶不審,年月錯誤,在所不免。然不敢虚浮妄作,其有瑣碎,意在示我後,不足爲外人道也。"若無此機緣,正值倉皇流離、生計日蹙之楊守敬,或未必留此一書。

國内出版此書最早爲民國四年(1915)石印本,此後又有民國二十二年(1933)上海大陸書局鉛字排印本,均無此西東書房排印本爲早。然國内研究界似未知此書,如《楊守敬集》整理此書時即全未及之。當然,此和本刊行時楊守敬尚在世,故其文本僅楊氏遺水野氏之本,而國内印行者皆有熊會貞所補楊氏逝前三年之事,尤爲完足。另,此書文字亦與國内傳本小有不同,則或水野氏抄録時有改易;或交水野録副後楊氏有改動。

【影印・整理】

〔日〕西川寧、〔日〕長澤規矩也《和刻本書畫集成》第三輯。

【公藏】

中國:無。

日本:東大東文研、國士館、新潟大、高知大、大阪府立中之島、國會、關大。

七、地理類

廬山記五卷、圖一卷

【敘録】

《廬山記》五卷圖一卷,宋陳舜俞撰,日本元禄十年(1697)山形屋吉兵衛覆明刊本。大本三册。前有署"朝散郎充秘閣校理李常序"之《廬山記序》,次爲署"江西劉涣序"之《廬山記敘》,再次爲署"圖成於元豐庚申十二月十五日,越明年,辛酉正月二十六日龍眠李旡中冲元記。正德辛巳春三月二十八日雁門文徵明徵仲書"之《廬山十八賢圖讚》,後署"偶得此圖,附於《廬山記》首,以資好事雅觀覽者,宜以上中下壘之而得其意也",次圖十數葉。卷端署"尚書屯田員外郎嘉禾陳舜俞令舉撰"。正文四周單邊,白口,無魚尾,無界行,半葉十行,行十八字。版權頁署"元禄十丁丑歲季春上浣"。

【考證】

此書《直齋書録解題》卷八曾著録五卷本①,然早已失傳,國内圖書館所藏或爲《説郛》中之簡縮之本,或爲《四庫全書》收紀昀家藏之三卷殘本②。《四庫全書總目》云:"其目有《總叙山篇第一》,《叙北山篇第二》,《叙南山篇第三》(當爲'山北''山南'),而無第四、五篇。圖亦不存。勘驗《永樂大典》,所闕亦同。然北宋地志,傳世者稀。此書考據精核,尤非後來《廬山紀勝》諸書所及。雖經殘闕,猶可實貴,故特録而存之。"紀昀亦評之云:"其書叙述雋雅,不减麗道元《水經注》,宋人地志之最佳者。"③《四庫全書總目彙訂》據羅振玉跋語指出"日本高山寺藏《廬山記》五卷,卷二、三宋槧本,餘三卷舊鈔補,實爲八篇,《四庫》本佚第四篇以下"④。國内

---

① [宋]陳振孫撰,徐小蠻、顧美華點校:《直齋書録解題》,第263頁。

② 《中國古籍總目·史部》,第3912頁。

③ 此語在國家圖書館藏《四庫全書》底本《廬山記》中,轉引自李國慶、運宜偉:《紀昀纂修〈四庫全書〉具體書事管窺——以〈廬山記〉與〈馬端肅公奏議〉爲例》,《四庫學》第七輯,北京:社會科學文獻出版社,2020年,第103頁。

④ 魏小虎編撰:《四庫全書總目彙訂》,第2263—2264頁。

有完整之本,確自羅振玉始,羅氏至日本將日人德富蘇峰成簣堂文庫所藏宋刊鈔配本影印舶歸,此與《四庫全書》所存相埒(四庫館臣誤以其前三篇爲前三卷,實其所存僅爲原書之前二卷),然鈔配完足,亦可寶貴,況其鈔配之葉均當出宋本。然其尚有闕葉,“卷一第二葉據元禄本補之,其他諸葉則元禄本亦闕,恐世遂無他本可據補矣”。此書鈔配之葉有“高山寺”墨印,知其當原藏於高山寺。其歸德富氏,恰爲冷攤淘寶之典範。據德富氏云,其於一九〇五年八月十七日,於東京琳琅閣書店見此破爛不堪之書,僅以五日元之代價購得,“歸來細閲,全書以蝴蝶裝連綴,尚存舊鈔本之面目。其文字精健挺拔,全無俗氣,暗得幾分顔歐筆意……親督裝裱師重新補繕,遂面目一新,宋槧之真價始顯”①。

爲《四庫全書總目》補正者或尚未知,日本實另存有完整之本,即公文書館所存五卷足本,其與羅振玉所影印者當爲同版,原爲日本佐伯藩主毛利家舊藏,後於文政十一年(1828)贈於幕府,入楓山官庫,後被確認爲日本重要文化財②。

紀昀曾以此書“知其佚在明以前矣”,然此和刻本表明,此書在明代尚未散佚。此本並非以前述宋本爲底本翻刻者,其前有“正德辛巳春三月二十八日雁門文徵明徵仲書”之標識,且與宋本亦多有不同,如無前之《廬山圖》,多出明人《廬山十八賢圖讚》等,知其當以某精刻之明本爲底本,而此明本非但失傳,且於目録之中亦絶無蹤影③,則此和本非但爲《廬山記》一書薪傳之本,且爲某一明本繼絶之册。然此本流傳亦極稀見。

尚須説明者,《四庫全書》所收之本或與日本流傳者並非同源,故亦有其獨特價值④。另,《直齋書録解題》在《廬山記》後附有《續廬山記》一書,“南康守廣陵馬玕録山中碑記之文,以續前録”,其書惜已全佚。

【影印·整理】

《宋本廬山記》,羅振玉《吉石庵叢書》二集,1917 年影印鈔配本。

《廬山記》,羅振玉《殷禮在斯堂叢書》,1928 年東方學會影印元禄本。

《廬山記》(〔日〕長澤規矩也撰解説),1957 年影印公文書館藏宋本。

---

① 〔日〕德富豬一郎:《蘇峰自傳》,轉引自尹敏志:《東京蠹餘録》,桂林:廣西師範大學出版社,2020 年,第 62—63 頁。

② 參嚴紹璗:《日藏漢籍善本書録》,第 630 頁。

③ 〔清〕邵懿辰撰,邵章續録:《增訂四庫簡明目録標注》(上海古籍出版社,2000 年)提及“影鈔明正德刊本”(第 305 頁),細繹其語,當指此元禄和刻本。

④ 參李勤合、滑紅彬:《〈四庫全書〉殘本〈廬山記〉的文獻價值》,《圖書館雜誌》,2014 年第 3 期。

金程宇《和刻本中國古逸書叢刊》。
《和刻本四部叢刊》影印本。

【公藏】

中國:國圖。
日本:國會、公文書館、關大、阪大總、京大人文研東方、東京都立中央。

獅子巖志二卷

【叙録】

《獅子巖志》二卷,明釋性幽編,江户刊本。大本二册。前有"甲午春三山獨往子性幽敬叙"之《獅子巖志叙》,末有"獨往子"陰文方印及"性幽"陽文方印,次總目,次《凡例》八則,卷端署"獨往性幽纂修,慧門如沛較定,獨耀性日參訂"。正文四周單邊,白口,無魚尾,有界行,半葉七行,行十七字,無返送。末有"長門州萩津,冷泉八郎兵衛法名性賢同鹽田道可捐資刊"字樣。

【考證】

此書日本亦僅公文書館存此一種,據扉頁"叙一:長澤規矩也氏藏本,昭和三十七年二月二十一日"之識語,知其原爲長澤規矩也舊藏,則長澤目所著録者亦即此本①。此書爲僧人性幽編於南明永曆年間,其序中之"甲午"即永曆八年(1654)。主持福建黄檗宗萬物寺之高僧隱元於永曆八年接受日本長崎興福寺邀請,決心東渡弘法,此去非但帶領衆多弟子,且携帶大量典籍。此書爲黄檗山志之一,則或在此次一同携入日本。因此書當年春方完成,隱元至夏五月即東渡,則此書或未於國内刊行,隱元一行携其稿本至日,方謀剞劂。其作者名性幽,當爲隱元弟子。

【影印・整理】

明釋性幽編《獅子巖志》,林觀潮標注,《中日黄檗山志五本合刊》,宗教文化出版社 2018 年版。

---

① 〔日〕長澤規矩也:《和刻本漢籍分類目録》,第 83 頁。

【公藏】

中國:無。

日本:公文書館、京都黄檗山萬福寺。

兩京新記殘一卷

【敘録】

《兩京新記》殘一卷,唐韋述撰,日本寬政十一年(1799)《佚存叢書》(第一帙)活字排印本。大本一册。正文四周單邊,白口,單魚尾,有界行,半葉十行,行二十字。後有署"己未秋八月小盡日天瀑識"之《題兩京新記後》。

【考證】

《兩京新記》五卷唯見於《新唐書·藝文志》《宋史·藝文志》和《玉海》引《中興館閣書目》,以後公私書目均不見著録,可見此書早已亡佚。現存第三卷殘卷爲日本鐮倉時代所抄之卷子本,存日本金澤文庫,寬政、文化間由日本天瀑山人林衡刻入所輯《佚存叢書》。後入前田育德會尊經閣文庫,昭和九年(1934)《尊經閣叢刊》以卷軸裝形式影印此卷子本。《佚存叢書》舶歸之後,國内有咸豐三年(1853)《粤雅堂叢書》本、光緒七年(1881)湖北崇文書局《正覺樓叢刻》本,光緒間又有活字排印本,此後又有《叢書集成》本等,皆由《佚存叢書》本出。辛德勇輯校此書,收入三秦出版社的《長安史蹟叢刊》中,後又收入中華書局《中國古代都城資料選刊》中。

【影印·整理】

辛德勇輯校《兩京新記》,三秦出版社2006年版,中華書局2019年版。

玉燭寶典存十一卷

【敘録】

《玉燭寶典》存十一卷(缺第九卷),隋杜臺卿撰,此書先有黎庶昌《古逸叢書》摹刻本,至昭和十八年(1943),東京前田家育德財團用其家藏舊鈔卷子本景印,收入《尊經閣叢刊》中。《古逸叢書》本四周單邊,有界行,半葉九行,行二十字,注小字雙行同。

【考證】

此書陳振孫《直齋書録解題》録此書十二卷,並云:"隋著作郎博陵杜臺卿少山撰。以月令爲主,觸類而廣之,博采諸書,旁及明俗爲一卷,頗號詳洽,開皇中所上。"①然其後則失傳。直到森立之《經籍訪古志》所録,方知日本有"貞和四年(1348)鈔本,楓山官庫藏",其並云"此書元明諸家不載之,則彼土蚤已亡佚耳"②。存世有舊抄卷子本,後黎庶昌將之刻入《古逸叢書》之中,其書方爲人所知。

清嘉録十二卷

【叙録】

《清嘉録》十二卷,清顧禄撰,日本天保八年(1837)須原屋佐助等刊本。大本五册。扉頁中題書名,右上署"方齋安原先生校",一本左署"知言館藏",一本爲日文識語:"此書爲唐土全年行事之記録,其國風俗,即此可見。即如吾邦《清俗紀聞》所載相同。有風間景物,精賅之學問,於詩文創作大有裨益。江户下谷御成道書肆青雲堂英文藏梓。"前有"天保八年丁酉八江户後學朝川鼎撰,菱湖卷大任書"之序,次"道光十六年六月朔日宛山老人承書"之序,次"劍峰老人日新"序,次"茶磨山人顧禄鐵卿甫識"之例言八則,次題辭。卷端署"吴縣顧禄鐵卿撰,日本久居安原寬得衆校"。正文左右文武邊,黑口,單黑魚尾,有界行,半葉九行,行二十二字,有極少量返送。

【考證】

此書國内最早刻爲道光十年(1830)刻本。然其本當時即不多見,光緒四年(1878)葛元煦翻刻本跋云"惜原版久已遺失,故吴中罕見是編。近從日本覓得翻刻本,亟付手民,重爲鋟版"③,可知其時已難覓原本,葛氏竟

① [宋]陳振孫撰,徐小蠻、顧美華點校:《直齋書録解題》,第192頁。

② 〔日〕澁江全善、森立之等撰:《經籍訪古志》,杜澤遜、班龍門點校,第164頁。

③ [清]顧禄:《清嘉録》,《叢書集成續編》第51册,影印,上海:上海書店出版社,1994年,第895頁。

據和本翻刻。另顧頡剛先生亦云:"顧鐵卿《清嘉録》有日本翻刻本,有《嘯園叢書》本,求索易得,而其原刻本已不易睹。"①則知至當代更不易得。然據《中國古籍總目》,收録有五種之多②,或當初均爲私人深藏,未肯輕易示人也。然此和本於原本不易得之際,成爲後來刻本之底本,則於此書之承傳亦有功。

另,來新夏校點本前言中提及"光緒十七年,又有上海樂善堂據日刻本翻刻"③,或當有誤。此樂善堂乃日人岸田吟香所開之書店,此《清嘉録》並非翻刻之本,當爲其人自日本收得之版本至上海重刷者。其《樂善堂書目》云:"此書成於道光初年,距今殆閲年五十矣。其間世運之變遷,風俗之隆汙,後學者撫而觀之,亦將有今昔之感也夫。"據陳捷所考,此即以日本原版片重刷者④。

【影印・整理】

〔日〕長澤規矩也《和刻本漢籍隨筆集》第十一集。

【公藏】

中國:北大、復旦、南京、重慶、遼寧。

日本:所存甚多,不備録。

朝鮮賦一卷

【叙録】

《朝鮮賦》一卷,明董越撰,明王政校,日本宇都宫三的點,正德元年(1711)跋刊本。大本一册。前有"弘治三年臘月八日賜進士翰林院庶吉士門人泰和歐陽鵬拜書"之《朝鮮賦引》,卷端署"奉議大夫右春坊右庶子兼翰林侍講寧都董越撰,賜進士文林郎知泰和縣事石埭吴必顯刊行,吉安府泰和縣儒學訓導桂林王政校刊"。正文四周單邊,白口,單魚尾,無界行,半葉八行,行十六字,注小字雙行同,有返點。末有"弘治庚戌菊月九日吉

---

① [清]顧禄:《桐橋倚棹録》,上海:上海古籍出版社,1980年,第172頁。

② 《中國古籍總目・史部》,第3760頁。

③ [清]顧禄撰,來新夏校點:《清嘉録》,上海:上海古籍出版社,1986年,《前言》第6、8頁。

④ 陳捷:《岸田吟香的樂善堂在中國的圖書出版和販賣活動》,《中國典籍與文化》,2005年第3期。

安府泰和縣幼學訓導舉人桂林王政書”之《朝鮮賦後序》,後“嘉靖辛卯春永順太斗南書”識語,後“正德元年辛卯歲上元日宇圭齋書”識語。

【考證】

據書序知此書爲董越於弘治元年出使朝鮮歸來所作,《四庫全書》亦曾著録,並云:“越以右春坊右庶子兼翰林院侍讲,同刑科给事中王敞使朝鲜,因述所见闻,以作此赋。又用谢灵运《山居赋》例,自为之注。所言与《明史·朝鲜传》皆合。知其信而有徵,非凿空也。”①弘治三年(1490)即付刻行世,然引本於國内所存極罕,據《中國古籍總目》所録,知辭書藏本②,再據《第四批國家珍貴古籍名録》知,上海博物館另藏一部,餘則未聞。此外,尚有明正德十六年(1521)刻本,所存亦少。楊守敬於日本訪得一部朝鮮刊本,即嘉靖十年(1531)太斗南翻刊本,其所據即弘治三年本③。而此和本又爲日本正德元年據朝鮮本翻刻者。此一書於中、朝、日三國之遞相翻刻,頗足爲書籍之路佳例也。太斗南之跋語又云:“退而閱之,則吾東方風土文物之夥,雖未必盡出於無訛,而可見我國盡忠於上國,而上國尊遇我東方之盛意也。”似亦爲朝鮮借明人視角觀察自己之第三只眼。

另,此後寶曆四年(1754)有大阪淺野彌兵衛後印本,又享保二年(1717)有京師臨泉堂刊《圖注朝鮮賦》。

【影印·整理】

〔日〕長澤規矩也《和刻本漢詩集成補篇》第二輯。

【公藏】

中國:遼寧。

日本:關大、國會、蓬左文庫、千葉縣立中央、静嘉堂文庫、東大總、前田育德会、東京都立中央、公文書館、東北大、茨城大。

---

① 魏小虎編撰:《四庫全書總目彙訂》,第2326頁。

② 《中國古籍總目·史部》,第4048頁。

③ [清]楊守敬撰,張雷校點:《日本訪書志》,第237頁。

八、政書類

牧民心鑑二卷

【叙録】

《牧民心鑑》二卷,明朱逢吉撰,日本寬政十一年(1799)昌平坂學問所官板本,嘉永五年(1852)重刊本。大本一册。前有"永樂甲申五月初吉承事郎前嘉興府崇德縣知縣安成周子冶述"之《牧民心鑑序》。卷端署"檇李朱逢吉編"。正文左右文武邊,白口,無魚尾,有界行,半葉九行,行二十一字。末署"寬政十一年刊",重刊本於此後又加"嘉永五年重刊"字樣。

【考證】

《千頃堂書目》載"朱逢吉《牧民心鑑》三卷"①,《天一閣書目》著録:"《牧民心監》二卷(刊本),明成化十八年朱逢吉、李興校,三山王佐序。"②國内僅國圖存一明刻孤本,又爲一卷本③。以上所載卷數均不同,究未知前二種有筆誤否,抑傳本不同?據《萬姓統譜》卷九載云:"朱逢吉,字以貞,崇德人,洪武中以求賢擢知寧津縣,有德政,陞湖廣按察司僉事,入爲大理左寺丞。所著有《牧民心鑑》《童子習》二書。"④朱氏若爲洪武間人,則必不能於成化十八年(1482)校刊己書,故知後者當誤,或此成化十八年校刊者爲李興,朱氏爲作者,並不與其事。然細檢之,則此李興亦非,據《福州人名志》載:"李興,字希傑,懷安人。明永樂初以國子生資格授太平府推官,爲政廉慎公恕。後爲户部郎,被提爲嚴州知府。對民衆大度寬撫,而對胥吏約束甚嚴。設量衡器於集市,公平交易,催交賦税則根據情況,預定日期,而民不敢後,縣里無驚擾之慮。後改任廣州知府。"⑤此李興爲福州懷安人,以此書有"三山王佐序",且年代又恰與朱逢吉相及,則前所云校刊

① [清]黄虞稷撰,瞿鳳起、潘景鄭整理:《千頃堂書目》,第264頁。
② [清]范邦甸等撰,江曦、李婧點校:《天一閣書目·天一閣碑目》,第205頁。
③ 《中國古籍總目·史部》,第3221頁。
④ [明]凌迪之:《萬姓統譜》,《景印文淵閣四庫全書》第956册,第210頁。
⑤ 張天禄主編:《福州人名志》,第92頁。

之李興，必此李興也。故《天一閣書目》所載或爲成化十八年後刊本。

和本爲二卷本，似與《天一閣書目》所載本同，然並無李興之名，前亦無王佐序，而有周子冶序，知非一本也。此周子冶生平亦不詳，以至四庫館臣將其名誤爲"周子治"①。序爲永樂二年(1404)所作，周氏曾爲管時敏《蚓竅集》作《全庵記》，當作於永樂六年(1408)②，與此書序亦大致同時。周序云"吾友前湖廣憲僉檇李朱君復爲《牧民心鑑》一編"，則其爲作者之友人，此序當爲此書初刊之序；又云："建陽邑太夫吴興潘君既取其言以爲百里之善治，而又梓傳其書，以公於天下，其心亦仁矣哉！"又可知其書之初刊當由於建陽任職之吴興潘氏刊行。故此和本之底本或當即朱書之初刊本。其後當有李興校本，至成化十八年又有翻刻之本，然現已無存；又有《千頃堂書目》所載三卷本，亦未見；而現存則僅有一卷本，未知其詳。

又日本宫内廳書陵部及前田育德會存有朝鮮活字本，前者並標"明永樂十年朝鮮版"，且亦爲二卷本，則或同此本。然《朝鮮時代書目叢刊》中亦未録其書，不知其詳。

此書於日本頗受歡迎。昌平坂學問所之官板先刊於寬政十一年(1799)，五十餘年後之嘉永五年(1852)，或前板已壞，故又重刻之。次年，即同時有平塚茂喬《牧民心鑑解》與長井韋《牧民心鑑譯解》分别刊行。

【影印・整理】

無。

【公藏】

中國：科學、南京、上海。

日本：公文書館、京大人文研東方、前田育德會、蓬左文庫、東北大、早稻田。

大唐六典三十卷(近衛本)

【叙録】

《大唐六典》三十卷，唐李林甫等撰，日本享保九年(1724)近衛家熙校

---

① 魏小虎編撰：《四庫全書總目彙訂》，第5511頁。

② 傅璇琮、許逸民、王學泰、董乃斌、吴小林主編：《中國詩學大辭典》，第919頁。

刊本。大本三十册。前有"享保甲辰秋七月從一位家熙"之序,次"正德乙亥夏四月之吉光禄大夫柱國少傅太子太傅兼户部尚書武英殿大學士王鏊"《重刊唐六典序》,次《考訂大唐六典凡例》十五條。正文四周單邊,白口,雙魚尾,版心上署"大唐六典考訂",無界行,半葉八行,行十七字,注小字雙行同。末有跋,署"紹興四年歲次甲寅七月戊申朔左文林郎充温州學教授張希亮校正、右宣教郎知温州永嘉縣主簿勸農公事詹棫題誌"。

【考證】

《大唐六典》國内存有宋紹興四年(1134)温州州學刻遞修本,然分藏國圖、北大及南京博物院三家,且均爲殘本,合兹殘篇,亦不過原書之半數①,後《中華再造善本》將國圖及北大所藏之本拼合影印②,惜未及南京所藏之五卷③。此後,明代有二刻,即正德十年(1515)席書、李承勳刻本及嘉靖二十三年(1544)浙江按察司刻本。後者即據前者而來,而前者當據王鏊參預修《明會典》時自禁中"手録以歸"之抄本,故知此正德本爲《大唐六典》最爲關鍵之本。然此本因來源之故,問題亦多,楊守敬云其"篇中墨丁空缺觸目皆是,幾不可讀"。此後,便有此和刻本之出現。楊守敬云:"日本享保甲辰當雍正二年,其攝政大臣家熙爲之考訂。凡原書空缺者擬補於其下。亦有原書本缺,如第四卷'禮部郎中'條下脱文,則據《册府元龜》《舊唐志》所引補之。第七卷'屯田郎中員外郎'下,'凡天下諸軍'云云,則據《通典》《舊唐志》補之。凡數百字,校訂矜慎,見聞亦博。據其自序,用力二十年始克成書。"評價甚高。且楊氏收藏有古鈔本,"其本紙質堅紉,兩面書寫,末無張希亮等題識,相其筆跡,當亦七八百年前之書,凡明刻所缺皆不缺。今以對校之,家熙所補十同七八"。由此亦可見此近衛家熙校勘之水準。羅振玉《大雲書庫藏書題識》亦著録一種,評其"校補數百字,皆有根據,刻本亦極精雅"④。至今,《大唐六典》之校勘,仍以此和本爲重要之校本⑤。

然此本亦有缺點,前引楊守敬語其得之古鈔本"其有不同者,皆以此本

---

① 《中國古籍總目·史部》,第3198頁。

② 《中華再造善本總目提要》,北京:國家圖書館出版社,2013年,第292頁。

③ 按:此十五卷實早於《古逸叢書》三編中綴合影印(中華書局,1983年),後又將此單獨影印行世(中華書局,1991年),《第一批國家珍貴古籍名録圖録》也曾著録(北京:國家圖書館出版社,2008年,第三册第3頁),未審《中華再造善本》何以不收録另五卷。

④ 《羅振玉學術論著集》,第七集第291頁。

⑤ 參[唐]李林甫等撰,陳立夫點校:《唐六典》,北京:中華書局,1992年,《點校凡例》第1頁。

爲是。蓋家熙意度,終不如原書之確也"①。惜此古鈔本今已不知去向,楊氏諸書目中均未見,或已得而復佚矣。

【影印·整理】

京都大學大正三年影印本。
京都大學昭和十年影印本。
《和刻本四部叢刊》影印本。

【公藏】

中國:國圖(此藏本有楊守敬校)、華師大、天津、遼寧、湖北(此本名"大唐六典考訂",則爲楊守敬藏書)。

日本:所存甚多,不備録。

大唐六典三十卷(官板本)

【叙録】

《大唐六典》三十卷,唐李林甫等撰,日本天保七年(1836)官板本。大本十五册。前有"正德乙亥夏四月之吉光禄大夫柱國少傅太子太傅兼户部尚書武英殿大學士王鏊"《唐六典序》。正文左右雙邊,白口,雙順魚尾,版心署"唐六典",有界行,半葉十行,行二十字,注小字雙行同。末有跋,署"紹興四年歲次甲寅七月戊申朔左文林郎充温州學教授張希亮校正、右宣教郎知温州永嘉縣主簿勸農公事詹棫題誌"。末行有"天保七年刊"字樣。

【考證】

此書情形已如前所言。楊守敬《日本訪書志》於載録享保本外,又録天保官板本,云:"又有日本天保七年(當道光丙申)刻本,書簽亦稱'官板',首録王鏊序,尾有張希亮跋,無墨丁空缺,然不言所據何本。其中有勝於家熙本者,亦有似臆度者。"此後楊氏即多方舉例,如一者,"若謂是據家熙本補填,而亦多違異,且第一卷'令史'下空缺,家熙本未補,此本則與古鈔本合";一者,"若謂是見古鈔本,而第四卷'禮部郎中'下之缺文、第七卷'令史'下之缺文仍未補,且於'令史,凡天子諸'下妄添'侯'字,以彌縫其

---

① [清]楊守敬撰,張雷校點:《日本訪書志》,第70—71頁。

缺,不知其注文不可接”;一者,“若謂書坊所爲,而其補填之字出家熙外者亦多有典據,如第二卷‘護軍’注‘魏武帝以牽招爲中護軍將軍’,家熙本云‘當填韓浩’,此本則作‘牽招’,案韓浩以護軍從太祖破柳城,改爲中護軍,太祖平張魯,以韓浩還,留牽招爲中護軍,是韓浩爲護軍在前,牽招繼其位,然原本空缺下是‘招’字,則作‘牽招’是也(鈔本亦作‘牽招’),此豈不學者所能”;最後,又云“或謂其本原於蘇州掃葉山房之本,余架上無之,不能質言之也”①。所言四點中,掃葉山房本因楊氏無藏,故未詳論,實此本與掃葉山房本無關,後者被認爲“錯字太多,幾乎令人不堪卒讀”,故當代整理者“一概不予采用”,然此本却非如此。點校本凡例第四條所稱掃葉山房本誤而廣雅本不誤之例②,此本皆不誤,然此本較後者早近六十年。故此書或據享保本,然亦有所校正。

楊守敬“嘗合諸本,竭一月之力,就天保刊本定其從違,安得有心經世之略者重刊焉”,此後楊氏爲此事亦頗努力,如其致羅振玉信中曾言及:“《唐六典》守敬所藏,一册正德本;一日本人校刻本;一掃葉山房本(此本不佳)。日本校刻本凡正德本缺字皆補之,頗精。守敬在日本嘗亦致力於此,於各史志中有異同互證者抄之,亦可備參證。庋(按:此字楊氏原稿作‘支’,當誤)閣二十餘年,未嘗省視,得足下提及,欲重刊此書,甚善甚善。……今以所校原本呈覽。吾意行款仍照正德本,缺字依日本刻補之。其守敬所輯有可采者附於後,何如何如?(記中有作‘明慶’者,守敬謂當作‘顯慶’,繼檢唐中宗讀顯,則‘明慶’不誤。此等處仍求足下正之。)但刻此書似宜用木板刻之,不可以石印。如必欲刻,似應仍在鄂囑陶子林刻之,唯近日刻工較前更貴,未知貴同人允否?如不刻,仍祈將原書付還,斷不可遲留。緣從前甚負翻檢力,不欲輕棄也。”③知曾寄希望於羅氏刊行,然亦未果。

【影印·整理】

無。

【公藏】

中國:辭書、遼寧、湖北、廣東、四川。

---

① [清]楊守敬撰,張雷校點:《日本訪書志》,第71頁。

② [唐]李林甫等撰,陳立夫點校:《唐六典》,北京:中華書局,1992年,《點校凡例》第1頁。

③ 引自《鄰蘇老人書札》,國家圖書館藏稿本。

日本:所存甚多,不備録。

故唐律疏議三十卷

【叙録】

《故唐律疏議》三十卷,唐長孫無忌等奉敕撰,日本文化二、三年(1805—1806)官板本。大本十五册。首"雍正乙卯仲夏經筵講官起居注刑部尚書勵廷儀"之《唐律疏義序》,次由《曝書亭集》録朱彝尊《唐律疏議跋》,次"泰定四年秋七月既望文林郎江西等處儒學提舉柳貫"《新刊故唐律疏議序》,次《議刊唐律疏議官職名氏》,署"龍興路儒學:龍興路教授李鼎孫、學正李時(時)董工刊成",次長孫無忌《進律疏表》。正文左右文武邊,白口,無魚尾,版心上題"故唐律疏議",有界行,半葉九行,行二十字,有極少量返點。前十四册爲《故唐律疏議》,末有"文化二年刊"字様;末册爲元人王元亮《唐律釋文》,前有序,卷端署"奉訓大夫江西等處行中書省檢校官王元亮長卿重編",末有"文化三年刊"字様。

【考證】

《故唐律疏議》一書傳世版本甚稀,宋本今僅存殘卷乃至零葉,如日本東京大學東洋文化研究所藏宋本殘卷一卷之四葉(卷十四葉四至七,然僅此四葉,尚非同版,前二頁半葉九行十三字,後二葉則半葉十一行二十字),上海圖書館存卷十一、十三、十四[①]。此後即元刊本,國圖、首圖有全本二種,此外,臺灣與日本也藏有殘卷。至於明代,則似無此書之刊刻,至清方有《四庫全書》抄本及孫星衍氏嘉慶十三年(1808)《岱南閣叢書》本、光緒十七年(1891)江蘇書局本等。宋元本與清本之間,即此和刻之本(較孫氏之本僅早數年)。楊守敬曾將此本與孫氏《岱南閣叢書》本相校,認定"此本即泰定初刊本",並稱:"此本雖不能無誤,而足以訂正余本者不下數百字,孫氏當日竟未見此本,亦一缺事也。"[②]中華書局《唐律疏議》整理本《點校説明》中云"《唐律疏議》的板本,就目前所見,大致有三個系統:一是滂喜齋本系統……二是至正本系統……三是文化本系統,包括日本文化二年

---

① 《中國古籍總目·史部》,第3412頁。按:此處將上海與日本所藏宋刊殘卷分著二條,且前者隸於《律疏議》,後者隸於《故唐律疏議》之下,均屬疏誤,參下關於此書名稱之引述。

② [清]楊守敬撰,張雷校點:《日本訪書志》,第71—72頁。

官板本以及商務萬有文庫本和國學基本叢書本。三個系統中，滂喜齋本時代最早，可能刻於南宋後期，而至正本系統和文化本系統共同的祖本可能是元泰定本。"①可知此文化本之珍貴。当然，此和本能得楊守敬之贊賞及整理者之重視，亦有其因，即其底本實即前楊守敬所云之元泰定本，此本曾傳入日本②，後享保間伊賀守忠周據之鈔出，進獻於幕府。此本有荻生觀（1673—1754，即荻生徂徠之弟）校訂與訓點，後有識語云"舊本頗多脱誤，今得水府善本補之正之者，傍注'水'字。水府本猶有脱誤，今特補之正之者，傍注'今'字"③。此本今存宫内廳書陵部。

本叙録中此書名爲《故唐律疏議》，然勵廷儀之序又名爲《唐律疏義序》，朱彝尊跋則名《唐律疏議跋》，版心又題"故唐律疏議"，則究竟有無"故"字，"義""議"二字何者爲是？檢《舊唐書・經籍志》載云"《律疏》三十卷，長孫無忌撰"④，《新唐書・藝文志》云："《律疏》三十卷，無忌、李勣、于志寧、刑部尚書唐臨、大理卿段寶玄、尚書右丞劉燕客、御史中丞賈敏行等奉詔撰，永徽四年上。"⑤《宋史・藝文志》與《舊唐書》所載同⑥。可知此書原名當作"律疏"。至宋，一朝有一朝之律，刊行前代之律時，自於前加"唐"字以别之（正如《舊唐書》所載《律疏》前有"《隋律》十二卷"之提法），此點亦可於今存宋本殘卷證之，東京大學東洋文化研究所藏殘宋本數頁，其前二葉之版心題曰"唐律卷十四"。於此，王重民先生有精到不刊之論，具引如下："《四部叢刊》三編影印滂喜齋藏宋刻本，律文之後，低一格載疏語，雖同冠'疏議'兩字，元本兩字並作陰文，宋本僅'疏'字作陰文，'議'字則連下爲句。此一字陰陽文之差，其能啓余思而助余爲解者甚多。條文爲律，解條文者爲疏，律與疏猶經與傳。長孫無忌與李勣等十九人所議，皆解釋條文者，皆'疏'也。宋本陰文'疏'字下緊接'議曰'，正是其事。蓋長孫氏等因古者律有駁議，故於所討論之文，統冠'議曰'兩字；'議'以下既是疏語，故又置於陰文'疏'字以下，其事甚明，其分别至易。敦煌本無'疏'字僅作'議曰'，因將'議曰'所論置於'疏'之地位，可望而知爲疏也。宋本之有陰文疏字，敦煌本之無陰文疏字，其義相同，均無差誤。元本將'疏

---

① ［唐］長孫無忌等撰，劉俊文點校：《唐律疏議》，北京：中華書局，1983年，《點校説明》第5—6頁。

② 孫猛：《日本國見在書目録詳考》，第732—733頁。

③ 嚴紹璗：《日藏漢籍善本書録》，第679頁。

④ ［後晋］劉昫等：《舊唐書》，北京：中華書局，1975年，第2010頁。

⑤ ［宋］歐陽修、宋祁：《新唐書》，北京：中華書局，1975年，第1495頁。

⑥ ［元］脱脱等：《宋史》，北京：中華書局，1977年，第5137頁。

議’並爲陰文，則失原來本義矣。蓋是書原名《律疏》或《唐律疏》，唐亡以後加一‘故’字，宋本於末加議一字，已不知疏與議曰原是一事。元人揚宋人之波，將卷内一切‘疏議’字連讀，遂成大誤。但數百年來，竟無人覺其誤也。”①核之於宋刊諸本，果如所言。此爲王重民一九四二年所論者，然及至當下（如前舉劉俊文氏《唐律疏議》點校本及其《唐律疏議箋解》、中國政法大學出版社 2013 年點校本、上海古籍出版社 2014 年岳純之點校本）非但沿用舊題，且於前言、凡例中無一字及之。

王氏所論足發千載之覆，然容有未盡之處，即後世又多用“義”字者，甚或偶有一書之中，亦前後錯用，何也？實與王氏所論後人未解“議”字之義有關，原之“議”實以所議者爲疏，本不當進入題名，然爲後人誤解而附書名之末，則與儒家經典“義疏”之學相混，了然儒家注疏之體者，於傳録、刊行此書時，下筆極易誤“疏議”爲“疏義”，至於《四庫全書》，則徑以此名書②。當代學者亦有以此爲其原名者，如錢大群即認爲：“按唐代習慣，對古代經文及其注文同時作解釋的文字都稱爲‘義疏’，從而把對‘律’及‘注’作解釋的文字也稱作‘義疏’。‘義疏’，簡稱爲‘疏’，與律一起合稱‘律疏’。因爲‘疏’是‘律’與‘注’的義疏，宋以後《律疏》的刊刻本亦名‘唐律疏義’，清代《四庫全書》所收此書也名爲《唐律疏義》。這種書名措詞，既符合當初撰寫‘義疏’的本意，也適應隨著詞義發展變化而顧名思義理解爲‘疏解律義’的自然趨勢。”③因此，錢氏整理之書亦以“疏義”爲名。此段論述疏誤甚多，如“義疏”並非僅“唐代習慣”，實古已有之，且大興於南北朝之時，至唐反已消歇，多以“正義”或“注疏”代之，如較此書早十數年之《五經正義》即如此；如云“從而把對‘律’及‘注’作解釋的文字也稱作‘義疏’”，“律”與“注”如何合稱“義疏”？此處錢氏或於原書文意及體例頗有誤解。此書開篇有詳細之説明云：“律者，訓銓，訓法也。《易》曰：‘理財正辭，禁人爲非曰義。’故銓量輕重，依義制律。《尚書大傳》曰：‘丕天之大律。’注云：‘奉天之大法。’法亦律也，故謂之爲律。昔者，聖人制作謂之爲經，傳師所説則謂之爲傳，此則丘明、子夏於《春秋》《禮經》作傳是也。近代以來，兼經注而明之則謂之爲義疏。疏之爲字，本以疏闊、疏遠立名。又，《廣雅》云：‘疏者，識也。’案疏訓識，則書疏記識之道存焉。《史

① 王重民：《敦煌古籍叙録》，北京：中華書局，1979 年，第 145 頁。

② 魏小虎編撰：《四庫全書總目彙訂》，上海：上海古籍出版社，2012 年，第 2610 頁。

③ 錢大群：《唐律疏義新注》，南京：南京師範大學出版社，2007 年，第 3 頁。又參錢大群：《〈唐律疏議〉結構及其書名辨析》，《歷史研究》，2000 年第 4 期。

記》云:'前主所是著爲律,後主所是疏爲令。'《漢書》云:'削牘爲疏。'故云疏也。"①其意甚明,即分釋"律""疏"二字之來由,"昔者"之前釋"律",其後釋"疏",先云經、傳,後云"義疏",然舉此詞,非即用之,不過欲出"疏"字,故下文均言"疏"而未及"義",且此句之末有釋文云"該説疏意"②,即可知矣。此不過明"疏"時偶及"義疏"之名,自不可執此以定其書之原名。錢氏又云:"宋以後《律疏》的刊刻本亦名'唐律疏義'"者,亦極不嚴謹。其之證據爲"現在可以肯定的是較早的滂熹藏的宋刻本,其名爲《唐律疏義》。據'四部叢刊'本録《滂熹齋藏書記》説:'宋刻《唐律疏義》三十卷,題太尉、揚州都督、監修國史、上柱國、趙國公長孫無忌等撰。'"並舉具體文本表明其避宋諱,則爲宋本無疑云云,《滂熹齋藏書記》原文確實如此③,然錢氏並未細檢《四部叢刊》所收原書,因原書標目均爲"唐律疏議"也。就現存文獻而言,在《四庫全書》本前,無有以《唐律疏義》爲名者。

其實,長孫無忌《進律疏表》之題已可證此書之名,然恰因書名流傳有誤,故滂喜齋本、元至正本(東洋文化研究所藏本及《中華再造善本》影印本)均將此表名誤刻爲"進律表疏","疏"非但有注疏之意,亦爲文體之名,故後世刊刻者不知其意,遂有此誤。

【影印・整理】

律令研究會《官版唐律疏議》,汲古書院 1975 年影印本。

《和刻本四部叢刊》影印本。

【公藏】

中國:科學、人大、民族大、上海師大、遼寧、山大、安徽、湖北、武大、湖南、大連、浙江。

日本:所存甚多,不備録。

---

① [唐]長孫無忌等撰,劉俊文點校:《唐律疏議》,第 1—2 頁。

② 按:據清人顧廣圻云,此當爲此山貰冶子《釋文》之内容,參[唐]長孫無忌等撰,劉俊文點校:《唐律疏議》,第 25、19 頁。

③ [清]潘祖蔭:《滂喜齋藏書記》,《宋元明清書目題跋叢刊》第十册,北京:中華書局,2006 年,第 684 頁。

歷代職源撮要一卷

【叙録】

《歷代職源撮要》一卷,宋王益之撰,日本舊鈔本。前有"慶元二年十一月望日金華王益之"《職源序》。

【考證】

王益之此書《直齋書録解題》曾著録云:"《職源》五十卷,大理司直金華王益之行甫撰。亦簡牘應用之書,而專以今日見行官制爲主。蓋中興以後,於舊制多所併省故也。"然國内久已失傳。日本亦無刻本,而多有傳鈔者。據阿部隆一《中國訪書志》云:"我國鎌倉時代所傳《普門院藏書目》中載有十册五十卷之全本,然此全本現於我國亦散逸,僅存《撮要》一卷之節抄本存於内閣文庫、神宫文庫等處。"①據今所知,公文書館、蓬左文庫、前田育德會及静嘉堂文庫均有藏節抄之本。

楊守敬曾著録此書云:"原書每條之後必多臚列歷代典故,以備簡牘之用。此本首題'撮要',蓋删其類典而存其總綱。考宋南渡官制者,當以此書爲詳實。"②《留真譜》卷四有書影③。楊氏實於日本携歸抄本二種,《故宫所藏觀海堂書目》載三種,然末種爲日人之作④。現此二種均藏臺北故博,一標爲日本明治三年(1870)度會縣校權教授松田混抄本一册,一爲日本江户末期抄本二册,此二抄本皆半葉九行二十一字,則其所據或原本行款即如此。另國圖亦藏二種,一爲藕香簃抄本,則或繆氏抄自楊氏舊藏;另一標爲"清抄本",然其末有楊守敬題識,或仍爲楊氏自日携歸之抄本。民國三年,張鈞衡將此書刻於《適園叢書》,當借楊氏所藏抄本上木。張刊本多處有墨丁⑤,前引之松田混抄本恰於此處書角有闕,知張氏當據此入木,另一抄本則完好無損,實可據以補齊。民國十三年,胡宗楙又將此書刻入《續金華叢書》,末亦附楊守敬跋,後署"永康胡宗楙據日本度會縣校藏本校録",知與《適園叢書》所用底本相同,然其間闕字均已補足,或據他校之

---

① 〔日〕阿部隆一:《中國訪書志》,第84頁。
② [清]楊守敬撰,王重民輯,張雷校點:《日本訪書志補》,第15頁。
③ [清]楊守敬編:《留真譜》,第489頁。
④ 何澄一編:《故宫所藏觀海堂書目》,史部第18葉。
⑤ [宋]王益之:《歷代職源撮要》,《續修四庫全書》第746册,第2頁。

例爲作校勘者。阿部隆一認爲《續金華叢書》本據度會縣校藏本，又認爲《適園叢書》本據江户末抄二册本，或誤。

《續修四庫全書》據《適園叢書》本影印，然其提要云“此本末有《直齋書録解題》關於《職源》之著録及張鈞衡跋語”則誤，以其末所録實楊守敬《日本訪書志》之文，惟其文以《書録解題》開始，叙録者未詳察；亦未能明張氏刊此書與楊氏訪書之關係①。

【影印・整理】

無。

【公藏】

中國：國圖、臺北故博。

日本：公文書館、前田育德會、蓬左文庫、静嘉堂文庫。

大明律三十卷

【叙録】

《大明律》三十卷，明劉惟謙等奉敕撰，日本享保八年（1723）松會三四郎刊本。大本九册。首“洪武三十年五月”《御制大明律序》，次“洪武七年月日刑部尚書等官臣劉惟謙等”《進大明律表》。正文四周單邊，白口，單黑魚尾，版心上署“明律”，無界行，半葉八行，行二十二字，注小字雙行同。末有“享保七年壬寅十月東都講官物部觀叔達父”《題明律後》，版權頁署“享保八年癸卯季春穀旦御書物所，松會三四郎開刻”。

【考證】

作爲明代法典，《大明律》本應有諸多明代刊本，孰知不然。《四庫全書總目》將此書置於“政書類存目”中，云“然明代斷獄，不甚遵用，故其書亦罕傳本”②。故《四庫全書》所録，竟爲《永樂大典》本，其提要云“此猶《永樂大典》所載明初之舊本也”，則或可理解爲館臣所見之本少，或館臣以此本較早。一般而言，凡自《永樂大典》輯出之書，均較珍稀，多收入《四

---

① 《續修四庫全書總目提要・史部》，上海：上海古籍出版社，2014年，第393—394頁。

② 魏小虎編撰：《四庫全書總目彙訂》，第2664頁。

庫全書》,然此書却又置"存目",於《四庫全書》中較罕遘,似又不甚重視。羅振玉《大雲書庫藏書題識》載此享保刻本一種,云:"《明律》傳本至少……此近來藏書家所未見者。光緒辛丑,得之日本。"①可見其重視。王重民有《跋日本刻本大明律》云:"後有物部觀跋,署享保七年,時爲康熙六十一年,中國正遵用《大清律》,而日本學者猶譯是書以傳,此我國佚書,往往發見於日本之明例也。後五十二年開四庫全書館,内府既無《明律》,外省又未有以其本進者,故《四庫總目》僅據《永樂大典》輯本著録。余既已見《明律》八九種,又見此本,不勝感慨,因書數語。"②據《中國古籍總目》所録,此書有嘉靖間范永鑾刻本、隆慶元年(1567)陳省刻本、萬曆三十七年(1609)董漢儒刻本、萬曆間王藻刻本③。然據嚴紹璗《書録》載,日本有正德間刊本,且所存不止一種④,國内似無。《中國基本古籍庫》收入《大明律》,竟以此和本入録,僅此一種,並無參考之本,且將其本標注爲"日本景明洪武刊本"。則此和本或源於較早之本。

【影印・整理】

《大明律》,江蘇廣陵古籍刊行社1989年影印本。

【公藏】

中國:國圖、首都、科學、天津、遼寧、南京、浙江、杭大、廣東、北大、人大、復旦、南大、河南。

日本:所存甚多,不備録。

棠陰比事三卷

【叙録】

《棠陰比事》三卷,宋桂萬榮編集,日本古活字本,寬永間覆刻活字本,江户中期青藜閣覆寬永本。大本三册。各本遞向覆刻,故板式皆大致相同。前有署"時至大元年孟冬吉日承事郎澧州路總管府推官居延田澤謹

---

① 《羅振玉學術論著集》第七集,第294頁。

② 王重民:《中國善本書提要・附録》,上海:上海古籍出版社,1983年,第5頁。

③ 《中國古籍總目・史部》,第3414頁。

④ 嚴紹璗:《日藏漢籍善本書録》,第680頁。

序”之《序》,又有署“歲在重光協洽閏月望日四明桂萬榮序”之《棠陰比事序》。正文四周雙邊(寬永本及青藜閣本改爲單邊),黑口,雙對魚尾,無界行(古活字本有界行),半葉十行,行十八字,注小字雙行同。青藜閣本前多扉頁,右上署“宋四明桂先生編著,日本東都北山先生閲”,左署“江都青藜閣”,末頁署“書賈須原屋伊八”。

【考證】

宋人桂萬榮《棠陰比事》爲判案書中聲名尤著者。據其書嘉定四年(1211)前自序可知,其書乃“取和魯公父子《疑獄集》,参以開封鄭公《折獄龜鑒》,比事屬詞,聯成七十二韻”,知其材料多源於和凝父子之《疑獄集》及鄭克之《折獄龜鑒》,與此二書不同者,乃“比事屬詞,聯成七十二韻”,即《四庫全書總目》所云“仿唐李瀚《蒙求》之體,括以四字韻語,便於記讀”而已。如前四則故事之詞曰“向相訪賊,錢推求奴;曹攄明婦,裴均釋夫”,以“奴”“婦”押韻,全部七十二韻皆如此二句一韻,以便記誦。然至“明景泰間,吴訥以其徒拘聲韻對偶,而叙次無義,乃删其不足爲法及相類複出者,存八十條,以事之大小爲先後,不復以葉韻相從”①,易言之,吴氏以其“聲韻對偶”並無意義,故非但删去近半篇幅,且重新排列,與原書大相徑庭。此不過明人以己意改古書之一斑耳,然尤可惜者,吴氏删改之本大行其道,至館臣編修《四庫全書》之時,已無桂氏原書可據,唯有以吴氏之本入録,其影響一至於今,世間流傳之本,均爲吴氏删定本②,其書又被收入《四庫全書》,大行其道。然吴氏之改動,實無意義,若“以刑獄輕重爲先後”,則仍回歸鄭克原書之例,則桂氏之書又何必作?故吴氏不當删改桂書,而應徑取鄭著刊行即是。吴氏之後,學者力圖恢復桂書原貌,種種努力,均未能成功:清人黄丕烈曾藏宋本,爲上元朱氏所有,朱於道光間將其書刊行,然亦稀見;同治時,桂嵩慶以活字再印(按:此人或即桂氏後代),此本存世亦少,國圖亦列爲善本,以同治本而列善,亦恐無先例;此外,北大圖書館藏有元刊孤本,十二行二十二字。收入第一批國家珍貴古籍名録中,編號爲00621③;此後,《四部叢刊》影印時只好選用知不足齋抄本,《中國基本古籍庫》亦收入《四部叢刊》本;此抄本云抄宋本,實亦與北大所藏元本同;至於北大藏元刻本,已收入《中華再造善本》之中,可取之比勘。

---

① 魏小虎編撰:《四庫全書總目彙訂》,第3117頁。

② 參《中國古籍總目·史部》,第3456頁。

③ 《第一批國家珍貴古籍名録圖録》,北京:國家圖書館出版社,2008年,第三册第69頁。

桂氏之書於宋時當多有刊本行世。據其嘉定四年之序云“開禧丁卯春,僕以饒之餘干尉趨郡書滿糾曹,孫公起予,武林人也,留款竟日”,言及訟案之事,“既而東歸參選,待次建康犴曹,屢省斯事,若有隱憂。遂於暇日,取和魯公父子《疑獄集》,參以開封鄭公《折獄龜鑒》,比事屬詞,聯成七十二韻……擬鋟諸木以廣其傳”,再據“嘉定癸酉良月既望”劉隸之序,知其“亟命鋟木,用廣其傳”之時,或在嘉定六年(1213),當爲初刊之本。桂氏又有後序云“端平改元七月乙卯,萬榮以尚右郎蒙恩陛對”,理宗竟云“朕嘗見卿所編《棠陰比事》,知卿聽訟,决能審克。萬榮即恭奏:臣昨調建康司理右掾,待次日久,因編此以資見聞……暨出黄門,便有力求此本者。鋟梓星江,遠莫之致,是用重刊流布,庶可上廣聖主好生之德,下裨涖官哀矜之意”(以上二序均據《四部叢刊》收録影元抄本),由引可知初刊之後,當有所謂星江刊本,然此本遠水不解近渴,故又當重梓以傳。則桂氏所主持者,當有三刊也。然至今日,宋刊無一傳世。清人原有一宋刊之本,據黄丕烈題跋知原藏於顧珊家,後歸黄氏,黄氏得書之後欣喜異常,跋云:“夫書之貴賤以有用無用爲斷,並以名實相副者爲重。即如此書,世間非無傳本,然經吴訥删定,加以附録,雖有其名而無其實也。安得是書出,俾見廬山真面目乎?”①然其欲慫恿孫星衍覆刻之事未果。後此書入朱緒曾手,道光二十九年(1849)其終據以翻刻,而後此書不知所終,唯留此覆刊之本於世。

此書元刊存世僅得孤本,然有鮑廷博影寫元刊之本。後者有桂萬榮端平元年後序,知其當據前謂之端平本翻刻;北大所存元刊本與此影元寫本文字有微異,且無劉隸序及桂氏後序,則其底本或宋之嘉定本或星江本。然據此和本細勘,則北大藏元刊本或據宋代二刊之星江本而來。原因甚多,如元刊本末有張虙之跋,此和本無,則或其所據底本尚未及時收入張跋,然此尚在或然之間,尤要者,在於和本與元本相較,文字差别甚大,和本文字更接近鄭克原書,則顯然元刊之本頗經删改。即就全文而言,元刻本約一萬九千言,而此和本則約有三萬一千六百餘言,較此增出三分之一。雖然,此篇幅之增多在和本諸條之下皆録鄭克《折獄龜鑑》中之按語,然其正文較元刻本爲多,亦是事實。故此可以推測,此和本之底本當源自宋代初刊之本,後至星江本,桂氏或主其事者爲簡便計,頗有删節,端平本亦復如是。故今國内雖有宋刊之覆刊本及元刊、影元抄本傳世,然均爲删削之宋本後裔,其原本則未有之。

桂氏此書之成,與其友孫起予有關,然則此人究爲何人,似無人論及。

---

① [清]黄丕烈撰,余鳴鴻、占旭東點校:《黄丕烈藏書題跋集》,第187頁。

查《宋代登科總録》,以"孫起予"爲名者有二,一爲"臨安府富陽縣人,淳熙十一年登進士第",一"字商友,慶元府鄞縣人,枝子,嘉定七年父子同登進士第"①。以時間推,當以前者爲是,然未能定。查和本前桂氏之序,云"孫公起予,武陵人也,留款竟日",與此二人籍貫不同,或恐均非是。然查元刊本,此處爲"武林人也",知此處和本有誤。然則其當爲富陽之孫起予也。

此和刻本爲元居延人田澤於至大元年(1308)校刊,其本實遠較現存元刊孤本尤忠實可靠,故此書世間善本首推和刻。然此本或非徑據元刊而來,而當據朝鮮之刊本而來者。日本公文書館存一林道春寫本,末有林氏跋語云:"右《棠陰比事》上中下,以朝鮮板本而寫焉。因依壽昌玄琢生白玄東金衹景員煩子元之求之而口誦之,使侍側者點朱墨矣。吾邦吏曹之職陵廢久矣,余於是乎不能無感欽恤之誠。且又以朝鮮別板處處一校焉,雖然,他日宜並訂正,以筆削而可也。此點本即傳寫於四人之家云。元和己未十一月二十七日,羅浮散人誌。"此"元和己未"即元和五年(1619),行款乃至訓點與和本全然一致,可知和本當從此出,而此又據朝鮮板本鈔來,則必曾有朝鮮據東傳至朝之田澤刊本重刊之本。

按:此本實亦有田澤之功,非僅因其有刊行之力也。據其序云"因公退之暇,取開封鄭氏評語,列之各條之下,且復揭其綱要,疏其音義而標題於上,命工繡梓,用廣其傳",可知和本每條下鄭克評乃田氏所加。又桂氏此書以聲韻爲次,實便記憶,然於案件之性質,確有模糊,故田氏又於每條之上標其類別,較明人吴訥之魯莽滅裂,庶幾兩全耳。林道春寫本正文之末,另有一行署"居延田澤校正標題音義"字樣,此句當爲原本所有,標出田氏之貢獻者。然因其書半葉十行,此時正文恰已十行,故林氏將此寫於行外,然至活字排印之本,則無法將此行文字排入,遂至捨棄,並此後覆刻之本亦無。此人生平國内有學者曾經鉤稽,惟一事似可述及,即其人曾撰《洪範洛書辨》一書,《千頃堂書目》注云"延祐中常德路總管府推官,居延人"②,則其曾爲常德府推官,而桂萬榮氏適以常德府知府致仕,或此亦其刊行是書之因緣。羅振玉光緒二十八年(1902)於日本京都得此和本一種,云:"此書雖有田氏增附,而仍七十二韻之舊觀,藏書家皆未之見,可珍也。"③

此書於日本甚爲流行,刊行極多。如僅古活字本,就當有二種,行款字

① 龔延明、祖慧主編:《宋人登科總録》,桂林:廣西師範大學出版社,2014 年,第 3841、3904 頁。

② [清]黄虞稷撰,瞿鳳起、潘景鄭整理:《千頃堂書目》,上海:上海古籍出版社,2001 年,第 25 頁。

③ 羅振玉:《大雲書庫藏書題識》,《羅振玉學術論著集》第七集,第 303 頁。

體皆同,然一種有界行,另種則無界行,且二者字體細察之則頗有微異,有界行者字體尤精。後有寬永中覆刻古活字本(當覆刻自無界行者);再至江户中期,又有山本信有覆刻寬永之本,其本覆刻極似,唯將寬永本之上下粗黑口改爲下黑口而已。此書於日本文學亦有絶大影響,如江户時大家井原西鶴撰《櫻陰比事》一書,頗以此爲典型也;另寬永中亦有《棠陰比事物語》之書。

【影印・整理】

《北京大學圖書館藏日本版漢籍善本萃編》影印本。

《和刻本四部叢刊》影印本(古活字本)。

【公藏】

中國:北大、遼寧、大連(寬永本),人大、華東師大、桂林、雲大(青藜閣本)。

日本:公文書館、國會、新發田市立、東洋文庫、東大總(古活字本),廣島大、愛媛大(寬永本)。

九、目録類

八史经籍志三十卷

【叙録】

《八史经籍志》三十卷，日人輯録，文政八年(1825)官板本。大本十七册。左右文武邊，白口，單黑魚尾，有界行，半葉十行，行二十一字，無返送。末頁有“文政八年刊”字樣。

【考證】

該書爲日人所編，且爲昌平坂學問所官板梓行，則輯録者或亦昌平學官。日人著述本不當入録，然此書輯録正史之經籍志，於辨章學術、考鏡源流頗有裨益。尤要者，至光緒八年(1882)，國人張壽榮重印於禹内①，則此書又爲國人之書矣(長澤規矩也《和刻本漢籍分類目録》一書則未録此書)，然較日人者晚五十餘載，故録此書，以志其功。張氏曾云：“夫人有志於學問之事，與今人居，與古人稽，雖殊方絶域，文教覃敷，且有以動其著述之懷。康熙時，西條掌書記山井鼎撰《七經孟子考文》，東都講官物觀爲之補遺。後其書進自浙汪啓淑家，獲邀《四庫》之收。兹復有文政八年《八史經籍志》刊本，雖其人莫詳，一經一史，後先輝映，何彼國之士之好學如是其不絶哉！今士生華夏之區，文獻足徵，顧乃終身俗學，土梗經籍，汶汶於帖括制義之中，老其年而不知返。是足慨已！”對此書大爲稱賞，亦對當時中日學界隨俗與向實之不同學風大爲感慨，所言頗是。

然於張壽榮氏之書，國内目録書多著録爲其所翻刻，實非如此。據張氏序云：“予於滬上得《八史經籍志》鋟板，前無序言，末署‘文政八年刊’，知出自東國好古者所爲。求其姓氏，卒不可悉。”則知其於上海得日人之板片，彼時日本正謀“脱亞入歐”，於此本國漢學典籍棄若敝屣，以至此官板之板片亦流失於滬上。張氏感“何彼國之士之好學如是其不絶哉”，惜“華夏之區，文獻足徵，顧乃終身俗學，土梗經籍”之後，若知其得板片之緣由，

---

① 《中國古籍總目・史部》，第4909頁。

又不知作何感想。然此事尚有後話:一般而言,昌平坂學問所官板本於日本所存極多,以其板本保存良而可隨時刷印也,故至明治時,昌平坂學問所尚聚合官板之板片,刷印六十四種二百三十八册之《昌平叢書》。然此《八史經籍志》於日本却所存寥寥,據查,僅十二家而已,奔藏漢籍甚富之圖書館頗有未存此書者,則或因此書板片之渡海而西之故。然此張氏重印之本於日本竟有三十餘家有藏,數倍於前者。抑圖書之刊印與收藏亦有關國運之沉浮耶!

【影印・整理】

無。

【公藏】

中國:科學、北大、湖北。

日本:福井大、静嘉堂文庫、前田育德會、京大法、國會、公文書館、山梨縣圖、東大總、京大人文研東方、關大、民博、伊那市立高遠町。

子　部

一、儒家類

孔子家語十卷

【敘録】

《孔子家語》十卷，王肅注，日本元和間古活字印本，又有寬永十五年(1638)覆刻元和本。大本五册。前有王肅《孔子家語序》，目録之後有“上官國材宅刊”字樣。正文四周文武邊，黑口，雙對魚尾，有界行，半葉九行，行十八字，注小字雙行同。

其後又有太宰純增注元文元年(1736)江都嵩山房刻本。

【考證】

此書乃儒家之要典，然自古以來，先惑於僞作之説，治此書者寥寥無幾；後又以版本流傳之關係，世無善本(《藏園訂補郘亭知見傳本書目》即云此書“並無佳刻定本”)，亦限制其書之影響。如此書今所存者，無一宋刊原本，王肅之注本甚或無一元本(《中華再造善本·唐宋編》及《金元編》中均未收録《孔子家語》王肅注)，實甚可惜。職此之故，日本流傳之和本即有特殊價值。

王重民《中國善本書提要》著録此寬永本云：“魏王肅注。篇目後刻‘上官國材宅刊’六字，卷末題‘寬永十五年(戊寅)仲秋吉日，二條通觀音町風月宗智刊行’二行。卷内有‘静安’‘王國維’等印記，又有静安先生跋云：‘此本不知何本，然佳處時出諸本之上。昔桐城蕭敬孚得此本，乃謂宋刊大字本不足存，以歸貴池劉氏。余以此本校黄周賢本一卷，乃知敬老之言不誣。庚申冬十月朔夕，海寧王國維記。’”①知北圖所藏，原爲王國維氏

---

① 王重民：《中國善本書提要》，第219頁。

藏書,且王氏對此寬永本評價甚高,以爲“佳處時出諸本之上”。王氏又於自藏《郘亭書目》中批云:“此書以日本寬永間刊本爲佳,其書原本在汲古閣宋本之上,以次則吴時用本,但末二卷有脱落耳。”①語意尤明。

王氏關於宋本之載録,當與蕭穆、傅增湘所録對讀,良多趣味。蕭氏所得之本,實即汲古閣舊藏。檢汲古閣刊本末毛晋之跋云:“嗟乎,是書之亡久矣! 一亡於勝國王氏,其病在割裂;一亡於包山陸氏,其病在倒顛。先輩每慶是書未遭秦焰,至於今日,何異與焦炬同煙銷耶? 予每展讀,即長跪宣尼像前,誓願遘止……丁卯秋,吴興賈人持一編至,乃北宋板王肅注本子,大書深刻,與今本迥異。惜二卷十六葉已前皆已蠹蝕,因復向先聖焚香叩首,願窺全豹。幸己卯春,從錫山酒家復觀一函,冠冕巋然,亦宋刻王氏注也,所逸者僅末二卷。余不覺合掌頓足,急倩能書者,一補其首,一補其尾,二册儼然雙璧矣……亟公之同好,凡架上王氏、陸氏本俱可覆醬瓿矣。”知汲古閣刊本當據之刊行也。後蕭穆訪得此本,亦極珍稀,爲此連寫三跋,其云:“《孔氏家語》,世推汲古閣毛氏刊本最善,乃求汲古本原刻讀之,知其所據者爲北宋蜀本大字乃東坡先生家藏者。意其原槧未必尚在人間。同治初,友人姚世培有舊藏本,託友人姚伯厚出售。伯厚旋携此書過余齋,余因與商留。余所因致資於世培得之。即毛氏舊藏宋槧大字本也。凡五巨册……蘇文忠公云蜀本大字最爲善本,此本字畫古健似顔柳,古香襲人,洵爲至寶,上有東坡居士折角印章兩方。”另跋又云:“居然爲寒家插架之冠矣! 三十年來遨遊四方,嘗以此書自携行笥,徧示同人,互爲喧傳。海内藏書家莫不知毛氏宋槧《孔氏家語》今尚在寒家也。光緒乙未秋,余以校刊劉海峰先生《歷朝詩選》,外間諸公助資不給,因與世交貴池劉聚卿觀察世珩相商,權以此書代質,得重資以濟。聚卿今欲公諸同好,倩善書者將原本影寫一部,選良工照刊。其表章古籍,宅心仁厚,雅意真所罕見也。”②蕭氏所述,爲刻書而忍痛割愛者;然據王氏語,知蕭穆得此和本,比勘後以其勝宋刻一疇,故將其宋本售予劉世珩。或王國維所録,或其不能表之於文之真話也。

然毛氏所求得之二宋本結局亦堪嘆惜。據蕭穆引毛扆跋語云:“後酒家本爲錢宗伯所奪,亦燼於絳雲之火。而此本獨存。”然再據傅增湘云:“《孔子家語注》十卷,宋蜀大字本,九行十七字。蕭孚敬舊藏,後歸劉世珩氏,余曾見之。今已影刻行世。戊午秋劉氏携之行篋,在浦口客邸被燬,世

---

① [清]莫友芝撰,傅增湘訂補,傅熹年整理:《藏園訂補郘亭知見傳本書目》,第484頁。

② [清]蕭穆:《敬孚類稿》,《續修四庫全書》第1561册,第3—4頁。

間此書遂無宋本,深可痛惜。然恐是南宋翻蜀本耳。"①此點亦可由王國維致羅振玉信證之,據《永豐鄉人行年録》載云:"劉葱石世珩北行至浦,因路斷折回。所携書籍,分置浦口客棧,適遇火災。聞蜀本《家語》、小字本《周禮》、元貞本《論語疏》與杜詩均在劫中。"②一於清初燬於絳雲一炬,一於民初焚於浦口客邸,確如傅氏所言"深可痛惜"。所幸者,吴興賈人本於被燬之前,劉氏將其影刻入《玉海堂影刻宋元本叢書》之中,此宋本亦可謂雖燬而未佚;據《中國古籍總目》所録,知香港大學藏有"清初虞山錢氏述古堂影抄宋本"③,未知是否即由錢謙益所藏之"酒家本"抄出者,若是(據香港大學圖書館之著録,其行款爲"九行十七字"者,與毛氏所藏宋本及汲古閣刻本均相符,則較爲可能),則此本亦似亡而存。若能二本合校,當得佳本也。然據毛晋跋語,汲古閣刊本豈非二宋本合校之本?其實不然。請詳論之。

毛氏曾於《汲古閣珍藏秘本書目》中載吴興本,並云:"南宋本作'良藥苦口利于病',此本作'藥酒苦口利于病',及讀《鹽鐵論》,亦作'良藥苦口利于病',方知北宋本之善。"此張揚其善,實欲售書也(前云"爲錢宗伯所奪",實亦當售與錢謙益者),故後又云:"意欲每本十兩,惟高明酌行之。"④然此廣告又爲後人所糾,葉德輝於《書林清話》卷七"明毛晋汲古閣刻書之一"條附按語,引毛氏前語後云:"今汲古閣本仍作'良藥苦口利於病',是毛氏於家藏宋本全不依據,自道之而自蹈之矣。"於此之指責,甯鎮疆云"其實是未辨所謂劉氏玉海堂本與汲古閣刊本的不同"⑤,然所云不明。嚴繩孫云:"今以汲古閣刊本比較,二卷十六頁已上毛本譌脱殊甚,注文闕漏尤夥,與宋本迥異,十七頁已下諸卷則與宋本悉合,蓋毛氏刊是書時尚未得酒家本,故但據家藏殘帙,其所缺者以別本湊合付梓爾。"⑥所言極有理。然細察則非。據毛晋跋語知,雖其得吴興本於丁卯(1627),得酒家本於己卯(1638),相隔一紀,然細詳跋語,其書之刊出,當在得二書互抄之後。故嚴氏此語亦不能以"尚未得酒家本"爲毛氏脱罪矣。且毛扆跋云:"又借得小字宋本參校,至《六本》篇,小字本作'良藥苦口利于病',此本獨作'藥

① 參傅增湘:《藏園群書經眼録》,第451頁。按:此處"蕭孚敬"當作"蕭敬孚",即清末收藏家蕭穆。傅氏此書初版時此名即誤(北京:中華書局,1983年,第531頁),再版亦未能正。

② 《羅振玉學術論著集》第十二集,第419頁。

③ 《中國古籍總目·子部》,第38頁。另賈晋華主編《香港所藏古籍書目》(上海:上海古籍出版社,2003年,第157頁)亦録。

④ [清]毛扆:《汲古閣珍藏秘本書目》,《續修四庫全書》第920册,第600頁。

⑤ 甯鎮疆:《〈孔子家語〉新證》,上海:中西書局,2017年,第138頁。

⑥ [清]莫友芝撰,傅增湘訂補,傅熹年整理:《藏園訂補郘亭知見傳本書目》,第484頁。

酒’。”《六本》篇在此書之卷四，而吴興賈人本“二卷十六葉已前皆已蠹蝕”，《六本》篇則當完好，然其刊本依然未從己意遵宋本而改，則葉氏之“於家藏宋本全不依據，自道之而自蹈之矣”之責仍恐不免——雖然此之宋本文字實亦不可爲據（日本所傳之元和、寬永諸本皆爲“良藥”），然毛氏自相矛盾則無可辯駁①。

傅氏於此所謂北宋本亦有疑辭，然不過以其“恐是南宋翻蜀本”，實爲拼合之本，前後相差甚大②，已非佳本（蕭氏於此書之稱揚，恐如傅氏所言“蓋極張其所藏汲古宋本之美者”，或爲鬻書張本）。

王氏又云“以此本校黄周賢本一卷，乃知敬老之言不誣”，此所謂“黄周賢本”，亦即前所云吴時用本，乃嘉靖三十三年（1554）之黄魯曾翻刻宋本者，其本後收入《四部叢刊》，後世學者多視此爲《孔子家語》最佳之本，楊朝明、宋立林之《孔子家語通解》即以此爲底本。詳王氏語意，二書相較，和本爲優。

葉德輝亦曾關注和本，其《郋園讀書志》云：“昔從都門得太宰純增注本，前有元文元年自序，云據其國博士家所傳王注全本。取校毛本，注文簡古，元文當中國乾隆初元，逮今百七十年，其云博士家必有依據。然既曰增注，猶恐於王注或有節刪。懷疑數年，屢托友人於日本求一王注單行本，久不可得。今年春，日本僧水野梅曉還國重來長沙，出此本見贈。每半頁九行，行十八字。前序目後有‘上官國材宅刊’一行，末頁有‘寬永十五年戊寅仲秋吉日，二條通觀音町風月宗智刊’二行。審其版式行格，似北宋時私宅本，風月宗智又翻雕耳。注文與太宰純注本同。寬永戊寅中國前明崇禎十一年，逮今凡二百六十八年，猶是太宰注以前舊本，乃知太宰所云博士家本，非鑿空之談，且以見毛本雖出宋刻，難免臆改增刪，不如海外所傳，固是中原古本也。後得者珍之寶之。”③此條爲光緒三十一年（1905）所撰，《書林清話》初成於宣統三年（1911），且後又多經修改，未識其是否曾以此“固是中原古本”者校前之“良藥”二字。浙圖亦曾藏寬保本，後有王季歡跋語云：“《孔子家語》宋元槧世無傳本，藏家競珍景寫，未必可據耳。此爲倭刻鋟版，在崇禎十一年，前後無序跋，不知（於）祖本。然以明時諸本（如袁□覆宋及萬曆本）可校之者，觸處皆是。則澗蕢、蕘圃諸人若見此，當與宋槧

① ［清］葉德輝著，漆永詳點校：《書林清話（外二種）》，北京：北京聯合出版公司，2018年，239頁。按：日人長澤規矩也曾爲《書林清話》撰糾繆之作，惜於此節未能據和本辨析之。

② 詳參甯鎮疆：《〈孔子家語〉新證》，第136—139頁。

③ ［清］葉德輝撰，楊洪升點校，杜澤遜審定：《郋園讀書志》，第71頁。

同珍秘篋矣。甲子秋七月望楊彜。"則於此寬保本亦評價甚高。

上海古籍出版社板行《孔子家語》之書,即擇定以和本爲底本校勘,且其所擇,乃太宰本也。其前言云:"此寬永本有兩個版本。一爲五册本,内附有日文助讀符號;一爲二册本,無日文符號……據筆者考察,前者錯漏、訛誤之處多,後者多已挖改或挖補,故可推斷,後者稍晚於前者。"①然所言有誤。其所"無日文符號"者,於目録之末"上官國材宅刊"之後,又附方形牌記,中有識語云:"補注《家語》成,已布海内,舊板迺屬芻狗。夫涇以渭濁,不胥入奚激得從,於是句去須丁斷尾,儼然始爲華本,再據諸家淘汰殽訛。徼獨微其得復王氏之舊,亦復厥真云。壬戌仲冬,風月堂。"此所云壬戌,實爲寬保二年(1742),所謂"補注《家語》",即寬保元年岡白駒之《孔子家語補注》,岡氏書扉頁有出版者之識語云:"原王注《家語》,本係活版翻刻,仍襲厥誤,錯倒衍脱,有不可乙者。余有志於改刻久矣。享保乙卯春,初謁龍洲先生,談及此書,先生乃出嘗所校定補注見示,余就讀之,考核諸本,引證古書,博采精研,解釋分明,千古疑案,爲之一新。遂乞登梓。元文戊午甫付工,今兹寬保紀年冬刻成。略陳所繇,於以發行。風月堂主人澤文拱謹識。"與前之識語對讀,可知二書皆風月堂所刊者。則前所云第二種寬永本實爲寬保間對原寬永本之覆刻,唯其保留末尾之寬永紀年,致引後人之誤。且此本之"挖改或挖補"亦有誤,如序云"黄土德",此本改爲"黄土色",太宰氏所校之意見亦同,岡白駒之補注即徑改,實誤②。

【影印・整理】

〔日〕長澤規矩也《和刻本諸子大成》第一輯。

《和刻本四部叢刊》影印本。

向輝、李密、明陽主編《孔子家語版本叢刊》(元和本、寬永本、岡白駒補注本、太宰純增注本),上海交通大學出版社2021年影印本。

【公藏】

中國:北京、大連、浙江(寬永本)。

日本:國會、公文書館(元和本),島根縣圖 、東京都立中央、佐賀縣圖、東大總、阪大總、東北福大、二松學舍、宮城縣圖、京産大、九大六本松、酒田

---

① 〔三國魏〕王肅注,〔日〕太宰純增注,宋立林校點:《孔子家語》,上海:上海古籍出版社,2019年,《前言》第16頁。

② 楊朝明、宋立林:《孔子家語通解》,濟南:齊魯書社,2009年,第583頁。

市立、静嘉堂文庫、東洋文庫、實踐女子、東北大、高知大(寬永本)。

孔子家語三卷

【敘録】

《孔子家語》三卷,元王廣謀撰,附《新刊素王事紀》一卷,《聖朝通制孔子廟祀》一卷,日本慶長四年(1599)活字重印元泰定蒼岩書院本。大本三册。卷首題"標題句解孔子家語",署"猷堂王廣謀景猷句解",目録後有"今將《素王事紀》別作一卷附後刊行幸鑒"字樣。正文四周雙邊,精黑口,雙對魚尾,有界行,半葉七行,行十七字,小字雙行同,欄上有校語。末有署"慶長第四龍集己亥仲夏吉辰前學校三要野衲於城南伏見里書焉"之跋語。後有"慈眼刊之"字樣。下卷末記"延祐丁巳陳實夫刻於精一書舍"。

【考證】

此慶長本之底本是所謂元泰定甲子即泰定元年(1324)蒼岩書院刊本,爲江户幕府第一代大將軍德川家康命足利學校庠主三要以元泰定蒼岩書院本爲底本,校合數種明版,於幕府行轅地伏見以木活字刊行,即大名久著之"伏見木活字版"。然此底本今已無存,臺北"中央圖書館"存有《(新刊標題)孔子家語句解》六卷(附《素王記事》一卷),題爲泰定二年(1325)崇文書塾刊本[1],與此非同書,不僅年代不同,卷數亦不同。臺圖另有一元刻本(《標題句解孔子家語》),亦非此本;大陸則大連藏有建文四年(1402)刻本(無《記事》),又上海藏明内府刻本,國圖有明初刻本,中央黨校有明王少山刻本。均未見此本[2]。按:《經籍訪古志》著録六卷本《標題句解孔子家語》,爲"朝鮮國刊本",然行款與此不同。此或據朝鮮本重排並更改行款者[3]。

【影印・整理】

《域外漢籍珍本文庫》第一輯。

向輝、李密、明陽主編《孔子家語版本叢刊》,上海交通大學出版社

---

① 《臺灣公藏善本書目書名索引》,臺北:臺北"中央圖書館",1971 年,第 214 頁。

② 《中國古籍總目・子部》,第 39 頁。

③ 〔日〕澁江全善、森立之等撰:《經籍訪古志》,杜澤遜、班龍門點校,第 131 頁。

2021 年影印本。

【公藏】

中國：北大、國圖。

日本：宫内廳書陵部、新瀉大、東大東文研、東洋文庫、國會、大阪府立中之島。

顔子疏解二卷

【叙録】

《顔子疏解》二卷，清高陽撰，日本延寶二年（1674）唐本屋田中清兵衛刊本。大本四册。書首有顔子像，封二書名之右署“高庭堅注疏”“曼山堂新梓”。前有署“玄黓執徐之歲夏五月虞山蒙叟錢謙益謹序”之《顔子疏解序》，後有“牧翁蒙叟”“錢印謙益”二印，徐來賓《顔子疏解叙》，高陽《顔子疏解叙》，《史記》本傳，“復聖七十二代孫顔俊彦、顔示峻、顔台星、顔士洪、顔倫撰《顔子疏解跋》，繼之以高陽《顔子外傳》，高陽《顔子增輯總目》及《顔子删目》。正文四周單邊，白口，無魚尾，版心下端之右署“覿閣注釋”，左署“好學第一”等，無界行，半葉八行，行十八字。末署“時天和三曆癸亥閏五月下浣，洛陽錦小路書叢永田長兵衛梓刊”。

【考證】

錢謙益《有學集》卷十四有《顔子疏解序》一文①，但世人未見此書，疑未刊行。然《四庫全書總目・金蘭集》提要云：“達左所編《顔子》（案是書已爲高陽所竄亂，改名《顔子鼎編》。然《鼎編》非達左之舊名，故仍稱以《顔子》），已著録。”②知當刊行，但未見而已。

錢氏序文收於《有學集》中，未署時序，此處云“玄黓執徐之歲夏五月”，即壬辰歲，當即順治九年（1652），一可爲錢氏此文編年，二可知此書於清之刊行日期。可爲證者，國内雖不存此書之清本，然日本頗有收藏，如東北大、新瀉大、京大、宫城縣圖、公文書館、前田育德會六家均存，並標爲

---

① ［清］錢謙益撰，［清］錢曾標注，錢仲聯標校：《有學集》，上海：上海古籍出版社，1994 年，第 690—691 頁。

② 魏小虎編撰：《四庫全書總目彙訂》，第 6843—6844 頁。

順治九年序刊本,或即由此序而來。則此書之稀,或因有錢氏之序,乾隆時力禁錢氏著作,殃及錢氏作序之書,故國内反完全湮没,日本則多有收藏,甚或多於此和刻本。

關於錢氏序文,尚有一事需論,即載於此書者,以"元至正間"始,而錢氏收入《有學集》者,却易以"明之將興",或由此可揣錢氏當時於"明興"二字之執著。

據長澤規矩也《和刻本漢籍分類目録》載,知此又有田中清兵衛後印本;此外尚有《顔淵全書》五卷本,爲天和三年(1683)修本,京都永田長兵衛刊,此有國會、東北大藏,長澤目注云"前書之外題换本"①,可知全爲一書,僅更改書名而已。

【影印・整理】

〔日〕長澤規矩也《和刻本諸子大成》第一輯。

《和刻本四部叢刊》影印本。

【公藏】

中國:無。

日本:公文、市立米澤、大阪府立、慶應(延寶本),東北大、國會(天和本)

荀子全書二十卷

【叙録】

《荀子全書》二十卷,唐楊倞注,日本延享二年(1745)江户梅村彌市郎等據明顧氏世德堂刊本重刊。大本十册。前有署"延享乙丑之秋播磨清絢撰"之《刻荀子序》,又有署"享保乙巳十月望三河物茂卿"之《刻荀子跋》,次爲楊倞《荀子序》。正文四周文武邊,白口,無魚尾,書口上題"世德堂刊"字樣,有界行,半葉八行,行十七字,小字雙行同,無返送。全書之末又有平安葛應楨之跋語。

【考證】

此書爲覆刊世德堂本者,字體極似,無返點,刊刻精美。《荀子》世德

① 〔日〕長澤規矩也:《和刻本漢籍分類目録》,第93頁。

堂本爲荀卿書之善本，存世極少（據善本目知僅三家：上圖二種、國圖、南圖各一本）①。不過，此書末署爲“纂圖互注荀子”，此非世德堂本之特點，則此和本或許經過更改。

【影印·整理】

〔日〕長澤規矩也《和刻本諸子大成》第一輯。

《和刻本四部叢刊》影印本。

【公藏】

中國：科學、人大、華東師大、天津、遼寧、大連、蘇大、浙江、江西、重慶、北大、南開。

日本：所存甚多，不備録。

忠經集注詳解一卷

【叙録】

《御覽頒行忠經集注詳解》一卷，題漢馬融撰，漢鄭玄注，日本明曆二年（1656）京都小島彌左衛門刊本。大本一册。前有馬融序，次“宣德甲寅冬十月初吉會稽韓陽序”。卷端署“漢扶風馬融撰，漢北海鄭玄注，明潭陽余昌年訂”。正文四周單邊，上黑口，單魚尾，版面分上下欄，無界行，半葉九行，下欄行十八字，注小字雙行同；上欄小字雙行，行五字，有返送。末有“明曆二丙申年三月吉旦，室町通鯉山町，小島彌左衛門新刊”。

【考證】

《忠經》一書於日本頗受歡迎，翻刻極多。究其來源，則或爲此建陽余昌年刻本，以其後多有標余氏者。然此余氏刻本於國内則未見。此余昌年署“潭陽”，爲建陽書商無疑，且余氏家族亦有以“昌”爲譜字者，如《潭溪書林余氏世系簡表》中即有昌宗、昌運、昌隆諸人，然未見此昌年②，《中國古籍總目》亦未收此人，則此和本可補余氏刻書之闕佚也。

---

① 《中國古籍善本書目·子部》，上海：上海古籍出版社，1994 年，第 25—26 頁。

② 〔美〕賈晉珠：《謀利而印：11 至 17 世紀福建建陽的商業出版者》，邱葵、鄒秀英、柳穎、劉倩譯，李國慶校，第 109 頁。

【影印・整理】

〔日〕長澤規矩也《和刻本諸子大成》第三輯。

《和刻本四部叢刊》影印本。

【公藏】

中國:無。

日本:所存甚多,不備録。

中説十卷

【敘録】

《文中子中説》十卷,隋王通撰,宋阮逸注,日本文政十年(1827)官板影宋本。大本一册。正文左右文武邊,白口,單魚尾,魚尾下標"文幾",下記刊工名,有界行,半葉十四行,行二十六七字不等,注小字雙行,三十一二字不等。卷尾有"文政十年摹刊"字樣。

【考證】

據《北京大學圖書館日本版古籍目録》載,其館藏一部文政板《中説》,然標云"李8363",則僅爲普通本①;至馬月華録"北京大學圖書館藏楊守敬日本訪得之書",此書編號則爲"SB/111.37/1037.3",即已屬善本②。前者著録未入善,或因其出版時間較晚之故。事實上,此書確爲楊守敬《日本訪書志》所録出版時代最晚之書。然其竟厠身於宋刊元槧、古鈔舊藏之中,良有以也。楊氏序録云:"書中避諱弘、匡、敬、玄、徵、朗等字,讓、慎等字不避,知爲北宋本。而考森氏《訪古志》載《中説》四(三)種,此本獨遺。詢之同好,無知此本之原委者,亦無知此板之存亡者。余遍搜書肆,謹得二本,想模印不廣,板即毁廢矣,惜哉!"③楊氏"詢之同好,無知此本之原委者",多因此本覆刻前後無序跋解釋,實其底本確爲北宋本,現藏宫内廳書陵部,傅增湘曾觀之並爲敘録,云其"鈐有高麗國朱文印,文曰:'高麗國十四葉

---

① 李玉編:《北京大學圖書館日本版古籍目録》,北京:北京大學出版社,1995年,第87頁。

② 馬月華:《〈古逸叢書〉研究》,第193頁。

③ [清]楊守敬撰,張雷校點:《日本訪書志》,第112—113頁。

辛巳歲藏書大宋建中靖國元年大遼乾統元年'。按:此書麻紙,染作深黄色,且因有高麗國印,遂有疑朝鮮刊本者。然細審之,其筆意古健堅實,實爲宋刊無疑。"又云"日本文政十年翻刊本雖亦精美,而字畫纖麗,古意不存矣"①。然現宫内廳書陵部所藏並無高麗國印,傅氏所觀自無誤,此或當爲日人撕去之者。按,楊氏謂"森氏《訪古志》載《中説》三種",當偶誤,其書載《中説》四種,其一爲"朝鮮國銅字字板本,懷仙樓藏",似與傅氏所云之高麗國印有關,實不然,彼活字本行款爲十二行十九字②,與此宋本全異。即此亦可知文政本覆刻之原委。且其書存世極尠,自屬善本無疑。

據《鄰蘇園藏書目録》載有"文中子,仿宋本,一本",下注云"癸丑臘月二十一日賣於傅沅叔 3 元",知於民國二年(1913)售予傅氏,傅氏曾將其載於《藏園群書經眼録》中,此書後當歸李盛鐸,即現存北京大學圖書館者。另,楊氏尚藏有朝鮮活字本《中説》,據《鄰蘇園藏書目録》載,"癸丑臘月廿一日賣於傅沅叔 40 元"③,傅氏亦載於《藏園群書經眼録》,云其除楊守敬外,另有"養安院藏書""向黄邨珍藏印",並云"此與《南唐書》同爲朝鮮活字印本,楊鄰蘇老人(守敬)極稱其罕秘。此二書余皆從老人得之。"④

另,《中國古籍總目》著録有"清光緒十六年貴陽陳氏影宋刻本",細察可知,其實以文政本爲底本翻刻者也。據其《影刊宋本中説序》云:"余喜讀《中説》而苦無善本,今偶於日本書肆得宋本阮逸注十卷,字畫古雅,幸愜夙懷,因重鐫以餉耆(嗜)古君子。噫,亦足貴矣!"⑤其於光緒中遊日本書肆,欲得北宋本,實幾不可能,能得一文政本,亦足慶幸。

【影印·整理】

〔日〕長澤規矩也《和刻本諸子大成》第三輯。

【公藏】

中國:北大、上海、首師大。

日本:九大、中央大、高知大、阪大總、宫内廳書陵部。

---

① 傅增湘:《藏園群書經眼録》,第 468 頁。

② 〔日〕澁江全善、森立之等撰:《經籍訪古志》,杜澤遜、班龍門點校,第 136—137 頁。

③ 《鄰蘇園藏書目録》,第 5、8 頁。

④ 傅增湘:《藏園群書經眼録》,第 469 頁。

⑤ 〔清〕陳矩:《靈峰草堂集》,《叢書集成續編》第 182 册,影印,臺北:新文豐出版公司,1989 年,第 240 頁。

帝範二卷(寬文本)

【叙録】

《帝範》二卷,唐太宗御撰,闕名注,日本寬文八年(1668)跋刊本。大本二册。前有御製《帝範序》。正文四周單邊,白口,無魚尾,無界行,正文半葉八行,行十七字,小字雙行同,有返送。後有"康平三年五月五日點之,禮部郎中江匡房""康平三年五月六日點之,治部少承江匡房""寬治八年七月十六日於楊梅亭點了,尤可秘藏而已,藤永實""長寬二年正月廿八日奉授主上已訖,式部大輔藤永範"等題記。

【考證】

據《唐會要》載,貞觀"二十三年正月二十日。太宗撰《帝範》十三篇,賜皇太子。顧謂王公曰:'聖躬闡政之道,備在其中矣。'"①《册府元龜》卷四十所載云"二十二年正月,帝撰《帝範》十二篇"②,稍有出入,或當以後者所載爲是。因《資治通鑑》亦載,稍同後者,且有詳細篇目云:"上作《帝範》十二篇以賜太子,曰《君體》《建親》《求賢》《審官》《納諫》《去讒》《戒盈》《崇儉》《賞罰》《務農》《閲武》《崇文》"③。《四庫全書總目》即云:"新、舊《唐書》皆云四卷。晁公武《讀書志》僅載六篇。陳振孫《書録解題》亦題曰一卷。此本載《永樂大典》中,凡一十二篇,首尾完具…… 蓋此書南宋佚其半,至元乃復得舊本,故明初轉有全文也。"④知其曾失傳,然明初復現於世,散入《永樂大典》之中,四庫館臣將其輯出,並於乾隆三十八年(1773)四月,始由武英殿雕印自《永樂大典》中首批輯出之四部書籍:《帝範》《漢官舊儀》《易緯八種》《魏鄭公諫續録》,是即武英殿叢書之始,後《帝範》又收入《四庫全書》之中,可見四庫館臣對此書之重視。《中國古籍總目》所録數種多從此本出⑤。然其書於日本則流傳有序,《日本國見在書目録》即著録,據孫猛云"日本存舊鈔本十餘種,最早蓋梅澤義一紀念館藏鎌倉時期

---

① [宋]王溥:《唐會要》,第656頁。

② [宋]王欽若等編纂,周勛初等校訂:《册府元龜》,南京:鳳凰出版社,2006年,第429頁。

③ [宋]司馬光編著,[元]胡三省音注:《資治通鑑》,北京:中華書局,2013年,第6450頁。

④ 魏小虎編纂:《四庫全書總目彙訂》,第2837頁。

⑤ 《中國古籍總目·子部》,第177頁。

鈔本”①。關於此書傳抄詳情，楊守敬云：“此本分上下二卷，有康平三年五月江匡房點校記（江氏爲日本文章巨族，有《江家次第》傳世，皆一家之言也），又有寛治、長寛、承安、建久、承元、元仁等題記。考康平三年當宋仁宗嘉祐五年，則其根源最古。”②所録皆此寛文本末之題署，楊氏僅及其最古之康平三年（1060），即最晚之“元仁二年三月廿五日侍御讀畢，翰林學士菅淳高”亦當南宋之寶慶元年（1225），則其一百六十餘年中，進講不絶，且最晚之年份亦已極久遠。

然則此本既有《永樂大典》輯出者，此和刻本似當應聲減價矣，究其實却大爲不然。暫不論館臣“仍依舊史，厘爲四卷，以復其舊”之牽合，僅其所據者“惟傳寫多所脱誤，謹旁考諸書，一一厘訂，各附案語於下方”即知其文字或未可據。然國内出版《帝範》之整理本，却云：“這些版本，實際分屬於兩個系統：一是中國本土傳承系列，一是日本傳承系列。《帝範》國内諸本均出自《永樂大典》，係四庫館臣從《永樂大典》中輯出者。日本諸本則多出自寛文八年刻本。相比之下，四庫本較爲精良，故本書以四庫全書本作爲底本。”③然其整理本已多引楊守敬語，未知於楊氏之校勘成果如之何也，楊氏云：

> 其序文題“御製”，與《大典》本題《唐太宗文皇帝撰》不同，又書中文皇自稱皆曰“余”，不曰“朕”，“民”字、“治”字皆不避，均以此本爲是。其他如《建親篇》“枝葉扶疏”，《大典》本誤“扶”爲“不”。“子弟無一户之名（按：當爲‘民’字，楊氏筆誤）”，誤爲“封户之人”。“神器”誤爲“大器”。“設令懸教”，誤“令”爲“分”。“宜其不遠”謂與堯不遠也，誤“不”爲“宏”。“察之以明，撫之以德”，脱四字，作“察之以德”。《審官篇》“有劣智者不可賴以大功”，誤作“有小力者不可賴以成職”，其下脱“君擇臣而授官，臣量己而受職”二句。《納諫篇》“折檻壞疏”，誤“壞”爲“懷”，注者遂不知“壞疏”是用《説苑》“師經投瑟撞疏”事。《去讒篇》“宣王終身而不知”，誤“宣王”爲“宣一”。《誡盈篇》“民財匱”，誤作“人才遺”。《務農篇》“衣食乏則忘廉恥”，誤“乏”爲“足”，誤“忘”爲“志”。“欲澄其流”，誤“證（澄）”爲“止”。《閲武

① 孫猛：《日本國見在書目録詳考》，第1168—1170頁。

② ［清］楊守敬撰，張雷校點：《日本訪書志》，第67—69頁。

③ 王雙懷、梁克敏、田乙：《帝範臣軌校釋》，西安：陝西人民出版社，2016年，《前言》第18頁。此後中華書局2021年版亦同。

篇》"忘戰則民殆",誤"忘"爲"亟"。"三年治兵,辨等列也",以正文混入注中。《崇文篇》"此崇文之術也",脱"崇""之"二字。"不能逸,居其易",誤"逸"爲"力"。是皆顯然謬譌。(其他譌文、奪字,尤不勝舉,别詳《札記》。)

將楊氏所校覆核前引之整理本,幾無一從改(個别校出者已云"據改"者亦未改),楊氏指出明顯之脱文亦未據補。如"察之以明,撫之以德",脱四字作"察之以德",竟亦譯作"凡事以德作爲考察的標準",大違原意。另亦有楊氏未指出者,如《建親篇》云"語曰'流盡其源竭,條落則根枯'",《大典》本注"語"字爲"古人之語也",頗爲累贅,整理本據此,亦只好注云"這裏指諺語",實寬文本即作"故諺曰'流盡則源竭,條落則根枯'",有三字不同,以寬文本爲優。

此本與大典本之關係,楊氏已有詳論:"《大典》本注者不能訂正,遂望文生義,不顧其安。然則此本非特元、明以來不見,亦《大典》本作注者所不見也。又此書每二篇一總結,《大典》本注者皆以本篇文曲解之,尤爲鹵莽。……凡此皆《大典》注本之陋,不及此本之精博遠甚。"雖此本亦有脱誤,然可"以《大典》本補正之",而非相反。惜楊氏之願,迄未實現耳。

館臣見其後有吴萊跋,然僅參引之,而未具録,實屬憾事。查吴氏《淵穎集》卷九有《讀唐太宗帝範》一文,開篇云:"初,唐太宗《帝範》一卷,十有二篇,太宗嘗手撰以教太子。五代喪亂,書有録而遂闕。暨今上征雲南僰夷,始出以獻,而舊十有二篇復完。"①亦可相證。知吴氏既撰跋文,亦有餘緒而爲此文,並收入文集。

《永樂大典》本亦有注,然與寬文本注不同,二者皆未注明注者姓氏。《四庫全書總目》云:"《唐書·藝文志》載有賈行注,而《舊唐書·敬宗本紀》稱寶曆二年祕書省著作郎韋公肅注是書以進,特賜錦綵百匹。是唐時已有二注。今本注無姓名,觀其體裁,似唐人注經之式。而其中時稱楊萬里、吕祖謙之言,蓋元人因舊注而補之。其詞雖不免冗贅,而援引頗爲詳洽,足資參考。"評價較當。此後楊守敬亦云"其注文頗繁冗,中有引吕東萊之言,則非賈、韋二注明矣",當襲四庫館臣之意。故至今日,學界仍未知其人,故《中國古籍總目》標注曰"元□□注"。

細檢文獻,此人實可考出者。明人都穆《鐵網珊瑚》中收有其爲《帝範》一書所撰之識語云:"唐太宗《帝範》三卷,自君體至崇文,凡十二篇。

① [元]吴萊:《淵穎集》,《四部叢刊》,景元至正本。

《唐書・藝文志》嘗載其目,而世罕傳。元元貞初,雲南行省左丞得之白人,字與漢異,乃譯而進之,其書始行。大德中,霸州李鼐元鎮嘗爲之注,廬陵鄧光薦序之。余家所藏安成刻本,元舊物也。"①都氏之語此後清人許瀚《攀古小廬雜著》亦曾引及②,有學者據許氏之語云:"可知《帝範》之流傳:《帝範》成書後,遭五代戰亂,遂在中原地區失傳。到元代元貞(1294—1297)年間,雲南行省左丞從白人手中得到《帝範》原本;大德(1297—1307)年間,李鼐元爲之作注;泰定二年(1325),元朝平定雲南叛亂時得到《帝範》;明代修《永樂大典》時將《帝範》采入,清代修《四庫全書》時從《永樂大典》中輯出,即今《四庫》本,今檢此本中確有'楊誠齋''東萊先生'之語。許氏據單文孤證,疑注本爲李鼐元作,恐非定論。"③一者,許氏引録之時,誤奪一"鎮"字,故司馬氏亦誤引爲"李鼐元";二者,其受四庫館臣之誤考甚深,館臣云"考其事在泰定二年",司馬氏未知此爲館臣考訂疏誤,却以元貞間自雲南白人處得《帝範》原本,又至泰定二年,平定雲南叛亂時又得《帝範》,此於情理亦不能通。

據都氏所言,此注當爲大德中李鼐所作,其人爲河北霸州人,因其有舊刻在手,此當不誣。

若云此尚不能定,則日人德富蘇峰又有鐵證。德富氏實早於大正年間即解決此學術問題,惜長澤規矩也於五紀後出版《和刻本漢籍分類目録》一書時,仍標云"注者未詳"④。德富氏大正四年(1915)將所藏狩谷棭齋批點之寬文八年本《帝範・臣軌》收入《成簣堂叢書》影印出版(參後文考録),於解題中云:"予前年於京城,獲朝鮮銅活字之《帝範》,此書全係與武英殿板《帝範》同一底本,但彼從《永樂大典》抽出,此乃大典未收録以前之傳本。卷首有序文,予因得以正紀曉嵐輩之杜撰臆説,亦可謂意外之幸矣。蓋紀曉嵐一輩稱注者無姓名,而因此書乃知爲元人霸郡李鼐元鎮也。"且德富氏恐前云"此書全係與武英殿板《帝範》同一底本"爲人誤解僅指正文,故後又特特指出"但其注釋,概以與武英殿本同一,今不復贅録焉"。知二書之注確爲同一人所注。德富氏又"仍取其序文,更付之撮影以備考",即於解題中附"朝鮮銅活字《帝範》序文真影"二葉,可謂證據確鑿,當成定讞矣。此朝鮮銅活字本序文中明云:"唐史有其目而逸其書,近年出於雲南,

① [明]都穆:《鐵網珊瑚》,《四庫全書存目叢書》第117册,第589頁。
② [清]許瀚:《攀古小廬雜著》,《續修四庫全書》,第1160册,第685頁。
③ 司馬朝軍:《國故新衡》,武漢:武漢大學出版社,2018年,第233頁。
④ 〔日〕長澤規矩也:《和刻本漢籍分類目録》,第96頁。

經進闕下，奉敕付史館，補唐鑑之遺。今文安李元鎮詳加注釋。”則注爲此人所作，殆無可疑。且此序僅云“文安李元鎮”，而德富氏徑稱“霸郡李鼐元鎮”，則恐此書卷端或其他序跋文字有注者尤詳之信息。然就都氏與德富氏所述而言，二者所見之書或非同版。都氏之書有“廬陵鄧光薦序”，而此書未及一詞，却有“臨江路儒學教授廬陵劉参道存序”，其序稱“至治癸亥，朝列大夫同知臨江路總管府事古汴趙公文炳……暇日出《帝範》一帙，命余刻之”，或其至治三年（1323）所出之《帝範》即都氏所藏大德中（1297—1307）之安成刻本。知李鼐注於元至少有二刻也。

然則此注者之生平亦不可得而知。查施廷鏞《古籍珍稀版本知見録》一書著録《顔子》七卷，云：“李鼐、元鎮編集補注，大德甲辰（李按：即大德八年，1304）文安李鼐刊。半葉九行，行二十字，間有不及二十字者。”①知此標注有誤，“元鎮”並非另一人，而爲李鼐之字。則其於大德前後，爲文壇頗活躍之人。施氏書名“知見録”，則必親見其書，然此書今遍覓不得，或已佚失，或深藏固扃。檢李純仁所輯《顔子》前有吴澂序云：“河北文安李鼐、江南高安李純仁，各仿《曾子》《子思子》書二書，刻而爲《顔子書》，先之以《論語》《中庸》《大傳》，附之以諸子傳記雜語。二人編纂小有不同，其用意則一也。”②《四庫全書總目》於《顔子鼎編》一書提要之下，亦云“元高安李純仁、河北李鼐，遞相補益”③，知必有此書也。

序文云：“至治癸亥，朝列大夫同知臨江路總管府事古汴趙公文炳……暇日出《帝範》一帙，命余刻之……至治三年癸亥七月朔臨江路儒學教授廬陵劉参道存序。”則《四庫全書總目》云其書“後有元吴萊跋，謂征雲南僰夷時，始見完書。考其事在泰定二年”，而此序在至治三年，即在其前二年，且序云“行於世久矣”，德富氏認爲更在館臣所定之前，“足見紀曉嵐輩之臆説也”。然德富氏僅可籠統云“更在其前”，並無確時。都穆云得書爲“元元貞初”，注書則爲“大德中”，極爲清楚。

都氏所載云書“得之白人”，且“字與漢異”，需“譯而進之”。此段記載極爲重要，一者，知此書之失而復得之來歷；二者，則所得之書當爲白族之僰文。得書後需漢譯方可讀。即李鼐之注亦不得不據所譯之文字加注也，即此亦可知，此時所得之本，當爲無注之白文。亦可知《永樂大典》本之不

① 施廷鏞編著，李雄飛校訂：《古籍珍稀版本知見録》，北京：北京圖書館出版社，2005 年，第 56 頁。

② ［元］李純仁：《顔子》，《續修四庫全書》第 932 册，第 3 頁。

③ 魏小虎編撰：《四庫全書總目彙訂》，第 2955 頁。

可靠,以其曾經回譯也。雖然棘文與漢語之互譯未必致畫虎而類犬,然刻鵠肖鶩之虞或不能免,如前云“語”“諺”之異,未必非回譯所致者。

德富蘇峰所藏朝鮮銅活字本未能影印,實爲憾事。今查日本漢籍數據庫,唯東京都立中央圖書館有一朝鮮銅活本《帝範(附訓辭)》,原屬市村文庫所有,未知是否即德富氏舊藏之本。

楊守敬曾受汪康年之托代爲刻此書,其曾致函汪康年云:“《悉曇字記》《黄帝明堂經》二種已經刻成,樣本呈覽。餘《帝範》一種,不日亦可竣工。此等仿宋,向來連板片、寫工每百字二百四十文,前已詳告。”另函又云:“《明堂經》《帝範》《悉曇字記》均刻成,封面亦書就。唯有題跋未刻,擬俟刻成將板片送上交陶子麟。”①此信寫作時間亦可考出,楊守敬曾致函羅振玉云“《悉曇字記》《帝範》《黄帝明堂經》三種本是二十年前汪穰卿囑我刻者”,此函據考爲宣統三年(1911)所作②,則二十年前爲光緒十七年(1891)。據信知書已刻成,惟不詳因何而未及印行。

羅振玉《大雲書庫藏書題識》收此書一部,並云:“老友楊君惺吾曾得此本,載之《日本訪書志》,備言其勝處,然楊氏所舉以外尚不少,安得好古者爲之刊行乎?”③楊致羅函提及汪康年事,又云:“當時仿宋每字三文,誠然而寫工及板片在外,故每字五文;今則刻工每字五文,寫工、板片又在外矣。此書彙入《國學叢刻》中甚善,以其板式甚小,與尊刻合也。通計三種五十五葉,共計一萬九千一百五十七字,每字五文,當日之價應九十五千七百八十五文,合洋銀七十六元。足下欲買之,即懇以洋銀兑付(緣近日需款甚急)。其板片由陶子林彙交爲便。又《帝範》與中土所傳大異,守敬有校記未刻,其稿當尚存。《悉曇字記》《黄帝明堂經》吾不在行,未有題跋,唯足下補刻之。”④其實,羅氏或早知此事,故於光緒三十三年(1907)曾致函楊氏云:“《帝範》已有刷印者否,求早日見賜,尤感。”⑤知此書雖刻板,然二十年來迄未印行,或汪氏雖托楊代刻,然終未付款取板。至宣統三年,楊氏又欲籍羅氏之力印行之,然此時辛亥事起,諸事均脱常軌,楊又致信羅氏云:“《帝範》《悉曇字記》《黄帝明堂》板片囑陶森在家中取出交閣下,而彼未有回信。未知閣下囑之刻板如何?”⑥羅振玉後影印《悉曇字記》時作跋

---

① 《汪康年師友書札》(三),上海:上海古籍出版社,1987 年,第 2371、2372 頁。
② 參陳捷:《人物往來與書籍流轉》,北京:中華書局,2012 年,第 328 頁。
③ 《羅振玉學術論著集》第七集,第 301 頁。
④ 引自《鄰蘇老人書札》,國圖藏稿本。
⑤ 參陳捷:《人物往來與書籍流轉》,第 362 頁。
⑥ 《楊守敬題跋書信遺稿》,第 186 頁。

云:"予往在京師,亡友楊惺吾舍人(守敬)曾爲予在鄂中刻此書。辛亥國難,楊君避地上海,尚迻書言板固無恙,而未嘗見寄。及舍人物化,遂無從索取。"①此雖僅言《悉曇字記》,然與前信合觀,知《帝範》亦在其中,知終未及付印,板即被燬。此願後羅氏自爲之,將此書刊入《東方學會叢書》中。據前引楊氏語,可知其曾撰《帝範》之校記,且有稿存焉,惜未刊行,今已不知存否。

【影印·整理】

《和刻本四部叢刊》影印本。

【公藏】

中國:國圖、清華、上海、華東師大、遼寧。

日本:公文書館、東北大、名大、關大、大阪府立中之島、島根縣圖、静嘉堂文庫、實踐女子、宮城縣圖、高知大、二松學舍、中央大、山口大、東大總、宮内廳書陵部、前田育德會。

帝範二卷(明和本)

【叙録】

《帝範》二卷,唐太宗御撰,日本明和四年(1767)源元寬校刊本。大本一册。正文末署"明和丁亥正月,阿波源元寬苞卿謹校",後有源氏所作《附考》,末有署"明和丁亥正月阿波源元寬苞卿謹識"之《書帝範後》,下有"元寬"及"苞卿"之陽文方印。左下角標"書林出雲寺發行"。

【考證】

此書之末源氏跋語云:"本邦故事,每詔儒臣進講焉。於是江參議上弘《帝範》云,恨坊本文字漫漶脱誤良多。"其所云"坊本",當指寬文本也。又云:"元寬竊憂尚矣,朝求野募,遂校成一本,刊而傳之。素所嵌注解,庸妄無取,想出於白面之手,非賈、韋之書也,悉皆刪去,庶幾還乎舊觀。"此書有注,然未標注者名氏,楊守敬云:"唐太宗《帝範》,新、舊《唐志》並四卷,賈行注。又《舊唐書·敬宗本紀》有韋公肅注,是唐時已有二注……其注文

---

① 《羅振玉學術論著集》第九集,第342頁。

簡要,不注姓名,亦不詳爲賈、爲韋。”故此校者於注力詆之,以爲定“非賈、韋之書”,故全删去。惟於正文間插源氏之校記。其所校之本或有與《永樂大典》本相類者。如楊守敬已指出,寬文本“‘民’字、‘治’字皆不避”,此本所校之本則有所避。如《建親篇》“子弟無一户之民”,其校云“一作‘人’”,《求賢篇》“帝王之治國也”,其校云“一作‘爲’”,均避此二字之諱,與大典本同。然亦非大典本,因前者“子弟無一户之民”大典本作“子弟無封户之人”,其所校之本顯非如此。按:此句大典本之改動,可見未解此句之意,王雙懷校本雖已校出,然既未解釋,亦未按斷,知亦未解也。此“子弟無一户之民”者,指其後代未經分封,故無一户之食邑也;而改作“無封户之人”雖可硬譯爲“他不分封子弟”,然語意未順,原文必不如此。

按:此本雖有校語,然畢經重刻,且以己之臆評而全删舊注,非此書之佳本。然其存世極稀,則長澤氏影印《和刻本諸子大成》棄寬文本而取此明和本,或因此書罕見之故。

此本之後,日本之刊行《帝範》仍層出不窮。如尾州藩明倫堂以木活字排印(与《臣軌》合刊),文政十三年(1830)又有官板之本(無《臣軌》),然此数本又以武英殿本爲底本行世者,亦可稱中日文化交流之奇觀矣。

【影印·整理】

〔日〕長澤規矩也《和刻本諸子大成》第四輯。

【公藏】

中國:大連。

日本:龍野歷史文化資料館、關大。

臣軌二卷(寬文本)

【叙録】

《臣軌》二卷,武則天撰,闕名注,日本寬文八年(1668)刊本。大本二册。前有御制《臣軌序》。正文四周單邊,白口,無魚尾,無界行,半葉八行,行十七字,小字雙行同,有返送。末葉有“垂拱元年撰”字樣。後有署“寬文八年秋八月日柳谷散人埜子苞父書”之《帝範臣軌二書跋》,末有“林和泉掾版行”字樣。

【考證】

此書於日本雖常與《帝範》同刊(此寬文八年本即如此),然其書與《帝範》仍有不同,即此書國内亦無《永樂大典》本。《中國古籍總目》僅著録兩種,一種二卷本,有《宛委别藏》本,阮元《揅經室外集》卷二著録云"此册日本人用活字板擺印"云云①,則其所得爲《佚存叢書》本,有粤雅堂本;另即羅振玉1924年東方學會叢書初集本②。此書於日本亦流傳有序。《日本國見在書目録》即著録其書③,日本國會藏有室町寫本及江户寫本兩種。島田翰《古文舊書考》有叙録,提及有建長二年(1250)抄卷子本④。楊守敬《日本訪書志》又提及有"日本楓山官庫藏本,及向山黄村所藏天正年間鈔本"。除此之外,楊氏尚藏有日本古鈔之本,唯其晚年無力整理,故其書志未入《日本訪書志》,王重民補輯《日本訪書志補》中有之,云:"此本注中大有删削,然墨色如漆,審其筆勢,當爲日本六七百年前人所抄。其原本不與寬文本同,故卷首有'鄭州陽武縣臣王德纂注上'十一字,而寬文本無之。按此書别有大正間抄本,亦有'王德纂注'之文,則知寬文本脱也。光緒戊子四月宜都楊守敬記。"⑤此外,楊氏尚有别本《古鈔臣軌帝範》二册,另有標爲"五山本"之《日本刻臣軌》,其書上原蓋"日本古鈔本"之戳記,然旁改爲"五山"⑥,以常理推測,既經旁改,則所改者當無誤,然迄今未見此書有五山本者,則此或誤。然此本必有淵源,羅振玉云:"唐人卷子本皆每行十七字,此本亦然。其中别體之字,又與唐人碑板及寫經同,楊氏之説信也。"⑦

關於此書作者,《舊唐書·經籍志》云"《臣軌》二卷,天后撰",然又於其本紀中云"太后嘗召文學之士周思茂、范履冰、衛敬業,令撰《玄覽》及《古今内範》各百卷,《青宫紀要》《少陽政範》各三十卷……《臣軌》二卷"⑧。當代學界對此二説各有成見。有學者云:"武則天既然能寫出《内訓》和《外戚誡》,當然不是不會寫書的人。《臣軌》是作爲'臣下之繩准'而撰寫的,必然要完全體現'君上'武則天的旨意。這樣的書,也許只有涉

---

① [清]阮元撰,鄧經元點校:《揅經室集》,北京:中華書局,1993年,第1218頁。
② 《中國古籍總目·子部》,第179頁。
③ 孫猛:《日本國見在書目録詳考》,第1171—1172頁。
④ 〔日〕島田翰撰,杜澤遜、王曉娟點校:《古文舊書考》,第73頁。
⑤ [清]楊守敬撰,張雷校點:《日本訪書志》,第69—70頁;《日本訪書志補》第16頁。
⑥ 《鄰蘇園藏書目録》,第10頁。
⑦ 《羅振玉學術論著集》第七集,第302頁。
⑧ [後晋]劉昫等:《舊唐書》,第2026、133頁。

文史,且有幾十年統治經驗的武則天才能寫出來。”①此雖爲武則天争得作者之身份,然其所秉之理却難以服人,因“能寫出”與“寫出”並非一事,何可混一! 就此書言,平心而論,自是在武則天授意之下,由各文學之士編撰者。然此並非否定武則天之著作權。就中國古文獻之成書而言,主持者即其作者,與西方嚴格之著作權認定全然不同。故此並無可争議之處。至其創作年代,王雙懷云:“兩《唐書·劉偉之傳》概言上元(674—675)中。《通鑑》燬繫於上元二年。《唐會要》載在長壽二年(693)。日本寬文八年柳谷山人校刊本有‘垂拱二年撰’字様。佚存叢書本則題‘垂拱元年撰’五字。”此段文字錯訛頗多,然王氏新整理之《臣軌》仍如此言。一者,寬文八年本之跋作者名柳谷散人;二者,寬文本所標年號非跋中出現,而爲正文末之題署,即並非出自柳谷散人,而出自原文;三者,寬文本末所署之時間並非“垂拱二年撰”,而與《佚存叢書》同爲“垂拱元年撰”。則此書之撰寫時間並無疑議,即垂拱元年(685)也(《唐書》等所提時間多爲連帶述及,並不精確,故並不衝突,關於此,楊守敬已有辨)。

關於此書之注者,寬文本一如前之《帝範》,未標注者名氏,故後人不詳焉。學界偶有以之屬賈行者,實大誤,此不過《佚存叢書》本末林衡跋所云“本注不著撰人名氏,唐志云賈行注《帝範》,則此注疑亦賈作,然未可必也”,詳其語意,知爲臆測之辭耳。楊守敬曾見數本,云:“楓山本及向山黄村本均有‘鄭州陽武縣臣王德纂注’,而楓山本並記‘臣德纂述曰:其《臣軌》所引正經及子、史者,其正經之義則皆取先儒舊注,不敢更生異見。《老子》之義,則唯取河上公焉。餘皆出自愚心,亦不師祖往説矣’。余按注中所引《論語》鄭注七條,《孝經》鄭注二條,皆他書所未引者,足見其非宋以下人。”按楊氏所云楓山官庫藏本,經與島田翰所載對比,知即島田氏所云建長鈔卷子本也。島田氏評其注云:“而今觀其注,淺陋膚昧,殆文義之不知者所爲,德纂蓋陋巷之卑夫矣。因惟是書當時盛行之書,當是有數家注解,而今會存王氏一家而已。……王德纂,《唐書》《萬姓統譜》《鄭州志》《陽武縣志》等皆無所考,然案其注語冗漫繁瑣,不似唐初諸家簡潔,蓋作其注當在肅宗之後矣。”②詆之甚力,然亦如日人讀漢籍常犯之弊,讀破漢人之姓名,他人之破,多將名、字破開,或與郡望相混,而島田氏則將“纂注”之“纂”并入姓名之中。

---

① 王雙懷:《〈臣軌〉的作者、年代和價值》,《西北第二民族學院學报》,1992 年第 2 期。
② 〔日〕島田翰撰:《古文舊書考》,杜澤遜、王曉娟點校,第 74—75 頁。

【影印・整理】

《和刻本四部叢刊》影印本。

王雙懷、梁克敏、田乙《帝範臣軌校釋》,陝西人民出版社 2016 年版。

王雙懷、梁克敏、董海鵬《帝範・臣軌・庭訓格言》,中華書局 2021 年版。

【公藏】

中國:國圖、清華、上海、華東師大、遼寧、天一。

日本:島根縣圖、静嘉堂文庫、公文書館、實踐女子、宫城縣圖、高知大、二松學舍、中央大、山口大、東大總、宫内廳書陵部、前田育德會、九大、東北大、阪大總、神户大、市立米澤、名大、滋賀大教育、京大附圖、茨城大、關大、大阪府立中之島、龍野歷史文化資料館。

臣軌二卷(《佚存叢書》本)

【敘録】

《臣軌》二卷,日本寬政十一年(1799)天瀑山人林衡《佚存叢書》(第一帙)活字排印本。大本二册。正文四周單邊,黑口,單魚尾,有界行,半葉十行,行二十字,無返送。前有御撰《臣軌序》,末有署“己未星夕前一日天瀑識”之《題臣軌後》。

【考證】

此書之末有林衡之跋云:“及清乾隆中纂《四庫全書》,《帝範》獨録出於《永樂大典》,而不及《臣軌》,則亦似不存焉。余家舊藏抄本《臣軌》一部,往往雜以武后制字,是蓋當時原本爾。但諸書所載制字間與此異,未詳其孰是,今一仍抄本之舊云。”知其以自藏抄本爲底本排印。楊守敬云:“活字本爲林天瀑所校,注脚虚字殊少,當是天瀑所删。此本注脚虚字爲多,雖訛誤之處此本爲甚,而根源則較古矣。”所言甚是。與他本相較,此本亦有優長之處,然總體而言,未爲善本也。如《守道章》引老子云:“道常爲而無不爲,侯王若能守之,萬物將自化。人主以道自任者,不以兵强於天下。夫佳兵者,不祥之器,故有道者不處。”“若能”二字,寬文本作“若”,而天正鈔本作“能”,皆稍不暢,此處《老子》原文即爲“侯王若能守”,則以此本爲正;然其"人主以道自任者"却既不合於《老子》原文,亦不合於《臣軌》命意。《老子》原文爲"以道佐人主者"①,此書爲臣子而撰,此章名"守道章",即云臣子當守爲臣之道,以其道佐君,故此處自當云"以道佐人主者"而非人主如何。寬文本及天正鈔本皆同《老子》原文,則此處《佚存叢書》所據之抄本誤。再如開篇《同體章》第一句云"夫人臣之於君也,猶四支之載元首",林本作"四肢",此二者本皆可通,然此節内容有抄自三國時人杜恕之《體論》者,後者雖已佚,恰有魏徵所編《群書治要》引用,雖後者亦佚,然日本適存,核其卷四八所引,正作"支"字,則寬文本或更存原貌。

【影印・整理】

王雙懷、梁克敏、田乙《帝範臣軌校釋》,陝西人民出版社2016年版。

王雙懷、梁克敏、董海鵬《帝範・臣軌・庭訓格言》,中華書局2021年版。

臣軌校本二卷

【叙録】

《臣軌校本》二卷,唐王德纂注,日本羽山尚德校訂,清風閣明治十五年(1882)刊本。中本一册。扉頁中署"標注臣軌校本",右上題"唐王德纂注、日本羽山尚德校",左上標"明治十五年八月刻成",左下署"清風閣藏"。前有省軒龜谷行寫於明治十五年七月之《臣軌序》,次爲羽山尚德撰於同年七月之《臣軌校本例言》五則,次武則天《臣軌序》,序下署"天后御撰,鄭州陽武縣臣王德纂注上"。正文四周單邊,白口,單黑魚尾,版心下署"清風閣刊"字樣,有界行,板框分上下兩欄,上欄爲小字校語,下欄正文,半葉八行,行十七字,注小字雙行同。

【考證】

此書前之龜谷行《臣軌序》中云:"我邦行之久矣,有寬文刊本,又有《佚存叢書》本。今也二書皆希,而寬文本尤多訛謬。羽山和卿將校讎諸本,刻而布於世。"然則羽山氏所校何本?據其例言第三條云:"此書依向山黄村所藏天正寫本,又揭異同於上層。天正本有清原枝賢氏跋,蓋係其

---

① 朱謙之:《老子校釋》,北京:中華書局,1984年,第146、119頁。

所手寫。"此本即前述楊守敬參考之本,今藏公文書館。其末有識語曰:"天正第二曆秋八月二十五日宿雨半染山色浮雲更蔽月明感情非一矣,從三位清原朝臣枝賢六十一歲。"知其書鈔於天正二年(1574)。又日本國會圖書館存一寫本,與此頗同,書末之題識亦同,唯至元龜二年(1571)條,無末之天正二年條,則或天正本當鈔録自此元龜本。

此本之序云"寬文本尤多訛謬",例言亦云"寬文板既不存,且多訛謬,故今更刻之",故其書上欄將天正本與寬文本之不同一一校出,爲數似亦不少,然多在"也""矣"之有無,即楊守敬所謂"注脚虚字"也,亦無關緊要者。然亦有擬補者,如《御序》中云"孟軻已賢,更益斷機誨"句下,寬文本注引《列女傳》曰:"孟子之少也,既學而歸,孟母方織,問:'學所至矣?'孟子曰:'自若也。'孟母以刀斷其織,孟子懼而□□,旦夕勤學不息,師事子思,遂成天下之名儒也。"此注中有二空格,明此有闕文;天正本此處有"問其"二字,然仍未完足;《佚存叢書》本則補"問其故"三字,雖完闕文,然語意仍不全;此本則由《列女傳》摘出百六字補之,雖所補過繁(前引島田翰已責"其注語冗漫繁瑣"),然解決寬文一注釋闕漏,亦是一功。唯此句正文寬文本"誨"上有"之"字,天正本亦同,此本却無,當爲誤奪者。

【影印・整理】

無。

【公藏】

中國:遼寧、國圖(此本有楊守敬校語)。
日本:京大附圖、國會、公文書館。

帝範二卷、臣軌二卷(《成簣堂叢書》本)

【叙録】

《帝範》二卷、《臣軌》二卷,此爲德富蘇峰據家藏狩谷棭齋批校寬文八年(1668)本影印入《成簣堂叢書》者。行款特徵全同寬文八年本,唯多狩谷氏朱墨雙色批校。前扉頁大題"成簣堂叢書",左署金雪題,右標"此書刊行五百部,第幾號"字樣。另附德富蘇峰所撰《帝範臣軌解題》一册,解題之下附《四庫全書總目》之提要、《日本訪書志》此二書提要、《右文故事》中《臣軌》提要、朝鮮銅活字帝範序文真影(成簣堂藏)、松崎復《棭齋狩谷先生墓碣銘並序》,末增附德富氏撰《市野迷庵再校本來歷》及市野氏校語。

【考證】

此書價值有二。

一者,即前所言,插一朝鮮銅活字本序言於前,解決此本注者何人之疑,且此序信息量甚大,極可供研究者之參考斟酌。

二者則爲狩谷氏之批校,非但朱墨鮮明,書法精美,且其校語亦有助後人之整理此書者。唯其所校多在與武英殿本之比勘上,稍覺遺憾。若能集狩谷氏所及見之各古鈔本合校,當更有價值也。

【影印・整理】

無。

【公藏】

中國:無。

日本:佐野市立鄉土博物館、蓬左文庫、一橋大、京大人文研東方、新瀉縣圖、新發田市立、京大附圖、立命館大學、東京都立中央。

帝範二卷、臣軌二卷(宫内省藏板本)

【敘録】

《帝範》二卷、《臣軌》二卷,日本大正四年(1915)宫内省藏板本。一函大本五册。前四册扉頁分别題"帝範上""帝範下""臣軌上""臣軌下",首册次頁鈐蓋一分米見方之朱文方印"宫内省藏版"。正文四周文武邊,白口,單黑魚尾,有界行,半葉十行,行二十字,注小字雙行同。第四册末有"大正四年十一月樞密顧問官正二位勳一等文學博士男爵細川潤次郎拜撰"之《再板帝範臣軌跋》,末有"内大臣秘書官從五位勳四等日高秩父謹書"字樣,則本書爲此人寫書樣者,末頁署"大正四年十一月重刻,宫内省藏板"字樣。末册爲細川氏於"大正四年七月十一五日"所撰《帝範臣軌訂補》。

【考證】

據細川氏跋語所云:"明治二十七八年,皇上在东宫,命臣潤次郎進講此書，亦沿前例也……寬文八年京師書肆得博士家鈔本，刻以傳世，字形不正，又多魯魚，歷歲已久，漫漶不明，舊板所在，今不可知，而印本之存者無幾，如此不已，行將湮滅。皇上乃諭侍從長鷹司熙通重鋟於梓，以臣之前進講此書也，命臣校正。臣受命悚息，就家藏古鈔本及屋代弘賢、狩谷望之等校本參互考稽，誤者正之，脱者補之，衍者削之，省旁訓，附句讀，繕寫進呈，從今而後，板藏天府，庶幾列聖御覽之書，永垂久遠，以有所裨補於我邦君臣之道矣。"可知此書爲大正天皇爲太子時，命細川氏進講，至大正即位，則命侍從長鷹司熙通重刊此書，又命細川氏校正。則此爲皇帝之讀本，無怪首書之開本闊大，刊印極精美，裝訂亦考究，每葉之内又加襯葉，封面暗紋即日本皇室之家徽。長澤目著録此爲"石印"①，然細審其書，似當以刻本爲是。

寒齋所藏此本當即侍從長鷹司熙通受賜藏品，其函套内有鷹司氏手寫識語："余曩奉命督此書再板，細川樞密顧問官訂正字句，日高、北村兩秘書官服雜務。大正四年十月始附剞劂，至翌年五月成。乃以命制數百部以頒臣僚，余亦辱恩賜，因記其由云。大正五年六月一日，侍從長公爵鷹司熙通謹識。"後有"鷹司"小橢圓朱文印。其語恰可與細川之跋互參。

此本第五册爲訂補，即校記也。對校甚細，然取校未廣，僅以屋代弘賢、狩谷望之二氏批校之本校之。如前及《臣軌序》中"孟子懼而"，此校云："原本問其之下有二格空白，'故'字原無，今據一本訂補。"正文即補爲"問其故"。然亦有誤校之處，《帝範》之《建親篇》中有"蕩蕩難名，宜其不远"之句，此書據批校本（其異文實來自武英殿本）改爲"宜其宏遠"（王雙懷整理本亦同），實楊守敬已指出此字之誤云："'宜其不遠'，謂與堯不遠也，誤'不'爲'宏'"。按："蕩蕩難名"出自《論語》"大哉，尧之为君也！巍巍乎，唯天为大，唯尧则之；荡荡乎，民无能名焉；巍巍乎，其有成功也；焕乎，其有文章。"後世"蕩蕩難名"已爲成語，故楊氏所云爲是。

【影印・整理】

無。

【公藏】

中國：無。

日本：中央大、東大總、千葉縣立中央、東京都立中央、三康、佐野市立

---

① 〔日〕長澤規矩也：《和刻本漢籍分類目録》，第96頁。

鄉土博物館、宮内廳書陵部、東北大(僅存《臣軌》)。

帝範上卷、臣軌下卷(猿投神社本)

【叙録】

《帝範》上卷、《臣軌》下卷,此爲日本猿投神社所藏南北朝時古鈔卷子本。每行正文十四字,注小字雙行,行十八字左右。《臣軌》卷尾有鈔讀識語多則。此鈔本有猿投神社志刊行會影印本,其末有版權頁,署"昭和四十一年六月一日頒布開始""猿投神社叢刊第二十四輯帝範上""第二十五輯臣軌下""猿投神社志刊行會藏版"。

【考證】

猿投神社爲日本愛知縣一古老神社,藏有古鈔漢籍八種,於1966年被定爲日本"重要文化財"。此八種漢籍中即有二種爲《帝範》《臣軌》。其書鈔成時間極早,據《臣軌》書末識語,如"永仁二年五月廿一日點畢翌日雨中點了""散位藤長英在判""菅大卿世良奉授鳥羽院本也""借家親本見合畢式部大輔侍讀之本也",又有"正安三年四月三日校點畢""先年庭訓之本粉先之間重書點畢""於時應長壬子三月十八日校點畢""嘉元四年後十二月五日奉授""元亨四年卯月廿五日於三州長仙寺""元亨癸亥七月二日授申長仙寺兵部公畢"等,所及之時分别爲1294、1301、1312、1306、1324、1323年,則其確爲二書甚古之本,除宫内廳書陵部所藏標有"文永七年"(即1270年)之本外,無古於此本者。

【影印·整理】

猿投神社志刊行會1966年影印。

【公藏】

中國:無。

日本:無。

省心銓要一卷

【叙録】

《省心銓要》一卷，題宋林逋撰，明陳約校，日本萬治三年（1660）田中文内刊本，平野屋佐兵衛印行。大本册。書前有署“嘉靖丁亥三月壬辰古吴姚承學書”之《重刊省心詮要序》，又有署“淮海桑世昌澤卿撰”之《和靖先生傳》，卷首署“武林孤山和靖處士林逋著，古燕後學雙泉陳約校”。正文四周雙邊，黑口，雙對魚尾，無界行，半葉九行，行十八字，有返送。末有“萬治庚子歲陽復一旬，田中文内板”字樣。

【考證】

此書本非林氏所作。《四庫全書總目》於此已有精當考證，據其《省心雜言》之提要云，“是書在宋有臨安刊本，題爲林逋撰。或又以爲尹焞所撰”，至明人宋濂爲此書作跋，云“逋固未嘗著，焞亦因和靖之號偶同而誤，皆非其實。而王佖所編《朱子語録續類》内，有《省心録》，乃沈道原作之文，必有所據，當定爲沈本”。則一書而有作者三。然四庫館臣於《永樂大典》中得此書，則一廓前議，定其爲宋人李邦獻所作。其云：“《永樂大典》俱載是書，共二百餘條，蓋依宋時槧本全帙録入。前有祁寬、鄭望之、沈濬、汪應辰、王大實五序，後有馬藻、項安世、樂章三跋，並有邦獻孫耆岡及四世孫景初跋三首，皆謂此書邦獻所作。耆岡且言曾見手稿，而辨世所稱林逋之非。其説出於李氏子孫，自屬不誣。又考王安禮爲沈道原作墓志，具列所著《詩傳》《論語解》等書，並無《省心雜言》之名，足證確非道原作。宋濂遂因《朱子語録》定爲道原，其亦考之未審矣。”①

然四庫館臣雖定此書非林氏作，仍不能泯滅此和刻本之價值。因至乾隆時，世間已無此書（據《中國古籍總目》知，上海圖書館存一明抄本，爲錢謙益題簽者，未知詳情，然僅有抄本孤行，存亡皆屬偶然之數），館臣由《永樂大典》輯出，其後人李景初跋云“二百二十八條”，今館臣所輯大典本條目正合，且前後同時之序跋及李氏後人之叙全備，故當原本無疑。然此和本刊於萬治三年，當清之順治十七年（1660），其淵源頗古，當據流傳至日之明刻本刊行，實可寶貴。目前，檢國内所存此書，除館臣自《永樂大典》

① 魏小虎編撰：《四庫全書總目彙訂》，第2855—2856頁。

輯出者外,僅存《説郛》本(卷三五)①,然經對比,其爲節本,節略甚多(仅録十八條而已)。另國内尚有陳繼儒《寶顔堂秘笈》本所刊者,名爲《省心録》(此書亦有和刻本之本,即天保十四年京都林芳兵衛刊本),後之《續百川學海》《重編説郛》《學海類編》《青照堂叢書》乃至《叢書集成初編》均依此翻刻,然經比勘,知此書之妄自分合,全非原書舊觀也。此和本之條目共一百五十條,數量較大典本似少,實篇幅幾同,以此本將多條並而爲一之故也。

按此書前嘉靖六年(1527)姚承學序云"吾友張體中重壽諸梓而請叙簡端",知此書當於嘉靖間由張體中重刻,然此書卷端又署"古燕後學雙泉陳約校",則或陳約又據張體中刻本重刻者。此張體中《明代刊工姓名全録》未收,然録有張體乾、張體坤、張體仁、張體元諸人,其刻書亦在嘉靖萬曆間,則此張體中或爲上述諸人之兄弟行。至於校訂之陳約,則爲嘉靖時有名之刻工,《明代刊工姓名全録》著其所刻之書多種②。

【影印・整理】

無。

【公藏】

中國:無。
日本:公文、長崎大經濟、東大總、慶應。

省心雜言一卷

【叙録】

《省心雜言》一卷,宋李邦獻撰,日本文政十二年(1829)官板本。大本一册。前有"紹興庚辰八月初吉廬阜老圃祁寛"《省心雜言原序》,次"丙子春林下老人鄭望之"識語,次"三十年孟冬旦吴興沈濬"《省心雜言二序》,次"丙戌正月上旬玉山汪應辰"《省心雜言三序》,次"戊子暮春揭陽王大實"《省心雜言四序》,次附《四庫全書總目》之提要一則。卷端題"宋李邦獻撰"。正文左右文武邊,白口,單黑魚尾,有界行,半葉九行,行二十一字,

---

① 《中國古籍總目・子部》,第82頁。
② 李國慶編:《明代刊工姓名全録》上册,第860、55頁。

偶有校語雙行小字同。末有"門生右奉議郎權通判興元軍府主管學事兼管内勸農事賜緋魚袋"馬藻跋,次"嘉泰甲子二月戊午江陵項安世"跋,次"嘉定壬申歲重陽節日荊江樂章"跋,次"嘉定壬申仲秋孫奉議郎通判邵州軍州事兼管内勸農營田事賜緋魚袋權州事岐岡拜手謹識"之識語,次"景定三年太歲壬戌良月朔旦四世孫朝散郎知連州軍州事節制屯戍軍馬提舉民兵借紫李景初拜手謹跋"之識語。末行下有"文政十二年刊"字樣。

【考證】

此書詳情前條已述。四庫館臣將《省心雜言》於《永樂大典》中輯出,便即收入《四庫全書》之中,後乾嘉間,李調元將此書收入《函海》刊行。故後世所傳,多《函海》本。據常理推論,此和本當據《函海》本翻刻者,然或未必。《函海》本前僅收祁寬序,餘鄭望之、沈濬、汪應辰、王大實四序均未録,然此和本則均有之;且《函海》本卷端署"綿州李調元雨村校定"字樣,此和本無,和本按慣例當照録底本卷端所署,此竟無之,則或非翻自《函海》。然彼時日人自無緣得睹《四庫全書》,未知自何而來。且《四庫全書》所收之本及其提要,均稱李邦獻之孫爲"耆岡"①,然此本獨云"岐岡",又與《函海》同,未知何者爲是。若解此惑,則當有武英殿本方是。然遍檢未得(如《中國叢書綜録》及《中國古籍總目·叢書部》均無②)。周中孚《鄭堂讀書記》收此書,標注云"武英殿聚珍版本",並云"李雨村即從武英殿本録出,刊入《函海》",且其稱李邦獻之孫亦云"岐岡"③,或當時確曾入武英殿聚珍版叢書中,唯後確定總數並頒佈之時撤出。

【影印·整理】

無。

【公藏】

中國:遼寧。

日本:早稻田、東大總、東大東文研、國會、實踐女子、茨城大、東北大、島根縣圖、公文書館、東京都立中央、静嘉堂文庫、東洋文庫、京大附圖、佐

---

① [宋]李邦獻:《省心雜言》,《景印文淵閣四庫全書》第698册,第563頁。

② 《中國叢書綜録》,上海:中華書局上海編輯所,1962年,第128—132頁;《中國古籍總目·叢書部》,第369—374頁。

③ [清]周中孚著,黄曙輝、印曉峰標校:《鄭堂讀書記》,上海:上海書店出版社,2009年,第560頁。

野市立鄉土博物館、高知大、關大。

二程先生類語八卷

【叙録】

《二程先生類語》八卷，宋程顥、程頤撰，明唐伯元編次，日本明曆三年(1657)據萬曆十三年(1585)澄海唐氏等刊本重刊。大本八册。前有"萬曆乙酉歲四月之朔澄海唐伯元書於龍江舟次"之《二程先生類語序》。版心題"二程類語"。卷端署"澄海唐伯元編次，廣安姜召、休寧范淶、孟津王价、茶陵譚希思、温陵郭惟賢校梓"。正文左右文武邊，白口，單黑魚尾，無界行，半葉十行，行二十一字，注小字雙行同。末署"明曆三丁酉年仲春吉旦刊行"。

【考證】

此書之中國傳本有三家，即南京、浙大與新鄉圖書館①，全國古籍普查目僅録新鄉一家，然其所存闕卷三、四，是爲殘本，以上諸目未標，故知國内之完帙僅二部。唐氏爲明代大儒，其序云："二先生舊有《語録》，大都寂寥數語，雜落不便觀記。往歲竊讀而喜之，嘗類抄成帙……編其類爲二十四，而補二先生年譜遺事於後，共爲八卷。"知此書爲類編二程語録之作，其類如志、學、詩書、禮樂、知行、敬義、心、事等，以便利學者之研習。又其序云："以觀於友人姜可叔、范元易、王藩甫、譚子誠、郭哲卿，皆曰此編不傳，則二先生之道息，而洙泗之源學者莫睹，遂相與捐貲刻之。"則此書爲此五人出資付刻。

【影印・整理】

張文利、楊曦主編《宋五子文獻輯刊》，北京燕山出版社 2021 年版影印。

【公藏】

中國：無。

日本：公文書館、京大人文研東方、前田育德會、蓬左文庫、東北大、早

---

① 《中國古籍總目・子部》，第 79 頁；《中國古籍善本總目》，第 794、810 頁。

稻田。

責沈一卷

【叙録】

《了翁責沈文》一卷，宋陳瓘撰，日本明曆四年(1658)京都武村市兵衛刊本。大本一册。卷端署"闇齋考訂"。正文四周單邊，白口，單黑魚尾，無界行，半葉七行，行十四字，注雙行小字同。後附楊時、張栻《題了翁責沈》及朱熹跋。末行有陰文刊記云"二條通松屋町武村市兵衛刊行"。

【考證】

此書本爲宋人陳瓘之單篇文章，然據《宋史·藝文志》，於陳氏録"《陳瓘集》四十卷"之下，又附其單行文獻多種，其中第一種即"《責沈》一卷"①，可知此文於宋時即曾單行。其文作於政和二年(1112)，爲贈其侄孫陳淵者，陳瓘記其於元豐八年(1085)與范祖禹對談時范提及"伯淳"，陳不知此人爲誰，范默然久之方云"不知程伯淳耶"！此事於陳刺激尤深，後即常以此自惕自勵，並於二十餘年後撰文贈予侄孫。至其文之名"責沈"，實以葉公不識孔子喻己，因葉公即沈諸梁也。此文之後，有楊時、朱熹跋，以贊其尊德勇進之心。楊跋作於"紹興甲寅正月"，即紹興四年(1134)，朱熹跋作於"淳熙戊申"，即淳熙十五年(1188)。張栻跋云："龜山楊先生嘗爲之跋，既足以發明公之盛德矣。反復而讀之，又以見公進學之心尤嚴，於既老之際，徙義之勇，不忽於卑者之言，其虚中克己，皆可以爲後世師法。建康留守劉公得真蹟而刻之，以墨本來寄。某謂斯文之傳，誠有補於世教，獨恐遠方之士艱於得見，乃複刻於桂林學宫云。劉公名珙。淳熙四年六月戊子，廣漢張某謹志。"②即此跋可知，劉珙曾得陳文真蹟，並曾摹刻，張栻又於桂林再刻之，則其書於宋時非但單行，且所刻非一。然至今國内已無單行之本矣，故此和本亦有其價值。且此本與現存之本文字亦稍有小異，如《全宋文》據《皇朝文鑑》卷一二七收此文，其題爲"責沈文貽知默侄"，此題顯誤，陳淵原名陳漸，字知默，乃陳瓘之從孫，《責沈》中有"兄孫漸就學其

---

① [元]脱脱等:《宋史》，第5371頁。

② [宋]張栻撰，鄧洪波校點:《張栻集》，長沙:嶽麓書社，2017年，第826頁。

門”之句可知;又末署“政和三年”①(1113),當誤,可據此校改。

【影印·整理】

無。

【公藏】

中國:無。

日本:阪大總、蓬左文庫、三康。

童蒙訓三卷

【敍録】

《童蒙訓》三卷,宋吕本中撰,日本文化十三年(1816)官板本。大本一册。前有“嘉定乙亥中秋四明樓昉”之序。正文左右文武邊,白口,單黑魚尾,有界行,半葉十行,行二十字。末有“紹定己丑郡守眉山李埴得此本於詳刑使者東萊吕公祖烈,因鋟木於玉山堂,以惠後學”之題識。末行左下有“文化十三年刊”字樣。

【考證】

此書存世有宋刊本,即所謂紹定本,然存於臺圖;又有明覆紹定本,亦存臺圖②。據《静嘉堂文庫漢籍分類目録》知,藏有所謂“清康熙刊(覆宋本)”及日本文化本,前者爲十萬卷樓藏書③;然據《静嘉堂秘籍志》則知,此當爲明覆宋本④。日本山梨縣圖書館有藏本標注爲“覆清清康熙四十四年姚氏仿宋刊本”,未知是否《中國古籍總目》所録“清初刻本”——此亦僅有臺圖藏本,有清韓文綽校跋。然此和本爲覆宋本無疑,一者,其字體未同於其他官板之匠體,當覆宋本原字體,極精美;二者,末有“紹定己丑郡守眉山李埴得此本於詳刑使者東萊吕公祖烈,因鋟木於玉山堂,以惠後學”之識語。國内存有陶湘民國十四年(1925)涉園覆刻紹定本,與此和本大體

① 《全宋文》第一二九册,上海:上海辭書出版社,2006年,第110—112頁。

② 《中國古籍總目·子部》,第227頁。

③ 《静嘉堂文庫漢籍分類目録》,第428頁。

④ 《静嘉堂秘籍志》,第832頁。

相類。

另:據《中國古籍總目》所録,“宋紹定二年李□刻本”“明覆宋紹定二年李□本”及“清秒詳覆刻宋紹定二年李□本”,均於刻者之名空闕,實不能解。此人名李埴,“埴”字將“土”置於下方,與其兄李壁之名字同屬土部。

【影印・整理】

無。

【公藏】

中國:大連。

日本:所存甚多,不備録。

近思録十四卷

【叙録】

《近思録》十四卷,宋朱熹集,宋葉采集解,日本寬永間活字本。大本四册。前有葉采《進近思録》表,次葉采《近思録集解》序,次吕祖謙識語。正文四周雙邊,黑口,雙對魚尾,無界行,半葉九行,行十八字,注小字雙行同。又有寬文八年(1668)本,字體與寬永本極似,然行款有變,半葉八行,行十六字,末頁有“正德己卯夏鳳城精舍刊”長方牌記,署“於是寬文八年歲次戊申五月吉日吉野屋權兵衛板行”。

【考證】

因此寬文本與寬永古活字本字體同,當爲覆刻者。寬文本末有“正德己卯夏鳳城精舍刊”長方牌記,知其底本爲正德十四年(1519)鳳城精舍本。然此正德本究爲何本? 據《朱子全書》所收《近思録》載,北京大學圖書館藏有《近思録》葉采集解之正德十四年本①,查《北京大學圖書館藏古籍善本書目》,果有此書②,其圖書館網站標識云“包背裝”,然《中國古籍總

① 朱傑人、嚴佐之、劉永翔主編:《朱子全書》第十三册,第155頁。

② 《北京大學圖書館藏古籍善本書目》,北京:北京大學出版社,1999年,第222頁。

目》等古籍目録均未著録①。且三種嘉靖本均入選國家珍貴古籍名録,此更早之正德本却迄無聲息,亦不合常理。《南雍經籍志》著録云:"《近思録》十四卷,完計板一百八十一面,祭酒汪偉司業、景暘校,正德十四年刊。"②莫友芝曾著録此"明正德乙卯汪偉刊本",然傅增湘補注云:"世未見傳本,見《南雍志》,或莫氏自《南雍志》中録其目。"③然則此北京大學藏本亦非汪氏所刻,以其前後均無汪偉序跋,且無任何正德十四年之標記,未知如何認定爲正德十四年本者④。則如今可認定爲正德十四年者,僅此寛文本所翻刻之底本。然其本或爲朝鮮刻本。

【影印・整理】

無。

【公藏】

中國:山大(寛文本)。

日本:國會、公文書館(寛永本),宮城縣圖、一橋大、東大總、國會(寛文本)。

近思録十四卷(覆明翠娱閣本)

【叙録】

《近思録》十四卷,宋葉采集解,日本萬治二年(1659)吉野屋權兵衛刊本。大本四册。扉頁中題書名,右上標"翠娱閣訂定",下有"翻刻必究"陰文方印,左有識語云:"聖主崇文,正理學大明之日,兹録及性理則濂洛關閩,淵源近宗師,亦首崇之。本坊特求善本精梓,以公四方,具眼宜共珍焉。聚古堂梓行。"前葉采集解序,吕祖謙《近思録序》,葉采《進近思録表》。正文四周文武邊,粗黑口,雙花魚尾,無界行,半葉八行,行十七字,注小字雙行同。

---

① 《中國古籍總目・子部》,第 84 頁。

② [明]梅鷟:《南雍經籍志》,《宋元明清書目題跋叢刊》第四册,第 473 頁。

③ [清]莫友芝撰,傅增湘訂補,傅熹年整理:《藏園訂補郘亭知見傳本書目》,第 508 頁。

④ 關於此本特徵,可參程水龍、嚴佐之:《宋葉采〈近思録集解〉版本源流考》,《華東師範大學學報》,2006 年第 5 期。

【考證】

日本刊刻《近思録》版本極夥，僅長澤目所録即近三十種之多，然其常見者多爲吉野屋權兵衛所刊，竟有同一年刻二種者，如寬文八年（1668）即除前述翻刻鳳城精舍本外，尚有石渠堂本；查其最早刊行者即此萬治二年本，此本據長澤目，似先爲風月宗知於慶安元年（1648）刊行，十餘年後，轉與吉野屋權兵衛印刷，從此此書坊擔起刊刻《近思録》之任，不斷推出新版，亦大奇事。而此萬治二年本前有"翠娱閣訂定"字樣，知當覆刻自晚末陸雲龍氏所主持之書坊翠娱閣。《中國古籍總目》著録有崇禎八年（1635）陸雲龍刻本，僅録泰州圖書館一種①；善本目亦同，知此明本國内極少。有學者認爲"明末陸雲龍刻本可謂是葉采《集解》原本"復興"之始，並開啓了清初至清中葉期間的翻刻重印之風"②。然此泰州所藏陸氏刻本半葉九行十九字，注文小字單行十八字，四周單邊，白口，單魚尾，尤要者，其卷端題"新安朱熹、東萊吕祖謙編輯，建安葉采集解，錢塘陸雲龍、仁和丁允和訂正"，此和本版本特徵與之不符，多可以和本改變行款解釋，然其卷端題署全然不同，且泰州本似亦無和本扉頁之題署文字，又有陸雲龍之序。則或和本之底本爲翠娱閣所刊之别本。

【影印・整理】

無。

【公藏】

中國：無。

日本：東京都立中央（慶安本），新潟縣圖、大阪府立中之島、愛媛大、中央大、前田育德會（萬治本）。

近思續録十四卷、近思别録十四卷

【敘録】

《近思續録》十四卷、《近思别録》十四卷，宋蔡模輯，日本寬文八年

① 《中國古籍總目・子部》，第 84 頁。

② 關於此本特徵，可參程水龍、嚴佐之：《宋葉采〈近思録集解〉版本源流考》，《華東師範大學學報》，2006 年第 5 期。

(1668)小松太郎平刊本。大本四册。卷端署"考亭門人蔡模集編"。正文四周單邊,白口,無魚尾,無界行,半葉八行,行十七字,有返送。第三册之末有"寬文戊申八月望日谷勿謹題其後"之長篇跋語。版權頁署"寬文戊申中秋日洛陽角倉通鹽屋町小松太郎平刊行"。

【考證】

束景南《朱熹年譜長編》載此書云:"《續近思録》十四卷,佚。是書爲宋蔡模(蔡沉子)依《近思録》門類編録朱熹之語以續之,見《福建通志·藝文志》《好古堂目》。"①其書實未佚,惟傳世頗稀耳。據《中國古籍總目》所録,亦有數本,行世最早者爲康熙二十八年(1689)天蓋樓本,僅吉林有藏(據全國古籍普查目知,尚有山西、吴江區、嘉興、寧波天一閣藏),餘則爲同治、光緒之本②。即此可知,此書雖未佚,亦在存亡之間。

清人吴壽暘《拜經樓藏書題跋記》録《近思録、續録》宋刻一種,云其:"每葉二十六行,每行大字二十四、小字二十五六字不等。紙墨精雅。有'東谷''武原鄭氏'圖記,蓋端簡舊藏,彌足珍貴。"③似此書宋刊於道光間尚有存本,然其所録實有誤。據陸心源《儀顧堂題跋》可知,吴氏所載之書實爲熊節所編、熊剛大所注之《性理群書句解後集》,因此書有前、後二集,陸氏所藏有補抄之前集,故知其書之來歷④。此《後集》僅於卷端首行下署"後集"二字,别無標識,徑大題"近思録"云云,故吴氏誤以其爲《近思録》單行之本。然陸氏所藏亦非全本,故所引亦有誤。繆荃孫有全本,始有詳盡著録,並云:"其書不出節所編,可知是皕宋樓未見前集。刻本即後集,亦缺首二葉,所以引《性理大全》及《閩中理學源流考》而不引本書,述十四卷'考亭後學熊剛大集解'一行,而不述首葉之第五行也。"⑤然由陸、繆二人所述觀之,或二人均未細檢此書。陸氏云:"卷一至卷十二《近思録》,卷十四至卷二十《近思續録》,卷廿二、廿三《近思别録》"⑥,繆氏所言亦同⑦。

---

① 束景南:《朱熹年譜長編》,上海:華東師範大學出版社,2001年,第1452頁。

② 《中國古籍總目·子部》,第86頁。

③ [清]吴壽暘:《拜經樓藏書題跋記》,上海:上海古籍出版社,2007年,第108頁。

④ [清]陸心源著,馮惠民整理:《儀顧堂書目題跋彙編》,第96—97頁。

⑤ [清]繆荃孫著,黄明、楊同甫標點:《藝風藏書記》,第252—254頁。

⑥ [清]陸心源著,馮惠民整理:《儀顧堂書目題跋彙編》,第97頁。按:核之此書影印之本(《宋元明清書目題跋叢刊》第9册,第77頁),亦同。然日人所撰《静嘉堂秘籍志》引述此節時,並爲改正之,參《静嘉堂秘籍志》,上海:上海古籍出版社,2016年,第171頁。

⑦ 前引點校本此處標點爲"後集卷一至卷十二,《近思録》卷十四至卷二十,《近思續録》卷廿二、卷廿三,《近思别録》、《續録》爲節齋蔡謨所編",誤。

然頗疑卷十三及卷廿一何以插足於三書之間？日本國會圖書館所藏永樂十三年(1415)平壤府金慮刊本(前集缺前九卷)行款與此所云宋刊頗同，卷十四亦同陸跋所記之“建安後學熊剛大集解”等字樣，則或據宋刊翻刻者。細繹此書卷次，《近思録》實由卷一至卷十三，其中卷十二中含原書之十二、十三兩卷，故於此書中雖云十三卷，實仍爲原書十四卷之舊；《近思續録》由卷十四至卷廿一，前三卷各收原書之一卷，後五卷各收二卷，然缺卷十二，未知何故。

之所以詳述此熊氏所編之書，原因在於此和刻本之底本或即熊氏之書也，請詳論之。

此和刻之本刊於寛文八年，較彼康熙刻本早二十一年，則其當源自較古之本無疑，然其底本究爲何本，日本各圖書館亦未藏存古本。查此書《續録》之末日人長跋，中云：“余昔在海南，聞有此録，而索之不能獲焉。乃不自量，而私欲效退溪先生因不得見王魯齋之所選之朱子書而自加損約以爲用工之地，而凡於朱夫子之説雖略記之，而以不敏且無餘力而未能遂其志。聞幸得此書，不勝歡賞焉。抑於其選之精粗、節之當否，則非小子所敢議矣。而又同志之輩，欲廣其傳以共講之，因命剞劂氏繡梓。顧雖有先儒之注解，而妄意以爲未足爲定説，故今不專取之，而姑俟他日云爾。”其所云“聞幸得此書”，必爲其書底本，惜其未明云爲何書。然其又云“顧雖有先儒之注解，而妄意以爲未足爲定説，故今不專取之”，可知其所刊行雖爲白文，然其底本則有“先儒之注解”，而蔡輯之書僅知有熊剛大之注，則當是其書。檢日本各圖書館之藏，熊氏之書甚多，除前引永樂十三年(1415)刊本外，前田育德會亦存朝鮮版，公文書館既有朝鮮正統四年(1439)古活字本，又有朝鮮弘治元年(1488)本，以上前、後集均存；蓬左文庫藏朝鮮舊刊十行本，僅前集；静嘉堂文庫存宋刊本後集，即陸心源皕宋樓故物也；東大總存朝鮮甲寅字本一册。可知此書於日本既有唐本，亦多朝鮮印本，此谷勿所可得之本也較易。

此論亦可以康熙刻本證之，此本爲吕留良門人柯崇樸刊行，其序云：“原本有古溪先生熊剛大集解，句櫛字比，意極詳明。然朱子之書明白簡易，原可不煩辭説，故輒删去，以待學者自得焉。”則其書録自熊書，殆無可疑，且其與日人谷勿頗同，均以其注無用而删削之。四庫館臣亦同此意，其於《性理群書句解》提要中亦云“剛大所注，蓋爲訓課童蒙而設，淺近之甚，殊無可採”①。即此反證，亦可知和本所自來。然和本與柯本仍有不同，柯

---

① 魏小虎編撰：《四庫全書總目彙訂》，第2884頁。

本僅刊熊書後集卷十四至卷廿一之《近思續録》,未收其後卷二二至二三之《近思别録》,然日人則均收録之,更爲全備。故當代董理《近思别録》者唯有"以寬文八年本爲底本"①。細校和本與康熙本,和本文字與永樂本幾乎全同,而康熙本則頗有改動,所改者亦多不妥,如卷一末條"人多説性,方説心,看來當先説心,古人製字亦只先製得一個心字,性與情皆從心",康熙本改"看來"爲"論來",末增一"生"字,實均與《朱子語類》不同,且亦大誤:此語出自《語録》,即多語録體,"看來"正爲語録之口吻,改"論來"反不合,熊剛大於此語録之體作注,惟有將原話用淺近之文言重述之,此處注曰"論來心更當先言之",全無意義,無怪乎谷勿、柯崇樸及四庫館臣皆黜之;而末增之"生"字更見其謬,此言"性與情皆從心"者,乃"性"與"情"字皆從"心"旁之意也,雖其隱意確有自心而生之意,然其邏輯則先從字形言之,故不當有此字。前引校點之本以康熙本爲底本,實未爲當。

按:此書《别録》標云十四卷②,然正文僅僅一册,於卷端署"近思别録第一卷",之後則並無分卷,僅同《續録》而分十四類耳。據前引之朝鮮永樂刊本,其確分十四卷,則此之不分卷,又或和本之漏刻也。

【影印・整理】

嚴佐之、戴揚本、劉永翔主編《近思録專輯》第二册《近思續録・近思别録》。

【公藏】

中國:北大。

日本:宫内廳書陵部、九大、蓬左文庫、阪大總、京大文、市立米澤、長崎大經濟、國士館、公文書館、前田育德會。

小學集成十卷

【叙録】

《小學集成》十卷、首一卷,元何士信輯,日本萬治元年(1658)風月莊

---

① 嚴佐之、戴揚本、劉永翔主編:《近思録專輯》第二册《近思别録》,上海:華東師範大學出版社,2015年,《點校説明》第2頁。

② 按:傅增湘曾著録《性理群書句解》云"後集《近思録》十四卷,《近思别録》十四卷"(《藏園群書經眼録》,第476頁),實屬誤録,即此亦可見《近思續録》之罕見。

左衛門刊。大本五册。前有朱熹序,次《小學目録》,次"番陽後學饒魯注解"之《小學題辭》,次《小學綱領》,次小學圖,卷端題"標題注疏小學集成"。正文四周雙邊,白口,雙順魚尾,無界行。板框分兩欄,上欄行二字,標注疏音釋;下欄半葉九行,行十六字,小字雙行十七字,正文之末有"建安後學何士信輯録"字樣。全書之末有朝鮮印行之題記。

【考證】

日本翻刻漢籍甚多,四部亦有不同之熱點,就子部而言,《小學》翻刻最多。故日本亦存數種珍貴之《小學》注本。

此元人何士信輯《標題注疏小學集成》,國内僅國圖存元刻本殘本三卷,即八至十卷。金程宇云:"中國國家圖書館存元刻殘本三卷(八至十卷),上海圖書館存元刊殘本三卷……香港中文大學藏元末明初建刊《小學書集成》(題據卷四殘卷),存卷四至五、九至十),無編者名氏,與此書同系,亦不完整。"①然此説尚不確。香港所存與國圖所藏並非一書。國圖所藏全名爲《標題注疏小學集成》,著録"10 行 18 字,小字雙行 21 字,黑口,左右雙邊",而香港中文大學圖書館所藏者書名爲《小學書集成》,行款爲"十一行十九字,小字雙行二十一字",版式爲"細黑口,雙魚尾,四周雙邊"。則二者定非同一版。沈津《書城挹翠録》於香港中大所藏有詳細著録,其云:"熹之小學書,元代所刻今所知者,除此本外,另有《標題注疏小學集成》(北京圖書館藏,也十卷,殘本)。"②知其並不以二者爲同版之書。且此書國圖所存者及日本刻本均於全書之末署"何士信"名,香港所藏恰存卷十,沈氏著録全未及何士信,可知道香港藏本並無何士信字樣。雖然,據其"正文後爲他人輯'本注''纂疏''考異''附注''古注''附録'等",可以推測此二書内容或有關聯。另檢《中國古籍總目·子部》,此書亦著録,然其將國圖與香港所藏分開③,知其非同版無疑。

此明確署"何士信"之元刊本國内公藏僅三卷,然民間或有零卷:2009年,北京泰和嘉成春拍拍出一卷(卷四),與國圖著録全同,自爲元本無疑。此外,元刊全本世間實有存者,惟不在海内,而在日本前田育德會尊經閣文庫,其題名爲《諸儒標題注疏小學集成》,十卷十册。

此書於《寶文堂書目》《千頃堂書目》(卷三)中尚有著録,知於明末清

---

① 金程宇:《東亞漢文學論考》,第 169 頁。

② 沈津:《書城挹翠録》,上海:上海社會科學院出版社,1996 年,第 53 頁。

③ 《中國古籍總目·子部》,第 228 頁。

初,全帙尚存。惟僅存於藏書家之手,影響甚小。沈津即言:“此本罕見其傳,明代集注者似多未見此本。”可知明清之時書雖未佚,然以流傳角度而言已然湮没,如此,則和刻本尤顯珍稀。

此書前除依例有朱子之序外,别無序言,後無題跋,未注明作者或編者,惟於全書之末有“建安後學何士信輯録”一行題識,知編者爲何士信。何氏於中國詞史中頗有聲名,因其爲著名詞選《草堂詩餘》之編者,至正十一年(1351)陳氏刊本《增修箋注妙選群英草堂詩餘》一書便署爲“建安古梅何士信君實編選”。然長期以來,學界並不詳其人時代。王兆鵬《詞史史料學》引楊士奇《東里集》中《小學集成》一文云:“古人小學之教不行於後世,晦庵先生搜輯傳記,以爲此書,有功於學者甚大。建安何士信纂集諸家之説以爲《集成》,又有功於此書甚切。蓋義理度數,隨在著明,不待以考求也。讀小學者,必不可無,吾家所有共三册。”然又據《明史》卷九十六《藝文志》中載録此書而認爲“這位編寫《小學集成》的建安何士信爲明代人”,“與建安古梅字君實的何士信似非一人”①。

故編輯《小學集成》之何士信究爲明人抑或元人影響甚大。《明史·藝文志》雖多著録明人著作,然並不嚴格,其前後亦多録元人著作。事實上,《明史·藝文志》所取資之《千頃堂書目》卷三即將此“何士信《小學集成》十卷”置於元代之中,並云“建安人”②,可知作者黄虞稷以其爲元人。尤要者,如前文所述,國圖及日本前田育德會尊經閣文庫均藏有此書元刊本,則其人絶非明人無疑。

萬治元年(1658)京都風月莊左衛門所刊之和刻本行款與前引國圖所藏及香港所藏均不同,實因此書底本並非元刊,而爲朝鮮正統元年(1436)活字印本。其全書之末附有朝鮮活字本原跋。先爲永樂元年(1403)權近、永樂二十年(1422)季良、正統元年(1436)金鑌所撰議鑄活字之疏文,後爲正統元年金汶跋,云:“朱子嘗言,修身大法,小學書備矣……思欲廣布是書,以袪此弊。顧其舊本,間有誤字,乃命臣汶仇校,臣汶謹考群書,參其同異,凡諸改正闕疑,悉受睿斷,仍命鑄字所模印頒賜。”最後爲宣德四年(1429)鄭麟趾跋云:“小學之書切於人倫日用,而其注解未有若《集成》之明備者也。宣德四年夏五月,殿下出經筵所藏一本,俾鋟梓於鑄字所,命左代言臣許誠監其事,三閲月而功告成。”

蔡雁彬《朱子〈小學〉流衍海東考》一文引用朝鮮《世宗實録》之資料,

① 王兆鵬:《詞史史料學》,北京:中華書局,2004年,第313頁。

② [清]黄虞稷撰,瞿鳳起、潘景鄭整理:《千頃堂書目》,第107頁。

一爲禮曹之啓云:"《小學》之書搜集經史子集要語,多有難解處。本朝刊本《小學音訓》注解未備,唯《集成小學》音訓注解名物圖像極爲明備,童蒙之輩,可以易知,請以濟用監苧麻布授入朝使臣買來《集成小學》一百件。'從之。"又引世宗十七年(1435),許稠上啓云:"《集成小學》切於日用之書,學者病其難得,願依惠民局賣藥例,或紙或米豆量給爲本,令一官一匠掌其事,印出萬餘本鬻之,還本於官,如此則其利無窮而於學者有益。"此處所云《集成小學》,蔡氏按云:"今各種書目均無《集成小學》一書,《奎章閣圖書韓國本綜合目録》'子部・儒家類'中載有明・何士信注解《小學集成》一書,卷末有宣德四年(即朝鮮世宗十一年)鄭麟趾跋,《集成小學》或即指何士信此書。"[①]兩相對照,可知自爲一書無疑。唯《奎章閣圖書韓國本綜合目録》將其著録爲"明"人。

長澤規矩也《和刻本漢籍分類目録》收録明治以前刊行《小學》共七十六個版本[②],却未收録此書,其書之補正亦無,甚至其所編《和刻本諸子大成》亦未録此書,則或未見。然此書日本圖書館所藏甚多,據目前統計,便有二十七家有藏,甚至日本各書肆中亦層出不窮,其書萬治之後之後印本及翻刻本亦夥,未知長澤氏何以不録。國會圖書館與東京大學另藏朝鮮活字本。另,此和刻本國内北大與遼寧圖書館二家有藏,《中國館藏和刻本漢籍書目》標爲"饒魯注解"[③],實在是誤解,因其書引饒氏意見頗多,然恰因多有"饒氏曰"字樣,益知非饒氏之書也。

【影印・整理】

金程宇《和刻本中國古逸書叢刊》。

【公藏】

中國:北大、遼寧。

日本:所存頗多,不備録。

---

① 蔡雁彬:《朱子〈小學〉流衍海東考》,《南京大學學報》,2002 年第 4 期。

② 〔日〕長澤規矩也:《和刻本漢籍分類目録》,第 101—104 頁。

③ 王寶平主編:《中國館藏和刻本漢籍書目》,第 203 頁。

小學集説六卷

【叙録】

《小學集説》六卷,明程愈撰,日本慶長間古活字本。大本六册。前有署"成化二十二年丙午春正月既望後學淳安程愈序"之《小學集説序》,又有《小學集説凡例》五條,次之以《小學集説總論》《小學書題》《小學題辭》。卷端署"後學淳安程愈編,濟寧李鑑、李承祖同編"。正文四周文武邊,黑口,雙對魚尾,有界行,半葉十行,行二十三字。另有寬永二十年(1643)風月宗知刊本,爲古活字本之覆刻本,惟增返送,餘皆同,末有"寬永癸亥歲仲秋吉辰二條觀音町風月宗知新刊"字樣。

【考證】

《小學集説》一書《國史經籍志》卷三、《萬卷堂書目》卷一、《八千卷樓書目》卷十、《千頃堂書目》卷三、《明史》卷一三四均有載録,黄遵憲《日本國志》卷三二亦録。《善本書室藏書志》卷十五有詳細提要如下:"《小學集説》六卷,明刊本,後學淳安程愈編。前有成化二十二年自序云:'奉命分理河道於濟,暇取小學,參考諸家之注,間有不能無疑。欲會通其説,幸得濟人李晦之、李繼宗相與研究衆説之精當而不拂乎本義者,隨録以爲集説。前列總論、凡例。'按閣本著録者爲陳選集注本,先有吴訥集解,其後有李德用、李多兒重雕,亦入藏書家目録。顧不及程愈。考愈字節之,號味道,淳安人,成化辛丑進士,都水司主事,督濟河道治水利邊方入貢有異志、至大同宣示德威,卒效順,擢山東參議,適闕里聖廟灾,董工營造祠鄉賢。是書正刻於督濟河時也,與天臺陳士賢同時,所編惟字句稍有不同耳。"①

按:其書張志公《传统语文教学初探》所附《蒙学书目稿》亦列,然出處項爲"國志",版本則爲"日本活字本"②。或將二者混誤。

長澤規矩也《和刻本漢籍分類目録》收此書僅一條,極簡略,且將作者寫爲"程念等",知或未見③。另日本多家藏有所謂明程愈撰、李鑒同編、李承祖同編之江户初期古活字本,公文書館又有兩本同樣署名之朝鮮古活

---

① [清]丁丙:《善本書室藏書志》,《宋元明清書目題跋叢刊》第九册,第572頁。

② 張志公:《传统语文教学初探:附蒙学书目稿》,上海:上海教育出版社,1962年,第203頁。

③ [日]長澤規矩也:《和刻本漢籍分類目録》,第103頁。

本。另日本國會圖書館亦有朝鮮本,但未標明活字本,另有一慶長活字本,缺卷一與總論。京大文有寬永二十年京都風月宗知刊本,前田有二種寬永版。按日本慶長之古活字版與寬永版行款、字體悉同,則寬永版爲覆刻自慶長本者。

《中國古籍總目》録有"《小學集説》六卷,明程愈等編,明成化二十二年刻本,國圖"①。但似有問題:據查,國圖普通古籍庫 08904 號爲朝鮮銅活字本之縮微品,另有明成化二十二年(1486)本,却置普通古籍處,行款爲"10 行 18 字,黑口,四周雙邊,雙魚尾"(僅一册),另有日本活字本(55308),行款爲"10 行 18 字,小字雙行同,白口,四周單邊",看似不同。然日本國會所藏日本活字本亦爲"黑口,四周雙邊,雙魚尾"者。頗疑此所謂明成化本或即和本,之所以誤注爲"成化二十二年刊本"者,僅以此前程愈此年之序爲據耳。

按:此書在朝鮮流傳極廣,比之《小學集成》《小學集注》均普遍。蔡雁彬《朱熹〈小學〉在朝鮮漢文學史上的意義》一文曾論此,云其爲"在東國流傳最廣、影響最大的",李恒福(1556—1618)《小學集説跋》語云:"成化間,有淳安程氏……與其徒日講《小學》,辨質訂正,爲注疏六卷,以畀東使之聘上國者,東人始得欣觀焉。其後何、吴、陳氏之説稍出海外。"②徐有榘(1764—1845)《鏤版考·子部·儒家類》本書題解中云:"明禮部員外郎程愈撰。成化中本朝金馹孫使於燕,從愈問學,得是書歸鎸。明儒之注解《小學》者,有黄裳、何士信、劉實、陳選諸家,程則獨無著稱,特以其最先東來,遂至今崇信焉。"③實其於日本亦大致相同。日人彌生吉且《倭版書籍考》云:"大明成化年中浙江程愈作,從朱子之本注,取衆説之精當,爲《集成》《句讀》之後之《小學書》。倭版《小學》諸刊,以《集説》爲始。此本由三宅道乙倭點。道乙者,崎闇之子也。又有鈔本六卷,乃松永永三所寫,永三乃昌三之子,昌易之弟也。"④亦以其爲《小學》和刻諸本之始也。

【影印·整理】

無。

---

① 《中國古籍總目·子部》,第 230 頁。

② 蔡雁彬:《朱熹〈小學〉在朝鮮漢文學史上的意義》,《域外漢籍研究集刊》第 2 輯,北京:中華書局,2006 年。

③ 張伯偉編:《朝鮮時代書目叢刊》,影印,北京:中華書局,2004 年,第 1845—1846 頁。

④ 轉引自嚴紹璗:《日藏漢籍善本書録》,第 726 頁。

【公藏】

中國:無。

日本:公文書館、國會、宮内廳書陵部、東大總(慶長本),京大文、前田育德會、京大附圖(寬永本)。

小學合璧四卷

【叙録】

《鼎鋟標題纂意句解評釋小學合璧》四卷,明陳選注,陳際泰纂輯,陳仁錫参訂,大本四册。前有陳選《小學句讀序》、崇禎六年(1633)聖諭。卷端署"天台陳選注,大士陳際泰纂輯,明卿陳仁錫参訂"。正文四周單邊,白口,無魚尾,版面分上下兩欄,無界行,下欄半葉十行,行二十二字,注小字雙行同。末書牌有"萬治三庚子辰吉日三條菱屋町婦屋林傳左衛門尉板行"字樣。

又有《小學合璧》四卷,日本萬延元年(1860)長谷川氏活字印本,大本四册。扉頁中題"小學合璧",下標"聚珍版全四册",左署"萬延庚申仲夏長谷川氏藏"。前有崇禎六年聖諭。正文四周單邊,下粗黑口,單黑魚尾,有界行,半葉八行,行二十字,注小字雙行同。

另有《標注校正小學合璧序》六卷,日本萬延元年廣瀨藩山中幸武校刊本。中本四册。扉頁題名"標注校正小學合璧",右署"萬延庚申秋新鐫",左署"知止庵藏版"。前有署"安政五年復月林晃識"之《標注校正小學合璧序》,次署"安政戊午良月望雲藩山書良寬"之序,次署"安政戊午南至日廣瀨山中幸武題"之《標注校正小學合璧序》,次崇禎六年聖諭,次陳選《小學句讀序》。正文四周單邊,白口,單魚尾,有界行,框分上下兩欄,上爲小字校語,每行約十字,下欄半葉十行,行二十字,小字雙行三十字,有返送。

【考證】

《小學合璧》一書於《中國古籍總目》中僅録一種,却爲"日本萬延元年長谷川氏活字印本"①。可知此書國内已佚,日本宫内廳書陵部藏"鼎鋟標

① 《中國古籍總目·子部》,第234頁。

題纂意句解標釋小學合璧便講”二卷,爲木活字本,或即唐本。除此之外,此書僅有日本刻本傳世。日本印行者有三種。最早爲萬治三年(1660)京都婦屋林傳左衛門所刊,由其標題“鼎鋟標題纂意句解評釋小學合璧”之疊床架屋可知當據明坊刊之本刊行,其每葉上欄即所謂“評釋”。至萬延元年則有兩種版本問世,一即《中國古籍總目》所録長谷川活字本,爲其年仲夏印行,仍爲四卷,然删去上欄評釋,獨留下欄正文,尤爲清爽;另爲此年秋刊行之山中幸武本,其與前本相反,於上欄多加標注,皆山中幸武標注文字,並將全書析爲六卷。

【影印・整理】

《域外漢籍珍本文庫》第四輯(山中本)。

【公藏】

中國:北大(活字本)。

日本:前田育德會、新瀉縣圖、早稻田(萬治本),宫内廳書陵部、京大附圖、島根縣圖、九大、國文研(活字本),東大總、群馬大、中央大、公文書館、高知大、東京都立中央、新瀉縣圖、島根縣圖、佐野市立鄉土博物館(山中本)。

朱子文語纂編十四卷

【敘録】

《朱子文語纂編》十四卷,清嚴鴻逵編,日本安政三年(1856)濱松藩主水野氏覆清康熙五十九年(1720)刊本。大本十册。扉頁書名右題“清嚴鴻逵輯”,左署“育英館藏板”。前有署“安政三年柔兆執徐壯月上弦源忠精”之《翻刊朱子文語纂編引》,次“天保十四年癸卯三月源忠邦”之序,次目録,目録後附二序,一署“戊戌七月既望吴興嚴鴻逵謹識”,一署“康熙戊戌秋中楚邵軍鼎豐謹書”。正文左右文武邊,白口,雙對魚尾,有界行,半葉十二行,行二十五字,無返送。末有“弘化乙巳夏五中浣一齋陳人佐藤坦”跋,次署“臣鹽谷世弘”跋。全書之末有長方形牌記,内刻陰文“安政三年丙辰冬十月山縣城主水野氏藏板”,板框外有“邨嘉平刻”之小字。

【考證】

此書原爲康熙五十九年刊本,《中國古籍總目》著録國圖、南京、台圖三家有藏①,《四庫全書存目叢書》依清華所藏影印②。則大陸目前可知存三種,故可珍貴。國圖亦藏有和本三種。

《四庫全書總目》云:"《朱子文語纂編》·十四卷(編修勵守謙家藏本)。不著編輯者名氏。其書取《朱子文集》《語類》約略以類相從,而不分門目,前後亦無序跋。蓋草創未完之本也。"③館臣之所以稱其爲"草創未完之本",並非因此書尚屬草稿,而因此書"不著編輯者名氏"而已。然之所以不著名氏,實非"草創",而在避禍。此書編者嚴鴻逵,據其於此書目録之末所附之識語云:"纂輯朱子文集、語類凡若干條,依《近思録》例,編爲十四卷,因名曰《朱子文語纂編》。昔先師吕子嘗病蔡覺軒《近思續録》失之太簡,至如《學的》《節要》等書,非編類雜而當少,則采擇略而不精,因欲除凡朱子所已成書外,約取文集、語類二書,爲《朱子近思録》,書未成而遽殁,學者至今以爲恨。鴻逵不敏,讀朱子書,患弗能記。自歲甲申始合二書,掇其精要,纂録成帙……若以爲成先師未成之緒,則逵也豈敢。"可知嚴氏爲吕留良弟子,此則繼吕氏之遺志而成之書也。此言頗可與前述柯崇樸之刊《近思續録》對看,柯氏序云:"朱子生平諸經之傳注,交友之書疏,同堂之講論,至精至詳,惜後世更無有如朱子者起而述之。故其廣大閎博者,猶散漫無統。惟忠憲高景逸先生集爲《朱子節要》,然其明或未足及之。故我師吕晚邨先生謀更爲纂輯,會疾革不就。嗚呼!豈天之無意斯文耶?何後起者之不得與於斯文也?猶幸是編尚存,崇樸獲而讀之。"二人皆爲吕門弟子,可知吕留良確有重編朱子文語之念。吕氏於《近思録》及朱子書極爲推重,曾云"救正之道,必從朱子;求朱子之學,必於《近思録》始",又云:"《近思録》雖有二本,俱未盡善,專望藏本是正。聲始姊丈有一本,自稱勝坊刻,不知果否?"④故嚴氏繼吕之志,編成是書問世。然後因雍正中曾静一案,文獄大興,吕氏亦成禁忌。故四庫館臣所得之《朱子文語纂編》者,獻書者或割去序跋題署以免罪,孰知反令四庫館臣誤以其爲未完之稿。關於此,《四庫全書存目叢書》所影印清華大學藏康熙本目録之後,二序具

---

① 《中國古籍總目·子部》,第89頁。
② [清]嚴鴻逵:《朱子文語纂編》十四卷,《四庫全書存目叢書》子部第4册。
③ 魏小虎編撰:《四庫全書總目彙訂》,第2946頁。
④ [清]吕留良撰,俞國林編:《吕留良全集》,北京:中華書局,2015年,第1、6頁。

在，自可證之。

前云國圖、南京及清華大學均藏有此書康熙本，然或有誤以和本爲康熙本者。因此書版片曾被岸田吟香氏購得，運至上海刷印出售。其人之《樂善堂書目》言之甚明："《朱子文語纂編》:《四庫全書總目》已收此書，而世久失傳。近在東瀛求得學板，速付刷印，出以問世。"其刷印之時，當將前後日人之序跋均行削去，在上海印刷之用紙又當爲中國所産之皮紙而非和紙，加之此本全無返送，完全覆刻自康熙本，故今人誤認其爲康熙本，或亦有之。

此和本爲邨嘉平所刻，其人即日本聲名最著之雕版大師木邨嘉平，其家世代從事雕版之術，黎庶昌、楊守敬之《古逸叢書》即請木邨嘉平刻板者。

然木邨嘉平並非一人之名，據日人石田肇《〈古逸叢書〉的刊刻及刻工木邨嘉平史略》一文載，此爲其家族五代刻工通用之名。一代嘉平自天明六年(1786)始業雕版刻書之事，五代嘉平卒於昭和年間，歷時一百餘年。其鼎盛之時爲三代及四代。四代即刻《古逸叢書》者。其人與黎、楊之間頗多逸事。如楊曾記一事："猶記一日，我到其店，排坐十八工人，其店主人云：'我國工人皆苦先生眼力之精，不能一毫假借，今此十八人中有一領袖，先生試以十八板閲之，誰爲領袖所刻？如不誤，則真我國所未有矣。'余謝不遑，謂：'此十八藝皆已經選擇者，未必能如市上之測字，以鵲啄字，百不失一。雖然，請試之，不效勿哂也。'尋繹再四，拈一板曰：'此當是領袖所刻！'其時合坐起立，拍掌之聲如雷。次日，新聞出，皆詫爲異人。"又據云楊守敬曾以五元之資讓木邨嘉平試刻數字，效果頗佳，楊氏欲付錢，嘉平因受贊賞而歡欣，拒絶不受，楊氏大爲贊嘆，稱其有中國士大夫之品性。是則木邨嘉平以楊守敬爲知己，後亦果應"士爲知己者死"之語——他全力雕刻《古逸叢書》，竟於明治十六年(1883)積勞而逝(其死因説法不一，或有云因刻賀知章草書《孝經》而亡，無論如何，他死於刊刻《古逸叢書》之時則爲事實)，年僅二十九歲。據其後人云，其人葬禮之上有中國哭喪之儀，當爲楊守敬特意安排以酬知己者。

木邨嘉平刻書之精廣受稱贊，楊守敬《鄰蘇老人年譜》曾云："日本刻書手争自琢磨，不肯草率，尤以木邨嘉平爲最精，每一字有修改補刻至數次者。《穀梁傳》一部，尤無一筆異形。傳至蘇州，潘尚書伯寅(祖蔭)、李廉訪梅生(鴻裔)見之，驚嘆欲絶，謂宋以來所未有，國朝諸家仿刻不足言也。"①即如潘祖蔭之藏書、刻書大家(潘氏所刻《滂喜齋叢書》爲晚清名刻)都驚嘆不已,便可見一斑。另此所謂"國朝諸家仿刻不足言"或非泛泛之語,實有所指——民國三年(1914)楊守敬致羅振玉信云:"亂後工價奇昂,不止三倍往昔。陶子林亦顧攫錢,純無感情。故所刊後半部朱、墨不能合套,而刻字之惡劣,尤其小焉者。"②陶子林(即陶子麟)爲當時國内執刻工之牛耳者,楊守敬指他技藝不如木邨,品性更不必言,兩相比較,令人嘆惋。

據上之時間推斷,此《朱子文語纂編》或當爲三代嘉平所刊者。

【影印・整理】

無。

【公藏】

中國:清華、華東師大、湖南。

日本:東京都立中央、東北大、前田育德會、國會、公文書館、群馬大、東大總、一橋大、阪大總、八户市立、新瀉縣圖、飯田市立中央、東大東文研。

北溪字義二卷

【叙録】

《北溪先生性理字義》二卷,宋陳淳撰,日本寬永五年(1628)中野宗左衛門刊本,又有中野小左衛門寬永九年(1632)刊本,又有寬永八年(1631)古活字排印本。皆大本二册。前有陳宓之序。正文四周文武邊,白口,雙對魚尾,無界行,半葉十行,行十八字,注小字雙行同,有返送(活字本無)。末有長方形牌記,署"寬永九年壬申三月中野小左衛門刊行"。

【考證】

此和本當據朝鮮本翻刻者,據《倭版書籍考》云,"《詳講》之前,倭版曾有《性理字義》上下二卷……《字義詳講》係據漳州本,《性理字義》係據朝

---

① [清]楊守敬:《鄰蘇老人年譜》,《楊守敬集》第1册,第18頁。

② 楊先梅輯,劉信芳校注:《楊守敬題跋書信遺稿》,成都:巴蜀書社,1996年,第186頁。

鮮本"[①],日本公文書館藏有朝鮮活字本,兩相比較,除將原粗黑口變爲白口外,餘基本相同,可知確源於此。然非僅如此。《北溪字義》一書,宋時曾有二刻,一爲永嘉趙崇端、温陵諸葛鈺刻本,二即所謂清漳本。據陳宓序云:"臨漳北溪陳君淳,從文公先生二十餘年,得於親炙,退加研泳,合周程張朱之論而爲此書,凡二十有五門,抉擇精確,貫串浹洽。"知其書當爲二十五門,然今傳者皆二十六門,上卷"忠恕"之後多出"一貫"一門,《北溪全集》此門下注"戴嘉禧云,'從清漳家藏本增入'",然明弘治本即有此門,故熊國楨等先生認爲,"若戴注不虚,則明弘治刊本及以後各本均源於清漳本"[②],之所以云"若戴注不虚",或未多核他本,責戴氏承擔此證之確否者,然細查正德三年本《字義詳講》,其目録"一貫"門下即注云"依清漳家藏本增入",則知通行本有此門者,確均自清漳本出。細查此寬永本,全書正二十五門,中無"一貫"一門。非僅如此,其與通行本之異處處可見,如通行本每章章題僅一字,如"命""性""心"等,和本則爲二字,如"命字""性字""心字";再如通行本每章中不同條目並無命名,此本則皆有標題,如"命字"章下分别爲"論命猶令""論命有理有氣""論人物皆本乎一氣""論人稟氣清濁""論天命只是元亨利貞";其餘文字之同異,尤不勝枚舉。

【影印・整理】

無。

【公藏】

中國:北大、大連。

日本:京大文(寬永五年本),宫内廳書陵部、慶應大(古活字本),二松學舍、公文書館、京大人文研東方、東北大、東大總、一橋大、京大文、神户大、高知大、九大、實踐女子、京大附圖、神户市立中央、立命館大學、國士館(寬永九年本)。

---

① 轉引自嚴紹璗:《日藏漢籍善本書録》,第 734 頁。

② [宋]陳淳著,熊國楨、高流水點校:《北溪字義》,北京:中華書局,1983 年,《點校説明》第 3 頁。

北溪字義詳講二卷

【叙録】

《北溪字義詳講》二卷,宋陳淳撰,王雋編,日本寬文八年(1668)村上平樂寺刊本。大本二册。前有"正德三年歲次戊辰仲春中和節穀旦壽藩堂"《重刊北溪先生字義詳講序》,次"淳祐丁未長至日門人清源王稼拜手敬書"之序,次目録,下署"門人清源王雋編鈔,後學九華葉信厚校刊",各卷之末均有此題署。正文四周文武邊,白口,雙對魚尾,無界行,半葉十行,行十七字,有返送。後附《嚴陵講義》。末爲"正德歲次戊辰仲春花朝節望日皇明宗室壽藩書堂謹序"之《重刊北溪陳先生字義詳講後序》。版權頁標"山脇重顯校點"字樣,後署"寬文八戊申歲三月吉辰,銅駝坊書肆村上平樂寺重版"。

【考證】

《倭版書籍考》曾著録《字義詳講》二卷,提要云:"此本乃係王雋筆録朱子高弟陳北溪之説,卷末並附《嚴陵講義》,爲初學最要之書。倭版校點者山脇道圜也。《詳講》之前,倭版曾有《性理字義》上下二卷,與此本《詳講》乃一種也……《字義詳講》係據漳州本,《性理字義》係據朝鮮本。"①此明確點出和本之底本爲漳州本。然由此書之序跋可知,其原本當爲正德三年(1508)之壽藩書堂刻本,此本國内僅上海圖書館有存②,然未知彌生氏何以指其爲漳州本,此壽藩即壽王朱祐榰,其弘治四年(1491)受封,弘治十一年(1498)就藩保寧,正德元年(1505)改就藩德安,則此正德三年時仍在德安,與福建之漳州無關。

【影印・整理】

無。

【公藏】

中國:無。

---

① 轉引自嚴紹璗:《日藏漢籍善本書録》,第734頁。

② 《中國古籍總目・子部》,第92頁。

日本:新潟大、阪大總、山梨縣圖、公文書館、國會、東大總、蓬左文庫、新發田市立、京大人文研東方、實踐女子、京大附圖、前田育德會、民博、九大、國士館。

性理群書句解二十三卷

【叙録】

《性理群書句解》二十三卷,宋熊節編,熊剛大注,日本寬文八年(1668)吉野屋總兵衛刊本。大本十二册。卷端署"考亭門人通直郎知福州閩清縣事賜緋魚袋臣熊節集編,覺軒門人掌御賜建安書院朱文公諸賢從祀祠熊剛大集解"。正文四周單邊,白口,雙順魚尾,無界行,半葉九行,行十八字,注小字雙行同。末署"寬文八戊申歲夏初旬吉野屋總兵衛開板"。

【考證】

此和刻本爲《性理群書句解》之前集。其書國内存有宋刊本前八卷(天一閣),元刊本數種(國圖、北大、曲阜文管所藏前、後集全,上海所藏僅前集)①。《四庫全書》亦僅收入前集,其提要云:"明永樂中,詔修《性理大全》,其録諸儒之語,皆因《近思録》而廣之;其録諸儒之文,則本此書而廣之,並其'性理'之名似亦因此書之舊。是其文雖習見,固亦作樂者之葦籥,造車者之椎輪矣。"②評價尚可,然和本翻刻前集較《四庫全書》之收入早百年之久。

【影印・整理】

程水龍、曹潔校點《性理群書句解》,華東師範大學出版社2018年版。

【公藏】

中國:無。

日本:前田育德會、東京都立中央、國會、九大、公文書館、京大人文研東方、宫内廳書陵部、京大附圖、市立米澤、國士館。

---

① 《中國古籍總目・子部》,第96—97頁。

② 魏小虎編撰:《四庫全書總目彙訂》,第2884頁。

性理字訓一卷

【叙録】

《性理字訓》一卷,宋程端蒙撰,宋程若庸補注,江户初日本上村四良兵衛刊本。大本一册。前有小序,後有跋語。正文頂格,補注另起縮一格。四周單邊,白口,單魚尾,無界行,半葉十行,行二十三字。末署"上村四良兵衛板行"。

【考證】

程氏《性理字訓》國内所存僅吉林圖書館有清初刻本,餘皆同治以後之本①,《西京清麓叢書》本收入《四庫全書存目叢書》中,然無補注。此書前補注云:"晦翁門人程正思著《性理字訓》三十條,晦翁曰此可謂大《爾雅》矣。後新安程復原復考濂洛關閩遺言,增廣爲六門共百八十條,熊氏止録前本三十條,寘詩文之首,今用備凡訓義所出,略與考究附注。"末跋云:"按:'性理'二字,程朱以前未見其有並稱者,自伊川有'性即理也'之訓,朱子以爲此實千萬世説性之根基,自是學者於凡性命道德之言,皆總謂之性理,故程正思因是著爲字訓云。"知二者當皆補注者所爲,據序跋亦可推其補注者當爲國人,唯惜未知爲何人耳。

據長澤目載,此書有寛文刊本,然長澤亦標云"未查",檢前田育德會有寛文本,實踐女子大學標爲寛文四年(1664)九月京都長尾平兵衛刻本後印本,此上村四良兵衛刊本未知刊於何時,然據其字體風格,或即寛文本也。此後之寛政元年(1789)又有江川龍校本,然已全删補注,僅存正文。

【影印・整理】

無。

【公藏】

中國:無。

日本:阪大總、京大附圖、蓬左文庫、東北大、國士館、立命館大學、公文書館。

---

① 《中國古籍總目・子部》,第82頁。

天地萬物造化論一卷

【敘録】

《天地萬物造化論》一卷,宋王栢撰,周䫉注,日本寬永十九年(1642)京都田原仁左衛門刊本。大本一册。前有"成化十六年歲次庚子冬十二月朔奉政大夫修正庶尹周府左長史前國子助教後學廬陵周䫉謹叙"之《天地萬物造化論序》,卷端署"魯齋王栢撰,後學廬陵周䫉注"。正文四周文武邊,粗黑口,雙對魚尾,無界行,半葉九行,行十七字,有返送。末有"弘治十有六年歲在癸亥孟夏既望賜進士通奉大夫山西右布政使前山東道監察御史江東吴文度"跋。版權頁署"寬永十九壬午歲仲秋吉辰,二條通鶴屋町田原仁左衛門刊行"。

【考證】

王柏此書國内僅有《格致叢書》本①,然此和本非翻刻自《格致叢書》,因胡氏刻書,每書之書名上均加"新刻"二字,而此無。此書之字體頗類朝鮮活字,故頗疑其當據朝鮮本翻刻,然日本各圖書館均無朝鮮本。日本東北大學平山文庫一藏本無版權題署,然其爲朝鮮活字本無疑,則此本之來源當可論定。

按:明人李濂《嵩渚文集》卷七一有《讀天地萬物造化論》一文云:"此論乃金華魯齋王栢所撰,而周藩長史廬陵周䫉爲之注。成化間刊於汴中,蓋魯齋受學於北山何文定公,而文定嘗遊勉齋黄先生之門,傳授考亭之學,師友淵源,信有所自也。初學之士得是論而熟讀焉,亦可以爲入道之門户矣。"述其刊刻之由,所云當即此和本及朝鮮本之底本。

《澹生堂藏書目》録此書作者作"吴綱"②,其所據爲抄本,或偶抄誤。

【影印·整理】

無。

---

① 《中國古籍總目·子部》,第1667頁。

② [明]祁承㸁撰,鄭誠整理,吴格審定:《澹生堂讀書記·澹生堂藏書目》,上海:上海古籍出版社,2019年,第444頁。

【公藏】

中國：華東師大。

日本：一橋大、新瀉大、東京都立中央、東大總、國會、關大、東北大、國士館、公文書館。

石堂先生字義一卷

【叙録】

《石堂先生字義》一卷，宋陳普著，日本寬文十一年（1671）田原仁左衛門刊本。大本一册。又有元禄七年（1694）林九兵衛印本。元禄本覆刻自寬文本。扉頁中書"石堂字義"，右上標"校正無差"，左下署"文會堂藏板"，有"文會堂"陽文朱方印。前有自序。正文四周文武邊，白口，單魚尾，無界行，半葉十一行，行二十字，有少量返送。正文之後有"泰定乙丑八月戊寅門人合沙余載謹識"之後序，次閔文振識語。末頁板框外有"元禄甲戌之春林九兵衛刊"字樣。

【考證】

此書國内各家均無著録，圖書館亦無，即日本亦罕見。然查《石堂先生遺集》，則其卷九所收，正爲《字義》，且前之自序及文末余載後序、閔文振之識語均同①，或此和本即源於是。日本存《石堂先生遺集》甚多，除國内所存之萬曆三年（1575）本（公文書館、宫内廳）外，尚有嘉靖本（静嘉堂、前田育德會），其中静嘉堂所藏爲陸心源十萬卷樓舊藏之物。

【影印・整理】

無。

【公藏】

中國：無。

日本：公文書館、京大附圖（寬文本），公文書館（元禄本）。

---

① ［宋］陳普：《石堂先生遺集》，《續修四庫全書》第1321册，第414—430頁。

心經附注四卷

【敘録】

《心經附注》四卷,宋真德秀撰,明程敏政注,日本正保四年(1647)京都澤田莊左衛門刊本,又有慶安二年(1649)村上平樂寺本。大本二册。前有"弘治五年壬子七月望後學新安程敏政謹序"之《心經附注序》,次"心學圖",次總目,次《贊》,後有"端平改元十月既望後學顏若愚敬書"之識語。正文四周文武邊,白口,雙對黑魚尾,無界行,經文大字行十三字,注半葉十行,行二十字,注文間又有小字注,雙行,字數同。卷末有"弘治五年壬子八月朔旦敏政再書"之跋語,次"弘治壬子十二月望日門生歙西沙溪汪祚識"之跋,次"皇明嘉靖四十五年歲丙寅孟秋日真城李滉謹書"之《心經後論》。末有"慶安二年仲春日村上平樂寺開板"之牌記(此據慶安本)。

【考證】

真德秀《心經》一書存世版本較多,然明人程敏政於此書"未爲賅備……乃補輯厘爲四卷"①,成此《心經附注》,據《中國古籍總目》知,明刻本僅有湖南圖書館存孤本,且僅存其半②;《四庫全書存目叢書》收入,然僅據南京圖書館藏清抄本影印。知其書國内幾於失傳。然此書於朝鮮大受歡迎,故曾多次排印、翻刻,朝鮮本後又傳入日本,又有此和刻之本。

【影印・整理】

無。

【公藏】

中國:無。

日本:市立米澤、新發田市立、九大、國會、蓬左文庫、東京都立中央、國士館、公文書館、山口大、東北大。

---

① 魏小虎編撰:《四庫全書總目彙訂》,第2950頁。

② 《中國古籍總目・子部》,第96頁。

魯齋心法一卷

【敘録】

《魯齋心法》一卷,元許衡撰,明韓士奇校,日本寛政間木活字排印本。大本一册。前有"嘉靖元年中秋日賜進士中順大夫知懷慶府事前南京兵部郎中洪洞後學韓士奇"之序,卷端題"許魯齋先生心法",署"賜進士知懷慶府事洪洞後學韓士奇校刊"。正文四周單邊,粗黑口,有界行,半葉十行,行二十字,無返送。

【考證】

此書國内存本極少,據《中國古籍總目》知僅有一明刻本存國圖①,然於國圖檢索不到此書,或書目誤録。《四庫全書存目叢書》收此書,却選國圖所存之清抄本,亦可知其本之少。《四庫全書總目》對此書頗駁斥之云:"今考此書即《全書》中《語録》之下卷,而摘其《語録》上卷之三十二條,亂其次第,竄入其中,非《全書》之外别有此書也。士奇所云,失考甚矣。其斯以爲書帕本歟?"然已有學者駁斥此看法,證明韓士奇所用當爲單行本②。

此書於日本翻刻數次:先爲寛文九年(1669)近藤養元訓點刊行,後元禄四年(1691)又有伊藤維楨訓點本出版,復次寛政間有木活字排印本行世。

【影印・整理】

無。

【公藏】

中國:北大(活字本)。

日本:國會(寛文本),高知大、民博、公文書館、國士館、東京都立中央(元禄本),京大人文研本館、阪大總、京大附圖、神户市立中央、静嘉堂文庫、島根縣圖、東北大、早稻田(活字本)。

---

① 《中國古籍總目・子部》,第 98 頁。

② 魏小虎編撰:《四庫全書總目彙訂》,第 2952—2953 頁。

正俗篇一卷

【叙録】

《正俗篇》一卷，元王逸庵撰，日本宇都宫遯庵點，日本寬文五年(1665)跋野田彌兵衛刊本。大本一册。前有署"亞中大夫知松江府事兼勸農事知渠堰事濟南路棣州王至和序"之序。正文四周單邊，黑口，雙對魚尾，無界行，半葉七行，行十四字，有返送。後有署"正德戊寅七月日□成均進士金應清謹跋"之跋語，又有署"寬文乙已正月壬寅宇都宫由的謹跋"之跋語，下有"野田彌兵衛梓行"字様。

【考證】

《正俗篇》國内無載，日本關大、公文、前田及慶應四家有藏，公文著録作者爲"元王逸庵"，前田則著録爲"明王某"，關大録爲"元王至和"，其均爲寬文五年野田彌兵衛刊本，何以有如此不同？實均來自此書前之序，其序云："惟逸庵王公述《正俗篇》以教民，一時聞者，靡不興感。兹用舉而行之，復益其切於時弊者，爲目凡十有八。"則此書確當爲王逸庵作，王至和僅爲作序者耳。然此"逸庵王公"遍查不獲此人信息。至於王至和，爲江西安東人，元至正年間(1341—1370)任松江知府。興學校，重農事，考釋祭禮，製作執事人冠服，刻《栽桑圖》以教民。曾遇年成歉收，百姓饑荒，盡發常平倉米，救濟灾民；又勸富人出米出錢撫恤，救活饑民數十萬人。序中云"松江爲郡……至正五年冬，至和來守於兹"，如此，則王某當作元人爲是。

【影印・整理】

無。

【公藏】

中國：無。

日本：關大、公文書館、前田育德會、慶應。

理學類編八卷

【敘録】

《理學類編》八卷,明張九韶撰,日本慶安二年(1665)風月宗知刊本(亦有萬治二年即1659後印本)。大本四册。前有"嘉靖壬寅春二月吉旦勿齋"《重刊理學類編序》,次吴當《理學類編序》,次"時至正丙午冬十有二月庚申臨江後學張九韶美和謹書"之《編輯大意》。卷端署"臨江後學張九韶美和編輯"。正文四周文武邊,白口,單魚尾,無界行,半葉八行,行十八字,有返點。末有"宣德癸丑秋七月吉日臨江府清江縣學儒學訓導三衢江賓序"《理學類編後序》。末頁左下角有"萬治二年己亥八月吉旦柳馬場通二條下町吉野屋權兵衛板行"牌記。

【考證】

《中國古籍總目》載此書僅明刊本即有明初本、成化本、嘉靖本、張克文本及不明年代之明刊本五種。其中嘉靖本即嘉靖二十一年(1542)益府刻本,國内僅南京(南圖所藏收入《第四批國家珍貴古籍名録》)及東北師大圖書館有藏,據全國古籍普查目載,又可補復旦大學圖書館藏一種。此和刻本即據嘉靖益府刻本翻刻。此本在明末應即較少見,據張克文刻本前附勿齋序,序末附刊刻者識語:"右序刻見益藩睿製文集。按集:益莊王諱厚燁,號勿齋,大祖高皇帝六代之孫,而憲宗純皇帝第四子,益端王之長子也。王究心理學,得是編梓焉。蓋名藩賢王矣。克文因家板歲久而訛,乃重刻是編,敬録此序附刻之以傳。七世孫克文謹識。"據此識語可知此序出自藩王朱厚燁,其書之刊刻亦當出自藩府。

【影印・整理】

無。

【公藏】

中國:無。

日本:慶應大、山口大、東北大、前田育德會、一橋大、京大附圖、京大人文研東方、國會、佐賀縣圖、大阪府立中之島、蓬左文庫。

性理千字文一卷

【叙録】

《性理千字文》一卷，明人夏泰和著，日本寬文九年(1669)江户田中市兵衛刊本。大本一册。前有"成化辛卯中秋瑞州府儒學訓導秀水陳禧識"之《性理千字文序》。正文四周文武邊，白口，單黑魚尾，有界行，半葉四行，行八字。正文後署"成化辛卯夏書於退思堂"。末有"成化七年秋嗣孫夏迪拜書"之跋。後有"寬文九己酉載孟夏吉辰新刊"，另有長方牌記署"書肆:二條通松屋町田中長左衛門，江户唐本屋田中市兵衛"。

【考證】

此書國内遍檢不得，當已佚失。日本所存者或於作者署"夏某"，或書"夏太和"，或誤。陳禧序云:"《性理千文》，福閩玉融夏伯陽先生所著也。先生於洪武初以世宦之裔，淹貫之學，進講内廷，以啓天聽，敕授國子司業。論道之暇，輯爲是書……至其曾孫迪，得家傳之學而領上選，來尹瑞之高安，念祖之善不可没，慮民之性或多失，於是命工鋟梓，以廣其傳，將以彰其祖之善而啓乎民之天也。"夏迪跋又云:"恒思洪武初有祖泰和伯陽者，以明經受特旨，拜國子司業，凡所著述，已不可考，其幸存者，惟《性理千文》耳。苟於今又不因其所知者，壽之於梓……庠士鍾憲氏楷書謄寫，命工刊行。"則知其名夏泰和，字伯陽，號玉融，爲福建人，洪武初年官至國子司業。此亦可得史料之證，以各朝《福清縣志》爲基礎、益以府志等項編集之《福清科名録》即載云:"夏泰和，字伯陽。以薦辟爲國子監助教。"①與此亦同，則知此書序跋所稱無誤。至主持刊行此書之夏迪，《(正德)瑞州府志》卷六"知縣"條下亦録其人，並注"福清人，成化六年任"。則其於成化六年(1470)到任，次年即將其先祖遺書剞劂行世，且詳其所言，此書前當曾付梓，惟今無所存耳。然夏迪欲"彰祖德於無窮"又成虚願，非但國内無存，即文獻中亦無其跡也。幸於日本有此二百年後之覆刻之本，可留夏氏原書之吉光片羽，且其書由字體可知，頗類明代内府之體，甚精美，故當爲摹刻，則於其書，非僅留其文字，且駐其真貌。然事又有不然，此書日本所存殊尠，亦幾於亡佚矣。

---

① 俞達珠主編:《福清科名録》，福州:福建人民出版社，2015年，第97頁。

【影印・整理】

無。

【公藏】

中國:無。
日本:國會、前田育德會、早稻田。

康齋先生日録一卷

【敘録】

《康齋先生日録》一卷,明吴與弼著,日本明治三年(1870)大阪河内屋茂兵衛等刊本。中本一册。扉頁書名右署"明吴與弼著",左署"浪華書林岡田群玉堂製本"。前有"元治紀元夏四月青溪樵夫草庵緝識"之《吴康齋先生日録序》,卷端署"明吴與弼著",版心署"日録"。正文四周單邊,上黑口,單魚尾與上黑口相連,有界行,半葉十行,行二十字,有少量返點。末署"明治三庚午年新刻"。

【考證】

吴與弼爲明代理學大家,其《康齋先生文集》頗有傳世之本①,《康齋日録》即其文集卷十一,然其書當曾單行。《澹生堂藏書目》載云"《康齋日録》一卷一册"②,《千頃堂書目》亦載"吴與弼《康齋日録》一卷",甚至被收入《廣説郛》卷十四中③,後《明史・藝文志》亦録"吴與弼《康齋日録》一卷"④。且非惟書目所載,亦有學者道及,如李顒《二曲集》卷十七《與周星公太史》云:"居恒服慕吴康齋日録,深以未睹全集爲憾。崇仁雖非屬邑,然貴郡爲理學之鄉,多有其書,煩轉覓見惠是望。"⑤反是當有《康齋日録》,而無全集也。故知此書確曾單行,然單行之本後世無傳者。此和本或據某單行之本翻刻也,彌足珍貴,惜此本雖刊於明治三年,時代甚晚,然存本亦

---

① 《中國古籍總目・集部》,第578頁。
② [明]祁承爍撰,鄭誠整理,吴格審定:《澹生堂讀書記・澹生堂藏書目》,第296頁。
③ [清]黄虞稷撰,瞿鳳起、潘景鄭整理:《千頃堂書目》,第299、407頁。
④ [清]張廷玉等:《明史》,第2426頁。
⑤ [清]李顒撰,陳俊民點校:《二曲集》,北京:中華書局,1996年,第183頁。

無多,細檢日本各圖書館,亦僅三家有藏。

【影印・整理】

〔日〕長澤規矩也《和刻本漢籍隨筆集》第八集。

《崇仁文庫》,北京燕山出版社 2022 年影印本。

【公藏】

中國:無。

日本:九大、二松學舍、國士館。

異端辯正三卷

【叙録】

《異端辯正》三卷,明詹陵撰,日本寬永二十一年(1644)婦屋仁兵衛刊本。大本三册。前有"嘉靖丙戌冬陽月朔日西蜀魯峰徐岱世瞻"之《異端辯正序》,又有作者"嘉靖乙酉秋孟既望留餘病叟樂平雪厓詹陵書"之《異端辯正自序》。卷端署"樂平詹陵艮卿"。正文四周文武邊,黑口,雙對魚尾,無界行,半葉十一行,行二十字,有返送。末葉末行有"婦屋仁兵衛新刊"字樣。

【考證】

《異端辯正》一書國内無存,據徐序知明之原本當爲嘉靖五年本,故日本實踐女子大學圖書館藏本著録云"寬永二十一年京都風月宗知據明嘉靖五年威遠徐岱刻本重刻"。此所謂威遠,或自徐序中擇出,然不切當。徐序云:"先生領弘治戊午鄉薦,掌鄭州教,力任斯文;再教蜀之瀘州,清譽籍籍,遷威遠令,崇正益力,士民德之……先生令予邑時,予方踏槐,遂捧鄉書,不及摳趨以發鍾木,第見所著《詩史演義》《鶴山書院録》《經正樓記》諸作,每嘉歎焉。及按江西,復獲《樂平縣志》,論斷甚精,及盡獲所著《道統圖説附注》《濂洛心傳録》《仁學考》《家禮祭葬纂原》《宋儒風雅選注》《三子格言》諸書,舉有關於世教。"知詹氏曾令威遠,徐氏確爲威遠人,然徐之題署並未舉此鄉貫,則不當擅加也。且其所刊之處亦非威遠,而當爲樂平,以徐氏官江西巡按,"因命樂平丞朱鉞入梓以傳",知令詹氏鄉梓之縣令朱鉞刊行也。另據此序,既可知詹氏仕歷,亦可知其所著之豐,然皆失傳矣。

日本公文書館藏有朝鮮銅活字本,东洋文库亦同,蓬左文库注爲“朝鮮古活字黑口九行本”。二者相較,無甚異同,惟和本稍變行款耳,則和本或據朝鮮本翻刻者。公文書館所藏朝鮮銅活字本前有朝鮮人題字云:“嘉靖三十年六月日,内賜行副護軍林億齡《異端辯正》一件,命除謝恩。同副承旨臣尹。”下有花押。知此朝鮮本當刊於嘉靖三十年(1551)之前,距明本之刊不過二十餘年也。

【影印・整理】

〔日〕長澤規矩也《和刻本漢籍隨筆集》第十七輯。
金程宇《和刻本中國古逸書叢刊》。

【公藏】

中國:遼寧。
日本:阪大總、前田育德會、東京都立中央、山口大、高知大、九大、二松學舍、愛知大、廣島大、大阪府立中之島、東大總、新潟大、京大附圖、實踐女子、宫城縣圖、國會、蓬左文庫、東北大。

三字經注解一卷

【叙録】

《三字經注解》一卷,明陳翰注,日本明曆四年(1658)刊本,後又有享保十三年(1728)刊本。大本一册。卷端署“福建泉城陳翰迅成”。正文四周單邊,白口,單黑魚尾,無界行,半葉六行,行十六字,注雙行小字同。末署“明曆四戊戌歲三條通菱屋町婦屋林傳左衛門”,享保本署“享保十三戊申歲仲夏,京都書林,林正五郎、額田正三郎藏板”。

【考證】

此書爲明陳翰注,注釋中有“大明太祖高皇帝”“大明爲正”字樣,知確爲明人。此人之注本國内無存,此注者亦無可考。此本於日本明曆四年刊行,非但爲和刻本中最早之《三字經》,亦爲存世最早者。據《中國古籍總目》可知,《三字經》最早之本不過康熙間者①。國家圖書館出版社所出《三

① 《中國古籍總目・子部》,第235—237頁。

字經文獻彙編》十四册①,收録文獻一百四十一種,且收和刻七種,然亦未收此,《三字經古本集成》亦無②。

【影印・整理】

無。

【公藏】

中國:無。

日本:前田育德會、公文書館(明曆本),東北大、高知大、實踐女子、早稻田(享保本)。

吉齋漫録二卷

【叙録】

《吉齋漫録》二卷,明吴廷翰撰,日本鈔本。大本一册。前有劉洪謨"萬曆庚子陽月豫章劉洪謨謹撰"之《蘇原先生吉齋漫録序》。卷端署"正德辛巳進士蘇原山人濡須吴廷翰著,嘉靖庚戌進士男吴國寶編,萬曆丁亥進士男吴國寅刊,虎林後學施紹勳校"。半葉十一行,行二十三字。

【考證】

吴廷翰之著述國内多佚失不傳,然日人則頗喜吴氏,故鈔本極多,僅此《吉齋漫録》即有近二十種鈔本存於日本各大圖書館。另,吴氏著作原刊本公文書館有存,著録爲"明萬曆二十九年(1606)序刊",其《吉齋漫録》《櫝記》《甕記》前田育德會亦存明本。國内點校出版吴氏集,即以楊守敬自日携歸之日人鈔本爲底本。

【影印・整理】

容肇祖點校《吴廷翰集》,中華書局1984年版。

---

① 韓寶林編:《三字經文獻彙編》,北京:國家圖書館出版社,2017年。

② 施孝峰:《三字經古本集成》,瀋陽:遼海出版社,2008年。

【公藏】

中國:國圖。

日本:静嘉堂文庫、國士館、京大文、九大、二松學舍、東北大、東大總、高知大、關大、公文書館、文教大越谷、東京都立中央、愛知大、新瀉大、龍野歷史文化資料館、一橋大。

櫝記二卷、甕記二卷

【叙録】

《櫝記》二卷、《甕記》二卷,明吴廷翰撰,日本源良恭校,寶曆十二年(1762)大阪河内屋茂八等刊本。大本二册。扉頁書名下署"明吴廷翰著",右署"松臺先生訂考",左署"攝都書鋪,崇高堂梓行"。前有"寶曆庚辰春三月源良恭識"之《櫝記甕記序》。卷端署"西讚源良恭訂考"。正文左右雙邊,白口,單魚尾,有界行,半葉十行,行二十字,有少量返送。板框上偶有校語。

【考證】

此二書與前《吉齋漫録》同,國内失傳,而存於日本。然亦有不同,即《吉齋漫録》迄無刊本(偶有鈔本注云"據嘉永三年〔1850〕本",疑所據亦鈔本),然此二記則爲日人終付剞劂,使吴氏此二書有刊本流傳。此二記向來並行,均以《櫝記》置前,《甕記》隨後。中華書局出版《吴廷翰集》時反之,當誤。據《甕記》前吴氏識語云:"翰於坐隅置一甕,偶讀史有所疑,輒筆而投諸中,亦如《櫝記》然。既久,鈔爲《甕記》,以俟質問云。"可知其《櫝記》成書在前,故仍當以之居前也。

【影印・整理】

〔日〕長澤規矩也《和刻本漢籍隨筆集》第八輯。

容肇祖點校《吴廷翰集》中華書局1984年版。

【公藏】

中國:無。

日本:新瀉大、關大、東大總、公文書館、國會、茨城大、東京都立中央。

學蔀通辯十二卷

【敘録】

《學蔀通辯》前編三卷、後編三卷、續編三卷、終編三卷,明陳建撰,日本寬文三年(1663)京都婦屋林傳左傳門尉刊本。大本四册。"萬曆乙巳十二月之朔無錫顧憲成謹序"之《刻學蔀通辯序》,次"嘉靖戊申孟夏初吉東莞陳建書於清瀾草堂"之《學蔀通辯總序》,次《學蔀通辯提綱》。卷端署"東莞陳建著、内黄黄流授男吉士梓"。正文四周文武邊,白口,單魚尾,無界行,半葉九行,行二十字,雙行小字注同,有返點。正文後有"屬吏白鹿洞後學吴中立頓首謹識"之《學蔀通辯跋》,次"柳川後學安東守正省庵謹跋"之《學蔀通辯跋》。末有"寬文三癸卯歲吉日三條菱屋町婦屋林傳左傳門尉板行"牌記。

【考證】

據《中國古籍總目》載,此書明代刊本有二,一爲嘉靖本,一爲萬曆本,後者爲萬曆三十三年黄吉士、吴中立刻本,存世極少,有學者至云"此刻本已不可見"①,實國圖及滎縣圖書館二家有藏②,查全國古籍普查目亦無溢出者。而此和本則據萬曆本翻刻者,版式、行款、字體均同。此後,安政四年(1857),日本又有昌平阪學問所之官板行世,然已改用康熙四十七年(1687)當湖顧天挺啓後齋校刻本重刻,此本國内所存甚多。

【影印・整理】

無。

【公藏】

中國:北大。

日本:宫内廳書陵部、静嘉堂文庫、市立米澤、島根縣圖、蓬左文庫、民博、公文書館、前田育德會、東洋文庫、山口大、九大、二松學舍。

---

① 《續修四庫全書總目提要・子部》,第27頁。

② 《中國古籍總目・子部》,第111頁。

性理紀聞四卷

【叙録】

《性理紀聞》四卷,明葉涵撰,日本寬文七年(1667)小川太右衛門栗原九右衛門刊本。大本四册。前有"嘉靖癸丑秋八月之望泰和西華龍子昂書於歙學公舍"之《性理紀聞叙》,文後有"西華"陽文方印;次"嘉靖癸丑歲金秋乙洞居士赤城葉涵書於新安之藏春塢"之《刻性理紀聞序》,次"新安馬石主人鄭綺汝父書"《性理紀聞序》。卷端署"乙洞居士赤城葉涵輯"。正文四周單邊,白口,對綫魚尾,無界行,半葉十一行,行二十三字。後有"門人古歙田維城拜書"之《性理紀聞跋》,歙門人畢力孝跋,新安門人季煌跋,"嘉靖甲寅中秋日浙進士龍泉胡漢書於古巖之清心堂"之《性理紀聞叙後》。版權頁署"寬文七丁未歲沽洗吉辰,書堂:栗原九右衛門、小川太右衛門"字樣。

【考證】

此書遍檢未見,僅明人朱睦㮮《萬卷堂書目》著"《性理紀聞》四卷(葉涵)"①,清人黄虞稷《千頃堂書目》載"葉涵《性理紀聞》四卷"②,然其書則未存,亦未有文獻引録。此後學者往往將此人此書輯入《元藝文志》中③,實當誤。據此書前龍子昂序云:"葉子一洞,赤城人。癸丑因倭寇之亂,避地新安,課諸生爲朝夕資……一日,出《性理紀聞》一編就正於余……門徒畢生、田生輩手抄而讀之,不勝其煩,將梓而傳焉。葉子辭避不敢當,謂非其本意,且懼近於僭,而來質予之可否。余曰:'何不可者?'"則其避地新安爲嘉靖三十二年(1553)之事,自爲明人無疑。其人其書之遭際頗奇:其因避倭寇而至新安,於此刊行其《性理紀聞》一書,然此書佚於禹内,反繼絶於扶桑。

作序之龍子昂稍可勾稽。《四庫全書總目》經部"易類存目"中有其《看易凡例圖説》,提要云:"明龍子昂撰。子昂,泰和人。嘉靖庚子舉人,官知縣。是編不標書名,前列《讀易凡例》共三十二條,後列《圖説》,則解

---

① [明]朱睦㮮:《萬卷堂書目》,《宋元明清書目題跋叢刊》第四册,第 595 頁。
② [清]黄虞稷撰,瞿鳳起、潘景鄭整理:《千頃堂書目》,第 321 頁。
③ [清]黄虞稷等:《遼金元藝文志》,上海:商務印書館,1958 年,第 46 頁。

河圖洛書及朱子《本義》九圖象數之理。疑爲全書之首卷,非完本也。"①其書因列存目,今已失傳,然其人因曾舉於鄉,並官(封邱)知縣,故尚可知其行實。

【影印・整理】

無。

【公藏】

中國:無。

日本:前田育德會、島根縣圖、公文書館、東大總、東京都立中央、京大附圖。

求是編四卷

【敍録】

《求是編》四卷,明馮柯撰,日本慶安三年(1650)京都村上平樂寺刊本。大本四册。前爲"萬曆辛亥仲春月上戊日賜進士福建等處提刑按察司按察使高安陳邦瞻書"之《貞白馮先生求是編序》,文末有"陳邦瞻印"陰文方印及"匡左"陽文方印,次爲"萬曆三十九年辛亥歲秋九月賜百官羅衣日福建提刑按察司副使奉敕提督學校中田烶稽首頓首百拜謹識于興化府公署之澄清堂"之《福建學道崇正堂翻刻求是編序》,後有"馮烶之印"陽文方印及"己卯解元壬辰進士"陰文方印,次"萬曆丁未孟秋月吉賜進士出身翰林院國史編修皖舒後學吴應賓頓首拜撰"之《求是編敘》,後附《吴觀我先生寄序啓》,次"皇明萬曆乙未仲夏吉旦豫章後學朱宸涂如道甫刊於永思書社"之《江藩永齋殿下重刻求是編巾幅書並跋附》,次"萬曆壬午秋八月既望賜進士第中憲大夫山西按察司副使前南京禮部儀制司郎中從姪孫馮謙頓首拜撰"之《求是編敘》,次"萬曆癸酉春三月清明日慈溪馮柯"《求是編自敘》。卷端署"崇正書院翻刻馮貞白先生求是編,慈溪馮柯子新甫著,中男烶校刊"。正文四周文武邊,白口,單黑魚尾,無界行,半葉九行,行二十字,有返送。末有"萬曆戊子秋仲朔友人心聞子王黎書於澄心樓"之跋,次"萬曆己丑孟冬語溪後學沈枝載拜手書"之跋,末"萬曆丙申仲春吉寓新

① 魏小虎編撰:《四庫全書總目彙訂》,第212—213頁。

吴署不肖季子煐薰沐百拜識"之跋。

【考證】

此書《中國古籍總目》僅録《四明叢書》本①,其爲民國刻。和本爲慶安三年刻本。《四明叢書》所收"貞白五書"共五種十五卷:三級通二卷,小學補一卷,質言七卷,回瀾正諭一卷,求是編四卷。宫内廳書陵部存萬曆四十年(1612)刊《馮貞白五書》,殘存五卷。其第六集第一册所附總目標記云:"慈溪馮氏醉經閣依萬曆壬子刻鈔鄞王東園知不足齋藏本",可知:一,所用爲清嘉慶間馮雲濠醉經閣所藏,此人或即馮柯後人;二、此爲醉經閣抄本,所據爲萬曆四十年刻本;三、抄録底本爲王東園知不足齋藏本。可知主持《四明叢書》之張壽鏞氏亦無原本可據。

【影印・整理】

無。

【公藏】

中國:科學、北大。

日本:東洋文庫、前田育德會、市立米澤、東京都立中央、京大人文研本館、高知大、宫城縣圖、國會、千葉縣立中央、蓬左文庫、公文書館、京大附圖、東北大、九大、國士館。

吕新吾先生語録六卷

【叙録】

《吕新吾先生語録》六卷,明吕坤撰,日本萬延元年(1860)官板本。大本五册。前有"後學當湖陸隴其撰"序,又有睢州田蘭芳序,次吕氏自序,次孫奇逢《吕新吾先生傳》。卷端署"明寧陵吕坤叔簡父著,後學柘城王培益仲、平湖陸隴其稼書、宜興陳宗石子萬同校"。正文左右文武邊,白口,雙對黑魚尾,有界行,半葉十二行,行二十二字,無返送。

---

① 《中國古籍總目・子部》,第124頁。

【考證】

此書實即吕坤名著《呻吟語》,即吕氏自序仍云"呻吟,病聲也;《呻吟語》,病時疾痛語也"開端。《呻吟語》一書明清兩代槧本紛出,又有摘録、選録、節録、節略之不同名目者。然以《吕新吾先生語録》爲名者則僅此嘉慶元年(1796)重刻者,此本爲商邱陳氏所刻,當爲作者鄉邦之人重付剞劂。且據《中國古籍總目》著録,僅上海圖書館存一種①。又據全國古籍普查目,尚可增陝圖一家。可知此書刊行雖晚,然存世無多。而此和本則爲嘉慶本之忠實覆刻,頗精美。

【影印・整理】

無。

【公藏】

中國:上海、齊市。

日本:島根縣圖、東大總、實踐女子、伊那市立高遠町、東京都立中央、大阪府立中之島、關大、新瀉大、一橋大、神户市立中央、公文書館、山梨縣圖、京大附圖、國會。

---

① 《中國古籍總目・子部》,第118—120頁。

二、兵家類

古文孫子正文二卷

【叙録】

《古文孫子正文》二卷，日本嘉永四年(1851)櫻田迪校正、濟美館刊本。大本二册。扉頁中題“古文孫子正文全”，右上署“仙臺櫻田迪校正並訓點”，左下署“濟美館藏板”。前有“嘉永四年辛亥秋七月昌平學教官安積信撰、内史川上由書”之《古文孫子序》，序末板框外左下角有“竹口貞齋鐫”字樣。正文四周單邊，白口，單黑魚尾，無界行，半葉八行，行十七字，有少量返送，板框上有校字。

【考證】

此和本於嘉永四年刊行，此後並無聲息。然楊守敬求書於東瀛之時，細大不捐，亦曾得一本，雖未著其藏書目録中，然今湖北省圖書館藏一種，有楊氏“惺吾海外訪得秘笈”之章，可知自爲楊氏携歸之書。且書末有楊氏之跋，云：“右《孫子》無注本，嘉永四年仙臺櫻田所刊，稱得舊藏古本，分上、下二篇。又，《始計篇》無‘始’字，《作戰篇》無‘作’字，每篇題目多省一字，而《虚實》《行軍》等篇又皆雙字。其文與魏武注本異者，《九變篇》云：‘高陵無向，背丘無逆，佯北勿從，鋭卒無攻，餌兵勿食，歸師勿遏，圍師勿周，窮寇勿逼，絶地勿留。’安積信《序》云：‘今本圮以下二十九字，《九地篇》論之詳矣，不宜驀出於此，蓋搀錯也。且《九變篇》與《軍争篇》相接，故本文誤跳於上篇之末。’又，《用間篇》作‘死間者，委敵也；生間者，反報也’，其他小異同尤不勝舉。又，《九地篇》‘過則從’之上有‘是故，不知諸侯之謀者，不能預交；不知山林、險阻、沮澤之形者，不能行軍；不用鄉道者，不能得地利’三十八字，其他小異同不可悉舉。按：……《九變》之文魏武注已云，爾今云所據本爲魏武所不見，此其可信乎？且篇分上下，於古亦無徵驗也。即櫻田之所僞撰。况日本所刻佚書，其原鈔本今大半可蹤跡，此本只見刻本，而其原卷竟識空焉。彼國先哲，如市野光彦、狩谷望之，皆窮探秘笈，即森立之、澀江道純之《訪古志》，收羅無遺亦不言之，則此書即爲櫻田僞撰無疑也。余搜求日本古籍,大抵皆確然可信,唯此本不能爲之回護。櫻田者未足與議,若安積信者在此間頗稱聞人,亦爲之序而傳之,何耶?"①此跋未收入《日本訪書志》,未知因其因"精力衰頹,襄助无人"而未及收,抑或以此書爲僞撰而不欲收。後日本學者佐藤堅司重新發現此書,又於宫城縣圖書館發現北條氏長所撰《孫子外傳》抄本,《外傳》乃《古文孫子》之注解。1962 年,佐藤氏將此二書附其《孫子之思想史研究》行世,使其廣爲世人所知,並認爲櫻田本《孫子》乃近年發現《孫子》傳本之重要版本之一。孫猛《日本國見在書目録詳考》載此書,稱其"多異文,真僞不明"②。又:楊丙安《十一家注孫子》已引用此書③,則亦當有價值。故其書究爲真爲僞,學界尚未有共識④。

【影印・整理】

〔日〕服部千春《孫子兵法校解》(中收此和本之影印本,並將其正文收入排印本中),軍事科學出版社 1987 年版。

《孫子集成》第十六册,齊魯書社 1993 年影印本。

【公藏】

中國:清華、湖北(有楊守敬跋)。

日本:九大、大阪府立中之島、公文書館、宫城縣圖。

魏武帝注孫子三卷

【敘録】

《魏武帝注孫子》三卷,曹操注,日本寶曆十四年(1764)蓮池藩刊本。大本一册。扉頁題"魏武注孫子",右署"蓮池儒臣岡白駒校",左署"本藩藏板"。首爲"寶曆甲申春二月岡白駒"之《魏武注孫子序》,次"寶曆閼逢涒灘仲春河子龍"之《刻魏武注孫子叙》,次魏武帝《孫子兵法序》,文後署

① 據蘇桂亮《日本孫子書知見録》一書所引楊守敬跋語圖片入録,蘇桂亮、〔日〕阿竹仙之助:《日本孫子書知見録》,濟南:齊魯書社,2009 年,參第 42、43、45 頁。

② 孫猛:《日本國見在書目録詳考》,第 1250 頁。

③ 楊丙安:《十一家注孫子》,北京:中華書局,2015 年,第 2 頁。

④ 參于汝波主編:《孫子學文獻提要》,北京:軍事科學出版社,1994 年,第 446 頁;另古棣主編:《孫子兵法大辭典》(上海:上海科學普及出版社,1994 年,第 594—614 頁)有詳盡考述。

“右魏武自撰小序,偶閲《漢魏名家集》之,因並附載於兹。河子龍識”。正文四周單邊,白口,單黑魚尾,有界行,半葉八行,行十七字,有返送。全文之末有“本藩藏板,不許翻刻,千里必究”之圖記,下標“每部須認此圖記”字樣,後署“支配所:京都書肆村上勘兵衛”。

【考證】

曹操所注《孫子》宋時曾有單行,此後收入《武經七書》及《十家注孫子》後,單行之本即漸次湮滅,然《十家注》本於注語頗有改移、省併之處,故此單行之本亦有價值。然國内之單行本至清人孫星衍《平津館叢書》本方再度行世①。孫氏以己爲孫武後人,故於刊刻其先人之書不遺餘力。其書原據爲顧之逵小讀書堆所藏宋本,然此原本今已未知去向,唯留孫氏嘉慶時翻刻本。七十年後,日人又據孫氏《平津館叢書》以官板重刻此書。

此和本爲寶曆十四年刊,早於孫氏之本,且與孫本各有異處,亦有其價值。書前岡白駒序云:“屬者有獻《魏武注孫子》於我侯者,因命白駒校正上梓。”河上龍序又云:“我藩高孟彪夙負好奇之外,獲兹書三卷,獻諸我侯,爰命龍父子校定授梓。閲半歲,工告成。”知其書爲日本江户時著名儒家、篆刻家高芙蓉氏舊藏鈔本獻上刊行者。則其所獻自爲曹注單行之本。據森立之《經籍訪古志》載,容安書院曾藏有“天正八年鈔本”曹注本,即1580年鈔本,爲市野光彦舊物②,其書行款森氏著録爲“每半葉九行,行十七字”,然森氏或誤,據阿部隆一載,其行款實爲八行,行十七字,與此本同。則此寶曆本或即據天正鈔本或與此鈔本有關之鈔本上木。

據《清客筆話》載,楊氏曾留言森氏云:“前見先生天正抄《孫子》,祈檢出一見爲感,千萬勿忘。”後楊氏訪森氏,森氏出此抄本,楊氏云:“此書貴國無乎? 我國有之。”森氏答:“此書只傳長者所書,所以貴也。”楊氏云:“不然。我國有十家注,魏武在内。公此單魏武也。然則亦寫而刻之。”③可見楊氏並未認識到此書價值,以爲十家注本即可囊括。又據阿部隆一《中國訪書志》檢得臺北故博藏有楊守敬舊藏《魏武帝注孫子》,卷末有“於辰天正八曆庚辰彌生廿八日宗傳書之白眼一笑云云”字樣,書前有“法輪寺常住”“山城州西京妙心禪寺内西河院”“萬海”“迷庵”“光彦”“林下一

① 《中國古籍總目·子部》,第268—269頁。有關曹注單行本之情形,可參楊丙安:《十一家注孫子校理》,北京:中華書局,1999年,《代序》第10—12頁。

② 〔日〕澁江全善、森立之等撰,杜澤遜、班龍門點校:《經籍訪古志》,第141頁。

③ 陳捷整理:《清客筆話》,《楊守敬集》第十三册,第539、524頁。

人”“弘前醫官澀江氏藏書記”“森氏”“問津館”等印，與森《志》所載合，知此書曾經市野光彦、澀江道純、森立之遞藏，終歸楊守敬。阿部隆一引楊守敬批森《志》識語云：“今在飛清閣，森立之所贈。”①則或森氏後將此書贈予楊氏。楊氏據此本又有影鈔之本，今亦藏臺北故博。而其所輯刻之《留真譜》卷五則有此書書影一葉（據此書影，知其行款與實曆本當同，惟鈔本此葉第二條注下有二空格，刊本徑删之，故前五行完全相同，後數行皆錯二字。）②，可見楊氏於此書亦頗重視。

【影印・整理】

無。

【公藏】

中國：無。

日本：山梨縣圖、堺市立中央、蓬左文庫、東北大、千葉縣立中央、中央大、新瀉大、宮城縣圖、大阪府立中之島、新瀉縣圖、山口大、國會、公文書館、實踐女子、龍野歷史文化資料館。

趙注孫子五卷

【叙録】

《趙注孫子》五卷，明趙本學撰，日本文久三年（1863）東都修業堂窪田清音校刊本。大本五册。扉頁書名之右署“趙本學解引類”，左有“原本薊遼舊刻，明季亡逸，謄傳絶少。舊題《孫子書》，今更冠‘趙注’二字云”之刊行識語。前爲“文久癸亥冬十月昌平學儒員若山拯撰”之《刻趙注孫子引》，次有署“賜進士第中憲大夫奉敕巡撫湖廣提督軍務兼制黎平等處地方都察院右僉都御史晋江郭惟賢撰”之《孫子書叙》，次“賜進士第中憲大夫奉敕巡撫湖廣提督軍務兼制黎平等處地方都察院右僉都御史保定梁見孟撰”《重刻孫子書序》。卷端署“趙注孫子”，版心題“孫子書”，次行署“閩晋江虚舟趙本學解引類，都察院御史梁見孟校，衡州府推官周著仝校，皇國窪田清音訂刻”。正文左右雙邊，白口，單黑魚尾，有界行，半葉十行，

① 〔日〕阿部隆一：《中國訪書志》，第92頁。
② ［清］楊守敬編：《留真譜》，第519—520頁。

行二十字，有少量返送。末爲“奉敕鎮守福建江西廣東兼管湖廣郴桂地方署都督僉事前鎮守浙江總兵官榮禄大夫前軍都督府署都督同知虚江俞大猷”之《孫子十三篇注解後序》，次日人長山貫《孫子考》。

【考證】

楊守敬於日本訪得明刊本《孫子書》五卷，爲撰叙録云：“明趙本學注。本學字虚舟，晋江人。據俞大猷跋，蓋即大猷之師。所著尚有《韜鈐》二編。此本前有巡撫湖廣郭惟賢序，巡撫湖廣梁見孟序，末有都督僉事俞大猷跋。據序、跋，此書初刻於薊遼，再刻於湖湘，三刻於鄖陽，此即鄖陽本也。其書章節句辭，蓋融貫《十家注》及《講義》《直解》等書而成，又以史傳與此書相發者，别爲引類，明白曉暢，誠《孫子》注之善本也。而《四庫》不著録，他家書目亦不載，蓋亡佚矣。此書日本有重刻，改題爲《趙注孫子》。”即以此爲亡佚之書也。此文久三年之和刻本主持者亦云然，其扉頁之識語“原本薊遼舊刻，明季亡逸，謄傳絶少”云云，便即此意。清末，此和本回傳海内，翻刻極多。據民國三年（1914）徐樹錚重印《趙注孫子叙》云：“周秦諸子中兵家者言以孫武十三篇爲最，不僅理勝，兼以文勝。詞旨奥衍處，讀者或多疑義。注者因之輩出，十家尚已。惜文字以外有所聞繹於兵陳之義者殆尠。光緒壬寅，余執役保定，偶得一帙，爲日本傳刻明趙虚舟氏注本，間采十家之言，参合己意，爲之分條解義；又摘引史籍相類之事，比附案證，以相發明。雖其文辭未盡雅訓，‘引類’亦間未精審，而淺顯易曉，計不無裨益讀者。曾命活字版排印數百部，分贈素識。原書仍自藏江鄂間，間有流行之本，皆自余排印者轉相沿襲也。……乃復檢原書，付之坊間，印行售世，以廣厥傳。手校既畢，輒不禁累欷於滄桑之一瞬也。甲寅臘月，樹錚叙於京師。”知光緒二十八年（1902）徐氏曾據和本排印出版。然其云亦不確，在其排印之前七年，時爲“練兵處軍學司正使督辦北洋武備各學堂事宜分省補用道”之馮國璋便撰《重刊趙注孩子序》，唯其書至民國七年（1918）方由武學書局排印出版，其序云：“明人趙虚舟《孫子注》四卷，詮以精義，證以史事，抉扃發鍵，誠善本也。顧中國鮮傳本，傳之者，日本。其國人甚重此書。吾因思夫日本自耀兵以來，戰必勝，攻必取，轢轢五洲，幾於無輩者，其是書之力歟！……後世兵制敝久，乃以自有之書不能自重之，而自用之，反使外人得借利器制我，可勝歎哉！”前述二人，皆爲近代史上有名之軍閥，均頗注目於此書，亦可見此書回傳之意義。此後轉相沿襲之本遂多。如《孫子學文獻提要》所載光緒三十一年（1905）北洋陸軍學堂本、北洋陸軍參謀處重刊本、次年北洋陸軍編譯局本、上海掃葉山房本、民國三年都門書局本、同年蕭縣徐氏本、民國九年(1920)北京武學書館本、同年益新書局石印本、民國十八年(1929)益新書局重印本(益新書局本初印本定價六角,銷量極好,故至民國十八年已出"六版"印本)、同年上海英租界武學書局本及民國初上海中華書局聚珍本、成都福昌公司本等①。直至2017年,商務印書館《泉州文庫》收此書之整理本,仍以和本爲底本。然因此書曾几于失传,故雖於清末有大量翻刻之本,以歷來目録多失收(如《藏園群書經眼録》則僅録此和本②)、又少人齒及之故,學界又常有意無意忽略之,如《子藏·孫子卷》收書二百餘種,却漏收此書。

然此書之明本並未佚失。現據《中國古籍總目》可知:萬曆七年(1579)有梁夢龍刻本《孫子書》三卷,存浙江、湖南;萬曆四十三年(1615)有梁見孟刻本三卷,存上海;另有《孫子書校解引類》三卷,爲萬曆四十二年(1614)刻本,存軍科院③;據《孫子學文獻提要》載,尚有隆慶二年(1568)江都王朝相刻三卷本(藏國圖),同年薊遼總督譚綸刻三卷本(藏臺北故博)。然則,和本所依之底本爲何種明本?《孫子兵法大辭典》以其爲萬曆七年梁夢龍刻本④,所言或有憑據,以其書首附"明刊本《趙注孫子書》書影,其卷端題署云"閩晋江虚舟趙本學解引類,德安府推官梁見孟校,衡州府推官周著仝校",與和本題署大同,校點者均爲梁、周二氏。然竊有疑焉,即梁見孟氏之職銜不同。檢和本前郭惟賢序云:"比於梁李官處得看薊遼舊刻《孫子書》,乃出吾同邑人趙虚舟所校者",所謂"梁李官","李官"者,"理官"也,即"推官",則彼時梁見孟爲"德安府推官";然和本梁氏所署職銜則爲"賜進士第中憲大夫奉敕巡撫湖廣提督軍務兼制黎平等處地方都察院右僉都御史保定梁見孟",與前之郭惟賢同,查其《重刻孫子書序》則云:"歲乙未,希宇郭先生假節鉞,鎮湖湘,時方泰寧,不忘武服。亟取不佞笥中《孫子書》付之剞劂。嘉興材官良家子共圖誦習,以備緩急。不佞校讎隱括,無復訛謬,稱善本。越廿歲,濫膺全楚封疆之寄……不佞追惟往事,物色前刻,化爲烏有。遺書在焉,不勝簪履之念。屬郧守若理覆刊成書,視前加精,頒示諸材官良家子,以廣郭先生之志。"可知其人於萬曆二十三年(乙未,1595)爲德安府推官之時,遵湖廣提督郭惟賢之命,以自藏之"薊遼舊刻《孫子書》"刊行此書於湖湘,即楊守敬所謂二刻也;然至萬曆四

---

① 于汝波主編:《孫子學文獻提要》,第62—63頁。
② 傅增湘:《藏園群書經眼録》,第479—480頁。按:傅氏標此書爲"日本影寫明刊本",當誤。
③ 《中國古籍總目·子部》,第270頁。
④ 古棣主編:《孫子兵法大辭典》,上海:上海科學普及出版社,1994年,第416頁。

十三年,其人升至湖廣提督之職,則又重刻是書。可知《孫子兵法大辭典》所附之明本既非萬曆七年本,亦非和本之底本,其當爲萬曆二十三年本。而和本之底本則爲萬曆四十三年梁見孟重刻本。

據上所論亦可知楊氏因和本序跋謂此書有三刻者,實亦未密。參王朝相刻本末跋云:"今總督左司馬二華先生以是篇翻刻於燕,可謂篤意邊務不虛哉!五道諸公踴躍各捐俸助梓,獨薊門大參野庭羅公、北平僉憲右軒王公並介余以手劄招而著輯其書,且託重録一過,余就而往應,授館梓之。隆慶二年仲冬江都王朝相跋。"①可知所謂"薊遼舊本"者,爲譚氏所刻,再參之以俞大猷跋語,知其爲一刻,然其二刻則當爲隆慶二年王朝相北平刻本,三刻當即萬曆七年梁夢龍刻本,四刻則萬曆二十三年梁見孟湖湘刻本,五刻又當爲萬曆四十二年汪道亨上谷刻本,六刻方爲萬曆四十三年梁見孟鄖陽刻本。關於汪氏刻本,《中國兵書集成》第十二册有收録,前有"萬曆甲寅春王正月,欽差閱視宣大邊務巡按直隸監察御史東魯吴允中"序,又有"萬曆四十一年癸丑孟秋穀旦賜進士出身通議大夫都察院右副都御史奉敕巡撫宣府地方前應天府府尹懷寧汪道亨書於上谷之鎮朔堂"序,又有趙本學自序,末有隆慶元年俞大猷跋。即此可見,明末此書翻刻極密,自隆慶元年(1567)至萬曆四十三年,五十年間,剞劂六次,可知此書之大受歡迎。然入清之後,此書遽然銷聲匿跡,實非常理。或朝廷徵召天下典籍入於四庫館,然此書之首刊及揄揚者爲譚綸,其人於嘉靖末年總督薊、遼、保定軍務,實以防後金者,故《四庫全書》寓禁於徵,民間藏是書者秘不敢宣,遂至淹没。

寒齋有亦西齋刻本,《中國古籍總目》未載。據全國古籍普查數據庫知常州圖書館存有一册,然標爲"三卷",當誤。嚴靈峰《周秦漢魏諸子知見目録》載有"日本□□亦西齋刻本"②,《中國館藏和刻本漢籍書目》録民族、南京、廣東、四川、重慶、國圖、湖北七家有藏,又署爲"日本文久三年(1863)亦西齋刻本"③;前引之《孫子學文獻提要》即以"日本亦西齋"視之;嚴紹璗《日藏漢籍善本書録》亦云"元治元年(1864年)有亦西齋重印本"④。然此究爲和本抑唐本?此扉頁作者名下署有"亦西齋藏板"五字。查此亦西齋書肆,最早於道光九年(1829)刻《耐冷譚》十六卷(北師大有

---

① 按:此王氏刻本每葉版心下署雇工姓名,其姓名一般二字,下有一"刊"或"刻"字,如於鯨、魏便、於鰲、邵寶、於經等,惜《明代刊工姓名全録》未録此書。

② 嚴靈峰:《周秦漢魏諸子知見目録》第四册,第23頁。

③ 王寶平主編:《中國館藏和刻本漢籍書目》,第216頁。

④ 嚴紹璗:《日藏漢籍善本書録》,第800頁。

藏),晚則於同治七年(1868)刻《佩文齋廣群芳譜》一百卷——後者署“姑蘇亦西齋”,前者署“金陵亦西齋”,另有光緒七年(1881)杭州亦西齋刻《昭代名人尺牘小傳》二十四卷,寒齋尚藏有亦西齋本《尚書》。日本則遍查無此書肆痕跡。故其爲中國晚清書肆無疑。然亦西齋本又全依和本原貌覆刻,且有返送。細勘二本,字體筆劃全同,初以此爲清人覆刻和刻本者,然又覺此書非宋槧元刻,似不必如此費力。繼觀楊守敬書,其叙録之末云:“其板售於書估,運至上海矣。”①可知此書實國人購得和本之板,削去返送而刷印者。楊氏《日本訪書志》刊於光緒二十三年(1897),則亦西齋重刷此書當在此前。又寒齋所藏之末有原藏者手書跋語云:“《孫子》一書,注者百數十家,而最著《十家注》也。余曩在三山鳳池書院中讀書,得《趙注孫子》一部,解明引確,最足啓人聰悟。惜未知其何時人,大約元明之際,天下紛争,趙君苟全性命於亂世,不求聞達於天下,故湮没無聞。然此注高出於《十家注》多矣。有志於經世者,不可不專心於斯書。光緒丙戌年夏四月鹿胎山樊□序於尚友齋。”

【影印・整理】

〔日〕長澤規矩也《和刻本漢籍隨筆集》第十七輯。

《孫子集成》第十七册,齊魯書社 1993 年影印本。

《趙注孫子十三篇》(泉州文庫),譚斌點校,商務印書館 2017 年版。

【公藏】

中國:科學、民族大、華東師大、遼寧、大連、吉林、大興安、山東、蘇大、浙江、江西、安徽、湖南、桂林、湖北、民族、南京、廣東、四川、重慶、國圖。

日本:静嘉堂文庫、九大、實踐女子、東大總、東京都立中央、一橋大、椙山女、公文書館、東北大、東洋文庫、京大文、愛知大。

孫吴約説二卷

【叙録】

《孫吴約説》二卷,明何言撰,日本富岡百練校,日本慶應二年(1866)京都富岡百練居易堂校刊本。巾箱本二册。上册扉頁題“孫子約説”,書

---

① [清]楊守敬撰,張雷校點:《日本訪書志》,第 111 頁。

名之右題“登壇正鵠,居易堂藏”,左云“孫子、吴子、策集、論集、考實、武侯心書、將傳、軍器圖、陣式圖、戚將軍將略”,前有署“崇禎丙子菊月舊琅琊刺史晋陵何言序”之《孫武子序》;下册扉頁題“吴子約説”,書名右題“明何言著,登壇正鵠”,左署“鐵齋居士校,富岡氏藏”,前有“崇禎丙子晋陵何言”《吴子序》。正文四周單邊,白口,無魚尾,有界行,半葉七行,行十六字。末有“慶應建元乙丑冬十一月上浣鐵齋富岡節識於居易書堂”,版權頁署“居易書院藏”,“慶應二年丙寅七月”。

【考證】

《孫吴約説》爲明人何言著,《中國古籍總目》未著録,然日本之民博藏有明崇禎九年(1636)《孫子約説》。《孫子學文獻提要》亦著録,然可知編者未見原書①,僅據嚴靈峰《周秦漢魏諸子知見書目》移録耳。嚴目著録,並注“明崇禎九年雨花齋刊本(尊經閣文庫藏)”“明崇禎九年西清堂刊‘驪珠武經大全’本(尊經閣文庫藏)”。查此二書均名“驪珠武經大全”,四十五册,明刊,陳子龍編。此書中國全部失傳,其書目十六種如下:重刻武經必讀、十三篇、吴子六篇、注解司馬法、注解尉繚子、武經考注李衛公、武經三略考注、武經六韜考注二卷、新擬武闈策集、新擬武闈論集、新訂武闈策學考實、歷朝將傳必讀、穿楊捷指、心書、戎政要書二卷、武經將略。其中“十三篇、吴子六篇”當即何言此二種。另有《吴子校訂》一書,署陳子龍,嚴云“未見”②,《尊經閣文庫書目》著録。封面題“陳子龍先生輯”,在《驪珠武經大全》内。又有《吴子六篇校訂》,作者署“何言”,“雙行夾注,並加圈點。首題‘衛吴起著,明何言訂’,前有崇禎丙子晋陵何言序,在《登壇正鵠》内。按:又題‘吴子約説’”。版本項同。但多出“日本慶應二年京都文光堂重刊袖珍本”。另,查《登壇正鵠》,仍有兩種在尊經閣中,明刊本十六册,或即前云《武經全書》之一部分,此書目録如下“十三篇、吴子六篇、心書、武經將略、新擬武闈策集、新擬武闈論集、歷朝將傳必讀、新訂武闈策學考實、戎政要書二卷”,全屬前書。此《孫子》書封二所題“孫子、吴子、策集、論集、考實、武侯心書、將傳、軍器圖、陣式圖、戚將軍將略”,“策集、論集、考實、將傳”四種原不知何謂,則對照此“驪珠武經大全”方知分别爲《新擬武闈策集》《新擬武闈論集》《新訂武闈策學考實》《歷朝將傳必讀》四書;然其中之“軍器圖、陣式圖”尚不知何指,而“戚將軍將略”或即“驪珠

① 《孫子學文獻提要》,第 90 頁。
② 嚴靈峰:《周秦漢魏諸子知見書目》,北京:中華書局,1993 年,第四册第 42—43、160 頁。

武經大全”中之“武經將略”。

按:此書爲日本富岡鐵齋所校,此人亦日本名畫家。

【影印·整理】

無。

【公藏】

中國:無。

日本:三康、館林市立、東京都立中央、東大總、廣島大、高知大。

素書一卷

【叙録】

《黄石公素書》一卷,宋張商英注,日釋玄昌訓點,日本慶長二十年(1615)刊本。中本一册。前有佚名之《黄石公素書》序,次張商英序。卷端署“中大夫守尚書左丞上柱國清河縣男食邑四百户賜紫金魚袋張商英注”。正文四周雙邊,粗黑口,雙對魚尾,無界行,半葉八行,行十六字,行間偶有小字校語。末署“慶長二十年乙卯閏六月下浣,天龍老夫玄昌書”。此書後又有寬永間後印本,末署“京都出雲寺和泉掾”字樣。

【考證】

《黄石公素書》明代刊本甚多,然附張商英注且早於此和本者實不多。如程榮《漢魏叢書》本,然其前張氏序署“宋張商英天覺撰”,卷端所署亦無職銜,正文文字亦有異同,知無關係。其他各本亦皆不同。據嚴紹璗《日藏漢籍善本書録》載:“日本室町時代(1393—1573 年)即有《黄石公素書注解並序》寫本一種,此本原係江户時代近衛家熙等舊藏,今存陽明文庫。”①則此和本或有更早之來源。嚴靈峰《周秦漢魏諸子知見書目》録日本所傳此書,有“公元一四二九年”之《素書國字解》,當誤,因此“國字解”乃荻生徂徠所著,其人生於江户末期;另其又録“公元一五九七年”之刊本,亦當誤

① 嚴紹璗:《日藏漢籍善本書録》,第 800 頁。

"慶長二十年"爲"慶長二年"①。北京大學圖書館藏此和本,列入善本之中②。

【影印・整理】

〔日〕長澤規矩也《和刻本諸子大成》第四輯。

《和刻本四部叢刊》影印本。

【公藏】

中國:北大、遼寧。

日本:八户市立、阪大總(慶長本),新瀉大、國會、東大總、公文書館、東京都立中央(寬永本)。

武侯心書一卷

【叙録】

《武侯心書》一卷,蜀諸葛亮撰,明何言校,日本慶安四年(1651)村上平樂寺刊本。大本一册。前有"崇禎丙子清和舊瑯琊史晋陵何言序於絳署之嘉禾樓"之《武侯心書序》。卷端署"漢諸葛亮著,明何言訂"。正文四周文武邊,粗黑口,雙對魚尾,有界行,半葉八行,行十七字,有返送。末署"慶安四年八月吉祥,二條通玉也町村上平樂寺開板"字樣。

【考證】

《武侯心書》國内所傳其多,然未見此何言校本③。日本有慶安四年村上平樂寺刊本,然此書於日本亦罕見,長澤目亦云未見④。亦可聊備一格。

【影印・整理】

無。

---

① 嚴靈峰:《周秦漢魏諸子知見書目》,第四册第333頁。
② 《北京大學圖書館藏古籍善本書目》,第228頁。
③ 《中國古籍總目・子部》,第278頁。
④ 〔日〕長澤規矩也:《和刻本漢籍分類目録》,第112頁。

【公藏】

中國:無。

日本:公文書館、蓬左文庫、九大、酒田市立。

七書講義四十二卷

【叙録】

《施氏七書講義》四十二卷,宋施子美撰,日本慶長元和年間古活字本。大本十八册。前有江伯虎序。正文四周雙邊,黑口,雙對花魚尾,有界行,半葉九行,行十七字,無返送。又有寬永十一年(1634)豐雪齋道伴刊本,大本十五册,正文四周文武邊,黑口,雙對黑魚尾,無界行,半葉十行,行二十字,有返送,末有方形刊記,中署"寬永甲戌臘月吉日書林豐雪齋道伴刊";此本又有元禄間後印本,末署"元禄十一戊寅年林鐘上幹日書林,井上忠兵衛"字樣。又有文久三年(1863)之官板本,大本十册,四周單邊,白口,單魚尾,有界行,半葉十二行,二十五字,末署"文久三年刊"。寬永本及文久本前之江伯虎序均結尾處均多出"貞祐壬午上巳"之紀年。

【考證】

《施氏七書講義》一書國内無存。然日本多古抄本,如《經籍訪古志》即録有足利學校所藏舊鈔本一種,"卷末有天正四年校訂識語",即1576年;森氏又録一古活字本,並云"體式與前本同。此本疑取源於朝鮮本者"①,則似活字本並非來自日本所存舊鈔本者,然其體式相同,當有淵源,或其舊鈔亦來自朝鮮本。

此書之注者施子美者,日本學者多定其爲金人,如長澤規矩也②,然亦有署爲宋人者,如前引《經籍訪古志》。金程宇《和刻本中國古逸書叢刊》解題辨此事,指出其當爲宋人,並指"江序'壬午'之署年爲宋嘉定十五年(1222),'貞祐'則爲金宣宗年號",似未説清楚,金宣宗之貞祐僅有四年,貞祐四年相當於宋嘉定九年(1216)。如此,則更可明"貞祐壬午"爲後添妄改者。然正因如此,則此"壬午"亦未必得當,似不可採信。江序稱施子

① 〔日〕澀江全善、森立之等撰:《經籍訪古志》,杜澤遜、班龍門點校,第143頁。

② 〔日〕長澤規矩也:《和刻本漢籍分類目録》,第113頁。

美爲“三山施子美”,頗有學者争議其之“三山”何在,“不知江伯虎所謂‘三山’是哪個‘三山’”①,實淳熙《三山志》已有明文,於卷三十中載“淳熙十一年甲辰武舉林嵘榜”,其下有“施子美”,並注云“子禮之兄,懷安人”,則知其爲福州懷安之“三山”。又,金程宇論江伯虎時括注云“施子美兄子禮亦同年武舉及第”②,或當誤,據《三山志》,雖施子禮較施子美早登武舉三載③,然子美却爲子禮之兄。

此書於日本兵學影響極大,《經籍訪古志》録《七書》後,引近藤正齋之語云:“當時單本《七書》不傳,此本就序跋考之,蓋從施氏《講義》録出者。世又傳整板本,即覆刻此本者。”可知《七書》在日本之影響當通過此書而生者。民國以還,域外文獻時有舶歸者,此即其一,則此巨帙,不失爲考文之一助,而其軍事思想亦爲時人所重。故民國間自强書局即以文久官板本爲底本石印發行,後《中國兵書集成》亦同用此爲底本,及至《中國基本古籍庫》亦繼踵前人。

【影印·整理】

〔日〕長澤規矩也《和刻本諸子集成》第四輯(元禄本)。

金程宇《和刻本中國古逸書叢刊》(寬永本)。

《和刻本四部叢刊》影印本(元禄本)。

《中國兵書集成》(官板本)。

《中國基本古籍庫》(官板本)。

【公藏】

中國:浙江(元禄印本),北大、四川、江西(官板本)。

日本:宫内廳書陵、前田育德會、公文書館、大垣市立、東洋文庫、蓬左文庫、國會(古活字本),八户市立、公文書館、宫城縣圖、飯田市立中央(寬永本),静嘉堂文庫、九大、神户大、前田育德會、公文書館、山梨縣圖、東大總、新潟大(官板本)。

---

① 古棣主編:《孫子兵法大辭典》,第368頁。

② 金程宇:《東亞漢文學論考》,第170頁。

③ [宋]梁克家:《淳熙三山志》,《宋元方志叢刊》,影印,北京:中華書局,1991年,第8068、8066頁。

七書二十五卷

【敘録】

《七書》二十五卷,日本慶長十一年(1606)古活字本,後又有寛永二十年(1643)覆刊之本。大本七册。前有江伯虎序。正文四周文武邊,粗黑口,雙對魚尾,有界行,半葉八行,行十七字。末有"慶長十一年龍集丙午初秋念又一日紫陽閑室元佶叟書焉"之跋。

【考證】

此爲《七書》白文本,細分則《孫子》三卷、《吴子》二卷、《黄石公》、《三略》三卷、《司馬法》三卷、《尉繚子》五卷、《六韜》六卷、《唐太宗李衛公問對》三卷。據《經籍訪古志》録有《黄石公三略》鈔本二種,又録慶長五年(1600)活字刊本一種,云"此係慶長五年足利學元佶奉神祖命用活字印行。每半板八行,行十七字。末有元佶跋";又録慶長十一年活字刊本,云:"慶長十一年元佶秦教活字印行。板式與前《三略》同。末亦有元佶跋。"據《日本史年表》知,慶長四年即有"足利學校庠主元佶刊行《六韜》《三略》二書"①,則森立之或未之見。總之,據元佶跋及森立之語,可知《七書》中個别先期印行,至慶長十一年,則全部完成,則當應德川家康(即森立之所謂"神祖")之命而行者,即所謂之"伏見版"。森立之又引近藤正齋之語云:"當時單本《七書》不傳,此本就序跋考之,蓋從施氏《講義》録出者。世又傳整板本,即覆刻此本者。又有舊板加點者本,及萬治二年刊本,俱係坊刻。"②知此《七書》之正文,實據施子美《七書講義》而來,《七書講義》後之翻刻未必無誤,此爲官刊之書,又成書甚早,則可當施書正文版本之參照云。

另,此書除慶長活字本外,有寛永二十年之覆刻本,然即此覆刻亦有二種:一種覆刊極精,雖與慶長本字體亦有微異,然幾可亂真,尤要者,此本無返送,版面尤清爽;另種與前亦極似,然加有返送,細勘二書,雖亦極似,然絶非同版,以字形亦有微異之故也,然其字體更近於前本而遠於慶長活字本,故此當爲據寛永二十年本覆刊者。此後又有萬治二年(1659)之刊本,

---

① 《日本史年表(增補版)》,第156—157頁。

② 〔日〕澁江全善、森立之等撰:《經籍訪古志》,杜澤遜、班龍門點校,第142—143頁。

已全改版面及行款,與古本遠矣。

北京大學圖書館藏此慶長活字本,並列入善本之中,惟録其爲“刻本”爲小誤①。

【影印・整理】

《北京大學圖書館藏日本版漢籍善本萃編》影印本。

《和刻本四部叢刊》影印本。

【公藏】

中國:北大、遼寧、大連、浙江(均活字本)。

日本:廣島大、東洋文庫、前田育德會、阪大總、國會、京大附圖、公文書館(活字本),京大人文研東方、宫城縣圖、佐賀縣圖、東大總、市立米澤、九大、廣島大、广島市立中央、東北大、國士館、宫内廳書陵部(寬永本)。

武經直解十二卷

【叙録】

《武經直解》十二卷,明劉寅注,日本寬永二十年(1643)京都澤田莊左衛門刊本。大本十册。扉頁中題“武經直解”,右上署“皇明三先生輯訂”,下有“綵綸館印”之陽文方印,左上有識語云:“《武經直解》乃劉拱辰先生作也。洪武間久已傳世。後張太嶽先生增修其説,進存内閣。但武備漸弛,未經刊布。今翁一巘先生簡命山東學政出此藏本,參較壽梓,使講習獲所指南,庶文武之士可永賴矣。”下署“内閣藏板”字樣。首“洪武戊寅歲律中太原劉寅”之《武經直解序》,次“萬曆五年歲次丁丑孟冬朔日江陵張居正題”《增訂武經直解小引》,次“丁丑春日錢塘翁鴻業於綵綸館”之《重較武經直解序》。卷端署“太原劉寅輯著,江陵張居正增訂,錢塘翁鴻業重校”。正文四周文武邊,白口,雙順魚尾,無界行,半葉十一行,行二十一字,有返送。末署“寬永廿癸未歲正月吉日,二條通澤田莊左衛門新刊”。

【考證】

或仍因清初於兵家有所忌憚,故至館臣編《四庫全書》,劉寅此書已甚

① 《北京大學圖書館藏古籍善本書目》,第227頁。

難得(《四庫全書》“兵家類”僅收書二十部,可見館臣或有意損益之跡),《四庫全書》僅收録其《三略直解》一種三卷,且云“寅始末未詳”,又據張綸《林泉隨筆》方知其“所注者凡六書,此其一種也”①。此論疏誤頗甚,後世學者多駁之②。莫友芝爲藏書大家,其《郘亭知見傳本書目》云:“同治改元祥芝弟獲《直解七書》成化刊印完本於祁門,亦郘亭秘笈之一也。”③楊守敬《日本訪書志》多録宋元舊槧抑或日本之古鈔本,鮮及明刊本,竟收此書之明刊本,或亦因此之故,其云:“明劉寅撰。凡《孫子》三卷、《吴子》一卷、《司馬法》一卷、《李衛公問對》二卷、《尉僚子》二卷、《三略》一卷、《六韜》二卷。首自序,次萬曆五年張居正增訂序,次翁鴻業序。按此書不及《施氏講義》之博贍,而隨文解義,明暢易曉,故在《武經》中亦稱善本。《四庫》僅著其《三略》一種,阮文達《四庫未收書目》著其《司馬法》、《尉僚子》二種,知其書流傳甚罕,此本日本有重刊本。”且於其下具録劉寅之自序④。1933年,陸軍編譯處影印此書,前有楊言昌序云:“清輯《四庫全書》,對兵家似不甚措意,一切注本概未見收,今世習見之書,如《孫子魏武帝注》《孫子十家注》之屬,悉不著録,若無孫星衍爲之校刊,未必傳誦人間。明人撰述,受厄尤多,禁忌總目及違礙書目列《籌兵藥言》等書九十餘種,過事摧殘,淘汰惟恐不盡……四庫獨收《三略直解》一種,劉書在當時非不可得,以採訪不力,致湮没數百年,日本且有重刊本,中土反晦而不彰,寧非怪事?”其所據之本乃丁氏八千卷樓所藏,然其亦知此書之稀及日本之和刻。此書後又有柳詒徵跋云:“其書久歸盋山,爲海内外學人矜重。今年又得一日本元治甲子補刻寬永癸未新刊萬曆五年翁鴻業刻張江陵删訂直解十二卷本,山館所儲,又軼於丁氏,研究軍事學者得此有清數百年中不經見之書而撢索之,洵不啻枕中鴻寶矣。……至張太嶽删訂增損劉著,余别有校記,兹不贅云。”則又以一日本後印之和刻爲其藏書增值矣,可知此書之難得。

然彼時古籍各自深扃固藏,無由探知其存世數量。今則知其書於明代刊行甚多,據《中國古籍總目》所載,成化、嘉靖、萬曆、崇禎,代有新刊者⑤。而此和本之底本乃崇禎十年(1637)翁鴻業重刊本(柳氏云其爲萬曆五年〔1577〕刊,似據翁序所云“丁丑”而誤推者,因翁氏爲天啓五年(1625)進

① 魏小虎編撰:《四庫全書總目彙訂》,第3071頁。

② 詳參余嘉錫:《四庫提要辯證》,北京:中華書局,2007年,第600—602頁。

③ [清]莫友芝撰,傅增湘訂補:《藏園訂補郘亭知見傳本書目》,第527頁。

④ [清]楊守敬撰,張雷校點:《日本訪書志》,第110頁。

⑤ 《中國古籍總目·子部》,第257頁。

士①,自無於萬曆五年刻書之可能),其本於國内僅遼寧、山東、華師大三家有藏(另據普查目,知陝西圖書館有一殘本)。和本爲寛永二十年刊,距原本刊行時間僅六年。

然此和本所據底本似與目前所見之翁氏本不同。據公文書館所藏翁鴻業原本,扉頁有"豹變齋藏板"字樣,又有"金日生印"鼎狀朱印。按:豹變齋刻書可查者甚多,如崇禎二年(1629)陳仁錫本《資治通鑒目録》,崇禎四年(1631)《明詩選》,六年(1633)《韓柳全集》,即蔣之翹本;崇禎十三年(1640)《周文歸》《增訂二三場群書備考》等。知與此書均大致同時。然和本扉頁之識語明本無之,細閲當可確定其爲明本原文,而非日人所能加。其中"較"字爲避明熹宗朱由校諱,且寫爲𨋴,亦非日人所能爲者。另,公文書館所藏和本前有"絲綸館印",據翁氏序云"丁丑春日錢塘翁鴻業書於絲綸館"可知當從翁本來。又此識語稱翁氏爲"翁一巘",未知所據。網絡資料云其字一桓,當來自《(民國)杭州府志》卷一百三十云其字一桓,其資料出處云自《勝朝殉節諸臣録》,然查彼書卷六,並無翁氏字號記載,杭志當誤。《(雍正)浙江通志》卷一六三有録,云"舊《浙江通志》字一瓛",則或當爲瓛,因瓛即桓圭,故後人誤爲"桓"。然《(道光)濟南府志》卷三五又云:"翁鴻業字一巘,號水因,浙江錢塘人,天啓四年鄉舉第一,五年成進士……戊寅大兵東略,御史檄署兵備守東城,己卯正月二日大霧晝晦,大兵由西北角登城,鴻業禦之,傷頭顱,創左股,遂投烈焰死。"

楊守敬於《日本訪書志》中全録劉寅之序,然於其首句云"太祖高皇帝"下注云"劉氏書作於洪武戊寅,不得稱'高皇帝',此必萬曆重刊時改之"。劉昌潤校注時云:"朱元璋洪武三十一年閏五月崩。死後廟號'太祖',謚'高皇帝'。此序作於是年正月。故無廟號、謚號可稱。"又指序末所署"太原"之"原"字當是"蔟"或"簇"之訛。引《禮記・月令》"孟春之月,律中泰簇",《史記・律書》"正月,月中泰簇。泰簇者,寓物簇生也",指"戊寅歲律中太簇,即戊寅正月也"②。然楊、劉二人均誤。劉寅爲太原人,故自署"太原劉寅","原"字無誤,所誤者,翁刊本序末題署有删節。據萬曆九年莫與齋刻本,題署原作"洪武戊寅歲律中無射望日戊戌前辛亥科進士太原劉寅序","律中無射"指九月③,此時距朱元璋之死已過四月,稱其廟號、謚號均無不妥。

① 朱保炯、謝沛霖:《明清進士題名碑録索引》,第2602頁。

② [清]楊守敬撰,劉昌潤整理:《日本訪書志》,《楊守敬集》第八册,第180頁。

③ 《孫子兵法大辭典》將其定爲八月(第411—412頁),當誤。

【影印・整理】

無。

【公藏】

中國:上海、大連、天一閣。
日本:所存甚多,不備録。

武經七書評釋節要三卷

【叙録】

《增附武經七書評釋節要》三卷,明陳元素校,日本寬文八年(1668)田中清左衛門刊本。大本三册。前有陳元素之《重刻武經節要序》。正文四周單邊,白口,單黑魚尾,無界行,分上下欄,上欄以小字爲節要,下欄正文半葉九行,行十八字,有返送。末署"寬文八歲戊申霜降吉旦,室町通鯉山町田中清左衛門刊行"。

【考證】

此書實即陳氏《標題評釋武經七書》後三卷,有明龔紹山刊本,全十卷,前七卷爲七書,存於南京圖書館,幾爲孤本①;據全國古籍普查目知重慶圖書館存卷一至四,按此標爲趙六雪刻本,陳序中云"友人趙六雪善余言,遂句豆而刻之",則知當爲一書。紹興圖書館存二種一册,均不全。另:此書明刊本日本前田育德會存一部,然僅存前七卷。其序中有云:"今時也,而閱《武經》、刻《武經》,是腸枯方謀樹藝,唇糁始事疏鑿,不亦可笑乎?然自有遼之役,封事白牋,論策記叙,詞語掇拾唾沫,經生傅會景響,紕繆可厭,則闔不就其書而讀之。"可見此書亦有所寄託。

【影印・整理】

無。

---

① 《中國古籍總目・子部》,第258頁。

【公藏】

中國：無。

日本：前田育德會、公文書館（缺中卷）。

武經集注大全七卷

【叙録】

《增補武經集注大全》七卷，首附《射譜》一卷，清彭繼耀注，王式玉輯，日本元禄二年（1689）刊本。大本十五册。扉頁中題"武經纂序説約大全集註"，右上署"錢泰觀、林紫海兩先生參訂"，左下署"還讀齋藏板"。前有"康熙十年歲次辛亥清和月鷲山錢登峰題於疊雲樓"序，次"金陵彭繼耀孺熙氏撰"《武經大全纂序集註原序》。正文分上下兩欄，上欄卷端署"還讀齋秘擬鄉會兩閲標題主意"，下欄署"增補武經集注大全"，下欄次行署"晋江林嗣環紫海、西陵錢登峰泰觀仝閲"。四周單邊，白口，下欄雙對魚尾，無界行，上欄半葉二十三行，行二十字；下欄半葉九行，行十七字，注小字雙行同。末葉署"元禄二歲己巳仲冬吉旦江户日本橋青物町書林大津屋四郎兵衛板行"。

【考證】

此書全名爲《還讀齋秘擬鄉會兩閲標題主意增補武經七書集注大全》，共七卷，當即《武經纂序説約大全集注》。按：此書國内無存，僅日本東大總圖存殘本，署"清王式玉輯，清林嗣環同閲，清錢登峰同閲，清還讀齋刊本"，又阪大總所藏本作者項爲闕名，後署"清錢泰觀參訂，清林紫海參訂，□彭蔣兩原本，康熙十年，□山錢登峰刊本"，與前書當爲同書，或印次不同。長澤目録有元禄二年和刻本，一套十五册①，然日本公藏似無。日本所藏清本反多於和本，如前田二種刻本，另有一鈔本，公文書館及大阪各一刻本，盛岡市中央公民館亦存。嚴靈峰《周秦漢魏諸子知見目録》亦著録清本，而未録和本②。

---

① 〔日〕長澤規矩也：《和刻本漢籍分類目録》，第114頁。

② 嚴靈峰：《周秦漢魏諸子知見目録》，第四册第53頁。

【影印・整理】

無。

【公藏】

中國:無。
日本:未見。

殘儀兵的一卷

【叙録】

《殘儀兵的》一卷,傳蘇軾撰,日本寬永間活字本。大本一册。正文四周單邊,粗黑口,雙對魚尾,無界行,半葉十行,行二十字,注文另起一行。又有江户前期林甚右衛門刊本,正文四周雙邊,粗黑口,雙對魚尾與黑口相連,有界行,半葉九行,行十六字,注文小字雙行同,末有"林甚右衛門開板"字様。二本前均有署名蘇子瞻之《殘儀兵的並序》。

【考證】

此書題爲蘇軾之作,然國内絶無記録。日本却既有寬永活字之本,又有江户前期林甚右衛門刊本,此本時代多署"江户前期",然筆者曾見一本末署"寬永壬午孟秋林甚右衛門開板",則當爲寬永十九年(1642)刻本,僅署"林甚右衛門開板"者或爲後印本。活字本國會與公文有藏,國會本末有人寫"又謂十二儀",而江户本則僅慶應有孤本。然據長澤目,知尚有川勝郎右衛門、河内屋八兵衛、秋田屋太右衛門之後印本,另有寶永六年(1629)刊本,惜長澤亦"未見"①。另,其書似尚有五山本,以楊守敬所藏書中有之,且鈐有"五山本"印記②,若果如是,則其淵源當甚早。然此書究爲何時,或亦有疑,今臺北故宫博物院藏有一活字本,正文四周文武邊,上下粗黑口,半葉九行十八字,著録爲"慶長年間活字本",出自"故觀",則即楊氏舊藏,然並非五山本,或《鄰蘇園藏書目録》鈐印有誤。

---

① 〔日〕長澤規矩也:《和刻本漢籍分類目録》,第114頁。
② 《鄰蘇園藏書目録》,第6頁。

【影印・整理】

《域外漢籍珍本文庫》第四輯(寬永活字本)。

【公藏】

中國:無。

日本:國會、公文書館(活字本),慶應(江户本)。

軍林兵人寶鑑二卷

【敘録】

《軍林兵人寶鑑》二卷,題施子美撰,寬永十三年(1636)京都中野小左衞門道也刊本。大本一册。書前有江伯虎序。正文四周單邊,粗黑口,雙對魚尾,上魚尾下題"軍林"二字,無界行,半葉八行,行十七字,有返送。末有荷花蓮蓋形牌記,上書"寬永丙子林鍾吉辰道也刊行"。

【考證】

此書國内無傳本,文獻中亦絶無蹤影。其書署名爲"金施子美",或當據書前之序而來,而此序實爲移置《七書講義》之序(且當爲襲自寬永本者),故此作者當非是;加之其命名已頗有日人名書之特色,長澤規矩也《和刻本漢籍分類目録》頗疑此"或是和書",亦多有學人(如近藤重藏、阿部隆一、阮芝生)疑其爲日人割裂施氏原書而爲者,然日本公文書館有室町時期寫本,與此寬永本全同,而其時代尤早,"彼時中國兵書尚未大量傳入日本,只有極少量中國兵書以抄本形式在日本傳播,北條氏、清原氏、大江氏等少數家族對中國兵書秘藏不宣,日本本土的兵學研究尚處於萌芽階段。在這種情勢下,即使《軍林》所反映出的兵學素養不高,日本兵家要僞撰這樣一部内容廣泛、涉及大量中國軍事知識的書籍,難度也還是相當大的,僅僅搜集足夠多的參考資料這一項就極爲不易"①。故前引之文指此"由南宋至元代時期書坊商賈所編撰"之軍事日用類書,亦甚有據。

---

① 翟士航:《日藏漢籍〈軍林兵人寶鑑〉再考》,《歷史教學問題》,2020 年第 4 期。

【影印・整理】

李子雄、王茂華《〈軍林兵人寶鑑〉介紹與整理》,《軍事歷史》2018 年第 2 期。

【公藏】

中國:無。
日本:前田、東北大、實踐女子、市立米澤、慶應。

神器譜五卷

【叙録】

《神器譜》五卷,明趙士楨撰,日本清水正德校,文化五年(1808)江户英平吉郎等刊本。大本五册。扉頁横題"唐本翻刻",書名之左有識語。書前有署"赤城山人清水正德撰"、"文化四年丁卯臘月"之《刻神器譜序》,次爲汝南王延世"萬曆戊戌夏四月"撰《神器譜叙》,次"楚人王同軌撰""戊戌孟秋既望"之《序》,次"青田劉世學撰""己亥秋七月"之《序》,次"楚友人黄建衷撰""己亥仲秋之吉"《序》。卷端署"文華殿中書臣趙士禎謹輯,日本清水正德校"字樣。正文四周雙邊,白口,無魚尾,有界行,半葉九行,行十八字,版心下有"唐本翻刻"字樣。書末有署"文化戊辰之春信濃池田寬臧"之跋,版權頁署"文化五戊辰載春刻成"字樣。

【考證】

此書主要爲火器製造、使用之書,於軍事史有重要影響①。民國間鄭振鐸將其收入《玄覽堂叢書》,其底本即現藏國圖之孤本,爲萬曆三十年(1602)初刻本,不分卷。據鄭誠先生統計,此書"現存明刻本六部,計初刻本四部、五卷本二部",初刻四部分别藏於臺灣、北大、貴州、上海,而重刻五卷本則國内失傳,二部均藏日本,一爲公文書館藏本,一爲御茶之水圖書館成簣堂文庫藏本,"較之初刻本,五卷本多黄建衷序……正文部分,除插圖、措辭間有改易,全書最末增《神器銘》,又多出奏疏及揭帖五篇、原銃下、

① 參洪震寰:《趙士楨——明代傑出的火器研製家》,《自然科學史研究》,1983 年第一期;杜婉言:《趙士楨及其〈神器譜〉初探》,《中國史研究》,1985 年第 4 期。

‘合機統圖’並叙”[①]。而此和刻本即從此出,故亦爲全本。其書現已有點校本出處,點校者云“今國内僅存源於萬曆刊本的《藝海珠塵》本和《玄覽堂叢書》本,但圖文都不完備。日本古典研究會發行的《和刻明清資料集》第六集中有《神器譜》五卷,内容較爲詳備”,《温州文獻叢書》將此書列爲首選,初,“因找不到完整版本以致中輟”,後知有和刻本,然“仍因未能借到和刻本而擱置”,直到點校者通過日本學者獲得和刻本之複印本,方以和刻本爲底本整理[②]。亦可知此和刻本之珍貴。國内和本之存者有遼寧省圖一種,或爲羅振玉舊藏,據羅氏《大雲書庫藏書題識》載,其於“辛丑冬,得此書於日本琳琅閣”[③]。鄭誠之整理本則先以北大所藏爲主,上附原圖,下附整理文字,再附公文書館藏本之影印本,後附和刻本之序跋。

關於此書作者之名,國内記載多爲“楨”,日本則多用“禎”,長澤規矩也於《和刻本明清資料集》之解題中云“楨”爲“禎”之誤刻,蔡克驕據趙氏手書明代《重建漢東甌王廟記》中署“試中書舍人事、直文華殿典理秘書、郡人趙士楨書”原件指其原當爲“楨”。

【影印・整理】

〔日〕長澤規矩也《和刻本明清資料集》第六集。

金程宇《和刻本中國古逸書叢刊》。

蔡克驕點校本,收於《温州文獻叢書》中,上海社會科學出版社 2006 年版。

鄭誠《明清稀見兵書四種・神器譜》,湖南科學技術出版社 2018 年影印、整理本。

【公藏】

中國:上海、遼寧、南京。

日本:佐賀縣圖、滋賀大教育、宮城縣圖、東洋文庫、東大東文研、東大總、關大、酒田市立、國會、中央大、宮内廳書陵部、民博、東北大。

---

① 鄭誠:《明清稀見兵書四種・神器譜》,長沙:湖南科學技術出版社,2018 年,第 6—7 頁。

② 〔明〕趙士楨撰,蔡克驕點校:《神器譜》,《温州文獻叢書》第三輯,上海:上海社會科學出版社,2006 年,第 363—364 頁。

③ 羅振玉:《大雲書庫藏書題識》,《羅振玉學術論著集》第七集,第 322 頁。

利器解一卷

【敘録】

《利器解》一卷，明温編撰，日本文化六年（1809）井上正清《知約堂叢書》刊本。大本一册。其書一圖一文，正文四周單邊，白口，單黑魚尾，版心下有"知約堂叢書"字樣，有界行，半葉九行，行十七字。其圖視明本似稍有改動。

【考證】

此書最早見於《澹生堂藏書目》，録云"《利器解》一卷一册，温編撰"①，此後恐即近於失傳。如《千頃堂書目》著録時誤作者名爲"温綸"②，以至後世工具書亦多以此名立目③。時於今日，《中國古籍總目》未録，全國古籍普查目亦無，則其書似已佚，沈津《美國哈佛大學哈佛燕京圖書館中文善本書志》著録温純别集時云："按：又據凡例，純曾有《二園詩集》《學集》《督撫兩浙稿》《齊民要書》《雅約》《利器解》行世，而今未之見。"④則並海外亦尠。然或有珍本由私家庋藏，據黄裳《來燕榭書跋》知其即有一册，"庚寅始秋中元日獲此一卷書於海上。人間奇秘，當珍護之"，則得於1950年也。又詳録云："此萬曆刊本《利器解》一卷，罕見本也。方册大字，寫刻俱精，而尤堪重者，以其爲火器入中國之史料也。明季西學諸書如《天學初函》等，皆言曆算之學，無及兵器製造者。而中國自制鐵器、火藥、採礦、冶煉，繪圖附説如此册之具有規模者，亦未之聞。書出小李山房，石麒從富晋取出，置來青閣中，索價至昂，無有顧而問之者。余一見稱善，立挾之歸。趙斐雲南來，聞石麒告以此書，大呼如此好快書，何不歸伊。倩石麒向余索觀，未即許之。他日當景印流傳，與讀者共之。"⑤此後，其又特撰《明代的火器——跋〈利器解〉》一文詳論之⑥。

據此藏本之序跋，可知其書之作者並窺其失傳之由。據黄裳云，其前

① ［明］祁承㸁撰，鄭誠整理，吴格審定：《澹生堂讀書記・澹生堂藏書目》，第551頁。
② ［清］黄虞稷撰，瞿鳳起、潘景鄭整理：《千頃堂書目》，第355頁。
③ 瞿冕良編著：《中國古籍版刻辭典》，濟南：齊魯書社，1999年，第591頁。
④ 沈津：《美國哈佛大學哈佛燕京圖書館中文善本書志》，第735—736頁。
⑤ 黄裳：《來燕榭書跋》（增訂本），北京：中華書局，2011年，第192頁。
⑥ 黄裳：《書林一枝》，太原：山西古籍出版社、山西教育出版社，1998年，第118—121頁。

有“萬曆庚子春陝西西安前衛指揮僉事温編《刻利器解引》”，其文云“編少從伯氏學書，已憤虜驕，倭闌入屬國”①，則其作者爲温編無疑。然鄭誠整理此書時，却署“温編、温純編”②，或郭子章序云“大中丞三原温公自長安函《利器解》見示”，然亦僅可證温純曾寄贈此書於郭，並非温純爲作者之證，且郭序此語之下即云“乃其季將軍編所梓者”，尤爲清晰。温純之《温恭毅集》中録數通與乃弟之尺牘，似亦可爲證。其一云：“吾弟想旦夕即發而入漢南矣，百凡慎之又慎。吾弟有識有量，必不以此自足，爲國爲民可也。遣去賀文乃善造火器者，吾弟善視之。”又一通云：“火器曾令朱騰淵来面告，亦盡其技否？近阮州成功，曾以宣鎮送来數件付宋大斌帶去。其威遠砲一入，巢衆即大驚而潰。故我兵盡入，此一效也。或川中攘功，或不肯歸阮州，亦未必肯説出大斌耳。然足以徵此技之可用矣。《利器解》四册附致。”③則其書當温編一人所作。此亦與前引《澹生堂藏書目》所録合。而據温編《刻利器解引》云：“先是聞伯氏與材實趙世登、朱騰擢談火器而心識之，其後伯氏屢薦世登，未試；晚乃薦騰擢上谷撫臺王公所，始深信。以書往返參潤，立令制驗。”則此書之成，亦當受其兄之影響。又温純與前書作者趙士楨亦有淵源④。

至其湮没之由，則温編序言“已憤虜驕”，郭子章序云：“又欲移以禦虜，夫虜之來也，其矢如飛雨，其騎如飄風，我軍當之，無不立敗。所恃炎器紛紜，有以制其死命。”二者皆言“虜”，於明末此字多指後金。郭序末又云：“而尤幸引火諸具皆産東南，北虜不得而有之，此正天之所以私中國也。”則更爲明確。故其書或爲清廷之不容。

按：日本公文書館存一萬曆本，然無序跋。日本文化六年井上正清《知約堂叢書》刊本當據此翻刻，所存極罕。長澤規矩也對其書頗爲重視，於其《和刻本漢籍分類目録》卷首所列之圖版中，選入此書和本書影一幅。

【影印・整理】

鄭誠《明清稀見兵書四種・利器解》，湖南科學技術出版社 2018 年影印、整理本。

---

① 黄裳：《劫餘古艷：來燕榭書跋手跡輯存》，鄭州：大象出版社，2008 年，第 69、67 頁。
② 參鄭誠整理：《明清稀見兵書四種・利器解》，長沙：湖南科學技術出版社，2018 年。
③ ［明］温純：《温恭毅集》，《景印文淵閣四庫全書》，第 1288 册，第 725—726 頁。
④ 詳參鄭誠：《明清火器史叢考》，上海：上海三聯書店，2022 年，第 199—201 頁。

【公藏】

中國：無。

日本：宫城縣圖、佐賀縣圖、關大、奈良女子大學。

武經射學正宗三卷、指迷五卷

【叙録】

《武經射學正宗》三卷、《射學指迷》五卷，明高穎撰，明江起龍點次，日本荻生雙松（徂徠）訓點，日本宇佐美惠（灊水）校，安永九年（1780）京都葛西市郎兵衛等刻前三卷，大本三册；天明五年（1785）刊後五卷，大本二册。扉頁中題"射學正宗"，右上署"東都徂來先生國讀、南窗灊水先生考訂"，左上標"一集射學入門，一集射譜指迷"，左下署"文刻堂、載文堂、水玉堂"。前有"安永丙申年初夏之日南窗宇惠謹識"之《合刻射書三種序》，次"崇禎丁丑仲春高穎自述"之《武經射學入門正宗前序》，次"崇禎丁丑姑洗試茶日花塢漁人江起龍書於草草亭之夢墨樓"之《序武經射譜》，則凡例三條。卷端署"明瞜城高穎叔英父著，茂苑江起龍靖侯父點次；日本東都物茂卿茂卿父國讀，東窗宇惠子迪父校"。正文左右文武邊，花口，單黑魚尾，版心下署"文刻堂梓"字樣，有界行，半葉十行，行二十字，注小字雙行同，有返送。末有"崇禎丁丑仲春既望高穎識"之《武經射學入門正宗後叙》。《射學指迷》前有高穎之序與後序。

【考證】

《武經射學正宗》於日本弓道影響極大，國内則僅清人李塨《學射録》提及此書，然其所謂"練頭面法"及"練氣法"①，高書中並無此内容，或爲誤引，或所見爲别本。然即此亦國内文獻唯一提及者，餘再未聞，亦無著録。日本公文書館及前田藏有明崇禎版，即《楊修齡先生較定武經射學正宗》八卷。據日本《商舶載來書目》載，享保十三年（1728）中國商船"志字號"載《射學正宗》一部十卷抵日②，或即此和刻之底本。高氏原書一分爲二，一爲《射學正宗》，一爲《射學指迷》，和本亦據此分刻，前者刊行於安永九

① ［清］李塨：《學射録》，《叢書集成三編》第32册，第902頁。

② 轉引自嚴紹璗：《日藏漢籍善本書録》，第820頁。

年，後者則遲五年方問世，且其書題名亦不同，以致學界往往以此爲二書。國内有研究者將和刻之《射學正宗》與日本所藏崇禎本《楊修齡先生較定武經射學正宗》對比，發現"高穎的兩部《射学正宗》，内容有同有異，二者是何關係？這是目前尚不清楚的"①，以其爲二書，或未見《射學指迷》而已。

高穎其人，世所知甚少。據此書所署，其爲疁城即嘉定人。明末之抗清烈士黄淳耀亦嘉定人，似與其有交往，黄氏《陶庵全集》卷七有《高叔英先生像贊》云："崒然而見者，高子之骨遒蒼；穆然而藏者，高子之神清泚；前觀百世者，高子之洞曉壬奇；射中秋毫者，高子之精能弓矢。若此者舉非高子也，必也，風光本地，描之不成；面目本來，畫之不似。夫然後謂之高子。"②中云其"精能弓矢"，則必此人無疑。

和本分兩本，一爲安永九年荻生雙松句讀，宇佐美惠校之江户西村源六刊《武經射學正宗》三卷本；一爲天明五年荻生茂卿點、宇佐美惠校之京都葛西市郎兵衛刊《武經射學正宗指迷集》五卷本，二者合計恰爲明刊之八卷。有研究者曾於臺灣點校出版，爲第一次刊行本，頗有貢獻，然錯訛極多。

【影印・整理】

馬明達《中國古代武藝珍本叢編（上輯）》（收《射學正宗》三卷），齊魯書社 2015 年影印本。

【公藏】

中國：無。

日本：市立米澤、蓬左、中央大、佐賀縣圖、酒田市立、東北大（《射學正宗》），東北大、國會、佐賀、慶應（《射學指迷》）。

白猿奇書兵法雜占彖詞一卷

【叙録】

《白猿奇書兵法雜占彖詞》一卷，題唐李靖撰，明蘇茂相校，日本慶安

① 馬明達：《中國古代射書考》，《暨南史學》，2003 年第二輯。

② ［明］黄淳耀：《陶庵全集》，《景印文淵閣四庫全書》，第 1297 册，第 729 頁。

四年(1651)刊行。大本二册。前有“天啓六年壬戌端陽月晋江蘇茂相書於浙之壯猷堂”之《白猿奇書叙》。卷端署“白猿奇書兵法雜占彖詞”,下注小字曰“望江南”。正文四周單邊,白口,無魚尾,無界行,半葉四行,行二十二字,有返送。

【考證】

《白猿奇書兵法雜占彖詞》一書,公文書館藏有明刊本,和刻本則僅前田育德會有藏本。此書實即易静《兵要望江南》,國内存萬曆十年(1582)保定府辛自修刊一卷本,今藏國圖,爲孤本;而名爲《白猿奇書兵法雜占彖詞》者,則有天啓二年(1622)晋江蘇茂相鈔校本,今東北師大有藏①,另據全國古籍普查目知,吉林省圖亦有清抄本四册。

按:易静之《兵要望江南》詞《全唐五代詞》收録。其叙録云共有四種,前二種僅見於目録,無書;其三有辛本、王本與川本三種,辛本收詞六八九(一重出)首,王本爲抄本,詞七一一首,川本詞六五三首。此皆爲三十門者。第四種即此本,分二六門,東北師大藏校鈔本,收四七九首;又有京師圖書館藏舊鈔本,收五百首(一重出)。此書“以辛本爲底本,録六百八十八首,另據他本補三十二首”②。據此可知如下數端。一者,蘇本與辛本不同源,故極有價值,如第一首辛本云“逡巡反禍復危傾”,此本作“逡巡反復禍危傾”,然《全唐五代詞》僅據辛本録並校,未改。二者,蘇本中東北本與和本或亦有異,此書未利用和刻本,僅以東北本入校,如其云“此本書名乃從目端,卷端仍題《李衛公望江南》”云云,然和本卷端題目同目端。三者,和本或與東北本及京本正文亦有異,《全唐五代詞》頁一八八第二首末句云“兵敗國危傾”,未有校記,當全同,和本作“兵敗國傾危”,當是,因此首前云“梅”“回”,押十灰韻,而“傾”爲八庚韻,“危”爲四支,然與十灰通用。再如頁二百四第十五首“八方法”,和本作“八方位”,此未校;另末句此校云“東北本作‘切莫放’”,但和本同辛本作“莫放彼”。此類異同尚多。

另據《子海珍本編·大陸卷》第一輯云:“《白猿奇書》不分卷,題(唐)李靖撰。據山東大學圖書館藏明天啓二年(一六二二)刻本影印。”知山東大學亦有收藏,且其爲刻本而非抄本。

---

① 《中國古籍總目·子部》,第1203頁。

② 曾昭岷、曹濟平、王兆鵬、劉尊明編撰:《全唐五代詞》,北京:中華書局,1999年,第186—187頁。

北京大學圖書館藏此和本,列入善本之中①。

【影印・整理】

無。

【公藏】

中國:北大。
日本:前田育德會。

諸葛孔明異傳兵法注解評林七卷

【叙録】

《諸葛孔明異傳兵法注解評林》七卷,明章嬰注,日本萬治四年(1661)佐野七左衛門刊本,另有寶永(1709)六年印本。大本七册。前有署"萬曆戊戌孟冬臨川章嬰序"之《諸葛孔明異傳兵法序》,次以署"萬曆戊戌一陽朔日友弟李光耀稚弢父九頓首書"之《跋孔明異傳注解評林》。卷端署"明章嬰與參注;王士騏鳳雛定;薛寀諧孟評;李静修龍静較"。正文四周文武邊,白口,單黑魚尾,無界行,半葉八行,行十八字,小字雙行同。末有"萬治四辛丑三月吉旦,中野仁兵衛、佐野七左衛門梓行"字樣;寶永本末署"寶永六年己丑五月吉旦書林寶文堂,大阪大野木市兵衛板"。

【考證】

《中國古籍總目》著録有《新鐫漢丞相諸葛孔明異傳奇論注解評林》五卷,明萬曆二十六年(1598)書林雙峰堂余文台刻本,藏遼寧省圖書館、北京大學圖書館、復旦大學圖書館②。又此書日本公文書館亦有入藏。然和本與雙峰堂本甚爲不同。一者,二書分卷不同,余氏本共五卷,和本七卷,雖卷次有異,然正文大致相同。余本之卷一尚非正文,而爲"出處總論""八陣圖十幅"等附録資料,二至五卷方爲正文;和本自卷一起即正文,條目分合與余本不同,然亦前四卷盡之。唯其卷五爲"新書十二篇(附)",爲余本所無。其卷六則爲余本卷一之内容,又稍有不同。卷七爲"諸葛忠武

---

① 《北京大學圖書館藏古籍善本書目》,第228頁。
② 《中國古籍善本書目・子部》,第281頁。

侯傳”,余書亦無。另余本之評在書眉,和本則移於每條目之末。即此可知,和本當源於某一失傳之明本。

另,日本之佐野市立鄉土博物館、東京都立中央所收者均著録爲“寬永六年”,頗疑其當爲寶永六年之誤。

北京大學圖書館藏此和本,列入善本之中①。

【影印・整理】

《北京大學圖書館藏日本版漢籍善本萃編》影印本。

【公藏】

中國:北大(萬治本及寶永本)。

日本:佐野市立鄉土博物館、東京都立中央(寬永本),佐賀縣圖、市立米澤、公文、國會、前田、東北大、慶應(萬治本),蓬左、一橋大、酒田市立、館林市立(寶永本)。

---

① 《北京大學圖書館藏古籍善本書目》,第228頁。

三、農家類

神農本草經三卷、附考異一卷

【叙録】

《神農本草經》三卷、附考異一卷，日本森立之輯並撰坿録，日本嘉永七年(1854)福山森氏温知藥室刊本。大本三册。扉頁題署均用篆書，中爲書名，右署“嘉永甲寅重輯開彫”，左署“森氏温知藥室藏梓”。前有“嘉永七年歲在閼逢攝提格五月壬子江户侍醫尚藥兼醫學教諭丹波元堅”之《神農本草經序》，次“嘉永七年甲寅正月福山森立之書於員山温知藥室中”之《重輯神農本草經序》，次叙録。正文四周單邊，下黑口，單黑魚尾，有界行，半葉十行，行二十一字，無返送。後附《神農本草經考異》一卷。

【考證】

《神農本草》爲中醫草藥之經典，後世修本草，多將其闌入，反泯滅其本面。後世輯録者頗有其人，然此森立之輯本最爲人稱道。葉德輝即評價云：“自宋以來，政和、大觀兩次修刻，《經史證類本草》行，而《神農本草》汩没於陶弘景朱墨本《增輯本草》之中，已數百(年)於兹矣。嘉慶四年孫星衍、孫馮翼依《證類》本分别原書、陶增，輯出三卷，刻入《問經堂叢書》，於是讀者始識《本草》真面。然其叙次全本李時珍《本草綱目》，以序録退居卷末，頗不免於沿誤。道光甲辰顧觀光亦有校輯本，分叙録一卷，上、中、下各一卷。顧序謂孫輯不考本經目録三品種數，顯與名例相違，是孫本之失前人已有疵之者。此日本森立之所輯，前有嘉永七年甲寅自序，是在中國咸豐四年，其例以序録冠首，分上中下三品爲三卷，合四卷。前自序，考評本書卷數分合，次第引證，博而且精。後附考異，取校群書，多吾國未有之佚書古本，非獨孫輯無此謹嚴，即顧輯亦無此精確。顧序謂天之未喪斯文，惟此足以當之矣。書爲繭紙初印，每半葉十行，行二十一字。槧刻精良，想見同文之盛，讀者勿以高麗本等夷之。”①雖末云“勿以高麗本等夷之”，仍

① [清]葉德輝撰，楊洪升點校，杜澤遜審定：《郋園讀書志》，第294—295頁。

如清初錢遵王得正平《論語》時以其爲高麗年號同,不能辨森立之究爲日人抑韓人,然所評仍甚公允。故此書出,國内亦迭經影印。

【影印・整理】

群聯出版社 1955 年影印本。
上海科學技術出版社 1959 年影印本。

【公藏】

中國:科學、北大、上海、大連。
日本:宫城縣圖、阪大總、京大人文研東方、東洋文庫、東京都立中央。

耕織圖二卷

【敘録】

《耕織圖》一卷,宋樓璹撰,日本延寶四年(1676)跋刊本。大本一册。前有署"天順六年歲在壬午四月吉旦賜進士通議大夫廣西按察使致仕王增祐書"之《耕織圖記》,次爲署"嘉熙改元正月中澣從曾孫朝散郎權知南康軍事樓杓謹題"之序。一圖一文,正文四周單邊,白口,無魚尾,無界行,半葉四行,行十字。末有署"延寶丙辰夏西京居翁跋於素絢堂"之跋語。

【考證】

此書爲宋人樓璹所撰,然當下國内所存,多爲康熙題詩、焦秉貞繪本,此本最早爲康熙三十五年(1696)之内府本①,尚晚於此和本二十年(且後者日本實亦於文化五年〔1808〕由姬路藩套印翻刻行世,亦極精美),加之此本前有天順六年(1462)之記,則或其底本爲天順時明人翻刻之本。

【影印・整理】

金程宇《和刻本中國古逸書叢刊》。

【公藏】

中國:無。

---

① 《中國古籍總目・子部》,第 346、1388 頁。

日本:公文書館、國會。

救荒野譜一卷

【叙録】

《救荒野譜》一卷,明王磐撰,明姚可成補遺,日本正德五年(1715)序刊本。大本一册。扉页書名之右題“明王西樓輯、姚可成補”,左署“日本平安書肆長松堂梓”,前有署“正德乙未臈月之吉京兆伊藤長胤序”之《救荒野譜補遺序》,次爲署“正德乙未仲冬日平安後學松岡玄達成章書於怡顔齋”之《合刻救荒本草野譜序》,次爲署“皇和正德乙未臘月既望秀庵居士香川修德書”之《救荒野菜譜並補遺序》,次爲署“崇禎壬午清明日蒿萊野人姚可成識”之《救荒辟諸穀方引》,次録唐孫思邈《救荒辟穀簡便奇方》等多則,目録前署“明王西樓輯六十種,蒿萊野人姚可成補遺六十種”。正文以文配圖,四周單邊,白口,單魚尾。末附王磐序及張綖跋。

【考證】

此書國内所存甚多,然均題爲“姚可成輯”①,而此和本則題爲王磐輯,姚可成補。當以和本爲是。和本前有王氏序,從序中明確可知爲王輯。其後又有張綖跋,亦明確説“吾西樓著《野菜譜》,觀其自叙,亦隱居之意歟”。

【影印・整理】

無。

【公藏】

中國:無。
日本:所存較多,不備録。

---

① 《中國古籍總目・子部》,第549頁。

天工開物三卷

【叙録】

《天工開物》三卷，明宋應星著，日本江田益英校，明和八年（1773）菅生堂刊本。大本九册。扉頁書名右標“南塘先生挍訂”，下有“千里必究”印記，左署“浪華書林菅生堂”。前爲“明和辛卯三月望後大江都庭鐘撰”之序，序末有“都賀庭鐘”陽文方印；次則“崇禎丁丑孟夏月奉新宋應新書於家食之問堂”之《天工開物卷序》。卷端署“分宜教諭宋應星著”。正文四周單邊，白口，單黑魚尾，有界行，半葉九行，行二十一字，小字雙行同，有少量返點；有圖多幅。每卷之末均有“備前江田益英校訂”字樣。版權頁署“明和八辛卯年二月”。

【考證】

《天工開物》爲吾國絶大著作，然其書一度失傳，後人多未知，後雖有數種明刊之本重見於世①，然此書之爲世人所知並聲譽遠颺，其功則在此和刻之本。日人翻刻此本後，非但於日本影響甚著，且由日本傳入歐洲，産生衆多歐洲譯本，尤值一提者，此和本又回傳海内，彼時國内並無此書之傳本，故其書之歸頗引士人之震動，彼時正爲仰視西學之時代，於此書中亦頗見其與西學同趨之處，故尤增聲勢。民國十六年（1927），武進陶湘即據和本重印，其前牌記云“歲在丁卯仲秋武進涉園據日本明和年所刊以古今圖書集成本校訂付印”，惟以其插圖未臻精美，或以爲日人摹刻之陋所致，故又據《古今圖書集成》增補、重繪插圖，雖綫條密麗，鋪設亦細，要非宋氏本意也。今宋氏原本重見天日，細校原本與和本，可見和本摹圖一絲不苟（僅個别極細微處小有差異，如葉七“耘”圖，原圖中二人右手皆握有雜草，知此圖所繪爲“耘”即“除草”之事，和本皆空手，則與插禾之事混同，陶刊本圖中亦有一人手中無草，實未爲當）。此本數年後又有重印之本，並取日本尊經閣藏楊本校勘，後此楊本歸北平圖書館，再後入臺灣。另民國十九年（1930），華通書局徑據菅生堂本影印行世。

《天工開物》存世明刊本有二，其一爲崇禎十年（1637）之涂本，現國圖及上圖各藏一種，另即此後翻刻之楊素卿本，此本國圖藏一種。楊素卿本

① 參潘吉星：《〈天工開物〉版本考》，《自然科學史研究》，1982 年第 1 期。

前有手寫序文,研究者固以此爲首刊,實誤,其序後無日期,目録後無墨釘(據涂本序云"觀象、樂律二卷,其道太精,自揣非吾事,故臨梓删去",知目後墨釘當即原稿中此二節之目),書名無"卷"字,正文將原"國朝"等字改爲"明朝"之類甚多,知已入清。此本國内北圖有藏,原爲日本佐伯文庫舊藏之本,後安徽人黎世蘅(子鶴)光緒二十年(1894)留學京大經濟部舶歸,長期私藏,從無人知。1965 年爲中國書店收購,年底歸北圖。日本彰考館亦存楊本一部,然二戰時燬於戰火。尊經閣之楊本,陶氏重刊此書時曾取此本校勘,後入北京人文科學研究所,1934 年,北圖曾曬藍複製,1945 年入中研院,後隨至南京,再遷臺灣,現藏臺北歷史語言研究所。前所謂涂本方爲各本之祖本,爲宋氏之友涂紹煃出資刊行者。此本長期藏於浙江李氏墨海樓,1952 年由李慶城先生捐於北圖,1959 年中華書局影印出版。除此本外,尚有日本静嘉堂藏本及巴黎國民圖書館藏本。此書頗有未定稿本之意,如書名爲"天工開物卷";全書分上、中、下三卷,然每卷之中又分"乃粒第一卷、乃服第二卷"等,而其葉數則又連排,且全書版心上卷尚較一致,均標"卷上",中、下二卷則"中卷""卷中""下卷""卷下"參差互異;目録之後預留墨釘,以備補刻。此和本以上特徵均與涂本同(唯無目後墨釘),知其乃據涂本翻刻者。

涂本之後,又有書林楊素卿本,已有改動。較著者如涂本及和本宋氏序末均署"崇禎丁丑孟夏月奉新宋應新書於家食之問堂",而楊本則僅"宋應星題"四字。此"家食之問堂"頗令研究者費解。楊聯陞於評日本學者藪内清等之研究及譯本時曾云:"'家食之問堂'顯然是一座廳堂或可能是一所書房。在第 208 頁上將其譯成'閑居の書齋'而未加注解。'家食'一詞見於《易經·大畜》,其中的'不家食吉'一語曾被譯爲'不在家吃飯會帶來好運',而歷來用不在家吃飯表示做了公務員。不過這一堂名中的'家食'意思却不清楚,我們不能肯定它是否隱喻《易經》的語義。若要勉强解釋這五個字,可以大膽假定它們的意思是'家庭日用研究者之堂'。到目前爲目止,我還没有在任何其他地方見到過'家食之問'四個字這樣連用的,希望能有學者在這個問題上給予我指教。"①潘吉星注此亦引《易經》之語,然云其:"意爲給賢人以官禄,不讓其在家自食。宋應星引此典,反其意而用之,主張在家自食。'家食之問'指研究在家自食其力的學問,轉義爲研究工農業生産技術的學問。"②其他著述亦多從之。然或不當。宋氏之

---

① 楊聯陞著,蔣力編:《漢學書評》,上海:商務印書館,2016 年,第 265 頁。

② [明]宋應星著,潘吉星譯注:《天工開物譯注》,上海:上海古籍出版社,2013 年,第 4 頁。

書齋並非以“家食之問”名之，歷來無此命名法，其當名“問堂”，前所云“家食”，即“賦閑於家”之意而已。

關於此書之分類，尚須討論。因此書自來未見於諸家之録，故當下載録者將其重歸四部，無前例可循，頗感茫然。《中國古籍善本書目》及《中國古籍總目》徑將其歸入史部①，實不可解，因史部之書門類雖多，然均從正史諸體演化而來，正如四庫館臣所言：“首曰《正史》，大綱也。次曰編年，曰别史，曰雜史，曰詔令奏議，曰傳記，曰史鈔，曰載記，皆參考紀傳者也。曰時令，曰地理，曰職官，曰政書，曰目録，皆參考諸志者也。曰史評，參考論贊者也。”宋氏此書自正史何體而來耶？《中國古籍總目》措之於政書考工之屬，尤屬荒謬。“政書”一類，前代目録所無，此爲四庫館臣之創名，其云：“今總核遺文，惟以國政朝章六官所職者，入於斯類，以符周官故府之遺。至儀注、條格，舊皆别出；然均爲成憲，義可同歸。惟我皇上制作日新，垂謨册府，業已恭登新笈，未可仍襲舊名。考錢溥《秘閣書目》有‘政書’一類，謹據以標目，見綜括古今之意焉。”可知此類均國政朝章之所關者，或可云均自上而下之進行制儀，與《天工開物》何關乎？其又入於“考工之屬”，未知《四庫全書總目》“考工之屬”僅二書，均奉敕所撰者，一曰《營選法式》，一曰《欽定武英殿聚珍版程式》，尤與宋書格格不入。此後《續修四庫全書》終可收入其書，改隸子部，庶幾得實，然又入譜録類中，或亦可商。《四庫全書總目》云：“尤袤《遂初堂書目》創立‘譜録’一門，於是别類殊名，咸歸統攝，此亦變而能通矣。今用其例，以收諸雜書之無可繫屬者，門目既繁，檢尋亦病於瑣碎，故諸物以類相從，不更以時代次焉。”知其所立，本爲收“無可繫屬”者，若宋書有較當之門類可入，自不當入此，且其墨譜、筆史、泉匯、研志之類，多文房清玩之具，亦與宋書不侔。相較而言，長澤規矩也將其入於子部雜家類雜品之屬②，實較前述之法爲優。然雜家本即以雜爲名，實亦“收諸雜書之無可繫屬者”，故亦非善法。竊思此書當援《齊民要術》《農政全書》之例而入農家之中也。雖四庫館臣於“農家”亦有微詞云：“農家條目，至爲蕪雜。諸家著録，大抵輾轉旁牽……今逐類汰除，惟存本業，用以見重農貴粟，其道至大，其義至深，庶幾不失《豳風》無逸之初旨。茶事一類，與農家稍近，然龍團鳳餅之制，銀匙玉碗之華，終非耕織者所事，今亦别入‘譜録類’，明不以末先本也。”③實亦强辭，明似重農

---

① 《中國古籍善本書目》，第1354頁；《中國古籍總目·史部》，第3466頁。

② 〔日〕長澤規矩也：《和刻本漢籍分類目録》，第137頁。

③ 魏小虎編撰：《四庫全書總目彙訂》，第1442、2553、2613—2614、3607、3126頁。

貴粟，實則架空農家一類，故《四庫全書》所收農家之書僅十部，益以存目九部，於《中國古籍總目》萬餘種書中不及五百分之一，與吾國貴農之傳統相去霄壤。況其所云“龍團鳳餅之制，銀匙玉碗之華，終非耕織者所事”亦非正理，龍團鳳餅，形制雖殊，然其出於農家則一也，自當入農家也。

【影印・整理】

《天工開物》，廣陵書局 2005 年影印本。

《天工開物》，江西人民出版社 2010 年影印本。

《天工開物》（古刻新韵本），浙江人民美術出版社 2013 年影印陶氏首刊本。

《和刻本四部叢刊》影印本。

【公藏】

中國：北大。

日本：所存甚多，不備録。

四、天文術數類

洪範皇極三卷

【敘録】

《洪範皇極》三卷,宋蔡沉撰,日本寬文七年(1667)序京都武村市兵衛刊本。大本三册。前有"寬文丁未重九日山崎嘉敬義"《洪範全書序》,次《洪範皇極内篇序》。正文四周單邊,白口,單黑魚尾,無界行,半葉九行,行二十二字,注小字雙行同。末葉板框左下角有"壽文堂刊行"字樣。

【考證】

此書在中國曾經佚失,後四庫館臣從《永樂大典》中輯出,此後流傳版本雖多,然均從四庫本出①。然《四庫全書總目》云:"疑《性理大全》與《永樂大典》同時纂輯,所據同一誤本,未及詳考歟。"又云:"程宗舜作《洪範内篇釋》,其自序曰,'釋八十一數',亦不指三篇之論。韓邦奇引《論》中'象以偶爲用'數語,作《洪範傳》,傳以别於經,即外篇矣。意其時必有流傳善本,與永樂間書局所據不同,故諸家之言如此,其訛似無可疑。然余深等所據之本今不復見,未敢輕改古書,姑仍其舊第編之。"②知館臣對《永樂大典》所據之本已有疑竇,稱其當爲"誤本",又據各種材料推測當時"必有流傳善本",然不能見,唯存其舊貌而已。

然館臣所謂"善本"或即此和刻本之底本。此和本爲寬文七年壽文堂刊,其底本自非四庫本。試將四庫本與和刻本對勘,差異極大,可知二者顯非一源,再核以四庫館臣所疑之處,當可定之。另明人韓萬鐘所編《性理全書》亦收此書,其與四庫本不同,與此似亦不同。

另:此書卷二標爲"蘭溪章品廷式著",日本有圖書館著録亦加上"卷章品著"字樣。此人原名童品,字廷式,成化二十二年(1486)中丙午科應天中式舉人,弘治九年(1496)中丙辰科進士,歷南京兵部武庫司主事,升

① 《中國古籍總目·經部》,第297頁;《中國古籍總目·子部》,第1142頁。
② 魏小虎編纂:《四庫全書總目彙訂》,第3369—3370頁。

武選司員外郎致仕。石渠童居易後裔童克家無嗣，香溪赤塘章文炳爲童克之甥，因舅父無子而繼之，其十世孫童品呈請朝廷准予復姓章。由此可知，則此書亦非宋人原貌。

【影印・整理】

無。

【公藏】

中國：無。

日本：蓬左、宫城縣圖、中央大、阪大總、京大、九大、京大人文研東方、京大附圖。

大易通變六卷

【敘録】

《大易通變》六卷、卷首一卷，漢焦贛撰，明喬中和補，明聞性道校。日本元禄五年(1692)華洛書肆野田氏風月堂刊本。大本六册。卷端署"西漢小黄令天水焦贛著，明太原倅内丘喬中和補，四明參軍男鉢較梓，堇山後學聞性道點正"。正文四周單邊，白口，單黑魚尾，無界行，半葉十一行，行二十二字。末有"元禄壬申歲周正中旬，華洛書肆風月堂野田氏板行"。

【考證】

此書亦名《焦氏易林補》，乃明人喬中和"取焦贛《易林》，删其詞之重複者，而以己意補綴其闕，凡一千餘首"。四庫館臣對此書評價不高①，將所收浙江巡撫採進本列入"四庫存目"，後世刊本亦甚寥寥，《四庫全書存目叢書》惟有選用光緒五年刻西郭草堂合刊本②。然據《中國古籍總目》知此書尚有清順治六年刻本及清初喬氏躋新堂刻本③，然所存極罕(二種皆孤本流傳，一存山西，一存山東，另躋新堂本尚有哈佛大學圖書館藏本)。

---

① 魏小虎編撰：《四庫全書總目彙訂》，第3465頁。

② [明]喬中和：《大易通變》，《四庫全書存目叢書》，子部第66册。

③ 《中國古籍總目・經部》，第116頁。按：《中國古籍總目》將此書收入經部，未知何意，或當依《四庫全書總目》入子部。

此和本爲元禄五年刊,較光緒本早二百年,自然更爲珍貴。

【影印・整理】

〔日〕長澤規矩也《和刻本諸子大成》第六輯。

《和刻本四部叢刊》影印本。

【公藏】

中國:無。

日本:蓬左文庫、公文書館、京大附圖、宫内廳書陵部。

五行大義五卷(元禄本)

【叙録】

《五行大義》五卷,隋蕭吉撰,元禄十二年(1699)京都井上忠兵衛刊本。大本五册。書前有蕭吉《五行大義序》,卷端署"上儀同三司城陽郡開國公蕭吉撰"。正文四周單邊,白口,單魚尾,無界行,半葉十行,行二十字,注小字雙行同。末有"元禄己卯仲夏"一色時棟《書五行大義後》,末頁署"元禄十二己卯仲夏吉辰日,書林井上忠兵衛藏版"字樣。

【考證】

此書爲隋人蕭吉著,於五行之學及文獻之學均稱要籍[①]。《舊唐書》之《禮儀四》載王起等奏議中曾引此書内容[②],此後之《唐會要》《太平御覽》《册府元龜》諸書均同引之;就書目著録而言,《舊唐書》《新唐書》均録爲蕭吉"《五行記》五卷"[③],至《宋史・藝文志》著録爲"蕭古(一作'吉')《五行大義》五卷"[④],則其書彼時尚存,然史官已不曉作者名爲"古"爲"吉"。此後書即告失傳,湮没無聞。所幸於日本續有傳承。

---

① 程蘇東:《日傳本〈五行大義〉所見古本〈春秋繁露・治順五行篇〉輯證》(《中華文史論叢》,2018 年第 4 期)可作其價值之一證。

② [後晋]劉昫等:《舊唐書》,第 932 頁。

③ [後晋]劉昫等:《舊唐書》,第 2044 頁;[宋]歐陽修、宋祁:《新唐書》,第 1556 頁。按:《續修四庫全書總目提要・子部》云"此書最早著録於《舊唐書》卷二四,然不載卷數……《宋史・藝文志》始著録爲五卷"(上海:上海古籍出版社,2015 年,第 356 頁),當誤,或作者僅檢索《五行大義》,而未得此《五行記》之記録。

④ [元]脱脱等:《宋史》,第 5251 頁。

森立之《經籍訪古志》載一“舊鈔卷子本”《五行大義》云:“筆畫古雅,多用六朝俗字,審是七百年外舊鈔也……引用諸書如《玉篇》《切韻》《東宫切韻》,陸法言、長孫訥言、孫愐、郭知玄、韓知十、麻杲等韻書,近世失傳者,得藉以窺逸文,實罕覯之秘笈也。每卷末有‘元弘三年癸酉閏二月廿五日相傳畢,智圓’記及‘雪下頓覺坊常住’記。卷首有‘雪下山相承院’朱印。”①據此元禄刊本末一色時棟跋語云:“文章古雅,决非隋唐以下之作也。仍加校定鏤版,公之天下。元本釋子所謄寫者,出於相州鎌倉之古刹,跋其書後云‘元弘三年癸酉書’,按:元弘,後醍醐帝之曆號,紀元僅一年,其歲帝蒙塵於芳野,光嚴帝即位於長安,改元正慶,癸酉是當於正慶二年,無所謂元弘三年者。蓋此時天下瓜分,南朝北朝各持鷸蚌之勢,北朝改元,南朝猶用元弘曆號乎……爾來兵革相繼,宫殿圖籍、古器珍玩罹兵燹者不爲不多,然而此書獨存,上去隋一千八十餘年,幸免煨燼,又久不顯,今再傳播於人間,豈非遭遇固自有時也哉!”知此和本即以森立之所録之元弘三年(即正慶二年,即1333)鈔本刊行者。楊守敬於此書亦頗關注,曾借森立之所藏之《五行大義》五册②,知當即此元禄本。另,楊氏藏書中有數種《五行大義》之鈔本,未知究竟,另亦有元禄本③,或借閲後又購得者。今元弘鈔本存於日本愛知縣穗久邇文庫。

【影印・整理】

《五行大義》,日本汲古書院1989年影印元弘鈔本。

《域外漢籍珍本文庫》第三輯(日本元弘三年頓覺坊鈔本)。

《和刻本四部叢刊》影印本(元禄本)。

【公藏】

中國:大連、國圖。

日本:東京都立中央、東北大、阪大總、二松學舍、國會、東洋文庫、關大、中央大、蓬左文庫、堺市立中央、民博。

---

① 〔日〕澁江全善、森立之等撰:《經籍訪古志》,杜澤遜、班龍門點校,第150頁。

② 〔清〕楊守敬、〔日〕森立之,陳捷整理:《清客筆話》,《楊守敬集》第13册,第538頁。

③ 《鄰蘇園藏書目録》,第4頁。

五行大義五卷(《佚存叢書》本)

【叙録】

《五行大義》五卷,隋蕭吉撰,日本寬政十一年(1799)天瀑山人林衡《佚存叢書》(第一帙)活字排印本。大本五册。正文四周單邊,黑口,單魚尾,有界行,半葉十行,行二十字,無返送。前有蕭吉序,末有署"己未竹醉日天瀑識"之《題五行大義後》。

【考證】

林衡對此書極重視,置於《佚存叢書》第一帙第二種,其跋云:"按《隋書》本傳載其著述之目,而獨不及此書,魏鄭公偶未之見耳。唐宋《藝文志》亦不著録,豈早逸於彼歟? ……其文章醇古,非復唐以下所能爲,而其所援證,往往有佚亡之書今不可得見者……世之相距千有餘年,而此書獨完善乎我焉,其亦奇矣,安得不挍而例傳之乎!"國内學者偶以唐宋之《藝文志》皆未録此書,或即由此來。其於此書大爲稱揚,所言亦當,然未云其本所自。内藤湖南《古鈔本五行大義殘卷跋》云:"隋蕭吉《五行大義》久佚於禹域,我邦舊刊本有二:一爲元禄己卯一色時棟所刻,云原本出於鎌倉古刹,元弘三年所書,流傳已尠;一爲寬政己未林述齋祭酒活字印本,以經清朝學者稱引覆刻,行世獨廣。述齋跋不言原本所由,校之一色本,不甚見歧互,殆乃由一色本出,非别據一古本也。"所言甚明,即林氏此本仍據元禄本翻刻耳。① 然此本刊行僅五年後,即由清人許宗彦將其舶歸重刊,此後經阮元《宛委别藏》及鮑氏《知不足齋叢書》翻刻,於國内産生絶大影響②。

【影印・整理】

《續修四庫全書》影印(《佚存叢書》本)。

---

① 朱淵清:《〈五行大義〉版本述略》一文(《古籍整理研究學刊》,1996 年第 2 期)云"佚存本《五行大義》底本爲何,校以何本,無法考知",或作者未見此内藤跋;又錢杭校注《五行大義・前言》云:"日本近代朱子學派著名代表人物林述齋以元弘三年抄本爲底本,改異體四百八十五字,在未知元禄刊本存在的情況下,改正了百年前已由一色時棟發現的錯誤一十九處。"(北京:中華書局,2022 年,第 9 頁)然日人中村璋八氏已認爲《佚存叢書》本當出處元禄本(參劉國忠:《中村璋八與〈五行大義〉研究》,《中國史研究動態》,1996 年第 2 期),未知錢氏所據爲何。

② 《中國古籍總目・子部》,第 1254 頁。

錢杭校定《五行大義》,中華書局2022年版。

五行大義殘一卷

【敘録】

《五行大義》殘一卷,隋蕭吉撰,日本昭和七年(1932)高木影印本。大本一册。正文半葉七行,行十七字左右。末有署"昭和七年五月仲五,内藤虎書"之跋語及"壬申八月念六,虎"之補記。

【考證】

内藤湖南之跋云:"古鈔本見存者,穗久邇王府所藏獨爲完全,以其係親貴珍襲,無人能借校。昭和辛未,荻野學士仲三郎在高野山三寶院獲一古鈔,止有卷第五一卷,有寶治二年九月一僧人跋。浪華高木先生利太會養疴山中,聞之欲付玻璃板,分餉同好,以記驗其疾差之喜,屬余跋之。因與一色本校讀,其可以正刻本之譌者甚多。"此所謂"穗久邇王府所藏"即前所云元弘鈔本,而此高野山三寶院古鈔本有寶治二年(1248)跋,則其抄成時間亦甚早,惜僅存卷五。内藤氏云其"可以正刻本之譌者甚多",據學者之研究,僅此一卷,與元弘鈔本之異文即有四百六十六處①,則亦甚珍貴。

【公藏】

中國:無。

日本:東京都立中央、高知大、京大人文研東方、東洋文庫、關大。

斷易天機六卷

【敘録】

《新鍥纂集諸家全書大成斷易天機》六卷,明劉世杰撰,徐紹錦校正,日本正保二年(1645)京都藤田長吉據明萬曆二十五年(1597)閩書林鄭雲齋寶善堂刊本重刊。大本六册。扉頁題"增補鬼谷源流斷易天機",署"寶

① 孫猛:《日本國見在書目録詳考》,第1463頁。

善堂梓行”。前有“大明嘉靖十七年歲在戊戌仲春之吉柀雲精舍地術清虚子魏禎謹序”之《刻斷易大成序》。卷端署“豫錦城徐紹錦校正，閩書林鄭雲齋梓行”。正文四周雙邊，黑口，雙對魚尾，無界行，半葉十行，行二十三字，小字雙行同。

【考證】

此書據《中國古籍總目》僅存明萬曆二十五年本二種（首都、上海）①，然《中國古籍總目》著録僅署“徐紹錦校正”，實爲未細讀序文之誤，據前序知其作者實爲劉世杰。此萬曆本日本所存甚多，計有静嘉堂文庫、東大東文研、京大文及山口大四家。

【影印・整理】

無。

【公藏】

中國：無。
日本：宫城縣圖、蓬左文庫、千葉縣立中央、前田、國會、九大、慶應。

算學啓蒙三卷

【叙録】

《算學啓蒙》三卷，元朱世杰著，日本萬治元年（1658）京都田原仁左衛門刊本。大本三册。前有署“大德己亥七月即刻惟揚學算趙城元鎮序”之《算學啓蒙序》，次爲署“順治十七年庚子七月下浣通政大夫守全南道觀察使兼兵馬水軍節度使巡察使全州府尹金始振識”之《重刊算學啓蒙序》。正文四周單邊，白口，雙對魚尾，有界行，半葉十行，行十九字。

【考證】

此書正文分三卷二十門二百五十九問。卷上八門，一百一十三問，包括各種乘除捷算法及歌訣之應用題，以及各種比例算法；卷中七門，七十一問，爲面積、體積及各種算術問題；卷下五門，七十五問，爲關於分數運算、

① 《中國古籍總目・子部》，第1149頁。

垛積(即高階等差級數求和)、盈不足術、綫性方程組解法、天元術及增乘開方法等問題,還處理了開方過程中係數變號的問題。除法口訣中有"一退六二五"一語,可知俗話説"一推六二五"出此。

此書曾傳至朝鮮,有李朝世宗十五年(1433)慶州府刻本,清順治十七年(1660)金州府尹金始振翻刻。清羅士琳諸人聞此書,遂請人於北京尋獲金刻本,道光十九年(1839)由阮元作序,於揚州刊刻,後來諸版皆依此。日本則於萬治元年(1658)京都田原仁左衛門刊行此書,又有京都天王寺市郎兵衛後印本。當爲覆刻朝鮮本者。

【影印・整理】

《域外漢籍珍本文庫》第四輯(影寫朝鮮覆元刊本)。

【公藏】

中國:無。
日本:東北大(館藏有七種)、公文書館。

天經或問二卷、圖一卷

【叙録】

《天經或問》二卷、圖一卷,清游藝撰,日本西川正休點,享保十五年(1730)江府松葉軒萬屋清兵衛刊本。大本二册。扉頁右署"游子六先生輯",右下"不許翻刻,千里必究",左上署"西川先生訓點",左下有"壽櫻"字様。前"享保十五歲次庚戌冬至竹軒木寅亮汝弼甫識"之《合刻天經或問天學名目鈔序》,次"享保庚戌九月西川忠次郎源正休撰"《凡例》六條,次"前兵部左侍郎全州蹇叟張昌亮"於"旃蒙單閼之歲相月之望"所撰《天經或問序》,次"芑山張自烈爾公氏撰"序,次"蘆中人余颺廖之氏撰"序,次"桐城方以智密之撰"序,次"廣昌揭暄子宣氏撰"序,次"三山嚴宗望志馭氏撰"《游子六先生歲差説序》。卷端署"皖桐方密之先生鑒定,日本崎陽西川正休訓點,閩中游藝子六氏輯答,潭水余明汝正氏繡梓"。正文左右雙邊,白口,無魚尾,版心下題"松葉軒",板框不相連,無界行,首卷爲圖,半葉十行,行二十字。末有"壬子復月莆田鄭郊牧仲父序"之《天經或問跋》。

【考證】

此書國内所存分前後集,前集四卷,爲《四庫全書》收入①;又有後集不分卷,有書林熊維大集堂刻本,國圖、南京、大連、上海有藏,《四庫全書總目》置於存目之中②。另有二卷首一卷者,清潭水余明刻本,北大有藏,北師大亦有藏本。和刻本三卷,内容與四庫本較近。唯後者無各序跋,且書末少一則"人轉世"條數葉。另,和本卷端題有"潭水余明汝正氏繡梓",則或據余明刻本翻刻。師大本則標爲"潭水余明又廬氏",未知是否同版。

其書又"流傳於日本,日本人一再翻刻。此本爲西川正休所訓點,享保十五年(雍正八年)大坂書坊所刊刻……此必從余氏原本翻刻,而原本行款當如是也。後二十年爲寬延三年,東都書肆嵩山房又刻入江修注解本,可觀日本流傳之盛,而建陽原本,反極罕覯。是書鴻博遜於《格致草》,而明晰易讀過之,故爲日本人所誦習。"③此所及之《格致草》乃熊明遇所撰,據民國修《建陽縣志》載,游藝"嘗從豫章熊明遇遊,授以天官之學",則知此書亦當有熊氏之影響在。又此書張昌亮《天經或問序》署"旃蒙單閼之歲相月之望",當爲康熙十四年(1675),餘之序跋皆不署撰作之時。之所以不署或僅以太歲紀年,或有不用清朝正朔之意。

【影印・整理】

無。

【公藏】

中國:遼寧、南京、國圖。

日本:所存甚多,不備録。

---

① 《中國古籍總目・子部》,第1021頁。

② 參《四庫全書存目叢書》第55册。

③ 王重民:《中國善本書提要・附録》,第5頁。

五、藝術類

草書要領五卷

【叙録】

《草書要領》五卷，日本宽文四年（1664）彤雲山房藏板五卷本。大本五册。扉頁有王羲之像，背面爲書名頁，書名右署“集晋右軍王羲之”，左下署“彤雲山房藏板”，前有“彤雲居鄭以棋叙”之《草書要領序》，文末有“體晋”陽文方印及“彤雲館”陰文方印。次《草書總録》。卷端署“唐秘書少監虞世南等集，晋右軍將軍王羲之書”。正文四周單邊，白口，無魚尾，無界行。末有“右司諫陳瓘”跋語，跋後有“陳瓘”陽文方印及“右司諫”陽文方印。末行署“寬文四年甲辰孟夏吉日書林尚書堂板行”。

【考證】

此書《中國古籍總目·子部》著録有二，一爲《重刻草書要領》不分卷，清李雲麟輯，清光緒十四年（1888）李氏刻拓本；另一種即日本宽文四年彤雲山房藏板五卷本①。二者非一書。

據書前之序可知，此彤雲山房或亦稱彤雲居、彤雲館，因扉頁及序中涉及“彤雲”二字時字體皆較特别，故長澤規矩也誤將其識别爲“彫雲山房”，以至日本各圖書館亦多依此著録。且長澤氏誤將此視作日本書肆，故此書之下首列“彫雲山房”之版，次列“尚書堂”本，並標注“後印”二字，然長澤氏因未見較尚書堂本更早之“彫雲山房”本，故亦有疑，於此間又標云：“前書與此是否同版尚未確認。”②實此彤雲山房爲中國晚明之書坊，最早和刻者即尚書堂，惟其刊行時原書於扉頁所標之刊記亦得保留，以至引日人誤認。其實，若稍讀其前言即可知。

何以言彤雲山房爲晚明書肆？因序後署“彤雲居鄭以棋叙”，則此當爲鄭以棋之書肆。鄭以棋，文獻無載。檢得王重民《中國善本書提要》録

---

① 《中國古籍總目·子部》，第1305、1311頁。

② 〔日〕長澤規矩也：《和刻本漢籍分類目録》，第120頁。

崇禎間《孔子家語》二卷，署“書林鄭以祺體晋甫較梓”①，彼雖名曰“祺”，與此之“棋”未同，然彼字“體晋”，此序末亦有“體晋”之陽文方印，知當即其人。或和刻本刊行之時誤刻其名，或鄭氏於己名“棋”“祺”亦偶混用。方彦壽《福建歷代刻書家考略》據清光緒間《鄭氏宗譜》列出明末數代鄭氏刻書者，如刻書大家鄭世豪、鄭世魁、鄭世容三人即同族，後二人爲親兄弟。鄭世容生六子，其兄世魁二子早歿，世容將其長子鄭以祺過繼爲世魁嗣子，自己則以次子以禎爲長子。以祺、以禎二人皆爲明末刻書家，以禎刻書遺存較多，然以祺之資料苦少。方氏僅列出王重民所舉之《孔子家語》及北大所存黄道周《新刻辨疑正韻同文玉海》二十卷②。現可知，至少尚可補此《草書要領》一種。另，日本東京都立中央圖書館特别買上文庫存田中慶太郎舊藏《弇州山人讀書後》八卷，標云：“明王世貞撰，明王士騄校，〔明〕刊彤雲山房 8 册”，則鄭以祺或亦曾刊此書。國内所存《弇州山人讀書後》據《中國古籍總目》所録，有萬曆間長洲許恭刻本，另有數種明刻本，然細檢仍屬許刻之本③，暫未見此彤雲山房本。

此書末附“右司諫陳瓘”跋，當僞托宋人陳瓘者。陳氏曾官右正言，遷左司諫，故此處署“右司諫”以附會之④。

【影印・整理】

〔日〕西川寧、〔日〕長澤規矩也《和刻本書畫集成》第二輯。

《和刻本四部叢刊》影印本。

【公藏】

中國：遼寧。

日本：東京都立中同、立命館、國會、宮城縣圖。

---

① 王重民：《中國善本書提要》，第 219 頁。

② 方彦壽：《福建歷代刻書家考略》，北京：中華書局，2021 年，第 358、361 頁。

③ 《中國古籍總目・集部》，第 782 頁。

④ 《全宋文》附陳瓘傳時云其“召拜左正言，又除右司諫”（第 129 册第 1 頁），然檢《宋史》之本傳，原文云“召爲右正言，遷左司諫”（第 10962 頁）。

金壺記三卷

【叙録】

《金壺記》三卷,宋釋適之撰,日本昭和十四年(1939)影印静嘉堂藏本。大本三册。正文左右文武邊,白口,單黑魚尾,版心有字數,間及刻工姓名,有界行,半葉十一行,行二十字。

【考證】

此書《直齋書録解題》著録,並云"撰書家故事。以二字爲題,而注所出於其下。凡三百餘條"①,此後即鮮有著録。後此書爲錢謙益架上物,繼經徐乾學、季振宜、孫志周、馬玉堂等收藏,再入皕宋樓②,終隨陸氏藏書鬻至日本静嘉堂,此即静嘉堂影印《静嘉堂秘笈》之二。四庫館臣云:"案《拾遺記》載周時浮提國獻書生二人,有金壺,壺中墨汁,灑水石皆成篆籒或科斗文字。記之取名,蓋出於此。適之原有《金壺字考》一卷,取書之異音者以類相從,標題二字而音其下,其書具有條理。是書雜述書體及能書人名,乃頗爲蕪雜。如'項籍記姓名''揚雄心畫'之類,雜叙於五十六種書體内,殊爲不類。又皆不著出處,亦乖傳信之道也。"③評價甚低,故置存目之中,國内遂無其書,《四庫全書存目叢書》子部第七十一册收入,唯據康熙間絳雲樓景宋抄本。

此書就版本言爲南宋臨安書棚本,版心有刻工姓名,已爲王肇文書所録④;就文獻言,陸氏其"所引蜀王鍇、張偘等各條亦他書所罕見",且錢謙益於《錢注杜詩》中多轉引其内容,則亦有其價值⑤。

【影印·整理】

無。

---

① [宋]陳振孫撰,徐小蠻、顧美華點校:《直齋書録解題》,第407頁。
② [清]陸心源著,馮惠民整理:《儀顧堂書目題跋彙編》,第536、611頁。
③ 魏小虎編撰:《四庫全書總目彙訂》,第3574頁。
④ 王肇文:《古籍宋元刊工姓名索引》,第364頁。
⑤ 參辛德勇:《困學書城》,上海:生活·讀書·新知三聯書店,2009年,第46—49頁。

姜立綱四體千文一卷

【叙録】

《姜立綱四體千文》一卷，明姜立綱書，日本貞享元年(1684)永田長兵衛陰刻本。大本一册。卷端首行下有"停雲館"陰文方印，正文半葉四行，行四字，正文楷書，旁標有送假名，每楷書字下附草、隸、篆三體小字。末有"弘治元年歲在戊申冬十月朔永嘉姜立綱書於持敬齋"字樣，後署"貞享元甲子歲卯月吉旦，洛下永田長兵衛泐刊"字樣。

【考證】

中日文化之交流頗有錯位之處，如白香山於日本儼然突李杜之駕而上之，即或俗語所云"墻裏開花墻外香"者。就書法言，明人姜立綱似亦稍同。明黄佐《翰林院記・選充秀才》條云："秀才之選始自太祖時，然未始隸翰林也。英宗時，始選奇童及善書法充本院秀才。天順中有姜立剛(綱)。"①天順七年(1463)，姜氏十九歲，即被授中書舍人入内閣制敕房，成化二十一年(1485)晋升爲正五品吏部郎中，弘治四年(1491)，參與修纂《宣宗實録》成，晋升正四品太僕寺少卿，後人稱其"姜太僕"。弘治十二年(1499)七月卒，年五十五歲。次年二月温州知府鄧淮立諭祭碑。其人之書法一般以其爲明代館閣體書風之代表，當時亦頗受歡迎，如明末話本小説《醉醒石》第八回載一人以賣字畫爲生，某日來一中貴：

> 拿起一把扇來瞧，是仿倪雲林筆意畫，一面草書。那中貴瞧了，道："畫得冷淡。這鬼畫符，咱一字不認得。"撩下，又看一把，米顛山水，後邊鍾繇體。他道："糊糊塗塗。甚麽黄兒，這字也軟，不中！"王勤便也知他意兒，道："公公，有上好的，只要上樣價錢。"那中貴道："只要中得咱意，不論錢。"王勤便拿起一把，用袖口揩浄遞上。却是把青緑大山水亭台人物，背是姜立綱大字。才看，側邊一個中貴連聲喝采道："熱鬧得好！字也方正得好！"一齊都贊。

此節描摹極傳神，亦饒趣味，可見明人於書法之偏好，亦可見姜立綱於其時

① ［明］黄佐：《翰林記》，《景印文淵閣四庫全書》第596册，第893頁。

之風行。且其之流行，非僅下層，《書史會要續》云其“楷法清勁方正，中書科制誥悉宗之”，則亦可知。《（萬曆）温州府志》卷十二所載尤詳：“姜立綱，字廷憲，瑞安人，書體自成一家，凡國家宫殿碑額，多出其筆，四方購求者盈門。日本國門高十三丈，遣使求扁。立綱援筆立書，其國人每自誇曰：‘此中國惠我至寶也。’嘗臨湖舍，作‘皆春’二字，適有人操舟過前，衝濤駭浪，遂成風波行舟之勢焉。歷官太僕少卿。書法行於天下，稱曰姜字，工聲詩，畫法亦入妙品。”①可知姜字之播於扶桑，即姜氏生時即已如此。然姜氏書蹟於國内則漸入傳説之中，如據近人謝國楨引寧波薛剛《天爵堂文集・筆餘》載，北京前門六必居醬菜店匾額，即姜立綱所書。

一如歷代書家，姜氏依例亦有《千字文》之作，據黄山書社影印出版《姜立綱楷書千字文》知，其於弘治元年（1488）以楷法書此，國内存其墨蹟②，然前自“黎首”始，故闕一百一十四字③。幸此書因受日人之喜愛而遠播東瀛，並於貞享元年由永田長兵衛摹刻拓印行世④。此本卷端有“停雲館”之印，或姜氏此字曾收入文徵明所輯之《停雲館帖》之中。

此帖爲四體書寫，正文楷體，下以小字注草、隸、篆三體。曾有新聞報導陳佐發現此摹刻本時云“該孤本的出現，填補了國内姜立綱《千字文》墨迹的殘缺，爲研究姜立綱四體書法藝術提供了重要的文獻價值”，或當有誤，以草、隸、篆三體當非姜氏所書，而爲日人所補。因日本尚有保持原本面貌之楷體姜氏《千字文》也。

【影印・整理】

陳佐《姜立綱書法集》，西泠印社出版社2014年版。

【公藏】

中國：無。

日本：早稻田、國會、東大、宫城縣圖、實踐女子大、東大總。

---

① 《（萬曆）温州府志》，《四庫全書存目叢書》第211册，第69頁。

② 《姜立綱楷書千字文》，影印，合肥：黄山書社，2008年。

③ 陳佐云其“前殘缺三百七十字”（《姜立綱書法集》，杭州：西泠印社出版社，2014年，第132頁），當誤。

④ 陳佐云“此刻本書於弘治元年（一四八八），同年傳入日本被刻板印製”（《姜立綱書法集》，第138頁），似以其摹刻於1488年，當誤。或陳氏所見爲日本早稻田大學藏本，其本末頁缺失，故僅餘姜氏弘治元年之自署，遂使陳以其爲此年摹刻。

姜立綱千字文一卷

【敘録】

《姜立綱千字文》一卷，明姜立綱書，日本永田長兵衛陰刻本。大本一册。卷端板框外有“姜立綱筆”四字。正文半葉三行，行五字。末署“弘治元年歲在戊申冬十月朔永嘉姜立綱書於持敬齋”，後有“永田長兵衛板行”字樣。

【考證】

此本亦爲永田長兵衛所刊，然與前者大有不同。一者，無小字草、隸、篆三體之字；二者，字旁無送假名，版面清爽；三者，卷端無“停雲館”之印；四者，行款全非，彼爲四行四字，此爲三行五字；五者，彼署摹刻日期“貞享元甲子歲卯月吉旦”云云，此則無；實核其字體，亦頗有錙銖之異，然此與國内所存姜氏墨蹟尤近。

然則同一書肆爲何摹刻二種，又何者在先，似亦可考。前所録《四體千字文》之末同署姜立剛之跋，然跋語則爲每行五字，與正文行款不同，反與此本同。可知《四體千字文》當摹自此本而非相反，因其欲於每字之下再附三體之字，故每行可容之字須稍減，即改原五字爲四字，至文末之跋語，因非字帖正文，不必再附三體小字，故仍原本之五字也。即此可知，此三行本或當爲永田長兵衛較早刊行之摹本，後又欲迎合日本讀者，又加三體小字，並附送假名以便識讀。以此觀之，此本之刻，自在貞享元年（1684）之前。

此後，當又有重刻者。如早稻田大學圖書館藏一種，扉頁中署“新刻姜立綱千字文”，右上署“安陽先生閲”。正文與此三行本同，然細校字體，仍有不同，知非同版。末以整葉署“安陽先生校閲新鐫姜氏千文”十二大字，此後又附“春星堂藏版目録”之廣告。檢市立米澤圖書館存安永八年（1779）浪華書林春星堂刊《千字文》一卷，其書有國字訓點，自本此書，然亦當相去不遠，則此當刊自此年前後。又據其廣告所録，有“《姜立綱千字文》（楷書）”一册，下又有“同四體入（兩點付）”本一册，又有“同新刻（田上安陽先生校正）”一册，可知其第一種相同於此三行本者，第二種則類前述之四行本者，而第三種則即此“新刻本”，惟惜未知此安陽先生爲何人。或於百年之後，此春星堂又接永田長兵衛之蠹，使姜氏《千字文》又可不絶於彼。

【影印・整理】

無。

【公藏】

中國:無。
日本:早稻田。

姜立綱叙古千文一卷

【叙録】

《姜立綱叙古千文》一卷,明姜立綱書,日本摹刻本。中本一册。經折裝。正文半葉七行,行二十字。文末署"永嘉姜立綱書",後有二陽文方印,一云"朋池",一云"立綱",末頁附朱熹《跋叙古千文》一文。

【考證】

此書標爲姜立綱書,且文末有"立綱"之印,按:此印雖爲摹刻,當與原印有異,然檢《姜立綱書法集》中亦有二印與此相近①,則其當確有來源。且其字體之嚴整秀雅,與前述之《千字文》頗類,自非僞撰。姜氏之字存於世者實頗有傳本,唯數百年來未爲人注意耳②。

此本僅見早稻田大學圖書館所藏之本,其書無刊刻題署,未知爲何人刻於何時者。然據日本所藏中文古籍數據庫可檢得大阪府立中之島藏《叙古千文》一卷,署"明姜立綱書",標稱"皇都書林文臺屋治郎兵衛刊本",此書肆刻本多在寬文、貞享、元禄間,則或與前述永田長兵衛刊於貞享元年(1684)之《千字文》前後不遠。

【影印・整理】

無。

---

① 《姜立綱書法集》,杭州:西泠印社出版社,2014年,第167、291頁。

② 如李澍《新加坡抄本〈史記〉通考》一文(《歷史研究》,2017年第6期),發現新加坡國立大學存姜立綱抄《史記》全本,堪稱連城之璧。

【公藏】

中國:無。

日本:早稻田、大阪府立中之島。

中書楷訣一卷

【敘録】

《中書楷訣》一卷,明姜立綱撰,日本享保二十年(1735)西村源六刊本。大本一册。扉頁中題書名,右署"姜廷憲著",左署"尚友齋藏"。前有"享保乙卯中秋前一夕源君嶽書於佛壟精舍"之序。正文左右文武邊,白口,單黑魚尾;序文有界行,半葉八行,行十三字;正文無界行,半葉二行,行四大字,旁有小字説明。末有"嘉靖乙丑三月望日金陵陳槿識"之《中書楷訣跋》。版權頁標"享保二十年乙卯初秋日","江府書肆,本町三町目,西村源六發行"。

【考證】

此書國内僅安徽圖書館存明弘治十八年(1505)萃英堂周樂軒刻孤本①,又收於第一批國家珍貴名録之中②。然此和刻底本却非弘治本,而爲嘉靖四十四年(1565)陳槿所刻,此嘉靖本國内已無。和本前有"尚友齋藏"字樣,日本蓬左文庫藏明李春芳《新鎸李少文先生家言四書偲説評》十卷,標爲"尚友齋刊本",爲"寛永六年買本";東洋文庫又藏有明崇禎三年(1630)"金閶尚友齋藏板"之《舉業瑶函》一書,則此"尚友齋"當爲明代書肆,日人翻刻之時照樣摹録。

孫詒讓《温州經籍志》著録姜氏《東溪書法》一書,然論定其爲僞托(參下條),潘猛即補《中書楷訣》一書,並加案語云:"《中國古籍善本書目》十七著録:明弘治乙丑萃英堂周樂軒刻本。今未見原書,未知亦爲僞托否?"③日本書法家源君嶽於此書之序中云:"鈴木君蘭皋性嗜筆翰,汲汲臨

---

① 《中國古籍總目·子部》,第1296頁。

② 《第一批國家珍貴名録圖録》,北京:國家圖書館出版社,2008年,第1839頁。

③ [清]孫詒讓撰,潘猛補校補:《温州經籍志》,上海:上海社科科學出版社,2005年,第690—691頁。

池。余因書姜廷憲《中書訣》贈焉……原本舉世稱廷憲作,余乃意其借名,但其書法頗精,體力勁健,間足取範,擇而儀式,則可駸駸進業,余之書贈,意在乎斯也。"則其人對此書亦有疑焉,然其所評,頗爲公允,詢爲公允之論。

此後又有明治二十五年(1892)桑本伊平之譯述本。其本扉頁書名右署"桑本伊平譯述",左署"格物館藏梓"。前有《譯述中書楷訣序》,次"辛卯十一月中浣於播西志城安雅齋南窗之下"之題辭。正文四周雙邊,無魚尾,無界行,半葉大字二行,每行四字;小字日文譯注二行,爲套朱印刷。末署"明治廿五年九月九日印刷,同年九月十八日出版"。

【影印・整理】

〔日〕西川寧、〔日〕長澤規矩也《和刻本書畫集成》第二輯。

《和刻本四部叢刊》影印本。

【公藏】

中國:無。

日本:公文書館、東北大。

東溪書法一卷

【敘録】

《東溪書法》一卷,傳明姜立綱著,日本摹刻本。大本一册。卷端署"書法全卷","永嘉姜立綱撰"。正文左右雙邊,粗黑口,單魚尾,有界行,半葉五行,大字八,小字雙行十五。末有文徵明跋,並有"文苑堂勒石"字様。

【考證】

此書未見原書,亦未知日本圖書館有藏本否,然曾見一日本"明治八年十一月上浣金澤龍"抄本,其抄本顯以一摹刻之本爲底本過録,故日本當曾有此書之刻本。按此抄本所標書名頗簡,無從考索。當即所謂姜氏《東溪書法》一書。《千頃堂書目》著録"姜立綱《東溪書法》一卷",下注"字廷憲,瑞安人,以童子舉,官至太僕寺少卿。當時廷殿宫額皆出其筆,日本亦知"①。倪濤《六藝之一録》,於卷三百六全録其書②,將其與此抄本對照,幾全同。末亦有文氏跋云:"右書法者,乃太僕寺卿姜立綱先生之筆也。觀其點畫,形體端莊嚴肅,士大夫品其有正人君子立朝之象。噫,豈虚譽哉!後之君子即此是學,因其筆而得其心法,其心正則筆正,如正人君子則其爲益不小矣,豈特爲六藝之一而已哉! 前翰林院待詔將仕佐郎兼修國史長洲文徵明跋。"亦與和本同。然此抄本絶非依此書鈔録者,其末文氏跋後,抄本描"徵明"二篆字,知原跋之末有此印章一枚,另有"文苑堂勒石"五字,倪書均無。"文苑堂"字樣尤可爲證。孫詒讓《温州經籍志》卷十七子部亦録此書,標"存(文苑堂刻本)",則確有所謂文苑堂本。孫氏考辨之云:"余所見墨本末有'文苑堂勒石'五字,不知何時所刻,書首列'永字圖''八法''八病''六書圖'(嘉慶《瑞安縣志・本傳》今鄉所藏《立綱遺筆》及《八法》一卷,疑即此永字八法也),大抵臨池常語,無所考證。後爲字式百二十四條,則又别立名目,各書八字爲式,若'官宫'等字則謂之'乾覆','且里'諸字則謂之'坤載'之類。每條又各附小注,則多論用筆之法,其中標目既不雅馴,注語又復舛陋,遂至月旁則月肉不分,趨衣則衣衤無辨,('月肉''趨衣'並原書所標名目),解觧分爲兩形,閒間昧其一體,使果出東溪之手,不宜謬陋至此。殆明時書肆無識之徒以其名重而假託之與? 觀其字式内'崇正'一條,注云'崇正,姜公法也,姜公字畫不苟,如正人端士,立朝嚴整流動,學者心契而宗之'云云,則此書不出東溪,其明證矣。原本後有文衡山跋,詞旨俚淺,爲《甫田集》所不載,殆與本書同出一手僞託。以其流傳既久,姑爲録入,而附辨之於此。"③所辨實精,則此書蓋僞托無疑。然即此僞撰之書,亦當晚明書肆所爲,亦有其價值。惜今不存。若日本有翻刻之者,則此書或亦可借此以傳。

【影印・整理】

無。

【公藏】

中國:無。

---

① [清]黄虞稷撰,瞿鳳起、潘景鄭整理:《千頃堂書目》,第102頁。
② [清]倪濤:《六藝之一録》,《景印文淵閣四庫全書》第836册,第479—488頁。
③ [清]孫詒讓撰,潘猛補校補:《温州經籍志》,第690頁。

日本：無。

玄抄類摘六卷

【敘録】

《玄抄類摘》六卷，明徐渭著輯，陳汝元補注，日本寶曆五年（1755）京都小川多左衛門等刊本。大本五册。扉頁書名右署"前代諸賢書要論，後世書家筆法則"，左下署"垂芒窟珍藏"。前"萬曆元年春天池道人徐渭識"之《玄抄類摘序説》，次"皇明萬曆十九年歲在辛卯季春之閏山陰後學陳汝元書於函三館"之《刻字學玄鈔類摘叙》，文末有"函三館""太一陳汝元印""臨池墨妙"諸陰文印。正文四周文武邊，花口，單魚尾，版心下署"澤氏藏"字樣，有界行，半葉九行，行二十字，注小字雙行同，有少量返點。末有"寶曆甲戌初夏之朔後學穿石澤井敬跋於垂芒窟"之跋。版權頁署"寶曆五乙亥年三月吉日"。

【考證】

徐渭原於晚明湮没無聞，然自袁宏道《徐文長傳》出，又暴得大名，故僞托之書亦復不少，然此書則確爲徐氏之書，因徐氏文集中即有此書序文二首，且在更早而可信之《徐文長三集》中①，其书國内所存甚稀，今惟首都、河南、如臯有萬曆本②。故此和本亦可珍惜。且此本當爲明本之覆刻，字體描摹逼似。尤當一提者，和本前録徐氏二序較《徐文長三集》所録者，序一相同，序二則大不同。《集》本所録共一百六十二字，和本前一百五十三字與之同，後集本僅九字"以此知書心手盡之矣"，然和本則尚有二百七十六字，觀其行文，必出青藤筆無疑，則徐氏文集當可據此和本補全。

【影印・整理】

〔日〕西川寧、〔日〕長澤規矩也《和刻本書畫集成》第二輯。

【公藏】

中國：國圖、北大、大連。

---

① ［明］徐渭：《徐渭集》，北京：中華書局，1999年，第535頁。

② 《中國古籍總目・子部》，第1296頁。

日本:佐賀縣圖、千葉縣立中央、國會、三康、大阪府立中之島、東北大、静嘉堂文庫、東京都立中央、公文書館、酒田市立、九大、宮城縣圖、東洋文庫(寶曆本),關大、京産大、立命館大學(明治後印本)。

草訣辨疑一卷

【敘録】

《草訣辨疑》一卷,明范文明撰,日本延寶二年(1674)刻拓本,天和二年(1682)又有改折爲册葉裝之後印本。中本一册。扉頁中題"晋王右軍草訣辨疑",右上標"萬曆版唐帖翻刻",左署"百韻歌附刻","大阪書賈,星文堂鑒刊"。前有署"萬曆癸巳秋七月休寧令豫章祝世禄書於寄寄壘中"之《草訣辨疑題辭》,後有"祝世禄印""世功父""石林"三印。卷端下有"連奎館"陰文圓印。末有"社友弟汪懋孝"跋,署"祁閶陳昭祥識"之跋,後者有"昭祥私印"陰文方印,"陳氏□□"陰文方印。書後有"□□范文明摹勒,時萬曆二十年歲在壬辰夏五月也",末有陽文圓印"范",陽文方印"文明",陰文方印"范氏晦叔";"萬曆二十年范氏連奎館摹勒上石"。後署"天和二壬戌年八月吉辰,皇都中野宗左衛門"。

【考證】

此書《六藝之一録》有録,云"范文明字晦叔,萬曆時人,嫺詩賦,攻六書,著《草訣辨疑》"①,然此書似未傳,《總目》未見,僅有《重集草訣百韻》一卷清抄本藏於安博②。然日本東京大學總圖書館藏有明萬曆二十年(1592)刻拓本三卷,或當爲明本。萬曆本美國哈佛燕京圖書館亦有藏。此外,日本延寶二年有刻拓本,天和二年又有後印本,均爲一卷本。中國書店於 1992 年曾有影印本,將其與米芾《集古草訣》合刊,未知底本何來。

此本前有祝世禄序,祝世禄,字世功,號石林,江西德興人,第萬曆十七年(1589)進士,考選爲南科給事。歷尚寶司卿。耿定向講學東南,世禄從之遊,與潘去華、王德孺同爲耿門高弟。世禄工詩,善草書。祝萬曆十七年至二十三年(1595)爲休寧縣令,范文明亦爲休寧人。

---

① [清]倪濤:《六藝之一録》,《景印文淵閣四庫全書》第 837 册,第 862 頁。
② 《中國古籍總目·子部》,第 1315 頁。

【影印・整理】

中國書店1992年影印本。

【公藏】

中國：無。
日本：東大總、實踐女子大、市立米澤。

内閣秘傳字府一卷

【叙録】

《内閣秘傳字府》一卷，明黄鏊、黄鉞等編，日本寬文四年(1664)河南四郎右衛門、脇田小兵衛合板本。大本一册。前有署"隆慶二年戊辰二月朔日括蒼陳桐謹序於閩庠精舍"之《重刻内閣秘傳字府序》，次《歷代名書帝王賢臣士大夫序次》。卷端署"新安黄鏊、黄鉞校刊"。其前所録文字部分半葉十行，行二十一字，四周雙邊，白口，單魚尾。末有署"隆慶戊辰之秋七月既望晋安瀛橋倪朝卿拜叙"之《中書筆法後序》。後署"寬文四甲辰曆三月吉旦河南四郎右衛門、脇田小兵衛合板"。

【考證】

此書介紹書法理論，且示範每一筆劃之運筆之法，將筆劃亦刻印而出，爲分析字形，全書一半篇幅爲版框中刻一四寸見方之大字，其下附以字形分析，頗爲直觀，其字亦多嚴整秀潤，有明館閣體之風。

書前有序，末署"隆慶二年戊辰二月朔日""括蒼陳桐謹序於閩庠精舍"；末有跋，署"隆慶戊辰之秋七月既望""晋安瀛橋倪朝卿拜叙"。可知原刊於明隆慶二年(1568)。序作者陳桐及跋作者倪朝卿均於《福建通志》卷三九中出現過①，前者出於福清縣學，曾任會稽縣丞；後者出於閩縣縣學，曾任儀真教諭。與序跋中所出現之"閩庠""晋安"均可印證。

陳桐序云："黄小溪之弟子揚自歙來閩，因言厥兄懷溪授中書科八變書法，又畿邑遁山高子演之爲七十二筆勢者，精到佳麗，妙不容言，習之既久，充然若有獲焉。遂有善與人同之念，與弟鉞商榷校梓，以永厥傳。"此提及

① 《福建通志》卷三九，《景印文淵閣四庫全書》第529册。

黄家兄弟數人,或作序者亦知其雜亂,即於序文結尾處細列之:"懷溪名銓;小溪名鈔;子揚别號嗣溪,名鏊;子威别號少昆,名鉞:俱徽之歙人,稱爲賢伯仲云。"

清人倪濤《六藝之一録》卷三六二有"黄瑛、黄銓"條,云:"黄瑛字良潤,一字玉田,句容人。洪武初由明經及字學授應天府學教授。益苦學書法,造詣精妙。子銓,字衡可,洪武間亦以字學選入翰林。"後注出處爲《江寧府志》①。此"黄銓"是否即前引之黄銓,需稍作辨析。

二黄銓有相似之處,亦有相異之點。相似處是姓名相同,都精於書法,且均當因書法而入翰林。不同之處則此爲句容人,彼爲歙人;此字衡可,彼字小溪;此入翰林爲洪武間(1368—1398),而彼之弟刻書却在隆慶二年:此三處不同,前兩處尚可解釋,因居住地可因仕宦而遷,文人字號也或有更换,然最末之因素不可忽略,即前一黄銓與刻書之黄鏊等人相距近二百年,自絶非兄弟。

然此問題實有更複雜之處。《六藝之一録》於卷二七八收録《内閣秘傳字府》核心内容之七十二筆勢,雖具體類别有細微出入,然泰半相似,且其末云:"右七十二筆勢,法度雖具,結構在人,若夫由象識心,則又不能以法度限也。歌曰:撇捺點勾畫要熟,斜長曲短勢由人。世間凡事諸般字,不出七十二法尋。"②與此書七十二法前之題詩及末之識語全同,知其所録實即此書所云"懷溪授中書科八變書法,又畿邑遁山高子演之爲七十二筆勢者"。然清初倪濤已不知此説來歷,其於七十二筆勢下注云:"未詳何人所撰。明姜立綱有正書刻石。"此後王錫侯《書法精言》、戈守智《漢溪書法通解》亦均提及"姜立綱石刻七十二例"事。則可知,此七十二筆勢出現要早於姜立綱(1444—1499),則姜立綱七十二筆勢傳自洪武間之黄銓便極有可能。然此推論仍有未盡之處。

陳桐序提及,此七十二法原爲黄銓所傳"中書科八變書法",後又經"畿邑遁山高子"演化爲七十二筆勢,此於文獻中恰有援證。清陶梁輯《國朝畿輔詩傳》卷四五載紀曾藻詩數首,其一爲《高遁山墨竹歌》,詩有云:"吾縣南崖子,有似天隨與玉川。夢山而隱恣筆墨,七十二法人争傳。偶然迅掃向縑素,竹石槎丫腕頭赴。藏弆經今二百年,挂向高齋起烟霧。"③其中"吾縣"自然指"畿輔",與前"畿邑"合;"七十二法人争傳"則恰爲此七

① [清]倪濤:《六藝之一録》,《景印文淵閣四庫全書》第837册,第697頁。

② [清]倪濤:《六藝之一録》,《景印文淵閣四庫全書》第836册,第102—103頁。

③ [清]陶梁輯:《國朝畿輔詩傳》,《續修四庫全書》第1681册,第574頁。

十二筆勢:則此處之“高遁山”自爲陳桐所言之高遁山。此詩尤要者爲其云“藏弆經今二百年”,此紀曾藻爲乾隆三十五年(1770)舉人,其云“二百年”,則年代恰在嘉靖、隆慶間(1522—1572),正在《内閣秘傳字府》刊刻時間範圍之内。則此高遁山自不可早於姜立綱,如此,則前引《六藝之一録》中對黄瑛父子時代之記載便需重新考慮。其人或爲嘉靖時人,七十二筆勢並非其或高遁山所創,而爲黄銓曾任職中書,自然受姜立綱影響,因此黄銓所傳“中書科八變書法”不過爲簡縮姜氏七十二筆勢法門,高遁山又將此簡化者再次擴衍爲七十二筆勢,其中亦或反參考姜氏刻石,故此書所載與倪濤所引才會有部分出入。

就《内閣秘傳字府》一書而言,由倪濤記録可知,其書於清初便已失傳,因搜羅如此宏富《六藝之一録》中亦未見其踪影,其作者倪濤亦直言“未詳何人所撰”。然其書早入日本,且於日本尚有存本,即蓬左文庫所藏之萬曆元年(1573)閩書林屏山堂劉亨重刊本,此本美國國會圖書館亦有藏①,然其爲隆慶本之重刻本,其卷端署“新安黄鏊校刊,書林劉亨重刊”,末有劉亨撰於萬曆元年之跋,中云:“新安黄子揚善縷梓,挾《内閣秘傳書法》一本來閩,時同余聽奉軍門督府。公暇梓成,余閲之可愛可傳。”則知黄氏携入閩地之書當即隆慶本,然其書已失傳,唯有日本寬文四年之翻刻本矣。據長澤規矩也《和刻本漢籍分類書目》所載,此本初版署爲“吉野屋權兵衛”,而署爲“脅田小兵衛、河南四郎右衛門”則爲“覆寬文四年”版②。

另元禄九年(1696)栗山宇兵衛還曾刊行此書之鼇頭本,西川寧、長澤規矩也將其收入《和刻本書畫集成》之中。金程宇《和刻本中國古逸書叢刊》所收據其叙録云爲“元禄九年栗山宇兵衛刊本”,然其正文則實爲寬文本,或初擬用元禄本,後經替换,未及更正。

【影印・整理】

〔日〕西川寧、〔日〕長澤規矩也《和刻本書畫集成》第二輯(元禄鼇頭本)。

金程宇《和刻本中國古逸書叢刊》(寬文本)。

《和刻本四部叢刊》影印本(元禄鼇頭本)。

【公藏】

中國:遼寧、大連(均爲鼇頭本)。

---

① 范邦瑾:《美國國會圖書館藏中文善本書續録》,上海:上海古籍出版社,2011年,第202頁。

② 〔日〕長澤規矩也:《和刻本漢籍分類目録》,第121頁。

日本：廣島大學、館林市立、佐野市立鄉土博物館、蓬左文庫、東京都立中央、東大總、新瀉縣圖、堺市立中央、蓬左文庫、山梨縣圖（均爲寬文本）。

新刻草字千家詩二卷

【叙録】

《新刻草字千家詩》二卷，明李贄書，日本萬治三年（1660）田原仁左衛門覆明刊本。大本二册。卷端署“新刻草字千字詩”，次行署“卓吾李先生筆”。正文四周單邊，白口，無界行，半葉四行，行七至九字，每册之前有圖一幅。書末有荷葉形牌記，中書“庚午歲仲冬之月忠慶堂余熙宇梓”字樣，邊款有“萬治三年八月吉旦二條鶴屋町田原仁左衛門刻”字樣。

【考證】

張志公《傳統語文教育初探》後附《蒙學書目稿》曾録《草書千家詩》一種，署“題李卓吾書”①，以明末思想界之怪杰用草書寫《千家詩》類童蒙讀物，頗爲奇異。然張文於“著録”一欄僅有“鄭文”二字，“版本”一欄則付闕如。據作者自定凡例可知，則此書當屬“確已亡佚和存佚待考”者。其唯一綫索爲“鄭文”，然其凡例稱“常舉的著録者用略稱，略稱與全稱的對照，見《參考引用書目》”，檢其引用書目，並無標爲“鄭文”略稱，細檢鄭振鐸《劫中得書記》，再檢《西諦書話》，均渺然無迹。後從鄭氏《中國兒童讀物的分析》一文方知出處：“我藏有明刊《草書千家詩》二卷，（傳爲李卓吾所書。）大約是萬曆間所刊。”②

既爲鄭振鐸舊藏，則當存於國家圖書館。檢《西諦藏書善本圖録》，終見書影。圖録之解題云：“宋謝枋得輯，明李贄書。明觀成堂陳君美刻本。半葉四行，行七至九字，白口，四周單邊。框高 20.7 厘米，寬 12.7 厘米。”③細查書影，知鄭氏誤録書名，原應爲“草字千家詩”，故張志公亦因鄭氏之誤而録爲“草書”。雖解題云“明李贄書”，然此當爲僞托，仍以鄭振鐸所云“傳爲李卓吾所書”尤當。因此書首頁第一行爲書名“新刻草字千字詩”，第二行爲作者署名“卓吾李先生筆”，第三行始爲詩選正文，三者字體

---

① 張志公：《传统语文教学初探：附蒙学书目稿》，上海：上海教育出版社，1962 年，第 175 頁。
② 鄭振鐸：《鄭振鐸全集》，石家莊：花山文藝出版社，1998 年，第 13 册第 61 頁。
③ 鄭振鐸：《西諦藏書善本圖録》，北京：中華書局，2008 年，第 191 頁。

全同,自爲一人所書。若確爲李贄親筆,則次行"卓吾李先生筆"數字便不妥,以其自稱不當用"李先生",此顯爲他人稱呼李贄之口吻;若此行非李贄所書,則全書亦非。

雖然,此書仍頗珍貴,就目前所知,國内所存僅此鄭氏所得孤本,蓋已瀕於亡佚。

然此書亦傳入東瀛,並有和刻本傳世。沈津曾撰《哈佛燕京圖書館所藏日本所刊中國典籍三十種叙録》一文,其第十四種便即"日本刻本新刻草字千家詩",此或爲目録學界首次對此書之著録①。據沈先生叙録知,哈佛所藏爲"日本浪華書林管生堂刻本"("浪華"指大阪,故以下簡稱此爲大阪本),前有扉葉,刻"草字千家詩。卓吾李先生筆。浪華書林管生堂藏版"字樣,末有荷蓋牌記,刻"庚午歲仲冬之月忠慶堂余熙宇梓",牌記外刻"浪華書户管生堂主人河内屋宇兵衛藏版"。據此,沈先生指出,其牌記之"庚午爲明隆慶四年(1570)"。而對於日本翻刻者,沈先生也指出此河内屋宇兵衛"還刻過《近代正説碎玉話》九卷,時爲正德六年(康熙五十五年,1716)",因此推斷"河内屋宇兵衛刻書的時間相當於清朝康熙,而晚至嘉慶"。同時亦録另外二種和刻本,"一爲京都田原仁左衛門,時間在萬治三年(順治十七年,1660)"(以下簡稱此爲京都本),"此外還有一種不明出版地"。據此認爲"當年福建余氏忠慶堂所刻《新刻草字千家詩》,傳至日本後,就有三家書肆據之重刻"。最後,沈先生又將其比勘,指出此和刻本"僅爲一百十四首",較通行本"佚二十首"詩,"又翻刻本舛誤多,且有脱字"。

此書亦頗珍貴,沈云"此書在日本也甚難得,罕見日本各家書目著録"(其實,長澤規矩也《和刻本漢籍分類目録》中即有著録②),其提及日本關西大學藏有京都本一種,築波大學藏有無刊記本一種。據筆者查檢,日本長野縣立圖書館存有一部京都本,實踐女子大學山岸文庫亦存一種京都本,然僅有下卷;另有日本《住吉大社御文庫目録·國書漢籍》及《建仁院兩足寺藏書目録》各著録一種③,然無具體書志信息。西方收藏除哈佛所藏大阪本外,又知英國劍橋大學亦藏一種,當亦爲大阪本④(其著録出版地

---

① 沈津:《哈佛燕京圖書館所藏日本所刊中國典籍三十種叙録》,參張伯偉主編:《域外漢籍研究集刊》第七輯,北京:中華書局,2011 年,第 253—297 頁。

② 〔日〕長澤規矩也:《和刻本漢籍分類目録》,第 126 頁。

③ 〔日〕《住吉大社御文庫目録·國書漢籍》,2003 年,第 109 頁;《建仁院兩足寺藏書目録》,第 993 頁。

④ 〔日〕林望、Peter Kornicki:*Early Japanese books in Cambridge University Library*,劍橋:劍橋大學出版社,1991 年,第 353 頁。

爲“大阪”,故知)。至於國内,除前舉國圖所藏之陳君美本外,僅北京大學圖書館存和刻本一種,然其只著録“蟲蛀”二字,並未注明版本項,故不知爲何本。

沈氏著録“管生堂”誤,當爲“菅生堂”。此菅生堂爲日本江户時代大阪有名之書肆,於和刻本歷史上,其最著名之出版物爲明和八年(1771)刊行之《天工開物》,此書國内曾一度失傳,於是菅生堂所刊和刻本便成爲此書興滅繼絶之重要版本(參見本書《天工開物》之叙録)。此外,尚於延享二年(1745)出版《王羲之瘞鶴銘》。於和本刊刻中,最早爲享保三年(1718)之《文法要略》、享保七年(1722)之《三楠實録》、寬保三年(1743)之《和漢算法》等,則其主要活動時代當在十八世紀。

由上可知,哈佛所藏大阪菅生堂本雖無出版日期,必晚於萬治三年京都田原仁左衛門本,初步估計至少晚半個世紀(事實上,有圖書館將此本定爲1750年)。細勘京都本與大阪本,發現二者實爲同版,大阪本除增一扉頁外,唯一不同即最末之牌記,京都本末頁除仿刻原底本“庚午歲仲冬之月忠慶堂余熙宇梓”荷葉牌記外,又有“萬治三年八月吉旦二條鶴屋町田原仁左衛門刻”之邊款,大阪本則將邊款改爲“浪華書户菅生堂主人河内屋宇兵衛藏版”——此“藏版”一詞於大阪本扉頁中亦曾出現,題爲“浪華書林菅生堂藏版”。事實上,大阪本兩次用“藏板”字樣,並非偶然,因原版片爲京都田原仁左衛門所“刻”,而大阪本當得到了京都本之版片,添加扉頁並挖改末頁荷葉牌記外邊款而重新印行。

至於築波大學所藏無刊記本,因未見原書,不敢臆測。但據有限之信息,似可確定其爲另一種改變行款之新刻本。據築波大學圖書館著録,其上册三十四葉,下册二十七葉,與京都本及大阪本均不合。大阪本與京都本頁碼全同,上册四十三葉,下册三十四頁,陳君美本與此二本行款相同,皆半葉四行,因其爲書法摹刻本,故行數固定後葉數也當相同。則此三種本子仔細統計,上册四十三葉共三百三十四行,下册三十四葉共二百六十三行,若改刻時每半葉擴爲五行,則上册共三十四葉,余半葉刻卷首圖;下册共二十七葉,亦余半葉刻卷首圖,其頁碼與築波本恰合。故其本或將原半葉四行者改刻爲半葉五行之本。

然京都本與大阪本之關係仍需斟酌。沈氏記大阪本共“一百十四首”,然京都本却爲一百十六首,與陳君美本同。其書上卷七絶,四行一首,無一例外,故計數甚便,共八十三首;下卷七律,亦一葉一首,計三十三首。這一不同未知是沈氏計數有誤,抑大阪本漏印,或哈佛藏本有闕葉?再如沈先生云哈佛藏本較通行本《千家詩》少二十首,他提及杜甫《和賈舍人早朝》,然此詩京都本不缺,且正列於下册第一首,即卷首圖之 B 面。

將此書與通行本比較,理應持其不同處以質通行本,而非相反,因通行本經清人王相重編,頗多調整,如沈先生列出此本所缺之詩,有《送天師》《送毛伯温》二首,實分别爲寧獻王朱權與明世宗(嘉靖)所作,自非原本所有者,以此反求諸原本,自然不妥。冀勤先生《千家詩瑣話》一文提及:“在北京圖書館善本部看到現存《千家詩》最早的兩種本子:一種是明抄彩繪本《明解增和千家詩注》二卷,一種是西諦(鄭振鐸)原藏明觀成堂陳君美刻寫本《新刻草字千家詩》二卷。”①祝尚書《宋人總集叙録》亦云“舊題謝枋得輯本,今以明觀成堂陳君美刻本《新刻草字千家詩》二卷爲早”②(當然,此以陳君美本爲“最早”實亦有誤,參下文),可知在晚明時期,《千家詩》本來面目即如此,並無漏刻之事。就以下卷之始而言,應制之作原僅録杜甫《早朝》一首,後之通行本却因此詩而將賈至、王維、岑參之和悉數抄録。關於此亦可以明内府抄彩繪本《千家詩》爲證,此本亦爲鄭振鐸藏書,《西諦藏書善本圖録》入選四圖③,首爲杜甫《早朝》,次爲歐陽修《答丁元珍》,與京都本全同。

基於此,或可考述和本與中國原本之關係。國内忠慶堂余熙宇刻原本已無存,惟可與觀成堂陳君美本對照。僅據《西諦藏書善本圖録》所附書影即可看出,其與和刻本亦幾乎全同——因屬書法摹刻,字迹全同亦常事,然此書每卷前附圖一張,陳君美本亦同。即二書之版框尺寸亦同,此非但可證和本當忠實覆刻余熙宇本(即沈先生指出此和刻本有漏字與誤字,皆非和刻本之誤,而爲底本之誤),且進一步表明余熙宇本與陳君美本亦存在淵源關係,即某本當覆刻自另一本(或者覆刻自另一本的祖本或流衍本)。

余熙宇本之刊刻時間於末葉牌記有直接標示,即“庚午歲仲冬之月”,沈先生以此“庚午爲明隆慶四年(1570)”,鄭振鐸先生又以其所藏陳君美本“大約是萬曆間所刊”,似乎余本更早。然此之“庚午”當非隆慶四年,而爲一甲子後之崇禎三年(1630)。之所以如此推斷,有至簡之因,即李贄生平。據林海泉《李贄年譜考略》,李贄生於嘉靖六年(1527),至嘉靖三十五年(1556)中舉,授河南共城教諭,三十九年,擢南京國子監博士,到任數月,即丁父憂,守制東歸。至嘉靖四十二年(1563)服闋,入京候補,次年六月,任北京國子監博士,然不久,其祖父訃至,則又奔喪南歸。嘉靖四十五

---

① 冀勤:《千家詩瑣話》,《學林漫録》第三輯,北京:中華書局,1981 年,第 139—140 頁。

② 祝尚書:《宋人總集叙録》(增訂本),北京:中華書局,2004 年,第 355 頁。

③ 鄭振鐸:《西諦藏書善本圖録》,北京:中華書局,2008 年,第 192—195 頁。

年(1566)秋末冬初服闋入京,補禮部司務職,至此時方始讀王陽明之書。而本年末,嘉靖帝崩,其子載垕即位,李贄方將原名中“載”字諱去之,改名“李贄”。隆慶元年(1567),從徐用檢游,始崇信佛道;李逢陽本年考取進士,得與李贄爲同僚,力勸李贄習王陽明學説。隆慶三年(1569),始識焦竑,本年底,李材入京補刑部主事,隆慶四年(1570),李材與李逢陽、鄭汝璧等在京師講學,李贄得識李材。本年因“厭京師浮繁,乞就留都”,而改任南京刑部員外郎①。

由上可知,隆慶四年以前,李贄尚奔波於宦海紅塵之中,尚未得大名,若云此時便有書坊冒李贄之名以刊《草字千家詩》,則非余所敢信也。

另,忠慶堂余熙宇刊行之書留存極少,現可以查知者有二:一爲沈先生提及李望槐輯《鼎鋟四民便覽柬學珠璣》,萬曆三十七年(1609)刻本;一爲完初子輯《新刻標題注釋出像鳳毛日記故事》(書藏中國人民大學圖書館),萬曆三十九年(1611)刻本。兩種皆距隆慶四年較遠,而集中於萬曆後期,則此書之刻於崇禎三年,亦爲合理。

知此忠慶堂余熙宇本刊於崇禎三年,並非證明此本便晚於觀成堂陳君美本,因後者亦非刻於萬曆年間,國家圖書館著録此書時便頗謹慎,未依鄭振鐸先生之“萬曆”(杜信孚先生《明代版刻綜録》則依鄭先生録其爲“明萬曆書林陳君美觀成堂刊”②),僅注爲“明觀成堂陳君美刻本”,然即此定位或仍估計過早,因此本之刊刻或已入清。

觀成堂陳君美刊行之書留存於世者亦極少,國家圖書館網站以“觀成堂”爲檢索詞可得十餘條,除此書外,有秦鏷訂正之《九經》及朱堪輯《懷山園增訂綱鑒百將策題匯纂廣集》,均定爲清代,即此便可窺見此中消息。此外,尚可檢出美國國會圖書館藏有《沈朗仲先生病機匯論》十八卷,爲康熙五十二年(1713)觀成堂刻本(日本公文書館亦有數種,然未標明刊刻者);日本東北大學圖書館藏清人張問達編《王陽明文鈔》二十卷,爲康熙二十八年(1689)金陵江寧府觀成堂刊。

如衆所知,一書肆或可持續極久,如汲古閣即横跨明清二代,故檢出觀成堂刻於清代之數種典籍,並不能確證上述陳君美刊本《草字千家詩》亦當刻於清。然另有鐵證。《四庫全書存目叢書》第七十四册收入清人趙燦英《詩經集成》三十一卷,即據中國科學院圖書館藏清康熙二十九年(1690)金陵陳君美刻本影印。由於影印本未印扉頁,尚不能確證此陳君

① 林海泉:《李贄年譜考略》,福州:福建人民出版社,1992年。
② 杜信孚:《明代版刻綜録》第八卷,扬州:江蘇廣陵刊行社,1983年,第10頁。

美即彼陳君美。2012 年北京保利春拍曾拍出一部,其書影含有扉頁,可見書名左側有刊刻者題識云:"先生《四書集成》一編風行海内。本坊以先生專習毛詩,復愬彙纂是輯。一以傳注爲指歸,不襲箋疏之參錯。有疑必析,何異聚腋爲裘;無美不宣,奚啻釀花成蜜。誠詩苑之金科,而葩壇之玉律也。識者珍之。"下署"金陵陳君美梓行",而識語上蓋有朱印,印文爲"觀成堂藏板翻刻必究",扉頁上爲"康熙二十九年新鐫"。雖然,明清之時或有典册刻於明而印於清,然此書絶非如此,因作者趙燦英序文作於康熙二十九年八月,中有"藏篋已十餘年,坊友請登梨棗,亦以集成名編,從公好也"之語,可見此書確爲康熙二十九年新刻。而其與刻《草字千家詩》者同爲一人亦當無疑。然此人於康熙二十九年刊刻《詩經集成》,而《草字千家詩》鄭振鐸以爲萬曆本,即以萬曆四十七年(1619)計,則此陳君美于刊刻《草字千家詩》七十一年後又刊刻《詩經集成》,似不大可能。如此便可以肯定,陳君美本絶非萬曆間所刻。推測陳君美刻書時期,可以康熙二十九年爲下限,依常理推測,其刻書開始之时最早也當入清,何况康熙二十九年自然並非陳君美刻書之下限(如前舉有康熙五十二年〔1713〕觀成堂刻本《病機匯論》之类),故國圖所藏《新刻草字千家詩》或刊於清康熙年間(若果如此,則其刊刻時代比上舉萬治三年之和本尚晚),故当著録其爲清前期刻本。

然鄭振鐸先生及國家圖書館將其著録爲明刊本亦有其因,因其版刻尤其上、下卷前所附插圖確爲晚明風格,此或陳君美刻本沿襲明代刊本餘緒而已——至於他究竟是將忠慶堂原板修補重印抑覆刻行世,頗難斷定,以和刻本與鄭藏本雖十分相近,然亦小有差異:一者和刻本首頁"卓吾李先生筆"六字僅有草書,無楷書釋文,陳君美本有;二者和刻本版心無書名,而陳君美本則有"草字千家詩"之題名。不過,雖有此二異,仍不能確定是否爲和刻本覆刻忠慶堂本所略者。此外,和刻本字迹與陳君美本亦有肉眼難辨之細微差異,尤難確定是否爲翻刻之異。

【影印・整理】

金程宇《和刻本中國古逸書叢刊》。

【公藏】

中國:無。

日本:關西大學、築波大學、長野縣立、實踐女子大學、住吉大社、建仁院兩足寺。

王羲之書道德經一卷

【叙録】

王羲之書《道德經》不分卷，題晋王羲之書，日本寶曆七年（1757）摹刻本。中本一册。半葉六行，行十八至十九字不等。末有"寶曆丁丑春正月，大日本平安村井漸甫題"跋。

【考證】

2010年曾有題《王羲之與褚遂良同帖書法驚現朝陽》之舊聞，云遼寧朝陽一民間收藏家有祖傳字帖，爲王羲之書老子《道德經》，字帖之末有右軍印章，後有褚遂良手書跋語。後香港收藏家、書法家李兆良先生有文言其收藏一册民國刊本，與此相同，謂此爲其書法啓蒙者。

此日本寶曆七年摹刻，於刊刻者跋語有明言。李兆良藏本之末有汪榮寶、潘飛聲於庚午年（1930）所作之跋，亦爲摹刻者，故其本之刻印，自在1930年之後。朝陽本行款及特徵與李藏本同，當爲同一系統，然與李藏本亦有不同處，如褚遂良跋語李藏本則缺"齊"字，可知二本非同版，則朝陽本當爲清代摹刻者。然李藏本及朝陽本均爲半葉八行者，此寶曆本則半葉六行，必有一本改動原本行款。此書原拓當爲六行本，若原爲八行，摹刻者似無改六行之必要；反之，書坊爲節省紙張，則或改六行爲八行。另，《黄庭經》爲六行，前述之王羲之草書《孝經》亦六行，似可互證。最後，寶曆本摹刻極精，摹刻者以保存原貌爲目標，自不會臆改。

寶曆本後有主持者跋語，所述其顛末甚詳，據跋可知此本爲村井漸用田純卿藏宋拓本以雙鈎法摹出，然後刊板，前後費時三年之久，且態度極爲認真，"字畫萬失一則改竄，務歸於真"，與宋拓本"幾無毫髮差謬"。此之村井漸即村井中漸（1708—1797），其人於《書畫鑒定大日本名家全書》"儒家"類中有記載，云其名漸字中漸，號痴道人、丘壑外史等，京都人，儒醫，能書善畫，精通數術。則此本之淵源自清晰可信。

【影印・整理】

無。

【公藏】

中國:無。
日本:東大總、东北大、早稻田。

片壁草法彙函五卷

【敘録】

《片壁草法彙函》五卷,署黄道周輯,日本寬文元年(1661)村上平樂寺刊本。袖珍本五册。扉頁中題書名"片壁草法彙函",右上署"黄石齋先生輯",左標細目"草訣百韻、竹節草、草堂詩餘、千家詩、史詩、辨別訣、千字文",並署"潭水來儀山房鎸梓"。前有"弘光元年仲春三臺館余應泰書"之《草法彙函引》,文後有"元昌父"陰文方印及"余應泰印"陽文方印。每種前均有書名葉,如第一種中題"草訣百韻",右上署"王羲之先生筆",左下署"古學堂重梓"等,後之《竹節草》署"蘇東坡先生筆",《草堂詩餘》署"葉羲昂先生筆",《千家詩》署"黄庭堅先生筆",《史詩》署"米芾先生筆",《辨別訣》署"解縉先生筆";每種之末亦有版權頁,署"寬文元稔辛丑八月吉旦,二條通玉屋町,村上平樂寺開板"。

【考證】

此書極罕見,國内書目從無著録,梳理文獻,亦絶蹤影。金程宇解題云:"松澤老泉《彙刻書目外集》曾著録明版,今未見。此書《倭版書籍考》卷十著録,有寬文元年(1661)村上平樂寺覆明刊本。"①所言未詳,不知《倭版書籍考》所録是否明版,抑僅録寬文本?另,松澤老泉《彙刻書目外集》所録,似亦未可遽定爲明版,其人著録,凡和本多有標注,然似亦未必,如其卷三録《射學入門》,子目云"射學正宗三卷,射學指迷集五卷",實明刊本未如此明確二集之目,《指迷集》卷端署名仍爲"楊修齡先生較定武經射學正宗",下以小字注云"指迷集",可知"射學正宗"當即全書之名目,而至和本翻刻之時,即分爲二書,一名《射學正宗》,另一則徑書《射學指迷集》,則松澤此處所録,或爲和本。

另,金氏云第三種"署黄羲昂先生筆",或偶筆誤,當爲"葉羲昂先生

---

① 金程宇:《東亞漢文學論考》,第176頁。

筆”。此人有《歷朝世史紀要》三十八卷、《鑒論必讀》四十卷等，又有《唐詩直解》。

此書標稱“黄石齋先生輯”，因其輯於弘光元年，此時清軍已入關，黄道周正爲南明王朝盡心竭力，絶無餘暇輯此閑書，則此爲托名之作無疑。然其編者究爲何人？全書提及之人，除黄道周外，惟有作序者余應泰最有可能。

余應泰當爲建陽刻書世家余氏家族成員之一，其題署有“三臺館”字樣，而此即余象斗所建之書坊，其“應”字輩也恰爲余象斗子侄輩。然據《潭溪書林余氏世系簡表》中並無其人①。然大木康先生曾據《四書千百年眼》崇禎本録出其“同在輯稿”人姓氏②，其中即有“余元昌（諱應泰）”者，其纂著及“同在輯稿”者共十四人，竟有十一人爲余姓，其纂著之余應科、輯稿之余思雅、余思敬、余思齊、余應騰、余應申、余俊、余芳八人均出現於前引之《潭溪書林余氏世系簡表》之中，則可知前所推論無誤，其人必有余象斗之子侄輩。另，此書扉頁署“潭水來儀山房鐫梓”，亦可援證，余氏爲建陽刻書之家，故其自稱，多用“潭陽書林”或“潭邑書林”，此稱“潭水”，亦略近之。另，明末曾有出版《續西厢昇仙記》之來儀山房（其書收入《古本戲曲叢刊》初集及《不登大雅文庫珍本戲曲叢刊》），然未知與此是否同一書肆。

【影印・整理】

金程宇《和刻本中國古逸書叢刊》。

【公藏】

中國：無。
日本：無。

---

① 〔美〕賈晋珠：《謀利而印：11 至 17 世紀福建建陽的商業出版者》，邱葵、鄒秀英、柳穎、劉倩譯，李國慶校，第 109 頁。

② 〔日〕大木康：《明末江南的出版文化》，周保雄譯，上海：上海古籍出版社，2014 年，第 55、56 頁。

三雅摭言三卷

【叙録】

《三雅摭言》三卷，清人陳鴻績撰，日本享保十八年(1733)京都博文堂丸屋市兵衛刊本，後又有元文四年(1739)梅村彌右衛門刊本及天明二年(1782)大坂河内屋八兵衛重印本。大本一册。扉頁中題"三雅摭言"，左右爲對聯云"春葩擢秀緝翠萼於詞林，秋水澄水揚清瀾於學海"，扉頁後爲凡例二條，末署"甬東陳鴻績識"，下有"陳績之印"陽文方印，次"康熙二年仲春回浦項繼甲木公題"之《三雅摭言序》，文後有"項繼甲印"陰文方印，"字木公號松庵"陽文方印。卷端署"甬東陳鴻績子遜甫輯，錢唐毛先舒馳黄甫較"。正文四周單邊，白口，無魚尾，無界行，半葉九行，行二十字。末有"享保壬子冬十一月望"之《三雅摭言附語》。版權頁署"元文四己未歲孟冬月，皇都書鋪，梅村彌右衛門彫"字樣。

【考證】

此書國内失傳，全未見載録。此和本於日本先於享保十八年由京都博文堂丸屋市兵衛翻刻行世，六年之後，梅村彌右衛門又重刻之，然此元文本長澤《目録》亦未著録①，其《補正》增補一文政年間之印本，亦未補此本②，知世間所存極少。後又天明二年印本。可知當時應頗受歡迎，多有刻印，然今日亦所存亦寥寥。

作者陳鴻績爲鄞人，據《(乾隆)鄞縣志》卷十七有其小傳云："陳鴻績，字子遜，幼博涉經史，於儒先理學之旨尤根極底奥。順治十四年魁於鄉，授睢寧令，清儉自持。運河衝決，估修費八千金，鴻績身先工築，止費金三百，閲四十日旋復底定，河臣具疏褒獎。康熙十八年舉博學鴻詞，應試中選，授翰林院檢討。"此書前有康熙二年序，則或陳氏爲令時所輯。又據《己未詞科録》卷三其人小傳云"由監察御史黄斐薦舉，擢檢討，僅十二日而卒"，則其當卒於康熙十八年(1679)。

作序之項繼甲亦曾爲陳策之《韻府古篆彙選》一書作序(參前收此書之叙録)，與之相比，其字體極似，可知二書之項序日人皆影刻上版者。尤

---

① 〔日〕長澤規矩也:《和刻本漢籍分類目録》，第122頁。

② 〔日〕長澤規矩也:《和刻本漢籍分類目録補正》，東京:汲古書院，1980年，第15頁。

值一提者,《韻府古篆彙選》之扉頁左上署"鳥跡薤書綴玉連珠,螢窗芸閣裁錦織繡",此書扉頁亦題云"春葩擢秀緝翠蕁於詞林,秋水澄水揚清瀾於學海",未知此偶同抑主持刊刻者爲同一書肆。

另,此元文本末有出版者廣告葉,前標"中西曾七郎校訂",下列書目,《三雅摭言》下注"梅村開板",後又有《李維楨詩韻箋》,下注"梅村、永田同刻",另四書《文房圖讚》《秦漢文抄》《藝林學山》《穆天子傳》下均仍爲墨丁。查後附之五書,僅《穆天子傳》有延享四年(1747)京都田中市兵衛刊本,餘均未見(《文房圖讚》有寛政六年〔1794〕和刻之本,當非此書)。然其《李維楨詩韻箋》下已標"梅村、永田同刻",或已刊行,今未見,則當佚失,若能傳世,則爲李本寧詩首部注本。

【影印・整理】

〔日〕西川寧、〔日〕長澤規矩也《和刻本書畫集成》第三輯。

【公藏】

中國:無。

日本:宫内廳書陵部(享保本),新瀉大(天明後印本)。

導庵金先生墨蹟一卷

【叙録】

《導庵金先生墨蹟》一卷,清金邠書,日本明治年間摹刻本。大本一册。扉頁題"金先生墨痕",左爲對金氏之日語簡介。正文先爲硃印《千字文》,半葉四行,行六字,至"趙魏困横"止;次爲金氏所題墨蹟,有"金邠寫近作""金邠"等題署。

【考證】

此金邠聲名不彰。檢《詞綜補遺》有其簡介云:"金嘉穗原名守正,字子則,又字邠懷,號芷衫,又號病鶴,江蘇長洲人。諸生。有《秋燈遲夢詞》《花銷英氣詞》。"①並録《潘瘦羊詞選》中之材料云:"子則工詩詞,善書畫,兼精鐵筆,通琴理。性落拓,避亂,孑身不娶,亦不歸故里。病跛,嘗趨海

① [清]林葆恒輯,張璋整理:《詞綜補遺》,上海:上海古籍出版社,2005年,第2461頁。

舶,至東洋。客年餘,購書籍載歸。喜爲狹邪遊,得金,隨手散去。其集曰《牆東病稿》,曰《秋燈遲夢詞》《花銷英氣詞》。"知此人曾東渡日本,故與日本文人結緣。金氏於日本之交遊,日本學者町泉壽郎曾有《西魏寫本〈菩薩處胎經〉東傳及相關中日達人》一文予以詳述,據其梳理資料,知金於道光十四年(1834)生於蘇州,名嘉穗,字𠥕懷、邠,别號芷園、尊古自牧、邠居、曹門、主客説詩堂等,爲避太平天國戰亂,留妻子於蘇州,只身往上海謀生,於明治三年(1870)隨赤松某至長崎,次年受名古屋藩之邀,任藩士教授①。此人亦曾名入《中外人名辭典》,據載云:"金嘉穗,清蘇州人,字𠥕懷,號導庵,工書畫,亦精篆刻,同治間曾應日本尾張藩之聘,講學於明倫堂,後因藩亂歸國。"②知於日本亦未久留。又顧文彬《過雲樓日記》同治十一年(1872)七月初九日載:"邠卿携示東洋古寺所藏殘經兩卷,日本僧徹定各有跋尾,皆斷爲唐人所寫。余審其筆意,有一卷似張即之者,不過宋人筆,其一係小行書,不能定爲何代也。"③知金氏至日本最多二載,然於東瀛交遊頗廣,頗有聲名。此書則其至尾張藩任教時其門生所刻也,據前引日本學者町泉壽郎文可知,其當時之門生有森槐南等人。

【影印・整理】

無。

【公藏】

中國:無。
日本:東京都立中央。

徐三庚楷書蘭亭叙一卷

【叙録】

《徐三庚楷書蘭亭叙》一卷,清徐三庚書,日本明治二十四年(1891)刊本。大本一册。封面書籤題"徐三庚楷書蘭亭叙",下署"碧城兄屬古梅修題",扉頁題"上虞徐褎海師書蘭亭集叙",署云"儉爲仁棣屬署,慈溪趙引

---

① 王勇主編:《人物往來與東亞交流》,北京:光明日報出版社,2010年,第255頁。
② 劉炳藜主編:《中外人名辭典》,上海:中華書局,1940年,第462頁。
③ [清]顧文彬:《過雲樓日記》,上海:文匯出版社,2015年,第189頁。

之”。扉頁後爲一條方朱文牌記,印文爲“明治廿四年十二月二十日印刷,同日出版。發行者東京赤阪區青山南町三丁目六十三番地秋山純,雕刻兼印刷者同芝區字田川町十八番地市川鐮次郎。”封底亦有一印章,印文爲“東京麴町區有樂町三丁目一番地書學會事務所”。

【考證】

清篆刻家、書法家徐三庚亦屬牆裏開花牆外香之類,於日本極受歡迎,其篆刻及書法亦對日本較有影響。據此書後徐氏及日本弟子秋山純跋語可知,此帖爲徐氏應秋山之請寫贈秋山者,徐氏落款云“晋王逸少蘭亭叙書與日本弟子秋山儉爲學之,光緒乙亥春徐三庚記”。

封面書籤題字署“碧城兄屬古梅修題”,知其爲日本書家岩谷一六(1835—1935,原名修,别號古梅,明治三筆之一)所題。秋山純爲徐氏影響及於日本之津梁,此帖於明治二十四年付梓印行,或有紀念徐氏之意,因徐氏於此前一年去世。

此帖印行數量極少,目前所知,日本僅國會圖書館及公文書館有藏,不知原稿現尚存世否,若不存世,則恰如秋山所言“懼他年充蠹餐”,幸而付梓,使今人尚可得見。

【影印・整理】

無。

【公藏】

中國:無。

日本:國會、公文書館。

芥舟學畫編四卷

【叙録】

《芥舟學畫編》四卷,清沈宗騫著,日本弘化元年(1844)刊本。中本四册。扉頁書名左上署“乾隆辛丑年鎸”,左下署“琴書閣藏板”。前有“乾隆四十六年歲在辛丑春三月既望研灣老圃沈宗騫書於冰壺閣”之《自序》。正文四周單邊,白口,無魚尾,版心下端題“冰壺閣”字樣,有界行,半葉八行,行十八字。正文末行下有“潯溪熊錦文鎸”字樣。末有“弘化乙巳秋九月書於浪華之齋居"之九方山人跋。

【考證】

此書國内所存不多，謝巍《中國畫學著作考録》云北大、上圖、復旦有藏本①，《續修四庫全書》即收入復旦之本②。《中國古籍總目・子部》云有四家，多國圖一家，又録一上海之"琴書閣刻本"，實即冰壺閣本③。關於此書，沈津有叙録，云"此本序作章草，宗騫所爲也。他爲楷書，自成一體，乾隆間刻書甚多，然以此種字體刊刻者極罕見"④，可見沈氏未辨此何種字體，據余紹宋《書畫書録解題》云："原板字作蘇體，鎸刻至精，久就毁滅，乾嘉以後，叢書盛行，俱未著録，足見其流傳之希。獨日本有刊本，且有譯文。近時齊氏始有録本印行，惜加眉批太多，類於《畫學心印》，殊無謂也。"⑤知其板刻爲蘇體，以此書與蘇體《陶淵明集》比照可知。此和本爲覆乾隆本，後有四次重印，此外，明治十二年(1879)有九如堂評注本，評注爲田結莊齊治評注，評注於頁眉，用朱色，頗美觀(《和刻本書畫集成》亦用此本)。

【影印・整理】

〔日〕西川寧、〔日〕長澤規矩也《和刻本書畫集成》第四輯(明治本)。

【公藏】

中國：北大、人大、華東師大、遼寧。

日本：所存甚多，不備録。

竹譜詳録二卷

【叙録】

《竹譜詳録》二卷，元李衎著，日本寶曆六年(1756)刊本。大本二册。前有"大德丁未二月中旬隆山牟應龍叙"之《竹譜詳録序》，次"大德三年歲

---

① 謝巍：《中國畫學著作考録》，上海：上海書畫出版社，1998年，第554頁。

② ［清］沈宗騫：《芥舟學畫編》，《續修四庫全書》，第1068册。

③ 《中國古籍總目・子部》，第1360頁。

④ 沈津：《哈佛燕京圖書館所藏日本所刊中國典籍三十種叙録》，《域外漢籍研究集刊》第七輯，北京：中華書局，2011年。

⑤ 余紹宋：《書畫書録解題》，北京：北京圖書館出版社，2003年，第272頁。

在己亥端陽日薊丘李衎仲賓父"《竹譜詳録序》,次"延祐己未二月朔日天台柯謙自牧甫敬序"之《集賢大學士息齋李公竹譜序》。卷端署"息齋道人薊丘李衎述"。正文四周單邊,白口,無魚尾,無界行,文字部分半葉十行,行二十字。後有"寬延改元秋八月大阪醉墨齋村上秀範謹識"之跋,末有"寶曆六歲丙子秋九月,京都書林林伊兵衛"字様。

【考證】

此書久佚,《中國古籍總目》所録全爲各類叢書各輯之叢殘小語。四庫館臣自《永樂大典》中輯出厘爲十卷,收入《四庫全書》,其提要云:"其書世罕傳本。浙江鮑氏所傳抄者僅有一卷,疏略殊甚。惟《永樂大典》載其完書,實分四門:曰畫竹譜、墨竹譜,與《宏簡録》所言合;又有竹態譜、竹品譜。其竹品譜中又分全德品、異形品、異色品、神異品、似是而非竹品、有名而非竹品六子目,共爲十卷。卷各有圖,蓋每二卷並一卷矣。其書廣引繁徵,頗稱淹雅。録而存之,非惟遊藝之一端,抑亦博物之一助矣。中有有説而無圖者,自序謂與常竹同者則不複圖,非闕佚也。"世間始有全本。另《四庫全書總目》亦録有《竹譜詳録》一卷本,爲"浙江鮑士恭家藏本",館臣云"此鈔其百分之一,乃改題曰《詳録》,傎亦甚矣"①,故退於存目之中。

此後鮑廷博亦刻入《知不足齋叢書》,其跋云:"元李衎息齋《竹譜詳録》刻於大德、延祐間,歷年既久,舊刊不復可見矣。即摹寫之本,亦稀如星鳳,以圖畫爲難耳。幸《永樂大典》曾經收録,《四庫全書》因著録焉。博屢擬敬詣文瀾閣就鈔,以無能任繪事者,因循中綴,然未嘗一日去懷也。嘉慶甲子,始於故家得明成化間繕本。此君風節,宛然法則具備,爲之快慰。惜紙已糜爛,不宜殿閲。富君秋鶴見之嗟息,亟爲予摹寫一帙置之案頭,日供清玩。又爲縮本,俾刊入叢書,永爲遊藝家一助,可爲息齋功臣矣。舊鈔缺'久竹'一圖並自序一篇,謹從閣本補全,而柯謙、牟應龍兩序,則又閣本所佚也。"②

據上所引,可知鮑廷博曾存有一卷本,雖進獻四庫館,然因殘損過甚,未被采用。後鮑氏又求得明成化間抄本,即刻入《知不足齋叢書》之中。故知四庫本及鮑氏本均據抄本而來,則均未見刊本。

此和本刊於寶曆六年,彼時《四庫全書》尚未開館,鮑本更晚至嘉慶十

① 魏小虎編撰:《四庫全書總目彙訂》,第3529、3576頁。

② [清]鮑廷博撰,周生傑、季秋華輯:《鮑廷博題跋集》,杭州:浙江古籍出版社,2012年,第111頁。

三年(1808),則此非自彼二本來無疑。據日人村上秀範之跋云:“元李學士竹譜,未聞有印本行於世者。向偶得謄本二册,據其序文,全篇蓋若干卷,意閲歲之久,散亂泯滅,僅存此歟?抑好事者就王公家藏書抄出以得流傳也。”知其亦從抄本來。與鮑本相較,知此本二卷相當於鮑本前二卷,故其書未全,然日人所得抄本即僅存前二卷。此和本雖略,仍爲目前所知存世最早刊本,亦可稱“息齋功臣”。鮑氏原欲摹抄本,然亦知“圖畫爲難”,後欲摹鈔庫本,又“以無能任繪事者,因循中綴”耳,終得富廉爲其摹得一本,方得刊入叢書,是知此書之翻刊,以繪事爲難,然此和本所摹刻之圖,似較鮑本爲優,實屬不易。此和本名《竹譜詳録》①,似即四庫館臣所謂“傎亦甚矣”者,然亦未必,今國家圖書館藏明鈔殘本(原十卷,存卷四至卷七,有“武陵樵客”“渔樵小印”“景明楼藏书记”诸印)即名《竹譜詳録》,則此名古已有之耳。

【影印・整理】

〔日〕西川寧、〔日〕長澤規矩也《和刻本書畫集成》第五輯。

王睿、王曉勇、付梅主編《中國古代植物文獻集成》影印本,北京燕山出版社2021年版。

【公藏】

中國:無。

日本:東北大、東京都立中央、三康、東大總、大阪府立中之島、國會、酒田市立。

金氏畫譜一卷

【叙録】

《金氏畫譜》不分卷,明人金某著,文化十年(1814)日人寄田延(九峰)氏摹刻,名古屋片野東四郎等刊本。大本一册。扉頁書右上署“尾張九峰寄田延選摸”,左署“書肆東璧堂藏”。前有“文化癸酉晚夏尾張秦鼎撰”《新刻金氏畫譜序》,次鹽官許令典《金氏畫譜題辭》。正文四周雙邊。末

① 周生傑:《鮑廷博藏書與刻書研究》引此書又名之云“元李衎《息齋竹譜詳録》”(合肥:黄山書社,2011年,第271頁),實當爲標點之誤。

爲"文化十年癸酉晚秋張藩九峰寄田延識"之《新刻金氏畫譜後序》。版權頁署"文化癸酉冬至日"。

【考證】

此書頗奇,國内全無著録,然蓬左文庫有明殘本,著録云"金氏畫譜殘二卷,明武林金氏編梓,明杭城豹變齋藏板並發行"。且此明本包括兩種:《孫雪居百花蘭竹譜》一卷、《選刻扇譜》一卷(明張成龍編,華亭陳繼儒序)。未知是其書否? 據此本前許令典《題辭》云:"予嘗戲擬花等夷字焉,竹曰青士,蘭曰楚姝,梅曰玉禪。惜未有爲三家主盟者……金君冷眼睇之,不禁炙藥,因侈梓人□□爲三家鳩工,縷神畫照,俾楚魄、湘靈並孤山疏影,日尋盟於紙上。"可知其書當以梅、蘭、竹三家爲主,或即前引《百花蘭竹譜》歟?

據寄田延後序云:"延自垂髫,好繪事,間嘗得此一本,殊珍襲之。其梅花、蘭、竹,不覺識之在剞劂,神韻都入化境……此書蓋明世之刻,而其傳於我,未見全書,字亦多磨滅,又無翻本可以校照,今就其不全者選摹上木。"則知寄田延所得爲明刊之本,然亦未全。

此書原輯刻者惟知爲金氏,明人,若蓬左文庫所存即其原書,則亦可知此人爲杭州人,餘皆未詳。按:作序之人尚可考,許令典(1567—1631),"字稚則,號同生、靈泉贏史、兩坨外臣。袁花人。明官員,官至准安知府。擅書法,不與時俗競工。著有《許淮陽集》《金牛隨筆》等"①。可知此金氏當亦同時之人。

【影印・整理】

無。

【公藏】

中國:無。

日本:京大附、九大、仙臺博。

---

① 徐霞芳主編:《海寧歷史人物手札》,杭州:浙江古籍出版社,2018年,第19頁。

山水畫式三卷

【叙録】

《費氏山水畫式》三卷,清費漢源撰,日本寬政元年(1789)江户須原屋茂兵衛刊本。大本三册。書籤題《費漢源山水畫式》,扉頁僅題《山水畫式》。前有"乾隆五十七年壬子秋七月苕溪費晴湖識並書"之序,次則"天明丁未仲春兔道山樵澤元愷撰並書"之序,次"天明丁未仲春芙蓉窩木雍文熙撰""東洲左潤書"之《費氏山水畫式序》。正文四周單邊,白口,無魚尾,無界行,有文字者半葉九行,行十四字,有返送。末"天明丁未春杜昂雄飛識,佳儀堂稻有儀書"之跋。

【考證】

清乾隆時畫家費潤(字漢源)曾遊於日本長崎,在日本畫界有影響。其所傳之《費氏山水畫式》日人爲之翻刻,國内則無,《中國古籍總目》所收即日本刻本①。此書前費氏之從孫費晴湖序云:"漢源公,余族之從祖也,世居苕溪。余少時雖未獲親承其指授,然習聞於庭訓,識其爲人質直,襟懷磊落。昔客遊宦,遊轍跡幾遍寰宇,亦嘗航海僑居於此。性嗜山水,耽於丹青,尤工人物,興之所發,信手而成,然未可以强而求也。故家鄉笥篋,僅存什一。……余玆來崎,得展芙蓉先生所摸《山水畫式》三卷,因思族老手澤,遠存於扶桑,音容已邈,追維筆蹟,恍如夢寐相逢,良可歎乎!"據此,可大致瞭解費潤其人及此書之跡。余紹宋評此書云:"大體與《芥子園畫傳》相似,其各式起手多示用筆先後,又畫樹枝、畫山及皴法俱各舉其病式,則《芥子園畫傳》所未及者,甚有裨於初學。頗疑此編亦斟酌損益《芥子園》之書而成,國人著作多喜好高務難,若此編者,人亦不以爲重。苟非日本人爲之模刻流傳,早經散佚,恐並其名亦無人知之矣。"②所言良是。

【影印·整理】

〔日〕西川寧、〔日〕長澤規矩也《和刻本書畫集成》第七輯。

---

① 《中國古籍總目·子部》,第1360頁。

② 余紹宋:《書畫書録解題》,第202頁。

【公藏】

中國：國圖、四川。

日本：新瀉大、宫城縣圖、公文書館、國會、大阪府立中之島、東京都立中央、堺市立中央。

冶梅石譜二卷

【叙録】

《冶梅石譜》二卷，清王寅撰，日本九富鼎校，明治十四年（1881）前川善兵衛刊。大本二册。扉頁後有長方牌記云“光緒庚辰歲冬十月金陵王氏雕於浪華”。前有陳曼壽、葉煒（松石）、汪松坪、藤澤恒、王寅序，卷下有江馬欽、福原公亮、胡辛孟、楊□潤、乃享翁（陳曼壽）題詞。卷末有“門生小洲九富鼎拜題”之跋。版權頁標“明治十四年三月五日御願”字樣。

【考證】

王冶梅爲晚清畫家，有關其東流扶桑之經歷，有《冶梅王先生小傳》之載云：“先生名寅，字冶梅，金陵世族也……咸豐初元，應童子試……三年正月間，粵匪由武昌、漢陽掠舟東下……十年春，粵匪益復猖獗……未幾，阜陵亦陷，遂航上海，以丹青爲業。日本人見而奇之，於是争相購索，聲震一時矣。日本爲同文之國，其於書畫鑒賞尤精，大有相見恨晚之慨，尋以重聘請遊彼國，盤桓數稔而歸。先生之寓日本也，前後著蘭竹石人物等譜數帙，所得潤筆不下三四千金，悉置銅版書籍而回，爲資老計。會滬上石印書踵起，而銅板竟無問鼎者，以是頗無聊賴。”①知其受太平天國運動之影響，至上海謀食，又爲日人請至東瀛，在日本著有《石譜》《蘭竹譜》及《人物譜》。

《冶梅石譜》二卷，乃其於大阪時，將此前仿《宣和石譜》之六十五幅繪石作品整理而成。所繪奇石“或夭矯如舞蛟，或潛伏如卧虎，或偃蹇如朽木，或凝重如夏雲，怪怪奇奇，變化百出”，王冶梅爲每石配詩一首，自題自書。另，此書中日文人序跋之多亦稱特色，亦可爲中日文人交流之資料。

此書《中國古籍總目》著録有光緒六年金陵王氏刻本②，實即此日本明

① 引自潘建國：《古代小説文獻叢考》，北京：中華書局，2006 年，第 246—247 頁。

② 《中國古籍總目・子部》，第 1392 頁。

治十四年刻本，以其前之牌記載“光緒庚辰”，頗引人誤解，然其牌記後云“雕於浪華”，浪華即日本大阪，加之其書末版權頁明署“明治十四年”，故仍爲和本。亦有著録“合肥李氏光緒六年（1880）日本刻本”者，此書内封牌記云“光緒庚辰歲冬十月合肥李氏雕于浪華”，或爲其後國内翻刻王氏原本者，僅將牌記中“金陵王氏”剜改爲“合肥李氏”，而未知“浪華”之意。另王氏於日本所刻者，當即小傳中所謂之“銅版”，其人歸國當携此版回，欲售此得利者，然當時上海石印方興，其速且廉，故目前存王氏之譜多有石印之本，詳小傳語意，則多可稱“盗版”之書矣。

按：長澤規矩也《和刻本漢籍分類目録》收王氏同類之蘭竹譜①，然未收此譜，當偶有失載。余紹宋《書畫書録解題》一書亦録其《蘭譜》《竹譜》②，而無此譜，抑當時此書不多見乎？

【影印・整理】

無。

【公藏】

中國：清華、天津、山東、湖南。

日本：東大總、阪大總、關大、公文書館。

蘭譜一卷、竹譜一卷

【叙録】

《蘭譜》一卷、《竹譜》一卷，清王寅撰，日本明治十五年（1882）刊本。大本二册。扉頁後有長方牌記云“光緒壬午歲春正月金陵王氏雕於東瀛”。前有“光緒辛巳冬月養賢李頤書於吴江學舍”之序，又有王氏自序。

【考證】

此書同於前書，卷一爲《蘭譜》，卷二爲《竹譜》。其書據《中國古籍總目》著録，仍有所謂“光緒八年合肥李氏刻本”，仍與前書同爲後人翻刻者。其書扉頁後之牌記亦仿原本，然個别印本“合肥”二字已脱落，知其爲補板

---

① 〔日〕長澤規矩也：《和刻本漢籍分類目録》，第125頁。

② 余紹宋：《書畫書録解題》，第215、216頁。

無疑。此外,尚有著録爲“光緒壬午吴縣榮氏雕於東瀛”之本,則或仍爲前云之石印之本也。

【影印・整理】

無。

【公藏】

中國:湖南。
日本:新瀉大、阪大總、公文書館。

冶梅畫譜人物册一卷

【敘録】

《冶梅畫譜人物册》一卷,清王寅撰,日本明治十五年(1882)大阪加島信成刊本。大本一册。扉頁題“東坡先生賞心十六事”,署“光緒八年春三月望王冶梅”,前有“光緒八年壬午秋九月吉日秀州陳曼壽跋”;另署“冶梅賞心隨筆”,次“壬午暮春王冶梅識”之序。版權頁標“明治十五年九月二十日,版權免許”,“岐阜縣士族,校正兼出版人:加島信成”,末行署“東壁山房發兑”,下標“中華上海法馬路西興昌里衖底第三石庫門内”字樣。

【考證】

此書亦同於前書,然《中國古籍總目》未録。其書分兩部分,一爲《東坡先生賞心十六事》,即“午倦一方藤枕”等十六件文人賞心樂事;後則爲《冶梅賞心隨筆》,録王氏居日本京都時之生活。《中國畫學著作考録》著録有“日本明治十五年(1882)東壁山房銅版印本〈見存〉(故宫)”[1]。按此著録或有誤。此書爲日人加島信成出版,東壁山房僅爲“發兑”即售賣者,並非出版者。而此東壁山房實即王冶梅歸國後於滬上自辦之書坊[2]。

【影印・整理】

無。

---

① 謝巍:《中國畫學著作考録》,第660頁。
② 參潘建國:《晚清金陵畫家王冶梅與〈今古奇聞〉小説》,《古代小説文獻叢考》,第246—256頁。

【公藏】

中國:故宫。
日本:國會。

篆學入門一卷

【叙録】

《篆學入門》一卷,明鄭大郁撰,日本京都柳枝軒朱墨套印本。中本一册。書套中題書名,右上署"明鄭孟周先生輯",左署"平安"字樣。卷端署"温陵鄭大郁孟周父輯"。正文四周單邊,白口,單綫魚尾,有界行,半葉五行。其篆文均用朱色套印。

【考證】

此書國内無,且遍查文獻,亦無著録。

鄭氏資料亦極少,其最爲學界所知者,即與《水滸傳》刻本有關,《水滸傳》藜光堂本前有温陵鄭大郁序①,學界多以爲此書已佚,然據馬幼垣先生《嵌圖本《水滸傳》四種簡介》文②,知其尚存。此外,鄭氏尚有《奇門考》一書,其書參訂者中有鄭芝龍,亦可知其交往範圍;另據資料知其尚有《邊塞考》《四夷考》等:然以上三書均爲其《經國雄略》四十八卷中之一部分③,其書分天經、畿甸、省藩、河防、海防、江防、賦徭、賦税、屯政、邊塞、四夷、奇門、武備共十三考(書中有《琉球東界合圖》,明確標示釣魚嶼之位置),曾有文獻徵引此書,後爲列入禁燬書目,漸次失傳,因其所考證是爲夷族,自爲清人所不容,亦因此之故,其人之著作均受牽連,一並湮没。

哈佛大學存有鄭氏《篆林肆考》十五卷,明崇禎十四年(1641)刊本,沈津有詳細叙録可參,沈氏著録其爲"明崇禎潭陽劉肇麟刻本",又云"是書又有明崇禎藜光堂劉榮吾刻本"④,二者實爲一事,即沈氏所録之本,其版心亦有"藜光堂"字樣,且《篆林肆考》卷端所署確如沈録,然此與《新刻洪

---

① 馬蹄疾:《水滸書録》,上海:上海古籍出版社,1986 年,第 19 頁。
② 馬幼垣:《水滸論衡》,上海:生活·讀書·新知三聯書店,2007 年,第 120—124 頁。
③ 《中國古籍總目·史部》,第 3129 頁。
④ 沈津:《美國哈佛大學哈佛燕京圖書館中文善本書志》,第 83 頁。

武元韻勘正切字海篇群玉》《大藏直音》同刊,《海篇群玉》卷端即署“書林劉欽恩榮吾父梓”,此題署與前述《水滸傳》藜光堂本所署全同。知鄭氏與藜光堂關係極深。

又沈氏云其書“爲殘本,存卷十至十五,爲‘百家姓篆法’”,然《美國哈佛大學哈佛燕京圖書館中文善本彙刊》所收却爲全本,因與另二書同刊,或沈氏著録之時未見。此《篆林肆考》共十五卷,卷一爲五言篆訣歌、七言篆訣歌及篆體異同辨,卷二爲篆法字形,卷三至卷四爲毛詩刻石篆,卷五至卷九爲詩韻篆,卷十至十五爲百家姓篆,相對而言,其書卷一、二較有價值,後之十餘卷不過資料而已。此《篆刻入門》與其書卷二大體相似。然此和本是否日人自此書中節出擅立名目者?似亦不然。此《篆林肆考》卷二之末署云“篆法入門卷之二終”①,則似作者亦曾爲此擬名《篆法入門》。細校二書,亦多有不同。則和本當非徑摘自《篆林肆考》者。

【影印・整理】

〔日〕西川寧、〔日〕長澤規矩也《和刻本書畫集成》第八輯。

【公藏】

中國:無。
日本:無。

印談一卷

【叙録】

《印談》一卷,明沈野撰,明王之義校,明治三十四年(1901)東京中井敬所鉛字排印本。中本一册。扉頁書名右上署“明沈從先著”,左下署“菡萏居藏版”。前有“辛丑三月敬所陳人識”之序。卷端署“明吴郡沈野從先甫著,王之義介伯校”。正文四周雙邊,版心下題“菡萏居藏版”,無界行,半葉十行,行二十字。末頁署“中井兼之鐫”字樣。

---

① [明]鄭大郁:《篆林肆考》,《美國哈佛大學哈佛燕京圖書館中文善本彙刊》第11册,影印,上海:商務印書館、桂林:廣西師範大學出版社,2014年,第136頁。

【考證】

此書國内僅有民國七年(1918)西泠印社活字本①,較和本晚十七年。和本前中井氏序云:"余嘗於石谷山房觀沈從先《印談》,甚愛之,惜魯魚多訛,有不釋然者矣。客秋余罹目疾,閑居無聊,唯背誦《印談》以自慰,數日之間有所自得,頃疾愈,雙眸再明,探篋得所舊謄,則以所自得校之,大抵可讀也。乃活字印之,以頒同好,且以報余疾之愈。從先名野,吴郡人,張夷令延於學山堂,頗推重云。辛丑三月,敬所陳人識。"未知其石谷山房《印談》從何而來。然此確爲此書存世最早刊本。西泠本前無序,後有葉銘跋云:"甲寅九月,日本河井仙郎游杭,見其寓中案頭有是書,愛不釋手,借歸用活字印以公同好。葉舟記。"則可確知西泠本實據和本排印也。葉銘(1866—1948)爲西泠印社創始人之一,字葉舟。河井仙郎(1871—1945)名得,字蟫巢、荃廬,又號九節丈人,日本京都人。數次周游中國江浙等地,收集文物,於金石學、古文字學、印學、書畫鑒賞等領域造詣頗高。1906年夏來印社結交印友、鑒賞藏印數日,並應邀加入西泠印社。

【影印・整理】

〔日〕西川寧、〔日〕長澤規矩也《和刻本書畫集成》第八輯。

【公藏】

中國:無。

日本:國會、東北大。

連珠印譜一卷

【叙録】

《連珠印譜》,清朱一元篆,釋元明(九華)摹,蒲庵道人補,日本安永四年(1775)跋刊本,中本一册。朱緑墨套印。

【考證】

國内各種資料均介紹此人有《連珠集印譜》,如《中國篆刻大辭典》於

① 《中國古籍總目・子部》,第1420頁。

“朱一元”條云其“清篆刻家，字巨山，工篆刻，所作印，神游於點畫鈎曲之外。輯有《連珠集印譜》”①，然其書却無此書之條目，或編者亦未見之。《中國古籍總目》等書亦未録。即《和刻本書畫集成》亦未收入，或亦未便利用。

【影印・整理】

無。

【公藏】

中國：無。
日本：東北大。

耒耨幽期二卷、趙氏印譜二卷

【叙録】

《耒耨幽期》二卷、《趙氏印譜》二卷，清趙陶齋著，日本明治五年(1872)刊本。

【考證】

此書作者趙陶齋(1713—1786)，單名養，字仲頤，號陶齋，别號息心居士、好酒野人。清初蘇州名醫趙淞陽之子，趙孟頫後裔。十八世紀初，清之海禁漸寬，其父趙淞陽至日本長崎，後趙養即出生於長崎，其母爲日本人。其篆刻多取法傳統古漢印，方正平穩，渾樸文雅，運刀自然，勃勃有生氣，有名於當時。故其書國内多未見，即此印譜，前者長澤著録爲大二册，然未見，日本亦無著録，後者爲小二册，明治五年刊，日本僅國會及東京都立中央有藏。此書如此稀少，或非摹刻之本，而爲鈐印本。

【影印・整理】

無。

① 韓天衡主編：《中國篆刻大辭典》，上海：上海辭書出版社，2003年，第195頁。

【公藏】

中國:無。

日本:國會、東京都立中央。

秋閑戲鐵一卷

【叙録】

《秋閑戲鐵》一卷,清嚴乘撰,日人摹本。大本一册。前有陳常夏行草書《秋閑戲鐵序》,張居昌刻書體字《序秋閑戲鐵》,蔚齋羅耿辰隸書序,唐朝彝行書《秋閑戲鐵序》,清源李襄猷楷書序,霜洲李荃益行草序,"丙午中秋霞東嚴乘佛宣書"之《自跋秋閑戲鐵》,"丙子秋姻叔祖應靏題於青藜閣中時年八十有七"之叙。羅逸七人之序及嚴乘自序。卷端署"閩漳嚴乘佛宣摹"。

【考證】

此印譜卷端署"閩漳嚴乘佛宣摹",知爲福建刻印家嚴乘之作,所附之印爲秦漢以來之歷史人名印,末又師友印及習語印,賞心悦目。然此書未見於國内公藏。2011 年 10 月 30 日,《南方都市報》發表哈佛大學圖書館善本室主任沈津《訪印譜收藏家林章松記》一文,文中提及香港林章松先生收藏印譜一千五百種之多,沈先生專程拜訪,點名要看《秋閑戲鐵》及《超然樓印賞》二種,可見此書之珍稀(實《超然樓印賞》哈佛大學圖書館中即藏一部,然《秋閑戲鐵》却未見。按:美國國會圖書館藏有一部①。此外,經與林先生聯繫得知,其所藏之《秋閑戲鐵》並非原鈐本,而爲勾摹本)。正因其無公藏信息,故具體書志信息甚難確定。據《中國篆刻大辭典》可知,嚴乘曾於雍正四年(1726)刻成其印譜《秋閑戲鐵》十册,前八册爲嚴乘所治之印,後二册爲羅公權所治。一至六册選擇秦代李斯以下至明代之歷史人物,共有姓名印八百六十二方,第七册爲師友印一百一十六方,第八册爲成語印一百一十六方。其書有羅公權序及跋。此後之乾隆十九年(1754)又有《摹雕秋閑戲鐵》本。北京德寶公司於二〇〇九年拍出一部嚴氏原書(拍賣者誤其名爲"秋間戲鐵")。

---

① 范邦瑾:《美國國會圖書館藏中文善本書續録》,第 209 頁。

此書前有陳常夏、張居昌、羅耿辰、唐朝彝、李襄猷、李荃益、羅逸七人之序及嚴乘自序，其中陳常夏（1630—1694）爲順治十八年（1661）進士；張居昌爲順治九年（1652）進士；唐朝彝（1640—1698）爲康熙六年（1667）進士；李襄猷爲順治十七年（1660）武科舉人：此數人均爲福建人，題序時間也均在康熙年間。羅逸序署"丙子秋"，當爲康熙三十五年（1696）；嚴乘自序又署爲"丙午中秋"，當即雍正四年（1726）。

查日本公藏，共有六家機構藏此書八種，其中新瀉大學圖書館所藏二本最有特點：一爲日本鈔本八卷二册，一爲日本摹刻本不分卷二册，爲日本釋韜玉摹雕，有寶曆四年（1754）序，大和郡山柳澤裏恭刊本，套印本。然因此書罕見，故日本之摹刻本及勾摹本均甚珍貴。

【影印・整理】

無。

【公藏】

中國：無。
日本：新潟大。

魏氏樂譜一卷

【叙録】

《魏氏樂譜》一卷，明魏雙侯傳，日魏皓編，日本明和五年（1768）芸香堂刊本。大本一册。扉頁書名右署"魏子明氏輯"，左署"書林芸香堂"。前有"皇和明和五年戊子中秋題於彦學城南千島岡之月下□淡海文學伏水龍公美"《魏氏樂譜序》，次"明和丁亥秋九月重陽日筱山文學浪華關世侯題"《魏氏樂譜序》，次"明和戊子春三月海西宮奇識"之《書魏氏樂譜後》。卷端署"平陽魏皓子明編輯，平安平信好師古考訂"。正文四周單邊，白口，雙對黑魚尾，有界行，半葉十行。末有"魏氏藏板"之方形陽文牌記，下注"每部有圖章記號，無是者皆屬贋本"。后爲"明和丁刻春日平安平信好師古"之跋。版權頁署"明和五年戊子正月"。

【考證】

此書前龍公美《魏氏樂譜序》云："蓋子明其先輩明家之大樂氏也。崇禎之末，抱其樂器而遁跡於吾大東瓊浦之地，而不復西歸，子孫因爲吾邦之人也。至子明，蓋四世云。"宮奇之《書魏氏樂譜後》云："魏君長崎人也，其曾祖名雙侯，字之琰，仕明爲某官，後避亂來寓長崎，遂家焉。"大致可知魏氏始末。此書編者魏皓曾祖名魏雙侯，當爲明宮廷樂師，明亡，遂東渡扶桑而居長崎，遂入日籍。魏皓得其家傳，於日本傳播明樂，後因弟子平信好師古慫恿，遂自魏氏所傳諸樂中，擇五十曲輯刻成書。而魏氏原本六卷共二百四十餘曲之寫本今亦存世，因清之前附工尺譜之樂曲極罕聞，故此書於研究中國古樂極有參考價值。

【影印・整理】

《續修四庫全書》影印明和本。

漆明鏡《〈魏氏乐谱〉凌雲阁六卷本總譜全譯》，廣西師範大學出版社 2017 年版。

【公藏】

中國：中國藝術研究院音樂研究所。

日本：實踐女子、九大六本松、九大。

魏氏樂器圖一卷

【叙録】

《魏氏樂器圖》一卷，明魏雙侯傳，日魏皓編，日本安永九年(1780)京都松壽亭刊本。大本一册。書名右上署"明魏雙侯傳"，左下署"松壽亭藏板"。前有"安永九年庚子夏六月，平安思堂芥元澄書浪華江濱寓居"之《魏氏樂器圖引》，次"安永九年庚子夏五月，浪華筒井郁景周識"之《附言》十二條。正文四周單邊，白口，無魚尾，計圖八幅。末有"安永庚子秋七月浪速□□□服式雅"《魏氏樂器圖跋》，後附"君山魏先生肖像"，次"安永九年庚子夏五月浪華筒井郁景周謹撰"之《君山先生傳》。版權頁有長方牌記，上有陽文方印"帝都銅陀坊松壽亭記"，下注"每部有圖章，無者係僞刻"字樣，後標"京兆書肆，松壽亭發行"。

【考證】

據此書前後之序跋，知此爲魏皓之弟子筒井氏所輯並刻。筒井氏又爲魏皓作傳,中云"安永甲午之冬,終於家焉",知魏皓卒於一七七四年。

【影印・整理】

漆明鏡《〈魏氏乐谱〉凌雲阁六卷本總譜全譯》前附影印本,廣西師範大學出版社 2017 年版。

【公藏】

中國:無。
日本:實踐女子、九大六本松、九大、宮内廳書陵部。

適情録二十卷

【叙録】

《適情録》二十卷,明人林應龍撰,日本 1980 年組本社影印天一閣本。卷端署"永嘉林應龍著"。大本二十册。正文左右文武邊,花口,單綫魚尾,版心下題"澄心堂"字樣,半葉十行。

【考證】

據《中國古籍善本書目》所録,此書現存三種傳本,一爲嘉靖四年(1525)刻本,一爲嘉靖四十年(1561)澄心堂本,一爲明崇本書院刻本。嘉靖四年存於中共北京市委圖書館,嘉靖四十年存於陝西省圖,崇本書院本存於國圖、河南省圖,共此數部。其中陝西省圖所存爲澄心堂本,善本目未作標識,然《第二批國家珍貴古籍名録》録入(號爲 04704),注明存十六卷①,且《四庫全書存目叢書》及《續修四庫全書》均取陝圖本影印。此爲日本 1980 年組本社以天一閣本爲底本影印者,然天一閣本國内各書目均未著録,未知是否此書已流於東瀛。

此書亦頗與東瀛有緣,因其書前九卷録三百八十四圖爲日僧中虚所傳。據韋力《得書記》:"袁兄告訴我,他自己也從日本買回來一部難得之書,是明嘉靖楚藩刻的《適情録》。他説,這部書以前由人民體育出版社影印出版過,但那部書的底本不全,缺了三分之一。用殘本來影印,説明國内此書没有全本。而他買到的這部却是完整無缺的。他跟我講此話的時候,

---

① 《第二批國家珍貴古籍名録圖録》,北京:國家圖書館出版社,2010 年,第六册,第 300 頁。

仍然是抑制不住地喜悦。我問他會不會也用此部書,給自己起個堂號,他不好意思地笑了,説我還真猜著了。就是得到此書之後,他把自己的堂號起爲'適情居'"①。

學書邇言一卷

【叙録】

《學書邇言》一卷,楊守敬撰,日本大正元年(1912)西東書房鉛字排印綫裝本。大本一册。首有楊守敬小像。前有楊守敬手書短跋二葉,跋後有"楊守敬印"陰文方印及"鄰蘇老人"陽文方印;次"辛亥仲冬鄰蘇老人記於上海虹口時年七十有三"之序,序後有"明治四十五年壬子一月水野疏梅寫於上海高昌廟"字樣。卷端署"宜都楊守敬述"。正文四周文武邊,白口,單黑魚尾,無界行,半葉十二行,行二十八字,有少量返點。末有"十二月十三日夜五鐘鄰蘇老人再記"之跋(即前附手書之跋)。

【考證】

楊守敬序云:"余三十年前,有《平碑記》二卷、《平帖記》二卷,庚辰東渡日本失之。厥後雖好翰墨,未有著録。辛亥避亂滬上,有日本水野元直(字疏梅,福岡人)來從余學書法,求余指示學書門徑。余因所藏碑版集帖皆陷於鄂城中,無一携出者,但憑記憶,必多遺漏;又念余五十年辛苦搜輯,雖不逮翁覃溪、吴荷屋、張叔未諸先生之精博,然以視並世諸君,或亦未遑多讓,如無一字存留,未免負負。"以楊氏未渡日之前,頗嗜碑帖之學,然至日後,轉以搜求異書爲務,碑帖反爲餘事,故常有以碑帖易書之舉。然此畢竟爲其頗下功力之事,故水野求學之時,雖正值辛亥事起,楊氏亦倉皇流離不安之時,然仍撰此一書以示之。故其另跋云:"辛亥十月,徇日本門人水野疏梅之請,爲《學書邇言》,幽憂積月,遂不能成寐,俯伏床褥,隨憶隨録,語無倫次,方冀病有間整理之,而水野歸計已蹙,只得以草稿付之。水野携至日本,見余故舊,知余頹唐之狀也。"檢《鄰蘇老人年譜》即知其避亂之窘迫,多次囑人回鄉取書未果,故此書之撰,全賴記憶,尤屬不易。此云"以草稿付之",然據陳上岷云,此書原稿實存於湖北省博物館,知水野當録副携歸。水野氏歸國之次年,即將此書交西東書房以鉛字排印出版。然國内似

① 韋力:《得書記》,桂林:廣西師範大學出版社,2015年,第24頁。

未知，故陳上岷整理此書時，則據大正十五年（1926）西東書房排印出版之《學書邇言疏釋》；又學界研究，亦以大正十五年本爲日本最早印本[①]。故此書亦當爲表出之。

【影印・整理】

〔日〕西川寧、〔日〕長澤規矩也《和刻本書畫集成》第三輯。

楊守敬著，陳上岷注《學書邇言》，文物出版社 1982 年版。

楊守敬著，陳上岷整理《學書邇言》，《楊守敬集》第八卷，湖北人民出版社 1988 年版。

【公藏】

中國：無。

日本：東大東文研、國士館、新潟大、高知大、大阪府立中之島、國會、關大、前田育德會。

---

① 參王亮：《楊守敬〈學書邇言〉研究》，吉林大學 2007 年碩士論文，第 11 頁。

六、譜録類

枕山樓茶略一卷

【叙録】

《枕山樓茶略》一卷,清陳元輔著,日本文化二年(1805)京都林喜兵衛刊。大本一册。前有陳氏自序。卷端署"閩陳元輔昌其著"。正文四周單邊,白口,無魚尾,無界行,半葉八行,行十八字,無返送,有點讀。版權頁署"文化乙丑秋九月,平安書肆,林喜兵衛"。

【考證】

此書國内不存。國人最早提及此書者爲萬國鼎,其《茶書總目提要》中著録,然僅從《静嘉堂文庫漢籍分類目録》中得知其名,後標"未見"①,則故不知此書究爲何書。今檢其目,可知當爲小越幸助舊藏之本②。後朱自振教授於日本茶業組合中央會議所得見此本,歸國後撰文介紹並將全文點校而出③。

此書作者陳元輔於國内名頗晦,然日人則刊其書多種(如其《枕山樓詩話》及其所注《晚香園梅詩》,參本文相關條目之叙録)。近因其《枕山樓茶略》及《枕山樓詩話》漸次舶歸,學界始著力於钩沉其人生平,如蔣寅《清詩話考》中據前述各書之序跋材料,大致勾勒其人生平④。至梁旭璋撰文,將日本之資料四處網羅,細心比對,終使此人之生平有較清晰之眉目。如據《枕山樓詩集》序云"康熙辛未仲春同里八十五叟鄭宗圭拜撰"知陳與鄭同里,而《福建府志》載鄭宗圭"字圭甫,閩縣人",可知陳氏亦閩縣人。又陳氏《晚香園梅詩》序中云"康熙戊午仲冬年家同學弟陳元輔拜題於烏石枕山樓",知其書齋枕山樓位於福州烏石山下。再據林譚爲陳氏《枕山樓

① 萬國鼎:《茶書總目提要》,最早發表於《農業遺産研究集刊》第二集,北京:中華書局,1958年,參王思明等主編:《萬國鼎文集》,北京:中國農業科學技術出版社,2005年,第358頁。

② 《静嘉堂文庫漢籍分類目録》,第498頁。

③ 章傳政、朱自振、黎星輝、朱世桂:《〈枕山樓茶略〉的發現及研究》,《圖書與情報》,2001年第1期。

④ 蔣寅:《清詩話考》,北京:中華書局,2005年,第286—287頁。

詩集》撰序中云“自余庚戌得交昌其,時方束髮,慎交遊,愛嚬笑,嘯讀一室,風雨寒暑弗綴”,知林康熙九年(1670)當十五歲左右,陳氏亦大致相同。則其當生於順治十三年(1656)左右。按:此處亦可補一證,陳氏於康熙三十七年(1698)爲程順則作《雪堂過遊草序》云“予兩鬢如蓬,亦頹然自廢”,若其生於順治十三年左右,則今四十餘歲,頗相符。關於卒年,學界多據《晚香園梅詩》王登瀛跋中云:“噫,今昌其亦已逝矣,獨予垂白牖下,日與諸秀士談詩染翰。辛丑春,中山紫金大夫程君寵文從都門回,好此六詠,捐資重梓。”推其於康熙六十年(1721)前去世,梁氏又據其於康熙戊子(1708)爲程順則《焚餘稿》及《指南廣義》撰序,將其逝世時間限於康熙四十七年至六十年(1708—1721)之間①。此處尚可補論之,王跋中又云:“晚香林二耻,吾閩奇士也,韻士也,胸次高潔,磊落不群,每有鬱抑於懷,必寄託於吟詠以自放。與世不合,獨與予與昌其二人交善,花晨月夕,杯酒唱和者,幾五十年。”前述陳、林二人交往有“庚戌得交昌其,時方束髮”之語,觀王跋,則三人交往當大致同時。故自康熙九年後推“幾五十年”,或當在康熙五十四年至五十八年(1715—1719)之間。此時間亦可再考定之,陳氏《枕山樓課兒詩話》之末有“雍正乙巳蒲月中山正議大夫後學曾曆欽授”之跋,中云:“未幾,傳聞先生巫陽有招,玉樓成賦,痛哲人之已逝,嗟典型於夙昔,惟先生之廑我晤思也。癸卯歲,予復銜命至閩,再駐瓊河,求其詩話舊刻,剥落殆盡。”此癸卯即雍正元年(1723),詳其語氣,當與聽聞陳氏之逝或尚未遠,則亦可證前之推測,故似可暫定其爲康熙五十八年。

至此《枕山樓茶略》,梁氏文尤有掘進之功,其指出關西大學圖書館所藏刊記爲“文化乙丑秋九月清廬藏”,静嘉堂藏書則爲“文化乙丑秋九月平安書肆林原兵衛”(按:此或有誤字,筆者藏本署“林喜兵衛”,查日本書肆,似無以“林原兵衛”爲名者,而此林喜兵衛則刊書其多,尤可提及者,其於天保十五年即1844年曾刊《茶經》一書),何以有此不同,梁文指出,或與其時之文豪上田秋成有關。上田於文化二年曾有信云:“思緒之際,尾張之人來信,展閲之,上書:‘陳昌其《茶略》一書,今置於吾機,去年春將之欲雕之櫻木,輯録謄清,請一閲之。’”據此推測,“《枕山樓茶略》一開始是由大館高門自費翻刻的,之後經由上田秋成校閲,最後在京都的書肆出版,所以才會出現同年出版兩種刊記的狀況”。雖然因版片刷印與在不同城市販賣成本之考量,和刻本刊記不同實正常情況(即某書版本在某地刷印至市場

---

① 梁旭璋:《日本回流古籍所見中琉日间茶文化传播:以陈元辅〈枕山楼茶略〉为例》,《茶惠天下——第十五届國際茶文化研討會論文集萃》,杭州:浙江人民出版社,2018年,第267—282頁。

飽和後,會將版片售於另地,彼書肆即挖改刊記),然此處提出上田秋成之信,頗有説服力,且於此書之日本傳播又增新文獻。

另,此書於明治三年(1870)曾有布袋庵刊行計書,今可見其上版稿本,封面中爲書名,右上署"閩陳元輔著",左下署"布袋庵藏梓"字樣。前爲清風明月樓主人草書《自序》。正文左右文武邊,白口,上黑魚尾,版心下署"布袋庵藏"字樣,有界行,半葉七行,行十五字,中偶有跨葉版畫。末版權頁署"青灣碑畔布袋庵藏梓"字樣,"明治三庚午冬上梓","執事:白頭社、隨意社、煙嵐社、南陽園、金谷堂、淹茶亭"。文末有識語云:"明治三歲次上章敦祥小春手録併圖於青灣碑畔南軒暖處,卧牛山下人醉茗居士田癡。"此本日本及中國公藏均未見,則或未及付刻。

【影印・整理】

章傳政、朱自振、黎星輝、朱世桂《〈枕山樓茶略〉的發現及研究》,《圖書與情報》2001年第1期。

鄭培凱、朱自振主編《中國歷代茶書匯編(校注本)》,商務印書館2007年版。

朱自振、沈冬梅《中國古代茶書集成》,上海文化出版社2010年版。

【公藏】

中國:無。

日本:静嘉堂文庫、日本茶業組合中央會議所,關西大學、東京都立中央、東北、國會、京都今日庵(後四種筆者未檢索到,均據梁旭璋文)。

煎茶訣一卷

【叙録】

《煎茶訣》一卷,清葉雋著,日本寶曆十四年(1764)跋、明治十二年(1879)鹿鳴舍刊本。中本一册。扉頁書名之右上署"清國葉雋永之撰",左署"東京廉鳴舍梓"。前有"戊寅觀蓮節題""紗帽籠頭風花遶鬢"數字,次"光緒戊寅六月穀旦浙東黍園王治本撰並書"之《煎茶訣序》,次琴仙繪"竹裏閑情"圖。卷端署"越溪葉雋永之撰"。正文四周單邊,白口,無魚尾,有界行,半葉七行,行十六字,有返送。正文後有不生道人《煎茶訣跋》,跋末附識語云:"《茶訣》一篇,語不多而要眇盡矣,命之剞劂,以施四方君子云。時寶曆甲申十月浪華蒹葭堂木孔恭識”。版權頁署“明治十二年十一月一日開版,鹿鳴舍藏版”,有長方印“定價拾貳錢五厘”。

【考證】

此書國内無存。存世和刻本有二。一爲寶曆十四年跋、寬政八年(1796)木村孔恭蒹葭堂刊行者,此本有日僧蕉中之補,蕉中即日本名僧大典顯常,此人與茶書關係密切①。二即明治十二年鹿鳴舍刊本,日人小田誠一郎訓點,此本將日釋大典所補内容全數删去,並請旅日華人王治本撰序(序之首行下有陰文長方印,當爲“不陋居”三字,此即王治本自號),前加題辭乃從文徵明《煎茶詩贈履約》“山人紗帽籠頭處,禪榻風花繞鬢飛”一聯截出之“紗帽籠頭,風花繞鬢”,此“紗帽籠頭”文氏亦從唐人玉川子盧仝關於飲茶之名詩《走筆謝孟諫議新茶》中“柴門反關無俗客,紗帽籠頭自煎吃”句而來,總之,皆意在“煎茶”二字,頗爲雅致。另,明治本前所增“竹裏閑情”圖爲“琴仙繪”,此人即王琴仙,據日本《大河内文書》所載“琴仙:王藩清,號琴仙,貢生學位,和桼園、惕齋都是同族親戚”②,知爲王治本族弟,與同族王治本、王惕齋同遊日本,頗有聲名。此序與圖或即王氏二人收取潤筆之來源,据《大河内文書》引録,其人有潤筆仿單如下:“不陋居主人王桼園先生、問梅居主人王琴仙先生詩文書畫潤筆格:撰序跋論記,每篇兩圓;題畫題扇,每五拾錢;酌裁稿本,另議;從學詩文,每月壹圓;書大幅堂畫,每幅壹圓;書屏幅,每弍分;書對聯,每弍分;書扇面册帙,每弍拾錢;書匾額(字在尺外大者),每四字弍圓(如小匾,照屏幅式);畫大幅堂畫,每弍圓;畫屏幅,每弍分(如畫四幅,壹圓弍分);畫帳額,每弍分;畫扇面册帙(小件),每壹分;篆刻圖章,每字弍拾錢(如圖章過小、字畫過多者不刻)。光緒三年丁丑十月吉旦,明治十年十一月,得所老人酌定。”③則此書之刊行,王治本撰序,王琴仙繪圖,皆可得潤筆矣。

【影印・整理】

許嘉璐《中國茶文獻集成》,文物出版社2016年影印明治本。

馮衛英、劉馨秋、朱自振、黎星輝、顧雯《日存茶書——〈煎茶訣〉》,《農

① 參見梁旭璋:《大典禅師の茶書に関する研究》,《學藝國語國文學》,平成三十年(2018)第五十號。

② 王勤謨:《近代中日文化交流先行者王惕齋》,寧波:寧波出版社,2011年,第27頁。

③ 轉引自吕順長:《清末浙江與日本》,上海:上海古籍出版社,2001年,第252頁。

業考古》2007 年第 5 期。

鄭培凱、朱自振主編《中國歷代茶書匯編(校注本)》,商務印書館 2007 年版。

朱自振、沈冬梅《中國古代茶書集成》,上海文化出版社 2010 年版。

楊東甫、楊驥《中國古代茶學全書》,廣西師範大學出版社 2011 年版。

梁旭璋《江户時代煎茶書研究:葉雋〈煎茶訣〉》,日本一橋大學《言語社會》2017 年第十二號。

【公藏】

中國:無。

日本:大阪中央圖書館(寬政本),國會、公文、東大、東北大(明治本)。

菊譜百詠圖二卷、附一卷

【叙録】

《菊譜百詠圖》二卷附一卷,明周藩王朱有爌撰,蔡汝佐畫,日本貞享三年(1686)年長尾德右衛門刊。大本一册。扉頁題"菊百詠",右署"新安冲寰蔡汝佐繪",左署"玉林黄德寵鐫"。前有靖節先生像,次爲嚴性善序。正文每半葉下圖上詩。末有附録。末葉署"崇禎己卯梓"字樣。後有"貞享乙丑落帽節三徑主恭齋識"之跋語。

【考證】

按:此即《德善齋菊譜》,黄虞稷《千頃堂書目》載"鎮平恭靖王有炫德善齋菊譜一卷"①,今人王毓瑚《中國農學書録》亦録,然云"書没有流傳下來"②。王華夫《明代佚本德善齋菊譜》一文云其於一九九六年赴美國參會之時,於哈佛大學燕京圖書館發現該書,並將複印本携歸,又云此書乃燕京圖書館於一九六一年由日本東京書市購得者③;後又發表《〈菊譜百詠圖〉簡介》一文,對日刊此書稍加叙録,判定二書文字全同,圖由不同之人繪製,故稍有異。據王著録,此書畫者與長澤氏所録不同,據長澤《目録》署爲

① [清]黄虞稷撰,瞿鳳起、潘景鄭整理:《千頃堂書目》,第 252 頁。

② 王毓瑚:《中國農學書録》,北京:農業出版社,1964 年,第 128 頁。

③ 王華夫:《明代佚本〈德善齋菊譜〉》,《中國農史》,2006 年第 1 期。

“蔡汝似畫”,則長澤或誤“佐”爲“似”。檢萬曆三十五年夷白堂刊《圖繪宗彝》一書所署。

【影印・整理】

〔日〕西川寧、〔日〕長澤規矩也《和刻本書畫集成》第五輯。

【公藏】

中國:無。
日本:東京都立中央、國會、公文書館、山口大。

秘傳花鏡六卷

【敘録】

《秘傳花鏡》六卷,清陳淏子撰,日本安永二年(1773)須原屋平助刊本。大本六册。扉頁書名上横題“園林雅課”,右署“西湖陳扶摇彙輯,日本平賀先生校正”,左列“花曆新歲、課花十八法、寫生圖譜、花木類考、培養秘傳、附獸魚蟲考”,下署“花説堂梓行”。前有“康熙戊辰立春後三日藥園丁澎題於扶荔堂東軒”之序,序後有“濟陽丁澎”陽文方印及“藥園”陰文方印;次“康熙戊辰桂月西湖花隱翁陳淏子漫題”之自序,序後有“陳淏子印”陰文方印及“花隱翁”陽文方印。正文四周單邊,白口,單黑魚尾,有界行,半葉九行,行二十字,注小字雙行同,有返送。末有“康熙戊辰花朝同學眷小姪張國泰頓首拜題”之《花鏡叙》,文後有“張國泰印”陽文方印,“履安”陰文方印。版權頁署“安永二年癸巳春”字様。又有文政十二年(1829)修版後印本。

【考證】

此書中國流傳版本甚多①,然此和本仍甚有價值。原因有三。

一者,國内所傳諸本前均僅有“康熙戊辰桂月西湖花隱翁陳淏子漫題”之自序一篇,然和本前多“康熙戊辰立春後三日藥園丁澎題於扶荔堂東軒”之序,末多“康熙戊辰花朝同學眷小姪張國泰頓首拜題”之《花鏡叙》(文政本將二文均集於書首),此二文皆作於康熙二十七年(1688),且一在立春,一在花朝節,均早於陳氏自序之八月。則和本之底本原當即有此二文,然國内所

① 《中國古籍總目・子部》,第372頁。

傳諸本均佚去，可見和本之價值。且此二序陳淏子之子陳枚及其孫陳德裕所編之《憑山閣增輯留青新集》一書均可援證。其卷三録方象瑛所撰《扶摇陳先生暨元配戴孺人合葬墓志銘》一文，中云："晚年以齒日加進，倦而歸里，出其餘緒，頗留意於花木禽魚之興。推物理，本生趣，凡栽藝玩蓄之法，無不雅合，而備極稱賞於丁祠部飛濤先生，而特爲弁首以梓行。"即提及丁澎爲序事，所言甚確，則此序當無疑問。其卷十又全文載録張國泰所撰之序①，與和本所載相較，一字不差（二文之正文皆六百七十五字）。

二者，此書各本插圖多寡不同，最多者即和本，計三百二十二幅，國内最早之善成堂本則最少，僅一百四十四幅，則或和本之底本即存圖較多。

三者，此書之眉間有日人平賀氏之校訂，頗有所見，伊欽恒氏校注此書頗多采用（惜伊本未注校語出處），如"立春"條"坎來"之下有注云"西方"，伊校爲"北方"，並加校語云："各版均作'西方'，按'坎來'應作'北方'。"②平賀校本早於眉上校云"'西'當作'北'"。

關於此書作者，歷來不詳其生平，王建《〈花鏡〉作者陳淏子考辨》一文勾稽文獻，所考甚細，於其人生平可大致廓清。然其又云："從方渭仁的記載中可以得知，陳扶摇名陳淏，這也可以糾正《花鏡》作者爲陳淏子這一相沿已久的錯誤，錯誤的原因是《花鏡》自序署'西湖花隱翁陳淏子漫題'，名字後稱'子'或'甫''父'等都是文人結習，不應將這些字眼錯以爲名字所本有。古人字號都有關聯，若爲"淏子"則與"扶摇"失去了關聯性。"③所言亦有道理，即此人之名確爲"陳淏"無疑。然即此定"陳淏子"爲訛誤，似亦未當。據國内刻本及和刻本，陳氏自序之末均有"陳淏子印"陰文方印及"花隱翁"陽文方印④，若其序末自署之"子"爲"甫""父"之美稱，則其不當再入於名章之中，故可認爲作者撰此書時，或即用"陳淏子"之名，似不必逆作者之意而必以原名名之。

爲是書作序之丁澎爲清初著名詩人，《清史稿》有傳，然其生卒却不詳⑤。至江慶柏《清代人物生卒年表》據《順治十二年乙未科會試進士履歷便覽》及《浙江古今人物大辭典》，將其定爲"天二—康二四（1622—

① ［清］陳枚、陳德裕：《憑山閣增輯留青新集》，《四庫禁燬書叢刊》集部第54册，影印，北京：北京出版社，2000年，第152—153、461頁。

② ［清］陳淏子輯，伊欽恒校注：《花鏡》（修訂版），北京：農業出版社，1979年，第4頁。

③ 王建：《〈花鏡〉作者陳淏子考辨》，《文獻》，2003年第2期。

④ ［清］陳淏子：《秘傳花鏡》，《續修四庫全書》第1117册，第242頁。

⑤ 錢仲聯主編：《中國文學家大辭典·清代卷》，北京：中華書局，1996年，第4頁。

1685)"[①]。然此書之序寫於康熙二十七年,知江考或誤。《清人别集總目》標其生卒爲《1622—1686 以後)[②],知其尚有疑問。柯愈春據丁澎之子丁辰槃於康熙五十五年(1716)所作《扶荔堂文集選》跋稱"先大夫棄世迄今二十有餘載",推測"約卒於康熙三十年"[③],庶幾近之。然此推測仍可左可右。此後,多位學者據丁澎之妾胡氏於丁過世後守節四十二年,並於乾隆二年(1737)得朝廷旌表之證,推其卒於康熙三十五年(1696)[④],當較可信。

另一作序者張國泰當與陳淏有較密切之關係,然其人已無資料可考。《履園叢話》卷十二"堆假山"條云:"堆假山者,國初以張南垣爲最。康熙中,則有石濤和尚,其後仇好石、董道士、王天于、張國泰皆爲妙手。"[⑤]未知所言是此人否? 然時代頗同,或即其人。又據《弈人傳》所載,有"張國泰履安《致何闇公書》"云:"足下甫弱冠耳,遂能悟河洛之奇,爲當代領袖,其穎悟固不讓象山先生也。敝友張駕部,弈中射雕手,聞足下名,急欲一當旗鼓,圍埸九級,未知鹿死誰手! 足下其能躍馬揮戈,拔其樹幟乎!"[⑥]此記載有"履安"之字,則當即此人無疑,可知其人或尚爲手談之名家。另據《憑山閣增輯留青新集》,其卷首有張國泰之敘,署云"戊子初夏白岩山叟張國泰頓首拜題,時年七十有二",此人自即字履安者,一者此書卷端題署有云"西泠陳枚簡侯選,男德裕子厚增輯,張國泰履安訂,休邑朱從儀慎威參閱"之標識,二者即其序末有"張國泰印"陰文方印,"履安"陽文方印[⑦],與和本跋後之印除陰陽互换外幾全同,其陰陽之换或其人相隔二十年用印不同,或日人刊刻時陰陽互换。則其人於康熙四十七年(1708)時七十二歲,當則生於崇禎十年(1637)。

【影印·整理】

王睿、王曉勇、付梅主編《中國古代植物文獻集成》影印本(節選),北京燕山出版社 2021 年版。

---

① 江慶柏:《清代人物生卒年表》,北京:人民文學出版社,2005 年,第 3 頁。

② 李靈年、楊忠主編:《清人别集總目》,合肥:安徽教育出版社,2000 年,第 5 頁。

③ 柯愈春:《清人詩文集總目提要》,北京:北京古籍出版社,2001 年,第 151 頁。

④ 參楊曉春:《明末清初杭州回族丁澎家族的史料及其譜系重構》,《元史及民族與邊疆研究集刊》第 35 輯,上海:上海古籍出版社,2019 年,第 219—236 頁。

⑤ [清]錢泳撰,張偉校點:《履園叢話》,北京:中華書局,1979 年,第 330 頁。

⑥ [清]黄俊編撰,李行之點校:《弈人傳》,長沙:嶽麓書社,1985 年,第 204 頁。

⑦ [清]陳枚、陳德裕:《憑山閣增輯留青新集》,《四庫禁燬書叢刊》集部第 54 册,第 6、14 頁。

【公藏】

中國:天津。

日本:所存甚多,不備録。

国家社科基金
GUOJIA SHEKE JIJIN HOUQI ZIZHU XIANGMU
后期资助项目

和刻漢籍善本考録

下

Catalogue and Textual Research of
Japanese Rare Books in Classical Chinese

李小龍　著

天津出版傳媒集團
天津古籍出版社

七、雜家類

墨子全書六卷

【叙録】

《墨子全書》六卷,明茅坤校,日本寶曆七年(1757)江都須原屋平左衛門等刊本。大本六册。扉頁分上下欄,下欄右題"鹿門校刻",中題"涵春樓原板",左題"墨子全編";上欄云:"邇來子書梓者充肆矣。第《墨子》尚未印行,本坊近得宋本,特懇鹿門茅先生斤正讐加校刻,並無訛贋,誠藝林奇璧也。識者珍之。書林童思泉識。"前有"寶曆七年丁丑秋九月東都原儀子羽書於東都龍閘邱舍",文後有"原儀私印"陰文方印及"子羽"陽文方印,次韓愈《讀墨子》,次"萬曆辛巳歲孟夏歸安鹿門茅坤書"之《新刻墨子序》,次"西吴陸弘祚撰"之《新刻墨子序》。卷端署"歸安茅坤校閲"。正文四周單邊,白口,單魚尾,版心下署"城東書坊",有界行,板框分上下欄,上欄偶列校語;下欄半葉九行,行二十字,有返送。末有井孝德《書墨子後》。版權頁署"寶曆七年丁丑初春""江都書林,須原屋茂兵衛、須原屋平左衛門"。

【考證】

《墨子》一書,後之能讀者甚少,故或傳世甚稀,或有傳本,亦訛誤滿紙。明代刊行此書者甚衆,然以茅坤校本爲最善。其書迅速東傳日本,即有此和刻之本。楊守敬《日本訪書志》已及此和本,云:"日本寶曆七年源儀重刻此本,以諸本之異同者校刊於書楣,多與畢氏暗合,與《太平御覽》所引合,不惟勝此本,且勝畢氏所據之《道藏》本,惜乎源氏無卓識,不刻其所引之一本,而刻此合併之本,令人嘆息也。"①知此本亦得楊氏稱賞。其後葉德輝氏亦得此本,亦頗稱揚②。葉氏所藏今歸韋力,其《芷蘭齋書跋續

① 參[清]楊守敬撰,張雷校點:《日本訪書志》,第104頁。

② [清]葉德輝撰,楊洪升點校,杜澤遜審定:《郎園讀書志》,第224頁。

集》有詳述,和刻本版心署"城東書坊",韋氏不知此爲何所,故對其多有臆測①,然皆誤,以其實日本書肆耳。《中國古籍總目》載此茅本,有陝西黨校、温州、安徽、江西四家有藏②,國圖與北大另藏童思泉刻本,實亦茅本,其扉頁與和本全同。將其正文與和本相較,亦可見其覆刊之跡,小異者,茅本每節之後另起一葉,和本爲省篇幅,則連排之。然尤要者,此和本多據日本古鈔本校之,所校早於畢沅氏之《墨子注》,間多有暗合,可見此本之價值,已非茅本所可籠罩。

吴毓江《墨子校注·墨子舊本經眼録》第十二則爲"日本寶曆七年秋山儀校刻本",其録楊守敬之語,並加案語云:"本書秋山《自序》有云'余向與岡士騏會數本校讎一過,惟諸家屢歷傳寫,亥豕非一,未易臆斷。後獲鹿門茅氏本,與松子文、井子章再閲之,彼此參合,得失互有,茅本難必盡從。'是則秋山刻本之不盡從茅本,固已於《自序》中明言之。世人未將兩本内容全部勘對,見其表面相似,遂徑謂寶曆本爲茅本,或謂寶曆本與茅本之原本相同(如李笠《墨子間詁校補》所述),皆屬無稽之談。在秋山未校刻《墨子》以前,日本一班流行之《墨子》皆屬鈔本,自秋山刻本出世後,鈔本遂日就澌滅。余在日本訪求數年,竟未見一明嘉靖以前之全部古鈔本。(聞北海道前有養賢堂文庫,藏有古鈔本《墨子》一種,訪求未得。)蓋《墨子》書本屬難讀,在中國已若存若亡,其在日本亦遠不如《論語》及《千字文》之重要,故有刻本《墨子》後即不知愛惜古鈔本,迄今百八十年,遂鮮存者。秋山校刻《墨子》其始固專以鈔本對校,及得茅本,或震於其原出宋本之牌記,始采用之以爲主本,於是無形中即爲茅本所拘束,而不能多采鈔本,鈔本中可貴材料失去自當不少。秋山以日人而整理漢籍,其不敢篤守彼邦傳鈔之舊本而忽視中國翻宋之刻本,自有其相當理由。從前日本漢學家多有此習,不獨一秋山爲然也。設秋山能以一較古之鈔本作底本,而以他鈔本及刻本之異文儘量載出,不以主觀去取之,則其書之價值當遠在今本之上也。楊氏病其不刻所引之一本而刻此合並之茅本,不知秋山所刻者固非盡從茅本,而其所引者亦非一本也。此書因有古鈔本成分在内,故佳字特多,如《尚同中》篇政'以爲便嬖宗族父兄故舊'句,與正德俞鈔三卷本若合符節,其餘他本皆誤而此本獨不誤者屢見,不一見也。"③所論甚是。

關於此本之價值,可舉一例。《兼愛中》云:"以不相愛生邪? 子墨子

① 韋力:《芷蘭齋書跋續集》,北京:國家圖書館出版社,2013 年,第 44—55 頁。
② 《中國古籍總目·子部》,第 1602 頁。
③ 吴毓江:《墨子校注》,北京:中華書局,2006 年,第 1013 頁。

言,以不相愛生。"《墨子》傳世各本皆同。孫詒讓《墨子閒詁》於此引俞樾之校語云:"'以不相愛生邪',當作'以相愛生邪',乃反言以問之,起子墨子之正對也。下篇云:'姑嘗本原若衆害之所自,此胡自生?此自愛人利人生與?即必曰:非然也。必曰:從惡人賊人生!'又云:'姑嘗本原若衆利之所自生,此胡自生?此自惡人賊人生與?即必曰:非然也。必曰:從愛人利人生!'皆以反言發問而起正對,正與此同。若如今本,則文義複沓矣。"然俞、孫二氏均未見别本,惟有校出而不改字①。至于省吾則云:"俞説是也。寶曆本正無'不'字。"吴毓江《墨子校注》即遵俞氏之意而據寶曆本删此字②。

【影印・整理】

〔日〕長澤規矩也《和刻本諸子大成》第七輯。

《和刻本四部叢刊》影印本。

【公藏】

中國:首師大、上海、浙江。

日本:公文、酒田市立、東大總、市立米澤、阪大總、高知大、大阪府立中之島、國會、關大、中央大、館林市立。

墨子十五卷

【叙録】

《墨子》十五卷,日本寬政十年(1798)吉田漢宧據明嘉靖壬子(即嘉靖三十一年,1552)芝城銅活字本以木活字本排印。大本四册。

【考證】

嘉靖三十一年,芝城銅活字本《墨子》印行。此書較特殊,既爲銅活字本,且爲藍印本,故文獻界一般稱之爲"芝城銅活字藍印本",然未知此書僅存此需要校改之藍印校本,抑或所有印本均爲藍印本,已不可討論,因現

---

① [清]孫詒讓撰,孫啓治點校:《墨子閒詁》,北京:中華書局,2001年,第102頁。

② 吴毓江:《墨子校注》,第158頁。

僅國圖存孤本(此本爲黄丕烈舊藏,淵源有序①),無可參考。然森立之《經籍訪古志》載此求古樓舊藏之本,云"明刊藍楊本",並云"明嘉靖壬子歲中元乙未芝城銅活字本",則確爲此本無疑,而其題下所標"藍楊",當爲"藍印"之誤,則森氏所見本亦藍印本。其書據楊守敬手批《經籍訪古志》,此處楊氏標云"飛青閣有抄本"②,則楊氏亦曾據求古樓舊藏抄録,惜求古樓原書已未知存佚,楊氏所抄之本亦未見楊氏諸書目載録,或亦失傳。

森《志》又云:"吉田安校刊活字,此本以本爲原。"③所云即此本。因嘉靖銅活字本國内亦僅存孤本,故此寬政本亦可作芝城本之替代,惜此寬政木活字本存世亦極罕見,目前僅知日本有三家圖書館有藏。

【影印・整理】

無。

【公藏】

中國:無。

日本:静嘉堂文庫、東洋文庫、慶應大。

鬼谷子二卷

【敘録】

《鬼谷子》二卷,唐尹知章注,日本皆川愿校,安永三年(1774)刊本,又有文化十年(1813)京都野田嘉助大坂河内屋太助重印本。中本二册。扉頁書名右署"皆川先生考閲",左署"大阪書肆合梓"。前有"安永甲午夏六月皆川愿撰"之《刻鬼谷子序》。卷端署"唐尹知章注,平安皆川愿考閲"。正文四周文武邊,白口,單魚尾,有界行,半葉十行,行十九字,小字雙行同。

【考證】

嚴靈峰《周秦漢魏諸子知見書目》中曾著録有日人皆川愿《鬼谷子考

---

① 參[清]黄丕烈撰,余鳴鴻、占旭東點校:《黄丕烈藏書題跋集》,第242—243頁。

② 〔日〕長澤規矩也:《楊惺吾日本訪書考》,《長澤規矩也著作集》第二卷,東京:汲古書院,1982年,第241頁。

③ 〔日〕澁江全善、森立之等撰:《經籍訪古志》,杜澤遜、班龍門點校,第152頁。

訂》二卷，叙録云："上、下二卷。以唐尹知章注本爲底本。加假名斷句，眉欄校訂文字、文義。前有安永甲年（當爲'午'）皆川愿《刻鬼谷子序》。首題：'唐尹知章注、平安皆川愿考閲。'"①因唐人尹知章注《鬼谷子》國内早佚，故此書啓人之疑。許富宏《鬼谷子集校集注》云此和刻本注"與《道藏》本陶弘景注同"，許氏《皆川愿考訂〈鬼谷子〉誤署尹知章注考》一文亦有相同觀點。許氏認爲皆川氏底本，並非唐本，理由有五：一、"無尹知章《鬼谷子序》"；二、"有高似孫《鬼谷子序》中文字"，因高氏序"被節録作爲《鬼谷子序》而見於明代的多個版本"，"則其所見本只可能是記載高似孫《鬼谷子序》的明本，而不可能是唐本"；三、皆川本中缺四百餘字，而以宋本爲底本之秦恩復刊本不闕，若其底本爲唐本，則當有此段文字；四、尹注本據兩唐書載均爲三卷，皆川本爲二卷；五、皆川本署尹知章注乃僅此一見，並無旁證。繼而，又論定"其注文亦非尹知章作"，理由有二：一、"不避唐諱"，二、"與尹知章注《管子・九守》不合"。故其結論爲"既然皆川本所依據底本非尹知章注本，且注文亦非尹知章所作，那麽，皆川本古注署尹知章注即爲其私意添加"，因皆川愿《刻鬼谷子序》中説："予十七八時嘗爲人一訂此書，今已二十年，其人請出付梓人，予不能拒，乃爲之序"，故推測"作爲少年的皆川愿，或據私意添加以足本。皆川本署尹知章注實乃謬誤"②。

此論實有尚可商榷之處，或可逐條細論。

一、無尹知章《鬼谷子序》。按：文獻流傳千年，序文佚去實爲常事，此不足爲據。

二、有高似孫《鬼谷子序》中文字。作者推論："皆川愿看到過宋代高似孫《鬼谷子序》，不然如何得以引用？"此爲必然之理，然作者又推論之云："既然皆川本中引用高似孫《鬼谷子序》，則其所見本只可能是記載高似孫《鬼谷子序》的明本，而不可能是唐本。"則不妥。因頗有别種或然因素：一者，皆川氏所見或非明本而竟是有高氏序之宋本（雖此可能極小，然不可排除）；二者，皆川氏用高氏語之源既非明本亦非宋本，而是引自《子略》或從他書轉引；三者，即便此語來自明本，其正文所據未必便定爲明本，因其語並非本書序文，不過皆川氏序中引及而已，此與底本問題並無必然關係。即此作者亦云"可見，皆川愿在考訂《鬼谷子》時手頭上不止一種明代的版本，他還參考了除底本之外的其他明本"。

三、關於缺文之推論更不合邏輯，若源於宋本便無缺文，世間何有此

① 嚴靈峰：《周秦漢魏諸子知見書目》第3册，第424頁。
② 許富宏：《皆川愿考訂〈鬼谷子〉誤署尹知章注考》，《古籍整理研究學刊》，2013年第1期。

理。作者文中最有力者，乃《道藏》本亦缺此四百餘字，可證皆川本與《道藏》本確有關係存焉，雖然，亦不可徑斷其源於《道藏》本。

四、古籍流傳之時，卷帙分合實屬常態，不足爲證。

五、作爲一書之注者，於卷端題署中出現其名，尚不充分耶！

至於駁注之兩點亦似未當。

第一，不避唐諱。其所據爲唐本並非其即唐代原本，正如許氏據秦本，便是宋本，却非宋代原本，然則秦氏本避宋諱乎？

第二，與尹知章注《管子・九守》不合。此條於諸證中稍有力。然亦可商。首先，注書與對象有關，彼同此異亦無足怪。事實上，《管子注》是否爲尹所注尚須存疑，黎翔鳳《管子校注》即指爲房玄齡注。雖有學者撰文論其爲尹注，認爲"南宋紹興年間科舉取士，從《管子》及注疏内出題，《管子注》盛行，書商爲了提高書籍的銷售量，將尹注《管子》改爲位高名重的初唐良相臨淄人房玄齡"①，其説亦武斷，因均屬猜測，並無確證，早在其所指出之"南宋紹興"以前數百年，唐之杜佑《指略序》即云其"唐房玄齡注"，爲繞開此證，作者又斷云"此《序》是否爲杜佑所寫，還是問題"，此已非討論問題之法。無論如何，《管子注》究爲誰所作並非定論，以此尚未定讞之事來定《鬼谷子》注作者，實未見其當。

前引七證中，唯缺文四百餘字及與尹知章注《管子・九守》不合二條尚有證實之可能，然亦止於此，若要確證，則須補充大量缺環。然作者徑據此認爲"皆川本古注署尹知章注即爲其私意添加"。依常理而言，日本學者於刊行漢籍時均頗嚴謹，尤要者，皆川氏爲當時漢學大家，公然作僞，似亦無可能。故此注之真僞，非不可置疑，然似不必疑此爲皆川氏"私意添加"。其實，皆川氏或有所本。如日本公文書館内閣文庫藏有原木村蒹葭堂藏抄本《鬼谷子》，即題爲"唐尹知章注"。木村蒹葭堂（1736—1802）與皆川愿（1735—1807）爲同時人，其所藏抄本與皆川校訂本或有三種可能，或無關，或前者爲後者底本，或前者抄自後者。二人生於同時，幾乎同歲，分别生活於京都與大阪，相距既近，二地之聯繫亦復緊密，皆川源刊《鬼谷子》爲安永三年，據長澤規矩也《和刻本漢籍分類目録》載，其書初版後立刻即有後印本，此後直至明治間仍重印不斷——其中亦多有大阪書肆，作爲藏書大家之木村孔恭，購求一册當極容易，絶無抄録之必要。故最合理之推測或皆川本以木村所藏抄本爲底本。

總之，《鬼谷子》皆川本及《道藏》本之注究爲陶作、尹作，尚不能定。

---

① 郭麗：《房玄齡還是尹知章注釋了〈管子〉》，《西南交通大學學報》，2006年第3期。

要之,皆川本之刊出,提供研治此書之新資料。

【影印・整理】

〔日〕長澤規矩也《和刻本諸子大成》第六輯。
《和刻本四部叢刊》影印本。

【公藏】

中國:遼寧、湖南。
日本:所存甚多,不備録。

論衡三十卷

【叙録】

《論衡》三十卷,漢王充撰,日本寬延三年(1750)皇都山田三郎兵衛等據明黄嘉惠校本重刊本。大本八册。扉頁題"王充論衡",右署"南郭先生閲",左署"平安書林弘簡堂"。前除沈雲楫序、虞淳熙序、楊文昌後序外,又有南郭服元喬之《讀論衡》,"延享五年戊辰夏日京師後學石陽浦衛興撰"《重刻論衡序》。卷端署"漢會稽王充著,黄嘉惠閲"。正文左右文武邊,白口,綫魚尾,有界行,半葉九行,行二十字,偶有注,小字雙行同。

【考證】

《論衡》一書,明代刻本甚多,其影響較大者,爲萬曆間程榮所刻《漢魏叢書》本,此後明代之錢震瀧本、黄嘉惠本,清代之王謨《廣漢魏叢書》本及崇文書局本均據此翻刻。然其中之黄嘉惠本却存世極少,據《中國古籍總目》所載,僅中科院一家有存①,細檢《中國古籍善本書目》及《中國古籍善本總目》,均未録其書,全國古籍普查目亦無,則其書或確較少見。此日本所翻刻者,正以黄本爲底本者(其卷端署"黄嘉惠閲",《中國古籍總目》著録中科院藏本時亦標"黄嘉惠閲"而非錢本之云"錢震瀧刻"),且一依原書之體(二書沈、虞二人之序因有"中郎"二字而致互混,此亦沿用,未作調整),翻雕極精。

---

① 《中國古籍總目・子部》,第1632頁。

【影印・整理】

〔日〕長澤規矩也《和刻本諸子大成》第七輯。

《和刻本四部叢刊》影印本。

【公藏】

中國：遼寧、黑大、天一閣、湖南、天津。

日本：千葉縣立中央、新瀉大、二松學舍、公文書館、酒田市立、島根縣圖、東大東文研、一橋大、新瀉縣圖、高知大、中央大、實踐女子、伊那市立高遠町、東北大。

劉子五卷

【叙録】

《劉子》五卷，題梁劉勰撰，唐袁孝政注，皆川愿校，日本寶曆八年(1758)京都山田三郎兵衛、西村平八刊本。大本五册。扉頁題“全編劉子”，左右有雲龍圖案，前有“寶曆戊寅之春播磨清絢”之《劉子序》，次“寶曆八年戊寅正月平安咸愿撰”《劉子序》。卷端署“新雕劉子”，“梁劉勰著，唐袁孝政注”。正文四周文武邊，花口，單黑魚尾，版心有“皇都書鋪”字樣，有界行，半葉八行，行十七字，注小字雙行同。末有“寶曆戊寅春城南滕璋識”之《書劉子後》。版權頁署“寶曆八年戊寅孟春穀旦”，“皇都書肆：西邨平八、山田三郎兵衛梓行”。

【考證】

國内所存《劉子》版本全者皆爲十卷本，此爲五卷，其卷數與晁、陳二目及《文獻通考》所引合；又其署“劉勰”，與新舊唐書藝文志合，或其來源不同。此本前咸愿(即皆川愿)序云：“丁丑冬，京師之刻《劉子》者，廣索異本，得應永寫本，就予校之。明版諸本，注皆闕者，此獨巋然。余既哀首其遺文，而惜其所以存也。乃正其訛誤，而疑者闕焉。”知其底本爲日本應永年間(1394—1427)寫本，時代甚古。國内僅上海圖書館存一宋刻，然並不全。餘本較此爲晚。且依日傳漢籍慣例，此寫本底本當更早。據《日本國見在書目録》載，即有《劉子》數種傳入彼邦，則知此應永寫本亦當有其來源。據孫猛云，“此書疑由吉備真備傳入日本”，吉備真備(695—775)之時代甚早,則其所傳當無後世之附會。其所撰《私教類聚》一書中即有引及《劉子》者①,更可證此。故此書題爲劉勰恐亦有所據。

【影印・整理】

〔日〕長澤規矩也《和刻本諸子大成》第六輯。

《和刻本四部叢刊》影印本。

《劉子集校合編》(收寶曆本之影印本及其整理本),林其錟集校,華東師範大學出版社 2012 版。

【公藏】

中國:無。

日本:東京都立中央、一橋大、京産大、公文書館、千葉縣立中央、關大、前田育德會、東北大、静嘉堂文庫、京大附圖、佐賀縣圖。

顔氏家訓二卷

【叙録】

《顔氏家訓》二卷,北齊顔之推撰,日本寬文二年(1662)京都村田莊五郎據建寧府通判廬陵羅春刊本重刊。大本二册。卷端署"北齊黄門侍郎顔之推撰,建寧府通判廬陵羅春刊"。正文四周單邊,白口,無魚尾,無界行,半葉十行,行二十字。末署"寬文二壬寅年三月吉日村田莊五郎刊行"。文化七年(1810)又有重刻補刊之本,前增"文化七年庚午四月平安朝倉璞"之《挍定顔氏家訓序》,次"廉臺田家印"之《顔氏家訓序》;正文行款與寬文本全同,唯每卷之首删去"建寧府通判廬陵羅春刊"字樣,又於書眉標朝倉璞氏與何本、鮑廷博本對校之校記,後據鮑本增《考證》一卷;末署"巖桂園藏"字樣,後標"文化七年庚午七月,京師葛西市郎兵衛發行"。

【考證】

萬曆三年(1575)顔之推後裔顔嗣慎刊行《顔氏家訓》,前有其序云:"迨我聖朝成化年間,建寧府同知程伯祥、通判羅春等,嘗命工重刊,但未廣其傳耳。"知原有成化羅春本,然其萬曆間即已稱其"未廣其傳",可知流傳

① 孫猛:《日本國見在書目録詳考》,第 1195 頁。

絶少。王利器撰《顔氏家訓集解》,即以此萬曆本代彼成化本,並云"成化刊本上卷題署爲'建寧府同知績溪程伯祥刊',下卷爲'建寧府通判廬陵羅春刊'"①。然此和本則上下卷均題"羅春",則或從成化本而來。雖成化本未見(《中國古籍總目》載有"嘉靖間程伯祥刻本",未知是一本否),然將和刻本與正德顔如瓌本及嘉靖泠宗元本(即《四部叢刊》所收本)對勘,可見此三本行款悉同,即字體亦近,當輾轉翻刊之者,則此正德、嘉靖二本亦當據成化本翻刻者,唯將卷端第三行之主持者更爲"皇明蘇州府同知嗣孫如瓌校刊"與"明蜀榮昌後學泠宗元校"而已。

另:此文化本據鮑廷博《知不足齋叢書》本補宋人沈揆所撰《考證》一卷,又據鮑本增"廉臺田家印"一序。黄丕烈曾云:"鮑氏《知不足齋叢書》所刊本,以爲用述古堂影宋本重雕,前序目有'廉臺田家印'可證也……前序末有長記'廉臺田家印'五字,考元制,各道置廉訪司,爲行臺所屬,廉臺之名實昉於此。此本蓋宋槧而元印者。"②

【影印・整理】

〔日〕長澤規矩也《和刻本漢籍隨筆集》第十輯。

《和刻本四部叢刊》影印本。

【公藏】

中國:清華、辭書、四川、國圖。

日本:所存甚多,不備録。

群書治要五十卷(金澤文庫本)

【敍録】

《群書治要》五十卷,存四十七卷,唐魏徵編,日本金澤文庫所藏鎌倉時代鈔本。卷子四十七軸。其原書爲卷子之制,有烏絲界欄,每張二十行,行十三至十八字,注小字雙行,行二十五字左右。

---

① 王利器:《顔氏家訓集解》(增補本),北京:中華書局,2002年,第616、17頁。

② [清]黄丕烈撰,余鳴鴻、占旭東點校:《黄丕烈藏書題跋集》,第1000—1001頁。

【考證】

《群書治要》實帝王之教科書,亦我國古籍佚存於東瀛之代表。據《大唐新語》卷九載:"太宗欲見前代帝王事得失以爲鑒戒,魏徵乃以虞世南、褚遂良、蕭德言等,采經史百家之内嘉言善語、明主暗君之迹,爲五十卷,號《群書理要》,上之。太宗手詔曰:'朕少尚威武,不精學業,先王之道,茫若涉海。覽所撰書,博而且要,見所未見,聞所未聞,使朕致治稽古,臨事不惑,其爲勞也不亦大哉!'賜徵等絹千匹、彩物五百段,太子、諸王各賜一本。"①王溥《唐會要》卷三六亦載云:"貞觀五年九月二十七日,秘書監魏徵撰《群書政要》上之。"並注云:"徵與虞世南、褚亮、蕭德言等始成爲五十卷上之。"②與劉説相似,時間則尤清晰,爲貞觀五年(631)。然於編纂者却稍有歧異,劉屬褚遂良,王稱褚氏之父褚亮。據《新唐書》卷一九八《蕭德言傳》可知當以王説爲是③。另需説明者,唐時文獻多因避高宗李治之諱,故改稱原"治要"爲"理要"或"政要"。

此書編成後當即録副,故可"太子、諸王各賜一本"。《舊唐書・經籍志》録有"《群書理要》五十卷",《新唐書・藝文志》則又回改爲"《群書治要》",亦爲"五十卷",則其書北宋時或尚存世;至《宋史・藝文志》却録爲"十卷",且注云"秘閣所録",此當來源於《玉海》所引《中興書目》,原云:"《群書治要》十卷。秘閣所録唐人墨迹。乾道七年,寫副本藏之。起第十一止二十卷,餘不存。"④知南宋時此書便已不全——鄭樵《通志・藝文略》雖亦録爲"五十卷",然鄭氏所録,多輾轉抄録者,未驗原書,故不可信。宋後此書當即失傳。國内亦偶有書目載録,然未知其爲襲前目而來者否,如明焦竑《國史經籍志》即著云"《群書治要》五十卷(魏徵)"⑤,或又徑鈔自鄭書也。

據金光一氏研究,《玉海》引韋述《集賢注記》載:"天寶十三載十月,敕院内别寫《群書政要》,刊出所引《道德經》文。先是,院中進魏文正所撰《群書政要》,上覽之稱善,令寫十數本,分賜太子以下。"可知此前唐玄宗命人抄録副本。而天寶十二載(753)恰有日本最大規模之遣唐使來朝,中即有吉備真備與晁衡二人;再據《東大寺要録》所引延曆七年(788)之《延

① [唐]劉肅撰,許德楠、李鼎霞點校:《大唐新語》,北京:中華書局,1984年,第133頁。
② [宋]王溥:《唐會要》,第651頁。
③ [宋]歐陽修、宋祁:《新唐書》,第5653頁。
④ [宋]王應麟:《玉海》,第1028頁。
⑤ [明]焦竑:《國史經籍志》,《宋元明清書目題跋叢刊》第五册,第786頁。

曆僧録》載，可知使臣“拜朝不拂塵”“趨揖有異”，玄宗甚喜，特許日本使節入宮廷秘府，使之得觀“九經三史”之典籍。則吉備真備等人或於此次携回《群書治要》之副本①。

此後，此帝王教科書即於日本皇室産生影響。日人島田翰《古文舊書考》即羅列甚多，如《續日本後記》載：“仁明天皇承和五年六月（當唐開成三年，838），天皇御清涼殿，令助教直道宿稱廣公讀《群書治要》第一卷。”《三代實録》云：“清和天皇貞觀十七年四月（當唐乾符二年），天皇讀《群書治要》。”②金光一亦指出，寬平九年（897）宇多天皇讓位醍醐天皇，並留《寬平御遺誡》，有云：“天子雖不窮經史百家，而有何所恨乎！唯《群書治要》早可誦習，勿就雜文以消日月耳！”可見此特殊之典於日本頗有用武之地。

日本現存最早之《群書治要》爲平安期抄本，然一者僅殘存十三卷，二者迄今尚未全部公開，故無從討論。真正産生影響者爲金澤文庫本，即日本鎌倉時代（1185—1333）金澤文庫創建者北條實時托人抄録之副本，然此本亦不全，缺第四、十三、二十共三卷。

【影印・整理】

《群書治要》，宮内廳圖書寮昭和十六年（1941）影印金澤文庫藏鈔本。

《群書治要》，日本汲古書院 1989 年影印金澤文庫藏鈔本。

群書治要五十卷（元和本）

【叙録】

《群書治要》五十卷，存四十七卷，唐魏徵編，日本元和二年（1616）活字印本。大本四十七册。前有魏徵序。卷一之卷端闕題署，餘均署“秘書監鉅鹿田臣魏徵等奉敕撰”。正文四周雙邊，黑口，雙對魚尾，有界行，半葉八行，行十七字，小字雙行同。

【考證】

金澤文庫藏鈔本雖爲此後《群書治要》之共同祖本，然其深藏皇室，門

---

① 金光一：《群書治要研究》，復旦大學 2010 年博士論文。

② 〔日〕島田翰撰：《古文舊書考》，杜澤遜、王曉娟點校，第 75—80 頁。

深如海，學人不易得見。故此書之流播，當首推元和活字本（即所謂駿河版）。元和二年，江户幕府第一代大將軍德川家康欲限制天皇權力，即出《禁中並公家諸法度》，其間引用《寬平御遺誡》，要求天皇讀《群書治要》，然此書時僅存金澤文庫本，欲天皇不理政事而讀此書，須先有書可讀。故德川家康决定以銅活字排印此書，此雖出以政治目的，然使此中土佚籍重光，亦不爲無功。

元和版印行極爲神速，自開工籌備招集工人至全部印成僅費時四月，其中尚有一名林五官之中國人鑄造十萬銅活字之貢獻（如此工程僅用時二月，不可思議），《本光國師日記》載云"二人切木，三人雕手，十人植手，五人折手，三人校合"①，用人似亦不多，然其工期之所以如此神速與德川家康病重有關，儘管如此，德川氏仍未能看到此書之成。

【影印・整理】

《群書治要》，中國書店出版社 2012 年影印。

《和刻本四部叢刊》影印本。

《群書治要》，民主與建設出版社 2019 年影印。

【公藏】

中國：無。

日本：慶應大、東大東文研、蓬左文庫、東大總、國會、宫内廳書陵部、東洋文庫。

群書治要五十卷（天明本）

【敘録】

《群書治要》五十卷，存四十七卷，唐魏徵編，日本天明七年（1787）刊本。大本二十五册。前有"天明七年丁未四月朝散大夫國子祭酒林信敬謹序"之《校正群書治要序》，次"天明五年乙巳春二月乙未尾張國校督學臣細井德民謹識"之《刊群書治要考例》，次魏徵序。卷端署"秘書監鉅鹿田臣魏徵等奉敕撰"。正文四周文武邊，白口，單黑魚尾，有界行，半葉九行，行十八字，注小字雙行同，无返送。

① 嚴紹盪：《漢籍在日本的流布研究》，第 161—162 頁。

【考證】

德川家康死後，完工之《群書治要》並未流播。據嚴紹璗《漢籍在日本的流布研究》一書引《有德院殿御實記附録》云，其"字子賜紀伊家，印本傳尾、紀兩家"①。國内學界論及元和版時一般稱其印五十一部，實誤，因據《寬政年間紀伊家呈案》載，賜紀伊家"九萬餘字"、印本"五十一部，每部四十九册"，然尚有尾張家數量未登録，可以推測或亦有四五十部之多。

至天明年間，先是尾張藩主啓動重刊，以元和本爲基礎，又借出金澤文庫抄本參照，並校對平安抄本，於天明七年刊行問世，此即《群書治要》一書得以廣布之"天明本"。弘化三年(1846)，紀州藩主亦不甘示弱，將其所藏元和本命山本亨齋等校正後，重以銅活字排印行世，其銅活字當即德川家康所賜之字。此本全依元和本行款，故與元和本極似，頗難識别，然弘化本首頁與天明本同，均較元和本多出"秘書監巨鹿男臣魏徵等奉敕撰"一行；又，"惕猶若厲也"一句元和本爲"惕猶若厲之也"，衍一"之"字，此本已校删之。然此本印行絶少，目前所知，日本僅國會與京都大學人文研究所有藏而已，故影響亦小。元和本國内無藏，日本目前所知有九家圖資機構收藏十二種。天明本存世甚多，日本目前所知有二十五種，國内所藏甚至超過日本，達三十一種。

尾張藩印行天明本四年後之寬政三年(1791)，又有重印之寬政本。據日本學者石濱純太郎《〈群書治要〉的尾張本》一文研究，寬政本對天明本作較多修訂，則其質量當優於天明本，然此本存世亦極少，日本僅東北大學、静嘉堂、大阪府立三家有藏，國内亦只南京大學圖書館及四川省圖書館有藏。

寬政八年(1796)，德川宗睦知此書已佚於中國，便送長崎衹役近藤守重(《清俗紀聞》一書之實際編纂者)五部寬政本，命其轉送中國，近藤氏將一部存長崎聖堂，一部納諏訪社，餘三部交於唐商館。近藤守重於《右文故事》卷五《御本日記續録》中云："乃缺三卷甚爲可惜……更且現在此書總雖果無原板，或在縉紳故家歷世傳下至今尚存者，亦未可知……如有則務將其所缺之三卷，抄繕帶來，得將全部以副，以有輔仁之意。"可見當時日本學界尚寄望於中國或有另三卷重現於世，以使此佚籍補成全璧，惜此書於禹内已幾無隻言片語留存。敦煌文獻中似有《群書治要》之片斷抄本，如現藏英國之斯一三三號，其正文爲節抄《春秋左傳集解》，歷來學者對此無

---

① 嚴紹璗：《漢籍在日本的流布研究》，第162頁。

法定性，後臺灣學者陳鐵凡指此實爲《群書治要》中文字，此已爲學界所接受（張涌泉主編《敦煌經部文獻合集》即從之），可見確曾有孑遺，然一者數量太少，吉光片羽，未能得窺其一班；二者即此敦煌之遺，亦遠渡重洋已久。

六年後，《知不足齋叢書》所收錢侗《孝經鄭注序》提及"日本天明刻本"《群書治要》，知其時書已傳入中國。稍後，阮元輯四庫未收書，將此書編入。道光二十七年（1847），楊尚文刊行《連筠簃叢書》，依寬政本重刊《群書治要》；伍崇曜《粤雅堂叢書》亦以天明本爲底本重刊行世。至此，此失傳千年之書又重返故里。此後，商務印書館印行《四部叢刊》，徑據天明本影印；《叢書集成初編》則又將其排印出版；2002 年，《續修四庫全書》亦收此書入子部，惟惜其底本爲《宛委别藏》本，似不清晰。

此書千年來於日本流傳有序，基本保存唐時原貌，可爲今傳文獻之參照；其書所收古籍有十數部已佚，因其書而使後人得睹佚籍之吉光片羽，彌足珍貴。如光緒八年（1882）十一月《申報》所載廣告即云："《群書治要》五十卷，唐丞相魏徵奉敕編輯。所引經史子集皆隋唐時古書，且多今已無傳之本。故校讎家資爲考證，與烏程嚴氏秘藏鈔本《北堂書鈔》並重。惟中國向無傳本，而日本有之。輪船未通以前，購致極難，非數十金不可易得。兵燹後並傳鈔者亦不易求。今本坊於日本購得官校原版，選堅白上上紙印訂，計二十本。外附銀杏夾板兩副，每部價洋八元。好古君子，當必以早得插架爲快。"

關於此書校勘價值，亦可稍舉幾例以見一斑。此書所收《晋書》並非唐修，而爲臧榮緒本。從此書所引之文頗可考訂唐修《晋書》之誤。如胡適《〈群書治要〉裏的〈晋書〉》一文中指出《晋書·江統傳》云其"除山陰令"①當爲"除華陰令"之誤②，因其下又云"時關隴屢爲氐羌所擾"，故其上《徙戎論》，若爲山陰令便不可能。其實，嚴可均輯《全晋文》時，爲江統作傳，已據此改爲"華陰"③。然當代校點之《晋書》仍如此，曹道衡、沈玉成編撰《中國文學家大辭典·先秦漢魏晋南北朝卷》亦因之④。實當據此本改過。

再如，《荀子·勸學》中"日參省乎己"一句，究源自《論語》所云"日三省吾身"之"三"省抑或爲"參"驗反省，歷來衆説紛紜。而《群書治要》本

---

① ［唐］房玄齡等：《晋書》，北京：中華書局，1974 年，第 1529 頁。

② 胡適：《胡適文集》第十册，北京：北京大學出版社，1998 年，第 171 頁。

③ ［清］嚴可均輯：《全上古三代秦漢三國六朝文》，北京：中華書局，1985 年，第 2066 頁。

④ 曹道衡、沈玉成編撰：《中國文學家大辭典·先秦漢魏晋南北朝卷》，北京：中華書局，1996 年，第 147 頁。

即作“三省”,已無可置疑。惜猶有學者疑此爲“傳抄之誤”。

【影印・整理】

《群書治要》(《永青文庫四種》),國家圖書館出版社 2019 年影印天明本。

《群書治要》,廣陵書社 2020 年影印天明本。

【公藏】

中國:所存甚多,不備録。

日本:所存甚多,不備録。

皇朝類苑七十八卷

【敘録】

《新雕皇朝類苑》七十八卷,宋江少虞編,日本元和七年(1621)古活字本。大本十五册。前有“紹興十五年五月十七日”“左朝請大夫權發遣吉州事江少虞撰”《皇宋事實類苑序》,次“門生左迪功郎充吉州州學教授汪倮謹序”之《皇宋事實類苑後序》。總目前署“麻沙新雕皇朝類苑卷第目録一”,正文卷端署“新雕皇朝類苑卷第一”。正文四周文武邊,粗黑口,雙對魚尾,無界行,半葉十三行,行二十字。末有“元和七年重光作噩六月晦日前南禪臣僧瑞保謹書”之跋。

【考證】

此書《四庫全書》收入,其提要云:“少虞始末未詳。據序首自題,稱左朝請大夫權發遣吉州軍州事。而《江西通志》亦未載其履貫,蓋已不可考矣。其書成於紹興十五年,以宋代朝野事跡見於諸家記録者甚多,而畔散不屬,難於稽考,因爲選擇類次之。分二十二門,各以四字標題,曰祖宗聖訓、君臣事蹟、德量智識、顧問奏對、忠言讜論、典禮音律、官政治績、衣冠盛事、官職儀制、詞翰書籍、典故沿革、詩賦歌詠、文章四六、曠達隱逸、仙釋僧道、休祥夢兆、占相醫藥、書畫技藝、忠孝節義、將相才略、知人薦舉、廣智博識、風俗雜記。自序作二十八門,蓋傳録之訛也。所引之書,悉以類相從,全録原文,不加增損。各以書名注條下,共六十餘家。凡十四年而後成,故徵采極爲浩博。"[1]其云"少虞始末未詳",余嘉錫已補證之[2]。然其餘諸説亦多誤,補正者甚多,仍有未能廓清處,據此和本則可一一疏證之。

一者,關於其"凡十四年而後成",館臣見其前序署"紹興十五年",後之識語則云"考之歲月,越十四寒暑,更俟博洽君子訂焉。紹興戊寅九月"[3],此爲紹興二十八年(1158),與前相隔恰十四載,故臆其編書之用時。然得此和本可知,紹興十五年(1145)其書已成七十八卷,據森立之著録其"末記紹興二十三年癸酉歲中元日麻沙書坊印行"[4],則至此年書已行世。則非編書用時十四年也。

二者,關於其卷數,四庫本録六十三卷,傳世之明清諸抄本亦同[5]。金程宇云:"古活字本自卷六十三至末卷,較删定本多出'談諧戲謔''神異幽怪''詐妄謬誤''安邊禦寇'四門十六卷。"[6]細核二書,並非如此簡單。二書前三十四卷起訖皆同,然自卷三五始,《四庫》本之末條《張鄧公》移至下卷,原卷三六又自《劉沆》條下計二十七條重分爲卷三七,此即多出一卷;活字本原卷四十,《四庫》本徑自《錢昭序》條,拆分爲二卷。故《四庫》本較活字本增二卷,至六十三卷本之末,故内容僅相當原書前六十一卷。故活字本實較《四庫》本多十七卷。且活字本卷六十二實亦屬"風俗雜誌"類,然此删定本仍削去不録。至於原卷三六及卷四十爲何拆分二卷,細檢亦或知其原委:此書全本每卷約八至十二葉,平均十一葉,而卷三五計十四葉、三六計十五葉,卷四十亦十五葉,江氏重編時或病此數卷較它卷爲長,卷三五、三六各出其餘,總分三卷,篇幅與它卷尚相稱,卷四十徑分二卷,則篇帙殊弱。加之原卷六二與前數卷同屬"風俗雜誌",仍爲作者摒而不取,頗疑删定本並無深意,或無力刊行其全者而已,因其分卷、删節皆極簡率。

三者,館臣云其書"二十二門","自序作二十八門,蓋傳録之訛也"。現已知二十八門者,其初編本也;館臣所見六十三卷者,其删削之本也,故並無"傳録之訛"。然各家均言此六十三卷本爲删末四門而成者,然館臣所計爲二十二門,則總其數,僅二十六門耳。此實館臣之誤,其所舉實爲二十三門,其誤一;其云"君臣事蹟",實原爲"君臣知遇""名臣事蹟"二門,或因均有一"臣"字而抄誤。故六十三卷本實二十四門,加所删之四門,恰符

---

① 魏小虎編撰:《四庫全書總目彙訂》,第3899頁。
② 余嘉錫:《四庫提要辨證》,第939—940頁。
③ [宋]江少虞:《事實類苑》,《景印文淵閣四庫全書》第874册,第540頁。
④ 〔日〕澁江全善、森立之等撰:《經籍訪古志》,杜澤遜、班龍門點校,第159頁。
⑤ 《中國古籍總目·子部》,第1917頁。
⑥ 金程宇:《東亞漢文學論考》,第178頁。

原數。

此書曾於1911年,由董康聘名工陶子麟以仿宋之體刊入《誦芬室叢刊》,則七十八卷本又得幻形歸鄉。

【影印・整理】

金程宇《和刻本中國古逸書叢刊》。

《域外漢籍珍本文庫》第二輯影印本。

《宋朝事實類苑》,上海古籍出版社1981年點校本。

【公藏】

中國:北大、遼寧、南京。

日本:東大東文研、慶應大(以上各存一部)、東洋文庫、國會、静嘉堂文庫(以上各存二部),公文書館、宫内廳書陵部(以上各存三部)。

鶴林玉露十八卷

【叙録】

《鶴林玉露》十八卷,宋羅大經撰,日本慶長元和間古活字本。大本九册。正文四周雙邊,粗黑口,雙對花魚尾,有界行,半葉九行,行十九字,無返送。又有慶安元年(1648)刊本及寬文二年(1662)覆慶安本,前增"萬曆甲申一陽月下浣之吉""閩後學黄貞升撰"《重梓鶴林玉露題詞》,正文四周單邊,白口,雙對綫魚尾,無界行,半葉八行,行十九字。

【考證】

《鶴林玉露》國内所存最早者惟有明刊本,且均爲十六卷。《説郛》載此書有"甲、乙、丙集十八卷"①,明趙琦美序此書時云"美家藏元本六卷,正《説郛》所謂甲集也",孫鑛序又云"如白又有宋活字板《玉露》,止六卷"②,傅增湘氏云其"必爲日本古活字本無疑也"③。此日本流傳之本均爲十八卷,細校可知,和刻本更爲完整而近真。需説明者,日本所傳之本,自慶長

① [明]陶宗儀等編:《説郛三種》,上海:上海古籍出版社,1988年,第90頁。
② [宋]羅大經撰,王瑞來點校:《鶴林玉露》,第378、379頁。
③ 傅增湘:《藏園群書題記》,第390—391頁。

元和間活字本至慶安、寛文之翻刻本，均遞相沿襲，一脉而下，並無差别。然慶安、寛永翻刻本前增"萬曆甲申一陽月下浣之吉"黄貞升題詞一篇，實由明萬曆十二年刻本移置而來，與此書和本之淵源全無關係。

因此之故，近代以來，整理《鶴林玉露》一書莫不以和本爲底本，如1920年涵芬樓夏敬觀校訂本，即以日本寛文二年刊本爲底本；1983年，中華書局王瑞來整理本，亦以日本慶、元間(1596—1623)活字本爲底本，可稱此書之佳本；上海古籍出版社校點此本，又以夏敬觀校訂本爲底本，可稱寛文本之再傳本。楊守敬《日本訪書志》雖未録此書，然其藏書中却有此古活字本①。日本東洋文化研究所存古活字本前有鄧邦述之跋語云："此本篇次卷第，與明刻迥殊。明人刻書往往删竄，失其舊觀，自是通病，然未若此書之甚也。鄰蘇老人先有一本，由沅叔丐余迻校，荏苒未竟，鄰蘇已成古人，而沅叔適得此書，與鄰蘇所獲正是一本。惟裝訂不免倒置。今余已盡録同異於吾書中，且補寫二十七葉，凡四十一條，亦可志此本之足貴矣。校畢志數語以謝沅叔。丙辰冬日，邦述。"鄧氏《寒瘦山房鬻存善本書目》有《鶴林玉露》明刊本跋，作跋在此跋後數十日，中亦提及此和本②。可知此楊氏舶歸之籍，或售於傅增湘，後又回流於日本。

《鶴林玉露》和刻本意義頗著，如其中有記日僧安覺良祐一則，明本此則僅存其半，而日本所傳十八卷本則較全，後有一段介紹日語之文字：

> 僧言其國稱其國王曰"天人國王"，安撫曰"牧隊"，通判曰"在國司"，秀才曰"殿羅罷"，僧曰"黄榜"，硯曰"松蘇利必"，筆曰"分直"，墨曰"蘇彌"，頭曰"加是羅"，手曰"提"，眼曰"媚"，口曰"窟底"，耳曰"弭弭"，面曰"皮部"，心曰"毋兒"，脚曰"又兒"，雨曰"下米"，風曰"客安之"，鹽曰"洗和"，酒曰"沙嬉"。

所謂"天人國王"即今所云"天皇"，此乃意譯，此後則多爲音譯，但安撫、通判、秀才、僧數種難得確解。在日語中，硯讀爲すずり(Suzuri)，筆讀爲ふで(Fude)，墨讀爲すみ(Sumi)，頭讀爲かすら(Kashira)，手讀爲て(Te)，眼讀爲め(Me)，口讀爲くち(Kuchi)，耳讀爲みみ(Mimi)，面讀爲ひふ(Hi-fu)，心讀爲むね(Mune)，脚讀爲ゆび(Yubi)，雨讀爲あめ(Ame)，風讀爲

---

① 《鄰蘇園藏書目録》，第15頁。

② 鄧邦述撰：《群碧樓善本書録・寒瘦山房鬻存善本書目》，上海：上海古籍出版社，2014年，第532—533頁。按：此整理本後附補遺，然偶遺此跋。

かぜ(Kaze),鹽讀爲しお(Shio),酒讀爲さけ(Sake)——皆與羅氏標音相同或相似。其中"面、心、脚"當下所用詞皆與此不同,上舉爲改用其他稱呼者,知當時通用者或與今不同。另,"風"讀"客安之",而今讀爲(Kaze),似不同,然據日本友人相告,"か"音老輩常讀爲"くわ",是亦可讀爲"くわぜ"(Kuwaze),則與"客安之"相似;又"酒"字羅大經標爲"沙嬉",而日語實讀爲"さけ(Sake)",日本友人云"喜"字日語即讀爲"け(Ke)",是則此"沙嬉"亦即"沙開"之音也。此讀音大多與今之日語發音接近,偶有小異,或爲羅氏記録語音時之誤差,亦或八百餘年前之日語發音本即如此。

日本學者渡辺三男《中國古文獻に見える日本語—鶴林玉露と書史會要について》亦對此有所推測,如云"黄榜"即"お坊",音爲おぼう(Obo);安撫曰"牧隊",當爲"地頭"之誤,因鐮倉幕府治下地方機構分别爲守護、地頭、國司,故猜測此處本爲"地頭",先誤爲"持頭",後誤爲"牧隊";通判曰"在國司",衍一"在"字,實即前云"國司";秀才曰"殿羅罷",當爲"殿罷羅"之誤,因日語中男子敬稱是とのばら(Tonobara),與此音同。此外,他於"面""脚"二處標問號,即不能確定,而於"風"則以"安"爲衍字。其所論多較合理,然好用衍字或者改變語序以强釋之,似未必當。如其將"殿羅罷"改爲"殿罷羅"即全無必要,因とのばら之讀音與"殿羅罷"尤似。就文獻而言,此處是否有衍字已經無法考察,因此條後半記載日語發音之文字國内刊本均無,僅存於和刻本中,無法對證。

此書傳入日本當甚早,其途徑或經由僧人,如江户僧人策彦周良曾兩次入明,著有《初渡集》與《再渡集》,其有明嘉靖十八年(1539)七月九日"以銀二匁(即"錢"也)换《鶴林玉露》四册"之記録①。

此和本非但以十八卷之篇幅較國内存本多二卷,其尚保留原本分甲乙丙三集(亦有後刻本分天地人三集)、每集六卷自成起訖之例,可知羅大經創作此書以六卷爲一集。每集前尚有小序,從此類小序中也可以得羅氏生卒及罷官之重要信息,相關討論請參拙文②,此不贅。

【影印・整理】

〔日〕長澤規矩也《和刻本漢籍隨筆集》第八集(慶安本)。

金程宇《和刻本中國古逸書叢刊》(寬文本)。

王瑞來標點《鶴林玉露》,中華書局1983版。

---

① 轉引自嚴紹璗:《日藏漢籍善本書録》,第1134頁。

② 李小龍:《羅大經生卒年及罷官原因試考》,日本《江户風雅》第15期,2017年6月。

【公藏】

中國:北大(慶安本),人大、遼寧、大連、南京(寬文本)。

日本:公文書館、慶應大、京大人文研本館、東北大、静嘉堂文庫、東洋文庫、宮内廳書陵部、東大東文研、名大、東大總(以上均古活字本,慶安、寬文本所存甚多,不備録)。

樵談一卷

【敘録】

《樵談》一卷,宋許棐撰,與明人王達《筆疇》合刊,日本寬永六年(1629)刊本,又有承應二年(1653)後印本。大本一册。前有"正德丁丑季夏二十六日識"之閻子明《書樵談前》。正文四周文武邊,白口,雙對魚尾,無界行,半葉九行,行十八字,有返送。末有"歲在己卯夏六月臨清李沂温甫識"之《樵談跋》。末行標"承應二癸巳仲春吉辰中野道也刊行"。

【考證】

此書國内有明天啓《鹽邑志林》本及清道光《學海類編》本①,然無單行之本,《四庫全書存目叢書》據前者收録。《四庫全書總目》云:"舊本題宋許棐撰。棐字忱父,海鹽人。嘉熙中居泰溪,於水南種梅數千樹,自號梅屋。是編皆勸戒之言。然核其詞氣,如出屠隆、陳繼儒一輩人口,殊不類宋人之作。"然此説甚武斷,杜澤遜已指"南宋咸淳刻《百川學海》所收許棐《獻醜集》内有《樵談》三十則,可知非明末人僞造"②。若據此和本,尚可再證之,即館臣未見和本所收之序跋,前閻子明序作於"正德丁丑季夏二十六日"(十二年,1517),李跋作於"己卯夏六月"(十四年,1519)。據閻序知,書爲閻訪邊貢時見到其所藏,遂抄出付梓,後李沂據之再刻。其時屠、陳尚未出生(分别爲1543、1558)。而此序亦絶非僞托,因可於邊貢别集中得援證。邊氏《華泉集》卷十一有《復陳仲虚啓》云:"狄子者武人也,讀文移不識句讀,傳一慕以爲美,夫豈知《樵談》之愛,又豈知老泉子之愛耶?使予應之,則爲暗投,使君應之,則爲掠美,斯二者皆非矣。故來教不敢造

① 《中國古籍總目·子部》,第1667頁。

② 魏小虎編撰:《四庫全書總目彙訂》,第3918頁。

次奉焉。狄子者未嘗不予焉識也，今不予取，而假手於君，亦大可詫駭矣。此予之於來教所以不敢造次奉焉者也。幸爲我報狄子曰：《樵談》之所貴者，位其位也，事其事也，將不審勢又不審敵，斯蘇門之罪人矣，又焉用二書者爲哉！若曰君用之，則敬當馳上矣。"①可知當姓狄之武人托陳仲虚向邊氏借讀《樵談》，爲邊氏拒絶。且邊氏卒於嘉靖十一年(1532)，亦早於屠、陳之生也。另，明人鄧伯羔《藝彀》卷中有《樵談》一則，所云尤明："《草木子》言括蒼林君度家藏《樵堂集》，不知何許人也。《樵堂集》即《樵談》，蓋邊廷實所授閻子明序之者，序稱許棐撰，豈以世杰博洽，猶不辨是書作者姓名乎？"②此閻子明，明徐昌祚《燕山叢録》載云："閻子明，某處人。善圍棋，下子十餘便知勝負所在。終日對局，令次第再布，不差一子。隆萬間爲京師第一。"③《静志居詩話》亦載李夢陽"所與遊最密者，詩則謝茂秦，書則徐子仁，弈則閻子明"④，就時代而言或即其人也。

其實，核之明代書目亦有發現，高儒《百川書志》卷九子、十二集均曾著録，前者云："樵談一卷，宋梅屋許棐著，凡三十章。"後者云："梅屋獻醜集一卷，梅屋許棐著，並自序十二篇，樵談三十節，今另行。"⑤此書成於嘉靖十九年(1540)，仍較前述諸人爲早。《鄭堂讀書記》卷五十三子部十之二所評尚稱公允："凡三十條，皆嫉俗警世之談，頗有裨於身心，其修詞簡潔而端重，極似静修之士不惑於理學者所爲。然其書至明萬曆始間出，又無姚江末流之習，則其傳自宋人無疑。觀其或問：'浮屠氏以身爲旅泊，何必殫費金朱，華耀土木。'曰：'小人性貪，非窮奢極侈，無以起其信心。'試問當時據講席者有此名言乎？"⑥

【影印・整理】

無。

---

① [明]邊貢：《華泉集》，《景印文淵閣四庫全書》第1264册，第206頁。

② [明]鄧伯羔：《藝彀》，《景印文淵閣四庫全書》第856册，第22—23頁。

③ [明]徐昌祚：《新刻徐比部燕山叢録》，《四庫全書存目叢書》子部第248册，第404頁。

④ [清]朱彝尊著，[清]姚祖恩編，黄君坦校點：《静志居詩話》，北京：人民文學出版社，1990年，第291頁。

⑤ [明]高儒：《百川書志》，《百川書志・古今書刻》，上海：上海古籍出版社，2005年，第124、183頁。

⑥ [清]周中孚著，黄曙輝、印曉峰標校：《鄭堂讀書記》，上海：上海書店出版社，2009年，第864—865頁。

【公藏】

中國：華師大、遼寧。

日本：茨城大、東北大、宮城縣圖、東京都立中央、高知大、二松學舍、前田。

洞天清禄集一卷

【叙録】

《洞天清禄集》一卷，宋趙希鵠撰，日本文化七年(1810)官板本。大本一册。前有趙希鵠《洞天清禄集序》。正文左右文武邊，白口，無魚尾，有界行，半葉九行，行二十一字，有返點。後附"康熙癸巳義門何焯記"跋、"檇李戴光曾誌"跋、"乾隆乙卯七夕歙鮑廷博書於西湖沈莊"跋。末署"文化七年刊"。

【考證】

此書版本較多。此和本當與清人顧修刊《讀畫齋叢書》本相類，以其均有何焯及鮑廷博跋之故，然此本中多戴光曾跋語，爲國内所傳各本所無，跋云："《洞天清禄集》四十頁，流傳甚少。藏書家或有是書，又非善本。此册爲蘆墟陸朗夫中丞所藏，係明人舊抄，何義門先生校本假閲一過，内尚有譌脱可疑處，義門先生未經校正，不敢妄改，當再覓他本校之。"鮑氏跋語亦云"右本傳自陸朗夫中丞家，元澹生堂鈔本，經何義門手校者"，則所言爲同本。知此本原爲祁氏澹生堂鈔本，經何焯手校，遞藏至戴氏，再歸鮑廷博，並由顧修刊行，然顧氏入木時删去戴跋，故其間流傳之跡沉晦。此和本或得原鈔本，據以行世。

至此戴光曾氏，據丁丙《善本書室藏書志》録《菽園雜記》明刊本，標"何義門校，戴松門藏"，並云："嘉慶丙子戴光曾誌云：《菽園雜記》七册，何義門先生批校善本，舊藏士禮居，予與黄復翁往還最密，出此贈予，良友之遺，不敢忘也。"知戴氏藏何焯批校之書不只一種也。丁氏又云："光曾，字松門，嘉興貢生，官至河工同知。"①

---

① ［清］丁丙著，曹海花點校：《善本書室藏書志(外一種)》，杭州：浙江古籍出版社，2016年，第893—894頁。

【影印・整理】

無。

【公藏】

中國:湖南。
日本:所存甚多,不備録。

居家必用事類全集二十卷

【叙録】

《居家必用事類全集》二十卷,元佚名撰,日本寬文十三年(1673)京都松柏堂林前和泉掾白水刊本。袖珍本二十册。前有"嘉靖三十九年夏五月錢唐田汝成撰"之《居家必用事類序》。卷端署"居家必用事類全集甲集卷之一",各卷以"月到天心處,風來水面時。一般清意味,料得少人知"爲序。正文四周單邊,白口,單黑魚尾,無界行,半葉九行,行十六字。版權頁署"寬文十三癸丑年夷則上旬,洛下林前和泉掾白水於松柏堂刊之"。

【考證】

王重民《中國善本書提要》著録國圖所藏之本,以其字體與《三國志通俗演義》之嘉靖元年(1522)本相似,故標其爲"明司禮監本"①。《中國古籍總目》録有元刻本二,然均不全;明刻本則僅録一種,且無版本信息,僅存於哈爾濱師大圖書館,並標作者爲"李梓"②,未知其詳。此書向不知作者,《四庫全書總目》云:"辛集中有大德五年吴郡徐元瑞《吏學指南序》,'聖朝'字俱跳行。又《永樂大典》屢引用之,其爲元人書無疑。"③故斷其爲元人,然仍不能確指。此本忽云"李梓",未知何據。《中國古籍總目》僅録一種明刻,當爲疏漏所致,據《中國古籍善本書目》即録明刻本十種④,另南圖又有隆慶本。《四庫全書存目叢書》子部録清華大學藏明本⑤,《北京圖書

① 王重民:《中國善本書提要》,第347頁。
② 《中國古籍總目·子部》,第1908頁。
③ 魏小虎編撰:《四庫全書總目彙訂》,第4100頁。
④ 《中國古籍善本書目·子部》,第1037頁。
⑤ [元]佚名:《居家必用事類全集》,《四庫全書存目叢書》子部,第117册。

館珍本古籍叢刊》又收録國圖所藏明刻本。此二種前均無序，然字體與王重民所録之本極似。《續修四庫全書》又收録南圖所藏隆慶本，前有飛來山人隆慶二年(1568)序，此本字體與前述不同，然亦當自嘉靖本來，其前飛來山人序云："往年梓於吾杭洪氏，今則廢置矣。予深惜之。於是捐貲牧集，重加校正，補刻遺闕，使永其傳，以公於同志云。"①參之和本前田汝成嘉靖三十九年(1560)序中所云："國朝内府已有刻板，然簡袠重大，不便奚囊，方泉洪君子美勒而小之，讎校精嚴，踰於前刻。"即此可知田氏所序之嘉靖三十九年本爲洪子美所刻，隆慶本又據而翻刻。另，由此亦可知，王重民所見之本實非司禮監本，因田氏云内府本"簡袠重大，不便奚囊"，而今所見嘉靖本字體雖似司禮監之體，然均爲九行十八字之小書，自當爲洪子美"勒而小之"者。

刻此書之洪子美據飛來山人序云爲"吾杭洪氏"，則當即清平山堂主人洪楩，因洪楩之字即子美，亦爲杭人。此亦可得而證之。洪楩與田汝成關係較密切，如洪楩所刻其遠祖洪邁《夷堅志》時，曾請田汝成爲序，田氏序曰："洪君子美者，景廬之遥胄也，爲太保襄惠公之元孫，秀雅而文。刻是書而傳之，庶幾乎不墮手澤之遺者。後昆繩绳，則洪氏之食報猶未艾也。嘉靖二十五年正月。"②甚至田氏《西湖遊覽志》卷一二亦曾載洪氏書坊得名之所"清平山"③。再如《善本書室藏書志》卷三八録《增補六臣注文選》即嘉靖洪氏刊本，"明太子詹事府主簿洪楩校"，前有"嘉靖二十八年錢塘田汝成序"，中云"錢塘洪君子美得宋本而重鋟之，校讎精緻，逾於他刻"④；又《天一閣書目》卷四録顧起綸《澤秀集》，亦爲"錢塘洪楩編次"，又有"嘉靖丙寅錢塘田汝成叙"⑤。則洪氏刻書，多請田氏爲序，此書亦然。然田氏所云爲"方泉洪君子美"，當即指字子美，號方泉，然於洪楩資料未見其有"方泉"之號。實文人雅號時有更迭，亦有常用及罕用者，不足爲怪。《鐵琴銅劍樓藏書目録》收《纂圖互注南華真經》元刊本，云"其卷首有'方泉山人洪子美印''吴中蔣氏珍藏'二朱記"⑥；再如朱曰藩《山帶閣集》卷十五有詩名"沈青門、楊南泉、李岣嶁、劉望洋、方十洲、童南衡、洪方泉招遊飛來

① [元]佚名：《居家必用事類全集》，《續修四庫全書》第1184册，第309頁。
② [宋]洪邁撰，何卓點校：《夷堅志》，北京：中華書局，1981年，第1835頁。
③ [明]田汝成：《西湖遊覽志》，杭州：浙江人民出版社，1980年，第151頁。
④ [清]丁丙：《善本書室藏書志》，《宋元明清書目題跋叢刊》第九册，第876頁。
⑤ [清]范邦甸等撰，江曦、李婧點校：《天一閣書目・天一閣碑目》，上海：上海古籍出版社，2010年，第375頁。
⑥ [清]瞿鏞編纂，瞿果行標點，瞿鳳起覆校：《鐵琴銅劍樓藏書目録》，第472頁。

峰,比赴,諸公迫晚俱返駕,遂移觴于大佛寺臺上"①,則可知其當有此號。

明乎此,古籍中有未能確認之積疑則可冰釋。如《奚囊廣要》一書,所録珍籍頗多(如本書前《助語辭》所述及之《語助》),然自來未知何人所輯者,《中國古籍總目》惟録"明□□編"②。然傅增湘曾見一本,載爲"明錢塘洪子美輯"③,然傅氏或未明其人,故未確考。後人果云:"是編不著編輯者名氏,據傅增湘《藏園訂補郘亭知見傳本書目》著録,乃明錢塘洪子美所輯。洪子美,錢塘(今浙江杭州)人。生平事跡未詳。"④據上所考,則其書當即洪楩所輯也。且前引田氏序稱"國朝内府已有刻板,然簡袠重大,不便奚囊,方泉洪君子美勒而小之",則似洪楩頗喜刻尺寸較小之書,一如其《清平山堂話本》然;田氏此序恰用"不便奚囊"之語,或亦與洪氏輯《奚囊廣要》不無關係。

洪氏刻書當極精美。《天禄琳琅書目》載《路史》,云"此書不載刊刻年月,惟首卷標題下稱'錢塘洪楩校刊'",然至乾隆間,于敏中諸人已不知洪楩爲何許人,於其所刻之書則大加贊賞,云此書"槧印頗佳",又云"乾隆元年有泌裔孫玉藻重刻是書……然版式字畫不及此本遠甚"⑤。即此亦可知,前述嘉靖刊本《居家必用事類全集》雖就字體言極似内府本,然實爲洪氏覆刻之精所致。王重民僅據字體斷其爲司禮監本,當誤;日本公文書館所藏之本亦標注爲"内府本",亦誤。日本學者篠田統對公文書館之認定即頗有疑:"紙型與字的配例、行數以及字的大小,與嘉靖本完全一樣。不過封皮稍稍精致一些。而缺少序文。以此作爲内府本我想未必合適。"⑥

總之,此和本之底本當從洪楩刻本來,然上述之本又皆非,因國内所存之本皆分十集而不分卷,然此和本每集二卷,且全書自卷一至卷二十連排;二十卷以邵雍《清夜吟》詩爲序。檢日本京都大學人文研究東方圖書館藏一嘉靖三十九年刊本,字體與前述司禮監本頗同,雖亦不分卷,却以《清夜吟》詩字爲序,與和本較近。且其標嘉靖三十九年,似即田汝成序所標稱者。則和本之底本或爲一翻刻洪楩刻本者,既保留洪本前田氏之序,又於版式、字體頗有改動。

---

① [明]朱曰藩:《山帶閣集》,《四庫全書存目叢書》集部第110册,第143頁。

② 《中國古籍總目·叢書部》,第139頁。

③ 傅增湘:《藏園訂補郘亭知見傳本書目》,第760頁。

④ 羅志歡:《中國叢書綜録選注》,濟南:齊魯書社,2017年,第54頁。

⑤ [清]于敏中、彭元瑞等著,徐德明標點:《天禄琳琅書目·天禄琳琅書目後編》,上海:上海古籍出版社,2007年,第267—268頁。

⑥ 〔日〕篠田統:《中國食物史研究》,高桂林、薛來運、孫音譯,北京:中國商業出版社,1987年,第128頁。

【影印・整理】

無。

【公藏】

中國:華東師大、大連。

日本:東北大、新發田市立、蓬左文庫、東北大、東洋文庫、民博、八户市立、東京都立中央、東大東文研、新瀉縣圖、國會、東大總、公文書館、宫内廳書陵部。

郁離子二卷

【叙録】

《郁離子》二卷,明劉基撰,日本秦滙載(松室式部少輔)訓點,享保十七年(1732)據明萬曆中晋安鄭能校刻本重刻。大本二册。扉頁書名右署"皇明劉伯温先生著",下有"不許翻刻,千里必究"字樣,左上有小字廣告"《皇明七才子絶句》嗣刻",下署"京城書鋪弍酉堂發刊"。前"洪武十九年冬十有一月門生杭州府儒學教授天台徐一夔謹序"之《郁離子序》。卷端署"開國翊運守正文臣資善大夫御史中丞兼弘文館學士誠意伯青田劉基著,甌粤鄭能拙卿校刊"。正文四周單邊,白口,單黑魚尾,無界行,半葉十行,行二十二字。末署"享保十七年壬子沽洗之吉,東厓門人松室式部少輔句讀,京都押小路通柳之馬場東江入町書林安田萬助版"。

【考證】

此書之二卷本國内所存甚多①,然無此鄭能校刊之本。據瞿冕良《中國古籍版刻辭典》録有"瑯嬛齋","明萬曆間福建晋安人鄭能的書坊名。能字拙卿,刻印過《前唐十二家詩》24 卷,唐段成式《酉陽雜俎》20 卷"②。《中國古籍總目》於《酉陽雜俎》著録有"明閩城瑯嬛齋刻本",僅福建圖書館有藏;又録一"明歐粤鄭琰校刻本",僅南京圖書館有藏③,未知二者是否

---

① 《中國古籍總目・子部》,第 1671 頁。

② 瞿冕良編著:《中國古籍版刻辭典》,第 517 頁。

③ 《中國古籍總目・子部》,第 2157 頁。

一書。此鄭能當爲晚明福建晋安之刻書家，除上述外，據日本國會圖書館所藏，尚有晋安鄭能所刻之《前唐十二家詩》，國内存此書僅署“明長洲許自昌玄祐甫較”，然日本所傳之本卷端次行僅署“晋安鄭能拙卿重鎸”之字樣，則知其或據許氏本重刻，並泯去許氏之名也。另據此和本亦知鄭氏曾刻《郁離子》，則其人刻書數量甚夥，然方彦壽《福建歷代刻書家考略》失收。

【影印・整理】

無。

【公藏】

中國：遼寧、浙江。

日本：蓬左文庫、東大總、新瀉大、中央大、山口大、東大東文研、東京都立中央、國會、茨城大、京大附圖、公文書館、宫内廳書陵部、一橋大。

明心寶鑑二卷

【叙録】

《明心寶鑑》二卷，明范立本輯，日本寛永八年（1631）中野道伴刊本。大本二册。卷端題“新鍥京板正譌音釋提頭大字明心寶鑑正文”，署“太倉緱山王衡校，書林弼廷陳氏梓”。正文四周文武邊，白口，單黑魚尾，無界行，半葉十行，行二十一字。末頁板框外署“寛永辛未三月道伴刊行”。

【考證】

此書據《中國古籍總目》知臺圖存一明初刻本，國圖及蘇州存明嘉靖三十二年（1553）曹玄刻本，哈佛燕京存萬曆十三年（1585）内府刻本，題名均與此異；而哈佛燕京還有一《新鍥提頭音釋官板大字明心寶鑑正文》（署明范立本輯）者，爲萬曆二十九年（1601）書林鄭繼華刻本①，與此頗類，然亦小有不同。另國圖亦藏有明刻范立本輯本，又有康熙本及另一明刻本，分藏於吉林與國圖。即《明心寶鑑》之書所存均甚少。而此王衡校、陳弼廷刊本國内無。日本公文書館存有原豐後佐伯藩主毛利高標氏舊藏之明

① 《中國古籍總目・子部》，第216頁。

本《新鍥京板正譌音釋提頭大字明心寶鑑正文》，或即此和本之底本。

此校者王衡爲明代之名人，萬曆時首輔王錫爵之子，清代畫家王時敏之父。然此是否出於僞托，尚不能定。至於此陳弼廷，亦無文獻載録，日本國會圖書館存有萬曆四十年(1612)石馬陳弼廷刊《國子監校正四書正文》六卷，則知此《明心寶鑑》和刻之底本亦當在其年前後。

【影印・整理】

《域外漢籍珍本文庫》第五輯。

【公藏】

中國：遼寧、浙江。

日本：蓬左文庫、東大總、新瀉大、中央大、山口大、東大東文研、東京都立中央、國會、茨城大、京大附圖、公文書館、宮内廳書陵部、一橋大。

聽雨紀談一卷

【叙録】

《聽雨紀談》一卷，明都穆撰，日本昭和六年(1931)民友社刊《新成簣堂叢書》影印本。大本一册。扉頁題"新成簣堂叢書"，封二有"成簣堂"朱印，下標"限定參百部，第×××部"字樣。正文左右文武邊，白口，單黑魚尾，有界行，半葉八行，行十六字。後附蘇峰學人之解題。末附元禄二年(1689)刊《新刻聽雨紀談》書影數幅。

【考證】

都穆此書，據《中國古代小説總目・文言卷》云，有《顧氏明朝四十家小説》《格致叢書》《瑣探》《古今名賢匯語》《續説郛》《五朝小説》《續知不足齋叢書》《説庫》等叢書本①，然未云有單行本。《中國古籍總目》亦録此數種②。可知此書向未單行。德富蘇峰氏《新成簣堂叢書》影印此書"用明嘉靖中刻策彦和尚書入本景印"，其稱此書爲"初刊初印之本，文字雄勁，紙墨精良，即典型之嘉靖版"。此書前有原藏者草書識語云："嘉靖年中南

---

① 石昌渝主編：《中國古代小説總目・文言卷》，太原：山西教育出版社，2004年，第469頁。

② 《中國古籍總目・子部》，第1682頁。

遊初,得此一册於寧波書肆中,載於歸舩,帶之來。"據蘇峰考辨,此爲策彦和尚入明所得,其《初渡集》中載嘉靖十八年(1539)七月四日"申刻謝國經價于宗桂,惠《聽雨紀談》一册",則確鑿無疑。此謝國經於策彦和尚書中又多次提及。故此書淵源亦極清晰。然此爲策彦嘉靖十八年所得,而顧元慶《明朝四十家小説》亦多認爲由嘉靖十八年始刻,將顧氏本與此本對照可知,二者顯非一種,顧本半頁十行,行十八字。知此本確當爲初刊之本。蘇峰藏書後均歸御茶之水圖書館,此原本仍存於彼①。

【影印・整理】

無。

【公藏】

中國:無。

日本:關大、新瀉大、國會、大阪府立中之島、實踐女子。

菜根譚二卷

【敘録】

《菜根譚》二卷,明洪應明著,日本文政五年(1822)刊本。中本二册。扉頁書名右署"明還初道人著",左爲書肆之識語,大意云此書爲明人洪自誠所著,其學以道德爲本,論人情世態,莫不細致入微,實處世之良方也。其上卷爲仕宦中人應酬之道,下卷則退静閑居之樂。句句奇麗,字字對類,聯語額字,用宜風流之詞。全二册,當熟玩之,終身受用。乃學者必讀之書也。前有"文政五年壬午五月加賀文學蓀坡林瑜撰"《重刻菜根譚叙》,次《三峰主人于孔兼題》之《菜根課題詞》。卷端署"還初道人洪自誠著,覺迷居士汪乾初校,日本林瑜孚尹重校"。正文左右文武邊,白口,雙對魚尾,有界行,半葉十行,行二十四字,有返送。前有林瑜之序,並載三峰主人於孔兼序。

【考證】

《菜根譚》作於明末,其時當有數刻,然此書與晚明流行之清言小品頗

① 嚴紹璗:《日藏漢籍善本書録》,第1159頁。

異，故未受重視，至清已漸次湮没。至乾隆年間方有天寧寺刻本，後以天寧寺本爲底本者若斷若續，並未中絶。然有清一代刊本多與寺院有關，其書被視爲佛家修行或民間勸善之書，故其書雖未亡佚，然亦不多見。

然其書於日本江户時期却大受歡迎。民國四年(1915)，浙之奉化人孫鏘出使日本，其言："前清末年，凡有志榮途者，無不藉東游爲捷徑，甚至政府亦標以品題，然其所查考者，大都師範、法政、工藝、製造諸新法是已。余之東游，僅十日耳，既不能多所考查，多所購買，於陽明學派書十二種外，又得此篇。"於其時東游熱潮中，凡訪日者皆欲有所樹立，孫氏東游日短，亦不甘寂寞。其序中又云："乙卯之春，歸自日本，購有《菜根譚》一書……刷印多次。而大兒海環，亦因友人索觀者衆，在成都依式仿印，不脛而走，凡遍全國。此前世鮮見本，故海寧馬緒卿先生亦以爲書亡不知若干年也。其後吾浙人寓成都者陳君西庚書來，謂其與架上藏本頗有異同。餘因悟中國自有刊本，並未亡失，特當求之不廣耳。既而購得常州天寧寺刊本，不分前後集，而有修省、應酬、評議、閑適、概論等名目，始知日本所謂《處世修養篇》者，殆得各類而泛言之耳。"孫鏘氏於版本並不通曉，然遠赴東瀛訪異書爲一時風氣，其於日本僅得數本尋常之陽明學書籍，歸國後似只可推舉《菜根譚》。然亦有功，此書雖或俗本不少，但均爲清本系統，孫氏本則爲明本系統，自有價值。因其時國人對此書較陌生，孫氏此舉亦如訪得佚書歸國，頗受追捧，並引領競相刊行《菜根譚》之風氣，然不久便告沉寂，此後更全然銷匿。

至二十世紀八十年代，日人視此書由修身養性之書又轉爲企業經營管理之秘笈，再掀熱潮，中國亦步亦趨，墻裏開花墻外香之後即"出口轉内銷"，國人趨之若鶩，一時洛陽紙貴，至今未衰。故自八十年代始，國内書坊争謀剞劂，如雨後春笋，問世者遠慮五六百種，然大多輾轉抄販，未究其版本之異同；個别整理者雖對相關版本有所瞭解，然亦多從俗從衆，致使其書原貌晦而不彰。

《菜根譚》版本約分二類，一爲明本，二爲清本。

明本於海内外多有庋藏，上海圖書館所藏者已收入《續修四庫全書》第一一三三册。此系統均分前後二集，不分類，前集二百二十四條，後集一百四十條，計三百六十四條；清本則均分爲修省、應酬、評議、閑適、概論五類，共三百六十八條。二本由數量觀之似相去不遠，然究其實則幾乎陌路之書。清本前四類共一百七十余條全未見於明本，僅"概論"部分可相合，然亦僅得原書之半。由此幾可論定，清本乃後人僞摻之劣本也。

現存明本雖亦有《遵生八箋》本、于孔兼序本及無于序之本①,然條目、次序均同,于序本前有序云:"適有友人洪自誠者,持《菜根譚》示予,且丐予序。"又云:"洪子曰:'天劵我以形,吾逸吾心以補之;天厄我以遇,吾高吾道以通之。'"則知于孔兼爲洪自誠之友,則有孔序者當尤近原刊之本。

清本則不然,其多從常州天寧寺本出,其本之末有乾隆三十三年(1768)三山通理達天序,云來琳"出所刻《菜根譚》命予爲序","來琳初受近圓,即詣西方講社,聽教於不翁老人。參請之暇,老人私誡曰:'……吾有一書,首題《菜根譚》,係洪應明著。……今授於汝,宜知珍重。'……因追憶往事,三復此書。乃悟從前事事皆非,深有負於老人授書時之心焉。惜是書行世已久,紙朽蟲蠹,原板無從稽得,於是命工繕寫,重付棗梨。"知此本爲"潭柘山岫雲寺監院僧來琳"得於"不翁老人"者,且"是書行世已久,紙朽蟲蠹",只好"命工繕寫,重付棗梨",僅從文獻流傳慣例觀之,便知明本優於清本,何況二本差異如此之大,清本較明本多出四類一百七十餘條無一字見於明本,則其僞判然。前引孫鏘之語以爲日本刊本改編原"修省、應酬、評議、閑適、概論等名目",與事實恰恰相反。

此和本於文政五年由日本金澤藩儒生林瑜校正刊行,此後亦多次重印,注釋講解本亦多,其底本均爲此文政本,而文政本又屬前所云之明本系統。故十九世紀後,中國所行幾全爲清人重編分類本,日本所行則均爲分前後集之原本,頗引人之喟也。然尤可歎者,此種情形至今猶未改觀:國内近五百種《菜根譚》,僅百分之十用明本,百分之二將明本與清本合刊,另百分之十爲自行調整順序改編者,餘百分之八十均以清編分類本爲底本,即古籍整理之名社亦未能幸免。個别整理者知此二本之優劣,如某本前言即云:"前一系統的版本更接近原作面貌,後一系統相對來説更方便閲讀,所以我們此次也采用後一系統中的刻本。"

此本前有林瑜之序,並載三峰主人于孔兼序,于序之末有三印,與《續修四庫全書》所收明刊本之印除陰陽互易外全同,書分前後二集,題署爲"還初道人洪自誠著,覺迷居士汪乾初校",亦與明本同:可知此本爲明本之覆刊。然二本間亦微有小異,如日本刻本上卷之末較明本多一則,後集則較明本少末六則,此或因傳本之異。

關於《菜根譚》作者,學界已多有所論,若無新材料,亦無可補充者。近見章軍華《洪應明無辜汪信民有冤——新發現宋刊明刻本〈菜根譚〉的作者辨證》一文,云其"在江西臨川汪革故里查閲汪氏族譜中,獲得一本由

① 參〔日〕中村璋八、石川力山:《〈菜根譚〉解説》,《菜根譚》,東京:講談社,1986 年。

宋代傳承下來的《菜根譚》全卷一册附於譜系的藝文卷内”,故以此書作者爲宋代汪革。因未見章氏所云原書,不敢遽下斷語,然依慣例,族譜之材料向不可全信,必經反復推求方可用,因後人修譜,常有拉名人名書以附益者。就《菜根譚》言,若斷其爲宋人著,亦甚可疑。其後集有一則云:“一事起則一害生,故天下常以無事爲福,讀前人詩云:‘勸君莫話封侯事,一將功成萬骨枯。’又云:‘天下常令萬事平,匣中不惜千年死。’雖有雄心猛氣,不覺化爲冰霰矣。”此中“天下常令萬事平,匣中不惜千年死”一聯爲明人俞允文(1511—1579)《寶劍篇》中詩句(見其《仲蔚先生集》卷四,王同策先生《菜根譚注釋》一書中已指出此點),則此説已可不攻自破。他如章氏將書中數次引及“白氏云”之句指爲“正與江西臨川騰橋鎮白沙汪家之名,以及族譜曰‘白沙汪氏族譜’之説相一致”,則亦不必再辯矣(如“不如放身心,冥然任天造”一句實出白居易《首夏》一詩)。

【影印・整理】

祁飛、徐卓昀主編《菜根譚書系》,巴蜀書社2022年影印本。

【公藏】

中國:遼寧。

日本:所存甚多,不備録。

陰騭録一卷

【叙録】

《明賜進士袁了凡先生陰騭録》一卷,明袁黄撰,日本元禄十四年(1701)雒東升蓮社釋忍澂刊本。大本一册。前有“黄石梧山積雲禪寺獨湛瑩題於黄檗獅子林”之《袁了凡先生陰隲録序》,文末有“性瑩之章”陽文方印;次“庚午秋龍華道人蘇文昌稽首書”之《小引》,文末有“青蓮居士”陰文方印。卷端署“明賜進士袁了凡先生陰騭録”,“莆田後學:明經貢魁陳昇希振甫、邑增廣生員黄幼清若水甫較鋟”。正文四周單邊,下黑口,單魚尾,無界行,半葉九行,行二十字,有返送。末有“佛弟子陳衮明、黄履將,信女曾氏、楊氏、黄氏、郁奇捐金刻施”字樣。

【考證】

此書國内無，查《中國古籍總目》等書亦未收録。日本蓬左文庫藏明崇禎初刊本一册，有尾陽文庫印記，寬永十二年（1635）買本，未知是否即此和本之底本。酒井忠夫《中國善書研究》論及《陰騭録》時僅及此和本①，則此本確爲佚失之書。按：此書實與袾宏《自知録》合刊者，其末有"元禄辛巳二月十八日獅子谷沙門忍澂書"《合刻陰騭自知二録跋》。後有長方形牌記云："沙門信阿捨衣鉢資合刻陰騭、自知二篇廣布於世，願我與衆生共極止惡修善之良心，同躋了生脱死之净域者。元禄十四年二月十八日雒東獅子谷升蓮社識。"《自知録》國内所存除《雲棲法彙》之叢編本外，其單行者均爲光緒二十五年（1899）金陵刻經處本②，較此本晚近二百載也。

【影印・整理】

無。

【公藏】

中國：無。

日本：東大東文研、二松學舍、佐賀縣圖、新潟縣圖。

遵生寶訓一卷

【敘録】

《遵生寶訓》一卷，明高濂編，日本明治三年（1870）上京十八番小學校刊本。中本一册。扉頁書名右標"明高深甫撰輯"，左署"上京十八番小學校藏梓"。卷端署"古杭高濂編"。正文左右文武邊，白口，單黑魚尾，有界行，半葉八行，行十八字，有返送。末有"明治三年夏五月後學土橋莊"之《後序》。

【考證】

此爲高濂《居家必備》卷二之内容，《居家必備》選入高氏著作二十一

---

① 〔日〕酒井忠夫：《中國善書研究》（增補版），劉嶽兵、孫雪梅、何英鶯譯，南京：江蘇人民出版社，2010年，第304頁。

② 《中國古籍總目・子部》，第1714頁。

種,餘多從其《遵生八箋》出,然此卷則非。又據此書土橋氏《後序》云:"《八箋》有大字、小字二板矣,小字者約而純,是寔高濂手澤之物;大字者似博而卻駁,是或其友李時英之所贅哉。李氏蓋陽儒而陰釋之徒歟!其小字本卷首《寶訓》一箋,足以補經典……是應所以未有翻刻焉,抑大字本所藏往往皆是,而小字本至稀。今也幸獲其稀者,兹刻《寶訓》一箋,聊以助蒙養云。"則其或據另本《遵生八箋》翻刻者。另此和本亦極罕見,其字體亦極精美,長澤氏雖已印入其《和刻本漢籍隨筆集》,然日本公藏却似未見,筆者幸得一種,據以入録。

【影印·整理】

〔日〕長澤規矩也《和刻本漢籍隨筆集》第十五輯。

【公藏】

中國:無。

日本:無。

四時幽賞一卷

【叙録】

《四時幽賞》一卷,明高濂撰,日本寬文八年(1668)京都林和泉掾刊本。中本一册。一文一圖,半葉八行,行十六字,四周單邊,白口,無魚尾,無界行。前有高濂識語,後有署"寬永癸未八月五日胸丘居士埜子苞書於紙窗竹屋下"之《高子四時幽賞跋》,又有署"寬文丁未季秋忍岡林叟"之《四時幽賞圖跋》,菊廬野節《跋》,署"寬文七年至日前日柳谷散人埜子苞父書諸北山山房"之《再胥四時幽賞後》。版權頁署"寬文八年戊申庚則下旬,洛陽小川林和泉掾"。

【考證】

此書原爲《遵生八箋》中一部分,本不當入,然此後丁丙將此摘出,以《四時幽賞録》之名收入《武林掌故叢編》第十五輯,而其已在光緒二十年(1894)。此爲寬文八年刊行者,早二百餘年,且均配圖,極精美。且此和本日本所存亦極少,僅國會有二册,神户大、早稻田各有一册而已。

【影印・整理】

無。

【公藏】

中國:無。
日本:國會、神户大、早稻田。

閲古隨筆二卷

【叙録】

《閲古隨筆》二卷,明穆文熙撰,江户刊本。大本二册。前有"萬曆九年夏五月長洲縣知縣東明劉懷恕書"《刻閲古隨筆引》。卷端署"東明穆文熙輯,長洲縣知縣劉懷恕梓"。正文四周單邊,白口,單黑魚尾,有界行,半葉八行,行十七字。

【考證】

此書《中國古籍總目》未録。按《四庫全書總目》有《閲古隨筆續》二卷(江蘇周厚堉家藏本)云:"明穆文熙撰。文熙有《七雄策纂》,已著録。是編雜采諸子之文,而又不著其所出。惟卷首總列其所采書目,體例殊謬。所録亦皆習見。首頁題《正續閲古隨筆》,而書中題《閲古隨筆續》,蓋尚有正集,今未之見。"①知四庫館臣亦未見其正集,惟將續集置於存目,然即其續集所存亦少,《四庫全書存目叢書》即未收録。似亦失傳。然查全國古籍普查目,知國圖尚存萬曆十四年(1586)刻本,未審叢書爲何遺之。另復旦、重慶、陝西、新鄉四家藏有《石渠閣校刻庭訓閲古隨筆》二卷,則其書實尚存於世,然無此萬曆九年(1581)劉懷恕刻本。日本前田育德會、國會、静嘉堂文庫均有萬曆九年本,公文書館又有萬曆十四年刻續本,前田另有正、續、三續三種,共六卷,後二書名有"評林"二字。

【影印・整理】

無。

---

① 魏小虎編撰:《四庫全書總目彙訂》,第4129頁。

【公藏】

中國：無。
日本：東北大、國會、公文、慶應、前田育德會。

醉古堂劍掃十二卷

【敘録】

《醉古堂劍掃》十二卷，明陸紹珩著，日本嘉永六年（1853）刊本。大本二册。扉頁書名右署"松陵陸紹珩湘客選"，左標"平安書鋪：星文堂、文榮堂、文泉堂梓"。前有"嘉永壬子蒲月陶所池内奉時題於容安書屋"之《刻醉古堂劍掃叙》，次"兄璉題於有美堂"之《劍掃引》，次"古吴友人汝調鼎石匱父題於靈谷寺之精舍"序，次"秣陵友弟何其孝"序，次"鴛湖倪煌題"序，次"甲子立冬日天台任大冶天卿父題於金陵白雲冷署"之《劍掃引》，次"友弟倪點題於桃葉渡醉吟樓"之篆文《劍掃叙》，次"南州後裔徐履吉題"序，次"甲子重陽陸珩題"自序。次《參閲性氏》，次《劍掃凡例》八則，次采用書目。卷端署"松陵陸紹珩湘客父選，兄陸紹璉宗玉父閲"。正文左右文武邊，白口，單黑魚尾，有界行，半葉九行，行二十字。末有"一簣山人朱鴻跋""平江屠嘉慶公祐氏題""友弟顧廷栻書"跋，又有"嘉永六年癸丑春日賴醇撰並書於真塾"之後序。

【考證】

晚明清言大行於世，《醉古堂劍掃》可稱爲清言小品集成之作，其書爲晚明名士陸紹珩所作，共十二卷，分醒、情、峭、靈、素、景、韵、奇、綺、豪、法、倩十二部，每部約百條左右，其篇幅於晚明清言中甚巨（約五倍於《菜根譚》），内容則多爲輯録而來，輯録之書參其采用書目，如陳繼儒、屠隆、吴從先、曹臣等皆在其列。

此書亦頗可與《菜根譚》對照：一者當代幾乎從未刊行（岳麓書社曾於2003年刊行，然乃節本），後據《中國古籍善本書目》方知此書有天啓四年（1624）套印本存世，且有六家藏本（清華大學圖書館、北京文物局、復旦大學圖書館、華東師大圖書館、山東省圖書館、蘇州圖書館），此外，國家圖書館亦存殘本，所存亦匪尠，然幾無學者研究，坊間亦無版行；然此書内容則未必陌生，因其書於乾隆年間爲清人改頭换面，以《小窗幽記》之名刊出，並改作者爲晚明大家陳繼儒——當代出版界頗熱衷於此《小窗幽記》,僅從國圖檢索即可見,近十數年間,坊間便有近百種版本刊行,其中不乏於古籍整理素有專長之名家,然亦多不交待其書來龍去脉,亦不標出底本。某本前言中已提及《小窗幽記》之爲僞書,然仍用其舊名、舊作者,實不可解。

與國内真本久湮、僞本泛濫不同者,日本未見《小窗幽記》之蹤,而《醉古堂劍掃》則於江户後期始刊,多次重印。此和刻本最早刊於嘉永六年,且同年即有二本,一爲常足齋藏板,其末有"邨嘉平刻"四字,知爲日本名工木邨嘉平所刻,共五册;另一則爲星文堂、文泉堂、文榮堂梓行者,二册。前者前有松堂序,故其扉頁稱"松堂先生鑒";後者則爲陶所池内及賴醇共同商議刊刻者。二者行款全同,序文字體亦同,知所據底本相同。松堂序本未及底本,陶所序本中陶所之序云:"往年偶獲謄本。欲刻之以當一部説劍。然魯魚頗多。因循未果。頃者借崇蘭館所藏原本。校訂而開雕之。"知以日本藏書大家狩谷掖齋舊藏之本所刊,而其格式又與今存明刊本全同,知其底本當即明天啓本。陶所序本在嘉永之後其板片曾多次易主,故傳世者有原印本,亦有山田茂助(即印行《痴婆子傳》之聖華房主人)印本及竹苞書樓印本等。

將陶所序本與松堂序本相較頗有趣味。松堂序本刊刻清秀雅致,信出木邨嘉平手,然似有意漏刻倪點及徐履吉二序,此二文一爲篆書,一爲草書,刻書者或避難就易所致。然二本内容則全同,且均當翻刻自天啓本者,故不重复列目。

周作人曾藏有陶所序本,今存國圖,前有題記云:"此書在日本甚通行,與《菜根譚》同爲人所愛誦,但在中國則似久逸,素未聞有人説及也。民國二十一年五月從名古屋市其中堂書記買得此本,二十五日重訂訖,題記於北平之苦茶庵,豈明。書中頗有'違礙'字句,在前清或是禁書,但書目上不見。又記。"周氏亦將其與《菜根譚》並論,並指其或因有違礙字句而爲禁書,此或未當,《小窗幽記》亦與此同,然仍大行於世,知或僞幣驅逐良幣之例。另據周氏所藏,又有雍正間所刻《山房積玉》十二卷,今亦存國圖,周氏題記云:"此即《醉古堂劍掃》翻刻本,一字不易,只將書名改换而已。廿六年五月得於北平,三十一日改訂訖記,知堂。"①可知此書並未因有違礙字句而被禁,然《山房積玉》亦爲《小窗幽記》所驅,故此《山房積玉》似亦

① 周作人著,謝冬榮整理:《知堂古籍藏書題記》,北京:國家圖書館出版社,2023年,第123、127頁。

僅存周氏所得孤本①。

【影印・整理】

無。

【公藏】

中國:遼寧、清華、天津師大、南京、國圖。

日本:所存甚多,不備録。

身世準繩四卷

【敍録】

《身世準繩》四卷,清李迪光撰,日本田結莊邦光補訂,日本明治十九年(1886)潛龍居刊本。中本四册。扉頁題"重增身世準繩",右上署田結莊邦光齊治改正,左下標"外山氏藏版",前"雍正丁未下月李迪光序",次"同治柒年小春之吉梁溪晦齋學人余治謹序",次"明治十九年一月浪華七十二翁田結莊齊治千里識"之例言五則。卷端署"大日本田結莊邦光齊治改正,外山格忠三訂梓;清李迪光觀文原輯"。正文四周單邊,白口,單魚尾,版心下題"潛龍居",有界行,板框分上下欄,上欄小字評批,行七字;下欄正文,半葉十行,行二十一字,小字雙行同。末有"明治十九年春三月上浣於□井里潛龍居,門人外山格忠三拜撰"之跋。

【考證】

據《中國古籍總目》知,國内存二卷本,即嘉慶道光間刻三益集本、同治四年(1865)刻本(上海)、光緒十四年(1888)悦止齋木活字本(天津)。另有不分卷且附勸孝文一卷之道光二十七年(1847)本②(南京。按:據全國古籍普查目録,知尚有蘇州大學、福州圖書館、開封圖書館幾家有藏,開封所藏爲"清道光二十七年廣仁堂施種牛痘局刻本"),其書扉頁署"道光丁未重鐫",有識語云"板存楊梅竹斜街文奎齋刻字鋪,每部價紋銀貳錢",然此仍分上下卷且無勸孝文,知《中國古籍總目》著録或有誤。

---

① 《中國古籍總目・子部》,第170頁。
② 《中國古籍總目・子部》,第1955頁。

然此和本之底本國内或已無存。此書前之例言所述極明,先是"雍正丁未歲"初刊,即1727年,然"歷七十餘年,坊板湮没,學者轉相傳鈔";後"嘉慶乙亥歲"又重刻,即1815年,仍"流傳不廣";直至"道光丙午歲",即1846,有人"刷訂數百部",當即前述道光丁未本也;後云:"後余治蓮邦(按:此字爲日人據印章誤識,實當爲"邨"字)約同人捐貲付梓,分送各塾爲生徒讀本,經十數年逆氛之擾,版片劫燼。余治益窮窘,廓(按:余序爲"郭")日長助貲之半,何泉、王任、周存諸氏亦助之,捐刻印送,此爲同治七年(1868)。印送有限(八百五十本),亦不多見。此本即其一也。"此後田結莊氏至中國結交"直隸州知州謝鵬飛隱莊","一日,袖此書來曰:'通常善本,請留存。'受而閲之。"此處之"逆氛"指太平天國運動。按:此余治,有詩文集傳世,其人小傳見《清人别集總目》①。則知余氏刊本經太平天國運動之禍,存世極稀。

此書《中國古籍總目》載上圖僅存一同治四年刻本,據前所言,當非余治本。據全國古籍普查目録,知河北圖書館藏一有余治序之本,然其標注云"清余治同治八年中秋之吉序,清王雲錦雍正丁未正月既望'身世準繩原序',清李迪光雍正丁未正月序",又似與此不同,此本末署云"同治柒年小春之吉,梁溪晦齋學人余治謹序",未知二者是否一版。若同版,國内則僅存此一本。然極可能並非同版,因小春指十月,而中秋爲八月,絶非抄録之可偶誤者。

【影印・整理】

無。

【公藏】

中國:無。

日本:關大、東北大、公文書館、阪大總、國會。

明朝破邪集八卷

【叙録】

《明朝破邪集》八卷,明徐昌治輯,日本安政二年(1855)水户弘道館覆

---

① 李靈年、楊忠主編:《清人别集總目》,合肥:安徽教育出版社,2003年,第951頁。

崇禎十二年(1639)鹽官徐氏刊本。大本八册。封面題“破邪集”,右題“安政乙卯冬翻刻”,封二有“弘道館印”之朱文印章,書口上及目録前題“聖朝破邪集”,卷首則題“明朝破邪集”。前有源齊昭草書《破邪集序》,序後有二印,一爲陰文“源齊昭印”,一爲陽文“尊王攘夷”;次《例言》三則;次“崇禎十二祺季冬五日鹽官徐昌治覲周甫書於大業堂中”之《闢邪題詞》,文後有“昌治”陽文方印及“覲周氏”陰文方印。卷端署“鹽官居士徐昌治覲周甫訂”。正文四周文武邊,下黑口,無魚尾,有界行,正文半葉十行,行二十字,無返送。

【考證】

此書國内已失傳,日本前田育德會尊經閣録有明本一部四册,或爲明本原書。據《中國古籍總目·子部》,國圖藏清咸豐五年(1855)刻本①,此本實甚可疑,因此書於國内並無刊行之跡,而此咸豐五年即安政二年,故此本或仍爲和刻本。中國國家圖書館藏有日本安政二年本兩種。一本爲四册八卷,卷端題名“明朝破邪集”,爲陳垣先生贈書,知其曾經陳垣先生收藏。

此和本謝國楨《江浙訪書記》有載(南圖藏),然評價頗低,原因則或爲作者之一之沈氏“素乏時譽”,“内監李進忠等執禮甚恭”,“可見沈漼是一個魏黨”②,此理未通。

此書東傳日當與隱元有關,因隱元爲費隱弟子,費隱又與此書之成密切相關。順治十二年(1655),即隱元東渡次年,其曾遣弟子歸國。《費隱禪師紀年録》載有此事:“先是黄聚隱元琦應扶桑長琦請,是年五月遣僧賈書儀省勤。”據臺灣學者徐興慶研究,此年受遣歸國之弟子受徐昌治之托將《高僧摘要》《醒世録》等書籍帶回日本,隱元爲此申謝致書。此中《醒世録》《高僧摘要》皆爲徐昌治著作,則《破邪集》亦或同時相贈者。

關於此書命名,徐昌治原書當爲《聖朝破邪集》,徐氏爲明人,當不會稱“明朝”,傳入日本後,日人刊行,“聖朝”之尊稱便非必需,故改以客觀稱呼而用“明朝”,即如沈德潛《國朝詩别裁集》今統稱《清詩别裁集》同。且原書可見多處未能將“聖朝”字樣削去之痕跡。

---

① 《中國古籍總目·子部》,第3506頁。

② 謝國楨:《江浙訪書記》,上海:上海書店出版社,2004年,第13頁。

【影印・整理】

《四庫未收書叢刊》影印本。

金程宇《和刻本中國古逸書叢刊》。

夏瑰琦校注本《聖朝破邪集》,香港建道神學院 1996 年版。

周解方校本《破邪集》,《明末清初天主教傳教史文獻叢刊》,北京圖書館出版社 2001 年版。

【公藏】

中國:北大、科學、華東師大、辭書、大連、南京。。

日本:京大文、國會、蓬左文庫、阪大總、宮城縣圖、東大東文研、飯田市立中央、京大人文研東方、愛知大、山口大、九大、公文書館、東洋文庫、關大、前田育德會、一橋大、鹿大。

闢邪集二卷

【叙録】

《闢邪集》二卷,明鍾始聲等著,明程智用編,日本萬延元年(1860)序刊本。大本二册。前有"萬延紀元庚申桂月題於緣嶠南溪古經堂中"之杞憂道人《翻刻闢邪集序》,次"癸未秋日越溪天姆峰杲庵釋大朗書"《刻闢邪集序》。卷端署"金閶逸史鍾始聲振之甫著,新安夢士程智用用九甫評"。正文左右文武邊,白口,無魚尾,無界行,半葉八行,行二十字,有少量返送。末有"辛酉仲春杞憂道人題"之跋語。

【考證】

此書國内已失傳。《續修四庫全書》收鍾氏書二種《周易禪解》十卷及《閱藏知津》四十四卷,然無此書。據此本前釋大朗序署"癸未秋日",知此書初版於明崇禎十六年(1643)秋。再據杞憂道人序云:"適閱明鍾振之居士《天學初徵》《再徵》,暨羅川純禪師《天學初辟》,儒釋二論,至理快暢,聯壁合璋,可謂照妖膽之秦鏡矣。處附訓點,合刻之以公於世。"知鍾氏書初僅《天學初徵》與《天學再徵》,並附《附鍾振之居士寄初徵與際明實時師柬》等四書;《辟邪集》傳入日本,養鸕徹定(號杞憂道人)於文久元年(清咸豐十一年,1861)翻刻時,又有增益,仍以《闢邪集》爲名。現此和本分上下二册,上册即鍾氏二文,上册末有程智用《跋》。下册前有"崇禎九年夏月書於符山方丈臨川劉文龍雲子甫著"之《統正序》,目録處署"原道闢邪説",以下有十五篇文章,前四篇皆爲費隱所作,故卷下次行署"寓黄檗釋費隱通容著"字樣,後九文則各有作者。

鍾始聲乃作者俗名,其人後出家剃度,法名智旭,號澫益,與憨山、紫柏、蓮池並稱明代四大高僧。少吃齋,後好儒學,誓滅釋老,繼閱袾宏之《自知録》《竹窗隨筆》,又取己所著辟佛之論焚棄之。服父喪時,聞地藏菩薩之本願,始萌出家之志。二十二歲專致念佛,翌年發四十八願,自稱"大朗優婆塞"。二十四歲就憨山大師之門人雪嶺剃度。嘗學華嚴、天台、唯識,欲統一禪、教、律,綜合佛教諸家體系,惟於實踐上側重念佛。並兼治儒家、景教。主張融合佛、道、儒三教。著作極多,其中《閲藏知津》,係解説大藏經之經、律、論、雜等四部。並融會諸教學,注釋《大乘起信論》《大乘止觀論》。著《彌陀經要解》一書。門人成時别編其遺文爲《靈峰澫益大師宗論》十卷。由上介紹可知,此書中鍾始聲及通信之人、及前作序之大朗,或均爲鍾氏化名,其以俗名撰抨擊耶教之書,頗可玩味。

【影印・整理】

周解方校本《闢邪集》,《明末清初天主教傳教史文獻叢刊》,北京圖書館出版社 2001 年版。

【公藏】

中國:遼寧、大連。
日本:東大總、八户市立、東京都立中央、公文書館。

闢邪論一卷

【叙録】

《闢邪論》一卷,清楊光先著,日本明治元年(1868)刊本。中本一册。扉頁書名左下署"海社藏板"。前有"明治紀元戊辰春三月上浣題於西京華頂峰寓樓杞憂道人"之《闢邪論序》。卷端署"歙縣楊光先著"。正文四周文武邊,白口,單黑魚尾,有界行,半葉十行,行二十字。

【考證】

此書長澤規矩也《和刻本漢籍分類目録》及王寶平主編《中國館藏和刻本漢籍書目》均失收。

清初任用傳教士湯若望、南懷仁等人制曆，楊光先撰《闢邪論》等文反對，提出"寧可使中夏無好曆法，不可使中夏有西洋人"，勝後任欽天監監正，然其全不懂曆法，作《不得已》一書自明。此書國内有咸豐八年(1858)華師璞抄本、詞雀山房刻本①。《續修四庫全書》收入抄本②，《明末清初耶穌會思想文獻彙編》收入第五十九册。民國十八年(1929)柳詒徵手録清道光年間《不得已》抄本，交南京中社影印行世。按：和本《闢邪論》正文與《不得已》篇目相類，然内容有同有異，細檢可知，此和本所刻當非源自楊氏《不得已》原文，或自魏源《海國圖志》卷二十七引楊氏之文字來。另外，此書國圖有藏，與《破邪集》合册，同爲陳垣贈書。

【影印・整理】

無。

【公藏】

中國：國圖。

日本：堺市立中央。

釋教正謬二卷

【叙録】

《釋教正謬》二卷，英國艾約瑟著，日本明治間木活字排印本。小本二册。扉頁書名左下標"活字板限百部禁賣買"。卷端署"英國艾約瑟迪謹氏著"。正文左右文武邊，白口，單黑魚尾，無界行，半葉九行，行十八字。另本扉頁書名左下標"活版限百部不許賣買"。卷端無"英國艾約瑟迪謹氏著"之題署。正文四周單邊，白口，單黑魚尾，無界行，半葉十行，行二十一字。

---

① 李靈年、楊忠主編：《清人別集總目》，第708頁。

② [清]楊光先：《不得已》，《續修四庫全書》第1033册。

【考證】

此書爲英國傳教士艾約瑟(Joseph Edkins,1823—1905)所著,本不當闌入。然此書爲其在中國所著,且爲向國人攻擊佛教、闡揚耶教之書,於同治五年(1866),即有香港英華書院鉛印本行世,此不過日人據中國排印之本又以木活字重排者,仍屬本書所擬定之"和刻善本"之列,故此援《四庫全書》録艾儒略、南懷仁、利瑪竇著述之例録之。

又,此和本之價值有尤重要者。鄭安德所編《明末清初耶穌會思想文獻彙編》將此作收録,其解題云:"據《佛光大辭典》的介紹,《釋教正謬》網羅經典、教乘、釋迦牟尼、輪回、三寶、沙門、十惡、功德、偶像、净土、觀音、世界、諸天、地獄、瑜伽、持咒、宗門、止觀、涅槃、無常等項,計二十章。今本《釋教正謬》,共63面,内容包括只有前列十章,疑其有所缺失,現藏在法國國家圖書館(Bibliothèque Nationale de France),古郎(Maurice Courant)編目爲7490號。"①可知編者未見全本,故於此收羅極全之彙編中僅録其前十章,然此明治間木活字印本爲全本無缺。

另,此明治間木活字本有二種,一爲九行本,一爲十行本,内容基本相同。然九行本誤字較多,十行本多有改正,則九行本當爲初排之本,十行本爲重排之本。

【影印・整理】

無。

【公藏】

中國:無。

日本:愛媛大、西巖寺(以上九行本),東經大、九大(以上十行本),京大附圖、東京都立中央、宫内廳書陵部(以上未詳)。

① 鄭安德編:《明末清初耶穌會思想文獻彙編》第四册,北京:北京大學宗教研究所,2003年,第617頁。

釋教正謬初破二卷

【叙録】

《釋教正謬初破》二卷，日杞憂道人著，日本明治元年(1868)木活字排印本。中本二册。扉頁中署“釋教正謬初破”，左下署“排刷以頒同好，不許行肆發版”。前有忘筌子“明治紀元戊辰春三月書於京師華頂峰南寓樓”之《釋教正謬初破序》，次“明治紀元著雍閹茂靐月下浣杞憂道人”叙。卷端署“佛嶺杞憂道人著”。正文四周單邊，白口，單黑魚尾，有界行，半葉十行，行二十字。末有“戊辰首夏憲齋居士題時年七十有三”之跋。

又有另種明治元年木活字排印本。中本一册。前有忘筌子、杞憂道人二序，末有憲齋居士跋，均與前二册本同。正文左右文武邊，白口，單黑魚尾，有界行，半葉十二行，行二十二字。跋末又有“爲護法活版印刷，有志中”字樣。

又有明治六年(1873)缘山藏版本，大本三册。扉頁上横題“稟准”二字，書名右署“明治六年八月新鐫”，左署“缘山藏版”，下有“三缘山藏書記”陽文方印。前有“同治九年除夜中夏尊古自牧居士金嘉穗造序”，次忘筌子及杞憂道人序與前本同。正文四周單邊，白口，單黑魚尾，有界行，半葉十二行，行二十二字。其後又附《釋教正謬再破》一卷，行款與前悉同，前有“蘇州尊古自牧居士書於瓊浦旅舍”之序，又有杞憂道人自序。末有“辛未初夏長陽涪溪居士”之跋。

【考證】

此書爲日人所著，本亦不當收入。然一者其作者杞憂道人與前録《闢邪集》《闢邪論》及《釋教正謬》皆有關聯，二者此書又爲與前《釋教正謬》辯論之作，則附此於前數書後，或亦得宜。然尤要者，前列《釋教正謬》時即云，其書國内所存僅得其半，可賴日本木活字本補足，然彼本存世亦極罕見。而此和本破彼之“正謬”，即先具引彼文，而後破之。故其書竟全存《釋教正謬》正文，一字未遺，則亦可以此書補彼之闕。

此和本有三種，明治元年之二册木活字本附有《釋教正謬》原文，另種單册本則未附，頗疑單册本爲信徒據之重排之本，其活字亦不同(如前者“殊”字後者中左部之與爲“歺”)，故單册本極罕見。又明治六年刻本行款同單册活字本，然亦附入《釋教正謬》原文。實僅此明治六年刻本，筆者藏二種,其版權頁亦不同。一標"緣山藏板","製本師:山口屋左七",此當爲原板;一標"三緣山藏板","調進所:西山堂總兵衛",則當自山口屋左七購入書板再印者。然此刻本亦極罕見,日本公私似無有收藏。

明治六年本前有"同治九年除夜中夏尊古自牧居士金嘉穗造序",關於此人,詳參前《導庵金先生墨蹟》之考述。據日本學者町泉壽郎《西魏寫本〈菩薩處胎經〉東傳及相關中日達人》一文可知,金氏至日後,與徹定關係尤密。二人曾於明治三年(1870)末至四年(1871)初六次會面,並有《瓊浦筆談》留存,據此筆談知初見之時,徹定即呈自著之《釋教正謬初破》,並詢及清廷有關耶教政策,金亦於耶教持反對態度,並多方闡發,徹定極敬佩,並請爲己書及所携之古寫經題跋①。徹定初見金氏,所呈《釋教正謬初破》自爲明治元年之活字本,故前無金序;其於數年後又重付剞劂,並又撰《再破》,或有與金氏交流並請金氏題序之影響。

【影印·整理】

無。

【公藏】

中國:無。

日本:東經大、善通寺、西巖寺(二册木活字本),東經大(單册木活字本),東經大、西巖寺(僅存刻本《再破》)。

聽松堂語鏡二卷

【叙録】

《聽松堂語鏡》二卷,明閔度編,日本寬文二年(1662)刊本。大本二册。前有"順治庚寅臯月書於三山文署之筆捧樓時視學八閩吴苕閔度中介"之《聽松堂語鏡自叙》,文末有"中介"陽文方印。卷端署"苕上閔度中介集"。正文四周雙邊,白口,無魚尾,版心有"聽松堂"字樣,無界行,半葉七行,行十八字。版權頁署"寬文貳壬寅歲三月吉旦,洛陽室町鯉山町土田長左衛門梓行"。

---

① 王勇主編:《人物往來與東亞交流》,北京:光明日報出版社,2010年,第255—256頁。

【考證】

此書國内無存,《中國古籍總目》亦未載,即全國古籍普查之目亦無痕跡。然"六然訓"之説,不脛而走,引此語時,人多謂明代學者崔銑之《聽松堂語鏡》云云,實大誤。《聽松堂語鏡》爲閔度所輯之書,書中輯入崔氏之語也。此書國内雖無存,然日本公文書館尚存清順治七年(1650)刊本,撫印極精美清爽,和本或即據此而來,然亦有所更改:順治本爲一卷之本,和本或爲方便計,分爲二卷,並於書首增其書目録,餘之行款、版式均同,唯無順治本之賞心悦目耳。

【影印・整理】

無。

【公藏】

中國:無。

日本:公文書館、東大總、國會、静嘉堂文庫、前田育德會、京大附圖。

集古偶録一卷

【敘録】

《集古偶録》一卷,清陳星瑞著,曹夢賚輯,李曉江校,日本井田讓訓點,安政六年(1859)大垣井田氏刊本。小本一册。扉頁中署書名"集談偶録",右署"古虞陳拙庵先生輯",左下署"死不休齋藏"。前有"淳安朴正方文鞞識"之叙,文末有"方文鞞印"陰文方印及"朴正"陽文方印;次"仁和培軒鄭籽識"之叙,文末有"鄭籽之印"陰文方印及"培軒"陽文方印。卷端署"古虞拙庵陳星瑞著,後學同邑曹夢賚編次,錢塘李曉江參校"。正文四周文武邊,白口,單黑魚尾,有界行,半葉八行,行十六字,有極少之返點。末有"己未盛夏大垣井田讓跋"。

【考證】

此書《中國古籍總目》僅收二種,一爲道光二十六年(1846)長白毓成等刻本,僅標國圖藏,其前署"古虞拙庵陳星瑞著,仁和姚成濟琴舫輯注,後學同邑曹夢賚編次,錢塘李湟參校,長白毓成少山、毓德次山校刊",書四卷,名爲《談古偶録》。另一爲光緒二年(1876)申報館排印本,二卷,亦名《談古偶録》,無别署①。然筆者曾經眼乾隆本,其封面題“友竹堂談古録”,扉頁横題“乾隆甲辰冬鐫”,大題爲“集談偶録”,右署“古虞陳拙庵先生輯”,左署“友竹堂梓”。前有方文輈叙,又有鄭秄識,鄭氏叙云“拙庵先生有集古、談古二集,摭拾群書,彙訂成編,持以壽世”,可知其書原爲二集,後合刊而已。不過,其正文卷一題爲“集古偶録卷一”,卷二以下則題爲“談古偶録卷二”,名已改,卷次仍相連屬,知作者之游移。其書前即署“古虞拙庵陳星瑞著,後學同邑曹夢賚編次,錢塘李曉江參校”,與此和本同。可知和本當據乾隆本翻刻。而據和本末井田氏跋云“如拙庵集、談,最其中之錚錚者也”,即指其《集古》與《談古》二録;又云:“原本舶載甚少,今先取《集古録》,句而點而刻之於私塾,如《談古》,將陸續上木也。”亦極清楚,即先刻《集古》,嗣刻《談古》。然此意或成虚願,今於日本圖書館中,僅可見此集,未見《談古》。

然申報館曾將《談古偶録》排印出版,其廣告語云:“談古偶録二卷:是書爲古虞陳拙庵先生星瑞所著,而縷馨仙史爲之跋。余比來焚香默坐,消遣世慮,偶一披閲,覺其説理則精而不腐,論事則明而有識,其新穎處發前人之藴蓄,其沉摯處示後學之准繩,名言林立,議論風生,晦盲否塞之病一掃而空,説理之書莫善於此,世之欲平矜釋躁者誠覽是編而循繹之,可以淑性情,可以長學識,並可以資考據,蓋書中之《渾天説》及《元會運世考》諸作皆不經見之語也。計每部二本,價洋一角五分。”②可見出版者頗爲推崇,然僅刊《談古》而不及《集古》者,不知何意,或其未得《集古偶録》之刊本歟?

另此和本所刊實亦非《談古》之全,或刊刻者所得非全本歟?

【影印・整理】

〔日〕長澤規矩也《和刻本漢籍隨筆集》第九輯。

【公藏】

中國:無。

日本:國會、東京都立中央、東大總、千葉縣立中央、九大、茨城大。

---

① 《中國古籍總目・子部》,第1955頁。

② 周振鶴編:《晚清營業書目》,上海:上海書店出版社,2005年,第183頁。

夢鷗囈語二卷

【叙録】

《夢鷗囈語》二卷，清葉煒著。日本藤澤恒評，土屋弘評，明治十四年(1881)大阪相原政治郎刊本。中本二册。扉頁有“光緒辛巳之春曼壽”題簽，次“辛巳仲春題夢鷗葉君大著太湖谷鐵臣”題“枕經藉史”四大字，次“庚辰之秋爲松石四兄大人大雅正之，弟王冶梅寫”之《水亭消夏》圖，次日本江馬欽題“漆園餘韻”。次“皇日本明治十三年歲次庚辰臘月平安三溪居士菊池純子顯甫識於左界坊僑寓”之《夢鷗囈語序》，次辛巳春土屋弘《題夢鷗囈語》，次“皇和明治辛巳孟春題於不苟書室北窗下，南岳藤澤恒”之《小引》。卷端署“清嘉興葉煒松石著，日本讚岐藤澤恒南岳、和泉土屋弘伯毅評，紀伊菊池純三溪、西京神山述鳳陽閲”。正文四周單邊，白口，單黑魚尾，有界行，半葉九行，行二十字，書眉有評語。正文末有“門人長崎周壯十郎校字”字樣，又有“日本明治十三年庚辰中秋後二日浪華南岳藤澤恒僭評”之識語，末爲“皇朝明治十三年嘉平月東海辱知弟周峰福原公亮識”之跋。

【考證】

葉煒亦清末遊歷日本者，於日本聲聞頗高。此前其曾至日本任教，此爲作者第二次訪日時於大阪所著。其書所言，多甚新警。前後序跋題辭甚多，亦可覘中日文人交往之跡。

【影印・整理】

無。

【公藏】

中國：無。

日本：關大、國會、佐野市立鄉土博物館、東京都立中央、阪大總。

八、小説家類

博物志十卷、續博物志十卷

【叙録】

《博物志》十卷、《續博物志》十卷，晋張華撰，日本天和三年(1683)刊本。大本四册。前有署"嘉靖辛卯良月下浣鏡湖居士崔世節介之書"《正續博物志序》，卷端署"晋司空張華茂先撰，汝南周日用等注"。正文四周單邊，粗黑口，雙對魚尾，無界行，半葉十行，行十八字，注雙行小字同。《博物志》之末有署"弘治乙丑春二月工部主事姑蘇都穆記"之跋。《續博物志》卷端署"前都官員外郎隴西李石撰"。正文末有"門人迪功郎眉山簿黄公泰"跋，後亦有"弘治乙丑春三月工部主事姑蘇都穆記"之跋。末有"開化庠生方衛謹録"字樣。版權頁署"天和三癸亥曆孟陽上幹日，書林堀川伏見屋藤右衛門梓"。

【考證】

此和刻本乃翻刻嘉靖辛卯(即嘉靖十年，1531)本，而後者今已佚。《中國古籍總目·子部》中亦無此書①。《中國古代小説總目》此書詞條亦明寫和刻本②。范寧《博物志校證》中提及此書，云"日本刻本延寶五年(1677)刊，係翻明嘉靖辛卯刊本，疑乃《古今書刻》所稱湖廣楚府本"，此推理乃因"崔世節跋謂原刻於湖南"③，崔序(按：范書標其爲《跋》，故學界引用亦以"跋"稱之)中言"天地之高厚，日月之晦明，四方人物之不同，昆蟲草木之殊(按：當作'微')妙者，無不備載"，頗可綜括博物之體，故學界樂於引用，然亦因范氏之考而徑以"湖廣楚府本"稱之，如李劍國即引此語並括注云"明崔世節湖廣楚府刻本跋"④，其他同引者尤多，不備舉。按周弘

---

① 《中國古籍總目·子部》，第1912頁。

② 《中國古代小説總目·文言卷》，太原：山西教育出版社，2004年，第22頁。

③ ［晋］張華撰，范寧校證：《博物志校證》，北京：中華書局，2014年，《前言》第3頁、正文第158頁。

④ 李劍國：《唐前志怪小説輯釋》(修訂本)，上海：上海古籍出版社，2011年，第180頁。

祖《古今書刻》於"湖廣"之"楚府"下録書十二種,首即《博物志》①;再看崔世節序云:"今年春謬膺朝命,出按湖南。巡行帝方,乃與主倅共論幽顯,語及《博物志》,遂以兩帙囑之,俾鋟諸梓。閲數月功訖,倩工印之。"所言甚明,確似刻於湖南,雖與周氏所録是否同本尚不敢遽斷,然嘉靖之時,湖廣竟至兩刻《博物志》,似亦非常理(周弘祖爲嘉靖三十八年即1559年進士,其所載之本自爲嘉靖間本爲多)。

然此若合符契之推論乃有大謬不然者,即作序者之身份無人細考,故引用者亦多標其爲明人。崔世節既曾"出按湖南",則當多有載録,然遍檢文獻亦未得,細察其序,知其當爲朝鮮人。據范寧書所録,其序云:"歲戊子冬,以賀正朝天,朝行至北海,賈以張華、李石兩志來賣者,遂購得之。萬里行邁,無暇寓目,挈而東歸,居閑處獨,披覽再三。"細思之,所謂"賀正朝天",即明時朝鮮例行朝覲之禮,故彼時朝鮮使臣至京之載記多稱"朝天録";又云"萬里行邁"、云"挈而東歸",均云其歸國也。就序中之用字亦可覘之,如云"來賣者",此"賣"字實民間俗字,文士多以"售"代之。然此證或亦有不以爲然者,因"朝天"亦可用於明廷赴朝覲見之臣,未便遽定其爲朝鮮人也。然范寧於其書録文竟至有誤字,遂使此序中清楚之證轉成模糊。檢原書序云:"歲戊子冬,以賀正赴天朝,行至山海關,以張華、李石兩志來賣者,遂購得之。"范誤認"赴"爲"朝"字,即將下"朝"字屬下,成"朝行"之不可解語;又將"山"誤爲"北","關"誤爲"賈",遂失定其爲朝鮮使臣之關鍵。明此"天朝""山海關"二語,其人身份當可斷定矣。繼檢中朝交流之史料,見《燕山君日記》卷五八載弘治十八年(1505)六月初二日,"成夢井、曹繼衡、李希輔、李沆、崔世節、尹龜壽、文繼昌、安處誠、鄭百用製《帶雨榴花》等詩以進"②,即有其人;再如嘉靖元年(1522)三月,"朝鮮參贊官崔世節曾説:'温下衛本無酋長,但部落散居矣。閭延、茂昌新所來居者,即金朱成哈也。自此人來居以後,六鎮野人或四五家,三四家,年年移居其處。'"③則可定讞。

細繹文獻,可知非但其人爲朝鮮人,且可知其刻於湖南之《博物志》亦當爲朝鮮刻本。請試論之。

據朝鮮李仁榮《清芬室書目》載《博物志》十卷一册,"晉張華撰,周日

① [明]周弘祖:《古今書刻》,《百川書志・古今書刻》,第370頁。

② 轉引自趙季、王實明、谷小溪:《明洪武至正德中朝詩歌交流繫年》,北京:人民文學出版社,2014年,第524頁。

③ 孫誠、張德玉主編:《建州女真暨董鄂部研究》,北京:中國文史出版社,2006年,第213頁。

用等注。第三期刊本。木板四周雙邊,有界,每半葉十行,行十八字,匡郭長二〇.五糎,廣一四.五糎,黑口,末有'弘治乙丑都穆跋'。册首尾有'烏川''鄭奎東印'印記。按:隆慶乙亥字本,《考事撮要·南原》册板有此書。"①其所載之本與此和本頗似,僅邊框及界行之制式稍有不同,此亦翻刻更動之常事。故推測崔氏所云之刻本或即刻於朝鮮之本。然此推論不利之證二:一者,崔序明言此書乃其"出按湖南"時所刻,語意極明,無可置辯;二者,僅據《清芬室書目》所載尚不能定,因《博物志》都穆跋乃明弘治本所附者,後襲弘治本者皆有,並非此本獨有者,而行款亦有偶同之可能,僅據此自非確證。然此二事,亦可一一確證之。

其一,關於崔"出按湖南,巡行帝方"之語,本即有疑。據前述崔爲朝鮮人,其於戊子冬朝天至京,即嘉靖七年(1528),然又於"今年謬膺朝命,出按湖南",即其所署之"嘉靖辛卯良月",亦即嘉靖十年(1531)十月。非但三年之内,兩至中國,且至湖南爲官,實不可思議。然此爲其明文,似無可辯駁。檢和本原序,爲"出按湖南,巡到帶方",雖有二字不同,然關鍵之"湖南"仍在,似並無意義。筆者初亦疑此"帶方"二字確當爲"帝方"之誤,雖"帝方"亦不可解,"帶方"則尤屬不辭。然事乃有不然者。細檢《考事撮要》所載"南原"所刊之書,下確有"博物志",並注"南原"云"二十一息二十五里,别號'帶方'"②。見此注,前之積疑豁然,知范氏録文有誤,此所謂"帶方"者,朝鮮全羅道南原之别號也。若此語可定,則其"出按湖南"非指中國之湖南明矣。朝鮮人曾編《湖南志》一書,其凡例有云"本道既有全羅、全光之異稱,又有左右、南北之古今區分,俱係湖南,故隨稱焉",又"以其位於堤川巨澤之南,故稱之(湖南)"③。若此,可知崔序所云"出按湖南",指其至全羅道爲官。再如明人董越所著《朝鮮賦》有朝鮮嘉靖十年太斗南跋,中即云"晋山蘇相彦謙之出按湖南也,示余一編……遂囑余鋟諸梓,藏於帶方",亦同舉"湖南""帶方"。故亦知其於湖南所刊之《博物志》與《古今書刻》所載湖廣楚府本全無關係。

其二,《清芬室書目》所載朝鮮本究爲和本之底本否,竟然亦可得確證。日人森立之《經籍訪古志》曾載"朝鮮國刊本"《博物志》及《續博物志》,其書"首題'博物志卷之一,晋司空張華茂行撰,汝南周日用等注'。

---

① 張伯偉編:《朝鮮時代書目叢刊》,北京:中華書局,2004年,第4583頁。

② 張伯偉編:《朝鮮時代書目叢刊》,第1455頁。

③ 轉引自謝俊美、謝建驍:《從〈湖南志〉等三件文獻資料見證近代中日韓的歷史關係》,《朝鮮·韓國歷史研究》第14輯,延吉:延邊大學出版社,2013年,第255頁。

每半板十行,行十八字……末有弘治乙丑春二月工部主事姑蘇都穆跋”,《續博物志》“首題‘續博物志卷第一,前都官員外郎隴西李石撰’。末有都穆記,云是書在宋嘗有板刻,而今罕傳。又記‘開化庠生方衛謹録’八字。板式一與前書同”,則與此和本全同;尤要者,著録之末森氏又云“今行坊本,以此本爲原”①,則確然無疑。

【影印・整理】

《和刻本四部叢刊》影印本。

【公藏】

中國:大連、北大、上海。

日本:所存甚多,不備録。

世説新語三卷

【叙録】

《世説新語》三卷,南朝宋劉義慶撰,日本昭和四年(1929)前田育德會影印本。大本五册。正文左右雙邊,白口,單魚尾,半葉十行,行二十字,小字雙行同。前有“洛陽王氏”“金澤文庫”“金澤學校”“尊經閣章”等印章。

【考證】

《世説新語》一書流傳較複雜,至南宋之初,方有刊定之本,即紹興八年(1138)董棻刻本,亦爲《世説新語》定本之開端②。此本共存世有二,原均爲金澤文庫藏本,後分歸日本尊經閣文庫及宫内廳書陵部,後者因屬皇家藏書,外間難睹真貌(近已於其網站公佈全文圖像,功莫大焉),故尊經閣此本於1929年影印出版,成爲唯一流通於世之《世説》宋本。此後治《世説》者,無不或徑以其爲底本如楊勇《世説新語校箋》、朱鑄禹《世説新語彙校集注》、蔣凡等《全評新注世説新語》,或雖以别本爲底本,如徐震堮

---

① 〔日〕澀江全善、森立之等撰:《經籍訪古志》,杜澤遜、班龍門點校,第179—180頁。

② 參潘建國:《日本尊經閣藏〈世説新語〉考辨》,《中國典籍與文化》2012年第1期;《〈世説新語〉在宋代的流播及其書籍史意義》,《文學評論》,2015年第4期。二文皆收入《古代小説版本探考》,上海:商務印書館,2020年,第1—51頁。

《世説新語校箋》、龔斌《世説新語校釋》擇明嘉趣堂本，余嘉錫《世説新語箋疏》用欣紛閣本，然無不以此本爲主要校本。亦可知此本之影印於世説學之研究爲功甚巨。

【影印・整理】

文學古籍刊行社 1956 年影印本。

中華書局 1962 年影印本。

國家圖書館出版社 2017 年據中華書局 1962 本影印。

黄山書社 2019 年據尊經閣影印本覆印。

冥報記三卷（博文堂影印高山寺本）

【叙録】

《冥報記》三卷，唐唐臨著，日本高山寺藏唐經生抄本，明治四十三年（1910）大阪油谷博文堂用山城高山寺藏寫本珂羅版景印本。博文堂本依原樣分裝三軸，外有木匣，每卷幅高 27 厘米，由若干紙粘接而成，每紙長 22.5 厘米，十三至十五行不等，上卷共十五紙，中卷二十四紙，下卷二十六紙，下卷末附一紙近 40 厘米，爲内藤氏跋。末有版權頁，標“明治四十三年六月六日印刷”，有“高山寺藏版”的朱色印章，發行人“油谷達”，發行所“油谷博文堂”，印刷所“小林寫真製版所”。

【考證】

唐人唐臨《冥報記》，《法苑珠林》《舊唐書・藝文志》《新唐書・經籍志》、陳振孫《直齋書録解題》《宋史・藝文志》均有著録，爲二卷，此後均告散佚（内藤湖南與岑仲勉均提及法人伯希和於敦煌所獲古鈔本《冥報記》，然其書卷尾雖題“冥報記”，實爲顔之推《還冤記》）。幸於東瀛頗有古抄本薪傳不絶。楊守敬亦自日携回其一，其於《日本訪書志》卷八中云：“余於日本得古鈔本三卷，首題‘吏部尚書唐臨撰’，有臨自序。上卷十一條，中卷十一條，下卷十六條，相傳是三緣山寺保元間寫本，首缺四十三行，以高山寺藏本補之。”①楊氏《鄰蘇園藏書目録》録有“冥報記二本，鈔本畫一元

---

① ［清］楊守敬撰，張雷校點：《日本訪書志》，第 127 頁。

軀一本(共一盒)”,珍藏於“柏木櫃”中[①],與各種古鈔、五山本同列,知其極爲珍視。然細繹楊氏所得此本與日本所存鈔本之關係,知此書或爲森立之僞冒真本售予楊氏者。

森立之《經籍訪古志》極重要,亦爲楊守敬於東瀛訪書時索驥之圖。此書卷五曾載三緣山寺抄本云:“《冥報記》三卷,舊鈔卷子本,三緣山某院藏。卷首題《冥報記》卷上,吏部尚書唐臨撰。次有序文……不記抄寫年月,審是四百年許前書本也。卷首二張缺,以高山寺本補完。按此書《舊唐志》入於史部雜傳,《宋志》收於子部小説家,並云二卷,考之本傳亦同。然此本依李唐舊本傳録,非經後來分析者,則史志偶誤耳。又考諸家書目,絶不登載,知其隱晦已久。而此卷巋存,豈可不貴重哉。”[②]楊守敬《日本訪書志》所載與此大體相同,知楊氏確信此即《經籍訪古志》所載“三緣山某院藏”本。

楊氏藏本今存於臺北故宫博物院,實可據以復檢。據李銘敬《日本知恩院藏〈冥報記〉古寫本的傳承與著録考略——兼談臺灣故宫博物院所藏楊守敬舊持本》一文所附圖片可知,其書封二有日文識語,首句即云“三緣山會下徹定寮ノ古本シ以テ摸寫ス寮ノ本ハ保元時代ノ寫本”,可譯爲“以三緣山會下徹定寮之古本摹寫,寮本爲保元時代寫本”,已極清楚。李氏文又進而確定此本摸寫時間:據其云“徹定寮之古本”一語推知其“定是在徹定當上三緣山增上寺學寮長的天保十三年(1842)之後模寫”,此爲上限;再據收藏者印有“真如院十四世義嚴和尚”可知,又當在義嚴離真如院之嘉永元年(1848)年前,此乃下限[③]。易言之,此書之模寫距楊守敬訪書不過四十年,然因楊氏不懂日文,又因大多不懂日文之國人均因日文多出以漢字,自覺可懂,楊氏或僅識首頁所云“三緣山會下徹定寮古本”及“保元時代寫本”數字,即將其視作保元間(1156—1158)古抄本而購得。

然則將其售予楊者又是何人?尋根追跡,惟有森立之。一者,此書題簽上鈐“森氏開萬册府之記”印,卷首一紙上鈐“森氏”印,卷尾有森氏手書題跋。跋文云:“此書真是李唐之遺卷,見存上中下三卷,而新舊《唐志》俱云二卷,《見在書目》云十卷,恐一訛。書中文字,六朝俗字甚多,其傍訓假字,亦有古體可取徵者,但展轉傳寫,誤字不鮮。今於字傍朱書,聊以愚見

① 《鄰蘇園藏書目録》,第 8 頁。
② 〔日〕澀江全善、森立之等撰:《經籍訪古志》,杜澤遜、班龍門點校,第 185—186 頁。
③ 李銘敬:《日本知恩院藏〈冥報記〉古寫本的傳承與著録考略——兼談臺灣故宫博物院所藏楊守敬舊持本》,《文獻》,2006 年第 2 期。

考正之。後之讀此書者,或再考以正之,則幸甚也。明治丙子第三月初八日,古稀翁枳園。"①則此書必爲森氏舊藏。楊守敬搜羅群籍,多得自森氏,此點僅觀森氏所存其與楊守敬之筆談記録《清客筆話》即可知,此爲忠實記録,可覘愛書心切之文人與藏書家心態異,森立之時而居奇靳售、時而討價還價,頗有書賈之風。如其曾出已之《開萬藏書目録》示楊,楊曰:"目録所載,今皆在乎?"森答:"他日經電覽之後,求善價而沽之乎? 呵呵。"知其亦欲售書與楊,然中間又多游移,以至楊多空勞往返。關於此,可擇其一節以觀之:

楊:此書(指《三國志》)祈讓我。

森:宋元明三版共有。元刊,明嘉靖中所摺,有嘉靖補刊。

森:《三國志》只此一部,故不沽却。他有一部則可鬻去。

楊:汲古閣、掃葉山房,皆賤而易得。

森:此《三國志》天下無二之本,與清板交易則不可。

楊:非云交易也。先生言欲得一部而後沽之,敬言再得不難,請略問此書價耳。

森:直沽却則廿圓也。若得一本,則十圓而足矣。無一本則不爲用,故不廿圓則不可也。

楊:別以一本贈公。

森:可代俗本有則可割愛。

楊:然則我爲公購之,易易。我國新校本甚佳,先生言其略可。

森:見其本而後可决價耳。

楊:我購贈公,不索價也。

森氏先言此《三國志》爲"天下無二之本",所以"故不沽却",然又云"直沽却則廿圓也",可知前之"不沽却"不過抬價而已。然於此之時,楊守敬反復陳説"別以一本贈公""我購贈公,不索價也"。二人之異即在於此,楊氏先嗜金石,訪日之後又痴迷古籍,往往不計盈虧,以善本是務;森氏則念念不忘於利。於此,楊氏亦所深知,其曾語森氏曰:"弟好書成癖,頗以公諸世爲藏書。此《谷梁傳》本向山珍秘物。彼聞我欲刻之,即欣然相讓。蓋刻之非徒弟附以不朽,即向山亦不朽也。先生藏古書宜刻者甚多,弟望

① 〔日〕阿部隆一:《中華民國國立故宫博物院藏楊氏觀海堂善本解題:中國訪書志一》,東京:日本慶應義塾大學附屬研究所斯道文庫,1970年,第121—122頁。

以向山爲懷。且先生老矣,此書若刻,先生名亦不朽。且弟非爲利也。如《谷梁傳》,刻之明知無還本之日,蓋好之少也。"然森立之並非向山黄村。二人協商日久,楊曾慨嘆云:"公珍本皆不欲沽,是以我深嘆息。若肯沽,我之大幸也。"未想此次却有轉機,森氏云:"近日事倉庫建築,然金貨乏少,因欲割愛之念起。不日檢點以定價,而後可告之,暫待焉。"①未知此贋品《冥報記》爲何時售予楊氏者,然則必以保元古抄本之名目售出,若森氏向楊氏説明此爲四十年前抄録之副本,楊氏藏書珍奇無數,萬不肯知其詳而於《日本訪書志》中標之爲保元間抄本以炫世,若云森氏並不知此爲録副本則未免欺人,固知森氏於此書當有僞飾也。

此事之妙在於,尚可查證真正之三緣山增上寺古抄本之詳情。據李文云,其乃"徹定在三緣山增上寺新谷學寮時的收藏品",在徹定"明治七年(1874)晋升知恩院住持時,將寫本連同古寫經等贈與知恩院",故即今爲學界所知之知恩院本。森立之以僞書售楊之事亦令日本學界頗感混亂,其後爲高山寺珂羅版印本作跋之内藤湖南及爲長治二年(1105)抄本作解題之永山近彰,均視楊藏本爲保元古抄;日本著名漢籍版本學者阿部隆一曾往臺灣查檢此本,頗生疑竇,然僅止於推測,直至李銘敬大文發表,學界方打破謎團。

另:於此事關係頗密之徹定即前録《闢邪集》《闢邪論》之刊刻者、《釋教正謬初破》之作者杞憂道人鵜飼徹定(1814—1891),亦即森氏將此書售與楊氏之時,録副者徹定尚在世,甚至其於十年前還竭力結交來日之金嘉穗,並請金爲其著述賜序。

然此三緣山寺本(即今之知恩院本)向未公佈,無人知其真面目。幸楊氏曾詳校之,並刻入其《日本訪書志》②,可依稀窺其一斑;日本昭和女子大學近代文化研究所編《學苑》1993年第8、9期合刊亦曾排印之。就東傳扶桑之《冥報記》而言,最爲人所知且最可靠之本乃高山寺所藏之鈔本。明治四十三年,大阪油谷博文堂受高山寺法龍和尚之囑,以珂羅版技術將其藏本影印行世,且以其原卷子本之形制出之。末附内藤湖南跋文云:

> 川田甕江博士以此本乃唐人真迹,爲可訂舊志之誤。清國楊星吾則據《現在書目》,以三卷本出於日本釋子節鈔,謂《法苑珠林》及《太平廣記》引此書,溢出於鈔本甚多,而鈔本亦有二書所無者。然星吾僅

---

① [清]楊守敬、[日]森立之,陳捷整理:《清客筆話》,《楊守敬集》第13册,第520、522、535頁。
② [清]楊守敬撰,張雷校點:《日本訪書志》,第127—130頁。

獲保元傳鈔本，未見此本，鈎稽雖鑿，未足徵信也。……至其書法用筆遒健，風神妍媚，不墜中唐以後，生平過目唐代墨迹，寡能出其右矣。其上卷體雜行草，既經川田博士捐資上木，流傳至罕；中卷上半行草，下半正書；下卷全係正書，惜未繼鎸刻之功。頃高山寺法龍和上屬博文堂主，以玻璃版印行全分。首尾完具，影照精明，點畫銋钀，毫髮畢肖。有唐佚篇，復獲著録，墨林劇迹，再出人間，是則和上之惠也。刷印已竣，乃書此爲跋。明治卅三年六月十五日，内藤虎。

此高山寺本相傳爲空海弟子圓行於承和五年(838)游學於唐時祈唐人書寫者，高山寺本包紙有識語云："甲五十四箱。唐臨，三卷。圓行阿闍梨將來唐人書。建長二年義淵上人注進。"①若此識語可靠，則此本當爲唐人寫本，内藤湖南亦持此議。方詩銘輯校《冥報記》之序言亦同。然楊守敬以此"當是日本釋子所節鈔，而又臆分爲三卷也"，内藤氏以楊"僅獲保元傳鈔本，未見此本，鈎稽雖鑿，未足徵信也"，然據前所論，楊氏所得亦非保元鈔本，然其意見則當重視。李劍國云："楊守敬謂日本釋子節鈔而臆分爲三卷，大體可信。"②以此本(包括日本所傳他種三卷古抄本)爲"節抄本"並"臆分爲三卷"自較合理，然云"當是日本釋子所節鈔"則僅爲臆測，並無確證。然其護紙上又有"圓行阿闍梨將來唐人書"之識語；加之"書法用筆遒健，風神妍媚，不墜中唐以後"，方詩銘亦云"這部古寫本唐人筆意很重"，則似仍以定爲唐寫本較當。或删減篇目之事即唐時應圓仁之請抄録時所爲。

博文堂影印本以玻璃製版，故可承受之印次較少，一般不過百部，甚至如内藤湖南所云之《禮記注疏》宋刊八行本僅印二十部。此《冥報記》印行幾何，已無從得知，然查現存之本，頗稱罕見，日本公藏不過國會、大阪府立、大阪外大、京都大學人文研究所東方、東大總圖五家而已(京都大學人文研究所本館及關西大學增田文庫亦各藏一種，著録爲明治四十三年京都高山寺本，然實爲明治二十五年即1892年川田瓮江刊本，參下)，中國則藏三種：一爲國家圖書館所藏，列爲外文善本③；此外則臺灣大學與香港大學圖書館各藏一種。

此本問世八年後，即民國七年(1918)，中國商務印書館即以此高山寺

---

① 轉引自孫猛：《日本國見在書目録詳考》，第810頁。

② 李劍國：《唐五代志怪傳奇叙録》(增訂本)，北京：中華書局，2017年，第148頁。

③ 顧犇主編：《中國國家圖書館外文善本書目》，北京：北京圖書館出版社，2001年，第225頁。

本爲底本,將《冥報記》收入《涵芬樓秘笈》中印行,終使千年佚籍重回中土。又六年後,日本始修《大正新修大藏經》,又以高山寺本爲底本,以知恩院本爲校本排入。1992 年,中華書局出版方詩銘輯校本,仍擇高山寺本爲底本;2002 年,上海古籍出版社編印《續修四庫全書》,又擇《涵芬樓秘笈》印入;2006 年,黄山書社出版《中國基本古籍庫》,以《大正新修大藏經》本爲底本,同時收録《涵芬樓秘笈》本爲參照。則此佚籍重光,以高山寺本爲功最巨。

然於上述各本之間,國内另有一徐乃昌排印之本,爲學界所忽略。其書爲戔戔小册,與《金剛經鳩異》合刊。其封二有"南陵徐乃昌贈本"字樣。正文四周文武邊,下黑口,單黑魚尾,無界行,半葉十行,行二十字,注文雙行小字。其前後無序跋,不詳所自。檢《徐乃昌日記》,知此爲徐氏刊於民國十七年(1928),且前之題簽爲趙悔庵題,由鴻寶齋代印,先印六百部,後陳正有命印二千部。其書刷印在於贈人,故其日記中多有贈此書之記録,如五月十三日(6 月 30 日),"訪趙悔庵譚,請題《金剛經》書衣(悔庵贈其尊人紹亭先生著《廿四史類聚》一册)","至鴻寶齋,交印《金剛經》《心經》《阿彌陁經》《冥報録》","致張退庵書(告各經已影各六百部)","初九日(8 月 23 日),靖兒三歲生日。林洞省、喬梓來。贈陳正有、夏玉峰《金剛經塔》十份、《金剛經鳩異》、《冥報録》十册。正有來書屬代印《金剛經塔》五百份,《金剛經鳩異》《冥報録》二千册。又贈《阿彌陀經疏鈔》五册、《戒淫寶訓》四册","十九日(10 月 31 日)……覆李木公書(木公函索《金剛經鳩異》《冥報録》,贈以二本"①。細核徐本,當以涵芬樓本爲主,然又校以《大藏經》,並參己見,亦可資參考。

【影印・整理】

《續修四庫全書》影印本。

《冥報記》,中華書局 1992 年方詩銘點校本。

【公藏】

中國:國圖、臺大、港大。

日本:國會、大阪府立、大阪外大、京都大學人文研究所東方、東大總。

---

① [清]徐乃昌著,南江濤整理:《徐乃昌日記》,南京:鳳凰出版社,2020 年。

冥報記一卷(川田摹刻本)

【叙録】

《冥報記》一卷,唐唐臨撰,日本明治二十五年(1892)臨池社以京都高山寺藏唐鈔本摹刻上卷。大本一册。封面題"冥報記卷上",正文有界行,半葉八行,行二十字左右,偶有雙行小字注。

【考證】

前已述高山寺藏鈔本乃《冥報記》最佳之本,其廣播於世之功,當歸博文堂之影印本。然於彼影印之十八載前,實已有翻刻之本出,即此本也。惜其僅刻卷上,未竟全功。此書前後無序跋可徵,未能知其始末,然據前引内藤湖南爲博文堂本所撰之跋,方可知此書之來歷,其云:"川田甕江博士以此本乃唐人真迹,爲可訂舊志之誤……其書法用筆遒健,風神妍媚,不墜中唐以後,生平過目唐代墨迹,寡能出其右矣。其上卷體雜行草,既經川田博士捐資上木,流傳至罕。"可知此書實由川田甕江出資摹刻。其所刻極爲忠實,字體流麗,與原本相較,幾如影印上板,然其爲雕版者,故又極清晰,字鋒鋭利,可稱佳槧。另,日本各館所藏此本,多標爲"臨池社",當爲東京之書肆。又據木邨嘉次《雕版師木邨嘉平的刻本》一書,知此實亦木邨嘉平所刻。

【影印・整理】

無。

【公藏】

中國:華師大。

日本:東大總、東京都立中央、國會、佐野市立鄉土博物館、京大。

冥報記三卷(《尊經閣叢刊》影印長治鈔本)

【叙録】

《冥報記》三卷,日本昭和十二年(1937)前田育德財團用東京前田氏藏長治二年(1105)鈔本景印,爲《尊經閣叢刊》之一。大本一册。其書爲包背裝。半葉七行,行二十至二十二字。卷端首行之下有"尊經閣章"陽文朱方印,末有"長治二年八月十五日書了,爲令法久住往生極樂也"之識語。另册附永山近彰氏所撰《國寶長治二年鈔本冥報記解題》。

【考證】

此爲日傳《冥報記》另一重要鈔本,據其末之識語,知爲長治二年所鈔,時間頗早,且其收藏亦淵源有序,原藏於侯爵前田家,今藏尊經閣,昭和十年(1935),被定爲日本國寶①。取此書與高山寺本對照,其異同頗多,如其較彼溢出四則,排列亦異,文字參差尤夥,知此與高山寺本非同源,則尤有校勘之價值。然或因文獻搜求不易,故方詩銘、李劍國諸家均未能用之也②。

按:此書雖已經方詩銘校證,然一者所見本不多,二者所校亦多有疏略。如唐氏序有八條校語,未當者五。其校一"因謂善惡無報",校云"'因',原作'同',據知恩院本、三緣山寺本改",此校實誤,就語氣言,此當以"同"爲正,前云"比見衆人不信因果者,説見雖多,同謂善惡無報",即云民衆不信因果者多,不信之原因雖各不同,然相同者均以善惡並無報應。此楊守敬據所謂三緣山寺本誤校,《大正藏》亦誤。"同"字與"因"之異體"囙"形近而誤。校二"身識都盡",云知恩院本及三緣山寺本爲"却",楊確如此録,然或"却"因與"都"形近而誤。校五"或次後生受",云"'後'下原重一'後'字,係衍文,知恩院本無,據删。"實誤。高山寺本前"後"字下確類重文符號,然長治本則非,而爲"之"字,則原文當作"或次後之生受",文氣尤暢。校六"齊司徒從事中郎陸杲",云原本闕一"從"字,則或與前"徒"字形近致奪,"杲"字亦誤。然其前之張演,却仍據原本爲"中舍人",實長治本爲"中書舍人",甚至楊本、徐本亦同,當據改。校八"庶人見者,能留意焉",校云:"知恩院本及三緣本無"後"字,岑仲勉説:'臨旨在勸世,則不必專指'後人',淺學者疑'庶人'字誤,故加入'後'字。'是,據删。"③然高本爲"庶後人見者",長治本爲"庶後見者",而徐本則爲"庶後之見者",或

① 孫猛謂此書"昭和十四年(1939),指定爲日本國寶"(《日本國見在書目録詳考》,第810頁),未知何據。此據《尊經閣叢書》影印本前永山近彰解題"此書底本已於昭和十年四月以指定爲國寶"(第9頁)。

② 徐俊《日本侯爵前田家藏本〈冥報記〉斠研》(《文史》,2003年第1期)一文曾詳細介紹此本,又收入《鳴沙習學集:敦煌吐魯番文學文獻叢考》,北京:中華書局,2016年,第606—621頁。

③ [唐]唐臨撰,方詩銘輯校:《冥報記》,北京:中華書局,1992年,第2—3頁。

當以徐爲是,因"人"與"之"形近而誤。故此书当辑合衆本,重新校理。

【影印・整理】

無。

【公藏】

中國:中國社科院文學研究所。

日本:蓬左文庫、公文書館、前田育德會、東大總、高知大、大阪府立中之島、東北大、立命館大學、宫内廳書陵部、東京都立中央。

遊仙窟一卷

【叙録】

《遊仙窟》一卷,唐張鷟撰,日本江户前期無刊記本及慶安五年(1652)刊本。大本一册。卷端署"寧州襄樂縣尉張文成作"。正文四周單邊,上黑口,單黑魚尾,無界行,半葉八行,行十五字,小字雙行同,有返送。末有"文保三年四月十四日授申圓禪庵序畢,文章生英房"之跋。慶安本末有"慶安五壬辰歲孟春吉旦中野太良左衛門開板"字樣。

【考證】

此書爲久佚於中國而傳於日本名聲最著之作。楊守敬於日訪書,於此亦有所得。故其於《日本訪書志》中爲撰叙録一篇,然未注明所得之版本,據其於《留真譜》所摹刻之書影可知①,當爲慶安本或無刊記本。日本留存《遊仙窟》傳本甚多,大致可分有注本與無注本二類,其中慶安本幾爲唯一之早期刻本,即爲有注本,影響尤著。且其末有文章生英房於文保三年(1319)所作之跋,知其本淵源甚古。與慶安本幾乎全同者尚有一江户無刊記本,唯書末無刊記耳。以古籍版刻慣例衡之,有刊記者多在前,後來襲用原版者,挖去刊記以混淆耳目。然此二本據日本學者之研究,均云無刊記本在前。筆者亦幸得此二本,仔細比勘玩味,亦認同其觀點:因無刊記本板框、字跡實較有刊記本清晰,可見二本確爲同版,然無刊記本爲初印之本,後或版片易主,即於末頁補入刊記再印。故於 1983 年,日本和泉書院

① [清]楊守敬編:《留真譜》,第 623、624 頁。

將原大佛次郎所藏,現歸林望之無刊記本影印出版,爲此書最可靠之底本。《遊仙窟》一書公認最佳之本乃無刊記本及與之相同之慶安本,然除臺灣之外,吾國迄無影印之者,實不可解。

除上所述刊本外,有注本亦多鈔本流傳,如金剛寺本,其雖殘存未半,然其抄於元亨元年(1321),爲現知時代最古之抄本。且其本有獨特價值,如金程宇提及,文章生英房跋中有"我幼少自吝受此書"之句,迄難索解,然此抄本作"自父口受此書"①,則前疑涣然,知此於抄刻中將此二字疊加致訛耳。後於日本元禄三年(1690)又有江户松山堂藤井利八刊五卷《遊仙窟鈔》,其本分上下兩欄,下爲正文,上則爲日文譯文,故下欄雖按慣例占比較大,約十分之六,然偶有日文侵入下欄者,亦有需整版排刻日文者,以日文較漢文多有冗餘也,此或日本較早之所謂首書或"鼇頭"之本也。另此本亦附有插圖多幅,尚稱精美。基本此後多有刷印翻刻,直到明治時亦絡繹不絶。

此書於日本可稱顯學。日人説部之傑作《源氏物語》(約作於吾國北宋前期)中有一細節,可知《遊仙窟》之影響之深。云一男子薰大將欲偷窺公主,公主不在,衆侍女正彈箏,薰大將突然問:"爲什麼'故故'地彈得如此美妙?"侍女大吃一驚,其中一位中將君回答:"'氣調'相似的兄弟不在這裏呀!"薰又云:"我是'容貌'相似的母舅呢。"②此處問答中所引詩句,皆《遊仙窟》中之句,如云"故故",即《遊仙窟》中"故故將纖手,時時弄小弦"詩;侍女之回答,猶爲得體,用《遊仙窟》中"氣調如兄,崔季珪之小妹"句,則知薰至此欲看公主,然不可明説,便云若欲看公主,看其弟即可,然其弟並不在此;薰回答徑用侍女所用之上句,即"容貌似舅,潘安仁之外甥",隱含之意則即其爲公主之母舅,並不妨見見公主。二人均隨手引用,略無滯礙,且極妥帖。

相形之下,此書於本國反極寥寥,似乎完全消失。楊氏評此書云:"此書中土著録家皆未之及……此書稱積石山有神仙窟,文成奉使河源,於仙窟遇崔十娘,與之倡酬夜合。男女姓氏並同《會真記》,而情事稍疏,以駢麗之辭,寫猥褻之狀,真所謂'儻蕩無撿,文成浮艷'者。較之謂張君瑞即元微之所托名,尤爲可信。其注不知誰作,其於地理諸注,皆以唐十道證之,則亦唐人也。注中引陸法言之説,是猶及見《切韵》原本。又引范泰

① 金程宇:《域外漢籍叢考》,北京:中華書局,2007年,第150頁注5。

② 此節譯文均據豐子愷譯本,參〔日〕紫式部:《源氏物語》,豐子愷譯,北京:人民文學出版社,2006年,第1024頁。

《鸞鳥詩序》、孫康《鏡賦》、揚子云《秦王賦》(此當有誤),皆向所未聞者。又引何遜《擬班婕好詩》,亦馮氏《詩紀》所不載。他如稱'夫蒙曰''陳三曰',姓名皆奇,未詳爲何人。此書日本别有刻本,分爲五卷,其注中有引《埤(稗)雅》一條,則後人所羼入,原本未有也。"[①]此論極見功力,其要有三。一者,此傳男女姓氏,與《鶯鶯傳》同,則此書雖久佚於海内,然於唐時或已盛行。此點深具慧眼,往者學者多以此傳於吾國文史之中徹底消失[②],偶有學者自敦煌文獻中尋覓其跡,故楊氏此論另出手眼,抉出其間隱微之綫。有學者以此爲俞樾最早拈出,然其《茶香室叢鈔》自光緒五年(1879)始撰,而次年夏尚未脱稿,楊氏已東渡日本,故其二人大致同時,而楊説尤精。二者,能與國内文獻比對,指出其注之文獻價值,雖所云《鸞鳥詩序》本即存於《藝文類聚》《太平御覽》諸書,然《遊仙窟》注確有保存逸文之功亦爲事實。總之,此書未能融入吾國文化塑形之洪流,僅可爲徵文考獻之一助耳。

此書之注者亦可稍論。楊氏指此傳之注當爲唐人作,則正文及注文均出唐人,自可珍貴。然學界議論紛紜,迄無定論。魯迅致章廷謙(川島)信云:"記得日前面談,我説《遊仙窟》細注,蓋日本人所爲,無足道。昨見楊守敬《日本訪書志》,則以爲亦唐人作,因其中所引用書,有非唐後所有者。但唐時日本人所作,亦未可知。"至爲章氏校點《遊仙窟》作注時即徑云"嘗有注,似亦唐時人作"[③],知其原以爲日人作,後受楊氏影響而有變化。美國學者艾朗諾有專文探討此書注者,指出"有的認爲注者是12世紀時的一位日本僧人,有的認爲是9世紀的新羅人,還有明確指稱是白居易之弟白行簡的",但作者却以爲"並非中國人所作",其主要原因是"簡單的詞彙都要詳加解釋","地名方面的注釋,對於中國人來説也根本不需要",甚至"也有很多是錯誤、矛盾及不必要的",還有"本地人最不需要解釋"的俗

---

① [清]楊守敬撰,張雷校點:《日本訪書志》,第139頁。按:張雷及劉昌潤均誤標爲"他如稱夫蒙'曰陳三'、曰'姓名',皆奇"(劉昌潤整理:《日本訪書志》,《楊守敬集》第八册,第216頁),美國學者艾朗諾引述之時,知此有誤,然改爲"他如稱夫蒙'曰陳三'、'陳氏',皆奇"([美]艾朗諾:《〈遊仙窟〉注者考源》,《中國古典文學研究的新視境——晚近北美漢學論文選譯》,卞東波譯,合肥:安徽教育出版社,2016年,第149頁,按卞氏譯本初發表於《域外漢籍研究集刊》第九輯時,"陳氏"作"陳名",未知原文爲何),仍屬誤改。

② 金程宇云"惟明末《春夢瑣言》稱引且效其體"(《東亞漢文學論考》,第184頁),實誤,以此非明人之作,乃日人僞托之作也,參李小龍:《中國古典小説回目研究》,北京:北京大學出版社,2012年,第383頁。

③ 《魯迅全集》第11卷,第521頁;第7卷,第330頁。

語,總之,他認爲“這些都是作爲外國注者的不足之處”①。然此數端均不能確證注者非中國人,考慮到此作“以駢麗之辭,寫猥褻之狀”之特色,艾氏將其與《文選》李善注比照而責其不足,似頗不倫,且全未慮及不同文化層次之人對注釋之需求;尤要者,此書表出注者之名者爲夫蒙、爲陳三,“陳”爲中國著姓,日人無此姓,故不必論,韓人此姓亦極少,且於唐時或亦無之,且其徑署“陳三”,即可知其人必非文壇學究,或爲鄉塾稍識文理之人,或即書肆商人,則其注簡單之詞彙與地名、注俗語,與此書於下里巴人處流播有關。至於“夫蒙”,艾氏又云“這個姓畢竟也可以是中國式的複姓,也可以是新羅式的姓夫名蒙,甚或是華人、新羅或日本人的假名”,然不知“新羅式的姓夫名蒙”可有例證?“華人、新羅或日本人的假名”可有文獻載録?事實上,艾氏據日人長田夏樹、八木澤元之文已知“夫蒙”實爲漢姓,然仍將其略過。王維有《奉和聖製送不蒙都護兼鴻臚卿歸安西應制》詩,清人趙殿成注云:“不蒙,蕃將之姓。郭友培元謂當是夫蒙之訛,劉昫《唐書・高仙芝傳》有安西節度使夫蒙靈督,即其人也。”②《元和姓纂》有“夫蒙”之姓,岑仲勉據《資治通鑑》胡注補云“本西羌姓,後秦有建成將軍夫蒙羌,今蒲、同二州多此姓,或改姓馬氏”③,而據《考異》云“《會要》作‘馬靈督’,今從《實録》”④,可知此姓爲唐時胡姓,然在《唐會要》撰成之時,亦漸漢化爲“馬”。則此注者姓“夫蒙”,非但爲中國人,且更有可能爲唐人。另,楊氏以注者爲唐人,然其注曾引《埤雅》(刊本誤作“稗”),其書爲宋人陸佃作,故有瑕疵,楊氏即以其“爲後人所羼入”釋之,實亦不必,其注“娬媚”二字云“《埤雅》曰娬媚,悦也”,《埤雅》中並無此語,檢《文選》李善注《上林賦》云“《埤蒼》曰,嫵媚,悦也”⑤,知此注實出魏人張楫《埤蒼》,此當手民誤植,故非反證。

關於此書之回流大略,金程宇有文已論,可參⑥。

---

① 〔美〕艾朗諾:《〈遊仙窟〉注者考源》,《中國古典文學研究的新視境——晚近北美漢學論文選譯》,卞東波譯,第146—155頁。

② 〔唐〕王維撰,陳鐵民校注:《王維詩校注》,北京:中華書局,1997年,第247—248頁。

③ 〔唐〕林寶撰,岑仲勉校記,郁賢皓、陶敏整理,孫望審訂:《元和姓纂(附四校記)》,北京:中華書局,1994年,第263頁。

④ 〔宋〕司馬光編著,〔唐〕胡三省音注:《資治通鑑》(精裝典藏本),北京:中華書局,2013年,第7068頁。

⑤ 劉躍進著,徐華校:《文選舊注輯存》,南京:鳳凰出版社,2017年,第1770頁。

⑥ 金程宇:《〈游仙窟〉回傳考》,《域外漢籍叢考》,第113—151頁。

【影印・整理】

川島校點《遊仙窟》(元禄本),北新書局1929年版。

汪辟疆校録《遊仙窟》(遵義黎氏影寫本),《唐人小説》本,神州國光社1930年版。

方詩銘校注《遊仙窟》(元禄本),中國古典文學出版社1955年版。

〔日〕藏中進編《遊仙窟》江户無刊記本,日本和泉書院1981年影印。

《遊仙窟》,《明清小説善本叢刊》,臺灣天一出版社1985年影印慶安本。

〔日〕東野治之編《金剛寺本遊仙窟》,日本塙書房2000年影印。

《續修四庫全書》影印北師大圖書館藏清抄本。

金程宇《和刻本中國古逸書叢刊》影印元禄本《遊仙窟鈔》。

李時人、詹緒左校注《遊仙窟校注》,中華書局2010年版。

曹小雲《日藏慶安本〈遊仙窟〉校注》(後附慶安本書影),黄山書社2014年版。

李時人校《遊仙窟》,《全唐五代小説》本,中華書局2014年版。

李劍國校《遊仙窟》,《唐五代傳奇集》本,中華書局2015年版。

【公藏】

中國:香港中文大學。

日本:東大東文研、京大人文研東方、東大總、愛媛大、國會、蓬左文庫、實踐女子、關大、茨城大、東北大、公文書館、佐賀縣圖、立命館大學(以上均慶安本)。

遊仙窟一卷(醍醐寺本)

【叙録】

《遊仙窟》一卷,唐張鷟撰,日本醍醐寺三寶院藏康永三年(1344)鈔本,昭和二年(1927)古典保存會影印本。特大本一册。此爲卷子本所改,半葉八行,行十二至十六字不等。

【考證】

此即傳世無注鈔本,藏於日本醍醐寺。其末有“康永三年十月十六日模之訖”字様,故多定其乃康永三年之鈔本。然此題記前又有題記,署云“正安二年二月十一日”,知其當鈔自正安二年(1300)之本,則較前述刊本所載文保三年(1319)尚早十九年,故亦極重要。且其因無注,反可提供校勘之異文,因有注之本偶有注文摻入正文之訛,此恰可爲參校之資。前及章廷謙本即曾以此參校,據魯迅1927年7月28日至章氏信云“至於借得影本後,還可以連注再印一回”①,所云“影本”即此本。此書據封底標云“昭和二年一月廿五日印刷,昭和二年一月廿八日發行”,知書於是年一月底出版,魯迅於半年後即注意到此則材料。另據《周作人日記》知,周作人於1929年1月26日云“自訂影印本《遊仙窟》”②,知其亦曾收藏此書。

此外,尚有真福寺本,亦無注之鈔本,半葉六行,行十四字,其末署“文和二年九月廿四日於加州能美郡板津莊添今添中鳴大日寺學所書寫畢”之識語,則其抄於文和二年(1353),時代亦古。

【影印・整理】

劉堅整理《遊仙窟》,《近代漢語語法資料彙編》,商務印書館1990年版。

【公藏】

中國:無。

日本:所存甚多,不備録。

開元天寶遺事二卷

【叙録】

《開元天寶遺事》二卷,五代王仁裕著,日本寬永十六年(1639)風月宗智刊本。大本一册。前有王仁裕序。卷端首行署“開元天寶遺事”,次行標“開元”二字,無“卷上”字様,然下卷首行又署“天寶遺事卷下”,末署“天寶遺事卷下之終”字様,然二卷葉碼則連排。正文四周文武邊,粗黑口,雙對花魚尾,無界行,半葉十行,行十八字。末有“紹定戊子刊之桐江學宫山陰陸子遹書”之識語。末行署“寬永十六年仲秋吉日,二條通觀音町

① 《魯迅全集》第12卷,第55—56頁。

② 《周作人日記》,影印,鄭州:大象出版社,1996年,中册第585頁。

風月宗智刊行”，又有次印本，與前不同者署云“鶴屋町田原仁左衛門刊行”字樣。又有古活字本，大本一册。正文四周文武邊，粗黑口，雙對黑魚尾，無界行，半葉十三行，行二十字。

【考證】

《開元天寶遺事》爲筆記中之名著，然即此文人喜讀之書版本流傳却頗少見。就單行本而言，僅國圖存明建業張氏銅活字本之孤本存世，再無別本。而叢書本則有《續百川學海》《説郛》《歷代小史》甚至於《唐人説薈》《唐代叢書》之類俗本，自不可靠。

此書有日本元和間古活字本，然極罕見，日本僅東洋文庫存一部。《故宫所藏觀海堂書目》録一“日本刊本”，有“森氏開萬册府之記”朱印，今藏臺北故博，然云“刊本”，則何澄一誤，此即日本古活字本，爲楊守敬舶歸之舊籍，《留真譜》二編有書影①，每半葉十三行，行二十字，大黑口，四周雙邊，無欄綫。至寬永十六年，又有風月宗智、田原仁左衛門刊本。古活字本及寬永本前皆有王仁裕自序及目録，後有陸子遹跋，文本亦幾全同，尤要者，個别訛誤亦同，可知寬永本當據古活字本翻刻。然有學者認爲此古活字本“文本部分内容與顧氏本及張氏本相同，且版式與顧氏本相近，推測此版底本與元和本底本同源，屬桐江學宫本系統，爲早期流傳至日本的版本，但並非有直接傳承關係。”②此説未能考慮和刻本於翻刻時多有改動行款之例，且其個别異文亦多字體相近者，或寬永本翻刻時手民誤植，或於元和本稍有校改，於二者相承之關係並不能構成有力反證；其又以寬永本之底本當爲鈔本，然證據不過爲寬永本中“俗體字較多”，作者亦知此非定論，故云“可能根據某個鈔本”，却仍於文章標題中鑿然論定云“寬永底本爲鈔本”，實俗體字於日本刊行和本時多有使用，並不足爲奇，尤要者，作者僅爲推測，却舉不出一例鈔本爲證（其文後所叙之鈔本反爲“寬永本的傳鈔本”）。《經籍訪古志》曾録一寶素堂藏“舊鈔影宋本”，森立之云其“從宋刻傳鈔者”③，此本後爲楊守敬所得，今存臺北故博，據前引吴晗文知，此實據寬永本鈔録。

繆荃孫曾藏此寬永本，其《藝風藏書記》卷八著録，云“日本寬永十六

① ［清］楊守敬：《留真譜》，第1775—1776頁。

② 吴晗：《和刻本〈開元天寶遺事〉刊刻與流傳探考》，《域外漢籍研究集刊》第二十一輯，北京：中華書局，2022年。

③ 〔日〕澁江全善、森立之等撰：《經籍訪古志》，杜澤遜、班龍門點校，第182頁。

年重刻紹定本”,並録陸氏之跋語①。據《中國館藏和刻本漢籍書目》可知,國内僅大連圖書館一家有藏,或即繆氏藏書②。另繆氏又藏有所謂“影宋本”③,後爲李盛鐸購得④。據前引吴晗文稱,“此書與寬永本最爲相似,包括版式、前後序跋、標目、内容等”,故認爲“此版本以寬永本爲底本,並用顧氏文房本加以釐定”。然則此本一百零三條,較寬永本少三十二條,若繆氏並無宋本鈔録,則此當據己所藏寬永本有意做僞之本。

和本與建業張氏本或同源宋本。其末與張本同有陸氏識語:“此書所載明皇時事最詳,至一話言、一行事,後人文字間所引,大抵出於此書者多矣。紹定戊子刊之桐江學宫。山陰陸子遹書。”紹定戊子爲紹定元年(1228),陸子遹爲陸游之子,其爲藏書家與刻書家。故此書底本極可信從。

細勘其書,知此和刻本或較明銅活字尤近宋本原貌。原因有二。一者,和刻本有王仁裕自序,明銅活字本及其他所有叢書本均無此序,序云:

> 仁裕破蜀之年入見於明天子,假途秦地,振轡鎬都,有唐之遺風,明皇之故迹,盡舉目而可觀也。因得詢求事實,采摭民言。開元、天寶之中影響如數百餘件,去凡削鄙,集異編奇,總成一卷,凡一百五十九條,皆前書之所不載也,目之曰“開元天寶遺事”,雖不助於風教,亦可資於談柄,通識之士,諒無誚焉。

晁公武《郡齋讀書志》卷九云:“蜀亡,仁裕至鎬京,采摭民言,得開元、天寶一百五十九條,後分爲四卷。”⑤可以知道,其語實來自王氏自序。唯一不同者爲一句,王氏原云“總成一卷”,晁氏云“分爲四卷”,然晁氏尚有一“後”字,可知其所見王氏原序仍當爲“一卷”,然其所藏之本分四卷,故著此一字。二者,此本有目録,他本亦均無。以日本刊刻漢籍慣例觀之,此目録當非日本刊者補增,而爲原本所有。此點看似無關緊要,實頗有價值。因據筆者研究,唐代筆記多無標題,至五代始盛,此書則爲最早有標題者。

然此本亦有缺憾,即缺一則,目録爲一百四十六則(他本亦爲此數),正文則缺《暖玉鞍》一條,幸明銅活字本恰有此則,方可補足。

中華書局出版曾貽芬點校本,以明銅活字本爲底本,以和刻本參校,亦

---

① [清]繆荃孫著,黄明、楊同甫標點:《藝風藏書記》,第199頁。
② 王寶平主編:《中國館藏和刻本漢籍書目》,第368頁。
③ [清]繆荃孫著,黄明、楊同甫標點:《藝風藏書記》,第528頁。
④ 李盛鐸:《木犀軒藏書題記及書録》,第22頁。
⑤ [宋]晁公武撰,孫猛校證:《郡齋讀書志校证》,第380頁。

較合理。唯此本文字頗有優勝處,曾氏點校却多不盡從。如第二則《步輦招學士》:"明皇在便殿,甚思姚元崇論時務。七月十五日,苦雨不止,泥濘盈尺。上令侍禦者抬步輦召學士來。時元崇爲翰林學士,中外榮之。自古急賢待士帝王,如此者未之有也。"其中兩處"姚元崇"明銅活字本均爲"姚元之",此本雖列出"顧氏本、《歷代小史》本、《四庫》本、和刻本"均爲"姚元崇",却未校改。校點者原有按語云:"姚元之本名姚元崇,武則天不欲其與構逆的叱利元崇同名,乃改爲元之,後爲避開元尊號,又改名崇。"故就姚氏之名言,不改亦可。然即文獻原貌而言則或未妥。高麗文人李奎報(1168—1241)作有《開元天寶詠史詩》四十三首(見其《東國李相國集》卷四),中引《開元天寶遺事》者多達二十四則,比勘可知,其引用多出原文,惟偶有隨手之節縮,却並無改動,就其第五首引《步輦招學士》言,整段文字僅中少一"來"字,最末少"待士帝王如此者"七字,餘均與原本同。而其人所見必爲宋本,其所引即爲"姚元崇",可證此書宋本即用此名,王仁裕並未使用武則天及開元時之改名而用原名,此處當據諸本改回。另亦偶有誤校之處,如《暖玉鞍》則,曾氏點校云:"'坐上',顧氏本、《歷代小史》本、《四庫》本、和刻本皆作'上坐'。"①然如前所云,和刻本實缺此則。

【影印・整理】

〔日〕長澤規矩也《和刻本漢籍隨筆集》第六輯。

《和刻本四部叢刊》影印本。

【公藏】

中國:大連。

日本:東北大、新瀉大、國會、蓬左文庫、前田育德會、公文書館、立命館大學、東大總、關大、九大、早稻田、石川縣圖、岐阜縣圖。

感山雲卧紀談二卷

【叙録】

《感山雲卧紀談》二卷,宋釋曉瑩撰,日本貞和二年(1346)刊本,又有後印本、寬永間覆刊本、享保間翻刻本等。大本一册。前有"雲卧庵老僧自

① [五代]王仁裕撰,曾貽芬點校:《開元天寶遺事》,北京:中華書局,2006年,第30、64頁。

序”。正文四周文武邊,白口,單魚尾,無界行,半葉十一行,行二十字。正文之末有“貞和丙戌三月吉日沙門明起捨財命工鏤梓流通,板留平岳自校庵中。願一切衆臨生死海乘般若舟速到彼岸”字樣。

【考證】

此書宋釋曉瑩之作,其人著述甚多,别種多存,然此書國内已佚。《經籍訪古志》曾載貞和二年刻本,其書“每半板十一行,行二十字,序八行,行十七字,書界長六寸一分,幅四寸,左右雙邊”①。楊守敬亦得此本,云:“曉瑩有《羅湖野録》,《四庫》著録,余亦得其本,書成於紹興乙亥。此本自序不署年月,考其與遁庵《無言書》中:‘淳熙戊戌冬以徒弟隸名感山小寺而居焉。’則此本成於淳熙以後。其書體例與《羅湖野録》同,多載遺文遺事,有資於考證。蓋曉瑩固高僧,以詞翰著者,非如他人語録,第逞機鋒語也。”②黄永年乙未(1955)於温知書店得一本,爲作跋云:“徐乃昌舊藏日本刊本。半葉十一行,行廿字,與滂喜齋著録宋板語録諸種吻合,蓋從宋板覆雕而增和文訓抹者。下卷末葉有‘貞和’云云,徐氏因定爲貞和時刻。然貞和丙戌,當吾國元至正六年,而此書尾葉有‘洛陽柳枝軒藏板’云云,字畫方板,終是萬曆以後所覆刊也。《北京大學善本書録》有此書,未知即此刻否。”③若其所得有“柳枝軒”字樣,則必爲十八世紀前後所翻刻者,以此書肆活躍於此時也。

此書國圖亦藏,列爲善本,有膠卷,前有楊守敬諸印,又有“松坡圖書館藏”印,知爲楊氏舊藏。北大所藏亦同列善本,後收入《北京大學圖書館藏日本版漢籍善本萃編》影印出版,當即貞和原書。另森立之所載爲“左右雙邊”者,然今所見之數種貞和本均四周雙邊,未知森氏誤書,抑此貞和本亦有重刻耶?

【影印·整理】

《北京大學圖書館藏日本版漢籍善本萃編》影印本。

《雲卧紀談》,夏廣興整理,《全宋筆記》第五編,大象出版社 2012 年版。

---

① 〔日〕澁江全善、森立之等撰:《經籍訪古志》,杜澤遜、班龍門點校,第 190 頁。
② 〔清〕楊守敬撰,張雷校點:《日本訪書志》,第 251 頁。
③ 黄永年:《黄永年文史論文集》第五册,北京:中華書局,2015 年,第 96 頁。

【公藏】

中國：國圖、北大、上海、大連。

日本：東北大（五山版後印），一橋大、東洋文庫、東大總、東北福大（寬永本），椙山女、公文書館（覆貞和本），東大總、國會、東京都立中央（享保二年本）。

醉翁談録二十卷

【叙録】

《新編醉翁談録》二十卷，宋羅燁撰，日本昭和十五年（1940）文求堂書店據觀瀾閣藏宋本影印。小本二册。卷端右下有“伊達伯觀瀾閣圖書印”陽文印。正文左右雙邊，白口，單黑魚尾，有界行，半葉十一行，行二十字。末版權葉署“觀瀾閣藏孤本宋槧醉翁談録”“編輯兼發行者田中慶太郎”。

【考證】

羅燁此書爲吾國研治小説之要籍，其非但多引説部，保存史料；尤要者，其甲集卷一“小説引子”與“小説開闢”録南宋説話之内容、分類及説話人之技巧，均文獻載録所無者，故極受學界重視。然爬梳文獻，不論其原書，即引用之者亦極罕見，知其書早佚。然日本尚存宋刊孤本，後得影印舶歸。雖有學者對其書是否宋本有所懷疑，如胡士瑩云“書中雜有元事，當是元代刊本”①，又有學者云：“從‘小説引子’的‘小説開闢’中所載‘分州、軍、縣、鎮之程途’上觀察，雖係宋代地方行政區劃，但我們却有理由疑它是元代刻本，因爲本書乙集卷二中‘吴氏寄夫歌’的作者吴伯固女，乃是元人；又，‘王氏詩回吴上舍’中的吴仁叔妻，也是元人。如是‘宋槧’，决不會把元人詩載進去的。”②然此證未當，李劍國已有詳辨③，其論極精確，當可信從。

日本文求堂書店發現宋刊孤本，於昭和十五年亟付影印以公諸於世。按：此書於國内各書目、辭書、專著及學人引用，均謂其刊於 1941 年，實當

① 胡士瑩：《話本小説概論》，上海：商務印書館，2011 年，第 197 頁。

② ［宋］羅燁：《醉翁談録》，上海：古典文學出版社，1957 年，《出版説明》第 1 頁。

③ 李劍國：《宋代志怪傳奇叙録》（增訂本），上海：中華書局，2018 年，第 651—653 頁。

誤。其版權頁明署“昭和十五年十月廿六日印刷,昭和十五年十月三十日發行”字樣,則確爲昭和十五年。又其書題云“觀瀾閣藏孤本宋槧醉翁談録”,據書前“伊達伯觀瀾閣圖書印”知,此本原爲仙臺藩伊達家舊藏者。原本現藏日本天理圖書館,並於昭和三十四年(1959)被確認爲日本重要文化財。

【影印・整理】

《續修四庫全書》影印本。

《醉翁談録》,古典文學出版社1957年版。

《新編醉翁談録》,周曉薇校點,遼寧教育出版社1998年版。

《醉翁談録》,胡紹文整理,《全宋筆記》第九編,大象出版社2018年版。

【公藏】

中國:吉林、黑大。

日本:東北大、京大人文研本館、神户大、東大東文研、京産大、京大人文研東方、神户市立中央、廣島大、九大、京大文、大阪府立中之島、九大六本松、名大、國會、東洋文庫。

剪燈新話句解四卷

【叙録】

《剪燈新話句解》四卷,明瞿佑著,朝鮮林芑句解,日本慶長元和間古活字本。大本四册。前有“洪武十一年歲次戊午六月朔日山陽瞿佑書於吴山天隱堂”之《剪燈新話序》,次“洪武三十年夏四月錢塘凌雲翰序”之《剪燈新話序》,次“洪武十四年秋八月吴植於錢塘邑庠進德齋”之《剪燈新話引》,次“洪武己巳六月六日睦人佳衡書於紫薇深處”之《剪燈新話詩(並序)》。卷端署“山陽瞿佑宗吉著,滄洲訂正,垂胡子集釋”。正文四周單邊,粗黑口,雙順魚尾,有界行,半葉八行,行十六字,注小字雙行同。

又慶安元年(1648)刊本。諸序之後增一“洪武辛酉重陽前一日嚴陵金冕於唐昌邑庠之由義西齋寫”之《剪燈新話跋》。正文四周雙邊,白口,單花魚尾,無界行,半葉八行,行二十字,注小字雙行同,有返送。末增“永樂十八年五月十日盱江胡子昂書”之《紀剪燈新話卷後》,次“永樂庚子蕤賓望日廬陵晏璧彦文甫跋”之《跋秋香亭記》,次“永樂庚子秋八月既望金華唐岳書於息軒”之《剪燈新話卷後志》,次“永樂十九年歲次辛丑正月燈夕七十五歲翁錢塘瞿佑宗吉甫書於保安城南寓舍”之《重校剪燈新話後序》,並附《題剪燈新話後絶句四首》,其末有“姪瞿暹刊行”字樣,次行有“杭州在城官亭橋經坊郄家印行”字樣。末行小字署“慶安元年十一月吉日,京大佛林正五郎版行”。

【考證】

《剪燈新話》一書,乃明代稗説白眉,非但於吾國稗類有疏源導流之功,使後世繼作者層出不窮,且於海外亦有開疆拓土之力,於朝鮮、日本之小説文體亦有啓蒙形塑之效,故爲説部之要籍。然此書之傳播却頗稱坎坷。《中國古籍總目》録明本二種,清本六種①,實不全備。據向志柱梳理,此書於明代多有翻刻,目前可查知綫索者即有十三種之多,現存有張光啓宣德八年(1433)本(上圖存其翻刻本之殘本),正德六年(1511)楊氏清江堂本(國圖藏),嘉靖後期“章甫言刻本”(國圖藏,按此本版心鎸刻工“章甫言”之名,向即以此爲名,或不妥,凡稱某某刻者,皆指主持其事者而言,非指刊工,然其本别無標識,此亦從權,唯加引號以别之),萬曆二十一年(1593)虞淳熙序刻本(《明清善本小説叢刊》影印,當源於日本山内文庫藏《剪燈叢話》本),萬曆三十年(1602)前後黄正位校本(早稻田藏)②,可謂夥矣。然其所藏處或在日本,或未爲人所知,至民國時,學人全不知此書國内有全本存世,僅存之明本亦多殘缺不完。故董康訪書東瀛,即以日本慶長、元和間活字本參校而重排此書,其書扉頁書名之左標云“校日本慶長活字本”,據其書牌記“丁巳仲夏誦芬室開版”知刊於民國六年(1917),此即民國以來學界使用之本,魯迅即曾購此本,其於民國九年(1920)四月二十四日日記載云:“先後往留黎廠買《剪燈新話》及《餘話》共二册,泉五元。”③後周楞伽整理本亦以董本爲底本。則雖國内實存全本,然學界未知之時,和本回傳爲此書亦有存續之功。尤要者,此書版本可分二類:一爲早期抄刻之本,一爲晚年重校之本,前述各明本均屬早期抄刻之列(清江堂本對晚年重校本有所參考),而晚年重校中,瞿佑之侄瞿暹於天順間曾刊行,然其本已佚,所幸者,其本傳入朝鮮,是即朝鮮《剪燈新話句解》之底本。

① 《中國古籍總目·子部》,第2210頁。

② [明]瞿佑著,向志柱點校:《剪燈新話》,北京:中華書局,2020年,《前言》第4—14頁。

③ 《魯迅全集》第十五册,北京:人民文學出版社,2005年,第400頁。

而後,此朝鮮本再傳入日本,又爲和刻各本之源。此處所叙之古活字本及慶安翻刻本皆是。然古活字本刪削序跋甚多,慶安本則非據古活字本,當徑據朝鮮本重刊者,故其所存之序跋甚備。尤可注意者,其全書之末依朝鮮之本保存"姪瞿暹刊行"五字,此爲極關鍵之記,由此方知朝鮮本當從瞿暹刊本來也;非但如此,其末尚有"杭州在城官亭橋經坊郄家印行"一行,此刊記於現存之朝鮮本中亦未見之,其絶非日人擅增,亦非朝鮮人之記,必爲瞿暹刊行時之書坊標記,慶安當據某早期朝鮮本移録,此句幸得慶安本照録,尚可爲學人所見。按此條之"郄"字,刊刻時寫爲郃,學者引録時或依原字摹録之①,或以其爲"卲"字之異體而徑改②,然據《龍龕手鑒》所收字形,似當爲"郄"之俗字③。

【影印·整理】

按:國内影印此書甚多,然多據朝鮮本,故不録。

《剪燈新話》,董康誦芬室 1917 年翻刻本(此後中國書店有重刷本)。

《剪燈新話》,上海華通書局 1931 年排印本。

周楞伽校注《剪燈新話》,上海古籍出版社 1981 年版。

【公藏】

中國:大連、吉林(慶安本)。

日本:公文書館(古活字本);慶安本所存甚多,不備録。

剪燈餘話五卷

【叙録】

《剪燈餘話》五卷,明李昌祺著,日本慶長元和間古活字本。大本五册。前有"永樂庚子春閏下月下浣翰林侍讀學士奉訓大夫兼修國史永豐曾棨書"之《新編剪燈餘話序》,次"永樂十八年春正月既望翰林侍講臨川王英書"序,次"永樂十八年正月朔吉翰林修撰行在工部右侍郎同年友羅汝敬書"之《剪燈餘話後序》,次"賜永樂甲申進士前翰林庶吉士承直郎秋官

---

① 參[明]瞿佑著,向志柱點校:《剪燈新話》,《前言》第 8 頁。

② 陳益源:《從〈嬌紅記〉到〈紅樓夢〉》,瀋陽:遼寧古籍出版社,1996 年,第 120 頁。

③ [遼]釋行均:《龍龕手鑒》,《四部叢刊》,影印宋本,卷三葉 37B 面。

主事文江劉敬子欽書"之序,次"晚生張光啓謹題"之序及詩。卷端署"廣西左布政使廬陵李昌祺編撰,翰林院庶吉士文江劉子欽訂定,上杭縣知縣盱江張光啓校刊,建陽縣縣丞何景春同校繡行"。正文四周文武邊,黑口,雙對花魚尾,無界行,半葉十三行,行二十字。此後又有元禄五年(1692)林九兵衛刊七卷本。

【考證】

此書據《中國古籍總目》著録,知國圖所藏明本有楊氏清江堂本、明刻本及不全之張光啓本,南京圖書館亦藏一明刻本①,檢國圖所藏,尚有黄正位本及"章甫言刻"本。點檢明刊,僅只此寥寥數本也。故此書亦與前述瞿氏之書頗同,先傳入朝鮮,後再渡扶桑,於慶長、元和間有古活字排印之本,當以張光啓本爲底本者。另,此書亦同前書,有民國間董康據元和間活字本翻刻之本。

【影印・整理】

《剪燈餘話》,董康誦芬室 1917 年翻刻本(此後中國書店有重刷本)。

《剪燈餘話》,上海華通書局 1931 年排印本。

周楞伽校注《剪燈餘話》,上海古籍出版社 1981 年版。

【公藏】

中國:無。

日本:公文書館(古活字本配朝鮮本);東北大、京大文、東大東文研、廣島大、京大人文研東方、静嘉堂文庫、東洋文庫、東大總、國會、酒田市立、實踐女子。

古今諺一卷

【叙録】

《古今諺》一卷,明楊慎著,日本安永四年(1775)菱屋孫兵衛刊本。中本一册。前有"安永乙未秋九月赤城儒學赤松鴻撰"《古今諺序》,次"嘉靖癸卯十二月一日升庵楊慎"之《古今諺序》。卷端署"明成都楊慎編,孫宗

① 《中國古籍總目・子部》,第 2210 頁。

吾校”。正文左右文武邊，白口，單黑魚尾，有界行，半葉九行，行十六字，注雙行小字同。後有附録。末有“平安巖垣彦明撰”《古今諺跋》。

【考證】

據《中國古籍總目》載，此書國内所存僅有各叢書本①，依次約有《升庵外集》本、《説郛續編》本、《藝海珠塵》本、《函海》本、《居家必備》本等，而無單行之本。日本公文書館存有明嘉靖二十二年(1543)與《古今風謡》合刊之本，此和刻本即據嘉靖本翻刻，行款皆同，字體亦似。惟其末之跋云“明《楊升庵外集》中有《古今諺》一卷”云云，則似據《升庵外集》本翻刻，細查《升庵外集》本，在卷八十，前既無楊慎序，卷端所署云“瑯琊焦竑編，安居周達校”亦與此本不同，即條目亦不同，其前多“古諺不可忽”“諺嗲唁同”“諺語有文理”三條，細核正文，增益者尤多，可知《升庵外集》本爲萬曆四十五年(1617)刊行時之增補本。不過，據和本末之附録可以推測，和本亦曾據《升庵外集》本增補數條。

日人翻刻此書時稍有誤解，其卷端題“孫宗吾校”，“孫”字爲小字，知此書即楊慎之孫楊宗吾所刊，然和本將“孫”改爲大字，故日本多家圖書館著録此書校刊者爲“孫宗吾”。

按，此和本當多次重印，除安永四年本外，尚有安永六年及弘化三年(1846)印本。

【影印・整理】

無。

【公藏】

中國：無。

日本：静嘉堂文庫、關大、東北大、阪大總、東京都立中央、新瀉大、島根縣圖、實踐女子、新瀉縣圖、二松學舍。

---

① 《中國古籍總目・索引》，第1401頁。

麈餘二卷

【叙録】

《麈餘》二卷，明謝肇淛著，日本寬政十年(1798)武村新兵衛等刊本。大本二册。前有"寬政戊午仲冬廿七日平安皆川愿題"《麈餘序》，次"寬政八年丙辰秋九月平安三宅芳隆撰"《麈餘叙》，次"萬曆丁未仲秋望日友弟趙世顯"之《麈餘序》，次謝肇淛《麈餘引》。卷端署"陳留謝肇淛輯"。正文左右文武邊，白口，單黑魚尾，有界行，半葉九行，行十八字。首頁版心有"章陸刊"字樣。末署"文政元年戊寅初冬皇都書林菱屋孫兵衛"字樣。

【考證】

此書國内僅浙圖存一本①，《續修四庫全書》所收即此，餘未見。然此書惜僅刻前二卷，爲原書四卷之半。羅振玉《大雲書庫藏書題識》著録，云："此僅二卷，不知乃全帙否？中土久佚，莫可考矣。書中多志怪異，無甚可觀，以其爲佚書，故存之。"②細核二本，和本全依原書上木，行款字體均同，乃至版心刊刻者之名亦原樣摹刻之。按：此書之萬曆本亦僅卷端首頁有刊工姓名，李國慶《明代刊工姓名全録》失收此人。

【影印・整理】

〔日〕長澤規矩也《和刻本漢籍隨筆集》第四輯。

【公藏】

中國：上海、遼寧、大連、天津。

日本：前田育德會、宫内廳書陵部、二松學舍、宫城教育大学、高知大、名大、東北大、京大人文研東方、神户市立中央、新瀉大、東大總。

---

① 《中國古籍總目・子部》，第1704頁。

② 羅振玉：《大雲書庫藏書題識》，《羅振玉學術論著集》第七集，第327頁。

王陽明先生出身靖亂録三卷

【敘録】

《王陽明先生出身靖亂録》三卷，明馮夢龍撰，日本慶應元年(1865)弘毅館刊本。大本三册。扉頁書名之右署"明墨憨齋新編"，左下署"弘毅館開雕"。卷端署"皇明大儒王陽明先生出身靖亂録"，次行署"墨憨齋新編"。正文左右文武邊，白口，無魚尾，有界行，半葉十行，行二十一字，有極少量返點。後又有明治年間青木嵩山堂後印本。

【考證】

此書原爲馮夢龍所輯《三教偶拈》之一種，餘二種乃釋家之濟公及道家之許旌陽，以表其三教融合之義。《三教偶拈》一書國内不存，天壤間僅存長澤規矩也舊藏孤本，後入東京大學東洋文化研究所。即此三篇而言，後二篇爲襲他人舊作，均曾單行，唯首篇爲馮夢龍自作，迄未單行。亦即《三教偶拈》之湮没於禹内，其所致之結果即《王陽明出身靖亂録》之失傳。然日本又刊此傳使之别行，亦有亡羊補牢之效。

按：此書於國内多寫爲"靖難録"，實爲"白名"之顯例①。

此書首爲孫楷第先生著録於《中國通俗小説書目》(1933)中，云："皇明大儒王陽明先生出身靖難録上中下三卷，存，日本刊本。明馮夢龍撰。夢龍字里見前。書題'墨憨齋新編'。此書所記皆實録。"②此處即將"靖亂"誤爲"靖難"。半世紀後，孫氏出版《戲曲小説書録解題》，依沿此白名③。此後，《中國通俗小説總目提要》著録更爲詳盡：

> 皇明大儒王陽明先生出身靖難録
>
> 原刊本已佚。日本慶應紀元乙丑(1865，即清同治四年)晚夏弘毅館刊本。……内封正中爲"王陽明出身靖難録"，右上爲"明墨憨齋新編"，左下爲"弘毅館開雕"。上中下三卷，不分回，無回目。卷上卷端題"皇明大儒王陽明先生出身靖難録"，卷中卷下卷端及板心均題

① 參李小龍：《筆記小説"白名"例考》，《讀書》，2013年第8期。

② 孫楷第：《中國通俗小説書目》，北京：中華書局，2012年，第52頁。

③ 孫楷第：《戲曲小説書録解題》，北京：人民文學出版社，1990年，第96頁。

“王陽明先生出身靖難録”。……①

《中國古代小説百科全書》(1993)録此條目,並附“明刻本《皇明大儒王陽明先生出身靖難録》書影”,此題自誤,即由題解亦可見作者於此書不甚了了,一言未及《三教偶拈》,故於圖下徑標“明刻本”,並於題解之末云“今存日本嵩山堂刻本”(此言亦誤,因其原爲弘毅館刻本,青木嵩山堂不過購其板片再印而已),似又將日本嵩山堂之“和刻本”等同“明刻本”,其書影亦確非明刻《三教偶拈》之圖,而爲和刻書影。此且不論,僅此首頁,其名顯爲“靖亂録”,而題解及圖題仍標“靖難録”②。至《中國古代小説百科全書》1998 年修訂本中,此條有所修改,書影題爲“嵩山堂刻本《王陽明出身靖難録》書影”,然關鍵之誤仍未修正。

《中國古代小説總目》(2004)爲中國小説目録集成之作,著録此書則與前幾同,亦誤爲“靖難”。然此書亦録《三教偶拈》,其題解與前條同出一手,此條中却云“本書是三部小説《皇明大儒王陽明先生出身靖亂録》《濟顛羅漢淨慈寺顯聖記》《許真君旌陽宫斬蛟傳》的合集”,或前條内容抄自《中國通俗小説總目提要》,未知其與本條參差也。

然則此名何以易訛如此?或因爲王陽明所平之朱宸濠亂與朱棣“靖難”十分相似,吴敬梓《儒林外史》中曾借婁四公子之口云:“寧王此番舉動也與成祖差不多。只是成祖運氣好,到而今稱聖稱神;寧王運氣低,就落得個爲賊爲虜。也要算一件不平的事。”③成者爲王,朱棣“叛亂”竟爲勝者之“靖難”。“靖難”原爲平定變亂之意,朱棣之後此詞被附著特殊意味,如《明史》此詞二十二現,均特指朱棣之事,無一例外。此《靖亂録》中亦提及朱棣之事,云“後燕王將起兵靖難”,此爲《靖亂録》僅見此二字處;馮夢龍他作用此詞時亦均特指此事,如《警世通言·杜十娘怒沉百寶箱》中云“到永樂爺從北平起兵靖難,遷於燕都,是爲北京”④;《智囊》“卓敬”條後評語云“齊、黄諸公無此高議,使此議果行,靖難之師亦何名而起”⑤。以此知以“靖難”稱此書不過思維慣性之結果。

---

① 《中國通俗小説總目提要》,北京:中國文聯出版公司,1990 年,第 271 頁。
② 《中國古代小説百科全書》,北京:中國大百科全書出版社,1992 年,第 185 頁。
③ [清]吴敬梓著,李小龍、張夢筆校注:《儒林外史》,北京:人民教育出版社,2018 年,第 86 頁。
④ [明]馮夢龍:《警世通言》,《馮夢龍全集》第二册,南京:鳳凰出版社,2007 年,第 483 頁。
⑤ [明]馮夢龍:《智囊》,《馮夢龍全集》第五册,南京:鳳凰出版社,2007 年,第 136 頁。

【影印・整理】

金程宇《和刻本中國古逸書叢刊》。

《王陽明出身靖亂録》,浙江古籍出版社 2015 年版。

【公藏】

中國:首都、華東師大、黑龍江、湖南、雲大。

日本:國會、東大東文研、京大人文研東方、東京都立中央、東北大、一橋大、立命館大學、東洋文庫、茨城大(以上慶應本),静嘉堂文庫、關大、島根縣圖、公文書館、名大、高知大、九大、佐野市立鄉土博物館、國士館(以上明治後印本)。

笑府三卷

【叙録】

《笑府》三卷,明馮夢龍著,日本明和五年(1768)刊本。小本一册。前有墨憨齋主人題《笑府序》,次"明和戊子冬十月負暄齋主人識"之《題笑府》。卷端署"墨憨齋主人編,懵懂齋主人譯"。正文四周單邊,白口,單黑魚尾,無界行,半葉八行,行二十字。

【考證】

周作人《論笑話》一文云:"查笑話古已有之,後來不知怎地忽爲士大夫所看不起","宋朝這類的著作便很少,雖然别方面俗文學正逐漸生長,笑話在文學的地位却似乎没落下去了。明朝中間王學與禪宗得勢之後,思想解放影響及於文藝,馮夢龍編《笑府》十三卷,笑話差不多又得附小説戲曲的末座了,然而三月十九天翻地覆,胡人即位,聖道復興,李卓吾與公安竟陵悉爲禁書,墨憨齋之名亦埋没灰土下,《笑府》死而復活爲《笑林廣記》,永列爲下等書,不爲讀書人所齒,以至今日。"①可見周於此書評價甚高,但"《笑府》後亦經人改編爲《笑林廣記》,署名遊戲道人,不知姓名,不復可憑,而原本亦遂不傳,只知道日本内閣文庫及大連前滿鐵圖書館各有一部,無從得見"。周氏彼時僅知中、日各藏一種,却難得一見。故其欲選

① 周作人著,吴平、邱明一編:《周作人民俗學論集》,上海:上海文藝出版社,1999 年,第 152 頁。

明清笑話,“只以日本舊木刻選本二種爲依據”①,此本即其所參考之二卷本也。後王利器編《歷代笑話集》收《笑府》,仍未能見原本《笑府》,故“據日本藤井孫兵衛刻本選録五十三則”,則即以此本爲據,王氏於書前選用書影,亦正有此本②。

按:此書卷次極混亂,其目録分十三卷,每卷一部,即馮氏原貌。然此本欲精簡,故無法全依目録,其原卷一題“笑府卷一:古艶部”,次“笑府卷二:腐流部”及“笑府卷三:世諱部”,至卷三之末又特地標出“笑府卷一終”,次另起葉爲“笑府卷二:方術部”,後爲“笑府卷三:廣萃部”,結尾時標“笑府卷三終”。故此書於日本圖書館著録均標“二卷”,然若據其分卷之標稱則爲五卷,按其實情則乃三卷。另,此本共選七十餘則,每則前列正文,後附日譯。

【影印・整理】

無。

【公藏】

中國:無。

日本:東大總、東大東文研、九大、東北大、中央大、關大。

删笑府一卷

【叙録】

《删笑府》一卷,明馮夢龍撰,日本安永五年(1776)刊本。小本一册。前有墨憨齋主人題《笑府序》,卷端署“清墨憨齋主人原編,日本風來山人删譯”。正文四周單邊,白口,單黑魚尾,無界行,半葉九行,行二十字。末有“安永五丙申年,棋城書坊”字樣。

【考證】

前云周作人欲編明清笑話集事,至《笑府》“但以日本刻選本二種爲依據,其一有二卷,一只一卷,題風來山人删譯。風來山人爲18世紀日本天

---

① 周作人校訂:《明清笑話集》,北京:中華書局,2009年,《引言》第9頁。

② 王利器編:《歷代笑話集》,上海:上海古典文學出版社,1956年。

才作家,譯雖未知真僞,但其聲名正足與墨憨抗衡,故書坊遂取用之亦未可知。”周氏《明清笑話集》即參用二和刻收入《笑府》一百六十七則,其之一卷本即此《刪笑府》。風來山人即江户時著名小説、浄琉璃作家平賀源内,周作人疑此爲書坊僞托,實反以明代書坊慣伎反求之日本,吾國著名文人多無意爲書坊點校書籍,明代李卓吾、陳繼儒挂名層出不窮,全然僞托無疑;然日本並非如此,日本之作家與學者爲書肆點書反是常事,此《刪笑府》問世之時,平賀源内尚在,更無僞托之可能。

【影印・整理】

無。

【公藏】

中國:無。

日本:立命館大學、三康、東北大、公文書館、東北大。

虞初新志二十卷

【叙録】

《虞初新志》二十卷,清張潮輯,日本文政六年(1823)刊。大本十册。前有“日本文政六年癸未六月鳴門荒井公廉書於澱震豹隱居”之《翻刻虞初新志序》。卷端署“清新安張潮山來氏輯,日本鳴門荒公廉廉平氏訓點”。正文四周單邊,白口,單魚尾,有界行,半葉九行,行二十字。末頁署“文政六年歲次癸未秋八月翻刻成”。

【考證】

《虞初新志》一書國内所存版本多,據《中國古籍總目》所載即有康熙刻本、乾隆二十五年刻本、嘉慶八年本、咸豐元年本等①,然雖版本衆多,此和本仍有其意義。

現存世之所謂康熙刻本,幾乎均屬乾隆時之修版挖改重印之本,並非康熙刻本原貌②。如其内容已有避雍正諱者,甚至有個别材料可證已入乾

---

① 《中國古籍總目・子部》,第2217頁。

② 以下所論,詳參李小龍:《〈虞初新志〉版本考》,《文獻》,2018年第1期。

隆之時，如其卷六有《孫文正黄石齋兩逸事》一文，其評點署名“金棕亭”，即金兆燕。其人生於康熙五十八年（1719），卒於乾隆五十六年（1791）①，又據《揚州畫舫録》載云：“金兆燕，全椒人。爲教授時，於市購得小銅印，刻“棕亭”二字，乃自取爲號，且構棕亭於署之西偏。”②李斗雖較金兆燕小三十歲左右，然其寫作此書自乾隆二十九年（1764）至乾隆六十年（1795），其書初刻亦爲乾隆六十年，與金氏任職揚州之時間（1766—1779）重合，故其記録自較可信。據此可知，其號“棕亭”源於金氏任揚州府學教授時所購小銅印。買銅印具體時間此處未有確時，然據其建棕亭之時間可知或在乾隆三十七年（1772）之前不久③。如此看來，其署名“棕亭”之評語當在乾隆三十七年之後，至少亦當在乾隆三十三年（1768）以後。

然則康熙原刻本何以需抽換挖改？可以乾隆時詒清堂本考之。

就目前所見資料而言，張潮從孫張繹之詒清堂重刻袖珍本較所謂康熙序刻本更近原貌。中國國家圖書館所藏編號爲 96115 者，或當爲詒清堂重刻袖珍本之初印。與康熙序刻本相比，其最著之不同如下，卷一首篇爲《徐霞客傳》、卷五首篇爲《柳夫人小傳》、卷六次篇爲《書鄭仰田事》，此三篇文字康熙序刻本均無。無此三篇之由，《四庫禁燬書叢刊》子部第 38 册所收中國科學院圖書館藏本封面之簽言之甚明：“謹遵飭禁書目，將錢謙益文三篇抽板送浙江書局銷毁訖，特白。”④此簽實不精確，因《徐霞客傳》與《書鄭仰田事》二篇爲錢氏所作，《柳夫人小傳》却爲徐芳之作，然其所寫爲錢謙益與其妾柳如是，故有池魚之殃。

然詒清堂袖珍本亦已有删削。國圖所存另一藏本（編號 87515）便與前舉之本不同，此書前有“紫江朱氏存素堂所藏圖書”印，知爲朱啓鈐舊藏。其卷一之《徐霞客傳》全文删去——因《虞初新志》每篇文章均單獨起訖，故删某文並不影響前後文之完整，然目録却仍有痕跡。

除詒清堂袖珍本外，尚有一種袖珍本，與詒清堂本極似，即羅興堂清遠閣本。此本亦有新元素。此本存世不多，國内有遼寧圖書館藏本，筆者所閲爲日本慶應大學圖書館藏本（缺前二卷，以詒清堂袖珍本補）。將羅興堂本與康熙序刻本、詒清堂袖珍本乃至後之小嫏嬛山館刻本對比，可知此

---

① 參陸萼庭：《清代戲曲家叢考》之《金兆燕年表》（上海：學林出版社，1995 年，第 138—152 頁）、鄧長風：《二十九位清代戲曲家的生平材料》（《明清戲曲家考略三編》，上海：上海古籍出版社，1999 年，第 313—314 頁），許雋超：《金兆燕卒年補考》，《中國戲曲學院學報》，2007 年第 2 期。

② ［清］李斗撰，汪北平、涂雨公點校：《揚州畫舫録》，北京：中華書局，1997 年，第 65—66 頁。

③ 參陸萼庭：《清代戲曲家叢考》之《金兆燕年表》，第 148 頁。

④ 參《四庫禁燬書叢刊》子部第三十八册第 414 頁。

本確爲《虞初新志》版本演化中不可或缺之環。

前述詒清堂袖珍本與康熙序刻本之異時,已知詒清堂袖珍本於乾隆一朝因去錢謙益化而剜改。至羅興堂本已不再如此小心翼翼,因此類剜改仍易有把柄,大刀闊斧之更換方爲上策。如詒清堂本於舊版片上剜改塗抹錢謙益之痕迹,羅興堂本則徑將錢謙益及與錢謙益關係密切之數文悉數删去,另用新文代替。

或因第二篇爲魏禧文之故,對卷一開篇,編者替换錢謙益《徐霞客傳》之文亦由《魏叔子文集》出,於是《姜貞毅先生傳》(原名爲《明遺臣董公傳》)首次進入《虞初新志》,並爲開篇之作。此篇較原選之《徐霞客傳》稍長,約多一葉。卷五以侯方域《賈生傳》代替原《柳夫人小傳》,此文長度與原文相當,均占三葉。卷六代替《書鄭仰田事》者爲方苞《孫文正、黄石齋兩逸事》,如前所言,此乃將方苞《高陽孫文正公逸事》與《石齋黄公逸事》二文合並而成,之所以合並,原因即於篇幅,原《書鄭仰田事》占三葉,而方苞二文各占一葉强,若版面不符,自當影響本卷其他篇次,故編者頗費苦心,以二爲一。

以上僅籠統而言,實羅興堂本一如前舉詒清堂袖珍本,亦當經改版。日本慶應大學圖書館所藏羅興堂本卷五《柳夫人小傳》並未被代替,而遼寧圖書館藏本則已改用《賈生傳》。由此可知,羅興堂本初僅替换錢氏二文,後見文網漸密,乾隆於錢謙益之打擊不遺餘力,唯有重加修芟以避禍。然此次替换頗爲粗糙,前兩篇之末尚請金兆燕字斟句酌撰評,《賈生傳》後便如《紀周侍御事》,全無評語。羅興堂再修版影響甚小,故侯方域《賈生傳》一文迄未成功進入《虞初新志》之流傳史,另二文則擠進《虞初新志》至今,甚至頗有研究者以《姜貞毅先生傳》爲原本所選,個别版本無此篇僅因政治原因被删去之故①。

就上文所論可知,詒清堂袖珍本中之一部分爲乾隆二十五年(1760)刊刻,另一部分則於朝廷禁燬錢謙益即乾隆三十四年(1769)年之後,羅興堂本大體相近,康熙序刻本較詒、羅二本爲晚,或當在乾隆一朝末年。若然,則就《虞初新志》版刻而言,承續者當爲嘉慶八年(1803)寄鷗閑舫刊本,然筆者所見僅有四十卷《廣虞初新志》,未見《虞初新志》,據此本黄承增序云"今所傳詒清堂袖珍本二十卷"之語②,可推測其亦當承詒清堂本而來。

---

① 參代智敏:《明清小説選本研究》,暨南大學2009年博士學位論文,第69頁。

② 丁錫根編著:《中國歷代小説序跋集》,北京:人民文學出版社,1996年,第1810頁。

此後之版本即此日本文政六年所刊和刻本，前有主事者荒尾氏序云："其書有前後二刻，以康熙癸亥張潮所刻爲初出，乾隆庚辰張繹所校巾箱本則係重鎸，但重鎸增五篇，而闕二篇，增者爲《徐霞客傳》、爲《柳夫人小傳》、爲《書鄭仰田事》、爲《紀周侍御事》、爲《板橋雜記》，闕者爲《孫文正黄石齋兩逸事》、爲《象記》，今用初出原本翻刻之，更追補重鎸内四篇，獨《板橋雜記》，東都書肆既刊行之，故除。"所述頗詳，可知刊刻者閲過康熙序刻本及詒清堂袖珍本，並視康熙序刻本爲原本，故以之爲底本，行款亦與之全同，唯康熙序刻本每傳另起一面，此本則偶有另起者，多數連排。然其仍據詒清堂袖珍本補四篇，則此文政本實爲《虞初新志》流傳史中獨特之本，較當下國内坊間版本精當，因國内流通者均以咸豐本爲底本，去真逾遠。

此和刻本另有一處頗值關注。當下所見皆康熙序刻本與剜改詒清堂袖珍本，和刻本《書鄭仰田事》一文之位置實爲重要綫索。目前所見諸本除前述守素園藏本外均未收此文，後人唯據咸豐本録其於卷十六。筆者初未見守素園藏本時，據和刻本此序推測《書鄭仰田事》一文原當位於卷六《孫文正、黄石齋兩逸事》處，因序作者列所增五文與所闕二文均依文中次序，先爲卷一《徐霞客傳》，繼之以卷五《柳夫人小傳》，後則爲《書鄭仰田事》，再爲卷七《紀周侍御事》，末爲卷二十《板橋雜記》，則荒井氏所見詒清堂本非但含《書鄭仰田事》一文（現多數詒清堂本無此文），且必不在咸豐本所置之卷十六，據以上次序，對照附金兆燕評語之替身《孫文正、黄石齋兩逸事》，即可知此文原本之次序。

和刻本刊行二十八年後之咸豐元年（1851），又有小嫏嬛山館刻本問世。由此本選文可知，其主持者當以羅興堂初刊本爲底本，並參考詒清堂袖珍本及康熙序刻本。如卷一首篇换爲《姜貞毅先生傳》，卷六第二篇换爲《孫文正、黄石齋兩逸事》，卷五首篇《柳夫人小傳》不變，此三處均與羅興堂本初刊本同。之所以云其參考詒清堂本袖珍本則在於，其雖收録《徐霞客傳》之替身《姜貞毅先生傳》，然仍將前文一同收録，僅改變其位置，由首篇改置於《大鐵椎傳》後而爲第三篇，此舉或欲使魏禧二文相連屬。以上均爲前述諸本之綜合彙集，尚稱嚴謹。然卷十七忽增孫嘉淦《南游記》一篇，全文一萬一千余字，是爲《虞初新志》最長之文，較卷二十所收二篇萬字長文尤甚。且此文純屬游記之體，與《虞初新志》選文之旨頗不相及。此文寫作亦晚，據文中所云，作者"辛丑二月二十四日出都，此則吾南游之始也"，知孫氏南游始於康熙六十年（1721），張潮已去世十多年，况此文寫作與流傳自較南游之始爲晚。編者未慮及此點即以張潮名義選入此文。

此前羅興堂本亦曾選入方苞之文，其文作時亦在張潮逝世前後，然一者羅興堂本之改録方文與文字獄有關，尚可理解，二者彼文置於《虞初新志》中尚稱合體。反觀此文之加入，無法解釋。更不可思議者爲編者竟於此文後代張潮擬一評語，稱揚其爲"千古奇文、至文、妙文"。另，此本又對原文擅加誤改，如卷十五首篇篇名在前數種版本中均爲"同夢記"，而此本或因張潮評語之末云"姑録其記同夢以志異"之語，便將篇名改爲"記同夢"，此實屬誤解，張潮之語並非引用篇名，"記同夢"不過爲"所記同夢之事"而已。

此本雖不嚴謹，問題極多，却終爲通行之本。1922 年上海文明書局本與此後上海進步書局《筆記小説大觀》所收均爲此本。1932 年後，開明書店鉛印本出版真正奠定《虞初新志》至今爲人所接受之樣貌。書前《校印題記》云：

> 世所傳《虞初新志》，多從道光坊刻本翻印，舛誤頗多。其最著者如卷十九《七奇圖説》有説無圖。張氏於每篇之後均有評語，今本多所闕略，甚至凡例、總跋亦均被刪。玆從鄭振鐸先生假得康熙刊本校補，其他訛誤及後來因忌諱竄易字句，悉爲訂正。惜原本已非初印，今本所具如卷一《姜貞毅先生傳》《徐霞客傳》，卷五《柳夫人小傳》，卷十六《書鄭仰田事》、卷十七《南游記》，卷二十《板橋雜記》諸篇，盡被抽燬。於此足見當時文網之密。今仍據通行本補入，俾復其舊。民國二十一年一月，校者識。

其書封面與扉頁均標"據康熙刊本校印"字樣，題記亦云從鄭振鐸先生借得"康熙刊本"，從後所舉"抽燬"篇目可知，其所借之本確爲康熙序刻本，然校印者又"據通行本"即咸豐本(或以咸豐本爲底本之民國石印本)將上舉諸篇補入，則開明本實將一"康熙"本校改爲一咸豐本矣。1954 年，文學古籍刊行社據開明書店紙版重印①，使開明本遽爲建國後《虞初新志》之代表性版本。1985 年，河北人民出版社重新校點出版，也"用開明書店鉛排本爲底本"，雖校點者云"參照了康熙刻本、詒清堂刻本、嘉慶巾箱本、日本文政六年(1828 年)浪華河内書局刻本"②，然總體格局已爲開明本限定，此亦爲數十年研讀《虞初新志》使用率最高之本。1997 年，柯愈春重輯

---

① 參《虞初新志》，北京：文學古籍刊行社，1954 年，版權頁。

② 參《虞初新志》，石家莊：河北人民出版社，1985 年，《出版説明》。按：日本文政六年當爲1823 年，校點者推算有誤。

《説海》,所收《虞初新志》仍據"開明書店鉛印本排印"①。直至2007年,上海古籍出版社《清代筆記小説大觀》第一册收王根林校點之《虞初新志》(2012年出版單行本),校點説明云"以鄉嬛山館本爲底本,校以其他諸刻本"②,雖底本選擇仍是《虞初新志》諸版本中最不可靠者,仍爲建國以來首部不以開明本爲限之本。然則此本似仍未脱離明本之影響,其明證在未加任何説明即將咸豐本所無之《象記》收入。事實上,由個别細節亦可知此書雖確如校點者所言"校以其他諸刻本",然最初所用或仍爲開明本,如張潮自叙中有"仿摹逼肖"一語,前舉康熙序刻本、詒清堂袖珍本、羅興堂本、咸豐本乃至文明書局本與進步書局本均爲"逼",唯開明本誤爲"畢",此本則與開明本同,應非偶合。

縮結而言,《虞初新志》最近張潮原意之本當爲康熙原刻詒清堂本,然此本現存何處尚需查證③。目前國内外所藏多爲所謂之康熙刻本,實均爲乾隆後期對原版剜改補刻之後印本,尚不如乾隆間張潮後人張繹重刻之詒清堂袖珍本爲近真,然因乾隆朝文字獄頻發,此書又多涉錢謙益,故從詒清堂袖珍本始已有剜改,至羅興堂本又繼之以抽换,《虞初新志》原貌丕變。此後和刻本於恢復原貌頗費心力,而咸豐本輾轉補苴,去真愈遠,以迄於今。

【影印·整理】

〔日〕長澤規矩也《和刻本漢籍隨筆集》第十七輯。

【公藏】

中國:北大、華東師大、天津、天津師大、遼寧、杭大、湖南。

日本:所存甚多,不備録。

---

① 參柯愈春編:《説海》,北京:人民日報出版社,1997年,第318頁。

② 參《清代筆記小説大觀》,上海:上海古籍出版社,2007年,第207頁。

③ 法國戴廷杰於其大文《雅俗共融,瑕瑜互見——康熙年間徽州商籍揚州文士和選家張潮其人其事》中提及此康熙詒清堂本(米蓋拉、朱萬曙主編:《徽州:書業與出版文化》,北京:中華書局,2010年),似即康熙初刻本,然其文未標出藏處,故未能目驗。

閫娱情傳一卷

【叙録】

《閫娱情傳》一卷，即《如意君傳》，明徐昌齡著，日本寶曆十三年(1763)小川彦九郎刊本。大本一册。扉頁書名署爲“則天皇后如意君傳”，右署“吴門徐昌齡著”，左署“東都清閟閣梓”。卷端則署“閫娱情傳”。正文四周單邊，白口，單黑魚尾，有界行，半葉十行，行二十字，有返送。末有“庚辰春陽相柳伯生”跋，文末有“峨山”陰文方印與“貞清”陽文方印；次“甲戌秋華陽散人題”《如意君傳序》，序後署“東都牛門隱士書”。版權頁有“兔園藏書”長方刊記，署“寶曆十三癸未年，日本橋南通三町目，東都書肆：小川彦九郎、同莊七”。

【考證】

《如意君傳》爲存世早且影響極廣之艷情説部，如《金瓶梅》欣欣子序即言及“《如意傳》”①，可證此書當成書於萬曆之前。另孫楷第於《中國通俗小説書目》中引清人黄之雋(1668—1748)《唐堂集》卷二十一《雜著》之《詹言》下篇云：“歙潭渡黄訓字學古，明嘉靖己丑進士，歷官湖廣按察司副使，著《讀書一得》八卷，其從孫研旅、宗夏重刻之，凡九經、二十一史、諸子、文集、雜家、傳志一百餘種。自古迄明，隨事立論，皆宏博正大，譚名理，證治道，是非法戒了如也；是吾族之善讀書者。唯《讀如意君傳》，此何書也而讀之哉？”②後劉輝檢得黄訓《讀書一得》，並於卷二覓得《讀如意君傳》一文③，從而指出此書當刊於正德年間④。故其確爲現存最早之豔情小説。且其非但最早，且影響亦大，如《金瓶梅》《繡榻野史》等即頗於此書尋徑也⑤。

---

① 朱一玄編：《金瓶梅資料匯編》，天津：南開大學出版社，2002 年，第 176 頁。

② 孫楷第：《中國通俗小説書目》，第 112 頁。按：此則文獻孫氏當從蔣瑞藻《小説考證》中引，參江竹虚標校：《小説考證》，上海：上海古籍出版社，1984 年，第 77—78 頁。又按：孫氏引文首句衍一“渡”字。

③ ［明］黄訓：《讀書一得》，《四庫全書存目叢書》第 103 册，濟南：齊魯書社，1995 年，第 81 頁。

④ 劉輝：《〈如意君傳〉的刊刻年代及其與〈金瓶梅〉之關係》，《徐州師範學院學報》，1987 年第 3 期。

⑤ 參〔美〕韓南撰：《韓南中國小説論集》，王秋桂等譯，北京：北京大學出版社，2008 年，第 242—245 頁。

然此書於國内全無存本,《中國古籍總目》僅收一種,然爲清人陳天池所作章回小説,與此書無涉。故此書所存僅有和刻之本。

此《如意君傳》異名頗多,全名爲《則天皇后如意君傳》,此本卷端又名《閫娱情傳》。此外,又有一章回名《濃情快史》,實即述武則天事,此書一般書目均定爲清人之作①。蕭相愷提出此書情節與《征西演義》相合,後者是爲明人之作,若《征西演義》襲自此書,則其自當爲明人之作②。李夢生亦持相同之議,其云清初劉廷璣《在園雜志》卷二將此書與《玉妃媚史》並提,而"《玉妃媚史》作於明萬曆前","則本書寫作年代不會晚於萬曆年"③。此二書之關係或較複雜,請試論之。

《濃情快史》第十九回牛太監向武則天推薦薛敖曹時,曾細述薛因此異稟而爲鄉裏小兒所笑,薛云:"吾受此物之累,值此壯年,尚不知人道。"牛太監也向武則天説"因此名彰民間,無與婚者,故至今尚不知人道"。均强調薛敖曹尚爲處男之身。此自非閑筆,因牛太監宣詔薛敖曹時,薛拒不奉詔,且云:"青雲自有路耳,豈可以肉具爲進身之階?"牛太監答云:"足下能高飛遠舉,出乾坤之外耶?汝尚未知人道,非今聖上,誰可容者?"不用"青雲",而以"人道"打動薛敖曹進京。《如意君傳》於牛太監薦薛時未言"不知人道"事,然後文説服薛氏入京却與《濃情快史》同。由此觀之,或《如意君傳》有所删節。

再如《濃情快史》云:"敖曹被牛太監再三催促,不得已而行。在路歎曰:'賢者當以才德進身,今日之舉,是何科目?'牛太監取笑道:'是戊辰科的進士。'兩人大笑。"④此寫薛敖曹一問,實爲逗出牛太監戲謔性之答。此"戊辰科的進士"或並無意義,其笑點在將薛氏以肉具爲榮身之階與國家掄才大典比附,此種方式實爲豔情小説之慣技,晚明小説涉及男女性事往往用兩軍對壘之筆法描摹,與此同一機杼。然此亦或爲其時太監對武則天之隱語:"戊",《説文解字》釋"中宫也"⑤,《周禮》"以陰禮教六宫"句鄭玄注云:"六宫謂后也……若今稱皇后爲中宫矣。"⑥《新唐書》徑以此稱武則天,其載馮元常:"嘗密諫帝中宫權重,宜少抑,帝雖置其計,而内然之,由是

---

① 參石昌渝主編:《中國古代小説總目·白話卷》,第242—244頁。

② 蕭相愷:《珍本禁毁小説大觀——稗海訪書録》,鄭州:中州古籍出版社,1992年,第150—152、578—581頁。

③ 參李夢生:《中國禁毁小説百話》,上海:上海古籍出版社,1994年,第47頁。

④ [明]餐花主人:《濃情快史》,引文據《思無邪匯寶》本,不同版本間略有歧異。

⑤ [漢]許慎撰,[清]段玉裁注:《説文解字注》,上海:上海古籍出版社,1981年,第741頁。

⑥ [清]阮元校刻:《十三經注疏·周禮》,北京:中華書局,1981年,第684頁。

爲武后所惡"①;而"辰"字於十二生肖中指龍,王充《論衡》即云"辰爲龍,巳爲蛇"②,故"辰"字亦多代指帝王。如此可知此"戊辰"或暗指身處中宫之帝王武則天。無論取何種解釋,由《濃情快史》之情節可知,薛敖曹之問實爲牛太監之答而設,當爲原稿;《如意君傳》竟删去答語③,非復本來面目矣。

故知現存之《如意君傳》當有删略,然原本如何,已不可考知。即此略本,亦僅賴和本以傳。

【影印・整理】

《明清善本小説叢刊》,臺灣天一出版社影印本。

【公藏】

中國:無。

日本:東大東文研、國會、高知大。

如意君傳一卷

【叙録】

《如意君傳》一卷,明徐昌齡著,日本明治間木活字印本。大本一册。前有"甲戌秋華陽散人題"《如意君傳序》。卷端署"閫娱情傳"。正文左右文武邊,白口,單黑魚尾,無界行,半葉十行,行二十字,無返送。末有"庚辰春陽相柳伯生"跋。

【考證】

此書爲明治間木活字本。將其與前述寶曆刊本比照,知此實據寶曆本而來,惟將寶曆本置後之華陽散人序重置於卷首,餘均未改,行款悉同。因此書無刊記,故學界多不知其主事者與排印時間,如長澤目僅標云"明治"④。然將此書之木活字與下文所述《癡婆子傳》之字一一細辨,知其所

---

① [宋]歐陽修、宋祁:《新唐書》,北京:中華書局,1975年,第4178頁。

② 黄暉:《論衡校釋》(附劉盼遂集解),北京:中華書局,1990年,第957頁。

③ 《如意君傳》,侯忠義主編:《明代小説輯刊》第三輯第三册,成都:巴蜀書社,1999年,第17頁。

④ 〔日〕長澤規矩也:《和刻本漢籍分類目録》,第221頁。

用爲同一活字也。故據《癡婆子傳》之考辨,可知此書亦必爲京都聖華房山田茂助氏所爲,其時間亦當在明治二十四年(1891)前後。詳參下條所考。

【影印・整理】

《明清善本小説叢刊》,臺灣天一出版社影印本。

【公藏】

中國:無。
日本:早稻田。

癡婆子傳二卷

【叙録】

《癡婆子傳》二卷,清芙蓉主人撰,日本明治二十四年(1891)京都聖華房木活字印本。大本一册。前有"乾隆甲申歲挑浪月書於自治書院"之序,次目録。卷端署"新刻癡婆子傳","芙蓉主人輯,情癡子批校"。正文左右文武邊,白口,單黑魚尾,無界行,半葉十行,行二十字,偶有雙行小字注同。末有"明治辛卯春日,木規子題"之跋,後署"山脊老夫耳呈草化植字"。此本有重排之本,與初排本幾全同,唯卷端署"新刻癡婆子傳",末無跋,所署刊記改爲"洛陽耳口王草化户方壽延年植字"字樣。

【考證】

晚明士人好貨好色,從不諱言,袁中郎與友書稱《金瓶梅》"伏枕略觀,雲霞满紙,勝於枚生《七發》多矣",此言僅可出於晚明。故彼時多有艶情之説部。入清以後,官方屢禁,此類創作多漸湮没。故前述之《如意君傳》國内無存,此《癡婆子傳》亦同。

《癡婆子傳》國内似僅吴曉鈴藏乾隆間刊孤本,其本現存首都圖書館。餘者多爲鈔本。黄裳《書之歸去來・斷簡零篇室摭憶》云其曾購得一册,却是"書鋪徒弟用舊本影抄的假古董",向錢鍾書先生提及,錢有詩云"遍求善本痴婆子,難得佳人甜姐兒",並云"幸恕其唐突而賞其混成",從對句與説明可知"甜姐兒"當指黄裳早年迷戀女星甜姐兒黄宗英一事——黄裳筆名據傳由此來,雖黄裳向未承認,然此段記録却可證其實,亦可稱古籍版本反證人事糾葛之佳話(黄氏於此事記憶殊深,於《再談禁書》《槐聚詞人》《琉璃廠故事》諸文中多有詳述)。然黄裳稱其所得之抄本"底本倒是清初的原刻"①,若果如此,則其價值當不在吴藏孤本之下。

此和本當據國内之刊本排印,其底本或即乾隆刻本,因其序跋及卷端題署均同,甚或乾隆本有闕字處,此亦從闕。且日本天明四年(1784)序刊之秋水園主人《畫引小説字彙》一書,其前之引用書目中即有《癡婆子傳》一種,可知此書之傳入日本甚早,然即今日本亦未存此書之乾隆時刻本,或已佚失。今日本所傳,即此木活字本。又此本有初排與重排之别。初排本末有木規子(即大槻如電)跋云:"曾讀《覺後禪》,知有《癡婆子傳》。後得此傳,快讀一過,仍知彼書亦自這裏出,覺迷一噱。噫,癡婆子不癡。"重排本删之;又重排本改刊記爲"洛陽耳口王草化户方壽延年植字",正文亦偶有不同(如首葉末行初排作"吐吐曰",重排則作"咄咄曰")。關於此書之主事者,初無人知。筆者收藏昭和二十五年(1950)抄本,末有其跋語,則頗解此謎:

> 《痴婆子傳》古來即爲中國與本邦廣受歡迎之書。《肉蒲團》(一名《覺後禪》)第三回曾有"《綉榻野史》《如意君傳》《痴婆子傳》之類一二十種放在案頭"云云。
>
> 此寫本之底本爲京都寺町六角之聖華房主人山田茂助氏(昭和八年卒)用其所藏彦根弘道館之木活字於明治廿四年印刷行世者。
>
> 明朝綫裝大形本(竪八寸六分,横六寸),四周單邊,無界欄(竪約七寸一分,横約四寸七分),版框外(天頭約一寸一分,地角約四分)
>
> 其他行數、字數、板心、題簽等與寫本全同。
>
> 此爲軍事評論家池崎忠孝氏遺物,京都伏見之若林先生於今春出讓於余。
>
> 昭和廿五年六月一日起筆,同月廿二日寫畢。塚沓舟。

從其識語可知此本抄於1950年,抄寫者塚沓舟,生平不詳。此抄本所據底本原藏者爲池崎忠孝(1891—1949),其人爲夏目漱石弟子,與芥川龍之介等人爲友,後爲日本之主戰派,二戰之甲級戰犯。池崎氏死於1949年,次年春此書歸塚沓舟,數月後即爲録副。

因此活字本印行者有意隱去名氏,日本研究者太田辰夫於《中國秘籍

---

① 黄裳:《黄裳書話》,北京:北京出版社,1997年,第328頁。

叢刊》(研究篇)中云,活字本所題之"山脊""洛陽"皆爲京都别稱,"耳呈"或"耳口王"爲"聖"之拆字,"草化"爲"花"之拆字,"户方"爲"房"之拆字。"壽延年"即出版人山田茂助。山田茂助,名春壽,字延年,號墨魚齋。或於發行淫書之忌,其將"聖華房"三字拆解標識之①。此後學界方知此書的印行者原來是明治時期著名的書坊聖華房。然塚沓舟於1950年即指出此點,且指其所用爲"彦根弘道館"木活字,則其人於山田茂助刊行此書頗悉底裏。

【影印·整理】

無。

【公藏】

中國:無。
日本:岡山縣圖、高知大、東北大、島根縣圖。

水滸傳二十回

【叙録】

《水滸傳》二十回,日本享保十三年(1728)林九兵衛刊第一至第十回,寶曆九年(1759)林九兵衛續刊第十一至第二十回。大本四册。封面題"忠義水滸傳",前有署"卓吾李贄"之《讀忠義水滸傳序》,卷端首行署"李卓吾先生批點忠義水滸傳引首",次行署"施耐庵集撰",三行署"羅貫中纂修"。正文四周單邊,白口,無魚尾,無界行,半葉十行,行二十二字。書眉偶有評點,雙行小字,每行二字。末之版權頁署"享保戊申孟春望日京師書房林九兵衛"。

【考證】

《水滸傳》爲吾國説部傑作,而於日本文壇影響尤著,翻譯、仿作,層出不窮。嘗試以原文翻刻之者,亦不乏人,如文政十二年(1829)高知平山《金聖歎批評水滸傳》,所刻亦甚精,惜僅刻金聖歎之序、讀法及正文前十一回而止,得刊金批全本者,已至明治十六年(1883),借銅版之盛行,東京

---

① 〔日〕太田辰夫編:《中國秘籍叢刊》(研究篇),東京:汲古書院,1987年,第53頁。

柏悦堂終完成七十回本之翻刻。然論日人翻刻此書之濫觴,當屬享保、寶曆間林九兵衛翻刻本,其前刻與後刻跨度三十一年,僅各成十回,然此書却非前述二本之可比,以其所據之底本或爲國内已失傳之李贄評本之初刻也。

此書最早著録於孫楷第《中國通俗小説書目》之附録三"日本訓譯中國小説目録"中①,此實日人倉石武四郎之稿,孫氏鈔録之而已。其於録文之後,對此書並未措意。王利器向以容與堂本所附之李評爲僞評②,後發現日本無窮會藏本及此本,曾論云:"日本無會圖書館藏《全像忠義水滸傳》,百回,李卓吾評。係明刻清印本,一,李贄《讀忠義水滸傳序》,剜改'夷狄'爲'邊陲','犬年'爲'時勢';二,眉批多已漫滅。北京大學圖書館藏日本寶曆九年(一七五九)京都書肆林九兵衛、林權兵衛復刊《李卓吾先生批點忠義水滸傳》所據爲是本之初刻初印者,故正文無剜改,眉批最完整,惜第二十一回以後未嗣刻也。"③

此後,談蓓芳撰文對其進行尤深細之探究,其云:"和刻本《忠義水滸傳》對照起來加以考察。和刻本雖然只有前十回,但就這十回來看,無論文字内容和行款格式皆與無窮會藏本那一系統的本子一樣,所不同的只是眉批的格式(國圖明刻殘本和無窮會藏本的眉批均爲每行五字;而和刻本則是每行二字,且每條眉批都以黑線框起來)。和刻本的大部分書口下端也刻有表示該頁總字數的數字,且這些數字與國圖明刻殘本及無窮會藏本的相應數字完全一樣。由此可見,和刻本與國圖明刻殘本及無窮會藏本應該同出一源。"並認爲"在《水滸傳》繁本系統中,從天都外臣序本系統到袁無涯刊本系统之间确实存在着一个过渡性的《水浒传》刻本系统",且"該系統的國内刻本目前可以知道的已經有三個:日本無窮會藏本、國圖明刻殘本以及日本享保十三年林九兵衛刻十卷本的底本(由於和刻本有不少文字超出於無窮會藏本及國圖藏明刻殘本之外,且據每頁的字數統計來看,這些文字並非和刻本擅自增加,故其底本必早於無窮會藏本及國圖藏明刻殘本)"④。又有學者細緻比對相關之評語,證實此觀點之精確⑤。

---

① 孫楷第:《中國通俗小説書目》(外二種),北京:中華書局,2012 年,第 162 頁。

② 參王利器:《〈水滸〉李卓吾評本的真僞問題》,《耐雪堂集》,北京:中國社會科學出版社,1986 年,第 254—268 頁。

③ 王利器:《李卓吾评郭勋本〈忠义水滸传〉之发现》,《河北師院學報》,1994 年第 3 期。

④ 談蓓芳:《中國文學古今演變論考》,上海:上海古籍出版社,2006 年,第 371—372、378 頁。

⑤ 許勇强、鄧雷:《〈水滸传〉林九兵衛本與袁無涯本比較研究》,《山西師大學報》,2015 年第 4 期。

日人東條耕《先哲叢談後編》卷三録岡島冠山其人,"名璞,字玉成,號冠山,通稱援之,後改彌太夫,長崎人","冠山始以譯士仁於萩侯……以其精於華音,從遊頗衆矣。首唱稗官學於世。先是,雖有從事之者,未甚精之,及冠山起,始能詳明於其説云"。其下詳載岡島刻《水滸傳》事:"冠山始校定羅貫中《水滸傳》,施國譯,將刊布於世。未至見其刻成而歿。享保十三年,其初版者成,自第一回至第十回,是爲吾邦刻稗史始。自是以降,將陸續開雕,全至百回。後其鏤版罹火,未及全尾而罷,惜哉!"①知此書之刊行實岡島冠山所主持,其本流傳甚少,則因其版罹火而燬;至其僅刊二十回,亦因主其事之岡島離世有關,"冠山以享保十三年戊申正月二日歿於平安,享歲五十五",倘天假以年,或此本留其珍本之全貌矣。

【影印・整理】

無。

【公藏】

中國:遼寧、大連。

日本:九大、高知大、立命館大學、阪大總(以上全),京大附圖、東北大、東大總、九大、廣島大、京大人文研東方、宮城縣圖、東大東文研、新瀉縣圖、京大文、佐賀縣圖、高知大(以上僅存享保本),静嘉堂文庫、東京都立中央(以上僅存寶曆本)。

杜騙新書一卷

【敘録】

《杜騙新書》一卷,明张应俞撰,日本文政元年(1818)皇都書林五車樓菱屋孫兵衛刊本。大本一册。扉頁板框上横書"江湖歷覽",板框内右署"杜騙新書",左標"作者:浙江夔衷張應俞",左側署"皇都書林五車樓梓"。前有"明和庚寅春三月初吉書於東武萱洲積翠樓,南宫岳爲公父撰"之《刻杜騙新書序》,序後有"南宫嶽印"陰文方印、"本姓井上"陰文方印。正文四周單邊,白口,單黑魚尾,無界行,半葉八行,行二十字。末有"明和庚寅仲秋膳藩儒學五瀨鼂貞泰一甫書於平安遊焉社"之《題杜騙新書後》。

---

① 〔日〕東條耕:《先哲叢談後編》,日本文政十二年群玉堂刻本,卷三葉三十。

【考證】

《杜騙新書》國内幾於失傳,《中國古籍總目》未收,全國古籍普查目亦無。而據大塚秀高《增補中國通俗小説書目》載,此書萬曆間存仁堂陳懷軒刊本僅哈佛、大連、内閣、東洋四家有藏①。則國内實大連一家有藏,大連藏本之後標"大谷",即大谷光瑞舊藏之書,然據《大谷本明清小説敘録》云,其所藏爲清刊本②,未詳孰是。總之,此書幾於失傳,則爲不争之事實。故此翻刻之和本亦有其價值。和本現知最早刻本即文政元年本,此後又有弘化三年(1846)後印本。然據前後序跋可知,其書初成約於明和七年(1770)。另,和本並非全本,原本共有短章八十餘則(目録列八十三則,實共八十九則),此本選入十七則,約原本五分之一也。

【影印・整理】

無。

【公藏】

中國:無。

日本:立命館大學、關大、東大總、京大附圖、九大、東大東文研、宮城縣圖、東北大、京大文、京大人文研東方、佐賀縣圖。

照世杯四卷

【敘録】

《照世杯》四卷,清酌元亭主人撰,日本明和二年(1765)皇都日野屋源七刊本。大本一册。前有"吴山諧野道人載題於西湖之狎鷗亭中",次"寶曆壬午之秋孔雀道人書於平安小川僑居"之《讀俗文三條》(日文)。卷端署"諧道人批評第二種快書","酌元亭主人編次"。正文四周單邊,花口,下版心題"潤古堂藏",上單線魚尾,無界行,半葉九行,行二十字。書末牌記署"明和二年酉正月吉旦,皇都書肆新町高辻下ル町日野屋源七"。

---

① 〔日〕大塚秀高:《增補中國通俗小説書目》,東京:汲古書院,1987年,第53頁。

② 劉鎮偉、王若、韓俊英編:《大谷本明清小説敘録》,大連:大連出版社,1995年,第27頁。

【考證】

此書非但佚於海内,即於日本亦僅佐伯文庫藏清初寫刻之孤本。然此本久無人知。民國間,董康於日本携歸一鈔本(今藏大連圖書館),陳乃乾據之排印,爲《古佚小説叢刊》之一種,其前標云"依日本傳鈔本校印"。後國内所出各本均據此而來。直至 1988 年,伊藤漱平與大塚秀高將其編出,由汲古書院影印行世,國内方得見原本。然 1933 年孫楷第出版《中國通俗小説書目》即著録此和刻之本①。據日本圖書館之載録,此前日本尚有寶曆十二年(1762)浪華和泉屋卯兵衛刊本,僅三年後即重新翻刻似不合情理,頗疑先爲寶曆上板,印行甚少,數年後板片爲日野屋源七所得,始多印行世。

【影印・整理】

《照世杯》,陳乃乾古佚小説叢刊社 1928 年版。
《照世杯》,古典文學出版社 1956 年版。
《照世杯》,上海古籍出版社 1985 年版。

【公藏】

中國:北大、大連。
日本:公文書館、國會、酒田市立、東大東文研、新瀉縣圖、東北大、實踐女子、刈谷、同志社、上田(以上明和本),東北大(寶曆本)。

肉蒲團四卷

【叙録】

《肉蒲團》四卷二十回,清李漁撰,日本寶永二年(1705)青心閣刊本。中本四册。扉頁板框上横書"天下第一風流小説",板框内書名右署"明情隱先生編次,日本倚翠樓主人譯",下有"翻刻必究"牌記,左署"寶永乙酉秋上梓,青心閣發兑"。前有"寶永乙酉桂秋倚翠樓主人撰於五里霧中人家"之《肉蒲團序》。卷端署"肉蒲團一名覺後禪卷之一"。正文左右文武邊,白口,單黑魚尾,有界行,半葉十行,行二十一字。後有跋。

---

① 孫楷第:《中國通俗小説書目》(外二種),第 78 頁。

【考證】

此書因入清後多被禁燬,故所存亦尠,僅有數家藏本①,然國内傳本質量多不高,孫楷第稱國内所存最早之醉月軒本"劣"②。且國内存本仍較少見,其題署亦與和本多不同,國内傳本多題爲"情癡反正道人編次","情死還魂社友批評",和刻本則署"明情隱先生編次",與清活字本同;且和本文字似較優,蕭相愷曾細校所見之四本,認爲"清刊活字本、光緒間石印本、鉛排印本,顯然是出於同一種本子",而日刊本則屬另一系統,"四種本子都有許多錯誤,相比之下,日刊本的錯誤反少一點"③。

【影印・整理】

無。

【公藏】

中國:無。

日本:静嘉堂文庫、東北大、阪大總、東大東文研、關大、三康、京大附圖、東京都立中央、立命館大學、堺市立中央、東北大。

---

① 《中國古籍總目・子部》,第 2268 頁。

② 孫楷第:《中國通俗小說書目》(外二種),第 114 頁。

③ 蕭相愷:《珍本禁毁小説大觀——稗海訪書録》,鄭州:中州古籍出版社,1992 年,第 131—132 頁。

九、類書類

附音增注蒙求三卷

【敘録】

《重新點校附音增注蒙求》三卷，唐李瀚編並注，日本應安七年(1374)刊本。大本三册。正文左右文武邊，白口，雙顺魚尾，有界行。半葉五行，大字行四字，注文小字雙行二十字。末行署"龍歲甲丙年日孟榮拜題謹置誌之"。

【考證】

《蒙求》一書爲中國蒙學名著，爲唐人李瀚所編，亦有李氏自注本。至宋時有徐子光補注本出，徐於李注原文亦有更動，此後世傳多爲徐本①，李本遂微。然《蒙求》一書，亦極早傳入日本，影響極大，存本亦多。此應安本即所謂五山本者，其文字仍屬李注之舊，故極有價值。另此書之刊刻者亦當論及，此人爲陳孟榮，元末中國福建刻工，元失其柄，天下大亂，陳氏避亂而至日本，仍從事刻書之業，日本五山版中多有此類中國刻工渡日所刻之典，陳孟榮氏即其中之名手。此書即其一。此書末題署頗怪異，森立之即云"不題年號，干支亦誤，刊行時月不可從考"②，確不詳其意。日本國會圖書館著録此書，徑標爲"應安七年"，臆者其書干支時誤"甲寅"爲"甲丙"也。

另，前録《千字文》時曾指其與《胡曾詩注》及《蒙求》合爲"三注"，其版心刻工亦爲一證，此《蒙求》卷下第一、二十葉均有"大"字標識，亦偶有"仲"字。

《蒙求》之作者李氏之名，多有寫爲"翰"者，而後晋又有李瀚，故此書之作者問題歷來聚訟不一③，周祖譔主編《中國文學家大辭典・唐代卷》收

---

① 《中國古籍總目・子部》，第2048頁。

② 〔日〕澁江全善、森立之等撰：《經籍訪古志》，杜澤遜、班龍門點校，第169頁。

③ 張志公：《傳統語文教育初探》，第54—57頁。

録此二人，但於前者辨其未曾著此，於後者又未言其著此，竟兩失之①。張志公詳辨其當爲天寶時人，却暫用“李翰”之名，實亦不妥。此人之名確當爲“瀚”，和本所標無誤，然其生平行實仍不可知②。

【影印・整理】

《日本五山版漢籍善本集刊》影印本。

【公藏】

中國：國圖。

日本：前田育德會、慶應大、國會、東洋文庫、大東急紀念文庫。

舊注蒙求三卷

【叙録】

《舊注蒙求》三卷、《舊注蒙求考異》三卷，唐李瀚編並注，日本寬政十二年(1800)若林清兵衛刊本。大本三册。扉頁書名之右署“鵬齋先生閲”，左署“庚申之春，漢皋堂藏”。前有“寬政十二年庚申季春關東鵬齋龜田興識”之《舊注蒙求考異提要》，次《薦蒙求表》及《蒙求序》。正文左右文武邊，白口，單黑魚尾，有界行，半葉九行，行二十字，無返送。後附《考異》三卷。末有“門人滕璋謹識”之《舊注蒙求跋》。版權頁附“鵬齋先生著述書目”，後署“江户書林，馬喰町三丁目，若林清兵衛”。

【考證】

此書顯晦之跡，在日本亦與國内頗同，即徐氏補注之本起，而李氏自注本微。至寬政時，日本學者龜田長興有感於此，即據自藏之李注抄本，集合衆本，力圖恢復李注原貌。其書前之《舊注蒙求考異提要》極精詳，如“舊注博引旁綜，所採非一。李瀚作《蒙求》時，《後漢書》《晋書》非獨范曄、太宗之史而已，《後漢書》有謝承、薛瑩、華嶠、謝沈、袁山松、司馬彪……李氏《蒙求》援據浩穰，取證於此等之諸書者多，‘范張雞黍’引謝承書，‘賀循儒

① 周祖譔主編：《中國文學家大辭典・唐代卷》，北京：中華書局，1992 年，第 343、347 頁。

② 參傅璇琮：《尋根索源：〈蒙求〉流傳與作者新考》，《尋根》，2004 年第 6 期；唐雯：《〈蒙求〉作者新考》，《中國典籍與文化》，2008 年第 3 期。

宗'引何法盛《晋中興書》,'劉寵一錢'引司馬彪書,'李充四部'引臧榮緒書,而舊注直曰《後漢》某、《晋》某,不舉其書名,是以淺學者難於搜索而疑其所出。徐氏不推究其根源,唯據范曄、太宗史,私用芟祚,擅自增損,妄加是正,盡改竄之,反曰今本無載。"楊守敬亦稱其"所詆頗中其失"①。

《蒙求》於日本尚存多種古鈔之本,森立之《經籍訪古志》已有著録②,楊守敬亦得數種。國内學界有人據敦煌出土之本謂其最爲近真③,此龜田又有此校訂之本(與前著五山本大同)。然據楊守敬所得之本中,有一"卷子改摺本"者④,觀之,其本或均有删芟。楊氏云:"獨怪李瀚作《蒙求》而自注之,當必原委粲然,如吴淑之自注《事類賦》,豈有不注所出,開學者飣餖之門? 唐人無是也。余乃得此古鈔本一卷,其原係用墨絲欄作卷子本,後乃裁斷改摺本,字體古雅,墨色沉厚,絶似古鈔《玉篇·放部》及卷子本《左傳》,相其筆跡,當在唐宋間。"而此钞本则"篇中每注皆出書名","間有未出者,大抵皆習見事"。杨氏又用较大篇幅例举之,可知其所藏钞本之精善。"余意此書在唐時必多童蒙誦習,鄉俗鈔寫,憚其煩文,遂多删節。其後並所引書名略之,至宋徐子光不見有書名之本,但見其文與事與存書多異,又未能博考類書、傳記,遂就見存書史换之,故往往有與標題不符。龜田興雖覺其有異,然其學亦未博贍,不能一一注其所出。得此本始恍然李氏原書,卓然大雅,惜僅存上卷,不得爲完璧耳。"此钞本因分二卷,故现僅存原书之半。

【影印・整理】

〔日〕長澤規矩也《和刻本漢籍隨筆集》第十七輯。

金程宇《和刻本中國古逸書叢刊》。

【公藏】

中國:國圖、北大、吉林。

日本:關大、静嘉堂文庫、椙山女、大阪府立中之島、新潟縣圖、東大總、飯田市立中央(寬政本),中央大、愛知大、東北大、公文書館、實踐女子(文化後印本)。

---

① [清]楊守敬撰,張雷校點:《日本訪書志》,第178頁。

② 〔日〕澁江全善、森立之等撰:《經籍訪古志》,杜澤遜、班龍門點校,第168—170頁。

③ 参鄭阿財、朱鳳玉:《敦煌蒙書研究》,蘭州:甘肅教育出版社,2002年。

④ 其《鄰蘇園藏書目録》有録(第9頁),特意注出爲"卷子改摺本"。

古本蒙求三卷

【叙録】

《古本蒙求》三卷,唐李瀚編注,日本文化三年(1806)天瀑山人林衡《佚存叢書》(第四帙)活字排印本。大本三册。前有李良《表》及李華《序》,卷端署“唐安平李瀚撰注”。正文四周單邊,黑口,單魚尾,有界行,半葉十行,行二十字,無返送。末有署“文化三年龍集丙寅九月三日天瀑山人識”之跋語。

【考證】

林衡於此書跋云:“唐李瀚著《蒙求》三卷,采摭經傳故實,隸以韻語,又自注出處於下,簡而不遺,以便童蒙。迨宋徐子光爲之補注,第原書欲簡而易記,而今乃爲繁,間或濫及他事,恐非瀚本意。人喜其詳也,自補注出而原本佚。余獲古鈔本無補注,乃其原本矣。傳寫之久,訛繆匪尠,然亦秘笈也。今活字刷印,收之叢書中。或目狃乎!徐本之增多而病原本之簡省。是則買菜傭之見耳!題曰《古本蒙求》,以别通行本。”李瀚原書究爲詳爲略,據前引楊守敬所述,或非林氏所云然者。然林氏心中自有一《蒙求》原本在,故將鈔本排入其《佚存叢書》,其所持之義,與前述之龜田興並無二致,均欲恢復李注原貌耳。然彼或未及細思二疑:一者,李注原貌是否較古之本即是,或較古且與徐注不同之本即是?此疑實已爲楊守敬所述解答,即未必如是,李氏爲《蒙求》之作者,自爲其注,絶不可能荒漫粗率,已用四字概括某事,此事出自何書,李氏與其他注者不同,他注之人須猜測作者之意,李則不必,易言之,李於下注之前,於撰寫正文之時,便當已有注釋之文字急欲奔凑筆端也,故欲尋李注原貌者,萬不可因别本之簡古而徑是之;二者,若李本“簡而不遺,以便童蒙”,何以於流傳過程中爲較繁之徐本所代?此疑所涉甚廣,如讀者對象之錯位——其書本爲童蒙而作,然爲童蒙授讀者,反爲童蒙之師;如典册由抄而刊之歷程。故李注原或較繁,然於唐時抄録匪易,故各抄者多以己意節略之,以爲教讀之具;然至宋已無李氏原本,此時雕版之術興,東坡曾言“日傳萬紙”,刊書何速,得書何易!故徐氏又病其過略,反就所得簡本增擴之。至於日本所流傳古鈔之本,大多不過唐時各家節鈔之本而已,故反樸略(一如敦煌所出者),惟楊氏所得,或正其本面。今時學者力圖恢復李注簡略之“原貌”,又反需簡本,不過學術求真之意耳,然何者爲真,曷易言哉!

補注蒙求三卷

【叙録】

《補注蒙求》三卷,唐李瀚編,宋徐子光注,日本永禄五年(1596)小瀨道喜古活字本。大本三册。前李良《表》,李華《序》,徐子光《序》,卷端署“標題徐狀元補注蒙求”。正文四周單邊,上粗黑口,單黑魚尾,無界行,半葉十一行,行十五字,標題並二行大書,二句八字。末有識語云:“又域洛陽西洞院通勘解由小路南町住居甫庵道喜新刊一字板繡此書,以應童蒙之求也。呼嗚,未辨芋耶羊耶,魚耶魯耶,澗愧林慚,冀博覽人運郢斤多幸。”末行有刊刻“帷時文禄第五丙申小春吉辰道喜記”。

又有慶長活字板,正文四周雙邊,白口,雙對花魚尾,無界行,半葉九行,行十五字,末無刊記。又有寬永中古活字版,正文四周雙邊,細黑口,雙對花魚尾,無界行,半葉十四行,行二十字,末無刊記。又有寬永十二年(1635)據寬永古活字本覆刻之本。末有“寬永乙亥孟夏吉旦中野市右衛門刊行”字樣。此後之慶安、萬治、承應、寬文續有新刊,多據寬永十二年本翻刻。

【考證】

前述各本之價值,均以徐子光注本爲參照,然據《中國古籍總目》知,國内所存徐注本,僅宋本二,均存上圖,一爲八卷本,有喬松年跋,一爲三卷本,有鄧邦述跋①。明代之本經顧起綸奇字齋本改編,即已與宋本有異,《全唐詩》所收其正文當從顧本來②,而《四庫全書》本實亦從此來。此數本皆無徐子光序,然日本所傳之本皆有之。《全宋文》未收徐子光其人,自亦無此序。然楊守敬已論其爲宋人,且全録其序;余嘉錫書亦論定其爲宋人無疑。按:楊書引林衡《佚存叢書》時誤其爲“元化中”③,余嘉錫亦随之誤引,亦可見彼時學者於日本文獻之生疏,余嘉錫又稱“四庫著録之本,佚去

---

① 《中國古籍總目·子部》,第 2048 頁。

② 參張娜麗:《敦煌研究院藏李翰〈蒙求〉試解——與藏古抄本之比較》,《敦煌研究》,2002 年第 5 期。

③ [清]楊守敬:《日本訪書志》,《日本藏漢籍善本書志書目集成》第十册,北京:北京圖書館出版社,2003 年,第 28 頁。張雷校點本(第 182 頁)亦未校改。

此序耳”①。

【影印・整理】

《和刻本四部叢刊》影印本。

【公藏】

中國:遼寧(寬永刊本)。

日本:大阪府立中之島、公文書館(永禄本),静嘉堂文庫、公文書館、宮内廳書陵部(慶長本),公文書館、國會(寬永活字本),實踐女子、酒田市立(寬永刊本)。

太平御覽一千卷

【叙録】

《太平御覽》一千卷,宋李昉等奉敕編,日本安政二年(1855)至文久元年(1861)喜多邨氏學訓堂木活字印本。大本一百五十三册。扉頁板框右大字題書名,左署“安政乙卯仿宋槧校江都喜多邨氏學訓堂聚珍版”。正文四周單邊,白口,單黑魚尾,無界行,半葉十三行,行二十二字。

【考證】

《太平御覽》爲宋四大類書之一,實亦搜羅文獻最爲繁雜者。“其所引經史圖書,凡一千六百九十種,今不傳者,十之七八”。然國内所存,多爲明清翻刊之本②,頗多錯訛。日本藏宋本二種,《四部叢刊》三編即參用二本影印行世。

楊守敬曾於日本訪得此書之影宋鈔本舶歸,並著於《日本訪書志》中云:“《御覽》一書,明刊本多誤。我朝嘉慶間揚州鮑氏據舊鈔本訂正重刻,始略可讀。顧其所據鈔本亦非影宋精本,不免有以近刻校改之弊。而世傳宋刻僅有殘本,今在嘉興陸氏,然不及三之一,固未足以訂全書也。”又述及此喜多邨氏活字本云:“日本文久間,喜多村直寬據其國楓山官庫藏宋本用活字板印行。自卷一至卷五百六十二屬田口文之以所引各書勘正,著有

① 余嘉錫:《四庫提要辨證》,第960、966頁。

② 《中國古籍總目・子部》,第1986—1987頁。

《舉訛》。五百六十三卷以後，訛則直寬即據鮑本校改，世遂以此本爲《御覽》善本。"然楊氏稍稍校之，頗有批評："余來日本，即得活字印本，又得柴學士此影宋本，乃知田口文之多臆改，未足憑也。"①後即舉數例以明之。雖其所舉亦未盡當，然其所云"無論逸文秘册，他無證驗，不能易一字；即見存之書，以各本對勘，亦如隔雲霧"頗是，以此書已非閱讀之本，而徵文考獻之籍，故其原貌確不可輕動。

然則此活字本之底本究爲何本，似亦當明之。臺北故博有楊氏舊藏之本，標爲"日本江户間傳鈔宋慶元間刊本"，實即鈔自楓山官庫所藏宋本，且亦爲活字本之底本。其目録卷八末有朱筆識語云"嘉永癸丑五月六日，直寬校"，目録卷十五末云"癸丑五月初九校，直寬"，卷一千卷之末有識語云："己未新正第四巳時閲了。朝寒殊甚，朱筆隨呵隨結。此校昉於丙辰十月，至丁巳年畢五百卷，去年八月以後續校至今哉！能得終也。文之記。"知山田文之校此書，前後歷時七載。又有識語云："前後妄意删改，全根白及不一，而是殆失宋板之體。今悉勘正，一照舊樣，不敢妄改一字。文久紀元五月朔校全了。直寬記。"喜多邨氏於兩年之後，云"一照舊樣，不敢妄改一字"，或前五百餘卷爲山田文之妄改殊多，喜多邨氏此後即改變宗旨。

卷末有森立之跋云："右《太平御覽》影鈔宋本千卷五十二册，係狩谷望之舊藏，後經澁江全善、曲直瀨正貞手，而入喜多邨直寬架中，直寬活字刷印，取原於此本。直寬隱遁後，歸弟栗本鯤藏。今兹余奉君命，將移居於西備福山，鯤知余之渴望此書也，割愛以爲生别之程儀，不耐感謝，遂題此以爲跋云。慶應戊辰六月十二日枳翁森立之書於江户城北駒米華他街之八九山房。"另跋云："此書原本即楓山御庫所藏，而自卷首至一百九十七卷係抄本，自一百九十八卷至卷末，爲南宋慶元槧本，每卷首有'金澤文庫'印記，則爲本庫舊物可知也。初棭翁得鈔本數册，文政間就楓山本令撰好手補寫全帙，此本即是。好手者誰，如賴山陽（襄）、小島成齋（知足）是也。其他余所知士人不一而是，則至今日，不可不最寶而重也。立之再録。"知此活字本刊行八年後，書歸森立之。

又據《清客筆話》載，森立之得此書十四年後，光緒七年（1881）"十月某日"楊守敬訪森氏時曾提出："《太平御覽》抄本原是黄君所欲購，彼有信來，但願以六十圓購之，先生允否？如允，則明日以六十圓來取書也。"知二人前曾論及此本出售事宜。森氏答："右書斷然以不賣決之。雖千金不賣。板本非而抄本是，每葉皆然。故不得賣也。"楊氏云："黄君不知此。彼見

① ［清］楊守敬撰，張雷校點：《日本訪書志》，第186頁。

世上刻本價甚廉,故以先日之約百圓爲貴。今聞先生言,乃知刻本多臆改。然則仍從先日之約,以百圓爲定,僕將擔當之。公勿以僕爲反覆而怒之,蓋中間人作事難也。”然森氏此次態度堅決,云:“今决不賣,則雖千金不賣也。過日若賣却則已耳,至於今日則不可。是非違約也。”楊氏惟有解釋:“此本黄君所欲得之物,非僕所欲得。且彼寄銀來購書,皆唯弟是問。彼云其價六十圓者,彼未見其書,以尋常待之故耳。今聞先生,僕固釋然。然先生遂因彼有六十圓之語,遂怒而不諾,然則僕更難處矣。蓋彼因僕言而寄銀來,今因又不得書,僕將以何言答之?”森答:“决非如此也。日本人一旦得金之後,則無違約。不然則從心所欲而可也。”至十一月十四日,楊氏復提舊議,森氏仍堅執不售,楊氏無奈,另出别策云:“僕以極珍古刀布錢贈公,公勿辭。《御覽》之約,總期公曲從。不然僕無以回復友朋黄君也。乞憐之。”森氏此時稍有緩和,楊氏繼云:“貴邦原本宋刻尚有二部存,不第此一部也。公好古之情與僕同,然僕得之欲再校之也,非爲謀利也,公諒之。且僕非有力也,借他人之力而購之,以校之也。”然此時森氏仍云“至今日决不賣之”,又云“且宋板原本二部雖在日本,非吾有也。猶鄰家之貨,無益於我耳。”直至次年五月,似有轉圜,森氏云:“百圓約定,則本月内半額,來月某日半額亦可也。”川瀨一馬據森立之手稿《壬午睡餘雜録》引森氏致楊信云:“《御覽》畢竟難割愛,然建築多費,無所補回,遂至沽却也。昨今貧極矣,紙幣多少授與是祈,在明日則尤妙,逾月則大不可。先生深察愚意,則明日晚間待車來。”①知森氏因營建之事而終將此書售於楊守敬。

《故宫所藏觀海堂書目》録有二影宋之本,一云“有光緒癸未楊氏題識,一百本”,一云“影鈔宋蒲叔獻刊本,有慶元五年蒲氏序,有‘森氏开萬册府之記’‘養安院藏书’兩朱印,二百本”。此二種今均藏臺北故博。楊《志》所叙當爲前者,知跋作於光緒癸未,其書前有“柴氏家藏圖書”之印,亦可相證。而後者則即楊氏購自森氏者,然楊氏云代朋友黄君所購,其書却存觀海堂,故陳捷注《清客筆話》云“楊氏曾以朋友黄君只願付六十圓爲理由壓價”,似僅爲臆測,並無實據。前引文獻已極清楚,黄氏願以六十圓購買,楊氏亦同意,是未知此書之特點(《清客筆話》中多有記載楊氏請森氏允許將某書携歸校讀,以瞭解其書之價值),現知此書與刻本不同,即同意百圓之約,知前非壓價明矣,且允此百圓之議實未得黄氏同意,故楊氏云“僕將擔當之”,則楊氏自留,亦事理之常。

然則,此活字本據影宋鈔本排印,則亦可視爲宋本之再造,固此本雖亦

---

① 陳捷整理:《清客筆話》,《楊守敬集》第十三册,第542、543、554頁。

不能無誤,如影印本卷六五六葉九 A 面七行倒第三字爲“徙”,實當爲“徒”①,宋本不誤,鮑本亦不誤。然其亦有其獨特價值。後商務印書館編《四部叢刊》三編欲影印此書,用日本“帝室圖書寮、京都東福寺”“獲見宋蜀刻本”九百四十五卷,又補静嘉堂文庫陸心源舊藏二十九卷,尚缺二十六卷,另尚有十二卷共有二十六又半個殘葉,便均據此活字本補足,中華書局影印時仍據《四部叢刊》三編本。張元濟對此本評價頗高,云:“日本文久紀元,當我國咸豐十一年,喜多邨直寬嘗以影宋寫本,用聚珍版印行,其優於鮑本者,則板心所記刻工姓名,均與蜀本相合,且上文所舉四事,一無脱誤。宋刻而外,斷推此本,於是取以補影本二十六卷之闕。書經覆寫,又用活版,詞句訛謬,自所不免。然以校鮑、張二本……雖不逮建、蜀二本,抑猶出於吾國時本之上也。蜀本原缺卷第二十一、第六百五十六至六百六十五、第七百二十四至七百三十八,皆全卷;又《目録》及卷第四、第三十八、第一百一十、第一百三十、第一百四十、第一百六十六、第四百六十四、第五百三、第五百七十一、第六百九十、第七百五十七、第九百五十二,凡缺二十六葉有半,均以聚珍版補。”

然張元濟所編之書似亦可議。据张所言:“歲戊辰,余赴日本訪書,先至静嘉堂文庫觀所得陸氏本,其文淵閣印燦然溢目,琳琅满架,且於己國增得如幹卷,爲之欣羡不置。嗣復於帝室國書寮、京都東福寺,獲見宋蜀刻本,雖各有殘佚,然視陸氏所得爲羸。因乞假影印,主者慨然允諾,凡得目録十五卷,正書九百四十五卷;又於静嘉堂文庫補卷第四十二至六十一,第一百十七至一百二十五。此二十九卷者,均半葉十三行,同於蜀刻,惟板心無刻工姓名。”②則其於宫内廳及東福寺共得正文九百四十五卷,又補静嘉堂二十九卷,尚少二十六卷,又以活字補完。宫内廳所藏爲原楓山官庫舊藏本,《經籍訪古志》曾著録云“第四百六十至四百六十九、五百四十五至五百五十五及五百六十六,凡二十七卷闕逸,舊人鈔補”③,然所云與張氏點檢之卷次不同。島田翰云:“右宋槧本一千卷、目録一十五卷,計一百一十四册。首有《經史圖書綱目》及總類,次目録。首卷《經史圖書綱目》至卷第一百九十七,凡二百十二卷、廿三册;卷第三百廿一至卷第三百廿八,凡八卷、一册;卷第八百二十八至八百三十四,凡七卷、一册;天正、文禄間鈔補。卷一百九十八至三百二十、十四册,卷第三十二十九至五百四十四、

---

① 《太平御覽》,影印,北京:中華書局,1995 年,第 2933 頁。

② 《張元濟全集》第 9 卷,上海:商務印書館,2010 年,第 364—366 頁。

③ 〔日〕澁江全善、森立之等撰:《經籍訪古志》,杜澤遜、班龍門點校,第 171 頁。

二十五册，卷第五百六十七至八百二十七、三十册，及卷第八百三十五至末卷、十八册，宋槧本。卷第五百四十五至五百六十六，二十一卷、二册，相其紙質字樣，其鈔蓋在元時矣。"①與前引森立之所標又有不同；傅增湘"己巳十一月十一日"至宫内尋訪珍籍，曾經眼此書，然其所記雖大同於島田氏，却亦有小異②。即以張氏言，其"第六百五十六至六百六十五、第七百二十四至七百三十八"之二十五卷取活字版補，則必宫内廳、静嘉堂及東福寺均無，然據前引二氏之述，宫内廳所闕之卷帙並無此二十五卷。此處之扞格尚須查檢原書方知。

所幸宫内廳書陵部已公佈珍貴漢籍館藏全文影像，宋蜀刻本《太平御覽》亦列其中。今以此與《四部叢刊》三編本對勘，頗有發現。如張編本並非完全忠實之影印，原書有少許文字殘損，張編本皆加描潤，如卷六百五十一第四葉前半即是，然未作説明。此尚屬細事，尤要者，前述張氏以活字配補之卷六百五十六至六百六十五、卷七百二十四至七百三十八，於宫内廳所公佈者中赫然具在，僅卷七百二十七缺第八葉而已。且其行款、版式以及每卷前"金澤文庫"之墨印，均與他卷同，細檢其版心之刻工，亦與别卷刻工參見旁出，如張元、單論保、單壽三、范開、田龍之類均同，亦有王成三、單秧(?)一等他卷闕如者，《古籍宋元刊工姓名索引》即據張本録名，實尚可據原本再補。是可知森氏及島田氏所檢録雖亦有參差，然大體無誤。即此二十五卷仍存於世。此自非張氏借用後，宫内廳所藏此書遞有增益之故，或此數册偶有錯置，恰當張氏商借之時未能覓得。此書篇帙重大，卷册繁多，確易有此誤。惜此技術性失誤，致《四部叢刊》三編本未能盡善，學界至今所用仍爲此補苴之本。

然重得所失卷帙，並非此喜多邨氏活字本即成雞肋，一者，宫内廳之本尚未得影印之機緣；二者，其卷二一及後之零葉仍有賴於此本也。另，雖多有學者於此本頗多苛求，然此本之排印可稱精細，以活字排印之方式，於原本之避諱之字，全從而仿之，即徵、恒、慎、殷、桓等字皆缺末筆，至爲不易。

【影印・整理】

《太平御覽》，中華書局 1995 年影印本。

《太平御覽》，河北教育出版社 2000 年點校本。

---

① 〔日〕島田翰撰：《古文舊書考》，杜澤遜、王曉娟點校，第 190—191 頁。

② 傅增湘：《藏園群書經眼録》，第 679—680 頁。

【公藏】

中國：北京、科學、北大、復旦、辭書、山東、南京、湖北（缺卷九百七十至一千）、湖南（存五百十二卷）、中大、重慶。

日本：鹿大、京大文、京大人文研東方、滋賀大教育、大阪府立中之島、東洋文庫、東大東文研、一橋大、公文書館、東大總、群馬大。

重廣會史一百卷

【叙録】

《重廣會史》一百卷，宋闕名撰，昭和二年至三年（1927—1928）東京育德財團用東京前田氏藏宋本景印，爲《尊經閣叢刊》之一。大本二十册。正文左右文武邊，白口，單黑魚尾，有界行，半葉十五行，行十八至二十六字；小字雙行，二十五字至三十字。各卷之卷端有"經筵"陽方方印，又有"高麗國十四葉辛巳藏書大宋建中靖國元年大遼乾統元年"朱文長方印。末有"尊經閣叢刊重廣會史原本前田侯爵家藏"長條牌記。

【考證】

《重廣會史》一書非但已佚於國内，即於中國文獻系統中亦難覓蹤影。全面搜羅之下，亦僅《宋史・藝文志》著録"《重廣會史》一百卷"①，此外，即全無影響。然有一北宋刊本或經高麗，輾轉而入日，現存於日本前田育德會尊經閣文庫，是爲天壤間之孤本。關於此本，内藤湖南曾云："前田家的《重廣會史》是其中較爲古老的。這是從朝鮮傳到日本來的東西，在朝鮮則是從高麗傳到李朝的東西，在文禄之役的時候，日本軍隊將朝鮮的書籍一掃而空，全都帶到日本來，因此今天朝鮮幾乎都已經没有宋板了。征韓諸將中帶回來最多的是浮田秀家。就我所知，現在朝鮮的奎章閣僅有一部宋板《古史》，而民間則只有蔡邕《獨斷》的南宋本了。圖書寮的《通典》和前田家的《重廣會史》應該也都是文禄時帶回來的東西吧。這兩種書上都有'高麗國十四葉辛巳歲藏書大宋建中靖國元年大遼乾統元年'之印。

---

① ［元］脱脱等：《宋史》，第5297頁。

我國其他有些書籍上面也有同樣的印。這成爲了古板研究的一條判斷准則。"[①]讀至此語,頗感吃驚,論及以侵略方式掠奪典册,内藤氏如此淡然,甚爾小有自得之意,日軍侵華時掠去典籍亦復不少,於日本學術界使用此類典籍時,或亦如是。然暫勿論此,其所推測此書之傳播途徑或合於事實。

昭和二年始,前田氏將其以珂羅版付印出版。張元濟得其所贈半部,張回信示謝云:"謹復者,前月奉到昭和二年九月大函,敬悉前田侯爵克繩祖武,加惠士林,慨出珍藏,影印行世,並頒到《重廣會史》上帙一部,開緘展誦,知是書刊印迄今已閲八百餘載,在敝國久經亡佚,今得藉貴國鼎力,得以復見於世,盛德大業,欽仰無窮。寵貺遥頒,莫名感謝。"[②]

另:關於此書之影印日期,國内各書所録均云昭和三年,實不確。查其書兩函各十册,即分兩次進行,上函版權頁標云"昭和二年九月二日印刷,昭和二年九月七日發行,尊經閣叢刊丁卯歲配本",下函則標"昭和三年一月十二日印刷,昭和三年一月二十日發行,尊經閣叢刊戊辰歲配本",知二函非同年印出者。

【影印・整理】

《重廣會史》,中華書局 1985 年影印本。

周延良《重廣會史箋證》,齊魯書社 2010 年版。

【公藏】

中國:所存較多,不備録。

日本:所存較多,不備録。

事林廣記九十四卷

【敘録】

《新編群書類要事林廣記》十集九十四卷,宋陳元靚編,日本元禄十二年(1699)京都今井七郎兵衛、中野五郎左衛門刊本。大本十册。扉頁書名右署"西穎陳元靚編",左署"洛陽書肆鐫行"。前有"貞亨元年六月遯庵

---

① 〔日〕内藤湖南:《説宋元板》,參其《東洋文化史研究》,林曉光譯,上海:復旦大學出版社,2016 年,第 98 頁。

② 《張元濟全集》第 10 卷,上海:商務印書館,2010 年,第 465 頁。

由的序”,序末有“遯庵”陰文方印。目録前署書名爲“新編纂圖增類群書類要事林廣記”,署“西穎陳元靚編”;目録之末有“泰定乙丑仲冬增補”之牌記。卷端則署名爲“新編群書類要事林廣記”。正文四周單邊,下黑口,單綫魚尾,版心陰刻甲、乙等集名,無界行,半葉十四行,行二十四至二十六字,有返送。全書之末有“元禄十二姑洗日,中野五郎左衛門、今井七郎兵衛板行”字樣。

【考證】

《事林廣記》一書存世元刊本有三種五部,明刊本七種十一部①,然均與和本不同,如中華書局 1963 年影印元至順間建安椿莊書院刊本即爲四十二卷本(《續修四庫全書》所收與此同),而此和刻本之底本爲元泰定二年(1325)刊本,達十集九十四卷。當然,元刊本與和本之卷數並非一一對應,故此和本之九十四卷僅較元本多十數卷,仍屬較爲完整之本,中華書局 1999 年影印本即以此和本補足,故楊守敬稱其“雖爲日人重翻,尚不失元刊之舊,可喜也”②。其書目録之末有長方形牌記云:“此書因印匠漏失版面,已致有誤。君子今再命工修補,外新增添六十餘面,以廣其傳。收書君子幸垂鑒焉。泰定乙丑仲冬增補。”則知此書底本爲元泰定二年所補刊者。

其書所引材料極富,爲後世所重,如其丁集卷四之琴曲,即爲收入《琴曲集成》之中。

【影印・整理】

〔日〕長澤規矩也《和刻本類書集成》第一輯。

中華書局 1999 年影印本。

金程宇《和刻本中國古逸書叢刊》。

閆艳整理《事林廣記》,齊魯書社待出。

【公藏】

中國:科學。

日本:立命館大學、東洋文庫、宮内廳書陵部、市立米澤、神外大、新瀉大、京大文、宮城縣圖、東大東文研、京大人文研東方、國會、阪大總、京大文、東大總、愛媛大、山口大、東北大、宮城教育大学、三康。

---

① 參王珂:《〈事林廣記〉版本考略》,《南京師範大學文學院學報》,2016 年第 2 期。

② [清]楊守敬撰,張雷校點:《日本訪書志》,第 194 頁。

書叙指南二十卷

【叙録】

《書叙指南》二十卷,宋任廣編,日本慶安二年(1649)中野小左衛門刊本。大本八册。前有"嘉靖六年八月吉旦賜進士敕巡按山西監察御史吴興沈松"《書指南序》,次"萬曆丙申春季望日賜進士第中順大夫知鎮江襄陽兩府永嘉王繼明"《重刊書叙指南序》。卷端題"浚水任廣德儉甫編次,猗頓後學喬應甲重校",目録分元、亨、利、貞爲四集,每集分五卷,合爲二十卷。正文四周文武邊,白口,單魚尾,無界行,半葉九行,行十九字,注小字雙行同,有返送。末有"慶安己丑春三月日善齋把筆於南州"跋。後有蓮臺形牌記,中刻"慶安二稔季春吉旦中野小左衛門開板"字様。

【考證】

《書叙指南》一書宋代當有刊本,尤袤《遂初堂書目》、晁公武《郡齋讀書志》及陳振孫《直齋書録解題》均曾著録,然《四庫全書總目》云:"其書初刊於靖康中,版旋被毁。有俞氏者,携舊本南渡,其後輾轉傳寫,多非完帙。至國朝康熙初,金券得韓氏所藏本,繕録未竟,而券歿,反並原本第十卷佚之。雍正三年,金匯得不全宋本,適尚存第十卷,乃重爲抄補刊刻,而此書復完。蓋若隱若顯幾五六百年,其不亡者幸也。"①金匯刻本較此和本晚七十餘載。然四庫館臣所述亦不確,據《中國古籍總目》所録,尚存嘉靖六年(1527)沈松刻本及嘉靖三十七年(1558)柴縏白石書屋刻本,各有多處館藏②,唯《總目》誤以沈刻本爲十二卷,又將柴刻本歸於此十二卷本之下,另列柴氏增訂本二十卷,或臆以十二卷當即原本,二十卷爲增訂而得者,實沈刻本爲二十卷本,柴本雖云增訂,然唯將個别卷帙合併,故得十二卷,其合併之時删減數條,如卷二對應沈本卷三即少"産乳保育""宗族服屬"(上、下)三條;尤要者,其各條亦均有節略,實已非任書原貌矣。黄丕烈曾收得嘉靖三十七年本,因未見嘉靖六年本與之比勘,故對其書頗有疑惑③,然其書雖非《總目》所云"若隱若顯幾五六百年",但確稱罕見之書。

---

① 魏小虎彙訂:《四庫全書總目彙訂》,第4226頁。
② 《中國古籍總目·子部》,第2051頁。
③ [清]黄丕烈撰,余鳴鴻、占旭東點校:《黄丕烈藏書題跋集》,第306頁。

據此和本,除嘉靖二刻外,尚有萬曆二十四年(1596)王繼明序、喬應甲校之重刻本。然此萬曆本今似未存。楊守敬於《日本訪書志》中載有"明萬曆刊本"①,然楊氏諸書目中均未録此本,今之國圖、臺北故博、臺北"國圖"等亦均未見蹤跡,臺北故博存有楊氏舊藏之慶安本,且有楊氏手書題識,頗疑楊氏未得萬曆刊本,僅得此和本,據和本追溯,當有萬曆之本,故據之作跋也。據此和本前有嘉靖六年沈松序,知其底本萬曆本當據沈刻本而來,且和本雖行款稍改,字體却與沈本亦極似。故若萬曆本無存,此和本當充萬曆本幻形存世之證。長澤氏於《和刻本類書集成》中收入此本,於題解中云:"亨集第五十五葉下第二行注末之'印'字,如據明版似乎作'呢',因知和刻本是意外地可貴的版本。"②然明本此处作"呪",和本作"印",实是误字。

【影印・整理】

〔日〕長澤規矩也《和刻本類書集成》第一輯。

【公藏】

中國:北大、華東師大、湖北、南京。

日本:前田育德會、關大、宮内廳書陵部、東京都立中央、新瀉大、宮城縣圖、九大、京大人文研東方、市立米澤、高知大、東北大、島根縣圖、實踐女子、國會、蓬左文庫、大阪府立中之島、公文書館、山口大。

增廣事吟料詩韻集大成二卷

【叙録】

《增廣事吟料詩韻集大成》二卷,宋胡繼宗撰,日本五山本。大本二册。總目前署"新增事吟料詩韻集大成",總目標題後有書坊識語。卷端署"廬陵胡繼宗編集,廬陵胡古林重校"。正文左右文武邊,黑口,雙魚尾,有界行,半葉十四行,行字數不等,注小字雙行,無返送。卷末有"洪武甲寅崇文堂新刊"陰文刊記。

---

① 〔清〕楊守敬撰,張雷校點:《日本訪書志》,第189—190頁。

② 〔日〕長澤規矩也編:《和刻本類書集成》,上海:上海古籍出版社,1990年,第一册《解題》第2頁。

【考證】

此書目録前有識語云:"是韻一書兩坊板行久矣,惜乎元本於中七言吟料獨少,使學者往往病焉。今本堂增廣事類七言,隨韻添入,以活套體字散聯加於韻下,精校梓行,以便檢閲。幸鑒。"則知此本或有所增益。然此本國内無存。日本山口大存一部,徑標"洪武七年崇文堂",未知是明本否。陳旭東指此爲"宗文堂",並云"宗文堂是建陽鄭氏書坊堂號,又稱宗文書堂"①。若果如此,則此書頗可補出版史之闕,因據方彦壽云宗文堂"現存刻本大部分刻於明後期",其所舉明前期者僅有所謂正統以前之《書集傳音釋》,弘治、正德間數種②。然據此書則可提前於洪武七年(1374)矣。然此説或誤。因其書末所附之刊記非"宗文堂",而爲"崇文堂",書坊不當於己之堂號亦刻錯。此崇文堂當爲杭州書坊,國圖存有明刊之《鼎鐫出相點板千金記》,卷端書名後署爲"武林崇文堂校梓",或即此書坊也。又王國維亦曾載此書,云其"目録猶仍《禮部韻》之舊","仍不改宋韻面目,蓋猶出南渡末舊帙也",然其録名爲"增廣事類吟料詩韻集大成",與此書有小異,未知有誤字否?且其所標爲元刊之本③,而此顯爲洪武本也。或此即據王氏所録之本翻刻者也。另據川瀨一馬所言,此本僅存公文書館藏本,原爲林羅山舊藏④。

【影印・整理】

無。

【公藏】

中國:無。

日本:公文書館。

---

① 陳旭東:《日本翻刻建本漢籍圖釋》,福州:福建人民出版社,2020 年,第 252 頁。

② 方彦壽:《增訂建陽刻書史》,第 316 頁。

③ 王國維撰,王亮整理:《傳書堂藏書志》,上海:上海古籍出版社,2014 年,第 154 頁。

④ 〔日〕川瀨一馬:《五山版研究》,第 472 頁。

詩學大成三十卷

【叙録】

《聯新事備詩學大成》三十卷，元林楨輯，日本五山本。大本九册。正文左右文武邊或四周文武邊，黑口，雙順魚尾，有界行，半葉十三行，小字雙行二十五字，注小字雙行同，無返送。綱目後及卷一末均有“至正乙未孟春翠巖精舍新刊”刊記，目録末有刊行識語。

【考證】

此書國内有至正九年(1349)建寧路書市劉衡甫刊本，原爲丁丙舊藏，其《善本書室藏書記》卷二十曾著録①，後入藏南京圖書館，現已收入《續修四庫全書》第1221册。各家書目均稱此爲至正九年刊本，而此和本之底本爲至正十五年(1355)翠巖精舍本，似較至正九年本爲晚。實則未然。前者之所以標爲至正九年建寧路書市劉衡甫刊本，全因前有朱文霆“至正己丑首夏”之叙，中有“書市劉衡甫鋟諸梓”云云，然則此爲作序時間，非刊行之時也。且此劉衡甫實爲翠巖精舍劉君佐(號翠巖)之子，彼書前後均未見“翠巖精舍”之標識，此則有之，則此書之底本反爲原本乎？此亦可證之，以此本之前亦有朱文霆之序，書法亦同，知出同源。且南圖所藏之本恰於前引之句下角有殘闕，故學界引此句者往往至此以省略號代之②。細查丁丙所録云：“朱文霆序云：‘三山林君以正鋭於詩者也，嘗擇取古今名公佳句比附於後，比之舊編，於事類則去其泛而益其切者，於詩語則去其未善而增入其善者，名之曰《詩學大成》，書市劉君衡甫鋟諸梓。’”所引亦以剪裁之法恰避開殘闕之處，然有一字原殘，即“名”字，此爲丁氏臆補者，檢和本，則原爲“目”字。此一字無關宏旨，然可知此本序文之闕自丁氏弆藏之時即然。此和本非但序文全而無闕，且其於綱目後及卷一末均有“至正乙未孟春翠巖精舍新刊”刊記，尤要者，目録末有刊行識語云：“舊刊詩學如《大成》繁而且冗，《叢珠》《珍珠囊》等編簡而又略，蓋兩病焉。本堂是編則去諸家之疵，而集諸家之粹，於叙事、故事總名之以事類，摭唐宋名賢佳句而削去重復，采皇元群英警聯而增廣新奇，視前刊實爲明備，敬用鋟梓，以

---

① ［清］丁丙：《善本書室藏書志》，《宋元明清書目題跋叢刊》第九册，第644頁。

② 如方彦壽：《增訂建陽刻書史》所引即如此(第190頁)。

廣其傳。收書君子幸鑒。至正乙未孟春翠巖精舍謹誌。”綜此數端，則此和本之底本當爲翠巖精舍本之初刊，而南圖所藏之所謂至正九年本者，則削去數處刊記，且版面模糊，已如墨豬，即視此和本亦下數等也，當或後人借板重刷者，絶非至正九年原本可知。若無此和本之比證，則尚無證之者。

另，嚴紹璗書目載録宋人毛直方《詩學大成》三十卷，後附云“日本南北朝時期有五山詩僧刊印《聯新事備詩學大成》三十卷”云云，下又列“元至正十五年（1355 年）翠巖精舍刊明印本”①，則或未細檢此五山本，因其書當置下林楨書之末；且下條所録未知何以著爲“明印本”。

【影印・整理】

無。

【公藏】

中國：無。

日本：公文書館、宮城縣圖、積翠軒文庫、東洋文庫、成簣堂文庫、天理圖書館。

氏族大全十卷

【叙録】

《新編排韻增廣事類氏族大全》十卷，元佚名撰，日本五山本。大本六册。正文左右文武邊，黑口，雙順魚尾，有界行，半葉十六行，行二十八字，注小字雙行同，無返送。又有元和五年（1619）古活字印本，四周文武邊，雙對花魚尾，半葉十三行，行二十四字，注小字雙行同，餘均同前本，全書之末有“元和五紀年九月日”字樣。

【考證】

楊守敬曾得此書，並於《日本訪書志》中載之，云：“書中所引事，殆宋末元人所編，與《四庫》著録本體例皆同。惟彼以‘十干’分集，每一集爲二卷，末二卷爲複姓，合二十二卷。此亦以‘十干’分集，而每‘干’爲一卷，複姓一卷爲《癸集》，不別出，未知誰爲原書。每半版十六行，行二十八字。

---

① 嚴紹璗：《日藏漢籍善本書録》，第 1046 頁。

鐫刻精好，的是從元本出。相傳日本應永年間所刻，謂之五山版。‘五山’者，佛寺所建之地名也。”①楊氏未確定其作者時代，故將其置於宋陳元靚《事林廣記》之前（楊氏以陳爲元人）。陸心源則云：“《癸集》末‘夾谷’姓下注曰‘大金支裔’，其爲元人所撰無疑。”②所言極是。陸氏曾藏元麻沙本，爲每葉三十行者，其書已入静嘉堂文庫矣。然此書則整葉爲三十二行者，其底本與陸氏舊藏不同。據川瀬一馬著録，此初印本無刊記，然後印本則於卷末補“明德癸酉八月開板”字樣③，則此五山本刊於應用之前。

【影印・整理】

《日本五山版漢籍善本集刊》影印本。

【公藏】

中國：無。

日本：公文書館、國會、大東急紀念文庫、成簣堂文庫、東洋文庫、穗久彌文庫（以上五山本），慶應大、國會、東洋文庫、大阪府立中之島、市立米澤（以上元和本）。

氏族大全十卷、增補皇明人文一卷

【叙録】

《新編排韻增廣事類氏族大全・增補皇明人文》十一卷，元佚名撰，明張溥訂正，日本江户風月堂莊左衛門據崇禎中陳氏積善堂刊本刊。大本十一册。卷端署“太倉天如張溥訂正，潭陽玉我陳國旺繡梓”。正文四周文武邊，上下黑口，雙對魚尾，無界行，半葉十三行，行二十四字，有返點。末有署“譚陽陳國旺玉我氏謹白”之跋。

【考證】

此書據《中國古籍總目》載，臺圖存有“精刻張翰林重訂京本排韻增廣事類氏族大全”二十八卷，題“張溥訂正”，署“崇禎五年書林潭陽陳國旺積

① ［清］楊守敬撰，張雷校點：《日本訪書志》，第193頁。
② ［清］陸心源著，馮惠民整理：《儀顧堂書目題跋彙編》，第405頁。
③ ［日］川瀬一馬：《五山版研究》，第473頁。

善堂刻本”①,日本公文書館、蓬左文庫、市立米澤三家亦藏有此本。然此和本共十一卷,且末有增補一卷,此爲二十八卷,末無增補,或仍非一本。王重民《中國善本書提要》録美國國會所藏此本,指其“所謂張溥重訂者,當爲陳氏所託也”,又云“萬曆三十七年陳氏積善堂刻本,已將所增《皇明人文》,散附各韻之後;此本猶未合併,則玉我所據,尚爲舊本”②。

【影印・整理】

無。

【公藏】

中國:無。

日本:東洋文庫、東大東文研、東京都立中央、宮内廳書陵部、愛知大、東北大、國會。

君臣故事三卷

【敘録】

《分類合璧圖像句解君臣故事》三卷,元佚名撰,日本寬文二年(1662)跋上田甚兵衛刊本。大本三册。目録署“圖像合壁君臣故事句解”,目録末有鐘形牌記,中書“椎善書堂”四字;下有圓圈刊記,中書“四明楊氏”字樣;下有鼎形牌記,中書“伯肇”二字。正文四周單邊,白口,單魚尾,無界行,每葉上三分之一爲圖像,下爲文字,文字部分半葉十行,行十四字,注小字雙行同。末有“寬文壬子五月甲子奥陽後學自耕邃涉謹誌”之跋,又有延寶本及元禄本,各於跋後署“延寶二甲寅年九月吉日”“元禄二年九月吉日”字樣。

【考證】

此書國内未見,僅《晁氏寶文堂書目》中有載,上海古籍出版社排印本

---

① 《中國古籍總目・史部》,第1007頁。
② 王重民:《中國善本書提要》,第366頁。

録名爲《全璧君臣故事》[1],然有誤字,據明鈔本,當作"金璧君臣故事"[2],雖有"金璧"及"故事"字樣,然與下文所録之明人鄭以偉《金璧故事》並無關係。另據和本可推知,《寶文堂書目》所載之"金"字或當爲"合"字之訛。

日本另有五山版,據川瀨一馬著録,五山版與此本之異爲共有二卷,左右雙邊,半葉十行,行十一字;然其上圖下文之版式及目録後三處牌記則全同[3],故江户本當據五山版翻刻而稍有更動。

【影印・整理】

〔日〕長澤規矩也《和刻本類書集成》第三輯。

【公藏】

中國:無。

日本:尊經閣文庫、東洋文庫、阿波國文庫、三井家舊藏、大英博物館(以上五山版),山口大、公文書館、國會、早稻田、島根縣圖(以上江户本)。

故事成語考二卷

【叙録】

《故事成語考》二卷,傳爲明丘濬撰,日本天和二年(1682)跋刊本。中本二册。扉頁書名署爲"幼學須知必讀成語考",板框上横題"瓊山先生彙纂"。前有"天和辛酉季冬之月下浣,洛陽後學荒川秀題"《故事成語考序》,次"天和壬戌六月上浣後學中島義方謹跋"之序。卷端署"新鐫詳解丘瓊山故事必讀成語考",次行署"雲間盧元昌文子補著"。正文四周單邊,白口,無魚尾,無界行,半葉九行,分上下欄,上欄小字雙行,行八字;下欄正文大字,行十九字。末有"長尾平兵衛板行"字樣。

【考證】

此書國内未見。雖或爲僞托丘氏之書,然亦當爲明代書坊所爲。加之有所謂盧元昌之補注。盧氏非虚構之人,《清詩别裁集》曾收其詩作,其人

---

① [明]晁瑮:《晁氏寶文堂書目》,第88頁。
② [明]晁瑮:《晁氏寶文堂書目》,《宋元明清書目題跋叢刊》第四册,第649頁。
③ 〔日〕川瀨一馬:《五山版研究》,第467頁。

曾著《杜詩闡》,故其生平亦可知。《杜集叙録》載:“盧元昌(1616—1693後),字文子,號觀堂。華亭人。明諸生,爲几社名士。崇禎十五年(1642)與彭賓、王廣心、顧大申等在華亭舉贈言社。康熙七年(1668),與顧景顯、周茂源、董含、董俞等會沈麟洞莖草堂。十九年遊武林還,作《年譜引》,自述家世。”①後述其著述甚備,然無此書,知此書於國内久佚也。

【影印・整理】

〔日〕長澤規矩也《和刻本類書集成》第四輯。

【公藏】

中國:華師大、南京。
日本:所存甚多,不備録。

故事雕龍二卷

【叙録】

《故事雕龍》二卷,題丘濬編,日本享保十年(1725)京都寺町升屋孫兵衛刊本。中本一册。扉頁題“丘瓊山先生彙纂”,並署“平安仰山堂藏板”,書名之左有識語云:“此書原本係華人寫本,補缺正訛,略得就緒。《氏族篇》内疑逸其半,無複副本可校。四方君子其諒諸。”前有“享保乙巳歲仲春伊藤長胤序”之《故事雕龍序》。正文四周單邊,白口,無魚尾,無界行,半葉八行,行十八字,小字雙行二十四字。末有“享保十年乙巳九月日,京寺町佛光寺上町升屋孫兵衛發行”字樣。

【考證】

此書分兩卷,卷上爲經傳、道學、性學、諸史、諸子、博學、字學、勤學、書法九門,下卷爲遇合、困厄、安貧、觀人、見幾、威儀、廉潔、崇儉、殖業、報德、知己、篤議、貞烈、時隱、身隱、歌舞、畫師、氏族十八門。每門均爲一文,概述此部類之重要事實,除正文外,又有小字注,引述事實,故可爲作文之助。

其書國内非但無存本,且古代文獻中亦無載録。李焯然《丘濬評傳》一書末附《丘濬著述考》,收丘氏著作三十四種,然僅録《故事必讀成語

---

① 張忠綱、趙睿才、孫微等編著:《杜集叙録》,濟南:齊魯書社,2008年,第264頁。

考》，雖亦提及此書，然不過敘録前書時偶及而已，其云："另有 1726 年日本刊本，題爲《新刻丘瓊山故事雕龍》。"① 並注其資料來源爲《内閣文庫漢籍分類目録》。可知其未見原書，誤淆二書（其書爲 2005 年出版，《和刻本類書集成》二十五年前即已出版，或許作者未能閲及）。

此書是爲僞托或無疑，然其亦或首刻即在日本，國内很可能從未付刻過。

其書前伊藤長胤序云："近者，平安書鋪仰山堂携《故事雕龍》來，題云明丘文莊著……雖無復序引之可徵其出文莊之手，可想也。"似其亦未能確定此本來歷是否可靠。尤要者，其書扉頁識語云："此書原本係華人寫本，補缺正訛，略得就緒。《氏族篇》内疑逸其半，無複副本可校。四方君子其諒諸。"從此則識語可見，其據以刊刻者並非刻本，而爲"華人寫本"，且有殘缺。故僞托之可能性更大，此所言"僞托"必爲中國人所爲，一者識語已明言爲"華人寫本"，一者細閲正文亦可明了，加之其底本爲"寫本"，則或國内並無刻本行世。

【影印・整理】

〔日〕長澤規矩也《和刻本類書集成》第四輯。

【公藏】

中國：南京、遼寧。

日本：龍野歷史文化資料館、東北大、公文書館、山口大、九大、東大總、東京都立中央。

日記故事大全七卷

【叙録】

《日記故事大全》七卷，明張瑞圖校，日本寬文九年（1669）中尾市郎兵衛刊本。扉頁有"忠恕堂詹敬菊梓"字樣。卷端署"温陵張瑞圖校"。大本五册。正文卷一板框分兩欄，上圖下文，文字部份半葉十一行，行十六字；後六卷則每卷兩幅整頁大圖，四周單邊，半葉九行，行十九字。黑口，雙對魚尾。末有荷葉牌記，中題"皇明萬曆新歲劉龍田精梓行"，側題"寬文九

① 李焯然：《丘濬評傳》，南京：南京大學出版社，2005 年，第 296 頁。按：引文云"1726"，誤。

己酉歲初春吉辰日中尾市郎後衛板行”。

【考證】

《日記故事大全》爲明人張瑞圖據元人虞韶《小學日記故事》增訂補注而成者,元人原書現雖不存,然明代嘉靖時便有數刻,如熊大木嘉靖二十一年(1542)所刊九卷本(鄭振鐸將此收入《中國古代版畫叢刊》),題爲“勵耕老農編”二卷本等,入清後又有王相增注本行世。前有源,後有流,與《故事雕龍》之孤行於世大異。然張瑞圖本又頗有特點,一方面增補與增注頗爲得當,首卷爲二十四孝,後六卷則分門別類,每類録故事若干,每則故事取一四字標題,所録故事多爲歷史上著名典故,故頗實用;首卷采用上圖下文樣式,此後六卷則每卷兩幅整頁大圖,此種版式安排頗爲特别。其書於晚明多次刊行,如據長澤規矩也爲此書所寫解題可知,僅長澤氏收藏即有明陳振昆刊本、明末楊玉琳刊本與明末“六刻日記故事”本三種,寬文九年中尾市郎兵衛和刻本又注明覆刊明萬曆劉龍田刊本,則明末至少刊行四次,惜此劉龍田本國内未見。劉龍田爲明萬曆間建陽之名肆,出版典籍甚多。然於此書,則僅可據和本得曾刻此一種①。此書所署“忠恕堂詹敬菊”未知何人,或劉龍田刻此書,乃襲用詹氏書板。

此寬文本並非僅止於翻刻,且爲忠實精細之覆刻本,不僅覆刻正文,連同卷一每頁小圖與其後整頁大圖均加摹刻,故劉龍田本雖已佚,却可藉此本當窺其原貌。此寬文本刊行後,元禄年間又有後印本;天保四年(1833)、明治十三年(1880)、十四年(1881)、十六年(1883)分别有新刊本行世,然此寬文本却頗爲罕見。

【影印・整理】

〔日〕長澤規矩也《和刻本類書集成》第三輯。

【公藏】

中國:無。

日本:國會、東北大、蓬左文庫、東京都市立中央、市立米澤。

---

① 方彦壽:《福建歷代刻書家考略》,第303頁。

金璧故事五卷

【叙録】

《新鋟鄭翰林類校金璧故事》五卷,明鄭以偉校輯,明鍾台子音釋,日本江户時期據明萬曆三十年(1602)書林黄正慈集義堂刻本重刻本。大本五册。扉頁上横題"鄭翰林藏板",書名"類校金璧故事",下有識語云:"故事云者,古人之成跡,寔後學之準則也。本堂珍重校梓,自與坊間諸本大懸絶矣。書賈君子,請詳諸。集義堂黄直齋識。"卷端題"新鋟鄭翰林類校注釋金璧故事",署"會魁如蓮鄭以偉閲輯,秇林直齋黄正慈梓行"(卷四中多"儒林水雲鍾台子音釋"一行)。正文四周文武邊,黑口,雙對魚尾,無界行,半葉九行,行二十二字,小字雙行同。末有荷葉形牌記,中書"萬曆□□歲冬月集義堂直齋刊行"。

【考證】

四庫館臣采集天下之書時,當徵集到《金璧故事》一種,據《翁方綱纂四庫提要稿》云:"《金璧故事》八卷,前題云'修山林景平編集',並有'大字音注詳明鰲頭'云云之目。書分上下格,雜綴故事,上方並雜以繡像。是訓蒙之坊本,無足采取。不應存目。"①知此書爲館臣所棄,非但未能名列《四庫全書》之中,亦未能躋身於存目而得"提要"齒及之幸。故此所謂"林景平編集"之八卷本現已佚失。國内現存之《金璧故事》唯有國圖所藏吴國倫校釋,鄭世魁梓行之《新鐫京板國像音釋金璧故事大成》十卷②及萬曆二十一年(1593)吴宗札校增,鄭雲竹刊行之《鼎梓校增評釋五倫金璧故事大全》十卷(後者《總目》未録),此二種之刊行者鄭世魁號雲齋,鄭雲竹名世豪,爲兄弟行(參前《草書要領》條)。又香港中文大學圖書館又藏明徐會瀛輯萬曆元年閩建書林羅永正刻本。然此和刻本却署"鄭以偉",且爲五卷本,與前數種皆不同。另此鄭以偉未知其詳,鄭氏家族於"世"字輩後即"以"字輩,前亦曾引及鄭以祺與鄭以禎二人,故此鄭以偉或亦鄭以禎兄弟行。

---

① [清]翁方綱撰,吴格整理:《翁方綱纂四庫提要稿》,上海:上海科學技術文獻出版社,2005年,第482頁。

② 《中國古籍總目·子部》,第2006頁。

刊行此書之書肆集義堂，當爲建陽書坊。方彦壽《建陽刻書史》曾引此書云："萬曆間(1573 — 1619)，刻印明鄭以偉輯《新鋟鄭翰林類校注釋金璧故事》五卷，也是一部類書，題集義堂黄直齋刊。今存日本翻刻明萬曆間集義堂黄直齋刊本。"又云："現存於國家圖書館的明萬曆刊本，《新鏽京板全補源流引蒙登龍會海對類》三十卷，是一部類書，撰者佚名，題黄正慈集義堂刊。刻書家黄正慈與黄直齋是否同一人，因無其他材料證明，難以確定。"①知方氏未目驗此和本（上海古籍出版社已將長澤氏《和刻本類書集成》影印出版），因此書前有"集義堂黄直齋"識語，卷端又署"秇林直齋黄正慈梓行"，則可確證其爲一人。實據前述之《會海對類》卷端所署"建邑黄氏集義堂繡梓，書林直齋黄正慈刊行"，亦可知其爲一人。又，方氏《福建歷代刻書家考略》未録此人，未知何故。實此人刻書甚多，除前及二種外，日本山梨縣圖存明刊"黄氏集義堂"《四明先生續資治通鑑節要》，公文書館存萬曆四十年"黄氏集義堂"《新刻紫溪蘇先生删補綱鑑論策題旨紀要》二十卷，東大東文研藏萬曆三十二年"黄氏集義堂"《重刻聯對便蒙圖像七寶故事大全》二十卷，又有九州大學藏萬曆元年"黄智宇集義堂"《麻衣相法正宗》四卷，東京大學東洋文化研究所萬曆三十二年"黄次白集義堂"《新刻聯對便蒙圖像七寶故事大全》二十卷，蓬左文庫藏萬曆中"建邑集義堂"《詩經集註》八卷，東北大學圖書館藏萬曆間集義堂《新鍥李九我註釋名公分類書東鴻雁傳音紫燕泥金捷錦》六卷。

此書體制頗純，無其他通俗類書蕪雜之弊。全書五卷，共二百七十則故事，均用七言句爲標目，頗類於《青瑣高議》《緑窗新話》與《綉谷春容》②，然又有不同：此書七言目基因多源於詩。細檢可知，所有標目均二句一韵，每四韵八句一换韵，少數兩韵四句即换韵。就四韵一换觀之，頗類《春江花月夜》或《長恨歌》之樂府或歌行，然後者大抵轉韵之第一句亦多入韵，以便前後鈎連，此則否，故换韻處頗生硬；就其全爲偶數句入韵且通篇大致對仗、合律言之，又頗類排律，然又不一韵到底。故頗似多首七律之集合。例如目録中前八句云："春來欲寄梅花信，雪下誰吟柳絮詩。池草又生靈運夢，閣下何人對紫薇。省中有客看紅藥，江蒓曾動季鷹思。湘竹斑成悲泪染，海棠睡起醉魂歸。"似有幾句不暢，查正文方知目録有二條顛倒，"閣下何人對紫薇"當與"江蒓曾動季鷹思"句互换。與國内所存另二種《金璧故事》相較，内容多同，唯卷次互易，當爲書坊故伎耳，此亦書首識語

① 方彦壽：《建陽刻書史》，北京：中國社會出版社，2003 年，第 348 頁。

② 李小龍：《中國古典小説回目研究》曾論及之，參北京大學出版社 2012 年版，第 142—143 頁。

中云“自與坊間諸本大懸絶矣”之意。

【影印・整理】

〔日〕長澤規矩也《和刻本類書集成》第三輯。

《明代通俗日用類書集刊》,西南師範大學出版社 2011 年版。

金程宇《和刻本中國古逸書叢刊》

【公藏】

中國:華東師大。

日本:實踐女子、前田育德會、東北大、公文書館、國會。

勸懲故事八卷

【叙録】

《全一道人勸懲故事》八卷,明汪廷訥輯,日本寬文九年(1669)中尾市郎兵衛刊本。大本八册。扉頁書名右署“無無居士輯著”,左下署“高士里藏板”。前有“新都全一道人汪廷訥著”之序。卷端署“明新都無如汪廷訥昌朝父編輯”。正文四周單邊,白口,單黑魚尾,有界行,半葉十行,行二十字,有返點。末有“寬文九己酉藏林鐘吉辰中尾市郎兵衛開板”。

【考證】

此書爲明人汪廷訥所輯,汪氏爲戲曲家,有劇作多種傳世,此外亦有《坐隱先生集》《人鏡陽秋》等書傳世①。周蕪《徽派版畫史論集》曾載《人鏡陽秋》云:“《人鏡陽秋》二十二卷,萬曆三十八年環翠堂刊本。插圖爲汪耕畫、黄應組刻,圖依汪氏輯歷史人物故實,每事一圖,極爲豐富。圖爲雙面大版,左右連式,框高二三・三公分,闊三一・四公分,極爲宏偉,論者以其爲徽派版畫代表。此外日本寬文九年(1669)翻刻本題《全一道人勸懲故事》,近年日本長澤規矩(也)編《和刻本類書集成》收爲縮小影本,爲《人鏡陽秋》同類書。”②此語似以《勸懲故事》爲《人鏡陽秋》改名之書,然細查二書,全無關聯。《人鏡陽秋》二十二卷,全書分忠、孝、節、義四部,每部之

---

① 參郭英德:《明清傳奇綜録》,石家莊:河北教育出版社,1997 年,第 231—232 頁。

② 周蕪:《徽派版畫史論集》,合肥:安徽人民出版社,1984 年,第 16 頁。

下各分若干類，如忠部下分勳猷類、戰伐類、諫諍類、奉使類、致命類等五類，共二十二類，類爲一卷。卷一以伯禹開端；而《勸懲故事》則爲八卷，以孝、弟、忠、信、禮、義、廉、耻爲類，以閔子騫開端。此書名中有"全一道人"，即汪氏之號，又署"無無居士輯著"者，此爲南京禮部侍郎楊起元爲汪所取之號；又署"高士里藏板"，汪氏曾"在家鄉松蘿山下大興土木，修建坐隱園和環翠堂……自設印書局發行家刻本，將住地改名高士里"①：則確爲其人所輯刻。然此書非但國内無存，即文獻中亦無蹤影，且檢閱日本所存，亦無明本。故此和本極爲珍貴。

【影印・整理】

〔日〕長澤規矩也《和刻本類書集成》第三輯。

【公藏】

中國：無。

日本：東北大、愛知大、國會、關大、宮内廳書陵部。

純正蒙求三卷

【叙録】

《純正蒙求》三卷，元胡炳文著，日本文化元年(1804)江户昌平坂學問所官板本。大本三册。前有"嘉靖辛卯長至日後學潘滋拜書"之《純正蒙求序》，次"同邑吴逌齋"《胡雲峰小學蒙求序》。正文左右文武邊，白口，無魚尾，有界行，半葉九行，行二十一字。末有"嘉靖十有六年三月既望後學婺源潘潢謹書於筠州行省"之跋。

【考證】

中國古籍至乾隆時修《四庫全書》，可稱一大厄，徵集天下之舊家皮藏，汗牛充棟，彙於京師，然終能入《四庫總目》者寥寥，而又抄入《四庫全書》，百不存一。置存目者即今已多湮没，况未入存目者乎！然亦有入《四庫全書》而仍忽忽若存若亡者，如《純正蒙求》一書。此書館臣評價尚可："《蒙求》自李瀚以下，仿其體者數家，大抵雜采經傳事實，隸以韻語，以便

① 徐朔方：《晚明曲家年譜》第三册《贛皖卷》，杭州：浙江古籍出版社，1993年，第506頁。

童子之記誦。然多以對偶求工,不盡有關於法戒。炳文是書,則集古嘉言善行,各以四字屬對成文,而自注其出處於下。所載皆有裨幼學之事,以視餖飣割裂,僅供口耳者,於啓導較爲切近。"其間雖亦指摘其"漏落甚多""分隸亦未能悉允",然仍云:"養蒙之教,取其顯明易曉,不貴以淹博相高。此書循諷吟哦,以資感發,與朱子《小學·外篇》足相表裏,固未可以淺近廢也。"①然即便如此,此書仍幾於失傳。查慎行《得樹樓雜鈔》卷六云:"向在京師,有以宋王逢原《十七史蒙求》刻本見示者……其後姑汾王涿有《次韵蒙求》一書,元胡炳文有《純正蒙求》,文天佑爲序;交城吴庭秀亦有《蒙求》止於史書中取之,諸所偶儷必事類相附,元裕之爲作序,且言逢原既以十七史命篇,而間用《吕氏春秋》《三輔决録》《華陽國志》《江南野史》,謂之史可乎?今李瀚、王涿、胡炳文、吴庭秀四家所撰,世無能舉其名者,而逢原書獨傳。"②即此可知,查氏或未見原書,或彼時此書已極稀。目前國内所存,據《中國古籍善本書目》所録,僅得二本,一爲嘉靖十年(1531)刻本,書藏吉林大學圖書館,二標爲"明刻本",有丁丙跋,藏南京圖書館③。《中國古籍總目》則未收此二本,當爲漏收,因此前《第三批國家珍貴古籍名録》已收嘉靖本;《中國古籍總目》另收叢書之本二,一即《四庫全書》本,一爲清光緒二年(1876)蔡學蘇編刻《三余書屋叢書五種》。南京所藏爲丁丙藏書,丁氏《善本書室藏書志》卷二十有叙録云:"《純正蒙求》三卷(明刊本,曹楝亭藏書),新安胡炳文撰。雲峰先生以李瀚《蒙求》多以對偶求工,不盡有關法戒,因別爲是書。上卷叙設教明倫,中卷叙立身行己,下卷叙接人待物。每卷一百二十句,並自爲之注。前有廬山文天佑、同邑吴履齋、嘉靖辛卯後學蘇滋等序,後跋闕名。有'楝亭曹氏藏書'及'長白敷槎氏堇齋昌齡圖書印'。"④知其原爲曹寅及其外甥富察昌齡所藏。此嘉靖辛卯即嘉靖十年,知與吉林大學所藏當爲同版。國内單行之本,僅只此數。

然於日本則別有光景。自此文化元年官板之本刊行後,翻刻、校正、箋注、集釋之本如雨後春笋,無慮數十種。將文化本與前述嘉靖本相較,似大同而又微異:日本刻本前有"嘉靖辛卯長至日後學潘滋拜書""同邑吴遁齋"之序,"蘇滋"與"潘滋"、"吴履齋"與"吴遁齋"者,未知爲一本刻誤抑或本即不同,若爲後者,則過於巧合,當以前者爲是。然亦有不同處,即嘉

---

① 魏小虎編撰:《四庫全書總目彙訂》,第4253頁。

② [清]查慎行:《得樹樓雜鈔》,《叢書集成續編》第92册,影印,上海:上海書店出版社,1994年,第314頁。

③ 《中國古籍善本書目·子部》,第824—825頁。

④ [清]丁丙:《善本書室藏書志》,《宋元明清書目題跋叢刊》第九册,第644頁。

靖本有廬山文天佑序，和本無之；而和本末有"嘉靖十有六年三月既望後學婺源潘潢謹書於筠州行省"跋，嘉靖本又似無之。再據《第三批國家珍貴古籍名録圖録》書影①，可見其與和本行款幾同，唯彼半葉十行，此和本改爲九行，然每行字數及版式甚或字體，均可覘其翻刊之跡。故較合情理之推測，或此嘉靖十年本之後，又有嘉靖十六年（1537）本，削去文天佑序，而增潘潢跋，其本輾轉入日，爲日人翻刻。此雖推論，然亦可得而證之，官板刊本之末於潘跋之前，"濂溪窗草、伊川柳枝"條注首行之後，少却九行文字，故此條之注僅一行云"宋濂溪周先生窗外草皆不鋤去，曰，與自家意思一"，主持者於此惟有留九行之墨板，而九行恰爲此本之半葉，若其所據底本爲半葉十行之本，則其佚去半葉，此處當失却十行也，即此可知，其所據之底本必半葉九行之本，故非所見嘉靖十年本也。然無論此和本以嘉靖十年本抑或推測已失傳之嘉靖十六年本爲底本翻刻，均甚珍貴，因即嘉靖十年本亦極罕見，莫友芝、傅增湘諸藏書名家亦均未著録也。

此後和本雖多，然皆自文化本出，有一種稍改行款，爲半葉十行，行二十字者，雖每行字數較前本少一字，然因其注文不似前本之低一格排，而爲頂格，故其每行起訖仍與前本同，於其後之半葉墨板亦原樣照刻。明治十五年（1882）近藤元粹箋本補完此條之注，即以"右一百二十句叙修身愛物之事"，末附潘跋，並注云"此篇本屬跋文，而舊本缺前數行，今姑依舊，以待他日得善本補之"，此種處理遮蔽原本之誤，實不妥，因此條後，其書正文尚有"凡玆故事，純歸於正。用訓童蒙，養其德性。久久安習，蒙可作聖"數句，且末之總括亦爲"右一百二十句叙待人接物之事"者。

《四庫全書》前有文序及吴序，文序云"時維丙戌孟夏十有八日廬山文天佑書於星源客舍"，此當爲至元二十三年（1286），此文天佑即文天祥之從兄。《新安文獻志》卷八六有方回所撰《饒州路治中汪公元圭墓誌銘》，中云"十五年江東道提刑按察副使奥屯行部興學，公大喜，延名進士九江文天佑主文衡"②，此爲至元十五年（1278），又知汪氏建書院在至元二十四年（1287），故此"丙戌"爲至元二十三年也。又據《四庫全書》本所附，吴序所署確爲"遁齋"，知前舉丁丙筆誤，反以和本爲是。又可證丁氏所載之"蘇滋"當亦誤。潘滋實有其人，南京圖書館藏宋許月卿《山屋百官箴》六卷即有明嘉靖十四年（1535）潘滋刻本，或即其人。且此作序之潘滋或與作跋之潘潢爲兄弟行，潘潢其人史有載録，《國朝獻徵録》卷四十二即云："南京

① 《第三批國家珍貴古籍名録圖録》第五册，北京：國家圖書館出版社，2012 年，第 183 頁。

② ［明］程敏政：《新安文獻志》，《景印文淵閣四庫全書》第 1376 册，第 396 頁。

兵部尚書潘潢,直隸婺源人,舉進士,由知縣擢户部主事,尋改禮部。與修明倫大典,復改吏部,擢禮部郎中,歷福建提學副使,累遷吏部左侍郎,户部尚書,調南京工部,尋改南京兵部,致仕,嘉靖三十四年十月卒,賜祭葬如例。潢有文學,行誼修飭,士論重之。"①此證終不能確,實最力之證即在潘序中,其序末云:"然先生之《蒙求》猶藏爲胡氏之私物,非闕典與?予弟潢入閩也,從三舅宗器氏得善本以行,乃命刻於建陽書窟,而附以予之謬説。"

【影印・整理】

無。

【公藏】

中國:北大、遼寧、南開、國圖。

日本:所存甚多,不備録。

標類蒙求一卷

【叙録】

《新刊音釋校正標類蒙求》一卷,明李廷機撰,日本寬永二十年(1643)風月宗智覆明刊本。大本一册。卷首有"朱子訓蒙"圖,首行題"新刊音釋校正標類蒙求",次行署"翰林九我李廷機校輯"。正文四周雙邊,白口,雙對魚尾,無界行,半葉六行,行八字,小字雙行,行二十字。末署"寬永二拾癸未歲中春吉辰風月宗智刊行"。

【考證】

此書實爲節取前述胡炳文《純正蒙求》之書,胡氏原書共三百六十條,則節一百七十六條,約原書之半。然此書國内全無著録,亦無引述之跡,固已完全泯滅也。即此和本觀之,必當翻刻自某一明版無疑,一者其前題"李廷機"校輯,此必僞托,然亦爲晚明書肆之風氣;二者前有"朱子訓蒙"圖,此圖頗有晚明版畫之風。

① [明]焦竑:《國朝獻徵録》,《續修四庫全書》第527册,第252頁。

【影印・整理】

金程宇《和刻本中國古逸書叢刊》。

【公藏】

中國:北大、大連。

日本:實踐女子、東北大、新瀉大、阪大總、國會、東大總、廣島市立中央、關大、九大、公文書館、前田育德會。

麗藻八卷

【叙録】

《麗藻》八卷,明鄧志謨撰,安永七年(1778)京都汲古堂河南儀兵衛刊本。大本四册。扉頁書名右爲"翻刻必究"牌記,左署"平安書鋪汲古堂"下有"汲古堂記"陽文方印。前爲"安永三年甲午孟春之日,豐後由儀"序,次由儀所作例言七條,次目録,次舊序二首:一"翰林院編修豫章濟寰鄧士龍"作,一"萬曆癸卯歲孟夏之吉饒安百拙生鄧志謨明甫撰"序。卷端無署名,全書八卷以八音爲序。正文四周單邊,花口,單黑魚尾,有界行:前四卷爲"麗藻",半葉十一行,行二十二字,有返送;後四卷爲"典故",半葉小字雙行,計二十行,行二十三字,無返送。末署"安永七年戊戌九月穀旦,京都烏丸通河南儀兵衛"。末頁有方形朱文"麗藻配本印記"云"版也奇厥報績較讎卒業,迺使肆生先印一百部八百卷,以奉贈長老故人親戚,名曰配本云,謂餽爲配,因俗之語也。紙用中葉,異肆之本也。每部證章認是配本也。時安永七年秋九月之吉,由儀子威甫志於平安寓居寬裕齋中"。

【考證】

鄧志謨爲明末有數之小説家,其作品甚多,亦有多種東播於日,頗受歡迎。據此書前刊刻者之序云:"朱明鄧百拙氏編《鍥注捷録》……迺謀再梓,且有所避,更名《麗藻》。"知此即鄧氏《鍥旁注事類捷録》改名翻刻者。《事類捷録》一書存世頗多,然無八卷本者①。日本實踐女子大學圖書館標此爲"據明萬曆中饒安鄧志謨麗正堂刻本重刻",未知其所據,因和本並無

① 《中國古籍總目・子部》,第2020頁。

相關標識。而國内並無此本。

【影印・整理】

《明清善本小説叢刊》初編第七輯鄧志謨專輯影印本。

【公藏】

中國:清華、北大。

日本:二松學舍、公文書館、新發田市立、市立米澤、東北大、静嘉堂文庫、九大、阪大總、國會、實踐女子、中央大、龍野歷史文化資料館、佐賀縣圖、東大總。

古今類書纂要十二卷

【敘録】

《新刊古今類書纂要》十二卷,明璩崑玉撰,明葉文懋校,日本寛文九年(1669)山形屋刊本。大本十二册。前有"天啓改元清明後一日古鹿城沈際飛天羽父題於芸窗"之《古今類書纂要叙》。卷端署"龍丘璩崑玉朝聘甫纂集,同邑葉文懋汝功甫校閲,金閶錢國焕郁之甫梓行"。正文四周單邊,白口,單黑魚尾,無界行,半葉九行,行十八字,注小字雙行同。末署"寛文己酉歲梓之,書肆山形屋"。享保十四年(1729)又有後印本。

【考證】

據王重民《中國善本書提要》録有二種,均爲國會所藏,二者不同,一爲天啓本,十行小字三十九字,其書有"佐伯文庫""宫崎藏書"等印記,可知從日本得來;另一種爲崇禎刻本,十行三十二字,其所署無錢氏。另沈序改署崇禎七年(1634),並云"版凡再易,字輒勞敝"①,知確爲改版。尤要者,崇禎本名《古今類書纂要增删》,與前《新刊古今類書纂要》不同。王云"持兩本相較,有增有删。如前刻'梨園樂工'目下,有釋脚色名義一節,此本已删去。又此本卷七'行品'下,引《抱朴子》七十九品人義,則爲前本所無。"然此書國内所存,均即增删之崇禎本,如《中國古籍總目》即僅録崇禎七年本,所存甚多,如國圖、上海、山東、安徽、清華、東北師大、新疆大學、南

① 王重民:《中國善本書提要》,第 384 頁。

通、奉化文管、武漢、重慶、臺圖①;再查全國古籍普查目,可補揚州大學、西南大學、復旦大學三家,查高校古籍聯合目録,又可補人大一種。按:北大、北師大均藏此寬文本,且列於善本之中②。日人佐伯富曾影印此書並制索引,然編輯者却署爲"璩崑玉、朝聘甫纂集",誤一爲二,此亦日人讀中國人名易致之誤。

【影印·整理】

〔日〕長澤規矩也《和刻本類書集成》第五輯。

【公藏】

中國:北大、北師大、大連。
日本:所存甚多,不備録。

詩文切玉對類正宗十九卷

【敘録】

《詩文切玉對類正宗》十九卷,明唐居子編注,日本豐島毅訓點,明治十六年(1883)大坂前川善兵衛年刊本。巾箱本八册。扉頁書名右署"日本重野先生安繹校閲,豐島先生毅訓點",左署"王香堂藏";封二乃一山石瓶花圖,將"明治十有六年新刻""詩文切玉""對類正宗""王香堂章""吉川秀才"等字置於花瓶、茶杯、山石中。前"明治十六年五月成齋重野安繹撰"《對類正宗引》,次"萬曆歲次丙申孟春月吉旦青雲子舒鳳翼頓首拜撰"之《題對類正宗引》;次對式、字决等;次首卷《聲律發蒙》。卷端署"京南詞叟唐居子編注,日本重野安繹校閲,豐島毅訓點"。正文四周文武邊,白口,單黑魚尾,分上中下欄,上欄巧對,中間標音,下欄正文;有界行,半葉十二行,行上欄五字,中欄二字,下欄二十六字,注小字雙行同。

【考證】

此類書甚多,《中國古籍總目》子部類書類收《新鋟獵古詞章釋字訓解三臺對類正宗》十九卷首一卷,有版本二,各有一家有藏,即萬曆四十五年

① 《中國古籍總目·子部》,第2009頁。
② 《北京師範大學圖書館古籍善本書目》,北京:北京圖書館出版社,2002年,第177頁。

(1617)閩建書林余文臺雙峰堂刻本與明閩建書林德聚堂刻本[1];《中國古籍善本總目》有著録(另有《大備對宗》十九卷首一卷,署明張士俊輯,萬曆二十八年即1600年余氏萃慶堂刻本)[2]。按:此書實與元人所編《對類》一書接近,從彼書因革而來。此書前加首一卷,即《聲律啓蒙》,然其作者車萬育爲清初人,此當爲後加。又,此書編者首都藏本署爲庚居子,而和本則爲唐居子,當刻印之誤,因個别卷次又爲庚居子。

【影印・整理】

無。

【公藏】

中國:南京。

日本:二松學舍、東北大、國會、公文書館、京大附圖。

春窗聯偶巧對便蒙類編二卷

【敘録】

《春窗聯偶巧對便蒙類編》二卷,明曾梅軒編,日本寬永十三年(1636)京都田原仁左衛門刊本。大本二册。前有"嘉靖壬寅仲冬朔旦廣東廣州府新寧縣儒學署教諭事舉人閩邑醒齋鄭乾清謹書"之《春窗聯偶巧對類編序》,文末有長方牌記"嘉靖壬寅孟冬月張氏新賢書堂刊"。卷端題"春窗聯偶巧對便蒙類編卷之上",署"莆陽曾氏梅軒編集",版心署"便蒙"。正文四周文武邊,黑口,雙對魚尾,有界行,半葉六行,每行均雙行小字,二十四字,上欄三字。上卷之末有長方牌記"嘉靖孟冬月新賢堂校正刊行"。書末有"嘉靖辛丑歲孟冬吉日書林新賢堂重證刊行"之識語。後陰刻刊記"寬永十三丙子年霜月吉辰,田原仁左衛門刊行"。

【考證】

此書國内有明嘉靖十六年(1537)黄氏集義書堂刻本,然僅吉林大學

---

① 《中國古籍總目・子部》,第2066頁。

② 翁連溪編校:《中國古籍善本總目》,第1076、1074頁。

圖書館藏有孤本①。此書沈津有叙録,云:"《中國古籍善本書目》子部類書類著録,有《新刊春窗聯偶巧對類編》二卷,明曾梅軒輯。明嘉靖十六年黄氏集義書堂刻本,藏吉林大學圖書館。又子部藝術類有《新刊合璧春窗聯偶巧對》二卷,明楊淙輯。明隆慶五年刻本,藏上海圖書館。"②然此和本之底本當非集義堂本,因其前有"嘉靖壬寅孟冬月張氏新賢書堂刊",末又有"嘉靖辛丑歲孟冬吉日書林新賢堂重證刊行"字樣,知其底本刊於嘉靖二十年至二十一年(1541—1542),且爲張氏新賢堂所刊,與前嘉靖十六年黄氏集義書堂者不同。此亦可考之,《百川書志》録《春窗巧對類編》二卷云:"蒲陽曾悔軒編集,一字至二十九字,該括頗多"③,所言當即集義書堂本,然據此和本,其末又有三十五字者,與彼並不相同。查和本末有識語一則云:"《春窗聯偶》一書,實學者日用之急要也。惜乎古板字有差訛,未分對數,今將校證明白,上又新增詩聯對韻,共成便蒙,以爲幼學日用觀覽,亦未必不無一助。四方君子買者,務親來此堂,始無誤焉。時嘉靖辛丑歲孟冬吉日書林新賢堂重證刊行。"則可知其所謂"古板字有差訛",或即指黄氏集義書堂本,而此本則對原本"新增詩聯對韻"重刊,實或即僅增末一聯"三十五字類"者,然已與前刻不同,又可爲自家之賣點,故提醒買者要"親來此堂"。

按:此新賢堂爲明嘉靖萬曆間建陽書商張閩嶽之書肆,所刻之書甚多④,然其與黄氏集義書堂刻書似有重疊,如集義書堂於嘉靖十七年(1538)曾刻胡廣等撰《新刊性理大全》七十卷(遼寧省圖書館存),嘉靖三十年(1551)即有張氏新賢堂刻本⑤,雖《性理大全》乃官書,均可翻刻,然又益之以此書,則不過書坊攘剽之證耳。

【影印・整理】

《北京大學圖書館藏日本版漢籍善本萃編》影印本。

---

① 翁連溪編校:《中國古籍善本總目》,第1070頁。

② 沈津:《哈佛燕京圖書館所藏日本所刊中國典籍三十種叙録》,《域外漢籍研究集刊》第七輯,北京:中華書局,2011年。

③ [明]高儒:《百川書志》,第268頁,《宋元明清書目題跋叢刊》第四册,影印,北京:中華書局,2006年,第808頁。按:此處"悔"字據和刻本當爲"梅"字。

④ 〔美〕賈晋珠:《謀利而印:11至17世紀福建建陽的商業出版者》,邱葵、鄒秀英、柳穎、劉倩譯,李國慶校,第372頁。

⑤ 《中國古籍總目・子部》,第31頁。

【公藏】

中國：北大、上海、遼寧。

日本：宫内廳書陵部、東大東文研、新發田市立、神户市立中央、公文書館。

金聲巧聯一卷

【敘録】

《精選百家金聲巧聯》一卷，明余公仁編，日本文化元年（1804）刊本。小本一册。扉頁中題"精選百家金聲巧聯"，上横題"文化甲子新鐫"，右署"明余公仁編，日本賀向陵校"。前有"文化改元中秋望，向陵逸史賀瑛之識並書"《金聲巧聯序》。卷端題"精選百家金聲巧聯"，署"明余公仁甫輯編"。正文四周單邊，白口，單黑魚尾，有界行，半葉五行，正文皆作雙行小字，行十三字，有返點。末署"文化元年甲子八月新鐫"，又有"《金聲巧聯後編》嗣刊"之識語。

【考證】

此書陳毓羆曾撰《明代的對聯書——〈金聲巧聯〉》一文加以介紹①，且評價頗高，然亦似稍過，此書實全出馮夢龍本《燕居筆記》卷之六下，原書收一千餘對聯，此選八百餘條，不過書坊别立新題之故伎耳。然其將聯語單行問世，亦有功績，於《燕居筆記》一書不易得觀之時，亦屬不易。

【影印・整理】

無。

【公藏】

中國：無。

日本：實踐女子、東京都立中央、東北大、國會、堺市立中央、山口大、酒田市立、鹿大。

---

① 《周紹良先生欣開九秩慶壽文集》，北京：中華書局，1997年。

十、道家類

陰符經正義一卷

【叙録】

《黄帝陰符經正義》一卷，明高思誠撰，日本竹内孚休校，寬政十年(1798)采真舍覆萬曆十八年漂麥書舍刊本。大本一册。前爲“寬政九年丁巳秋八月東都後學竹孚休撰”之《新刻黄帝陰符經正義序》，次“萬曆己丑歲秋七月之吉京山高思誠撰”之《黄帝陰符經注解正義序》。卷端署“明京山高思誠注解，日本薄霧竹孚休挍正，門人澤良敬参挍”。正文四周單邊，花口，單黑魚尾，有界行，半葉十行，行二十字，經文大字占雙行，行九字。末有“萬曆十八年歲在庚寅夏五月刊於漂麥書舍”之識語，次“日本寬政十年戊午春正月刻於采真舍，門人東都大泉信成書”。末頁署“竹内用藏挍訂”，“江户日本橋室町三町目須原屋文助發行”。

【考證】

此書國内無，當已佚(《子藏·陰符經卷》收録版本八十九種，然未録此書)。其序署萬曆己丑即十七年(1589)，文末識語爲萬曆十八年(1590)，知其書成於萬曆間。此高思誠未知何人，檢《鴻猷録》一書，前有作者“嘉靖丁巳冬仲月望日京山高岱撰”序，序末有小字云“嘉靖乙丑年四月吉旦男思誠梓行”①，因其均署“京山”，知必爲一人。故此書作者爲嘉靖時名臣高岱之子，餘則未知。

【影印·整理】

〔日〕長澤規矩也《和刻本諸子大成》第九輯。

【公藏】

中國：無。

① ［明］高岱：《鴻猷録》，《續修四庫全書》第389册，第214—215頁。

日本:前田育德會、九州、公文書館。

老子億二卷

【敘録】

《老子億》二卷,明王道著,日本昭和七年(1932)東京育德財團用尊經閣藏明刊本景印。大本二册。正文左右文武邊,白口,單綫魚尾,有界行,半葉九行,行二十字。正文之末署"無錫後學安如山校刊"。末頁有"尊經閣叢刊老子億原本侯爵前田家藏"長方牌記。

【考證】

此書國内僅社科院有藏明刻孤本①,另,民國二十八年(1939)北京崇華堂亦有鉛印本。刊刻此書之安如山爲明直隶无锡人,字子静,爲無錫銅活字出版之名家安國之子,曾知裕州,嘉靖八年(1529)进士,仕至四川僉事②。

【影印・整理】

無。

【公藏】

中國:無。
日本:所存甚多,不備録。

老子辯二卷

【敘録】

《老子辯》二卷,明陳繼儒撰,明張鼐訂,日本小幡玉斧校,明和七年(1770)京都小幡宗左衛門刊本。大本二册。前有"明和七庚寅春金龍道人釋敬雄"《讀老子辯》。卷端署"雲間眉公陳繼儒評注,侗初張鼐訂正,平

---

① 《中國古籍總目・子部》,第 2337 頁。
② 瞿冕良编著:《中國古籍版刻辭典》,第 186 頁。

安龍野幡玉斧校閲”。正文四周單邊,白口,單黑魚尾,無界行,分上下欄,下欄正文,半葉九行,行二十字,注雙行小字同;上欄評雙行小字,行五字。末有長方牌記,署“明和七年庚寅三月,平安書林小幡宗左衛門開板”。

【考證】

此書原爲《五子雋》中之一種,國内僅淮陰中學藏有明刻孤本,爲明書林蕭鳴盛刻本①,日本公文書館亦藏有此明刻本,然未標明版本。此和刻本署“張鼐訂”,其人亦曾校訂明王納諫《四書翼注》。國内所存明刻本未標張氏名,或和本所據與國内所存明本非同本。另《子藏·老子卷》未收此書。

【影印·整理】

嚴靈峰《無求備齋老子集成》初編,臺北藝文印書館1965年影印。

〔日〕長澤規矩也《和刻本諸子大成》第十輯。

【公藏】

中國:無。

日本:東北大、大阪府立中之島、國會、京大人文研東方、東京都立中央、早稻田。

老子經通考二卷

【敘録】

《老子經通考》二卷,明陳元贇著,日本延寶八年(1680)京都板木屋久兵衛刊本,寶永二年(1705)京都富倉太兵衛印本。大本四册。扉頁書名右署“大聖祖高上大道金闕玄元天皇大帝素言”,右署“漢孝文帝受持李老君變號河上公章句”。前有“大明武林既白山人陳元贇拜撰”之《老子經通考序》。正文四周單邊,白口,偶有黑口,版心下題“西夾堂”,無界行,半葉十行,行二十一字,注小字雙行同,有返送。末有“延寶八庚申曆九月日”之跋,後署“京都板木屋久兵衛刊行”。

---

① 《中國古籍總目·叢書部》,第190頁;《中國古籍善本書目·叢部》,上海:上海古籍出版社,1989年,第255頁。

【考證】

陳元贇,原名珦,字義都,一字士升,另有芝山、虎魄道人、瀛壺逸史、菊秀軒、既白山人等號,浙江餘杭人。萬曆四十七年(1619)東渡日本,在日流寓五十二年,對日本之文學、文化影響甚巨,且於日本創編柔道,爲日人奉爲"柔道鼻祖"。其著述甚多。本書自序末署"大明",示不忘故國也;號"既白山人",念餘杭之既白山也。另,此書之書板亦曾由岸田吟香携入中國,重印販賣,其廣告語云:"《老子通考》:此書世多板本,本堂所藏係在二百餘年前用明板翻刻,故其字大而少舛訛耳。"①

【影印・整理】

〔日〕長澤規矩也《和刻本諸子大成》第九輯。

《陳元贇集》,衷爾鉅輯並校注本,遼寧人民出版社 1993 年版。

【公藏】

中國:遼寧、北大。

日本:名大、千葉縣立中央、静嘉堂文庫、愛知大、蓬左文庫、立命館大學、東大總。

莊子雜篇七卷

【叙録】

《高山寺本莊子雜篇》七卷,日本昭和六年(1931)東方文化學院影印高山寺藏本,收入《東方文化叢書》。卷軸裝七軸,正文每行十三字,注小字雙行十五字。所存爲《莊子》原文第 23、26、27、28、30、31、33 篇。

【考證】

此高山寺藏舊鈔本,《經籍訪古志》曾著録爲"舊鈔卷子本,石山寺藏",然或誤。據其初稿本,題下注云"拇尾高山寺藏"②,此或其傳抄致誤。

① 陳捷:《岸田吟香的樂善堂在中國的圖書出版和販賣活動》,《中國典籍與文化》,2005 年第 3 期。

② 《經籍訪古志》,《日本藏漢籍善本書志書目集成》第一册,初稿本,第 835 頁。

又云:"現存十五卷……是本往歲小島學古入京時展閲一過,後得傳録《雜篇·庚桑楚》第廿三、《外物》第廿六、《寓言》第廿七,凡三卷,餘卷未見。"然現高山寺僅存七卷,未知其初謂十五卷者屬實否,或其時得之傳聞,未必的確。森氏於此書評價甚高,云其"就李唐舊本傳録,文字異同,校之今本,當據以校訂其誤者不尠,間或與陸氏所依本合",又論其分卷云:"是書卷數,《隋志》稱'三十卷,目一卷',梁《七録》三十三卷,《釋文·序録》三十三卷、三十三篇,《見在書目》三十三卷,舊、新《唐志》十卷。今此本一篇爲一卷,與《七録》以下所稱合,蓋即古本之舊裁也。其爲十卷者,宋代人並合,實非郭氏之舊。"①所論亦當。

據楊守敬《日本訪書志》"余此三卷即小島學古所傳録之本也"知,森立之所云小島學古傳録之本後歸楊氏,臺北故博有原觀海堂所藏之古鈔三卷,然全無印記,或爲楊氏倩人重鈔之本。據杜澤遜《長伴蠹魚老布衣——記藏書家張景栻先生》一文所載,楊氏藏本或爲山東藏書家張景栻所藏,張氏《楊守敬舊藏日本卷子本目録》一文著録其所藏"有朱筆影摹高山寺印","卷前及卷末均有紫色長方九疊印,似是小島之藏印","卷末朱筆書'光緒丁酉八月校讀一過,守敬記'",彼所云"長方九疊印"即小島氏常用之"小島氏圖書印",即可確證。楊氏對此評價甚高,如云其"筆意,當在七八百年間,而其根源則在六朝",又對此三卷作詳細之校勘②,致羅振玉信云:"吾見足下《國學叢刻》宗旨,則吾所藏可彙入者甚多,匆匆不及縷述。有古鈔《莊子》殘卷子三卷,與宋板大有異同,勿論近刻也。如可彙入,當檢出商之。惟守敬年老,精力衰頹,不能照料一切,爲可憾也。"(國圖所藏《鄰蘇老人書札》。)知曾努力將此卷印行,惜未果。至此書具體之異文,可參狩野直喜所撰《舊鈔卷子本莊子殘卷校勘記》③,王叔岷亦有文論此本之價值④。

【影印·整理】

無。

---

① 〔日〕澁江全善、森立之等撰:《經籍訪古志》,杜澤遜、班龍門點校,第197頁。
② 〔清〕楊守敬撰,張雷校點:《日本訪書志》,第106—109頁。
③ 〔日〕狩野直喜:《舊鈔卷子本莊子殘卷校勘記》,東京:東方文化學院,1932年。
④ 王叔岷:《跋日本高山寺舊鈔卷子本莊子殘卷》,《歷史語文研究所集刊》第二十二本,第161—170頁。

【公藏】

中國:無。
日本:所存甚多,不備録。

莊子鬳齋口義十卷

【叙録】

《莊子鬳齋口義》十卷,宋林希逸著。日本五山本,大本十册。正文左右雙邊,有界行,半葉八行,行十六字。又有日本慶長元和間活字本,寛永六年(1629)京都風月宗智覆刻本。大本十册。正文四周文武邊,粗黑口,雙對魚尾,有界行,半葉十行,行十九字。末附李士表《莊子十論》。

【考證】

《莊子鬳齋口義》國内傳本甚多①,然此和本亦有值得注意之點,如其前林氏自序後有"穆陵宸翰"一則云:"披味奏函,敷陳子義,以天地人之實理,明老莊列之寓言,得其指歸,各爲詁訓,卿之該貫若此。時備觀覽,所益良多,簡在朕心,故兹嘉奬。付林希逸。"此則國内傳本似均無之,即今人之整理本末附各本之序跋,亦未收②。然此自非後人僞增者。劉克莊《後村集》卷一一〇有《恭跋穆陵宸翰》一則云:"臣克莊與臣希逸俱事先帝,相先後爲詞臣。"所言之宸翰雖非此條,然亦可知理宗於希逸頗爲奬重,賜之宸翰亦或有其事。

另,此和本後附李士表《莊子十論》。其書《直齋書録解題》曾著録之云"《莊子十論》一卷,題李士表撰,未詳何人"③。《四庫全書總目》云:"李士表自陳振孫《書録解題》已不知爲何許人,《宋史・藝文志》載其《莊子十論》一卷,此惟存其九,亦未喻何故。"④知四庫館臣所見此書已剩九論矣。方勇《莊子學史》論及李士表書,僅舉其九論,即"夢蝶、解牛、藏舟、坐忘、壺子、玄珠、濠梁、墜車、道術"⑤,則知其亦未得見全本,然此和本則十論無

① 《中國古籍總目・子部》,第2349—2350頁。
② [宋]林希逸著,周啓成校注:《莊子鬳齋口義》,北京:中華書局,1997年。
③ [宋]陳振孫撰,徐小蠻、顧美華點校:《直齋書録解題》,第290頁。
④ 魏小虎編撰:《四庫全書總目彙訂》,第4633頁。
⑤ 方勇:《莊子學史》中册,北京:人民出版社,2008年,第190頁。

缺,即莊周夢蝶、庖丁解牛、藏舟山於壑澤、顔子坐忘、季咸相壺子、象罔得元珠、莊周遊濠梁、醉者墜車、古之道術,宋華子病忘。

然據川瀨一馬云,此五山本或據朝鮮古本翻刻者①,若果如此,而慶長、寬永本又當據五山本翻刻,則此數種和刻之本均非徑得自唐本。

【影印・整理】

〔日〕長澤規矩也《和刻本諸子大成》第十一、十二輯。

《和刻本四部叢刊》影印本。

【公藏】

中國:遼寧。

日本:公文書館、足利學校遺跡圖書館、陽明文庫、成簣堂文庫、兩足院、天理圖書館(以上五山本),慶長、寬永本所存甚多,不備録。

莊子南華真經十卷

【叙録】

《莊子南華真經》十卷,郭象注,日本元文四年(1739)刊本。大本十册。扉頁正中署"郭注莊子",右署"南郭先生考訂",下有"不許翻刻,千里必究"牌記,左署"平安書肆藤花房,東都書鋪錦山房合梓"。前有郭象序,又有南郭服元喬《讀郭注莊子》。卷端署"莊子南華真經"。正文四周單邊,白口,單綫魚尾,有界行,半葉九行,行十九字,注小字雙行同,無返送。

【考證】

此書楊守敬於《日本訪書志》中有叙録,云:"郭象注本。此日本所刻,其初刊於服元喬,首有其序;覆刊於千葉立之,增校諸本異同於欄外。其書款式近俗,其中文字則大佳,亦不附釋音,雖未知源於何本,而其不從《纂圖互注》及世德堂本,則斷斷矣。"②知楊氏於此書曾校各本,以其文字大佳,頗贊賞之。則或此本亦有其較早之源頭。

---

① 〔日〕川瀨一馬:《五山版研究》,第478頁。
② 〔清〕楊守敬撰,張雷校點:《日本訪書志》,第106頁。

【影印・整理】

無。

【公藏】

中國:雲大。

日本:所存甚多,不備録。

集　部

一、唐前别集

陶靖節集十卷

【叙録】

《陶靖节集》十卷、首一卷，陶潜撰，菊池东均点，日本明曆三年（1657）武村市兵衛刊本。大本三册。前有昭明太子蕭統所作序及《陶淵明傳》，次總論。正文左右文武邊，白口，雙對魚尾，版心上題“陶集”二字，無界行，半葉九行，行十八字。正文後附顔延之《靖節徵士誄》、陽休之序録、宋庠私記、思悦《書靖節先生集後》，又有“萬曆丁亥休陽程氏梓”之識語，次楚黄天台山人耿定向跋，次“萬曆庚辰春華亭蔡汝賢謹跋，其後有牌記署“天啓紀元二年浙江楊氏重梓”。末有“丙申下元日”耕齋菊池東匀謹跋。此書後有寛文四年（1664）武村三郎兵衛印本，寳曆十一年（1761）野田藤八修本等，又有文政十三年（1830）神先宗八補刊本。

【考證】

《陶靖節集》版本甚多，此本之末有蔡汝賢跋，則其或與萬曆七年（1579）蔡汝賢本有關；又有“休陽程氏梓”之記，則又似與萬曆十五年（1587）休陽程氏刻本有關。實均未然，因其後有“天啓紀元二年浙江楊氏重梓”之牌記，知其底本當爲浙江楊氏重刻者。楊氏刻本或曾參考蔡本及程本，從而將二氏之識語亦闌入。而其正文，極可能來自程本，如《停雲》詩序云“罇酒新湛”，即程本所改之字。查《中國古籍總目》，蔡本録二種，程本八種，然無此楊氏本①。郭紹虞曾有長文《陶集考辨》，搜羅極廣，然亦

① 《中國古籍總目・集部》，第36頁。

無此楊氏本[1]。按此和本頗得學者之關注[2],然多以“寛文本”代稱之,似未爲當,此書之初刊,爲日本明曆三年,菊池氏之跋作於“丙寅”即明曆二年,亦均合拍。國内之所以如此,或因長澤規矩也將此收入《和刻本漢詩集成》時,即收寛文本,此或長澤氏輯印時未獲明曆本入録,惟以寛文本承乏。現檢日本各圖書館,明曆本確存世極尠,目前可知惟東北大、一橋大各藏一種。

另,明治十九年(1886)又有尺璧館刊《校正陶靖節集》,其版心題“阿部氏藏版”,爲阿部準輔刻本,馬島春海校正。其書鎸刻極精美。然詳其文本,則當由此菊池本翻刻而來,故雖亦有價值,不煩另録,僅附於此。

【影印・整理】

〔日〕長澤規矩也《和刻本漢詩集成補編》第一輯。

《和刻本四部叢刊》影印本。

【公藏】

中國:遼寧(寛文本),人大、遼寧(以上阿部本)。

日本:東北大、一橋大(明曆本),佐賀縣圖、阪大總、京大人文研東方、東洋文庫、東大總、京大附圖、實踐女子(以上寛文本),京大文、名大、九大六本松、立命館大學、中央大、京産大、二松學舍(以上阿部本)。

---

① 郭紹虞:《照隅室古典文學論文集》,上海:上海古籍出版社,1983 年,第 258—326 頁。

② 可參卞東波:《日韓所刊珍本〈陶淵明集〉叢考》,《銅仁學院學報》,2017 年第 1 期;蔡丹君:《〈陶淵明集〉在日本的翻刻、選抄與注譯》,《復旦學報》,2019 年第 3 期。

二、唐别集

寒山子詩集一卷

【叙録】

《寒山子詩集》一卷,唐釋寒山撰,日本正中二年(1325)禪尼宗澤刊本。大本一册。前有閭丘胤《寒山子詩集序》。卷端署"寒山詩"。正文左右文武邊,白口,單黑魚尾,有界行,半葉八行,行十七字。末有付刊識語云署"正中歲次旃蒙赤奮若冬十月下浣"。後有昭和三十三年(1958)石井光雄以己所藏之本用珂羅版影印者,與前全同,惟於序首行下有"積翠軒文庫"陽文長方朱印;末有石井氏識語,末頁有長方牌記云"此書刊行限定五百部内第×××號"。又有寬永十年(1633)中野市右衛門刊本,此本當即正中本之翻刻本,然已改變行款,半葉十行,行二十字;文後增附豐干、拾得詩。此寬永本又有京都水玉堂天王寺屋市郎兵衛後印本。

【考證】

寒山是唐代影響極大之詩人,非但於中國影響甚著,即於朝鮮、日本乃至歐美亦影響深遠。其詩集流傳甚廣,且今尚有宋刻本存世,且明清兩代,各種刊本亦層出不窮①。然此日本之刻本仍有其價值。據辛德勇《五山版〈寒山詩〉版本價值測議》所論,《寒山詩》宋代約有三本,南寧初浙刻本藏於國圖,已影印入《中華再造善本》中;宋江東漕司刻本則已失傳,其衍生之版本寶祐三年(1255)行果刻本亦失傳,然其又有二分支,一爲大德五年(1301)可立刻本,一即此日本正中刻本②。所論精覈可從。

正中本末刊記云"正中歲次旃蒙赤奮若冬十月下浣禪尼宗澤捨錢聊以刊之","旃蒙赤奮若"指乙丑,即正中二年;"捨錢"之"錢",宗澤所書爲"𢖻",頗類"公"字或"心"字,對此字日本學者迄有誤認,或定爲"仁",或

① 《中國古籍總目·集部》,第56頁。

② 辛德勇:《五山版〈寒山詩〉版本價值測議》,劉玉才、潘建國主編:《日本古鈔本與五山版漢籍研究論叢》,北京:北京大學出版社,2015年,第238—263頁。

臆爲“心”[①],均既不通,亦不切。辛德勇據劉復、李家瑞《宋元以來俗字譜》定其爲“錢”字,然其由劉、李二人之書所尋之字形與此字尚有差異,故尚需論定之。實古代章回小説中此字甚夥,字形亦極豐富,如較易得者,《紅樓夢》庚辰本第六十五回中尤三姐云“這會子花了幾個臭錢”[②],《京本通俗小説》中《碾玉觀音》篇云“妾本錢塘江上住”“老拙家寒,那討錢來嫁人”,《拗相公》篇云“還是自家用錢雇賃”等[③],雖寫法不盡相同,然可知必爲一字。日文中有“匁”字,辭書解釋其爲“1 貫的千分之一”或“日本江户時代的銀幣重量單位”[④],知即指“錢”而言,此與前引之字體極似,頗疑此和字即從吾國俗字而來,故日本學者尤當熟識此字也。

另辛文亦有一小誤,即云:“昭和三十三年三月,在慶賀自己七十歲喜壽的時候,石井光雄曾選用上好和紙,以珂羅版精心影印此本限量編號製作五百部,饋贈友好。”喜壽爲日人常用之説法,即指七十七歲,以“喜”字草體頗類“七十七”而得名。查石井光雄氏生平,知其生於明治十四年(1881)二月,則其於昭和三十三年時正七十七歲也。又其云此書刊行在“三十三年三月”,未知從何而來,此影印本末有石井氏跋語云:“今兹小子值馬齡喜壽之辰,聊爲自祝紀念,影印刊行家藏正中版《寒山詩集》,先以借前圓覺蹈頂窟宫路宗海大和尚真前,奉酬法乳之恩,次贈呈同參法友並辱知諸兄案下,希‘時時看一遍’。昭和三十三年歲次戊戌二月十四日,積翠石井光雄謹志。”此則極明,其時在二月十四也。另其書函套後之版權頁亦有明文云:“昭和三十三年二月十一日印刷,昭和三十三年二月十四日發行。”亦可互證。然其爲何要於此日?實石井氏於解題後所附説明已道出其因:“昭和三十三年二月十四日恰是我達到世所謂‘喜壽’之年齡。”辭書録其生平多僅生於明治十四年二月,又云其卒於昭和四十一年(1966)三月十七日,然未及其生日,即此可知,此時正爲其生日,則其精心準備,必使此書於此日發行。

【影印・整理】

金程宇《和刻本中國古逸書叢刊》。

---

① 如川瀨一馬即釋爲“心”,參《五山版研究》,第 465 頁;嚴紹璗亦以爲“心”字,參《漢籍在日本的流布研究》,第 132 頁。

② 《紅樓夢古抄本叢刊:脂硯齋重評石頭記(庚辰本)》,影印,北京:人民文學出版社,2010 年,第 1579 頁。

③ 《京本通俗小説》,《古本小説集成》本,影印,上海:上海古籍出版社,1994 年,第 5、8、129 頁。

④ 〔日〕日本講談社編:《日漢大辭典》,上海譯文出版社編譯,上海:上海譯文出版社,2002 年,第 2170 頁。

【公藏】

中國:無。

日本:松廼舍文庫(已毁)、衫浦丘園文庫(以上五山版),京府大、實踐女子、立命館大學、廣島大、一橋大、京産大、京大人文研東方、神户市立中央、國會、公文書館。

李嶠雜詠一卷

【叙録】

《李嶠雜詠》一卷,唐李嶠撰,日本寬政十一年(1799)《佚存叢書》(第一帙)活字排印本。大本一册。前有"登仕郎守信安郡博士張庭芳撰"《故中書令鄭國公李嶠雜詠百二十首序》,正文四周單邊,黑口,單魚尾,有界行,半葉十行,行二十字,無返送。末有"己未小重陽日天瀑識"之《李嶠百詠跋》及又識。

【考證】

李嶠之詠物詩於唐頗有名,唐時當已有注本,然國内已佚。此《佚存叢書》本當據日本建治三年(1277)鈔本而來。此雖白文,仍保留張氏注序於前,亦可使後之讀者得窺其一斑,故《中國古籍總目》亦録此《佚存叢書》本①。然據林衡跋語云:"張庭芳序撰於作注時,《朗詠集》注往往引《百詠注》,而今已亡。爰據原本仍冠其序於首。《宋志》載庭芳注《哀江南賦》而不及此注,則逸亡之久可知焉。"所言亦疏,實《郡齋讀書志》即有著録云:"今所録一百二十詠而已,或題曰《單題詩》,有張方注。"②知至南宋時尚有流傳也。然晁氏録爲"張方",似其名有誤;《唐才子傳》又云"《雜詠詩》十二卷單題詩一百二十首,張方爲注,傳於世。"③又可與晁氏所録互證,未可遽斷其爲誤,或傳刻中不同版本致誤,非晁、辛二人之誤也。且辛氏云"傳於世",當非蹈空之語,可知此書於元時仍有存世。《唐才子傳》此條之箋云:"《才子傳》又以《雜詠詩》十二卷、單題詩一百二十首分列,亦誤,實則

---

① 《中國古籍總目·集部》,第60頁。

② [宋]晁公武撰,孫猛校證:《郡齋讀書志校證》,第838頁。

③ 傅璇琮主編:《唐才子傳校箋》第一册,北京:中華書局,1987年,第127頁。

單題詩一百二十首即《雜詠》詩。”似不必辨，因其或非指二書，“單題詩一百二十首”或爲前“《雜詠詩》十二卷”之注而已。故此《佚存叢書》本因其無注，故價值有限，然其文字則較國内流傳之文本如《全唐詩》則爲完足。按：此張氏注本日本實有足本，惜未刊印耳，後於上海古籍出版社影印出版①。

此外，日本延寶三年（1675）紙屋平兵衛曾刻《李嶠雜詠》二卷，又寶曆十一年（1761）吉文字屋市兵衛曾刊行《李巨山詠物詩》二卷，均亦白文本。

【影印・整理】

〔日〕長澤規矩也《和刻本漢詩集成》第一輯（《寶曆本）。

【公藏】

中國：大連（延寶本）。

日本：關大（延寶本），東北大、實踐女子、佐野市立鄉土博物館（寶曆本）。

孟浩然詩集三卷（元禄本）

【叙録】

《孟浩然詩集》三卷，唐孟浩然著，日本元禄三年（1690）玉树堂唐本屋吉左卫门刊本。中本二册。扉頁正中題“襄陽集”，右上署“孟浩然詩”，右下有“本衙藏板”陰文方印，左下署“書林玉樹堂梓”。前有“元禄庚午二月晦北村可昌”《孟浩然集序》。卷端署“須溪先生批閲，吉安元鼎校正”。正文四周單邊，白口，單綫魚尾，版心上題“襄陽集”，中又題“孟浩然詩卷上”，無界行，半葉九行，行十八字，注小字雙行同，有返送。末署“元禄三庚午暮春中旬唐本屋吉左衛門開板”。

【考證】

此書前北村可昌序云：“得《襄陽集》三集，不問字畫善否，篇什多寡，遽命剞劂氏以刻諸板，其所訛缺，姑仍舊本，以俟智者校焉。”知其所得爲舊本，且全據原本，未曾更動，或存舊貌。楊守敬《日本訪書志》曾録此和本，

① ［唐］李嶠撰，張庭芳注，胡子昂編：《日藏古抄李嶠詠物詩注》，上海：上海古籍出版社，1998 年。

云其“按《四庫》著録爲明人刊本,有王士[①]源、韋滔二序,此本皆脱。余所見須溪批點名家詩集,多不載舊序,是其陋也。或坊賈删之。又士源序稱,集其詩二百一十七首,分爲四卷。此本卷數皆不合,知非唐人綴輯之舊。須溪評語類傷佻儇,亦無所發明。唯據《衆妙集》云,‘《除夜有懷》一首爲崔途詩’。頗見考證。校之明本分體編詩,以近體爲古詩,又竄入他人之詩者,相去天淵矣。”又云:“《提要》又引《容齋隨筆》疑其《示孟郊詩》時代不能相及,此本及朱本皆有之。又謂《長安早春》一首《文苑英華》作張子蓉,而《同張將軍薊門看燈》一首亦非浩然遊跡之所。唯朱本有《長安早春》一首在《時節》類,此本則二首皆無之。然則此本於孟詩雖有所佚,尚無宋以後人竄入之弊,固校孟詩者之標准也。至朱本與此本字句異同互有長短,則當參校而得之。”亦可見其本之價值。然此條之後,楊氏又補記曰:“余歸後,聞黄蕘圃所藏宋本尚存吴中,則此本未足奇也。”[②]可知楊氏董理《日本訪書志》之時,於此條或費躊躇,一者曾細校孟詩,且頗有所獲,自當列入;然宋本之存世,又令他本減價,故仍存其文,以志其比勘之功,又補記其後,於前之結論又斟酌之。然其或亦未見宋本也,如其前所及之二首,《同張將軍薊門看燈》一首宋本確無,然《長安早春》一首,則宋本亦闌入之,則宋本之存,亦未必令此本減價也。惜國内孟詩整理各本均未參校此本。

另於其校正者吉安元鼎,楊注云“當爲日本人”,島根大學圖書館亦徑標爲“日”。若是,則此本之序當提及之,且此本之存原貌否又或存疑。然據日本宫城縣圖所藏,有“須溪先生批點孟浩然集三卷,唐孟浩然撰,朝鮮嘉靖萬曆初頭間,校書館據吉安成彭校刊本甲辰銅活字印”,知其當據朝鮮本刻,則此吉安元鼎或爲朝鮮人。檢日本國會所藏朝鮮刊本,其卷端署“須溪先生批點孟浩然集”,次行署“吉安成彭元鼎校正刊行”,則知此人確爲朝鮮人,並此和本確據彼翻刻。細核二本,和本文字於原本頗忠實,僅改變其行款;另原本前實有王士源序,和本删之,故前楊氏云“余所見須溪批點名家詩集,多不載舊序,是其陋也”,則此元鼎校本並非如此,楊氏“或坊賈删之”反得其實。然元鼎本之王士源序似亦有更動,王序原文據宋本其始云“孟浩然,襄陽人也”,此本則曰“孟浩字浩然,襄陽人也”,然此恐非出元鼎之手,明傳之本或已如此,如高棅《唐詩品彙》卷八五即言“王士源序云‘孟浩字浩然,襄陽人也’”,則其所據之本或如此,或據明本改。

---

① 按:此處楊氏原文作“大”(《日本藏漢籍善本書志書目集成》第10册,第190頁),當爲手民之誤植。

② [清]楊守敬撰,張雷校點:《日本訪書志》,第221—222頁。

【影印・整理】

〔日〕長澤規矩也《和刻本漢詩集成》第一輯。
《和刻本四部叢刊》影印本。

【公藏】

中國:無。
日本:關大、宮城縣圖、市立米澤。

孟浩然詩集一卷(元文本)

【叙録】

《孟浩然詩集》一卷,唐孟浩然撰,日本元文四年(1739)京都志長軒刊本。小本一册。前有"元文戊午歲冬十月既望華陽永洵美撰"《孟浩然集序》。卷端署"江東孫仲逸野臣校"。正文四周文武邊,白口,單魚尾,有界行,半葉八行,行十四字。末署"元文四己未歲四月吉辰京都書林"。

【考證】

此書標爲"江東孫仲逸野臣校",長澤標爲明人,然國内已無此本。此爲分體者,爲明本之特點。《中國古籍總目》録有《唐十二名家詩》,爲明楊一統編,注爲明萬曆十二年(1584)楊一統刻本①,而天津師範大學圖書館所藏此本又標爲"(明)楊一統,(明)孫仲逸撰輯",則和本或據此本而來。然此孫仲逸文獻無載,唯於此《唐十二家詩》前見其萬曆十二年序,中云"余友人楊元大再刊於白下而校加精焉,囑不佞序之首簡",則知其與楊一統爲友,或生活於南京。

【影印・整理】

〔日〕長澤規矩也《和刻本漢詩集成》第一輯。

【公藏】

中國:上海。

---

① 《中國古籍總目・集部》,第2815頁。

日本：國會、静嘉堂文庫、東大總、公文書館、市立米澤、宫内廳書陵部、佐野市立鄉土博物館、東京都立中央、佐賀縣圖。

王昌齡詩集五卷

【叙録】

《王昌齡詩集》五卷，唐王昌齡著，日本享保十八年（1733）天王寺屋市郎兵衛刊本。大本一册。扉頁書名右題“淀府菊隱先生訓點”，左署“帝都書林水玉堂藏”。前有“享保癸丑歲初夏後學伴省希曾撰”《王昌齡詩集叙》。卷端署“明長洲許自昌玄祐甫校”。版心標卷上、卷下，正文則以體分五卷。正文左右文武邊，白口，單黑魚尾，版心下署“水玉堂藏”字樣，有界行，半葉九行，行二十行，有返送。末有牌記，署“享保拾八歲癸丑九月吉辰，帝都書林天王寺屋市郎兵衛壽梓”。後又有寬政八年（1796）修補本，扉頁書名之右改爲“平安淇園先生增訂”，正文書眉多出一欄，以小字排皆川氏校語；末增“寬政丙辰初夏既望平安皆川愿題”《改刻王昌齡集讀譜跋》；版權頁署“享保十八歲癸丑九月原刻，寬政八歲丙辰九月增訂”。

【考證】

萬曼《唐集叙録》功力甚深，然其“王昌齡”條却僅二百餘字，云“明代有正德刊本”，然此本萬曼或未經眼，故其書中材料或從丁丙《善本書室藏書志》轉録而來，此其書別條之詳贍對比鮮明。即此可知龍標詩集之稀見。後傅璇琮主編《中國古代詩文名著提要》及趙榮蔚《唐五代別集叙録》，其王昌齡條均出趙手，内容略同，亦僅列舉明正德刻本、朱警輯刊《唐百家詩》本、黄貫曾輯《唐詩二十六家》本、明銅活字本及畢懋謙刻《十家唐詩》本，可知歷代流傳亦僅此數種。即據《中國古籍總目》所録①，亦未有溢出前及者。且此數本單行者僅明正德刻本及明銅字本（銅活字本原屬《唐人集》，然多單行）兩種，前者僅北大有藏，後者亦僅存國圖藏本。

然除以上版本之外，或有一本爲學界忽略，即許自昌刊本，之所以漏掉，或因許氏刊本已佚，學界未知其曾有其本。許自昌曾刊行《唐十二家詩》，然彼十二家爲初唐之王、楊、盧、駱、陳、杜、沈、宋及盛唐之孟、王、高、岑，並無王昌齡，此書國内十餘家圖書館有藏，自可覆檢。

---

① 《中國古籍總目·集部》，第67頁。

然則何以知許自昌曾單刻《王昌齡詩集》，其證即在此和刻本。此和本每卷首頁均署"明長洲許自昌玄祐甫校"，自爲許氏所刻無誤。

其書據版心所標，或原分二卷，與明銅活字本及《唐詩二十六家》本同，然正文則以體分五卷，此或訓點者淀府菊隱所爲。卷一五言古詩五十五首，卷二七言古詩五首，卷三五言律詩十三首與五言排律二首，卷四七言律詩二首及五言絶句十四首，卷五七言絶句六十九首，共計一百六十首。僅即可知與前舉各本均不同，《唐百家詩》本與明銅活字本均一百四十九首，《唐詩二十六家》本一百四十七首，而《十家唐詩》本則爲一百七十八首，至《全唐詩》補至一百八十二首。

此後，皆川愿又於寬政八年將此書增補校訂再版，板片應仍原板，惟於書眉辟出一欄注出皆川氏校訂，文中亦偶有補注，其末尚補詩二十首，然其均據《全唐詩》增補，並無版本意義。

特需説明者，《中國基本古籍庫》收録中國歷代基本文獻一萬種，選用版本一萬二千餘，其亦收入極少之和刻，此書即其一，且亦此數據庫中唯一龍標詩集，即此亦可見此本價值，然其所選爲寬政本，稍有可議，如上所云，其校與補並無版本意義，似當以享保本爲佳。

此本國内無藏，日本所藏亦不多，目前可知亦僅十一家而已，遍檢各大圖書館，亦未發現其所據之許氏原本，則當已佚失。長澤規矩也於此書亦極重視，收入《和刻本漢詩集成》自不必言，其《和刻本漢籍分類目録》前列十四幅和刻本漢籍圖例，亦有此書，且選入二幅，享保本及寬政本各一。

按：許自昌氏所刻之書甚多，然失傳亦多。如其曾刻己之詩集，據黄裳所存有八種之多①，然檢《中國古籍總目》僅國圖一種《卧雲稿》②，幸此《王昌齡詩集》因和本而存世。

【影印・整理】

〔日〕長澤規矩也《和刻本漢詩集成》第一輯（寬政本）。

《和刻本四部叢刊》影印本（寬政本）。

【公藏】

中國：無。

日本：佐野市立鄉土博物館、市立米澤、關大、宫城縣圖、東洋文庫、神

---

① 參黄裳：《來燕榭書跋》（增訂本），北京：中華書局，2011 年，第 240—245 頁。

② 《中國古籍總目・集部》，第 909 頁。

户市立中央、酒田市立、愛知学院大、茨城大、東京都立中央、宫内廳書陵部(以上享保本),東京都立中央、酒田市立、京大人文研東方、京産大、廣島大、京大附圖、群馬大、公文書館、立命館大學(以上寬政本)。

杜律趙注三卷

【叙録】

《翰林考正杜律五言趙注句解》三卷,唐杜甫著,元趙汸選注,日本慶安四年(1651)中村市兵衛刊本。大本二册。扉頁中題"杜律趙注",上横題"增釋五言詩律,萬曆辛亥春月",題兩邊分别有"京""本"一字,右下署"宗文堂所藏原板",左下署"鄭雲竹重新梓行"。前有"萬曆癸卯歲季春月中浣之吉新安吴懷保書"《杜律五言趙注引》,次"萬曆癸卯歲季春月中浣之吉""歙邑後學棠樾鮑松謹識"之《東山先生注解杜甫律詩選序》,後署"建邑書林鄭雲竹新梓"。卷端署"工部杜甫子美撰詠,東山趙汸子常選注,温陵蘇濬紫溪校閲,建邑書林鄭豪鋟梓"。版心署"趙注"。正文四周文武邊,下黑口,雙對花魚尾,無界行,半葉九行,行十七字,注小字雙行同。正文末有"萬曆壬寅歲季秋月,書林宗文堂雲竹梓"刊記。末署"慶安四辛卯年陽後吉辰,中村市兵衛開板"。

【考證】

元代有杜律虞、趙二注,頗爲風行,此即趙注,存世之本甚多。此鄭雲竹刊本亦當極受歡迎,故其有萬曆十六年(1588)及萬曆三十年(1602)二種刊本①。然有此和本,則可知鄭氏所刊尚不止此也。此本之末有"萬曆壬寅歲季秋月,書林宗文堂雲竹梓"刊記,即萬曆三十年,然其扉頁則又署"萬曆辛亥春月",下署"鄭雲竹重新梓行",此則萬曆三十九年(1611),亦即此本實非萬曆三十年者,而爲其九年後新刻之本。然此本國内無存。按:此書卷端所署之"鄭豪"實即鄭世豪(號雲竹),其當爲與前數行整齊之故,於名中減一字耳。

【影印・整理】

汪夢川、熊爗主編《杜集珍本叢刊》,巴蜀書社 2020 年影印本。

---

① 《中國古籍總目・集部》,第 83—84 頁。

【公藏】

中國：無。

日本：東北大、神户市立中央、公文書館、前田育德會。

杜律集解六卷

【叙録】

《杜律集解》六卷，唐杜甫著，明邵傅集解，陳學樂校，日本寬永二十年(1643)風月宗智據明萬曆十四年(1586)閩中邵傅校刻本刊。大本六册。其書五律與七律分册刊行。五律册前有"萬曆戊子歲夏季閏月望日閩石岊山下人陳學樂以成甫"之《刻杜工部五言律詩集解序》，卷端署"杜律五言集解""閩中邵傅夢弼集，陳學樂以成校"；七律册前有"萬曆丁亥年九月朔旦閩石岊山下人陳學樂以成甫"之《刻杜工部七言律詩集解序》，次"萬曆丁亥冬十月朔閩三山邵傅書"《集杜律七言注解序》，次《集解凡例》，卷端僅署"閩中邵傅夢弼集"。正文四周單邊，白口，單魚尾，無界行，半葉八行，行十七字，注小字雙行同，後有"六六山下人方起莘君聘甫跋 "，末署"寬永二拾癸未歲下春吉辰二條通觀音町歲月宗智刊行"。其後又有萬治二年(1659)印本，寬文十三年(1673)、延寶二年(1674)、天和三年(1683)、貞享二年(1685)有重刊之本，又有元禄七年(1694)鼇頭本。

【考證】

杜詩之刊本極多，此明人邵傅集解、陳學樂所校刊者則較稀見，據《中國古籍總目》知僅山東博物館藏一種，然僅有五言一册；明代尚有邵明(傳)校本，然所存亦少①。故此和本亦極珍貴。葉嘉瑩《杜甫秋興八首集説》曾引此書，然明本難逢，故僅引和刻本，見其引用書目，又評之云"按此書引舊注，剪裁雖頗簡當，惜多不注明出處，解説則頗有可取"②。周采泉認爲："此書亦無甚優異，國人鮮有知者，而日本却一再翻刻此書，殊可怪也。仇注《凡例》'歷代注杜'亦提及閩人邵傅之《五律集解》，但注中未引，

---

① 《中國古籍總目·集部》，第85頁。

② 葉嘉瑩：《杜甫秋興八首集説》，北京：北京大學出版社，2014年，第5頁。

則仇氏亦僅知其書而未見。"[1]是未知日人傳刻杜詩之意,與國人實異,此邵注較爲簡略,國人或責其陋,而於日人言,則或恰合,故杜詩注本行於日者,未有此書之廣者。

【影印・整理】

〔日〕長澤規矩也《和刻本漢詩集成》第二輯(元禄本)。

《和刻本四部叢刊》影印本(天和本、元禄本)。

汪夢川、熊燁主編《杜集珍本叢刊》(元禄本),巴蜀書社 2020 年影印本。

【公藏】

中國:首都(延寶本)、上海、華東師大(貞享本)、遼寧、大連、湖南(元禄本)。

日本:國會、宫内廳書陵部、静嘉堂文庫、東洋文庫、神户市立中央(寬永本),餘本甚多,不備録。

杜詩分類集注二十三卷

【敘録】

《刻杜少陵先生詩分類集注》二十三卷,明邵寶注,過棟參注,周子文校梓,日本明曆二年(1656)。大本二十四册。前有王穉登《刻杜詩分類集注序》,次"萬曆壬辰之秋九月既望三吴周子文書"《刻杜詩分類集注序》。卷端首行署"刻杜少陵先生詩分類集注",次行以下署"錫山二泉邵寶國賢父集注,同邑最木過棟汝器父參箋,三吴雲望周子文岐陽父校梓",版心署"杜詩集注"。正文四周文武邊,白口,單黑魚尾,有界行,半葉十行,行二十字,注小字雙行同,有返送。

【考證】

此書原本爲明萬曆二十年(1592)周氏所刻,《中國古籍總目》録四家,即上海、湖北、中科院、山東,然後二家不全[2]。另據全國普查系統可知,尚

① 周采泉:《杜集書録》,上海:上海古籍出版社,1986 年,第 332 頁。

② 《中國古籍總目・集部》,第 84 頁。

可增南開及湖南二部。此書明版原本存於日本早稻田大學圖書館,末册爲抄配,宫内廳亦存一種。總之,其書存世數量甚少。此書之題頗奇,據其卷端,書名中有“刻”字,然此古來無其例,和本翻刻明本時亦據原題,長澤氏著録時或亦覺其未當,故録爲“(刻)杜少陵先生詩分類集注”①,然檢其書之明刊即如此,似亦當從原刻。又此和本當全據明本覆刻,即字體亦有虎賁中郎之似,即其版心下明本原有署刻工姓名及字數者,和本亦仿之,然和本留此痕跡似頗隨意,大多原本所署並未照刻,只有個别葉碼方有。

【影印・整理】

〔日〕長澤規矩也《和刻本漢詩集成》第三、四輯。

《和刻本四部叢刊》影印本。

【公藏】

中國:民族大。

日本:東大總、關大、静嘉堂文庫、蓬左文庫、新發田市立、京大人文研東方、東洋文庫、一橋人、神外人、九大六本松、市立米澤、九大、愛知大、佐野市立鄉土博物館、神户市立中央、公文書館、廣島大、佐賀縣圖、宫内廳書陵部、鹿大。

杜工部七言律诗分类集注二卷

【叙録】

《杜工部七言律诗分类集注》二卷,明薛益集注,日本慶安四年(1651)京都中村市兵衛刊本。大本四册。扉頁右上署“薛虞卿先生集注”,中題“杜工部七言律詩”,左下署“金閶五雲居梓行”。前有“崇祯戊寅冬越虞友弟”徐如翰《杜工部七言律诗分类集注》序,“崇祯十有四年七月仙山社小弟”林雲鳳《薛虞卿先生杜律七言集注序》,薛益崇祯十年(1637)贈徐如翰《注杜律歌》,並附杨士奇《杜律虞注旧序》、白雲漫史《少陵纪略》、《杜律心解題词》、白雲漫史《杜律虞注叙略》,薛益跋、《杜律心解凡例》。卷端署“明長洲後學薛益集注,海陽社弟程聖謨、男薛松、薛桂同較”。正文四周文武邊,白口,單黑魚尾,無界行,半葉八行,行二十字。版權頁署“慶安四

① 〔日〕長澤規矩也:《和刻本漢籍分類目録》,第167頁。

辛卯年四月吉祥日,中村市兵衛開板"。

【考證】

杜詩之注,號曰千家,至今亡佚者,不計其數。亦有書雖存却晦而不彰者,薛益《杜工部七言律詩分類集注》一書即如此。此書最早著録於同治《蘇州府志》卷一百三十八,原云:"薛益。《瀘州志》:《杜律集注》、《倡和詩》、《薛虞卿詩集》二卷。"①知同治《蘇州府志》乃據《瀘州志》轉録,而《瀘州志》之録薛氏以其曾官瀘州訓導之故也。黄虞稷《千頃堂書目》卷二七曾將其附於天啓科並云"薛益:《薛虞卿詩集》二卷。長洲人,四川訓導"②,而前引之《蘇州府志》卷六二更録云:"薛益虞卿,瀘州訓導,二年副榜貢。"③然此書僅現於《蘇州府志》,後即絶無影踪。三百載後,王重民游歷歐美,於美國國會圖書館得見此書之崇禎本,爲撰叙録④,據此提要,國内學界方知此書消息。

1986 年,國内分别出版兩部杜甫詩集叙録著作,均録此書。周采泉《杜集書録》僅據王重民叙録簡要介紹⑤,未有補益,或知周先生未目驗原書。鄭慶篤等編著《杜集書目提要》著録較詳,既介紹其體例,亦描述其書之文獻特徵⑥。此之成果,在於著録者目驗原本,鄭慶篤《書到用時方恨少》一文提及此書云:"當時和圖書館打交道還不算難。唯我國圖書館管理方法不一,亦頗多缺漏,有目無書者有之,有書無目者有之,歷經十年動亂文化革命,這種情况尤甚。往往按圖索驥,索不到,徒勞往返。而有時又有意外的發現。如明人薛益《杜工部七言律詩分類集注》二卷,雖爲明崇禎間刻本,據《中國善本書提要》著録,以爲'益注頗膚淺'。但畢竟爲一明人注本,傳世罕見。據《杜詩版本目録》載,僅美國國會圖書館珍藏,國内未見。我們有一次到東北各大圖書館訪書,無意中在吉林省圖書館見到,並慷慨應允,予以拍照全書。"⑦此後,《中國古籍善本書目》亦僅收録吉林

① [清]李銘皖等修:《(同治)蘇州府志》,《中國方志叢書》本,臺北:成文出版社,1970 年,第 3279 頁。

② [清]黄虞稷撰,瞿鳳起、潘景鄭整理:《千頃堂書目》,第 669 頁。

③ [清]李銘皖等修:《(同治)蘇州府志》第 1599 頁。

④ 王重民:《中國善本書提要》,第 501 頁。

⑤ 周采泉:《杜集書録》,上海:上海古籍出版社,1986 年,第 337 頁。

⑥ 鄭慶篤、焦裕銀、張忠鋼、馮建國:《杜集書目提要》,濟南:齊魯書社,1986 年,第 113 頁。

⑦ 鄭慶篤:《書到用時方恨少》,參見曹積三、閆桂笙主編:《當代百家話讀書》,北京:生活·讀書·新知三聯書店,1997 年,第 545 頁。

省圖書館所存孤本①,《中國古籍總目》僅增加美國國會圖書館藏本②。私藏或有孑遺,2010 年,北京歌德拍賣有限公司在其古籍文獻專場春拍中,拍出一明刻本,其標云“明重振金五雲居”或爲“明金閶五雲居”之誤。

然學界均忽略此日本之覆刻。事實上,此於國内幾於失傳之杜律注本在其刊行十年後既在日本有其覆刻,實爲迅速。此和刻本現存亦極少,目前所知,日本僅四家有藏,國内則未見,則其存世較之明刻原本尚稱珍稀,因明刊原本除上述美國國會圖書館、吉林省圖書館所藏外,日本東洋文庫、公文書館及宫内廳書陵部亦也有藏本。

另友人曾於日本購得明本一部,或即此和刻之底本。姑舉二例。卷一第三〇葉 B 面《宣政殿退朝晚出左掖》詩之注中,明本有“休微也”三字,然有紅筆點去“微”而旁添“徵”字,和刻本即徑刻爲“徵”;又卷一第三十九葉《野老》詩末句“城闕秋生畫角哀”,明本爲“衰”,又紅筆點改爲“哀”,和刻本亦徑刻爲“哀”。此二處和本均與此本朱筆校改同,或非偶然。

關於此書之注者薛益,筆者曾有文詳考③,此不贅。

【影印・整理】

〔日〕長澤規矩也《和刻本漢詩集成》第五輯。

金程宇《和刻本中國古逸書叢刊》。

《和刻本四部叢刊》影印本。

汪夢川、熊燁主編《杜集珍本叢刊》,巴蜀書社 2020 年影印本。

【公藏】

中國:無。

日本:京都立中央圖書館、公文書館、早稻田大學圖書館、石川縣立圖書館。

---

① 《中國古籍善本書目・集部》,第 80 頁。

② 《中國古籍總目・集部》,第 85 頁。

③ 李小龍:《薛益〈杜工部七言律詩分類集注〉考》,《中國詩學》第二十二輯,北京:人民文學出版社,2016 年。

岑嘉州詩集八卷

【叙録】

《岑嘉州詩集》八卷,唐岑參撰,日本寬保元年(1741)平安天王寺屋市郎兵衛刊本。大本四册。扉頁書名右署“淀府菊隱先生訓點”,左署“帝都書林水玉堂壽梓”。前有京兆杜確《岑嘉州詩集序》,序後附淀上菊隱叟識語。卷端署“岑嘉州詩”,“嘉州刺史岑參”。正文左右文武邊,白口,單黑魚尾,版心下有“水玉堂藏”字樣,有界行,半葉九行,行二十字,有返送。版權頁署“寬保元年辛酉仲春穀旦,平安書林:天王寺屋市郎兵衛、山田屋參郎兵衛壽梓”。

【考證】

此書之整理者與刊行書肆與前《王昌齡詩集》全同。其前杜確序後有整理者識語云:“今是編以岑公通家杜確所編爲據,副以明李本芳、許自昌校本,對映同异,並存無遺。”頗以其爲欺人之言,因杜氏原編全本現已不存,國圖僅存其半,然其下云“蓋杜以類聚,許以體分,今從許便覽”之類,所言的爲杜本特點。細檢可知整理者確所有本。如此本卷八有《寄韓樽》詩云:“夫子素多疾,别來未得書。北庭苦寒地,體内今何如。”詩下有注云:“韓時使在北庭以詩代書於時使”,此注傳世各本中僅黄丕烈所藏明抄宋本及吴校本有,但却“時”與“於時”三字空缺,惟國圖所藏宋本完足,與此本全同①。可知其言“杜編間有填注,蓋公自爲之,或杜所注,亦收無闕”當非虚言。則此本可存宋本之舊,實爲珍本。其又云:“公《送楊子》五律誤在太白集,又高適《送鄭侍御謫閩中》五律誤入杜編,今據而改之,各得其正。其餘考異,不敢取捨,一備舊耳,覽者察焉。”則知整理者既曾調整,又盡量保持原貌。

【影印・整理】

〔日〕長澤規矩也《和刻本漢詩集成》第五輯。

《和刻本四部叢刊》影印本。

---

① 參《岑參詩集》卷四,《中華再造善本》,影印宋本。

【公藏】

中國:杭大。

日本:前田育德會、宮内廳書陵部、東北大、静嘉堂文庫、實踐女子、神户市立中央、廣島大、京産大、京大附圖、國會、國士館、市立米澤、關大、東京都立中央、龍野歷史文化資料館。

韋蘇州集十卷

【叙録】

《須溪先生評點韋蘇州集》十卷,唐韋應物著,劉辰翁校,日本寶永三年(1706)刊本。大本五册。前有"嘉祐元年十二月二日太原王欽臣記"之《韋蘇州集序》,序後有二方形墨丁,或爲刻印章預留者。卷端署"須溪先生校本韋蘇州集卷第一","蘇州刺史韋應物"。正文四周文武邊,白口,無魚尾,無界行,半葉九行,行十七字。末有佚名"德祐初秋看二集並記"之《後跋》,次"踈園居士何湛之書"之《陶韋合刻跋》。末有"寶永三丙戌年三月日""彫刻:村上勘助、并河次郎兵衛、駒井五良兵衛"字樣。

【考證】

楊守敬《日本訪書志》載一《須溪先生校本韋蘇州集》十卷,標注爲"元刊本",並云:"首有王欽臣序,次目録。首行題'須溪先生韋蘇州集卷第一',次行題'蘇州刺史韋應物'。每半葉九行,行十七字。卷中多校録異同之字,間有評語。末有何湛之兩跋,須溪此本多據何本補入者。"①其所載之本與此和本同,則和本當自此本出。然其云"末有何湛之兩跋,須溪此本多據何本補入者",則以此何氏爲宋人;無獨有偶,日人橋川時雄論何氏《陶韋合集》時又以其爲"明成化年間劉須溪刊……編次及刊行年月並未詳"。此二者之誤或均因此本之末何氏之跋未署時日也。劉辰翁爲宋元之人,故橋川之語已可勿論;而何氏之爲明人則需説明。據《中國古籍版刻辭典》有其條目云:"何湛之(1551—1612),明南京留守左衛人,字公露,號矩所,别號疏園,萬曆十七年進士,歷仕南刑部主事郎中,遷江西按察僉事,後任浙江按察使,有《疏園集》。天啓間刻印過晋陶潛《陶靖節集》2 卷,唐韋

① [清]楊守敬撰,張雷校點:《日本訪書志》,第 222 頁。

應物《韋蘇州集》10卷。"[1]然此條實亦有誤,何氏卒於萬曆四十年(1612),未入天啓中,故無可能於天啓時刻書。此二書實刻於萬曆間,此郭紹虞《陶集考辨》已有論定[2]。然此何氏所刊之本國内已極罕見,《中國古籍總目》即未録[3]。陶敏校韋應物集,末附何氏跋語,則取自此和刻本[4],亦可知其未見國内傳本也。

楊守敬之所以誤何氏爲宋人,或與其所謂"兩跋"有關,如前所云,其後跋署"踈園居士何湛之書",無時間;然前跋署"德祐初秋看二集並記",又僅有時間而未署名。依一般慣例,此二則當爲一人所書。德祐爲宋末恭帝年號,則據此定何爲宋人亦情理之常。然前跋當爲劉辰翁之跋,因其書爲"劉須溪評點韋蘇州集",故其末跋僅署時日而不再署名,至其疊床架屋再由何氏刊刻後,全書格局已變,此跋未署名即令後人不知所云。另,此跋所謂"看二集",當指看韋、孟二集也,非何氏所輯刻之陶、韋二集。故郭紹虞云"始於何湛之"。

【影印·整理】

〔日〕長澤規矩也《和刻本漢詩集成》第八輯。

《和刻本四部叢刊》影印本。

【公藏】

中國:無。

日本:静嘉堂文庫、東京都立中央、公文書館、東洋文庫、關大、立命館大學。

盧綸詩集三卷

【叙録】

《盧綸詩集》三卷,唐盧綸著,日本元禄二年(1689)江户伊勢屋清兵衛刊本。大本三册。前有"正德乙亥七月二十三日""河中東峰劉成德"《唐

---

① 瞿冕良編著:《中國古籍版刻辭典》,第256頁。

② 郭紹虞:《照隅室古典文學論文集》,第258—326頁。

③ 《中國古籍總目·集部》,第100—101頁。

④ [唐]韋應物著,陶敏、王友勝校注:《韋應物集校注》,上海:上海古籍出版社,1998年,第633—634頁。

侍御盧綸詩集序》。卷端署“唐監察御史河中盧綸著,河中劉成德校增並編次”。正文四周單邊,白口,無魚尾,無界行,半葉九行,行十七字。後有“元禄己巳秋七月廿三日碧梧國鳳希毛謹識”之《書盧綸詩集後》。末有“江户州瀨石町中通伊勢屋清兵衛板行”字樣。

【考證】

此本前有正德乙亥序,日本慶應義塾大學誤其爲日本正德,然其無乙亥,故定其爲乙未,即正德五年(1715),實誤。此爲明正德十年(1515)。其序署“河中東峰劉成德”,知其底本爲劉成德正德十年刻本,傅增湘於此其本有詳校,並云:“今考席刻本十卷,爲詩二百八十四首,此本三卷,凡一百首,取兩本對勘,與席同者八十九首,其《蠻家》以下十一首爲席刻所無,題下未注所出,不知劉氏録自何書也。劉氏喜刻唐人詩集,余所見者有宋之問、杜審言、白氏諷諫、耿、郎士元諸集,其版式大率相類,意其所刻當不止此耳。校定詞句,改正極多,與余昔年所校明活字本合者十之六七,其他意義亦視席本爲勝。或劉氏所見多古刻,視後來展轉沿訛者要爲有據乎?”①可見劉成德本之價值。然其原本所存甚罕,據《中國古籍總目》僅國圖有藏孤本②,據傅增湘《藏園群書經眼録》載,原當爲天一閣舊藏,後爲北京圖書館收入之③。劉初棠《盧綸詩集校注》前言云:“萬曼先生《唐集叙録》謂有一種三卷本,中有‘《蠻家》(五律)、《送華陰隱者》(五律)、《欲别》(五律)、《夜泊淮陰》(五律)、《經李白墓》(五律)、《白髮嘆》(五律)、《寧州春思》(五律)’七詩。中除《白髮嘆》一詩,《全唐詩》爲五絶外,餘均不見於《全唐詩》。此三卷本,或即明正德十年劉成德刻三卷本,唯無幸得見,未敢遽定。”④整理此書之學者猶難得見,可見其書之稀遘也。按:此書上卷五古六首、七古五首,卷中五律四三首,卷下五排十首、六律一首、七律二十首、五絶十三首、七絶十九首,共一百零七首,盧氏詩歷來傳世之本爲三百餘首,故此書並不全備,然其有多首爲歷來所未收,甚如《白髮嘆》一詩云“髮白曉梳頭,女驚妻泪流。不知絲色後,堪得幾回秋”⑤,而此則爲五律:“白髮已過半,無心離此溪。病嘗山藥偏(遍),貧起草堂低。爲月窗從破,因詩壁重泥。近來常夜望,寂寞與僧齊。”則非同詩,而《全唐詩》録此

---

① 傅增湘:《藏園群書題記》,第598頁。
② 《中國古籍總目·集部》,第104頁。
③ 傅增湘:《藏園群書經眼録》,第870頁。
④ [唐]盧綸著,劉初棠校注:《盧綸詩集校注》,上海:上海古籍出版社,1989年,《前言》第8頁。
⑤ [唐]盧綸著,劉初棠校注:《盧綸詩集校注》,第202頁。

爲項斯詩，名爲《題令狐處士溪居》①，則此或誤。

【影印・整理】

〔日〕長澤規矩也《和刻本漢詩集成》第八輯。
《和刻本四部叢刊》影印本。

【公藏】

中國：無。
日本：國會、京産大、慶應。

昌黎先生文集四十卷

【叙録】

《五百家注音辯昌黎先生文集》四十卷，唐韓愈著，宋魏仲舉輯，日本嘉慶元年（1387）臨川寺刊本（五山本）。大本二十册。卷端署"五百家注音辯昌黎先生文集卷第一"，正文左右文武邊，白口，單黑魚尾，無界行，半葉十行，行十六字左右，注雙行小字，行二十三字左右，無返送。此後又有元和寬永間古活字版。

【考證】

日本之嘉慶元年仍在其南北朝之時，當吾國洪武二十年，此刊本即所謂"五山本"者。《經籍訪古志》有著録云："無序及跋文，編注名氏俱未詳……不記刊行時月，然板式雅古，絶與俞本《柳文》相類，前輩定爲二集合刻者，其説似是。但比《柳文》文字稍大，界欄亦小異。今行活字刊本以此本爲原。"②俞良甫所刊諸書，多有刊記，然亦或非一律，故森氏之推測或可信從。然前及《春秋經傳集解》時云"並無確證，或非定讞"，此處又云"或可信從"，似前後不一。實亦不然。韓柳二家常爲書肆合刻，檢二家别集，合刻者比比皆是，故俞氏刻柳文，則其刻韓文之可能性極大，且又有此與柳文相類之五山板在，前後二證，可互相爲援。而至於柳文有識語，韓文則無，似亦常事，以合刻韓柳者，多先韓而後柳，故韓氏刻竣，工尚未完，需

---

① ［清］彭定求等編：《全唐詩》，第6407—6408頁。
② 〔日〕澁江全善、森立之等撰：《經籍訪古志》，杜澤遜、班龍門點校，第212頁。

賈勇刊柳，至柳文告成，此方圓満，此時書跋以記之，不亦宜乎！此例亦多，故不必論。而森氏所云"比《柳文》文字稍大，界欄亦小異"者，亦至慎之言，然若僅以柳文某册與某册細勘，亦偶有文字大小、界欄小異之情，試想刻如許近百卷之大書，前後所需時日甚久，必不能整齊劃一。另蓬左文庫、小汀文庫存有五山版《昌黎先生聯句集》一書，實即摘此書卷八單行而成者，卷末有刊記云"丙辰年孟榮雕作"，又有多處版心署"大"字，知乃爲與俞氏齊名之陳孟榮所刊，似亦可爲此書刊者作一援證。

此後元和、寬永間古活字本對此五山板稍改行款，然文本當即沿襲而來者。

此魏仲舉輯五百家注本，國内僅存宋刻孤本於南京圖書館，然有八卷殘缺，以清抄本配補，此後之元明二朝均無傳本，至清方有《四庫全書》本①。而此本則當爲元刊本之分支，故今人整理此書時，亦以此本爲重要之參校②。

【影印・整理】

《日本五山版漢籍善本集刊》影印本。

【公藏】

中國：無。

日本：宮内廳書陵部、東北大、公文書館、静嘉堂文庫、東洋文庫、國會、大東急紀念文庫、陽明文庫（以上五山本），前田育德会、公文書館、東洋文庫、阪大總、東大總、宮内廳書陵部（以上古活字本）。

李文公集十八卷

【叙録】

《李文公集》十八卷，唐李翱著，日本文政二年（1819）昌平阪學問所官板本。大本四册。前有"成化乙未春二月之吉賜進士出身通奉大夫廣西等處承宣布政使司左布政使玉融何宜"《李文公集序》，次"嘉靖二年三月望

---

① 《中國古籍總目・集部》，第 117 頁。

② ［唐］韓愈撰，［宋］魏仲舉輯注，郝潤華、王東峰整理：《五百家注韓昌黎集》，北京：中華書局，2019 年，《前言》第 29 頁。

日賜進士兵部主事鄞都黄景夔”《刻唐李翱集序》，次歐陽修《讀李翱文》。正文左右文武邊，白口，單黑魚尾，有界行，半葉九行，行十九字，有極少返點。末附《李翱傳》、歐陽修《書李翱集後》，“景泰乙亥四月之吉河東那讓識”之跋語及由《明文衡》補録趙汸跋一則。末行署“文政二年刊”。

【考證】

此和本就其前後序跋觀之，則當翻刻明嘉靖二年（1523）黄景夔刻本。而此黄氏刻本之來源却與朝鮮本有關，黄氏《刻唐李翱集序》云：“予少嘗見李文公翱集，是時已知愛其文。後不再見（和本此處脱一‘見’字，於書眉校云：‘再下疑脱見字’，據國圖所藏黄本原書，此確當有‘見’字）是書。元年春，唐太史守之使朝鮮，至山海，予問是書，曰有之。前從假其本録而刻焉。”此所謂之唐太守即唐皋，其人爲正德九年（1514）狀元，嘉靖元年（1522）曾奉使出使朝鮮，爲中朝交流史上重要人物。故黄氏序與其人行跡可以互證。知黄氏本來自朝鮮流傳之本。然所謂朝鮮本，今已不得其詳，檢《朝鮮時代書目叢刊》，雖録其集數種，然其二云有蘇舜欽序，則非此本；其一則僅泛泛論之，未詳其爲何版①。總之，黄本反可爲朝鮮本承傳之本。然黄本現存亦不多見，據《中國古籍總目》所録，僅國圖及上海二家有藏②。然則，此和本又可傳黄本，並傳朝鮮本。

後至光緒元年（1875），馮氏讀有用書齋刻三唐人集，其跋云：“甲戌秋，余購得古書數十種，中有東洋文政二年刻本《李文公集》十八卷凡一百二篇。公務之餘，瀏覽竟帙。其行文旨趣與歐陽文忠公及蘇明允氏所論一一符協。今近時印本甚罕，付之手民。惟訛字脱文層見疊出，乃遍訪友人所藏舊槧，僅得明嘉靖二年刊本及毛氏汲古閣本，又有無名氏校本，互相參校，謬亦復不免，而嘉靖本尤甚。無名氏所校、汲古閣本似依據宋元舊槧，然亦不能盡善。今以欽定《全唐文》中所載一一對勘，多所折衷，又獲諸本所無者八篇。”此本被稱爲“李翱集最爲精善完備”之本③，然其之來源，亦竟與和刻之本有關，則李翱集之傳播，於中、朝、日三國之間，頗呈互援之勢，此正書籍環流之典則也。

【影印・整理】

《和刻本四部叢刊》影印本。

---

① 張伯偉編：《朝鮮時代書目叢刊》，第340、579、4326頁。

② 《中國古籍總目・集部》，第125頁。

③ 傅璇琮主編：《中國古代詩文名著提要》第一册，石家莊：河北教育出版社，2009年，第350頁。

【公藏】

中國:上海、大連、南京、湖北、中大。

日本:神户大、高知大、公文書館、東京都立中央、宫内廳書陵部。

白氏文集七十一卷(古活字本)

【敘録】

《白氏文集》七十一卷,唐白居易著。日本慶長元和間那波道圓古活字排印本。大本二十三册。前有元稹序。正文四周文武邊,粗黑口,雙對魚尾,有界行,半葉九行,行十六字。後有陶穀述《龍門重修白樂天影堂記》,次"戊午秋七月丁亥朔那波道圓書於洛中遠望臺"之《白氏文集後序》。

【考證】

白居易詩文集留傳頗廣,然白氏集原當爲分集本,於流傳過程中,次序頗有更動,故泯滅分集之跡,即國内所存宋刊之本亦莫不如是,將原之前後集改爲前詩後文。日本那波本仍保存其分前後集之原貌,不可多得。故此書舶歸後極得重視,先被收入《四部叢刊》影印發行,繼而各家董理白氏文集者亦莫不參用。

【影印・整理】

《四部叢刊》影印本。

《域外漢籍珍本文庫》第二輯影印本。

【公藏】

中國:科學、北大、復旦。

日本:宫内廳書陵部、東大總、前田育德会、東大東文研、大垣市立、市立米澤、飯田市立中央、慶應大、蓬左文庫、公文書館、國會。

白氏文集七十一卷(官板本)

【敘録】

《白氏文集》七十一卷,唐白居易著,日本文政六年(1823)官板本。中本三十册。前有元稹《白氏長慶集序》。正文四周文武邊,上下粗黑口,無魚尾,有界行,半葉九行,行十六字。末有"文政六年刊"字樣。

【考證】

據日本學者神鷹德治考證,此書之本文乃以那波活字本爲底本,故其仍爲前後分集本,且行款亦與那波活字本同;其又參以金澤本、營見抄等舊抄本及其校注校異,如卷三十一中那波本所無之九文,即以金澤本訂補。與林羅山校本、蓬左校本同,皆參以舊抄本之校注①。

【影印・整理】

無。

【公藏】

中國:上海師大、復旦。

日本:新潟大、阪大總、静嘉堂文庫、關大、館林市立、立命館・立命館大學、公文書館、實踐女子。

唐柳先生文集四十五卷

【敘録】

《新刊五百家注音辯唐柳先生文集》四十五卷,唐柳宗元著,宋魏仲舉編,日本嘉慶元年(1387)刊本。大本二十册。前爲序傳碑記紀一卷。卷端署"新刊五百家注音辯唐柳先生文集卷第一"。正文左右文武邊,黑口,三魚尾,有界行,半葉十行,行十八字,注雙行小字,行二十三字。

---

① 〔日〕神鷹德治:《官版白氏文集》,《白居易研究講座》第6卷,東京:勉誠社,1995年,第280頁。

【考證】

此書與前述之韓集尚有不同,此之宋刊於國内並無足本,僅國圖藏殘本,存卷十六至二十一、三十七至四十一,有黄丕烈題跋,餘者即《四庫全書》所録不全之本。《四庫全書總目》云此書"其版式廣狹,字畫肥瘠,與所刻《五百家注昌黎集》纖毫不爽。蓋二集一時並出也",則館臣所見當即宋本,又稱其"且其本槧鍥精工,在宋版中亦稱善本。今流傳五六百年,而紙墨如新,神明焕發。復得與《昌黎集注》先後同歸秘府,有類乎珠還合浦,劍會延津,是尤可爲寶貴矣"①,則似館臣所得爲宋本全本。然檢《四庫全書》所録之書,則不過其原書之半,知其所得亦有殘缺。然上引提要所撰,又似對全書所發,或撰提要與抄録此書者非一人乎?故此和本更爲珍貴,以其從宋本而來,且又完足之故。今人整理柳集者,雖或因取用不便之故,五百家注以《四庫全書》本爲主,然"缺佚部分則使用日本所藏《新刊五百家注音辯唐柳先生文集》的複印本"②。

又,此書確爲俞良甫所刻,書末牌記云:"祖在唐山福州境界,福建行省興化路莆田縣仁德里臺諫坊住人俞良甫,久住日本京城阜近,幾年勞鹿,至今喜成矣。歲次丁卯仲秋印題。"此丁卯即日本嘉慶元年。前述韓集時云刊百卷大書,必遷延歲月,此云"幾年勞鹿,至今喜成矣",即其證也。

【影印・整理】

金程宇《和刻本中國古逸書叢刊》。

《日本五山版漢籍善本集刊》影印本。

【公藏】

中國:無。

日本:東北大、國會、東洋文庫、公文書館、静嘉堂文庫、宫内廳書陵部、大東急紀念文庫、天理圖書館、陽明文庫、成簣堂文庫。

---

① 魏小虎編撰:《四庫全書總目彙訂》,第4798—4799頁。

② [唐]柳宗元撰,尹占華、韓文奇校注:《柳宗元集校注》,北京:中華書局,2014年,《整理説明》第6頁。

賈浪仙長江集十卷

【叙録】

《賈浪仙長江集》十卷,唐賈島著,日本正德五年(1715)書林茨木多左衛門刊本。大本三册。扉頁右題"賈浪仙",左題"長江集",中小字署"雒易書林柳枝軒藏版"。前有《賈島紀事》,其末有"臨安府睦親坊南棚前北陳宅書籍鋪印"字樣。卷端署"范陽賈島浪仙"。正文四周單邊,白口,版心題"賈浪仙長江集",無界行,半葉九行,行二十字。末署"正德五乙未歲孟春穀旦",左下有長方牌記署"六角通御幸町西入町書林茨木多左衛門壽梓"。

【考證】

據《中國古籍總目》載録可知,《長江集》國内已無宋本,所存者均明、清之本[①]。實此書宋本清初尚存,據《季滄葦藏書目》之《延令宋版書目》知,其曾藏宋版"《賈浪仙長江集》十卷三本",此即宋書棚本也,季氏書散出,黄丕烈猶曾見之,據之校毛抄影宋本。並云其爲"張氏藏書棚本"[②]。然今其書已佚。此和本則當爲宋書棚本之翻刻本,以其《賈島紀事》末附"臨安府睦親坊南棚前北陳宅書籍鋪印"之刊記可知。

齊文榜校注此集時,曾參用和本,云:"日本江户時代中御門正德五年乙未(一七一五,當清康熙五十四年乙未)刻《賈浪仙長江集》十卷,三册,南京圖書館藏。此本文字與書棚本相差甚微,亦有少數闕字,乃宋書棚本的翻刻本。"[③]其所據,乃此本與書棚本文字之比勘,尤其是書棚本有闕字,後人多有臆補者,而此本仍有保留,可見其確來自書棚本,且較忠實。然齊氏未及其"臨安府睦親坊南棚前北陳宅書籍鋪印"之刊記,此證亦甚鑿。此和刻本亦有後印之本,《賈島紀事》之末無此刊記,或後印時鏟去者,未知南圖所藏之和本有此刊記否。

【影印・整理】

〔日〕長澤規矩也《和刻本漢詩集成》第八輯。

---

① 《中國古籍總目・集部》,第132—133頁。
② [清]黄丕烈撰,余鳴鴻、占旭東點校:《黄丕烈藏書題跋集》,第404頁。
③ [唐]賈島撰,齊文榜校注:《賈島集校注》,北京:中華書局,2020年,《前言》第18頁。

《和刻本四部叢刊》影印本。

【公藏】

中國：南京。

日本：市立米澤、東北大、京産大、京大人文研東方、國會、關大、東京都立中央、堺市立中央。

李長吉歌詩四卷、外卷一卷

【敘録】

《唐李長吉歌詩》四卷、外卷一卷，唐李賀著，宋吴正子箋注，宋劉辰翁評，日本文政元年(1818)昌平坂學問所官板刊本。大本三册。卷端署"西泉吴正子箋注，須溪劉辰翁評點"。正文左右雙邊，白口，上黑魚尾，有界行，半葉九行，行十八字，有返點。末有"文政紀元刊"字樣。

【考證】

長吉詩最古之注即宋人吴正子注，後又有劉辰翁評，故後世有將此二書合而爲一者。此合刊之本一般認爲後世有二：一者四卷，"有元刻袖珍本，臺灣'中央圖書館'藏，又有明瀓堂刻本、常熟翁氏緑絲欄鈔本、日本文政元年(清嘉慶十三年，1808)刻本、《四庫全書》本。一爲四卷加外集本，明天啓合刻宋劉須溪點校書九種之一"①，《中國古籍總目》亦據此分列②，然此言或誤，實元本、和本及《四庫全書》本均有外集，故《總目》將《四庫全書》本移置於下。無論如何，此元刻則僅存孤本也。而此文政之官板當從元刻出。以其本目録之末有識語云："李長吉詩舊藏京本、蜀本、會稽本、宣城本，互有得失，獨上黨鮑氏本詮次爲勝。今定以鮑本，而參以諸家，箋注則得之臨川吴西泉，批點則得之須溪先生，典觀評論，並附其中。齋居暇日，會粹入梓，庶幾觀者瞭然在目。至元丁丑二月朔日復古堂識。"元刊孤本多被定爲元丁丑復古堂本者，正據此語。然學界多以此爲前至元丁丑即至元十四年(1277)，據劉辰翁子劉將孫《刻李長吉詩序》云："先君子須溪先生於評諸家詩最先長吉，蓋乙亥避地山中，無以紓思寄懷，始有意留眼

① 傅璇琮主編：《中國古代詩文名著提要》第一册，第371頁。

② 《中國古籍總目·集部》，第136—137頁。

目,開後來,自長吉而後及於諸家。”乙亥即前至元十二年(1275),則書成二年後刊行,似亦合理,然詳劉氏語氣,其云“先君子”者,必在劉辰翁去世之後,則此書之初刻或亦晚於大德元年(1297),況此合刊翻刻之書乎?故此當爲後至元三年(1337)也①。無論如何,此識語爲明本所無,則和本非出明本。然又有學者云此本“後有校梓説明,謂以上黨鮑氏本爲底本”②,實亦誤,其識語非日人之校梓説明,而爲吴正子箋注本外集前之識語,而所謂“上黨鮑氏本”即宋大觀時鮑欽止校定本。

日本早稻田大學圖書館藏有清乾隆時刊王琦注本,其前書眉上有日人朱批云:“吴正子注本有日刻本,蓋文政年間仿元版者云。”亦徑將此官板本視爲仿元刊本,當近似之。然其底本或較複雜。日人奥野新太郎謂此出自江户時林羅山舊藏抄本,當是。以官板本之末有劉辰翁總評二則云:“初疑外集未必其作,亦自多有好語。四□詩不如前兩卷,□□不如三四卷。豈敢厭多□□□少□□□。”“長吉詩□□眉帶□,增益得所,明麗動人,非厚塗澤比也。然□年過三十,將不及此,吾評不妄。”凡有“□”處皆闕字,二本所闕全同。而明刻諸本均無此語。且林羅山藏抄本每册封面及末頁均有“昌平坂學問所”之印,知即其所藏,故昌平坂學問所翻刻此書,適以此爲底本,亦事理之常。然則林藏抄本之底本即元刻本或同屬元刻系統之本無疑,如京都大學藏有傳足利義政舊藏之鈔本,其鈔録尤古③,似亦與此鈔本同源,故此本亦可視爲元刻本之裔也。

【影印・整理】

〔日〕長澤規矩也《和刻本漢詩集成》第五輯。

《和刻本四部叢刊》影印本。

【公藏】

中國:華東師大、遼寧、山大、南京。

日本:所藏甚多,不備録。

---

① 此點日人奥野新太郎已言及之,參其《日藏吴正子箋注劉辰翁評點簡論》,查屏球編:《梯航集——日藏漢籍中日學術對話録》,第266頁。

② 孫曉等編著:《域外漢籍珍本總目提要》下册,重慶:西南師範大學出版社,2018年,第385頁。

③ 童岳敏:《日藏〈李長吉歌詩〉鈔本及批點本考述》(《文獻》2014年第1期)對此本有論列,可參。

胡曾詩注一卷

【叙録】

《胡曾詩注》一卷,唐胡曾著,日本南北朝時刊本。大本一册。卷端署"新板增廣附音釋文胡曾詩注","廬陵胡元質注"。正文左右文武邊,白口,無魚尾,版心上署"注二",下偶有刻工名,有界行,半葉十行,行十六字,注文行二十字,無返送。又有寬永中翻刻本,分三卷,卷端署"新板增廣附音釋胡曾詩注",較五山版少一"文"字,然本卷之末及中下卷皆有此字①,正文四周雙邊,粗黑口,雙對魚尾,無界行,不計大字標題,則詩與注文均小字,半葉十四行,行二十字。

【考證】

此書《四庫全書總目》曾著録"編修汪如藻家藏"二卷本,且據之鈔入《四庫全書》,然其本"每首之下,鈔撮史書,各爲之注。前後無序跋,亦不載注者名氏。觀所引證,似出南宋人手"②,而據《中國古籍總目》所存,有不分卷本及三卷本,並無二卷之本,其中所謂三卷之影宋抄本有胡珽識語云:"詩之次序及注皆與此不同,蓋别行之本,故卷首無序,亦不載注者名氏。"影宋抄本之注者爲"邵陽叟陳蓋注詩,京兆郡米崇吉評注並續序",細核《四庫全書》本,其次序及注皆與此和本同。則知其本之注者爲胡元質,此點於《四庫全書總目》之補訂中迄未得指出。

然此《四庫全書》本並不全,亦未標注者名氏,且與和本頗有小異(如《四庫全書》本每詩下多有反切注音,和本無),故此胡元質注國内失傳,僅賴此和本可知其全貌。

前述《千字文》時曾云其與《胡曾詩注》《蒙求》合爲"三注",而此本版心所題刻工即其證也。檢其葉一、三、三七至四二皆署"大"字,葉二、四至六皆署"仲"字,可知與前二書並刻於同時,因《蒙求》末有陳孟榮刊記,故此書亦當刻於應安七年(1374)前後。

---

① 傅增湘曾照式著録之(《藏園群書經眼録》,第917頁),有學者指其脱文(趙望秦:《胡曾〈詠史詩〉研究》,北京:中國社會科學出版社,2008年,第26頁),實未檢原書。

② 魏小虎編撰:《四庫全書總目彙訂》,第4844頁。

【影印・整理】

〔日〕長澤規矩也《和刻本漢詩集成》第十輯(寬永本)。

《和刻本四部叢刊》影印本(寬永本)。

【公藏】

中國:遼寧。

日本:宮内廳書陵部、成簣堂文庫、兩足院、公文書館(以上五山版,公文書館殘存其半),關大、新潟大、實踐女子、公文書館、蓬左文庫、東北大、國會、二松學舍、京産大、静嘉堂文庫、廣島大、酒田市立(以上寬永本)。

三、宋別集

和靖先生詩集二卷

【敘録】

《和靖先生詩集》二卷,宋林逋撰,日本貞享三年(1686)茨木多左衛門刊本。大本二册。扉頁題“林和靖詩集”,左署“雒陽書肆柳枝軒藏版”。前有梅堯臣序,卷端題“和靖先生詩集”。正文四周單邊,白口,無魚尾,無界行,半葉九行,行十七字,有返點。末署“貞享三丙寅歲季春中浣日,茨木多左衛門鋟梓”,下有“柳枝軒”陰文印。

【考證】

林逋因《山園小梅》之詩及梅妻鶴子之事而爲後人所稔,然其作品則遺佚頗多。宋人劉克莊即云:“林和靖一生苦吟,自摘出十三聯。今惟五聯見集中,如‘隱非秦甲子,病有晋春秋’‘水天雲黑白,霜野樹青紅’‘風回時帶笛,烟遠忽藏春’,如‘郭索’‘鉤輈’之聯皆不在焉。七言十七聯,集逸其三,向非有《摘句圖》傍證,則皆成逸詩矣。梅聖俞作集序謂:‘先生詩未嘗自貴,就輒棄之,所存百無一二。’蓋實録云。”①可知其詩至宋末已多散佚。《宋史》本傳云:“逋善行書,喜爲詩。其詞澄浹峭特,多奇句。既就稿,隨輒棄之。或謂:‘何不以示後世?’逋曰:‘吾方晦迹林壑,且不欲以詩名一時,况後世乎!’然好事者往往竊記之。今所傳尚三百餘篇。”②至清乾隆時編《四庫全書》,以清初吴調元本入録,館臣云:“兹集篇數與本傳相合,蓋當時所收止此。其他逸句,往往散見於説部及真蹟中。”③則清初收拾遺佚,亦幾於元初之舊觀。然仍可補遺於異邦。楊守敬《日本訪書志》即載其所得“日本貞享丙寅刻本”《和靖先生詩集》二卷,稱“序文於‘和靖’皆提行,其根源於北宋無疑”,與明正德沈行輯本對校,頗有異同,“其他字句

---

① [宋]劉克莊撰,王秀梅點校:《後村詩話》,北京:中華書局,1983 年,第 52—53 頁。
② [元]脱脱等:《宋史》,第 13432 頁。
③ 魏小虎編撰:《四庫全書總目彙訂》,第 4874 頁。

異同,更難枚舉,然則沈氏亦未見此本也","今此本《秋懷》以下六首全篇宛在,竟爲沈行、吴調元本所脱,不尤可鄭重哉"①。惜學界今整理林氏集者頗多,然似均未及參考和本。

【影印・整理】

〔日〕長澤規矩也《和刻本漢詩集成》第十一輯。

金程宇《和刻本中國古逸書叢刊》。

《和刻本四部叢刊》影印本。

【公藏】

中國:上海、大連。

日本:廣島大、國會、東北大、新潟大、京大附圖、神户大、關大、大阪府立中之島、静嘉堂文庫、實踐女子、神户市立中央、國士館、宫内廳書陵部、公文書館、東北大。

閑居編五十一卷

【叙録】

《閑居編》五十一卷,宋釋智圓撰,日本元禄七年(1694)茨城方道刊本。大本五册。卷端署"宋孤山沙門智圓著"。正文四周單邊,白口,無魚尾,無界行,半葉八行,行二十字。後有"元禄甲戌七月初吉"跋。

【考證】

據此書嘉祐五年(1060)了空大師付梓之跋云:"吴待制遵路撰法師行狀,云《閑居編》六十卷,雖目其言,終不能見其全集。今開之本,訪諸學校及遍搜求,得四十八卷,《病課集》仍在編外。今恐遺墜,遂將添入,總成五十一卷。"知其或有六十卷之本,然有遺逸,成此五十一卷之書。其書《宋史・藝文志》嘗著録,雖收於子部釋家類中,然亦於集部重收②,故亦可視爲集部之書。此宋本清代當有遺存,《增訂四庫簡明目録標注》曾録《中庸

---

① [清]楊守敬撰,張雷校點:《日本訪書志》,第232—233頁。
② [元]脱脱等撰:《宋史》,第5187、5387頁。

子集》五十一卷,“宋錢塘僧智圓撰,趙氏小山堂有宋刊本”[1],然今未見傳本,故《中國古籍總目》未録此書。《日藏漢籍善本書録》重在漢籍,然亦録此書,可見此和本之重要[2]。然此和本雖翻刻較晚,却亦極罕見。

【影印・整理】

金程宇《和刻本中國古逸書叢刊》。

【公藏】

中國:無。

日本:國會、京大附圖、前田育德會。

景文宋公集存三十二卷

【叙録】

《景文宋公集》存三十二卷,宋祁撰,日本文化七年(1810)《佚存叢書》(第六帙)活字排印本。大本十册。首目録葉於《宋景文公集》下標注“原一百五十卷,今存三十二卷,内殘闕十卷”。卷端署“景文宋公集卷第十六”。正文四周單邊,粗黑口,單黑魚尾,有界行,半葉十行,行十二字,注雙行小字同。末有“文化七年庚午陽月二十二日天瀑山人識”之跋。

【考證】

陳振孫《直齋書録解題》云:“(宋祁)每見舊所作文章,憎之必欲燒棄。”[3]宋氏《治戒》中誡其子“無妄編綴作集,使後世嗤詆”,亦可相證。然其集仍有一百五十卷之巨,可見創作之富。雖後世流傳遞有遺佚,然猶有百卷之本。而至清編《四庫全書》時,其書無全然無存,館臣“兹就《永樂大典》所載,彙萃裒次,釐爲六十有二卷。又旁采諸書,纂成《補遺》二卷。並以軼聞餘事各爲考證,附録於末。雖未必盡還舊觀,名章鉅制,諒可得十之七八矣”[4]。此本林衡跋云:“近時聞清國亦從《大典》中採掇,釐成六十二

① [清]邵懿辰撰,邵章續録:《增訂四庫簡明目録標注》,第765頁。
② 嚴紹璗:《日藏漢籍善本書録》,第1505頁。
③ [宋]陳振孫撰,徐小蠻、顧美華點校:《直齋書録解題》,第495頁。
④ 魏小虎編撰:《四庫全書總目彙訂》,第4883頁。

卷，知其非完篇也。余偶獲宋槧零本，稱百五十卷者，所憾僅僅數卷，不過本集原式，第以宋人舊帙存世甚罕，今印出以實《叢書》函中。”知其亦由《四庫全書總目》而知其書之佚，故將所見宋本印出。

然則林氏所據之本何在？《經籍訪古志》已載有楓山官庫本，然僅存十八卷①。董康《書舶庸譚》載一九二七年三月三日赴圖書寮（即宫内廳書陵部）訪書，得見《景文宋公文集》南宋刊本十八卷，即卷二六至三二，卷八一至八五，卷一百二十至一百二十五②，與前森氏所載相符。然僅二載之後，傅增湘氏亦赴圖書寮訪書，却云其所見殘存三十二卷③。二人所云之行款、裝幀均同，即刻工亦張、黄、品、照、義等字，可辨者一人，董謂“張守忠”，傅謂“張守中”，或偶筆誤，要之，當即一本，然卷帙不同。據《中國古籍總目》著録，有“宋刻本，日本宫内省（存三十二卷）”，又有“南宋建安麻沙刻本，日本宫内省（存卷二十六至三十二、八十一至八十五、百二十至百二十五）”④，則或宫内廳藏有二部。然此或《中國古籍總目》編者臆測，查宫内廳書陵部開放之資料，確有其書，然僅十八卷；“日本所藏中文古籍數據庫”亦可檢出宫内廳書陵部藏宋本二，然均云十八卷，且其編號亦同爲“五〇〇函七號”，則似其所存僅此一種。若確有二種宋本，則林氏所據必爲三十二卷本者，然此另種宋本存十八卷，竟無一卷溢出林氏所見之本，亦不合常理。查宫内廳之著録云：“零本。祁集禹域久佚，今本乃從《永樂大典》採掇成編者。此本爲宋刊原帙，審其版式，殆是建安麻沙本。左右雙邊，每半葉十二行，行二十字，界高七寸四分，幅五寸四分。版心記字數、刻工氏名。現存卷二十六至三十二、八十一至八十五、百二十至百二十五，凡十八卷。雖零本亦可貴也。文政中，毛利出雲守高翰所獻幕府。卷卅一尾卷百廿一首有‘金澤文庫’、卷卅二第三葉有‘佐伯侯毛利高標字培松藏書畫之印’印，又每册首捺‘秘閣圖書之章’印。《經籍訪古志》《御書籍來歷志》所載本。”則似自文化七年林衡排印後，到文政間（1818—1830），僅數年間，此本即由毛利高標獻於幕府，然所獻即十八卷，後爲森立之所著録。則彼時此書已爲分拆，未知餘十四卷尚在天壤間否？若並此亦出而復佚，則此林氏所印之本即可當宋本之用矣。

---

① 〔日〕澁江全善、森立之等撰：《經籍訪古志》，杜澤遜、班龍門點校，第 226 頁。

② 董康著，朱慧整理：《書舶庸譚》，北京：中華書局，2013 年，第 64 頁。按：祝尚書《宋人别集叙録》引此條爲“徐康”（北京：中華書局，1996 年，第 118 頁；北京：中華書局，2020 年增訂本，第 114 頁），當爲筆誤。

③ 傅增湘：《藏園群書經眼録》，第 941 頁。

④ 《中國古籍總目・集部》，第 183 頁。

歐陽文忠公文集三十六卷

【叙録】

《歐陽文忠公文集》三十六卷,宋歐陽修撰,日本寶曆十四年(1764)吉田四郎右衛門刊本。大本十册。扉頁書名之右署"宋孫謙益校正",左署"浪華書鋪群玉堂藏版",下注"全十册"。前有"寶曆辛巳之春越藩文學播磨清絢撰"之《刻歐陽文忠公集序》,次"寶曆十有三年癸未夏四月,平安皆川愿謹撰"之《刻歐陽文忠公集序》,次蘇軾撰序。正文四周文武邊,白口,雙對黑魚尾,書眉有校語有界行,半葉十行,行二十字,注小字雙行同,有返送。末有"癸未春正月島靖之書"《刻六一居士集跋》。版權頁署"寶曆十四甲申歲三月吉日刊行,皇都御書館吉田四郎右衛門"。

【考證】

此本之價值,楊守敬《日本訪書志》已爲揭出:"此本爲日本寶曆十三年所刊,首有皆川愿序,稱以元時刻本重校上木……稱其通家子有島氏藏《歐集》二本,其一爲元時刻本,因合校刻之……以下次第悉與《居士集》合。未知所據原本如此,抑皆川愿等删其詩?然每卷正文中,多列異同。其每卷末所載校刊人姓名,亦悉與前本合,則知即從前本出也。皆川愿所校異同則列於欄外,其中多稱'蘇本''宣和本',蓋其所見一本夾入注中之語,尤爲精善,故亟録之。"①其每卷之末載校刊人姓名云"熙寧五年秋七月男發等編定,紹熙二年三月郡人孫謙益校正",可知其必存舊式。

【影印·整理】

〔日〕長澤規矩也《和刻本漢籍文集》第二輯。

《和刻本四部叢刊》影印本。

【公藏】

中國:北大、華師大、大連。

日本:所存甚多,不備録。

---

① [清]楊守敬撰,張雷校點:《日本訪書志》,第230頁。

鐔津文集二十卷

【叙録】

《鐔津文集》二十卷,宋釋契嵩撰,日本五山本。大本五册。前有"幻住沙門釋明本撰""重刊鐔津集疏并序""屏山居士李之仝謹叙""高安沙門釋德洪序""元符元年中秋日高安沙門德洪序"。正文左右文武邊,上下黑口,雙順魚尾,有界行,半葉十行,行十八字,注文小字雙行。末有"至正甲辰""佛成道日夢翁比丘曇噩拜書"之跋。

【考證】

此書流傳頗多,據《中國古籍總目》所載,有二卷本、二十卷本、二十二卷本及十九卷本,其中二十卷本多爲元刻,如元至元十九年(1282)刻本(存日本米澤市)、元至大二年(1309)刻本(存日本公文書館)及元釋正傳、彌滿等刻本(殘存國圖)①。據此可知,一者,元刊全本國内無存;二者,此數種與日本五山本均不同,五山本據書末跋語稱契嵩"乃作《原教》諸書於靈隱之永安院","靈隱之板既毁於兵,至正甲辰,臺之明因寺住持比丘尼祖奎念以爲護法之書,其可不流通於世,以惠後學,因重刊之,而留其板於明之天童焉。"則知此書底本乃至正二十四年(1364)尼祖奎所刊,國内無存。跋者之名《日本五山版漢籍善本集刊》提要定爲"曇靈"②,實誤,當爲"曇噩",《中國佛教人名大辭典》收録,知其生卒年爲1285至1373,字無夢,號夢堂③,與此皆符。

另,此本卷二之末有"陳孟才刊"字樣,知爲元末渡日刊工所刻。

此後之日本明曆二年(1656),荒木利兵衛曾刊十九卷本,羅振玉曾藏一帙,云:"此書明以來著録者,皆弘治間所刊二十二卷本。丁氏《善本書室藏書志》謂此集以弘治本爲最完美。此本十八卷,附録一卷。後有永樂八年杭州徑山寺住持文琇跋,實在弘治本之前……此本編次當是宋代舊觀,弘治本則已分析卷數,是此本實勝於彼本也。"④所言實不確,其本末雖

---

① 《中國古籍總目・集部》,第187頁。
② 孫曉等編著:《域外漢籍珍本總目提要》,第256頁。
③ 《中國佛教人名大辭典》,上海:上海辭書出版社,1999年,第1045頁。
④ 羅振玉:《羅振玉學術論著集》第七集,第337頁。

有永樂八年(1410)文琇跋,然跋後又有牌記云"萬曆丁未仲春月徑山寂照庵識",則知據明萬曆三十五年(1607)嘉興楞嚴寺經房刻本翻刻者,已不足貴。或羅氏未知此五山本。

【影印·整理】

《日本五山版漢籍善本集刊》影印本。

【公藏】

中國:無。
日本:國會、前田育德會。

諸家編次文集·安陽集二卷

【叙録】

《諸家編次文集·安陽集》,宋韓琦撰,明葛鼒編,日本嘉永四年(1851)木活字本。中本二册。扉頁正中題"編次諸家文集二編",右署"嘉永辛亥秋",左署"水府蠖屈舍活字刷印"。前有"正德九年甲戌夏五月賜進士中憲大夫山西按察司副使齊安曾大有書"《韓忠獻王安陽集序》,次《宋史本傳》。卷端署"吴郡葛鼒靖調甫、葛鼐端調甫同輯"。正文四周單邊,白口,單黑魚尾,無界行,半葉九行,行二十字,無返送。版權頁署"田島謙之允校讀","嘉永四年辛亥十一月","頒行書林,和泉屋金右衛門"。

【考證】

此書與前録葛氏所輯《陸宣公奏議》同自崇禎九年(1636)葛氏所輯《古文二編》中擇出單行者,以葛氏原書存世頗尠,則和本亦有可存之價值,況即此日本活字印本所存之罕較葛氏原本似尤少見,故存之以備一格。另,此活字本所排者尚有范純仁《范忠宣公文集》一卷及鄒浩《鄒道卿文集》一卷,不贅録。

【影印·整理】

無。

【公藏】

中國:無。

日本:公文書館、東北大、京大附圖、宫内廳書陵部。

擊壤集六卷、附一卷

【叙録】

《擊壤集》六卷、附一卷,宋邵雍撰,明徐必達校,日本山脇重顯訓點,寛文九年(1669)京都長尾平兵衛刊本。大本六册。前有"成化乙未花朝日書,希古"《擊壤集引》,次"有宋治平丙午中秋日"《伊川擊壤集序》,次"元祐六年辛未夏六月甲子十有三日原武邢恕"《伊川擊壤集後序》。卷端署"明後學嘉興徐必達校正"。正文四周文武邊,白口,單黑魚尾,無界行,半葉十行,行二十字。

【考證】

此和本之底本爲萬曆三十四年(1606)徐必達刊本,但《中國古籍善本書目》《中國古籍總目》均未録,實遼寧大學圖書館及杭州圖書館各存一種。徐氏所刊爲二十四卷之全集(正文二十三卷加一附卷),則和本僅刊末六卷之詩,雖未全刻,然以原書國内少見之故,亦可珍視。長澤規矩也著録此書時標云:"擊壤集六卷附一卷合七卷,《擊壤全書》卷一八至三四。"①或當誤"二"爲"三"。日本一橋大與九大二家收録此本標爲"二十四卷",同爲山脇重顯訓點、寛文九年京都長尾平兵衛刊本,似亦出版全書,然爲著録之誤,因其書目録除"一卷"之下未標注外,此後"二卷"下標"卷之十九",以此類推,著録者即誤以此爲全二十四卷之本。

另,據此和刻本,其版心多標有每葉之字數,亦偶標刻工之名,如第六册一、二葉標"信"字,三、四葉標"立"字,五葉標"盛"字。則徐氏原刻之刻工姓名必多。李國慶《明代刊工姓名全録》有《伊川擊壤集》二種②,然未收此書,故其刊工亦當遺漏。

---

① 〔日〕長澤規矩也:《和刻本漢籍分類目録》,第171頁。

② 李國慶編:《明代刊工姓名全録》下册,第895—896頁。

【影印・整理】

《和刻影印近世漢籍叢刊思想編》。

【公藏】

中國:無。

日本:所存較多,不備録。

東坡先生詩二十五卷(五山版)

【叙録】

《王狀元諸家注分類東坡先生詩》二十五卷,宋蘇軾撰,宋劉辰翁評,日本五山版。大本二十五册。正文左右文武邊,有界行,半葉十一行,行十九字,注小字雙行二十五字。無序跋,無目録。

【考證】

此王十朋輯《東坡先生詩》流傳版本極多,然以"王狀元諸家注分類東坡先生詩"爲名之本,《中國古籍總目》所載僅有一本,署爲"元刻本",僅上海存卷七,三蘇祠存卷七至二十五,以一種存卷四、六至十九,總之,國内並無全本①。則此和本或可爲此本之孑遺。此本版框外下有永、孟才、才、良、伯壽、壽、長有、彦明等字樣,知即陳孟才、陳伯壽等旅日刊工所刻。

【影印・整理】

《日本五山版漢籍善本集刊》影印本。

趙超、曹辛華主編《蘇軾詩集叢刊》,北京燕山出版社 2019 年影印本。

【公藏】

中國:無。

日本:宫内廳書陵部(三部)、國會、成簣堂文庫、東洋文庫、静嘉堂文庫、大東急紀念文庫、足利學校遺跡圖書館、谷村文庫、龍谷大學、宫城縣圖、陽明文庫、尊經閣文庫積翠軒文庫。

---

① 《中國古籍總目・集部》,第 231 頁。

東坡先生詩二十五卷(古活字版)

【叙録】

《增刊校正王狀元集注分類東坡先生詩》二十五卷,宋蘇軾撰,宋劉辰翁編,日本慶長間古活字本。大本二十七册。前有王十朋《增刊校正百家注東坡先生詩序》,次趙公夔序,次《增刊校正王狀元集注分類東坡先生詩姓氏》,姓氏之末有長方牌記云"建安虞平□務本書堂刊"。卷端題名同姓氏録前所署,次行署"宋禮部尚書端明學士兼侍讀學士贈太師謚文忠公蘇軾",三行署"廬陵須溪劉辰翁批點"①。正文四周雙邊,粗黑口,雙對花魚尾,版心署"坡詩",有界行,半葉九行,行十五字,注小字雙行同,注者名以陰文出之,無返送。後附傅藻《東坡紀年録》。又有日本明曆二年(1656)林和泉橡刊本,當爲翻刻前本者,故行款等頗同,唯增返送,末有版權頁,署"明曆丙申大吕吉辰,書坊洛陽今出川林和泉掾板行,松柏堂"字樣。

【考證】

此書原有五山版,然此古活字版及明曆本均非源自五山版,其注者姓名後有"建安虞平□務本書堂刊"字樣,故學者將其視爲務本堂本之覆刻本,然二本行款不同,後者半葉十一行,行十九字,注雙行二十五字,細黑口,左右雙邊,此本正文與注均爲十五字,且爲九行,粗黑口,四周雙邊。尤要者,後者無劉辰翁評,此則有。故祝尚書《宋人别集叙録》云其"當據元虞氏本翻刻,然又增劉辰翁批點"。然此亦僅爲推測,以日人翻刻之例,虽亦偶有改變行款之例,然多由疏而密,以省版面,此本行款較虞氏本尤疏,似不合常理。或據一綜合虞氏本與建安熊氏刊本者翻刻,而其底本已亡。此論亦非僅臆測者,一者,此本有虞氏刊記;二者,虞本注者姓名均以圓圍示之,而熊本則用陰文,此又同於熊本;再如虞本《紀年録》大字直下,熊本則爲小字,此亦同,似亦可證。

【影印・整理】

〔日〕長澤規矩也《和刻本漢詩集成》第十一、十二輯(明曆本)。

趙超、曹辛華主編《蘇軾詩集叢刊》(古活字本及明曆本),北京燕山出

---

① 祝尚書:《宋人别集叙録》(增訂本),第433頁。

版社 2019 年影印本。

【公藏】

中國:遼寧(明曆本)。

日本:東洋文庫、前田育德會、宮内廳書陵部、京大附圖(上以古活字本),静嘉堂文庫、宫内廳書陵部、新潟縣圖、東北大、東大總、大阪府立中之島、東洋文庫、前田育德會、國會、京大文(以上明曆本)。

禪喜集九卷

【叙録】

《禪喜集》九卷,宋蘇軾撰,日本元禄二年(1689)中野伯元刊本。大本二册。扉頁中題"新雕禪喜集",右署"元禄二年龍集己巳正月穀日",左署"雒陽書肆中野伯元繡梓",封二爲"眉山居士小像"。前有"萬曆庚寅花生日居士華亭陳繼儒題"之《東坡禪喜集序》,次"希維居士陸樹聲題"之《題東坡禪喜》。正文卷端署"錢塘楊爾曾聖魯校書,潭邑書林熊玉屏繡梓"。正文四周單邊,白口,無魚尾,無界行,半葉十行,行二十字,有返送。末有"心空居士唐文獻書"《跋東坡禪喜後》。

【考證】

東坡《禪喜集》刻本甚多,有十四卷者,四卷者,二卷者,甚或有一卷者。此九卷本,僅楊爾曾校訂本一種。據《中國古籍總目》知此本僅國圖及南京兩家有藏①,全國古籍普查目亦無新增,另日本大阪府立中之島與公文書館各藏一部原本,尚稱稀見。

此書之刊刻者熊玉屏爲建陽人,著名書坊主熊宗立之六世孫,據查東大總另有其《新鐫京板全補源流引蒙發明附鳳對類》二十四卷,國内無存。

【影印・整理】

無。

---

① 《中國古籍總目・集部》,第 224 頁。

【公藏】

中國:無。
日本:國會、京産大、前田育德會、關大。

山谷詩集注二十卷

【叙録】

《山谷詩集注》二十卷,宋任淵撰,有兩種五山本,一名《山谷黄先生大全詩注》二十卷,左右雙邊,有界行,半葉十一行,行十九字;另種名《山谷詩集注》,二十五卷首一卷,左右雙邊,有界行,半葉九行,行十六字。又有慶元間刊本及寬永六年(1629)洛陽書堂大和田意閑刊本,均當據後者翻刊。寬永本大本十册。前有"紹興乙亥冬十二月鄱陽許尹謹叙"之《黄陳詩注序》,末有"紹定壬辰日南至諸孫朝散郎行軍器監主簿兼權知南劍州軍州兼管内勸農事節制本州屯戍軍馬借緋垺拜手敬識"之跋。正文左右雙邊,黑口,三魚尾,有界行,半葉九行,行十六字,小字雙行同。

【考證】

黄庭堅於日本亦極受歡迎,其詩集刊本甚多。此五山本甚爲珍貴,後之寬永間翻刻本亦同。楊守敬曾訪得之,黎庶昌於《古逸叢書》叙目後所附識語云:"又有楊君星吾所收繙刻宋蜀大字本任淵《山谷詩注》二十卷,皆以卷帙繁重,未能謀刻,姑附記於此,以餉好事君子。"楊守敬亦云:"黎公使以《山谷集》宋刻久絶,擬刻入叢書中,會余差滿不果,故公使於叢書叙後深致慊焉。"後楊氏將此携歸,據《日本訪書志》載"山谷内集注二十卷(日本覆宋刊本)"云:"義寧陳君伯嚴欲重價購之,余不忍割,乃議借刻,别以所藏朝鮮古刻《外集》《别集》補之。一時風行,其實較此原本十得四五耳。"陳氏刊本末有陳三立跋云:"光緒十九年,方侍余父官湖北提刑,其秋携友遊黄州諸山,遂過楊惺吾廣文書樓,遍覽所藏金石秘籍。中有日本所得宋槧黄山谷内、外集,爲任淵、史容注,據稱不獨中國未經見,於日本亦孤行本也。今余與山谷同里閈,余父又嗜山谷詩,嘗憾無精刻,頗欲廣其流傳,顯於世。當是時,廣文意亦良厚,以爲然,乃從假至江夏,解資授刊人。

廣文復曰：'吾其任督校。'越七載而工訖。"①則此書又得再歸禹域，並化身千百矣。關於此書，可詳參學界之相關研究②。

【影印・整理】

〔日〕長澤規矩也《和刻本漢詩集成》第十四輯。

《和刻本四部叢刊》影印本。

【公藏】

中國：國圖、上海、北大、華東師大、南京、遼寧。

日本：静嘉堂文庫、成簣堂文庫、淺野圖書館、穗久彌文庫、栗田文庫、積翠軒文庫（以上五山本《山谷黄先生大全詩注》），宫内廳書陵部、内野皎亭文庫、米澤圖書館、東洋文庫、大東急紀念文庫、成簣堂文庫、東大東文研、龍谷大學、陽明文庫、早稻田、兩足院（以上五山本《山谷詩集注》）；江户本存世甚多，不備録。

梅花百詠一卷

【叙録】

《梅花百詠》一卷，宋秦觀撰，熊谷立閑訓点，日本天和元年（1681）丁子屋仁兵衛刊本。大本一册。扉頁後有《夢梅圖》一幀。正文四周單邊，白口，無魚尾，無界行，半葉九行，行十五字。後有"天和辛酉年初冬朔旦荔齋熊谷氏立閑書其後"之跋語，末署"書林丁子屋仁兵衛"字樣。

【考證】

此書包括一百首梅花詩，然秦觀别集中無之，國内整理秦集之徐培均、周義敢二注本亦未收。李定廣撰文考證此書，且與國内文獻相參證，云"浙江圖書館、安徽省博物館和清華大學圖書館各藏有明汪元英校訂、汪應鼎刻本《百梅一韻》四卷，書中卷一收有《宋高郵秦少遊詠梅一百首》，這百首

① 祝尚書輯：《宋集序跋彙編》，北京：中華書局，2010年，第743—744頁。

② 王嵐：《五山版〈山谷詩注〉考辨》，《北京大學中國古文獻研究中心集刊》第十九輯，北京：北京大學出版社，2019年。

詩内容與和刻本《梅花百詠》相同”,故定其確爲秦觀佚詩,並爲之校訂①。然學界頗有不同意見。王昊以爲“這一組百首七律詠梅詩,應是久佚的馮子振七律詠梅原唱組詩的‘張冠李戴’”②,任群則以其“應是在發端於南宋中後期之詠梅風潮的影響下,明人追和元人馮子振和中峰和尚之作”③。二人所言皆有道理,然僅從文獻觀之,證據皆嫌不足,均爲臆測也。若無堅實反證,僅憑推測,此事已不必再論。雖此書之出,不無疑點,然無文獻可徵,惟有尊重原本所署。此爲文獻研究之定律。另,此書末有熊谷氏跋云:“《梅花百詠》,秦少遊所述作也。予韞櫝日久。一日,書林某來,需廣其傳,故以命梓。不出卷而知梅花之名品者,非此集乎!”所言甚確鑿,熊谷氏爲日本江户前期著名儒者,曾注《北溪先生性理字義》《太極圖説》,標注《四書大全》,增注《三體詩法》《千家詩選》,此數者皆存於今,則其亦非書肆逐利妄爲之人,此書之刊行亦未必可洛陽紙貴,恰恰相反,此書至今存本極稀,故其所述當可信從。

【影印・整理】

〔日〕長澤規矩也《和刻本漢詩集成》第十一輯。

【公藏】

中國:無。
日本:關大。

簡齋詩集十五卷

【叙録】

《須溪先生評點簡齋詩集》十五卷,宋陳與義著,宋劉辰翁評點,日本慶安元年(1648)江宗白據朝鮮中宗三十九年(1544)刊本重刊。大本五册。前有劉辰翁序,卷端署“須溪先生評點簡齋詩集卷之一”。正文四周文武邊,白口,雙對魚尾(魚尾並不一例),有界行,半葉十一行,行二十字。末有“嘉靖二十三年甲辰五月上浣承議郎行茂長縣監柳希春謹跋”,後附

---

① 李定廣、張静雅:《新發現秦觀佚詩〈梅花百詠〉輯考》,《文獻》,2016 年第 2 期。
② 王昊:《關於秦觀佚詩〈梅花百詠〉的質疑》,《中國韻文學刊》,2016 年第 3 期。
③ 任群:《新發現“秦觀佚詩”〈梅花百詠〉辨僞》,《勵耘學刊》,2018 年第 2 輯。

“金章文、宗修、崇軒、天圭、信連、法燈，刻手僧釋雄，都色記官金克寶，校正幼學張漢雄、李大訓，中訓大夫行茂長縣監柳泗，承訓郎守都事李士弼、嘉善大夫全羅道觀察使宋麟書”等字樣。末頁有“甲申冬十月江宗白謹跋”之跋語，末署“慶安元戊子年六吕良辰，野田彌兵衛板行”。

【考證】

中華書局《陳與義集》曾利用此《須溪先生評點簡齋詩集》，並指其書較國内所存宋刊三十卷本多詩七首、銘一篇，又有劉辰翁評語一百餘條及增注，增注非但可補正胡箋之疏，尤要者，“還引用了胡箋本、武岡本、閩本及簡齋手定本的校勘文字，後三種刊本早就亡佚，幸有此本，我們還能粗知各本的异文”①。而另一整理者白敦仁未見此和本原書，惟有據前書轉引，並於《前言》中云“未見原書”，“冀能得原書一覆校也”②。

整理者所見之本藏於北大圖書館，爲李盛鐸舊藏③，其於戊戌政變後出使日本時“購之東京市上”者，李氏初“亦未以爲珍异也，頃得八千卷樓鈔本，姑取此校”，方覺“源出宋刊本無疑”，與鐵琴銅劍樓所藏宋槧孤本猶“虎賁中郎矣”④。湖南省圖書館藏有兩種，其一有清代著名藏書家黄丕烈跋，葉啓勛題識，則此本之貴重可想而知；另本有王禮培題識，王氏爲民國間著名藏書家，戊戌變法後亦曾流亡日本，則當爲王氏自東瀛攜回者。又有遼圖所藏，然本末未詳。此外，傅增湘亦曾藏此書，且録入其《藏園群書經眼録》卷十四⑤，傅氏藏書大部捐北京圖書館，小部捐四川圖書館，然此二館現在均無此書，未知何故。

此本後有朝鮮人柳希春跋，署“嘉靖二十三年甲辰五月上浣承議郎行茂長縣監柳希春謹跋”，後又有金章文、宋麟書等十二人，可知此和刻本當翻刻朝鮮嘉靖二十三年（1554）刻本，而朝鮮刻本則當翻自元刊本。按日本公文書館即藏有朝鮮本，將其與此本比照，唯行款稍變，即朝鮮本原每行十九字，此增一字；另則朝鮮本於“增注”二字以陰文出之，此本則否；個别字體亦因習慣而改换。

---

① ［宋］陳與義撰，吴書蔭、金德厚點校：《陳與義集》，北京：中華書局，1982 年，《前言》第 10 頁。

② ［宋］陳與義撰，白敦仁校箋：《陳與義集校箋》，上海：上海古籍出版社，1990 年，《前言》第 10 頁。

③ 李盛鐸著，張玉範整理：《木犀軒藏書題跋記及書録》，北京：北京大學出版社，1985 年，第 293 頁。

④ ［宋］陳與義撰，吴書蔭、金德厚點校：《陳與義集》，第 560 頁。

⑤ 傅增湘：《藏園群書經眼録》，第 1012—1013 頁。

關於此書,亦入吾國書林之掌故矣。黄丕烈曾載其得《東坡樂府》之經過,頗跌宕可讀:"余所藏宋元人詞極富,皆精鈔,或舊鈔而名人校藏者,若宋元刻本,向未有焉。既從骨董鋪中獲一元刻《稼軒長短句》,可稱絶無僅有之物。其時余友顧千里館余家,共相欣賞,以爲此種寶物竟以賤直得之,何世之不知寶而子幸遇之乎! 蓋辛詞直不過白鏹七金也。近年無力購書,遇宋元刻又不忍釋手,必典質借貸而購之,未免室人交徧讁我矣。故以賣書爲買書,取其可割愛者去之……今秋顧千里自黎川歸,余訪之城南思適齋,千里曰:'聞子欲賣詞,余反有一詞欲子買之。'余曰:'此必宋刻矣。'千里曰:'非宋刻,却勝於宋刻。'昔錢遵王已云,宋刻殊不足觀,則元本信亦可寶。請觀之,則延祐庚申刻《東坡樂府》也。其時需值卅金,余以囊澀未及購取。後思余欲去詞,辛詞本欲留存,且蘇、辛本爲並稱,合之實爲雙璧。因檢書一二種,售之友人,得銀二十四金,千里猶不足,余力實無餘,復益以日本刻《簡齋集》,如前需數,而交易始成。"①本欲售書救急,反需買書以解渴,然買書亦乏阿堵物,又須售書救急也。然售書得款尚不足數,補此和本《簡齋集》方可,則此書作價六金,爲元刊《東坡樂府》五分之一,或幾與元刊《稼軒長短句》等,後者雖"賤直得之",然畢竟爲元刊之本。由此亦可見彼時於此和本尚極重視。

此典仍有後文,楊守敬《日本訪書志》未載此書,然楊氏實購得之,載其書目之中。前云傅增湘有藏,實即購自楊氏者。楊氏書目此書下標云"癸丑臘月賣於傅沅叔 40 元",此價如何,可稍比照。楊氏售書於傅,多於其書目下標出,稍翻即可見:"宋本《禮記》一本,癸丑臘月二十一日賣於傅沅叔 20 元","宋槧《平準書》一本,癸丑臘月賣於傅沅叔 20 元","宋本《三教出興頌》一本,辛亥冬月賣於傅沅叔 20 元"②,可見其售於傅氏之宋本二十元一册,而其所售之《簡齋集》即二册者,均價與宋本同。然此本下注"活字本"三字,頗疑其爲朝鮮活字本,即此和本之底本也。又據楊氏手批《經籍訪古志》,其於此書旁批云"飛青閣得之,後失於日本"③。二説頗矛盾,或此書未佚,惟楊氏點檢偶未及耳;或此書佚後,楊氏復又購得一部。然因傅氏所藏今亦不可見,故無法論定(據《經籍訪古志》,其本原求古樓舊藏,有"多福文庫"印及"仁正侯印")。

---

① [清]黄丕烈撰,余鳴鴻、占旭東點校:《黄丕烈藏書題跋集》,第 638—639 頁。

② 《鄰蘇園藏書目録》,第 12、2、5、7 頁。

③ 〔日〕長澤規矩也:《楊惺吾日本訪書考》,《長澤規矩也著作集》第二卷,東京:汲古書院,1982 年,第 241 頁。

又,關於此書,日本又有五山本存世,其書同爲十五卷,四周雙邊,有界,半葉七行,行十五字,與此慶安刻本頗不同,則慶安本於翻刊朝鮮本之時,或亦未見五山本,而此本即日本亦無全本存世,僅龍門文庫藏卷六、卷七之零卷①。故不另立目,於此略及之。

【影印·整理】

〔日〕長澤規矩也《和刻本漢詩集成》第十五輯。
金程宇《和刻本中國古逸書叢刊》。
《和刻本四部叢刊》影印本。

【公藏】

中國:遼寧、北大、湖南。
日本:愛知大、東大總、京大附圖、京大人文研東方、東洋文庫、廣島大、佐賀縣圖、國會、關大、公文書館。

名公妙選陸放翁詩集十八卷

【敘録】

《名公妙選陸放翁詩集》前集十卷,羅椅編;後集八卷,劉辰翁編。日本五山版。大本二册。又有承應二年(1653)刊本,前有“大德辛丑立夏日適孫慗百拜謹識”之序。正文四周文武邊,粗黑口,雙對魚尾,無界行,半葉十行,行二十字,有少量返送。前集卷端署“放翁陸游務觀撰,澗谷羅椅子遠選”,後集卷端署“放翁陸游務觀撰,須溪劉辰翁會孟選”。版權頁署“承應二癸巳歲極月吉日瀧莊三郎”。

【考證】

此書爲放翁詩最早之選本,非但於《劍南詩稿》若存若亡之際,爲後世讀放翁詩者誦讀之本,且於放翁詩之佚存亦頗有功,如傅增湘即云:“正德時汪大章刻《渭南文集》,欲兼收《詩稿》,建議越郡,遺稿無存,僅注所得,編爲九卷,附諸《文集》之後。然余取其篇目而詳核之,乃知此九卷之詩全取諸此選前、後二集及別集之内”,雖此後《劍南詩稿》出,不必再尋此問

① 〔日〕川瀨一馬:《五山版研究》,東京:日本古書籍商協會,1970年,第465頁。

津,“然其後斧季於逸稿之外又續添遺詩二十首,考其取資,亦在此選本之內。”①則其仍有版本價值。

然此書現已無元刊存世。《四庫簡明目録標注》載有“元麻沙小字本”②,今未知存否。傅增湘於《藏園群書經眼録》中載一元刊本,“十一行二十字,黑口單闌。有道光元年黄蕘圃跋,又道光三年癸未一跋”,並括注云“吴印臣以三百元收,後歸袁寒雲”③,然據黄跋,此本有别集一卷,則當爲明刊之本也④。據《中國古籍總目》知明有弘治十年(1497)冉孝隆本及嘉靖三十年(1551)黄漳本⑤,前者有《四部叢刊》影印本,然前失楊循吉、劉景寅二序,傅增湘即斷其“蓋惡賈去之以充元刊本也”,並云“黄丕烈舊藏一帙,行款版式全同,黄跋第言爲舊房本,並謂幾同宋刻視之,世遂號爲元本,不知其别集一卷爲明人輯本也。”⑥據嘉靖本前劉景寅序云:“其全集有抄本尚存,然雅聞而未嘗見也。獨羅澗谷、劉須溪所選在。勝國時,書肆中嘗合而梓行,以故傳相抄録,迄今漸出,而印本則見亦罕矣。弘治丁巳,在杭之學究家購得前所謂梓行者……顧其書歲久且敝,字復多誤。乃舉似善鳴先生,正其足徵而無可疑者,仍其可疑者而待乎其人。又因取方虚谷所編《律髓》,悉檢翁詩抄出,與選複者去之,爲别集附焉,以備一家之言。暇置諸几上,方圖披勘,會餘杭尹冉君孝隆,同年友也,偶見而悦之,遂辱授梓,趣使翻刻以傳。刻既成,而贅其始末如此云。”羅編與劉編原不相謀,各出手眼,後爲元代書坊合刊。傅增湘云:“最可疑者,兩人各自爲選,而前、後集中乃無一首複出,《丁志》謂當是元時書坊併刻時所芟,即前、後集之目亦坊估所追題,此説庶幾近之。”實未必當,因現存之本後集卷一第九首詩《偶過浣花舊遊》詩題下標“見前集”,即前集卷二第一首《偶過浣花感舊遊戲作》一詩,則知有此重出之詩,後集目録雖有,正文則將此詩删去,知非元刊者所爲。或劉氏選詩,即以羅選爲參酌之本,此偶誤入者。至明弘治十年,劉景寅購得元刊本,又於《瀛奎律髓》中抄出此書未選之詩,編爲别集,使冉孝隆合而刊之。故黄氏舊藏之本,當即書坊僞托元本者。

然前引邵懿辰及傅增湘均提及此和刻之本,皆云其“是翻自元刊本者”(傅氏或未見和本,僅據邵氏轉引,因其標注此書“□卷”)。細察此和

① 傅增湘:《藏園群書題記》,第742頁。
② 邵懿辰撰,邵章續録:《增訂四庫簡明目録標注》,上海:上海古籍出版社,2000年,第745頁。
③ 傅增湘:《藏園群書經眼録》,第1044頁。
④ [清]黄丕烈撰,余鳴鴻、占旭東點校:《黄丕烈藏書題跋集》,第800—801頁。
⑤ 《中國古籍總目·集部》,第315頁。
⑥ [清]莫友芝撰,傅增湘訂補:《藏園訂補郘亭知見傳本書目》,第1220頁。

本,即内容言,前無劉景寅、楊循吉二序,後無别集;即形制言,卷目前頂格多有花式魚尾形標記,是爲元刊獨有之特徵,知固當出元刊無疑。檢日本前田育德會存有朝鮮本二册,亦僅有前、後二集,據韓國所藏此書版式之描述,四周雙邊,上下黑口,對魚尾,與此本全同,且彼刊刻時間在壬辰之亂前,則似和本或輾轉據朝鮮本翻刻,唯朝鮮本之行款與弘治本、嘉靖本同,似又未然。據川瀨一馬《五山版研究》載,此書又有日本南北朝時刊本(川瀨氏云"前集有元大德五年陸懋序",當對原署"大德辛丑立夏日適孫懋百拜謹識"之誤解,以此"懋"爲陸遊之孫,實序中明言"大父澗上翁",則其爲羅椅之孫),行款亦十行二十字①,則此和本當徑據南北朝本翻刻者。

除以上五山版及承應本外,文化八年(1811)又有源之熙所編《增續陸放翁詩選》七卷,編者於序中云:"放翁《詩選》舊刻燬已久,六如師嘗欲《唐宋詩醇》補之,未果而下世。頃者書肆請余增訂之。蓋舊本澗谷所撰,與須溪續集别爲一集,今合爲一;古詩舊併五七言爲一,今離爲二,以便覽者;更就《劍南詩稿》補數十百首,以附各體之後。"所言極清楚,知其當據承應本而來,將羅、劉二選合併,又將五七言依體分開,並據《劍南詩稿》增補四百九十三首詩(其書目録標卷一增十九首,實計十首)。經檢,其對原羅、劉二選亦有不同程度之增删。

【影印·整理】

〔日〕長澤規矩也《和刻本漢詩集成》第十六輯。

《和刻本四部叢刊》影印本。

《陸游著作集成》(增續本),北京燕山出版社2019年影印本。

【公藏】

中國:無。

日本:小汀文庫、龍門文庫(以上五山版);公文書館、東北大、新潟縣圖、茨城大、宫内廳書陵部(以上承應本);龍野歷史文化資料館、九大六本松、東京都立中央、國會、大垣市立、市立米澤、大阪府立中之島、新發田市立、佐賀縣圖、堺市立中央(以上增續本)。

---

① 〔日〕川瀨一馬:《五山版研究》,第488頁。

文公朱先生感興詩一卷(古本)

【敘録】

《文公朱先生感興詩》一卷,宋朱熹撰,宋蔡模注,日本江户前期本。大本一册。前有朱熹自序,標爲"先生自序";卷端署"文公朱先生感興詩二十首",次行署"門人蔡模學"。正文四周單邊,白口,無魚尾,版心署"感興詩",無界行,半葉八行,行十七字,注小字雙行同。末"嘉熙丁酉仲春望日模書"之跋。

【考證】

朱文公《感興詩》於東亞影響甚大[1],且其於中日韓三國刊本亦夥[2]。然其再傳弟子蔡模之注本,却佚於海内。金程宇云:"此書爲現存感興詩注本之最早者,中土久佚,通行者爲《佚存叢書》活字本,其底本云爲活字版古本,未見。"[3]卞東波則云:"蔡氏所作的《感興詩注》在中國本土佚失已久,現存最早的版本爲朝鮮嘉靖三十二年(1553)清州牧刊本,此本後傳入日本,並被翻刻,收入林衡所編的《佚存叢書》,並隨著《佚存叢書》重新回流至中國。"檢林衡跋語云:"覺軒蔡氏注朱子《感興詩》一卷,余曩日獲活字版古本,乃知其傳於此間久矣。後又獲高麗本於友人氏,校之,無甚異同。……且蔡注孤行,於諸書無所見,豈其佚於彼者久歟?高麗本附録朱子詩數十首,末又載懼齋注《武夷櫂歌》,今删落其數詩,獨存《櫂歌注》,亦以其無别行也。"所言甚明,即林氏先有一"活字版古本",且據其語氣,其先得之本既非唐本,因其據此"知其傳於此間久矣";亦非高麗本,因後又特舉高麗本。故爲和本無疑。而其所獲高麗本,則當爲卞氏所云之嘉靖三十二年清州牧本或其同系統之本,以其兩者相較,無甚異同,即據而刊之。然其所據又爲何本?金氏似以其爲活字本,而卞氏則似持以高麗本爲底本之意,其云"此本後傳入日本,並被翻刻,收入林衡所編的《佚存叢書》",此"並被翻刻"若徑指林書,則指其以此爲底本;若泛指以高麗本爲底本之和

---

① 參卞東波:《朱子〈齋居感興二十首〉在東亞社會的流傳與影響》,卞東波:《域外漢籍與宋代文學研究》,北京:中華書局,2017 年,第 275—335 頁。

② 參卞東波編校:《朱子感興詩中日韓古注本集成》,上海:上海古籍出版社,2019 年。按:下所引《感興詩注》原文,若無説明,則皆據此書。

③ 金程宇:《東亞漢文學論考》,第 214 頁。

本，則似將活字古本包羅在內，未正面回答林本之底本問題，然既活字古本亦以高麗本爲底本，則林本無論若何，其祖本仍當爲高麗本也。

此間之關鍵在林衡所見之所謂“活字古本”究爲何本？寒齋實藏一帙，或可討論之。此本形貌已如前言，然其來龍去脉尚不清楚，因其前無序、後無跋，亦無刊記，故無從著手。然其全書無返送，文字排列甚疏朗；全書二十五葉，板框極整齊，此皆活字版之特徵。然其板框接榫處頗嚴密，此多爲雕版之徵，細檢之，有個別板框有活字版常有之參差處，如葉四右下即如此，則又似爲活字本。然朱子詩文大字相接甚密，不似蔡注小字之疏，則又非是。故謹慎論之，其或即林衡所言活字古本，或爲據林衡所見本翻刻之本，或此仍即林衡所見本，然林氏因其有活字本之徵而誤認。無論何者爲是，此本絶與林本有關，且檢日本各圖書館，均未見收藏（國士館及九大各藏一種，標爲“和本”，然未知其詳，或即此本），故當細論之。因不確定其是否活字，即不取林氏所稱之“活字古本”稱之，以免名實不符；然亦不便另立新名，以生滋擾，故取林氏後二字，簡稱其爲“古本”。後見金氏《和刻本中國古逸書叢刊》收所謂“江户刊本”者，即此本也。

卞氏稱高麗本爲嘉靖三十二年清州牧刊本，或可簡稱嘉靖本，然易與吾國所刊混，故仍依林氏稱其高麗本。另其斷爲嘉靖三十二年仍似不妥，雖其末有“嘉靖癸丑冬清州牧開刊”字樣，然此條刊記前李楨之跋即作於“嘉靖甲寅”，即嘉靖三十三年（1554）；尚不止此，前有李楨於《棹歌》後之跋，署時爲“乙卯仲春初吉”，則又爲嘉靖三十四年（1555）。由其書後附之跋語可知，此書曾刊行多次，先刊一過，爲嘉靖三十二年臘月，此本呈李滉過目，李多所商榷指正，並云“鄙意以大州事力，苟欲改圖，不過四五板工夫，何患難改”，又恐其“以新舊刻相接處排行難適爲難”，頗費參差調配之心力。李楨接此，即“謹依指教”，“凡添補删去，一依先生手教”，此即次年之修補本。再據李楨乙卯識語云：“頃得《棹歌注解》寫本，間有誤字、乙字、落字，未得善本，不能參較，依樣入板，每以未得見全本爲恨。”知其前刻據寫本也。然“今年春，盧子膺得申靈川手書善本，傳摹寄惠……删改補入，更定鋟板”，則其於嘉靖三十四年又有修補。則今所見非癸丑原本，而爲乙卯後修之本也。另據金氏提要所云，似朝鮮尚存有卞季良跋之庚子活字本，即李楨依李滉之意“删其《感興詩》後卞春亭鑄字跋”所稱者，若其本果存，則互校之後，於此書源流當可補論之。

以下就目前所及見之本試爲述之。

一、林本當據古本。

此點頗易證實，將數本比勘可知，林本盡同於古本。如卞氏爲此出校八條，有五條涉及底本（即嘉靖本）與林本之不同，古本僅一條與林本不同（下文詳論此例），餘皆同。則林本非據高麗本翻刻當爲事實。

二、高麗本有更動，故此書不當以高麗本爲底本。

據高麗本末嘉靖三十二年金忠甲跋云："但是編罕有，人或未見，故思與有志者共之。告於今監司相國，以圖刊行，則相國又樂從之，即命工，將鋟諸梓。先生以爲獨刊此編近乎略，故加抄《擬古》八首、《雲谷雜詩》十二首、《武夷精舍雜詠》十二篇及《濯清》一絶、《棹歌》十絶，以繡板焉。"則知其人得《感興詩》本，欲刻之，或以其篇幅較小，即附别詩於後。則知所附非此本之舊。今此古本亦無附益之作。則林衡《佚存叢書》後附之《武夷棹歌》當據高麗本所補。此附《武夷棹歌》因有陳普之注，爲存文獻計，自當保存，然就《感興詩》之整理而言，則當減此蛇足。

三、高麗本與此古本之關係。

此古本間有闕字，如其十二之注闕十字，高麗本亦闕，則可證此二本必同源。然則何者爲先，則尚須考辨。泛泛言之，此古本絶非以高麗本爲底本者，高麗本後多序跋，且附益多詩，此本全無，若據彼本，則或有之，或删之而當有以明之。然此尚爲泛論，尚須細察。實古本之闕字高麗本有補之者。如其五注云"膠液而溺死□，《黍離》，《王風》詩名"，高麗本補一"也"字（林本亦據高麗本補）。若反是，則古本據底本當有此字方是。然此字無關宏旨，似尚不能斷。然另有一例則可確證矣。即其十三蔡注云："模按：此詩論顔子、曾子、子思、孟子傳心之法，以上接堯、舜、禹、湯、文、武、周公、孔子，蓋所以明道統之□派，而又歎其自孟子而下，寥寥千有餘載，而道統幾於絶世。其指深哉！"此處古本闕一字，高麗本據己意補一"支"字，林本亦從。然此字實大謬。細味此前蔡注，由顔、曾諸人上接堯、舜以至於周公、孔子，此何可稱"支派"也？此必高麗人於儒家未能深味其旨，又於漢語不悉，見"派"上闕字，則依其腹笥臆補"支"字者。此處卞氏已校云："'支派'，胡炳文《感興詩通》、山崎闇齋《感興詩考注》、任聖周《朱文公先生齋居感興詩諸家注解集覽》引蔡氏語皆作'正派'。"極是，惜未能校改。或卞氏以此爲底本原文，若語義可通，謹慎從事，不當據别本改，唯校出表之而已。然若以古本爲底本，則此爲闕字，則可據他校之例以補之矣。

前已云高麗本有更動，然更多在其所增益者，據李楨諸人之跋，則其於《感興詩注》或亦未必全存原貌也。即如其一注"不待窺見神馬所負之圖"，高麗本改爲"不待窺易"；其十四注云"而信則貫於四端"，高麗本改爲"實於四端"，此均顯誤，卞氏亦據林本回改。然亦有似可通之更動，如其二十詩云"動植各生遂"，高麗本或覺其過於質實，遂改作"動息各生遂"，此似亦可，故校者僅校出其異而未改字。然實以“植”字爲是，因此詩云“玄天幽且默，仲尼欲無言。動植各生遂，德容且清温”，蔡氏注云：“天無言，而萬物動植之微，自然各遂其性。”且勿論其理，僅以蔡注自證，即可知此必爲“植”也。況味其詩意，即上天無言，而世間萬物各有其生理，亦即“鷹擊長空，魚翔淺底，萬類霜天競自由”之意。此處異文爲朱子原詩，更易查對，檢《朱子全書》，知其原文亦“植”字①。

另有微誤之處，因未見高麗原本，未知是否手民之偶誤。如其十注云“放勛，《書》作勛”，二字相同，蔡氏自不必校，據古本及林本，原作“放勛，《書》作勳”。

僅就此古本而言，亦可論其價值。其前朱子自序標云“先生自序”，他本皆無之，此似細事，然再參以書末蔡氏之跋，言及“朱子”二處、“先君”二處，“潘丈”一處，皆前空一格以敬之；而及其弟“杭”及己名“模”，則均以小字排印以示謙抑。他本亦均無之。可知此本之更近於宋本原貌。

前引朱子本集以校此書文字，實此書亦可校朱集也。如其六《朱子全書》云“晋史自帝魏，後賢盍更張”，並校云“‘盍更’，《考異》云：一作‘合更’。《程史》卷一三所引即然。”②國内所傳之本，似僅胡炳文注本及據胡本而來之劉剡本爲“合”字，餘皆用“盍”。日本所傳之本，此古本爲“合”，林本從之。而林恕則用“盍”，故至山崎嘉注本，正文用“合”字，下注“一作‘盍’”。然因高麗本用“盍”字，故據卞氏所輯之朝鮮刊本皆用“盍”。然則此處當用何字？熊剛大注云：“司馬温公一代之大儒，《通鑑》之作，盍改而正之，乃復因襲其繆。”③熊氏之注，其意亦是，然於原詩之句法則猶未識，無怪四庫館臣詆其注“淺近之甚，殊無可採”④。再觀蔡注云：“晋史，謂陳壽撰《三國志》也。帝魏，謂以魏爲正統也。後賢，謂司馬温公也。……此言操爲漢賊不待言，陳壽帝魏不足責，後之賢者，如温公作《通鑑》合更張之，乃亦帝曹魏而寇蜀漢。”再證以胡炳文注云：“讀者宜看‘自’字與‘合’字。謂之‘自’者，乞米陳壽不足責也；謂之‘合’者，述孔馬公可深責也。”則可知原文必用“合”字。蓋温公作《通鑑》，仍依史官之體而以曹魏年號繫之，此亦史例之常，然朱子深不以爲然，著《通鑑綱目》以正之，故朱子於温公此事頗致不滿。故此詩之意，云晋之史臣帝魏有其不足責之因，

---

① ［宋］朱熹撰，朱傑人、嚴佐之、劉永翔主編：《朱子全書》第 20 册，第 363 頁。

② ［宋］朱熹撰，朱傑人、嚴佐之、劉永翔主編：《朱子全書》第 20 册，第 361、370 頁。

③ 卞東波編校：《朱子感興詩中日韓古注本集成》，第 96、210、334、375、62 頁。

④ 魏小虎編撰：《四庫全書總目彙訂》，第 2884 頁。

而後之賢人如温公者，理應改弦更張、撥亂反正也。此"合"即"理應"之意。若用"盍"，則爲疑似之辭，語氣較温和，雖似亦可通，然與朱子生平大節不侔；尤要者，與此詩全篇亦不侔，其詩云："東京失其御，刑臣弄天綱。西園植姦穢，五族沉忠良。青青千里草，乘時起陸梁。當塗轉凶悖，炎精遂無光。桓桓左將軍，仗鉞西南疆。伏龍一奮躍，鳳雛亦飛翔。祀漢配彼天，出師驚四方。天意竟莫回，王圖不偏昌。晋史自帝魏，後賢合更張。世無魯連子，千載徒悲傷。"其義非温柔敦厚商量細密之時，故爲沉痛絶决之語也。

【影印・整理】

金程宇《和刻本中國古逸書叢刊》。

卞東波編校《朱子感興詩中日韓古注本集成》，上海古籍出版社 2020年版。

【公藏】

中國：無。

日本：國士館、九大。

文公朱先生感興詩一卷(《佚存叢書》本)

【叙録】

《文公朱先生感興詩》一卷，宋朱熹撰，宋蔡模注，日本寬政十二年(1800)林衡《佚存叢書》(第二帙)活字印本。大本一册。封面題"感興詩注"，卷端署"文公朱先生感興詩""門人蔡模學"。前有朱熹自序，後有蔡模跋。正文四周單邊，白口，單黑魚尾，有界行，半葉十行，行二十字，無返送。末有"上章涒灘孟夏之月中九日天瀑識"之《書感興詩注跋》。後附《武夷棹歌》十首。

【考證】

關於此書，前條已詳論之。之所以另起一目，則因林本影響較大，衆所周知，於朱子《感興詩》之傳播亦有力焉，故出而表之。另者，其本據高麗本有所校改，且附益《武夷棹歌》，由版本論，已自爲别本矣。加之其亦非所據古本之覆刻，如其行款已更，多數闕字亦補，自序前之"先生"與跋語中之空格均泯滅之。尤要者,古本排列,每詩之末署"其一""其二",之所以附後,非僅以《詩經》古注即此例,實朱子原詩並未分章,蔡注爲讀者便利計,將其分章加注,並爲加序號,以便檢閱,然此非朱子原文,故不置於詩前,而附注末,以示此爲注者之劃。然林本則徑以後世通行之法,將"其一"等序號移於詩前,則將此闌入正文,實屬不當。

南軒先生文集四十四卷

【敘録】

《南軒先生文集》四十四卷,宋張栻撰,日本寬文八年(1668)芳野屋權兵衛刊本。大本十册。前有朱熹原序,又有"弘治十一年夏四月後學宜興沈暉叙"之《重刻南軒先生文集叙》。卷端署"廣漢張栻敬夫"。正文四周單邊,黑口,三魚尾,無界行,半葉十行,行二十字。末有"寬文己酉季春望日芳野屋權兵衛刊行"刊記。

【考證】

《南軒先生文集》原有宋本,明清二代尚有著録,至近代,傅增湘亦曾於清宫經眼宋刊之殘帙①,今存於臺北"故宫博物院"。至於明本,曾有數刊,據《中國古籍總目》知,國内所存最古者爲數種嘉靖本②,今之整理本《張栻全集》者即據其一。實其前尚有明弘治本也,傅增湘亦曾論之,然均屬推測,惜無實據。而此寬文版和本當據弘治本翻刻,可證確曾有弘治之本。另據王重民《中國善本書提要》載,美國國會圖書館有朝鮮活字本,亦有沈暉之序③,則亦翻刻弘治本者。故此和本徑源於弘治本抑源於朝鮮本,似尚難確定。竊以爲或當徑翻自弘治原本,以朝鮮活字本之行款爲十行十八字,和本則十行二十字,頗有不同,或可爲證。另公文書館藏有林家大學頭舊藏之寫本,即標注爲"明弘治刊本",其行款與和本全同,更可爲證。且可推測,和本或即據此寫本刊行。

【影印・整理】

〔日〕長澤規矩也《和刻本漢籍文集》第五輯。

---

① 傅增湘:《藏園群書經眼録》,第1047頁。
② 《中國古籍總目・集部》,第331頁。
③ 王重民:《中國善本書提要》,第532頁。

《和刻本四部叢刊》影印本。

【公藏】

中國:北大。

日本:前田育德會、公文書館、東京都立中央、新發田市立、京大人文研東方、京大文、東大東文研、蓬左文庫、國會、静嘉堂文庫、宮内廳書陵部、廣島大。

橘洲文集十卷

【敘録】

《橘洲文集》十卷,宋釋寶曇撰,日本元禄十一年(1807)織田重兵衛刊本。大本二册。前有"嘉定改元仲春住通州狼山凌雲叟曇觀謹書"序。正文四周單邊,白口,無魚尾,無界行,半葉十行,行二十字。末有牌記云"元禄十一戊寅歲林鐘上浣日織田重兵衛壽梓"。

【考證】

據此和刻書前曇觀序言云:"橘洲詩文高妙簡古,有作者之風。予少年誦之,實深跂慕。自是片言隻字,率訪得之,久而成編,不敢自閟,敬命工鋟版,以廣其傳,是亦徐君掛劍之義也。嘉定改元仲春住通州狼山凌雲叟曇觀謹書。"知其之初刻當在嘉定元年(1208)。又全書之末有識語(《宋人别集叙録》云其"曇觀跋後有無名氏題記",又辨云"檢影印本,曇觀所作在卷首,應爲序而非跋"①,則未能細檢)云:"右板元存徑山,燬於癸巳之火。咸淳改元歲在乙丑,化城石橋塔院重刊印行。"則知初刊之板於紹定六年(1232)燬於火,此爲咸淳元年(1265)化城石橋塔院重刊之本。則知此書宋時即有二刻,然國内久佚,未見蹤影,僅賴此和本以傳,且此和本或當據宋本覆刻,字形頗可窺見宋本之面目。然此和本亦極罕遇,國内之中國科學院圖書館藏一帙,末有羅繼祖識語,則原當爲羅振玉舊藏,後《續修四庫全書》及《宋集珍本叢刊》均據以影印;日本似僅公文書館存有二帙;金程宇《和刻本中國古逸書叢刊》所據當爲金氏自藏之本。

---

① 祝尚書:《宋人别集叙録》,第1004—1005頁。

【影印・整理】

《續修四庫全書》影印本。

《宋集珍本叢刊》影印本。

金程宇《和刻本中國古逸書叢刊》。

【公藏】

中國:中科院。

日本:公文書館(二種)。

崔舍人玉堂類稿二十卷、西垣類稿二卷

【敘録】

《崔舍人玉堂類稿》二十卷、《西垣類稿》二卷,宋崔敦詩撰,日本文化四年(1807)林衡《佚存叢書》(第四帙)活字印本。大本七册。正文四周單邊,白口,單黑魚尾,有界行,半葉十行,行二十字,無返送。末有栗山柴邦彦跋,後附"丁卯十又二月中浣八日天瀑山人識"語。

【考證】

此宋人崔敦詩之别集,雖至明人書目尚見其目,然今國内全無。天壤間尚存一宋朝孤本,其本《經籍訪古志》曾録求古樓舊藏宋刊本,有"金澤文庫"之印,並録柴邦彦享和三年(1803)九月之跋①,跋語與森立之及林衡所録均有小出入,據原書録文如下:"陳直齋以下諸家書目皆不著録,獨葉盛列之《菉竹堂目録》,則明氏中葉其書猶存也。爾後《四庫》《敏求》等録皆不復及,則或者已亡矣。此本古色鬱然,其爲當初原板,不可疑焉。首有'金澤文庫'印記,上杉氏舊藏也,流轉近歸於翫月堂小倉氏焉。凡宋刻傳者,唐人猶爲罕遘,况於萬里之外,其可不寶愛乎?借觀數十日,詳其編纂,僅止所職之文,制誥、口宣、批答及青詞、致語等之外,無一文及别題,蓋所謂制稿二十二卷者矣。其他奏議文集,知大體而剴切者,皆不可見下,爲可惜已。小倉名祐利,以鬻書爲業。"所言甚明,即此書原爲上杉氏藏書,後歸

① 〔日〕澁江全善、森立之等撰:《經籍訪古志》,杜澤遜、班龍門點校,第235—236頁。

書商小倉祐利,柴氏借觀數十日而已①,再據林衡跋知,柴邦彦又慫恿林氏刊出,然當此書印竣之日,柴氏已逝。後此書歸日本皇室,入宮内廳書陵部,今於其網站尚可見其風貌,知林氏所刊,已變其行款,原爲十行十九字者。

【影印·整理】

《續修四庫全書》影印本。

北磵文集十卷

【叙録】

《北磵文集》十卷,宋釋居簡撰,日本五山版。大本五册。前有"嘉定丑十月望日盱江張自明誠子叙"之《北澗文稿叙》。正文左右文武邊,白口,無魚尾,有界行,半葉十四行,行二十四字。末有"永嘉普觀義問宣子跋",跋後有"崔尚書宅刊梓"字樣。

【考證】

此書作者居簡,據張自明序云:"其名居簡,其字敬叟,生潼川,寓北澗之日久,故人不名字之,稱北澗云。"知因隱居杭州靈隱飛來峰之北磵而得名,其人自署云"北磵",張序則用"澗"字,二字本通,然名從主人,仍以"磵"稱之。

此《北磵文集》歷代書目多有著録,如《文淵閣書目》卷九載"僧北磵《文集》一部二册,完全",《内閣書目》亦云"二册",然又云"凡十卷"②,《國史經籍志》亦載爲"十卷"③。此宋本今存二殘本,一爲國圖所藏前八卷(收入《中華再造善本》中);一爲日本宮内廳書陵部藏卷七於卷十(此二書傅增湘均有載録④)。二者似可合爲宋本完璧,然國圖藏本實闕張序首葉,仍未完足。清時當有全本存世,如今存於國圖之清抄本張序即不闕。

---

① 按:有學者云:"《崔舍人玉堂類稿》二十卷《西垣類稿》二卷附録一卷底本爲他的朋友柴邦彦所藏,兩人共同商榷爲該書撰寫了跋語。"(邢書航:《江户儒者林衡〈佚存叢書〉考述》,《域外漢籍研究集刊》第十五輯,北京:中華書局,2017年)實爲誤解。

② [明]楊士奇等:《文淵閣書目》,影印,《宋元明清書目題跋叢刊》第四册,第97、338頁。

③ [明]焦竑:《國史經籍志》,影印,《宋元明清書目題跋叢刊》第五册,第900頁。

④ 傅增湘:《藏園群書經眼録》,第1065頁。

今將此日本五山刻本與國圖所藏“崔尚書宅刊梓”之本相校,知前者爲後者之忠實覆刻本,行款、内容全同,字體亦相似,唯將“永嘉普觀義問宣子跋”及“崔尚書宅刊梓”牌記由書前移至書後(此葉爲單獨之葉面,故亦有裝訂誤置之可能)。張序末署“嘉定丑十月望日”,當爲“嘉定丁丑”,即嘉定十年(1217),或因本行已滿,而後空三行需刻張氏私印,故有意漏刻一字(今見諸家著録均徑補“丁”字)。序後三印二本亦全同,各類著録均未提及,第一印爲“張自明印”,第三印當爲“丹霞書堂”,第二印亦有“丹霞”字樣,因張氏號“丹霞”也。

另,此書版心偶有刊工名金、賈、徐、史、仲等,當非原宋本之刻工,據國圖藏本可知,其版心刊工有來祖榮、來多禮、賈義、馬良、徐珙、蔣榮祖等,其中之馬良刊書甚多①。則此數人當爲元末旅日刊工,此點亦可得《北磵詩集》之援證(參下條)。

【影印・整理】

金程宇《和刻本中國古逸書叢刊》。

《日本五山版漢籍善本集刊》影印本。

紀雪娟點校《北磵文集》(《日本稀見釋家別集叢刊》),西南師範大學出版社 2016 年版。

【公藏】

中國:無。

日本:公文書館、國會、東洋文庫、成簣堂文庫、積翠軒文庫、早稻田。

北磵詩集九卷

【叙録】

《北磵詩集》九卷,宋釋居簡撰,日本五山版。大本二册。前有“水心先生酬北磵詩帖”,正文左右文武邊,白口,無魚尾,有界行,半葉十四行,行二十四字。末有“應安甲辰孟春下澣雲水僧祖應記”之跋。

---

① 王肇文:《古籍宋元刊工姓名索引》,第 392、237 頁。

【考證】

居簡之詩、文集當爲同時刊刻,《文淵閣書目》中還記載"《北磵禪師詩集》一部四册"①,然國内已無存本,日本存有此宋本一種,爲日本學者德富蘇峰於明治三十八年(1905)得之於鐮倉圓覺寺塔頭歸源院,藏於其成簣堂文庫,今藏御茶之水大學圖書館。國内僅國圖存一清鈔本,與宋本相較,當即鈔自宋本者。

此書前爲葉適之酬北磵詩帖,其云:"新詩尤佳,三復愧歎。然有一説,不敢不告。林下名作,將以垂遠。不可使千載之後,集中有上生日詩。此意幸入思慮。何時共語,少慰孤寂。"宋本、五山本及清抄本皆同,意頗費解,據丁丙《善本書室藏書志》卷三十所録,"千載之後"下又有"爲人捐摘"四字②,似是。則刊本或誤奪此四字歟? 然丁丙由何得補此四字,以其前云"别有詩集九卷",似曾見宋本,然後又云"詩集今未得見",則未知其所據。

另,據川瀨一馬載,其裏側有"一部所費板賃百卅文此内九卷十文"陰刻字樣,可供討論此本刊費。而其版心刊工有婁、壽、史、伸、仲、孟才、僅、賈、金等③,此"孟才"即陳孟才,爲旅日刊工。

日本寶永三年(1706)曾以木活字排印《北磵詩集》,當據五山本排印者。今僅存於宫内廳書陵部及静嘉堂文庫。

按:與文集、詩集同時刊行者另有《北磵外集》一卷,然多爲偈頌、贊等内容,故視之爲禪籍,不録。

【影印・整理】

金程宇《和刻本中國古逸書叢刊》。

《日本五山版漢籍善本集刊》影印本。

【公藏】

中國:臺北"國家圖書館"(殘存前四卷,誤署爲"朝鮮舊刊本")。

日本:公文書館、國會、成簣堂文庫、積翠軒文庫。

---

① [明]楊士奇等:《文淵閣書目》,影印,《宋元明清書目題跋叢刊》第四册,第173頁。

② [清]丁丙:《善本書室藏書志》,影印,《宋元明清書目題跋叢刊》第九册,第670頁。

③ [日]川瀨一馬:《五山版研究》,第487頁。

淮海挐音二卷

【叙録】

《淮海挐音》二卷，宋釋元肇撰，日本元禄八年(1695)刊本。中本二册。扉頁中題書名，左署“神雒書林柳枝軒茨城方道藏版”。前有居簡書，次“寳祐戊午仲夏旦日東洲陸應龍、應鳳敬書”之識語，次“淳祐八年冬孟東閣趙汝回序”，次“淳祐四年甲辰歲冬至後四日滄洲道人程公許希潁書於霅溪寓舍”之序，次“淳祐壬子良月旦日汶陽周弼書”序。正文左右文武邊，白口，單魚尾，有界行，半葉十行，行十六字。末有“元禄乙亥二月初吉神京書林茨城方道謹識”之牌記。

【考證】

此書前陸氏序云：“今師索居，先君永感，遂得以鋟梓，非惟質傳寫之訛，是不没先君之志也。寳祐戊午仲夏旦日東洲陸應龍、應鳳敬書。”知此集爲陸應龍、陸應鳳二人承其父之志刊於寳祐六年(1258)。然此宋本世已無傳，即歷來書目亦未載録。則和本爲此書唯一傳本。和本之末有牌記云：“《淮海挐音》上下二册，世罕傳之。予嘗聞藏宋刻舊本於名山書庫，而欲廣行於世，數請而得之矣。刻字楷正，足爲清玩，直貼壽梓，好雅君子，幸賞鑑焉。”知其即據宋本翻刻者。然此原本世傳仍較稀見，故大正二年(1913)，德富蘇峰據自藏之本影印，編入《成簣堂叢書》中，編號五百部以行世。1917年，德富氏曾將此書送一部於劉承幹①。

日本另有寳永七年(1710)僧常信以木活字排印之《淮海外集》二卷，據其跋，或爲陸應龍之兄弟陸應雷於咸淳六年(1270)所刻，國内亦失傳，然其多爲表、榜、疏、書等文，故不列入。

【影印・整理】

金程宇《和刻本中國古逸書叢刊》。

【公藏】

中國：天津、大連(大正本)。

---

① 劉承幹：《嘉業堂藏書日記鈔》，南京：鳳凰出版社，2016年，第334—335頁。

日本:宫内廳書陵部、公文書館、國會、静嘉堂文庫、東洋文庫、京大附圖、成簣堂文庫、慶應(以上元禄本),京大附圖、熊本大、新潟縣圖、酒田市立、佐野市立鄉土博物館、東洋文庫、中央大、關大、立命館大學、熊本大、東北大(以上大正本)。

藏叟摘稿二卷

【叙録】

《藏叟摘稿》二卷,宋釋善珍撰,日本五山本。中本二册。卷端署“温陵釋善珍”。正文左右文武邊,白口,單魚尾,有界行,半葉十一行,行十八字。又有寬文十二年(1662)藤田六兵衛刊本,正文四周文武邊,白口,無魚尾,無界行,半葉九行,行十八字。卷末有“寬文十二年歲次壬子仲春下浣藤田六兵衛鋟梓”字樣。

【考證】

此書國内無存,然《晁氏寶文堂書目》有著録①,知明代尚有流傳,然亦極罕見。此五山本版心有刻工姓名“仲”字,知爲旅日刊工所刻。寬文時又有據五山本之翻刻本。

【影印・整理】

金程宇《和刻本中國古逸書叢刊》。

【公藏】

中國:無。

日本:國會、東北大學、成簣堂文庫、大東急紀念文庫、東洋文庫、前田育德會(以上五山版),國會、大阪府立中之島、東北大。

① [明]晁瑮:《晁氏寶文堂書目》,第220頁。

嚴滄浪先生詩集二卷

【敘録】

《嚴滄浪先生詩集》二卷,宋嚴羽著,明陳士元編、黄清老校,日河合孝衡等句讀,安永六年(1777)京都平安書林好文軒秋田屋伊兵衛刊本。大本一册。前有龍公美、鳥山輔世序。卷端署"明撨川陳士元暘谷編次,進士黄清老子肅校正,大日本浪華十日業季長、浪華鳥山輔世長民重刊,三野河合孝衡襄平考訂",版心題"滄浪詩"。正文四周單邊,白口,單魚尾,有界行,半葉十行,行二十字。末有源孝衡跋及刊記。

【考證】

此書長澤氏標爲"明陳士元編、黄清老校",然陳氏實爲元人,《關中理學淵源考》卷三九有其小傳;黄亦元人,黄清老(1290—1348)字子肅,人稱樵水先生,福建邵武人。爲黄峭第十六世孫。泰定進士,累官翰林編修。學行爲時人所重。清老爲文馴雅,詩有盛唐風,著有《樵水集》。嚴氏之書有元刊本存世,其孤本今存臺北"中央圖書館"。此本雖爲日本安永五年(1776)所刊,時代較近,然日本所藏亦極罕見。

【影印・整理】

〔日〕長澤規矩也《和刻本漢詩集成》第十六輯。

《和刻本四部叢刊》影印本。

【公藏】

中國:無。

日本:公文書館、島根縣圖。

無文印二十卷

【敘録】

《無文印》二十卷,宋釋無文(道璨)撰,日本貞享二年(1685)寺西甚次郎刊本。大本二册。前有"癸酉長至日李之極序",次"咸淳九年重九後一日信余安□書”。正文四周文武邊,上下黑口,雙對魚尾,無界行,半葉十一行,行二十字。末有“貞享二龍次乙丑仲夏穀旦洛下京極通松原下町寺西甚次郎藏板”牌記。後附惟康所編語録、贊、偈頌、題跋等。

【考證】

此書雖歷來無著録,亦未見,然實有宋刊傳世,日本即存宋刊兩種,其一藏於國會圖書館(影印入劉玉才主編《日本國會圖書館藏宋元本漢籍選刊》),另種則爲楊守敬所得,楊氏爲撰提要,入《日本訪書志》中,雖置於釋家類,然楊氏於其人之詩頗爲稱許,云“無文與當時名流相唱和,故其詩文皆無蔬筍氣,文尤簡質有法。在宋僧中固應樹一幟也”①,並全文引録書前李之極序。楊氏藏書後歸羅振玉,今存遼寧省圖書館,並影印入《中華再造善本》中。此和本當即據宋本翻刻,惜存世亦無多。

【影印・整理】

金程宇《和刻本中國古逸書叢刊》。

【公藏】

中國:北大。
日本:國會、東北大。

雪岑和尚續集二卷

【叙録】

《雪岑和尚續集》二卷,宋釋行海撰,日本五山版。大本一册。正文左右雙邊,白口,每半葉十行,行二十字。又有寛文五年(1665)飯田氏忠兵衛、藤田氏六兵衛刊本。大本一册。前有“白露前一日剡溪釋行海叙於白雲峰”之《雪岑詩序》,次“竹溪林希逸序”之《雪岑詩序》(五山版原爲書末之跋)。正文四周文武邊,上下黑口,雙對魚尾,無界行,半葉十行,行二十字。末有“寛文五年乙巳九月吉辰飯田氏忠兵衛刊行”字樣。

---

① [清]楊守敬撰,張雷校點:《日本訪書志》,第253頁。

【考證】

林希逸序云"雪岑詩集,本有十二巨編,凡三千餘首",其"隨予所喜而選摘之",據之可知,行海詩作極多,然此並非行海全部作品之選本,因林氏"未及盡卷,適拜起居舍人之命,尋又斥去,故此選才得二百餘首",序末林氏又云"異日復當盡其餘卷,續選而終"。惜非但行海三千餘詩全未見蹤影,即此二百餘首之選本,亦已久佚,幸有日本刻本,方得傳世。此書國内未見館藏,《宋人别集叙録》云"國内唯中國科學院圖書館藏有鈔本",《全宋詩》即以爲底本①,實北京大學圖書館藏寬文本一部,乃楊鑄教授捐贈之書②。

【影印・整理】

金程宇《和刻本中國古逸書叢刊》。

【公藏】

中國:北大。

日本:宫内廳書陵部、兩足院(以上五山版),公文書館、國會、京大人文研東方、山梨縣圖、神户市立中央(以上寬文本)。

真山民詩集一卷(泉澤本)

【叙録】

《真山民詩集》一卷,宋真山民著,日本泉澤充校,文化九年(1812)江户萬笈堂英平吉藏板本。大本一册。扉頁書名右署"履齋泉澤充先生校",左署"江户書林萬笈堂英平吉藏板"。前有"文化九年歲在壬申冬十一月詩佛老人大窪行書於拎玉池江山詩屋"之序,次"文化九年壬申冬十一月江户善庵居士朝川鼎題於小泉書院"之序,次則"文化九年壬申嘉平月上毛篤所松則武撰並書"之叙,次爲"大德丙午夏董師謙"序。卷端署"宋括蒼真山民撰""日本盛岡泉澤充、奈良方校"。正文左右文武邊,白口,單黑魚尾,有界行,半葉十行,行二十一字,有返送。後有補遺,次"文化

① 祝尚書:《宋人别集叙録》,第1453頁。
② 參韋力:《上書房行走》,北京:海豚出版社,2017年,第382頁。

九年壬申十一月盛岡泉澤充識”之跋語,次泉澤氏輯真山民事跡數則。此書又有後印本,又有文政八年(1825)修板之本。

【考證】

宋集和刻本中,《真山民詩集》尤爲珍貴。國内所傳山民之詩,經四庫館臣補輯亦不過一百一十七首,而和刻本則溢出五十一首,非僅如此,且文字亦勝,羅振常嘗“以祝氏留香室刻本校”,云“用此字不如用彼字之佳,此類異文,此本概視祝刻爲勝”。

泉澤充所刊此本先由北林堂西宫彌兵衛刻於文化九年,其後多次重印,又於文政八年由玉山堂山城屋佐兵衛修板再印。長澤規矩也於《和刻本漢籍分類目録》中指出其修板是“董序補文”①,細查二本,知文化本之董序有“前者取其醇,後者取其醨矣”一句,文政本則補爲“前者取其醇,後者取其醨,取之不已,今不知其第幾醨矣”,文化本因有二“醨”字而漏刻十一字,文政本發現此誤而補正之。然細校二序之刻工,知此董序非“補文”,而是全文重刻,惟文政本乃據文化本仿刻,有虎賁中郎之似。另文政本修補尚不止此,其對朝川鼎序文亦有修改,較顯者爲朝川序字體全改,文化本爲“玉峰田爲則書”,頗似碑體,至文政本則“竹香石黒尚友書”書,全用行草;文政本於落款末又增“小泉書院”字樣;尤要者,於其序中加入“《龍泉邑志》收其《留槎閣寓感》《題濟川橋》二詩,而此本一有題而無詩,一有詩而無題,其間蓋脱一詩一題”一句,當是文化本刊行後,朝川鼎於《龍泉邑志》中挖掘佚詩,於是乎有修板之舉(《龍泉邑志》一書國内似未見,然其所收二詩則已收入嘉慶本《真山民詩集》之補遺》)。二本正文亦有不同,文政本於書末補刊《留槎閣寓感》一詩,且七言律部分最後一詩文化本原題爲《留槎閣秋望》,亦據朝川鼎之發現於題下注云:“此題當據《龍泉邑志》作‘題濟川橋’。”卷末泉澤充之跋亦有不同,其末句文化本爲:“視諸提要所收本多五十一首,而彼所載而所闕者九首,今附録卷末,以備其遺云。”文政本則改爲:“視諸提要所收本多五十一首,而彼所載而所闕者八首,又提要本從《元詩體要》增入《陳雲岫愛騎驢》七古一首,善庵先生於《龍泉邑志》得《留槎閣寓感》七律一首,今皆附録卷末,以備其遺云。”可見此次修板關鍵即在新增之詩。泉澤充爲朝川鼎弟子,朝川鼎《古文孝經私記》一書即署“門人南部泉澤充校”字樣,故其當將乃師之發現表而出之,文政本序文之次序似亦有變動,文化本均以詩佛大窪行序弁首,朝川鼎序次之;至

① 〔日〕長澤規矩也:《和刻本漢籍分類目録》,第179頁。

文政本則改朝川弁首,將大窪序改置上毛篤所松則武叙之後,或亦突出乃師之微意乎? 即此可見,《真山民詩集》之和刻本最佳者當爲文政本,長澤規矩也《和刻本漢詩集成》據文化本影印,實有未察之憾。

然則,此和刻本源於何本? 迄無論之者。據此本前朝川鼎序云"嘗得此本於松篤所,甚愛其詩,欽其節操之高,與奈良圓藏相謀,校梓以布於世",泉澤氏跋亦云:"右《真山民集》一卷,余得之於松篤所,篤所嘗有校梓之志而未果,久藏篋底,余借得讀之,甚愛其詩,服其節之高矣,欲代刻之以傳於世。"知此本原爲松篤所(即松浦則武,其人曾刊行《菊磵遺稿》)所藏,松浦氏序亦云"余獲善本訂正以藏",然松浦氏原本今不可見,遍檢日本公藏,確無古本存世。楊守敬於其《鄰蘇園藏書目録》中著録"真山民詩一本",上鈐"日本古鈔本"印,然又圈去"古鈔"二字,旁改"五山"二字①,則似楊氏曾藏有五山本。然據筆者所輯《日本訪書志再補》,中有楊氏所撰書志,括注云"傳鈔元刊本",則或仍當以"古鈔本"爲是,然無論其爲刊本抑鈔本,均當源於元刊之本也。雖楊氏之本今不知何在,亦可知此和刻之本淵源有自,故泉澤充識語云:"其書展轉傳寫,不知歷幾人手,誤字闕文頗多矣。後又得一本,亦有异同,因更參校同异。"則可知矣。傅增湘曾以嘉慶十七年(1812)祝昌泰留香室刊本爲底本,據此和本校正之,"丁卯清明後三日,入山掃墓。夜闌人静,携日本文化九年刊本校正,三更畢事,其詳别記。沅叔書於鳳阿丙舍",又云"翌日又細校一過,補正數十字,始歎前此之疏率也。凡增改之字三百三十有八"②,可見此本之價值。

然此書中佚詩非但《全宋詩》未能據補,《全宋詩訂補》失之,即學界亦多未知,直至近年方漸改觀。細檢文獻,實此和本回傳禹域甚早,惟學界研究或多畛域之隔,反失之眉睫。據王嵐先生考,知中國科學院圖書館收藏有 1918 年"浦城李酌海樓雕版"本,卷末李迪瑚跋云"得諸東瀛書肆",則據和本,王嵐先生認爲"實即近藤元粹評訂的鉛印本",而近藤本實亦源於

---

① 《鄰蘇園藏書目録》,第 7 頁。

② 傅增湘撰,王菡整理:《藏園群書校勘跋識録》,北京:中華書局,2012 年,第 582 頁。按:李成晴《和刻本〈真山民詩集〉考》(《文獻》,2015 年第 6 期)推測:"傅增湘校嘉慶刻本時曾持有一種與和刻本同一版本系統的《真山民詩集》。傅校雖與和刻本偶有異文,但多字形之訛,故而也不排除傅增湘曾見到過和刻本《真山民詩集》的可能。"又附記云:"本文完稿後,承侯書倩女士告知民國《邈園叢書》刻有《足本真山民集》一種……則《邈園叢書》刻本即據和刻《真山民詩集》重刊。本文文末論傅增湘校嘉慶本事,有可能傅氏係據《邈園叢書》本以校,蓋此本較易獲見;當然,仍不排除傅氏曾見和刻本的可能。"而據傅氏題識,則知傅氏徑據此和本對校者。

泉澤本及栲亭本(參下條),故此亦可視爲泉澤本之衍生本①。1937 年羅振常蟫隱廬《邈園叢書》石印本(王嵐文標爲"謄寫排印本",金程宇亦云"排印本",實誤,此當爲石印本)前有羅序云:"此本爲日本泉澤始達校刊,原出大德本,不獨較祝刻多詩五十餘首,且前有董師謙序,述及山民家世,知確爲文忠公族裔。"並稱其"卷後又附補遺,搜輯甚備,甚至《留槎閣詩》與題不合,推知其間爲缺一詩一題,未嘗不歎其校勘之精也",故云"余幼即得此本,愛其馨逸,時復諷誦,長夏曝書,取讀一過,如見故人,因其足以砭俗,爰重校印行,並取祝刻對勘,附校記於後,裨我邦已佚之籍,更得傳布。"②知即據泉澤本而來(詳考其書,底本當據文政補刻本),其底本或爲其族兄羅振玉舊藏,據羅氏藏書目知,其曾藏有"真山民集一卷補遺一卷(日本刊本)"③,則即此泉澤本無疑。惜羅氏"傳布"之思已成虛願,其本於 1944 年又有重印,然今似留存較少(目前僅知國圖、清華有藏),且少有人知。除以上二種外,1948 年,劉耀東編《括蒼叢書》中亦收入《真山民詩集》,其後跋語云"龍泉吴嘉彦嘗從日本青木嵩山堂得刻本",此語稍須考辨,其云"從日本青木嵩山堂得",則所據當即青木嵩山堂排印之近藤元粹評本,然其又云"刻本",因日本書坊亦常出售古書,故其若於青木嵩山堂購得泉澤本,似亦不無可能。然細核正文,如各詩排列順序及個别獨特異文,可知此云"刻本"不過泛用之詞,其所據即近藤本。按吴嘉彦爲龍泉人,晚清廩生,曾任浙江省咨議員。據上可知,此二十年間,國内已據和本翻刻三次,惜均未爲人知,以至於今。

【影印・整理】

〔日〕長澤規矩也《和刻本漢詩集成》第十六輯(文化本)。

浦城李酌海樓 1918 年刊本(近藤本)。

羅振常蟫隱廬《邈園叢書》1937 石印本(文政本)。

劉耀東 1948 年《括蒼叢書》排印本(近藤本)。

金程宇《和刻本中國古逸書叢刊》(文化本)。

《域外漢籍珍本文庫》第四輯(文化本)。

《和刻本四部叢刊》影印本(文化本)。

---

① 王嵐:《和刻本〈真山民詩集〉的文獻價值》,《版本目録學研究》第二輯,北京:國家圖書館出版社,2010 年。

② 按:汪柏江、方俞明先生整理羅振常《善本書所見録》一書曾輯"善本書所見録再補"二十餘條,然未能輯録此書之序及跋語。

③ 羅振玉、王國維編:《羅氏藏書目録》,北京:北京大學出版社,2015 年,第 314 頁。

劉耀東《括蒼叢書》整理本,浙江古籍出版社2014年版。

【公藏】

中國:華東師大、遼寧、大連、上海。
日本:所存甚多,不備録。

真山民詩集一卷(栲亭本)

【叙録】

《真山民詩集》一卷,宋真山民撰,日本文化十年(1813)神先宗八、林喜兵衛刊本。中本一册。扉頁題"宋真山民詩集",右署"栲亭先生校閲",左署"平安書鋪文曉堂、向松堂梓"。前有"文化七年十二月栲亭源之熙撰"之《真山民詩集序》,次"大德丙午夏董師謙"《真山民詩集序》。卷端署"平安源之熙君績校閲,近江石川之褧士尚參訂"。正文四周單邊,白口,單黑魚尾,有界行,半葉十行,行二十一字,偶有小字雙行之注,字數同,有返送。

【考證】

此爲日本漢學者村瀨之熙所校訂者,據其序,其校訂當於文化七年(1810),較泉澤氏校訂之文化九年(1812)早二載,然其出版則在三年之後,彼時泉澤本已於一年前先聲奪人,故真山民詩集之和本,仍以泉澤本影響尤大,此本流傳較稀(長澤規矩也氏亦云此"傳本稀"①)。

此本前村瀨氏序云"乃者書肆某獲此集,請余校訂",僅知來自書肆,未知其底本詳情;二本皆有董師謙序,且收詩亦大致相同,則二本或有相近之來源。唯於董序,此本"取之不已,今不知其第幾醻矣"十二字不闕,或其所據舊本尤完,泉澤氏之文政修版本反據此本補字歟?若論其異,則一者排列次序不同,泉澤本以"五言律"始,以"五言古"終;而栲亭本則以"五言古詩十首"始,以"七言絶句十九首"終。另其異文亦較多,故知其來源雖相近而實非一。如泉澤本五律中有《修真道院訪崔道士時崔年九十有九健□》,栲亭本補末字爲"甚"(按:余藏一鈔本,此有校語云"崔"字一本作"鶴",上"崔"字或不當改,然下字似以"鶴"爲義長)。另,輯録者亦頗用

① 〔日〕長澤規矩也:《長澤規矩也著作集》第十卷,東京:汲古書院,1987年,第251頁。

力於此,如泉澤本據《四庫全書總目》"《元詩體要》中録其《陳雲岫愛騎驢》七言古詩一首"[1]之語於補遺中增補此詩,此本已徑列正文之中,詩末注云:"此詩見《皇元風雅》,因附於此。"知其徑據《皇元風雅》補入。按此《陳雲岫愛騎驢》詩或《皇元風雅》本尤近真,其詩末云"勸君勸君但騎驢,行路穩,姑徐徐。九折畏途鞭快馬,年來曾覆幾人車",然《元詩體要》少"勸君"二字,故泉澤本據之入録,亦少二字;傅習本《皇元風雅》後集卷四有此二字,然栲亭本仍據删之,或村瀨氏以此二字爲衍文,實此詩通篇七言,至"行路穩,姑徐徐"雖爲六言,然中有間隔,亦爲七言詩中常例,而前句忽做五言,語氣似稍扞格,《全宋詩》據《四庫全書》本入録,故亦無此二字[2]。又據《陳雲岫愛騎驢》一詩之位置可知,此本次序當經村瀨氏重編,不似泉澤本,仍保留底本原貌。

光緒三十四年(1908)一月二十四日,徐兆瑋曾至神田訪書,其日記載云:"午後,至神田購《真山民詩集》……《真山民詩集》日本刊行者有三本:一泉澤充校本,刊於文化九年;一近藤元粹校本,刊於明治年間。此本爲源之熙校刊,有文化七年序,大約與泉本同時刊行,而近藤又合兩本校刊之,三本均爲予所購得,與山民可謂有緣矣。"[3]則此本國人亦早有舶歸者,惟未引起學界重視,故國内所傳,多據泉澤本或近藤之合校本。

【影印・整理】

浦城李酌海樓 1918 年刊本(近藤本)。

劉耀東 1948 年《括蒼叢書》排印本(近藤本)。

金程宇《和刻本中國古逸書叢刊》(栲亭本)。

劉耀東《括蒼叢書》整理本,浙江古籍出版社 2014 年版。

【公藏】

中國:華東師大。

日本:高知大、京産大、新潟縣圖、關大、九大、東大總、國會、二松學舍。

---

① 魏小虎編撰:《四庫全書總目彙訂》,第 5292 頁。

② 《全宋詩》第 65 册,北京:北京大學出版社,1998 年,第 40887 頁。

③ [清]徐兆瑋著,李向東、包岐峰、蘇醒等標點:《徐兆瑋日記》,合肥:黄山書社,2013 年,第 844 頁。

百花詩集一卷

【叙録】

《新刊精選吟詠百花詩集》一卷,宋楊巽齋撰,日本寬永十四年(1637)田原仁左衛門刊本。大本一册。正文四周單邊,粗黑口,雙對花魚尾,無界行,半葉九行,行七言詩二句,有返送。

【考證】

此和本未署作者姓氏,據金程宇叙録云,其所收百花詩七絶九十首,部分見於《全芳備祖》,後者署云"楊巽齋",故以附之。此書所收之詩,可補《全宋詩》之佚。另日本龍谷大學圖書館藏有日本古抄本①。

【影印・整理】

金程宇《和刻本中國古逸書叢刊》。

【公藏】

中國:無。

日本:御茶之水圖書館、東洋文庫、太田中島圖、山口大棲息、對馬歷史宗家。

菊花百詠一卷

【叙録】

《菊花百詠》一卷,宋張逢辰撰,日本元禄七年(1694)京都古川氏石梁齋刊本。大本一册。扉頁書名右署"張愛梅先生",左署"邑上書肆石梁齋繡梓"。前有菊花六幅,次"歲□□仲春前從政郎平江府司理參司曹元凱謹書"《菊花百詠叙》,次"辛巳菊節塘邊陳思順拜云"之《菊花百詠序》。

---

① 關於此抄本之研究,可參看金文京:《日本龍谷大學所藏元朝郭居敬〈百花詩選〉等四種百詠詩簡考》(張賓三、楊儒賓編:《日本漢學研究初探》,臺北:臺灣大學出版社,2004 年)及楊鑄:《日本抄本〈百花詩集〉小考》(《北京大學中國古文獻研究中心集刊》第五輯)。

卷端署“檇李張逢辰君遇”。正文四周單邊,白口,無魚尾,版心署“菊花詠”,無界行,半葉八行,行十六字,有返送。

【考證】

此書作者張逢辰爲宋人,長澤目録爲清人①,實誤。按此集國内無傳,然《詩淵》中曾收其内容②,然就其單行本言,國内確無之。除此本外,日本尚存數種抄本,其中龍谷大學藏抄本尤爲完整,如元禄本前曹序署時有二闕字,龍谷本則爲“壬午”。此數本之異卞東波有詳細校録,可參看③。

【影印·整理】

〔日〕長澤規矩也《和刻本漢詩集成》第十八輯。

金程宇《和刻本中國古逸書叢刊》。

【公藏】

中國:無。

日本:東北大、京大文、東京都立中央、公文書館、山口大、東大總、新潟縣圖。

---

① 〔日〕長澤規矩也:《和刻本漢籍分類目録》,第188頁。

② 參卞東波:《類書中的宋代文學史料——以明抄本〈詩淵〉爲例》,《宋代詩話與詩學文獻研究》,北京:中華書局,2013年。

③ 卞東波:《日本所藏宋人張逢辰〈菊花百詠〉校録》,《域外漢籍研究集刊》第8輯,北京:中華書局,2012年。又附見前引之書。

四、元别集

趙子昂詩集七卷

【叙録】

《趙子昂詩集》七卷,元趙孟頫撰,日本南北朝時刊本。大本二册。卷端署“宜黄後學譚潤伯玉編集”。正文左右文武邊,黑口,雙順魚尾,有界行,半葉十一行,行二十字,注小字雙行同,無返送。總目末有陰文刊記“至元辛巳春和建安虞氏務本堂編刊”。

【考證】

此五山本明云“至元辛巳春和建安虞氏務本堂編刊”,知據元虞氏務本堂覆刻者。原本國内曾存二本。一爲陸心源所藏,其《儀顧堂續跋》著録,並云:“元麻沙書坊刊本……比《松雪齋集》多《有所思》《望美人》等詩十餘首。”①此本現亦存,然已爲日本静嘉堂文庫鄴架之寶②。國内亦存一孤本,乃傅增湘舊藏者。按傅氏於此元刊極重之,曾云:“此書絶罕見,惟儀顧堂續跋載之,云比松雪齋集多‘有所思’‘望美人’等詩十餘首,今考之信然。”又考其末之刊記,因僅題“至元辛巳”,後至元無辛巳,則當爲前至元十八年(1281),然此時趙子昂僅二十八歲,“又五年程鉅夫薦於世祖乃得進用,與集中往還諸人年代不相應,則非前至元可知。其後至元六年(1269)爲庚辰,次年辛巳下月朔改元至正,今此刻題至元辛巳春和,蓋地僻未奉詔書,故猶存舊號也。”③所言極爲切當。總之,此本就原本而言,既有補正《松雪齋集》之價值,又僅存二部於天壤間,故此南北朝覆刻之本亦極可珍視。然此和刻之本亦不可多得,國内無存,實日本亦僅國會藏有孤本,此外之公文書館及東北大各藏一鈔本,國内之上海圖書館亦藏一日本古鈔之本,均署“譚潤編集”,則當鈔自元本或此刻本者。

---

① [清]陸心源著,馮惠民整理:《儀顧堂書目題跋彙編》,第429頁。
② 《静嘉堂文庫漢籍分類目録》,第691頁。
③ 傅增湘:《藏園群書經眼録》,第1093頁。

【影印・整理】

《日本五山版漢籍善本集刊》影印本。

【公藏】

中國:上海(古鈔本)。

日本:國會(刻本),東北大、公文書館(以上古鈔本)。

翰林珠玉六卷

【敘録】

《增補新編翰林珠玉》六卷,元虞集撰,日本貞治二年(1363)五山本。大本一册。卷端次行署"□□書堂鼎新選梓",三行署"邵庵虞集伯生父全集"。卷末有"貞治癸卯孟春命工刊行"字樣。正文左右雙邊,黑口,雙對魚尾,有界行,半葉十一行,行二十字,注小字單行。

【考證】

此爲元虞集詩集,國内已無刊本存世,據《中國古籍總目》著録,僅有數種抄本①。日本公文書館存元刊本一種,卷端署"儒學學正孫存吾如山家塾刊",静嘉堂藏一部同版,爲黄丕烈舊藏,卷中尚有黄氏二跋,後入陸心源手,其跋云:"觀是書款式,所選似不止一有,今只存伯生一家耳。"②所言甚是。另據嚴紹璗目,日本蓬左文庫及公文書館另存元刊二部③。

此貞治二年五山版與前述元刊本行款悉同,然卷端所署則爲"□□書堂鼎新選梓",或五山本之底本非此現存之元本。按此刊記有二字無法辨認,或爲"雙桂"二字歟?《經籍訪古志》載《廣韻》之元刊本,卷末即有"建安余氏雙桂書堂鼎新鋟梓"木記④,此書坊至正十一年(1351)曾刊《書集傳》等,"入明後仍有刻書"⑤,則可能性較大。

---

① 《中國古籍總目・集部》,第464頁。

② [清]陸心源著,馮惠民整理:《儀顧堂書目題跋彙編》,第432頁。

③ 嚴紹璗:《日藏漢籍善本書録》,第1616頁。按:其又將蓬左文庫一殘本收入總集類(第1932頁),誤。

④ 〔日〕澀江全善、森立之等撰:《經籍訪古志》,杜澤遜、班龍門點校,第86頁。

⑤ 方彦壽:《增訂建陽刻書史》,福州:福建人民出版社,2020年,第203頁。

【影印・整理】

《日本五山版漢籍善本集刊》影印本。

【公藏】

中國:無。
日本:天理圖書館。

范德機詩集七卷

【敘録】

《范德機詩集》七卷,元范德機著,日本五山本。中本二册。前爲"綱目",綱目末有牌記方框,然中爲挖空。卷端署"臨川葛雝仲穆編次,儒學學正孫存吾如山校刊"。正文左右文武邊,上下粗黑口,雙對魚尾,有界行,半葉十一行,行二十字。全書之末有"延文辛丑仲春雲居比丘妙葩命工刊行"字樣。

【考證】

此書有元後至元六年(1340)益友書堂刻本,《四部叢刊》編印時,或未能及時得到刊本,僅據傅增湘所藏舊抄本影印。據《中國古籍總目》則有國圖、南京與山東博物館三家藏本①,其中山博藏本也影印入《中華再造善本》之中。然國内所存亦僅此三家。此五山本即據益友書堂本翻刻,僅將綱目後牌記中"至元庚辰良月益友書堂新刊"兩行字删去之,此所謂延文辛丑即延文六年(1361),則於原本印行二十一年後即翻刻,可謂速矣。

【影印・整理】

無。

【公藏】

中國:無。
日本:公文書館(二册,一刊記全,一削去"春雲居比丘妙葩"六字)、宫

---

① 《中國古籍總目・集部》,第461頁。

内廳書陵部。

新芳薩天錫雜詩妙選稿全集一卷

【叙録】

《新芳薩天錫雜詩妙選稿全集》一卷,元薩都剌著,日本五山本。大本一册。正文左右文武邊,黑口,雙對魚尾,版心署“天”字,有界行,半葉八行,行十八字,無返送。其後又有慶長間刻本、明曆三年(1657)京都舖粕子刊本及元禄七年(1694)大阪油屋與兵衛本。中本一册。所見爲明曆本,卷端署“新芳薩天錫雜詩妙選稿全集”。正文四周單邊,白口,雙對魚尾,版心標“天全”二字,無界行,半葉八行,行十八字。版權頁署“明曆三丁酉歲仲夏念日蛸藥師通開板屋舖粕子壽梓”字樣。

【考證】

日本之五山本可據島田翰文及川瀨一馬叙録知之,後者稱其字體與俞良甫所刊諸書同①。慶長本則未見,僅島田翰云“予曾讀慶長刻本《薩天錫妙選稿》”②,知有慶長本耳。較常見者爲此明曆本。楊守敬亦藏一册,其著録云:“日本明曆三年刊本。按:天錫《雁門集》本八卷,汲古刊本併爲三卷,《集外詩》一卷,有自序及干文傳序。此本無序,詩後附文七首,皆爲緇流所作。據《標目》稱爲‘妙選稿’,則非‘全集’也。然驗其板式,的爲從元槧重刊。”③觀此明曆本字體、版式,確有元版風貌。按楊氏所藏此本後贈傅增湘,據《藏園群書經眼録》載:“此書本楊鄰蘇老人(守敬)所藏,以余嗜好之深,癸丑冬日在上海瀕行,遂舉以相贈。丙辰十月廿九日沅叔記。”知楊於1913年寓居上海時贈傅也。傅氏於此書評價頗高,云:“其詩太半爲汲古閣本所不載,其載者字句亦頗有不同,驗其版式及標題之新異,從元本翻刻無疑,蓋當日單行之本,與後來彙刻之本宜其不相合也。”④然此本之價值,尚需與薩氏著作各本細勘之。

另此書大正間又有民友社據島田翰校本排印者(與《寒山詩》合刊)。

---

① 〔日〕川瀨一馬:《五山版研究》,第470頁。
② 〔日〕島田翰撰:《古文舊書考》,杜澤遜、王曉娟點校,第403頁。
③ 〔清〕楊守敬撰,張雷校點:《日本訪書志》,第236頁。
④ 傅增湘:《藏園群書經眼録》,第1125頁。

【影印・整理】

〔日〕長澤規矩也《和刻本漢詩集成補編》第一輯(明曆本)。

金程宇《和刻本中國古逸書叢刊》(南北朝本)。

《和刻本四部叢刊》影印本(明曆本)。

【公藏】

中國:無。

日本:東洋文庫(五山版),公文書館、廣島、實踐女子、慶應(明曆本),國會(元禄本)。

揭曼碩詩集三卷

【叙録】

《揭曼碩詩集》三卷,元揭傒斯撰,日本五山本。大本一册。卷端署"門生前進士燮理傅化校録"。正文左右文武邊,黑口,單魚尾,版心署"詩"字,有界行,半葉十行,行十九字。

【考證】

揭傒斯詩集有多種,然此《揭曼碩詩集》則存世極罕,國内有元刊之本二,餘者皆抄本,直至崇禎時方有毛晋所訂之本,至清道光時又有《海山仙館叢書》本①。國内所存元刊爲後至元六年(1340)劉氏日新堂刊本,一存國圖,爲傅增湘舊藏,傅氏有跋云:"《揭曼碩詩集》刻本以元至元三卷本爲最古,然偏檢諸家藏書目録,皆屬舊鈔,如錢氏《讀書敏求記》、張氏《愛日精廬藏書志》皆從元刻傳録者,張芙川家則從元刻校勘者,而至元初刊竟無人見及。余昔年於海上見芙川所藏明鈔本,有李申耆、黄廷鑑、季錫疇諸家手跋,皆歎爲罕秘,珍惜甚至,則元刻之罕覯益可知矣。此本余十五年前於廠肆無意獲之,半葉十行,每行十九字,黑口,四周雙闌,字仿松雪體,婉秀有致,間有補刻,則神氣板滯矣。卷首題'門生前進士燮理溥化校録',目録前有'至元庚辰季春日新堂印'一行,諸家藏目以爲在目後者,皆大誤也。惜卷三後闕失七番,余據影元本手寫補之。"傅氏於此本之弆藏亦極自

① 《中國古籍總目・集部》,第466頁。

得,云:"自元至元庚辰,至今歲己卯,凡歷三朝,十周甲子,正六百年,而余以垂暮之齡,幸目力未衰,得弄其柔翰,以奏媧皇鍊石之工。後之得吾書者,庶鑑此炳燭之明,差免抱殘之憾,勤勤護守,俾毋壞失,則余之露鈔雪纂爲不徒勞也乎! 己卯五月下浣,藏園記。"①此本先入《中華再造善本》,繼又收入《國學基本典籍叢刊》中,頗易得。另本藏於福建圖書館,有"書帶草堂""侯官鄭氏藏書""龔少文收藏書畫印""大通樓藏書印"等印②。此"侯官鄭氏藏書"印當爲乾隆時人鄭杰之印③。

然此五山本之價值不僅在於元刊僅存其二,五山本可當副本,據卞東波考述,"元代刻本不止日新堂刻本一種,五山版的底本也非日新堂本,當是另一種元刻本。"④此本據川瀨一馬推測,或出俞良甫等人之手⑤。

【影印・整理】

無。

【公藏】

中國:無。
日本:公文書館、安田文庫。

白雲詩集四卷

【敘録】

《白雲詩集》四卷,元釋實存撰,日本應安七年(1374)刊本,大本一册。卷首有"蜀人牟巘獻翁""至元壬辰菊節書"之《白雲詩集序》,次"吴興趙孟頫子昂"之《白雲詩集叙》,次"婺城石塘胡長孺序"之《白雲詩集序》,次"粤人石田林昉"序,次"春洲居士趙孟若"序。卷端署"錢唐釋英實存"。正文四周雙邊,有界行,半葉十行,行二十字。另本之末有牌記云"應安七年甲寅歲仲陽日,西山兜率門人利生叟書,俞良甫學士喜置"。又有寬文五

① 傅增湘:《藏園群書題記》,第799頁。
② 《第一批國家珍貴古籍名録圖録》,第5册,第22頁。
③ 白淑春編著:《中國藏書家綴補録》,銀川:寧夏人民出版社,2016年,第77頁。
④ 卞東波:《珍稀和刻和鈔宋元漢籍八種叙録》,《域外漢籍研究集刊》第八輯,北京:中華書局,2013年。
⑤ 〔日〕川瀨一馬:《五山版研究》,第467頁。

年(1665)藤田六兵衛刊本。大本一册。序同。正文四周單邊,白口,無魚尾,無界行,半葉九行,行十八字,有返送。末署"寬文五年乙巳九月吉辰,藤田氏六兵衛刊行"。

【考證】

此書於《中國古籍善本書目》録四種,然均爲抄本①,可知其刻本之少見。然國内鈔本所存之詩亦不完,據此本趙孟頫序云:"詩凡一百五十首,分三卷,後所作者將甲乙等之。"然國内存本僅一百零二首。則此和本極可貴。另此本之五山版末有"俞良甫學士喜置"之刊記,則亦屬俞良甫版之一也。寬文本當據五山版翻刻,然將"獻翁"涉上而誤爲"巘翁"。

《四庫全書總目》稱"其才地稍弱,未脱宋末江湖之派,而世情既淡,神思自清,固非如高九萬輩口山水而心勢利者所可同日語也",則其詩亦非釋家以禪理公案之可比。《提要》又謂"其《贈趙孟若》七言律詩,亦見張羽《静居集》中。然附載趙孟若和詩,而卷端又有《孟若序》。則二人倡和,於事理爲近。《張集》蓋偶爾誤收。"②所言極是,金程宇亦云"其詩幾全部混入明張羽《静居集》,據此本更得確證"③。

【影印·整理】

金程宇《和刻本中國古逸書叢刊》(南北朝本)。

《和刻本四部叢刊》影印本(寬文本)。

楊鐮主編《全元詩》第十八册。

【公藏】

中國:無。

日本:静嘉堂文庫、天理大學(以上五山版),東北大、公文書館、大阪府立中之島、市立米沢、神户市立中央、東洋文庫、實踐女子(以上寬文本)。

---

① 《中國古籍善本書目·集部》,第429—430頁。

② 魏小虎編撰:《四庫全書總目彙訂》,第5317頁。

③ 金程宇:《東亞漢文學論考》,第222頁。

廬山外集四卷

【叙録】

《廬山外集》四卷,元釋道惠撰,日本五山版,大本二册。前有"泰定甲子夏七十二叟廬陵龍仁夫書"序,次"延祐歲丙辰孟春下浣臨川姜肅序"。卷端署"將仕郎前興國路總管府知事蘭陵嶽延秀東山集點,佛智真覺圓明普照大師九江廬山釋道惠性空撰"。正文四周文武邊,白口,雙順魚尾,有界行,半葉十行,行二十字。又有寬文三年(1663)長尾平兵衛刊本,正文上下黑口,雙對魚尾,無界行,半葉十二行,行十六字。末有"寬文三稔三月吉祥日長尾平兵衛開板"字樣。

【考證】

此書國内失傳。北京大學圖書館藏一部所謂"元延祐三年刻本"①,然楊鐮文已指出,此書不可能刊於延祐三年(1316),因前尚有龍仁夫泰定甲子(1324)序②。卞東波先生以其雖非延祐本,然亦"應該刊刻於元代",又以其爲李盛鐸舊藏,然《木犀軒藏書題記及書録》未載③。潘建國已有文辨其非李氏舊藏,而當爲翁同龢舊藏④;此後又撰文指此本非元刊本,而爲五山本,且較足利本爲後印⑤。北大所藏五山版雖非元刻,仍極珍貴,一者,五山版所藏極罕,日本亦僅足利學校遺跡圖書館一家有藏;二者,日本傳本僅存前二卷,北大藏本亦同,然日本藏本卷首闕二葉,卷二末闕一葉,北大本皆全。

【影印・整理】

金程宇《和刻本中國古逸書叢刊》(寬文本)。

楊鐮主編《全元詩》第二十册。

---

① 《中國古籍總目・集部》,第471頁。

② 楊鐮、張頤青:《元僧詩與僧詩文獻研究》,《北京工業大學學報》,2003年第1期。

③ 卞東波:《稀見五山版宋元詩僧文集五種叙録》,《文獻》,2013年第3期。

④ 潘建國:《十年枕上塵中夢,半夜燈前物外心——元代東林寺僧道惠及其〈廬山外集〉》,《九江學院學報》,2011年第4期。

⑤ 潘建國:《關於五山版漢籍〈廬山外集〉——兼證北大藏本非元刻本》,劉玉才、潘建國主編:《日本古鈔本與五山版漢籍研究論叢》,北京:北京大學出版社,2015年,第264—282頁。

【公藏】

中國:北大(五山版)。

日本:足利學校遺跡圖書館(五山版),國會、公文書館、東大、關大、陽明文庫、山梨縣圖、前田育德會(以上寬文本)。

碧山堂集五卷

【叙録】

《碧山堂集》五卷,元釋宗衍撰,日本五山版。大本一册。卷端署"中吴釋宗衍道原"。正文四周單邊,白口,雙順魚尾,無界行,半葉十行,行二十字。一本卷末有"應安五年八月初旬中華大唐俞良甫學士謹直"字樣。

【考證】

此書國内文獻多有提及,最要者爲《千頃堂書目》所載,然今未見傳本,僅賴此和本以傳。《千頃堂書目》所録注云"危素爲集序"①,今和本無此序,知二者或非一書。《元詩選》亦收《碧山堂集》,僅録詩四十餘首,且與此和本所收三百二十餘首有八首不同②,則顧氏所據或即黄氏所録之本。

【影印・整理】

金程宇《和刻本中國古逸書叢刊》。

《日本五山版漢籍善本集刊》。

楊鐮主編《全元詩》第四十七册。

【公藏】

中國:無。

日本:國會(無刊記本)、東洋文庫(有刊記本)。

---

① [清]黄虞稷撰,瞿鳳起、潘景鄭整理:《千頃堂書目》,第700頁。

② 参楊鐮主編:《全元詩》第47册,第367—369頁。

澹居稿一卷

【叙録】

《澹居稿》一卷,元釋至仁撰,元皇甫琮編,日本五山版。大本一册。前有"至正廿四年冬十二月江左外史克新叙"。卷端署"熙怡道人番易釋至仁行中,前饒州路總管府判官皇甫琮廷玉編"。正文左右雙邊,黑口,雙魚尾,有界行,半葉十行,行二十字。又有寬文四年(1664)飯田忠兵衛刊本。

【考證】

丁丙《善本書室藏書志》録《澹居稿》二卷,標爲"元至正刊本",並云:"有'秀野草堂顧氏藏書印''顧嗣立印''俠君'三印,蓋選元詩時作底本者。"①知清時尚存元刊之本,然今已不知蹤跡。國内今僅有《元詩選》本及國圖所藏清抄本②,清抄本共二卷,卷下爲詩,與此和本所録基本相同,然亦有異文,且和本凡提及元朝國號類字,均以空格示敬③,亦可見和本當源於元本,清抄本則已無此例,則其底本或非元本,或已有更改。《全元詩》即以和刻寬文本爲底本。

【影印·整理】

《北京大學圖書館藏日本版漢籍善本萃編》影印本。

楊鐮主編《全元詩》第四十七册。

【公藏】

中國:北大(寬文本)。

日本:天理圖書館、兩足院(以上五山版),公文書館、東大東文研、關大(寬文本)。

---

① [清]丁丙:《善本書室藏書志》,《宋元明清書目題跋叢刊》第九册,影印,第808頁。
② 《中國古籍總目·集部》,第501—502頁。
③ 參卞東波:《稀見五山版宋元詩僧文集五種叙録》,《文獻》,2013年第3期。

雪廬稿一卷

【叙録】

《雪廬稿》一卷,元釋克新撰,日本五山版。大本一册。前有"至正甲辰初夏資善大夫江浙等處行中書省左垂相周伯琦温翁序"。卷端題"江左外史番陽釋克新仲銘"。正文四周單邊,有界行,半葉十行,行十八字。卷末有"嵯峨刊行"字樣。又有寛文六年(1666)藤田六兵衛刊本。

【考證】

明代各書目均載釋克新《雪廬稿》,如《文淵閣書目》《内閣書目》《國史經籍志》等,然未有傳本。國内僅有其《元釋集》抄本一部(存國圖),《四庫全書總目》曾收録,提要云:"《元釋集》,僅古今體詩六十餘首。考賴良《大雅集》載有克新詩四首,而此本皆無之。蓋後人於《雪廬集》中摘抄存,非其全稿也。"[①]知館臣已未見此書,今人亦多謂此書久佚,然幸得和刻本以傳。此書共收詩一百二十八首,今《全元詩》所收,《元釋集》逸出者有十九首[②],可知四庫館臣之推測或未爲當,《元釋集》未必即於《雪廬稿》中摘出者,然今存克新詩大半出自此書無疑。另據前叙《澹居稿》克新序云"廷玉通内外學,棄官居田里,嗜斯文如芻豢,既爲吾刊《雪廬稿》,今又編是集,其可知也已",知此書亦當爲皇甫琮所編。

【影印・整理】

金程宇《和刻本中國古逸書叢刊》。

楊鐮主編《全元詩》第六十二册。

【公藏】

中國:無。

日本:公文書館、兩足院(以上五山版),公文書館、京大文(寛文本)。

---

① 魏小虎編撰:《四庫全書總目彙訂》,第5786頁。

② 參楊鐮主編:《全元詩》第60册,第50—54頁。

歐陽論範二卷

【叙録】

《歐陽論範》二卷，元歐陽起鳴著，日本嘉永六年(1853)如不及齋刊本。大本二册。扉頁書名右上有長方刊記云“擅美譽於詞場著英聲於藝圃”，下署“嘉永癸丑七春新刊”，左署“如不及齋藏”。前有“成化乙未孟夏臨潁縣儒學教諭墨水杜希賢序”之《新刊歐陽論範序》，卷端署“元進士歐陽起鳴撰”。正文左右文武邊，粗黑口，雙對魚尾，有界行，半葉十行，行二十字，小字雙行同。

【考證】

此書作者爲元人歐陽起鳴，《四庫全書提要》曾著録此書曰：“《論範》二卷，兩淮馬裕家藏本。題元進士歐陽起鳴撰。起鳴不知何許人，其書雜取經史諸子之語爲題，各係以論，而史事爲多。共六十篇。所見多乖僻，不足采録。”①故退其於存目。然此人里貫實可考，淳熙《三山志》卷三十二載“歐陽起鳴，字以韶，閩縣人”，乾隆《福州府志》卷三十七又將其置於“嘉熙二年戊戌周坦榜”，可知此人爲南宋理宗嘉熙二年(1238)進士，則名、字、籍貫、生活時代均可略知。

此書歷來著録甚少。黄虞稷《千頃堂書目》卷三二有“歐陽起鳴《論範》六卷”②，清代《續文獻通考》卷一九一及《續通志》卷一六三均録爲“《論範》二卷”，至錢大昕《元史藝文志》卷四則又録爲“《論範》六卷”。此後，丁丙《善本書室藏書志》卷三十四著録成化刊二卷本，後丁氏藏本歸南京圖書館，是爲全國僅存之孤本，《四庫全書存目叢書》即據以影印。然其書雖晦而不彰，其文與人則於典籍偶留鴻影，如其《論範》即有文三篇爲宋人魏天應收入所編《論學繩尺》中，且此書卷二吴君擢《唐虞三代純懿如何》後又附“考官歐陽起鳴”之批語。

因此書國内僅存孤本，故此和本亦可寶之，然細核二書，方知和本之貴不僅爲此孤本之副貳，二書實有不同。

丁氏藏本前有“成化七年八月上吉直隸蘇州府儒學教授南昌程蘭”

---

① 魏小虎編撰：《四庫全書總目彙訂》，第 5775 頁。

② ［清］黄虞稷撰，瞿鳳起、潘景鄭整理：《千頃堂書目》，第 785 頁。

序,又有成化七年(1471)"直隸蘇州府吴縣儒學訓導臨海陶福"之引。《江西通志》卷五三載程蘭爲正統九年(1444)舉人;再據《浙江通志》卷一三六,陶福爲成化四年(1468)舉人。程序云:"若今姑蘇郡守賈公,則尤愛重是書之篤者,方其爲邑庠生時,即有志於采集成編,得其文之半而公遂領鄉薦……乃購得其全文,命訓導陶福編集,析爲二卷,仍躬親校正,題曰《歐陽論範》,出其俸資,鋟梓以傳。"知其爲賈氏搜集重編者。

此和刻本前"新刊歐陽論範序"則爲"成化乙未(十一年,1475)孟夏臨潁縣儒學教諭墨水杜希賢序"者。查《山東通志》卷十五,知杜希賢爲天順三年(1459)舉人,即墨人,即此處所云"墨水"。杜氏序將此書淵源交待甚明,原爲提督陳公提議,巡撫楊公、巡按薛公贊成,命"臨潁知縣吉水張琉"刊刻,"將成而殁","典史鄒平高灤"繼刻。則其底本與前刻非同本。前者爲蘇州刻本,後者爲臨潁刻本。後者之底本當古於前本,其書文題之下説明文字尤備。如首則題爲"帝王以全取勝",臨潁本注云:"講明事變格○前漢趙充國請擊先零上狀曰臣聞帝王之兵以全取勝。是以貴人而賤戰。"蘇州本只有"前漢趙充國請擊先零上狀曰臣聞帝王之兵以全取勝"一句,首尾俱無。此書全本均如此。另,臨潁本尚較蘇州本多出末"君子修身而天下平"一則。故蘇州本五十八則,臨潁本五十九則,亦較完足(然《四庫全書提要》曰"六十則",或爲誤計)。則臨潁本當爲此書較善之本。

繼檢湖南師範大學圖書館藏嘉靖十三年(1534)劉氏安正堂刻本《新刊校正批點大字歐陽精論》六卷,與《千頃堂書目》《續文獻通考》著録合,其書收入《第一批國家珍貴古籍名録》。細驗其書,實當據臨潁本重新分卷重編者,原因有三。一者,其行款基本相同,和刻本半葉十行,行二十字,此本半葉十行,行二十一字,然每行仍爲二十字,其版式只題目前有一"○"形符號頂格,餘之正文均低一格排列,故實與和本同,則其每頁文字起訖全同。二者,其題下之注亦與蘇州本不同而與臨潁本相類,如第一則此本爲"○講事變格○帝王以全取勝前漢趙充國傳曰帝王之兵以全取勝。是以貴人而賤戰"。且其末亦較蘇州本多出"君子修身而天下平"一則。然此則即頗有誤字,原文云:"先儒有曰不世之大功易立,至微之本心難保;中原之我虜易遂,而一己之私意難除。"此語出自朱熹《戊申封事》,其中"我虜易遂"當作"戎虜易逐",四誤其二,實屬不當,然此處嘉靖本亦誤,則知非和本致誤,亦可知此二者或據同一底本。

然總體持衡之,和刻本較此嘉靖本當較精審。後者雖名列《珍貴古籍名録》,然刊刻却甚粗疏,僅《第一批國家珍貴古籍名録圖録》所列首尾二頁便有兩處脱文:"是則不難於平天下而難於修身,不難於修身而難於正心。”嘉靖本脱上“修身”前之“於”字；前引“中原之我虜易遂”一句嘉靖本亦脱一“中”字。相較而言，此和刻本刊刻甚謹。如杜氏之序，中有缺字，則一依原貌，如：“二公體朝廷興學育才之心，嘉憲副成就□學之懿，慨然謂夫設學以序□□才成才□□□古訓，遂於郡邑之中訪取文□□□之士，凡在□缺典籍，分布鋟梓，以便印誦。”其間闕字並不擅改，知其必忠於底本，則可以臨潁原本視之。

據《中國館藏和刻本漢籍書目》知，此和本國内所存頗多①，然漏録華東師範大學圖書館所藏一種，其爲盛宣懷藏書，於《盛宣懷戊申在日購書清單》（《歷史文獻》第五輯）中即録此書。

然則此書從何而來？日本公文書館内閣文庫藏有朝鮮古活字版本，細察其本，可知和本非但源自朝鮮本，且當即據此本翻刻者。以此本前序有破損，所損之字於和本中恰爲闕文。

【影印・整理】

〔日〕長澤規矩也《和刻本漢籍文集》第十一輯。

《和刻本四部叢刊》影印本。

【公藏】

中國：人大、遼寧、南大、大連（以上原本），北大、浙江、廣東（以上後印本），華東師大。

日本：公文書館、静嘉堂文庫、京都大學人文研究所（如不及齋原本），阪大總、市立米澤、佐野市立鄉土博物館、一橋大、東北大、東大總、東京都立中央、山梨縣圖、島根縣圖（以上後印本）。

百香詩選一卷

【叙録】

《百香詩選》一卷，元郭居敬撰，日本龍谷大學圖書館藏日本古抄本，與前録《菊花百詠》《百花詩集》及韋珪編《梅花百詠》合訂一册，筆跡相同。前有“至治癸亥夏文川令尤恪慎叔行書”《百香詩序》。正文無版框及界行，半葉十一行，行二十一字。後附蔡文卿、盧可及、黄文仲《題百香詩稿》

---

① 王寶平主編：《中國館藏和刻本漢籍書目》，第487頁。

詩三首。

【考證】

此書據明《文淵閣書目》載云"郭居敬《百香詩》,一部一册,闕"①,可知楊氏等人編書目時,此書已僅存其目,而未見其書,故綴一"闕"字(下引楊鑄文均據《四庫全書》本,無此字)。後此書即不爲世人所見,直至2001年,金文京撰文介紹,學界方知日本尚存傳抄之孤本②。此後,楊鑄教授刊發文章,進一步考述日藏抄本,並認爲"大約郭居敬的《百香詩》,於明代後期或清代前期,在中國就已經失傳了"③,此後楊氏又指出國内尚存一清刊本④。然各文均認爲此集於中國文獻中全無影響,或有失察。如明人朱彌鉗有《謙光堂詩集》,其卷七有百首詠物詩,皆以"香"字結尾,當仿此集而來。當然,稱其於此有仿效之力,非僅其篇幅及"香"字韻,還有較切實之證據,即其組詩前先之以《讀〈百香詩〉》一首:"一見新詩喜欲狂,宏才端不費思量。愛他世上無窮事,吟出珠璣百首香。"組詩之末又有《和〈百香詩〉》一首:"疏懶工夫學業荒,欲賡佳句苦搜腸。二條燭盡詩難就,撚斷吟鬚和百香。"則極清楚表明,其中間九十八首"香詩"即仿《百香詩》而來。至於此《百香詩》是否即郭居敬之作,亦可討論。一者,除郭氏之作外,未聞有"百香詩"之體,金文京於中國文獻中爲此《百香詩》尋找源頭,僅有林同《孝詩》中《黄香》一首的偶同及遼王鼎《焚椒録》中收《十香詞》一組而已⑤,但彼均爲五絶,且與此格調均異。再進一步考察,朱氏《百香詩》之題目即與郭氏之作重合較多,如琴、棋、書、畫、耕、牧、漁、樵、風、花、雪、月、紙、墨、筆、硯、晚春、酒、春遊、梅花、墨梅、松、竹、菊、牡丹、美女等皆同,則知朱氏確有意仿效。隨意抽其同題之作對讀,亦可見仿襲之跡,如郭氏《海棠》一詩云:"高烧银烛照红妆,不与花神入睡乡。外酒未醒春思重,君王带笑坐沉香。"朱氏同題之作云:"窈窕妖嬈對華堂,嬌容睡足着新妝。真妃半醉全無力,有色緣何只欠香。"均既用東坡詩意,又用楊妃典故,同樣氣味。更有趣者,日本鈔本有一詩云:"萬籟無聲夜氣良,瓊樓高處見蟾光。

① [明]楊士奇等撰:《文淵閣書目》,《宋元明清書目題跋叢刊》第四册,影印,第110頁。

② 參金文京:《日本龍谷大學所藏元朝郭居敬〈百花詩選〉等四種百詠詩簡考》,張寶三、楊儒賓編:《日本漢學研究初探》,臺北:臺灣大學出版社,2004年。

③ 楊鑄:《日本抄本郭居敬〈百花詩選〉》,《中國典籍與文化》,2007年第1期。

④ 楊鑄:《清刊本〈百香詩〉小考》,《版本目録學研究》第四輯,北京:北京大學出版社,2013年。按:此清刊本實楊鑄教授私人藏品,參韋力《上書房行走》,第388頁。

⑤ 金文京:《龍谷大學藏元郭居敬〈百花詩選〉續考》,劉玉才、潘建國主編:《日本古鈔本與五山版漢籍研究論叢》,北京:北京大學出版社,2015年,第303—304頁。

廣寒咫尺應能到,玉兔臨風擣藥香。”然詩題逸去,楊鐮據詩“估計詩題是中秋月一類”;而據朱氏所作,有詩云:“一规蟾魄出天汉,万里山河一色光。笑饮西楼清不寐,玉杯影里桂花香。”①亦氣味相同,當同題之作,而朱氏之作名《玩月》,據楊鐮發現之清刊本,郭氏此詩題仍在,即名《玩月》。

【影印・整理】

楊鐮主編《全元詩》第二十四册。

【公藏】

中國:無。
日本:龍谷大學。

二十四孝詩選一卷

【叙録】

《新刊全相二十四孝詩選》一卷,元郭居敬撰,日本昭和二十一年(1946)全國書房影印龍谷大學藏鈔本。大本二册,一册上圖下文,一册僅有文字。二種卷端均題“新刊全相二十四孝詩選,延平尤溪郭居敬撰”(無圖者“相”爲“像”字)。正文半葉八行,行十字至二十字不等。無圖者末有“時嘉靖廿五乙巳年刊”字樣。

【考證】

此書據長澤目云“明嘉靖二十五年朝鮮刊本轉寫本”②,則當據朝鮮刊本鈔。然據《中國古籍總目》知,此書國内尚存明初所刊孤本③,亦可爲此本曾於國内流傳之佐證。明初刊本題署亦云“全相二十四孝詩選,延平尤溪郭居敬撰”,正文較此闕四條(其當非原本如此,或裝訂時偶有遺漏,《全元詩》即據此刊本過録,編者云“只有二十首詩。因無别本校勘,暫從之”④,知編者雖曾據龍谷大學圖書館所藏《百香詩選》録郭氏之詩,然未见

---

① [明]朱彌鉗:《謙光堂詩集》,《四庫全書存目叢書》集部第60册,影印,第394、401、398、397頁。

② 〔日〕長澤規矩也:《和刻本漢籍分類目録》,第181頁。

③ 《中國古籍總目・集部》,第513頁。

④ 楊鐮主編:《全元詩》第二四册,北京:中華書局,2013年,第76頁。

此抄本),餘幾全同;此本雖爲轉鈔之本,字體却與國圖所存孤本頗似,二者或有關係。然明初刊本每半葉二人,此鈔本則半葉一人;明初刊本之圖較粗疏,達意而已,鈔本之圖則極精美。則朝鮮刊本或據一刊刻較精美之明本翻刻,目前所見之明初刊本或亦據此明本翻刻,唯版面合併,插畫簡省而已。至於二十四孝之流變及此書作者郭居敬,可參金文京《略論〈二十四孝〉演變及其對東亞之影響》一文[①]。

【影印·整理】

無。

【公藏】

中國:無。

日本:東北大、宮内廳書陵部、東大總、京大人文研東方、國會、宮城縣圖、實踐女子。

---

① 金文京:《略論〈二十四孝〉演變及其對東亞之影響》,《中國文化研究》,2019年夏之卷。

五、明别集

獨庵外集續稿五卷

【叙録】

《獨庵外集續稿》五卷,明釋道衍撰,日本五山版。大本二册。前有“永樂元年倉龍癸未冬十一月十一日道衍”序。正文左右文武邊,黑口,雙對花魚尾,有界行,半葉十一行,行二十一字,無返送。

【考證】

此書作者道衍即姚廣孝。其前之序云:“《獨庵續稿》已叁入梓,兹《續稿》二册,付與扶桑小比丘等聞持歸本國,可出似(示)乃師絶海和尚,必有以見教也。”①則此書即其送日本僧人者。日僧携歸,並即付刻。因其前之序爲永樂元年(1403)所作,而此五山版之刻實亦在其時也。此書全本僅國内遼寧圖書館所藏,有羅振玉印,知爲羅振玉舊藏。日本建仁寺兩足院亦藏一部,然有殘缺。其書與其人别集《逃虚子集》相較,有三十六詩、五十九文未録。

【影印・整理】

王榮國等輯《遼寧省圖書館孤本善本叢刊》第一輯,綫裝書局2003年影印本(遼圖藏本)。

〔日〕椎名宏雄輯《五山版中國禪籍叢刊》,臨川書店2011年影印本(建仁寺藏本)。

金程宇《和刻本中國古逸書叢刊》(遼圖藏本)。

【公藏】

中國:遼寧。

日本:建仁寺兩足院。

---

① 羅振玉撰述,蕭立文編校:《雪堂類稿》,瀋陽:遼寧教育出版社,2003年,第1295頁。

集句閨情百詠二卷

【叙録】

《集句閨情百詠》二卷,明朱㮵撰,日本安永九年(1780)額田正三郎刊本。中本一册。前有"安永己亥秋九月既望彦藩前儒學教授伏水龍公美書於鳧川三橋得月書樓之上"之《集句閨情百詠叙》,次"洪熙初元龍集乙巳仲夏一日書於遠塞樓"之《集句閨情叙》。正文四周文武邊,白口,無魚尾,版心上題"集句閨情詩百詠",有界行,半葉九行,行七言詩二句,下注原作者,稍有返點。前卷爲《集句閨情百詠》,後《附録舊編集句閨情百詠》。正文末葉板框外小字云"安永九年庚子孟春吉辰,額田正三郎梓行"。末有"安永庚子正月丁亥三峰荷田信鄉識"之跋語。

【考證】

此書原本國内久佚,惟此和本流傳於世。然其書未署作者之名,即自序亦未署名,故日人亦未知作者。龍公美序云"蓋大非凡手之所爲也,惟憾未審作者之名,顧是明末詩家之爲",此或來自原藏者荷田信鄉"蓋明末作家之所爲,而雖未審其人,高妙之手段不可企及也"之表述,然均當誤,以作者序云"永樂甲辰冬入覲"云云,又署"洪熙初元龍集乙巳"云云,知爲明初人。

然作者究爲何人? 黄仁生《日本現藏稀見元明文集考證與提要》一書首次載録此和本,雖亦指出"荷田信鄉和龍公美皆斷爲明末作家所爲,顯然有誤",然亦云"不知撰人"①;至金程宇收其入《和刻本中國古逸書叢刊》時亦署"明闕名撰"②。

然此書作者實可考知③。據《(弘治)寧夏新志》卷一載明慶靖王朱㮵"天性英敏,問學博洽,長於詩文。所著有《寧夏志》二卷、《凝真稿》十八卷、《集句閨情》一卷。其草書清放馴雅,絶無俗礙,海内傳重,視爲供璧"④,此處所言之《集句閨情》即此和本。其證有三。

---

① 黄仁生:《日本現藏稀見元明文集考證與提要》,長沙:嶽麓書社,2004年,第76—77頁。

② 金程宇:《東亞漢文學論考》,第226頁。

③ 張明華、李曉黎:《集句詩文獻研究》(北京:社會科學文獻出版社,2012年,第237—239頁)一書首次指出此書作者爲朱㮵,有先導之功,然論證稍疏,故不參考其書而重考之。

④ 胡玉冰、曹陽校注:《(弘治)寧夏新志》,北京:中國社會科學出版社,2015年,第33頁。

一者,據作者序云:“予嘗集古人詩句作《閨情》百詠,初但一時戲耳,不意流傳於人。永樂甲辰冬入覲,過渭南豐原,驛中見有壁間者,因取舊本觀之……今年春避暑來韋州,暇日精摘唐宋元文人詩詞中句,復集爲百詠就,注作者之名於其下。”所述其事跡與朱㮵同,據《明史》載:“慶靖王㮵,太祖第十六子。洪武二十四年封。二十六年就藩寧夏。以餉未敷,令駐慶陽北古韋州城……王好學有文,忠孝出天性。成祖善之,令歲一至韋州度夏。”①則其“永樂甲辰冬入覲”及“洪熙初元”“春避暑來韋州”均合。

一者,《(弘治)寧夏新志》所録書名爲《集句閨情》,而此和本則作《集句閨情百詠》,似有不同,實此和本書名爲刊刻者擅改,其證亦有三:其一,作者自序之名爲《集句閨情序》,按其序首句云“予嘗集古人詩句作《閨情》百詠”,黄仁生將下句首字“初”認作“稿”,故標爲“予嘗集古人詩句作《閨情百詠稿》”,則似其原名即爲《閨情百詠》,實誤,其序文下亦有一“稿”字,寫作“稟”字,與“初”自别;其二,龍公美序云“獲《閨怨集句》百首於三峰荷子晟氏”,亦稍改“《集句閨情》”之名;其三,荷田氏跋亦云“《集句閨情》詩二百首,往歲獲諸友古堆中”:三者所稱書名與前引《(弘治)寧夏新志》全同。

一者,前引黄仁生著録此書時云“不知是作者當時有意不署姓氏,還是荷田信鄉所得原刻本有缺葉,故不知撰人”,其實,知此書作者爲朱㮵後即可解釋,因其爲藩王,且喜刻書,則其自作之書並不需署名,即前引《(弘治)寧夏新志》録朱氏詩作亦可知,共存詩十五首,詞八闋,均署名“凝真”,此非其名,僅爲其號。

朱㮵此書當有前後二刻。一者即其序中所言“舊本”,因其過渭南,竟於驛中壁間見有人題寫,可知當曾刊行流播。至洪熙元年又重作集句,則當合舊稿再刊。據《(弘治)寧夏新志》卷二《經籍》載,“《集句閨情》一册,有板,俱在慶府内”②,知即王府刻本,亦可證前云此書不署名情理,且其板亦存王府,加之寧夏偏僻,故世傳無多,後人不及見,亦無從摘引、載録。然則何以知此處所載必爲合併舊稿之刊本,一者此志爲明人胡汝礪受寧夏巡撫王珣之命,於弘治十四年(1501)編成者,且爲繼踵朱㮵《寧夏志》之作,此時朱㮵已去世六十三年,則其檢閲慶府所存板片並入於志,自當爲全本;一者此和本亦可爲證,和本先録所謂《集句閨情百詠》,再録《附録舊編集句閨情百詠》,則其底本當即慶府新刻之本也。

---

① [清]張廷玉等:《明史》,北京:中華書局,1974年,第3588頁。

② 胡玉冰、曹陽校注:《(弘治)寧夏新志》,第61頁。

據和本之序跋，知和本之底本原爲荷田信鄉所藏，當即前述慶府刻本，故前後亦無作者之説明與署名。此原藏者荷田信鄉爲日本江户中期國學者，著有《稻荷山十二景記並詩畫》，其末有作於明和八年(1771)年後序，署"稻荷祠官正五位下荷田信鄉"，下有二印，其一曰"子晟"，與前引龍公美序云"獲《集句閨情》百首於三峰荷子晟氏"可互證。

此書原本國内已失傳，賴此和本以傳，且和本正文字體亦頗精美，自當摹自原本者。又其前作者自序爲行草，或原出作者之手，和本據原本影刻：一者，朱氏自序有數處闕字，和本亦用方框標出，疑以傳疑，甚爲嚴謹；二者，其所闕之字，均在首葉版心下方，即 A 面最下二字及 B 面最下四字，此處爲古書最易磨損之處，故知其底本原即如是，翻刻者當據原書未改，前引《(弘治)寧夏新志》云朱氏"其草書清放馴雅，絶無俗礙，海内傳重，視爲供璧"，然其書法今不存一字，此序三百餘字，亦可據知其書法之大略。

另，此書共二百首，非但爲朱㮵現僅存三十餘首詩詞之外再補大宗，且其以集句寫閨情，亦屬創格，又以慶王之尊而爲此閨情之作，頗值探究。此外，其所集之句均注作者，加之成書甚早(約在《永樂大典》編纂前後)，亦頗可資輯佚考證之用。第六十五首劉辰翁句"自移枕簟對花陰"，劉氏别集及《全宋詩》均未收，因劉氏别集曾散佚，現存爲清人自《永樂大典》輯出者，所存不過十一，故此當爲劉氏佚句，此類約有數例；另有數例，非但詩句爲佚句，即作者亦未知，如第四十四首有"又驚社燕别彫梁"句，注"危景文"，再如舊編第五十六首"花臺竟日獨徘徊"，注"李梅墅"等；還有一些作者選句較多，佚句也不少，如元人艾性夫，此書共用其詩八句，即有三句不見於《全元詩》，如第十三首"彈盡琵琶淚暗流"、第八十五首"闕月臨階泣亂蛩"、舊編第七十六首"白欲重玄髮最難"；再如朱淑真，被選入次數最多，計選入五十句，即全書四分之一之作品中有朱淑真詩句，中有四句不見今傳之本，如第六十七首朱淑真句"人在樓頭睡不成"、舊編第五十七首"帳外青燈照不眠"、第六十一首"悶懷依舊思淒然"、第七十五首"不慣相思乍别離"①。

【影印・整理】

金程宇《和刻本中國古逸書叢刊》。

朱㮵輯，李正梅、王海英校注《集句閨情百詠》，上滑古籍出版社 2023

① 以上例證多參考[明]朱㮵辑，李正梅、王海英校注：《集句閨情百詠》(上海：上海古籍出版社，2023 年)。

年版。

【公藏】

中國:無。

日本:國會、公文書館、前田育德會、關西大學、實踐女子、堺市立中央、慶應。

聯錦詩集二卷

【叙録】

《聯錦詩集》二卷,明夏宏撰,日本元禄十五年(1702)八尾市兵衛刊本。大本二册。扉頁書名右署"明夏仲寬先生所著",左署"雒書林貫道軒壽版"。前有"天順癸未歲端陽日賜進士出身諫議大夫四川按察司僉事南郡汪浩書"《聯錦詩集序》,次"天順六年壬午季秋之吉賜進士及第翰林院學士奉政大夫國志副總裁永新劉定之序"之《聯錦詩集序》,次"天順二年歲次戊寅春正月既望知嘉定州事孝感黎顥書"《聯錦集後序》,次"景泰六年龍集己未夏四月吉賜進士嘉議大夫刑部左侍郎奉敕提督松潘兵備相臺羅綺書"《聯錦詩集序》。卷端署"將仕郎姑孰夏宏仲覺集"。正文四周單邊,黑口,單魚尾,無界行,半葉十行,行七言詩二句。末有"天順二年歲次戊寅春正月既望知嘉定州事孝感黎顥書"《後序》,次"嘉靖庚申冬季下浣錦溪黃俊良"之跋,次"丹陽柏原鷹尾季村"之跋語末有"元禄十五歲龍集壬午初春吉旦,洛下書林八尾市兵衛新刊"字樣。

【考證】

夏宏有《字考》一書,已録。此書爲夏氏集句之作,全書所收皆爲七律,約四百首,依韻依類排列之。如第一首名《早朝》,首句云"百官早朝大明宫",即押一東之韻。然此書據《中國古籍總目》知有天順間刊本存於中科院①,實國家圖書館亦存一部,亦僅此而已。則此和刻本之本亦可爲吾國文獻之補充,惜此本存世亦罕。

---

① 《中國古籍總目·集部》,第589頁。

【影印・整理】

金程宇《和刻本中國古逸書叢刊》。

【公藏】

中國:無。
日本:山口大、公文書館、實踐女子。

菊花詩絶二卷

【叙録】

《菊花詩絶》二卷,明楊循吉著,日本元禄二年(1689)伊勢屋清兵衛刊本。大本一册。扉頁書名右署"皇明南峰楊氏述",左有識語云"百種之菊,品題成章;一花一詠,兩般並香",左下署"書林清平子梓行"。前有"元禄二季己巳九月展重陽武陵江南處士博庵竹厚和甫題"《刻菊花詩絶序》,次凡例二則。卷端署"皇明禮部楊南峰著"。正文四周單邊,白口,半葉九行,行十八字。末署"元禄二年己巳秋九月暮日武陵江南川瀨石町中通,書林伊勢屋清兵衛梓"。

【考證】

關於此書,金程宇云:"此書即循吉所撰《菊花百詠》,中國國家圖書館、上海圖書館、美國國會圖書館所藏明刊《合刻楊南峰先生全集》收録,單刻本未見。"①然據《明别集版本志》即載有《菊花百詠》一卷,藏於中山大學圖書館,題"明刻徐景鳳校本"②,或即此和本之底本。然亦極稀見。

【影印・整理】

〔日〕長澤規矩也《和刻本漢詩集成》第十八輯。
金程宇《和刻本中國古逸書叢刊》。

---

① 金程宇:《東亞漢文學論考》,第229頁。
② 崔建英輯訂,賈衛民、李曉亞參訂:《明别集版本志》,北京:中華書局,2006年,第576頁。

【公藏】

中國:無。
日本:東北大、山口大。

順渠先生文録十二卷

【叙録】

《順渠先生文録》十二卷,明王道著,日本昭和八年(1932)東京育德財團用武城縣知晋江尤麒校刊本影印,入《尊經閣叢刊》。大本四册。封二有"金澤學校"印,前無序,徑以總目始。正文四周單邊,白口,無魚尾,有界行,半葉十行,行二十一字,注小字雙行同。卷十二之末有"知武城縣事後學晋江尤麒校刊"字樣。後又有尤麟《刻順渠先生文録跋》。

【考證】

此人即前録《老子億》之作者。其人之集於國内僅存孤本,且序跋目録全缺,存於浙江温州市圖書館①。《中國古籍總目》録此温州藏本外,又增列"日本尊經閣"②。國内現存十二卷全本之《文録》爲萬曆三十七年(1609)刻本,較此嘉靖本實晚。此本爲尤麒所刻,此人之跋實亦見於萬曆本,則萬曆本當從此本出也。

王心齋全集五卷

【叙録】

《王心齋全集》五卷,明王艮撰,日本嘉永元年(1848)刊。大本一册。扉頁僅題書名。前有"弘化四年孟冬上浣平安潛庵源襄撰"《王心齋先生全集序》,次薦疏,次李二曲之叙評,次弟子録。卷端署"王心齋先生全集卷一""楚黄耿定力、金陵焦竑原校,曾孫元鼎輯,八世孫以鉦震九讀識",版心署"王文貞公全集"。正文四周單邊,白口,單黑魚尾,無界行,板分上

---

① 崔建英輯訂,賈衛民、李曉亞參訂:《明别集版本志》,第107頁。
② 《中國古籍總目·集部》,第677—678頁。

下欄，上欄評語，每行五字；下欄正文，半葉九行，行二十四字，注小字雙行同。末有“道光六年仲春月日王榮禄”跋，後附日人宇都宮岡田裕識語。

【考證】

王艮之奇在其不立文字之主張，雖廣收門徒，影響遍及大江南北，然其仍以“口傳心授”之心學印證式傳法，故著述極少。《中國古籍善本書目》未録其人著作，據《明别集版本志》，則有萬曆間《重鐫心齋王先生全集》三種[①]，實爲一本，即萬曆三十四年（1606）耿定力、丁賓增修本，另一種爲後印本，又一種爲此本之翻刻本。其書卷端題“楚黄耿定力、檇李丁賓仝梓，秣陵焦竑、海岱蔣如苹仝校，四代宗孫王元鼎補遺”，後印本則於“王元鼎”之下又加“五代孫王翹林”，翻刻本再加“六代孫王焻大任、王言倫震生翻刻”之字樣。據此書題名之“重鐫”“四代宗孫王元鼎補遺”之語可知，此前定有初刻本，然此本已不存。此外，《八千卷樓書目》卷十六曾録一明刊一卷本，亦未知是否仍存於世間。

謝巍《中國歷代人物年譜考録》録王氏年譜四種。其一爲《王心齋先生年譜》一卷，董燧編，版本項爲萬曆三十四年耿定力、丁賓刊本《王心齋先生全集》及日本嘉永元年刊本《王心齋先生全集》附。其二爲《王心齋年譜》一卷，泰和張峰編，版本項云“不詳”，著録項則云“據焦竑《國史經籍志》，又見王元鼎輯本”，備注云“此本聞有傳抄本傳世，待訪”。其三爲《王心齋先生年譜》一卷，編者張崟，版本爲“日本文化四年（1807）重刊本《王心齋先生全集》卷首”，又標爲“待訪”，並於備注中云“此本編者名疑訛，俟查”[②]。

據此和刻本可知以上著録實均不確。

此和刻本實即謝巍提及之日本嘉永元年本，此書爲作者後裔王榮禄於道光六年（1826）所刊之本（道光本南圖存有孤本）之翻刻本，其底本則爲耿定力等人初刊本，故此和刻本有其版本價值。《王艮全集》最新點校本除據和本參校之外，還據以録入《弟子録》及王榮禄跋[③]。

據此既可補《明别集版本志》，亦可訂正謝巍先生幾處小誤。一、日本嘉永元年刊本《王心齋先生全集》所附年譜非董譜，而爲張峰之譜；二、其所録“據焦竑《國史經籍志》，又見王元鼎輯本”之收有張峰年譜者標爲未

① 崔建英輯訂，賈衛民、李曉亞參訂：《明别集版本志》，第128—129頁。

② 謝巍：《中國歷代人物年譜考録》，第280—281頁。

③ ［明］王艮著，陳寒鳴編校：《王艮全集》，上海：上海古籍出版社，2022年，第241—255、338—339頁。

見，實即此和刻本之底本；三、所録第三種"張崟"所編年譜，實爲録誤，因爲其名寫爲"峯"，故誤爲"崟"；四、録有"日本文化四年(1807)重刊本《王心齋先生全集》"，實無此書，當爲嘉永本之誤，據長澤規矩也《和刻本漢籍分類目録》及日本公藏可知，日本刻《王心齋全集》最早爲嘉永元年本，並無文化重刊本。

【影印・整理】

〔日〕長澤規矩也《和刻本漢籍文集》第十四輯。

《和刻本四部叢刊》影印本。

【公藏】

中國：北大。

日本：國會、東京都立中央、東洋文庫、阪大總、京大文、大阪府立中之島、千葉縣立中央、九大、高知大、公文書館、二松學舍、東大東文研、立命館大學、東北大、中央大、京大人文研東方、前田育德會、神户大、國士館。

白雪齋詩集二卷

【敘録】

《白雪齋詩集》二卷，明李言恭撰，明胡應鱗編，日本柳澤里恭訓點，寶曆三年(1753)京都錢屋七郎兵衛覆明壽州朱汝修刊本。大本二册。扉頁題"盛世遺音"，右署"盱眙李言恭著，晋江莊履中、吴郡王世懋仝叙"，左署"蘭蹊胡元瑞編，壽州朱汝修校梓"。前有"萬曆庚辰夏四月既望友人晋江莊履中熙甫序"之《李惟寅白雪齋詩集序》，次"萬曆庚辰春二月吴郡友人王世懋書"《白雪齋詩集叙》。卷端署"盱眙李言恭惟寅著，蘭溪胡應麟元瑞編定，壽州宗吉朱汝修較梓"。正文四周單邊，白口，無魚尾，有界行，半葉十行，行二十一字，無返送。後有花藥山人鏞午庵識語，次"寶曆癸酉秋八月"淇園主人柳里氏題辭。末署"寶曆三年癸酉冬日新刻成，京師堀川高辻上町，書林錢屋七郎兵衛發行"。

【考證】

李言恭之集，據《中國古籍總目》所載，有《青蓮閣集》十卷，中科院有萬曆間刻本；又有《貝葉齋稿》四卷附《遊西山記》一卷《戊寅山行記》一卷，有萬曆八年(1580)壽州朱宗吉校刻本,北大、上海、南京有藏①。然未見此《白雪齋詩集》。據此和本序跋可知,其當據某萬曆間刻本翻刻,然其萬曆原本已不存於天壤之間,僅憑此和本可知其原貌。

【影印·整理】

金程宇《和刻本中國古逸書叢刊》。
《和刻本四部叢刊》影印本。

【公藏】

中國:無。
日本:東北大、京大附圖、公文書館、關大。

三家詠物詩三卷

【叙録】

《三家詠物詩》三卷,清賀光烈編,日本文化八年(1811)須原屋刊本。大本三册。扉頁書名右署"謝宗可、瞿宗吉、張木威",左署"老山菅原、梅屋松井、詩禪梁三先生校閲"。前有北山逸老《三家詠物詩叙》,次"庚午至日梅屋輔題"之序,次"康熙五十三年歲在閼逢敦牂月在中吕丙子朏嘉興賀光烈叙"。正文左右雙邊,黑口,單魚尾,有界行,半葉十行,行二十字。

【考證】

書前北山逸老序云:"吾門人美濃菅原冰清,精於學,善於詩,爲人温潤敦厚,其中還灑灑落落,如光風霽月。與仙台詩人松井長民、美濃詩人梁伯兔相善。長民、伯兔亦皆灑灑落落,不羈乎塵俗矣。三子於詩殊好詠物,嘗得合刻謝、瞿、張三家詠物善本,與友人詩佛淡齋緑陰校讎數回,遂命剞劂氏。"知此書爲菅原冰清、松井長民及梁伯兔三人主持刊刻。

此書原爲清初人賀光烈所編,刊於康熙五十三年(1714)。然於此前,明末即曾有名《三家詠物詩》者,爲萬曆二十三年(1595)狀元朱之蕃刊於天啓二年(1622),所收三家即元人謝宗可、明人瞿佑與朱之蕃,《千頃堂書

① 《中國古籍總目·集部》,第829頁。

目》卷三一曾著録《謝宗可瞿佑朱之蕃詠物詩》六卷①,當即此書,現僅臺北故宫博物院有藏本。至康熙年間,賀光烈再編《三家詠物詩》,謝宗可、瞿佑仍保留,却將朱之蕃改爲賀氏之師張劭。然此書存世亦無多,《中國古籍善本書目》僅録天一閣與河南圖書館有藏,此外國圖(被列爲"善本")與復旦大學(此本首卷有缺頁)亦有藏。

編者賀光烈之師張劭,或與清初著名才子佳人小説《平山冷燕》有關。孫楷第於《中國通俗小説書目》中曾列二證,即清沈季友《檇李詩繫》及盛百二《柚堂續筆談》所載②,前者卷二十八"張秀才勻"條載:"勻字宣衡,號鵠山,秀水諸生。年十二作稗史,今所傳《平山冷燕》也。"後者卷三載:"張博山(劭,號悔庵)先生,嘉興人,與查聲山宫詹僚婿也。幼聰敏,十四五時,私撰小説未畢,父師見之,加以夏楚。其父執某續成爲之解紛,曰:'此子有异才,但書未畢,其心終不死,我爲足成之。'今所謂《平山冷燕》是也。"二者皆言之確鑿,故有學者將此張勻與張劭誤爲一人。後馮偉民《張勻父子與〈平山冷燕〉》一文,方據《嘉興縣志》定張勻乃張劭之父。有學者曾推測張劭年齡與查升(1650—1707)相仿,或大體不差,但據此書前張氏自序可知,他於康熙五十二年(1713)編定其詠物詩,則至少活到此時。

【影印・整理】

〔日〕長澤規矩也《和刻本漢詩集成・總集篇》第六輯。

【公藏】

中國:華東師大。

日本:九州、國會、東京都立中央、三康、宫城縣圖、堺立市中央、民博。

詠物詩一卷

【叙録】

《詠物詩》一卷,明朱之蕃著,日本弘化元年(1844)刊本。大本一册。扉頁中署"朱之蕃詠物",右署"仁山先生編輯",左署"五山先生校閲"。前有"甲辰嘉平月五山池桐孫述"之序,次"甲辰嘉平月仁山井友直述"之序。

---

① [清]黄虞稷撰,瞿鳳起、潘景鄭整理:《千頃堂書目》,第771頁。

② 孫楷第:《中國通俗小説書目》,第99頁。

正文左右文武邊，黑口，單魚尾，有界行，半葉十行，行二十字。版權頁署“井伊源左衛門編輯”，後署“發兑書肆：河内屋喜兵衛、山城屋佐兵衛”。

【考證】

日人井伊友直於弘化元年(1844)刊刻《朱之蕃詠物詩》，行款、版式均與前之《三家詠物詩》同，顯係仿其本而成者。其前池桐孫序云：“近日家刻《朱之蕃詠物詩》，以續前三家。之蕃於三家，雖不無軒輊，亦有一種骨格，具眼人能辨之，不待余喋喋也。”此所謂“前三家”即指賀光烈所編者。井伊友直序則尤明確：“往歲仙台詩人松井長民鐫元明清三家《詠物》，以布於世，詩家多取爲著題模範，至今盛行。另有明朱之蕃《詠物》，其原本的不知其所出，世之所傳，悉皆謄本，間有活板，字頗訛誤，亦多錯出，無足取正者。今校讎數本，揀較佳者，編次家刻，以頒同志。”賀光烈雖退朱而進張，然從井伊氏補刻朱之蕃詩可知，其人雖不知朱氏亦曾輯三家同刻之事，仍有此補刻之舉，可證東坡“文章如精金美玉，市有定價”之論，亦稱和刻漢籍之韻事。

此書原有萬曆間刻本，然僅存於臺北“故宫博物院”，日本公文書館亦藏一册。故其書已近於亡佚(《明别集版本志》一書即未收録)。此和刻本非但重刻其書，且又有校訂與增補，編者井伊氏序中已多所説明，“世之所傳，悉皆謄本，間有活板，字頗訛誤，亦多錯出，無足取正者。今校讎數本，揀較佳者，編次家刻”，可知其時日本多流行抄本，又有活字印刷之本，即編者所據底本並非現存萬曆本。此點由篇目之异同亦可瞭解，萬曆本自《松濤》始，至《鴻雁來賓・閣試》至，共七十九首；此和本則自《月露》始，至《落花十四首》終，計一百二十首，非惟增益，且次序亦不盡相同。則此書當據其時流行之抄本及某活字印本編校而成。

【影印・整理】

〔日〕長澤規矩也《和刻本漢詩集成補編》第二輯。

金程宇《和刻本中國古逸書叢刊》。

【公藏】

中國：遼寧。

日本：公文書館、阪外大、國會、静嘉堂文庫、東大總、神户市立、新潟大、宫城縣圖、東北大。

宫閨組韻二卷

【敘録】

《宫閨組韻》二卷，明陳圳撰，明鄭汲校，日本元禄七年（1663）山城屋市郎兵衛刊本。大本一册。扉頁中題“宫閨組韻”，右署“晋安陳圳長源集唐”，左署“友人鄭汲思黯校閲”。前有徐㶿《宫閨組韻序》，次秣陵顔學孔書“天啓壬戌花朝友弟商家梅孟秋題於那庵之草雨庵”序，次“崇禎丙子冬月友弟林弘衍撰於北山草堂”序。卷端署“晋安陳圳長源集唐，友人鄭汲思黯校閲”。正文四周單邊，白口，單綫魚尾，無界行，半葉九行，行十八字，小字雙行同。卷末小字署“張祐刊”。後有“天啓改元辛酉嘉平之月朔日陳圳長源書於得賁園中”之《自叙》，又附陳氏《綴刻小言》。末爲“癸亥孟夏”鶴山子《宫閨組韻跋》，末頁署“元禄七歲甲戌初冬吉旦婦屋忠兵衛、山城屋市郎兵衛開板”。

【考證】

此書存世極罕，據《中國古籍總目》載，國内僅國圖藏鄧學洙抄本①，然據全國古籍普查目載，江蘇師範大學圖書館另藏有清張采薇鉛印本二卷。而據長澤目知有此元禄七年刊本，且較國内存本尤爲全備。

陳圳生平不詳，關於其時代，日本多署明人，國内則認作清人，國圖所藏抄本收入《清人詩文集珍本叢刊》中。陳氏或當生於明，又入清。據魏憲《枕江堂集》中《題五代同堂圖跋》云“余垂髫時讀書得賁園見前輩陳長源（圳）有詩云”，《宫閨組韻》跋陳氏亦云“書於得賁園中”，知魏氏所載爲實，魏氏爲“明諸生，清順治 11 年副貢”②，可推陳氏生平大半當在明末。林昌彝《射鷹樓詩話》云陳氏有一詩“朱竹垞《明詩綜》遺之”，似亦將其視爲明人。

陳氏屬明、屬清尚可討論，然《宫閨組韻》一書則仍當屬明爲妥。梁章鉅《巧對録》載云：“至我朝黄之隽《香屑集》，則集唐句爲香奩詩，至十八卷。對偶渾成，排比工整，誠不可無一之才。而不知吾閩侯官之陳長源（圳）在前朝已有《宫閨組韻》之作，亦集唐律爲之，分宫詞、閨詞爲上下卷，

① 《中國古籍總目・集部》，第 1960 頁。
② 李靈年、楊忠主編：《清人别集總目》，第 2446 頁。

徐與公以爲句皆天成，對皆巧合，則《香屑集》不得專其美於後矣。今黄書已著録《四庫》，而陳書鮮有知者，因録其警句於左。”①已指明其“在前朝已有《宫閨組韻》之作”，則知書成於明；且據此和刻本前有天啓序，又有崇禎序，書末陳氏跋亦爲天啓元年者，讀作者《綴刻小言》方知原委：“是集刻成後，越九載，爲歲庚午，時余浪跡入燕，行次虎林，忽爾心動，念及家藏書畫，臨發匆匆，位置未得其所，不圖是夕，鄰火弗戒，敝廬雖未燬平，而疇昔玩好爲宵人所掠殆盡。是刻固已亡其半矣。歸來悵惘，閣置久之。適林守易民部謬相鑒賞，命工綴闕，更序以言……爰搜原本就逸篇中稍一竄定付梓，工之竣也，則崇禎丙子冬杪，距天啓辛酉恰歷十有五年，而始得復完云。”非但知此書刻成於明末，且知原刻於天啓元年（1621），補刻再印於崇禎九年（1636）。

另據《射鷹樓詩話》載：“《長源集》八卷，長樂陳長源圳著。長源詩稿已佚，陳梅修先生家藏長源題畫七律一首，詞旨清婉，朱竹垞《明詩綜》遺之。更有輯唐句《宫閨組韻》一百二十首，其師徐興公嘗序之。本藏劉炯甫孝廉家，梅修先生向余借鈔，嗣炯甫所藏原稿被其師某大令付之火。噫，過矣！今從梅修先生所藏本録出，喜其綴對天成，論詩者亦不可偏廢也。夫采蘭贈芍之詩，爲聖人所不棄，況輯句乎！”②知劉存仁曾藏此書原本，然爲其師所燬，此書於明末即半燬於火，至清中期，又遭此厄，惜哉！劉氏之師爲誰，林氏未明言，然據謝章鋌《孝廉方正劉徵君別傳》載，其“出編修陳壽祺門下”，“少問學於高澍然”③，知此二人爲其師，然陳壽祺即陳梅修，自非其人，則或爲高澍然，然亦有疑，以林氏云“某大令”，而高氏僅官内閣中書④，或非此人。

關於“其師徐興公嘗序之”，《清人詩文集珍本叢刊》提要云：“是書曾有陳圳的老師徐興公序之本，然已佚，祇剩此種版本，具有較高的文獻價值。”⑤或即從梁、林二氏之書來。實和刻本即有徐氏之序，知爲梁、林二人所見之本。此本之末有“張祐刊”三字，此人爲明末著名刻工，據李國慶

① ［清］梁章鉅：《巧對録》，龔聯壽主編：《聯話叢編》，南昌：江西人民出版社，2000 年，第 833 頁。

② ［清］林昌彝著，王鎮遠、林虞生標點：《射鷹樓詩話》，上海：上海古籍出版社，1988 年，第 328 頁。按：標點者不知《宫閨組韻》爲書，故未加書名綫。

③ ［清］謝章鋌著，陳慶元主編：《謝章鋌集》，長春：吉林文史出版社，2009 年，第 86、87 頁。

④ 趙爾巽等：《清史稿》，北京：中華書局，1977 年，第 13388—13389 頁。

⑤ 許紅彦、謝冬榮、薩仁高娃編：《清人詩文集珍本叢刊總目・索引・提要》，北京：國家圖書館出版社，2017 年，第 853 頁。

《明代刊工姓名全録》載，由其所刊之書存於今者即有二十六種[1]。

另，此書國内雖幾於失傳，然其所集之句仍於士林流播，如前引梁、林二氏之書即各録近百聯。

【影印・整理】

無。

【公藏】

中國：無。

日本：公文書館、京大附圖。

元元唱和集一卷

【叙録】

《元元唱和集》一卷，明陳元贇撰，明釋元政撰，日本寬文三年（1663）京都村上勘兵衛刊本。大本一册。此書前爲元贇詩，後爲元政詩。此僅録其前者。前有"寬文貳年冬十月下浣日草山元政題"《元元唱和塵外塤篪集既白山人陳元贇詩叙》。卷端署"大明虎林既白山人陳元贇羲都甫著"。正文四周單邊，白口，無魚尾，無界行，半葉九行，行十八字。末有"寬文三曆癸卯孟春日書林村上勘兵衛刊行"字樣。

【考證】

陳元贇另有《老子經通考》，前已論及，此不贅。其人赴日，與日人深草元政結識，以皆喜袁宏道詩而結爲忘年之交，從此時相唱和。故將二人唱和之詩仿元白唱和之例結爲一集，因二人之名皆有"元"字，故題曰"元元唱和集"，且互爲作序，亦爲中日文人交流之珍貴記録。

【影印・整理】

《陳元贇集》，衷爾鉅輯並校注本，遼寧人民出版社1993年版。

① 李國慶：《明代刊工姓名全録》，第868—869頁。

【公藏】

中國:無。
日本:國會、東北大、早稻田。

蒲東崔張珠玉詩集二卷

【叙録】

《蒲東崔張珠玉詩集》二卷,明張楷著,日本正德三年(1713)大阪村上醉墨齋刊本。大本二册。扉頁中題"蒲東崔張珠玉詩",上横題"莫作等閒看",左署"浪速書林醉墨齋藏板"。前有鶯鶯對鏡理妝圖一幅,次元稹《鶯鶯詩》,次"康熙辛亥春花朝錢唐何子春題"序。正文四周文武邊,白口,無魚尾,無界行,半葉十行,行十六字,有返送,版心上題"蒲東珠玉詩",版心下有"醉墨齋"字樣。後附《西廂會真記》。版權頁署"正德癸巳歲季春穀旦,書林:大阪漂上清三郎,江户升屋五郎右衛門藏板"。

【考證】

張楷,前已録其《孔子聖跡之圖》。此書本多附於《西廂記》之後,爲文人之戲作。然此書前有何子春氏康熙間題序,則其原本當據康熙本翻刻,然此本當已失傳。至於此題序之何子春,遍檢文獻,亦無可考。

【影印・整理】

〔日〕長澤規矩也《和刻本漢詩集成・補篇》第十八輯。
金程宇《和刻本中國古逸書叢刊》。
《和刻本四部叢刊》影印本。

【公藏】

中國:北大。
日本:阪大總、東大東文研、公文書館、關大。

三籟集三卷

【叙録】

《三籟集》三卷，釋隱元編，日本寬文十二年(1672)田中道住刊本。大本一册。前有“萬治三年歲在庚子秋孟穀旦黄檗隱元琦謹撰”《三籟集序》。卷端署“嗣祖沙門隱元琦編輯”。正文爲所謂鼇頭本，四周單邊，白口，雙對魚尾，無界行，半葉十行，行十八字。末有“寬文十二年歲次壬子長至日紫陽正法沙門道雪稽首書於雲半間之西軒”跋。末署“洛京書林田氏道住敬刊行”。

【考證】

此爲隱元所編，收三僧山居詩。一爲栯堂禪師、二爲中峰和尚，三爲石屋和尚。蓮池大師《竹窗隨筆》云：“永明、石屋、中峰諸大老，皆有山居詩，發明自性，響振千古，而兼之乎氣格雄渾，句字精工，則《栯堂四十詠》尤爲諸家絶唱。所以然者，以其皆自真參實悟，溢於中而揚於外，如微風過極樂之寶樹，帝心感乾闥之瑶琴，不搏而聲，不撫而鳴。是詩之極妙，而又不可以詩論也。不攻其本而擬其末，終世推敲，則何益矣！願居山者學古人之道，毋學古人之詩。”

【影印・整理】

無。

【公藏】

中國：無。
日本：關大、島根縣圖。

莽蒼園文稿餘一卷

【叙録】

《莽蒼園文稿餘》一卷，明張斐著，日本嘉永四年(1851)愛風書屋木活字本。大本一册。扉頁中題“莽蒼園文稿”，右署“明張非文著”，左署“愛風書屋”。前有“嘉永辛亥七月稔五常陸會澤安書於正志齋”之《莽蒼園文稿序》。卷端署“莽蒼園文稿餘”。正文四周文武邊,白口,雙對魚尾,版心署“愛風書屋”,無界行,半葉九行,行二十字,偶有小字雙行同。後有“文政辛巳六月水户宇佐美充書蘋亭之南窗”之《書刻張非文真蹟後》。

【考證】

作者爲明末遺民,劉玉才等整理《莽蒼園稿》之《前言》云其“約生於明崇禎八年(1635)”①,此或有誤。若果如是,則明亡時張氏年方九歲,何以遺民之情如此之烈,復國之志如此之堅?然亦無文獻可確考。其人生平,多得於宇佐美充之跋,其云:“初其在長崎也,子平察其有大志,從容問訊,遂得其實。蓋非文欲再造明室,所奉定王者,崇禎第三子也。北京之陷也,年甫六歲,明氏遺臣戮力調護,長於游離播遷之間。既生三子,時清既滅朱氏,剗除强梗,州縣漸定。非文遊覽四方,而陰結有志之士。適慕義公之義,遂航海而來,其志欲藉公之威靈而雪國恥也。”其曾三至長崎,欲向日本借兵以抗清,然終未果。

【影印・整理】

金程宇《和刻本中國古逸書叢刊》。

劉玉才、〔日〕稻畑耕一郎編纂《莽蒼園稿》,鳳凰出版社 2010 年版。

【公藏】

中國:無。

日本:九大、關大、前田育德会、國會、東京都立中央、東北大。

---

① 劉玉才、〔日〕稻畑耕一郎編纂:《莽蒼園稿》,南京:鳳凰出版社,2010 年,《前言》第 1 頁。

六、清别集

蘭花百詠一卷

【叙録】

《蘭花百詠》一卷,清鄧會撰,日本元禄七年(1694)京都古川氏石梁齋刊本。大本一册。扉頁書名右署"鄧嘯庵先生",左署"雒汭書肆石梁齋繡梓"。前有"歲庚子冬至後三日無心道人嘯庵鄧會題於如是堂"之《蘭花詠自叙》,次有蘭花六幅。卷端署"古閩鄧會嘯庵著"。正文四周單邊,白口,無魚尾,無界行,半葉八行,行十六字。末署"元禄七年五月吉辰,洛陽書肆古川氏新刻"。

【考證】

此書與前録之《菊花百詠》合刊。鄧會有《嘯庵詩集》六卷,此《蘭花百詠》即其集之卷二抽出單行者。然其原集國内已無,如《中國古籍總目》即未收鄧會其人,僅日本關大泊園文庫存(其標爲"明刊本",或誤,以中有鄧會撰於庚子年之序,其行世自在順治十七年即1660年之後,則宜標"清刊本"),爲昌平阪學問所淺草文庫舊藏本,故此亦當著録。

黄仁生《日本現藏稀見元明文集考證與提要》首載此書,云"其生平不詳,姑且從《改訂内閣文庫漢籍分類目録》作爲明人列入"①,實或未當。據《福州人名志》載:"鄧會(生活於明末清初),字嘯庵,福州人。貢士,明亡後投奔鄭成功,堅持抗清。南明永曆四年(1650年)任參軍,永曆九年,任思明州(廈門)正審理,負責'勸學取士',翌年接任思明州知州,鄭成功准備北伐,鄧會受命督辦糧餉。後歸順清朝,康熙九年(1670年)授太原知府。"②其既於清入仕,則當爲清人。

【影印・整理】

〔日〕長澤規矩也《和刻本漢詩集成》第十八輯。

---

① 黄仁生:《日本現藏稀見元明文集考證與提要》,長沙:嶽麓書社,2004年,第451頁。

② 張天禄主編:《福州人名志》,福州:海潮攝影藝術出版社,2007年,第35頁。

金程宇《和刻本中國古逸書叢刊》。

【公藏】

中國:無。

日本:山口大、京大文、新潟縣圖、東大總、東北大。

咸悦堂詩文集二卷

【叙録】

《咸悦堂詩文集》二卷,清葉有馨撰,清蔡啓僔等校,日本舟維裘點,寬延三年(1791)大坂毛利田莊太郎等刊本。大本二册。前有"康熙辛酉六月穀旦當湖陸龍其書於虞山書舍"序。卷端署"震澤葉有馨予聞氏撰,受業門人席啓圖文與、周官其人、蔡啓僔昆旸、蔡啓份均卿、周維新部自、席啓寓文夏仝較"。正文四周文武邊,白口,單黑魚尾,有界行,半葉九行,行二十字。末署"播磨舟維裘公錦校","寬延三年庚午二月吉旦,書林毛利田莊太郎開板"。

【考證】

此書《清人别集總目》於葉氏名下收入此和本爲唯一之本①。《清人詩文集總目提要》亦同,並云"有馨字予闻,號箬庵,江蘇吴縣人。允禮子。弘光元年拔貢"②。然國圖有一康熙刻本,行款及版本特徵與此和本同,似當爲孤本。則此和本亦有價值,然即此和本亦極罕見,國内僅華師大有藏,而日本亦僅京都大學有藏。

此書校訂者皆葉氏門生,且於後世多有聲聞,亦可見葉氏之影響。如蔡啓僔,字崑暘,號石公,浙江德清人。明萬曆四十七年(1619)生,清康熙二十二年(1683)卒,年六十五。康熙九年(1670)一甲一名進士,授修撰,歷左春坊左庶子。著有《存園集》。③ 編刊此書之"康熙辛酉"爲康熙二十年,蔡氏中狀元十一年之後,仍以門生身份爲其業師編訂文集。蔡啓份則爲啓僔之弟,順治甲午拔貢;席啓圖曾官内閣中書舍人;其弟席啓寓則創立

---

① 李靈年、楊忠主編:《清人别集總目》,第309頁。

② 柯愈春:《清人詩文集總目提要》,第64頁。

③ 凌景埏、謝伯陽編:《全清散曲》,濟南:齊魯書社,2006年,第351頁。

掃葉山房,編刊《唐詩百名家全集》,爲唐詩興繼之要籍。

【影印・整理】

〔日〕長澤規矩也《和刻本漢籍文集》第十七輯。

【公藏】

中國:華東師大。
日本:京大附圖。

花曆百詠二卷

【叙録】

《花曆百詠》二卷,清翁長祚著,日本文政七年(1824)芳潤堂刊本。中本二册。扉頁右署"閩中翁榴庵著",左署"附刻百花賦、瑞榴賦",左下署"芳潤堂發兑"。前有"文政紀元戊寅八月伊勢津阪孝綽撰"《刻花曆百詠叙》,次"文政六年癸未歲十二月中浣日占春老人曾槃"《刻花曆百詠序》,次"文政甲申暮春加藤善庵良白撰,小葭山田革書"之《花曆百詠序》,次"辛卯春王月同學小弟俞崇頓首拜書"之《花曆引》,次"康熙戊子歲嘉平月吉瑟水翁長祚榴庵氏漫題於若梅精舍"之《花曆詩叙》,次"虎林弟定庵許枚識"之《凡例十則》。卷端署"閩福唐瑟江翁長祚榴庵父著"。正文四周單邊,白口,單魚尾,有界行,半葉九行,行二十字,注小字雙行同。末附曾槃《百花和稱記》。後有"堯蓂端午之翼更問夏曆甲申之龍,江都一齋陳人跋"之《題花曆百詠後》。版權頁署"文政七年甲申初夏發兑"。

【考證】

此書爲清人翁長祚所著,然國内僅南圖有康熙本存世,是爲孤本①。翁氏康熙四十七年(1708)自序云:"余兩人……當長夏無聊,論文暇,亦復言詩,而苦於無題。一日偶檢花曆,得四十餘種,皆效《吕覽》體,爰取而損益之,按月得百有六十,每一花賦近體一律,隨興會所至,一日之内或一二題,或五七首,不一而足。"以花爲題,頗類《紅樓夢》分詠菊花詩,甚有趣味。此本前有津阪孝綽序,爲其時著名之漢學者。次占春老人曾槃序,其

① 《中國古籍總目・集部》,第1258頁。

爲江户後期本草學者，編有博物學著作《成形圖説》，又著《本草綱目纂疏》等，他又爲此書撰《百花和稱記》一文附後，亦可爲此書增輝。

【影印·整理】

〔日〕長澤規矩也《和刻本漢詩集成》第二十輯。

金程宇《和刻本中國古逸書叢刊》。

【公藏】

中國：無。

日本：國會、宫内廳書陵部、静嘉堂文庫、大阪府立中之島、阪大總、京大附圖、京産大、佐野市立鄉土博物館、茨城大、東大總、酒田市立、宫城縣圖、公文書館、東北大、堺市立中央。

晚香園梅詩一卷

【叙録】

《晚香園梅詩》一卷，清林潭撰，陳元輔注，日本享保十年（1725）京都積翠堂岡本半七刊本。大本一册。又有安政二年（1855）玉池吟榭、盤谷書院重刻本，扉頁書名之右標“安政乙卯新鎸”，左署“玉池吟榭、盤谷書院同梓”。前有“湖山迂人横山卷”之叙，次“康熙戊午仲冬年家同學弟陳元輔拜題”序。卷端署“閩中林潭二耻著，陳元輔昌其注”。正文左右文武邊，粗黑口，雙對魚尾，有界行，半葉九行，行十七字，有極少返點。後有閬洲王登瀛跋，末爲盤谷井暉“乙卯春日”跋。

【考證】

林潭與陳元輔、王登瀛關係甚密，且三人著述於日本均頗有影響（按：此三人前論《枕山樓茶略》時已論之）。據書末王登瀛跋云：“辛丑春，中山紫金大夫程君寵文從都門回，好此六詠，捐資重梓，夫予與大夫交二十餘年矣，知大夫之能詩久矣……重付剞劂，以公同好。予喜二耻之梅詩、昌其之評注，與予是跋，並傳不朽也夫。”知此書爲程順則主持刊行者。此之“辛丑”當康熙六十年（1721），詳跋語之意，此時程順則當由琉球入覲，自京返回琉，至福建，此時陳元輔已逝，程爲紀念其師，特出資刊行此書，則當刊於福建，然此原本現已不存。程氏又當將此書携歸，並傳於東瀛，故僅四年後即有享保十年翻刻之本。然享保本極罕見，目前所知存本皆安政重刻本。另，《清人别集總目》林氏之集亦僅據此和刻本收録，然其云有"日本天保4年刻本(日本京圖)"①，未詳其所據，或爲誤録。

【影印・整理】

〔日〕長澤規矩也《和刻本漢詩集成》第十八輯。

金程宇《和刻本中國古逸書叢刊》。

【公藏】

中國：無。

日本：東大總、宫城縣圖、阪大總、實踐女子、愛知大、國會、佐野市立鄉土博物館、東京都立中央。

蔡雲吴歈鈔二卷、附一卷

【叙録】

《蔡雲吴歈鈔》二卷，附《江鄉節物詞》一卷，清蔡雲，吴存楷撰，日本大森欽選，日本廣瀨章等校，天保五年(1834)江户萬笈堂英平吉刊本。巾箱本二册。扉頁署"清顧鐵卿先生原脩，日本大森快庵先生鈔纂"，前有"天保癸巳端月快庵居士大森欽識"《刻蔡氏吴歈引》，次"天保五歲甲午端月峽中隱士澹然源亮"《蔡雲吴歈鈔序》，次《蔡雲小傳》。卷端署"清吴縣顧禄鐵卿原輯，日本甲斐大森欽舜民鈔録，弟廣瀨章黄裳参校"。正文左右文武邊，白口，單魚尾，有界行，半葉七行，行十五字，有極少返點。後附《江鄉節物詞》一卷，前有澹然源亮《江鄉節物詞序》，卷端署"清杭吴存楷曼雲著述，日本峽大森欽舜民鈔録，仝市川行顯藏参校"。

【考證】

周作人《書房一角》曾載云："三十六七年前在東京舊書店買得顧禄著《清嘉録》十二卷，日本天寶八年(清道光十七年)翻刻，記吴中一年間的風俗，覺得很有趣味，其中多引蔡雲《吴歈》，亦多佳作，不知共有若干首。後來又搜得《蔡雲吴歈抄》二卷，天保五年刊巾箱小本，即從《清嘉録》抄出

① 李靈年、楊忠主編：《清人别集總目》，第1360—1361頁。

者，上下卷共得七十四首，以爲蔡氏之作盡於此矣。近來於無意中收得原本《吴歈百絶》一册，乃是全本，末有同治十一年石渠跋，云道光初其詩文集已刻，亂後散失，今據抄本重刊。案蔡氏《月令》卷首有小傳，記所著有《月令》兩卷，《癖談》六卷，《借秋亭制藝》，詩文集不及《吴歈百絶》，或者原係詩集中之一卷歟。《清嘉録》刊於道光十年，意其時所引即據《借秋亭集》本，惜只采其四分之三，又原詩均有小注，録中亦不及引，今得見原書，極可喜也。"①則知日人初未知蔡氏有《吴歈百絶》之書，僅據顧禄《清嘉録》中所引者輯出單行，而顧氏"采其四分之三"，故此和本僅七十四首。然則《吴歈百絶》清刊單行之本最早者即此同治十一年（1872）跋刊之本②，較和本晚三十八年矣。另周作人推測"詩文集不及《吴歈百絶》，或者原系係詩集中之一卷歟"，檢其人《借秋亭集》，雖石渠跋稱"道光初其詩文集已刻，亂後散失"，然現仍存有道光十年（1830）年刊本，果附此書，然此集亦僅國圖、社科院文学所及南開有藏，蘇州圖書館則僅藏清抄本，臆者或即石渠據以重刊《吴歈百絶》之本歟？然此和本亦極稀見，惟知長澤規矩也收入其《和刻本漢詩集成》，檢日本所藏中文古籍數據庫等，暫未見收藏原本者。

另，書後所附《江鄉節物詞》，據書前序云："蔡雲《吴歈鈔》刻已成……蓋此書吴存楷詩魔鈔出《硯壽堂集》中《江鄉節物》，頗與蔡氏吴歈同調，亦足供風流才子吟玩也已。"知出吴存楷《硯壽堂詩鈔》，檢其原書，則爲《硯壽堂詩續鈔》卷上之後半，唯一之不同，爲將原詩之題注移於詩後，以與前《蔡雲吴歈鈔》一例。《硯壽堂詩鈔》今存較多，並不足珍，然光緒八年（1882），錢塘丁氏《武林掌故叢編》收入此卷，名《江鄉節物詩》，爲初次單行之本，然較和刻本已晚四紀，且將原集名中"詞"改爲"詩"，編者或以"詞"爲長短句而改之，實此處指詩之一體，故丁氏所刊反不如和本之能存作者原貌。

【影印·整理】

〔日〕長澤規矩也《和刻本漢詩集成》第二十輯。

【公藏】

中國：無。

---

① 周作人著，鍾叔河編：《周作人文類編》第6册，長沙：湖南文藝出版社，1998年，第595頁。
② 李靈年、楊忠主編：《清人别集總目》，第2339頁。

日本:無。

舟江雜詩一卷

【叙録】

《舟江雜詩》一卷,清王治本著,日本坂口仁一郎編,明治十六年(1886)新潟佐藤庄八排印本。中本一册。卷端署"浙東王治本桼園甫漫吟"。正文四周文武邊,白口,單魚尾,有界行,半葉六行,行十六字,小字雙行,字數不定。前有坂口題詞及王氏自序。

【考證】

此爲清人王治本所作。此人游歷日本三十餘年,向日本人推薦《紅樓夢》,因此《紅樓夢》方流行日本。其於日本出版此集,故國内無。《清人别集總目》録此書,亦僅和本①。

【影印·整理】

無。

【公藏】

中國:無。
日本:國會、公文書館、新潟縣圖。

壬癸集一卷

【叙録】

《壬癸集》一卷,王國維著,日本大正二年(1913)京都聖華房活字排印本。中本一册。後有牌記云"大日本京都聖華房以江州舊木活字印行"。正文左右文武邊,白口,單魚尾,無有界行,半葉十行,行十八字。

① 李靈年、楊忠主編:《清人别集總目》,第146頁。

【考證】

王國維於辛亥革命後隨羅振玉東渡日本避難，此後之壬子、癸丑兩年亦多事之秋，王氏賦詩紀之，彙爲此集，故以“壬癸”二字爲名。此書出版之時已至民國，然王氏所賦之詩，多滿清遺老之辭，如《頤和園詞》《蜀道難》《隆裕皇太后挽歌辭》等皆是，故仍入録。

此書王國維致繆荃孫函中曾言及：“至東以後，得古今體詩二十首，中以長篇爲多，現在擬以日本舊大木活字排印成册，名曰《壬癸集》，成後當呈教。”[1]另潘建國先生據中國嘉德拍賣公司 2019 年 6 月 3 日春拍“筆墨文章——信札寫本專場”上拍王國維致山田茂助信札三通，指出此書其時當印二百册，今所存約有六分之一云[2]。此書國内亦多有印本，如《國學叢書》本及《雪堂叢刻》本。黄裳曾購得一册，録入其《來燕榭書跋》，當爲此書中唯一之和本，並極爲贊賞：“壬辰十一月廿五日午後遊交通路書攤，偶見此册，頗罕傳而古意紛披。”又云“静安詩固不惡，而此本更古雅可愛，不愧近時善本。藏王氏遺書者，殆皆未知有此也”[3]。此後沈津亦於《中國珍稀古籍善本書録》中著録之[4]。

【影印・整理】

無。

【公藏】

中國：上海、上海師大、大連、山東、廣東、廣西。

日本：阪大總、愛知大、關大、神户市立中央、京産大。

---

① 顧廷龍校閲：《藝風堂友朋書札》，上海：上海古籍出版社，1980 年，第 1019 頁。

② 潘建國：《王國維〈壬癸集〉日本刊行始末記》，《漢學研究》總第三十一集，北京：學苑出版社，2021 年。

③ 黄裳：《來燕榭書跋》（增訂本），北京：中華書局，2011 年，第 385 頁。

④ 沈津：《中國珍稀古籍善本書録》，桂林：廣西師範大學出版社，2006 年，第 662 頁。

七、總集斷代類

又玄集三卷

【叙録】

《又玄集》三卷,唐韋莊編,日本享和三年(1803)江户昌平坂學問所刊官板本。大本一册。前有"光化三年七月日""左補闕韋莊述"序。正文左右文武邊,白口,無魚尾,有界行,半葉九行,行二十一字,有極少返點。末有"享和三年刊"字様。

【考證】

此書爲唐人選唐詩之名作,據其自序,知成書於光化三年(900),之所以名《又玄集》者,據其自序知乃續姚合《極玄集》而成者。其書宋人書目尚有著録,元辛文房《唐才子傳》亦云:"莊嘗選杜甫、王維等五十二人詩爲《又玄集》,以續姚合之《極玄》,今並傳世。"①知其書至元尚存,然其所存全否,則似亦存疑。據韋氏自序云:"總其記得者,才子一百五十人;誦得者,名詩三百篇。"具體而言,其上卷録杜甫、王維等五十二人詩,中卷録杜牧等三十七人詩,下卷録馬載等五十三人詩,計一百四十二人。辛氏僅云"選杜甫、王維等五十二人詩",則或誤記"一百五十人",或其所見僅上卷,以其所舉人數與上卷全合,故殘存一卷之可能性尤大。然即此殘本後亦不傳。後人以其失傳,又有托名之贋本,清王士禛編《十種唐詩選》亦收入之,《四庫全書總目》云:"韋莊《又玄集》,原書已佚,今所傳者乃贋本。馮氏《才調集》凡例言之,而士禎仍爲選録,亦失别裁。"②所言其是,然王氏詩壇大家,豈有不知者。潘景鄭曾云:"漁洋云,選不大佳,恐是後人假選者。詩老臆斷,卓然可徵,然何以録入《詩選》而梓之,誠所不解也。"③實因此書失傳極久,又爲衆所矚目,故見獵心喜,雖心知其僞,而寧可信其真也。

---

① 傅璇琮主編:《唐才子傳校箋》第四册,北京:中華書局,1990年,第331頁。
② 魏小虎編撰:《四庫全書總目彙訂》,第6606頁。
③ 潘景鄭:《著硯樓書跋》,上海:上海古籍出版社,2006年,第315頁。

幸日本或存舊本,即有此享和三年之官板本(惜未知其所據之本爲何),然惜昌平阪學問所之官板曾遭火,雕版多燬,此書之版亦不幸在列,他書有板燬而重刻者,此書則未能重刻,故其存世亦極罕見。國人多未見此書。後日本學者清水茂將此本膠片寄贈夏承燾,夏氏將其交由古典文學出版社影印行世,此書方重歸故土,爲當下唐詩研究之要籍,亦爲易得之本。然此書之幸存於世,非僅於多種唐人選唐詩中又增一種也,尤要者,其所選詩,以杜甫開篇,且就數量論,亦以杜居首,可覘尊杜之風漸行。又其存詩多有後世亡佚之作,其他字句之異,更不必論。

此本如此重要,然惜無文獻載其淵源。就此本考察,其書目録一百四十二人,詩二百九十七首,而正文則實一百四十六人,詩二百九十九首,與其自序所云幾同,知或當存其原貌。然細查之,則此本之底本或已於傳抄、翻刻中産生訛誤,已非精善之本。如卷中有《憶錢塘》一詩,此詩頷聯"一千里色中秋月,十萬軍聲半夜潮"曾爲歷來詩話摘出①,爲形容錢塘潮之名句,然全詩却佚而不存,僅存此聯,摘引者多稱作者爲趙嘏。至此書復歸,方知全詩。然此書却署作者爲李廓,頗引後人之争議。然此處實誤,《憶錢塘》詩下有三首詩,依次爲盧中丞《送李先輩赴鄭州因獻》及趙嘏《寄歸》《長安晚秋》,但此"盧中丞"頗令人生疑,一者,此書目録及詩作標署均徑書其名,全書唯此一處例外;尤要者,此詩《文苑英華》即收録,題云"送李蘊赴鄭州因獻盧郎中",下注云"《又玄集》做'中丞'"②。綜上可知,此處或因詩題較長,"盧中丞"三字接近題署作者姓名處,故爲翻刻本所誤,以此三字爲作者;後之翻刻者又以此詩既屬"盧中丞",則後二首與前一首必非同一作者,否則何以中有盧氏之作?故將前詩所署"趙嘏"之名移於《寄歸》詩題下,前詩則依例署"同"字,而此詩前有詩二詩,作者即李廓,故亦將此詩歸於李氏。由此例可知《文苑英華》之編者李昉等人當得見早期《又玄集》,且其本不誤;而此和本所據底本必爲此後多次翻刻之本。當然,若如所考,則此本今存詩人數量當核減一"盧中丞",故得一百四十五人,與韋莊序所云"一百五十人"尚有出入,即未詳韋氏所舉即約數,抑或此書於翻刻之時又有遺漏?

【影印・整理】

古典文學出版社 1958 年影印本。

---

① 如張爲:《詩人主客圖》最早提及,丁福保輯:《歷代詩話續編》,北京:中華書局,2006 年,第 99 頁。

② [宋]李昉等編:《文苑英華》,影印,北京:中華書局,1966 年,第 1428 頁。

〔日〕長澤規矩也《和刻本漢詩集成・總集篇》第一輯。

金程宇《和刻本中國古逸書叢刊》。

【公藏】

中國:無。

日本:東北大、宫内廳書陵部、公文書館、静嘉堂文庫、山梨縣圖、京大人文研東方、關大、愛知大。

唐詩絶句五卷

【叙録】

《唐詩絶句》五卷,宋趙蕃、宋韓淲同輯,宋謝枋得注,日本弘化四年(1847)江户雁金屋善助刊本。中本一册。扉頁書名右署"宋疊山謝枋得君直注解",左署"三餘堂藏板"。前有"弘化丁未秋八月後學甲斐井上德題於江户泉橋之僑居"之《唐詩絶句注解序》,次"廣信謝枋得君直序"之《唐詩絶句序》。卷端署"章泉趙蕃昌父精選,澗泉韓淲仲止精選,疊山謝枋得君直注解"。正文左右文武邊,白口,單黑魚尾,有界行,半葉十行,行二十一字。後附阮元《四庫未收書提要》一則,提要之後有日人長滿連之附言。後有"弘化丁未仲冬謙齋主人長滿連題並書"《後序》。末署"弘化丁未八月發兑,書肆雁金屋善助"。

【考證】

此書爲元明二代極流行之唐詩選本,然至清則近乎失傳,以至《四庫全書》編撰之時即未見此書,後阮元得其抄本,收入《宛委别藏》,阮氏云"此書世罕傳本,惟錢曾《也是園書目》有之,而不載於《敏求記》",知其難得。查屏球《和刻本胡次焱〈贅箋唐詩絶句選〉之淵源與文獻價值》一文,欲探討胡箋本,據孫琴安《唐詩選本六百種提要》中及中山大學圖書館與寧波天一閣均藏明正德十三年(1518)刊本,然其據《新編天一閣書目・天一閣遺存書目》所載"《唐詩絶句精選》五卷,宋趙蕃韓淲編,謝枋得注,明刻本,一册"①,云"天一閣藏本只是謝氏注本,而非胡氏贅箋本"②;檢《天一閣書目》,有《唐詩絶句精選》五卷,標"章泉趙蕃、澗泉韓淲選,疊山謝枋得注,餘學胡次焱箋",則其所藏,仍爲胡箋本③。二處所載不同,未知孰是。而孫琴安氏"曾赴甬專訪此書,終未能見"④。故此書究存世否,仍屬未知。檢《中國古籍總目》所載,幸知南京圖書館藏一明刻孤本⑤,則此書亦未全然失傳。

然據前所述已可知,一者,此書傳本極少;二者,此書極易與胡氏贅箋之本混淆。故此和本之末,刊行者附言云:"世有《贅箋唐詩絶句精選》,係明嘉靖中刊本,我邦正保三年翻刻,此書亦甚少,而多脱謬,蓋坊本也。贅箋乃元人胡次焱增注,與謝注不同,恐非選者之意,故不取焉。"然此二書至今仍多相混。如《唐詩總集纂要》列"《注解章泉澗泉二先生選唐詩》(趙蕃、韓淲、謝枋得)"之條目,然提要中載"宋胡次焱"云云,述及版本時亦云"有明宣德、弘治、清乾隆、同治諸刻本"⑥,將二書混爲一談。

而由此和刻本序亦可見,日人亦知此書或亡於中國。井上德云:"觀之首載清儒阮氏之言,乾隆四庫未收,乃知西土亡佚已舊矣。庸詎知不此刻傳至於彼,彼喜而刻之,以傳於我爾。猶太宰氏《古文孝經》之收入鮑氏叢書,而再舶送於此哉。果如是乎,東西流傳,與先《文章軌範》並行於宇間,而浩古不泯,疊翁目可瞑於地下,满庵之功盡顯也。"⑦因阮元之載,知此書於中國已無,井上甚至將其與太宰純校訂《古文孝經》西歸於禹域,又再東傳於扶桑,以證其"東西流傳"之意,此或"東亞書籍環流"之首倡者乎!

由此書之回傳亦可見其之稀見。光緒三十四年(1908)胡光國述古堂刊本前有蕭鴻鈞序云:"宋謝疊山先生所注《唐詩絶句》坊間向少傳本。昔年求之日本,亦未獲見。六弟禮衡,頃由韓京購得日人最近刻本,閲之,雖不免按跡而議性情之病,然短章微論,感人心、厚風俗,於吾國今日詩教,不無裨益。"此所謂之"禮衡"未知何人,然得此書尚需從韓京求之。又有姚

---

① 《新編天一閣書目·天一閣遺存書目》,北京:中華書局,1978年,第136頁。

② 查屏球:《和刻本胡次焱〈贅箋唐詩絶句選〉之淵源與文獻價值》,《中國典籍與文化》,2007年第3期。

③ [清]范邦甸等撰,江曦、李婧點校:《天一閣書目·天一閣碑目》,第467頁。

④ 孫琴安:《唐詩選本提要》,上海:上海書店出版社,2005年,第55頁。

⑤ 《中國古籍總目·集部》,第2989頁。

⑥ 陳伯海、李定廣:《唐詩總集纂要》,上海:上海古籍出版社,2016年,第167—171頁。

⑦ 按:查屏球:《和刻本胡次焱〈贅箋唐詩絶句選〉之淵源與文獻價值》一文亦曾録此序,然有誤認之字,中有二字頗關鍵,即"彼喜",因前有"彼"字,日人慣例下字用省略符號,即誤認爲"土";又將"喜"誤認爲"然",則使此句意難明。

椿壽跋云:"辛酉秋,以悼亡戚,余益無聊,偶檢故室病時出所藏書簏,得有謝疊山注解《唐詩絶句》一書,爲日本人刊本。乃上海老友姚子梁觀察文棟於有清光緒朝乙酉歲出使日本參贊時所持贈者。"而胡光國自序云:"沈君紹笙昨過余園,出日本謙庵主人所刊《唐詩絶句》見示,云由姚子梁觀察前自海外携歸者。"則知胡氏所據之本乃姚子梁於光緒十一年(1885)得自日本,且即此本也。而於胡氏排印此書之同時,日本民友社亦有鉛印本行世。據其跋語知,其本爲德富蘇峰惜此書之刊本漸稀,故請吉田宇之助重刊,吉田氏請漢學者森槐南爲之校訂後排印出版。

【影印・整理】

〔日〕長澤規矩也《和刻本漢詩集成・總集編》第二輯。

【公藏】

中國:上海、南大、蘇大。

日本:京産大、二松學舍、宫内廳書陵部、茨城大、公文書館、静嘉堂文庫。

唐詩合選二卷

【叙録】

《宋謝疊山唐詩合選》二卷,宋謝枋得選注,日本立田誦、竹山亨同校,文久四年(1864)一掬山房刊本。巾箱本二册。扉頁書名之右署"謝疊山注",左署"文久甲子孟春翻刻,一掬山房藏板"。前有謝枋得《唐詩合選序》。卷端署"宋謝疊山唐詩合選卷一","日本淡路立田誦、越後竹山亨同校"。正文四周單邊,白口,單黑魚尾,版心下署"一掬山房藏",有界行,半葉七行,行十八字,無返送。末有"乙丑重陽後二日撰於境香閣,天江江馬聖欽"跋。

【考證】

此即前書之改題重刻本,僅較前書晚十七年,然知之者少,存世亦罕。今所知日本亦僅存三家有藏。其末日人江馬聖欽跋云:"疊山先生身際有宋衰運,滄桑之變,悲哀痛傷,有不可言。方此之時,欲道有諱,不可直云者蓋亦多矣。故如此選者,借古人之詞,以攄其懷抱爾。開卷載韋蘇州《滁州西澗》之詩,可知焉。"此或恰爲謝注此書於有清一代湮没之因。後之島田翰於胡次焱書有相近之論(參下條),或受此啓發歟? 又:寒齋藏此書一部,審其用紙,不似和紙,而頗類吾國之毛邊紙,紙極薄,而簾紋細密,且每葉中加一竹紙爲襯,加之裝訂非和本常見之三合亭式,而爲吾國樣式,或爲國人以和刻本版片重刷者。

【影印・整理】

無。

【公藏】

中國:無。
日本:島根縣圖、京大附圖、早稻田。

唐詩絶句精選五卷

【叙録】

《贅箋唐詩絶句精選》五卷,宋趙蕃、韓淲同輯,宋謝枋得注,宋胡次焱贅箋,日本正保三年(1646)京都林和泉掾刊本。大本三册。前有謝枋得《謝疊翁注唐絶句精選序》,次"巳丑中秋紫陽後學胡次焱濟鼎書於家塾五休堂"之《贅箋唐詩絶句後序》,次"大明嘉靖甲午臘月望日古邕愚庵陳瑀書"之《重刊唐詩絶句贅箋序》。卷端署"章泉先生趙蕃昌甫精選,澗泉先生韓淲仲正精選,疊山先生謝枋得君直注解,餘學先生胡次焱濟鼎贅箋"。正文四周單邊,白口,單黑魚尾,無界行,半葉九行,行十八字。末署"正保三年丙戌暦三條通菱屋町林甚右衛門"。

【考證】

前云謝氏所注者亦與胡氏贅箋之書相混,然胡氏書之罕見亦與前書同。《四庫全書總目》録胡氏《梅巖文集》時云:"集中有《贅箋唐詩絶句序》,稱'疊翁注章、澗二泉先生選唐絶句,次焱復爲贅箋',疊翁者,謝枋得;章泉者,趙蕃;澗泉者韓淲也。其書不傳,無由驗其工拙,然亦足見次焱研心詩學,非苟作者矣。"①知四庫館臣亦未見其本。此書之明本,前引孫

① 魏小虎編撰:《四庫全書總目彙訂》,第5283頁。

琴安書稱有中山大學及天一閣存二種，然《中國古籍總目》僅録中山大學一種①，或僅存此孤本於天壤間矣。

此和刻本刻於正保三年，日人島田翰《古文舊書考》曾著録之，島田氏於古書擇取極嚴，其書所録，多重舊鈔宋刊，故其卷一舊鈔，卷二宋槧，已過全書之半。即卷三録舊刊本，亦均南北朝時舊刊本，慶長、元和亦均未録，然於卷三之末，特録此正保刻本，實爲其書之特例。其云："予頃歲購得是書，讀而愛之。"又云："若賚箋則阮氏亦未及之，則知其已佚也。此本係明嘉靖甲子陳瑀重刊，前有瑀序。其本邦翻雕之歲爲正保三年，距今二百五十七年，世亦希觀。則知不獨佚於彼，而其存於此者，亦僅僅無幾也。豈不可更愛重乎！"則知此書之珍且稀矣。島田氏又有探幽索賾之處："爲校其譌脱既畢，乃又反復原此書之所以爲作用，疊翁、餘學之所以拳拳注且箋之之意，以謂古人凡著一書，大要出乎不得已，有爲而爲，而不有苟焉從事無由而作者也。曾是書始於韋應物《滁州西澗》詩，而終於鍾離《題道觀》、吕洞賓《題黄鶴樓》二詩，最見其寄托深遠有爲而爲之也。何以言之，韋詩云：'春潮帶雨晚來急，野渡無人舟自横。'此豈非歎賢者之不爲世用耶？吕詩云：'衷情欲訴無人會，唯有流風明月知。'此豈非謂其獨抱孤志而世無復知之者耶？此其自道也明矣，其假以鳴其不平也審矣。"所言似亦有理，且其亦可有證，即云："餘學之箋鍾詩云：乙亥之變，日觀生靈厄運，大約百人中殺死者一十人，飢寒流落死者二十人，病死者四十人，驅虜而去者二十人，驚憂自盡者五七人，僅存者二三人耳，而存者復有生不如死之歎云云。其纏綿悱惻不能自禁者，見於文詞之外焉，蓋亦同疊翁存一飯不忘之誼也。其拳拳爲是書箋，亦非偶然也。其序稱'己丑仲秋'，蓋作於元至元二十六年，疊翁殁之歲也，其不紀年號者，亦昔人所謂淵明唯題甲子之意云爾。"②所云極是。此非但可知胡氏署時何以僅有干支，尚可佐證此書何以入清而佚，以其間多有亡國之痛，雖非爲清人而發，然清之文人，自知此實瓜田李下之書也。

【影印·整理】

無。

---

① 《中國古籍總目·集部》，第 2989 頁。

② 〔日〕島田翰撰：《古文舊書考》，杜澤遜、王曉娟點校，第 274—276 頁。

【公藏】

中國：無。
日本：公文書館、東洋文庫。

唐詩鼓吹十卷

【敘録】

《唐詩鼓吹》十卷，金元好問輯，元郝天挺注，明廖文炳解，日本元禄二年（1689）京都玉樹堂唐本屋吉左衛門刊本。大本五册。扉頁書名右署“元遺山先生編撰”，左署“書肆玉樹堂梓”。前有“歲在屠維大淵獻余月二十二日虞山蒙叟錢謙益書”《唐詩鼓吹序》，次王清臣《小引》，次“歲在屠維大淵獻余月虞山陸貽典書”《唐詩鼓吹注解題詞》，次錢朝鼒《唐詩鼓吹注解題詞》，次凡例十五條，次“萬曆己卯青陽岡州錦臺居士廖文炳述”《唐詩鼓吹注解大全序》，次“至大元年九月十二日吴興趙孟頫序”之《唐詩鼓吹注序》。卷端署“元資善大夫中書左丞郝天挺注；古岡後學廖文炳解；虞山後學錢朝鼒、王俊臣校注，王清臣、陸貽典參解；禪山書坊明雅堂江碧潭校梓”。正文四周單邊，白口，單黑魚尾，無界行，半葉九行，行二十一字，注小字雙行同。末署“元禄二己巳歲仲夏吉辰洛陽烏丸唐本屋吉左衛門開刊”。又有寶永七年（1710）後印本。

【考證】

《唐詩鼓吹》爲唐詩選本中頗流行之書，歷來注本蜂出，翻刻不絶。明人廖文炳注本於萬曆間刊出，入清後，錢朝鼒、王俊臣、王清臣、陸貽典四人又以廖注“荒陋鄙俗”，故削謬補缺，於順治十六年（1659）刊出，此刊本國内存有多種①，國圖所藏者收入《續修四庫全書》，然寓目多種順治本，知其本前僅有錢謙益序，《續修四庫全書》之提要乃據錢謙益序云“里中陸子敕先”，“知朝典字敕先……《四庫全書》已收《唐詩鼓吹》十卷，爲郝天挺注

① 《中國古籍總目·集部》，第2990頁。按：王媛《元人總集叙録》云“順治原刻本今已不詳所蹤”，故其惟據乾隆十一年懷德堂重刻本著録（天津古籍出版社2018年版，第9頁），實不確。另，韓成武等點校本《前言》云“這本由錢氏作序的四人注解本未能傳至今日”（《唐詩鼓吹評注》，保定：河北大學出版社，2000年，第3頁），則此本或確存世較少，學者較難見到。

本，稱有‘國朝常熟陸貽典題詞’……所據本亦出常熟陸氏，爲同一淵源。”①誤認卷端“陸貽典”爲“陸朝典”，然因未見書前陸貽典題詞，故無從糾正。此後又有乾隆十一年(1746)刻本(《中國古籍總目》未録)，湖北省圖藏本收入《四庫全書存目叢書》(《元人總集叙録》謂“國圖藏本”，誤)，其前除錢謙益序外，又有廖文炳序、趙孟頫序、陸貽典題詞、王清臣小引、王俊臣小引，然較之和本，少錢朝鼒《題詞》一篇，而多王俊臣《小引》一篇。據此數篇序文，似亦可推知順治本或當爲後印之本，以陸貽典題詞末亦署“歲在屠維大淵獻余月”，與錢謙益序同，則此四子之序當獻書錢氏之前即當完成，必不以無序之書求序而先付剞劂，再後補題序而僞稱“屠維大淵獻余月”。又乾隆本凡例末條下注“己亥孟夏頤志堂主人識”，“己亥”即“歲在屠維大淵獻”之順治十六年，又據王清臣序云“今年春，余讀書頤志堂”，知此即爲王清臣，則知乾隆本之序當非後加，而來自較早之刊本。綜上可知此和本之底本當較目前所見所謂順治本爲早。《唐詩總集纂要》據順治本收錢謙益序②，然未及他序，若據乾隆本則可補陸氏及二王序三篇，尚需再據和本補錢朝鼒序一篇，方稱完備。

又和本卷端獨有“禪山書坊明雅堂江碧潭校梓”字樣，順治刊本與乾隆刊本均無。據《增訂建陽刻書史》，明代有“書林江原齋明雅堂”，於萬曆十三年刻《新刻群英摘錦奇葩簡明便覽》《新鐫赤心子彙編四民利觀翰府錦囊》及萬曆二十三年(1595)刻《紀效新書》③，日本京大人文研又藏有萬曆二十二年(1594)刻《新鐫詳訂注釋捷録評林》，書坊名相同，主人亦同姓，則當爲同一家書坊。或入清仍有業務。此和本即據明雅堂本翻刻。

此本前有錢謙益序(收入《牧齋有學集》卷十五，小有異文)，故於乾隆之後，錢氏文字遭禁，則此書流传日稀。錢氏序署時云“歲在屠維大淵獻余月二十二日虞山蒙叟錢謙益書”，則以太歲紀年之干支代年號，自有其微意。另此所謂“余月”實當爲“餘月”，即閏月之意，《元人總集叙録》云爲“四月”，當誤，以順治十六年閏三月也④。

【影印・整理】

〔日〕長澤規矩也《和刻本漢詩集成・總集篇》第二輯。

---

① 《續修四庫全書總目提要・集部》，第329頁。
② 陳伯海、李定廣編著：《唐詩總集纂要》，上海：上海古籍出版社，2016年，第201—202頁。
③ 方彥壽：《增訂建陽刻書史》，第424頁。
④ 參趙爾巽等：《清史稿》，第155頁。

【公藏】

中國：無。

日本：九大、新潟大、宫内廳書陵部、大阪府立中之島、公文書館、山梨縣圖、市立米澤、廣島大、伊那市立高遠町、立命館大學、國會。

唐音十五卷

【敘録】

《批點唐音》十五卷，元楊士弘輯，顧璘批點，吴鉞重訂，日本享和二年(1802)官板本。大本五册。前有"嘉靖辛丑秋望東橋居士姑蘇顧璘書"之《題批點唐音前》，次虞集《唐音序》，次《唐音姓氏并序》，次《凡例》。卷端題"唐詩始音卷之一"，標"襄城楊士弘編次，姑蘇顧璘批點，延陵吴鉞重訂"。正文四周單邊，白口，無界行，每半葉九行，行十九字，注小字雙行同，詩文旁有小字批語及圈點，書眉亦有批語。全書末有"享和二年刊"字樣。

【考證】

此書國内刊本甚多，除元刊殘本多種外，又有明初刻本、正統七年(1442)本、成化十一年(1475)本、成化二十三年(1487)本等；另有張震注本及顧璘批點本；崇禎三年(1630)，有吴鉞重訂本，據《中國古籍總目》，僅南京一家有藏①，繼檢日本，有京大文及東洋文庫有藏。知此崇禎三年本付刊雖晚，然存世甚稀。此和本即據崇禎本覆刻，故亦可珍。

【影印・整理】

無。

【公藏】

中國：華師大、大連、四川。

日本：九大、新潟大、宫内廳書陵部、大阪府立中之島、公文書館、山梨縣圖、市立米澤、廣島大、伊那市立高遠町、立命館大學、國會。

---

① 《中國古籍總目・集部》，第2990頁。

三體詩三卷

【叙録】

《增注唐賢絶句三體詩法》三卷,宋周弼選,元釋圓至注,元裴庾增注,日本明應三年(1494)刊本。大本三册。前有"至大二年重陽日裴庾季昌書"序,次紫陽山虚叟方回序,次《唐三體詩注綱目》,次《唐分十道之圖》,次"至大二年九月日裴庾"《求名公校正咨目》,次《諸家集注唐詩三體家法諸例》,次"唐世系紀年",次"三體集一百六十七人"。卷端署"汶陽周弼伯弜選,高安釋圓至天隱注,東嘉裴庾季昌增注"。正文左右文武邊,黑口,雙對魚尾,有界行,半葉十行,行二十二字,注小字雙行同,無返送。

【考證】

此書之所以稱"三體"者,以專選五律、七律、七絶之故。圓至注本國内尚存,如其二十一卷本元刊藏於臺北"國家圖書館",二十卷本有二,一爲陸心源舊藏,現存静嘉堂;二存故宫博物院,後者《總目》以其爲明刻本①,實當爲元刻本,以其刻工均宋元之際浙江一帶人氏。然裴注則國内無存,孫詒讓《温州經籍志》卷三二已云裴注"佚"②,今更無從覓得。而此注至日本却幾成國民讀本,婦孺皆知。此亦文獻傳播、文化交流之佳例。

此書之和刻,前有五山版,後至江户時尤層出不窮。即五山本亦有數種,據川瀨一馬所叙,有《唐賢三體家法詩》一種,左右雙邊,有界行,半葉十行,今小汀文庫存孤本,且僅存卷二、三;又有《諸家集注唐詩三體家法》一種,左右雙邊,有界行,半葉十二行,行二十五字,所存亦其惟少,僅慶應有藏③。故僅叙此明應本以概其餘。此本卷一之末有識語云:"明應甲寅之秋,新板畢工矣。先是,舊刻之在京師者,散失於丁亥之亂。以故,捐貲刊行焉。置板於萬年廣德云。葉巢子敬志。"據此知於明應三年(1494)前即有刊行,舊版"因應仁之亂而燬"④,存本極罕,此即明應三年重刊者。此版後又爲泉南翻刊,於前跋末又增一跋云:"此板流傳自京至泉南,於是陳

---

① 《中國古籍總目·集部》,第2988頁。

② 深入研究,可參杜曉勤:《周弼〈唐詩三體家法〉中日版本流傳考述——以元刊本和日本"五山版"爲中心》,劉玉才、潘建國主編:《日本古鈔本與五山版漢籍研究論叢》,第283—299頁。

③ 〔日〕川瀨一馬:《五山版研究》,第481—482頁。

④ 〔日〕川瀨一馬:《五山版研究》,第482頁。

佐井野宗禎贖以置於家塾也。欲印摺之輩以待方來矣。”

【影印・整理】

金程宇《和刻本中國古逸書叢刊》。

《域外漢籍珍本文庫》第二輯。

《日本五山版漢籍善本集刊》影印本。

陳斐輯著《唐詩三體家法彙注彙評》，鳳凰出版社 2023 年版。

【公藏】

中國：遼寧。

日本：安田文庫、静嘉堂文庫、大東急紀念文庫、東洋文庫（以上初版），岩瀨文庫、東洋文庫（以上明應三年版），國會、東洋文庫、慶應（以上泉南版），大阪府立、成簣堂文庫、大東急紀念文庫、東北大學、慶應（以上泉南版之翻刻本）。

唐詩訓解七卷、首一卷

【叙録】

《新刻李袁二先生精選唐詩訓解》七卷、首一卷，明李攀龍選，袁宏道校，余應孔刻，日本江户前期田原仁左衛門刊本。大本四册。前有袁宏道序，次“初盛中晚唐詩人姓氏爵里”。卷端署“濟南滄溟李攀龍選，公安石公袁宏道校，書林獻可余應孔刻”。書分上下欄，上欄有小字評點，每行三字；下欄正文四周單邊，白口，單黑魚尾，無界行，半葉九行，行二十字，注小字雙行同。末有“萬曆戊午孟夏月居仁堂余獻可梓”蓮花牌記，又署“田原仁左衛門梓行”。

【考證】

此書爲據明萬曆四十六年（1618）居仁堂余獻可刻本重刻，而此書原刻據《中國古籍總目》僅録遼圖一種①，據全國古籍普查目亦僅此一種，則其爲國内所存孤本。此外，據王重民《中國古籍善本目》知哈佛亦有藏②。

① 《中國古籍總目・集部》，第 2994 頁。

② 王重民：《中國古籍善本目》，第 461 頁。

日本存明本較多,有宫内廳、龍野、静嘉堂、京大文等處。

按:此本之刊刻者余應孔,當即建陽刻書世家余氏中人,然《潭溪書林余氏世系簡表》中無此人①,《福建歷代刻書家考略》亦遺漏之。

【影印・整理】

無。

【公藏】

中國:北大、華師大、上師大、遼寧。

日本:所存甚多,不備録。

全唐詩聯選二卷

【敘録】

《全唐詩聯選》二卷,明王爨編,日本寬延元年(1748)結崎市郎兵衛刊本。卷端署"金陵王爨子承父選編"。中本二册。

【考證】

此書國内無著録,日本所藏和本亦不多。編者王爨崇禎時麟瑞堂刊《開闢衍繹通俗志傳》卷首有其《開闢衍繹叙》,末署云"崇禎歲在旃蒙大淵獻春王正月人日,靖竹居士王爨子承父書於柳浪軒"②,當即此人。然史無載録。此書署名爲"金陵王爨子承父選編",則其當爲金陵人,字子承,號靖竹居士,明末人。

【影印・整理】

無。

【公藏】

中國:無。

① 〔美〕賈晉珠:《謀利而印:11 至 17 世紀福建建陽的商業出版者》,邱葵、鄒秀英、柳穎、劉倩譯,李國慶校,第 109 頁。

② 丁錫根編著:《中國歷代小説序跋集》,第 858 頁。

日本：東京都立中央、國會、公文書館、宮城縣圖、山梨縣圖、實踐女子。

唐朝四賢精詩四卷

【叙録】

《唐朝四賢精詩》四卷，佚名編，日本南北朝刊本。大本一册。其書無序跋。正文左右文武邊，白口，雙對魚尾，上魚尾下署“四賢”，有界行，半葉十一行，行二十字。

【考證】

此書國内全無。川瀨一馬云“撰者未詳”，猜測“或爲禪僧所編”，即以其爲日本人編①；而森立之曾著之於《經籍訪古志》云：“無序及跋文，編撰名氏不可考。輯録李翰林、杜工部、韓吏部、柳禮部四家詩者。每半板十一行，行二十一字。字畫端雅，仿佛南宋槧，蓋即覆雕宋本者，其刻應在三四百年前矣。”②又言其或宋人所編。金程宇以其題銜多署職官、選詩多有逸出早期諸家選本，以其“當爲中土編選”③，所言甚是，所選四人，分别署爲“翰林隴西李白太白、工部員外郎杜陵杜甫子美、吏部侍郎昌黎韓愈退之、禮部員外郎河東柳宗元子厚”，確非日人之體例。其書收李杜韓柳四家之近體詩作，所收頗均衡，各五十首，惟杜甫稍多，亦不過五十八首。

【影印・整理】

金程宇《和刻本中國古逸書叢刊》。
《日本五山版漢籍善本集刊》影印本。

【公藏】

中國：無。
日本：公文書館（二種）、東洋文庫、國會。

---

① 〔日〕川瀨一馬：《五山版研究》，第484頁。
② 〔日〕澁江全善、森立之等撰：《經籍訪古志》，杜澤遜、班龍門點校，第249頁。
③ 金程宇：《東亞漢文學論考》，第233頁。

二李唱和集一卷

【叙録】

《二李唱和集》一卷，宋李至、李昉撰，日本江户時京都崇蘭館覆宋本。大本一册。據陳榘覆刻本録。扉頁題“影北宋本二李唱和集”，封二署“光緒己丑貴陽陳氏刊於日本”。首頁有印三枚，自下而上分别爲“衡山秘笈”陽文方印，“貴陽陳榘”陰文方印，“景文閣”陽文方印。正文左右文武邊，白口，無魚尾，有界行，半葉十二行，行十八至二十一字，注小字雙行。末有“光緒十五年夏遊歷日本等國兵部郎中傅雲龍跋”，次“光緒己丑貴陽陳田序”，次“光緒十五年夏貴陽陳榘跋”，末有“詩陽綺麗繡櫻花”篆文方印。

【考證】

《二李唱和集》亦書籍環流之佳例。此書原有宋本，然於國内早已失傳，檢視文獻，提及此書者僅有二書，一者吴處厚《青箱雜記》云：“李文正公昉，深州饒陽人。太祖在周朝已知其名，及即位用以爲相。常語昉曰：‘卿在先朝，未嘗傾陷一人，可謂善人君子。’故太宗遇昉亦厚。年老罷相，每曲宴必宣赴賜坐。昉嘗獻詩曰：‘微臣自愧頭如雪，也向鈞天侍玉皇。’昉詩務淺切，效白樂天體。晚年與參政李公至爲唱和友，而李公詩格亦相類。今世傳《二李唱和集》是也。”①一者爲《宋史·藝文志》録“二李唱和詩”。此後即全無蹤跡。然其宋本東傳於日，久未爲人知。《經籍訪古志》載有崇蘭館藏“北宋槧本”，並録其“‘玄’‘敬’‘殷’等闕筆，板式雅古，其爲北宋原刊無疑”②。崇蘭館爲京都醫士福井家藏書室，後其出所藏宋本覆刻行世，終使秘笈重光。然宋本後燬於火，則天壤間僅有此和本矣，即此本亦極罕見。光緒間貴陽陳榘爲黎庶昌隨員至日，亦以搜羅漢籍爲務，“得遺書百餘卷，宋元槧本書二百餘卷，古近著述未刊行者五百餘卷”，數量視楊守敬等自難望項背，却亦偶現佳本。如前録之《中説》即其一，此本亦其一也。陳氏跋云：“首尾均有缺葉，何人所刊不可考，然爲北宋槧本，載日本森立之《訪古志》。中國佚此書久矣。光緒己丑春，余於東京書肆收獲，詫爲奇寶，重價購歸，讀其詩，體格並近香山。……今獲是集，亟付良工鋟木，

① ［宋］吴處厚撰，李裕民點校：《青箱雜記》，北京：中華書局，1985年，第3頁。
② ［日］澁江全善、森立之等撰：《經籍訪古志》，杜澤遜、班龍門點校，第247頁。

與北宋本無毫髮異，佚而不佚，讀者當同爲一快也。"①此言"首尾均有缺葉"，未知乃言宋本有缺，抑其所得江户本有缺，據《經籍訪古志》即云宋本"首尾缺逸，體式不可考"，則陳氏所云或指宋本？然另據金程宇所録，日本關西大學圖書館藏另一江户刊本，較陳氏覆刊者尤全，如其末有"鄉貢進士毛蔚"字樣，當即此書宋代刻工之名。羅振玉《雪堂校刊群書叙録》云："《二李唱和集》中土久佚。貴陽陳氏始於日本得古本影寫付梓，首尾殘缺，存者自第五葉起至第二十五葉，中間復缺第十三一葉，繕刻至精。雕板後歸德清傅氏，復由傅氏歸於予，曩頗以殘缺不完爲憾。乃去歲游日本京都，忽於富岡氏桃華庵中見所藏彼邦影宋舊槧本，與陳刻款式悉同，而殘缺處則異。富岡氏本首尾俱完，但缺第九、第十三、第二十五三葉。陳本缺首尾，而第九、第二十五兩葉尚存，會合兩本共得三十葉，僅脱第十三一紙耳。爲之驚喜，亟影寫以歸，授梓人補刊焉。"②則羅氏所見富岡氏舊藏之本尤全，羅氏將其刻入《宸翰樓叢書》。

【影印・整理】

金程宇《和刻本中國古逸書叢刊》。

【公藏】

中國：無。
日本：關大。

中興禪林風月集三卷

【叙録】

《中興禪林風月集》三卷，宋孔汝霖編集，蕭澥校正。日本寬永十七年(1640)敦賀屋九兵衛刊本。大本二册。正文四周雙邊，黑口，雙對花魚尾，無界行，半葉八行，行十六字。末有"寬永十七庚辰歲小春中旬四條坊門通敦賀屋久兵衛梓刊"牌記。

---

① 祝尚書：《宋人總集叙録》，北京：中華書局，2019年，第6頁。
② 羅振玉：《雪堂校刊群書叙録》，《羅振玉學術論著集》第九集，第356—357頁。

【考證】

此書爲宋末禪僧詩集，中土久佚。日本存有多種抄本，亦有刊本，然存世其罕。亦有日人之注本流傳。許紅霞於此有深入研究與細緻整理①，可參看。

【影印・整理】

朱剛、陳珏《宋代禪僧詩輯考》，復旦大學出版社 2012 年版。

許紅霞《珍本宋集五種》，北京大學出版社 2013 年版。

【公藏】

中國：無。

日本：山梨縣圖。

一帆風一卷

【叙録】

《一帆風》一卷，宋釋虚堂等撰，日本寬文四年（1664）刊本。前有"咸淳三年冬苕谿慧明題"《一帆風序》。正文四周單邊，白口，無魚尾，無界行，半葉九行，行十八字。卷末有"寬文四年歲次甲辰孟秋吉旦黄檗後學一即非合十題"之《一帆風跋》，次爲"輪峰道白敬識"之識語。

【考證】

日僧南浦紹明入宋多年後，於咸淳三年（1267）歸國，虚堂智愚等四十四人送别之時多有贈詩。南浦紹明將其携歸後，傳至寬文年間，日僧輪峰道白蒐集到贈詩墨跡②，並輯刻行世，即爲此書。然此書有初刻及補刊兩種：初刊本輪峰道白識語云："偶獲完軸於神京古刹，凡四十有三章，首于惟俊，尾于可權。"至增補本則將"四十有三章"挖改爲"六十有七章"，將"尾于可權"挖改爲"尾于修善"。其詩國内均未存，七百餘載前，中土文人以

① 許紅霞：《珍本宋集五種——日藏宋僧詩文集整理研究》，北京：北京大學出版社，2013 年。

② 相關墨蹟日本學者也續有發現，可參〔日〕衣若賢次：《南宋送别詩集〈一帆風〉成書考》，金程宇譯，《域外漢籍研究集刊》第 11 輯，北京：中華書局，2015 年，第 254—266 頁。

詩爲日僧送行,與僧共歸故鄉者不僅有“一船明月一帆風”(韋莊《送日本國僧敬龍歸》詩有“此去與師誰共到,一船明月一帆風”之句,此書名當從此得),尚有友朋之詩相隨;七百年後,此慰藉海中漂流釋子之詩作又隨和刻本而回歸禹域,亦爲中日文化交流之佳話。

【影印・整理】

金程宇《和刻本中國古逸書叢刊》。

【公藏】

中國:無。

日本:東大史料編纂所、祐德稻荷神社中川文庫(以上初刻本),關大、國文研、阪大圖(以上增補本)。

今體宋詩選四卷

【叙録】

《今體宋詩選》四卷,清人陸式玉選,日本文化三年(1806)玉山堂山城屋佐兵衛等刊本。小本二册。扉頁書名右署“五山先生校”,左署“江户書肆玉山堂”。前有北山山本信有“文化丙寅正月”作《宋詩選序》。卷端署“丹陽陸式玉琪音選輯,男雲錦彤川校,同邑荆玉陛天階參訂”。正文左右文武邊,黑口,無魚尾,有界行,半葉八行,行十六字,有少量返送。末署“文化三年丙寅正月”,“大阪書肆泉本八兵衛,江户書肆西村源六、山城屋佐兵衛”。

【考證】

此書國内無存,偶有著作提及,亦均爲和本。據書前山本氏序云“清丹陽陸式玉輯編《玉琴集》,特擇類於唐之真者”,知此書當源自《玉琴集》,然陸氏所輯《玉琴集》國内亦無傳本,非僅如此,此書國内文獻亦全無載録①,幸日本公文書館藏乾隆二十三年(1758)雙香書屋刊《今體詩玉琴集纂注》四十六卷,可知其大略。另,據《續修四庫全書總目提要(稿本)》亦録《玉

① 似僅章鈺等編,武作成補編:《清史稿藝文志及補編》有著録(北京:中華書局,1982 年,第 668 頁)。

琴集纂注》,署“乾隆己卯丹陽陸氏雙香書屋刻本”,云:“此則其所選歷代近體詩也。時乾隆初葉,功令方以排律取士,一時海内學子,群以明人試帖爲宗,轉相研習,流爲風尚。式玉深懼其沿波忘源,習非成是,因爲重選歷代近體之詩,以爲楷式。……始自唐初,迄於昭代,録詩萬餘首,爲卷四十有六。計卷一之五爲國朝試律……次則以時代爲序,卷十一之十二爲唐試律……卷二十一爲宋五言律,卷二十二之二十三爲宋七言律,卷二十四爲宋五言絶句、七言絶句、六言絶句……其所以別律絶排律於試體者,乃藉以區分詩體也,至其選例試律,則貴體製嚴整、屬對工切,律詩則貴神味淵永、興寄遥深,以無失乎温柔敦厚之旨者爲主。至於詩之體裁不一,風格不同者,要以擷其菁英,汰其繁蕪爲歸,並於每詩之下各爲注釋,以便士子之用,信至善也。按乾隆之時,文教大興,士子臨文,務趨帖括,時海内選試詩而爲楷式者,迨毋慮數十百家,惜不失於繁,即失之隘,或去取罣漏,或注釋俚俗,求一善本如《玉琴集》者,迨不多覯。宜乎儲掌文、虞鳴球、儲群等咸稱是書爲善籍也。”①據之可知,《玉琴集》乃陸式玉所選近體詩選,且有陸氏所作之注,故此《今體宋詩選》實即據《玉琴集》卷二十一至二十四翻刻,並刪陸氏之注。然此《玉琴集》世間所存或僅公文書館之孤本,故此截取翻刻之《宋詩選》亦足珍貴。然即此和本國内亦無存,日本所存亦不多。

此書編者陸式玉遍檢未得其詳,據此書所署,知其字琪音;再據前引《續修四庫全書總目提要(稿本)》所言“式玉别有《琪音詩鈔》,已著録,事跡並已詳前”,知其當有《琪音詩鈔》一書,然已不可見,此云“已著録”,然其書並未著録,則所謂“事跡並已詳前”亦無著落。另據和本題署,其子名陸雲錦,清有畫家同名者,時代亦相合,然爲太仓人,字亦不同,或非一人。參訂之荆玉陛,僅於《清人室名别稱字号索引》中知其號若溪②,他亦無所知。

【影印・整理】

〔日〕長澤規矩也《和刻本漢詩集成・總集篇》第四輯。

【公藏】

中國:無。

---

① 中國科學院圖書館整理:《續修四庫全書總目提要(稿本)》,濟南:齊魯書社,1996 年,第 28 册,第 51—52 頁。

② 楊廷福、楊同甫編:《清人室名别稱字号索引》(增補本),上海:上海古籍出版社,2001 年,上册第 1085 頁。

日本：東北大、國會、九大六本松、飯田市立中央、阪大總、三康、慶應。

中州集十卷

【叙録】

《中州集》十卷，金元好問編，日本五山板。大本二册。前有元好問引。目録前署"乙卯新刊中州集總目"。卷端署"中州甲集第一"。正文左右文武邊，粗黑口，雙順魚尾，有界行，半葉十五行，行二十八字。末有"明年四月望日頤齋張德輝耀卿書"跋。

【考證】

《中州集》代有傳本，即元刊之本，國内亦存二部，雖均有殘缺①，畢竟有所承傳。然此和本仍有其價值。楊守敬《日本訪書志》載云："據張德輝序，此爲《中州集》之初刊本。小字密行，字體有北宋遺意。汲古刊本雖佳，然非其原式也。"②尤要者傳世元刊本均"脱張德輝序"，唯此本存之（楊氏全文迻録於《日本訪書志》中）。傅增湘曾存"元刊至大三年平水曹氏進德齋遞修本"，當即今國圖所藏存卷三至卷六之本，其"鈐徐乾學印，即豪奪自毛扆者也。此即莫氏著録之本，余得之繆荃孫，原缺樂府一卷，以日本五山翻刊本配補"，此五山本可配元刊，足見其價值。然尚不止此，傅氏又云："檢余藏曹氏進德齋遞修本，其卷首序、總目前書名所冠'鼓吹翰苑英華''翰苑英華'等字字形微異，行氣亦不連貫，顯係書經修版時改易所致，原名當作'乙卯新刊'。"③則其與楊守敬同，皆以此五山本之底本當元本初刊也。又，傅氏所藏五山本即得自楊氏者，據《鄰蘇園藏書目録》録"中州集六本"，下注云"癸丑腊月賣於傅沅叔 80 元"④，然今未知藏所。

【影印・整理】

《日本五山版漢籍善本集刊》影印本。

---

① 《中國古籍總目・集部》，第 3018 頁。
② ［清］楊守敬撰，張雷校點：《日本訪書志》，第 215 頁。
③ ［清］莫友芝撰，傅增湘訂補：《藏園訂補郘亭知見傳本書目》，第 1540 頁。
④ 《鄰蘇園藏書目録》，第 11 頁。

【公藏】

中國：無。
日本：國會、公文書館、蓬左文庫、天理、東洋文庫（殘存《中州樂府》）。

皇元風雅前集六卷、後集六卷

【叙録】

《皇元風雅》前集六卷、後集六卷，元傅習輯，孫存吾編，日本五山本。大本二册。前集前有"至元二年歲在丙子八月辛巳邵庵道人虞集伯生題辭"之序，卷端署"盱江梅谷傅習説卿采集，儒學學正孫存吾如山編類，奎章學士虞集伯生校選"；後集前有"至元二年丙子三月晦日盱江南窗謝升孫子順父序"，卷端所署較前集少傅習氏一行。正文左右文武邊，黑口，雙順魚尾，有界行，半葉十三行，行二十一字。後有萬治二年（1659）刊本及元禄間後印本，文本與五山本同，唯行款、版式有更動，四周文武邊，無界行，半葉十一行（偶有葉末餘半行詩句時增一行者），行五言詩四句或七言詩三句。

【考證】

此書《中國古籍總目》著録有元刻本存世，然僅國圖存前集六卷一種，後集六卷一種[①]。此二種細核之，實當爲一種，然國圖著録時均分爲二書，後入《中華再造善本》叢書中，亦以二殘本入列。或因此書後集總目末有"李氏建安書堂"刊記，故可徑斷此後集之版本，而前集反無之，故於前集反無可證者。然細查二集，前集總目之後恰排至最末一行，全無餘裕；後集總目末尚餘八行空間，刊記占其五行。故書坊將刊記移至後集，似亦理之常也。且此後集前有謝升孫至元二年（1265）三月之序，而前集虞集序反署至元二年八月，故後人多疑此書爲書坊之僞托，然即此亦可知其前、後二集之刊行並非一前一後，或在同時也，故以後集之刊記充全書之刊記，是亦可通。此外，國圖尚存一"古杭勤德書堂"刻本（國圖未標其出版信息），與此李氏建安書堂本幾全同，後集總目末之牌記云："本堂今求名公詩篇，隨得即刊，難以人品齡爵爲序。四方吟壇多友，幸勿責其錯綜之編。倘有佳

① 《中國古籍總目·集部》，第3020頁。

章,毋惜附示,庶無滄海遺珠之歎云。古杭勤德書堂謹咨。"與李氏建安書堂亦僅所屬書坊名六字不同。故一般以此爲對前書之挖改。葉德輝則云其乃爲"洪武戊午(十一年),刻《皇元風雅前集》六卷、《後集》六卷,見楊《譜》、繆《續記》(誤作元刻)"。① 此論亦爲學界所認可。實或誤。以此勤德堂本《皇元風雅》全未見"洪武"字樣,其注繆氏爲"誤作元刻",據"楊《譜》"斷爲明刊,然檢楊氏《留真譜》,亦未見洪武字樣②。葉氏之所以言之鑿鑿以此爲洪武十一年(1378)本,實將楊守敬《日本訪書志》所載《算書五種》之刊記誤記爲此書也,楊氏載其書"後有'洪武戊午冬至勤德書堂新刊'木記"③,"目録後有'古杭余氏勤德書堂刊行'木記",葉氏載此"古杭勤德書堂"亦録"《算書五種》七卷,見楊《志》"。學界均以此勤德書堂爲翻刻李氏建安書堂者,似亦未能遽斷。此勤德書堂爲余氏所開,刊書甚多,如至正元年(1341)劉《新刊類編歷舉三場文選》,至正四年(1344)刻《禮部韻略》(《留真譜》曾刊其書影④),另有《春秋後傳》《十八史略》等;然此李氏建安書堂則僅有此書(查全國古籍普查目,又有洪武三十年(1397)刊明人張美和《元史節要》者)⑤。故雖未能定其爲翻刻者,然二者先後尚可存疑。細檢二本,似亦有證。二本後集總目之末條均爲《十臺懷古》,然建安書堂本於此之後又有一行云"楊烈(字子承,太原人,福建閩海道肅政廉訪司經歷",此語全無著落,因全書末之《十臺懷古》及《秋懷》《和黄晋卿客杭見寄》三首(蔣易《皇元風雅》及顧嗣立《元詩選》均僅收此組詩之前二首)均爲吴師道之作,與此楊烈全無關係,然亦可知李氏建安書堂或已采楊氏作品,故於目録中增此一行,然正文則仍未增刊;勤德書堂本無此條。參前引識語"本堂今求名公詩篇,隨得即刊"之説,則此條當即建安書堂本晚於勤德書堂本之證也。

然國圖所存勤德書堂本實即五山本,其書有"董康秘笈之印""董氏誦芬室校定""曾在董氏誦芬室中"等印,檢《書舶庸譚》載其"晚接田中信,爲物色此間古刻二種。一爲《皇元風雅》前後集各六卷,五山覆元本",其於版式、行款有詳盡記録,與此書全同;尤要者,其云"每册有'艮岳院'(長方朱文楷書)、'有不爲齋'(正方朱文篆書)諸記",前印雖未見(其爲日本京都東福寺艮岳院之藏書印),然首册虞序首葉邊框之右即有"有不爲齋"

① [清]葉德輝著,漆永詳點校:《書林清話(外二種)》,第172—173頁。
② [清]楊守敬編:《留真譜》,第927—928頁。
③ [清]楊守敬撰,張雷校點:《日本訪書志》,第120頁。
④ [清]楊守敬編:《留真譜》,第306頁。
⑤ [清]葉德輝著,漆永詳點校:《書林清話(外二種)》,第147頁。

印。按:此印爲明治時京都儒學者伊藤介夫之印,則此書原伊藤氏舊藏。董氏於此五山本評價極高,云其"槧刻樸雅,視至正原刻有青勝於藍之概,明槧更無論矣",並稱其"希覯之品,即時函囑諧價"①,知此必爲董氏購歸者。據上可知,勤德書堂原本或世已無存,欲知其本原本,惟從五山本臨想仿佛。

然此五山本究從何來,則尚需討論。日本京都大學附屬圖書館所藏五山本標"據高麗覆元刊本刊(五山板)"。傅增湘亦曾録"朝鮮翻元本……目後有古杭勤德書堂刊書識語。已印入四部叢刊"②。檢《四部叢刊》初編所收,確與此本高度相似。然此推論或亦有誤。細察《四部叢刊》本所收,前集卷一葉九版框右下之外側,有"伯壽"二字,葉十、十一、十二版框左下之外側,有"陳伯壽"字樣,則知其書爲旅日刻工陳伯壽所刊無疑。則此所謂朝鮮本,或爲藏家誤以五山本爲朝鮮本,或朝鮮本反據五山本翻刻者。據此檢日本所存此書,又知五山本亦有不同,如公文書館藏本即無上述刊工之名,或爲後印時所剜改。

另,前及京都大學藏本實不全,後集僅殘存前三卷,《域外漢籍珍本文庫・日本五山版漢籍善本集刊》仍據之影印,並徑標其爲"前集六卷後集三卷",似未知《皇元風雅》版本雖多,分卷亦頗參差,然並無前集六卷後集三卷之本。其叙録云"前集六卷,後集三卷,始於劉静修(因),終於葉天趣,凡二百八十餘人"③,此處亦將原本與殘本之信息混爲一談,其十二卷原書共録二百八十人,然此殘本終於葉天趣,則恰爲卷三之末(據目録卷三之末爲葉千林、林仁山,而正文則葉千林、葉天趣),此後尚有三卷近九十人,亦即此殘本初僅不滿二百人也。

【影印・整理】

〔日〕長澤規矩也《和刻本漢詩集成・總集篇》第五輯(江户刊本)。

《日本五山版漢籍善本集刊》影印本。

【公藏】

中國:國圖(五山本)。

日本:公文書館、京大附圖、静嘉堂文庫、宫内廳書陵部(以上五山

---

① 董康著,朱慧整理:《書舶庸談》,第106—107頁。

② [清]莫友芝撰,傅增湘訂補,傅熹年整理:《藏園訂補郘亭知見傳本書目》,第1545頁。

③ 孫曉等編著:《域外漢籍珍本總目提要》,第263—264頁。

本)，公文書館、東洋文庫、宮内廳書陵部、前田育德會(以上萬治本)。

澹游集三卷

【敘録】

《澹游集》三卷，元釋來復撰，日本五山版。中本三册。前有"至正甲辰冬十月朔朝列大夫温州路總管管内勸農防禦事天台劉仁本書"《澹游集序》，序末有陰刻"壬戌"字樣。正文左右雙文武邊，上下黑口，雙對魚尾，有界行，半葉十行，行二十字，注小字雙行同。卷末有刊記云"時至德元祼甲子仲秋吉日慶顯"，後又有陰刻"板"字。

【考證】

此書爲釋來復所編交遊唱和集，國内僅國圖存清抄本兩部①，一爲錢天樹藏抄本，一爲瞿氏鐵琴銅劍樓所藏②，後者版心有"海虞瞿氏鐵琴銅劍樓影鈔本"字樣，左下角版框外有"臣瞿啓甲呈進"字樣，則或即瞿氏所鈔。《鐵琴銅劍樓藏書目録》載云："元釋來復編。來復，字見心，豐城人，主四明之定水寺，工詩，與名卿大夫交，集其往來投贈詩篇並寺中碑銘、序記等文。集中所載諸人，多顧俠君《元詩選》所遺。有揭法、劉仁本、楊燧、釋廷俊、至仁序。"③不僅詩作可補中土所無，尤要者，張金吾云："每人下略述仕履，間及其所撰著。如哈剌《玩易齋集》《南游寓興集》、劉仁本《洞庭稿》《亦元集》，朱右《白雲巢集》、楊璲《灌園集》、張克仁《遺安稿》、燕敬《知昨集》等書，《補元史藝文志》俱未載。知顧氏俠君、錢氏竹汀皆未見此書也。"④所言極是，然張氏所見亦爲抄本，故此和刻本爲存世唯一刊本，且以之與兩清抄本相較，行款全同，字體亦似，當同來於元刊本。然二者亦有不同：清抄本前有五序，和本僅存劉仁本一序；和本於中卷吉雅謨一詩後少却二十四葉，兩清抄本皆不闕；下卷末葉兩清抄本均闕，和本則獨存。

---

① 《中國古籍總目·集部》，第 3022 頁。

② 王媛：《元人總集敘録》云"國家圖書館藏一帙，舊爲錢天樹、瞿鏞遞藏之本"，並注索書號爲 A03297(天津：天津古籍出版社，2018 年，第 271 頁)，當誤，此號實錢氏舊藏之本，分裝四册；瞿氏藏本索書號爲 03629，一册。

③ [清]瞿鏞編纂，瞿果行標點，瞿鳳起覆校：《鐵琴銅劍樓藏書目録》，第 680 頁。

④ [清]張金吾撰，馮惠民整理：《愛日精盧藏書志》，第 626 頁。

【影印・整理】

無。

【公藏】

中國:無。
日本:公文書館。

金玉編三卷

【敘録】

《金玉編》三卷,元釋克新編,日本五山板。大本一册。前有“至正昭陽單閼之歲陽月既望翰林學士承旨榮禄大夫知制誥兼修國史河東退叟張翥序”之《金玉編序》,次“至正廿二年歲在壬寅冬十一月既望前紹興路崇報禪寺主持至仁行中序”之《金玉編序》。正文左右文武邊,黑口,雙對魚尾,有界行,半葉十行,行二十字。此後又有江户時長尾平兵衛覆刊五山本。

【考證】

此書爲元釋克新所編其與江浙友人唱和之作,國内已無此書蹤影。此五山版日本存二部,公文書館所存者闕前序,故開篇即第一首詩《至正八年冬十二月初吉鳳山釋廷俊用章、宜春釋志海曼容、番易釋克新仲銘遊白石洞天訪丹丘尊師及暮而還途中聯句以紀清勝》,以致川瀨一馬誤以此爲編者署名,故標爲“元廷俊編”①。兩足院本及江户時翻刻本前有至正十一年(1351)張翥序及至正二十二年(1363)至仁序。據序可知其書大致時代及内容。另據五山版,首頁版心有“周東山刊”字樣,據《古籍宋元刊工姓名索引》載,此人爲“元至正間嘉興地區刊工”,曾刊過至正十四年(1354)嘉興路儒學刊《大戴禮記注》、宋興國軍學刊《春秋經傳集解》及元延祐饒州路刊《文獻通考》與明洪武三年刊《元史》②,則一來確定此書之刊記時間,二來亦可知五山版當徑據元至正本翻刻者;又卷一葉六至葉十、卷三葉七、

① 〔日〕川瀨一馬:《五山版研究》,第466頁。
② 王肇文:《古籍宋元刊工姓名索引》,第272頁。

葉八版心均有"仲"字,川瀨一馬指此當即隨陳孟榮東渡之刻工陳仲(參前所録《千字文注》及《附音增注蒙求》),則亦可大體推定其五山版之翻刻時間或在應安間。

另,江户覆刊本末僅署"二條通二王門町長尾平兵衛開刊",未知刊年。檢長尾平兵衛現存所刊之書,最早者爲寬文三年(1663)之《韻鏡》,最晚者爲元禄三年(1690)之《松原和尚語録》,則此書亦當刻於此三十年間。

【影印・整理】

〔日〕長澤規矩也《和刻本漢詩集成・總集篇》第五輯(江户本)。

金程宇《和刻本中國古逸書叢刊》(江户本)。

【公藏】

中國:無。

日本:公文書館、兩足院(以上五山本),宫内廳書陵部、國會(以上江户本)。

雅頌正音五卷

【叙録】

《雅頌正音》五卷,明劉仔肩編,日本五山板。大本一册。前有"洪武三年十二月十五日國子司業金華宋濂"《雅頌正音序》,次《雅頌正音目録》,目録標題後有劉氏識語一條云"仔肩所采之詩,但得之即録入卷,不敢以爵位、壽年分先後次第者,蓋續有所得,庶幾易增添云。"卷端署"鄱陽劉仔肩撰"。正文四周文武邊,上下黑口,雙順魚尾,有界行,半葉十一行,行二十字。末有"洪武三年冬十二月既望淛河張孟兼"《雅頌正音後序》。

【考證】

此書《四庫全書》收有"江西巡撫采進本",《總目》云:"此本猶洪武時舊刻,歲久刓敝,頗有模糊佚脱之處,無别本可校,今悉姑仍其舊焉。"①可見彼時洪武原本即已罕見。現據《中國古籍總目》著録,國内僅國家圖書

① 魏小虎編撰:《四庫全書總目彙訂》,第6392頁。

館及上海圖書館存明洪武三年(1370)王舉直孤本①,且國圖所存爲《四庫全書》底本,海外則日本静嘉堂文庫收有陸心源十萬卷樓舊藏之本。

按明本末有牌記,中有識語云:"右《雅頌正音》前集五卷,本家已刊梓行世,所有後集今將編類,四方君子或有佳作,毋惜示及,以成盛事,幸甚!金陵王舉直謹白。"故諸家著録爲王舉直刊本。此五山本全依明本翻刻,張孟兼氏手寫體後序亦摹刻惟肖,惟未刻此牌記。

【影印・整理】

無。

【公藏】

中國:無。

日本:公文書館、尊經閣、内藤虎次郎。

昭代選屑三十卷

【叙録】

《昭代選屑》三十卷,明人李本緯所編,日本文政三年(1820)官板。大本七册。前有"槜李陶朗先譔""濟南王象春撰"《昭代選屑序》及編者序,次《昭代選屑凡例》十二條,目録以禮、樂、射、御、書、數分册。卷端署"都門李本緯君章父纂輯,上谷王家賓國重父編次,臨汀黄槐開子虚父補訂,廬陵趙善鳴孟龢父校正"。正文四周文武邊,白口,單魚尾,有界行,半葉十行,行二十字,小字雙行同。末署"文政三年刊"。

【考證】

此書國内僅吉林大學圖書館存明刻孤本②,另,日本公文書館亦存一明刊本。將和本與明本相較,其前之序唯將手寫體改爲匠體,卷端題署亦同,當即據此明本翻刻,唯正文因節省版本之故連排。故當明本存世較罕時,此日本官板本頗可視爲明本之化身。

---

① 《中國古籍總目・集部》,第3026頁。

② 《中國古籍善本書目・集部》,第1715頁;《中國古籍總目・集部》,第3031頁。

【影印・整理】

無。

【公藏】

中國:北京、清華、天津、湖北。

日本:所存甚多,不備録。

明詩選二卷

【叙録】

《明詩選》二卷,明李贄輯,日本延寶六年(1678)柳枝軒刊本。中本二册。扉頁書名右署"卓吾李先生述",左署"日東書林柳枝軒藏"。前有"書於丹陰山齋"序,次"延寶六年冬十一月朔旦江東柳順剛書"之《明詩選叙》。卷端署"李卓吾輯"。正文四周文武邊,白口,雙對魚尾,無界行,半葉十行,行十八字。

【考證】

此書國内無著録,自爲明末書坊僞托李卓吾之作①,其前之序未署作者,臆其意,似即托李贄之口吻作之也。雖爲僞書,然原書亦已不存,則此和本亦令此本不致湮没也。侯榮川編《日本所藏稀見明人詩文總集彙刊》(第二輯)選總集十四種,僅此及下條之《續皇明詩選》爲和刻本,亦可見其之不可替代。

【影印・整理】

〔日〕長澤規矩也《和刻本漢詩集成・總集篇》第五輯。

侯榮川編《日本所藏稀見明人詩文總集彙刊》(第二輯),廣西師範大學出版社2022年影印本。

---

① 有學者撰文論此書之僞(韓東:《韓國藏日刻本李贄〈明詩選〉辨僞》,《民族文學研究》,2017年第3期),然所論均頗膚泛,不具引。

【公藏】

中國：首都。

日本：廣島大、新潟大、關大、東大總、國會、神户市立中央、東京都立中央、前田育德會、公文書館。

續皇明詩選二卷

【叙録】

《續皇明詩選》二卷，明李贄編，日本正德五年（1715）大阪伏見屋藤次郎刊本。中本二册。扉頁中題書名，右署"卓吾李先生選定"，左署"太清康熙餘杭書林青藜閣原刻，皇和正德平安書林錦山堂重梓"，次"卓吾李先生書院之圖"一幀。前有"天廬處士白東奎識"之《李贄事略》。正文四周文武邊，白口，無魚尾，無界行，半葉十行，行二十字。末署"正德乙未歲夷則，京堀川伏見屋藤右衛門、太阪高麗橋伏見屋藤次郎"。

【考證】

此書國内未見，《李贄年譜》載此書①，然亦僅録日本正德刻本。此書爲正德五年伏見屋藤次郎刊行，而前之《明詩選》亦有正德五年本，或其於刊此書時亦同時並刊前書。故前田育德會、公文書館等將此二書並録。此書前附之圖頗有明刻風味，然扉頁又署"太清康熙餘杭書林青藜閣"，則其底本當爲康熙時所刊。

【影印・整理】

〔日〕長澤規矩也《和刻本漢詩集成・總集篇》第五輯。

侯榮川編《日本所藏稀見明人詩文總集彙刊》（第二輯），廣西師範大學出版社 2022 年影印本。

【公藏】

中國：首都。

日本：東大總、新潟大、京大文、國會、新發田市立、山口大、龍野歷史文

---

① 林海泉：《李贄年譜考略》，第 492 頁。

化資料館、堺市立中央、東北大、關大。

四先生文範四卷

【叙録】

《明四先生文範》四卷，明焦竑編，日本元文二年(1737)年富士屋彌三右衛門刊前二册，寛保元年(1741)谷村豐左衛門刊後二册。大本四册。前有"萬曆辛卯仲冬下浣日"弱侯父焦竑撰《四先生文範序》，次爲"元文戊午仲春熊耳山人餘承裕"《題尾》。正文左右雙邊，白口，單魚尾，有界行，半葉十行，行二十字。第二册末署"元文二年丁巳正月穀旦，書林富士屋彌三右衛門、大和屋孫兵衛發行"。

【考證】

此書國内未見。沙嘉孫編《山東文獻書目續編》録《四先生文範》一書，然僅著此和刻本[①]，可知已難覓原明刊之本。李劍雄整理焦氏《澹园集》時，亦據此和本收録焦氏之序[②]。陳廣宏、侯榮川編《日本所藏稀見明人詩文總集彙刊》(第一輯)收總集十八種，唯此一種爲和刻本，可見其意義(另有一種朝鮮刻本)。

【影印・整理】

〔日〕長澤規矩也《和刻本漢籍文集》第十五輯。

陳廣宏、侯榮川編《日本所藏稀見明人詩文總集彙刊》(第一輯)，廣西師範大學出版社2019年影印本。

【公藏】

中國：首都、華東師大。

日本：静嘉堂文庫、公文書館、東北大、京大附圖、神户市立中央、國會、關大、京大文、阪大總。

---

① 沙嘉孫編：《山東文獻書目續編》，濟南：齊魯書社，2017年，第308頁。

② ［明］焦竑撰，李劍雄點校：《澹園集》，北京：中華書局，1999年，第1208—1209頁。

明詩正聲十八卷

【叙録】

《明詩正聲》十八卷，明穆光胤編，日本享保十一年(1726)京都奎文館瀨尾源兵衛刊本。大本四册。前有"萬曆癸丑中秋日漆園後學穆光胤撰"《明詩正聲叙》，次"萬曆丙辰秋賜進士第徵仕郎户科綴帶中奉敕巡青會稽商周祚撰"《明詩正聲序》，次"明詩人姓氏爵里"。卷端署"漆園穆光胤仲裕删訂，澶淵陳素蘊仲獻校刊"。正文四周單邊，花口，單黑魚尾，版心下標"奎文館藏"，無界行，半葉十行，行二十字。後有"皇和享保丙午春盡日京華瀨尾維賢題於用拙齋中"之跋，跋後爲版權頁，署"享保十一年丙午月日，京兆書坊奎文館瀨尾源兵衛發行"。末會稽商周稷題《明詩正聲跋》。

【考證】

此書《中國詩學大辭典》中即僅録此和本①，知國内或已難覓。然日本前田育德會及公文書館均藏有明萬曆本，後者稱之爲萬曆四十四年(1616)本。《中國古籍總目》録此書，亦爲萬曆間陳素蘊刻本，國圖尚存一帙②；《中國古籍善本書目》又録濟南圖書館與福建師大圖書館兩種，前者不全。又據《中國古籍善本總目》録，此本行款爲八行十八字，與和本不同，或和本據以翻刻時有所改動。

書前商周祚《明詩正聲序》言："魏郡陳公際陽來佐吾越，政成民和……因出《明詩正聲》一編授余，曰：'此友人穆生所定也。'……自是編出而余望滿矣，敢不以是爲陳公績！"按，陳素蘊萬曆三十九年至四十一年間(1611—1613)於紹興知府任上，即所謂"來佐吾越"者，是書或許刻於其紹興任上。編者穆光胤之父穆文熙有《批點明詩七言律》十二卷，萬曆九年(1581)刻本，録二百三十人，詩一千四百一十五首；此書所録"自洪永至隆萬共得一百二十人"，詩一千一百六十二首。則其間或亦有承傳之淵源。

【影印・整理】

〔日〕長澤規矩也《和刻本漢詩集成・總集篇》第六輯。

---

① 傅璇琮、許逸民等主編：《中國詩學大辭典》，第773頁。

② 《中國古籍總目・集部》，第3025頁。

【公藏】

中國:北大、遼寧、大連。

日本:前田育德會、静嘉堂文庫、九大、公文書館、佐野市立鄉土博物館、市立米澤、神户市立中央、實踐女子、關大、佐賀縣圖、龍野歷史文化資料館。

皇明千家詩四卷

【敘録】

《新鎸注釋出像皇明千家詩》四卷,明汪萬頃集注,日本瀧川昌樂句讀,貞享二年(1685)洛陽青堂淺野久兵衛刊本。大本二册。扉頁大字雙行題"鎸出像注釋皇明千家詩",中間小字標"萃慶堂刊"。前有"貞享二曆季春穀旦洛汭尺五堂門下後學瀧川昨非庵昌樂拜書"之《皇明千家詩序》,次明人吴道南《皇明千家詩引》。卷端署"雲林汪萬頃徹可父選注,南雍周文卿以忠父校梓"。正文四周單邊,白口,單魚尾,版心署"皇明注釋千家詩",無界行,半葉九行,行二十字。末有"貞享二乙巳年仲夏吉日,洛陽青堂淺野久兵衛重惟開板"。

【考證】

此書之明刊本據《中國古籍總目》知,有周文卿刻本孤存南圖①,另據沈津《美國哈佛大學哈佛燕京圖書館中文善本書志》知哈佛大學圖書館亦藏一部,然惜哈佛所藏者殘存其前半②,故此以明本爲底本翻刻者甚爲珍貴。然其意義尚不止此,雖比較和本與明本,其行款、版式相同,字體亦近,知和本確當覆刻自明本者,然細查之,哈佛藏本扉頁題名中之小字標云"光霽堂刊",此則爲"萃慶堂",二者並不相同。萃慶堂爲萬曆間建陽刻書家余彰德(泗泉)之書坊,而光霽堂則爲萬曆間大梁人周光煒之書肆③。二書如此相近,必有翻刊關係,然則何者爲先?據《福建歷代刻書家考略》載,余氏萃慶堂最早刻書之記録爲萬曆十三年(1585)鄧志謨《鍥旁訓古事鏡》

---

① 《中國古籍總目·集部》,第3032頁。

② 沈津:《美國哈佛大學哈佛燕京圖書館中文善本書志》,第585頁。

③ 瞿冕良編著:《中國古籍版刻辭典》,第133、518頁。

十二卷[1],《中國古籍版刻辭典》載其所刊之書超過五十種,的爲明代刻書之大家。而周氏光霽堂所刻之書却較少,僅吴敬所《新刻京臺公餘勝覽國色天香》、袁宏道《梨雲館類定袁中郎全集》寥寥數種。其時代與余氏亦相近。似當以余氏先刻爲是。然此非僅可據刻書者名氣大小、刻書多少可定者。校訂此書之周文卿實爲周文煒族人,則其校訂之後,付其族人剞劂以傳或最爲合理。故此書尚當以周氏光霽堂先刻爲是,而後余氏覆刻之。雖然如此,余氏萃慶堂本世間似已無存,則此和本非但益前二本而三,且又可知曾有萃慶堂之本也。

【影印・整理】

〔日〕長澤規矩也《和刻本漢詩集成・總集篇》第六輯。

金程宇《和刻本中國古逸書叢刊》。

【公藏】

中國:北大、大連。

日本:静嘉堂文庫、東北大、山口大、前田育德会、公文書館、神户市立中央、京大人文研東方、東洋文庫、島根縣圖。

陳眉公考正國朝七子詩集七卷

【叙録】

《陳眉公考正國朝七子詩集》七卷,日本元禄二年(1689)刊本。大本二册。前有陳繼儒《七才子詩集序》,卷端署"新刊陳眉公考正國朝七子詩集注解卷之一","雲間眉公陳繼儒句解,嶺南三水李士安補注"。正文四周單邊,白口,單魚尾,版心標"七才詩集",無界行,半葉十行,行二十二字,注小字雙行同,有返送。正文之末有"延享四歲丁卯春三月日再刻,皇都書林山岡四郎兵衛、井上忠兵衛、梅村三郎兵衛壽梓"。後有"元禄己巳仲春壬申宇遯庵的跋"。此書後又有延享四年(1747)重刻本。

【考證】

此書國内所存多爲李廷機考正本(已入《中華再造善本》),而此陳氏

---

① 方彦壽:《福建歷代刻書家考略》,第353頁。

本國内僅北大存一種[①]。或其可爲日本詩壇瞭解明人詩風之用,故其於日本翻刻較多。先爲元禄本,然存世極少,後之延享本存世較多。另,此書於日本尚另有一刻,即元文二年(1737)松下辰校本《七才子詩》,其删去注解,並删去編選者名,然實即此書。其序云:"此集也,世多有,亦未審何人所選,原本數刊,首簡相誇,書同人异,亦皆假托知名之士,無取也。"其所云亦爲的論,即此名陳眉公句解,必爲明末書肆僞托;然此松下辰妄删原本標識,似亦"無取也"。

【影印・整理】

〔日〕長澤規矩也《和刻本漢詩集成・總集篇》第七輯。

【公藏】

中國:南京、復旦、華東師大、遼寧、大連、陝西。

日本:所存較多,不備録。

四家宫詞四卷

【敘録】

《四家宫詞》四卷,明張學禮編,日本元文六年(1741)京都錢屋三郎兵衛刊本。大本一册。

【考證】

此書國内無著録。雖以"四家宫詞"爲名之書頗有之,然或乃楊慎評、朱萬選者,或爲黄魯曾編者,或爲林志尹輯者,又有清人陳煌永選者,均無張氏所編。此張氏爲明人,《本朝分省人物考》卷八有"字以立,平鄉人"者[②],當非其人,基人當爲江都人字誠甫者,曾與胡文焕同編《離騷直言》《古詩直音》《古詩粹選》,又與徐守銘同編《元白長慶集》,又曾編《考古正文印藪》一書[③],據此書之《自序》《後言》亦可鉤稽其人生平[④]。此和本長

---

① 《中國古籍總目・集部》,第3028頁;《中國古籍善本書目・集部》,第1706頁。
② [明]過庭訓:《本朝分省人物考》,《續修四庫全書》第533册,第197頁。
③ 韓天衡主編:《中國篆刻大辭典》,上海:上海辭書出版社,2003年,第83頁。
④ 郁重今編纂:《歷代印譜序跋彙編》,杭州:西泠印社出版社,2008年,第45—46頁。

澤載元文刊本小四册,又有兩次後印本各爲一册,然留存亦尠。

【影印・整理】

無。

【公藏】

中國:無。
日本:宫内廳書陵部、京大附圖、山梨縣圖。

轅門十詠二卷

【敘録】

《轅門十詠》二卷,明朱成等撰,日本享保五年(1720)兒玉勘兵十郎刊本。大本一册。前有"時永樂上章困敦之歲重九後二日,監察御史福唐林衡書於臺江之楊靈閣"《轅門十詠序》,次"奉訓大夫右春坊右諭德兼翰林院侍讀郡人林誌書"《揚靈閣十詠唱和集後題》。正文四周單邊,黑口,雙對黑魚尾,無界行,半葉七行,行十三字,有返送。附《臺江宴集分韻詩十有五首》,後有"正統五年歲次庚申十一月既望同安老牧新安朱徽執筆"之跋。末署"享保五庚子歲仲秋日兒玉勘十郎版行"。

【考證】

黄虞稷《千頃堂書目》曾著録云:"《轅門十詠》二卷:永樂中福州中衛百户朱克誠與羅泰、谷宣、林坦、秦善、王溥、朱珙、鄧善、鄧廣、余旭倡和集。"①整理本於"鄧廣"處校云"别本鄧作郭",據和本可知,非但"鄧"字誤,即"廣"亦誤,其人名郭廙。福建圖書館藏有"明崇禎間安國賢刻本"二卷②,是爲孤本,或即《千頃堂書目》所録之本。曹學佺《石倉歷代詩選・明詩》卷八十亦收,其序云"兹《轅門十詠》者,克誠首倡,而同時屬和凡九人,曰羅泰、曰谷宏、曰林坦、曰秦善、曰李溥、曰朱珙、曰鄧善、曰郭廙、曰余旭",亦爲十人,且與《千頃堂書目》所録全同,而安國賢、曹學佺、黄虞稷時代均相近,則三者或有淵源。

---

① [清]黄虞稷撰,瞿鳳起、潘景鄭整理:《千頃堂書目》,第771頁。
② 《中國古籍總目・集部》,第3028—3029頁。

然此和本則另有淵源。其前林衡序云:"永樂庚子秋九月庚辰,昭信校尉福州中衛百户朱侯克誠會集閩之文士,則有若羅均宗讓、仲宏、秦均思舜、林均惟道、葛均明叔,城南十里之龍臺則有李友淵、朱宗玨、鄧楚珍、郭敬夫、余公旦,暨予凡十有五人,於臺江之揚靈閣,因元人舊題曰水、曰塵、曰霜花、曰霞綺、曰白雁、飛燕、困蝶、梅魂、無弦琴、遊思絲,倡爲十詠,諸均咸和,唱酬既備……復以唐人'江山留勝跡,我輩復登臨'之句爲韻,賦臺江宴集人一首,拜前總若干什,盃盂之間,即編次成録。"既可知其倡和之緣起,亦可知倡和者計十五人,和本即録十五人之作,較前書多萬白、林誌、劉瓊、劉瑞、葛誠五人,又附以"江山留勝跡,我輩復登臨"及"水落魚梁淺"十五字爲韻之詩各一首。即此當亦可知和本之底本來源尤早。

再細校二書,則其不同尚不止此,僅前舉十人,和本録詩即多於曹本,如曹本録羅泰八首、谷宏五首,和本皆十首全。尤要者,個别相同之詩亦多異文,朱成第一首《水》頷聯即全不同,曹書爲"馮夷銀屋千層迥,漢使星槎一葉輕",和本则爲"遠浮瑶島涵空白,迥接銀河徹底清",另此末句"聖明"二字和本前空一格,當爲原貌。末首《遊絲》一詩(和本均稱爲《遊思絲》)全詩全然不同,曹書詩云"縉煙曳日度江臯,散逐晴風下復高。柳外牵情邀翰墨,花邊縈恨怨離騷。千尋謾憶紉蘭佩,萬縷空懷織錦袍。收得春回桃浪暖,謾言曾許釣鯨鰲",和本則云"縮霧凝煙曳晚風,縱横飛舞任西東。金堤繫柳情無限,玉苑縈花恨不窮。蠶繭乍抽猶可擬,蛛絲未結想應同。幾回欲製爲羅綺,恐誤雲窗織女工",從二詩用字與詩意看,當爲同詩之改稿,且似曹書所收爲改定者。然此書日本刊本亦未之見,僅可據長澤規矩也《和刻本漢詩集成·總集篇》第六輯所收之本觀之。

【影印·整理】

〔日〕長澤規矩也《和刻本漢詩集成·總集篇》第六輯。

【公藏】

中國:無。

日本:無。

明七才女詩集七卷

【叙録】

《明七才女詩集》七卷,明周之標編,日本明和七年(1770)刊本。大本一册。前有"明和庚寅秋岡鳳鳴撰"《女七子詩序》,次"武水盟弟支如增書於清且閣"之《明七才女詩集之叙》,次"明七才女詩集姓氏"。卷端署"長洲周之標君建甫選輯"。正文四周文武邊,白口,單黑魚尾,有界行,半葉八行,行十四字,有返送。版權頁署"明和七庚寅年九月吉旦","京師書林井上忠兵衛、木村莊兵衛、梅村三郎兵衛、梅村源二郎"。

【考證】

此書編選者周之標曾選《女中七才子蘭咳集》一集五卷、二集八卷。其書所存極罕,一集僅國圖、南圖有存,國圖所存者五卷,"無序跋,且殘損較甚"①,收入《中華再造善本》;二集僅上海有藏,然爲清抄本②,日本則公文書館存一全帙。一集選馮小青、王修微、尹紉榮、杜瓊枝、會稽女子、徐安生、佘五孃七人,與此和本全異。二集則選吴片霞、浦湘青、沈宛君、王文如、徐小淑、余其人、陸卿子七人,則與和本同。然細審之,此和本或當由二集簡編而來,因其所選徐小淑九首,沈宛君六首,陸卿子二十七首,浦湘青四十九首,王文如十六首附其二女十一首,余其人二十六首附余席人八首,吴片霞三十二首,計一百八十四首詩,而原刻僅吴片霞一人即選九十三首。然其雖爲選配,以二集國内幾亡,則亦可珍也。惜即此和刻所存亦少。

【影印・整理】

〔日〕長澤規矩也《和刻本漢詩集成・總集篇》第七輯。

【公藏】

中國:無。

日本:公文書館、静嘉堂文庫、早稻田。

---

① 《中華再造善本續編總目提要》,北京:國家圖書館出版社,2017 年,第 498 頁。

② 《中國古籍總目・集部》,第 3208 頁。

清名家文粹三卷

【叙録】

《清名家文粹》三卷，清陸燿編，天保五年（1834）刊本，後弘化四年（1847）與嘉永二年（1849）均有後印本。大本三册。前有"天保五年春正月海野豫撰於平安二條客舍"《翻刻切問齋文鈔序》，次"弘化四年丁未嘉平月浪華小竹散人筱崎弼撰并書"序，次陸氏原序，次陸氏所訂例言。卷端署"吴江陸燿朗甫輯"。正文四周單邊，白口，單黑魚尾，有界行，半葉十二行，行二十五字，注小字雙行同。

【考證】

此書《中國古籍總目》未著録。觀其内容，當由陸氏《切問齋文鈔》中節出者，此據海野豫《序》名曰"翻刻切問齋文鈔序"及筱崎弼序云"界浦古家魯岳氏深惜之，改原名《切問齋文鈔》曰《清朝名家文粹》"即可知，且行款亦與彼全同，然内容僅得三卷，爲原書三十卷十分之一耳。《切問齋文鈔》國内所存極夥①，故此書本不當闌入，然光緒十一年（1885）上海福瀛書局又據此和刻本翻刻行世，則又將此日人所輯之和本變爲中國刻本之底本。且此光緒刻本國内收藏亦較罕見，檢視似僅天津圖書館有藏。故亦變例收入，以作書籍環流之佳例。

【影印・整理】

無。

【公藏】

中國：無。
日本：公文書館、阪大、佐賀縣圖、堺市立中央。

① 《中國古籍總目・集部》，第3069頁。

八、總集通代類

文館詞林殘四卷

【叙録】

《文館詞林》殘四卷，唐許敬宗待輯，日本寬政十二年(1800)天瀑山人林衡《佚存叢書》(第二帙)活字排印本。大本二册。存卷六六二、六六四、六六八、六九五。正文四周單邊，黑口，單魚尾，有界行，半葉十行，行二十字，無返送。末有“庚申歲清明月之八日天瀑識”之《書文館詞林後》。

【考證】

《文館詞林》爲唐高宗敕編之大型詩文總集，有千卷之巨。然編成後深藏秘府，未能以流傳爲保存之法，故漸次佚失。

《事實類苑》卷四三引《楊文公談苑》之《日本僧》條云：“景德三年，予知銀臺通進司，有日本僧入貢，遂召問之。僧不通華言，善書札，命以牘對，云：‘住天台山延歷寺，寺僧三千人，身名寂照……書有史記、漢書、文選、五經、論語、孝經、爾雅、醉鄉日月、御覽、玉篇、蔣魴歌、老列子、神仙傳、朝野僉載、白集、六帖、初學記，本國有國史、秘府略、日本記、文觀詞林、混元録等書，釋氏論及疏抄傳集之類多有，不可悉數。’”①此段記載極有趣味。日僧入貢，楊億身爲翰林學士，與之筆談。日僧細陳其本之制度及文獻，楊氏亦一一載録。然將其中之《文館詞林》誤置於所謂“本國”之典册即日本之書中，且將一字誤書爲“觀”——此字雖非必爲楊氏所誤，因《楊文公談苑》原爲楊氏口述，黄鑒筆録，則或因黄口耳相傳致誤，此書後又經宋庠之整理，加之書又散佚，而《事實類苑》又爲日人活字排印之本，則亦或誤書。然此誤在吾國之可能性尤大，以吾國人素不稔此書之故也。

而此書流入日本甚早，據《日本國見在書目録》，即已載“文館詞林千卷”，當即全本，至朱雀天皇時(931—947)尚存，源順《倭名類聚抄・序》云：“雖一百帙《文館詞林》、三十卷《白氏事類》，而徒備風月之興，難決世

① [宋]江少虞：《宋朝事實類苑》，上海：上海古籍出版社，1981年，第569頁。

俗之疑。”①所謂“一百帙”,或千卷尚全。後即漸次散佚。寬政九年(1797),狩谷望之於京都偶得卷六六八,幕府末,小林辰欲蒐羅上梓,嘉永四年(1851)撰《文館詞林考證》,云存三十卷。《經籍訪古志》亦載録甚詳,云“现存百五十八(首缺)、四百五十二、四百五十三、四百五十九、六百六十二、六百六十四、六百六十八、六百九十一(首缺)、六百九十五、六百九十九,凡十卷”,描述其本特徵:“卷首題‘文館詞林卷第四百五十二碑卅二百官廿二’,次行署‘中書令太子賓客監修國史弘文館學士上柱國高陽郡開國公臣許敬宗等奉敕撰’,次行題‘將軍二’,載目録。界長六寸七分,幅七分,每行字數不整,筆力沉遒。”又卷末有“校書殿寫,弘仁十四年歲次癸卯二月,爲冷然院書”,有“冷然院印”“嵯峨院印”,並考云:“此本依跋文考之,弘仁中奉敕書寫,置之冷然院。冷然院乃儲御書處,貞觀十七年罹灾,秘閣收藏圖籍文書悉爲灰燼。事見《三代實録》。後以‘然’字從火改用‘泉’字,見《拾芥抄》引《天曆御記》。而是書得免灾僅存者,意當時從上皇在嵯峨離宫,故末捺‘冷然’‘嵯峨’二印(二印應稱藏印權輿)。今零卷散在諸處,高野山所藏尤多(現存二十餘卷,一云十六卷),憾未得盡窺之。”所考極精審。其又云:“文化中述齋林君得此書零本,收於《佚存叢書》中。近日孫星衍《續古文苑》、阮元《四庫未收書提要》皆援引之,則已播西土。但其所傳僅四卷,不及其他,是亦可憾耳。”②亦及林氏此書。故較長時間,國人所知,僅林氏所印四卷。

按:此書僅此一鈔本,雖各家印行各有參差,然並無版本之異,故不另立條目,於此稍及之。

楊守敬東瀛訪書,至如敦煌洞開,驚世秘笈,層出不窮。其於《文館詞林》,亦極盡心力,以所搜羅之十四卷刻入《古逸叢書》。其《日本訪書志》有録云:“先是日本文化中林述齋刻《逸(按:當作‘佚’)存叢書》,收《文館詞林》四卷,中土驚爲秘笈。及余東來,見森立之《訪古志》所載,又有溢出此四卷之外者六卷。因據以蹤跡之,則又溢出於《訪古志》之外者九卷。除林氏已刻之四卷及第三百四十八之馬融《廣成頌》,餘十四卷今星使黎公盡以付之梓人。其大字疏行者,係小島尚質從原本摹出;其小字密行者,則傳鈔本也。中間不無奪文壞字,覽者當自得之。阮文達據《唐會要》‘垂拱二年,於《文館詞林》内采其詞涉規誡者,勒成五十卷,賜新羅國王’,因謂‘當時頒賜屬國之本,原非足册’。今考藤原佐世《見在書目》有《文館詞

① 引自孫猛:《日本國見在書目録詳考》,第2029頁。

② 〔日〕澁江全善、森立之等撰:《經籍訪古志》,杜澤遜、班龍門點校,第245—246頁。

林》一千卷。又源順《倭名類聚鈔序》云'《文館詞林》一百袟',則彼國所得,實爲足本。今校其所存各卷,門類繁多,不盡規誡之辭。且第六百六十五卷後有'儀鳳二年書手李神福寫'字様,是更在垂拱以前,其非删節之本無疑。"①其後又附小林辰所訪存世卷次及藏所。

1916年,張鈞衡《適園叢書》第四集刻《文館詞林殘》共二十三卷,所收卷帙較豐,《續修四庫全書》即據此影印。1927年,董康又影印殘卷二十卷,均未出張氏所收。至1969年,日本東京古典研究會影印弘仁本《文館詞林》,共收目前所可訪得之二十七卷。此唐人巨帙,存於天壤間者,或即此數矣。2001年,中華書局出版羅國威《日藏弘仁本文館詞林校證》。

聯珠詩格二十卷(五山本)

【叙録】

《精選唐宋千家聯珠詩格》二十卷,宋于濟、蔡正孫編,日本南北朝刻本。大本五册。前有"歲庚子春三月蒙齋野逸叟蔡正孫粹然書於方寸地"之自序,文末有"蒙齋"之鼎形印及"地"一字方印,次"大德己亥花朝玉淵王淵濟道可敬書於龍湖書堂"之序,次"德酉孟商番易默齋于濟德夫序",序末有"默齋"鼎形印及"番易于氏"陽文方印。總目前署"精刊唐宋千家聯珠詩格總目",卷端署"精選唐宋千家聯珠詩格卷之一",次行、三行署"番易默齋于濟德夫、建安蒙齋蔡正孫粹然編集",版心署"詩格"。正文左右文武邊,黑口,雙對魚尾,有界行,然界行寬窄不同,寬者正文,窄者注文,似每整葉二十一行,A面十一行,B面十行,行大字七言詩一聯,小字注三十字左右。

【考證】

《唐宋千家聯珠詩格》爲于濟初編,《詩林廣記》編者蔡正孫增修,選唐宋詩人七言絶句千餘首,分三百餘格,頗爲作詩者之津梁。然其成書後,却於國内失傳,以至國人幾不知天壤間曾有此書,晚清時此書始由日本回傳,然亦無人重視。楊守敬曾得此書之朝鮮弘治十五年(1502)刊本,並録於《日本訪書志》中云:"據序,于濟初編僅三卷,正孫乃增爲二十卷,凡三百類,千有餘篇,附以評釋。按其書皆選七言絶句,唯前三卷爲'絶句要格',

① [清]楊守敬撰,張雷校點:《日本訪書志》,第200頁。

以下皆拈詩中一、二虚字以相比校，頗嫌繁碎，稍遠大雅。然其中逸篇秘句，爲諸家全集及選本之所不見者，往往而在。是固當與《瀛奎律髓》共珍也。"①雖於其所謂"詩格"稍有微詞，然於其"逸篇秘句""往往而在"仍極稱之，惜學界迄未關注。直至 2007 年，卞東波作《唐宋千家聯珠詩格校證》，指出此書保存四百餘首《全宋詩》未收之作，幾近此書選詩之半，方始爲學界所重②。

此書國内雖已無存，然於朝、日却版本衆多：朝鮮於成化二十一年(1485)有徐居正增注本；日本則翻刻尤多，據長澤規矩也《和刻本漢籍分類目録》所載，和刻本自寛永年間(1624—1644)有覆刊朝鮮古活字本，其本後多次重印，而文化元年(1804)、文化七年(1810)、天保二年(1831)、天保四年(1833)、弘化二年(1845)、安政三年(1856)、明治十二年(1879)、明治十五年(1882)又各有刊行，其中安政三年與明治十二年甚或非止一種③，然因其對"和刻本"定義之故，此五山版即未録。後又有日人續編之書，可見其流行，且其流行於日人之詩歌創作亦有影響④。

此五山本之版式亦頗新異，即每整葉之行數前半十一行，後邊十行，且每行之寬窄亦不同。細審之，亦有其因。其書排列極嚴整，即每葉之首行必爲一"格"之始，以陰文刻此格之名，下舉四詩爲例，則每半葉二詩，每詩之題一行，詩句二行，評二行，則二詩恰十行，恰占半葉，然前半葉因有詩格之名，故需溢出一行，若不調整版式，則必溢至下葉，徒費版面，故用此以避之。

【影印・整理】

金程宇《和刻本中國古逸書叢刊》(五山本)。

【公藏】

中國：無。

日本：公文書館(二部)、東洋文庫(二部)、宮内廳書陵部、成簣堂文庫、小汀文庫。

---

① ［清］楊守敬撰，張雷校點：《日本訪書志》，第 217 頁。

② 關於其書價值之深入研究，可参卞東波：《域外漢籍與宋代文學研究》一書第四、五、六章。

③ ［日］長澤規矩也：《和刻本漢籍分類目録》，第 208—209 頁。

④ 參謝琰：《〈聯珠詩格〉的東傳與日本五山七絶——兼論中國文學經典海外傳播的路徑與原則》，《江海學刊》，2013 年第 3 期。

聯珠詩格二十卷(文化本)

【叙録】

《精刊唐宋千家聯珠詩格》二十卷,宋于濟、蔡正孫編,日本文化元年(1804)金蘭閣刊本。大本五册。扉頁書名上横題"文化元年夏新鐫",右署"天民先生校",下有"千里必究,不許翻刻"長方牌記,左署"東都書肆金蘭閣梓"。前有北山山本信有撰《新刻唐宋聯珠詩格序》,次"文化甲子歲孟夏月江户一齋居士佐藤坦大道撰"《刻聯珠詩格叙》,次蔡正孫、王淵濟、于濟序。正文左右文武邊,粗黑口,單魚尾,有界行,半葉十行,行二十一字,注小字雙行,行三十字左右。每卷之末有"江户大窪行天民校訂"字樣。末署"文化元年甲子六月上梓發兑",並標"江都書林山崎屋清七"等數家書肆名。

【考證】

此本前有佐藤坦序,於此書佚於中國之事所考甚詳確:"宋于濟《聯珠詩格》,蔡正孫增訂而評釋之,王淵濟叙之,久傳於我,版亦非一……余讀宋元而下説部數百種,未見一言及斯編者,因檢楊士奇《文淵閣書目》、王圻《續經籍考》、焦竑《經籍志》及近時《四庫全書總目》,並不著録;旁搜葉、祁、二錢書目,亦不登載,頗疑其或於彼佚失矣。又考三子履歷,宋元史並無傳,至於雜史諸書亦未見其名……然後乃斷知其爲佚也。"然其書於日本所存甚多,山本信有序云:"國初文教方興之時,斯書盛用乎詩家,有印版數通;及後來僞詩始行,而並書與版將幾廢。偶存者,經年之久,剥蝕朽滅,今無完者矣。邇來江户書賈某某等七家相謀勠力,醵資更新鏤版,託校訂於天民,求題辭於余。天民乃裒愛日樓所藏元刻本、緑陰茶寮朝鮮本、平安翻刻元版本、朝鮮版翻刻本、活字本、正德本、巾箱本、别版巾箱本,及唐宋詩人本集、總集、選集、别集數十百部,彼此較讎,誤者正之,訛者改之。數閲月而竣功,乃爲善本。"非但述此書之來由甚悉,且可據此知彼時日本流傳《聯珠詩格》之版本。如其提及"愛日樓所藏元刻本",愛日樓即佐藤坦之號,則知佐藤氏曾藏有元刊本,此亦可得佐藤氏序互證,其序云:"余藏元槧一部,有評釋,無增注,蓋當時原本。屬者大窪天民請余藏本校訂改寫,謀鋟之版,以廣其傳。"且又有所謂"緑陰茶寮朝鮮本"者,當即徐居正增注之朝鮮古刊本,惟未知所謂"緑陰茶寮"爲何所;而"平安翻刻元版本"則即前述之五山本;“朝鮮版翻刻本”或即正保三年(1646)吉野屋權兵衛刊本;“活字本”,當即寬永七年(1630)據朝鮮本排印之古活字本,此本現僅日本文教大學圖書館藏有池田蘆洲之舊藏,其封裏有“寬永七年仿朝鮮本以活字印行”之墨書,另東大總及宫内廳書陵部亦藏,國會所藏標爲寬永九年(1632)村上平樂寺刊,未知是一種否;而所謂正德本及巾箱本則未知其詳。

此書之後印本前有書肆慶元堂主人識語云:“宋蔡蒙慶《聯珠詩格》二十卷,我邦舊刻有三本焉:其一徐氏增注者,文煩事雜;其二皆無注者,並删蔡氏自評,惟存詩格,省略之過,當亦非其本意;則俱不如自評之簡且盡也。因今就自評元本紋之梓,不敢少加私以復其舊。”所言甚是,其時日本流行三種傳本,一者全删注釋,多爲巾箱之横本,不過適於童蒙而已;一者即下文所述有徐居正增注者;然最合編選者原意者,自爲元刊本及五山本。此文化本即據佐藤氏所藏元刊本剞劂者,而此元刊今已無存,五山本亦頗難覓,故雖此本多有校訂,然其校標之於書眉,“不敢少加私以復其舊”,較爲謹慎,故亦可珍視。

【影印・整理】

〔日〕長澤規矩也《和刻本漢詩集成・總集編》第九輯(文化本)。

【公藏】

中國:南京(寬永本),上海、遼寧、湖南(文化本)。
日本:所存甚多,不備録。

聯珠詩格二十卷(天保本)

【叙録】

《精選唐宋千家聯珠詩格》二十卷,宋于濟、蔡正孫編,日本正保三年(1646)吉野屋權兵衛刊本。大本十册。前有蔡正孫序、王淵濟序、于濟序。正文四周文武邊,黑口,三魚尾,無界行,半葉十行,行二十字,注小字雙行同。末署“正保三丙戌彌生吉且吉野屋權兵衛”。

此後又有天保二年(1831)須静堂校刊本。大本十册。扉頁中題“增注聯珠詩格”,上横題“天保辛卯年新鐫”,右署“須静堂校本”,左署“皇都書肆合梓發兑”。前有蔡正孫序、王淵濟序、于濟序,次“辛卯之歲中吕之月須静主人”序。正文左右文武邊,黑口,單魚尾,有界行,半葉十行,行二十一字,小字雙行三十六字。

【考證】

前已云此書於日翻刻甚多,然其要者則爲正保本及天保本,因此二本完整保存徐居正增注。徐氏增注本於韓國亦無全書,僅存殘帙。故雖日本尚存尤古之五山版,又有早於天保本且刊刻精審之文化本(長澤規矩也編《和刻本漢詩集成》即擇此本),然卞東波《唐宋千家聯珠詩格校證》仍以天保本爲底本,僅以藏韓國中央圖書館朝鮮甲寅字殘卷(存第十八、十九卷)、文化本參校,可見此本之價值。前引楊守敬爲其藏朝鮮本所作題識云:"其注,據後序,爲明成化間朝鮮達城徐居正所撰。後朝鮮國王又命其臣安琛及成俔、蔡壽、權健、申徒濩就徐注重加補削,亦頗詳贍。於宋詩則多載逸聞逸事,尤有資於考證。而日本之重刻是書者,皆失載後跋,遂不知增注爲何人。"①則楊氏於徐注亦頗稱賞之。

此書前當據五山本移録原序,至王淵濟序,其末題款卞校録爲"大德己亥花朝玉淵王淵濟道之敬書於龍湖書堂",並有校語云:"'之',朝鮮本作'了',文化本作'可'。按:王淵濟,字道可,與蔡正孫同爲謝枋得弟子,疑作'可'是。"②然此或誤録,以天保本原作"了",並不作"之"字(此誤當從正保本而來)。細核五山本,知須静堂主人貫名苞及朝鮮本之刊者皆誤認,其序以草書出之,此字頗類"了"字,然細審可知爲"可"無疑,故此當從五山本校改之。

【影印・整理】

卞東波《唐宋千家聯珠詩格校證》,鳳凰出版社2007年版。

【公藏】

中國:北大(正保本),上海、華師大、吉林、清華、遼寧(以上天保本)。

日本:宫内廳書陵部、東大總、阪大總、蓬左文庫、滋賀大教育、山口大、佐賀縣圖(以上正保本),天保本所存甚多,不備録。

---

① [清]楊守敬撰,張雷校點:《日本訪書志》,第217頁。

② [宋]于濟、蔡正孫編,[朝]徐居正等增注,卞東波校證:《唐宋千家聯珠詩格校證》,南京:鳳凰出版社,2007年,《序》第51—52頁。

古文真寶二十卷

【叙録】

《魁本大字諸儒箋解古文真寶》前集十卷、後集十卷,元黄堅編,日本南北朝刻本。大本三册。目録前署"諸儒注解古文真寶前集目録",卷端署"魁本大字諸儒箋解古文真寶卷之一",下陰文刻"前集"二字。正文左右文武邊,黑口,單黑魚尾,有界行,半葉十一行,行二十一字,注雙行小字同。

【考證】

《古文真寶》亦爲典型之"佚存"書,其於國内已幾於佚失,據調查,至今海内似僅紹興圖書館藏一元刊,是爲海内孤本,然前、後集各存其半,亦非完璧。另有少量明刊,稀同星鳳,少有人知①。然其於韓、日二國,則幾爲國民讀物,翻刻不絶,以至長澤規矩也《和刻本漢籍分類目録》將其明治時之版本均摒而不録,即便如此,其所録者仍幾四頁②,在其書中尚無典籍版本如此之多。

此書分前後二集,細檢《和刻本漢籍分類目録》可知,二集往往單行,而後集數量遠超前集。岩崎文庫藏室町時代抄本《古文真寶後集》後有抄寫者注云"本朝多愛後集",因前集開篇即真宗、仁宗之《勸學文》,此後則五言古風、七言古風、長短句、歌、行、吟、引、曲,似與"古文"二字不合,且日人尤愛唐詩及格律詩,此多古體,似亦非其所喜;後集則不然,所選如《漁父辭》《過秦論》《吊屈原賦》,確爲"古文",名實相符,故日人以其爲古文修養之基礎。

【影印・整理】

金程宇《和刻本中國古逸書叢刊》。

《日本五山版漢籍善本集刊》影印本。

---

① 詳參姜贊洙:《中國刻本〈古文真寶〉的文獻學研究》,復旦大學2005年博士學位論文。

② 〔日〕長澤規矩也:《和刻本漢籍分類目録》,第203—206頁。

【公藏】

中國:浙江(慶長本),大連、浙江(寬永本)。

日本:公文書館、慶應大、東洋文庫、前田育德會、京大人文研東方、静嘉堂文庫(以上五山本),慶應大、前田育德會、國會、静嘉堂文庫、東洋文庫、宫内廳書陵部、東北大(以上慶長本)。

千家詩二卷

【叙録】

《鼎鐫注釋解意懸鏡千家詩》二卷,宋謝枋得輯,明陳生高注釋,日本正保三年(1646)治右衛門刊本。巾箱本一册。所見爲元禄重刊本。板框分兩欄,四周單邊,白口,無魚尾,無界行,版心題"千家詩",偶有"家詩"。上欄爲和韻之作,每行七字;下欄爲正文,半葉九行,每行大字兩句七言詩,小字同,有返送。卷端署"鼎鐫注釋解意懸鏡千家詩卷之上",而卷下則署"鼎鋟訓注解意懸鏡千家詩卷之下",各卷之末標"懸鏡千家詩"。卷上次行以下署"宋賢謝叠山彙編,閩隱陳生高注釋,潭陽楊□□剞劂"。全書之末標"元禄五龍集壬申夷則穀旦,村正五郎梓"。

【考證】

古來蒙學之書,有所謂"三百千千"之稱,《千家詩》亦躋身其中,可知其重要。然或因唐詩典範之確立,並及《唐詩三百首》之風行,"三百千千"漸縮水爲"三百千",又益之以"熟讀唐詩三百首,不會吟詩也會吟"之書,故明後,《千家詩》版本日益稀見。北京圖書館出版社曾影印《明解增和千家詩注》,然國圖所藏僅爲下册,其上册亦存世間,惟存於臺北"故宫博物院"。此二部彩繪本或爲明代中期抄繪,爲目前所可見《千家詩》最早之本,其面貌自當近古。二書就七律言,共選三十五首,計春景十四首,夏景五首,秋景十首,冬景六首。首篇爲杜甫《奉和賈舍人早朝大明宫》,以杜荀鶴《時世行》收,共三十五圖,圖旁有增和之詩,計三十二首。除此以外,現所可見之明刊《千家詩》尚有數種。

一爲《新刻解注和韵千家詩選》二卷,明萬曆書林文華軒刻本,此書有日本慶應義塾圖書館藏本及美國哈佛大學燕京圖書館藏本。卷端署臨川湯海若校釋,此必僞托。相較前述二本,此書變化較大,除增注釋之外,一者全書之末又增《南征》《送行》二詩；二者於版面上欄，除圖像外又增和詩，然所增之和詩與前引《明解增和千家詩》本全異。明解本和詩已頗無聊，此書和詩即可稱鄙俗，如王禹偁《清明詩》云："無花無酒過清明，興味蕭然似野僧。昨日鄰家乞新火，曉窗分與讀書燈。"此和云："若無花酒過清明，渾似游方野脚僧。日晚歸家無興趣，乞鄰改火點書燈。"《和題屏》云："呢喃燕子語梁間，底事來驚夢裏閑。説與旁人渾不解，杖藜携酒看芝山。"和詩云："兩個黃鸝囀樹間，緣何撓我日清閑。時人不識予心樂，莫若杖藜出看山。"

然此本應以明解本（或與明解本同類之本）爲據重編。因其和詩雖多另作，却有九首仍襲前書，即卷上《再游玄都觀》《初夏睡起》《晚樓閑望》《江樓書感》《答鍾弱翁》，卷下《和賈舍人早朝》《秋千》《九日藍田會飲崔氏莊》《干戈》。末首又較特殊，原本僅和一次，然此後版面尚富，即"又和"一首，然仍用前本之詩。均可證此本必晚出，且其與前者有承襲之跡。

由和詩亦可推測，《千家詩》之增入寧獻王朱權及明世宗二詩，此本或始作俑者。因其本之設計即上欄每葉之 A 面爲插圖，B 面列和詩，故上欄和詩之幅面頗窘，即須隔一二葉減一二首和詩，以此協調均勢，故全書有三十首詩無和作。《干戈》一詩在某葉 B 面，上欄所列爲前韓愈詩和作，而下葉 A 面下欄爲最後杜荀鶴《時世行》，上欄依例爲圖像，故此葉 A 面上欄空間不足，下欄則僅二行溢至 B 面。故 B 面下欄即空幅。於是，刊記者便於上欄加《干戈》和詩，又於下欄增二詩以占版面。故後本當爲冬景，而所增之二詩全與冬景無關。

二爲《新鍥龍頭注釋旁訓千家詩選》，其末有"壬子歲孟春月吉鄭雲林梓行"牌記，則知爲萬曆四十年（1612）閩鄭雲林刊本。此書日本京都大學與新潟縣圖均有藏本。由内容觀之，知此本尤晚於前述文華軒本，不但其和詩與前本相同，且對前本後數詩之隙漏稍爲彌縫，如删去《干戈》一詩之"又和"，爲《時世行》增補和作，尤要者，又爲後增二詩補充和作。

三者則爲更晚之書，即《新鐫釋和魁斗千家詩選》二卷，潭城羅少竹刻本，通常均稱其爲萬曆本。此書扉頁題"魏誠甫先生詮釋"，首頁署"學士谷于峰釋和，南閩羅少竹刊行"。斷其尤晚者，以此書非但與前鄭刊本大體相同，爲後三詩補和作，且幾乎每首詩均追加"又和"，而此"又和"之來源即前引明解本和詩。可知書坊主將二書互參行世。

以上三本僅從圖之變遷亦可觀其先後次序。文華軒本之圖爲每葉一幅，每幅貫穿 A 面上欄；鄭本每半葉均有一圖，然縮爲嵌圖式，即圖只占版面之部分，兩邊各讓出四行字；再至羅本，便隔葉一圖，且每圖仍爲嵌圖式。

此實與筆者曾經詳論《三國演義》明代志傳系統版本發展演化相似①。

此後，清人王相對《千家詩》大加改編，增益五絶與五律，即爲清代直至當下仍流行於世之本，然原本之《千家詩》却漸至泯滅。

上雖梳理明本《千家詩》之演變，然從《明解增和千家詩》至文華軒本間似跳躍過大，頗顯突兀，其中當有中間環節，至要者即陳生高注本，而此本國内已無原本存世，幸有和刻本可供研探，即此《鼎鐫注釋解意懸鏡千家詩》。

此書於日本最早刊於正保三年(1646)，此後正保四年(1647)、寛文四年(1664)、元禄五年(1692)均有後印、重刻本。其書每卷前署云"宋賢謝叠山彙編，閩隱陳生高注釋，潭陽楊□□剞劂"，每詩均附有陳生高注釋。此陳生高署"閩隱"，當爲福建人，然遍檢文獻，未能查知此人資料，可見確爲"隱"居之士。而刊刻者亦頗"隱"，因"楊"後應刻名號處却爲空白，故亦不詳。然據"潭陽"二字可知，當爲福建建陽之書商。明代建陽楊氏刻書者甚多，如賈晋珠即列有二十七家②，故未知爲誰。此書和詩全同明解本，且全書僅至杜荀鶴《時世行》止，並無後補之二詩。則有此一書，前所述《千家詩》之承傳之跡方明。

【影印・整理】

金程宇《和刻本中國古逸書叢刊》。

【公藏】

中國：南京。

日本：酒田市立、立命館大學、國會、實踐女子、宫城縣圖、神户市立中央、京産大、慶應義塾。

千家詩選二卷

【叙録】

《新訂增和釋義魁字千家詩選》二卷，宋謝枋得輯、明顧太初校、余幼山訂，日本寛文七年(1667)神原十兵衛刊本。大本一册。扉頁題"新鍥注

---

① 李小龍：《中國古典小説回目研究》，北京：北京大學出版社，2012年，第106—130頁。

② 〔美〕賈晋珠：《謀利而印：11至17世紀福建建陽的商業出版者》，邱葵、鄒秀英、柳穎、劉倩譯，李國慶校，第363—365頁。

釋千家詩選”,上横題“金陵原本”,書名中小字署“集義堂黄熙明梓”。卷端題“新訂京本增和釋義魁字千家詩選卷之上”,署“翰林顧太初校閲,書林余幼山重訂”。正文四周單邊,白口,雙對魚尾,無界行,版面分上下兩欄,上欄有圖及和詩,下欄爲正文,半葉九行,行七言詩二句。末有蓮臺牌記“萬暦新春之吉余氏新安堂幼山梓”,後署“寛文七丁未歲五月中旬,神原十兵衛板行”。

【考證】

此書長澤目録有同名者,然注爲明陳生高注,與上條同,爲寛文七年神原十兵衛刊,另有藤屋古川三郎兵衛後印本①,或誤。此書之原刊明本國内無存,日本亦無,據金程宇云,美國耶魯大學存一種②。此本署余幼山訂,則當爲其所刊。方彦壽《建陽刻書史》載余氏新安堂亦録此書,並云“今英國劍橋大學圖書館藏日本寛文七年(清康熙六年,1667)翻刻余氏本”③。

【影印・整理】

金程宇《和刻本中國古逸書叢刊》。

【公藏】

中國:無。
日本:神户市立中央、國會。

江湖風月集一卷

【敘録】

《江湖風月集》一卷,宋釋宗憩編,日本五山版,大本一册,正文左右雙邊,有界行,半葉八行,行十七字。古活字版,大本一册,正文四周文武邊,黑口,雙對魚尾,有界行,半葉八行,行十六字,注小字雙行同。又有寛永九年(1632)刊本《新編江湖風月集略注》二卷,大本二册。正文四周文武邊,上下黑口,雙對魚尾,無界行,半葉九行,行十六字,注小字雙行同。卷末有

---

① 〔日〕長澤規矩也:《和刻本漢籍分類目録》,第210頁。
② 金程宇:《東亞漢文學論考》,第238頁。
③ 方彦壽:《增訂建陽刻書史》,福州:福建人民出版社,2020年,第322—323頁。

"戊子夏千峰如琬謹跋",次"嘉曆三年戊辰建酉下旬清拙跋",次"貞和二年臘月念五日天秀道人書"跋,次東陽叟跋,後有"寬永九壬申初秋新刊"牌記。

【考證】

此書爲禪僧詩作之典範,上下兩卷共收二百六十四首,末又有"别本增入之頌"六首,共收二百七十首,中多佚詩。然吾國久佚,幸日本有其全本。其書於日本刊行較多,尤古者有五山版存世,後又有元和間古活字印本,又有萬治二年京都秋田屋平左衛門刊本等。

【影印・整理】

金程宇《和刻本中國古逸書叢刊》。

朱剛、陳珏《宋代禪僧詩輯考》,復旦大學出版社 2012 年版。

【公藏】

中國:無。

日本:龍谷大學、東洋文庫、御茶之水(五山版),公文書館(元和本),實踐女子、愛知大、山口大、公文書館(江户本)。

文章軌範七卷(文政本)

【叙録】

《疊山先生批點文章軌範》七卷,宋謝枋得編次,日本文政元年(1818)覆高麗本。中本三册。半葉九行,行二十二字。

【考證】

此本未標官板,實即官板本者。據嘉永六年(1853)官板《文章軌範》末松崎純儉跋云:"此書國學舊所刊者,爲重雕朝鮮本。相傳謂其遵謝氏之舊,毫無所改。歲丙午春,學舍罹災,板亦燬焉。"其所據之朝鮮本楊守敬曾得一種,並著於《日本訪書志》云:"每半葉九行,行二十三字,批注皆雙行。其書校讎精審,相傳爲疊山原本。按此書每卷既無子目,則應有總目。若以爲原於王淵濟本,則不應删其總目。且其中勝於王者,不可勝數,諒非坊賈所能爲。豈此本原有目録,歷久而脱之與? 日本文政元年其國學嘗據此本重刊,板毁於火,故傳本亦漸希云。”所云與前引亦吻合。楊氏又於日本翻刻《文章軌範》多所批評:“日本甚重此書,坊間翻刻,或意改,或重加批評,不可勝數。唯此二本,猶存舊式,而購求之者頗少。原謝氏本爲初學而作,已覺多費言詮,今又從而增益之,論説愈多,而學文之根底愈淺。中外皆然,可勝浩歎!”①其所指即日本至江户時之增評增注之本,而此本規模舊式,“毫無所改”,反可存真面,故甚可貴。

【影印・整理】

無。

【公藏】

中國:無。
日本:静嘉堂文庫、山梨縣圖、公文書館、九大、關大。

文章軌範七卷(嘉永本)

【叙録】

《疊山先生批點文章軌範》七卷,宋謝枋得編次,日本嘉永六年(1853)官板本。中本三册。目録之末有署“門人王淵濟謹識”之識語。卷端署“廣信疊山先生謝枋得君直編次”。正文四周文武邊,黑口,雙對魚尾,有界行,半葉十行,行二十二字,批注小字,除一例外,仍靠右單行,字數同。末有“嘉永壬子冬月松崎純儉志”之跋。末行署“嘉永六年刻”。

【考證】

據松崎純儉跋云:“此本乃謝氏門人王淵濟所手訂,其視鮮本,不過有小出入,在元槧中,亦屬佳刻。此所以今者重雕捨彼取此也。命梓時,以鮮本及明載許光校本校勘,遇異同處,摘上層,若此本顯誤,不容疑者,據二本直改之,不復注識也。”則知文政元年(1466)官板毁於火,然國學生需此爲讀本,故國學仍需重刻之,此次則選元刊之本爲底本,其對校後以此與朝鮮本“不過有小出入”,即大致略同。且刊者亦頗謹慎,校勘中凡有異同,皆僅標於書眉,惟顯誤者方據改。故楊守敬於前述朝鮮本後,即著録此本,並

① [清]楊守敬撰,張雷校點:《日本訪書志》,第211—212頁。

云:"目録《歸去來辭》後云:'古此集惟《送孟東野序》《前赤壁賦》係先生親筆批點,其它篇僅有圈點,而無批注。若夫《歸去來辭》,則與種字集《出師表》一同,並圈亦無之,蓋漢丞相、晋處士之大義清節,乃先生之所深致意者也。今不敢妄自增益,姑闕之以俟來者。門人王淵濟謹識。'又柳子厚《箕子廟碑陰》首俱記云:'此篇係節文,今一依元本刊行如左。'然則此本爲疊山門人王淵濟據謝氏手定之本入木,當爲最初刻本。《四庫提要》所載,亦略與此同。唯彼前有王守仁序,蓋已爲明代重刻之本矣。但此書雕鏤雖精,脱謬頗多,日本嘉永壬子松崎純儉以此本重刊,據朝鮮本及戴本多所訂正,庶幾善本云。"①楊氏甚至將其刻入《留真譜》之中②。此書僅據其字體、行款、版式即可知必源於元刊,如其目録之卷次前、正文之分類前均有頗類魚尾之蓋,即元刊特徵之一。且此書國圖所存之元刊本已入《中華再造善本》中,兩者比照,確有虎賁中郎之似。楊氏云"《四庫提要》所載,亦略與此同。唯彼前有王守仁序,蓋已爲明代重刻之本矣",則指明郭邦藩常静齋嘉靖四十年(1561)覆刻本,其本就字體言與此本較近,然行款已改,元刊之諸多版式特徵亦並泯滅無存,與此和本不可同日語也。按:國内此書尚存數種元刊,然浙圖所藏缺卷一至三,以清抄配;上博所存亦不全③。

【影印・整理】

無。

【公藏】

中國:華師大、北大、民族大、上海。

日本:實踐女子、公文書館、静嘉堂文庫、東北大、一橋大、阪大總、高知大、長崎大經濟、熊本大、京大人文研東方、東大總、神户市立中央、九大。

正續合併文章軌範十四卷

【叙録】

《正續合併文章軌範》十四卷,日本萬治二年(1659)津田氏據萬曆三

---

① [清]楊守敬撰,張雷校點:《日本訪書志》,第212頁。

② [清]楊守敬編:《留真譜》,第915—918頁。

③ 《中國古籍善本書目・集部》,第1610頁。

十四年(1606)書林陳德宗存德堂刊本重刊。大本三册。扉頁上横題"正續合並文章軌範",右下署"陳耀吾梓"。前有王守仁《文章軌範序》。卷端署"書林耀吾陳德宗綉梓",序後有"萬曆丙午孟冬月望日存德堂重梓"字樣,末有蓮臺型牌記署"萬曆新春孟秋月穀旦熊冲宇發行"。正文四周文武邊,白口,單黑魚尾,無界行,半葉十行,行二十字,有返送。

【考證】

此續編《中國古籍總目》僅載有安徽所存《續文章軌範》,標爲"明萬曆三十四年陳氏存德堂刻本"①,然未見正集。故此和本頗具版本價值。關於陳氏存德堂,賈晋珠將其歸於建陽萬曆時書商,列其曾刻之書五種②。即今可考者,日本東北大學狩野文庫藏有《新鍥三才備考萬象全編不求人》二十五卷,標爲"萬曆三年陳耀吾";公文書館存有《新刻王翰林精採左聞人玉珩編》四卷,署"潭城書林耀吾陳德宗繡梓";蓬左文庫又有《皇明歷科詩經》,爲"明藝林陳德宗刊本";而浙江博物館有《鼎刻楊先生注釋孔聖家語》五卷首一卷,爲明萬曆二十五年(1597)建陽書林存德堂陳德宗刻本。至於熊冲宇,則所刊之書尤多,不具列。

【影印・整理】

無。

【公藏】

中國:無。

日本:所存甚多,不備録。

正續文章軌範增注評林十四卷

【叙録】

《正文章軌範百家評林注釋》七卷、《續文章軌範百家批評注釋》七卷,鄒守益編,焦竑評,李廷機注,日本正德五年(1715)刊本,又有寬政八年

① 《中國古籍總目・集部》,第2944頁。

② 〔美〕賈晋珠:《謀利而印:11至17世紀福建建陽的商業出版者》,邱葵、鄒秀英、柳穎、劉倩譯,李國慶校,第354頁。按:方彦壽《福建歷代刻書家考略》漏列此人。

(1796)重刻本。大本六册。正集卷端署"宋疊山先生謝枋得批選,明鹿門先生茅坤訓注,九我先生李廷機評訓,迴瀾先生顧充集評,日本羅州先生源暉辰校訂"。正文四周單邊,白口,單黑魚尾,有界行,半頁十行,行二十一字,注小字雙行同,有返送。

【考證】

《中國古籍善本書目》録有《石渠閣校刻庭訓百家評注文章軌範》七卷,注爲"宋謝枋得輯,明顧充集評,明茅坤訓注,清順治十七年蔣時機刻本"①,《中國古籍總目》亦照録,知存於武漢圖書館②。日本大阪大學圖書館總館收有萃慶堂余一貫刊本《文章軌範百家評注》七卷,亦注爲"宋謝枋得輯,明茅坤訓注,明顧充集評",又公文書館有明萬曆三十六年(1608)喬山堂刊《刻廻瀾先生集百家評注文章軌範》七卷、《續文章軌範百家評注》七卷,題"宋謝枋得編、明茅坤注、明鄒守益編(續)、明王世貞注(續)",雖未題顧充,然由題目可知當爲顧氏集評者。此數種當均爲清刻本之源,而此明刻國内已無,清刻如前述僅存孤本。故此和本前所署有"顧充集評"字樣,則當據前述之本而來,惟未知所據究爲明刊抑或爲清刻。祝尚書《宋人别集叙録》曾及此和本③,然因據嚴紹璗目來,故未知其卷端題署詳情。

【影印・整理】

無。

【公藏】

中國:無。

日本:所存較多,不備録。

---

① 《中國古籍善本書目・集部》,第1611頁。

② 《中國古籍總目・集部》,第2944頁。

③ 祝尚書:《宋人别集叙録》(增訂本),第435頁。

九、尺牘類

歐蘇手簡四卷

【敘録】

《歐蘇手簡》四卷,金杜仁杰輯,日本正保二年(1645)村上平樂寺刊本。大本二册。前有止軒老人杜仁傑《歐蘇手簡序》。正文四周文武邊,黑口,雙對魚尾,無界行,半葉八行,行十七字,有返送。版權頁有長方牌記,中署"正保二乙酉九月吉辰,二條玉屋町村上平樂寺開板"。此書又有天明元年(1781)重刻本,前有"安永庚子季冬淡海竺常撰"《重刻歐蘇手簡序》,半葉十行,行二十字。

【考證】

祝尚書《〈歐蘇手簡〉考》云 2002 年於北大圖書館見《歐蘇手簡》縮微膠卷,並云"元初廢科舉,弃時文,詩文反爲社會所重",此書編者"杜仁杰説待科舉恢復之後,士子便不暇及此,真是不幸言中。後代尤其是明、清舉子忙於八股制藝,《歐蘇手簡》自然被冷落,而竟至於失傳"。此書現存者僅有和本,此和刻本國内亦僅北大一家有藏,列爲善本①。然祝文亦有疏忽。一者其云北大藏本爲國内屬孤本,而據《中國館藏和刻本漢籍書目》可知,除北大外,安徽圖書館及山西圖書館亦各有此和刻本入藏。二者此書失傳亦並不在恢復科舉之明,因晁瑮《寶文堂書目》尚有著録②。三者,此書實未失傳,惟不在公藏,而在私家,不爲人知而已。黄裳《來燕榭書跋》即録此書,云爲黑口本,"辛卯初春,得於楊賈之書包中,亦鄭西諦、張葱玉家所出者",知爲 1951 年購得者(鄭、張二人時俱在世,不知藏書何以流出)。黄又云:"諸家目俱未見,未能定其刻於何時……余舊藏成化本《中州啓札》,亦黑口。其後序爲成化二年莆田翁世資撰,略云,同寅右參議方公藏有善本,用是重綉諸梓,以附歐蘇尺牘之後。因知此本殆亦翁氏

① 祝尚書:《〈歐蘇手簡〉考》,《中國典籍與文化》,2003 年第 3 期。

② [明]晁瑮:《晁氏寶文堂書目》,第 115 頁。

刻,而時日較先,當在天順之末。"①又可知國内非但有孤本存世,且爲少見之明中期刊本,自極珍貴。

然國内存有孤本,並不削減此和刻本價值,尤在學界無緣得睹其本之時,故北大圖書館將其列善亦得當。

除此正保本外,天明元年又有新刻本。其前有竺常序一篇,版權頁有"大典禪師閲"字樣,即江户中期著名禪僧大典顯常,其於序言中云:"吉松潤甫校《歐蘇手簡》,又就予是正焉……舊本間有訛舛,今校照數本,又取本集監定之,潤甫之業勤矣。"書後又有"舊刻正保二年""新刻天明元年"標識,可知此本爲據正保本校正新刻者。其本於底本頗有更改,如移置篇次,且於文字亦有校正,此多據現存歐集進行,反抹殺原本之文獻意義。"潤甫之業勤矣",而此本亦減價矣。

此書於日本頗爲流行,天明本重印多次,後至寬政九年(1797),又有爲之續編二卷者,然所增均由歐、蘇二集摘出,已無文獻意義。另明治十一年(1878)又有日人大槻誠之所作《箋注歐蘇手簡》行世。

【影印・整理】

〔日〕長澤規矩也《和刻本漢籍文集》第二十輯。

金程宇《和刻本中國古逸書叢刊》。

【公藏】

中國:山西(正保本),北大、安徽(天明本)。

日本:山口大、前田育德會、熊本大、公文書館、東大總、京産大、龍野歷史文化資料館(以上均正保本)。

五老集五卷

【敘録】

《五老集》五卷,宋蘇軾等撰,日本古活字本。正文四周文武邊,黑口,雙對魚尾,無界行,半葉十行,行二十字。後又有慶安三年(1650)京都村上平樂寺刊本刊本,當翻刻自古活字本。中本二册。正文四周文武邊,黑口,雙對魚尾,無界行,半葉八行,行十七字,有返送。末有長方形牌記,署

---

① 黄裳:《來燕榭書跋》(增訂本),北京:中華書局,2011 年,第 70—71 頁。

"慶安三庚寅稔孟春仲旬二條通玉屋町村上平樂寺開板"。

【考證】

此書收蘇軾、孫覿、盧柳南、方嶽、趙清曠五人尺牘,然未知何人所編,國内失傳已久。周作人曾藏此書(現存北大),其於《夜讀抄·五老小簡》中曾云:"前年夏天買得明陳仁錫編的《尺牘奇賞》十四卷,曾題其端云:'尺牘唯蘇黄二公最佳,自然大雅。孫内簡便不免有小家子氣,餘更自鄶而下矣。從王稚登、吴從先下去,便自生出秋水軒一路,正是不足怪也。'"①此書之古活字本極罕見,其卷端"東坡先生蘇公小簡"之"蘇"字倒置。

【影印·整理】

〔日〕長澤規矩也《和刻本漢籍文集》第二十輯(慶安本)。

金程宇《和刻本中國古逸書叢刊》(古活字本)。

【公藏】

中國:北大、華東師大(慶安本)。

日本:宫内廳書陵部、京大附圖、大英圖書館(以上古活字本),前田育德會、國會、公文書館、京産大、慶應(以上慶安本)。

婦人寤寐艷簡集一卷

【叙録】

《婦人寤寐艷簡集》一卷,舊題宋蘇縠,日本江户時期刊本。中本一册。卷端署"蘇軾玄孫蘇縠誌之"。正文四周文武邊,黑口,雙對魚尾,版心署"艷簡",無界行,半葉十行,行十七字,注小字雙行同,有返送。卷末署"蘇軾玄孫蘇縠之誌"。

【考證】

此書甚奇,遍檢文獻,未見其書之痕跡,亦無其人之聲聞。然其書署"蘇軾玄孫蘇縠",且其後有識語云:"右小東坡云:夫婦之間,以花爲實,三綱全在雙眼之地。古今簡牘之法,多分門以周禮義親遠、好惡、醜妍,逮乎

---

① 周作人:《夜讀抄》,石家莊:河北教育出版社,2002年,第90頁。

夫婦,搧寵之間,不可專立敬宗之門,敬在恐惶,不在和睦。和睦則夫婦長有陰騭之懷矣。"文中自注亦常引"小東坡"之詩。恐爲僞托之作。然其書以十二月爲序,收不同節令之往復尺牘,並自爲注,尚稱别致。且據其中所引"小東坡"之詩,亦似非彼中人所可假造者,故其名雖假託,然其書則仍當屬吾國之文獻。

【影印・整理】

無。

【公藏】

中國:無。
日本:東大總、國會、關大、東北大。

滄溟尺牘三卷

【叙録】

《滄溟尺牘》三卷,明李攀龍撰,張所敬編,日本享保十五年(1730)江都小林新兵衛刊本。大本一册。扉頁書名右署"蘭陵先生考訂",左署"江都書肆嵩山房梓"。前有"享保己酉之秋服元喬"《重刻滄溟尺牘序》。卷端署"吴淞張所敬長輿輯,後學潘焕宸翊之校"。正文左右文武邊,白口,單魚尾,版心下署"嵩山房梓",有界行,半葉九行,行十八字。末有"庚戌仲夏東都田良暢"《題滄溟尺牘尾》。

【考證】

此書爲張所敬編,潘焕宸校,與國内所存屠隆輯本或有不同,國内未見此書之明本。另,此書王寳平目録爲清張所敬①,實誤,此人爲明人(上圖存其《潛玉齋稿》四卷、《春雪篇》二卷等)②,《四庫全書提要》中即有,《雲間志》中有傳記。又,此潘焕宸當即晚明書畫家莫是龍外孫,曾於萬曆三十二年(1604)爲莫氏刊行《石秀齋集》,此書南京有藏,然無序跋③,據臺灣

① 王寳平主編:《中國館藏和刻本漢籍書目》,第494頁。
② 《中國古籍總目・集部》,第908頁。
③ 崔建英輯訂,賈衛民、李曉亞參訂:《明别集版本志》,第520頁。

"國圖"所藏,前有潘焕宸《刻石秀齋集引》及張所敬《莫延韓先生小傳》,則亦二人合作,亦可爲證。

【影印・整理】

無。

【公藏】

中國:南開、廣西、上海師大。

日本:東北大、静嘉堂文庫、國士館、佐野市立鄉土博物館、堺市立中央。

尺牘奇賞十五卷

【叙録】

《尺牘奇賞》十五卷,明陳仁錫編、鍾惺注,日本貞享四年(1687)柳枝軒刊本。大本四册。前有陳仁錫序,序末有"陳仁錫印""壬戌探花"二印。卷端署"長洲明卿陳仁錫選,竟陵伯敬鍾惺評,甌粵鄰周鄭國校"。正文四周單邊,白口,無魚尾,無界行,半葉九行十八字,注小字雙行同。末題"貞享丁卯桂月上浣日書肆茨木多左衛門壽梓"。除貞享四年刊本外,尚有文化九年(1812)印本(書存大阪府立中之島圖書館)及明治鹽野芳兵衛印本。

【考證】

陳仁錫喜著述,故其書傳於今者極多。僅以"奇賞"爲名之選本便有《古文奇賞》二十二卷、《續古文奇賞》三十四卷、《奇賞齋廣文苑英華》二十六卷、《四續古文奇賞》五十三卷、《明文奇賞》四十卷(萬曆四十六年〔1618〕至天啓間刻本)、《蘇文奇賞》五十卷(崇禎四年〔1631〕刻本)、《奇賞齋古文彙編》二百三十六卷(崇禎七年〔1634〕刻本),僅此便近五百卷之巨①(以上均收入《四庫全書存目叢書》中)。然其《尺牘奇賞》十五卷却似佚失無存,遍檢國内各家公藏及公私書目,均未見此書踪影。日本龍野歷史文化資料館有《尺牘奇賞》三册,僅標爲"明陳仁錫輯",未知是否明本;

---

① 以上分别收入《四庫全書存目叢書》集部第12册、第352—365册,濟南:齊魯書社,1997年。

另公文書館藏有《尺牘奇賞》四卷,標爲“明陳仁錫編,明鍾惺評,明刊”,然僅四卷,或非全帙,或爲另本。總之,此十五卷本之書僅賴此和刻本以傳。

此書前陳仁錫序末云“予於古文及名文諸選,皆以‘奇賞’名之,是種也又異乎哉”,可知此書與其前選多種以“奇賞”爲名之選本亦爲同一系列。然因陳序未署日期,故不知此書明刊爲何時所刻,因其序提及“古文及名文諸選(當是‘明文’)”,則當在天啓之後,又序末有“壬戌探花”印,又當在其中進士的天啓二年(1622)之後,而天啓初年,鍾惺任職福建,又因父喪回鄉守制並卒於家,則此書云“鍾惺評”大抵爲僞托。

書分天文、地理、時令、人物、人事、珠寶、文史、花木、衣服、飲食、器用、果品、身體、宫室、鳥獸十五品,頗似類書,所不同者,每品之下非列詞藻,而録當時名人相應之尺牘,如“天文”部先之以吴從先《招友賞月》、寧仕衛《請袁石龍賞雪》、汪道昆《雨中請客》、祝允明《重九遇雨請》數函,洵爲古人撰寫尺牘之秘册寶典。然正因有模本,則尺牘之性情盡失矣。

此書之注釋亦頗有特色。板框分上下二欄,上欄爲下欄四分之一,前云“上載《韵府纂要》《書言故事》《事類捷覽》《韵府群玉》”,仔細對讀,可知上欄專收詞藻,此類詞藻並非下録尺牘中所用者,僅爲録自上述數種日用類書,以與下欄尺牘所寫時地相映照而已①。下欄則於尺牘之中以雙行小字爲注,多釋語典與事典。每則之末,有“品”一則,實即編者之評點。如第一則爲吴從先《招賞月》,上欄録“蟾蜍、玉盤、哉生明、哉生魄、頽魄、冰輪、懸鏡”七詞並釋之,下欄注“今夕萬裏無雲”句云“杜詩‘一年月色今宵好,萬裏無雲秋夜長’”,此文之末云“無使明月待也”,故文末品評云:“正邀明月作三人也。”

【影印・整理】

〔日〕長澤規矩也《和刻本漢籍文集》第二十輯。

金程宇《和刻本中國古逸書叢刊》。

【公藏】

中國:遼寧省圖。

日本:東京都立中央圖書館、宫城縣圖、島根縣圖、八户市立圖書館、堺市立中央圖書館、前田育德會、愛媛大學、東北大學、九州大學、京大人文研東方圖書館、關西大學、立命館大學、慶應義塾大學。

---

① 金程宇先生解題云“欄頭配有相關典故注釋”,或有誤解。

明七子尺牘七卷

【叙録】

《盛明七子尺牘注解》七卷，明顧起元撰，李之藻校，日本延享四年(1747)須原屋茂兵衛刊本。大本二册。扉頁中書"明七子尺牘"，右署"瓶山先生考訂"，下有"不許翻刻，千里必究"長方印，左署"皇都書林翻刻"。前有"延享丁卯季秋石州三浦興淳夫撰"《重刻七子尺牘序》。卷端署"盛明七子尺牘注解"，次署"震東顧起元彙選，我初李之藻挍擇"。正文四周文武邊，白口，單黑魚尾，有界行，半葉九行，行十八字，注小字雙行同，有返送。末有"寬保辛亥秋石州浦興稽元卿"《題七子尺牘後》。版權頁署"延享四年丁卯八月吉旦"。

【考證】

古人多對尺牘頗隨意，至今《中國古籍總目》於尺牘之著録亦頗草草，似不視之爲典籍者。故古人輯録尺牘，亦不過作來鴻去雁之鏡鑒，亦未必用力。此竟有明人之注明尺牘者，實甚可珍。然此書之明本世已無存，賴此和本，可知其詳。

【影印・整理】

〔日〕長澤規矩也《和刻本漢籍文集》第二十輯。

金程宇《和刻本中國古逸書叢刊》。

【公藏】

中國：天津。

日本：静嘉堂文庫、九大六本松、東北大、高知大。

汪南溟尺牘二卷

【叙録】

《汪南溟尺牘》二卷，明汪道昆撰，日本皆川愿注，寶曆四年(1754)平安河南樓刊行。大本一册。扉頁題"汪南溟尺牘"，下標"翻刻必究"，左署

“平安書肆河南樓梓”。前有“寶曆四年春上月平安咸愿撰”《汪南溟尺牘序》。卷端署“平安咸愿伯恭輯注，弟成章仲達校訂”。正文四周文武邊，花口，單黑魚尾，有界行，半葉九行，行十九字，注小字雙行同。末署“寶曆四年甲戌九月平安書肆英華堂河南四郎右衛門”。

【考證】

此爲汪道昆尺牘選本，據皆川氏序“京人有謀梓之者，余爲輯而注之”，知卷端題署之“輯注”二字當概指輯與注，則注者亦即編者。故此書不當闌入。然此書又曾回傳，民國間上海廣益書局曾石印《汪南溟尺牘箋注》，前後均無序跋載録其書淵源，唯卷端署“平安咸愿伯恭輯注，弟成章仲達校訂”，知即據此本刊行，則亦可收入以備一格。國圖注云“明咸恭輯注”，又收入《明代名人尺牘選萃》之中①，署亦同前；臺灣“國圖”則署“愿伯恭輯、章仲達校”：均以輯、注者爲國人，實均誤。檢胡懷琛《秋山文存》中有《跋汪南溟尺牘》一文，爲此書不可多得之文獻，其云：“曩於冷攤得《汪南溟尺牘》一帙，爲東瀛木刻本，中土固未見是書，曩亦未聞南溟爲何如人。顧其文甚佳，遂重刊行世，忽忽已三載。昨偶閱張心齋《跋洪懐庵歙問》，有及南溟事，始知南溟爲黄嶽間人，而其遺聞軼事亦復可稱……而南溟遺文無人收拾，士子久未知是書，而反流傳於扶桑三島，不亦深可慨耶！世之讀是書者，或未盡知南溟軼事，故舉其言書於卷尾云。時乙卯夏日。”②據此知胡氏得此和本，並據和本重刊，作此文之“乙卯”爲民國四年(1915)，則其得和本並重刊當在民國二年。故知廣益本實即胡懷琛“重刊行世”之書，其卷端題署皆自和本而來。和本編者皆川愿爲日本江户中後期儒者，校編漢籍多種（僅入本書者即有《鬼谷子》《劉子》《王昌齡詩集》《歐陽文忠公文集》等），據《劉子》自序，即署云“平安咸愿撰”，後有陽文印云“伯恭氏”，前之播磨清絢序又云“友人咸伯恭校而授諸梓，問序於予”，知皆川氏有時以“咸愿”自稱，日本漢學家往往改己名如漢人姓名，故將雙字姓氏縮爲一字或稍加改動，“皆”即“咸”意，故用之；至於校訂者，則爲其弟成章，據《近世先哲叢談續編》卷上載“弟成章，字仲達，號北邊，又號層城，出繼富士谷氏，才氣絶人，廣涉經史”。胡氏重刊之時，即不知汪南溟爲何人，遑論輯注與校訂者，故此石印本前後全無序跋提及作者及注者，僅於卷端照録，以致學界貽誤。

---

① 《明代名人尺牘選萃》第二册，北京：國家圖書館出版社，2008 年。

② 胡懷琛：《秋山文存》，《朴學齋叢書》第四集，民國二十九年(1940)安吴胡氏刊本。

此和本今存極罕,即民國石印之書亦甚稀見。

【影印・整理】

卞東波編《中國文集日本古注本叢刊》,上海社會科學院出版社 2020 年影印本。

【公藏】

中國:無。
日本:關大、京大附圖、早大服部、神宮文庫。

翰苑玄英四卷

【叙録】

《新刻古今切要士民便用書簡翰苑玄英》四卷,謝君度編,日本寬文十二年(1672)京都小島通春刊本。大本四册。前有"雲間董其昌書於湖南宗鏡堂"之《翰苑玄英序》。卷端署"武林仲黄謝君度纂著,書林望川邵文聘繡梓"。正文以元、亨、利、貞分卷,左右雙邊,白口,單黑魚尾,有界行,半葉十行,行二十字。

【考證】

此書國内國圖藏孤本"新刻古今切要士民便用書簡翰苑玄英"①,注爲"書林邵文聘",日本和刻本有實踐、公文二家藏本(公文書館藏二部),實踐所藏即標據明書林邵文聘刊。按:此邵文聘爲明萬曆間杭州之書商。

此書以教人撰寫尺牘爲要,《中國古籍總目》將其列入子部類書類中,或未爲當。

【影印・整理】

《北京大學圖書館藏日本版漢籍善本萃編》影印本。

【公藏】

中國:北大、華東師大。

---

① 《中國古籍總目・子部》,第 2070 頁。

日本:實踐女子、公文書館。

古今尺牘集要四卷

【叙録】

《古今尺牘集要》四卷,明謝君度編,日本貞享元年(1684)臨泉堂、文臺屋治郎兵衛刊本。大本一册。

【考證】

此書國内全無著録,當已佚失。謝君度亦無可考。然頗疑此書實即上書之改頭換面者。

【影印・整理】

無。

【公藏】

中國:無。
日本:國會、實踐女子、立命館、新潟、東北大。

翰墨全書十二卷

【叙録】

《新鐫時用通式翰墨全書》十二卷,明王宇撰、陳瑞錫注,日本寬永二十年(1644)京都田原仁左衛門刊本。大本十册。前有"天啓歲次丙寅孟秋上浣之吉閩海王宇題於拂花軒"序,次"古吴陳瑞錫題於竹松居"之《拂花箋引》。卷端署"閩海王宇永啓纂輯,古吴陳瑞錫聖鄉釋著"。正文四周文武邊,粗黑口,雙對花式魚尾,無界行,半葉十行,行二十二字,注小字雙行同。末題"寬永二十癸未歲孟春吉日,二條柳馬場東入町,田原仁左衛門新刊"。

【考證】

王宇著述,今傳評點、輯刻之書甚多,然國内公藏及書目所載未見此

《翰墨全書》，日本公文書館則存此書明本二種，一爲高野山釋迦文院本，一爲木村蒹葭堂本。二書著録均云"即《拂花箋》"，當據書前陳瑞錫《拂花箋引》"俄一書賈捧帙而進，手啓視之，乃王公《拂花箋》"之言。除此二種之外，則僅有和刻傳世。書前王宇序云"天啓歲次丙寅"，知序於天啓六年（1626）。

注者陳瑞錫生平頗晦，遍查無果，僅據本書題署知其爲江蘇長洲人，字聖鄉。然據本書《拂花箋引》"奈兄明卿，學富五車，才傾八門，余萋菲不能，當避三舍，敢擅作者之權"句可知，其爲前述《尺牘奇賞》編者陳仁錫之弟，陳仁錫著述等身，令其弟自慚形穢也亦宜。

全書十二卷，依次分節序門、慶賀門、冠禮門、婚禮門、喪祭門、饋送門、邀約門、請召門、薦舉門、挽托門、干求門、假借門、酬謝門、慰問門、活套門十五門，每門之下再分細類，如節序門下分送禮翰、請客翰、遨游翰三類。此書與《尺牘奇賞》不同，各部下列之尺牘均爲纂輯者自作，而非采自文人書翰者，大多數亦附答函樣式。句下有注，如首篇"元旦"條首句"鳳曆紀元（少昊以鳳鳥紀官，謂之鳳曆），竹爆之聲方動（古者西方有山鬼，人見之即病瘟疫，至此日以竹燒之，有畢卜之聲，驚之則散，今俗卷紙貫硝藥代之）"。

【影印·整理】

《和刻本四部叢刊》影印本。

【公藏】

中國：人大。

日本：國會、東京都立中央圖書館、神户市立中央圖書館、静嘉堂文庫、神户大學、實踐女子大學、東北大學、京大人文研東方圖書館、東大總、新潟大學、中央大學、東大東文研、早稻田大學。

雁魚錦箋八卷附録一卷

【叙録】

《雁魚錦箋》八卷附録一卷，明李贇延（廷）編，日本寬文二年（1662）刊本。大本四册。前有欣賞齋居士"雲箋小引"。卷端題"增補較正贇延李先生雁魚錦箋"，下有"雨花齋藏版"字樣。正文四周單邊，上下對花魚尾，中雙順黑魚尾，上魚尾之下題"雁魚"。無界行，半葉十一行，行二十四字，注小字雙行同。末署“寬文貳年卯月上旬大和田九左衛門板行”。

【考證】

此書國内無存。日本公文書館有明雨花齋刊本八卷,國内某拍賣會亦曾上拍一明刊本,其題“增補較正贊廷李先生雁魚錦箋”,題下亦題“雨花齋藏版”字樣,行款字體亦相仿佛,知和本當據此明本翻刻者。然據明本,知所署編者當爲“贊廷”,和本均誤刻爲“贊延”。其人之書至清尚大行於世者,僅《如面談新集》一種,其書每款之末,亦如此《雁魚錦書》同附“碎錦”若幹,則當仿此書之例,其書即題“李贊廷先生纂輯”,並標云“豐城贊廷李光祚”,當即此人,然其生平不詳,僅知曾與鍾惺合編《鍾伯敬先生朱評詞府靈蛇》四卷(其卷端署“豐城李光祚贊庭父輯”)①。另據《中國古籍總目》著録,此人曾校刻張溥《新刻易經嫏嬛》四卷(僅日本公文書館有藏),又輯刻《丘方二太史硃訂秘笥易經講意綱目集注》四卷,有天啓五年(1625)書林顧鳴岐啓新齋刻三色套印本,石家莊、吉大、東北師大有藏)②;另《中國古籍總目·史部》録《新鐫李先生類纂音釋捷用雲箋》六卷(國圖有明書林長庚館刻本,此本扉頁有“長庚館”字樣,然卷端仍題“書林詹伯元”,則與下引之詹伯元本同),又有《新鐫李先生類輯音釋捷用實箋二纂内篇》六卷與《增補如面譚新集》四卷(有清初刻重修本,遼寧、哈爾濱藏)③;《中國古籍總目·集部》又録有《新鋟李先生類纂音釋捷用雲箋》五卷(標書林詹伯元刻本,國圖及美國普林斯頓大學有藏),又有《如面談新集》十卷,有大量清刻本,及《新刻尺牘如面》六卷首二卷等④。

檢前舉《捷用雲箋》,與此書幾全同。繼由兩點可知,此書當從《捷用雲箋》翻刻而來。一者,此書前有“雲箋小引”,由此“雲箋”二字即可知當襲自前書,名雖重擬,序題未改;二者,此書之末另有附録一卷,而《捷用雲箋》尚無,則知此書於翻刻之時亦有踵事增華之舉,此點從具體條目亦可見,如前書末“花木”一類至“海棠”即止,共八條;而此書則前八條同,後又益出山茶、榴花等十一條,並再增“時令”一類。

另據《中國古籍總目》載,有有署陳繼儒所輯之《捷用雲箋》六卷⑤,然與此並非同書,可暫不論。

---

① 參《稀見明刻詩文評二種》,影印,北京:中華書局,2016 年。

② 《中國古籍總目·經部》,第 118、119 頁。

③ 《中國古籍總目·史部》,第 2071 頁。按:此數書不當入史部。

④ 《中國古籍總目·集部》,第 3144 頁。

⑤ 《四庫未收書輯刊》第三輯第三十册曾影印(北京:北京出版社,1997 年)。

此書又與下條所録《尺牘雙魚》内容幾全同,故二書必有相襲之關係。《尺牘雙魚》一書國内存有崇禎之原刊本,日本亦藏數種明本,加之日本翻刻之者亦流傳極廣,故學界於彼書較熟,而於此《雁魚錦書》反較陌生,且日本翻刻《尺牘雙魚》較此爲早,則似彼先。然細核其文,則彼當襲此無疑。如後者之夾注多所省略,尤多省略句末"也"字,前者自不可能襲用彼書而擅增此等字樣。且前已言之,此《雁魚錦箋》當翻刻自《捷用雲箋》,細較二書之注,大體相同,則此《尺牘雙魚》當爲後人所删者。(當然,此似亦有例外,如此書卷三有云"鼠牙雀角之非",下注云:"鼠牙雀角,言争訟也。《召南·行露》篇云'誰謂鼠無牙,何以穿我墉;誰謂雀無角,何以穿我屋'。"而《捷用雲箋》則僅有前八字。)再如前論《雁魚錦箋》時云其書較所翻之《捷用雲箋》多一附録,即其書全八卷,目録之末又有"祭禮類","附祭文共計二十四條(新補)";然至《尺牘雙魚》,則已徑將此"新補"之附録列爲"卷九"。亦可證之。

此書共二十六大類,爲書信、公文寫作提供套路,如通問、起居、造謁、感謝、求薦、自叙、書翰、借貸;大類下又立小類,如"通問"下有"未曾瞻仰五條、乍會欣喜六條、久别思慕七條、近别叙情七條"等,全書共一百八十六小類。此書分類頗細,套語亦甚趣,舉例可知其體。如全書第一條"未曾瞻仰"之一"夙仰才名轟耳,無由一聆謦咳。徒切望河之想,偶緣其事,借通竿牘,聊申鄙悃,萬惟丙照。"又有回復樣本云:"素切瞻韓,無緣御李。詎蘄雲章忽下,誦之喜溢眉宇。承諭謹當如命,再圖面罄。"用詞雖不免堆砌套語之嫌(故於字裹行間亦有注解),然於尺牘之作或不無裨益。

此書亦多存史料,爲社會史家多所取資。張傳璽《論中國封建社會土地所有權的法律觀念》引其"《賣田契》《當田契》《賣屋契》《當屋契》《賃房契》《賣墳地契》《佃貼》"等[①];阿風《明清時代婦女的地位與權利》亦引其"求親准帖、過聘書、回聘書、請歸親期、答允、答不允"以推測明清時代婚書形式[②];著名法律文獻史家、古籍收藏家田濤於其《千年契約》一書中亦曾云:"有一本明代的書籍,書的名稱叫《尺牘雙魚》,是明朝末年的出版物,在這部書籍裹,收録了大量的契約樣本,涉及的範圍十分廣泛,非常珍貴,彌補了我們現在契約研究中的不足。"[③]以上所引《尺牘雙魚》,實皆出此書。於此亦可知此書保存史料之豐。

---

① 張傳璽:《論中國封建社會土地所有權的法律觀念》,《北京大學學報》,1980年第6期。
② 阿鳳:《明清時代婦女的地位與權利》,北京:社會科學文獻出版社,2009年。
③ 田濤:《千年契約》,北京:法律出版社,2012年。

【影印・整理】

《北京大學圖書館藏日本版漢籍善本萃編》影印本。

【公藏】

中國:無。

日本:前田育德会、一橋大、山口大、飯田市立中央、京大人文研東方、京大文、東大東文研。

尺牘雙魚九卷

【叙録】

《尺牘雙魚》九卷,明熊寅幾編,日本承應三年(1654)刊本。大本四册。前有"雲間陳繼儒眉公題"之序。卷端題《增補較正熊寅幾先生捷用尺牘雙魚》。正文四周單邊,大黑口,雙對花式魚尾,無界行,半葉十行,行二十一字,注小字雙行同。除此承應刊本外,日本另有明治十二年(1879)翻刻本。

【考證】

其書未署編者,書前有陳繼儒序一篇,後世學者多將此書編者定爲陳氏,如日本明治十二年岩垂柳塘注解本前重野繹序中便云"陳眉公《尺牘雙魚》傳於我久矣",東洋文庫所藏二種明刊本皆爲四卷本,一署"陳繼儒"編,一標"闕名";中國國家圖書館藏二明刊一爲十一卷,一爲四卷,亦均署"陳繼儒",實並不妥,以其不過序作者而已。然據此書之標目定爲熊寅幾似亦不妥,陳繼儒序云:"雨來吴子用是集古今尺牘,分爲二編。"或當爲吴雨來所輯(其人生平未詳,俟考)。然前已證此當襲自《雁魚錦箋》,則知此署陳氏、熊氏,恐均爲書坊僞托,此書編者,或當仍爲李光祚。

此書國内存崇禎原刊本,然頗不易見,日本東洋文庫及東大東文研亦藏有明刊本。此書和刻本刊行僅晚於崇禎原刊本二十年左右,與明本相較,僅將原本每半葉九行改爲十行,餘仍其舊。然據北京大學圖書館藏萬曆玉夏齋刻本《尺牘雙魚》第五册首葉周作人跋云:"此《尺牘雙魚》全本甚不易得。日本雖有翻刻本數種,皆不全。今在北平得此,極可喜。唯價甚貴而紙已舊,惜無錢施以襯訂耳。廿年重午前一日知堂記。"[1]則亦有三種十九卷之全本存世。

【影印·整理】

《明代通俗日用類書集刊》影印本。

【公藏】

中國:遼寧。
日本:所存甚多,不備録。

翰墨琅函四卷

【叙録】

《鼎鐫漱石山房彙編注釋士民便觀雲箋柬》四卷,明陳翊九彙編,日本寬文十一年(1671)今井五兵衛房明刊本。大本四册。扉頁中題"翰墨琅函",右標"修詞軌範、古今事類、欄門新語、品物稱呼、名家詩選、百家可聯",左上署"新刻名公精輯全備捷用",左下署"四知館梓"。卷端題"鼎鐫漱石山房彙編注釋士民便觀雲箋柬一卷",左署"三山陳翊九彙編,富沙□□□剞劂",版心題"翰墨琅函"。正文四周單邊,白口,無魚尾,分上下欄:上欄"精選名公尺一彙言",半葉十一行,行十字;下欄正文,半葉十行,行十八字,注小字雙行同,有返送。末有"雒之城南隱儒荔齋默默子跋"。後有"辛亥寬文仲冬日,今井五兵衛房明梓行"字樣。

【考證】

此書國内無,據沈津《美國哈佛大學哈佛燕京圖書館中文善本書志》知哈佛藏有明刊本[2],與和本幾全同,唯明本"翰墨琅函"下有"二刻"二字,和本則無。按此四知館爲建陽刻書家楊氏書肆,自嘉靖至萬曆刻書極多。然此卷端又有"富沙□□□剞劂"之標識,中有空白,疑原爲别家所刊,楊氏襲用書板,將中間數字挖去耳。按:此書編者陳翊九亦無考,據《福州名

① 轉引自車禕:《晚明文人尺牘中的日常生活書寫研究》,北京師範大學2022年博士學位論文,第504頁。
② 沈津:《美國哈佛大學哈佛燕京圖書館中文善本書志》,第571頁。

園史影》載:"陳一元,字泰始,侯官人,萬曆辛丑(1601)進士,曾任知縣、御史、應天府丞,被劾落職。崇禎初,不復職,在烏山南營築漱石山房,習静終身。著有《漱石山房集》。"①其書房與此同名,且均姓陳,又均爲福州人,似即其人也。

另,此和本之後又有天明八年(1788)大阪書房崇高堂本,扉頁已改名云"尺牘通",右附識語云:"三山陳氏所輯《翰墨琅函》,帖式用類,尤便初學。今觀清客於崎陽作書牘者,皆備此書檢索修詞帖式等,蓋其以便捷也。近有襲此書爲小刻之國字書,公布以惠來學者,在國字之爲書,必害講學,苟玩之者,其學竟不成,豈可不慎乎!初學欲裁尺牘,以此書爲準則,足亦以資講學。因今訂修改舊名,附以詹詹云。"然據正文,知其當爲寬文本之後印本。

【影印・整理】

《域外漢籍珍本文庫》第五輯(天明本)。

【公藏】

中國:無。

日本:九大六本松、寬大、大阪府立中之島、佐野市立鄉土博物館(以上寬文本),大阪府立中之島、新發田市立、二松學舍、國會、實踐女子、京大附圖(以上天明本)。

玉堂尺牘彙書一卷

【叙録】

《玉堂尺牘彙書》一卷,清陳晋撰,蔡方炳注,日本貞享四年(1687)林五郎兵衛刊本。中本一册。扉頁横題"康熙壬戌冬新編",正中題"玉堂尺牘匯書",右署"古越陳太士、平江蔡九霞二先生纂著",左廣告語後署"集賢居梓行"。卷端題"新鐫注釋玉堂尺牘彙書",署"古越陳晋太士纂著,平江蔡方炳九霞二注釋",版心署"尺牘彙書"。正文四周單邊,白口,無魚尾,無界行,半葉九行,行二十四字,注小字雙行同。末頁署"貞享四丁卯年五月吉祥日,林五郎兵衛梓行"。

---

① 盧美松編著:《福州名園史影》,福州:福建美術出版社,2007年,第110頁。

【考證】

此書國内公藏及各書目並無。據此本首頁所題“康熙壬戌冬新編”知此和刻底本爲康熙二十一年(1682)所刊,則此和刻本僅晚於底本五年。

日本二松學舍所藏未標明和刻,或爲唐本,佐賀縣圖所藏明確標爲康熙二十一年刻本,則當爲此和本之底本。另,國内公藏雖無,然筆者曾於書肆見一本,扉頁有“書林徐梁成梓”字樣。查徐氏爲明末書商,曾刊行《新刊項槖小兒論匯纂張子房歸山詩選》(藏於國圖善本部,標爲明代),又章宏偉《明代杭州私人刻書機構的新考察》於統計萬曆間杭州私人刻書時列舉一百零四家新增者,中有徐梁成其人①。然注者蔡方炳生於1626年,而此書上横字即爲“蔡九霞先生注釋”,故此徐梁成刻本當刊於清初。如此,則徐梁成之刻書當跨明清兩代,康熙刻本則爲此書之重刻,然二書字體版式,完全相同,則康熙本或用清初本原版片刷印,和刻本亦爲忠實之覆刻。

陳晋,生平不詳,據此書題署知其爲紹興人,字太士。毛奇齡《西河集》卷一八三《贈陳太士並序》對其人有記載②,知其於康熙十八年(1679)游京師,並選吴興司教之職,後去職。

蔡方炳(1626—1709),字九霞,號息關,江蘇昆山人。康熙十八年舉博學鴻儒,以病辭。著述甚富,有《廣治平略》四十四卷、增訂《廣輿記》二十四卷、《憤助編》二卷等。除此書外,日本尚曾刊行蔡方炳輯注《尺牘青錢廣編》及續集、《四六彙書》(參下文)。

全書分“通款往復類、起居往復類、造謁往復類、感謝往復類、寄緘往復類、求薦往復類、借貸往復類、索取往復類、迎送往復類、贊美往復關、饋賀往復類、送受往復類、延請往復類、勸慰往復類、邀約往復類”十五類,末附“玉堂帖式”。

其正文先列範本,後列注解。注解頗細緻,如首則“未會瞻仰”條云“仰炙台范,有如饑渴,而鬥山重望,無由得睹雅教,只增溯洄之思耳”,注解云:“仰炙,仰望而親炙也;台範,台基之儀範也;如饑渴,言愛慕之心如饑如渴也;鬥山,唐韓昌黎之文人望之如泰山北斗;雅教,大雅之教誨也;溯洄,詩溯洄從之,宛在水中央,言欲溯洄流往從之而不可得見也。”

---

① 章宏偉:《明代杭州私人刻書機構的新考察》,《浙江學刊》,2012年第2期。

② [清]毛奇齡:《西河集》,《文淵閣四庫全書》第1321册,第878頁。

【影印・整理】

無

【公藏】

中國:無。

日本:東大總,實踐女子大學、宫城縣圖、大阪大學、東北大學、佐野縣圖。

尺牘青錢廣編三卷

【叙録】

《新鐫尺牘青錢廣編》三卷,清蔡方炳編,日本元禄十三年(1700)古川參郎兵衛刊本。中本三册,前二册爲正編,末册爲"續集"。前有"康熙十一年歲次壬子長洲歸聖脉薪傳氏贈"序。卷端題"新鐫尺牘青錢廣編",署"平江蔡方炳九霞甫纂",版心署"青錢廣編"。正文四周單邊,白口,無魚尾,無界行,半葉八行,行二十一字,注小字雙行同,字有圈點,有少量返點。末有識語云"同選後有《四六彙書》,欲學書者應並看之"。後爲長方牌記,署"元禄十三庚辰歲仲春上浣日,京極書林古川參郎兵衛開板"。

【考證】

此亦爲蔡氏所編,國内似無,日本公文書館及大阪府立中之島各藏一康熙刊本,後者注云"清康熙十一年序刊本,習善堂藏板1册"。此習善堂現可查知刊行書籍似在晚清,然據此則知其於康熙時即已從事刻書之業。

【影印・整理】

無。

【公藏】

中國:無。

日本:京大附圖、東大總、實踐女子、宫城縣圖、阪大總。

四六彙書一卷

【敘録】

《四六彙書》一卷,清蔡方炳編,日本正德六年(1716)古川進七刊本。大本一册。扉頁中題"四六彙書",右署"蔡九霞先生選定",左署"内附行移體式""集賢居梓"。前有"甲寅春平江蔡氏方炳九霞題"《四六彙書序》。卷端題"新鐫四六彙書",署"平江蔡方炳九霞彙選釋注"。正文四周單邊,白口,無魚尾,無界行,半葉八行,行二十二字,注小字雙行同,有圈點,有少量返點。末有識語云"同選先有《尺牘青錢》,欲學書者應並看之"。後署"正德六丙申仲春日""書林京寺町五條上三町目古川參郎兵衛、江户通本石町三町目十軒店同進七"。

【考證】

此書即前書末識語所預告者,其出版者中亦有古川參郎兵衛。然此與前書相隔十六年之久,另主持此書之出版者已由京都之古川參郎兵衛改爲江户之古川進七,因其同姓,或爲古川參郎兵衛於江户所開之分號,然亦可見彼時書肆由京都移至江户之大勢。另,前書有圖書館標其爲"集賢居梓"者,或當由此書上推者,因前書中無此標識也。

【影印・整理】

無。

【公藏】

中國:無。

日本:阪大總、龍野歷史文化資料館、京大附圖、實踐。

十、詩文評類

文章緣起注一卷、續文章緣起一卷

【叙録】

《文章緣起注》一卷,梁任昉撰,明陳懋仁注;《續文章緣起》一卷,明陳懋仁撰。日本寶曆八年(1758)田中市兵衛刊本。大本二册。《文章緣起注》前有"崇禎壬午陬月福唐林古度撰"《文章緣起注續序》,次長水范應賓《文章緣起注舊序》。卷端署"梁樂安任昉彦升撰,明嘉興陳懋仁無功注,嘉善錢棅仲馭定";末有洪適跋。《續文章緣起》前有"清源謝廷授書於虎岫精舍"之《續文章緣起舊序》,次海鹽姚士粦序。卷端署"明嘉興陳懋仁無功注,嘉善錢棅仲馭定"。末有日人香川景興總跋。正文四周單邊,白口,無魚尾,有界行,半葉九行,行十八字,無返送。末署"寶曆八年戊寅三月發行,平安書林田中市兵衛、浪花書林澀川清右衛門"。

【考證】

《文章緣起注》及《續文章緣起》國内所用多爲《學海類編》本,如《叢書集成初編》及王水照編《歷代文話》。然《學海類編》爲道光間印行,後此和本近百年,故非最古之本。另據《中國古籍總目·叢書部》知南京圖書館存《陳懋仁雜著》七種,爲明崇禎刊本,中收此二書,又《中國古籍總目·集部》亦有《文章緣起注》之崇禎刻本,同存於南京,頗疑此二者實爲一書①。此崇禎本或爲二書最古之本,然學界尚無人詳論之。而此和刻本實爲明刊本之覆刻,故極忠實於底本(甚至未加日文訓點),可稱下明本一等之新善本。

此本前有林古度(1580—1660)於崇禎壬午(十五年,1642)所撰《文章緣起注續序》,其末云:"令子獻可,三長獨秉,多讀父書……則先生食報於子若孫,政爾未艾。橋梓著述,行將有勘官無者。"或原本爲陳懋仁之子陳藎謨(字獻可,《嘉禾徵獻録》卷四十六《陳懋仁傳》後有附傳)所刊,藎謨請

---

① 參《中國古籍總目·叢書部》,第1077頁;《中國古籍總目·集部》,第3168頁。

林古度爲此作序者。又,首頁有"嘉善錢棅仲馭定"字樣,錢棅(1619—1645)爲陳懋仁同鄉,崇禎十年(1637)進士,授南都兵部職方主事,後升吏部郎中,於 1645 年因抗清戰死於鄉。故可確定此書原本當刊於明末。

細勘此本與《學海類編》本,非但字句之間頗有異同,甚至多此有彼無、互相參差之句。頗疑陳注於傳刻時多經人增删。總體而言,《學海類編》本有個别字句和刻本無,和刻本所有而《學海類編》本所闕者更多,如"詔"下之注,《學海類編》本僅四十六字,而和刻本則近十倍於此。如上所言,此和刻底本當爲陳懋仁之子主持刊刻,並請同鄉名流錢棅校定,當爲定本;至於《學海類編》本,據倪春軍所考,其所收《續文章緣起》當爲初稿本,《陳懋仁雜著》本則爲修訂之定稿本,以彼例此,可知《文章緣起注》亦如是。據此,整理陳氏此二書,當以此和刻爲底本,校以《學海類編》本,方可稱善。

【影印・整理】

無。

【公藏】

中國:無。

日本:公文書館、文教大、東北大、大阪大、茨城大、京大人文研東方。

賦譜一卷

【叙録】

《賦譜》一卷,唐佚名著。日本昭和十五年(1940)東京大冢巧藝社以貴重圖書影本刊行會名義影印五島慶太郎藏平安末期寫本。卷軸裝,共一百五十九行,行約十七至十九字。

【考證】

此書爲唐人所作,然國内已佚失,幸存於日本。此譜分爲壯、緊、長、隔、漫、發、送、虚、實等部分,叙述賦之作法。

【影印・整理】

張伯偉《全唐五代詩格彙考》。

郭英德《歷代文評叢編》。

【公藏】

中國:無。

日本:神户市立中央、東京都立中央、東大總、實踐女子、東北大、宫内廳書陵部。

文筆要决一卷

【叙録】

《文筆要决》一卷,唐杜正倫著。日本昭和十五年(1940)東京大冢巧藝社以貴重圖書影本刊行會名義影印五島慶太郎藏平安末期寫本。卷軸裝,共八十一行,行約十七至十九字。

【考證】

《文筆要决》作者杜正倫於兩《唐書》有傳,《新唐書》載云:"正倫工屬文,嘗與中書舍人董思恭夜直,論文章。思恭歸,謂人曰:'與杜公評文,今日覺吾文頓進。'"①今《全唐詩》《全唐文》及其補編收有其人少量詩文作品,然此論文之書則佚失。《日本國見在書目録》曾著録②,現僅存日本五島慶太郎所存平安末期鈔本,昭和十六年(1941)被認定爲日本國寶。另日僧空海《文鏡秘府論》北卷"句端"條即引自書,並署"杜正倫"名,其《文筆眼心抄》亦有摘鈔。

【影印・整理】

王利器《文筆要决校箋》。
張伯偉《全唐五代詩格彙考》。
郭英德《歷代文評叢編》。

【公藏】

中國:無。

① [宋]歐陽修、宋祁:《新唐書》,第4039頁。
② 孫猛:《日本國見在書目録詳考》,第514—515頁。

日本：神户市立中央、東京都立中央、東大總、實踐女子、東北大、宫内廳書陵部。

冷齋夜話十卷

【敘録】

《冷齋夜話》十卷，宋釋惠洪撰，日本五山版。大本二册。正文左右文武邊，白口，單黑魚尾，有界行，半葉九行，行十八字。此後又有寬永古活字本，四周單邊，黑口，雙對魚尾，無界行；正保二年（1645）洛陽三條通林甚右衛門刊本，四周文武邊，黑口，三魚尾，無界行；寬文六年（1666）重印正保本；文化三年（1806）須原屋孫七覆正保本重刊本。

【考證】

此書國内存有元至正三年（1343）刊本①，然據《第三批國家珍貴古籍名録圖録》可知，國圖所存實非全本，缺七、十兩卷。故宫博物院藏有元刊足本，已影印出版，然與國圖所存者非同版。而此五山版之底本當爲至正三年本，以其行款、版式均相似之故。尤要者，五山版之末有識語云："是書僧惠洪所編也。洪本筠州彭氏子，祝髮爲僧，以詩名聞海内，與蘇、黄爲方外交。是書古今傳記與夫騷人黑客多所取用，惜舊本訛繆，且兵火散失之餘，幾不傳於世。本堂家藏善本，與舊本編次大有不同，再加斤正，以繡諸梓，與同志者共之。幸鑒。癸未春孟新刊。"按：日本國會圖書館所藏五山版之末爲墨板，無刊記，則或國會所藏爲初印之本，刊記或爲後補。此之"癸未"即至元三年，且此刊記亦與國圖所藏之本同，則其覆刻自至元本無疑矣。此後有寬永古活字本，將此刊記移於目録之末。後之正保本亦從之，然删去"癸未春孟新刊"一行，將其源於元刊之跡抹去之矣。此後和本均從正保本出，亦同。

《四庫簡明目録標注》録有此書，續録注云"董授經藏日本五山版，至佳"②。董康《書舶庸譚》中確有著録，又云："余昔年藏有是書，今歸沅叔同

① 《中國古籍總目・集部》，第 3179 頁。

② ［清］邵懿辰撰，邵章續録：《增訂四庫簡明目録標注・續録》，第 531 頁。按：張伯偉編校《稀見宋人詩話四種》引及此語，又云董康《書舶庸譚》中無及者（南京：江蘇古籍出版社，2002 年，《前言》第 2—3 頁），董氏之書有四卷本及九卷本之别，此語實在卷八。

年。較通行本多數則也。”[①]董氏此條寫於 1935 年,然其云“昔年”,則非此時之事。檢傅增湘《藏園群書經眼録》載云“存卷六至十,卷一至五抄配”,並注“董授經藏書”,知其所藏實僅全書之後半。傅氏又云:“字體疏古,從宋本出。余取校稗海本,卷九補開井法一條,餘異字異文殆不可勝計。”[②]又爲作跋云:“余昔迻寫何校,苦無善本可勘,今竟獲海外奇秘,讀畢爲之忻慰無已。沅叔手記,時甲寅十二月十七日也。”[③]知此和本已得當時藏書大家之認可。此之甲寅即民國三年(1914),董氏何時贈書於傅,亦可考見,此條前傅氏另有跋語云:“惜此本及何批《津逮》本均有舛誤,安得舊本一勘耶! 甲寅閏月初五日,沅叔記。”跋在同年,其年閏五月,知其得書在五月至十二月間也。傅氏正思得善本校此書,即有董氏舉以贈之,亦書林佳話也。然於此書,較傅氏尤早重視之者,乃羅振玉、王國維二氏。羅氏舊藏有此書汲古閣本,其書於 2007 年於上海嘉泰上拍,終以三十四萬元爲人拍得,此書之末有羅氏跋云:“壬子七月,嵩山堂以五山版《冷齋夜話》求售,乃覆宋本,索價三百元,因請静公以三夕之力校而還之。”[④]然數月之後,此書或即由董康購得。王國維於同年九月五日致繆荃孫函中云:“授公從書坊携來五山刊本《冷齋夜話》(前五卷當明嘉隆間人抄補),甚佳,以毛本校之,多二條(十卷亦有小題,其‘淵村’亦作‘劉淵才’,當自元本出),又補脱數處,改正若干字(約數百字)。索值三十八元,大約擬留之也。”[⑤]據此可知董康所得即羅振玉所經眼者,然僅過二月,價即由三百元降至三十八元。王國維兩月間二見此書,先爲羅以三夕之力校之,又從董康得書從容校之。故其於此書之認識較羅爲精,羅以其“乃覆宋本”,雖亦肯定其價值,然未當;王云“當自元本出”,蓋得其實[⑥]。另據《善本書所見録》載羅氏云:“曩見五山板本,前五卷抄補,取校毛本,補‘[詩]一字未易工’(卷三末)及‘開井法禁蛇方’(卷九末)二條,又正譌奪之字數百,標題亦與毛本大異,蓋從宋本出。書肆非百五十金不售,乃校而還之。昨在東京,得此本於某舊家,與五山本悉同,而首尾完好,價則不及五山本三之一。聞彼邦傳本亦至罕,異日當影寫付刊以傳之。宣統丙辰冬仇亭老民記。”[⑦]知嵩山堂先索

---

① 董康著,朱慧整理:《書舶庸談》,第 278 頁。

② 傅增湘:《藏園群書經眼録》,第 573 頁。

③ 傅增湘:《藏園群書題記》,第 374 頁。

④ 韋力:《得書記》,桂林:廣西師範大學出版社,2015 年,第 295 頁。

⑤ 《藝風堂友朋書札》,上海:上海古籍出版社,1980 年,第 1022 頁。

⑥ 關於此書版本之深入研究,可參卞東波、查雪巾:《冷齋夜話日本刊本考論》,《域外漢籍研究集刊》第七輯,北京:中華書局,2011 年,第 323—346 頁。

⑦ 羅振常撰,汪柏江、方俞明整理:《善本書所見録》,上海:上海古籍出版社,2020 年,第 107 頁。

價三百元,後最低至一百五十元,羅氏未購,二月後以三十八元售予董康,董氏兩年後又將其贈予傅增湘。而羅振玉則於四年後至日本,於東京以“三之一”之價得一部。據羅振常所述,“目後有‘是書僧惠洪所編也’云云識語七行”,則必非五山本;又其識語爲七行,又非寬永古活字本,則其所得,不過正保本或寬文本。

【影印·整理】

《日本五山版漢籍善本集刊》影印本。

張伯偉編校《稀見宋人詩話四種》,江蘇古籍出版社2002年版。

【公藏】

中國:國圖(古活字本),遼寧(寬文本)。

日本:宫内廳書陵部、國會、公文書館、成簣堂文庫、東洋文庫、龍門文庫(以上五山版),公文書館、大阪府立中之島(以上古活字本),東大總、新瀉大、山口大、宫城縣圖、大阪府立中之島、越谷、實踐女子、宫内廳書陵部(以上正保本)。

天厨禁臠三卷

【敘録】

《石門洪覺範天厨禁臠》三卷,宋釋惠洪撰,日本五山版。大本一册。左右雙邊,有界行,半葉十一行,行二十字。後又有寬文十年(1670)長尾平兵衛刊本。此據寬文本録。正文四周文武邊,白口,單黑魚尾,無界行,半葉八行,行十八字,有返送。卷端題“石門洪覺範天厨禁臠”。末有“寬文十年龍集庚戌臘月穀旦,銅駝坊長尾平兵衛刊行”。

【考證】

惠洪此書,《四庫全書總目》評云:“是編皆標舉詩格,而舉唐、宋舊作爲式。然所論多强立名目,旁生支節。……所論古詩押韻换韻之類,尤茫然不知古法。嚴羽《滄浪詩話》稱‘《天厨禁臠》最害事’,非虚語也。”①故將其降至存目中,後世所傳亦稀見。傅增湘曾藏一部,跋云:“《歷代詩話》

① 魏小虎編撰:《四庫全書總目彙訂》,第6715頁。

亦未收，此外更別無覆刊者。原本爲天一閣所流出，故録而存之。”①現據《中國古籍總目》所録，僅有一明刻孤本存國圖，另即明抄本②。故日本所刻亦可爲此書存亡繼絶矣。況據張伯偉所論，此書之版本系統有二，一爲明正德本系統，一即日本五山本系統，“從標目來看，卷上正德版有十五目，而五山版爲十目，‘詩有四種勢’以下五目皆無；卷中正德版有八目，五山版爲九目，在‘遺竟句法’下多‘歌’；卷下皆爲十五目。……此外，文字方面也有異同”。則又知日本所傳與國内所存之明本又有不同，則尤可珍也。然日本之五山版亦稀同星鳳，而其寬文本與五山本“文字基本相同，可以確認其與五山版屬同一系統”③，亦可珍之。

【影印・整理】

張伯偉編校《稀見宋人詩話四種》，江蘇古籍出版社2002年版。

【公藏】

中國：無。

日本：京都建仁寺兩足院（五山版），公文書館、國會、關大、東北大、實踐女子、神户市立中央。

吟窗雜録五十卷

【叙録】

《陳學士吟窗雜録》五十卷，宋陳應行撰，日本文政九年（1826）昌平坂學問所官板本。大本十册。前有“紹興五禩重陽後一日浩然子”《吟窗雜録序》。卷端題“陳學生吟窗雜録卷之一”。正文左右文武邊，白口，單黑魚尾，有界行，半葉十一行，行二十字。全書之末署“文政九年刊”。

【考證】

此書版本亦極少，有清一代全未刊行，或亦《四庫全書》詆毀甚力之故，其云：“其餘如李嶠、王昌齡、皎然、賈島、齊己、白居易、李商隱，諸家之

---

① 傅增湘：《藏園群書經眼録》，第1318頁。

② 《中國古籍總目・集部》，第3179頁。

③ 張伯偉編校：《稀見宋人詩話四種》，《前言》第10頁。

書,率出依托,鄙倍如出一手。而開卷魏文帝《詩格》一卷,乃盛論律詩,所引皆六朝以後之句,尤不足排斥。可謂心勞日拙者矣。"①至今所存,僅有明嘉靖時刻本②。故此和本行世雖晚,亦可珍也。

【影印・整理】

無。

【公藏】

中國:無。

日本:京大附圖、新潟大、公文書館、山梨縣圖、飯田市立中央、國會、慶應。

詩人玉屑二十一卷

【叙録】

《詩人玉屑》二十一卷,宋魏慶之編,日本正中元年(1324)玄惠刊本。大本一册。前有"淳祐甲辰長至日玉林黄昇叔暘序",序末有"玉林"陽文八角印,"清則後升"陽文鐘形印,"黄氏圖書"陽文方印。正文四周文武邊,黑口,雙對魚尾有界行,半葉十一行,行二十一字。末有"正中改元臘月下浣,洗心子玄惠書"之跋語。此書後有朝鮮正統四年(1439)之覆刊本,朝鮮本又回流至日本,寬永十六年(1639)田原仁左衛門再據朝鮮本翻刻,其本與正中本之不同,一者無界行,二者末附"正統己未冬十一月日嘉善大夫忠清道都觀察黜陟使兼監倉安集轉輸勸農管學事提調刑獄兵馬公事臣尹炯拜手稽首敬跋"之識語及後校刊者列名。又於版權頁標"寬永十六年己卯九月吉辰,二條通鶴屋町田原仁左衛門新刊"。此寬永本又有正德二年(1712)之後印本。

【考證】

此書國内宋、元、明刊均有傳本,然均爲二十卷本③,非但較和本少一

① 魏小虎編撰:《四庫全書總目彙訂》,第6720—6721頁。

② 《中國古籍總目・集部》,第3175頁。

③ 《中國古籍總目・集部》,第3180—3181頁。

卷,就其内容亦有缺。王國維曾對校宋本與寬永本,並於所校之寬永本後書跋云:“辛亥季冬,避地日本京都,從石林書屋借得宋本詩人玉屑,因校於此本上。二本行款均同,然至二十卷則大有詳略。又此本以詩餘另作二十一卷。疑所出之本亦然,或宋本後有增删歟?”[①]然在此前,楊守敬即對此頗加關注,其藏中即有一“日本古刻詩人玉屑”,上標“五山”字樣[②],則知爲正中本無疑。惜其無力整理題跋,故《日本訪書志》中未能著録稱揚之,故國人知此書之佳,尚俟静庵先生也。然則何以知楊氏關注此書?以其《留真譜》多影刻宋元舊本,然亦將此本首頁影入[③],楊氏舊藏之本現存臺北故博。另,森立之《經籍訪古志》著録懷仙樓藏朝鮮刊本,楊氏手批森《志》云“日本所刊元本,今在飛青閣”,或即指此本。

關於此書之價值,學界已有精深之研究,此不贅[④]。

此書於中、日、朝三國之間之傳播亦爲頗有典型之意義。先是某宋刊流入日本,至正中元年爲洗心子玄惠所刊,其於刊行之時題識語云:“本云:兹書一部,批點句讀畢,胸臆之决,錯謬多焉。後學之君子,望正之耳。正中改元臘月下浣,洗心子玄惠書。”此本至森立之時所存已極少,故其《經籍訪古志》雖録有“舊刊本,求古樓藏”之本,然標云“未見”。然此書却流於朝鮮,爲朝鮮刊行。其本刊於世宗二十一年己未(明正統四年,1439),爲忠清道清州刊本,此本目前於日本尚存多種。之所以認定此爲覆正中本者,正因其末仍附玄惠之識語。而此本森立之則曾見一懷仙樓藏本,並著録云:“有正統己未韓臣尹炯等跋,稱‘主上殿下念詩學之委靡,欲廣布此書。歲在丙辰,出經筵所藏一本,命繡之梓,始刊於清州牧。臣炯觀其舊本頗有誤字,即命集賢殿讎正以下’云云。末列署監校、校正、刻手等名銜。以跋文考之,引本韓臣奉國主命,依玄惠校本刊行者。凡皇國所傳典籍,近日流傳於海外者,僅數部耳。正中陋今殆五百三十餘年,而是書在正統初韓人早已刊行,不亦奇哉!”[⑤]最後,此本又經楊守敬、王國維諸人之手,舶歸故土。

按:王國維之子王仲聞後點校此書,亦可稱繼静庵先生之志,故其書爲當下閲讀、研究之通行本。然所録稍有疏誤。即以静庵之跋言,或有意避諱,如原跋“辛亥”二字前有“宣統”二字,録文删去之,或免正朔之論,當下

---

① [宋]魏慶之著,王仲聞點校:《詩人玉屑》,北京:中華書局,2007年,第701頁。
② 《鄰蘇園藏書目録》,第11頁。
③ [清]楊守敬編:《留真譜》,第1037頁。
④ 參卞東波:《域外漢籍與宋代文學研究》第十一章相關論述。
⑤ [日]澁江全善、森立之等撰:《經籍訪古志》,杜澤遜、班龍門點校,第255—256頁。

再版，則當復王氏之舊；下云"從石林書屋借得宋本詩人玉屑"，原跋爲"若林書屋"，或王氏録文之時受葉石林之影響而錯認，此"若林"當爲日人之姓，或即彼時設肆京都經營書畫之若林正治。

除此跋外，因於日本文獻未熟，亦偶有疏誤，如録寛永本末之刊記作"田原仁龍衛新刊"，實日人將"左"字寫爲"龙"，王即將其轉爲"龍"；另此刊記"衛"後有一"門"字，其刻爲一條波浪綫，王或以其爲裝飾之用，故未録。實田原仁左衛門爲寛永間著名書商，所刻之書極富。又録朝鮮人尹氏名爲"烱"（日本圖書館又有録爲"烟"字者），此實"炯"之異體，或名從主人，若尹氏書爲"烱"亦可保留，然寛永本實爲"炯"字，朝鮮本亦同。

【影印・整理】

〔日〕長澤規矩也《和刻本漢籍隨筆集》第十七輯（寛永本）。

《詩人玉屑》，王仲聞點校，古典文學出版社 1958 年版，上海古籍出版社 1978 年版，中華書局 2007 年版。

【公藏】

中國：首都、辭書、大連、國圖（有王國維校跋）。

日本：京大附圖、東洋文庫、三井文庫（以上五山本），前田育德會、公文書館、阪大總、神户大、廣島大、神户市立中央、東京都立中央、宫内廳書陵部、立命館大學、實踐女子、民博（以上寛永本）。

文選心訣一卷

【叙録】

《虞邵庵批點文選心訣》一卷，題元虞集撰，日本文化元年（1804）昌平坂學問所官板本。大本一册。前有"弘治三年八月穀旦賜進士通議大夫奉敕巡撫湖廣兼贊理軍務都察院左副都御史南舒鄭時宗良書"書。正文左右文武邊，白口，無魚尾，版心署"文選心訣"，有界行，半葉九行，行十八字，小字雙行同，無返送。後附《文章精義》一卷。末有"文化元年刊"字樣。

【考證】

此書國内僅存明刻本,唯國圖及上海有藏①。且其亦與《文章精義》合刊,則和本與此當有淵源。國家圖書館出版社《文選研究文獻輯刊》第四册收入此書,然據和本影印者,爲此輯刊所收四十二種文獻中唯一之和刻本(其所用底本非文化元年官板本原本,而爲明治時後刷之《昌平叢書》本)。另,日本早稻田大學圖書館藏有活字本,唯半葉十行,與此不同,餘皆同。視其版式裝幀,當爲朝鮮活字本,則此和本或據朝鮮本翻刻者。

【影印・整理】

宋志英、南江濤選編《〈文選〉研究文獻輯刊》,國家圖書館出版社 2013 年影印本。

【公藏】

中國:無。

日本:東北大、静嘉堂文庫、大阪府立中之島、阪大總、愛知大、關大、國會、公文書館、山梨縣圖、東京都立中央。

文章歐冶一卷

【叙録】

《文章歐冶》一卷,元陳繹曾撰,日本伊藤長胤訓點,元禄元年(1688)京都永原屋孫兵衛等刊本。大本一册。前有陳氏《文章歐冶序》,次"嘉靖壬子仲夏下浣通政大夫司諫院大司諫坡平尹春年謹序"之《文筌序》,次"至順三年七月汶陽老客陳繹曾書"《文筌序》。卷端署"元陳繹曾著"。正文四周文武邊,白口,單黑魚尾,無界行,半葉十一行,行二十一字。正文後有"壬子秋無心道人尹春年謹注"字樣。末有"日東元禄改元戊辰洛陽伊藤長胤書"之《文章歐冶後序》。後有"元禄元戊辰歲黄鐘梓洛陽書林:唐本屋又兵衛、永原屋孫兵衛"字樣。

---

① 《中國古籍總目・集部》,第 2945 頁。

【考證】

此書國内幾無,僅山東藏有朱權刻本①,另華東師範大學圖書館藏有清抄本,《歷代文話》即據以和本爲底本録入,並參校清抄本。據編者云,此和本"優點是序跋比較多"②。此和本乃據朝鮮本重刻者,故其前有朝鮮人尹春年之序,後並云有注,然注極少。另,其前序多稱《文筌》者,以此書原名即《文筌》,陳氏序云:"夫筌所以得魚器也,魚得則筌忘矣;文將以見道也,豈其以筆札而害道哉!"知取名於此。後朱權刻此書時云:"知夫文章體制有如此法度,庶不失其規矩也。更其名曰《文章歐冶》。"③

【影印·整理】

〔日〕長澤規矩也《和刻本漢籍隨筆集》第十六輯。

王水照編《歷代文話》,復旦大學出版社 2007 年版。

【公藏】

中國:無。

日本:九大、國會、静嘉堂文庫、神户市立中央、阪大總、二松學舍、新潟大學、廣島大、愛知大、東大總、立命館、前田、椙山女、佐野、東京都立中央、慶應。

詩法源流一卷

【敘録】

《詩法源流》一卷,元佚名撰,日本延文四年(1359)五山本。大本一册。正文左右文武邊,黑口,雙順魚尾,有界行,半葉十一行,行二十字。又有江户時刊本。大本一册。前有"至治壬戌四月望楊仲弘書"之《詩法源流序》,次"嘉靖壬子仲冬下浣通政大夫司諫院大司諫知制誥坡平尹春年謹序"之《詩法源流序》。卷端署"傅與德述德機范先生意,嘉禾懷悦用和編集"。正文四周文武邊,白口,單花魚尾,無界行,半葉九行,行二十字,有

① 《中國古籍總目·集部》,第 3222 頁。

② 王水照口述,侯體健整理:《王水照訪談録》,上海:上海古籍出版社,2022 年,第 221 頁。

③ 王水照編:《歷代文話》,上海:復旦大學出版社,2007 年,第 1220 頁。

返送。

【考證】

此書延文四年刊本卷末有“延文己亥孟春雲居比丘妙葩命工刊行”之刊記(川瀨一馬云此爲延文三年刊,或偶誤),是爲春屋妙葩本(其書存於日本大阪市杏雨書屋),當據元本翻刻。然此後之江户本却非據延文本所刊者,因前有朝鮮人尹春年序,則當與前書同據尹春年本翻刻。張健曾校録此書,以五山本爲底本,並參照天保本分段①。此書作者未詳,川瀨一馬署“明王用章編”②,乃移用嘉靖時王用章編《詩法源流》本而來,實未爲妥。江户本署“傅與德述德機范先生意”,“德”字誤,天保本《木天禁語》附《詩法源流》本爲“礪”,似是。

【影印・整理】

〔日〕長澤規矩也《和刻本漢籍隨筆集》第十六輯。

張健《元代詩法校考》,北京大學出版社 2001 年版。

【公藏】

中國:無。

日本:杏雨書屋(五山版),文教大越谷、關大、國會、京大文、前田育德會(以上天保本)。

文章一貫二卷

【敘録】

《文章一貫》二卷,明高琦、吴守素編,日本寬永二十一年(1644)風月宗智刊本。大本一册。前有“嘉靖丁亥季夏望日烟溪程默頓首拜書”之《文章一貫序》。卷端署“山東武城丙戌進士高琦編集,同窗時庵吴守素同集”,版心署“文一貫”。正文四周文武邊,白口,雙對花式魚尾,無界行,半葉十一行,行二十字,有返點。後有“嘉靖丁亥陸月既望晴溪程然頓首拜書”之《文章一貫後序》。末署“寬永廿一甲申歲孟夏吉辰,二條通觀音町

---

① 張健:《元代詩法校考》,北京:北京大學出版社,2001 年,第 230 頁。

② 〔日〕川瀨一馬:《五山版研究》,第 474 頁。

風月宗智刊行”。

【考證】

此書據程默、程然二序,知當成書於嘉靖六年(1527),然明刊早佚。據金程宇云,此書有朝鮮明宗時銅活字本①,然存世極少,故此書端賴和刻本以傳。除寬永二十一年刊本外,明治十五年(1882)尚有東京如蘭社排印本,又有明治十七年(1884)龜卦川政隆《文章一貫集解》。

此書作者高琦,據其自署及嘉靖《山東通志》,知其爲嘉靖丙戌(五年,1526)進士,山東武城人,曾任知縣②。另據乾隆《武城縣志》卷六知其爲嘉靖乙酉(四年,1525)科舉人,“嘉靖五年丙戌科龔用卿榜,歙縣知縣,剛正不阿,忤當道,謝病歸。”③據乾隆《歙縣誌》知任知縣由嘉靖五年至八年(1526—1529)④。又據本書程然《後序》“得吾格庵先生所輯《文章一貫》而觀之”,“一以貫之,尚當無負吾格庵先生之深意焉”等可知其號格庵。

吴守素,生平不詳,據此書知爲高琦同鄉,號時庵。又據乾隆《武城縣志》卷六知其爲嘉靖戊子(七年,1528)科舉人。

序作者程默(1496—1554),據過庭訓《本朝分省人物考》卷三七云“程默,字子木,休寧人”,“嘉靖乙酉舉明經,卒業太學。戊戌下第,吏部銓選第一時除廣州府同知”,“以嘉靖甲寅卒,年五十有九”⑤。知其字子木,號烟溪,安徽休寧人。嘉靖四年中舉,嘉靖十七年(1538)授廣州府同知,嘉靖三十三年(1554)卒,年五十九。程然無考,以名、號相核(然號晴溪),疑即程默之弟。

書分二卷,卷上分立意第一、氣象第二、篇法第三、章法第四、句法第五、字法第六,卷下分起端第一、叙事第二、議論第三、引用第四、譬喻第五、含蓄第六、形容第七、過接第八、繳緒第九,共十五部,多録前人論文之語。張煦《校讀〈文章一貫〉後記》曾統計其書所引三十七種書的細目,並有極高之評價,其云:“中土論文之書,以梁劉彦和《文心雕龍》最爲杰出,此夫人而知之。唐宋以降諸作,學者每盛道宋陳騤之《文則》,元陳繹曾之《文筌》。然《文則》多比較字句而略大體,《文筌》雖究大體,而於全帙未能十

① 金程宇:《東亞漢文學論考》,第248頁。

② 《(嘉靖)山東通志》,《四庫全書存目叢書》第188册,第142頁。

③ 《(乾隆)武城縣志》,《中國地方誌集成·山東府縣誌輯》第十八册,南京:鳳凰出版社,2004年,第270—271頁。

④ 《(乾隆)歙縣志》,《中國方志叢書》,影印,香港:成文出版社,1966年,第238頁。

⑤ [明]過庭訓:《本朝分省人物考》,《續修四庫全書》第534册,第17頁。

分組織。求其條貫義類,首尾有章,如今日教本體裁秩然不紊者,亘唐宋元明四代,未有善於此書者也。"①另學界於此書亦有深細之研究,均可參考②。

【影印・整理】

〔日〕長澤規矩也《和刻本漢籍隨筆》第十六輯。

金程宇《和刻本中國古逸書叢刊》(有解題)。

王水照編《歷代文話》,復旦大學出版社 2007 年版。

【公藏】

中國:遼寧(亦藏有明治十七年〔1884〕龜卦川政隆集解本)。

日本:公文書館、大阪府立中之島、前田育德會、關大、東大總、新潟大、大阪大、實踐女子大、廣島大、椙山女子大、東北大、慶應。

文章九命一卷

【叙録】

《文章九命》一卷,明王世貞撰,日本元文二年(1737)跋刊本。巾箱本一册。前有"元文改元秋七月僧道超謹識"之《文章九命序》,次"泉溟高志養浩識"之《文章九命跋》。卷端署"吴郡王世貞著"。版心下有"文林堂"字樣。正文四周單邊,白口,無魚尾,有界行,半葉六行,行十五字。後有"元文二丁巳年泉溟友懋績撰"《文章九命卷尾》。末葉"文林堂梓行目録"後有"南久寶寺町心齋橋筋丹波屋理兵衛版"字樣。

【考證】

此書實即王世貞《藝苑卮言》中一節③,曾被録入明華淑所編《閒情小

---

① 張煦:《校讀〈文章一貫〉後記》,《清華大學學報》(自然科學版),1930 年 3 月號。按:感謝侯體健兄賜示此文信息。

② 侯體健:《資料彙編式文話的文獻價值與理論意義——以〈文章一貫〉與〈文通〉爲中心》,《復旦學報》,2009 年第 2 期;卞東波:《江户明治時代的日本文話探析》,《文藝理論研究》,2013 年第 4 期。

③ 〔明〕王世貞:《藝苑卮言》,《歷代詩話續編》,北京:中華書局,2006 年,第 1080—1087 頁。

品》中①,又收入《説郛續》卷三十二②,影響頗著。後清初王晫仿此作《更定文章九命》(有《昭代叢書》本)。然國内並無單行之本。此和刻本爲首次單行。前有僧道超之序云:"築之太宰府者,王室盛時綱紀西州之外逕也。菅相公嘗謫死於此,以故建廟。廟傍有書庫,倭漢之典籍,插架充棟,號爲神物。……貧道少時與友人湄川居士翱翔於彼,偶得王世貞《文章九命》於庫内,其事可驚可怪,可悲可喜者,秩然布列。……因謀所識之一先生校正之,屬梓以永其傳。"知此書爲道超携出付梓,然其並未説明底本來歷。高志養浩跋云:"弇州之此編,纂修古今才子命之厚薄,言簡意激。有一衲抽之《續説郛》中,秘襲焉。"則知此實出《續説郛》,以文本視角觀之,無甚價值。然此和本甚罕見,目前所知,日本圖資機構所藏,僅廣島大學一處。至明治十三年(1880),又被收入《温故叢書》第一集。王水照《歷代文話》即據長澤規矩也《和刻本漢籍隨筆集》第十七集所收元文二年序刊本入録。

然此節録入《説郛續》時即有更改,王世貞原文"一曰貧困,二曰嫌忌,三曰玷缺,四曰偃蹇,五曰流貶,六曰刑辱,七曰夭折,八曰無終,九曰無後",至《説郛續》則一爲知遇,二爲傳誦,三爲證仙,四爲貧困,五爲偃蹇,六爲嫌忌,七爲刑辱,八爲夭折,九爲無後,去原玷缺、流貶、無終三條,易之以知遇、傳誦、證仙,未知何所從來。即未易之條,亦未免《説郛續》多從删略之病。此元文本亦全同《説郛續》。後《温故叢書》之校訂者村田直景發現此節云:"余嘗閲《藝苑卮言》,曰'曩與同人戲爲文章九命,一曰貧困,二曰嫌忌,三曰玷缺,四曰偃蹇,五曰流貶,六曰刑辱,七曰夭折,八曰無終,九曰無後',頗與此篇出入异同。然此篇舊藏於我築前宰府之神庫者,故姑存其古,别設拾遺以補其闕,又置參考以見其异云。"其將遺漏者均入拾遺,又撰參考,實即校勘記附於後,堪稱嚴謹。

【影印・整理】

〔日〕長澤規矩也《和刻本漢籍隨筆集》第十七集。

王水照編《歷代文話》,復旦大學出版社 2007 年版。

【公藏】

中國:無。

---

① 參《中國古籍總目・集部》,第 3189 頁。

② [元]陶宗儀等編:《説郛三種》,上海:上海古籍出版社,1988 年,第 1541—1545 頁。

日本：廣島大學。

古今文評一卷

【叙録】

《古今文評》一卷，明王守謙撰，日本享保十三年（1728）京都奎文館刊本。中本一册。前有“享保丁未春三月吉長崎平君舒仲綏撰”《古今文評序》。卷端署“中都靈壁王守謙道光甫著”，版心下標“奎文館藏”。正文左右文武邊，白口，單黑魚尾，有界行，半葉八行，行二十字。後有“戊申上元前付奎文館以鋟諸萍隱平君舒重識”之《附刻文評後》。《奎文書鋪刊書品目》後有“享保戊申歲孟秋下浣，京城書林，瀨尾源兵衛刊行”字樣。

【考證】

此書原本國内無存，即此享保所刊和本亦極罕見，非但國内無收藏者，即日本目前所知亦僅慶應義塾大學圖書館及京大附圖各藏一種（長澤規矩也氏所編《和刻本漢籍隨筆集》影印之底本非慶應藏本）。此外，尚有《温故叢書》第一集本，然此《温故叢書》日本所存亦罕，其爲袖珍本，删去前後之序跋，獨載正文，半葉七行，行十六字。

著者王守謙生平頗晦。《歷代文話》據“書中提及‘天啓間（1621—1627）長組吴師’云云，則當爲明末人”，生平不詳①。檢《（光緒）重修安徽通志》卷二百二十八據《靈璧縣志》所録小傳云：“王守謙，號鳳竹，靈璧人。以歲貢歷清河教諭，博極群書，多所著述。致仕歸，年逾八十。流寇攻城，猶率子弟登陴拒守。隨筆紀事，所著有《小隱窠爽言》。其《唤世編》爲縣令蘇一圻借鈔，遂携去不傳。”則其生平大致清晰，且可據此書補其“道光”之字。

然上引小傳之末提及縣令蘇一圻，初疑王守謙非明人。據江慶柏《清代人物生卒年表》知此蘇一圻生於康熙四十四年（1704）②，據《明清進士題名碑録索引》知其爲雍正五年（1727）丁未科進士③，據《（光緒）重修安徽通志》卷一四三知其“乾隆五年（1740）知旌德縣”，則其爲靈璧縣令時在乾

---

① 王水照編：《歷代文話》，第3117頁。
② 江慶柏：《清代人物生卒年表》，北京：人民文學出版社，2005年，第235頁。
③ 朱保炯、謝沛霖：《明清進士題名碑録索引》，第2697頁。

隆初期，若此時王守謙八十歲，則其當生於康熙初年。故絶非明人。

然事有未必然者，據前可知，蘇一圻雍正五年(1727)方中進士，恰在此年日本之《古今文評》已然刊行，絶無此理。再檢《乾隆靈璧縣志略》，見王守謙傳，列入"鄉賢"之明代部分，傳與前引《安徽通志》略同，後有注云："吴志言崇禎中流寇攻城，守謙年逾八十，猶率子孫守陴……惜其書不可見，余嘗從邑諸生求其斬事，無所得。聞所著有《唤世編稿》，前令蘇一圻借觀，携之去。今存者唯《爽言》刻本。(蘇令借書在某吏陸家，抄寫未完而携去。王氏後人竟不能舉其名。余見蘇令……因公事至樓子莊，約見王某，示家刻一卷，乃《小隱窩爽言》，前朝王道光所著。問其家藏書，多散軼，猶有《唤世編》，未付剞劂。取而觀之，上下古今，縱横浩瀚，大江南北，當首屈一指，乃知蘇令所借即此《唤世編》也。)"[1]知《安徽通志》經剪裁，將相隔百年之事並置，遂令人誤解。而王氏崇禎中"年逾八十"，則爲明人始無疑義。又按：據此志亦可知蘇一圻爲乾隆"十一年由旌德調任此"。

據前考，知王守謙著作多佚，乾隆時仍有《小隱窩爽言》之刻本，此書今亦不傳。然細味平君舒《附刻文評後》"右《古今文評》，載乎《小隱窩爽言》，乃明王氏之所作。《爽言》數百，則其一也。蓋世之罕有，是以弗傳"之語，再核以其序中"世有文評，而無古今文評，王守謙著《爽言》，爲文評古今之謂也"，知此《古今文評》實《小隱窩爽言》中之部分，正如前述《文章九命》爲《藝苑卮言》之部分同。故可知初無所謂《古今文評》之書也，此爲日人據流傳至彼之《小隱窩爽言》(日本今亦無存)抽出單行者。

【影印·整理】

〔日〕長澤規矩也《和刻本漢籍隨筆集》第十七集。

王水照編《歷代文話》，復旦大學出版社 2007 年版。

【公藏】

中國：無。

日本：慶應、京大附圖(享保本)，民博、慶應(《温故叢書》本)。

---

① 《乾隆靈璧縣誌略》，《中國地方誌集成·安徽府縣誌輯》，南京：江蘇古籍出版社，1998年，第56頁。

小草齋詩話三卷

【叙録】

《小草齋詩話》三卷，明謝肇淛著，日本天保二年(1831)序刊本。大本二册。扉頁書名右署"明謝在杭著"，左署"讀耕齋林先生舊藏本摹刻"。前有"天保辛卯花朝讀耕齋六世孫林煒"《小草齋詩話序》，次"天啓甲子暮春社友弟馬欻書"之《小草齋詩話序》。卷端署"晋安謝肇淛著，友人馬欻較"。正文左右文武邊白口，綫魚尾，有界行，半葉九行，行十八字，無返送，有句讀。

【考證】

此書國内僅上海存清刻一帙①，爲五卷全本，日本公文書館、國會、前田育德會、二松學會、山梨縣圖五家亦藏有五卷鈔本，而此和刻本僅存内、外集三卷，並非全帙，然因此書流傳極稀，故此和刻本亦甚珍貴。日本公文書館存此書明刊本，然無卷四、卷五，與此和本同，臆者公文書館所藏或即此書底本歟？據書前林煒序云："捱口孟管一日袖《小草齋詩話》來示，曰：'是係君家貞毅公舊藏，久已歸於我，今將鍥之梓，以供摘藻者珍賞，而不忍亡其真手，自影抄摹刊，請君弁一言。'受而觀之，批句跋尾，儼然爲家祖真蹟，使余不勝起敬哉！"知其底本爲江户初儒學者林守勝舊藏，書坊爲留明刊原貌以影抄摹刊之，故此和本與明刊行款、字體全同，唯增點讀耳；然林序云"批句跋尾，儼然爲家祖真蹟"，此明刊本既無林氏收藏印章，亦無批點痕跡，或非此書底本，若果如此，則此紅葉山文庫舊藏與林家舊藏均爲三卷之殘本，亦頗巧合。又據此，知國内學界常將此和刻本稱云"讀耕齋刻本"②，實爲大誤，以此非林氏家刻本也，故或當稱之爲"影刻林氏讀耕齋舊藏本"。

【影印・整理】

周維德集校《全明詩話》本，齊魯書社2005年版。

---

① 《中國古籍總目・集部》，第3174頁。

② 周維德集校：《全明詩話》，濟南：齊魯書社，2005年，《前言》第45頁；孫小力：《明代詩學書目彙考》，《中國詩學》第九輯，北京：人民文學出版社，2004年，第55頁。

【公藏】

中國:無。

日本:阪大總、京大文、佐賀縣圖、神户市立中央、茨城大、東北大、國會。

書文式四卷

【敘録】

《書式》二卷、《文式》二卷,明左培撰,日本享保三年(1718)柳枝軒刻本,二册。扉頁題"書文式",右上署"左因生氏輯著",左署"書林墨香居"。前有凡例。卷端署"姑蘇蔣棻畹仙氏點次,宛陵左培因生氏輯著"。版心署"書式上、書式下、文式上、文式下"。正文四周單邊,白口,無魚尾,無界行,半葉八行,行二十字,有返點。

【考證】

此書僅日本前田育德會尊經閣文庫藏有原刊本,然尊經閣標爲"清左培",其餘日本圖資機構則均標爲"明左培"。因此人無可考,故時代難明。《歷代文話》所收此書點校者王宜瑗據序作者章世純卒於明亡之年、詹應鵬爲萬曆四十四年(1616)年進士推斷"左氏亦爲明末人"①。尚可補一證,即此書第三篇序作者"古虞社弟蔣棻",其云"予既爲之點次,又僭爲之序云",知當二人交往之早期,據考其人卒於康熙三年(1664),年六十②,則知序此書當在明末。

左培,生平不詳,僅據此書知其字因生,宛陵人。

其書分《書式》與《文式》各二卷,其《凡例》云"是編乃應試先資,故《書式》止論小楷,《文式》止論時藝",其體例爲"首列名公之論於前,而附諸法於後。欲學者一見,先知大意,然後入法不難耳"。

【影印・整理】

〔日〕西川寧、〔日〕長澤規矩也《和刻本書畫集成》第二輯、〔日〕長澤

① 王水照編:《歷代文話》,第3133頁。

② 參見邱炫煜:《明末清初的蔣棻及其〈明史紀事〉之研究》,《簡牘學報》,1997年第16期。

規矩也《和刻本漢籍隨筆集》第十九輯。

金程宇《和刻本中國古逸書叢刊》。

王水照編《歷代文話》,復旦大學出版社 2007 年版。

【公藏】

中國:無。

日本:國會、前田育德會、佐野市立鄉土博物館、新潟大學、關西大學、東北大學、公文書館、東大總、東北大學。

詩評集解一卷

【敘録】

《詩評集解》一卷,明蔣一葵撰,日人良芸之注,日本寶曆二年(1752)平安書林田原勘兵衛刊本。中本一册。卷端署"明晋陵蔣一葵仲舒輯,日本贊岐良芸之伯耕注"。正文左右文武邊,花口,單魚尾,有界行,半葉九行,行十八字,注小字雙行同,有返送。書眉上有注。

【考證】

此書國内無,此書或爲日人所輯蔣一葵詩話,然據《明詩話全編》中收蔣氏詩話,均録自其《堯山堂偶雋》①,計二十九則,而此收八十餘則,且有日人爲之注,故亦有價值。孫小力《明代詩學書目彙考》亦著録,並僅録此和本。

【影印・整理】

〔日〕長澤規矩也《和刻本漢籍隨筆集》第十九集。

【公藏】

中國:無。

日本:神户市立中央、市立米澤、京大附圖。

---

① 吴文治主編:《明詩話全編》,南京:江蘇古籍出版社,1997 年,第 10504—10515 頁。

秋星閣詩話一卷

【叙録】

《秋星閣詩話》一卷,清李沂撰,日本明治十四年(1881)花王齋刊本。巾箱本一册。扉頁書名右署“明李艾山先生著”,左署“花王齋藏”。封二爲《溪山幽居圖》,封三爲上長牌記云“明治十有四年四月刊行”。前有“文政丁亥秋九月伊勢素堂中野興撰”序,次張潮《秋星閣詩話小引》。卷端署“明昭陽李沂艾山著”。正文左右文武邊,白口,單黑魚尾,有界行,半葉八行,行十八字,有返點。後有李沂識語及張潮跋。版權頁標“精選古今書籍廉價發賣所”,標出版者爲“桂雲堂”。

【考證】

蔣寅《清詩話考》録此書,即徑列此和本。然云其爲“日本文政十年(1827)花王齋翻刻昭代叢書本”,則或可商。查日本各圖書館所録,均標爲“文政十年序”,則所指似未知其刊年,而以中野興序之署時以代之。筆者寒齋所藏封三有牌記,明云“明治十有四年四月刊行”,則或諸家所藏,闕此封三葉乎?然其作序之時距出版之日五十餘年,又似過長,或亦有文政本存世,第未見之耳。又日人以李沂爲明人,以其生於萬曆四十四年(1616),加之學詩經歷及詩學觀念均有明季之風氣,故亦可;然其卒於康熙四十年(1701),則似仍當視之爲清人較當。

【影印・整理】

〔日〕長澤規矩也《和刻本漢籍隨筆集》第十九集。

【公藏】

中國:華師大。

日本:國會、山梨縣圖、實踐女子、阪大總、京大附圖、宫城縣圖、京産大、新瀉大、神户市立中央。

而庵詩話一卷

【叙録】

《中倫堂較本而庵詩話》一卷,清徐增撰,日本文化十四年(1817)天城閣刊本。大本一册。扉頁大字題"中倫堂校本徐而庵詩話"。前有"文化丁丑正月因是道人葛質引"序。卷端署"吴門徐增子能父述",版心中署"而庵詩話",下署"天城閣珍藏"。正文左右文武邊,黑口,雙對魚尾,有界行,半葉九行,行二十一字。末有"丁丑仲春月上弦星巖居士梁煒題於中倫堂"之跋。

【考證】

《清詩話》之《前言》《而庵詩話》條下云:"增有《説唐詩》二十二卷,其卷首爲《與同學論詩之語》。張潮以此卷輯入《昭代叢書》中,改稱《而庵詩話》,丁氏即據以編入《清詩話》中。日人近藤元粹所編《螢雪軒叢書》本,作《徐而庵詩話》,較《清詩話》本多數條。蓋丁氏輯《清詩話》時只據《昭代》本,而未校原書,故《昭代》本删除或遺漏的,《清詩話》本亦無之。而《螢雪軒》本反根據原書,此亦丁氏校讎疏忽之處。"[①]此論有是處,即知國内流傳徐增之詩話較日本流傳者少數條,原因則在前者徑據《昭代叢書》,而後者由徐氏原書輯録;亦有誤處,即據徐氏原書輯録者非近藤元粹,而爲此本。此本爲時之漢詩人梁川星巖所輯。據蔣寅《清詩話考》所録,"昭代叢書本删第20、27、51則及第1則'三十年來'以下數字"[②],此和本均據徐氏《而庵説唐詩》一書補足。非但如此,梁川氏於全書之末又據徐氏原書正文卷前,録各體總評七條,故其較《昭代叢書》本(及《清詩話》本)多出十一條,此十數條亦頗有見,輯入亦甚合理。《清詩話全編》據《而庵説唐詩》重録,擬名爲"與同學論詩",實當據此和刻之本補此十數條。

【影印・整理】

〔日〕長澤規矩也《和刻本漢籍隨筆集》第十九集。

---

① [清]王夫之等撰:《清詩話》,上海:上海古籍出版社,1978年,《前言》第21頁。

② 蔣寅:《清詩話考》,第266頁。

【公藏】

中國：無。

日本：阪大總、京大附圖、神户市立中央、山梨縣圖、公文書館、椙山女、茨城大、館林市立。

杜律詩話二卷

【敘録】

《杜律詩話》二卷，清陳廷敬撰，日本松岡玄達點，正德三年（1713）唐本屋佐兵衛刊本。中本二册。扉頁中題“杜律詩話”，右上署“清陳午亭先生撰”，左署“皇都書鋪白松堂壽梓”。前有“正德癸巳孟夏京兆伊藤長胤叙”之《杜律詩話序》，次“正德癸巳三月上巳平安後學松岡玄達成章甫書於怡顔齋”之《杜律詩話叙》。卷端署“清陳午亭陳先生著，門人候官林佶輯録”。正文四周單邊，黑口，單魚尾，無界行，半葉十一行，行二十一字，有返點。後有“康熙戊子孟秋望後二日受業門人候官林佶謹書”之跋。末署“正德癸巳仲夏，皇都書鋪唐本屋佐兵衛壽梓”字樣。

【考證】

此書爲陳廷敬《午亭文編》卷四十九及五十二卷之内容，其書僅附别集以行，未曾單行。據松岡氏序知，其“去歲壬辰之秋，南京商舶所齎來新刻書中，有《午亭文編》”，故將此二卷翻刻行世。以此書於國内未曾單行，故傳播未廣，《清詩話》及《清詩話續編》均未收入，故此和本於《午亭文編》行世二十五年後即翻刻單行，且其原書爲“林佶四寫”之一，爲有清寫刻之精品，此亦摹刻頗肖，頗爲難得。故《中國詩話珍本叢書》及《杜集珍本叢刊》選收此書時，即據此和刻影印。

【影印・整理】

蔡鎮楚編《中國詩話珍本叢書》，北京圖書館出版社 2004 年影印本。

汪夢川、熊燁主編《杜集珍本叢刊》，巴蜀書社 2020 年影印本。

【公藏】

中國：無。

日本：公文書館、國會、東北大、宫内廳書陵部、早稻田。

枕山樓課兒詩話一卷

【叙録】

《枕山樓課兒詩話》一卷，清陳元輔著，日本元文四年（1739）京都河南四郎右衛門刊本。中本一册。前有”福州府儒學司訓年姻弟戴翼頓首拜撰“之《枕山樓課兒詩話序》，目録之末有作者之子陳文雄識語。正文前有”詩粘平仄法“。後有”歲丙子余齎跋，次“門人程順則寵文敬識”之跋，次“雍正乙巳蒲月中山正議大夫後學曾曆欽授謹跋”。

【考證】

此書作者陳元輔即前述《枕山樓茶略》作者。此書爲其教子陳文雄學詩之記録。其弟子琉球人程順則跋云：“己巳冬，余奏使抵閩，凡歷三寒暑，時從先生遊。授經之暇，因得請先生詩，高渾典雅，有工部、供奉風，已授梨棗，而紙貴洛陽矣……歲丙子余賫奏入都，暫次瓊河，得復躬承函丈，舉囊日疑義，先生一一提命，不遺餘藴，並出課兒詩話與讀。不獨範我於規矩之中，抑且引人於神化之境。”知其於康熙三十五年（1696）得讀陳氏之詩話，然後其“爰與僚友楊丹巖，並與遊學諸子毛允和、鄭克文、陳楚水、蔡天水損資授梓”。或其時即上木。後曾曆之跋又云：“癸卯歲，予復銜命至閩，再駐瓊河，求其詩話舊刻，剥落殆盡……損資壽之梨棗，上以承戴司訓之表揚，下以繼諸同遊之遵守。”舊刊無存，此又爲雍正元年（1721）再刻者。然此數刻國内均已散佚。反於日本多有翻刻，然其所刊於日本所存亦甚少。

此書共四十九則。書前陳文雄識語云：“先生專經《周易》，手不釋卷。兹《詩話》四十九則，亦即其用四十有九之意也。若大衍之數以五十爲用，更何從有分二掛一楪四歸奇之變乎？此可知詩學無盡，讀此則其用不窮矣。”

【影印・整理】

〔日〕長澤規矩也《和刻本漢籍隨筆集》第二十集。

蔣寅標點《枕山樓課兒詩話》，《中國詩學》第六輯，南京大學出版社1999年版。

【公藏】

中國:無。

日本:東北大、東大總、京大附圖、新潟。

枕山樓詩話一卷

【叙録】

《枕山樓詩話》一卷,清陳元輔著,日本横闢剛校,明治十四年(1881)大阪北尾禹三郎刊本。巾箱本一册。此書摹刻極精,序用青色板框,正文用朱色板框。前有"明治十四年辛巳九月省軒龜谷行識於鴨西寓居"之《枕山樓詩話序》。正文署"閩陳元輔昌其著,大日本天籟横闢剛校"。正文四周竹節雙邊,白口,無魚尾,有界行,半葉七行,行十八字,有點讀。末有陳元輔識語,後爲横闢剛跋。末有版權葉,署"明治十四年十二月廿六日出版御届,同年廿七日刻成出版"。

【考證】

此書與前書内容大致相同。然亦有小異。一者,其删去原本所有序跋,重新添加點校者横闢剛之序跋;二者,前書詩話前尚有對於格律之説明,此亦删之。若僅此似不必單列,然仔細校讀可見,前本時有訛字,此皆校正。故亦有其價值。

【影印・整理】

無。

【公藏】

中國:無。

日本:京大附圖、大阪府立中之島、神户市立中央、國會、文教大越谷、酒田市立、立命館大學、堺市立中央。

詩法入門五卷

【叙録】

《詩法入門》五卷,清游藝撰,日本元禄三年(1690)大阪芳野屋伍兵衛刊本。大本四册。卷端署"閩潭游藝子六氏輯,書林余明汝正氏梓"。正文四周單邊,白口,無魚尾,無界行,半葉十行,行十八字,注小字雙行同。序末有"元禄三年庚午八月吉辰,芳野屋伍兵衛"等字樣。

【考證】

此書於國内極受歡迎,故刊本衆多,然目前所存最早之刊本爲康熙五十四年(1715)金陵白玉文德堂刊本①,國圖、遼圖各存一帙而已。然此和刻本所刊,較之早二十五年,是知其所據之本爲尤古也。另,和本之刊刻者余明於國内刊本中未見,和本必有所據,此人未詳,然游藝爲閩人,建陽余氏又爲刻書大族,則此余明或即建陽余氏中者。可知游氏此書或先刻於閩中,後方有金陵刻本也。

此書於日本除此元禄刻本外,文化三年(1806)即有據元禄本抽刻卷三之《李杜詩法精選》二卷,文化十三年又有抽刻卷四之《古今名詩選》一卷,至明治十七年岸田吟香又將其改題爲《詩法纂論續編》出版。

【影印・整理】

無。

【公藏】

中國:無。

日本:京産大、島根縣圖、茨城縣歷史館。

① 《中國古籍總目・集部》,第3198頁。另參蔣寅:《清詩話考》,第249—250頁。

古詩平仄論二卷

【敘録】

《古詩平仄論》二卷,清王士禛、翁方綱撰,日本森大來訂,明治十六年(1883)東京寶書閣刊本。小本二册。扉頁中爲書名,右署“漁洋王士正原著,覃谿翁方綱原本”,左署“槐南森大來參訂,刻於東京寶書閣”,扉頁另面署“茉莉巷凹處發布”。前有“明治癸未三月森大來公泰氏識於茉莉巷凹處”序,次小傳。正文四周單邊,白口,無魚尾,有界行,半葉七行,行十八字,有少量返點。末有版權頁,署“明治十六年二月六日御願,同年三月二日版權免許”。又有明治二十七年(1894)再版印刷之本,發行者爲新進堂。

【考證】

此書有多種版本,其中影響較大者爲《小石帆亭著録》本,《清詩話》即據此本而來,此和本亦同。然和本又據《小石帆亭著録》卷二《趙秋谷所傳聲調譜》末,收《附録漁洋詩問(十三條)》,《清詩話》本未收,故此流傳較廣之本於漁洋論七古平仄之事即不全備。或丁福保以《清詩話》亦收《師友詩傳録》及《師友詩傳續録》,故其内容亦見於彼,不必贅録,然《小石帆亭著録》有翁氏按語,當不可互相取代。

【影印・整理】

無。

【公藏】

中國:無。

日本:所存甚多,不備録。

參考文獻

説明:本參考文獻共分四類。即古籍、專著、期刊論文、學位論文。後三類徑以作者姓氏拼音爲序。古籍則大致先依時代分爲數段,每段之内再以作者姓氏拼音爲序;又因古籍作者較複雜,故此僅粗略分劃,以便覆檢,所分或未盡當;古籍中多有收入叢書者,爲節省篇幅,僅於首次出現時詳注出版信息,後即僅標叢書册數。

一、古籍

(一)先秦

1. [唐]孔穎達撰:《影印南宋官版尚書正義》,北京:北京大學出版社,2015 年。

2. 朱謙之:《老子校釋》,北京:中華書局,1984 年。

3. 吴毓江:《墨子校注》,北京:中華書局,2006 年。

4. 〔日〕高橋智解題:《影印日本〈論語〉古鈔本三種》,吴國武、林嵩、沙志利校勘,北京:北京大學出版社,2013 年。

5. 黄懷信主撰,周海生、孔德立參撰:《論語彙校集釋》,北京:中華書局,2008 年。

6. 楊丙安:《十一家注孫子》,北京:中華書局,2015 年。

7. 楊朝明、宋立林:《孔子家語通解》,濟南:齊魯書社,2009 年。

8. [漢]趙岐注,[宋]孫奭疏:《孟子注疏》,《景印文淵閣四庫全書》第195 册,影印,臺北:商務印書館,1985 年。

9. [漢]趙岐注,[宋]孫奭疏,廖名春、劉佑平整理,錢遜審定:《孟子注疏》,北京:北京大學出版社,1999 年。

10. [戰國]荀況著,王天海校釋:《荀子校釋》,上海:上海古籍出版社,2005 年。

11. [漢]鄭玄注,[唐]孔穎達疏:《禮記正義》,《中華再造善本》,影印,北京:國家圖書館出版社,2003 年。

（二）漢魏

12. 韓兆琦:《史記選注集説》,海口:南海出版公司,2003 年。

13. 楊燕起、陳可青、賴長揚彙集:《史記集評》,北京:華文出版社,2005 年。

14. ［漢］許慎撰,［清］段玉裁注:《説文解字注》,上海:上海古籍出版社,1981 年。

15. ［漢］劉向、劉歆撰,［清］姚振宗輯録,鄧駿捷校補:《七略别録佚文・七略佚文》,上海:上海古籍出版社,2008 年。

16. 黄暉:《論衡校釋》（附劉盼遂集解）,北京:中華書局,1990 年。

17. ［三國魏］王肅注,〔日〕太宰純增注,宋立林校點:《孔子家語》,上海:上海古籍出版社,2019 年。

18. ［晋］張華撰,范寧校證:《博物志校證》,北京:中華書局,2014 年。

19. 王利器:《顔氏家訓集解》（增補本）,北京:中華書局,2002 年。

20. 錢杭校注:《五行大義》,北京:中華書局,2022 年。

（三）唐五代

21. ［唐］岑參:《岑參詩集》,《中華再造善本》,影印宋本,北京:國家圖書館出版社,2014 年。

22. ［唐］房玄齡等:《晋書》,北京:中華書局,1974 年。

23. ［唐］韓愈撰,［宋］魏仲舉輯注,郝潤華、王東峰整理:《五百家注韓昌黎集》,北京:中華書局,2019 年。

24. ［唐］賈島撰,齊文榜校注:《賈島集校注》,北京:中華書局,2020 年。

25. ［唐］李林甫等撰,陳立夫點校:《唐六典》,北京:中華書局,1992 年。

26. ［唐］李隆基注,［宋］邢昺疏:《孝經注疏》,上海:上海古籍出版社,2009 年。

27. ［唐］李嶠撰,張庭芳注,胡子昂編:《日藏古抄李嶠詠物詩注》,上海:上海古籍出版社,1998 年。

28. ［唐］林寶撰,岑仲勉校記,郁賢皓、陶敏整理,孫望審訂:《元和姓纂（附四校記）》,北京:中華書局,1994 年。

29. ［唐］劉肅撰,許德楠、李鼎霞點校:《大唐新語》,北京:中華書局,1984 年。

30. ［唐］柳宗元撰,尹占華、韓文奇校注:《柳宗元集校注》,北京:中華書局,2014 年。

31. [唐]盧綸著,劉初棠校注:《盧綸詩集校注》,上海:上海古籍出版社,1989 年。

32. [唐]陸贄撰,王素點校:《陸贄集》,北京:中華書局,2006 年。

33. [唐]唐臨撰,方詩銘輯校:《冥報記》,北京:中華書局,1992 年。

34. [唐]王維撰,陳鐵民校注:《王維詩校注》,北京:中華書局,1997 年。

35. [唐]韋應物著,陶敏、王友勝校注:《韋應物集校注》,上海:上海古籍出版社,1998 年。

36. [唐]魏徵等:《隋書》,北京:中華書局,1973 年。

37. [唐]姚思廉:《梁書》,北京:中華書局,1973 年。

38. [唐]長孫無忌等撰,劉俊文點校:《唐律疏議》,北京:中華書局,1983 年。

39. 錢大群:《唐律疏義新注》,南京:南京師範大學出版社,2007 年。

40. 王雙懷、梁克敏、董海鵬:《帝範·臣軌·庭訓格言》,北京:中華書局,2021 年。

41. 王雙懷、梁克敏、田乙:《帝範臣軌校釋》,西安:陝西人民出版社,2016 年。

42. 曾昭岷、曹濟平、王兆鵬、劉尊明編撰:《全唐五代詞》,北京:中華書局,1999 年。

43. [後晋]劉昫等:《舊唐書》,北京:中華書局,1975 年。

44. [五代]王仁裕撰,曾貽芬點校:《開元天寶遺事》,北京:中華書局,2006 年。

45. 上海古籍出版社編:《唐五代筆記小説大觀》,上海:上海古籍出版社,2000 年。

(四)宋

46. [宋]晁公武撰,孫猛校證:《郡齋讀書志校證》,上海:上海古籍出版社,1990 年。

47. [宋]陳淳著,熊國楨、高流水點校:《北溪字義》,北京:中華書局,1983 年。

48. [宋]陳普:《石堂先生遺集》,《續修四庫全書》第 1321 册,影印,上海:上海古籍出版社,2002 年。

49. [宋]陳與義撰,白敦仁校箋:《陳與義集校箋》,上海:上海古籍出版社,1990 年。

50. [宋]陳與義撰,吴書蔭、金德厚點校:《陳與義集》,北京:中華書局,1982 年。

51. [宋]陳振孫撰,徐小蠻、顧美華點校:《直齋書録解題》,上海:上海古籍出版社,2015 年。

52. [宋]洪邁撰,何卓點校:《夷堅志》,北京:中華書局,1981 年。

53. [宋]江少虞:《事實類苑》,《景印文淵閣四庫全書》第 874 册。

54. [宋]江少虞:《宋朝事實類苑》,上海:上海古籍出版社,1981 年。

55. [宋]李邦獻:《省心雜言》,《景印文淵閣四庫全書》第 698 册。

56. [宋]李昉等編:《太平御覽》,影印,北京:中華書局,1995 年。

57. [宋]梁克家:《淳熙三山志》,《宋元方志叢刊》,影印,北京:中華書局,1991 年。

58. [宋]林希逸著,周啓成校注:《莊子鬳齋口義》,北京:中華書局,1997 年。

59. [宋]劉克莊撰,王秀梅點校:《後村詩話》,北京:中華書局,1983 年。

60. [宋]羅大經撰,穆公點校:《鶴林玉露》,《宋代筆記小説大觀》本,上海:上海古籍出版社,2001 年。

61. [宋]羅大經撰,王瑞來點校:《鶴林玉露》,北京:中華書局,1983 年。

62. [宋]羅燁:《醉翁談録》,北京:古典文學出版社,1957 年。

63. [宋]歐陽修、宋祁:《新唐書》,北京:中華書局,1975 年。

64. [宋]司馬光編著,[元]胡三省音注:《資治通鑑》(精裝典藏本),北京:中華書局,2013 年。

65. [宋]王溥:《唐會要》,北京:中華書局,1955 年。

66. [宋]王堯臣等:《崇文總目》,《叢書集成初編》,北京:中華書局,1985 年。

67. [宋]王欽若等編纂,周勛初等校訂:《册府元龜》,南京:鳳凰出版社,2006 年。

68. [宋]王應麟:《玉海》,影印,南京:江蘇古籍出版社、上海:上海書店,1987 年。

69. [宋]魏慶之著,王仲聞點校:《詩人玉屑》,北京:中華書局,2007 年。

70. [宋]文天祥:《文天祥全集》,北京:北京市中國書店 1985 年。

71. [宋]吴處厚撰,李裕民點校:《青箱雜記》,北京:中華書局,1985 年。

72. [宋]嚴粲著,李輝校點:《詩緝》,北京:中華書局,2020 年。

73. [宋]楊萬里撰,薛瑞生校箋:《誠齋詩集校箋》,西安:三秦出版社,2011 年。

74. [宋]于濟、蔡正孫編,〔朝〕徐居正等增注,卞東波校證:《唐宋千家聯珠詩格校證》,南京:鳳凰出版社,2007 年。

75. [宋]張栻撰,鄧洪波校點:《張栻集》,長沙:嶽麓書社,2017 年。

76. [宋]朱熹撰,朱杰人、嚴佐之、劉永翔主編:《朱子全書》,上海:上海古籍出版社、合肥:安徽教育出版社,2002 年。

77. [宋]朱熹撰:《四書章句集注》,北京:中華書局,2001 年。

78. 〔日〕長澤規矩也、户川芳郎編:《和刻本儀禮經傳通解》,影印,東京:汲古書院,1980 年。

79. 卞東波編校:《朱子感興詩中日韓古注本集成》,上海:上海古籍出版社,2019 年。

80. 劉琳、刁忠民、舒大剛、尹波等校點:《宋會要輯稿》,上海:上海古籍出版社,2014 年。

81. 許紅霞:《珍本宋集五種——日本宋僧詩文集整理研究》,北京:北京大學出版社,2015 年。

82. 嚴佐之、戴揚本、劉永翔主編:《近思録專輯》第二册:《近思别録》,上海:華東師範大學出版社,2015 年。

83. 張伯偉編校:《稀見宋人詩話四種》,南京:江蘇古籍出版社,2002 年。

84. 張文利、楊曦主編:《宋五子文獻輯刊》,影印,北京:北京燕山出版社,2021 年。

85. 朱剛、陳珏:《宋代禪僧詩輯考》,上海:復旦大學出版社,2012 年。

86. 朱傑人、嚴佐之、劉永翔主編:《朱子全書外編》,上海:華東師範大學出版社,2010 年。

87. 祝尚書編:《宋集序跋彙編》,北京:中華書局,2010 年。

88. 北京大學古文獻研究所編:《全宋詩》,北京:北京大學出版社,1997 年。

89. 北京大學《儒藏》編纂與研究中心編:《四書章句集注·四書或問》,《儒藏》(精華編)第一一〇册,北京:北京大學出版社,2008 年。

90. 曾棗莊、劉琳主編:《全宋文》,上海:上海辭書出版社,2006 年。

(五)遼元

91.[遼]釋行均:《龍龕手鑒》,《四部叢刊》,影印宋本,上海:上海書店,1986 年。

92.[清]錢牧齋、何義門評注,韓成武、賀嚴、孫微點校:《唐詩鼓吹評注》,保定:河北大學出版社,2000 年。

93.[元]李純仁:《顔子》,《續修四庫全書》第 932 册。

94.[元]陶宗儀:《書史會要》,影印,上海:上海書店,1984 年。

95.[元]陶宗儀等編:《説郛三種》,上海:上海古籍出版社,1988 年。

96.[元]陶宗儀:《南村輟耕録》,北京:中華書局,2008 年。

97.[元]脱脱等撰:《宋史》,北京:中華書局,1977 年。

98.[元]吴萊:《淵穎集》,《四部叢刊》景元至正本。

99.[元]佚名:《居家必用事類全集》,《四庫全書存目叢書》子部第 117 册,濟南:齊魯書社,1997 年。

100.[元]佚名:《居家必用事類全集》,《續修四庫全書》第 1184 册。

101.[元]曾先之:《歷代十八史略》,《四庫全書存目叢書》史部第 19 册。

102.楊鐮主編:《全元詩》,北京:中華書局,2013 年。

103.陳斐輯著:《唐詩三體家法彙注彙評》,南京:鳳凰出版社,2023 年。

(六)明

104.[明]邊貢:《華泉集》,《景印文淵閣四庫全書》第 1264 册。

105.[明]餐花主人:《濃情快史》,《思無邪匯寶》,影印,臺北:臺灣大英百科股份有限公司,1994 年。

106.[明]晁瑮:《晁氏寶文堂書目》、[明]徐𤊹:《徐氏紅雨樓書目》,上海:上海古籍出版社,2005 年。

107.[明]陈道纂修,[明]黄仲昭纂修:《(弘治)八閩通志》,《四庫全書存目叢書》史部第 178 册。

108.[明]陳建:《新鍥李卓吾先生增補批點皇明正續合併通紀統宗》,《四庫禁毁書叢刊補編》第 12 册,影印,北京:北京出版社,2005 年。

109.[明]程敏政:《新安文獻志》,《景印文淵閣四庫全書》第 1376 册。

110.[明]鄧伯羔:《藝彀》,《景印文淵閣四庫全書》第 856 册。

111.[明]都穆:《鐵網珊瑚》,《四庫全書存目叢書》子部第 117 册。

112.[明]馮夢龍:《警世通言》,《馮夢龍全集》第二册,南京:鳳凰出版社,2007 年。

113. [明]馮夢龍:《智囊》,《馮夢龍全集》第五册,南京:鳳凰出版社,2007 年。

114. [明]高岱:《鴻猷録》,《續修四庫全書》第 389 册。

115. [明]高儒:《百川書志》,《百川書志・古今書刻》,上海:上海古籍出版社,2005 年。

116. [明]高儒:《百川書志》,《宋元明清書目題跋叢刊》第四册,影印,北京:中華書局,2006 年。

117. [明]顧炎武著,[清]黄汝成集釋,欒保群校注:《日知録集釋(校注本)》,杭州:浙江古籍出版社,2013 年。

118. [明]過庭訓:《本朝分省人物考》,《續修四庫全書》第 533—536 册。

119. [明]洪楩輯:《奚囊廣要》,《北京圖書館古籍珍本叢刊》第 82 册,北京:書目文獻出版社,1987 年。

120. [明]黄淳耀:《陶庵全集》,《景印文淵閣四庫全書》,第 1297 册。

121. [明]黄訓:《讀書一得》,《四庫全書存目叢書》子部第 103 册。

122. [明]黄佐:《翰林記》,《景印文淵閣四庫全書》第 596 册。

123. [明]姜立綱:《姜立綱楷書千字文》,合肥:黄山書社,2008 年影印。

124. [明]焦竑:《國朝獻徵録》,《續修四庫全書》第 527 册。

125. [明]焦竑:《國史經籍志》,《宋元明清書目題跋叢刊》第五册。

126. [明]焦竑撰,李劍雄點校:《澹園集》,北京:中華書局,1999 年。

127. [明]解縉等編:《永樂大典》,影印,北京:中華書局,1986 年。

128. [明]凌迪之:《萬姓統譜》,《景印文淵閣四庫全書》第 956 册。

129. [明]陸釴等纂修:《(嘉靖)山東通志》,《四庫全書存目叢書》史部第 188 册。

130. [明]梅鷟:《南雍經籍志》,《宋元明清書目題跋叢刊》第四册。

131. [明]祁承㸁撰,鄭誠整理,吴格審定:《澹生堂讀書記・澹生堂藏書目》,上海:上海古籍出版社,2019 年。

132. [明]喬中和:《大易通變》,《四庫全書存目叢書》子部第 66 册。

133. [明]瞿佑著,向志柱點校:《剪燈新話》,北京:中華書局,2020 年。

134. [明]沈德符:《萬曆野獲編》,北京:中華書局,1997 年。

135. [明]宋應星著,潘吉星譯注:《天工開物譯注》,上海:上海古籍出版社,2013 年。

136. [明]舒弘諤:《元明史略》,《四庫禁毀書叢刊補編》第 9 册。

137. [明]孫能傳:《内閣藏書目録》,馮惠民、李萬健等選編:《明代書目題跋叢刊》,北京:書目文獻出版社,1994 年。

138. [明]湯日昭、王光藴纂修:《(萬曆)温州府志》,《四庫全書存目叢書》史部第 211 册。

139. [明]田汝成:《西湖遊覽志》,杭州:浙江人民出版社,1980 年。

140. [明]田藝蘅:《大明同文集舉要》,《四庫全書存目叢書》經部第 191 册。

141. [明]王艮著,陳寒鳴編校:《王艮全集》,上海:上海古籍出版社,2022 年。

142. [明]王世貞:《藝苑卮言》,《歷代詩話續編》,北京:中華書局,2006 年。

143. [明]温純:《温恭毅集》,《景印文淵閣四庫全書》,第 1288 册。

144. [明]徐昌齡:《如意君傳》,侯忠義主編:《明代小説輯刊》第三輯第三册,成都:巴蜀書社,1999 年。

145. [明]徐昌祚:《新刻徐比部燕山叢録》,《四庫全書存目叢書》子部第 248 册。

146. [明]徐渭:《徐渭集》,北京:中華書局,1999 年。

147. [明]楊慎:《墨池瑣録》,《叢書集成新編》第 52 册,影印,臺北:臺灣新文豐出版公司,1985 年。

148. [明]楊士奇:《東里集》,《景印文淵閣四庫全書》第 1238 册。

149. [明]楊士奇:《文淵閣書目》,馮惠民、李萬健等選編:《明代書目題跋叢刊》,北京:書目文獻出版社,1994 年。

150. [明]楊士奇等編:《文淵閣書目》,《景印文淵閣四庫全書》第 675 册。

151. 張斐著,劉玉才、〔日〕稻畑耕一郎編纂:《莽蒼園稿》,南京:鳳凰出版社,2010 年。

152. [明]張弘道:《皇明三元考》,《四庫全書存目叢書》史部第 271 册。

153. [明]張楷:《聖蹟圖》,影印,武漢:湖北教育出版社,1994 年。

154. [明]趙士楨撰,蔡克驕點校:《神器譜》,《温州文獻叢書》第三輯,上海:上海社會科學出版社,2006 年。

155. [明]趙鈛:《古今原始》,《四庫全書存目叢書》子部第 96 册。

156. [明]鄭大郁:《篆林肆考》,《美國哈佛大學哈佛燕京圖書館中文善本彙刊》第 11 册,北京:商務印書館、廣西師範大學出版社,2014 年影印。

157. [明]鄭岳輯:《莆陽文獻傳》,《續修四庫全書》第548冊。

158. [明]周弘祖:《古今書刻》,《百川書志・古今書刻》,上海:上海古籍出版社,2005年。

159. [明]朱彌鉗:《謙光堂詩集》,《四庫全書存目叢書》集部第60冊。

160. [明]朱睦㮮:《萬卷堂書目》,《宋元明清書目題跋叢刊》第四冊。

161. [明]朱曰藩:《山帶閣集》,《四庫全書存目叢書》集部第110冊。

162. [明]朱㮵辑,李正梅、王海英校注:《集句閨情百詠》,上海:上海古籍出版社,2023年。

163. 胡玉冰、曹陽校注:《(弘治)寧夏新志》,北京:中國社會科學出版社,2015年。

164. 柯愈春編:《説海》,北京:人民日報出版社,1997年。

165. 吴文治主編:《明詩話全編》,南京:江蘇古籍出版社,1997年。

166. 鄭安德編:《明末清初耶穌會思想文獻彙編》,北京:北京大學宗教研究所,2003年。

167. 鄭誠:《明清稀見兵書四種・神器譜》,長沙:湖南科學技術出版社,2018年。

168. 周維德集校:《全明詩話》,濟南:齊魯書社,2005年。

169. 周作人校訂:《明清笑話集》,北京:中華書局,2009年。

170.《明代名人尺牘選萃》,北京:國家圖書館出版社,2008年。

171. 陳廣宏、侯榮川編:《日本所藏稀見明人詩文總集彙刊》(第一輯),影印,桂林:廣西師範大學出版社,2019年。

172. 侯榮川編:《日本所藏稀見明人詩文總集彙刊》(第二輯),影印,桂林:廣西師範大學出版社,2022年。

(七)清

173. [清]鮑廷博撰,周生傑、季秋華輯:《鮑廷博題跋集》,杭州:浙江古籍出版社,2012年。

174. [清]曹雪芹:《紅樓夢古抄本叢刊:脂硯齋重評石頭記(庚辰本)》,影印,北京:人民文學出版社,2010年。

175. [清]陳旲子輯,伊欽恒校注:《花鏡》(修訂版),北京:農業出版社,1979年。

176. [清]陳淏子:《秘傳花鏡》,《續修四庫全書》第1117冊。

177. [清]陳矩:《靈峰草堂集》,《叢書集成續編》第182冊,臺北:臺灣新文豐出版公司,1989 年影印。

178. [清]陳枚、陳德裕:《憑山閣增輯留青新集》,《四庫禁毀書叢刊》集部第 54 册,影印,北京:北京出版社,1997 年。

179. [清]丁丙:《善本書室藏書志》,《宋元明清書目題跋叢刊》第九册。

180. [清]丁丙著,曹海花点校:《善本书室藏书志(外一种)》,杭州:浙江古籍出版社,2016 年。

181. [清]董誥編:《全唐文》,北京:中華書局,1983 年。

182. [清]范邦甸等撰,江曦、李婧點校:《天一閣書目·天一閣碑目》,上海:上海古籍出版社,2010 年。

183. [清]方濬頤:《二知軒文存》,《續修四庫全書》第 1556 册。

184. [清]傅雲龍著,傅訓成整理:《傅雲龍日記》,杭州:浙江古籍出版社,2005 年。

185. [清]貢震纂修:《(乾隆)靈璧縣誌略》,《中國地方誌集成·安徽府縣誌輯》,南京:江蘇古籍出版社,1998 年。

186. [清]顧禄:《清嘉録》,《叢書集成續編》第 51 册,影印,上海:上海書店出版社,1994 年。

187. [清]顧禄:《桐橋倚棹録》,上海:上海古籍出版社,1980 年。

188. [清]顧禄撰,來新夏校點:《清嘉録》,上海:上海古籍出版社,1986 年。

189. [清]顧文彬:《過雲樓日記》,上海:上海文匯出版社,2015 年。

190. [清]桂馥:《晚學集》,《續修四庫全書》第 1458 册。

191. [清]許瀚:《攀古小廬雜著》,《續修四庫全書》第 1160 册。

192. [清]黄俊編撰,李行之點校:《弈人傳》,長沙:嶽麓書社,1985 年。

193. [清]黄丕烈,余鳴鴻、占旭東點校:《黄丕烈藏書題跋集》,上海:上海古籍出版社,2013 年。

194. [清]黄虞稷等:《遼金元藝文志》,北京:商務印書館,1958 年。

195. [清]黄虞稷撰,瞿鳳起、潘景鄭整理:《千頃堂書目》,上海:上海古籍出版社,2001 年。

196. [清]嵇曾筠等修:《(雍正)浙江通志》,《景印文淵閣四庫全書》第 523 册。

197. [清]駱大俊纂修:《(乾隆)武城縣志》,《中國地方誌集成·山東府縣誌輯》第十八册,南京:鳳凰出版社,2004 年。

198. [清]姜文燦、[清]吴荃:《詩經正解》,《四庫全書存目叢書》經部第 80 册。

199. [清]蔣光煦:《東湖叢記》,《續修四庫全書》第 1162 册。

200. [清]李斗撰,汪北平、涂雨公點校:《揚州畫舫録》,北京:中華書局,1997 年。

201. [清]李富孫:《校經廎文稿》,《續修四庫全書》第 1489 册。

202. [清]李塨:《學射録》,《叢書集成三編》第 32 册,臺北:新文豐出版公司,1997 年。

203. [清]李銘皖等修:《蘇州府志》,《中國方志叢書》,臺北:成文出版社,1966 年。

204. [清]李顒撰,陳俊民點校:《二曲集》,北京:中華書局,1996 年。

205. [清]林葆恒輯,張璋整理:《詞綜補遺》,上海:上海古籍出版社,2005 年。

206. [清]梁章鉅:《巧對録》,龔聯壽主編:《聯話叢編》,南昌:江西人民出版社,2000 年。

207. [清]林昌彝著,王鎮遠、林虞生標點:《射鷹樓詩話》,上海:上海古籍出版社,1988 年。

208. [清]陸心源:《吴興金石記》,《續修四庫全書》第 911 册。

209. [清]陸心源著,馮惠民整理:《儀顧堂書目題跋彙編》,北京:中華書局,2009 年。

210. [清]陸以湉撰,崔凡芝點校:《冷廬雜識》,北京:中華書局,1984 年。

211. [清]吕留良撰,俞國林編:《吕留良全集》,北京:中華書局,2015 年。

212. [清]馬國翰:《玉函山房輯佚書》,《續修四庫全書》第 1203 册。

213. [清]毛奇齡:《西河集》,《景印文淵閣四庫全書》第 1321 册。

214. [清]毛扆:《汲古閣珍藏秘本書目》,《續修四庫全書》第 920 册。

215. [清]繆荃孫:《藝風堂文外集》,《續修四庫全書》第 1574 册。

216. [清]繆荃孫著,黄明、楊同甫標點:《藝風藏書記》,上海:上海古籍出版社,2007 年。

217. [清]莫友芝撰,傅增湘訂補,傅熹年整理:《藏園訂補郘亭知見傳本書目》,北京:中華書局,2009 年。

218. [清]倪濤:《六藝之一録》,《景印文淵閣四庫全書》第 835 册。

219. [清]潘祖蔭:《滂喜齋藏書記》,《宋元明清書目題跋叢刊》第十册。

220. [清]錢大昕:《元史藝文志》,《續修四庫全書》第916册。

221. [清]錢謙益撰,[清]錢曾標注,錢仲聯標校:《有學集》,上海:上海古籍出版社,1994年。

222. [清]錢泳撰,張偉校點:《履園叢話》,北京:中華書局,1979年。

223. [清]錢曾撰,章鈺校證:《讀書敏求記校證》,上海:上海古籍出版社,2008年。

224. [清]錢曾原著,管庭芬、章鈺校證,傅增湘批註,馮惠民整理:《藏園批註讀書敏求記校證》,北京:中華書局,2012年。

225. [清]瞿鏞編纂,瞿果行標點,瞿鳳起覆校:《鐵琴銅劍樓藏書目録》,上海:上海古籍出版社,2000年。

226. [清]阮元校刻:《十三經注疏·周禮》,北京:中華書局,1981年。

227. [清]阮元撰,鄧經元點校:《揅經室集》,北京:中華書局,1993年。

228. [清]邵懿辰撰,邵章續録:《增訂四庫簡明目録標注·續録》,上海:上海古籍出版社,2000年。

229. [清]沈德潛著,潘務正、李言編輯點校:《沈德潛詩文集》,北京:人民文學出版社,2011年。

230. [清]沈宗騫:《芥舟學畫編》,《續修四庫全書》第1068册。

231. [清]宋咸熙輯:《古易音訓》,《續修四庫全書》第2册。

232. [清]孫詒讓撰,潘猛補、校補:《温州經籍志》,上海:上海社科科學出版社,2005年。

233. [清]孫詒讓撰,孫啓治點校:《墨子間詁》,北京:中華書局,2001年。

234. [清]談遷著,張宗祥校點:《國榷》,北京:中華書局,1988年。

235. [清]陶梁輯:《國朝畿輔詩傳》,《續修四庫全書》第1681册。

236. [清]萬斯同:《明史》,影印清抄本,上海:上海古籍出版社,2008年。

237. [清]王夫之等撰:《清詩話》,上海:上海古籍出版社,1978年。

238. [清]王文清:《考古原始》,《四庫全書存目叢書》子部第236册。

239. [清]翁方綱撰,吴格整理:《翁方綱纂四庫提要稿》,上海:上海科學技術文獻出版社,2005年。

240. [清]吴敬梓著,李小龍、張夢筆校注:《儒林外史》,北京:人民教育出版社,2018年。

241. [清]吴壽暘:《拜經樓藏書題跋記》,上海:上海古籍出版社,2007年。

242.［清］蕭穆:《敬孚類稿》,《續修四庫全書》第1561册。

243.［清］謝道承等修《福建通志》,《景印文淵閣四庫全書》第529册。

244.［清］謝章鋌著,陳慶元主編:《謝章鋌集》,長春:吉林文史出版社,2009年。

245.［清］徐乃昌著,南江濤整理:《徐乃昌日記》,南京:鳳凰出版社,2020年。

246.［清］徐兆瑋著,李向東、包岐峰、蘇醒等標點:《徐兆瑋日記》,合肥:黄山書社,2013年。

247.［清］薛福成:《庸庵筆記》,北京:商務印書館,1937年。

248.［清］嚴鴻逵:《朱子文語纂編》,《四庫全書存目叢書》子部第4册。

249.［清］嚴可均輯:《全上古三代秦漢三國六朝文》,北京:中華書局,1985。

250.［清］楊賓著,柯愈春點校:《大瓢偶筆》,杭州:浙江人民美術出版社,2012年。

251.［清］楊光先:《不得已》,《續修四庫全書》第1033册。

252.［清］楊守敬:《鄰蘇老人書札》,國圖藏稿本。

253.［清］楊守敬、〔日〕森立之,陳捷整理:《清客筆話》,《楊守敬集》第13册,武漢:湖北人民出版社,1997年。

254.［清］楊守敬:《鄰蘇園藏書目録》,上海:上海辭書出版社,2009年。

255.［清］楊守敬:《日本訪書志》,《日本藏漢籍善本書志書目集成》第十册,北京:北京圖書館出版社,2003年。

256.［清］楊守敬編:《留真譜》,北京:北京圖書館出版社,2004年。

257.［清］楊守敬撰,劉昌潤整理:《日本訪書志》,《楊守敬集》第八册,武漢:湖北人民出版社,1997年。

258.［清］楊守敬撰,張雷校點:《日本訪書志》,瀋陽:遼寧教育出版社,2003年。

259.［清］姚覲元編:《違礙書目》,《續修四庫全書》第921册。

260.［清］葉昌熾:《語石》,《續修四庫全書》第905册。

261.［清］葉德輝著,漆永詳點校:《書林清話(外二種)》,北京:北京聯合出版公司,2018年。

262.［清］葉德輝撰,楊洪升點校,杜澤遜審定:《郎園讀書志》,上海:上海古籍出版社,2010年。

263. [清]永瑢等:《四庫全書總目》,影印,北京:中華書局,1965 年。

264. [清]于敏中、彭元瑞等著,徐德明標點:《天禄琳琅書目 · 天禄琳琅書目後編》,上海:上海古籍出版社,2007 年。

265. [清]查慎行:《得樹樓雜鈔》,《叢書集成續編》第 92 册,影印,上海:上海書店出版社,1994 年。

266. [清]俞樾撰,貞凡、顧馨、徐敏霞點校:《茶香室叢鈔》,北京:中華書局,1995 年。

267. [清]張潮:《奚囊寸錦》,《四庫禁毁書叢刊》子部第 1 册。

268. [清]張潮:《虞初新志》,《古本小説集成》,上海:上海古籍出版社,1994 年。

269. [清]張潮編:《虞初新志》,石家莊:河北人民出版社,1985 年。

270. [清]張潮編:《虞初新志》,北京:文學古籍刊行社,1954 年。

271. [清]張佩芳修、劉大櫆等纂:《(乾隆)歙縣志》,《中國方志叢書》,影印。

272. [清]張尚瑗:《三傳折諸》,《景印文淵閣四庫全書》第 177 册。

273. [清]張廷玉:《明史》,北京:中華書局,1974 年。

274. [清]張習孔:《詒清堂集》,《四庫全書存目叢書補編》第 1 册,濟南:齊魯書社,2001 年。

275. [清]張之洞撰,范希曾補正,來新夏、韋力、李國慶:《書目答問匯補》,北京:中華書局,2011 年。

276. [清]張之洞撰,范希曾補正:《書目答問補正》,上海:上海古籍出版社,2004 年。

277. [清]周亮工:《賴古堂集》,《續修四庫全書》第 1400 册。

278. [清]周中孚著,黄曙輝、印曉峰標校:《鄭堂讀書記》,上海:上海書店出版社,2009 年。

279. [清]朱彝尊著,[清]姚祖恩編,黄君坦校點:《静志居詩話》,北京:人民文學出版社,1990 年。

280. [清]朱彝尊撰,林慶彰、蔣秋華、楊晋龍、馮曉庭主編:《經義考新校》,上海:上海古籍出版社,2010 年。

281. 凌景埏、謝伯陽編:《全清散曲》,濟南:齊魯書社,2006 年。

282. 上海古籍出版社編:《清代筆記小説大觀》,上海:上海古籍出版社,2007 年。

283. 上海圖書館編:《汪康年師友書札》,上海:上海古籍出版社,1987 年。

284. 章鈺等編,武作成補編:《清史稿藝文志及補編》,北京:中華書局,1982 年。

285. 中華書局上海編輯所編:《京本通俗小説》,《古本小説集成》本。

(八)綜合

286. 北京大學圖書館編:《北京大学图书馆藏日本版汉籍善本萃编》,影印,重慶:西南師範大學出版社、北京:人民出版社,2014 年。

287. 卞東波編:《中國文集日本古注本叢刊》,影印,上海:上海社會科學院出版社,2020 年。

288. 蔡鎮楚編:《中國詩話珍本叢書》,影印,北京:北京圖書館出版社,2004 年。

289. 韓寶林編:《三字經文獻彙編》,北京:國家圖書館出版社,2017 年。

290. 金程宇:《和刻本中國古逸書叢刊》,影印,南京:鳳凰出版社,2012 年。

291. 李學勤主編:《中華漢語工具書書庫》,合肥:安徽教育出版社,2002 年。

292. 施孝峰:《三字經古本集成》,瀋陽:遼海出版社,2008 年。

293. 宋志英、南江濤選編:《〈文選〉研究文獻輯刊》,影印,北京:國家圖書館出版社,2013 年。

294. 汪夢川、熊燁主編:《杜集珍本叢刊》,影印,成都:巴蜀書社,2020 年。

295. 王利器編:《歷代笑話集》,上海:上海古典文學出版社,1956 年。

296. 王水照編:《歷代文話》,上海:復旦大學出版社,2007 年。

297. 向輝主編:《四書珍本叢刊》,影印,北京:綫裝書局,2018 年。

298. 郁重今編纂:《歷代印譜序跋彙編》,杭州:西泠印社出版社,2008 年。

299.《域外漢籍珍本文庫》編纂出版委員會編:《和刻本四部叢刊》,影印,重慶:西南師範大學出版社、北京:人民出版社,2014 年。

300.《域外漢籍珍本文庫》編纂出版委員會編:《日本五山版漢籍善本集刊》,影印,重慶:西南師範大學出版社、北京:人民出版社,2012 年。

301.《域外漢籍珍本文庫》編纂出版委員會編:《域外漢籍珍本文庫》(全五輯),影印,重慶:西南師範大學出版社、北京:人民出版社,2000—2015 年。

302. 鄭振鐸編:《中國版畫叢刊》,上海:上海古籍出版社,1988 年。

303. 中華書局編:《稀見明刻詩文評二種》,影印,北京:中華書局,2016 年。

304.《中國野史集成》編委會、四川大學圖書館編:《中國野史集成》,成都:巴蜀書社,2000 年。

305.〔日〕長澤規矩也:《和刻本辭書字典集成》,影印,東京:汲古書院,1980—1981 年。

306.〔日〕長澤規矩也:《和刻本漢籍隨筆集》,影印,東京:汲古書院,1972—1978 年。

307.〔日〕長澤規矩也:《和刻本漢籍文集》,影印,東京:汲古書院,1977—1979 年。

308.〔日〕長澤規矩也:《和刻本漢詩集成》,影印,東京:汲古書院,1974—1979 年。

309.〔日〕長澤規矩也:《和刻本經書集成》,影印,東京:汲古書院,1975—1977 年。

310.〔日〕長澤規矩也:《和刻本類書集成》,影印,東京:汲古書院,1976—1977 年。

311.〔日〕長澤規矩也:《和刻本明清資料集》,影印,東京:汲古書院,1974 年。

312.〔日〕長澤規矩也:《和刻本正史》,影印,東京:汲古書院,1970—1973 年。

313.〔日〕長澤規矩也:《和刻本諸子大成》,影印,東京:汲古書院,1975—1976 年。

314.〔日〕西川寧、長澤規矩也:《和刻本書畫集成》,影印,東京:汲古書院,1975—1977 年。

二、專著

1. 阿鳳:《明清時代婦女的地位與權利》,北京:社會科學文獻出版社,2009 年。

2. 阿英:《阿英全集》第六卷,合肥:安徽教育出版社,2003 年。

3. 白化文等編:《周紹良先生欣開九秩慶壽文集》,北京:中華書局,1997 年。

4. 白淑春編著:《中國藏書家綴補録》,銀川:寧夏人民出版社,

2016 年。

5. 北京大學圖書館編:《北京大學圖書館藏古籍善本書目》,北京:北京大學出版社,1999 年。

6. 北京魯迅博物館編,韋力撰:《魯迅藏書志(古籍之部),北京:中華書局,2016 年。

7. 北京師範大學圖書館古籍部編:《北京師範大學圖書館古籍善本書目》,北京:北京圖書館出版社,2002 年。

8. 卞東波:《域外漢籍與宋代文學研究》,北京:中華書局,2017 年。

9. 曹道衡、沈玉成編撰:《中國文學家大辭典・先秦漢魏晋南北朝卷》,北京:中華書局,1996 年。

10. 曹積三、閆桂笙主編:《當代百家話讀書》,北京:生活・讀書・新知三聯書店,1997 年。

11. 曾棗莊主編:《中國文學家大辭典・宋代卷》,北京:中華書局,2004 年。

12. 陳伯海、李定廣:《唐詩總集纂要》,上海:上海古籍出版社,2016 年。

13. 陳國慶編:《漢書藝文志注釋彙編》,北京:中華書局,2005 年。

14. 陳捷:《人物往來與書籍流轉》,北京:中華書局,2012 年。

15. 陳琳主編:《貴州省古籍聯合目録》,貴陽:貴州人民出版社,2007 年。

16. 陳望道:《修辭學發凡》,上海:上海教育出版社,2001 年。

17. 陳先行、郭立暄編撰:《上海圖書館善本題跋輯録》,上海:上海辭書出版社,2017 年。

18. 陳旭東:《日本翻刻建本漢籍圖釋》,福州:福建人民出版社,2020 年。

19. 陳益源:《從〈嬌紅記〉到〈紅樓夢〉》,瀋陽:遼寧古籍出版社,1996 年。

20. 陳垣:《史諱舉例》,北京:中華書局,2009 年。

21. 陳佐編:《姜立綱書法集》,杭州:西泠印社出版社,2014 年。

22. 崔富章:《四庫提要補正》,杭州:杭州大學出版社,1990 年。

23. 崔建英輯訂,賈衛民、李曉亞參訂:《明別集版本志》,北京:中華書局,2006 年。

24. 鄧邦述撰:《群碧樓善本書録・寒瘦山房鬻存善本書目》,上海:上海古籍出版社,2014 年。

25. 鄧長風:《明清戲曲家考略三編》,上海:上海古籍出版社,1999 年。

26. 丁錫根編著:《中國歷代小説序跋集》,北京:人民文學出版社,1996 年。

27. 董康著,朱慧整理:《書舶庸談》,北京:中華書局,2013 年。

28. 杜信孚:《明代版刻綜録》,揚州:江蘇廣陵刊行社,1983 年。

29. 范邦瑾:《美國國會圖書館藏中文善本書續録》,上海:上海古籍出版社,2011 年。

30. 范志新:《文選版本擷英》,貴陽:貴州人民出版社,2004 年。

31. 方彦壽:《建陽刻書史》,北京:中國社會出版社,2003 年。

32. 方彦壽:《建陽刻書史》(增訂本),福州:福建人民出版社,2020 年。

33. 方彦壽:《福建歷代刻書家考略》,北京:中華書局,2021 年。

34. 方勇:《莊子學史》,北京:人民出版社,2008 年。

35. 傅璇琮主編:《唐才子傳校箋》,北京:中華書局,1990 年。

36. 傅璇琮、許逸民、王學泰、董乃斌、吴小林主編:《中國詩學大辭典》,杭州:浙江教育出版社,1999 年。

37. 傅璇琮、蔣寅主編:《中國古代文學通論・唐代卷》,瀋陽:遼寧人民出版社,2004 年。

38. 傅璇琮主編:《宋登科考》,南京:江蘇教育出版社,2005 年。

39. 傅璇琮主編:《中國古代詩文名著提要》,石家莊:河北教育出版社,2009 年。

40. 傅增湘:《藏園群書經眼録》,北京:中華書局,2009 年。

41. 傅增湘:《藏園群書題記》,上海:上海古籍出版社,1989 年。

42. 龔延明、祖慧主編:《宋人登科總録》,桂林:廣西師範大學出版社,2014 年。

43. 古棣主編:《孫子兵法大辭典》,上海:上海科學普及出版社,1994 年。

44. 顧犇主編:《中國國家圖書館外文善本書目》,北京:北京圖書館出版社,2001 年。

45. 顧廷龍校閲:《藝風堂友朋書札》,上海:上海古籍出版社,1980 年。

46. 顧永新:《經學文獻的衍生和通俗化——以近古時代的傳刻爲中心》,北京:北京大學出版社,2014 年。

47. 郭紹虞:《照隅室古典文學論文集》,上海:上海古籍出版社,1983 年。

48. 郭英德:《明清傳奇綜録》,石家莊:河北教育出版社,1997 年。

49. 國家圖書館、國家古籍保護中心編:《書卷媒友誼長青——日本永青文庫捐贈漢籍入藏中國國家圖書館特異圖録》,北京:國家圖書館出版社,2018 年。

50. 國家圖書館古籍部編:《西諦藏書善本圖録》,北京:中華書局,2008 年。

51. "國立"故宫博物院編:《國立故宫博物院善本舊籍總目》,臺北:臺灣故宫博物院,1984 年。

52. "國立"中央圖書館編:《臺灣公藏善本書目書名索引》,臺北:臺灣"中央"圖書館,1971 年。

53. 韓天衡主編:《中國篆刻大辭典》,上海:上海辭書出版社,2003 年。

54. 何澄一編撰:《故宫所藏觀海堂書目》,北平:故宫博物院圖書館,1932 年。

55. 胡懷琛:《秋山文存》,《朴學齋叢書》第四集,民國二十九年(1940)安吴胡氏刊本。

56. 胡平生:《孝經譯注》,北京:中華書局,2009 年。

57. 胡士瑩:《話本小説概論》,北京:商務印書館,2011 年。

58. 胡適:《胡適文集》,北京:北京大學出版社,1998 年。

59. 湖北省博物館編:《鄰蘇園藏書目録》,上海:上海辭書出版社,2009 年。

60. 黄仁生:《日本現藏稀見元明文集考證與提要》,長沙:嶽麓書社,2004 年。

61. 黄裳:《黄裳書話》,北京:北京出版社,1997 年。

62. 黄裳:《書林一枝》,太原:山西古籍出版社、山西教育出版社,1998 年。

63. 黄裳:《劫餘古艷:來燕榭書跋手跡輯存》,鄭州:大象出版社,2008 年。

64. 黄裳:《來燕榭書跋》(增訂本),北京:中華書局,2011 年。

65. 黄永年、賈二强撰集:《清代版刻圖録》,杭州:浙江人民出版社,1997 年。

66. 黄永年:《黄永年文史論文集》,北京:中華書局,2015 年。

67. 賈晋華主編:《香港所藏古籍書目》,上海:上海古籍出版社,2003 年。

68. 江慶柏:《清代人物生卒年表》,北京:人民文學出版社,2005 年。

69. 江蘇省社會科學院明清小説研究中心、江蘇省社會科學院文學研究所編:《中國通俗小説總目提要》,北京:中國文聯出版公司,1990年。

70. 姜亞沙編:《影印珍本古籍文獻举要》,北京:北京圖書館出版,2002年。

71. 蔣瑞藻撰,江竹虛標校:《小説考證》,上海:上海古籍出版社,1984年。

72. 蔣寅:《清詩話考》,北京:中華書局,2005年。

73. 金程宇:《域外漢籍叢考》,北京:中華書局,2007年。

74. 金程宇:《東亞漢文學考論》,南京:鳳凰出版社,2013年。

75. 柯愈春:《清人詩文集總目提要》,北京:北京古籍出版社,2001年。

76. 李焯然:《丘濬評傳》,南京:南京大學出版社,2005年。

77. 李國慶編:《明代刊工姓名全録》,上海:上海古籍出版社,2014年。

78. 李浩、賈三强主編:《古代文獻的考證與詮釋——海峽兩岸古典文獻學國際學術會議論文集》,上海:上海古籍出版社,2006年。

79. 李劍國:《唐前志怪小説輯釋》(修訂本),上海:上海古籍出版社,2011年。

80. 李劍國:《唐五代志怪傳奇叙録》(增訂本),北京:中華書局,2017年。

81. 李劍國:《宋代志怪傳奇叙録》(增訂本),北京:中華書局,2018年。

82. 李靈年、楊忠主編:《清人别集總目》,合肥:安徽教育出版社,2000年。

83. 李夢生:《中國禁毀小説百話》,上海:上海古籍出版社,1994年。

84. 李盛鐸著,張玉範整理:《木犀軒藏書題跋記及書録》,北京:北京大學出版社,1985年。

85. 李小龍:《中國古典小説回目研究》,北京:北京大學出版社,2012年。

86. 李孝聰:《歐洲收藏部分中文古地圖叙録》,北京:國際文化出版公司1996年。

87. 李玉編:《北京大學圖書館日本版古籍目録》,北京:北京大學出版社,1995年。

88. 李裕民:《宋人生卒行年考》,北京:中華書局,2010年。

89. 梁戰、郭君一:《歷代藏書家辭典》,西安:陜西人民出版社,1991年。

90. 林海泉:《李贄年譜考略》,福州:福建人民出版社,1992年。

91. 劉炳藜主編:《中外人名辭典》,上海:中華書局,1940年。

92. 劉承幹:《嘉業堂藏書日記鈔》,南京:鳳凰出版社,2016年。

93. 劉尚榮:《蘇軾著作版本論叢》,成都:巴蜀書社,1988年。

94. 劉玉才主編:《從鈔本到刻本:中日〈論語〉文獻研究》,北京:北京大學出版社,2013 年。

95. 劉玉才、潘建國主編:《日本古鈔本與五山版漢籍研究論叢》,北京:北京大學出版社,2015 年。

96. 劉鎮偉、王若、韓俊英編:《大谷本明清小説叙録》,大連:大連出版社,1995 年。

97. 盧美松編著:《福州名園史影》,福州:福建美術出版社,2007 年。

98. 陸萼庭:《清代戲曲家叢考》,上海:學林出版社,1995 年。

99. 魯迅:《魯迅全集》,北京:人民文學出版社,2005 年。

100. 路工:《訪書見聞録》,上海:上海古籍出版社,1985 年。

101. 倫明等撰,楊琥點校:《辛亥以來藏書紀事詩(外二種)》,北京:北京燕山出版社,1999 年。

102. 羅振常撰,汪柏江、方俞明整理:《善本書所見録》,上海:上海古籍出版社,2020 年。

103. [清]羅振玉、王國維編:《羅氏藏書目録》,北京:北京大學出版社,2015 年。

104. [清]羅振玉:《羅振玉學術論著集》,上海:上海古籍出版社,2013 年。

105. 羅志歡:《中國叢書綜録選注》,濟南:齊魯書社,2017 年。

106. 駱兆平編著:《新編天一閣書目·天一閣遺存書目》,北京:中華書局,1978 年。

107. 吕順長:《清末浙江與日本》,上海:上海古籍出版社,2001 年。

108. 馬泰來編:《中國圖書文史論集》,臺北:正中書局,1991 年。

109. 馬蹄疾:《水滸書録》,上海:上海古籍出版社,1986 年。

110. 馬幼垣:《水滸論衡》,北京:生活·讀書·新知三聯書店,2007 年。

111. 馬月華:《〈古逸叢書〉研究》,北京:北京大學出版社,2015 年。

112. 南京師範大學古文獻整理研究所編:《江蘇藝文志·蘇州卷》,南京:江蘇人民出版社,1996 年。

113. 甯忌浮:《漢語韻書史·明代卷》,上海:上海人民出版社,2009 年。

114. 甯鎮疆:《〈孔子家語〉新證》,上海:中西書局,2017 年。

115. 潘建國:《古代小説文獻叢考》,北京:中華書局,2006 年。

116. 潘建國:《古代小説版本探考》,北京:商務印書館,2020 年。

117. 潘景鄭:《著硯樓書跋》,上海:上海古籍出版社,2006 年。

118. 潘美娣:《古籍修復與裝幀》,上海:上海人民出版社,1995 年。

119. 潘宗周編,柳向春標點:《寶禮堂宋本書録》,上海:上海古籍出版社,2007年。

120. 啓功:《啓功叢稿·論文卷》,北京:中華書局,1999年。

121. 錢仲聯主編:《中國文學家大辭典·清代卷》,北京:中華書局,1996年。

122. 秦更年撰,秦蓁整理,吴格審定:《嬰闇題跋》,北京:中華書局,2019年。

123. 瞿冕良:《中國古籍版刻辞典》,濟南:齊魯書社,1999年。

124. 沙嘉孫編:《山東文獻書目續編》,濟南:齊魯書社,2017年。

125. 上海圖書館編:《中國叢書綜録》,北京:中華書局,上海編輯所,1962年。

126. 沈津:《美國哈佛大學哈佛燕京圖書館中文善本書志》,上海:上海辭書出版社,1999年。

127. 沈津:《書城挹翠録》,上海:上海社會科學院出版社,1996年。

128. 施廷鏞編著,李雄飛校訂:《古籍珍稀版本知見録》,北京:北京圖書館出版社,2005年。

129. 石昌渝主編:《中國古代小説總目》,太原:山西教育出版社,2004年。

130. 束景南:《朱熹年譜長編》,上海:華東師範大學出版社,2001年。

131. 司馬朝軍:《國故新衡》,武漢:武漢大學出版社,2018年。

132. 蘇桂亮、〔日〕阿竹仙之助:《日本孫子書知見録》,濟南:齊魯書社,2009年。

133. 孫誠、張德玉主編:《建州女真暨董鄂部研究》,北京:中國文史出版社,2006年。

134. 孫殿起:《販書偶記》,北京:中華書局,1959年。

135. 孫楷第:《戲曲小説書録解題》,北京:人民文學出版社,1990年。

136. 孫楷第:《中國通俗小説書目》(外二種),北京:中華書局,2012年。

137. 孫猛:《日本國見在書目録詳考》,上海:上海古籍出版社,2015年。

138. 孫琴安:《唐詩選本提要》,上海:上海書店出版社,2005年。

139. 孫曉等編著:《域外漢籍珍本總目提要》,重慶:西南師範大學出版社,2018年。

140. 談蓓芳:《中國文學古今演變論考》,上海:上海古籍出版社,2006年。

141. 田濤:《千年契約》,北京:法律出版社,2012年。

142. 王寶平主編:《中國館藏和刻本漢籍書目》,杭州:杭州大學出版社,1995 年。

143. 王德毅、李榮村、潘柏澄編:《元人傳記資料索引》,北京:中華書局,1987 年。

144. 王國平、唐力行主編:《蘇州通史 · 清代卷》,蘇州:蘇州大學出版社,2019 年。

145. 王國維著,彭林整理:《觀堂集林》(外二種),石家莊:河北教育出版社,2003 年。

146. 王國維撰,王亮整理:《傳書堂藏書志》,上海:上海古籍出版社,2014 年版

147. 王坤:《義成永畫店田野調查報告》,北京:中國戲劇出版社,2011 年。

148. 王利器:《耐雪堂集》,北京:中國社會科學出版社,1986 年。

149. 王勤謨:《近代中日文化交流先行者王惕齋》,寧波:寧波出版社,2011 年。

150. 王樹田:《擁雪齋藏書志》,桂林:廣西師範大學出版社,2018 年。

151. 王水照口述,侯體健整理:《王水照訪談録》,上海:上海古籍出版社,2022 年。

152. 王思明等主編:《萬國鼎文集》,北京:中國農業科學技術出版社,2005 年。

153. 王曉平:《日本詩經學文獻考釋》,北京:中華書局,2012 年。

154. 王勇主編:《人物往來與東亞交流》,北京:光明日報出版社,2010 年。

155. 王雨著,王書燕編纂:《王子霖古籍版本學文集》第二册,上海:上海古籍出版社,2006 年。

156. 王毓瑚:《中國農學書録》,北京:農業出版社,1964 年。

157. 王媛:《元人總集叙録》,天津:天津古籍出版社,2018 年。

158. 王兆鵬:《詞史史料學》,北京:中華書局,2004 年。

159. 王肇文:《古籍宋元刊工姓名索引》,上海:上海古籍出版社,2012 年。

160. 王重民:《敦煌古籍叙録》,北京:中華書局,1979 年。

161. 王重民:《中國善本書提要》,上海:上海古籍出版社,1983 年。

162. 韋力:《得書記》,桂林:廣西師範大學出版社,2015 年。

163. 韋力:《上書房行走》,北京:海豚出版社,2017 年。

164. 韋力:《芷蘭齋書跋續集》,北京:國家圖書館出版社,2013 年。

165. 魏小虎編纂:《四庫全書總目彙訂》,上海:上海古籍出版社,2012年。

166. 蕭相愷:《珍本禁毁小説大觀——稗海訪書録》,鄭州:中州古籍出版社,1992年。

167. 肖振棠、丁瑜:《中國古籍裝訂修補技術》,北京:書目文獻出版社,1980年。

168. 謝國楨:《江浙訪書記》,上海:上海書店出版社,2004年。

169. 謝巍:《中國歷代人物年譜考録》,北京:中華書局,1992年。

170. 謝巍:《中國畫學著作考録》,上海:上海書畫出版社,1998年。

171. 謝維揚、房鑫亮主編:《王國維全集》,杭州:浙江教育出版社,2010年。

172. 謝宗楷主編:《謝氏名人録》(内部資料),福建省姓氏源流研究會謝氏委員會,1998年。

173. 辛德勇:《困學書城》,北京:生活·讀書·新知三聯書店,2009年。

174. 徐俊:《鳴沙習學集:敦煌吐魯番文學文獻叢考》,北京:中華書局,2016年。

175. 徐朔方:《晚明曲家年譜》,杭州:浙江古籍出版社,1993年。

176. 徐錫祺:《新編中國三千年曆日檢索表》,北京:人民教育出版社,1992年。

177. 徐霞芳主編:《海寧歷史人物手札》,杭州:浙江古籍出版社,2018年。

178. 許紅彦、謝冬榮、薩仁高娃編:《清人詩文集珍本叢刊總目·索引·提要》,北京:國家圖書館出版社,2017年。

179. 續修四庫全書總目提要編纂委員會編:《續修四庫全書總目提要》,上海:上海古籍出版社,2015年。

180. 嚴靈峰:《周秦漢魏諸子知見目録》,北京:中華書局,1993年。

181. 嚴紹璗:《漢籍在日本的流布研究》,南京:江蘇古籍出版社,1992年。

182. 嚴紹璗:《日藏漢籍善本書録》,北京:中華書局,2007年。

183. 楊聯陞著,蔣力編:《漢學書評》,北京:商務印書館,2016年。

184. 楊繩信編著:《增訂中國版刻綜録》,西安:陝西人民出版社,2014年。

185. 楊廷福、楊同甫編:《清人室名别稱字號索引》(增補本),上海:上海古籍出版社,2001年。

186. 楊先梅輯,劉信芳校注:《楊守敬題跋書信遺稿》,成都:巴蜀書社,1996 年。

187. 楊焄:《明人編選漢魏六朝詩歌總集研究》,西安:陝西人民出版社,2009 年。

188. 葉嘉瑩:《杜甫秋興八首集説》,北京:北京大學出版社,2014 年。

189. 尹敏志:《東京蠹餘録》,桂林:廣西師範大學出版社,2020 年。

190. 于汝波主編:《孫子學文獻提要》,北京:軍事科學出版社,1994 年。

191. 余嘉錫:《余嘉錫論學雜著》,北京:中華書局,1977 年。

192. 余嘉錫:《四庫提要辨證》,北京:中華書局,2007 年。

193. 余紹宋:《書畫書録解題》,北京:北京圖書館出版社,2003 年。

194. 俞達珠主編:《福清科名録》,福州:福建人民出版社,2015 年。

195. 袁克文撰,李紅英輯釋:《寒雲藏書題跋輯釋》,北京:中華書局,2016 年。

196. 查屏球編:《梯航集——日藏漢籍中日學術對話録》,上海:上海古籍出版社,2018 年。

197. 張伯偉編:《朝鮮時代書目叢刊》,北京:中華書局,2004 年。

198. 張健:《元代詩法校考》,北京:北京大學出版社,2001 年。

199. 張明華、李曉黎:《集句詩文獻研究》,北京:社會科學文獻出版社,2012 年。

200. 張培瑜:《三千五百年曆日天象》,鄭州:大象出版社,1997 年。

201. 張升編:《〈永樂大典〉研究資料輯刊》,北京:北京圖書館出版社,2005 年。

202. 張天禄主編:《福州人名志》,福州:海潮攝影藝術出版社,2007 年。

203. 張志公:《传统语文教学初探:附蒙学书目稿》,上海:上海教育出版社,1962 年。

204. 張忠綱、趙睿才、孫微等編著:《杜集叙録》,濟南:齊魯書社,2008 年。

205. 張元濟:《張元濟全集》第 8 卷,北京:商務印書館,2010 年。

206. 張元濟:《張元濟全集》第 9 卷,北京:商務印書館,2010 年。

207. 張元濟:《張元濟全集》第 10 卷,北京:商務印書館,2010 年。

208. 趙傳仁、鮑延毅、葛增福主編:《中國書名釋義大辭典》,濟南:山東友誼出版社,2007 年。

209. 趙季、王實明、谷小溪:《明洪武至正德中朝詩歌交流繫年》,北京:人民文學出版社,2014 年。

210. 趙望秦:《胡曾〈詠史詩〉研究》,北京:中國社會科學出版社,2008 年。

211. 政協泉州市委員會編:《泉州名人故居》,厦門:厦門大學出版社,2007 年。

212. 鄭阿財、朱鳳玉:《敦煌蒙書研究》,蘭州:甘肅教育出版社,2002 年。

213. 鄭誠:《明清火器史叢考》,上海:上海三聯書店,2022 年。

214. 鄭鶴聲著,鄭一鈞整理:《正史彙目》,天津:天津古籍出版社,2009 年。

215. 鄭慶篤、焦裕銀、張忠鋼、馮建國:《杜集書目提要》,濟南:齊魯書社,1986 年。

216. 鄭振鐸:《西諦書目》,北京:文物出版社,1963 年。

217. 鄭振鐸:《鄭振鐸全集》,石家莊:花山文藝出版社,1998 年。

218. 鄭振鐸撰,吴曉鈴整理:《西諦書跋》,北京:文物出版社,1998 年。

219. 中華再造善本工程編纂出版委員會編著:《中華再造善本續編總目提要》,北京:國家圖書館出版社,2017 年。

220. 中華再造善本工程編纂出版委員會編著:《中華再造善本總目提要》,北京:國家圖書館出版社,2013 年。

221.《中國佛教人名大辭典》編委會編:《中國佛教人名大辭典》,上海:上海辭書出版社,1999 年。

222.《中國古代小説百科全書》編輯委員會、中國大百科全書出版社編輯部編:《中國古代小説百科全書》,北京:中國大百科全書出版社,1992 年。

223. 中國古籍善本書目編輯委員會編:《中國古籍善本書目·叢部》,上海:上海古籍出版社,1989 年。

224. 中國古籍善本書目編輯委員會編:《中國古籍善本書目·集部》,上海:上海古籍出版社,1996 年。

225. 中國古籍善本書目編輯委員會編:《中國古籍善本書目·經部》,上海:上海古籍出版社,1989 年。

226. 中國古籍善本書目編輯委員會編:《中國古籍善本書目·史部》,上海:上海古籍出版社,1991 年。

227. 中國古籍善本書目編輯委員會編:《中國古籍善本書目·子部》,上海:上海古籍出版社,1994 年。

228. 中國古籍總目編纂委員會編:《中國古籍總目 · 叢書部》,北京:中華書局、上海:上海古籍出版社,2009 年。

229. 中國古籍總目編纂委員會編:《中國古籍總目 · 集部》,北京:中華書局、上海:上海古籍出版社,2012 年。

230. 中國古籍總目編纂委員會編:《中國古籍總目 · 經部》,北京:中華書局、上海:上海古籍出版社,2012 年。

231. 中國古籍總目編纂委員會編:《中國古籍總目 · 史部》,北京:中華書局、上海:上海古籍出版社,2009 年。

232. 中國古籍總目編纂委員會編:《中國古籍總目 · 子部》,北京:中華書局、上海:上海古籍出版社,2010 年。

233. 中國古籍總目編纂委員會編:《中國古籍總目索引》,北京:中華書局、上海:上海古籍出版社,2013 年。

234. 中國國家圖書館、中國國家古籍保護中心編:《第二批國家珍貴古籍名録圖録》,北京:國家圖書館出版社,2010 年。

235. 中國國家圖書館、中國國家古籍保護中心編:《第三批國家珍貴古籍名録圖録》,北京:國家圖書館出版社,2012 年。

236. 中國國家圖書館、中國國家古籍保護中心編:《第一批國家珍貴古籍名録圖録》,北京:國家圖書館出版社,2008 年。

237. 中國社會科學院近代史研究所、《近代史資料》編譯室主編:《太平天國文獻史料集》,北京:知識産權出版社,2013 年。

238. 中國科學院圖書館整理:《續修四庫全書總目提要(稿本)》,濟南:齊魯書社,1996 年。

239. 周采泉:《杜集書録》,上海:上海古籍出版社,1986 年。

240. 周生傑:《鮑廷博藏書與刻書研究》,合肥:黄山書社,2011 年。

241. 周蕪:《徽派版畫史論集》,合肥:安徽人民出版社,1984 年。

242. 周兆新主編:《三國演義叢考》,北京:北京大學出版社,1995 年。

243. 周振鶴編:《晚清營業書目》,上海:上海書店出版社,2005 年。

244. 周祖撰主編:《中國文學家大辭典 · 唐代卷》,北京:中華書局,1992 年。

245. 周作人:《夜讀抄》,石家莊:河北教育出版社,2002 年。

246. 周作人著,吴平、邱明一編:《周作人民俗學論集》,上海:上海文藝出版社,1999 年。

247. 周作人著,鍾叔河編:《周作人文類編》,長沙:湖南文藝出版社,1998 年。

248. 周作人著，謝冬榮整理：《知堂古籍藏書題記》，北京：國家圖書館出版社，2023 年。

249. 朱保炯、謝沛霖：《明清進士題名碑録索引》，上海：上海古籍出版社，1980 年。

250. 朱一玄編：《金瓶梅資料匯編》，天津：南開大學出版社，2002 年。

251. 祝尚書：《宋人别集叙録》（增訂本），北京：中華書局，2020 年。

252. 祝尚書：《宋人别集叙録》，北京：中華書局，1996 年。

253. 祝尚書：《宋人總集叙録》（增訂本），北京：中華書局，2004 年。

254. 〔美〕韓南撰：《韓南中國小説論集》，王秋桂等譯，北京：北京大學出版社，2008 年。

255. 〔美〕賈晋珠：《謀利而印：11 至 17 世紀福建建陽的商業出版者》，邱葵、鄒秀英、柳穎、劉倩譯，李國慶校，福州：福建人民出版社，2019 年。

256. 〔日〕《静嘉堂文庫漢籍分類目録》，東京：静嘉堂文庫，1930 年。

257. 〔日〕《住吉大社御文庫目録・國書漢籍》，大阪：住吉大社，2003 年。

258. 〔日〕阿部隆一：《楊氏觀海堂善本解題：中國訪書志一》，東京：慶應義塾大學附屬斯道文庫，1970 年。

259. 〔日〕長澤規矩也：《和刻本漢籍分類目録》，東京：汲古書院，1976 年。

260. 〔日〕長澤規矩也：《長澤規矩也著作集》第二卷，東京：汲古書院，1982 年。

261. 〔日〕朝倉治彦、大和博幸：《享保以後江户出版書目》，京都：臨川書店，2000 年。

262. 〔日〕陳舜臣：《披蝶而舞》，劉睿、董雯暉譯，北京：中國畫報出版社，2019 年。

263. 〔日〕川瀨一馬：《五山版之研究》，東京：日本古書籍商協会，1970 年。

264. 〔日〕大木康：《明末江南的出版文化》，周保雄譯，上海：上海古籍出版社，2014 年。

265. 〔日〕大塚秀高：《增補中國通俗小説書目》，東京：汲古書院，1987 年。

266. 〔日〕島田翰撰：《古文舊書考》，杜澤遜、王曉娟點校，上海：上海古籍出版社，2014 年。

267. 〔日〕東條耕：《先哲叢談後編》，日本文政十二年群玉堂刻本。

268.〔日〕高橋智:《日本室町時代古鈔本〈論語集解〉研究》,北京:北京大學出版社,2013 年。

269.〔日〕杭迫柏樹編:《王羲之書法字典》,天津:天津人民美術出版社,2004 年。

270.〔日〕河田羆:《静嘉堂秘籍志》,賈貴榮輯:《日本漢籍書目集成》第四册,北京:北京圖書館出版社,2003 年。

271.〔日〕日本講談社編:《日漢大辭典》,上海譯文出版社編譯,上海:上海譯文出版社,2002 年版

272.〔日〕酒井忠夫:《中國善書研究》(增補版),劉嶽兵、孫雪梅、何英鶯譯,南京:江蘇人民出版社,2010 年。

273.〔日〕歷史研究會:《日本史年表(增補版)》,東京:岩波書店,1995 年。

274.〔日〕林望、Peter Kornicki. Early Japanesebooks in Cambridge University Library,劍橋大學出版社,1991 年。

275.〔日〕林秀一撰:《孝經述議復原研究》,喬秀岩、葉純芳、顧遷編譯,武漢:崇文書局,2016 年。

276.〔日〕内藤湖南:《東洋文化史研究》,林曉光譯,上海:復旦大學出版社,2016 年。

277.〔日〕森立之:《經籍訪古志》(初稿本),《日本藏漢籍善本書志書目集成》第一册。

278.〔日〕澁江全善、森立之等撰:《經籍訪古志》,杜澤遜、班龍門點校,上海:上海古籍出版社,2014 年。

279.〔日〕山井鼎撰,〔日〕物觀補遺:《七經孟子考文補遺》,《景印文淵閣四庫全書》第 190 册。

280.〔日〕上田正昭等監修:《講談社日本人名大辭典》,東京:講談社,2001 年。

281.〔日〕神鷹德治:《官版白氏文集》,《白居易研究講座》第 6 卷,東京:勉誠社,1995 年。

282.〔日〕狩野直喜:《舊鈔卷子本莊子殘卷校勘記》,東京:東方文化學院,1932 年。

283.〔日〕太田辰夫編:《中國秘籍叢刊》(研究篇),東京:汲古書院,1987 年。

284.〔日〕尾崎康:《正史宋元版之研究》,喬秀岩、王鏗編譯,北京:中華書局,2018 年。

285.〔日〕篠田統:《中國食物史研究》,高桂林、薛來運、孫音譯,北京:中國商業出版社,1987 年。

286.〔日〕中村璋八、石川力山:《〈菜根譚〉解説》,《菜根譚》,東京:講談社,1986 年。

287.〔日〕諸橋轍次:《大漢和詞典》,東京:大修館書店,1959 年。

288.〔日〕紫式部撰:《源氏物語》,豐子愷譯,北京:人民文學出版社,2006 年。

三、期刊論文

1. 卞東波、查雪巾:《冷齋夜話日本刊本考論》,《域外漢籍研究集刊》第七輯,北京:中華書局,2011 年。

2. 卞東波:《稀見五山版宋元詩僧文集五種敘録》,《文獻》,2013 年第 3 期。

3. 卞東波:《江户明治時代的日本文話探析》,《文藝理論研究》,2013 年第 4 期。

4. 卞東波:《日本所藏宋人張逢辰〈菊花百詠〉校録》,《域外漢籍研究集刊》第八輯,北京:中華書局,2012 年。

5. 卞東波:《日韓所刊珍本〈陶淵明集〉叢考》,《銅仁學院學報》,2017 年第 1 期。

6. 卞東波:《珍稀和刻和鈔宋元漢籍八種敘録》,《域外漢籍研究集刊》第八輯,北京:中華書局,2013 年。

7. 蔡丹君:《〈陶淵明集〉在日本的翻刻、選抄與注譯》,《復旦學報》,2019 年第 3 期。

8. 蔡雁彬:《朱熹〈小學〉在朝鮮漢文學史上的意義》,《域外漢籍研究集刊》第二輯,北京:中華書局,2006 年。

9. 蔡雁彬:《朱子〈小學〉流衍海東考》,《南京大學學報》,2002 年第 4 期。

10. 陳捷:《岸田吟香的樂善堂在中國的圖書出版和販賣活動》,《中國典籍與文化》,2005 年第 3 期。

11. 陳旭東:《明代建陽刻書家余彰德、余泗泉即同一人考》,《明清小説研究》,2007 年第 3 期。

12. 程水龍、嚴佐之:《宋葉采〈近思録集解〉版本源流考》,《華東師範大學學報》,2006 年第 5 期。

13. 程蘇東:《日傳本〈五行大義〉所見古本〈春秋繁露・治順五行篇〉輯證》,《中華文史論叢》,2018 年第 4 期。

14. 董恩林:《〈爾雅郭注〉版本考》,《文獻》,2000 年第 1 期。

15. 杜婉言:《趙士楨及其〈神器譜〉初探》,《中國史研究》,1985 年第 4 期。

16. 傅璇琮:《尋根索源:〈蒙求〉流傳與作者新考》,《尋根》,2004 年第 6 期。

17. 郭麗:《房玄齡還是尹知章注釋了〈管子〉》,《西南交通大學學報》,2006 年第 3 期。

18. 韓東:《韓國藏日刻本李贄〈明詩選〉辨僞》,《民族文學研究》,2017 年第 3 期。

19. 何九盈:《〈語助〉述評》,《辭書研究》,1985 年第 2 期。

20. 洪震寰:《趙士楨——明代傑出的火器研製家》,《自然科學史研究》,1983 年第一期。

21. 侯體健:《資料彙編式文話的文獻價值與理論意義——以〈文章一貫〉與〈文通〉爲中心》,《復旦學報》,2009 年第 2 期。

22. 黄潔瓊:《關於〈福戰實録〉的研究》,《福建文史》,2006 年第 4 期。

23. 冀勤:《千家詩瑣話》,《學林漫録》第三輯,北京:中華書局,1981 年。

24.〔韓〕金文京:《日本龍谷大學所藏元朝郭居敬〈百花詩選〉等四種百詠詩簡考》,張賓三、楊儒賓編:《日本漢學研究初探》,臺北:臺灣大學出版社,2004 年。

25. 李成晴:《和刻本〈真山民詩集〉考》,《文獻》,2015 年第 6 期。

26. 李定廣、張静雅:《新發現秦觀佚詩〈梅花百詠〉輯考》,《文獻》,2016 年第 2 期。

27. 李國慶、運宜偉:《紀昀纂修〈四庫全書〉具體書事管窺——以〈廬山記〉與〈馬端肅公奏議〉爲例》,《四庫學》第七輯,北京:社會科學文獻出版社,2020 年。

28. 李銘敬:《日本知恩院藏〈冥報記〉古寫本的傳承與著録考略——兼談臺灣故宫博物院所藏楊守敬舊持本》,《文獻》,2006 年第 2 期。

29. 李憑:《新加坡抄本〈史記〉通考》一文,《歷史研究》,2017 年第 6 期。

30. 李勤合、滑紅彬:《〈四庫全書〉殘本〈廬山記〉的文獻價值》,《圖書館雜誌》,2014 年第 3 期。

31. 李少鵬:《朝鮮刊〈儀禮經傳通解〉的版本及流布》,《圖書館雜誌》,2020 年第 6 期。

32. 李小龍:《筆記小說"白名"例考》,《讀書》,2013 年第 8 期。

33. 李小龍:《羅大經生卒年及罷官原因試考》,日本《江户風雅》第 15 期,2017 年 6 月。

34. 李小龍:《王羲之草書〈孝經〉考辨》,《域外漢籍研究集刊》第十四輯,北京:中華書局,2016 年。

35. 李小龍:《薛益〈杜工部七言律詩分類集注〉考》,《中國詩學》第二十二輯,北京:人民文學出版社,2016 年。

36. 李小龍:《〈虞初新志〉版本考》,《文獻》,2018 年第 1 期。

37. 李小龍:《〈唐才子传〉散佚及日本傳本考》,《北京社會科學》,2021 年第 7 期。

38. 梁旭璋:《大典禅師の茶書に関する研究》,《學藝國語國文學》,平成三十年(2018)第五十號。

39. 梁旭璋:《日本回流古籍所见中琉日间茶文化传播:以陈元辅〈枕山楼茶略〉为例》,《茶惠天下——第十五届國際茶文化研討會論文集萃》,杭州:浙江人民出版社,2018 年。

40. 劉長桂:《從〈語助〉到〈音釋助語辭補義〉——關於我國系統研究文言虛詞最早年代的考辨》,《淮北煤炭師院學報》,1984 年第 1、2 期合刊。

41. 劉國忠:《中村璋八與〈五行大義〉研究》,《中國史研究動態》,1996 年第 2 期。

42. 劉輝:《〈如意君傳〉的刊刻年代及其與〈金瓶梅〉之關係》,《徐州師範學院學報》,1987 年第 3 期。

43. 羅開雲:《類書小說〈是路録〉的作者和編撰手法淺析》,《實證與演變——中國文學史研究論集》,上海:上海文藝出版社,2014 年。

44. 馬明達:《中國古代射書考》,《暨南史學》,2003 年第 2 輯。

45. 潘吉星:《〈天工開物〉版本考》,《自然科學史研究》,1982 年第 1 期。

46. 潘建國:《十年枕上塵中夢,半夜燈前物外心——元代東林寺僧道惠及其〈廬山外集〉》,《九江學院學報》,2011 年第 4 期。

47. 潘建國:《關於五山版漢籍〈廬山外集〉——兼證北大藏本非元刻本》,劉玉才、潘建國主編:《日本古鈔本與五山版漢籍研究論叢》,北京:北京大學出版社,2015 年。

48. 錢大群:《〈唐律疏議〉結構及其書名辨析》,《歷史研究》,2000 年第 4 期。

49. 喬治忠:《〈十八史略〉及其在日本的影响》,《南开学报》,2001 年第 1 期。

50. 邱炫煜:《明末清初的蔣棻及其〈明史紀事〉之研究》,《簡牘學報》,1997 年第 16 期。

51. 任群:《新發現"秦觀佚詩"〈梅花百詠〉辨僞》,《勵耘學刊》,2018 年第 2 輯。

52. 榮孟源:《〈满清紀事〉校記》,《天津社會科學》,1984 年第 2 期。

53. 榮孟源:《〈夷匪犯境聞見録〉校記》,《文史哲》,1984 年第 1 期。

54. 沙嘉孫《李漁〈古今全史〉卷六在濟南發現》,《文獻》,1998 年第 2 期。

55. 沈津:《〈圣迹图〉版本初探》,《孔子研究》,2003 年第 1 期。

56. 沈津:《哈佛燕京圖書館所藏日本所刊中國典籍三十種叙録》,《域外漢籍研究集刊》第七輯,北京:中華書局,2011 年。

57. 孫小力:《明代詩學書目彙考》,《中國詩學》第九輯,北京:人民文學出版社,2004 年。

58. 唐雯:《〈蒙求〉作者新考》,《中國典籍與文化》,2008 年第 3 期。

59. 童岳敏:《日藏〈李長吉歌詩〉鈔本及批點本考述》,《文獻》,2014 年第 1 期。

60. 王昊:《關於秦觀佚詩〈梅花百詠〉的質疑》,《中國韻文學刊》,2016 年第 3 期。

61. 王華夫:《明代佚本〈德善齋菊譜〉》,《中國農史》,2006 年第 1 期。

62. 王建:《〈花鏡〉作者陳淏子考辨》,《文獻》,2003 年第 2 期。

63. 王珂:《〈事林廣記〉版本考略》,《南京師範大學文學院學報》,2016 年第 2 期。

64. 王嵐:《和刻本〈真山民詩集〉的文獻價值》,《版本目録學研究》第二輯,北京:國家圖書館出版社,2010 年。

65. 王嵐:《五山版〈山谷詩注〉考辨》,《北京大學中國古文獻研究中心集刊》第十九輯,北京:北京大學出版社,2019 年。

66. 王利器:《李卓吾评郭勋本〈忠义水浒传〉之发现》,《河北師院學報》,1994 年第 3 期。

67. 王瑞來:《〈鶴林玉露〉著者羅大經生平事迹補考》,《中國典籍與文化》,2012 年第 2 期。

68. 王瑞來:《小官僚大投射:羅大經仕履考析——宋元變革論實證研

究舉隅之三》,《文史哲》,2014 年第 1 期。

69. 王叔岷:《跋日本高山寺舊鈔卷子本莊子殘卷》,《歷史語文研究所集刊》第二十二本。

70. 王雙懷:《〈臣軌〉的作者、年代和價值》,《西北第二民族學院學报》,1992 年第 2 期。

71. 吴晗:《和刻本〈開元天寶遺事〉刊刻與流傳探考》,《域外漢籍研究集刊》第二十一輯,北京:中華書局,2022 年。

72. 謝俊美、謝建驍:《從〈湖南志〉等三件文獻資料見證近代中日韓的歷史關係》,《朝鮮・韓國歷史研究》第 14 輯,延吉:延邊大學出版社,2013 年。

73. 謝琰:《〈聯珠詩格〉的東傳與日本五山七絶——兼論中國文學經典海外傳播的路徑與原則》,《江海學刊》,2013 年第 3 期。

74. 許富宏:《皆川愿考訂〈鬼谷子〉誤署尹知章注考》,《古籍整理研究學刊》,2013 年第 1 期。

75. 許雋超:《金兆燕卒年補考》,《中國戲曲學院學報》,2007 年第 2 期。

76. 許勇强、鄧雷:《〈水滸传〉林九兵衛本與袁無涯本比較研究》,《山西師大學報》,2015 年第 4 期。

77. 楊海峥:《日本学者对〈史记・扁鹊仓公列传〉的研究——以安藤惟寅〈扁仓传割解〉为中心》,《北京大学中國古文献研究中心集刊》第十六輯,北京:北京大學出版社,2017 年。

78. 楊鐮、張頤青:《元僧詩與僧詩文獻研究》,《北京工業大學學報》,2003 年第 1 期。

79. 楊曉春:《明末清初杭州回族丁澎家族的史料及其譜系重構》,《元史及民族與邊疆研究集刊》第 35 輯,上海古籍出版社,2019 年版。

80. 楊洋:《〈四字經〉在中日兩國的流傳與變遷》,《文獻》,2011 年第 3 期。

81. 楊鑄:《日本抄本〈百花詩集〉小考》,《北京大學中國古文獻研究中心集刊》第五輯。

82. 楊鑄:《清刊本〈百香詩〉小考》,《版本目録學研究》第四輯,北京:北京大學出版社,2013 年。

83. 楊鑄:《日本抄本郭居敬〈百花詩選〉》,《中國典籍與文化》,2007 年第 1 期。

84.〔日〕衣若賢次:《南宋送别詩集〈一帆風〉成書考》,金程宇譯,《域外漢籍研究集刊》第十一輯,北京:中華書局,2015 年。

85. 于冬梅、李無未:《〈韵鏡〉與近代日本人姓名的命運預測》,《中國文化研究》,2013 年夏之卷。

86. 于爲剛:《胡文焕与〈格致丛书〉》,《圖書館雜志》,1982 年第 4 期。

87. 查屏球:《和刻本胡次焱〈贅箋唐詩絶句選〉之淵源與文獻價值》,《中國典籍與文化》,2007 年第 3 期。

88. 章傳政、朱自振、黎星輝、朱世桂:《〈枕山樓茶略〉的發現及研究》,《圖書與情報》,2001 年第 1 期。

89. 章宏偉:《明代杭州私人刻書機構的新考察》,《浙江學刊》,2012 年第 2 期。

90. 張傳璽:《論中國封建社會土地所有權的法律觀念》,《北京大學學報》,1980 年第 6 期。

91. 張麗娟:《興國軍學本與早期和刻本〈春秋經傳集解〉》,《儒家典籍與思想研究》第十一輯,北京:北京大學出版社,2019 年。

92. 張娜麗:《敦煌研究院藏李翰〈蒙求〉試解——與藏古抄本之比較》,《敦煌研究》,2002 年第 5 期。

93. 張煦:《校讀〈文章一貫〉後記》,《清華大學學報》(自然科學版),1930 年 3 月號。

94. 張延俊:《〈文學書官話〉作者張儒珍生平事跡考》,《長安學術》第十二輯,北京:高等教育出版社,2018 年。

95. 朱淵清:《〈五行大義〉版本述略》,《古籍整理研究學刊》,1996 年第 2 期。

96. 祝尚書:《〈歐蘇手簡〉考》,《中國典籍與文化》,2003 年第 3 期。

97. 莊兵:《御注孝經序の謎》,《名古屋大學中國哲學論集》第六號,2007 年。

98. 莊兵:《日本現存王羲之草書孝經考察》,《止善》,2010 年第 9 期。

99.〔法〕戴廷杰:《雅俗共融,瑕瑜互見——康熙年間徽州商籍揚州文士和選家張潮其人其事》,米蓋拉、朱萬曙主編:《徽州:書業與出版文化》,北京:中華書局,2010 年。

100.〔日〕工藤卓司:《近一百年來日本〈儀禮〉研究概況》,《中國文哲研究通訊》第二三卷第三期。

四、學位論文

1. 車褘:《晚明文人尺牘中的日常生活書寫研究》,北京師範大學 2022 年博士學位論文。

2. 代智敏:《明清小説選本研究》,暨南大學 2009 年博士學位論文。

3. 黄宇麗:《元大德本〈後漢书〉研究》,陝西师范大学 2009 年碩士學位論文。

4. 姜贇洙:《中國刻本〈古文真寶〉的文獻學研究》,復旦大學 2005 年博士學位論文。

5. 蔣鵬翔:《〈古逸叢書〉編刊考》,復旦大學 2011 年博士論文。

6. 金光一:《〈群書治要〉研究》,復旦大學 2010 年博士論文。

7. 劉賽:《劉向〈列女傳〉及其文本考論》,復旦大學 2010 年博士論文。

8. 王亮:《楊守敬〈學書邇言〉研究》,吉林大學 2007 年碩士論文。

9. 邢猛:《陸粲〈左傳附注〉研究》,揚州大學 2014 年碩士學位論文。

10. 曾婷婷:《遼圖本〈詩韻輯要〉音系研究》,華中師範大學 2020 年碩士學位論文。

11. 中山步:《和刻本清人著述研究》,復旦大學 2008 年博士學位論文。

書名音序检索目录

B

C

D

E

F

K

L

M

N

O

P

Q

R

S

T

W

X

Y

Z

後　記

2010年底,我以《中國古典小説命名方式與叙事世界建構之關係研究》申請到國家社科基金的青年項目,這是我的博士論文《中國古典小説回目研究》的姊妹篇,我剛剛把博士論文修訂完畢並交付出版,正準備全力以赴進入這個新的課題,希望能趁熱打鐵,用幾年時間完成此項目。同時,這年底,愛女蘇蘇的誕生也是我生活節奏上的另一個重大課題,我更需要精力來深入研究這個新的課題。所以,這個時候我最不願意生活上有較大變動,更重要的是,我一向外語不好,對國外也並無嚮往,本就不想出國。但生活往往有意外,2012年春,我被派到日本京都外國語大學任教,這對我來説,是一個痛苦的任務,因爲這意味著我自己的學術計畫與生活節奏都要被打亂了。

就這樣不情不願地來到日本。來的時候就想在日工作的兩年,雖然前述第二個課題無法深入研究,但第一個課題還是可以進行的。但正如我在此課題最後出版《必也正名:中國古代小説書名研究》的《後記》中所説,"到了日本才發現,日本的網絡上幾乎什麼資料也没有,我又不可能把書房也搬到日本——當然,後來才發現,在日本也可以憑借VPN技術利用母校資源,但那時我已經快要回國了"。所以,這個課題的研究也並不順利。當然,這些都不重要,最重要的因素在我自己,就是我突然發現,在日本還有着龐大的和刻本存在,然後,我就一頭撞了進去。相關問題我在《書舶録:日本訪書詩紀》一書中已有較詳細的説明,此處不贅。總之,在日本工作的兩年中,我幾乎把所有的業餘時間都用來搜羅和刻本,而搜羅的費用也幾乎是我在日本全部的工作所得。事實上,2014年回國後,雖然没那麼方便了,但我仍然通過日本古本屋以及在日本的朋友搜購和刻本,同時幾乎每年都會利用假期的時間重返日本一次。因此,回國後數年中,每年搜購和刻本的數量仍不比前幾年少。

雖然這項工作進行得如此艱辛,但仍然衷心感謝一路走來得到的關心與幫助。

首先,2015年,承北京師範大學文學院關照,申請到中央高校基本科研業務費專項資金資助。這是一個培育項目,對於我這個初起步但全無資金支持的項目來説意義重大。2017年,項目結項,我已積累了三十餘萬字初稿以及數十萬字材料,於是便繼續申報了國家社會科學基金後期資助項目,感謝評審專家的支持,也獲得了項目資助。原本以爲全書已完成八成以上,則一年即可蕆事。孰料雖然獲批項目後一直努力,然仍至 2021 年底方提交結項申請,之所以遷延日久,實是書囊無底,反覆調整增補,此時雖仍未滿意,然項目不可再延,只好結項。不過,2021 年最後一天提交結項,但從結項至今,仍然不斷修訂完善。故此時出版的書稿與提交結項的書稿相較,又有較大不同,結項時共收書四百八十一種,修訂稿則又增加了五十餘種,還有個别書目删去,修改之處更多。

其次,要感謝國家社科基金的評審專家,在申請項目時,專家的意見就很有益。結項時,有位專家寫了近四千字的評審意見,且非常細緻精深,我也認真據每位專家的意見一一修訂。也要深深感謝學界的前輩們。張伯偉先生首倡域外漢籍研究,爲中華傳統文化之研究力拓新宇。2007 年,我曾有幸赴南京大學訪學,那時,《域外漢籍研究集刊》已出版三期,我雖未能有幸得聆謦欬,但也在域外漢籍研究所圖書室門前"徘徊瞻眺"。應該説,如果没有張伯偉先生的呼籲與建構,可能就没有這部小書。同時,域外漢籍研究所自然是相關研究的重鎮,諸位先生的成果多爲小書所取資。

還要感謝諸多師友。中國人民大學谷曙光兄是最關心此項目的人了,一方面谷兄多次駕臨寒舍,爲筆者一點點小小收藏加油打氣;另一方面也每見必詢項目進展,並多勉勵之語。北京大學陸胤兄看了小書《書舶録:日本訪書詩紀》後,曾打電話多所奬掖,並約於北大舉辦所藏和刻本展覽,時在 2019 年末,雖爲突如其來的疫情打斷,然於陸兄之謬賞實甚感激。感謝董岑仕君,多次提供學術信息,並將其資料無私分享。感謝原浙江大學出版社編輯張小苹女史,此項目剛剛獲批,便接小苹女史電話,願提供出版機會並有優厚之條件,惜時與另一出版社有口頭約定在前,未能繼續合作,然此情仍銘於心。感謝天津古籍出版社吴曈曈女史,雖至今仍未謀面,但微信飛鴻不絶,感謝她的認真、細緻與負責,更感謝她對作者的尊重與信任,與她的交流非常愉快。

感謝幫我購書的劉幸兄,他在廣島大學求學數年,多次幫我匯款、收書、寄書,他的住址已成爲我在日本古本屋注册時所填之地址;同時,陳玥女史、李曌宇女史、吴玉女史,她們在日本學習之時,也多次爲我的購書奔波;還有羅宇女史,她在東京時,恰逢疫情最嚴重的日子,她去日本書肆、書市時,會給我發圖片來,使我身未入書肆然書却在眼前;此後她遠赴北海道,她的男友梁旭璋兄又接替了這個苦差事;還有謝文君女史,把幫我購書也當作論文來完成,認真、嚴謹,一絲不苟,今年她又赴日本求學,行前特意發信給我説"有什麽需要,盡管吩咐";還有我結識三十年的老友傅愷兄,他們舉家赴日旅遊,却也特意留出幾天爲我搜書,在高温的神保町街頭進出一家又一家書店,給我拍照片以供我選擇,還得在書店裏等候我的猶豫。

這裏,我還想抄録我在《書舶録:日本訪書詩紀・後記》中的一小段話:"還應該感謝與和刻本有關的所有人:提供原本者、書坊主、刻工、印刷工、販售者、讀者、收藏者……他們在千萬里之外、千百年之前,把他們的精魂傾注在這些戔戔小册之中,使典籍的精神得以附麗於某種物質形態並存續至今。他們與我處於不同的時空,有著不同的生存境遇,但這些書籍却仿佛中國古詩世界裏永懸中天的明月,不但慰藉著千百年前的他們,也同樣引導著現在的我,甚至照耀著千百年之後讀者。"

最後,想作一個説明:我的主要研究領域是中國古代小説,和刻本研究只是2012年至日本任教時的一個岔路,雖然十數年來,在這條岔路上花費了太多的精力,未來也仍然要不斷搜集和刻本,並完善此書,但説實話,我其實並非作此工作的最佳人選,關鍵在於我雖然在日本兩年,但完全不懂日語,這一缺陷對這個項目而言當然是致命的;加上我不愛出國,因此也没有多年在日本各大圖書館尋書的機緣。但我又深切地感受到,和刻本是拓展中國古籍文獻的富礦,目前學界對和刻本當然也比較關注,那些對中國文獻尤爲重要之和刻本多經發掘論列,但對更多不那麽重要但也確實從文獻角度有補充意義的和刻本也當作一些探索,至少當列目以待後來者之研究。所以,雖知自己絶非其人,仍承乏就道,以至於今。在出版這本小書時,我也甚爲惶恐。這時,想起了十數年前看到蔣寅老師的一篇文章。那時,蔣老師爲京師學者,在師大開課,《博覽群書》2007年第1期發表了蔣老師的《就〈清詩話考〉回應吴宏一教授》,我們自然嘆服於蔣老師的嚴謹,更心折於他的氣度,他在文末寫到:"吴先生主編的《清代詩話知見録》也有不少可議處……有人發現問題,並約我寫書評。我回答:'你説是有這部書好,還是没這部書好?'他説當然還是有這部書方便,我説'那不就得了'。"這句話看似簡單,但給了我很大的鼓勵,我的小書當然無法比肩前賢,疏誤只會更多,但捫心自問,對於和刻本之研索,似乎也是"有這部書方便"吧。所以,我願意把小書貢獻出來,希望得到學界同仁的批評與指正,我未來還會繼續積累資料,打磨此書,希望它的疏誤能再少一些;同時,也期待學界出現更全面、精深的著述來取代它。

李小龍識於涼雨軒

2023年大暑